Trotz alledem Der Vorwärts – Chronist des anderen Deutschland

Hermann Schueler

Trotz alledem

Der Vorwärts – Chronist des anderen Deutschland

vorwärts buch

 Gestaltung und Herstellung: Gaston Isoz; Druck: braunschweig-druck GmbH.

ISBN 3-86602-790-7

Trotz Bismarck und Not
Trotz Hitler und Tod
Trotz alledem und alledem

Geleitwort

von Dr. Hans-Jochen Vogel

Die deutsche Sozialdemokratie ist mit Abstand die älteste Partei Deutschlands. Ihre über 140-jährige Geschichte ist eingehend erforscht und in einer Reihe bemerkenswerter Publikationen anschaulich dargestellt worden. Dennoch gibt es noch immer einzelne Lücken.

Eine dieser Lücken ist die Auseinandersetzung mit der Rolle, die die sozialdemokratischen Zeitungen in den verschiedenen Stadien der Parteigeschichte gespielt haben. So hat die heutige Generation der Mitgliedschaft beispielsweise wohl nur noch eine schwache Erinnerung daran, dass der *Vorwärts* in der Zeit der sozialliberalen Koalition eine moderne und von der Öffentlichkeit durchaus wahrgenommene Wochenzeitung war. Und dass um 1930 der *Vorwärts* als Tageszeitung eine Auflage von 300 000 Exemplaren erreichte und es im ganzen damaligen deutschen Reich an die 200 sozialdemokratische Zeitungen zumeist lokalen Zuschnitts gab – das wissen wahrscheinlich nur mehr die Experten. Die vorliegende Arbeit schließt einen wichtigen Teil dieser Lücke in eindrucksvoller Weise.

Sie behandelt in erster Linie die wechselvolle Geschichte des *Vorwärts*, der 1876 unter diesem Titel gegründet, schon zwei Jahre später mit dem Inkrafttreten des Bismarck'schen Sozialistengesetzes sein Erscheinen einstellen musste. Und der dann – 1891 wieder ins Leben getreten – 1933 ein weiteres Mal verboten wurde, diesmal vom NS-Gewaltregime. Der aber 1948 von neuem erstand und in wechselnder Form bis heute erscheint. In akribischer, überaus lebendiger und auch pointierte Urteile nicht scheuender Weise schildert der Autor die Personen, die ihn jeweils prägten – so etwa Wilhelm Liebknecht und Friedrich Stampfer –, aber auch die Konflikte, die in der Redaktion und gravierender noch, immer wieder mit dem Parteivorstand ausgetragen wurden.

Mit großem Engagement und erstaunlichen Detailkenntnissen widmet sich der Autor aber auch den Vorläufern des *Vorwärts*. So etwa dem *Social-Demokrat*, dem Zentralorgan des von Lassalle begründeten Allgemeinen Deutschen Arbeitervereins, und dem *Volksstaat*, dem entsprechenden Organ der von Bebel gegründeten Sozialdemokratischen Arbeiterpartei. Es ist gut zu erfahren, unter welch harten Bedingungen und mit welchem Mut die damaligen Redakteure arbeiten mussten.

Überhaupt ist es ein Vorzug des Buches, dass es die Geschichte der einzelnen Blätter eng mit der Geschichte der Partei insgesamt verknüpft. Das lässt Zusammenhänge erkennen und Entwicklungen verstehen, die sich uns heute nicht ohne weiteres mehr erschließen. Und die dennoch ungeachtet aller Veränderungen, die sich seitdem ergaben, auch für Fragen bedeutsam sind, die wir heute zu beantworten haben. Denn – so sagt eine alte Volksweisheit – wer nicht weiß, woher er kommt, weiß auch nicht, wo er sich befindet und wohin ihn sein Weg führt.

Noch etwas wird das Buch erleichtern. Nämlich die Zurückweisung des von bestimmter Seite immer wieder vorgebrachten Vorwurfs, die – ohnehin bescheidenen – Beteiligungen der SPD an einigen Zeitungsverlagen habe sich die Partei aus wirtschaftlichen Erwägungen zugelegt. In Wahrheit – so macht die Arbeit deutlich – handelt es sich um das Vermächtnis von Generationen von Arbeitnehmern, die eigene Zeitungen ins Leben riefen, weil sie sich in einer Gesellschaft, die ihnen lange die Gleichberechtigung verweigerte, nur so Gehör verschaffen konnten.

Dem Autor bekunde ich meinen Respekt. Dem Buch wünsche ich die Verbreitung, die es verdient.

Vorwort

Zukunft gibt es nur, wenn man
die Vergangenheit vor Augen hat.
ANTONIO GADES

Dieses Buch entstand mit dem Ziel, den Werdegang einer Zeitung zu beschreiben. Ist so ein Vorhaben den Aufwand wert? Gibt es nicht Handfesteres zu erforschen, als die Geschichte eines Produkts, das nach landläufiger Ansicht einen Tag nach seiner Herstellung ohnehin nur noch zum »Verpacken von Grünen Heringen« taugt? Was die Sache noch schlimmer macht: Es handelt sich hier um eine Parteizeitung. Diese Spezies steht aber auch noch am Ende der Skala von Wertschätzung in der Medienlandschaft. Das hat ja auch zu dem Erfolg geführt, dass der Markt keine Parteizeitungen mehr duldet. Man darf allerdings so manche der den Markt beherrschenden Blätter nicht zu scharf betrachten. Dann würde man leicht auf andere Gedanken kommen. Doch steht das hier nicht zur Debatte.

Hinzuweisen ist vielmehr auf ein merkwürdiges Phänomen. Je tiefer sich der Autor in seinen Stoff einließ, desto auffallender änderten sich die Perspektiven. Was sich zu Beginn der Recherche noch als versprochenermaßen stichhaltige Reportage ankündigte – passend zum Sujet – bekam sehr schnell ein anderes Gesicht. Was zunächst als Geschichte von Begebenheiten daherzukommen schien, begab sich schon früh auf das weite Feld der Geschichte. Statt Histörchen – Historie. Durchaus nicht nur die begrenzte eines in die Jahre gekommenen Medienereignisses. Nein, Geschichte im originären Sinne als die Bewusstwerdung des gesellschaftlichen Wandels. Und diese weitere Untersuchungsgrundlage umfasst sowohl die deutsche, wie von Anfang an die europäische Geschichte.

Doch welcher Geschichte? Jener, die uns in Fleisch und Blut übergegangen ist? Steuern wir nicht Tag für Tag unser Automobil durch Moltkestraßen und Bismarckalleen? Also bitte! Kaiser-Wilhelm-Straßen oder -Plätze und Verwandtes gibt es in Berlin ein ganzes Bäckerdutzend, im deutlich kleineren Bonn noch fünf. Solches und ähnliches Geschichtsbewusstsein offenbaren die Stadtpläne aller deutschen – nein, aller westdeutschen Städte. Die ostdeutschen befreiten sich von dem feudalen Mief, setzten an dessen Stelle allerdings zumeist Namen, die zu einem anderen verkürzten Geschichtsbild gehören.

Sie sind schon bezeichnend, die Ergebnisse dieses kurzen Ausfluges in die kommunale Topografie. Sie belegen, wie leicht es ist, der Geschichte eine Schlagseite zu verpassen. Das wird den nicht wundernehmen, der den Stellenwert des Faches Geschichte im deutschen Bildungswesen kennt. Auch hierfür ein Beispiel? Welchen Vers soll man sich etwa auf die Liste der »weiterhin zugelassenen Schulbücher« für die Hauptschulen Baden-Württembergs machen? Im Fach Geschichte-Gemeinschaftskunde umfasst sie 13 Titel für fünf Jahrgänge. Dazu drei Atlanten. Für den Religionsunterricht, den evangelischen, katholischen und syrisch-orthodoxen, sind die zehnfache Anzahl von Titeln zugelassen, also genau 130.

Wir gehen davon aus, dass in den Schulbüchern ein zeitgerechtes Geschichtsbild vorgestellt wird, in dem Hitler nun nicht mehr als ein Betriebsunfall der Weltgeschichte erscheint und auch über den 20. Juli 1944 kein großes Stillschweigen mehr gebreitet wird, wie es noch Jahre nach dem letzten großen Kriege durchaus die Regel war. Der Schrecken des Zusammenbruchs, Adenauers West- und Willy Brandts Ostpolitik. So scheint doch alles seine Ordnung zu haben. Kein nationalistisch-imperialistischer Überschwang, wie ihn die tonangebenden Historiker des Kaiserreichs zur Staatsräson machten. Keine Rassenhetze, keine Dolchstoß- und andere Legenden, wie sie Hitlers Pädagogen verbreiteten.

Doch wie gesagt, man blättere einmal in alten Zeitungsbänden, mögen sie 140, mögen sie 80 Jahre alt sein. Nicht nur verwandeln sich die lockeren wie die sinistren Tagesnachrichten in ein Magazin frisch geschriebener Geschichte. Sie hinterlassen auch das unabweisbare Gefühl, als sei unser Geschichtsbild außerordentlich lückenhaft und verdreht. Die Schraube hat keinen Rechtsgang, sie ist linksgängig, aber sie muss hinein. Soll ich, Autor, das so hinnehmen? Soll ich meinen, etwas überlesen zu haben? Soll ich weiter schreiben an ollen Kamellen, verstärken, was – angeblich – alle für wahr halten? Wo ich doch etwas ganz anderes gelesen habe!

So wird der geneigte Leser auch hier eine andere Lesart finden. Er wird auf Namen stoßen, die selten oder gar nicht auf den Straßenschildern unserer Städte zu lesen sind, obwohl sie mit ihren Verdiensten um die demokratische und soziale Entwicklung des Gemeinwesens Deutschland all den Glanz überlieferter Patina-Größen in den Schatten stellen. Der Leser soll erinnert werden, wie schwer es war, die Tore aufzustoßen, die jetzt unter den Vorzeichen eines behaupteten globalen Wirtschaftens geräuschvoll zurückgedrückt werden.

Ist denn das alles so neu? Natürlich nicht. Über viele Abschnitte dieser Geschichte sind Bibliotheken voll geschrieben worden. Aber wer interessiert sich für das, was in den Bibliotheken steht? Meinungsmacher schon lange nicht. Da stehen sie in einer langen Tradition, wie die folgenden Seiten belegen. Den historischen Meinungsmachern, die totschwiegen und ausgrenzten, was ihnen nicht in den Kram passte, will dieses Buch ins Handwerk pfuschen. Am Beispiel einer Parteizeitung, deren vielfältige Wurzeln ebenfalls ein Teil der Geschichte sind, die wieder zu entdecken sich lohnt.

Ach so! Ja! Das Buch handelt vom *Vorwärts*, seinen Vorläufern und Seitentrieben. Allesamt Zeitungen, die mit der Entwicklung Deutschlands zu Republik und Demokratie über 150 Jahre verbunden sind wie keine anderen. Wussten Sie das? Lesen Sie nur!

Hermann Schueler

1. Warum Ferdinand Lassalle die Presse gar nicht mag

»Das darfst du nicht mitmachen!«

Der Besucher ist auf das höchste erregt.

»Ich habe gestern und heute alle Blätter unserer Provinz gelesen, und ich gebe dir die ernsthafte Versicherung: Sie haben alle gelogen.«

Es ist ein »wahrer Dichter«, der sich so emphatisch Luft macht. Karl Siebel bestürmt den Redakteur der *Düsseldorfer Zeitung*, Paul Lindau, »lächerliche Parteirücksichten« beiseite zu lassen. Und wenn alle liberalen Zeitungen Lassalle auch heruntermachten, dadurch würde aus schwarz nicht weiß werden.

Siebel steht im Banne der Rede, die der Arbeiterführer am Vortag vor tausenden von tief ergriffenen Zuhörern in Barmen gehalten hat. Und tatsächlich, sein Protest erreichte, dass sich die Berichterstattung des Düsseldorfer Bourgeoisblattes über diese Veranstaltung, die in die ungezählten Bücher über Lassalle als »Heerschaurede« Einzug halten wird, wohltuend von dem Chor der Eiferer und Geiferer abhebt.

Ob die Szene authentisch ist? Wir wissen es nicht, auch wenn sie der Journalist und Bühnenautor Lindau in seinen Lebenserinnerungen so darstellt. Siebel, den Lindau zwar für »ein bißchen revolutionär«, aber »nichts weniger als sozialistisch« ansah, war in Wirklichkeit ein Verwandter von Friedrich Engels. Und der war, beiläufig, ein Barmener Kind, dessen frühe Eindrücke von den sozialen Bedingungen in den Bleichen, Färbereien und Webereien seines bergischen Heimatlandes entscheidend für seinen Lebenslauf werden sollten. Des bergischen Landes, das nun Lassalles stärkste Bastion geworden war. Um auf Siebel zurückzukommen: Er würde noch Karl Marx bei der Verbreitung des ersten Bandes des *Kapital* helfen, bevor er in seinen frühen Dreißigern starb. Aus dem Umgang mit den Londoner Exilanten wusste Siebel, was die beiden von Lassalle als Arbeiterführer hielten, nämlich nicht viel. Er hatte Engels mal eine Broschüre zugesandt, die ein Lassalle verherrlichendes Gedicht enthielt. Die zwei Obersozialisten hatten sich halb tot gelacht.

Lindau selbst hatte dann etwas engere Tuchfühlung zu Lassalle bekommen, als dieser ihm für den Zeitungsabdruck seine Verteidigungsrede vor der Düsseldorfer Appellationskammer in die Feder diktierte. Das Konzept für »Lassalles letzte Rede« erhielt Lindau als Draufgabe. Die Sache, um die es ging, war die Herabsetzung des Strafmaßes aus dem Prozess gegen die »Heerschaurede«. Der originelle Titel der Rede klingt uns heute bereits wieder recht modern: »Die Feste, die Presse und der Frankfurter Abgeordnetentag. Drei Symptome des öffentlichen Geistes.« In dieser

Rede findet die Anekdote auf den Boden der Wirklichkeit. Die Rede war – auch – die Abrechnung Lassalles mit der liberalen Presse.

Mit seiner forensischen Meisterleistung vor der Appellationskammer hatte Lassalle nur eine Milderung des vorangegangenen Urteils auf sechs Monate Haft erreicht. Vor der Verbüßung ereilte ihn der Tod als Folge des bekannten Duells.

Lassalle hatte die maßgebliche Presse seiner Zeit geschlossen gegen sich. Maßgebend war die Bourgeois-Presse. Je einflussloser das Bürgertum in der Beteiligung an den Staatsgeschäften wurde, die es sich noch 1848 auf den Barrikaden erkämpfen wollte, desto stärkeren Einfluss gewannen seine Gazetten. Die 60er Jahre des 19. Jahrhunderts firmieren in der Pressegeschichte als Jahrzehnt der liberalen Presse.[1]

Diese Blätter hatten auch die Hand am Puls der Arbeiterbewegung. Sie hauchten ihr den Lebensatem ein und gaben ihr die Richtung an, in der sie ... nein, nicht vorwärts ... zu gehen hatte. Sponserte doch der *Arbeitgeber*, herausgegeben von dem Frankfurter Nationalökonomen Max Wirth, 1862 die Reise einer Delegation von Handwerkern und Facharbeitern zur Londoner Weltausstellung. Was geplant war als eine Demonstration der Verbundenheit von Arbeit und Kapital unter dem Banner manchesterlicher Prinzipien, geriet freilich über dem Eigensinn des Berliner Lackierers und Arbeiterpolitikers Casimir Eichler zum Schwellenerlebnis einer selbstständigen Arbeiterbewegung. Eichler, das sollte nicht verschwiegen werden, war eine zwielichtige Gestalt. Als Agent Bismarcks wirkte er in die Arbeiterbewegung hinein. Aber auch umgekehrt kann ein Schuh draus werden; sozusagen mit dem Segen Bismarcks brachte Eichler auch seine eigenen Impulse ein. Seine Bedeutung für die neue Klassenbewegung ist nicht zu bestreiten.

Selbstständigkeit aber hatten die liberalen Arbeiterfreunde kaum im Sinn gehabt. Eichler erfuhr das, als er mit 20 Gesinnungsfreunden zu einem allgemeinen deutschen Arbeiterkongress aufrief, der Ende November 1862 in Berlin stattfinden sollte. Zwar druckte die Berliner *Volkszeitung* Franz Dunckers, eines Mitbegründers der liberalen Fortschrittspartei, den Aufruf ab, bereitete der Kongressidee aber auf der gleichen Seite aus prominenter linksdemokratischer Feder ein Begräbnis erster Klasse.

»Ein Wutgeschrei gegen mich«

Am 11. Februar 1863 hatte das »Leipziger Zentralkomitee zur Einberufung eines allgemeinen deutschen Arbeiterkongresses« nach vorangegangenem persönlichen Kennenlernen die bekannte Aufforderung an Lassalle gerichtet, »in irgendeiner« ihm »passend erscheinenden Form«, seine Ansichten auszusprechen »über die Mittel, welche die gegenwärtige Arbeiterbewegung zu ergreifen hat, um die Verbesserung der Lage des Arbeiterstandes in politischer, geistiger und materieller Beziehung zu erlangen«. Ebenso bekannt, dass er mit dem in Rekordzeit erarbeiteten *Offenen Antwortschreiben* reagierte. Lassalles Kernthese, seine Aufforderung an die Arbeiter, sich zur Durchsetzung des allgemeinen und direkten Wahlrechts zu organisieren, versetzte das politisierende Besitzbürgertum in Raserei. Die Schlachtenbeschreibung, die er, der den Aufruhr verursachte, an seine alte Freundin und Vertraute Sophie von Hatzfeldt sendet, drückt allerdings keine besondere Betroffenheit aus.

»Nicht mehr die Berliner, die gesamte deutsche Presse ein Wutgeschrei gegen mich! Der Schlachtendonner tobt wirklich um mich herum. Es ist ein Gebrüll von Gemeinheit und Dummheit, von dem ich nie eine Ahnung gehabt hätte.« Über seinen Erfolg ist er sich keinen Augenblick im Zweifel: »Die Fortschrittspartei zittert. Sie sieht ein, daß ein Schlag gefallen ist, der sie vernichten muß.«

Der Schlachtendonner wird bis zu Lassalles Tode nicht mehr verstummen. Neben Berlin, in dem die Kanonenschläge des zu seinem journalistischen Erzfeind aufgestiegenen Aaron Bernstein knallen, haben besonders in Frankfurt am Main die publizistischen Mörser ihre Schlünde geöffnet. Wissenschaftlich zurückhaltend, also lediglich ein Schüsschen wagend, die *Süddeutsche Zeitung* des Nationalvereins. Klagend verrät sie, dass Lassalles *Offenes Antwortschreiben* in schnurgeradem Gegensatz zu den Lehren der Volkswirtschaft stehe, habe es doch »aufs neue die gesellschaftliche Frage der Arbeiter zur politischen erhoben«. Alsbald volle Breitseiten feuernd die *Neue Frankfurter Zeitung*. Das Verhalten der letzteren wird erklärlich nach einem Blick auf ihren Herausgeber. Leopold Sonnemann ist ein Mann mit einem Glanzdruckfoto im Familienalbum des deutschen Kapitalismus. Zugleich aber auch ein Arbeiterfreund. Sonnemann sah nämlich nicht nur auf die wirtschaftlichen, sondern auch auf die politischen Möglichkeiten. Das ließ ihn die Arbeiter entdecken. Ein Bürgertum, das die Arbeiterschaft, diesen immer noch wachsenden Giganten mit der sphinxhaften Aura, hinter sich wusste, konnte sicherlich ein größeres Gewicht hinter seine Forderungen an die feudale Regierungsmacht bringen. Bei alledem sah Sonnemann die Arbeiter nicht nur instrumental, eher wie ein Vater. Kinder müssen ja erst einmal was lernen.

Im aufblühenden Arbeiterbildungsvereinswesen spielte der Frankfurter Banker eine erste Geige; im einzigen regionalen Zusammenschluss dieser Art, dem Verband der Arbeitervereine des Maingaues, war er der inoffizielle, gleichwohl absolute Chef. Dass sich Lassalle hier einmischen wollte, empfand Sonnemann als einen Raubzug in mühsam erworbenen Besitztümern. Seine Zeitung kommentierte das

Erscheinen des *Offenen Antwortschreibens* im Sinne des Herausgebers. Der Sache der Arbeiter könne nichts Schlimmeres widerfahren, als die Verbreitung der lassalleschen Ideen, orakelte die NFZ.

Als die Frankfurterin Lassalle dann auch noch als einen von »ungemessenstem Ehrgeiz getragenen Demagogen der schlimmsten Sorte« abqualifiziert, setzt sich Lassalle mit einem Leserbrief zur Wehr. Er prangert die »beispiellosen Unwahrheiten« an, mit denen die liberale Presse den Kampf gegen ihn führe. Die Zeitung druckte das, doch fügte sie kommentierend hinzu, das zeige die »beispiellose Unverschämtheit« Lassalles, der behaupte, dass jeder, der ihn »in seiner hohlen Nichtigkeit« darstelle, die Sache der Arbeiter bekämpfe. Dieses keineswegs urliberale und von seiner späteren Bedeutung noch weit entfernte Organ war wirklich nicht pingelig im Austeilen.[2]

Einer der Erben Lassalles, der dramatisch begabte Johann Baptist von Schweitzer, hat Strategie und Taktik der *Frankfurter Zeitung* in einem Roman, den er Lassalle widmete, in plastischer Art beschrieben. *Lucinde oder Kapital und Arbeit* heißt das auf den scharf beobachteten zeitgenössischen Umständen beruhende Machwerk. Sonnemann führt hier den Namen Baron Itzinger. Der weiß, wie man einem »Verführer« der Arbeiter beikommt. Zuerst erkläre man seine Lehre für überholt. Sodann stelle man ihm einen ehrenwerten Biedermann gegenüber. So geschah es ja auch. F. H. Schulze-Delitzsch, der Propagandist des kleingewerblichen Genossenschaftswesens, wurde ja erst in der Kampagne der liberalen Presse gegen Lassalle zum »Arbeiterapostel« aufgebaut. Schließlich reiche die Erwähnung eines einfachen, zum Reizworte erhobenen Begriffes, hier: Sozialist, um den Gegner zu diffamieren.

Durch die Brille der Feinde

Leicht lässt sich denken, in welcher Tonart die Zeitung den vollzogenen Gründungsakt des ADAV kommentierte. War sie neben der Berliner *Volkszeitung* vielleicht auch die lauteste Schreierin und Wortführerin in der Propagandaschlacht, wie unisono die liberale Presse Lassalle heruntermachte, das blieb seinen Zeitgenossen noch lange in Erinnerung. Bernhard Becker, Lassalles so unfähiger Nachfolger an der Spitze des ADAV, schilderte über zehn Jahre später, wie in den Arbeiterbildungsvereinen der Kampf um Lassalles Thesen für eine neue Arbeiterbewegung tobte. Dabei lernten die Mitglieder »die Ansichten Lassalles keineswegs aus dessen Schriften kennen, sondern aus den liberal-fortschrittlichen, ihm feindlichen Zeitungen«. Überhaupt habe er »moralisch tot gemacht« werden müssen. Auch hierzu habe die weit reichende fortschrittliche, liberale Presse als mächtige Waffe gedient.

Von August Bebel sind zurückhaltende, skeptische und sogar ablehnende Urteile über Lassalles Wirken überliefert. Er hörte Lassalle in Leipzig, wo er im Vorstand des Gewerblichen Bildungsvereins wirkte. Im Vereinswesen blieb er, und damit ein Gegner der lassalleschen Ideen und des ADAV. Doch erinnert er sich 40 Jahre nach dessen Gründung, dass Lassalles Antwortschreiben an das Leipziger Komitee einschlug »wie eine Bombe«.

Bebel: »Die gesamte liberale und demokratische Presse nahm einmütig Stellung gegen Lassalle, und es hagelten die Angriffe und Beschuldigungen auf ihn herab, so weit die deutsche Zunge klang.« Zusätzliche Argumente saugten die liberalen Zeitungen aus der Süffisanz, mit der die konservative Presse dem Strauß zwischen Lassalle und den bürgerlichen Führern zusah. Das reichte hin, um Lassalle zu beschuldigen, er arbeite im Dienste der Reaktion, registrierte Bebel. Das Gerede von seinen reaktionären Hintergedanken schadete ihm bei den Arbeitern auch am meisten.

Wie tief ihn die Angriffe, Verdrehungen und Verleumdungen trafen, ist hinreichend belegt. Kaum ein Briefpartner, dem Lassalle sein Leid nicht klagte. Kaum eine Zeitung, die er nicht mit seinen Eingesandts zum Widerruf zu drängen suchte. Und wenn die liberale Presse nicht reagierte, reichte er die Beschwerde zur Dokumentation an ein konservatives Blatt oder eines der wenigen und unbedeutenden Oppositionsblättchen weiter, die sich hin und wieder auch der Arbeitersache annahmen. Dass er sich mit »solchen Kerlen« nicht schlagen wollte, war noch alles, denn dann würde er »bereits bis über den Nabel in Blut waten«.

So war und blieb das Verhältnis von Grund auf vergiftet. Nur aus dieser unheilvollen Atmosphäre ist der Rundumschlag der »Heerschaurede« erklärlich, unter deren Eindruck stehend Paul Lindau seinen Freund Siebel im September 1863 erlebte. Sie war kein Ruhmesblatt für Lassalle, dessen Diktion stellenweise zerstörerische Ausmaße für den politischen Stil annahm. Selbst von Sympathisanten wie Bernhard Becker, Eduard Bernstein und Franz Mehring ist das hier zutage tretende Presseverständnis in der Folge kritisiert worden. Lassalle hatte sich über Aufgabe, Bedingungen und Charakter der Presse im Allgemeinen und auch unter dem Vorzeichen einer Partei gewiss unzureichende Vorstellungen gemacht.

Und seine Furcht erregenden Drohungen? Er werde, wenn die liberale Presse ihre Kampfesweise – »Lüge, Entstellung, Verdächtigung und Verleumdung und Verschließung gegen unsere Berichtigungen« – nicht ändere, als Präsident des Arbeitervereins beim Vorstand beantragen, »daß wir uns zu entschiedenen Feinden der liberalen Presse und Partei erklären«. Damit konnte er angesichts der realen Mitgliederzahlen des ADAV freilich niemanden schrecken.

Doch warum schlug er nicht mit den gleichen Waffen zurück? Konnte Lassalle, der kein armer Mann war, nicht in einer eigenen Zeitung seine politischen Ziele offensiv vertreten? Bernhard Becker stellt, beim Nachdenken über Lassalles Agitation, mit der ihm eigenen wichtigtuerischen Pose genau diese Frage: »Hätte er, der im Besitz der nötigen Gelder war, nach meinem Rate der fortschrittlichen Presse ein paar beachtenswerte sozialistische Blätter entgegengestellt, so hätte er seine Feinde mit gleichen Waffen bekämpfen und seine Stimme hinlänglich in der Öffentlichkeit vernehmen lassen können.« Ob er es wirklich nur unterließ, »da ihn das Geld hierzu dauerte«, wie Becker behauptete, sei dahingestellt.

Dreimal hat Lassalle einen Anlauf genommen. Von 1861 datiert der erste Versuch. Nach dem Tode Friedrich Wilhelms IV. schien Bewegung in die erstarrte politische Landschaft Preußens und Deutschlands kommen zu wollen. Mit einer wiedererweckten *Neuen Rheinischen Zeitung* gedachte Lassalle in die Geschehnisse einzugreifen. Das war ein Name, der schon damals einen legendären Klang hatte. Karl Marx, der das Blatt als Chefredakteur zum bedeutendsten publizistischen Ereignis der deutschen Revolution von 1848/49 gemacht hatte, bekundete Interesse. Er besuchte Lassalle in Berlin. Doch sein Befund sprach nicht für das Projekt, so ließ er die Finger davon, und Lassalle gab auf.

Der zweite ernsthaftere Versuch fällt schon in das nächste Jahr. Der Besuch bei Garibaldi und persönliche Einblicke in die Vorgänge bei der nationalen Einigung Italiens hatten Lassalles Phantasie beflügelt. Er erwartete große Veränderungen in Europa – unter seiner maßgeblichen Teilnahme. Und für Deutschland wollte er mit einer Zeitung dafür gerüstet sein. Diesmal war er schon einen Schritt weitergegangen. Er hatte Verhandlungen mit einem erstklassigen Verleger aufgenommen: Heinrich Brockhaus vom renommierten Verlag F. A. Brockhaus in Leipzig. Einen Zwischenbericht erhielt sein Begleiter auf der Italienreise und partielle Teilhaber seiner Pläne: Georg Herwegh.

»Brockhaus – der Alte – scheint ernsthaft auf die Zeitungsidee anbeißen zu wollen. Ich zwang ihn, mir das erste Wort darüber zu sagen, und nachdem wir eine Zeitlang hin und her diplomatisiert und er sah, daß damit nicht sehr weit zu kommen sei, sagte er mir offen: ›Ich glaube …, daß ein entschiedenes Blatt jetzt große Erfolge – finanzielle – erzielen würde und hätte das größte Zutrauen dazu, wenn es unter ihrer Redaktion erscheint.‹« Aktien für 10 000 Taler würde Brockhaus zeichnen, und Lassalle sieht bei dieser Beteiligung auch die restliche Finanzierung gesichert. »Aber er will, daß Niemand, auch wenn die Sache zustande gekommen sein wird, von seiner Beteiligung an der Sache erfährt.«

Warum diese Geheimnistuerei, das wird Lassalle bald klar. Denn als er mit Sohn Eduard weiterverhandelt, wobei auch die von Lassalle besorgten Kostenanschläge erörtert werden, rückt die Sorge in den Vordergrund, dass sich das neue Organ zu auffällig von anderen im Verlag Brockhaus erscheinenden Publikationen abheben könnte. Und da man davon ausgehen müsse, dass die Beteiligung kein Geheimnis bleiben würde, fürchtete die Familie um ihre Glaubwürdigkeit. So fiel auch dieses Projekt in sich zusammen.

Erst 1864 wird Lassalle den Faden wieder aufnehmen. In Gesprächen mit seinem Parteigänger Johann Baptist von Schweitzer entsteht der Plan für eine Arbeiterzeitung, die sich noch im gleichen Jahr in drei Probenummern der Öffentlichkeit vorstellt und dann über sechs Jahre ihren oft umstrittenen, selten langweiligen und nicht mehr wegzudenkenden Part in der Arbeiterbewegung, aber auch auf der politischen Bühne Deutschlands und Preußens spielt. Das ist indes ein Kapitel, das erst später aufgeschlagen werden kann. Lassalle bekommt das Blatt ohnehin nicht mehr zu Gesicht, denn der Tod tritt dazwischen.

So bleibt noch über das obskure Schauspiel zu berichten, dass dem gleichen Mann, der den Arbeitern im *Offenen Antwortschreiben* den guten Rat erteilt hatte, »gründen Sie mit diesen Kassen ... öffentliche Blätter«, dass dem gleichen Mann als Arbeiterführer gerade eine Hand voll gebrechlicher Winkelblätter zu mehr oder weniger gelegentlichen Diensten bereit stand. Und oft genug erst nach einer finanziellen Blutauffrischung, für die er selbst in die Tasche greifen musste.

Dabei hatte ihm in der entscheidenden Phase um den Jahreswechsel 1862/63 herum, als die Dinge in Fluss kamen, ein Herr Streit aus Coburg geschrieben, um ihm den Zugang zu einem Blatt zu offerieren, das sich nichts geringeres als *Arbeiterzeitung* nannte. Man muss dem Herrn Streit die Ehre lassen, er hatte tatsächlich das erste Blatt »gestiftet«, wie der zeitgenössische Ausdruck lautete, das von den Arbeitern als eine Zeitung für ihresgleichen akzeptiert wurde.

Dabei war Streit ja in erster Linie der Geschäftsführer des Deutschen Nationalvereins, der die Vereinigung aller liberal und national gesinnten Deutschen in einem Bundesstaat unter preußischer Führung anstrebte. Er hatte es jedoch verstanden, seine Zeitungsgründung vor den liberalen Honoratioren als im Interesse des Vereins stehend zu rechtfertigen. Warum Fedor Streit und Ferdinand Lassalle, der vielleicht einigen Nutzen aus dieser Zeitungsgründung hätte ziehen können, am Ende doch nicht miteinander auskamen, und warum die *Arbeiterzeitung* nicht zum Organ der schon in der Wiege liegenden Arbeiterpartei avancierte, das verdient eine kurze Erinnerung.

Schon seit April 1862 hallte der Paukenschlag von Lassalles *Arbeiterprogramm* nach. Nicht im Schoße des Bürgertums, das alle Lebensregeln diktierte, sondern nur im Widerspruch zu ihm werden die Arbeiter zu ihrem Recht kommen, so ließ sich in einem Satz die neue Lehre resümieren. Das war es nun wirklich nicht, was Streit vorschwebte. So sahen nicht wenige in der Gründung der *Arbeiterzeitung* Streits Antwort auf die lassallesche Herausforderung. Von Demokrat zu Demokrat steckte Streit dem Agitator, was er von seinen Thesen hielt: »Übrigens findet in dem Arbeiterprogramm eine Stelle heftigen Anstoß, in welcher gesagt ist, daß der Arbeiterstand zur Herrschaft über die übrigen Stände berufen sei. Selbst wenn dies richtig wäre, so würde es taktisch nicht richtig sein, dies jetzt in diesem Augenblick auszusprechen, wo alles darauf ankommt, eine kompakte Widerstandspartei gegen die Reaktion zusammenzuscharen.« Und dann wird er noch grundsätzlicher: »Die Herrschaft irgendeines Standes über die anderen ist ja überhaupt nicht das Ideal des freien Staates und der vernunftgemäß organisierten Gesellschaft.«

Das klingt so gut, dass es jeder aufrechte Demokrat unbesehen als sein Credo übernehmen könnte, doch stellt die darin zum Ausdruck kommende Unterstellung das *Arbeiterprogramm* einigermaßen auf den Kopf. Denn um die Emanzipation von Herrschaft geht es dort ja zuallererst. Im Fortgang seines Schreibens schlägt Streit denn auch andere Töne an, deutet an, dass »andere« so denken könnten, wie er es beschrieb. Andere? Sind damit etwa die Schulze-Delitzsch, Sonnemann, Wirth und Gesinnungsfreunde gemeint? So wird es wohl sein. Weniger problematisch als Lassalle sieht das Leipziger Zentralkomitee sein Verhältnis zu dem neuen Blatt. Dankbar nimmt es die Möglichkeiten einer Diskussionsplattform an. Aber die Leipziger spüren bald, dass die Diskussion gegen sie läuft. Ausgabe um Ausgabe verstärkt sich im Zentralkomitee die deprimierende Empfindung: Der Zweck, für den es, das Komitee, eigentlich eingesetzt wurde, nämlich einen Arbeiterkongress vorzubereiten, der ist wenig gefragt. In den Spalten der *Arbeiterzeitung* sind Desinteresse, Absagen und offener Widerspruch zu registrieren.

Geradezu ein Fanfarenstoß ist die Reaktion des Komitees Hamburger Arbeiter. Die Entschlossenheit, mit der sich die Hamburger an die Seite der Leipziger stellen, drückt sich in einem Protestaufruf gegen die Vereitelung des allgemeinen Arbeiterkongresses aus. Der nennt Ross und Reiter. »Unsere Hoffnungen scheinen gescheitert, aber nicht durch die Reaktion, sondern durch einen anderen Feind, der sich in unser Lager geschlichen ... die Bourgeoisie, gegenwärtig umgetauft in ›große Fortschrittspartei‹.« Diese Partei aber wolle den allgemeinen deutschen Arbeitertag hintertreiben, weil sie fürchtet, dass sich der deutsche Arbeiterstand

»zu einer selbständigen, mächtigen Partei organisiere.« Dann aber stehe ihr im Arbeiter nicht mehr das willenlose Werkzeug zur Verfügung, das ihr, wie schon in der Vergangenheit, die Kastanien aus dem Feuer holt. Am 19. April druckt die Coburger *Arbeiterzeitung* den Aufruf ab, um ihn im gleichen Atemzug mit einem Riesenaufwand von Raum und wenig stichhaltigen Argumenten zusammenzudonnern, »in einem wirren Durcheinander von scheinbarem Wohlwollen und zitternder Wut« (Franz Mehring).

Der Coburger *Arbeiterzeitung* ist gleichwohl eine historische Mission gutzuschreiben. In ihrem »Sprechsaal« konnten sich die Begriffe klären und die Parteien ordnen. So ist sie der Filter geworden, der noch für eine kurze Weile die unabhängigen Arbeiterbildungs- und Arbeitervereine zurückhielt, die sich noch nicht auf den umstrittenen und unübersichtlichen Akt der Verselbstständigung des Arbeiterstandes einlassen wollten. Aber bald würden sie sich von der liberal-fortschrittlichen Bevormundung freimachen und als VDAV, als Vereinstag der deutschen Arbeitervereine und spätere Eisenacher zum zweiten Zweig der deutschen Arbeiterbewegung formieren. Als Katalysator jedoch wirkte die Zeitung für die anderen, für jene, die mit Lassalle anstelle des doch nicht zu verwirklichenden allgemeinen deutschen Arbeiterkongresses einen allgemeinen deutschen Arbeiterverein (ADAV) gründen wollten. Er wurde die erste deutsche Arbeiterpartei, die zugleich das allgemeine Wahlrecht und die Hilfe des Staates für die unter den herrschenden wirtschaftlichen Grundsätzen zu kurz Gekommenen forderte. Als das Organ einer Arbeiterpartei war aber die Coburger *Arbeiterzeitung*, auch wenn sie sich ab April 1863 noch *Allgemeine Deutsche Arbeiterzeitung* nennen sollte, nicht vorstellbar.

Statt einer Arbeiterzeitung viel Obskures

Lassalle sollte bis zu seinem Tode keine *Arbeiterzeitung* finden, die sich seiner Sache annahm. In einigen wenigen Blättern – man riskiert nicht den Vorwurf übler Nachrede, wenn man sie Winkelblätter nennt – konnte er Aufrufe, Versammlungsberichte, Zuschriften unterbringen. Aus eigenem Antrieb befasste sich keiner ihrer Redakteure mit seinem Verein, von ein, zwei Ausnahmen abgesehen. Die Zeitungen gehörten dem radikalen und demokratischen Teil des publizistischen Spektrums an, waren in der Regel großdeutsch eingestellt. Ihre Abonnentenzahl belief sich auf wenige Hundert, zum Teil lag sie drastisch darunter. Sie laborierten am Rande des Bankrotts, wie das Beispiel der *Fränkischen Volkszeitung* erkennen lässt.

Der Herausgeber und Redakteur Rudolf von Gähler, ein ehemaliger Offizier, war zur Gründungsversammlung des ADAV nach Leipzig eingeladen worden. Gähler kam nicht, schrieb aber immerhin dem Berufungskomitee zurück, um ihm mitzuteilen, dass auch er »die Gründung des allgemeinen deutschen Arbeitervereins als das sicherste Mittel zur Besserung der Zustände des Arbeiterstandes betrachte«. Seine Ernennung zum Beauftragten des ADAV in Nürnberg verhalf dem Verein zu keinem einzigen zusätzlichen Mitglied. Karl Julius Vahlteich, einer der Geburtshelfer des ADAV, äußerte sich in einem Brief an Lassalle enttäuscht und abfällig über die obskure Rolle, die Gähler als ADAV-Bevollmächtigter spielte. Gähler schreibe »lauter konfuses Zeug«. Man müsse sich um einen »tüchtigen Agitator« kümmern, »denn mit diesem Gähler kommen wir nicht vom Platze«. Kein Wunder, dass sein Ersuchen, die *Volkszeitung* zum Vereinsorgan zu befördern, kein Echo auf Seiten des ADAV weckte. »Nach langem Todesröcheln«, wie Bernhard Becker überliefert, ging das Blatt noch im Oktober 1863 ein. Es war gerade mal 30 Wochen alt geworden.

Der *Zeitgeist* des Dr. Eduard Löwenthal in Leipzig erlitt exakt das gleiche Schicksal. Löwenthal, der später eine Rolle in der deutschen Friedensbewegung spielen sollte, folgte allerdings der Einladung der Gründungsversammlung – vermutlich weil er sich nicht mit Fahrtkosten belasten musste. Doch auch wenn ihm Lassalle mit 25 oder 35 Talern unter die Arme griff, konnte er das Blättchen nicht über den Herbst retten. Ganz kurz erschien die *Hamburger Zeitung*, herausgegeben von der Oppositionsgruppe des Hamburger Arbeiter-Bildungsvereins. Und weder der *Schwäbischen Volkszeitung* in Stuttgart noch dem *Gradaus*, von Franz Hopf in Eßlingen begründet, war ein sonderlich langes Leben beschert.

Einen gewissen Einfluss auf das Wachstum des ADAV hatten lediglich der *Nordstern* in Hamburg und der *Volksfreund für das mittlere Deutschland* in Frankfurt am Main. Den *Volksfreund* redigierte der »alte« Nikolaus Hadermann, ein ehemaliger Präsident der Konstituante von 1848. Ob dieser Radikaldemokrat, dessen holzschnittartiges Politikverständnis im Kleinbürgertum wurzelte, Lassalles sozialen Impetus überhaupt begriffen hatte, ist umstritten. Lassalle selbst hielt jedoch vom *Volksfreund* mehr als vom *Nordstern*. »Besser, viel besser geschrieben als der *Nordstern* ist der Frankfurter Volksfreund. Hadermann ist eine vortrefflich scharfe Feder«, schrieb er am 31. Juli 1863 an Otto Dammer. Der *Nordstern* hat dennoch die deutlicheren Spuren hinterlassen. Er hat nicht nur Lassalles Wirken als Arbeiterführer von der ersten Stunde an begleitet – das hatte seine Ursache in dem besonderen Verhältnis Hamburgs zum ADAV; vor allem aber ist der *Nordstern* von Lassalle selbst zum ersten, wenn auch inoffiziellen Organ des ADAV erhoben worden. Später, in den Streitereien um das politische Erbe Lassalles, erhielt er sogar einen offiziellen Anstrich durch eine der verfeindeten Gruppen. Im Sinne des Terminus ist der *Nordstern* durchaus das erste Zentralorgan der deutschen Sozialdemokratie. So beginnt die Vorstellung der insgesamt recht langlebigen Reihe dieser besonderen Spezies im deutschen Blätterwald folgerichtig mit ihm.

2. Ein Stern mit ungewissem Licht

Der Neujahrstag 1860 bescherte den Hamburgern zum Eintritt in ein neues Jahrzehnt voller Umwälzungen auch ein neues »Preßorgan«, eine neue Zeitung. Was mögen sie sich aber bei diesem Titel gedacht haben: *Ipecacuanha*? Das ist der lateinische Name der tropischen Brechwurz. Als Brechmittel und zur Behandlung der Amöbenruhr wurde sie noch in der zweiten Hälfte des 20. Jahrhunderts von der Medizin verwandt. Der Name war Programm. Während der restlichen Hamburger Publizistik unterstellt wurde, Schlafmittel zu produzieren, strebe das vorliegende Blatt nach dem Gegenteil. »Es soll, wie seine Namenswurzel, die bekannte radix Ipecacuanha, auf die Magen-, Hirn- und sonstigen Dick- und Dünnhäute beunruhigend einwirken.« Wer sich davor fürchte, der solle es lieber nicht aufschlagen.

Für die Richtigkeit des überlieferten Selbstbildes muss ein renommierter Bürge einstehen; denn von den vier erschienenen Ausgaben von *Ipecacuanha* ist nur eine, die Nummer 3 erhalten geblieben. Doch Heinrich Laufenberg, von dem hier die Rede ist, unbezweifelter Mentor der Geschichtsschreibung der Hamburger Arbeiterbewegung, hat zumindest auch noch die Nummern 1 und 2 zu Gesicht bekommen.

Auf jeden Fall erwies sich das von W. Redicker redigierte und zunächst bei den Gebrüdern Haßkerl in der Stubbenhuk gedruckte Blatt mit dem naiv ironisierenden Untertitel *Ein unschuldiges Sonntagsblatt für gelehrte Leute und verständige Menschen* als ein Indikator, der die schon lange aufgestaute Unruhe in der Hansestadt öffentlich machte. Nicht also ein Arbeiterblatt war geboren worden, aber das Sprachrohr einer Opposition.

Hamburgs Bildungsverein für Arbeiter konnte nicht nur auf eine lange, bis vor die Revolution zurückreichende Tradition zurückblicken, er war auch die Arena, in der Herr Jedermann am Streit über die großen politischen Zeitfragen wie auch an den lokalen Zänkereien teilnahm. Wilhelm Weitling, den man ohne Spott Deutschlands roten Großvater nennen kann, hatte nach zwei Aufenthalten in der Freien und Hansestadt seine utopischen Ideen als Diskussionsstoff zurückgelassen. Mittlerweile war das sozialistische Element allerdings in eine Minderheitenrolle geraten, auch wenn es zwei so profilierte Vertreter aufwies wie die beiden Audorfs, Vater und Sohn. Doch den Ton gab das liberale Bürgertum an. Es fühlte sich als der Mäzen und/oder Patron der Arbeiter und Handwerker im Verein und setzte sich für jene Form der Gleichheit ein, nach der einige doch immer wieder gleicher sind als die anderen. In Hamburg nicht anders als in Frankfurt: Die Mühen der Politik für den

Bürger, für den Arbeiter die Bildungslust. Aber in den öffentlichen Angelegenheiten mitzureden war nun einmal der inständige Wunsch vieler Mitglieder.

Die Tonlage des neuen Organs entsprach so ziemlich der Stimmungslage dieser Unzufriedenen. Die Zeitungsgründer kamen aus den Reihen der radikalen demokratischen Vereinsopposition. Wie sie es versprochen hatten, schlugen sie deutliche Töne an. So in den Fragen der deutschen Politik. Das Blatt schrieb gegen das Bündnis zwischen Großbürgertum und preußischer Krone an, mit dem eine preußische Hegemonialstellung gefördert werden sollte. Es war gegen ein zweigeteiltes und für ein einiges (Groß)-Deutschland. Es war für eine deutsche Nationalvertretung, eine dem Parlament verantwortliche Regierung und ein dieser Regierung (nicht dem Monarchen) unterstelltes Heer. In den Hamburger Verhältnissen störte es sich an dem Kompromiss zwischen den Preußenfreunden und den Demokraten. Hingegen machte es sich für eine Sammlung der fortschrittlichen Kleinbürger und der Arbeiter stark.

Auch auf sozialem Gebiet wollte *Ipecacuanha* ein offenes Wort riskieren. »Wir werden sie geißeln, die politischen und sozialen Industrieritter, welche das Volk nur als Mittel benutzen wollen, um ihre jämmerliche Person in den Vordergrund zu drängen oder ihre Taschen zu füllen.« In den auf lokaler Ebene anstehenden sozialen Kämpfen nahm denn auch das Blatt für die gesellschaftlich und finanziell Unterlegenen Partei, seien es die Schlachter, die Tabakarbeiter oder die Schiffszimmerer, die sich zünftlerischer Schikanen und unternehmerischer Lohndrückerei zu erwehren hatten.

Nur ein neues Etikett?

Von der fünften Nummer an war der exotische Titel verschwunden. Das Blatt hieß nunmehr *Nordstern.* Auch das war zweifellos programmatisch zu verstehen. Der Namensvetter *Northern Star* hatte die vor einem knappen Dezennium erloschene sozialistische Wahlrechtsbewegung in England publizistisch unterstützt. Wenn es für diese Namenspatenschaft auch keine dokumentarischen Belege gibt, so erschien sie den zeitgenössischen Historikern, etwa Mehring, Bernstein oder Laufenberg, doch evident. Keine Beziehung ist zu dem *North Star* zu erkennen, der sich 20 Jahre früher im US-Staat New York dem Kampf gegen die Sklaverei verpflichtet fühlte. Doch in der Hansestadt selbst hatte es bereits einmal eine Zeitung unter dem Titel *Der Nordstern* gegeben. Sie erschien erstmals im März 1802 und ihr Herausgeber Georg Kerner war ein Bruder von keinem Geringeren als dem Dichter Justinus Kerner. Im Juli des gleichen Jahres erlosch das Licht dieses publizistischen Gestirns.

Der französische Gesandte brachte keinerlei Verständnis für die kritischen Töne gegenüber Napoleon I. auf.[3]

Dass der *Ipecacuanha/Nordstern* in den ersten Jahren seines Bestehens beileibe nicht als sozialistisches Druckwerk angesehen zu werden verdient, wird jedem klar, der sich einen Vers auf die Namen machen kann, denen sich seine Spalten öffneten. Das sind in erster Linie die der verblichenen Größen Karl Vogt, Karl Heinzen und Karl Blind.

Wer also war Karl Vogt? Dieser ehemalige Assistent Justus Liebigs erlangte den Ruhm eines Naturforschers von gewiss zeitgenössischem Rang, machte sich vor allem durch die Propagierung des Darwinismus einen Namen. Politisch entwickelte sich Vogt von einem Wortführer der äußersten Linken in der Frankfurter Nationalversammlung (den dieses Engagement auch seinen Gießener Lehrstuhl kostete), zu einem der führenden Antikommunisten des 19. Jahrhunderts. Umstrahlt von der Aura eines lupenreinen Demokraten wurde er mit kaum zu bezweifelnder Sicherheit ein bezahlter Agent Napoleons III.

Vogt bestritt alle Vorwürfe dieser Art. Auch im *Nordstern* schlug er gegen die angeblichen Verleumder zurück, in diesem Fall die Serenissima der deutschen Zeitungsprovinz, die Augsburger *Allgemeine Zeitung*. Er zielte darüber hinaus auf Karl Marx, dem er vorwarf, Chef einer kriminellen Emigrantenbande gewesen zu sein. Marx überführte den verleumderischen Biedermann in seiner scharfsinnig konzipierten Analyse »Herr Vogt«.

Dokumentenveröffentlichungen der republikanischen französischen Regierung nach Napoleons Abdankung förderten den noch fehlenden Beweis der Agentenschaft zutage. »*Vogt – il lui a été remis en Août 1859 ... fr. 40.000*«. Friedrich Engels, der die enthüllende Zeile in einem Zeitungsaufsatz dokumentierte, lobte sich in einer späteren Artikelsammlung selbst: »Dieser Aufsatz hat besagtem Herrn Vogt endgültig den Charakter eines bezahlten bonapartistischen Agenten aufgedrückt.« Nichtsdestotrotz blieb Vogt bis zu seinem Tode 1895 ein Meinungsführer des kleinbürgerlich-demokratischen Lagers. Die Widersprüche seines Werdeganges erschweren zweifellos die Verwendung für griffigen Anschauungsunterricht. Auf der anderen Seite verkürzen wir sicherlich unser Bild vergangener Epochen, wenn wir daraus diejenigen Protagonisten ausmerzen, die uns mit ihrer schillernden Persönlichkeit Schwierigkeiten bereiten.[4]

Nun Karl Heinzen, ein anderer demokratischer Publizist. Er bedachte den *Nordstern* mit den Erkenntnissen seiner »Zwei Reisen nach Amerika«, wohin er 1849 emigriert war. Heinzen war der Vertreter von Karl Marx in der *Rheinischen Zeitung* gewesen, dann, von den preußischen Behörden außer Landes getrieben, zu einem Märtyrer der Pressefreiheit geworden. Mit Marx hatte er sich im Brüsseler Exil überworfen, woraufhin er ihn 30 Jahre lang in seinen deutsch-amerikanischen Blättern und in der deutschen liberalen Presse verfolgte.

Schließlich Karl Blind, ebenfalls Demokrat, Redakteur der *Karlsruher Zeitung* und Mitglied der provisorischen, also revolutionären badischen Regierung. Bis zum Ende der 1850er Jahre unterhielt er freundschaftliche Beziehungen zu Karl Marx. Das Verhältnis zerbrach an der unseriösen Art Blinds, der nicht zu den Enthüllungen über Vogt stehen wollte, die er selbst in Umlauf gebracht hatte. Das hinderte ihn nicht, Vogt im *Nordstern* vorzuwerfen – in der gleichen Ausgabe und auf der gleichen Seite, auf der sich Vogt produzierte – dieser habe ihm, Blind, Geld angeboten »für die ... Beförderung des napoleonischen Unternehmens der Losreißung deutscher Rheinprovinzen«. Das habe er allerdings sofort abgelehnt. Marx war übrigens – irrtümlich – der Meinung, Blind habe den *Nordstern* gegründet – »ein kleines Saublättchen in Hamburg ... um sich wichtig zu machen im Norden«.

Es ist nur zu deutlich: Der gemeinsame Bezugspunkt der unter sich selbst zerstrittenen Mitarbeiter ist die Feindschaft zu dem Mann, mit dem sie ironischerweise alle drei den Vornamen gemeinsam haben, zu Marx. Die Vornamen seiner Feinde machten Marx aber auch selbst zu schaffen. Er korrespondierte lange mit Engels über den Titel seiner Broschüre gegen Vogt, weil er »nicht den ›Karl Marx‹ hinter den ›Karl Vogt‹ setzen« wollte. Wir können, ohne viel zu versäumen, drei Jahre überspringen, wollen lediglich noch festhalten, dass Johann Baptist von Schweitzers Schrift *Zur deutschen Frage* vom Februar bis zum April 1862 im *Nordstern* in Fortsetzungen abgedruckt wurde. Mit diesem Frankfurter Patrizier werden wir es noch ausführlich zu tun bekommen.

Eine von weihnachtlichem Geist beflügelte Feder scheint sich für den *Nordstern* in Bewegung gesetzt zu haben. Mit »froher Begeisterung« habe sie »die Kunde aus Leipzigs Mauern« erfüllt, die sie mit an dieser Stelle ungewöhnlichem Enthusiasmus an die Leser weitergibt. Ein »Comité aus den dortigen Arbeitern« habe zu einer allgemeinen deutschen Arbeiterversammlung in die sächsische Industrie- und Messemetropole eingeladen. Lokalkomitees, die überall »und hauptsächlich in größeren Städten« gebildet werden sollten, hätten die Aufgabe, »durch öffentliche Vorträge und Versammlungen das allgemeine Interesse für die Ereignisse im Vaterlande und für die den Arbeiterstand besonders berührenden Fragen zu wecken«.

Das sind ungewöhnliche Worte, selbst für dieses Blatt. Erst beim zweiten Hinsehen erkennen wir den wahren Verfasser dieses »Aufrufs an Hamburgs Arbeiter«. Nein, es ist nicht der Redakteur, wenn der sich auch mit einer einigermaßen schwülstig abgefassten Einleitung bemüht, sein »Volksorgan« als Interessenvertreter der Arbeiter in Erinnerung zu bringen. Das »Provisorische Komitee Hamburger Arbeiter« gibt hier vielmehr ein Signal.

Es ist unübersehbar: Hier gerät etwas in Bewegung. Warum aber druckte der *Nordstern* die beiden Aufrufe erst in seiner Ausgabe vom 20. Dezember 1862 ab? Das Leipziger Zentralkomitee erließ seinen Aufruf »An die deutschen Arbeiter« immerhin schon am 12. November, und die *Mitteldeutsche Volkszeitung* druckte ihn bereits drei Tage später nach. Also liegen doch ganze fünf Wochen zwischen der Leipziger und der Hamburger Veröffentlichung. Selbst vom Stande der damaligen Informationstechnik aus betrachtet, war das eine lange Zeit. Der Schein spricht wohl für eine langsame Hamburger Gangart, doch der Schein trügt hier. Der Abdruck im *Nordstern* ist ganz im Gegenteil ein Sprung nach vorn.

Gab es dafür einen Grund? Ja! Es ging um die Frage, wer rechtmäßiger Vertreter der Hamburger Arbeiterschaft sein würde. Die Einladung des Leipziger Zentralkomitees hatte nämlich einen zweiten Adressaten gefunden. Angesprochen fühlte sich kein anderer als der Bildungsverein von 1845. In seinem Schoß entstand im Nu ein vorbereitendes Zentralkomitee. Hier saßen neben Arbeitern eine Reihe von Kleinbürgern, allesamt Vertreter anderer Vereine des demokratischen Milieus. Aber diese korporativen Vertretungen waren eben nicht im Sinne der Einlader, die signalisiert hatten: Auf dem Kongress vertreten die Arbeiter sich selbst. Das hieß, als Delegierte erwarte man in Arbeiterversammlungen gewählte Arbeiter. Gerade darum ging ja der Streit mit den Sonnemanns, mit der Coburger *Arbeiterzeitung* und den süddeutschen Arbeiterbildungsvereinen. Von deren Seite wurde mehr oder weniger deutlich ein Entsendungsrecht der Vereine gefordert. Damit wäre gewährleistet, dass auch dieser Kongress am Rockschoß von »Fortschritt« und »Nationalverein« hängen blieb. Das Hamburger Zentralkomitee des Bildungsvereins würde diesen Bestrebungen Vorschub leisten.

Wer stand aber nun hinter dem »Provisorischen Komitee Hamburger Arbeiter«? Niemand anders als die Opposition des Bildungsvereins. Wir kennen sie ja schon. Nachzutragen wäre, dass sie im Frühjahr endgültig mit dem Verein gebrochen hatte. Nach anderer Lesart: Sie sei hinaus komplimentiert worden. Auf den Namen ihres profiliertesten Vertreters werden wir noch öfter stoßen: August Perl. Perl bewies bedeutend mehr Verständnis für die Position der Leipziger als die Leute vom Bildungsverein. Das schrittweise Vorgehen – erst ein provisorisches Komitee, dann eine allgemeine Arbeiterversammlung, dann das weitere – trägt unverkennbar den

Stempel seiner Taktik. Perl war es auch, der seine Feder für den Aufruf im *Nordstern* geliehen hatte, und das Blatt war ja selbst ein Teil der Opposition.

Die Leute hinter dem Nordstern

Beim *Nordstern* hatte es in der Zwischenzeit Veränderungen gegeben. Das Impressum weist ab März 1862 Karl Bruhn als Redakteur aus, später übernahm er die ganze Zeitung. Irgendwann war auch August Perl als Mitbesitzer eingestiegen; er firmierte als »verantwortlicher Verleger«. Schließlich hatte auch der Drucker des Blattes gewechselt. J.E.M. Köhler hatte schon für Marx gedruckt. Es lohnt sich, die neuen Herren etwas unter die Lupe zu nehmen.

August Perl, auch als F.C.A. Perl bekannt, war einer der ersten in der langen Reihe jüdisch-proletarischer Intellektueller, ohne die sich die Arbeiterbewegung gar nicht vorstellen ließe. Dieser volkstümliche Typus hat nicht so viel von sich reden gemacht, wie die Heines, Börnes oder Lassalles, aber sein Einfluss ist aufs Ganze gesehen sicher nicht geringer. Seine schriftliche Gewandtheit, im Büro eines Hamburger Rechtsanwaltes ausgebildet, stellt Perl in den Dienst des sich entwickelnden Genossenschaftswesens. Er übernimmt die Rechnungsführung der Volksbank, wird dann Buchhalter des lokalen Konsumvereins. Im Bildungsverein avanciert er zum Schriftführer, bis er in seiner Eigenschaft als aktives Mitglied der Opposition ausgestoßen wurde. Inzwischen auch beim *Nordstern* eingestiegen, gehört er mit den Audorfs zum Kristallisationskern der sich neu formierenden politischen Kraft.

Nun Karl Bruhn oder Karl von Bruhn, der neue Redakteur. Auch er gehört mit in diese Runde und steht gleichzeitig neben ihr. Zeit seines Lebens ist er eine schillernde, ja irritierende Persönlichkeit geblieben. Sein bunter Lebensweg ist selbst für damalige Verhältnisse auffällig. Bruhn verkörperte den Typ des Berufsrevolutionärs auf so eigentümliche Weise, dass er neben den großen Gestalten des Jahres 1848 wie eine Karikatur anmutet. Auf der anderen Seite reagierte er auf die wenigen, aber genuinen revolutionären Möglichkeiten in Deutschland empfindlicher als das Gros seiner zumeist in der Emigration stecken gebliebenen Gesinnungsgenossen. Hierin ist vermutlich auch der Grund zu sehen, warum ihm die Verfolgungsbehörden der reaktionären Regierungen in den deutschen Ländern seinen Adelstitel missgönnten. Sein Vater, ein Offizier in dänischen Diensten, so drückten ihre Schriftsätze aus, habe das »von« nur eines berufsständischen Brauches halber seinem Namen vorangestellt. Immerhin ziert es Karls Eintragung in das Taufregister.

Sei es wie es sei. Bruhns Lebenslauf würde sich zweifellos auch als psychosoziale Fallstudie eignen. Angeblich wurde der hoffnungsvolle junge Mann schon vom Gymnasium »entfernt«. Er musste auch ein Studium der Rechte in Kiel abbrechen, nachdem er wegen Verstrickung in ein fremdes Duell zu vier Monaten Gefängnis verurteilt worden war. Bruhn wurde schließlich Soldat. Als Freiwilliger bei der preußischen Artillerie absolvierte er eine fünfjährige Dienstzeit, zuletzt in der Festung von Mainz. Vielleicht ist er dort, wo es eine jakobinische Tradition gab, mit revolutionären Ideen in Berührung gekommen. Denn nicht lange nach seiner ehrenhaften Entlassung beginnt er für den Bund der Geächteten und den Bund der Gerechten, Geheimgesellschaften mit demokratischen und sozialistischen Impulsen, durch die Lande zu reisen. Dabei überbrachte er »den an der Spitze ... in Deutschland ... stehenden Mitgliedern Drucksachen und Verfügungen der höchsten Leiter des Bundes« und hat auch »die in Deutschland befindlichen Abteilungen zu größerer Tätigkeit, namentlich zu weiteren Werbungen angefeuert«. So jedenfalls formulierte es der königlich-hannoversche Polizeidirektor Wermuth in einem Fahndungsschreiben von 1850.

Schon 1840 war Bruhns falsche Identität aufgeflogen; er floh nach Schweden, dann in die Schweiz. Die Mainzer Assisen verurteilten ihn wegen seiner umstürzlerischen Tätigkeit zum Tode; doch Bruhn saß das Urteil im Kanton Thurgau aus, bis er 1848 begnadigt wurde. Nun beteiligte er sich im Range eines Obersten am Hecker-Putsch in Baden. Nach dessen Niederschlagung und neuer Flucht nahm er im September des gleichen Jahres am Aufstand gegen die Nationalversammlung in Frankfurt teil. Dazu muss man wissen, dass der Aufstand seine Ursache im Waffenstillstand von Malmö hatte, oder genauer: In der nachträglichen Zustimmung der Nationalversammlung zum Waffenstillstandsvertrag, den Preußen unter dem Druck Russlands und Englands mit Dänemark abschließen musste, in dessen Folge Schleswig-Holstein der dänischen Herrschaft unterstellt wurde. Der Vertrag von Malmö vom 26. August 1848 wurde allgemein als nationale Demütigung, von den Radikalen gar als Verrat an der deutschen Einigung angesehen. Bruhn war aber Schleswiger – und radikal. Und die Schleswig-Holstein-Frage hatte für ihn immer den höchsten Stellenwert.

Er nahm am Zweiten Demokratenkongress Ende 1848 in Berlin teil und erreichte, dass ihn der frisch gebildete Zentralausschuss der demokratischen Vereine Deutschlands als seinen Beauftragten nach Schleswig-Holstein, Hamburg und Mecklenburg entsendete. Was keiner weiß: Bruhn ist auch Mitglied des Bundes der Kommunisten, der Nachfolgerin des Bundes der Gerechten. Auf dem Wege zu neuen Aufständen im Südwesten verhaftet ihn die Polizei in der Nähe von Hannover und findet zwei Empfehlungsschreiben von Karl Marx in seiner Tasche. Marx nennt Bruhn darin »einen unserer Hauptagitatoren in Deutschland«.

Das Vertrauen von Marx sollte er bald verlieren. Bruhn, in seinem Hang zu Konspiration und Geheimzirkelei, hatte noch einen weiteren Auftraggeber. Für die Revolutionäre Zentralisation, eine Emigrantengesellschaft in der Schweiz, die sich als »Generalstab ohne Soldaten« um Johann Philipp Becker und andere Führer des badisch-pfälzischen Aufstandes scharte, berichtete er über den Bund und umgekehrt. Er lavierte zwischen den Bünden, aus denen er nach einer Lesart sogar ein Kartell zu schmieden trachtete. Ganz besonders obskur hörten sich Bruhns putschistische Pläne an, bei denen er den in Schleswig-Holstein stationierten Soldaten eine Hauptrolle zugedacht hatte. Marx warf ihn jedenfalls erst einmal hinaus.

Von der hannoverschen Polizei war Bruhn übrigens nach Frankfurt überstellt worden, wo ihm wegen der Beteiligung am Septemberaufstand der Prozess gemacht werden sollte. Doch die Frankfurter setzten ihn gegen Kaution auf freien Fuß. Bruhn ging bald wieder nach Norddeutschland, und die Polizei verlor das Interesse an ihm.

Im *Nordstern*, der sich durch den Abdruck des Leipziger Aufrufes und mehr noch durch jenen des »Aufrufs an die Hamburger Arbeiter« zur Selbstbestimmung des Arbeiterstandes bekannte, hinterließ die weitere Entwicklung deutliche Spuren. Wenn sie uns oft genug widersprüchlich vorkommen, kann uns das nach dem Blick auf das Naturell des Redakteurs nicht mehr verwundern.

In der ersten Ausgabe des neuen Jahres stellte der *Nordstern* in seiner Rubrik »Büchertisch« Lassalles *Arbeiterprogramm* vor. Damit kündigte sich der nächste und logische Schritt an; denn wie für die Entwicklung der Leipziger Bewegung, war die Kenntnis des *Arbeiterprogramms* auch für die Hamburger von ausschlaggebender Bedeutung. Dann wurde auf einer allgemeinen Arbeiterversammlung, zu der von Perl und seinem Kreis für Anfang Januar eingeladen worden war, Lassalles visionärer Appell verlesen. Anschließend druckte der *Nordstern* das Programm auszugsweise in sechs Fortsetzungen ab.

Nun kommen die Dinge schnell in Fluss. Tausend Arbeiter beteiligen sich an der »Allgemeinen freien Arbeiterversammlung«, zu der das provisorische Zentralkomitee ins National-Hotel geladen hat. Jetzt wird endgültig geklärt, wer die rechten Arbeitervertreter seien. Der *Nordstern* hat bereits eine Wegweisung gegeben. Er weiß, dass allein das provisorische Komitee die Gewähr dafür bietet, »daß nur Arbeiter als Vertreter zum allgemeinen deutschen Arbeiterkongreß nach Leipzig gesandt werden ...« So geschah es.

Neue Feder im Blatt

Genau zu diesem Zeitpunkt, in dem die Zeichen für neue Entwicklungen unübersehbar werden, erhält das schwindsüchtige Blatt Verstärkung. Nein, leider keine Finanzspritze, so notwendig sie wäre, vielmehr eine Feder. Bruhn unterrichtete seinen Genossen aus vergangenen Revolutionstagen und ständigen Korrespondenzpartner J.Ph. Becker, dass sich ihm »jetzt ein Mitarbeiter angeschlossen, der freilich ohne Mittel, aber tätig ist und viele Bekanntschaften hat. Er heißt Siebold.« Bruhn bemerkt nachdrücklich, dass er in Siebold »eine tüchtige Kraft in jeder Beziehung gewonnen habe«.

Philipp Franz Siebold aus Hersfeld/Eschwege, Emigrant mit Bürgerrecht in Kopenhagen, war vermutlich ehedem ebenfalls Mitglied im Bund der Kommunisten, jedenfalls radikaler Demokrat, dessen Spuren heute weithin verweht sind. Er stand wohl in einer gewissen Beziehung zu Marx und Engels, geriet dann unter den Einfluss von Karl Blind, soll nach einer Lesart sogar ein Agent Blinds gewesen sein. Irgendwann zum Jahreswechsel 1862/63 kam er nach Hamburg und schaltete sich sofort in die Auseinandersetzungen um die Arbeiterbewegung ein. Am Schluss der Versammlung im National-Hotel fragte er, »ob es nicht wünschenswert sein würde, ein Organ für die Arbeiterbewegung gegründet zu sehen«. Dem *newcomer* wurde bedeutet, man habe ja schon den *Nordstern*. Der war ihm freilich »völlig fremd« – was nicht verwundert, und auch Bruhn, zu dem er sich alsbald aufmacht, ist ihm unbekannt. Aber die Nummern der Zeitung, die er sich ansehen kann, überzeugen ihn soweit, dass er Bruhn auf der Stelle ein Angebot macht, mit ihm das Blatt gemeinsam zu redigieren. Bruhn hat allem Anschein nach sofort eingeschlagen, und auch das muss nicht wundernehmen.

Die finanzielle Grundlage des *Nordstern* war zweifellos mehr als dürftig, seine personelle Ausstattung gewiss fragwürdig. Für die Hamburger Tagesblätter *Reform* und *Freischütz* war dieses Blättchen mit seinen 300, zu seinen besten Zeiten 400 Abonnenten keine Konkurrenz, und Bruhn war nicht der richtige Mann, dem *Nordstern* Profil, Ansehen und Abonnenten zu verschaffen. Worin die journalistische Legitimation dieses Redakteurs eigentlich bestand, lässt sich heute schon gar nicht mehr aus den Spalten des *Nordstern* herauslesen – und bereits seine Zeitgenossen hatten da ihre Zweifel gehabt. Nach dem Urteil des zweifellos intriganten, doch gleichwohl scharf beobachtenden Bernhard Becker konnte Bruhn »nicht einen einfachen Artikel schreiben, geschweige denn ein Blatt gut redigieren«. So dürfen wir mit Fug und Recht annehmen, dass Bruhn das Angebot Siebolds mit Kusshand akzeptierte. Er wird wohl selbst das Gefühl gehabt haben, dass diese Arbeiterbewegung mit ihren öffentlichen Kundgebungen ihn überforderte. So gerne er da mitmischen mochte; er war eher in konspirativen Praktiken geschult, die hier nicht gefragt waren.

Siebold war aus anderem Holz geschnitzt. Ganz gleich, wo er hergekommen sein mochte und wo er danach wieder hingegangen ist: In diesem geschichtlichen Augenblick war er der richtige Mann an der richtigen Stelle. P.F. Siebold war der erste Redakteur der Arbeiterbewegung. Im überschaubaren Hamburger Milieu, dem zugleich eine Schlüsselrolle zugemessen war, hinterließ er in einer jammervollen Gazette Spuren, die schon auf Schweitzer, Liebknecht, Bernstein hindeuten.

Seinen Einstand gab der Neue mit einer Standpauke für die bürgerlichen Blätter Hamburgs. Vor allem nahm er die *Reform* aufs Korn, eine demokratische Gründung des Revolutionsmärz, die aber schon merklich nationalliberale Schlagseite zu zeigen begann. In drei aufeinander folgenden Ausgaben hatte das Blatt eine regelrechte Kampagne gegen das provisorische Komitee eröffnet, ausgehend von dem Zusammenprall der beiden Komitees auf der Versammlung des bürgerlich inspirierten Zentralkomitees vom 22. Januar. »Wilde Demagogen, rote Republikaner und Kommunisten« hätten die Versammlung gesprengt, wenn man der *Reform* glauben wollte. Eine »wiederauferstandene rote Partei« erwartete von »kommunistischen Faseleien« das Heil des Volkes.

Man muss nicht die ganze Geschichte dieser Versammlung hier zum Besten geben, die ausreichend, wenn auch kontrovers dokumentiert ist. Zum Zankapfel geriet der doch eher lobenswerte Versuch einiger weniger Vertreter des provisorischen Komitees, eine gemeinsame Plattform mit dem Zentralkomitee zu finden. Erst als die Versammlungsleitung zu ihrem Schrecken erkennen musste, dass ihr die Versammlungsmehrheit nicht zu folgen bereit war, sondern sich den Gästen anschloss, würgte sie die Diskussion brüsk ab und schloss überstürzt die Zusammenkunft. Ausgangspunkt der Misere war natürlich die Vertretungsfrage, oder anders herum, das Unvermögen gewisser bürgerlicher Politiker, einzusehen, dass sie nicht ewig an der Spitze der Bewegung stehen konnten, selbst wenn sie sich einmal Verdienste darum erworben hatten. Siebold brachte das folgendermaßen auf den Punkt: »Fragen wir doch einmal jeden human denkenden Menschen, ob nicht einige tausend besitzlose Arbeiter der Republik Hamburg das Recht haben, zu Beratungen über ihr Wohl und Wehe zusammenzutreten und das Resultat ihrer Beratungen auf dem Arbeitertag in Leipzig vorzubringen, ohne andere Leute, zu denen sie von vornherein, wahrscheinlich aus Erfahrung kein Vertrauen haben, zu Leitern der Bewegung zu machen.«

Wenn Siebold seine Abhandlungen mit einem Schuss Polemik würzte, so war die gewiss nicht an die falschen Leute verschwendet und entsprach ohnehin dem Geist der Zeit. So lesen wir in seinem Bericht über die allgemeine Arbeiterversammlung vom 31. Januar, über welche auch die *Reform* berichtete, dass gerade jenes Blatt sich den Arbeitern »plötzlich als fünfzehnjährige treue Freundin vorstellt«, das sie gerade eben als »kommunistische Faseler« denunzierte. Und warum wohl? Nun, »um geneigte Abnahme ihrer 22 000 Exemplare seitens der Arbeiter recht demütig zu bitten.« Aber hier gehen die Pferde mit dem neuen Ressortleiter durch. Mit Worten wohl, aber mit Zahlen, Auflagenzahlen, kann sich der *Nordstern* eben nicht mit dem renommierten bürgerlichen Blatt messen.

Hingegen leuchtet ein Schimmer von journalistischem Ethos auf in der Art und Weise, in der Siebold den *Nordstern* vom Vorstand Hamburger Arbeiter abgrenzt, wie sich das nun definitive Komitee zur Beschickung des Leipziger Arbeitertages nennt. Dessen Vorsitzender, ein Herr Bösche, der auch schon den allgemeinen Arbeiterversammlungen präsidiert hatte, bestritt dem *Nordstern*, Organ des Komitees zu sein, zugleich wollte er ihm Vertrauenskommissarien beiordnen, Aufpasser, wenn nicht Zensoren. Siebold weist das Ansinnen entschieden zurück: »Der *Nordstern* schrieb bisher unter der Verantwortlichkeit seiner Redaktion, die nicht Herrn Bösche zu ihrem Mitgliede zählt und wird auch ferner unter der alleinigen Verantwortlichkeit seiner Redaktion schreiben.« Die lange leidvolle Geschichte von oft genug kleinkarierten Versuchen der Parteioberen, sich ihre Blätter botmäßig zu machen, hat erkennbar ihre Wurzeln in einer Zeit als beide Spezies noch in *status nascendi* waren.

Die Unabhängigkeit in Ehren; dem *Nordstern* scheint die Zeit gekommen, Flagge zu zeigen. Von der Nummer 198 vom 7. Februar 1863 an führt er den Untertitel *Organ für Arbeit und Arbeiter*. Begründung: Um »den vom *Nordstern* gegen Denunziationen und Angriffe in Schutz genommenen Arbeitern zu zeigen, dass es ihm Ernst mit der von ihm ergriffenen Partei …« Auch diese Festlegung dürfte Teil der Vereinbarungen zwischen Siebold und Bruhn sein.

Aber darf man seinen Augen trauen? Ganze vier Wochen hält der Bekennermut vor, dann ist der Untertitel gegen einen neuen ausgetauscht: *Organ für das deutsche Volk*. So brüchig ist die Grundlage noch, auf der die ersten Schritte einer Arbeiterpresse gewagt werden. Im Interesse eines gerechten Urteils: So ganz konturlos, wie es uns heute erscheinen mag, war die neue Parole nicht. Für das deutsche Volk zu optieren, hatte durchaus einen revolutionären Ruch an sich, wenn damit Einigung von unten, Abschaffung der Fürstenherrschaft und allgemeine Wahlen gemeint waren. Und hier lag auch der Hase im Pfeffer: Bruhn, der ja ein revolutionärer Demokrat war und noch kein ernsthafter Anhänger der Arbeitersache, fürchtete um seine Klientel. Siebold war auch ein radikaler Demokrat, und der Verdacht, dass er ebenfalls wie Bruhn die Arbeitersache nur instrumental betrachtete, ist ausgesprochen worden; doch Bruhn *lebte* vom Nordstern.

Wenn man Siebold glauben darf, und zu Zweifeln besteht in diesem Punkte wenig Anlass, habe Bruhn die Änderung veranlasst, ohne ihn davon in Kenntnis gesetzt zu haben. Aber ob die Antwort, die er Bruhn in den Mund legt, nicht eine leichte Tendenzverschiebung erfahren hat, muss offen bleiben. Zur Rede gestellt, habe Bruhn geknurrt, dass er aus dem *Nordstern* kein »Knotenblatt« gemacht haben wolle. »Die gentilen Leute, welche bisher Abonnenten des *Nordstern* waren, ärgern sich über den jetzigen Titel und die neue Tendenz. Ich verliere die bisherigen Abonnenten, während die Knoten das Blatt doch nicht kaufen.« Übersetzt man die »gentilen« nicht mit den landläufig »feinen« Leuten, sondern sieht man in ihnen jene Gruppe, die sich ihre demokratisch-revolutionäre Opposition bisher vom *Nordstern* bestätigen lassen konnte, so bekommt die Sorge Bruhns Umriss. Die liebe Konkurrenz hatte ihr Teil dazugetan: Der Hamburger *Freischütz* sprach von einem »Junkertum in der Bluse«. Dieser Pfeil war doppelt gespitzt. Die Bluse war die Tracht der französischen Arbeiter. Das »Junkertum« sollte auf eine Affinität der selbstständigen Arbeiterbewegung zur Reaktion hindeuten. Mit solcher publizistischen Keule arbeitete die bürgerliche Presse, wie man sieht, schon in einem frühen Stadium. Später wurde sie namentlich gegen die Lassalleaner eingesetzt.

Bruhn durfte sich auch zu Recht düpiert fühlen, wenn ihm Siebold den »Knoten« unter die Nase rieb. Vorausgesetzt, beide hätten wirklich die gleiche politische Sprache gesprochen, dann hatte Siebold mit seiner Bloßstellung Bruhns den Komment verletzt. Knoten, das waren im akademischen, oder besser, im flapsigen studentischen Jargon die Ladenschwengel und Kommis, die ungebildeten Menschen schlechthin gewesen. Unter den mit ihrer Bildung kokettierenden revolutionären Aufsteigern der Jahrhundertmitte hatte der Begriff eine Zuspitzung erfahren. Man hielt sich damit die Masse der nur Ansprüche Stellenden und des rechten Wegs Unkundigen semantisch vom Hals. Marx und Engels waren nicht zimperlich in der Verwendung. Eine inflationäre Verwendung des Begriffes findet sich namentlich in den Briefen von Karl Marx an Engels. Der bevorstehende Leipziger Arbeiterkongress ist ihm ein »Knotenkongreß«, der »brave *Nordstern* … ein Kotlager von Knotentum«. Das sind nur zwei Kostproben. Jedenfalls konnte sich Bruhn in bester Gesellschaft wähnen und versuchte, als ihm sein Fauxpas klar geworden war, den Spieß umzudrehen. Knoten? Sicherlich hätte er den Ausdruck verwendet. Aber doch in einem ganz anderen Sinn, als von Siebold behauptet.

Über den Januar und Februar hinweg war den Hamburger Arbeitern das *Arbeiterprogramm* nahe gebracht worden. So auf lassallesche Gedankengänge eingestimmt, konnte einer Arbeiterversammlung am 28. März das *Offene Antwortschreiben* zugemutet werden. Es wurde sofort nach der Verlesung zusammen mit einer kurzen, von Perl verfassten Resolution über die notwendige »Einführung des allgemeinen direkten Wahlrechts« diskutiert. Die wenigen Einwände wurden vor allem durch Perl und Audorf den Jüngeren aus dem Wege geräumt, sodass die Zustimmung fast einstimmig ausfiel. Noch ging die Versammlung davon aus, dass man die Abhaltung eines Arbeitertages in Leipzig anstrebe. Aber sie konnte nicht an der Tatsache vorübergehen, dass aus Richtung Coburg allerhand Wetter drohten, die dieses Vorhaben gefährdeten. Perl riet, dem Löwen ins Maul zu fassen und in der Coburger *Arbeiterzeitung* selbst sich mit den Boykottbestrebungen auseinanderzusetzen. So wurde beschlossen.

Das Vorgeplänkel sollte zu einem Artillerieduell werden (Na'aman). Die Ausführung des Vorschlages war auf Perl selbst zurückgefallen. Zusammen mit Audorf d.J., dem anderen Vorstandsmitglied, verfasste er den Aufruf an die deutschen Arbeiter, der zunächst im *Nordstern* erschien. In einem Vorwort an die Adresse der Hamburger Arbeiter enthüllten die beiden, dass der »projektierte Arbeitertag« durch die Opposition, namentlich der süd- und mitteldeutschen Arbeiterbildungsvereine, in Frage gestellt sei und sie im folgenden die Hintergründe dafür deutlich machen wollten.

Es verdient noch, darauf hinzuweisen, dass die Hamburger das Spiel durchschauten, welches mit den Arbeiterbildungsvereinen getrieben wurde. Sie wussten sich zu erklären, »warum gerade die Arbeiterbildungsvereine, an deren Spitze ... Fortschrittsmänner stehen, die stärkste Opposition gegen den projektierten Arbeitertag und gegen das Leipziger Zentralkomitee erregten.« Zwei Gründe sind es vor allem: Einmal fürchten die Vereine um ihre Existenz, wenn sie sich politisch zu stark exponierten (aber Perl und Audorf halten diese Angst für übertrieben), und zum anderen sind sie, jedenfalls in ihren Vorständen, unfähig die große Arbeiterbewegung zu begreifen und fortzuführen. Den »Braven von Leipzig«, wenn sie sich auch vergeblich um das Zustandekommen des Arbeitertages bemühten, ist dennoch Anerkennung und Dank zu zollen. Jetzt aber ist es an den Arbeitern Hamburgs, »diese Bewegung nicht ersterben zu lassen«.

In der allgemeinen Arbeiterversammlung vom 11. April bekommt das Streben Konturen. Eine Woche darauf – der *Nordstern* erscheint immer sonnabends, dem

Tag, an dem auch die regulären Versammlungen stattfinden – kann Siebold verkünden: »Die Arbeiterbewegung ist in ein neues Stadium getreten.« In der Diskussion über den Aufruf wird die Gründung eines allgemeinen deutschen Arbeitervereins ventiliert und diese Idee »von der überwiegenden Mehrheit der Versammlung mit freudiger Zustimmung begrüßt«.

Wollte man allerdings allein auf den *Nordstern* als Quelle zurückgreifen, wäre das Bild höchst unvollkommen und schief. Wir wissen natürlich, dass das Leipziger Zentralkomitee bereits am 17. März Lassalles *Offenem Antwortschreiben* zugestimmt hatte. Damit war der Plan eines Arbeiterkongresses vom Tisch und die Gründung eines großen Arbeitervereins, dessen Hauptziel die Durchsetzung des allgemeinen Stimmrechts sein würde, Programm. Eine Woche später hatte das Zentralkomitee seinen Auftrag an eine große Arbeiterversammlung zurückgegeben, die im Odeon mit 1350 gegen 2 Stimmen Lassalles Vorschlägen zustimmte und ein neues Komitee wählte. Dessen Aufgabe war es, die Vereinsgründung vorzubereiten. Die Verdienste des Vorstandes Hamburger Arbeiter bleiben gleichwohl unbestritten. Mit den Beschlüssen vom 28. März und dem, was sie in der Coburger *Arbeiterzeitung* auslösten, wurde aller Welt deutlich, wie die Fronten verliefen.

So sehr die Leipziger Versammlung die Sache voran gebracht hatte, so fühlbar war die Einbuße, die sie drei Tage später durch den Rückschlag von Berlin erhielt. Der Berichterstatter des *Nordstern* arbeitete recht deutlich heraus, wie gut die fortschrittlichen Führer es verstanden, eine Arbeiterversammlung zu mobilisieren und sie dann zu einem Tribunal gegen Lassalle umzufunktionieren. Allerdings hielten die Drahtzieher sich diskret im Hintergrund und überließen drittrangigen Figuren die Schmutzarbeit. Der kaufmännische Direktor des Lokomotivfabrikanten Borsig hatte zwar zunächst erklärt, sich kein Urteil über die Theorien von Schulze-Delitzsch und Lassalle anzumaßen, tat dann genau dieses, wobei am Ende herauskam, dass Lassalle »ein falscher Apostel der Freiheit« sei, der die Arbeiter nur zu unbesonnenen Schritten verführe. Auch hier mussten wieder die Formulierungen des *Arbeiterprogramms* herhalten, um Lassalle zu unterstellen, er wolle »die Arbeiter zur bevorzugten Klasse machen, wie es ehedem der Adel gewesen sei«.

Die politische Ahnungslosigkeit und Rohheit dieser Versammlung müssen nach der Darstellung im *Nordstern* grenzenlos gewesen sein. Ludwig Loewe, ein Industrieller und anerkannter Liberaler, wurde niedergeschrieen, als er lediglich eine Tatsachenberichtigung zu den Anwürfen gegen Lassalle über das Rednerpult bringen wollte. Ein anderer Fürsprecher Lassalles fürchtete sich, in der aufgeheizten Atmosphäre eine Lanze für den abwesenden Freund zu brechen. Der gut gemeinte Antrag eines Einzelgängers, wenigstens Lassalles Forderung nach dem allgemeinen Wahlrecht zuzustimmen, kam gar nicht erst zur Abstimmung. Am Ende erklärte sich die Versammlung ausdrücklich für die von Schulze-Delitzsch verkündeten Grundsätze und bestritt dem Leipziger Zentralkomitee Auftrag und Verantwortung. Die fortschrittlich geprägten Berliner Arbeiter blieben für Lassalle eine harte Nuss, die er Zeit seines Lebens nicht zu knacken verstand.

Der *Nordstern* druckte übrigens in der gleichen Ausgabe das Schreiben Lothar Buchers an das Leipziger Zentralkomitee ab, in dem der ehemalige Londoner Emigrant, Freund Lassalles und nachmalige Mitarbeiter Bismarcks, »Farbe zu zeigen« nach den Berliner Vorgängen für richtig erkannte. Bucher war der furchtsame Typ gewesen, der sich nicht auf das Podium getraut hatte. Jetzt wollte er praktische Wiedergutmachung leisten und stellte sich für einen Vortrag in Leipzig zur Verfügung, mit dem er dem Manchestertum die Larve vom Gesicht reißen wollte. Doch dazu kam es nie. Bucher musste einen Rückzieher machen nach Angriffen aus bürgerlichen Kreisen und war kein Faktor mehr, mit dem die Arbeiterbewegung rechnen konnte. Diese Episode bot damals viel Gesprächsstoff für die politischen Zirkel in Berlin und außerhalb.

Vogelflinte gegen Feldgeschütz

Ohne Frankfurt kein Leipzig, darüber besteht bei allen Beobachtern Einigkeit. Über den Ablauf der Frankfurter Veranstaltung gehen die Meinungen hingegen weit auseinander und bei den Berichterstattern der Parteien verständlicherweise am weitesten. Siehe hier die *Neue Frankfurter Zeitung* und den *Nordstern.* Leopold Sonnemann habe den größten Teil der Berichte in der NFZ selbst verfasst, so ist überliefert. Dass der Matador sein eigener Reporter wurde, ist nicht nur in der Blütezeit der liberalen Parteipresse zu beobachten, doch hat Sonnemann diesen Verstoß gegen ein modernes Presseverständnis mit besonderer Routine verübt. Einige Kostproben sind schon weiter oben gegeben worden. Aber auch der Berichterstatter des *Nordstern* beobachtete nicht von der Pressetribüne aus. Bernhard Becker war für nahezu jedes Scharmützel gut. Als Mitglied des Mannheimer Arbeiterbataillons der badischen Volksarmee hatte er in der Reichsverfassungskampagne von 1849 mitgefochten. Erst 1862 war er aus dem Londoner Exil zurückgekehrt und störte jetzt im Frankfurter Arbeiterbildungsverein mit unbestreitbarem agitatorischem Geschick die Sonnemann'schen Bestrebungen empfindlich. Seine Mitarbeit an verschiedenen arbeiterfreundlichen Blättchen hatte sicherlich existenzielle Gründe. Bernhard Becker ist nie auf einen grünen Zweig gekommen.

Wenn er sich jetzt mit Sonnemann anlegt, wollen wir die Größenverhältnisse in Erinnerung bringen und nicht vergessen: Sonnemann bediente ein Feldgeschütz, Becker lieferte Munition für eine Vogelflinte. Doch die Spuren beweisen, dass er nicht ungeschickt in seinem Handwerk war. Schon der Bericht über den Arbeitertag des Maingaus vom 19. April, bekanntlich der Rödelheimer Prolog des Frankfurter Zweiakters, ist von amüsanter Kurzweil. »Als nun die Freunde des Apostels der Arbeiter ihr Mütchen gekühlt hatten und schon den Sieg bei allen vier Zipfeln erhascht zu haben glaubten, trat ihnen Scheppler, der Vorsitzende des Mainzer Vereins entgegen, indem er Lassalle belobte, weil dieser die Deutschen aus dem Nationalvereinsdusel aufrüttle.« Tatsächlich hatten ja Sonnemann und seine Gruppe mit kühler Regie nahezu narrensicher eingefädelt, wie das drohende Leipziger Ereignis abzuwenden sei. Aber sie hatten die Stimmung falsch eingeschätzt. Die radikaleren Vertreter der Arbeitervereine fanden es nicht erfreulich, so über den Tisch gezogen zu werden. Sie verlangten den Mann zu sehen, über den sie hier ein Verdammungsurteil fällen sollten. Sonnemann, der es formuliert hatte, fand sich genötigt, die Einladung seines Widersachers selbst vorzuschlagen. Becker: »Wie ich vernehme, hat Lassalle die Einladung angenommen.« Zu fragen ist, warum nichts über die gleichzeitige Einladung an Schulze-Delitzsch verlautet. Der Bericht im *Nordstern* erschien erst drei Wochen nach dem Rödelheimer Arbeitertag. Da hatte sich die Absage des »Arbeiterapostels« doch wohl längst herumgesprochen.

Prompter bediente der *Nordstern* seine Leser mit dem Bericht über die so resolut erkämpfte Veranstaltung. Er erscheint als ein in mancherlei Hinsicht bemerkenswertes Dokument. Was uns heute mit dem großen Abstand und der gleichzeitigen Fixiertheit auf herausragende Daten als erstes auffällt, ist das Erscheinungsdatum, der 23. Mai. Da haben sie sich doch schon in Leipzig zum Gründungsakt zusammengesetzt! Aber sicher wäre es ungerecht, dem Redakteur die ganze Last aufzubürden, die das Datum als Dreh- und Angelpunkt sozialdemokratischer Geschichtsschreibung zu tragen bekam. Das Aktualitätserfordernis seiner Zeit hat er sicherlich beachtet. Ganz unüblich reservierte er die »Spitze« der Seite l einer Tatsachenmeldung, dass nämlich die allgemeine Frankfurter Arbeiterversammlung vom 19. Mai mit 400 Stimmen den beiden Anträgen Lassalles zugestimmt habe: Für die Gründung eines Allgemeinen deutschen Arbeitervereins einzutreten und zu diesem Zwecke einen Delegierten nach Leipzig zu entsenden. Wie wenig dieses Ergebnis am Beginn der Redeschlacht vom 17. Mai zu erwarten gewesen war, ist geschichtsnotorisch. Dennoch verdient der »ausführliche, wahrheitsgetreue Bericht« Beckers über diesen Auftakt unsere Aufmerksamkeit. Die Machinationen um diesen Arbeitertag kommen recht klar zum Ausdruck. Sonnemann hat seine Legionen, seine Arbeiterbildungsvereine aufgeboten, in denen Lassalle systematisch verteufelt worden war. Der hat hier keine Chance. Sonnemann sagt: »Durch das Lassallesche Programm habe sich in Leipzig eine politische und sociale Partei gebildet.« Doch: »Die Arbeiterbewegung müsste, wie schon oftmals, wieder untergehen, wenn die Arbeiter eine politische Partei würden.« Und er weiß auch, was zu machen, nämlich am 7. Juni – der *Nordstern* notiert irrtümlich 7. Juli – einen allgemeinen deutschen Arbeitertag in Frankfurt am Main abzuhalten, über den Leipziger Antrag jedoch zur Tagesordnung überzugehen. Und nun kann man Lassalle ja reden lassen. Doch wo jetzt das Abenteuer dieses Treffens beginnt, Lassalle seinen Coup startet, zu seiner Marathonrede anhebt, die eine Fortsetzung unter ganz anderen Vorzeichen erzwingen wird, da bricht der *Nordstern* ab, da schweigt Becker.

An anderen Stellen war er umso redseliger, und so wissen wir, dass er selbst für eine um Polemik nie besorgte Zeit ein schlimmer Demagoge und ein Antisemit war. Sonnemann ging in seinem Blatt mit Lassalle nicht zimperlich um; doch Becker traf Sonnemann unter der Gürtellinie. Er muss freilich erst ganz frisch über Sonnemanns wunde Punkte aufgeklärt worden sein, denn der Bericht über Rödelheim ist noch frei von den nun erhobenen Verdächtigungen und Invektiven, in denen sowohl die jüdische Herkunft des »Löb« Sonnemann wie auch angebliche sittliche Verfehlungen vielfach variiert werden. »Ich würde diese Sachen nicht erwähnen, wenn es nicht nötig wäre, den Kerlen die Heuchlermasken abzureißen, damit sich der hiesige Arbeiterbildungsverein reinigt.« Solche Begründung macht die Sache keinen Deut besser. Der *Nordstern* gewöhnte sich an, von »Löb« Sonnemann zu schreiben. Ob damit *expressis verbis* auf Sonnemanns jüdische Abkunft gezielt wird, lässt sich heute schwer nachprüfen. Auch Mehring, der über jeden Antisemitismus erhaben ist, verwandte zeitweise den Ausdruck Löb, (was freilich auf Adolf Brauns – ein späterer profilierter *Vorwärts*-Redakteur – entschiedene Missbilligung traf).

Der große Tag von Leipzig

Nun, eigentlich war das Rennen ja gelaufen. Der *Nordstern* mag gemeint haben, im Interesse seiner Chronistenpflicht zu handeln, hat ja doch das große Ereignis in Leipzig stattgefunden. Dort ist am 23. Mai 1863 der Allgemeine Deutsche Arbeiterverein gegründet worden, ein Vorgang, an dem sich gerade auch Hamburg einige Verdienste zuerkennen kann. Das hat auch seine Anerkennung gefunden. Neben den beiden Abgeordneten Audorf und Perl durfte auch der Redakteur des *Nordstern*, Karl Bruhn, die bewegenden Stunden im Pantheon verfolgen. So wird auch sein Bericht, vor Ort verfasst, seinen Lesern Informationen aus erster Hand und die ganze Atmosphäre als journalistische Zugabe bescheren!

Leider irren wir uns. Die Gepflogenheiten eines modernen Journalismus auf die zwangsvolle Situation einer winzigen oppositionellen Gazette des mittleren 19. Jahrhunderts anwenden zu wollen, wäre wohl völlig verfehlt. Die *Nordstern*-Titelgeschichte über die »Gründung des allgemeinen deutschen Arbeitervereins« ist kein redaktionelles Eigengewächs. Allerdings ist das Blatt ehrlich genug, mit der Quelle nicht hinterm Berge zu halten. Eine Fußnote klärt auf: »Wir geben den Bericht nach der ›Deutschen Allgemeinen Zeitung‹.« Die Leipziger DAZ, sie ist das liberale Aushängeschild der Buchhändler-Dynastie Brockhaus, mit der sich Lassalle ja schon – vergeblich – an den Verhandlungstisch behufs Gründung eines eigenen Organs gesetzt hatte. Heute, bei der die Konstituierung beschließenden abendlichen Feier, rühmt sie der frisch gewählte Präsident als die große Ausnahme in der liberalen Presselandschaft. Gegnerin, sie zwar auch, aber »in ehrlicher und anständiger Weise«, die »nie ... mit Bewußtsein gelogen« und »allen Berichtigungen und tatsächlichen Nachrichten stets ihre Spalten bereitwillig geöffnet hat«. Umso härter trifft Lassalles Bannstrahl die restliche liberale Presse, der er eine letzte vierwöchige Schonfrist gewähren will. Der Leipziger Zeitung ist das Lob von der falschen Seite, das sie – auch hier im Auftrag ihrer Chronistenpflicht – selbst abdruckt, so unangenehm, dass sie sich in der gleichen Nummer davon distanziert: »... haben wir durchaus nicht alle uns zugegangenen Entgegnungen Lassalles abgedruckt«. Sie verteidigt auch die übrige liberale Presse, die sich »keine Verschweigungen wirklicher Berichtigungen und absichtliche Entstellungen ... Hrn. Lassalle gegenüber zu Schulden kommen« ließ. Immerhin liegt der gute Ruf der DAZ nicht zuletzt in ihrer einwandfreien Tatsachenberichterstattung begründet, und davon profitieren jetzt auch die Leser des *Nordstern*. Übrigens hat die Bearbeitung des Artikels durch Bruhn, oder wer ihn immer für den *Nordstern* einrichtete, dem Bericht gut getan. Einige falsch geschriebene Namen, die dem DAZ-Mitarbeiter offenbar unbekannt waren, wurden berichtigt.[5]

Nur gestreift werden soll hier das Verhältnis der neuen Kräfte zu den staatlichen Autoritäten. Natürlich beobachtete die Obrigkeit mit Argwohn, wie ihre Untertanen sich organisierten. Die preußische Regierung war durch ihren Residenten in Frankfurt über den Vereinstag voll ins Bild gesetzt worden. Aber der Bannstrahl blieb aus. Sprachregelung wurde, die Arbeitervereine als ein nichtrevolutionäres Anhängsel der bürgerlichen Demokratie zu betrachten. Die Besorgnis erregenden Vorgänge in Leipzig hingegen ließen der sächsischen Regierung die Konsultation Berlins angeraten erscheinen. Eine Anfrage des sächsischen Gesandten führte zu einem regen Gedankenaustausch zwischen Bismarck und Innenminister Eulenburg. Aus taktischen Gründen wurde Stillschweigen beobachtet. Zur Zeit fände ein gegenseitiges Bekämpfen der sich zum Teil feindlich gegenüberstehenden Richtungen statt. »Ein Einschreiten der Regierungen könne leicht eine sich gegen letztere wendende gemeinschaftliche Operationsbasis schaffen.«

So konnten sich die ersten zarten Keime der Organisation noch relativ unbehelligt entwickeln. Gleichwohl hatte Lassalle selbst einige Sträuße mit der preußischen Justiz zu bestehen, die ihn seit Erscheinen des *Arbeiterprogramms* im Visier hatte, unbeschadet der Tatsache, dass er zur gleichen Zeit in seinen geheimen Gesprächen mit Bismarck für ein soziales Königtum und das gleiche allgemeine Wahlrecht warb.

So wie in der Arbeiterbewegung die Dinge in Fluss gerieten, bemühte sich auch der *Nordstern* am Ball zu bleiben. Das gelang ihm in der Regel mehr schlecht als recht. So legte er sich zwar die Pflicht auf, die in Leipzig beschlossenen Statuten des ADAV abzudrucken. Doch kein einziges weiteres, vielleicht erläuterndes Wort begleitete sie. Auf der gleichen Zeitungsseite brachte das Blatt seinen Abonnenten nach drei Wochen den Schluss von Lassalles Rede auf dem Arbeitertag des Maingaues zur Kenntnis. Schnee von gestern? Wir sollten unserer spöttischen Überlegenheit besser Zügel anlegen: Der Informationsverschleiß hatte den heutigen Stand noch lange nicht erreicht und Medien, die Lassalles Agitation an die Arbeiter heranbrachten, waren dünn gesät.

Dann endlich scheint Bruhn sich in seine neue Rolle zu bequemen. »Vorwärts!« schallt die Fanfare des Editorials – vier Wochen nach Leipzig. Lassalle hat das Volk aufgerüttelt. Schart Euch um das Banner der Neuzeit! Aber so recht traut der Verfasser der Durchschlagskraft seine Ergüsse doch nicht, darum lässt er den großen Agitator lieber selbst sprechen. Der Artikel steht und fällt denn auch mit dem visionären Schlussakkord aus Lassalles *Arbeiterprogramm*: »Nichts ist mehr geeignet, einem Stande ein würdevolles und tief sittliches Gepräge aufzudrücken, als das Bewußtsein, daß er zum herrschenden Stande bestimmt, daß er berufen ist, das Prinzip seines Standes zum Prinzip des gesamten Zeitalters zu erheben, seine Idee zur leitenden Idee der ganzen Gesellschaft zu machen ...« und so weiter und so fort in den bekannten Dithyramben. Aber vielleicht soll dieses Zitat nur den Appetit wecken auf Lassalles Schriften, »auf die wir hier aufmerksam machen und dringend empfehlen«, und die dann in einer Fußnote aufgeführt werden.

Diese erste Empfehlung von Lassalles Schriften in einer Arbeiterzeitung, der unzählbare in den historischen Blättern der Sozialdemokratie folgen sollten, zählte im einzelnen auf:

»*Über Verfassungswesen.* Ein Vortrag gehalten in einem Berliner Bürger-Bezirksverein. Berlin 1862.

Arbeiterprogramm. Über den besonderen Zusammenhang der gegenwärtigen Geschichtsperiode mit der Idee des Arbeiterstandes. Zürich 1863.

Was nun? Zweiter Vortrag über Verfassungswesen. Zürich 1863.

Zur Arbeiterfrage. Rede bei der am 16. April in Leipzig gehaltenen Arbeiterversammlung. Nebst Briefen der Herren Prof. Wuttcke und Dr. Lothar Bucher. Zu beziehen durch Dr. Otto Dammer. Leipzig, Hospitalstr. 12.«

Doch der Ehrgeiz dieser Nummer geht noch weiter. Nachdem »auf Grund der Paragraphen 4, 11 und 12 des Reglements« zur öffentlichen Kenntnis gebracht wurde, wer vom Präsidenten des Allgemeinen Deutschen Arbeitervereins alles zu Bevollmächtigten ernannt wurde, darunter »für Hamburg der Verleger des *Nordstern* A. Perl«, berichtet das Blatt noch aus drei Arbeiterversammlungen in Köln, Leipzig und Hamburg. Es liegt nahe, in Ansehen des maritimen Verlagsortes, von einem Stapellauf zu sprechen. Zunächst noch unregelmäßig unter verschiedenen Überschriften erscheinend, kündigt sich eine Rubrik an, die einmal das Rückgrat des *Nordstern* bilden wird. Die Berichterstattung aus den einzelnen »Gemeinden« des ADAV unter eben dem Rubrum »Allgemeiner deutscher Arbeiterverein« wird zu seiner Legitimation als Zentralorgan wesentlich beitragen.

Ob die Häufung von Arbeiterthemen ihren Grund nicht etwa darin hat, dass die Ausgabe als Probenummer unter die Leute gebracht wurde? Die Quartalswende mit ihrer allfälligen Aufforderung, das Abonnement zu erneuern oder aufzunehmen gab zusätzliche Schubkraft. Beschwörend führt Perl den Lesern vor Augen, dass der *Nordstern* auch im »endlich zum Ausbruch gekommenen Kampfe« auf jener Seite stehe, »wo die Waffen für Recht und Wahrheit geführt werden«. Von den Parteigenossen dürfe man nun »auch wohl erwarten, dass sie ihrem Organ durch immer weitere Verbreitung in ausgedehnteren Kreisen Abnehmer zu verschaffen suchen. Erfüllt jeder von uns seine Pflicht, so werden wir bald als Sieger dastehen.« Schon in der Wurzel kündigt sich der ungehemmte Optimismus an, der die Arbeiterbewegung bis zum Ersten Weltkrieg erfüllte.

Bruhn stellt eine Verbindung her

Der neue Abschnitt, der für den *Nordstern* begonnen hatte, brachte auch Bruhn etwas Gutes. Er konnte seine Verhältnisse ordnen. Als erstes trennte er sich von Karl Blind. Zwei Aufsätze, die Blind wegen ihrer Tendenz gegen die Arbeiterbewegung ohne Namenszeichnung an den *Nordstern* gesandt hatte, blieben liegen. »Die Zumutung war doch etwas zu unverschämt.« Selbst Marx in London entgeht dieser Paradigmenwechsel nicht, und er wird darüber spotten, Lassalle habe »den verbummelten Bruhn ... dem Blind abgekauft«. Es wäre zuviel verlangt, bei Bruhn tiefere Einsicht in das Geschehen zu erwarten. Für den Altrevolutionär ist die Gründung des ADAV lediglich die Fortsetzung des alten Kampfes mit neuen Mitteln. Aber er setzt sich für die Sache ein, so gut er kann, sucht Verbündete dort, wo er sie kennt. Da ist zum Beispiel sein alter Kampfgefährte Johann Philipp Becker in Genf. Bruhn sendet ihm die Statuten zu und erklärt ihm unumwunden, wie »erwünscht« es wäre, »wenn Du für unseren neuen Verein dort tätig sein wolltest«. Im gleichen Atemzuge sucht er Becker auch für die Dienste des *Nordsterns* einzuspannen. Mit einem Unterton von Wichtigtuerei schreibt er nach Genf, dass sein Blättchen, »wenn auch noch nicht offiziell, doch fürs erste bis zum 1. Oktober als Organ des allgemeinen deutschen Arbeitervereins« gelten könne.

Zwar drückt sich dieser inoffizielle Status in nichts weiter als der schon erwähnten deutlicheren Berücksichtigung von Vereinsthemen aus, doch haben wir wenig Anlass, an Bruhns Behauptung zu zweifeln. Eine mündliche Erklärung Lassalles während der Tage in Leipzig ist ja vorstellbar; auch beginnt ein Abschnitt einer gewissen Zusammenarbeit zwischen Bruhn und Lassalle. Aus dem vorliegenden Briefwechsel wird deutlich, dass auch dem Schreiben Bruhns an Becker eine mündliche Verabredung vorausgegangen sein muss. Mit dieser Aktivität macht sich Bruhn in der Tat verdient. Zum ersten stellt er damit eine Beziehung zwischen Lassalle und Becker her – oder erneuert sie, wie man will. Lassalle und Becker kannten sich zwar nicht von Gesicht, doch ein Dritter, der beide kannte, hatte durch eine Indiskretion für eine Trübung des Verhältnisses gesorgt, noch bevor es richtig begonnen hatte – Marx. Lassalle nahm den Stier bei den Hörnern, sicherlich von Bruhn positiv beraten, und klärte Becker über die leidige Geschichte auf, die zwischen ihnen stand. Bruhn expedierte den Brief. Alle Beteiligten hatten einen Gewinn davon. Lassalle gewann einen treuen Freund; die deutsche Arbeiterbewegung erhielt in Becker einen ihrer Gründerväter; der *Nordstern* schließlich akquirierte in ihm seinen fähigsten und fruchtbarsten Mitarbeiter.

Bruhn ließ es sich nicht entgehen, auch bei Lassalle die Werbetrommel für sein Blatt zu rühren. Er tat das sehr professionell, färbte die Lage zwar rosiger als sie war, bat Lassalle schließlich, auch die Ausschussmitglieder für die Verbreitung des *Nordstern* zu gewinnen. Bruhn witterte die Chance, über Hamburg hinaus Fuß zu fassen. Sogar in der Schweiz, wie oben deutlich geworden. Dammer hatte angeblich 40 Abonnenten in Leipzig geworben. Doch der *Nordstern* bot einfach zu wenig, hatte kaum Substanz. Bruhn schaffte den Durchbruch jetzt nicht und später noch weniger. Bald klagte er schon wieder gegenüber Becker: »Das ist ja das Pech für uns beide, dieser ewige Kampf für die Existenz. Du hast Deine Familie und ich den *Nordstern.*« Im Herbst ist die Lage keinen Deut besser: »Die Arbeiter sind noch zu wenig zu der Einsicht gekommen, wie unendlich notwendig bei unserer ganzen Bewegung ein solches Organ ist, und daher ist die Unterstützung, das heißt Abnahme des Blattes noch immer nur eine geringe. Es hat sich die Zahl der Abnehmer freilich vermehrt und dürfte auch in kurzer Zeit infolge von Lassalles Empfehlung in seiner Rede zunehmen, aber schwerlich in dem Maße, wie es nicht die Existenz des Blattes, sondern die Existenz und nachhaltige Fortentwicklung des Vereins dringend gebietet.« Vor allem gebot wohl die Sicherung der eigenen Existenz einen kräftigen Zulauf.

Seinen Einstand gibt Johann Philipp Becker mit dem auszugsweisen Abdruck der Broschüre *Polen, die Diplomatie und die Revolution*, eine moderne und verständnisvolle Darstellung der Lage Polens im Zarenreich und als Spielball in der europäischen Politik. Eine Woche später beginnt der Abdruck des *Arbeiterlesebuchs*, Lassalles Frankfurter Rede, der sich über 13 Ausgaben erstreckt. Die Leser erfahren von der Ernennung des Dr. Dammer zum vorläufigen Vizepräsidenten des ADAV durch Lassalle und vom Statutenentwurf der Hamburger für eine Arbeiterversicherungskasse. Mit 550 Männern, Frauen und Kindern bevölkert der ADAV der Hansestadt einen Dampfer zur Lustfahrt nach Harburg, und ein Düsseldorfer Drucker wird wegen Aufforderung zur Arbeitsniederlegung zu acht Tagen Gefängnis verurteilt, nachdem er bereits fünf Wochen in Untersuchungshaft gesessen hatte. Die Vorstellung des ersten Bandes des Romans *Lucinde oder Kapital und Arbeit* von Johann Baptist von Schweitzer auf dem »Büchertisch« des Nordstern beweist, wie gut die Zusammenarbeit zwischen Präsident und Redakteur ist.

Inzwischen hatte sich Bruhn mit verstärktem Interesse einer Sache zugewandt, die wenig mit der Arbeiterbewegung zu tun, ihm aber stets am Herzen gelegen hatte: der Schleswig-Holstein-Frage. Natürlich spiegelt sich im *Nordstern* kaum mehr als ein schwacher Abglanz der atmosphärischen Entladung, die schon so lange in der Luft lag und die so viele Komponenten hatte: eine demokratische, eine dynastische, eine regionale, eine europäische, eine klein- und eine großdeutsche und eine innenpolitische sowieso bei allen beteiligten Mächten. Für ein ADAV-Blatt allerdings wagte sich der *Nordstern* sehr weit vor. Schon zu Beginn des Jahres hatte Perl eine Doppelseite ins Blatt gebracht. Sie sollte allmonatlich erscheinen, um »das Interesse für Schleswig-Holsteins gute Sache wachzuhalten«.

Kein Zufall war die überragende Rolle Karl Blinds auf diesen Blättern. Blind, dem Schleswig-Holstein immer am Herzen gelegen hatte, sollte als sozusagen heimlicher Sonderbevollmächtigter die Sache der Elbherzogtümer in Großbritannien, Signatarmacht des Londoner Protokolls, vertreten. Das Londoner Protokoll von 1852: Eine europäische Garantieerklärung zugunsten Dänemarks. Bald würde sich Bruhn über Blinds Mission lustig machen. Gegenüber Lassalle nennt er Blind, bisher einer seiner wichtigsten Mitarbeiter einen »sogenannten ›großen Mann‹«, und er schreibt weiter, dass Blind den Separatabdruck eines Aufsatzes von ihm aus dem Londoner »Hermann« an Perl gesandt habe, »wahrscheinlich um dessen Aufnahme im *Nordstern* zu bewirken, da ich nicht zugänglich für ihn bin«. Für mehr als zwei Ausgaben hielt jedoch der Elan des *Nordstern* nicht vor. Perls wachsendes Engagement in der Arbeiterbewegung mag dafür ausschlaggebend gewesen sein.

Der Tod des dänischen Königs Friedrich VII. im November 1863 leitete die Zuspitzung der Lage ein. In der allgemeinen nationalen Aufbruchstimmung fühlte sich auch die Hamburger ADAV-Gemeinde gefordert. Für ihre prominenten Führer – und auch den *Nordstern* – begann eine Periode seltsamen Doppelspiels. Dem ADAV insgesamt lag der nationale Taumel nicht. In einer Leipziger Versammlung soll die Bemerkung gefallen sein, dass »die Arbeiter in Schleswig-Holstein lieber dänisch als deutsch wären«, berichtete Bernhard Becker. Diese Stimme ist sicher nicht repräsentativ und auch nicht gut informiert.

Niemandem ging das Gefühl dafür ab, dass die Schleswig-Holsteiner der dänischen Bevormundung, die unter der Herrschaft der dänischen nationalen Partei immer unerträglicher geworden war, zu entrinnen trachteten. Aber man sah gleichzeitig, dass neue Probleme an die Stelle der alten treten würden. Ein 34. Fürstentum, also eine weitere Stärkung des dynastischen Gedankens? Oder Preußen schluckte den Happen? (Das hatte Lassalle allerdings noch 1859 für gar nicht so falsch gefunden.) Vor allem aber war völlig offen, ob in nationalem Überschwang und Pathos die noch gar nicht so recht entwickelte Arbeiterbewegung Schaden nehmen könne. Die Sorge, dass die »nationale Bewegung der ohnehin geringen Arbeiterbewegung den Untergang« bringen würde (Bernhard Becker), sollte zwar noch nicht 1863/64, doch bei den beiden folgenden Kriegen realistische Gestalt annehmen.

Lassalle, der in diesem Sinne zunächst von einem Schleswig-Holstein-Dusel gesprochen hatte, verfasste eine Resolution, die mehr zusammenband als trennte und allen Gemeinden zur Annahme zugeleitet wurde. Auch Hamburg votierte zustimmend. Doch ehe noch der Lassalle-Antrag an die Elbe gelangt war, hatte Perl bereits einen eigenen vorgelegt, in dem lediglich das nationale Anliegen Ausdruck fand.

Bruhn machte die Berichterstattung über diesen Widerspruch nicht im geringsten Kopfschmerzen. Er handelte beide Abstimmungen – zwangsläufig – in einem ab; sie hatten innerhalb weniger Tage stattgefunden. Lassalles Antrag druckte er quasi schmucklos, teilte dazu lediglich mit, dass damit der erste Beschluss hinfällig geworden sei. Aber die Diskussion über eben diesen behandelte er so ausführlich, dass er ausreichend Gelegenheit hatte, zu zeigen, wo seine Sympathien lagen.

Jedenfalls nicht bei dem jüngeren Audorf, der so entschieden widersprochen hatte: Man müsse erst abwarten, was die Partei dazu sage. Das klang im *Nordstern* freilich ganz anders, und Audorf fühlte sich entsprechend »genasstübert«. Dieser Schlosser mit früher sozialistischer Familientradition offenbarte ein moderneres Parteiverständnis als die meisten seiner in den revolutionär-demokratischen Kinderstuben stecken gebliebenen Vereinsgenossen. Für Perl, Bruhn und einige andere Wortführer war der ADAV eben doch nur der Agitationsverein, in dem man für ein bestimmtes Vorhaben eintrat, doch nebenher durfte man auch noch andere politische Ziele verfolgen. Mit Audorf kündigte sich die Arbeiterpartei der Bebel-Zeit an. Audorf hielt es auch für angezeigt, zum besseren Verständnis der Hamburger Vorgänge den Präsidenten davon in Kenntnis zu setzen, zusammen mit einigen aufklärenden Worten über die zweifelhafte Wahrheitsliebe des »kränklich-krittlichen« Bruhn.

Die Lawine, die an der Elbe in Bewegung gekommen war, gewann an Tempo, und Bruhn hatte noch einige Male Gelegenheit, auf die Pauke zu hauen. In zwei allgemeinen Arbeiterversammlungen bereiteten Perl, Bruhn und Levien die Gründung eines Allgemeinen Arbeitervereins für die schleswig-holsteinischen Angelegenheiten vor. Zur ersten Versammlung kamen laut *Nordstern* 2000 Arbeiter zusammen. Zu Wehrübungen, mit denen sogleich begonnen werden sollte, meldeten sich angeblich 100 Arbeiter. Perl als Vorsitzender des neuen Vereins erließ einen »bombastischen« (Bernhard Becker) Aufruf an die Arbeiter Deutschlands, in denen zur Wehrbarmachung und Sammeltätigkeit aufgerufen wurde. In nicht weniger bombastischen Leitartikeln rief der *Nordstern* die Jugend auf, »sich zu waffnen« und erklärte, warum er nicht willens sei, »des Volkes Begeisterung, seine Aufregung zu dämpfen: im Gegenteil, wir möchten gerne noch mehr aufregen, damit des Volkes heiliger Zorn, sein ganzer Ingrimm erwache«.

Warum da Perls Aufruf nicht auch noch abgedruckt wurde, ist eine offene Frage. Der Vorsitzende des Allgemeinen Arbeitervereins für die schleswig-holsteinische Frage unterrichtete immerhin den Präsidenten des ADAV über sein Vorgehen, das heißt, er stellte ihn vor die vollendete Tatsachen. In einem zweiten Schreiben erläuterte Perl Lassalle, warum er die allgemeine Resolution zu Schleswig-Holstein zwar ebenfalls angenommen, aber ihr doch nicht in allem beistimmen könne. In der Art, wie Lassalle den sich abzeichnenden Konflikt entschärfte, bewies er seine Qualifikation als Parteiführer, und in Hamburg sorgten die nach Schleswig-Holstein einrückenden Bundestruppen, denen die preußischen und österreichischen folgten, für die Rückkehr zur Normalität. Als einige junge Arbeiter immer noch nicht mit dem Exerzieren aufhören konnten, löste die Hamburger Polizei den Allgemeinen Arbeiterverein für Schleswig-Holstein-Angelegenheiten auf.

Es mag wohl doch nicht nur an der Schleswig-Holstein-Angelegenheit gelegen haben, dass dem *Nordstern* die Abonnenten davonliefen. Zu viele davon hatte er ohnehin nicht. Der Bestelltermin zu Neujahr 1864 brachte einen deutlichen Einbruch. Dazu kann beigetragen haben, dass die letzte Dezember-Nummer nicht erschienen war. Das blieb kein Einzelfall. Am 23. Januar und in der Zeit vom 13. Februar bis zum 12. März blieben die Leser ohne Zeitung. Bruhn entschuldigte das Ausbleiben durch »anhaltendes und heftiges Unwohlsein des Redakteurs«. Tatsächlich war er immer stärker unter Druck geraten. Der Drucker war nur noch gegen Vorkasse zu Diensten bereit, zehn Taler je Ausgabe. So richtete der Verzweifelte ein neues Bittgesuch an Lassalle: 50 Taler sofort, mit denen er sich »durchzuarbeiten« hoffte, und 50 weitere zu Anfang März. Die sich häufende Kritik an seiner Redaktionsführung trug nicht dazu bei, Bruhns Lage zu erleichtern. So beschwerten sich der Harburger Yorck und der Solinger Karl Klings. Aus Leipzig schrieb Dammer dem Präsidenten: »Hier hat der *Nordstern* sehr verloren und man wünscht sehr lebhaft die Gründung einer neuen Zeitung.«

Das Blatt sollte sich noch einmal wenden. Perl, der als verantwortlicher Verleger zu Jahresbeginn zurückgetreten war, sorgte mit Mitteln der Hamburger Vereinskasse dafür, dass Bruhn nicht das Handtuch zu werfen brauchte. Zugleich wurde in der Hansestadt ein Komitee gebildet, dessen Aufgabe es sein sollte, durch die Ausgabe von Aktien den *Nordstern* auf eine solide finanzielle Grundlage zu stellen. 500 Aktien im Werte von je einem Taler waren zur Zeichnung vorgesehen. 50 dieser Papiere wurden sogleich an Lassalle in Berlin gesandt. »Anstandshalber« (Becker) übernahm er zehn davon und seine alte Freundin, die Gräfin Hatzfeldt, ebenfalls zehn. In Leipzig wurden, laut Bernhard Becker, Aktien im Werte von 30 Talern gezeichnet. Wenn man dem Schreiben folgen darf, das Bruhn an Lassalle richtete, war er über das Vorhaben allerdings weniger begeistert: »Für mich sind mit dem Aktienunternehmen Unannehmlichkeiten verknüpft, da eine Art Bevormundung angestrebt wird und der ich daher mich nicht unterwerfen werde.« Ein mannhaftes Wort wird bei Lassalle nicht fehl am Platze sein, mag sich Bruhn gedacht haben.

Ein Wunder: Der Nordstern geht nicht unter

Seinem alten Freund Johann Philipp Becker gegenüber braucht er keine Sprüche zu machen. Ihm kann er das ganze blasse Elend schildern. »Ich habe mich beim *Nordstern* gänzlich erschöpft und habe es doch seit reichlich vier Jahren nicht dahin bringen können, ihn ohne Zuschuß zu erhalten.« Da die Erhaltung ihm aber am Herzen liege, erhoffte er sich Rettung durch das Aktienunternehmen. »Wenn aber nicht gleichzeitig auch für Abnehmer gesorgt wird, so ist nur ein Untergehen des Blattes hinausgeschoben ...« Er habe schon »an etliche« ADAV-Bevollmächtigte geschrieben, damit sie ihm Agenten, also Zeitungswerber »besorgten«, 33,3 Prozent sollten sie dafür erhalten, »aber nicht einmal alle haben mir geantwortet«. Und dann legt Bruhn los: »Wie traurig, ja wie schmachvoll für eine Bewegungspartei, nicht einmal ein eigenes Organ und zwar das einzige, halten zu können durch Abonnenten!« Aber es fehlt ihm der Sinn für realistische Selbsteinschätzung, um zu erkennen, dass die Misere auch etwas mit seiner eigenen Unfähigkeit zu tun hat. Drei Wochen später hatte er sich eine akute Hepatitis an den Hals geärgert. »Sähest Du mich«, klagt er Becker, »so würdest Du über mein Aussehen erstaunen, zitronengelb am ganzen Körper, die Augen nicht ausgenommen, bin ich ganz abgemagert ... Bittere, sehr bittere Erfahrungen habe ich gemacht. ... Beinahe könnte man an der herangereiften Jugend verzweifeln.« Und keine Rettung durch das Aktienunternehmen? Nein, »auch dieses geht schlecht«. Doch das Wunder geschieht: Der *Nordstern* kommt über die Runden.

Für das halbe Jahr, das noch bis zum Tode Lassalles verblieb, versah das Blatt seinen Dienst an der Arbeiterbewegung wie gehabt. Meilensteine richtete es nicht mehr auf, wie es das auch bisher kaum geleistet hatte. Aus Barmen berichtete es über Schikanen der Obrigkeit. Ein Arbeiter war vor Gericht gestellt worden, weil er »ohne polizeiliche Erlaubnis« den *Nordstern* verteilt hatte. Es stellte sich heraus: Er hatte ein Exemplar an den Abonnenten ausgeliefert. Der Richter konnte sich auf soviel Aufmerksamkeit seitens der Behörden für ein nicht einmal verbotenes Blatt keinen rechten Reim machen und sprach den Überbringer frei. Einen Freispruch in der Hauptsache hatte es auch für Lassalle wegen seiner »Ansprache an die Arbeiter Berlins« gegeben. Der Gerichtshof mochte sich der Meinung des Staatsanwalts, der Anklage wegen Hochverrats erhoben hatte, nicht anschließen. Der *Nordstern* empfahl, wie schon früher erwähnt, seinen Lesern die als Broschüre gedruckte Verteidigungsrede Lassalles *Der Hochverrats-Prozeß wider Ferdinand Lassalle*, der ein wichtiges Agitationsmittel des ADAV für ein soziales Königtum werden sollte und brachte auch Auszüge in Fortsetzungen. In diese Zeit fällt auch ein Wechsel auf dem Verlegerstuhl. Nachfolger Perls wurde Johann Levien, ein aktives Mitglied des ehemaligen Arbeiterkomitees und ein weiterer Repräsentant der jüdisch-proletarischen Intelligenz.

Unter den Autoren war es im Zuge der politischen Neuorientierung zu Neuerwerbungen gekommen. Neben Johann Philipp Becker, von dem schon die Rede war, tauchten Texte, meist aus zweiter Hand, von Moses Hess auf, einem der originelleren politischen Denker jener Epoche, den sowohl Sozialisten als auch Zionisten zu ihren Pionieren zählen. Bernhard Becker hatte sich längst als Berichterstatter der Frankfurter Szene etabliert, setzte seine schnelle Feder aber auch für andere Themen gern in Bewegung. Daneben tauchte ein Friedrich Reusche auf, eine schillernde Figur, von der noch die Rede sein wird. Seinen Einstand im *Nordstern* gab Reusche mit einer Polemik auf niedrigem Niveau gegen die *Allgemeine deutsche Arbeiterzeitung* in Coburg. Aus Berlin schließlich berichtete seit neuestem Wilhelm Liebknecht, der, wie Becker, lange Jahre in der englischen Emigration verbracht hatte. Seine Spuren sind vage, doch ist Na'aman von seiner Mitarbeiterschaft überzeugt.

Nachrichten von der Basis erhoffte sich Bruhn von den Bevollmächtigten, die er aufforderte, »so oft wie möglich Briefe über die Wirksamkeit der verschiedenen Gemeinden zukommen zu lassen«. Wenn alle Quellen nicht zureichten, dann druckte Bruhn auch bedenkenlos aus bürgerlichen Blättern nach. Dabei unterlief ihm eine böse Panne, als er über den Auftritt Lassalles Anfang Mai in Leipzig berichten wollte. Zwar hatte ihm Dammer den Bericht im Leipziger *Adler* zum Nachdruck zugesandt, doch Bruhn hielt es nicht für notwendig, sich den Artikel auch richtig anzusehen, sondern druckte ihn so ab wie er war, nämlich inklusive einer Einleitung, in der sich das Blatt von seinem eigenen Bericht distanzierte, was bei einer »österreichisch-reaktionären« Gazette (Bernhard Becker) ja angehen mochte. Doch Dammer fand es zurecht empörend, dass nun auch im *Nordstern* der Eindruck entstand: »Unser Blatt entschuldigt sich, dass es von Ihnen spricht.« Bitter beklagt er sich bei Lassalle über den ungeschickten Bruhn, mit dem zu arbeiten er »alle Lust verloren habe«. »Da brauchen wir keinen Redakteur, jeder Schriftsetzer macht das besser.«

Unter der Rubrik »Allgemeiner deutscher Arbeiterverein« findet sich am 21. Mai der Ukas Lassalles an Dr. Otto Dammer, der wie ein Gong den letzten Lebensabschnitt des Volkstribunen einläutet: »Im Begriff eine mehrmonatliche Badekur anzutreten, ernenne ich Sie hiermit für die Dauer meiner Abwesenheit von Berlin zum Vizepräsidenten des Allgemeinen Deutschen Arbeitervereins, übertrage Ihnen alle mir selbst zustehenden Funktionen und Befugnisse …« Bevor sich Lassalle auf so angenehm bourgeoise Weise seiner Gesundheit widmen konnte, stand ihm noch die

Strapaze einer Agitationsreise zu den rheinischen Gemeinden bevor. Dort hatte sich seine Aura aus Revolutionstagen am besten erhalten und die rheinischen Arbeiter bildeten jenen Teil des Vereins, der ihm emotional am nächsten stand.

Der Fahrplan dieser neuen »Heerschau« war in der gleichen Ausgabe des *Nordstern* bekannt gemacht worden. Ihren Höhepunkt fand sie im Stiftungsfest des ADAV am 22. Mai in Ronsdorf, heute ein Stadtteil von Wuppertal. Die »Ronsdorfer Rede«, deren Generalprobe in Leipzig stattfand, gilt als das rhetorische Testament Lassalles. Bei Kirche (Bischof Ketteler) und König (Empfang der Deputation schlesischer Weber) sieht er schon seine Agitation wirksam geworden, und am Ende seines aufwühlenden Vortrages beschwört er seine Zuhörer, »diese gewaltige und nationale Kulturbewegung nicht zugrunde gehen« zu lassen. »Die Feuersbrunst, die ich entzündet«, möge weiter fressen, »solange ein einziger von euch noch atmet«. Nicht nur diese Rede mit dem abschließenden Schwur der Versammelten, die ganze zehntägige Reise »machte den Eindruck, als wohne man der Stiftung einer neuen Religion bei«. Dem *Nordstern* gelingt es immerhin durch eine Fülle von Berichten, von denen mindestens jener über das Ronsdorfer Ereignis von Lassalle selbst verfasst oder redigiert wurde, die Atmosphäre in ihrer Mischung aus Volksfest und Hochamt zu vermitteln.[6]

Lassalle kam so schnell vom Rhein nicht los. Nach wenigen Erholungstagen in Bad Ems verteidigte er sich vor der Düsseldorfer Appellkammer in zweiter Instanz wegen seiner »Heerschaurede« vom vorigen Jahr, in der es um sein Verhältnis zur liberalen Presse ging. Es ist viel darüber spekuliert worden, ob das – herabgesetzte – Urteil von sechs Monaten Gefängnis Lassalles Lebenswillen entscheidend geschwächt habe, und hier schon ein Fingerzeig gegeben sei für das, was sich wenige Wochen später in der Schweiz ereignen würde. Ob es in seinem Sinne war, dass der *Nordstern* sich mit der Bekanntgabe des Urteils zurückhielt, bis er die Verteidigungsrede über fünf Ausgaben hin in großen Auszügen nachgedruckt hatte, wird ebenso unbeantwortet bleiben müssen. Also nach anderthalb Monaten erfuhren die Leser, Lassalle sei zu einer Gefängnisstrafe von einem Jahr verurteilt worden. Das war aber falsch, denn soviel betrug das Strafmaß der ersten Instanz. Und diese Meldung war zugleich das letzte, was Bruhn über den lebenden Lassalle veröffentlichte. Der Tritt eines Esels.

Lassalles Duelltod verschlafen

Das Duell Lassalles im Gehölz von Carrouge bei Genf, am Ende einer Affäre, mit deren Zutaten sich eines der größten Medienereignisse des 19. Jahrhunderts in Szene setzen ließ, sucht man im *Nordstern* zunächst vergebens. Lassalle starb am 31. August, drei Tage nachdem er die tödliche Wunde empfangen hatte. Erst am 10. September kann man darüber im *Nordstern* lesen. Warum nicht in der dem Ereignis folgenden Ausgabe vom 3. September? Die rheinischen (Tages)-Zeitungen hatten bereits am 1. und 2. die Todesnachricht verbreitet. Doch selbst in der handwerklich besser ausgerüsteten *Neuen Frankfurter Zeitung* findet sich erst am 4. September ein Hinweis. Zweifellos war – jedenfalls bis zum Verscheiden Lassalles – auch Heimlichtuerei im Spiel. Bernhard Becker erhielt ein Telegramm von »Jean«, das ist Herr von Schweitzer: »L. im Duell verwundet. Geheimhalten.« Aber vor allem waren die Korrespondenzen anno 1864 nicht vergleichbar mit den heutigen Nachrichtenmitteln. Sicher darf man auch die subjektiven Unzulänglichkeiten nicht gering schätzen.

Irgendjemand muss aber doch ein Gefühl dafür gehabt haben, dass das, wenn auch inoffizielle, Organ des ADAV nicht mehr so spät den Tod seines Präsidenten wie eine brandneue Aktualität herausposaunen kann. So heißt es auch sehr einfühlsam in dem schwarzumrandeten, die ganze erste Seite füllenden Nachruf: »Die Nachricht, daß Ferdinand Lassalle tot, ist nicht mehr neu, aber neu und frisch ist der unendliche Schmerz, der uns und alle, sowie die vielen Freunde und Verehrer durchdringt.« Wenn dieser irgendjemand Karl Bruhn war, dann hat er gerade in der schmerzlichsten Stunde, die von der jungen Bewegung durchlebt wurde, einen lichten Moment gehabt, der mit mancher seiner Tölpeleien versöhnen könnte. Aber gleichzeitig anzunehmen, dass er auch der Verfasser des Nachrufs sei, das hieße wohl, den Lehrling für den Meister zu halten. Der Text ehrt den Toten auf würdige Art und ohne falsches Pathos, weist auch zugleich auf den politischen Auftrag für die Nachgebliebenen hin. Der Ruf: »Es lebe die sozialdemokratische Agitation!« schließt die Würdigung ab.

Wer könnte sonst der Verfasser sein? Aus den Reihen der Hamburger Arbeiterbewegung lässt sich nur der jüngere Audorf als mit der hier zum Ausdruck kommenden Wortgewalt vorstellen. In einzelnen Wendungen kündigt sich die »Arbeitermarseillaise« an: »... unverzagt vorwärts schreiten, auf der uns von ihm vorgezeichneten Bahn« scheint eine Vorwegnahme der Refrainzeile »Der Bahn, der kühnen folgen wir, die uns geführt Lassalle.« Auch in diesem Nachruf werden Wahrheit und Recht gegen Lüge und Trug gestellt. Allerdings ist zu bedenken, dass zwischen Bruhn und Audorf d.J. kein gutes Verhältnis bestand. Doch vielleicht ruhte der Hader angesichts des Todes. Sollten aber die hier zum Ausdruck gekommenen Gedanken als damals allenthalben in der Luft liegend vorstellbar sein, so läge auch der Gedanke nahe, dass Johann Philipp Becker dem spät gefundenen Freund ein journalistisches Denkmal setzte.

Die Seiten 2 und 3 der Ausgabe sind gefüllt mit allerlei Texten, die aus gegebenem Anlass anfielen, im Mittelpunkt die Ansprache von J. Ph. Becker, die er bei der Totenfeier in Genf hielt. Nicht zu vergessen eine Neuauflage der Ronsdorfer Rede, jedenfalls ihres jetzt so prophetisch anmutenden Schlusses mit dem Schwur von Ronsdorf. Bei den bescheidenen Möglichkeiten des *Nordstern* waren bis jetzt alles die richtigen Worte an der richtigen Stelle. Von der nächsten Nummer an begann die Apotheose. Auf Seite 1 wieder ein schwarzumrandeter Kasten: »Ein Kranz wilder Rosen für Ferdinand Lassalle.« Doch hier wucherten die Rosen der *Gartenlaube*. In der gleichen Nummer begann der Abdruck eines persönlichen Nekrologs von Ludwig Loewe, der sich über drei Nummern erstrecken sollte.

Loewe, das war der gewesen, der die Verbindung zwischen dem Leipziger Zentralkomitee und Lassalle geknüpft hatte, ein Berliner Freund Lassalles und auf dem Wege vom Mechaniker zum Großindustriellen. Diese Veröffentlichung findet Widerspruch. In der folgenden Ausgabe widerspricht der klassenbewusste Berliner Schuhmacher Friedrich Arndt: Loewe ist kein Freund, hat vielmehr Lassalle verleugnet. Dennoch wird Loewes Freundeswort zu Ende gebracht. Und noch einmal ein schwarzer Kasten auf Seite 1, mit zwei Gedichten gefüllt. Zuerst Knüttelverse der Sophie von Hatzfeldt, mit denen sie dartun will, wie die Wurzeln ihres Seins »so innig mit den Deinigen verschlungen, dass selbst dem Tod die Trennung nicht gelungen«. Auch die fünffüßigen Jamben Georg Herweghs gehören nicht zu den stärksten Leistungen aus der Feder des Bundeslied-Dichters. Die Zeilen der Gräfin können übrigens als erstes Zeichen gedeutet werden für den Einfluss, den sie in wachsendem Maß auf den *Nordstern* nehmen wird.

Unter all den vielen Berichten und Geschichten zum Tode des Arbeiterführers ragt der Bericht über die Hamburger Trauerfeier heraus. Redner waren Perl, Dr. Krüger (ein 48er, der sich Lassalle angeschlossen hatte), und Bernhard Becker, nun der von Lassalle testamentarisch eingesetzte Nachfolger als ADAV-Präsident. Die Versammlung von 2000 Hamburger Arbeitern im schwarz drapierten Saal des Colosseums hatte nicht nur lokale Bedeutung, sie half dem noch jungen Verein über die Krise des historischen Augenblicks hinweg. Aber Bruhn wäre nicht Bruhn, wenn es ihm nicht gelungen wäre, gerade das zu unterschlagen, was die Stunde erst zum Ereignis werden ließ. Zwar kündet ein trockener Satz von dem Gesang eines »nach der Weise der Marseillaise von Herrn J. Audorf d.J.« verfassten Liedes, doch die Begeisterung, mit der die Menge die wuchtigen Verse aufgenommen und mitgesungen hatte, teilte sich nicht einmal andeutungsweise mit. Während aus Anlass des Todes von Lassalle – und nicht nur aus diesem – an schlechten und weniger guten Versen im *Nordstern* kein Mangel herrschte, fanden sich von der »Arbeitermarseillaise«, die für Jahrzehnte »das Bannerlied, das Sturm- und Siegeslied der deutschen Arbeiterschaft« (Laufenberg) werden sollte, nicht einmal die aufrüttelnden Anfangszeilen: »*Wohlan, wer Recht und Wahrheit achtet / zu unsrer Fahne steht zu Hauf!*«

Die Verwirrung wird dennoch rapide um sich greifen. Sie äußerte sich zunächst in dem Unvermögen, eine authentische Darstellung der Umstände von Lassalles Tod zu veröffentlichen. Johann Philipp Becker, der sich aufgrund vieler brieflicher Anfragen dazu gedrängt fühlte, zog die bereits vom *Nordstern* gedruckte Broschüre wieder zurück, um Sophie von Hatzfeldt nicht vorzugreifen. Sein Namensvetter Bernhard, der gerade in Hamburg weilte – um unter anderem seine Gedenkrede für Lassalle zu halten – sah das Werkchen unter der Druckerpresse liegen und hatte nichts eiligeres zu tun, als dies der Gräfin zu melden, »damit Sie immer noch intervenieren und wenigstens noch die Korrekturbögen lesen können.« Allerdings hatte Johann Philipp die Gräfin selbst schon informiert. So kommt es jedenfalls, dass der *Nordstern* noch Ende September die Broschüre ankündigt, und dies drei Wochen später widerruft, »da demnächst eine mit authentischen Dokumenten ausgestattete erscheinen wird, welcher vorzugreifen im Interesse der Parteidisziplin nicht wünschenswert ist.« Doch auch diese Dokumentation – um unsererseits den Ereignissen vorzugreifen – sollte nie das Licht der Öffentlichkeit erblicken. Sie wird zwar, begleitet von unglaublichen Komplikationen, von Wilhelm Liebknecht im Auftrag von und zusammen mit der Gräfin Hatzfeldt verfasst, dann von Schlingmann in Berlin gedruckt. Doch die Gräfin kauft die ganze Auflage auf, »um sie als geheimen Schatz aufzubewahren«. Erst Bernhard Becker, von dem diese Anzüglichkeit stammt, veröffentlichte dann seine *Enthüllungen über das tragische Lebensende Ferdinand Lassalles*, die aber von Anfang an kritisch aufgenommen wurden.

Das Schicksal klopft an

Sich mit der Gräfin auf einen guten Fuß zu stellen, die sich mit edler Unbefangenheit als die wahre Hüterin von Lassalles politischem Erbe gerierte, schien Bruhn sehr angeraten. Er spürte das Pochen des Schicksals am Bestand seiner Zeitung. In Berlin, das wusste er, waren zwei Männer am Werk, die er nicht zu Unrecht als übermächtige Konkurrenten auf dem sozialistischen Zeitungsmarkt mit seinen geringen Möglichkeiten fürchtete. Noch war die Gefahr nicht greifbar; unverständlich für die meisten darum auch sein erster Warn- und Klageruf von Anfang Dezember. Er bettete ihn ein in die »dringende Mahnung« an alle Vereinsgenossen, festzustehen und zusammenzuhalten, um der übernommenen Aufgabe nach Lassalles Tod gewachsen zu sein. »Was unsere, des *Nordsterns* fernere Stellung und unser ferneres Wirken betrifft, so dürfen wir wohl annehmen, daß die Vereinsgenossen uns ihr Zutrauen bewahren werden ... Beim Beginn unserer Agitation waren wir sogleich auf dem Kampfplatz und wir werden auch bis zum letzten Atemzuge auf demselben ausharren ...« Aber kaum mehr verhüllt, verständlich vielmehr für alle, die halbwegs wissen, was im Gange ist, äußert Bruhn seinen Unmut, als am 15. Dezember die erste Probenummer des *Social-Demokrat* erscheint.

Doch bevor der Vorhang zu einer neuen Epoche der Arbeiterpresse aufgeht, wird uns Bruhn noch einige Proben seines Obskurantismus geliefert haben. Weitere Artikel erscheinen, voller Andeutungen, auf die man sich gleichwohl keinen Reim zu machen versteht. Auch die Aufforderung zur Erneuerung des Abonnements strotzt von Spitzen, die irgendjemanden stechen sollen: Wir, ohne Hintergedanken, kennen keine Wandlungen, überlassen die den Ränkemachern. Die Zukunft wird manchen Gleißnern die Maske abreißen und sie mit ihren häßlichen Fratzen dastehen lassen ... In der gleichen Nummer richten vier Arbeiter aus Unna »Ein Wort an das Gewissen der Gesinnungsgenossen«. Es wird nicht ganz klar: Fordern sie nun zum Abonnement des *Social-Demokrat* auf oder nicht? Umso unverhohlener erinnern sie daran, »dem *Nordstern* nicht undankbar (!) den Rücken zu wenden«. Dieser sei schließlich »das erste Blatt des Vaterlandes gewesen, welches sein freies Banner rücksichtslos erhob«. So sei es nur recht und billig, dass jeder »den *Nordstern* mindestens auch halten möge«.

Schon in der nächsten Ausgabe muss der *Nordstern* berichtigen: Das Wort an das Gewissen sei »mannigfach unrichtig und sogar sinnentstellend« abgedruckt worden. Bruhn hatte mächtig manipuliert, um den *Nordstern* herauszustreichen. Zwar wollte die Zuschrift tatsächlich mahnen, diesen ersten publizistischen Begleiter der neuen Bewegung nicht fallen zu lassen, doch in erster Linie für den *Social-Demokrat* werben. Und der *Social-Demokrat* war nun auf dem Markt, unwiderruflich. Das war kein »dünnes Flötchen« (Mehring) wie Bruhns Postille, sondern ein Faktor, der nicht wegzuwischen war, der Unruhe stiftete und selbst in den Mittelpunkt starker politischer Wirbel geriet. Mit seinem Erscheinen beginnt ein umtriebiges Kapitel der Arbeiterbewegung.

Bruhn aber geriet immer mehr an den Rand. Von Jakob Audorf gibt es eine Charakteristik Bruhns, die auf auch amüsante Weise beschreibt, wie die ADAV-Versammlungen in Altona verliefen. Sicherlich hat Audorf den Altrevolutionär immer kritisch betrachtet, dennoch steckt in seiner Beschreibung mehr als Polemik. »Von der sozialen Frage versteht Bruhn sozusagen nichts, höchstens schimpft er gelegentlich einmal über die Kommunisten Marx und Engels. Also sucht er sich ein bequemeres Feld für seine Rhetorik, die wirklich etwas recht Agitatorisches hat. Er sucht seine Zuhörer für seinen Schleswig-Holsteinismus zu fanatisieren. So hält er denn stundenlange Vorträge über die Bewegung von 1848–1850, und am liebsten reitet er sein Steckenpferd, den Malmöer Waffenstillstand. Am Schluss fragt er dann: ›Wollt Ihr preußisch werden? Wollt Ihr unter preußischer Fahne dienen?‹ ›Nein!‹ antwortet der Chorus der ehrlichen Holsteiner. ›Ich danke Ihnen, meine Herren, die Versammlung ist geschlossen.‹«

3. Das Arbeiterblatt mit dem Adelsprädikat

Der *Social-Demokrat* und Johann Baptist von Schweitzer sind Synonyma im Buche der deutschen Arbeiterbewegung. Der Frankfurter Patriziersohn verkörperte wechselhafte Rollen in seinem gerade auf 42 Jahre gekommenen Leben; diejenige an der Spitze des ersten deutschen Arbeiterblattes mit nachweisbarer Wirkung war gleichzeitig sein entscheidender Beitrag für Überleben und Entwicklung des ADAV. Sein Verdienst: Das Rad drehte sich weiter in der richtigen Richtung.

Rassenfanatikern und Deutschtümlern wäre Schweitzer vermutlich ein Gräuel, denn wie bei so mancher anderen *very important person* aus dem deutschen Geschichtsbuch, floss auch in seinen Adern kaum ein Tropfen deutschen Blutes. Väterlicherseits entstammte er einer bekannten Frankfurter Kaufmannsfamilie italienischer Herkunft; den erblichen Adel hatte erst 1814 der bayerische König verliehen. Schweitzers Vater diente dem Welfenherzog Karl II. als Offizier und Kammerjunker. Seine Mutter war Abkömmling französischer Hugenotten und belgischer Emigranten. Die begüterten Eltern plagten sich nicht mit der Aufzucht ihrer Kinder. Johann Baptist verbrachte seine Kinderjahre bei seinen Großeltern mütterlicherseits – dass der Großvater Chef der viel gelesenen und geachteten *Postamtszeitung* war, kann sicher nicht ohne Einfluss auf seine spätere Entwicklung gewesen sein –, die geistige Erziehung wurde einem Jesuitenseminar in Aschaffenburg anheim gegeben. Dessen Lehrmethoden sollen dem Jungen ziemlich verhasst gewesen sein. An der Berliner Universität nahm Schweitzer ein Jurastudium auf. Den früh gepriesenen Begabungen des vormärzlichen Schlüsselkindes wuchs eine prägende machiavellistische Komponente zu, als Schweitzer des Florentiners Schriften entdeckte und zu seiner Leiblektüre erkor.

Franz Mehring, der als erster politische Aufsätze und Reden Schweitzers zusammenfassend veröffentlichte, hat sich dabei ausführlich mit dem Verhältnis Schweitzers zu Machiavelli beschäftigt. Mehring legte großen Wert auf die Feststellung, in keiner Weise der »landläufigen« Auffassung anzuhängen, wonach als machiavellistisch »ein habgieriger, treuloser und verräterischer Politiker« angesehen werde. Für Machiavelli wie für Schweitzer gelte vielmehr gleichermaßen, dass sie immer die Wahrheit aussprächen, auch wenn sie unangenehm oder gar unmoralisch sei. 1855 legte der Hochbegabte mit gerade 22 Jahren in Heidelberg sein Doktorexamen ab.

Frankfurt am Main, etwa gleichweit entfernt von den Hauptstädten der beiden tonangebenden Mächte Deutschlands, war als Sitz des Bundestages die Schaltstelle in den deutschen Angelegenheiten. In dieser Doppelmetropole von Diplomatie und Handel mit ihrem überspannten gesellschaftlichen Klima, das auch den Bürgersinn schwächte, konnte sich Schweitzer, ohne gedrängt zu werden, auf seine Lebensaufgabe vorbereiten. Dass sie zum Entsetzen seiner Verwandtschaft geradewegs ins Zentrum der Umsturzpartei führte, ahnte der frischgebackene Advokat selbst noch nicht. Er übte seine Feder in den beiden für ihn charakteristisch gewordenen Disziplinen, dem Drama und der politischen Analyse. Im Umbruchjahr 1859 verfasste er zwei Schriften zur Lage, die ihn, wie es Erziehung und Tradition nahe legten, als ausgeprägten Großdeutschen auswiesen.

Der Nachhall und die trügerische Aufbruchstimmung, die das Krisenjahr 1859 und die italienische Einigung Deutschland bescherten, zogen naturgemäß auch den begabten Jungpolitiker in seinen Bann. In seinen Schriften distanzierte er sich immer mehr von der »österreichischen Spitze«, ohne je in seinem Leben seine großdeutsche Option aufzugeben. In der praktischen Politik, in die er sich immer selbstbewusster hineintastet, schlägt er einen bemerkenswert unkonventionellen Weg ein. Dem nach italienischem Vorbild gegründeten »Nationalverein«, dem nahezu jeder Frankfurter Liberale oder Demokrat beitrat, verweigerte er die Gefolgschaft spontan. Schweitzer hatte sofort den preußischen Pferdefuß entdeckt. Aber auch dem »Reformverein«, der auf die großdeutsche Karte setzte, gewann er nicht das geringste ab, hielt ihn vielmehr für unfähig, irgendetwas zur Änderung der Verhältnisse beitragen zu können.

Ein Mann für Spitzenpositionen

Ihn reizt nur, was Bewegung verspricht. Die sieht er in dem in Schwung gekommenen Schützen- und Turnerwesen. Wenn es auch schichtenspezifische Präferenzen gibt – Reichtum sammelt sich eher im Schützenverein –, dem mittellosen Aristokraten steht der Zugang zu beiden Kreisen offen. Und sein Engagement schlägt so ein, dass es ihn alsbald in Spitzenpositionen führt. Vor allem der Turnverein mit seinem radikaldemokratischen Flair bietet seinem politischen Ehrgeiz die angemessene Arena. Er wird bald Vorsitzender des Vereins, und als aus der Turngemeinde, wie schon einmal 1848, ein Arbeiterverein hervorgeht, gehört Schweitzer zu den Paten, wird sogar zum Präsidenten gewählt. Das Vorbild dieses Arbeiterbildungsvereins, wie er nun getauft wird, kann übrigens in Hamburg gesucht werden.

So ist der junge Jurist und Publizist ganz schnell in der Bundeshauptstadt am Main, in der so viele geistige und politische Fäden zusammenlaufen, ein Faktor geworden, an dem sich die Geister scheiden. Und wenn ihm auch seine Turnbrüder zum Weihnachtsfest 1861 eine Gedenktafel widmen, so beginnen sich auch schon seine Feinde zu sammeln. Sie kreiden ihm vor allem die strikte Ablehnung allen preußischen Hegemonialstrebens – und damit auch die Gegnerschaft zum Nationalverein an, und sie finden es nicht gut, dass Schweitzer im Arbeiterbildungsverein auch politische Fragen behandeln will. Erstmals werden in Frankfurt wieder Fragen nach dem Klassenstandpunkt laut. Schweitzer will die Arbeiter mobilisieren als die seiner Meinung nach einzige Kraft, mit der die deutsche Frage auf revolutionäre Weise gelöst werden kann. Das aber können weder das kapitalschwere Bürgertum, noch die liberalen »Arbeiterführer« vom Schlage der Wirths und Sonnemanns etc., die uns schon bekannt sind, hinnehmen, nicht einmal mehr die bisher mit Schweitzer sympathisierenden bürgerlichen Demokraten Frankfurts. Dieser Präsident, so kann man lesen, erfülle nicht die in ihn gesetzten Erwartungen. Er hetze die Arbeiter gegen ihre Arbeitgeber auf, statt sie auf die gewünschte Harmonie einzustimmen. Da bricht, als sei sie von seinen Feinden bestellt, die Lebenskatastrophe über den Ehrgeizigen herein.

An einem Augusttag wird er im Mannheimer Schlossgarten unter dem Verdacht eines Vergehens gegen die Sittlichkeit festgenommen und einen Monat später zu 14 Tagen Gefängnis verurteilt, die er sogleich absitzen muss. Er ist in Frankfurt unmöglich geworden und lässt sich dort auch nur noch selten sehen. Nicht nur ziehen sich seine bürgerlichen Freunde von ihm zurück, noch schärfer ist die Ablehnung, die er in jetzt Arbeiterkreisen findet.

Die Affäre, wenn es denn eine war, ist bis heute unaufgeklärt geblieben. Schweitzer hat den Vorwurf der Päderastie, der gegen ihn erhoben worden war, stets bestritten. Dieser ist auch nie bewiesen worden. Das Urteil erging nur auf Erregung öffentlichen Ärgernisses, sodass man fragen kann, wer sich geärgert fühlte. Der Vorgang trägt alle Merkmale einer Intrige, doch ist es unmöglich, sich heute noch der Wahrheit zu nähern, wo andere, die das viel früher versuchten, mit ihren Anstrengungen fruchtlos blieben, schon allein aufgrund vernichteter Gerichtsakten. Die Sexualität im Parteienkampf auszuschlachten hat Tradition seit den Tagen der Gründung der römischen Republik. Daran mag der betroffene Schweitzer gedacht haben, als er sich philosophisch selbst tröstet: »... fragte ich mich erstaunt: Wie hast du das verdient? Aber es war nur der erste Augenblick – und es fiel mir ein, dass es immer so war und so bleiben wird in Ewigkeit.« Die Sätze stehen im Vorwort einer Schrift, die er einem neuen Bekannten widmet, einem bayerischen Offizier, der ihn kurz vor der Katastrophe besucht hat. Die Freundschaft mit Johann Baptist von Hofstetten, die auf gleichen geistigen Voraussetzungen und Überzeugungen aufbauen kann, übersteht auch diese Belastung und mündet in eine lange Arbeitsgemeinschaft.

Ehe es soweit kommt, muss der vom Schicksal Gebeutelte erst einmal an den Hauptstrom der wiedererweckten Arbeiterbewegung Anschluss finden. Das geschieht auch bald, nachdem Lassalle seine Arbeiteragitation aufgenommen hat. Nur soll man nicht glauben, dass Schweitzer hier quasi panikerfüllt Unterschlupf gesucht hätte. Nein, auf die politische Bedeutung der Arbeiterfrage ist er zweifellos seinem eigenen Kopfe folgend gestoßen. Persönliche Elemente können in dem konservativen Milieu seiner Kindheit und der repressiven Erziehung gesehen werden, wie auch in dem Bewusstsein, trotz guter Herkunft und Bildung zu den Besitzlosen im Lande zu gehören. Auf die Bedeutung der sozialen Gegensätze und des besonderen Zusammenhangs von Kapital und Arbeit ist er gestoßen, als er, sicherlich ohne jemals einen sozialistischen Schriftsteller gelesen zu haben, Arbeiter und Handwerker als die einzigen verlässlichen Gehilfen für eine demokratische Erneuerung der Nation ins Auge fasste. Als Lassalle seinen historischen Auftritt in Frankfurt hatte – im Mai 1863 –, ist Schweitzer nicht zugegen gewesen. Er kann sich ja da nicht sehen lassen. Doch bald darauf meldet er sich brieflich bei dem nunmehrigen ADAV-Präsidenten, und zwar mit einem verblüffenden Vorschlag. Schweitzer setzt Lassalle auseinander, dass er im Begriffe stehe, einen sozialen Roman zu schreiben. Titel: *Lucinde oder Kapital und Arbeit*. Seine Vorstellung im *Nordstern* wurde bereits erwähnt, ebenso die Tatsache, dass Schweitzer das Werk Lassalle widmete. Lassalles erste Empfindungen sind zwiespältig. Dann fällt ihm ein, wie entschieden Schweitzer immer gegen den Nationalverein aufgetreten ist. Schließlich wird ihm klar, »daß der Mann ja gar nichts von uns will, sondern nur etwas für unsere Sache tun will, indem er seinen Roman schreibt«. So billigt er das Vorhaben, nennt Schweitzer auch einen Verleger und sendet ihm einige seiner Schriften zu.

Lassalle küsst keinem Vorurteil die Füße

Lassalle bereut seine Entscheidung nicht. Als der Roman nach und nach in drei Bänden erscheint, findet er seine volle Zustimmung, sicherlich auch deshalb, weil Schweitzer den sozialistischen Bekenntnissen teilweise wörtlich die lassalleschen Schriften unterlegte. Die satirische Darstellung der liberalen Politiker, denen er ganze Absätze von Schulze-Delitzsch in den Mund legt, reißt Lassalle zu Beifallsbekundungen hin. Er anerkennt anstandslos den hohen agitatorischen Wert des schweitzerschen Machwerks. Als Literatur lassen sich die hastig zusammengeschriebenen Kapitel beim besten Willen nicht bezeichnen, auch wenn sie Lassalle in die Nachfolge des Franzosen Eugène Sue stellte, der soziale Themen zu Erfolgsromanen transponierte. Dem raschen Fortschritt des Werkes war zweifellos der unfreiwillige politische Müßiggang zugute gekommen, mit dem sich Schweitzer freilich nicht abfinden mochte.

Nachdem sich seine Freundschaft mit Lassalle befestigt hatte, suchte er sich in Frankfurt zu rehabilitieren. Vergeblich. Lassalle vermochte lediglich, ihn in Leipzig als Mitglied in den Allgemeinen Deutschen Arbeiterverein einzuführen, aus welchem Anlass Schweitzer in einem Vortrag mit dem Thema »Die Partei des Fortschritts als Trägerin des Stillstands« seine erweiterten und gereiften politischen Überzeugungen darlegte. Das Kesseltreiben ging indes weiter, doch konnte das Lassalle nicht mehr umstimmen. Er habe sich nicht erhoben, »um dem Vorurteil die Füße zu küssen«, gab er dem Frankfurter Bevollmächtigten Strauß zu verstehen. Bei seinem Besuch in Frankfurt im Sommer 1864 ließ er sich denn auch demonstrativ mit Schweitzer Arm in Arm in den Straßen der Mainmetropole sehen.

Von besonderer Qualität sollte die Feindschaft Bernhard Beckers werden. Er fürchtete – zu Recht oder zu Unrecht – in Schweitzer den Konkurrenten auf der Frankfurter Bühne. Nicht anders ist sein Brief an Lassalle vom Dezember 1863 zu verstehen, in dem er nicht nur bedenkenswerte Vorbehalte anmeldete, sondern ein Füllhorn voll niederträchtigster Verdächtigungen über den einmal Gestrauchelten ausschüttete. Auch Heinrich Oberwinder, einer der frühen sozialistischen Journalisten, beobachtete die Intrigen Beckers und notierte, dass sie sich auch gegen Lassalle richteten, denn der stand ja zu Schweitzer. Lassalle blieben die beckerschen Intentionen bis zu seinem Tode verborgen; er hätte ihn sonst gewiss nicht zu seinem Nachfolger bestimmt.

Zurück zu Schweitzer: Von ähnlich großer Bedeutung wie die Bekanntschaft mit Lassalle wurde für ihn die Freundschaft zu Hofstetten. Allerdings war der geistige Abstand von Hofstetten zu Schweitzer ungefähr so groß, wie der vom damaligen Schweitzer zu Lassalle. Hofstetten war zu ihm gekommen, um ihm seine Sympathien für die Gedanken einer gerade erschienenen Schrift Schweitzers über Religionsfragen auszudrücken. Binnen weniger Tage hatte der in allen zeitgenössischen Fragen brillierende Politicus den adligen Kommisskopf in seinen Bann gezogen. Sehr bald müssen sich beide einig darüber geworden sein, einen gemeinsamen Beitrag zu den Problemen ihrer Zeit leisten zu wollen. Wann sie auf den Gedanken gekommen sind, eine Tageszeitung für die lassallesche Bewegung zu gründen, lässt sich nicht sagen und beispielsweise durch eine Datumsangabe ausdrücken. Umso genauer aber, warum. Hofstetten hatte Geld, viel Geld. Eigentlich hatte es seine Frau, eine Gräfin Strachwitz, in die Ehe eingebracht. Wir können nur die Phantasie walten lassen, mit der wir uns vorstellen, wie Schweitzer es verstanden hat, seinem Freund den Gedanken zu suggerieren, den Familienreichtum für eine derart überspannte Idee aufs Spiel zu setzen. Und nicht weniger phantastisch ist ja auch der Gedanke, dass die deutsche Arbeiterbewegung dieses bahnbrechende Zeitungsunternehmen einem frauenfeindlichen Ehegüterrecht zu verdanken hat. Aber was wissen wir schon? Vielleicht war Frau von Hofstetten von dem Unternehmen auch sehr angetan? Ein schriftlicher Vertrag wurde übrigens nicht abgeschlossen. Kaum glaublich, aber wahr.

Das erste Gespräch zwischen Lassalle und Schweitzer fand im Juni in Bad Ems statt. Es war überhaupt das erste Zusammentreffen der beiden, und das Eröffnungsgespräch stand unter einem schlechten Stern. Schweitzer hinterließ keinen guten Eindruck, konnte jedoch am nächsten Tag die Scharte mehr als auswetzen. Damit waren die Weichen für die Zusammenarbeit gestellt.

Die Zeitungspläne kreisten zunächst um den Ankauf des *Nordstern* und die Übernahme der Redaktion durch Schweitzer und Hofstetten. Anfang Juli trafen Schweitzer und Lassalle in Frankfurt zusammen. Im Verlauf der anschließenden Ausflugsreise in die Pfalz, an der nun auch Hofstetten samt Frau und Schwester, auch die Gräfin Hatzfeldt und andere Begleiter teilnahmen, wurde das Konzept festgeklopft. Bernhard Becker, der sicher ausgezeichnet unterrichtet war, überliefert es. »Es wurde festgesetzt, dass die Herren v. Schweitzer und von Hofstetten baldmöglichst nach Berlin übersiedeln und daselbst das Heimatrecht erwerben sollten; denn die neue Zeitung sollte in Berlin erscheinen und offizielles Organ werden. Dagegen sollte der *Nordstern* aufhören zu erscheinen, und zwar sollte zuerst der Versuch gemacht werden, den Redakteur des *Nordstern* auf dem Wege der Güte zu bewegen, sein Blatt gegen eine Entschädigung von 1000 Talern eingehen zu lassen, andernfalls gegen den *Nordstern* feindliche Präsidial-Maßregeln in Aussicht gestellt wurden.«

Ein Teilnehmer der Reise war der Komponist und Schriftsteller Wendelin Weißheimer. Er schrieb anschaulich darüber in seinen *Erlebnissen mit Richard Wagner* (und anderen Zeitgenossen), notierte auch Einzelheiten der Gespräche. Über das Zeitungsgespräch findet sich leider nur der Satz: »Am folgenden Morgen fanden im Garten des ›Löwen‹ zwischen Lassalle, Schweitzer und Hofstetten längere Verhandlungen über die nunmehr zu gründende Zeitung *Der Social-Demokrat* statt, und gegen Abend wurde ein Ausflug in das Tal bei Neustadt unternommen, dem sich auch die Gräfin anschloß.«

Aus der gütlichen Einigung mit Bruhn ist nichts geworden, dafür hatte Becker schon gesorgt. Noch während die Gespräche im »Löwen« von Neustadt im Gange waren, schrieb er an Bruhn »einen von Verdächtigungen gegen Schweitzer strotzenden Brief« (Gustav Mayer). Er machte eine angeblich »schwankende politische Vergangenheit Schweitzers«, wie auch die Vorliebe des Edelmannes für die Philosophie Schopenhauers als Indiz mangelnder Eignung aus und riet Bruhn: »Ehe Du Dich über das Anerbieten Schweitzers entscheidest, mußt Du Dich über die Frage entscheiden: ... Soll der *Nordstern* eher zu Grunde gehen, als in Hände geraten, die ihn mißbrauchen können.« Aus dem Gang der Ereignisse wissen wir, wie der alternde Revolutionär sich entschied. Er hat damit eine Chance für den honorigen Abschluss seines bankrotten Unternehmens versäumt und sich später noch weit mehr erniedrigen müssen.

Schweitzer, den in Frankfurt nichts mehr hielt, siedelte alsbald nach Rückkehr von der Pfalzreise nach Berlin über. Es galt ja vor allem auch das preußische Bürgerrecht und das Berliner Heimatrecht zu erwerben, als eine Voraussetzung für die Zeitungsgründung. Als ersten Schritt auf der neuen Bühne begann er, zu Wilhelm Liebknecht Kontakt anzuknüpfen, von dem jeder wusste, dass er Marx' Vertrauensmann in Deutschland war. Es mögen in erster Linie Lassalles Interessen hinter diesem Treffen gestanden haben, der auf diesem Weg erfahren wollte, wie Marx und Engels zu seiner Parteigründung standen und was sie von seinem politischen Vorgehen, vor allem seinem Verhältnis zu Bismarck, hielten. Doch wurde auch über das Zeitungsprojekt gesprochen. Das Gehörte erschien Liebknecht jedoch so vage, dass er nicht einmal den Meister in London in Kenntnis setzte. Da brachten die Telegramme Hofstettens, der – als Sekundant – selbst an dem Duell beteiligt gewesen war, die Nachricht vom Tode Lassalles.[7]

Schweitzer handelte sofort. Er konnte mit Recht annehmen, der meistbefähigte Nachfolger des dahingeschiedenen Tribunen von allen Anwärtern im Lande zu sein, wusste aber zugleich, dass er keine reale Chance hatte, Lassalle wirklich im Amte zu folgen. So bot er – über Liebknecht – Marx das Amt des ADAV-Präsidenten an. Marx lehnte ab. Vor weiteren Schachzügen wurde bekannt, Lassalle habe die Nachfolgefrage testamentarisch geregelt. Er hatte empfohlen, Bernhard Becker zu wählen, dem er noch die bekannte Empfehlung mit auf den Weg gab: »Er soll an der Organisation festhalten.«[8]

Der pragmatische Schweitzer weiß, dass er sich mit Becker arrangieren muss. Und auch Becker, wenn er nicht ganz vernagelt ist, muss seine Feindschaft gegen Schweitzer begraben, der ja – eine der letzten Handlungen Lassalles – neben ihm im Vorstand sitzt. So kommt es zum Zweckbündnis, jedoch nicht ohne dass Becker versucht, den Verhassten bei der Gräfin, die ihn, Becker, ja die ersten schwierigen Wochen über Wasser gehalten hat, noch einmal kräftig anzuschwärzen und ihr den

Rat zu geben: »Sie werden doch, Frau Gräfin, vor Schweitzer und seinem *alter ego* Hofstetten auf der Hut sein?« Für Schweitzer ist entscheidend, dass er mit seinem Zeitungsprojekt, um das ihm jetzt allein zu tun ist, weiterkommt.

Mit 10 000 Gulden, die ihm Freund Hofstetten zur Verfügung stellt, macht er sich an die Arbeit. Diese Summe nennt jedenfalls Liebknecht in einem Brief an Marx. Ob sie authentisch ist, muss dahingestellt werden, aber es ist die einzige Angabe, die wir haben. Reusche stellt in einem noch zu behandelnden Pamphlet Vermutungen über die Vermögensverhältnisse Hofstettens an und errechnet den jährlichen Zuschussbedarf des *Social-Demokrat* mit 4000 Talern. Aber auch diese Zahl ist fragwürdig, vor allem, wenn sie neben die Berechnungen Schlingmanns gestellt wird, die Bernhard Becker notiert hat.

Als erstes sucht sich Schweitzer die Unterstützung aller namhaften Häupter der proletarischen Linken zu sichern. Dabei hält er sich einmal an ehemalige Freunde Lassalles, zugleich macht er einen erneuten Vorstoß bei Marx, den er unschwer als den Vorreiter und ein geistiges Zentrum der neuen Bewegung ausgemacht hat. In seinem Brief vom 11. November 1864 gab er Marx einen kurzen Einblick in das Vorhaben und packte dann den Stier bei den Hörnern. Der Lassalleaner Schweitzer, der auch im Namen Hofstettens schreibt, erkennt ohne Einschränkung Marx als den »Begründer der Deutschen Arbeiterpartei« an und erklärt unumwunden, dass beiden Zeitungsgründern seine Mitwirkung wichtiger sei als die der anderen Männer. »Wir hegen die Hoffnung, daß Sie einem Verein, der, wenn auch nur indirekt, auf ihre eigene Wirksamkeit zurückzuführen ist, nach dem großen Verluste, der ihn betroffen, in seinem schweren Kampfe zur Seite stehen werden.« Zugleich bemüht sich Schweitzer erneut um Liebknecht. Dieses zwiegenähte Verfahren trägt die erhofften Früchte.

Für Liebknecht ist die Sache gar nicht so einfach. Er ist ja nicht nur der Resident Marxens in Berlin, der die Bewegungen des Gegners beobachten muss, sondern auch noch der Revolutionär, der die Dinge weiterbewegen will. Es kribbelt ihm in allen Gliedern, sich einzureihen. Nicht blind ist er natürlich für die Fehler dieser neuen Generation von Arbeiterpolitikern. Aber vielleicht kann man sie und ihre Zeitung einmal in die Hand bekommen. In diesem Sinn schreibt er auch zur gleichen Zeit wie Schweitzer an Marx und insistiert: »Von Deiner Antwort hängt meine Stellung zu dem Unternehmen ab.« Marx schließt sich brieflich mit Engels kurz und beide befinden, dass es »wichtig für uns« (Marx) und »sehr gut« (Engels) sei, »ein Organ in Berlin zu haben«. Und »wenn Liebknecht (wenn er sich nur keine Illusionen macht) Mitredakteur wird; das gibt doch schon gewisse Garantien«. Dass Liebknecht seine »Garantie« im Lager der unsicheren Kantonisten in der Nachfolge

Lassalles ist, daran wird Marx festhalten, und das relativiert doch einen Teil seiner Bosheiten gegenüber dem treu ergebenen Gefolgsmann. Positiv ist also die Antwort, die von London an Berlin ergeht, und als sich wiederum Schweitzer »mit wiederholtem Dank« meldet, auch die Namen der anderen »Herren« nennt und nun schon bittet, »uns für die ersten Tage des Januar irgendeine Arbeit zuzustellen«, da kritzelt Liebknecht eine Botschaft an den »lieben Mohr« in eine Ecke des Briefes, die er mit den Worten beschließt: »Dein Library [Liebknechts Spitzname im Marx-Clan; Anm. H. S.], den Du durch Deine Antwort fabelhaft fidel gemacht hast.«

Man wird nicht vergessen dürfen, dass sich Liebknecht mit dem Eintritt in die Redaktion des *Social-Demokrat* endlich von großen wirtschaftlichen Sorgen befreit sehen würde. Er schrieb Marx Anfang November 1864, er sei das »letzte Halbjahr fast zu Tode gehetzt worden« und bettelte: »Laße uns nicht im Stich ...« Von Robert Schweichel, dem Freund, mit dem sich Liebknecht wahrscheinlich am unbefangensten austauschen konnte, erhielt er vorsichtig dosierten Zuspruch. »Du wirst die Augen sehr offen halten müssen. Doch die Hauptsache ist, daß endlich ein Organ geschaffen ist, welches die socialdemokratischen Ideen vertritt u. ich habe Vertrauen zu Deinem Talent, daß Du über alle Schwierigkeiten triumphieren u. der *Social-Demokrat* in Deiner Hand als Standarte der Partei durch ganz Deutschland leuchten wird.« Und wenige Tage später: »Ich habe nun die beiden ersten Nummern des *S[ocial] D[emokrat]* erhalten ... Sie gefallen mir sehr gut ...« In diesem Zusammenhang sollte auch nicht verschwiegen werden, dass sich Liebknecht über das Innenverhältnis an der Spitze des neuen Blattes anfänglich durchaus nicht im Klaren war. Er hielt Schweitzer für das »Faktotum« in der »Hofstettenschen Zeitung«. Es mag Liebknecht entschuldigen, Hofstetten als Geldgeber überbewertet zu haben. Doch zeigt es eine unzureichende Vertrautheit mit den Verhältnissen, wenn ihm erst nach und nach aufging, dass Schweitzer den Kurs bestimmte und niemand anders.[9]

Am 8. November 1864 erhielt von Schweitzer das preußische Bürgerrecht, eine Voraussetzung, die der Paragraf 22 des preußischen Pressegesetzes von 1851 an die Eignung als »Verantwortlicher Redakteur« knüpfte. Zunächst war der 1. Dezember als Erscheinungstag der ersten Nummer des *Social-Demokrat* ins Auge gefasst worden, dann der 7. Beide Termine konnten nicht eingehalten werden.

Was bringen wir unseren Lesern?

Am 12. Dezember kursiert in den angepeilten Leserkreisen, vor allem in den von Arbeitern besuchten Gaststätten und anderen öffentlichen Orten ein Flugblatt. Es unterrichtet über die Geschäftsgrundlage der bevorstehenden Zeitungsgründung.

»In Gemäßheit stattgehabter Vereinbarung mit dem verstorbenen Präsidenten des ›Allgemeinen deutschen Arbeiter-Vereins‹, Ferdinand Lassalle, und dem derzeitigen Präsidenten desselben, Bernhard Becker, und auf Grund von Besprechungen mit den hervorragendsten Mitgliedern der deutschen Sozialdemokratie erscheint vom 1. Januar 1865 an zu Berlin eine Zeitung unter dem Titel *Der Social-Demokrat. Organ des ›Allgemeinen deutschen Arbeiter-Vereins‹*.

Wir bringen unseren Lesern

1. Die offiziellen Aktenstücke des ›Allgemeinen deutschen Arbeiter-Vereins‹ aus erster Hand.
2. Regelmäßige Berichte über die Vorgänge innerhalb des Vereins.
3. Möglichst zahlreiche Berichte auch aus andern Arbeiter-Vereinen.
4. Leitartikel.
5. Eine jedesmalige Übersicht über die politischen und sozialen Vorgänge.
6. Regelmäßige eigene Korrespondenzen mit besonderer Berücksichtigung der Arbeiterangelegenheiten von den wichtigeren Plätzen, insbesondere aus Wien, London und Paris, worunter auch solche von Arbeitern.«

Es folgen noch weitere Punkte 7 bis 10, Vorstellungen des zu erwartenden Leseangebots. Am originellsten vielleicht Punkt 9: »Lokalnachrichten, jedoch nur insoweit solche für vernünftige Menschen wirkliches Interesse bieten können.«

Mit einer schiefen Schlachtordnung gehen die beiden Herausgeber die nächste Operation an, eine Korrektur des großen und für ein treues Vereinsmitglied eigentlich unfehlbaren Lassalle. In seiner »Heerschaurede«, der bekannten Abrechnung mit der liberalen Presse, hatte Lassalle den kapitalistischen Charakter der modernen Presse herausgestellt, der sich vor allem in ihrem Annoncenwesen manifestiere. Anzeigen annehmen bedeute, sich in wirtschaftliche Abhängigkeit zu begeben. Konsequenterweise würde in einem sozialistischen Staat eine private Zeitung keine Anzeige mehr veröffentlichen dürfen, wodurch sie aufhöre, ein Spekulationsobjekt zu sein. Was aus dem »stehenden Heer der Zeitungsschreiber« wird, interessiert ihn wenig; es kann verhungern. An die Stelle der »Zeitungsschreiber von Metier« tritt ohnehin der »Zeitungsschreiber von Beruf«.

Dass es Lassalle gefällt, dass *Nordstern* und *Volksfreund* keine Anzeigen aufnehmen, liegt auf der Hand. Allerdings ist die Gefahr, dass sie welche akquirieren könnten, sehr gering, und Lassalle kann kaum so weltfremd gewesen sein, das nicht zu erkennen. Schweitzer und Hofstetten müssen die Zeitung von dieser Position herunterholen, wenn sie auf eigenen Füßen stehen soll. Sie bekommen die Kurve mit einem alten Trick.

»Die Lassallesche Theorie ist unbedingt richtig«, bauen sie vor, aber dem »traurigen Zustand der Presse« könne nur abgeholfen werden, wenn der Staat seine Mittel radikal einsetze. Ein einzelnes Blatt bewirke nichts. Im Gegenteil, es würde nur zu seinem Schaden handeln, wenn es Anzeigenkunden abwiese. Ist das Blatt ein Organ des Arbeiterstandes, so würde zum Beispiel ein Arbeiter, der eine Anzeige zur Arbeitssuche lesen oder aufgeben wollte, gezwungen, »sich an der Arbeitersache feindliche Blätter zu wenden«. Soll das hingehen? Also wird der *Social-Demokrat* Anzeigen aufnehmen, jedenfalls solche, »welche unserem Prinzipe nicht widerstreben«.

Nachdem dann den politischen Zielen des *Social-Demokrat*, die ja die des ADAV sind, ein paar Absätze gewidmet werden, stellen die Verfasser noch einmal die Bedeutung ihrer Zeitungsgründung heraus:

»Der deutsche Arbeiterstand, d.h. der zahlreichste und wichtigste Teil der Nation, ist seit der Unterdrückung der ›Rheinischen Zeitung‹ im Jahre 1849 in der Tagespresse fast gänzlich ohne Vertretung geblieben!«

Einige freundliche Worte für den *Nordstern* und der Hinweis auf die publizistische Übermacht von Reaktion und Geldmacht, dann deklariert sich der *Social-Demokrat*. Er »soll ein Arbeiterblatt im vollen Sinne des Wortes sein und wird die Interessen des Arbeiterstandes im ausgedehntesten Maße zur Geltung zu bringen suchen; auch diejenigen Arbeiter, welche noch nicht unserer Richtung huldigen, werden die Spalten des Blattes zur Verbreitung gerechter Beschwerden offen finden.

Wir haben offen und rückhaltlos das Panier der Arbeitersache entfaltet; möge uns der Arbeiterstand mit Vertrauen entgegenkommen.

Gründer und Redakteure des *Social-Demokrat*

J.B.v. Schweitzer

J.B.v. Hofstetten«

Dieses Flugblatt wird in der Nummer 1 des *Social-Demokrat* auf den hinteren Seiten noch einmal abgedruckt werden, unter Fortlassung der Schlussabsätze, die aber schon die Seite 1 der gleichen Ausgabe schmücken. Der originale »Prospekt« ist aller Wahrscheinlichkeit nach verloren gegangen. Es existiert lediglich im Internationalen Institut für Sozialgeschichte in Amsterdam die abgerissene hintere Hälfte des vermutlich vierseitigen Faltblattes.

Ein wenig sonderbar werden die Zeitgenossen die Unterschriften der beiden adligen Herren unter diesem Appell für die Arbeitersache wohl empfunden haben. Die ironischen Kommentare in den bürgerlichen Blättern lassen auch nicht auf sich warten.

Am 15. Dezember erscheint die erste Probenummer, mit der gleichwohl die Nummerierung einsetzt. Sie wurde, wenn wir der dicken Randzeile glauben dürfen, »in 50 000 Exemplaren unentgeltlich verbreitet«. Dreimal wöchentlich wird die Zeitung erscheinen, und jetzt wird auch das Geheimnis der »mitwirkenden Herren«, also sagen wir mal, des Redaktionsbeirates, gelüftet. In alphabetischer Reihenfolge, womit Äußerungen der Empfindlichkeit die Spitze abgebrochen worden sein dürfte, werden vorgestellt:

»Bernhard Becker, Präsident des ADAV, Joh. Ph. Becker zu Genf, F. Engels zu Manchester, Georg Herwegh zu Zürich, M. Hess zu Paris, W. Liebknecht zu Berlin, Carl Marx zu London, Oberst-Brigadier W. Rüstow zu Zürich und Professor H. Wuttke zu Leipzig.«

Das anschließend gedruckte Programm, zu dem sich, wie ebenso zur Personenfrage, Schweitzer bei Marx ein stillschweigendes Plazet geholt hat, führt lediglich »drei große Gesichtspunkte« auf: Förderung der Völkerinteressen und der Volkssache durch die ganze zivilisierte Welt; das ganze gewaltige Deutschland, der eine freie Volksstaat; Hoffnung und Kampf dafür, dass die Arbeit den Staat regiere.

Im Kopf auf Seite 1 sind Hofstetten und Schweitzer als Redakteure benannt, doch das Impressum weist als verantwortlichen Redakteur Schweitzer aus. Das Blatt erscheint im Commissionsverlag von H. König, gedruckt wird es von F. Hoffschläger, alle in Berlin. Am 21. und 30. Dezember erscheinen zwei weitere »Probe-Nummern«, am 4. Januar beginnt mit der Nummer 4 die »normale« Laufbahn des *Social-Demokrat*.

Bernhard Becker hatte bereits am 16. Dezember in einem Circular an die Bevollmächtigten zur Unterstützung des Blattes aufgefordert und damit seinen Salto mortale abgeschlossen. Noch im Sommer hatte er, wie wir wissen, in denunziatorischer Weise Bruhn davon zu überzeugen verstanden, sich allen Versuchen Schweitzers und Hofstettens zu verweigern, die mit ihm, Bruhn, zu einer Einigung über den *Nordstern* kommen wollten. Dabei war es Becker nicht im Geringsten um den Erhalt des *Nordstern* gegangen, wie er vorgab, sondern *explizite* um die Torpedierung des Schweitzer-Hofstetten'schen Vorhabens, letztlich der Zeitungspläne Lassalles. Noch bis in den Herbst hinein hatte er sich seines Rivalen durch Entfernung auch aus dem Vorstand zu entledigen versucht. Dann der plötzliche Sinneswandel, von dem er den konsternierten Bruhn auf coole Weise in Kenntnis setzt:

»Lieber Freund! Um die Herausgeber des neuen Blattes zu binden, habe ich einen Vertrag mit ihnen gemacht, daß sie ihre Politik der des Vereins anpassen müssen, wogegen ich ihr Blatt als Vereinsorgan empfehle. Das Erscheinen der neuen Zeitung, lieber Bruhn, kannst Du nicht verhindern, ebensowenig ich ...«

Bruhn verstand die Welt nicht mehr. Noch haarsträubender als der weiter oben apostrophierte Brief war ja das vorausgegangene Schreiben Beckers an Bruhn, in dem Schweitzer neben vielen anderen Denunziationen als »Erzintrigant« und »Judas« beschimpft worden war; er sei ein »Menschenskelett«, das er, Becker, »zertrümmern« werde. An Bruhn aber appellierte er: »Der *Nordstern* muß in Deinen Händen bleiben, und so lange wir dieses Blatt in unserem Verein haben, scheitern alle reaktionären Ränke. Ich werde Dir treu zur Seite stehen ...« Und nun dies. Alle drei hier erwähnten Briefe hat Johann Philipp Becker im *Nordstern* veröffentlicht.

Die erste Generalversammlung des ADAV, die am 27. Dezember nach Düsseldorf geladen worden war, unterließ es lediglich aus Parteiräson, in diese Abgründe hineinzuleuchten und billigte ein nicht ganz statutengerechtes Verfahren, um dem *Social-Demokrat* die Anerkennung als Vereinsorgan, die ihm Becker unzuständigerweise zuerkannt hatte, zu belassen.

»Welch ein Sautitel!«

Die Zustimmung der beiden Gurus jenseits des Kanals war, wie sich jeder denken kann, nicht vorbehaltlos gewesen. Mit großer Distanziertheit hatten sie schon die Namenswahl betrachtet. »Welch ein Sautitel: *Der Social-Demokrat*! Warum nennen die Kerle das Ding nicht gradezu den Proletarier?« giftete Engels erbost. Marx replizierte wegwerfend: »*Social-Demokrat* ist ein schlechter Titel. Doch muß man den besten Titel nicht gleich weggeben für vielleicht *failures.*« Umso aufmerksamer wurden die ersten an die Themse gelangten Exemplare unter die Lupe genommen. Da fällt Marx auf, dass sich der Pariser Korrespondent des *Social-Demokrat*, Moses Hess, ein sozialistischer Veteran und doch ein »Esel« (Marx), sich einen Schnitzer bezüglich der Marx am Herzen liegenden Internationalen Arbeiter-Assoziation zuschulden kommen ließ. Als er seine Entrüstung bei Schweitzer ablädt, muss er erfahren, dass das Redaktionsmitglied Liebknecht die größere »Eselei« begangen hat. Natürlich missfällt auch die »servile Lobhudelei« auf Lassalle. Der hiermit angesprochene Gedenkartikel war der allererste »Leiter« des Blattes, der nichts anderes aussagte, als das, was ADAV-Leser mit Recht erwarten konnten, wenn man ihre Mentalität richtig einzuschätzen verstand. Schweitzer hatte sich allerdings unterstanden, ein Marx-Wort als Motto darüber zu setzen – »Er starb jung – im Triumph – ein Achill« –, das von Marx als Trost für die Gräfin Hatzfeldt, aber bestimmt nicht für die Öffentlichkeit bestimmt war. So bereiten sich die kommenden Zerwürfnisse vor. Es ist nicht zu übersehen, dass Marx sich mit der allerunschuldigsten Selbstverständlichkeit die Rolle eines Zensors des *Social-Demokrat* zubilligt.

Von der Aufnahme, die das neue Blatt im bürgerlichen Lager fand, macht sich der Kenner leicht ein zutreffendes Bild. Nicht nur die *Neue Frankfurter Zeitung* spottete darüber, dass zwei Adlige die Redaktion eines sozialdemokratischen Blattes führten. Weitere mokante Bemerkungen ruft die Bereitschaft des *Social-Demokrat* hervor, wie jede andere Tageszeitung auch, Anzeigen aufzunehmen, »obgleich Lassalle die Verbindung von politischer Meinungsäußerung mit bezahlter Anpreisung verdammt hatte« (Gustav Mayer). Genüsslich druckt Schweitzer darum die Antikritik der *Hessischen Landeszeitung*« ab, die darauf hinweist, dass ja auch der Nationalverein und dessen Zentralorgan unter der Führung von Adligen ständen. Aber natürlich hinkt dieser Vergleich.

Ernst zu nehmen, weil aus Konkurrenzgründen ernsthaft bemüht, ist lediglich die Stellungnahme der Coburger *Allgemeinen Deutschen Arbeiterzeitung*. Ihre Kritik gipfelt in der hintergründigen Frage: »Wie ist es möglich, daß ein Blatt mit so erhabenen Zielen, am Sitz ihrer vollsten Negation, am Sitz der Herrschaft ihrer todfeindlichen Gegensätze erscheint, – erscheinen kann?« Diese Frage, die kaum variiert noch oft gestellt werden wird, unterstellt nichts weiter als die Behauptung: Ohne Bismarcks Duldung – oder Billigung – oder gar Intention? – kann so ein Blatt nicht in der Hauptstadt der Reaktion, in Berlin, erscheinen.

Am 27. Januar begann mit dem Abdruck des ersten Artikels der Serie »Das Ministerium Bismarck« jene fatale Kettenreaktion, mit der die erste – aber leider so instabile – Sammlung der deutschen Sozialisten, wenn auch nicht in alle Winde geblasen, aber doch wieder in ihre ursprünglichen Bestandteile zerlegt werden sollte. Was Schweitzer seinen Lesern zumutete, schien in der Tat alle Vorurteile zu bestätigen. Was ist das doch für ein außerordentlicher Mann, dieser Bismarck, hochkonservativ, ja reaktionär, und doch zittert jede (doch ebenfalls konservative) Regierung im Deutschen Bund vor seiner Radikalität. Und warum soll man auch nicht zugeben, dass es höchste Staatskunst ist, wie er die schleswig-holsteinische Frage löst, indem er sie zur Vergrößerung Preußens nutzt? Muss man sich das aus einem Blatt zumuten, das sich auch noch *Social-Demokrat* nennt?

Es kommt noch besser im zweiten Teil, der mit der inneren Logik dieses Staatswesens vertraut macht, das sich von unbedeutenden Anfängen zu einem »mächtigen Königreich« mauserte. Und die heißt: Maßvolle Expansion, die nie das Gefüge lockert, den Verdauungsapparat überfordert oder das Junktim zwischen Krone und Junkertum, auf das dieser Staat zugeschnitten ist, gefährdet. Man soll sich da keinen Illusionen hingeben: Preußen hat keine deutsche, es hat nur und ausschließlich eine preußische Mission in Deutschland.

Erst zwei Wochen später nimmt Schweitzer den Faden wieder auf, indem er feststellt, das Ministerium Bismarck mache unzweifelhaft Miene, die geschilderten Tendenzen zu bestätigen. Eine bedeutende Politik kann man das sicher nennen, aber es ist auch eine verhängnisvolle. Bismarck würde sich in ganz Europa lächerlich machen, wollte er die eingefädelte Annexion Schleswig-Holsteins nicht auch vollstrecken. Und wer sich erst einmal auf die Bahn der Annexion begibt, dieser »fridericianischen Politik«, der muss darin fortfahren. Anmerkung eines Nachgeborenen: Immerhin hat Bismarck noch gewusst, »was zu verdauen ist«, für Hitler war das nicht einmal ein Kriterium.

Im vierten Teil untersuchte Schweitzer, wer überhaupt noch Preußen in den Arm fallen kann. Der Bundestag kann es nicht, denn der ist keine politische Macht, sondern eine politische Form. Österreich kann es nicht, weil es kein treibender, sondern ein hemmender Faktor in Europa ist. Und die Mittel- und Kleinstaaten scheiden aus, weil sie lediglich als Anhängsel einer der beiden deutschen Großmächte zählen. Bliebe nur noch die Nation. Darunter versteht Schweitzer das deutsche Volk. Damit kommt er zum furiosen Finale. Im Gegensatz zu dem, was sich Preußen unter der Lösung der deutschen Frage vorstellt, nämlich sie in den Dienst dynastischer Interessen zu nehmen, strebt die deutsche Nation selbst zu einem modernen, einheitlichen Volksstaat hin. Es sei bewiesen, dass die politische Verfassung Deutschlands ein Skandal ist, und es stehe auch für jeden Demokraten außer Zweifel, dass die Nation sich nur selbst helfen kann. Mit anderen Worten: Die Lösung der deutschen Frage im deutschen Sinne ist nur auf revolutionärem Wege möglich. Unter den »bestehenden Gewalten« freilich sei nur Preußen zu einer Initiative fähig. Im preußischen Sinne, versteht sich. Also: Preußen oder die Nation? »Preußische Bajonette oder deutsche Proletarierfäuste?« Mit dieser Fragestellung nimmt Schweitzer den Leitgedanken der deutschen Innenpolitik für die nächsten 50 Jahre voraus. Und es scheint, als hätten die Alliierten, die nach dem Zweiten Weltkrieg Preußen als Staat von der Landkarte tilgten, Schweitzer besser gelesen als die Deutschen, ob Preußen oder Nichtpreußen.

Von den vielen zeitgenössischen Wertungen der Serie soll hier abgesehen werden. Lediglich August Bebel sei kurz zitiert, für den es außer Zweifel stand: »Bismarck hatte in der ganzen deutschen Presse keine bessere Feder, die geschickter für seine Politik Propaganda machte.« Von seiner Auffassung, dass Schweitzer ein Agent Bismarcks gewesen sei, ist Bebel auch sein Lebtag nicht abgegangen.

Noch ehe der letzte Artikel der kurzen Serie seine Leser gefunden hatte, lagen Schweitzers Hoffnungen zerschmettert am Boden. Der Alte aus London hatte *tabu-*

la rasa gemacht. Zwar hatte Marx nach der Aufregung über Liebknechts »Eselei« noch einmal eingelenkt, in Beantwortung eines besänftigenden Briefes von Schweitzer sogar einen Gedenkartikel zum Tode Proudhons geschrieben. Doch diente auch dieser Aufsatz Marx vor allem dazu, Schweitzer verschlüsselt seine Meinung zu geigen. Engels berichtet er über die Absendung des als Wiedergutmachung verstandenen Artikels und seine Hintergedanken: »Du wirst darin finden, daß einige sehr bittre Hiebe, angeblich dem P[roudhon] appliziert, unserem ›Achilles‹ [also Lassalle; Anm. H. S.] auf den Buckel fallen und bestimmt waren.« Es versetzt Marx in nicht gelindes Entzücken, dass der *Social-Demokrat* genau hinter seinem Artikel, in dem er jeden Scheinkompromiss verurteilt, ein von Engels eingesandtes Gedicht abdruckt, eine alte dänische Ballade aus den Bauernaufständen, in dem Marx einen »Aufruf zum Totschlagen des Adels« ausmacht. Das soll doch wohl allem Liebäugeln mit der Reaktion ein Denkzettel sein. Doch auch diese gut platzierten Kuckuckseier stimmen den grollenden Übervater nicht versöhnlich.

Kaum auf der falschen Fährte ist derjenige, der Marx unterstellt, dass ihm die ganze Richtung nicht passte, und das von Anfang an. Marx ist zudem überzeugt, dass Liebknecht ihn in diese Geschichte hineingeritten hat. Er kann nicht mehr unterscheiden, ob er nicht doch selbst einen gewissen Kitzel gefühlt hat, in Berlin mitmischen zu können oder ob er lediglich den berechtigten Wünschen seines Statthalters nachgegeben hat, der für sich und seine Familie dringend der sozialen Absicherung bedurfte. Liebknecht, der sehr wohl ahnt, was sich in London zusammenbraut, sucht zu besänftigen. Der *Social-Demokrat* sei nun einmal das Produkt eines Kompromisses, gibt er Marx zu bedenken, und bereite als solches beiden Seiten Unannehmlichkeiten.

Liebknecht ist in keiner beneidenswerten Lage. Er sieht klar das Unhaltbare seiner Situation und bittet Marx vorsorglich, nach einer Lehrerstelle auf der Insel für ihn Ausschau zu halten. Gleichzeitig fühlt er sich gedrängt, darauf hinzuweisen, dass »Schweitzer ... stets mit der größten Loyalität gehandelt hat«. Die These Marx' vom Sein, das das Bewusstsein bestimme, gilt nicht unumschränkt, wie wir wissen. Liebknechts Lebenslauf liefert so einen schlagenden Gegenbeweis. Der Sturm, der sich jetzt erhebt, wird weder sein klares politisches Denken noch seine Überzeugungen beeinträchtigen, doch an seiner Gesundheit zerren und die gerade gefundene soziale Sicherheit zu Nichts zerblasen.

Er ist schon in keiner guten körperlichen Verfassung, als ihn die »allerletzte Warnung« Marxens erreicht, der »keinen *farthing*« mehr für einen »guten Willen« geben will, »der die Taten des schlechten Willens verrichtet«. Es ist wieder einmal Hess und die Internationale, die Marx überreagieren lässt. Er will jetzt den Bruch mit dem *Social-Demokrat* und hält die entsprechende Erklärung schon parat. Wieder einmal bewährt sich die Disziplin Liebknechts, der sich nicht in den Schmollwinkel verzieht. Zwar gibt er dem »lieben Mohr« zu verstehen, »wie mich Dein letzter Zettel gekränkt hat« und welch »sehr, sehr schwierigen Stand nach allen Seiten hin« er habe und dabei »täglich zwölf Stunden arbeiten muß, um zu leben«. Doch setzt er ihm gleichzeitig in ruhigem Ton auseinander, wie deplaziert sich der Abbruch der Beziehungen aus dem gegebenen Anlass ausnehmen würde. Wenn der Bruch aber schon unvermeidlich sei, »wohlan, so würde ich wünschen, daß er auf politischem Gebiete, *in re* Bismarck erfolgte«. Tatsächlich besinnt sich Marx. »Diesmal glaube ich, daß Liebknecht Recht hat«, schreibt er an Engels. Vielleicht käme es dem Schweitzer ganz gelegen, wenn der öffentliche Bruch jetzt, bei dieser zweitrangigen Affäre, anstatt in Sachen Bismarck erfolgte.

Welche Rolle spielt Engels?

Engels hatte übrigens signalisiert, dass er mit der Erklärung von Marx zur »Hess-Affäre« nicht so ganz und gar einverstanden sei, was sicherlich seine Wirkung auf den Freund nicht verfehlt und dessen Einlenken mit verursacht haben dürfte. Die Nennung des Namens von Hess in der Erklärung könnte als Bruch des Redaktionsgeheimnisses angesehen werden, hatte Engels gemeint. Seine Rolle in diesen Tagen ist einer kurzen Darstellung wert. Jede Woche gehen durchschnittlich zwei Briefe von jeder Seite hin und her zwischen London und Manchester. Lässt man die von Engels Revue passieren, so scheint es auf den ersten Blick, als ständen sie denen von Marx in keiner Weise nach in dieser spezifischen Vulgarität auf hoher intellektueller Ebene, die den Briefwechsel noch heute so anregend lesbar macht, und ebenso wenig in der Aggressivität, mit der Marx auf alles und jedermann außerhalb seiner Familie und seiner Freundschaft mit Engels reagiert. Auf den zweiten Blick werden Zwischentöne sichtbar. Da bittet zum Beispiel just in dem Augenblick, als Marx kein einziges gutes Haar mehr an Liebknecht entdecken kann, Engels um dessen Adresse. Schließlich möchte auch er Liebknecht »von Zeit zu Zeit was aufs Dach geben, resp. ihn encouragieren, *s'il y a lieu*«. Dabei kommt ein Brief heraus, nach dessen Erhalt dem eingeschüchterten Liebknecht zumut ist »wie einem Hund, der sein ganzes Leben lang bloß Puffe und Knuffe erhalten hat, und ganz erstaunt ist, wenn ihn jemand einmal streichelt«. Auch scheint Engels die Meinung Marx' von der Unwiderruflichkeit des bevorstehenden Bruches mit Schweitzer durchaus nicht zu teilen. Der Mann in Manchester mag zwar der Abkürzung S.D. für *Social-Demo-*

krat eine neue Deutung geben – »Sau-Dreck« –, er mag das »Social-Demokrätchen« alle Tage widerlicher finden und sich über »die tiefsinnig beschissenen Artikel des Herrn Schweitzer« mokieren. Er übersieht aber auch nicht, dass im »zweiten *leader*« Schweitzers zum Ministerium Bismarck »Preußens Politik als anti-deutsch geradezu bezeichnet« wird. Er versucht Marx zu suggerieren, dass ein antisozialistischer Schlenker von Hess »selbst dem Schweitzer zu toll« war und findet in der Nummer 21 des »S-Drecks« einen »gewissen revolutionären Ton, der früher ganz fehlte«. Doch auch diese vorsichtig geäußerten Bedenklichkeiten werden das Ende der Beziehung um keinen Tag hinauszögern.

Zwar war die Hess-Affäre durch eine Ehrenerklärung an die Internationale in aller Form beigelegt worden. Aber Marx hatte neben der Bismarck-Serie noch einen weiteren Stein des Anstoßes ausgemacht. Im preußischen Landtag war es zu einer Diskussion über die Aufhebung der restriktiven Koalitionsgesetze gekommen. Die Revisionsvorschläge der Fortschrittspartei waren von Schweitzer mit Hohn und Spott übergossen worden. Sicherlich entsprachen sie nicht allen Wünschen der auf gewerkschaftlichen Zusammenschluss zielenden Arbeiter, doch Schweitzer war dagegen, weil er ein anderes Konzept vertrat. Auch hierin war er an das Erbe Lassalles gebunden, der über das Koalitionsrecht nicht mehr debattieren wollte. So taucht es im Programm des ADAV auch gar nicht erst auf. Schweitzer ließ sich zwar nicht so weit aufs Glatteis führen, dass er dem Koalitionsrecht jeden Wert absprach, doch besondere Anstrengungen verdiene es nun auch nicht, denn: »Wir wollen unendlich mehr als das Koalitionsrecht ist.«

Diesen Standpunkt jedoch, selbst wenn er von Schweitzer in klassenkämpferische Parolen verpackt worden war, mochte Marx nicht teilen. Er wäscht Schweitzer den Kopf. Koalitionen und die daraus erwachsenden Gewerkschaften seien nicht nur als Mittel zur Organisation der Arbeiterklasse wichtig, in Preußen und Deutschland sei das Koalitionsrecht überhaupt unabdingbar, um den »Untertanen« mündig zu machen. Und das würde jede bürgerliche Oppositionspartei noch hundertmal eher gestatten als eine Regierung Bismarck. Im Übrigen werde sich die Arbeiterpartei nur blamieren, wenn sie glaube, durch die Bismarck-Ära würden ihr »von Königs Gnaden die goldenen Äpfel in den Mund fallen«. Die Ehre der Arbeiterpartei aber erheische die Zurückweisung solcher Trugbilder, schallt es pathetisch von London her, und dann der Hammerschlag: »Die Arbeiterklasse ist revolutionär oder sie ist nichts.«[10]

Schweitzer antwortet höflich, aber bestimmt. Belehrungen über theoretische Fragen werde er von Marx immer dankbar entgegennehmen. Doch was die praktischen

Fragen momentaner Taktik angehe, gibt er Marx zu bedenken, müsse man im Mittelpunkt der Bewegung stehen, um richtig zu urteilen. Auch solle man nicht vergessen, dass der Allgemeine Arbeiterverein schon an gewisse Traditionen gebunden ist. So schleppen »die Dinge *in concreto* ... eben immer ein Fußgewicht mit sich herum«. Das war zuviel. Marx, der schon zu Zeiten der deutschen Revolution in dem Alter stand, in dem Schweitzer jetzt ist, denkt nicht daran, sich von dem Hüpferling auf dem grünen Baum des Sozialismus Vorschriften machen zu lassen. Gegenüber Engels lässt er Dampf ab. Schweitzer habe »in allen ›praktischen‹ Fragen«, empört er sich, »meine Unterordnung unter *seine* Taktik verlangt«. »Patzig« sei er ja schon in der Hess-Angelegenheit aufgetreten. Und da nun doch »mit dem Kerl gebrochen werden muß, lieber jetzt gleich.« Engels findet in Marxens Brief die ausformulierte Erklärung an die Redaktion des *Social-Demokrat* über ihrer beider Austritt aus dem Mitarbeitergremium, die er, nach unbedeutenden Änderungen, unterschreibt.

Marx war übrigens in Zugzwang gekommen durch Liebknecht, der am 17. Februar seinen Posten aufgegeben hatte. Den letzten Anstoß dazu hatte der *Social-Demokrat* vom gleichen Tag gegeben, der »so reaktionär« war, dass Liebknecht nur noch kündigen konnte. Die Nummer enthielt den dritten Bismarck-Artikel und einen Kommentar, der die preußische Regierung als die erste in Deutschland feierte, welche die Lösung der Arbeiterfrage offen auf ihr Programm gesetzt habe – mögen ihre Hintergedanken sein, wie sie wollen. Schweitzer war »sehr verblüfft«. Liebknecht legte die Motive seines Austritts aus der Redaktion auf überzeugende Weise in einem Vortrag vor den Berliner Buchdruckergehilfen dar: »Der Umstand, daß die Fortschrittspartei ihre Pflicht nicht erfüllt hat, ist kein Grund für die Arbeiter, sich denen in die Arme zu werfen, die noch weniger bieten als die Fortschrittspartei, die noch weit hinter ihr zurückstehen.«

Der am Ende seiner Kräfte stehende Liebknecht hatte Marx und Engels ohne Verzug über seine Kündigung unterrichtet. Im Brief an Engels wird deutlich, dass er seine politisch entschiedene Haltung sehr gut mit einer überzeugenden journalistischen Berufsauffassung zu vereinbaren versteht. »Das Wort ›Kompromiß‹ habe ich nur in einem persönlichen Sinn genommen. An einen Prinzipien-Compromiß dachte ich niemals, ich hatte einfach Euer Zusammenwirken mit Burschen wie Hess und Herwegh und mit den Lassalleanern im Auge und dachte nur an Toleranz zwischen den Mitarbeitern des Blattes.«

Auch Schweitzer sollte in Zugzwang geraten, nämlich mit der Veröffentlichung der Marx-Engels'schen Erklärung. Marx hatte den gewieften Taktierer richtig eingeschätzt und die Erklärung nicht nur dem *Social-Demokrat*, sondern zugleich einer Reihe anderer Blätter zukommen lassen. Dieses Verfahren zahlte sich aus. Am 3. März erschien die Erklärung endlich auch im Blatt der Schweitzer-Hofstetten, nicht ohne eine entsprechende Würdigung im Leitartikel. Allerdings war sie so verschlüsselt, dass nur gute Kenner der Verhältnisse sich einen Vers darauf machen konnten. Marx selbst gehörte selbstverständlich dazu. Gegenüber Engels höhnte er, dass Schweitzer »unter dem Vorwand, daß die Erklärung der ›Herrn‹ keiner weiteren Bemerkung bedarf, uns doch einen seiner ›tiefsinnig verschissenen‹ Leaders ›*anonym*‹ gewidmet« habe.

Eine Lawine kam ins Rollen. Am 4. März erklärten Georg Herwegh und Wilhelm Rüstow, dass sie sich zwar zuerst entschlossen hätten, ihre Mitarbeiterschaft am *Social-Demokrat* stillschweigend aufhören zu lassen, es aber »nach der ausdrücklichen Erklärung der Herren Engels und Marx für zweckmäßig« gehalten hätten, sich »derselben ebenso ausdrücklich anzuschließen«. Erst aus dem Anlass dieser Erklärung fühlte sich Schweitzer gedrängt, ein offenes Wort zu dem »an sich gleichgültigen Rücktritt einzelner Mitarbeiter dieses Organs« zu äußern. Nicht auf die feine, aber für die Arbeiter verständliche Art zeigte er den Unterschied zwischen Marx und Lassalle auf, nach dem letzterer »nicht der Mann der unfruchtbaren Abstraktion, sondern ein Politiker im vollen Sinne des Wortes, nicht ein schriftstellerischer Doktrinär, sondern ein Mann der praktischen Tat war«. Einen Tag auf Herwegh und Rüstow folgte Friedrich Reusche. Und am 11. März erklärte sich Johann Philipp Becker im *Nordstern*.

Das Grollen des Urgesteins

Der bekannte Revolutionär hatte sich ursprünglich vorgenommen, ein guter Mitarbeiter des neuen Blattes zu werden und ihm das erste Kapitel seiner Schrift *Über die Arbeiterfrage* zugesandt. Sein Entsetzen hat er am plastischsten gegenüber der Gräfin Hatzfeldt formuliert. »Ich erhielt endlich, nachdem ich eine längere Arbeit eingesendet hatte, die seit Neujahr herausgekommenen Nummern des s.g. *Social-Demokraten*; aber nicht bloß größtes Erstaunen, sondern tiefinnerlichste Empörung mußte mich bei der Lesung desselben ergreifen. Und dieser prinzipienfaule Jauchebehälter soll das Organ der heiligen Schöpfung unseres erhabenen und grundsatzreinen Lassalles sein?! Nimmermehr! ... Sind denn alle diese Leute Verräter oder unfähige politische Blechköpfe?« Weitere Mitarbeit schien Becker ausgeschlossen. Aus Gründen der Parteiräson wollte er davon kein Aufhebens machen. Doch nach den Erklärungen von Engels und Marx, Rüstow und Herwegh, wolle er nicht länger säumen, sich »denselben mit allem Nachdruck anzuschließen.«

Der Verlust von Becker traf die Herausgeber am schwersten, galt er doch als der lauterste Freund Lassalles. Namentlich Hofstetten hatte sich viel Mühe gegeben, den alten Kämpen bei der Stange zu halten. Schon um den angehenden Mitarbeiter, den er ja bereits von Lassalles Duell her kannte, hatte sich Hofstetten bemüht. Dann sorgte er für einen guten Draht, und als die Zeiten frostig wurden, hielt er sich für verpflichtet, Becker »über den eigentlichen Sachverhalt aufzuklären«. Des »Pudels Kern« schien ihm, dass sich die Marx, Engels und Liebknecht in ihren Erwartungen getäuscht sahen, da sie nach dem Tode Lassalles und bei Gründung des Blattes gerechnet hatten, »die Leitung des Ganzen in die Hand zu bekommen«. Auch seien »diese Herren« ja mit der Politik Lassalles »niemals einverstanden« gewesen. Da sei durchaus Logik erkennbar. Diese Ansicht Hofstettens lässt sich nachvollziehen. Doch ganz und gar befremdlich erschien ihm das Verhalten der Herren Herwegh, Rüstow und Reusche. Zu Lebzeiten Lassalles habe es von ihrer Seite nie Widerspruch gegeben. Jetzt wollten sie auf halbem Wege umkehren. Wohl Lassalle, »daß er ein so klägliches Schauspiel nicht erleben mußte!« Als ihm Becker auseinandersetzt, dass ihn alles nicht umstimmen könne, entfährt es Hofstetten, dass ihn dessen »lieber, treuherziger Brief ... mit tiefer Wehmut erfüllt« habe. Sie waren sicher beide gute Menschen, die sich plötzlich auf verschiedenen Seiten des Grabens sahen. Man sagt Hofstetten nichts Übles nach, wenn man ihm ein gehöriges Maß Naivität bescheinigt, während sich Becker durch wahre Volkstümlichkeit auszeichnete.

Hofstetten hielt auch die Verbindung zu Reusche aufrecht, wie er wohl überhaupt stärker in die Alltagsarbeit der Redaktion eingespannt war als Schweitzer. Darauf spielt er auch in seiner späteren Anklageschrift gegen den einstigen Freund und Kollegen an. Hofstetten konstatierte, er habe »die mit der Redaktion des Blattes verknüpfte Arbeitslast meist ganz ausschließlich getragen.« Reusche war der Schweizer Korrespondent, der aber auch aus ausgewählten Anlässen zur Feder griff. So ließ der *Social-Demokrat* dem bekannten Gedenkartikel von Karl Marx für Proudhon einen anderen von Reusche folgen, der Melodramatik und Kritik recht wirksam zu verbinden verstand. Während sich Hofstetten mit den Unzulänglichkeiten Reusches herumschlug, machte Schweitzer die Personalpolitik. Er bot Reusche die nach dem Ausscheiden Liebknechts frei gewordene Redakteursstelle an. Hauptaufgabengebiet: Redaktion des auswärtigen Teils. Die Bezahlung war mäßig; Rüstow spottete: »Zwei Flaschen Gilkaschnaps täglich.« Reusche bemühte sich, Geld aufzutreiben für die Reise nach Berlin, was ihm misslang. Ob hier der Grund zu sehen ist, dass auch er mit dem *Social-Demokrat* brach? Es ist schwierig, Reusche heute noch Gerechtigkeit widerfahren zu lassen. Die persönlichen Angaben über ihn sind verwirrend, ablehnende Äußerungen überwiegen. Zur Zeit seiner Mitarbeiterschaft beim *Social-Demokrat* hatte er sich bei Herwegh eingenistet. Aus einem Brief an J. Ph. Becker geht hervor, dass er gewillt war, die angebotene Redakteursstelle anzunehmen. Er posaunte sogar hochtrabend hinaus: »... übernehme die Redaktion.« Stattdessen wurde er zum Feinde Schweitzers. Wie weit dabei eigene Überzeugungen oder die Einflüsse Herweghs und Rüstows oder vielleicht auch der Gräfin Hatzfeldt eine Rolle spielen, lässt sich kaum noch herausfinden. Reusche sah übrigens in Liebknecht den »roten Faden« des Durcheinanders – eine ganz und gar subjektive Auffassung.

Von den in der ersten Nummer so bombastisch angekündigten Mitarbeitern waren glücklich noch drei geblieben: Bernhard Becker sowie Moses Hess in Paris und Professor Wuttke in Leipzig. Der Erstere war als Mitarbeiter ohnehin nicht mehr zu zählen, der Letztere sandte nach dem Auszug der Mehrheit erkennbar ebenfalls nichts mehr ein. Lediglich Hess blieb dem Blatt noch eine Zeitlang erhalten, bis auch er 1867 die Mitarbeit einstellte.

Hat nun der Anlass den Ausgang zu verantworten? Franz Mehring hat als Quasi-Zeitzeuge den Vorgang bilanziert und kam zu dem Ergebnis, dass die Ereignisse das bestätigt haben, was Schweitzer voraussah. Dessen historische Analyse aller in der deutschen Frage wirkenden Faktoren habe den Beweis erbracht, dass der preußische Partikularismus der für die deutsche Entwicklung »gemeinschädlichste« war – ganz gleich was sonst herausgelesen wurde. Dennoch sei an Schweitzers Bismarck-Artikeln »etwas nicht in Ordnung« gewesen. Die Lebendigkeit seiner Darstellung habe »manchmal einer Verherrlichung zum Verwechseln ähnlich« gesehen. Böswillige Gegner hätten leichtes Spiel gehabt und Schweitzer hatte böswillige Gegner.

Es ist wohl hinreichend klar geworden, dass der Streit um die Linie des *Social-Demokrat* tief reichende ideologische Wurzeln hatte. Er war zwar auf vielfältige Weise mit anderen Differenzierungserscheinungen, Strömungen und Parteiungen verknüpft, doch wäre es viel zu wenig, ihn lediglich als eine Facette des nach Lassalles Tod ausgebrochenen Haders anzusehen.

Bruhns Schwanengesang

Im ADAV ging es ja schon lange drunter und drüber. Lassalle hatte, wie bereits erwähnt, Bernhard Becker zu seinem Nachfolger bestimmt. Diese Entscheidung stellt der Menschenkenntnis des sonst so genialisch veranlagten Politikers ein erbarmungswürdiges Zeugnis aus. Becker war der Aufgabe nicht im Mindesten gewachsen. Er brachte es fertig, sich buchstäblich mit jedermann anzulegen. Becker zeichnete sich, wie man es heute nennen würde, durch einen absoluten Mangel an Integrationsfähigkeit aus. Bei den klassischen Historiografen der Arbeiterbewegung lässt sich über seine traurige Karriere, die auch ein besonders schwarzes Kapitel für den ADAV war, nachlesen. Hier soll nur eine zeitgenössische Arbeit genannt werden, die entscheidend dazu beigetragen hat, breiteren Kreisen der jungen Bewegung die Augen über diesen Präsidenten zu öffnen. Es ist eine Artikelserie von Beckers Namensvetter, des unbestechlichen Johann Philipp Becker, die unter dem Titel »Ein unumwundenes Wort« am 1. April im *Nordstern* zu erscheinen begann. Becker redete Fraktur, »unbekümmert um das Kapital, welches unsere prinzipiellen Gegner aus den bedauerlichen Vorgängen im Schoße unserer Partei gemacht und noch machen werden«.

Man könnte meinen, Bruhn habe erst durch seinen alten Freund einen Standort in dem unübersichtlichen Spiel zugewiesen bekommen. Schließlich waren die Hauptfeinde Schweitzers, Marx und Engels, Leute, denen auch er nicht grün war. Marx taxiert die Gefühlslage Bruhns recht treffend, wenn er gegenüber Engels bemerkt, »daß Bruhn, trotz seines Hasses gegen uns, aus Brotneid gleich angebissen hat gegen den Schweitzer«. Lediglich aus Brotneid? Aber war Bruhn überhaupt auf einen Standort festzulegen? Er hatte eine revolutionäre Vergangenheit, unterschied Freunde und Feinde, war auch nicht unehrlich und unloyal, doch um einen Standpunkt einzunehmen und zu vertreten, viel zu unzuverlässig. Über seine ersten verschleierten Attacken auf die Berliner Konkurrenz ist berichtet worden. Auch wenn er deutlicher wird, klingt es nicht gerade zündend, ob er nun vor den »problematischen Naturen« warnt, die es in jeder Bewegung gebe, oder auftrumpft: Wenn wir auch Bismarck achten können, werden wir ihn jedoch niemals beweihräuchern. Dann kam die Flut der Absagen an die Adresse Schweitzers, die der *Nordstern* mehr oder weniger verspätet und trocken rekapitulierte.

Mitte März raffte sich Bruhn zu einem Kommentar zur Lage auf, in dem er geltend macht, dass sein Blättchen gegenüber dem *Social-Demokrat* eine zunächst abwartende Haltung eingenommen habe. Jetzt sei aber klar, dass dieser den Interessen des ADAV zuwiderhandle. Wer die Seite umblättert, findet einen Artikel von Heinrich Oberwinder, in dem es dem Vorstand anheim gegeben wird, über das weitere Schicksal des *Social-Demokrat* als Vereinsorgan zu befinden. Größeren Wert legt der Autor auf die Verkündung der Erkenntnis, nicht den gesetzlichen Boden zu verlassen, »um eine gebietende Macht zu werden«. Es folgt der berühmt-berüchtigte Auftritt Bernhard Beckers in Hamburg vom 21./22. März 1865. Neben der diktatorischen und arroganten Art, mit der Becker die Hamburger Vereinsmitglieder vor den Kopf stieß, leistete er sich drei hanebüchene Denunziationen. Der »Marx'schen Clique« dichtete er Zusammenarbeit mit der preußischen Polizei an; Wilhelm Liebknecht unterstellte er, als Mitarbeiter der *Norddeutschen Allgemeinen Zeitung* für Bismarck gearbeitet zu haben (tatsächlich hatte Liebknecht das Blatt verlassen, als er von dem Tendenzwandel hin zum Regierungsorgan erfahren hatte); schließlich verdächtigte er die Gräfin Hatzfeldt, Lassalle in den Tod getrieben zu haben. Der Bericht im *Nordstern* ist nicht unkritisch. Doch die törichte und überhebliche Art, mit der dieser unsagbare Präsident sich hier um Kopf und Kragen redete, wird nicht im entferntesten deutlich. Erst eine Woche später, und da beginnt auch der Abdruck des »Unumwundenen Wortes«, folgte die politische und menschliche Abrechnung mit jenem Menschen, »der jetzt das sozialdemokratische Panier … beschmutzt«.

Unter dem Wust der Erklärungen, in denen die Dreier-Bande Becker-Schweitzer-Hofstetten angeprangert wird, ist der Beschluss der Berliner – alten – Gemeinde bemerkenswert. (Im Laufe der Auseinandersetzung war es zur Spaltung gekommen.) Die Mitglieder forderten einem Antrag Liebknechts entsprechend, »daß der Bernhard Becker als ein niederträchtiger Verleumder und unheilbarer Idiot aus dem Verein auszuschließen ist«. Sie hatten sich von der Altonaer Gemeinde inspirieren lassen – das ist Bruhn –, welche Becker »einstimmig für unfähig und unwürdig« erklärt und verlangt hatte, dass er sein Amt sofort niederlege. Über die Berliner Gemeindeversammlungen – es waren zwei – hat der neue Bevollmächtigte Carl Schilling einen sicherlich subjektiven, aber höchst amüsant zu lesenden Bericht geschrieben. Titel: »Die Ausstoßung des Präsidenten Bernhard Becker aus dem Allgemeinen Deutschen Arbeiter-Verein und der *Social-Demokrat.*«

Mit nicht weniger kräftigen Ausdrücken betreibt nun über die Wochen hin Johann Philipp Becker die Demontage seines Namensvetters. Wie er dessen ungezählte Intrigen kundmacht, auch Beckers Despotismus geißelt, das dürfte seine Wirkung nicht verfehlt haben. Doch besonders am Herzen liegt dem braven Johann Philipp, »Bernhard den Seltsamen und Unvergleichlichen« für seine Beleidigung der Gräfin Hatzfeldt zu züchtigen. Lassalle habe, um von der Gräfin loszukommen, den Tod gesucht, hatte Bernhard Becker in seiner Hamburger Rede kolportiert. Das sei, so Johann Philipp, »mehr als Gemeinheit, … ein vollendetes Bubenstück« gewesen. Bernhard Becker hatte schon im Januar in Leipzig behauptet, dass die Gräfin Hatzfeldt »zur Verräterin an Ferdinand Lassalle geworden, die Politik des Vereins in reaktionäre Bahnen lenken, den Verein an Herrn v. Bismarck verkaufen wollen«, wobei sie doch, »freilich in ihrer Weise – sich bemühte, Lassalles Lebenswerk zu erhalten« (Laufenberg). Bernhard Becker verhalf der Hatzfeldt'schen Richtung im

ADAV damit erst recht zum Durchbruch, jedenfalls in Norddeutschland, wo sich schließlich auch Bruhn der Gräfin anschloss.

Die ritterliche Art des alten Emigranten fand viele Parallelen im ADAV, obwohl die Gräfin Hatzfeldt in ihrer fanatischen Fixiertheit auf Lassalle schon begonnen hatte, ihren maßgeblichen Beitrag zur Zersetzung des ADAV zu leisten. Auch J. Ph. Becker sollte ihr bald in der größten Distanziertheit gegenüberstehen. Den wichtigeren, weil politischen Teil des Wortkriegs führte das demokratische Urgestein indes gegen Schweitzer. Dafür, dass der »ein heiliges Werk verdirbt, das Volk verblendet und ins feindliche Lager führt«, droht Johann Philipp ihm »gründliche Züchtigung« an. Schon die Taktik des *Social-Demokrat* sei falsch. Nachdem er einmal der »Reaktionsbestie« den kleinen Finger gereicht habe, sei Umkehr ausgeschlossen, da sie den Bruch mit der Staatsgewalt »in seiner ganzen Wucht« hervorrufen würde.

Beim Leser von heute könnte sich eine gewisse Beklemmung einstellen, wenn er erfährt, dass die schon geisterhaft anmutende Kontroverse aus den frühen Nachkriegsjahren des Zweiten Weltkrieges, nämlich ob Emigration oder Ausharren das ehrenhaftere Verhalten gegenüber dem Nationalsozialismus war, einen frühen Vorläufer gehabt hat. Patrioten, die zu lange im freien Ausland lebten, fragt der Emigrant Becker ironisch anzüglich, könnten doch unmöglich so gut wissen, was dem Volke gut tue, wie die Volksfreunde in Deutschland, wo man nur in der Blumensprache reden dürfe. Wie man »ein mißhandeltes Volk mit Hilfe seiner Unterdrücker befreien« könne, das wollen diese Patrioten auch nicht begreifen lernen.

Für J. Ph. Becker suchen Schweitzer, Becker und Co. ein Bündnis mit dem Todfeind, »der ohne die Vernichtung der Sozialdemokratie nicht ruhig und nicht lange leben kann«. Schließlich nimmt sich der alte Revolutionär Schweitzers Alternative »preußische Bajonette oder Proletarierfäuste« vor. Da kann er nur lachen, denn zwischen Proletarierfäusten und preußischen Bajonetten kann es kein »oder«, sondern nur ein »gegen« geben. Die Sozialdemokratie hat »im Kampf gegen die Reaktion voran zu gehen«. »Ein monarchisch gesinnter Sozialdemokrat ist ein Unding.« Die Schlussfolgerung drängt sich geradezu auf: B. Becker, Schweitzer und Konsorten sind »gemeine Schurken und Parteiverräter«. Im Verteilen politischer Komplimente nahm sich das 19. Jahrhundert kein Blatt vor den Mund. Aber wer nur ein wenig Ahnung davon hat, wie niederträchtig der regierende preußische König, sein Ministerpräsident und die reaktionäre Mehrheit der preußischen Beamtenschaft mit allem umsprangen, was nur von weitem nach Konstitutionalismus oder gar Demokratie aussah, der kann den Zorn des alten Kämpen gar wohl begreifen. Er sprach vielen aus dem Herzen. Welcher Volksmann, der diesen Namen verdienen wollte, konnte es sich eigentlich leisten, aus der Einheitsfront gegen die Reaktion auszusteigen?

Das war J. Ph. Beckers Abrechnung mit der »sozialdemokratischen Schweinerei« (Wilhelm Liebknecht), an der auffällt, dass er zwar Schweitzer mit urigem demokratischem Zorn zur Hölle verdammt, aber aus Bernhard Becker einen Gegenstand der Verachtung macht. (Von Hofstetten ist zu Recht kaum die Rede). Der Autor, der selbst nicht auf Rosen gebettet war, ließ sich seine Passion etwas kosten. Er hatte sich dem Blatt gegenüber verpflichtet, für drei Monate alle Mehrkosten zu tragen, die besonders aus der Umfangvergrößerung und einem Sonderdruck von 500 Exemplaren zur Gratisverteilung entstanden. Zugleich hatte er Bruhn auf einen neuen Untertitel für den *Nordstern* festgelegt. Als *Organ der Sozialdemokratischen Partei, Allgemeines Arbeiterblatt* sollte er Flagge zeigen im Kampf mit der unlauteren Konkurrenz.

Leider zeitigte der journalistische Elan Beckers keinen bleibenden Erfolg. Den *Nordstern* auf seiner abschüssigen Bahn noch aufzuhalten, wäre vermutlich jetzt nicht einmal mehr Lassalle gelungen. Der *Social-Demokrat* konnte sicherlich auch nicht mit großen Auflagenzahlen prunken. Aber dessen bloße Existenz reichte schon hin, Bruhn das Wasser abzugraben. Sein Blatt hatte zu Beginn des ersten Vierteljahres 1865 ein Drittel der Abonnenten verloren; zu Beginn des zweiten Vierteljahres kamen weitere Abgänger dazu. Bruhn hatte Schulden beim Drucker machen müssen, die er mit den frisch eingehenden Abonnementsgeldern abstotterte. Dass er eine »höchst einfache Lebensweise« führt, wie er in einem Brief bekennt, ist ihm ohne weiteres zu glauben. In seiner Not machte er einen Pumpversuch bei der Gräfin. Mit dreimal einhundert Talern soll sie ihm über den Berg helfen. Die Auflagenzahl, die er ihr mit 600 Exemplaren angibt, ist sicherlich weit überhöht.

Das ihm noch verbleibende Jahr fristete der *Nordstern* von Gnaden eines Damenportemonnaies (was ja beiläufig beim *Social-Demokrat* nicht viel anders war). Ob Bruhn die 300 Taler bekommen hat, wissen wir nicht. Er bedankt sich einmal für 50 Gulden mit »tiefgefühltem Dank«. Wir können annehmen, dass Bruhn von der Gräfin nicht mit Gold überschüttet worden ist, auch wenn sie sonst in der Finanzierung ihrer Oppositionsarbeit nicht kleinlich war. Doch Bruhns konnte sie ja sicher sein. Er hasste Bernhard Becker und die Redakteure des *Social-Demokrat* – den ersteren aus gutem Grund. So wurde er einer der rührigsten Oppositionellen Norddeutschlands, oder wie es der Nachfolger Beckers im Präsidentenamt, Carl Wilhelm Tölcke, ausdrückte: »Der in Hamburg unter der Redaktion eines gewissen Bruhn erschienene *Nordstern* leistete der Gräfin in der Unterwühlung des Vereins wesentliche Dienste.« Doch Bruhn setzte nicht nur seine Zeitung ein, sondern auch seine bekannten, ausgeprägten konspirativen Fähigkeiten. Vom Sprungbrett seines Altonaer Vereins aus, den er schon sehr früh aus dem ADAV löste, brachte er sämtliche Gemeinden Schleswig-Holsteins zum Abfall.

Auch mit diesen Verdiensten um die Rache der Gräfin entging Bruhn seinem Schicksal nicht. Schon im Juni musste er ihr mitteilen, »daß der *Nordstern* diese Woche nicht erscheint« – es wurden zwei. Weitere Lücken folgten. Der neue Verantwortliche Verleger, Eduard Heinemann, einer der Opponenten in der Hamburger ADAV-Gemeinde, konnte das Blatt nicht wenden. Auch Johann Philipp Becker appellierte an die Hatzfeldt, führte ihr vor Augen, dass »wir alle gehörig blamiert« sind, wenn der *Nordstern* zu erscheinen aufhöre. Vergebliche Mühe. Bruhn entzweite sich mit der Gräfin – was Wunder, wenn vom 30. September bis zum 6. Januar der *Nordstern* ganz ausfiel. Das Ende nahte mit Stolperschritten, aber riesigen. Am 10. März 1866 verließ der letzte *Nordstern* die Druckerei. Die Nummer schloss mit einer *tour d' horizon* voller Elogen auf den Ehrenmann Karl Heinzen, für dessen *Pionier* 10 000 Dollar gesammelt werden sollen. Ob Bruhn sich der Ironie dieser Meldung bewusst geworden ist? In seinem Hauptmitarbeiter ist er sich jedenfalls immer treu geblieben.

Der Social-Demokrat setzt sich durch

So umstritten Schweitzers Persönlichkeit im ADAV blieb, für seine Zeitung schienen starke Argumente zu sprechen. So urteilten die Abgeordneten des rheinisch-westfälischen Arbeitertages vom 12. März in Barmen, mit der Haltung des *Social-Demokrat* könne man zufrieden sein. Der in diesem Sinne beschlossenen Resolution schlossen sich nach und nach alle Gemeinden an, sieht man von den – wie oben geschildert – sich bildenden Oppositionsgemeinden ab. Natürlich war es Schweitzers Taktik, die auf diese Weise Beifall bekam. Durch sie artikulierte sich, was die Masse der ADAV-Mitglieder fühlte. Der ging es weniger um eine prinzipielle Auseinandersetzung mit der Reaktion. Wenn ein Minister der reaktionären Regierung sich Gedanken über die soziale Frage machen wollte, so sollte man ihn gefälligst erst einmal anhören. Und dass diese Regierung das allgemeine Wahlrecht einführen wolle, das schien gar nicht so ausgeschlossen. Dann aber rückte auch alles in greifbare Nähe, was Lassalle so anschaulich ausgemalt hatte. Hatte man sich damit des notwendigen Misstrauens gegen die »verrottete Junker- und Feudalpartei« begeben, die nichts mehr fürchtete als den freien Gedanken und das gleiche Menschenrecht? Keineswegs. Und Misstrauen gegen die »›liberale‹ Kapitalistenpartei«, die im Deckmantel der Volksfreundschaft nur auf die »Knechtung der Arbeit« aus war, brauchte Schweitzer weiß Gott nicht zu schüren. Er fand ja gegen den Klassenkampf von oben für die erwachenden Klassenkämpfer von unten nur die Worte, die sie suchten.

Schweitzer machte seinen Lesern verständlich, was Liberale und Arbeiterpartei im Innersten trennte, nämlich der Staatsbegriff. Für die Liberalen hatte der Staat nur die Funktion, Störungen der sozialen Beziehungen nach außen und im Innern abzuwehren. Für die Arbeiterpartei hat der Staat das planmäßige Zusammenwirken aller im Interesse aller zu sein. Das war bestes Lassalle'sches Erbe. Und wenn ihm auch die Londoner seine retardierende Haltung in der Koalitionsfrage ankreideten, war doch Schweitzers Zeitung praktisch die einzige in ganz Deutschland, die sich im zehnwöchigen Ausstand der Leipziger Schriftsetzer im Frühjahr 1865 auf die Seite der Streikenden stellte. Dass er jedoch Bernhard Becker nach seinem unsäglichen Hamburger Auftritt nicht in die Pfanne haute, damit bewies Schweitzer mehr Gespür für politische Organisationsgesetze als Johann Philipp mit seiner zornigen Kapuzinerpredigt. Das befristete Bündnis des *Social-Demokrat* mit dem deplazierten Präsidenten hat zweifellos erheblich dazu beigetragen, dass der ADAV nicht in einem Strudel wüster Parteikämpfe unterging, sondern für die nächste Zeit zum Rückgrat der aufstrebenden deutschen Arbeiterbewegung werden konnte.

Ab 1. Juli erschien *Der Social-Demokrat* als nunmehr *Social-Demokrat* täglich, und in einem leicht verkleinertem Format. Die Nummer 79/1865, die erste in der neuen Erscheinungsweise, kam übrigens als Probenummer heraus. Das könnte ein Hinweis darauf sein, dass sie in höherer Zahl angelegt worden war. Auflage und Abonnentenzahl waren ja in der Anfangszeit äußerst niedrig. Liebknecht spricht von 300, was man glauben mag oder nicht. Gestützt wird diese Angabe durch Bernstein, der für Berlin angibt, die Auflage habe im ersten Jahr »weit unter 100 (betragen) und erreichte hier niemals die Zahl tausend«.

Ärger blieb mehr als genug. Zum einen verursacht durch die Gräfin – wie erwähnt –, die, ehe sie sich ans Werk ihrer speziellen Traditionspflege machte, Schweitzer schwarz auf weiß versicherte, dass sie »mit dem Verein in seiner gegenwärtigen Verfassung« nichts zu tun habe und sich seinem wenigstens »äußerlichen Vergessen dringend« empfahl. Einen anderen Ärger handelte sich Schweitzer ein, als er das tat, was seine sozialistischen Antipoden ihm immer nahe gelegt hatten: Mit dem fortschrittlichen Bürgertum gegen die Reaktion Partei zu ergreifen. Anlass war ein Fest, das die fortschrittliche Mehrheitsfraktion des preußischen Abgeordnetenhauses im Kölner Gürzenich feiern wollte. Der Polizeipräsident von Köln verbot die Zusammenkunft, wofür er nicht den Anschein einer Befugnis besaß. Es war reine Behördenwillkür, vermutlich mit Rückendeckung Bismarcks, der die Liberalen zwiebeln wollte. Schweitzer war elektrisiert, als er zu erkennen glaubte, dass die tapferen Bourgeois den Kampf für ihr Recht aufzunehmen gedachten. In zahlreichen Briefen an alle denkbaren Zeitungen hatten sie ihrer Empörung Ausdruck gegeben und den Willen bekundet, sich über das Verbot hinwegzusetzen.

»Zum ersten Male seit der Zeit ihres Bestehens ist die Fortschrittspartei ... zu einer Tat bereit.« Aber ach, die Hoffnung trog. Von den wackeren Kämpen, 250 Abgeordnete an der Zahl, erschienen ganze 80 – der liberale Präsident des Abgeordnetenhauses hatte als Vertreter seine 45 Pfund schwere Büste geschickt. Das Trüppchen der Aufrechten durchlitt eine Odyssee an Demütigungen. Die Staatsmacht scheute sich nicht, mit dem Einsatz preußischer Kürassiere zu zeigen, was sie von gewählten Abgeordneten hielt. Schweitzer geißelte das im Ganzen beschämende Verhalten der Fortschrittsleute: »War der Kampf in Köln ein Kampf um Eure elende Fresserei im Gürzenich oder war es ein Kampf um unser Vereinsrecht?« Er empörte sich zu Recht; denn noch nie seit 1848 waren die Bürgerlichen so massiv von den Arbeitern unterstützt worden. Auf Schweitzers Veranlassung hatte eine energische Aktion zur Verteidigung des von der Verfassung verbürgten Vereinsrechts eingesetzt. Präsident Becker hatte die Gemeinden zu allgemeinen Arbeiterversammlungen aufrufen lassen, und die Arbeiter waren in großer Zahl gekommen. In Berlin hatten sich aus diesem Anlass erstmals fortschrittliche und sozialdemokratische Arbeiter zusammengefunden. Dagegen waren in Köln die Plakate für die Arbeiterversammlung von den liberalen Kirchturmspolitikern abgerissen worden. Sie hatten sich davon einen Bonus von Seiten der Staatsmacht versprochen – vergeblich. Doch noch schlimmer erging es dem *Social-Demokrat*.

Kaum hatte die Zeitung ihren Standpunkt deutlich dargelegt, schlug der Zensor zu. Die beschlagnahmte Nummer vom 18. Juli ließ Schweitzer neu auflegen, schmückte die leere Seite mit der Anmerkung »An dieser Stelle stand in der konfiszierten Auflage ein Leitartikel für Verteidigung des Vereinsrechts gegen das Polizeipräsidium zu Köln« und legte sie der Nummer vom nächsten Tag bei. Auch diese fand keine Gnade vor den Augen der Zensurbehörde, vermutlich weil die Redaktion die Gelegenheit nicht verstreichen ließ, darauf hinzuweisen, dass ihr wohl erlaubt werde, das Abgeordnetenhaus anzugreifen, der Herr Polizeipräsident zu Köln aber »eine unantastbar heilige Person« sei. So ging es Tag für Tag weiter, wobei Schweitzer den Lesern sorgfältig Buch legte, welche Ausgabe, welche wieder aufgelegte Ausgabe, welche wieder und wieder aufgelegte Ausgabe usw. gestern wieder beschlagnahmt worden seien. Ein Beispiel für die schon skurril anmutende Buchführung Schweitzers aus der Nummer 97:

»Unseren Lesern zur Nachricht, daß polizeilich konfisziert wurden:

Am 17. d.M. Nr. 93;

Am 18. d.M. a) Nr. 94, b) Nr. 93 in zweiter (veränderter) Auflage;

Am 19. d.M. a) Nr. 95, b) Nr. 94 in zweiter (veränderter) Auflage, c) Nr. 93 in dritter (veränderter) Auflage;

Am 20. d.M. a) Nr. 96, b) Nr. 95 in zweiter (veränderter) Auflage, c) Nr. 94 in dritter (veränderter) Auflage, d) Nr. 93 in vierter (veränderter) Auflage.«

Zwischendurch drehte er dem Zensor eine Nase. Ein Leitartikel, betitelt »Das Japanische Reich« gab geografische Pseudoweisheiten zum besten und schloss mit dem Nonsenssatz: »Auf den zu Japan gehörigen Kurilischen Inseln wohnen Kurilen.«

Am l. August schließlich verkaufte der *Social-Demokrat* die Neuigkeit: »Die vorige Nummer des *Social-Demokrat* ist nicht konfisziert worden.« Doch sollte das nicht lange vorhalten. Als Schweitzer die Gürzenich-Affäre abschließend kommentieren wollte, gelangte er nur bis zur Kritik der »Kreuzzeitungspartei«. Dies eine damals gängige Bezeichnung für die überwiegend adligen Leser der erzkonservativen *Neuen Preußischen Zeitung* (»Kreuzzeitung« wegen des Eisernen Kreuzes im Zeitungskopf). Der Leser konnte aus dem vom Zensor bis zur Unkenntlichkeit zerstückelten Werk nicht schlau werden. Schweitzer verzichtete auf die bereits angekündigte Fortsetzung, in der er die liberale Politik kritisieren wollte. Kritik nur an einer Seite zu üben, schien ihm ungerecht.

Wilhelm Liebknechts Lebenskatastrophe

Eine Folge der Bürgerrechtsaktivitäten des ADAV traf besonders Berlin. Zunächst wurde Präsident Bernhard Becker ausgewiesen. Damit nicht genug, erklärte die Behörde die Berliner Mitgliedschaft des ADAV zu einem eigenständigen politischen Verein und verbot ihn wegen seiner Verbindungen zu anderen politischen Vereinen, das heißt wegen seiner Beziehungen zu den anderen Gemeinden des ADAV. Das war ein schwerer Schlag, zumal die junge Gemeinde Morgenluft gewittert hatte, nachdem ihr entschiedenster Gegner von links gerade das Feld hatte räumen müssen. Wilhelm Liebknecht war noch vor Becker aus Berlin ausgewiesen worden, hatte allerdings einen dreiwöchigen Aufschub erwirken können. Für den Familienvater war es eine Katastrophe. Liebknecht hatte gerade das Desaster der Trennung vom *Social-Demokrat* überwunden und die Stelle des Berliner Korrespondenten für den Londoner *Morning Star* übernommen, als ihn der Bannstrahl traf. Alles was er sich gerade aufgebaut hatte, war wieder verloren, die Frau blieb krank mit den Kindern zurück. Liebknecht ging zunächst nach Hannover. Sein Versuch, bei dem von seinem Freund Robert Schweichel redigierten *Neuen Hannoverschen Anzeiger* unterzukommen, schlug leider fehl. Er zog dann weiter nach Leipzig. Dort blieb er die nächsten 15 Jahre. Seine Frau Ernestine brach unter dem untragbar gewordenen Geschick zusammen, und ihr früher Tod zwei Jahre später dürfte mit diesem Umhergetriebenwerden im Zusammenhang stehen.

Marx nahm die Schicksalsschläge seines Berliner Statthalters ziemlich ungerührt zur Kenntnis, verbot sich für längere Zeit sogar die Korrespondenz mit ihm, »um ihm keine Grobheiten zu sagen«. Schließlich habe es Liebknecht ja nicht einmal fertig gebracht, »auch nur ... sechs Mann« für die Internationale zu rekrutieren. Diese Haltung gegenüber einem loyalen Mitstreiter scheint kaum verständlich. Vielleicht muss sie zu dem eigenen harten Schicksal gegengerechnet werden. Marx' Zynismen ließen übrigens in späteren Jahren merklich nach. Engels versuchte, wie auch schon am Beispiel Schweitzers geschildert, durch die Hintertür das Urteil von Marx zu beeinflussen. Nachdem er erst kräftig in die Kritik des Freundes einstimmte, kam er am Ende zu dem Schluss: »... ist er augenblicklich doch die einzige zuverlässige Verbindung, die wir in Deutschland haben.«

All den Heimsuchungen zum Trotz ließ sich die Sozialdemokratisierung der Berliner Arbeiter nicht aufhalten. Ein gewisses Verdienst ist Herrn von Hofstetten zuzuerkennen, der die Voraussetzungen begünstigte, indem er im *Social-Demokrat* jegliche Polemik gegenüber den im Lager der Fortschrittspartei stehenden Arbeitern vermied, im Gegenteil sehr sachlich über die Vorgänge in ihren Vereinen berichtete. Spürbaren Aufwind brachten zwei Vorträge Schweitzers. Nachdem Schulze-Delitzsch vor dem Berliner Arbeiterverein in der »Alhambra« über Prinzip und Wert der freien Arbeit gesprochen hatte – ohne eine Diskussion zuzulassen –, setzte dem Schweitzer am gleichen Ort an zwei Abenden seine Sozialökonomie entgegen, mit großem Erfolge schon. Als dann das ständige Berliner Arbeiterkomitee noch eine weitere Versammlung zur »Besprechung der beiden Hauptrichtungen in der sozialen Frage« einberufen hatte, glänzten die eingeladenen Freihandelsleute inklusive Schulze durch Abwesenheit, sodass Schweitzer kaum behindert sein sozialistisches Ideengut an den Mann bringen konnte. Ein entschiedener Wandel gegenüber dem Auftreten Lassalles vor den Berliner Arbeitern gerade zwei Jahre zuvor.

Schweitzer hatte inzwischen längst erkannt, dass der derzeitige Präsident des ADAV nur eine Belastung für den Verein war. Umgekehrt hatte Becker durchaus begriffen, dass ihm in dem Chefredakteur des Vereinsorgans ein intellektuell weit überlegener Gegner erwachsen war. Beide versuchten das Parteischiff in ihrem Sinne zu steuern, jeder mit seinen Mitteln. Aufschluss über die Kräfteverteilung musste die nächste Generalversammlung bringen. Nachdem die erste in Düsseldorf stattgefunden hatte, das zentrale Stiftungsfest gerade in Frankfurt am Main gefeiert worden war, hätte ein östlicher Versammlungsort die Integration des Vereins vorantreiben können. In diesem Sinne schlug Schweitzer dem Präsidenten Leipzig als Konferenzort vor, zunächst brieflich. Doch Becker wollte auf seinen Heimvorteil nicht verzichten und berief die Delegierten nach Frankfurt ein, wozu er nach der Satzung berechtigt war. Dann aber machte er den Fehler, der Zeitung die Tagesordnung vorzuenthalten.

Der *Social-Demokrat* forderte jetzt die Verlegung nach Leipzig in aller Offenheit und erklärte, zu dieser »Scheinversammlung«, die nichts zur Klärung der organisatorischen Probleme des Vereins beitragen würde, keinen Vertreter entsenden zu wollen. Becker aber rieb er unter die Nase: »Dem Präsidenten unseres Vereins ist diktatorische Gewalt gegeben: allein er kann diese Gewalt nicht, wie etwa ein absolutistischer Despot, nach persönlichem Belieben gebrauchen ...« Becker, dem jetzt auch Kritik aus den Gemeinden entgegenschlug, verlor den Kopf – Mehring schloss auch ein taktisches Kalkül nicht aus –, vertagte die Versammlung auf unbestimmte Zeit und legte gleichzeitig das Präsidentenamt nieder. Um die Konfusion vollständig zu machen, wurde Schweitzer drei Tage später, es war am 24. November, wegen »Preßvergehen«, Friedensstörung, Majestätsbeleidigung und Schmähung obrigkeitlicher Anordnungen zu einem Jahr Gefängnis verurteilt. Er wurde sogleich verhaftet. Am 27. sollte die verschobene Generalversammlung beginnen.[11]

Das Tohuwabohu in Frankfurt war der inneren und äußeren Verfassung des ADAV adäquat. Einige Delegierte waren aufgrund der verspäteten Absage doch erschienen. Sollte man, sollte man nicht? Später? An einem anderen Ort? Schließlich wurden weitere hinzu telegrafiert und am 30. November begann die Versammlung. Auf Antrag August Perls befasste sie sich zunächst mit dem »Verhältnis zwischen dem *Social-Demokrat* und dem früheren Präsidenten Becker«. Das blieb das einzige Thema des ersten der beiden Konferenztage und eingestimmt von Bernhard Becker artete es zu einem Scherbengericht erster Ordnung aus. Das über einhundert Jahre praktizierte Innenverhältnis der deutschen Sozialdemokratie zu ihrer Presse wurde mit diesem Paukenschlag würdig begründet.

Becker legte ein zehn Punkte umfassendes Sündenregister des *Social-Demokrat* vor. Es reichte von der »ungenügenden Darstellung der Lassallischen Lehren« bis zur »Auflehnung gegen die Ansetzung der Generalversammlung in Frankfurt« und machte sich auch noch lächerlich mit dem Vorwurf, die Redaktion habe mit dem ausgestoßenen Liebknecht geliebäugelt. Schwerwiegender klang die Kritik wegen der »Einseitigkeit der Bismark-Artikel« und der »Weigerung der Redaktion des *Social-Demokrat*, an den *Nordstern* die von vorjähriger Generalversammlung beschlossene Entschädigung zu zahlen«. Von wirklichem Gewicht war aber wohl nur der Tadel, mit der Umstellung auf tägliches Erscheinen habe die Zeitung aufgehört, »ein eigentliches Arbeiterblatt zu sein«. Denn das hieß, der Arbeiter musste mehr Geld und Zeit an seine Zeitung wenden; und von beidem hatte er wahrhaftig nicht im Übermaß. Diesen Punkt nahmen auch andere Delegierte auf.

Die Diskussion nahm teilweise groteske Formen an. Delegierte entschuldigten sich, weil sie persönliche Kontakte zu den Redakteuren ihres Parteiorgans hatten. Becker erklärte langatmig, warum er nicht mit dem Blatt habe brechen können und wehrte sich gegen den Vorwurf der »Gutmütigkeit«. Und auch dass Schweitzer im Gefängnis sitze, könne nicht für diesen sprechen, meinte ein anderer. Verschiedentlich wurde angeregt, den Artikel 6 des Vertrages zwischen Becker und der Redaktion in Anwendung zu bringen. Danach sollten Schweitzer und Hofstetten neben anderen Sanktionen den Titel *Organ des ADAV* für ihr Blatt »sogleich« aufgeben, wenn weder mit dem Präsidium Übereinstimmung vorhanden sei, noch Verständigung möglich erscheine. Schließlich kam zum Antrag, dem *Social-Demokrat* den Status als Parteiorgan abzuerkennen, da er sich »schwer« gegen die Organisation vergangen habe. Lediglich der Hagener Delegierte Wilhelm Hasenclever, Carl Wilhelm Tölcke aus Iserlohn und der Hamburger Perl versuchten es mit ein bisschen Vernunft. Perl sah »im Auftreten des S.-D. kein so sehr großes Verbrechen« und sprach sich dafür aus, das Verhalten der Redaktion zu missbilligen. Dieser Antrag wurde endlich – mit verschiedenen Zusätzen, darunter die Absicht, einen neuen Vertrag abzuschließen – einstimmig angenommen. Einsicht, dass der *Social-Demokrat* kaum für die Wirren im ADAV verantwortlich gemacht werden könne, spiegelt sich darin freilich nicht wider.

Am nächsten Tag wählte die Versammlung Tölcke zum neuen Präsidenten des ADAV.

Selbst ein Schweitzer im Gefängnis ist noch der stärkere

Die Generalversammlung von Frankfurt hatte deutlich gezeigt, wie die Gewichte im ADAV verteilt waren. Der *Social-Demokrat* durfte sich selbst mit einem inhaftierten Chefredakteur noch immer schlagkräftiger fühlen als der hinkende Organisationskörper. Beckers Satz: »Man nehme unserm Verein die Organisation, und es bleibt nichts übrig als die Partei der Zeitungsleser, über welche der *Social-Demokrat* gebietet«, ist eine Formulierung, die den Nagel auf den Kopf trifft. Das Vereinsleben war weithin erstarrt, soweit es sich nicht in rüden Fehden erschöpfte, für die als Begründung meist der Anspruch herhalten musste, den allein wahren Lassalle zu vertreten. Das Abgleiten ins Sektierererische war unverkennbar.

Auf solche Enge mochte sich der *Social-Demokrat* nicht festlegen lassen, hatte vielmehr immer die ganze Sozialdemokratie im Blick. Es sei nur daran erinnert, dass Schweitzer schon in seinem Briefwechsel mit Marx sein Einverständnis signalisiert hatte, mit der Internationalen Arbeiter-Assoziation zusammenzuarbeiten. Es kam darum dem Blatt gar nicht so ungelegen, als ihm noch vor Jahresende der amtierende Vizepräsident Hillmann – Tölcke sollte sein Amt erst am 1. Januar übernehmen – entgegen dem Beschluss der Generalversammlung die Eigenschaft des Parteiorgans entzog. Als Begründung wurden zum einen die Stimmen angeführt, die sich im *Social-Demokrat* gegen die Rechtmäßigkeit eben dieser Generalversammlung ausgesprochen hatten. Zum anderen hatte Hillmann seine Verfügung damit begründet, dass die Redaktion im Einvernehmen mit dem ersten ADAV-Sekretär Vahlteich stehe. Vahlteich aber hatte sich schon gegen die unverhältnismäßige Zentralisation unter Lassalle gewandt und war deshalb auch ausgestoßen worden. Jedenfalls erschien schon die letzte Nummer des Jahres 1865 mit dem Untertitel *Organ der social-demokratischen Partei.*

Nichtsdestotrotz geriet das Blatt in schlimme Wetter. Sie dürften aber vor allem mit der Abwesenheit Schweitzers zu begründen sein. Hofstetten war nicht der Mann, sich und die Zeitung in den Widrigkeiten zu behaupten. Ein »langweiliger« Vortrag, den er in der »Alhambra« hielt, geriet zum allgemeinen Gespött. Reusche, dessen Glaubwürdigkeit ja beileibe nicht über jeden Zweifel erhaben ist, mochte vielleicht übertreiben, wenn er Hofstetten für »unfähig« hielt, »den unbedeutendsten Zeitungsartikel zu schreiben«. Die Zeitung zu leiten war dieser Mann sicherlich überfordert. Da halfen auch Besuche bei Schweitzer im Gefängnis nicht viel. Von Reinhold Schlingmann, dem alten Freund und Verleger Lassalles, der zugleich ein aktives Mitglied im Berliner ADAV war, wissen wir, dass der *Social-Demokrat* über die Jahreswende 75 Prozent seiner Abonnenten einbüßte.

Es ist nicht mehr aufzuklären, ob Hofstetten sich dieses Schwundes noch nicht bewusst war oder ob er ihn gerade kaschieren wollte, als er Tölcke einen Brief schrieb, in dem er das Fortbestehen des Blattes von einer »neue(n), echt demokratische(n) Parteibildung« abhängig machte. »Entweder der Allgemeine deutsche Arbeiter-Verein beteiligt sich tatkräftig, nicht so lau und schwach wie bisher an der sozialdemokratischen Bewegung als korporatives Mitglied der sozialdemokratischen Partei ... oder der Verein reorganisiert sich zu einer sozialdemokratischen Partei.« Markige Worte? Nein, durchaus vernünftige Worte. Ob ihm Schweitzer die Feder geführt haben mag? Und auch dies: Die Drohung mit der Einstellung war nicht aus der Luft gegriffen. Die Redaktion musste kleinere Brötchen backen. Unter Eingeweihten kursierte die Vermutung, dass der *Social-Demokrat* zum 1. April eingestellt werden müsse – oder an die Gräfin verkauft werde. Um das Blatt zu retten, unternahm Hofstetten, der nach eigenen Angaben »nur einmal in der Woche« noch ausschlafen könne, beinahe alles. Er fuhr nach Leipzig, um Liebknecht zum Wiedereintritt in die Redaktion zu bewegen. Er versprach sich davon, dass auch Marx und Engels, überhaupt die »Partei Marx«, wieder am Blatt mitarbeiten werde. Liebknecht schilderte Marx den Besuch höchst plastisch: »*He walked about in my room for 6 hours! and smoked 9 cigars to the horror of my wife, and only when he had put No. 10 into his mouth he mustered courage enough, to ask me, if there was a chance of our writing again for the Social-Demokrat. I gave him no hope.*« Wenn Liebknecht Hofstetten auch keine Hoffnungen gemacht hatte, so äußerte er doch gegenüber Marx, man könne die Zeitung ja »als sozusagen offiziöses Organ« nutzen. Marx war über die »Schwachleibigkeit Wilhelms« ziemlich aufgebracht. »Der Untergang des *Social-Demokrat* und der ganzen Lassallescheiße« sei ja gerade das, »was wir wollen«.

Es gab aber jemanden, der das eben nicht wollte. Jemanden außerhalb der Redaktion. Da brauchen wir gar nicht das Feld der Spekulation betreten, so unwahrscheinlich es klingen mag, dass der preußische Ministerpräsident ein Interesse an diesem Blättchen hegte, das kaum ein halbes Tausend Abonnenten musterte, aber doch ein starker Stachel im Fleisch seiner liberalen Opposition war. Denn was Schweitzer schrieb, fand sein hallendes Echo im deutschen Blätterwald. Auch wenn es nicht zu der Verfolgung des *Social-Demokrat* durch die Zensurbehörde zu passen scheint, es ist durch Bismarcks eigene Unterschrift erwiesen, dass der schlitzohrige Lenker der Berliner Politik dem dahinsiechenden Bürgerschreck in einem prekären Moment finanziell unter die Arme griff. Diese Tatsache ist zwar erst über 60 Jahre später bekannt geworden, doch Gerüchte über finanzielle Beihilfen von Seiten Bismarcks kamen früh auf. Auch August Bebel sah, wie er in seinen Erinnerungen *Aus meinem Leben* notiert hat, genug »Indizien und zahlreiche Tatsachen«. Er sah richtig den Rauch, doch irrte er über die Entstehung des Feuers.[12]

Warum Bebel die Frage, ob Schweitzer von Bismarck bezahlt wurde, höchst rasch mit einem Ja beantwortete, liegt aber weniger an den »Indizien und Tatsachen«. Es lassen sich zwingendere Gründe ausmachen. Zum einen war Bismarck Bebels stärkster politischer Gegner, zum anderen war Schweitzer in seinen Augen der unmoralische Mensch schlechthin. Letzteres nachzuweisen, verwendete er lange Passagen in seinem Erinnerungsbuch. »Die Rolle, die Schweitzer in der Bismarckschen Politik spielte«, betrachtete er als einen »Hauptpunkt« seiner Darstellung (in einem Brief an Mehring). In seiner Beurteilung Schweitzers setzt sich Bebel in eindeutigen Gegensatz zu Mehring, Gustav Mayer und J.H.W. Dietz. Zu fragen ist, ob Bebels Aversion lediglich mit politischen Motiven zu begründen ist. Seine Deutung der Widersprüche des *Social-Demokrat* wirkt oft recht gesucht, seine Erklärung des Charakters Schweitzers wie die Abrechnung mit einem politischen Feind, auch wenn er sich bemüht, gewissen politischen Fähigkeiten Anerkennung zu zollen. Der Lebensart Schweitzers begegnet er mit kleinbürgerlicher Attitüde.

Mayer, der darauf verweist, dass er mit Bebel oft über Schweitzer gesprochen habe, kann mit seiner Darstellung viel stärker überzeugen. Er erklärt Schweitzer aus den Bedingungen seines Lebens, macht deutlich, dass der Edelmann einen für damalige deutsche Verhältnisse zweifellos seltenen Typus des *homo politicus* verkörperte, aber auch, dass er kein bestechliches Subjekt gewesen sei. Marx, Lassalle, Liebknecht und Bebel hätten sicherlich »auch in der größten finanziellen Not der Versuchung widerstanden, von ministerieller Seite eine Gefälligkeit anzunehmen«. Doch wenn auch »Schweitzer in Geldsachen weit weniger skrupellos dachte ..., die historische Berechtigung, an der Spitze einer zukunftsreichen Bewegung zu stehen, war seinem Zynismus nicht für Geld feil«. Auch Schlingmann, der Schweitzer durchaus nicht liebte, habe in ihm nicht einen Schurken erblickt, »der sich von der Regierung bezahlen ließ«.

Der ganze Vorgang lässt sich nicht mehr genau rekonstruieren, doch kann er am zwanglosesten als ein anderer Rettungsversuch Hofstettens erklärt werden. Zweifellos war Schweitzer jedoch mindestens ins Bild gesetzt. Hofstetten war zunehmend in finanzielle Bedrängnis gekommen. Kein Wunder. Er hatte – aus dem Vermögen seiner Frau – nicht nur den *Social-Demokrat*, sondern auch zwei Haushalte finanziert, seinen eigenen und den Schweitzers. Über Nacht eintretende Verluste konnte der Hofstetten'sche Etat nicht mehr ausgleichen. Ein Gläubiger ließ sich seinen Anspruch in Höhe von 1700 Talern durch einen Titel auf die Kaution des *Social-Demokrat* sichern. Wir müssen annehmen, dass damit die Existenz des Blattes zur Disposition stand. Doch siehe da, genau acht Tage darauf erhielt Hofstetten gegen die Verpfändung des Kautionsdokuments ein unverzinsliches Darlehen in Höhe von 2500 Talern. Das Dokument aber wurde, wie er durch seine Unterschrift bestätigte, – Bismarck ausgehändigt.

Dazu noch eine Anmerkung. Nach Paragraf 11 des preußischen Pressegesetzes musste jeder, der eine Zeitung oder Zeitschrift herausgeben wollte, eine Kaution stellen. Diese betrug für Städte wie Berlin 5000 Taler. Zeitungen, die dreimal oder weniger in der Woche erschienen, zahlten die Hälfte dieser Summe. Hofstetten erlegte im Januar 1865 2500 Taler, nach der Umstellung auf tägliches Erscheinen nochmals 2500, also insgesamt 5000 Taler. Bismarcks Darlehen entsprach also der Mindestkaution.

Gustav Mayer, der den oben geschilderten Vorgang 1927 veröffentlichte, legte besonderen Nachdruck auf die Terminierung. Drei Tage nach der Darlehensvergabe brachte Preußen beim Bundestag in Frankfurt den Antrag ein, »eine aus direkten Wahlen und allgemeinem Stimmrecht der ganzen Nation hervorgehende Versammlung ... einzuberufen, um die Vorlagen der deutschen Regierungen über eine Reform der Bundesverfassung entgegenzunehmen und zu beraten«. Bismarck brachte damit die deutsche Frage ins Spiel. Der bevorstehende große Krieg musste vor dem Hintergrund eines großen nationalen Anliegens inszeniert werden. Schleswig-Holstein war ein zu kleiner Anlass. Der Bundesreformplan, das war nicht zu übersehen, erfüllte aber auch die Hauptforderung des lassalleschen Programms. Doch wenn Bismarck dafür, wie auch für die finanzielle Spritze, Wohlverhalten erwartet hatte, so sah er sich getäuscht. Der *Social-Demokrat* befand, allgemeine und direkte Wahlen ohne geheime Abstimmung könnten nur »einen großen Schwindel« bedeuten. Wie die liberalen Blätter auch, machte er sich keine Illusionen über Bismarcks Motive, der seinen Reformvorschlag den Dynastien wie der Nation, der Bourgeoisie wie dem Proletariat mundgerecht zu machen versuchte, um sie gegenseitig auszuspielen und damit vor seinen Wagen zu spannen. Dennoch unterließ es Schweitzer nicht, auf eine möglichst demokratische Gestaltung des Wahlverfahrens hinzuwirken, um im Interesse der Demokratie das Beste aus der Sache zu machen.

Am 9. Mai wurde Schweitzer zur allgemeinen Überraschung aus der Haft entlassen, besser – beurlaubt. Aus der Zelle heraus hatte er gerade noch einen Rundumschlag gelandet. Wenn Preußen die »Kleinstaatenwirtschaft« zertrümmern wolle, so sei das in Ordnung. Doch erinnere er daran: Die Arbeiter seien weder für ein Großpreußen noch für ein Großösterreich zu haben, sie wollten ausschließlich ein freies und einheitliches Deutschland. Dessen ungeachtet wurde auch seine Entlassung zur Quelle heimlicher und offener Polemiken. Für seine Feinde war ohnehin klar, dass Schweitzer seine Freilassung nur seinen guten Beziehungen zu Bismarck zu verdanken habe. Auf einem anderen Blatt steht, dass Bismarck sehr wohl seine Hände im Spiel hatte. Dazu musste Schweitzer nicht erst auf sich selbst aufmerksam machen. Bismarck wusste, was er an Schweitzers *Social-Demokrat* hatte, der wie kein anderes Medium die Wahlrechtsdiskussion in Bewegung halten würde, der außerdem die Arbeiter in Sachsen erreichte, in dem Bundesland also, das nach Lage der Dinge Hauptverbündeter seines Gegners in der bevorstehenden Auseinandersetzung sein würde.

Wir können annehmen, dass Schweitzer den Erwartungen Bismarcks durchaus entsprochen hat, wenn dieser vielleicht auch seinen Zungenschlag nicht immer goutieren mochte. Aber der preußische Ministerpräsident war zweifellos weniger empfindlich als seine eigenen hyperkritischen Zensoren. In einer Artikelreihe »Habsburg, Hohenzollern und die deutsche Demokratie« vertrat Schweitzer nicht zum ersten Mal den Standpunkt, dass Fortschritte im Demokratisierungsprozess im Allgemeinen weder vom *good will* der Herrschenden noch vom Trotz der Beherrschten herzuleiten sind, sondern von der klug genutzten Verlegenheit der Machthaber. Und so eine Gelegenheit biete sich jetzt wieder. Mit dem allgemeinen, gleichen und direkten Wahlrecht für ein deutsches Parlament bekäme die soziale Demokratie eine Waffe in die Hand, die sie nicht aus Misstrauen in die eigene Kraft zurückweisen solle. Die Parole müsse sein: Wir wählen! Nicht weil, aber ebenso wenig obschon Bismarck dieses Parlament berufen habe, sondern weil wir tatenloses Zusehen ablehnen und uns an allem beteiligen wollen, was in öffentlichen Angelegenheiten geschieht. Allerdings, allein dieses Parlament zu wählen wäre noch »blutwenig«.

Bevor Schweitzer jedoch verraten konnte, was mehr sei, brach er die Serie ab, da der ADAV sich nach Ansicht des Autors »in so traurigen Verhältnissen« befand, dass jedes politische Auftreten »lächerlich« wirke. Allerdings hatte er noch beizeiten und eindeutig seine Position in dem bevorstehenden Bruderzwist offenbart. Zu diesem Zweck zitierte er lange Passagen aus Lassalles Schrift *Der italienische Krieg und die Aufgabe Preußens* aus dem Jahre 1859, deren Tendenz unmissverständlich lautete: Die Vernichtung Österreichs als Vielvölkerstaat ist die Voraussetzung für die Einigung Deutschlands. Damit befand sich Schweitzer in voller Übereinstimmung mit einem Teil seiner linken Gegner, wie zum Beispiel Rüstow – kein Preußen-Fan –, der um die gleiche Zeit Herwegh klar zu machen suchte, dass »die Zertrümmerung Österreichs eine der höchsten Aufgaben der wahren Politik« sei. Keine Übereinstimmung übrigens mit Marx und Engels, deren Analysen zur gewaltsamen Lösung des preußisch-österreichischen Dualismus eklatante Fehleinschätzungen erkennen ließen. Engels hielt die erwartete Entscheidungsschlacht für eine neues »Jena«, das die Österreicher »direkt nach Berlin führen würde«.

Bismarck die Daumenschrauben anlegen

Der Allgemeine Deutsche Arbeiterverein, der nicht nur, aber doch besonders unter den Attacken der mit Geld nur so um sich werfenden Gräfin Hatzfeldt zu leiden hatte, kam noch einmal davon, auch das zum großen Teile Schweitzers Verdienst. Auf der Generalversammlung in Leipzig spannte er das Netz für die vom Absturz bedrohte Organisation. In seiner Rede vom 16. Juli, »Die gegenwärtige Aufgabe der sozialdemokratischen Partei«, fasste Schweitzer pointiert zusammen, was er via *Social-Demokrat* schon oft genug verkündet hatte. Es ist für uns Heutige sicher schwierig zu verstehen, wie das Folgende just an dem Tage von einem öffentlichen Podium verlautet werden konnte, an dem die preußischen Truppen in Kurhessen, Hannover und natürlich auch in Sachsen einfielen. Dabei beantwortete Schweitzer auch die offen gebliebene Frage nach dem weitergehenden Wahlrecht.

Was Bismarck damit anbiete, sei nur ein erster, ein halber Schritt. »Wir verlangen mehr ... Es gilt in diesem Augenblicke, das allgemeine Stimmrecht in Preußen, für die preußische Kammer zu erobern.« Und auch das sei noch nicht alles. Jedoch, rief er den Delegierten zu: »Wenn Ihre Sache sich Bahn gebrochen hat in Preußen, welcher andere Staat sollte Ihnen länger Ihr Recht vorenthalten?« Der scharfsichtige Schweitzer hatte längst erkannt, welches Recht Bismarck den Arbeitern vorenthielt, indem er Ihnen ein weit entferntes Ziel zeigte, ein Recht offerierte, das erst künftigen Tages einzulösen war. Und so forderte er auf, dem Manne, der gerade begonnen hatte, sich in die Annalen der Weltgeschichte einzuschreiben, die Daumenschrauben anzulegen. Massenversammlungen, ja »Monstreversammlungen«, sollten das allgemeine Stimmrecht erobern. Doch wenn man ihn frage, ob die Arbeiterpartei im Streit zwischen Preußen und Österreich nicht Partei zu ergreifen hätte, so antworte er: »Noch nicht!« Wenn es aber gelinge, der preußischen Regierung weitere Konzessionen zu entreißen, und wenn sich herausstellen sollte, dass nur Preußen, aber nicht Österreich Zukunftsaussichten biete, »dann werden wir ... das unsere tun, daß der Sieg ... nicht bei den Fahnen Benedeks, sondern bei den Fahnen Bismarcks und Garibaldis sei.« Garibaldi steht ja wohl nur sinnbildlich für die von Bismarck eingefädelte italienische Beteiligung an diesem Krieg, ließ aber jedes nationale und demokratische Herz – national und demokratisch waren damals Synonyme – höher schlagen. Dennoch ist Schweitzer dieser Satz noch oft um die Ohren geschlagen worden.

Aus dem Gang der Geschichte wissen wir, dass Bismarck sich keine weiteren Konzessionen entreißen ließ, dass er das allgemeine und gleiche Wahlrecht für das Parlament des Norddeutschen Bundes und dann für den Reichstag gewährte, doch nie für den preußischen Landtag. Wir wissen, dass die Sozialdemokratie sich dieses Recht vor dem Ersten Weltkrieg immer noch durch wahrhafte »Monstreversammlungen« erobern wollte – erfolglos, bis es ihr infolge des Zusammenbruchs am Ende des Ersten Weltkrieges in den Schoß fiel.

Die Leipziger Generalversammlung bescherte dem ADAV ein vorläufiges Ende seiner Querelen. Hatte es doch zuletzt um die Einberufung ein Kompetenzgerangel gegeben, das noch den Hickhack vor der Frankfurter Versammlung in den Schatten stellte. Präsident Tölcke stellte schließlich sein Amt zur Verfügung. Einzige Bedingung: Sein Nachfolger dürfe »nicht zu den bekannten Anhängern der Gräfin von Hatzfeldt« gehören. Nachfolger wurde August Perl, der eine Woche nach der Wahl seinen Wohnsitz nach Berlin verlegte, damit, wie der *Social-Demokrat* bekannt gab, »in Zeiten besonderer agitatorischer Tätigkeit des Vereins der Präsident und das Organ an ein und demselben Platz beisammen seien«.

Wie stark Schweitzers Stellung geworden war, zeigte auch der Vertrag, den er mit dem neuen Präsidenten über die Stellung und Haltung des *Social-Demokrat* abgeschlossen hatte. Natürlich steht auch Hofstettens Name unter der Vereinbarung. Noch, muss man sagen. Die Zeitung wurde ab sofort wieder als offizielles Organ des ADAV eingesetzt, behielt jedoch ihren Untertitel *Organ der social-demokratischen Partei* bei. Der Vertrag lehnte sich formal an jenen an, den die beiden Redakteure vor auf den Tag genau 15 Monaten mit Bernhard Becker ausgehandelt hatten, doch sind die Abweichungen nicht zu übersehen. So wird das Verfügungsrecht des Präsidenten für seine offiziellen Verlautbarungen auf drei Spalten eingegrenzt, es sei denn, er übernimmt das Mehr an Druckkosten. Im Weigerungsfall können sich Schweitzer und Hofstetten allerdings Konventionalstrafen einhandeln. Die Klausel, die dem Präsidenten das Recht einräumte, der Zeitung den Status als Parteiblatt abzusprechen, ist weggefallen. Allerdings müssen sich Parteiführung und Redaktion stets um Übereinstimmung bemühen.[13] Von Interesse ist schließlich das Datum der Unterzeichnung. Es ist der 1. Juli 1866. Da hatte der österreichische General Benedek, Befehlshaber der Nordarmee, schon seine Niederlage vor Augen.

Das Spektakel auf den Schlachtfeldern übertönte zwar die Politik, brachte sie aber nicht zum Verstummen. Nicht nur, dass just am Tag von Königgrätz, dem 3. Juli, für den preußischen Landtag gewählt wurde. Dabei verlor die Fortschrittspartei rund 100 Sitze im Land – zum größten Teil an Regierungskandidaten – und ihre beherrschende parlamentarische Stellung ging den Bach hinunter. Auch die Arbeiterbewegung ließ von sich hören, entfaltete Aktivität. In Berlin regte sich ein »Sozialdemokratischer Arbeiter-Verein«, dessen Vorsitz für die erste Zeit August Perl übernahm. Die misstrauische Behörde erkannte darin unschwer eine Nachfolgeorganisation der von ihr verbotenen ADAV-Gemeinde. Sie setzte ihre Spitzel darauf an, gab aber nach einem Vierteljahr die geheime Überwachung auf, als sie feststellte, dass von jeder Versammlung »ein ausführlicher [wohl stenografiert; Anm. H. S.] Bericht im *Social-Demokrat*« erschien. Die Kontinuität der Überwachung wird schlagend durch ein Beispiel aus Hannover belegt. Gerade ist die Welfenhauptstadt von den preußischen Truppen besetzt worden, da weist das Königlich-Hannoversche Ministerium des Innern am 25. Juli Landdrosteien und Berghauptmannschaft an, nach Abdrucken »eines in der Zeitung *Social-Demokrat* mitgeteilten, sozialistische Tendenzen verfolgenden Aufrufs ›An die Arbeiter‹« zu fahnden und sie gegebenenfalls zu beschlagnahmen.

Schweitzer sah in Königgrätz das geschehen, was er im Innersten erwartet hatte, und er stellte sich darauf ein. Dabei ging er eigentlich nie so weit wie seine mehrheitlich in Preußen und den ihm verbündeten norddeutschen Kleinstaaten ansässigen Parteigenossen, die im Grunde ihres Herzens Bismarcks Politik vorbehaltlos unterstützten. Hatte diese doch der »jämmerlichen Bundestagswirtschaft« ein Ende gemacht. Schweitzer aber entdeckte noch immer das Haar in der Suppe der Bismarck'schen Kriegsziele. »Mit Blut und Eisen« habe der preußische Ministerpräsident die deutsche Einheit schaffen wollen. Gut. Kein großes Werk in der Weltgeschichte ist noch ohne Blut und Eisen geschaffen worden. Doch abgesehen davon, dass »wir hofften, die deutsche Einheit zugleich mit der deutschen Freiheit zu erringen«, ist jetzt nicht einmal die Einheit erreicht worden. Nein, das Gegenteil: »Dauernde Spaltung unseres Vaterlandes« an der Mainlinie. Und: »Ihr habt gewagt«, für diesen Verrat »solche Opfer vom Volke zu verlangen ... für elende dynastische Interessen das Herzblut unseres Volkes zu vergeuden.« Wen wundert es, wenn unter den gegeben Umständen der Zensor diesen Leitartikel dreimal konfiszierte?

Glimpflicher, nämlich mit einmaliger Konfiskation, kam einen Monat später der Leitartikel »Die Rede Jacobys« davon. Johann Jacoby, der radikale Demokrat aus Königsberg, der Bismarck immer persönlich bekämpfte, hatte vor dem preußischen Abgeordnetenhaus befunden, dass Bismarcks Politik Deutschland vom Ziele der Einheit und Freiheit weiter entferne denn je. Schweitzer teilte diesen Standpunkt nur teilweise, schätzte jedoch die zupackende Rede dieses unerschrockenen *citoyens*. Schweitzer vermittelt uns aber auch, dass er die Zeit solcher Männer für abgelaufen ansah – so wie er Sozialdemokratie definiert. Das gebe ja »der sozialdemokratischen Partei ihre Existenzberechtigung, dass die Freiheitsfrage, diese größte und edelste unter den Fragen in der menschlichen Gesellschaft, nicht mehr auf direktem, sondern nur auf indirektem Wege – durch das materielle Interesse des vierten Standes hindurch – ihre Lösung finden kann.« Was beweist, dass Schweitzer seinen Lassalle gut gelesen hatte.

Das demokratische Misstrauen bleibe wach

Bismarck hatte seinen Wechsel vom April eingelöst, wenn auch ohne Begeisterung und erst, nachdem er dem revolutionären Balg die Zähne gezogen hatte. Die Abgeordneten des allgemein, gleich, geheim und direkt zu wählenden Norddeutschen Reichstages würden keine Diäten bekommen. Damit sollte eine Vertretung der Mittellosen durch ihre *peers* ausgeschlossen werden. Diese Rechnung ging zwar am Ende nicht auf, aber zweifellos hat Bismarcks Knauserigkeit fürs Erste den Wahlchancen der Arbeiterbewegung Einbuße getan. Auch Schweitzer erwog für einen Augenblick Gedanken der Resignation. Er fand aber alsbald wieder zu der Plattform zurück, die in Leipzig unter seiner maßgeblichen Beteiligung gelegt worden war. Die Frage »Sollen wir wählen oder nicht?« beantwortete er auf die ihm eigene realistische Weise. Das Parlament sei zwar machtlos gegenüber der preußischen Regierung, aber die Verhältnisse könnten sich bekanntlich ändern. Auf jeden Fall aber biete dieses Haus eine öffentliche Tribüne, und die sollte eine Partei, die so unter der Taktik des Totschweigens und Verleumdens zu leiden habe wie die Arbeiterpartei, auch nutzen. Also wählen, »und nicht nur wählen, sondern nach tüchtiger Vorbereitung wählen.«

Schweitzer sah aber noch eine andere Gefahr für die Arbeiterbewegung. Sie war von den Ereignissen überrollt worden, und wie sich dies auf die Einstellung der ADAV-Mitglieder auswirkte, ist bereits angedeutet worden. Es galt also, die Begriffe zu klären. Eine Artikelserie unter der Überschrift »Unser Parteiprogramm« versorgte die von der bismarckschen Politik Enthusiasmierten mit dem nötigen geistigen Rüstzeug. Die Überschrift ist irreführend. Von einem Programm kann keine Rede sein. Schweitzer analysierte die Lage, scharfsinnig und einleuchtend, wie man es seit je von ihm kannte, und knüpfte die Nutzanwendung daran.

Die sozialen Ziele blieben unverändert, solange der Mensch den Menschen ausbeutet, hebt Schweitzers Untersuchung an. Als politische Ziele nennt er zum einen Freiheit und Rechtsordnung, zum anderen die Einheit. Nun also Preußen. Preußen hat ereicht, was sich feurige Republikaner 1848 erhofften, hat nämlich der Nation das Vertrauen in die eigene Kraft wiedergegeben. Natürlich hat es zunächst seine Macht vergrößert, aber es hat auch die deutsche Einheit gefördert. Auf diesem Wege muss es weiter getrieben werden. Die preußische Regierung will sicherlich in erster

Linie etwas für Preußen tun – »es ist die Sache der Nation, die ihr von der preußischen Regierung selbst gebotenen Handhaben dazu zu benutzen, das Deutschtum an die Stelle des einseitigen Preußentums treten zu lassen.« (Manchen inzwischen anrüchig gewordenen Begriff soll man hier so verstehen, wie er vor nun fast anderthalb Jahrhunderten gemeint war.) Der Norddeutsche Bund kann nur der erste Schritt zur Einheit sein. Doch wichtig sei, dass er als Einheits- nicht als Bundesstaat konzipiert werde, denn nur Ersterer garantiere die Gleichberechtigung der Bürger. Schweitzer findet sogar, es sei entschieden besser, alle Staatsbürger seien Preußen, als dass es Staatsbürger erster (Preußen) und zweiter Klasse (Nichtpreußen) gebe. Nach soviel vermeintlicher Preußenverherrlichung – in den Originaltexten liest es sich etwas differenzierter – nun aber doch die Einschränkung. Soviel Unterstützung die preußische Regierung in ihrem Kampf um die deutsche Einheit verdiene, stets sei im Auge zu behalten, »daß wir nicht einer freiheitlichen Volksregierung gegenüberstehen. Und darum bleibe auf Schritt und Tritt … in uns wach und rege jenes Palladium aller echten Volksparteien: Das demokratische Mißtrauen.«

Dennoch: War das nicht ein bisschen wenig? War das die rechte Einstellung gegenüber einer Regierung, die bedenkenlos ihre Untertanen bespitzelte, die mit der Pressefreiheit im ständigen Clinch lag, und die politische Mündigkeit, wenn überhaupt, nur bei Männern von standesgemäßer Geburt oder entsprechendem Einkommen vermutete. Konnte man eine Gewalt mit »demokratischem Mißtrauen« beeindrucken, für die die 1848 erfundene Devise »Gegen Demokraten helfen nur Soldaten« nichts von ihrer Gültigkeit eingebüßt hatte? Für eine sozialdemokratische Partei schien das wirklich arg dünn zu klingen, gemessen an den Tönen, die aus Chemnitz zu hören waren. Dort hatte sich soeben eine »Sächsische Volkspartei« konstituiert, deren Gründungsväter keine anderen waren, als die Wortführer der sächsischen Arbeiterbildungsvereine, die sich vor über zwei Jahren gegen Lassalle gestellt hatten, und deren mitreißende Agitatoren Liebknecht und Bebel ihre Anhänger überzeugen konnten, »daß die Niederreißung der von den preußischen Truppen errichteten Zwingburg in Berlin für alle künftigen Erfolge der deutschen Demokratie die unerläßliche Vorbedingung wäre!« Über die Sächsische Volkspartei wird gleich weiteres zu sagen sein. Ihr Programm ist gut demokratisch, aber doch lange noch nicht sozialdemokratisch, und was sie fordert, das ist für den ADAV selbstverständlich. Von Schweitzer aber lässt sich nur sagen, dass er sich selbst treu geblieben ist. Politik des Wunschdenkens ist nicht sein Fall. Und er kann sich auch nicht vorstellen, dass für die Zeit vor der Einführung der Demokratie andere Regeln gelten sollten, als danach. Er spricht heute so, wie er auch morgen sprechen würde.

Nun war die Situation da, auf die alle Lassalleaner so große Hoffnungen gesetzt hatten, aber sie fand sie nicht so gerüstet wie erforderlich. Die Partei war unheilvoll zerstritten. Noch immer hielt sich die Gräfin Hatzfeldt für die wahre Sachwalterin Lassalles und mit ihrem Geld und ihrer Besessenheit war es ihr gelungen, vor allem in Gemeinden im Rheinland und im Norden, in Mitteldeutschland und in Schlesien einzubrechen. Und immer noch nicht hatte sie es über sich gebracht, Perl als Präsidenten anzuerkennen.

Schweitzer, der fürchten musste, dass Spaltung oder Auflösung die Wahlchancen der Kandidaten des ADAV auf Null reduzieren würden, kittete die Einheit in einer Operation, die selbst sein Bewunderer Mehring als gewagt einstufte. In der vierten, zwischen Weihnachten und Neujahr nach Erfurt einberufenen Generalversammlung, würde die Gräfin zweifellos erneut die Machtfrage stellen. Auch wenn sie auf keine Mehrheit hoffen durfte, würden die Folgen katastrophal sein. Schweitzer, der sich mit der Gräfin noch vor dem Zusammentritt der Versammlung getroffen hatte, kam ihren Forderungen in organisatorischen Fragen weitgehend entgegen. Was aber noch mehr ins Auge fiel, war die Übernahme ihres Wahlprogramms »Durch Einheit zur Freiheit« – mit unwesentlichen Abänderungen. Es war von der Gräfin bereits mit großem agitatorischem Aufwand unter die Leute gebracht worden. Doch in ihrem Hauptanliegen scheiterte sie: Die Wiederwahl Perls zum ADAV-Präsidenten zu verhindern. Die Gräfin schäumte. Und Schweitzers Verständigungsversuch war noch früher gescheitert, als er es für möglich gehalten hätte. Gleichwohl hatte er sein Ziel erreicht, wenigstens für die Wahl die Reihen zu schließen. Seinen kühlen Kopf bewies auch das im *Social-Demokrat* abgedruckte Parteitagsprotokoll. In ihm war der Streit derart entpersönlicht worden, dass nicht einmal der Name der Gräfin genannt wurde. Ihre Emissäre, hier »Opponierende« genannt, nehmen »mit einer anderen Person Rücksprache«.

Folgenlos blieb das Manöver dennoch nicht. Zunächst dies: Moses Hess, der letzte der Gründungsmitarbeiter, stellte seine Pariser Korrespondenz für den *Social-Demokrat* ein. Für ihn war mit dem Erfurter Programm der Punkt erreicht, an dem sich schon vor nun bald zwei Jahren die Wege von Marx und Schweitzer getrennt hatten. Das nationale Pathos, das auf die Internationalität der Arbeiterinteressen nicht die geringste Rücksicht nahm, war Hess zutiefst zuwider. Am Ende des sich über Wochen hinziehenden Streitgesprächs brachte Hess' prophetischer Blick in einem »letzten Wort zur deutschen Frage« den Widerspruch auf einen Punkt. Zwischen den auf germanische Rassenherrschaft zielenden nationalistischen Bestrebungen und den Absichten des Proletariats bestehe eine Kluft, die unüberbrückbar sei.

Mit boshafter Polemik geladen war hingegen das Geschütz, das die Gräfin auf Schweitzer richten ließ. Sie hatte Friedrich Reusche für die Abfassung einer Schmähschrift gewinnen können, die selbst die Attacken der liberalen Feinde Schweitzers verblassen ließ. Der einstige Aspirant auf einen Redakteurssessel beim *Social-Demokrat* hatte sich nicht lange nötigen lassen. Allen Dreck, mit dem Schweitzer und seine Zeitung beworfen worden war, fegte er zu einem großen Kehrichthaufen zusammen. Da fehlte weder der Hinweis auf den Mannheimer Prozess wegen eines »unnatürlichen Vergehens gegen die Sittlichkeit« noch die Spendenaktion der »feudalen Kreise« für die beiden sozialistischen Redakteure.[14]

Das angebliche Urteil Lassalles über Schweitzer und Hofstetten, dass er sich »diese Herren ... zur Redaktion nicht ausgesucht haben« würde, verriet deutlich das Diktat der Gräfin, die Reusche mit Sottisen dieser Art aus dem Fundus ihres Vertrauensverhältnisses zu Lassalle spickte. Die erste Fassung des Sudelwerks war ihr zu zahm erschienen, so ließ sie noch eine zweite fabrizieren. Und so variierte das Pamphlet von der ersten bis zur letzten Seite das Thema des Verrats von Schweitzer an Lassalle in allen denkbaren Tonarten. Ob die Schmähung den angestrebten Erfolg hatte? Mehring verneint diese Frage. Auf der anderen Seite ist nicht zu bestreiten, dass der Wahlausgang für den ADAV über alle Erwartungen schlecht ausfiel. Reusches Pamphlet ging übrigens mit der Ehre anderer Arbeiterführer, wie etwa Perls oder Liebknechts, ebenso bedenkenlos um, wie mit der Schweitzers.[15]

Schweitzer hatte zwar nicht ohne Geschick gegengehalten, um die offenkundigen Fischzüge der Gräfin in der Arbeiterpartei zugunsten der bismarckschen Politik zu unterbinden. In ihrer »demagogischen Verblendung« (Laufenberg) hatte Sophie von Hatzfeldt in Bismarcks Bundesreform die Erfüllung von Lassalles nationalem Programm erblickt, was sie wahrhaftig nicht war. Bei den Direktiven, die Schweitzer den Arbeiterwählern gab, rückte er die Frage nach dem Wahlprogramm, dass er ja nicht hatte verhindern können, an die zweite Stelle. Die erste Frage, die an jeglichen Kandidaten der sozialdemokratischen Partei zu richten sei, laute: »Wirst Du die Arbeiter als Klasse vertreten?« Wer hier Ausflüchte mache oder erkläre, er wolle die Staatsbürger insgesamt vertreten, der beweise, dass er den die Gesellschaft regierenden Gegensatz zwischen Besitzenden und Besitzlosen, nicht begriffen habe, und wer »nicht die Arbeiter als Klasse vertreten will, der will sie überhaupt nicht vertreten«.

Mag diese Taktik den Erfolg gehabt haben, den Mehring ihr zuschreibt, das Wahlergebnis war nur als Desaster zu beschreiben. Gerade ein einziger Kandidat des ADAV kam in die Stichwahl: Jakob Audorf d.J. in Lennep-Mettmann. Auch der persönliche Misserfolg Schweitzers in seinem Wahlkreis Barmen-Elberfeld war nicht hinweg zu eskamotieren, obwohl der umtriebige Politprofi noch die meisten Stimmen unter allen Lassalleanern einfuhr, sogar ein paar hundert mehr als Audorf. Auch wenn die Gegenkandidaten Otto von Bismarck und Max von Forckenbeck hießen, Letzterer der liberale Präsident des preußischen Abgeordnetenhauses – hier war ja ureigenes lassalleanisches Territorium, und die Enttäuschung umso größer.

Schweitzer dachte an Lassalles Devise »Aussprechen was ist« und kritisierte und analysierte ohne Rücksicht. »Der lang erwartete, lang ersehnte zwölfte Februar ist vorüber – und wir sind geschlagen auf fast allen Punkten.« In einem ersten »Wort an die Parteigenossen!« zählte er die psychologischen Fehler auf. Die Siegesgewissheit habe sich als ein Wahn erwiesen. Die Gegner seien unterschätzt worden: Die Konservativen in ihrer Organisationsmacht, mit der sie im Staatswesen verwurzelt seien, die Liberalen, »die Geldmacht«, mit der unsichtbaren, aber überall gegenwärtigen Wirksamkeit der sozialen Beziehungen. Die Macht, die in der Staatsorganisation, und die Überlegenheit, die im Besitz liege, seien Elemente, die sich nicht laut und öffentlich äußern, doch still und ständig »tausend unzerreißbare Fäden« um den einzelnen weben. Solche Kräfte könne man nicht im ersten Ansturm, in noch so ungestümer Begeisterung, aus der Bahn werfen. »Ihr müßt erkennen, ... daß nur die langsame, unermüdliche Wirksamkeit in fest geregelten Bahnen zu Macht und Bedeutung in der Gesellschaft führt.« Wie wahr!

Das zweite Wort an die Genossen weist auf die politischen und organisatorischen Unzulänglichkeiten des eigenen Wahlkampfes hin. Die Hauptursachen der Niederlage seien in dem Mangel an Geldmitteln und in der unzulänglichen Wahlkreisarbeit zu suchen. Ordnung und Disziplin müssten gleich nach der Überzeugungstreue als wichtigste Parteitugenden anerkannt werden. Schweitzer plädiert dafür, sich von allen Halbherzigen zu trennen, gar nicht zu reden von der innerparteilichen Opposition, die sich »baldigst entscheiden« müsse, und er rüttelt auch, mit nur wenigen Worten für die Verdienste Perls verbrämt, am Stuhl des amtierenden Vereinspräsidenten, der ja von vielen ohnehin nur als sein Statthalter angesehen wird.

In einem sachlich gehaltenen Artikel geht Schweitzer auf »die Leistungsfähigkeit des ADAV in den verschiedenen Gegenden Deutschlands« ein. Aber er verteilt auch Zensuren. Großes Lob zollt er dem Rheinland und Schlesien, »die wahren Machtpunkte des Vereins«. Schlechte Noten erhalten die sächsischen und schleswig-holsteinischen Parteigenossen. Sie hätten sich schon in der Vergangenheit durch Verstöße gegen Vereinsordnung und Parteidisziplin bemerkbar gemacht, und dann, »als es darauf ankam«, nicht viel für die Sache getan. Verärgert hatten Schweitzer wohl vor allem die vielen Kandidaten von Gnaden der Gräfin Hatzfeldt. Es spricht für Schweitzer, dass er nicht nach billigen Entschuldigungen im Verhalten des Gegners suchte, der ja mit weiß Gott rüdesten Mitteln dem ADAV die Stimmen streitig gemacht hatte. Das ging so weit, dass parteiische Wahlvorsteher Arbeiterwählern den Stimmzettel noch an der Wahlurne wegnahmen und durch Stimmzettel mit genehmen Kandidaten vertauschten.

Die Erbitterung, mit der die örtlichen Korrespondenten im *Social-Demokrat* solche und andere Übergriffe mitteilten, sprach für sich. Über Wahlbehinderungen aus Harburg berichtete Theodor Yorck. Danach waren auch Soldaten von der freien Stimmabgabe abgehalten worden. In angeblich 120 bis 130 Fällen hatten ihnen ihre Offiziere den Stimmzettel für den ADAV-Kandidaten abgenommen und dafür den eines anderen Kandidaten ausgehändigt. Man muss dazu wissen: Allgemein gültige, mit den Namen aller Kandidaten versehene Stimmzettel, die von einer Wahlleitung verteilt wurden, gab es noch nicht. Jeder Wähler brachte den Stimmzettel seines Kandidaten mit. – Wenig freilich hören wir über den Erfolg Bebels, dessen Sächsische Volkspartei zwar nicht als sozialdemokratisch galt, aber deren bis zur Identität gehende Verflechtung mit den Arbeitervereinen kein Geheimnis war. August Bebel und ein weiterer Abgeordneter der Volkspartei haben Sitz und Stimme im konstituierenden Reichstag, Schweitzer nicht. Das frisst. Was Schweitzer von der Sächsischen Volkspartei hielt, ist am ehesten an seiner Tirade gegen die »Gründung eines Volksvereins« in Braunschweig abzulesen, zu dem einige Parteimitglieder aufgerufen hatten. »Lieber Herrn Schulze-Delitzsch in eigener Person als solche Braunschweiger Volksbündler.«

Der Preußenhass des kleinen Mannes und die verzweifelte Lage der Handweberei hatten der Sächsischen Volkspartei viele Wähler zugetrieben. Der zweite Volkspartei-Abgeordnete neben Bebel war Reinhold Schraps, ein Rechtsanwalt und in den Arbeitervereinen wirkender Demokrat. Liebknecht hatte im Wahlkreis Stollberg-Schneeberg verloren, in erster Linie, weil er sich wegen einer dreimonatigen Haftstrafe kaum am Wahlkampf beteiligen konnte. Er war in Berlin wegen Bannbruch verurteilt worden. Liebknecht selbst meinte, nur die Kassierung von 400 bis 500 seiner Stimmzettel habe ihn um den Sieg gebracht. Schweitzer hatte vor der Stimmabgabe für Liebknecht »gewarnt«. Die Sächsische Volkspartei errang nach Schätzungen Mehrings zwischen 12 000 und 15 000 Stimmen, der ADAV rund 40 000, blieb aber ohne Mandatserfolg. Von den rund 8000 sächsischen Stimmen für den ADAV entfielen über 5000 auf Anhänger der Gräfin Hatzfeldt.

Die Gräfin schießt aus allen Rohren

So ausgeglichen und fundiert Schweitzers Urteile im Allgemeinen ausfielen, im innerparteilichen Streit hielt er sich eher an Machiavelli, den er ja bekanntlich gut kannte. Die Gräfin hatte es nicht geschafft, trotz des Teilerfolgs auf der Erfurter Generalversammlung, den ganzen ADAV unter ihre Botmäßigkeit zu bekommen. Doch war es ihr gelungen, einen Teil der Gemeinden davon zu überzeugen, zweifellos auch mit Argumenten, die auf ihre wohlgefüllte Schatulle gründeten, dass sie den besseren Lassalle vertrete als Schweitzer, Perl und Genossen. Mit diesen Abtrünnigen oder Getreuen, je nachdem, von welcher Seite man sich die Sache besieht, gründete sie den »Lassalleschen ADAV«. Präsident wurde der Kupferschmied Friedrich Wilhelm Försterling, einer der ersten Lassalle-Anhänger in Dresden. Schweitzer vermied es, dem Unternehmen große Publicity zu gewähren, wo es sich nicht vermeiden ließ, zischte er etwas von »Weiberintrigen«.

Ganz anders sah die Auseinandersetzung freilich aus der Sicht der Gräfin aus. Sie fühlte sich von Schweitzer geradezu verfolgt, vom *Social-Demokrat* »mit Schmähungen, Injurien, Beleidigungen der unwürdigsten Art und mit undenklichen Verleumdungen« überschüttet. So liest es sich jedenfalls in einer Anzeige, die vermutlich im Juli 1867 beim Königlichen Staatsanwalt am Stadtgericht zu Berlin eingegangen ist. Sie wirft darin Schweitzer vor, zur »Lynchjustiz«, zur »Volksjustiz« gegen sie und zwei liberale Redakteure aufgerufen zu haben, ein Vorwurf, der in den beiden letzten Fällen nicht unbegründet ist. Ganz besonders verwerflich musste sie die Behauptung finden, sie »hätte Ferdinand Lassalle so unglücklich gemacht, daß er deshalb den Tod provoziert habe«. Die Charakterisierung der von ihr finanzierten Schmähschrift Reusches durch den *Social-Demokrat* als einer »gemeinen und unflätigen Broschüre«, deren Lügen so handgreiflich und deren Gemeinheiten so ungeheuer seien, »daß selbst die Fortschrittspresse sie nicht weiterverbreitete« wird von ihr selbstverständlich nicht geteilt. Diese Behauptungen seien »in allen Teilen erlogen.« Die Gräfin Hatzfeldt ist eine tragische Figur. Diese emanzipierte und hoch gebildete Frau ist in ihrer blinden Lassalle-Verehrung außerstande, die notwendigen Kompromisse zur Verfolgung des gemeinsamen Zieles einzugehen. Ihre Gegner, die in allen sozialistischen Lagern sitzen, haben es leicht, sie mit den üblichen zeitgenössischen Vorurteilen hinzurichten. Eine späte Ehrenrettung versucht Ina Britschgi-Schimmer, die erstmals den ungekürzten und unveränderten Briefwechsel zum Tode Lassalles veröffentlichte.

Schwer angeschlagen versammelte sich der Rest-ADAV im Mai 1867 in Braunschweig zur »wichtigsten Generalversammlung ... seit der Zeit seines Bestehens«.

Die Mitgliederzahl war innerhalb eines Jahres auf ein Viertel zusammengeschrumpft. Doch Braunschweig wurde zum rettenden Wendepunkt in der Geschichte des ADAV. Das war zum Teil einem neuen Programm zu verdanken, das den »Anhängern der Gräfin Hatzfeldt die Tür wies« (Mehring). Gegen die zunehmende Verfolgung durch die Polizei sollte eine neue Struktur helfen, mit der die »Gemeinden« abgeschafft wurden. Das brachte allerdings nur vorübergehend Entlastung. Entscheidend war die Wahl Schweitzers zum Präsidenten. Inzwischen hatte auch das letzte Mitglied realisiert, dass der tatsächliche Führer der Partei in der Redaktion des *Social-Demokrat* saß, und man wusste vor allem: Nur Schweitzer würde die notwendige Härte und Konsequenz aufbringen, die für das Überleben des ADAV Voraussetzung geworden waren.

Tölcke sah das ein bisschen anders: Nach ihm hatte Schweitzer die Braunschweiger Generalversammlung erpresst, indem er mit der sofortigen Einstellung des *Social-Demokrat* drohte, falls er nicht gewählt würde. Doch hatte sich tatsächlich unter der Mitgliedschaft die einhellige Meinung gebildet, dass es einen »Diktator« brauchte, um den Karren aus dem Dreck zu ziehen. Diktator in dem Verständnis, das die römische Republik von diesem Amt hatte, als Nothelfer. Schweitzer legte das später anders aus. Zunächst aber erfüllte er die in ihn gesetzten Erwartungen. In einem Wort an die Mitglieder im *Social-Demokrat* versprach er: »Ich werde bestrebt sein, die strikteste Ordnung im Verein einzuführen.« Dann brach er zu einer Rundreise auf. Beim Stiftungsfest in Hamburg konnte er den deprimierten Mitgliedern schon Mut einflößen mit den Worten Galileis: »Und sie bewegt sich doch. – Auch wir stehen auf dem Boden einer neuen Wahrheit.«

Die nächste, nun ordentliche Generalversammlung ein halbes Jahr später in Berlin schien den neuen Trend zu bestätigen. Die Mitgliederzahl hatte sich um gute 35 Prozent erhöht, die Kassenverhältnisse waren durch den neuen Kassierer in Ordnung gebracht worden: Wilhelm Bracke aus Braunschweig, ein Mann, von dem noch die Rede sein wird. Erstmals erscheint auch ein Name auf den Seiten des *Social-Demokrat*, welcher den Parteitag protokolliert, der noch seine Spuren im Zentralorgan des ADAV und in der deutschen Arbeiterbewegung hinterlassen wird, umstritten wie sie sind. Hier wird allerdings nur vermeldet, dass »Wilhelm Hasselmann aus Bremen (Mitglied in Berlin)« als Koreferent zu dem Vortrag »Die Verfälschung der Lebensmittel und die Reklame« auf das Wort verzichtet hat. Was zum Ende eines langen Kongresstages den Delegierten sicherlich nicht unangenehm gewesen sein wird. Wichtiger war das triumphale Ergebnis von 99,9 Prozent – 3400 gegen 7 Stimmen –, mit dem Schweitzer zum Präsidenten des Vereins wiedergewählt worden war, und am folgenreichsten der Beschluss des Parteitages, hinfort auf das Recht der Präsidentenwahl zu verzichten. Eine Urwahl sollte an dessen Stelle treten. Dieses scheinbar demokratische, aber tatsächlich plebiszitäre Verfahren nahm dem Parteitag faktisch jede Möglichkeit, Schweitzer irgendwann abzuwählen. Ein Freibrief für die sich abzeichnende Präsidialdiktatur.

Die hinauskomplimentierten Anhänger der Gräfin Hatzfeldt hatten sich zum so genannten Lassalle'schen ADAV zusammengetan. Seine Stärke wurde von verschiedenen Autoren mit einem Sechstel bis zu einem Fünftel des ADAV-Mitgliederbestandes vor der Spaltung beziffert. Am 18. Dezember 1867 erschien in Leipzig die erste Ausgabe der *Freien Zeitung des Lassalle'schen Allgemeinen Arbeiter-Vereins*. Redakteur war Carl Bruhn, der damit seine Beziehung zur Gräfin von Hatzfeldt krönte. Aus den erhalten gebliebenen Exemplaren wird ersichtlich, dass Bruhn seit den Tagen des *Nordstern* nichts dazu gelernt hatte. Bereits im folgenden Jahr trat Bruhn aus dem LADAV aus und gab damit auch die Redaktion der *Freien Zeitung* auf.

Was der organisierten Sozialdemokratie den meisten Auftrieb gegeben hatte, waren zweifellos die gewonnenen Mandate für den ersten Reichstag des Norddeutschen Bundes. Schweitzer hatte die Scharte vom Februar ausgewetzt und sich Anfang September in seinem alten Wahlkreis Barmen-Elberfeld in der Stichwahl gegen den Fortschrittskandidaten durchgesetzt. Die Wahl war auf der ganzen Linie ein Erfolg für den ADAV geworden, auch wenn die Sozialdemokraten, wie alle Parteien, unter der Wahlmüdigkeit zu leiden hatten. Laufenberg überlieferte, dass beispielsweise in Altona, damals wichtigste Industrie-, Handels- und Seestadt der jungen preußischen Provinz Schleswig-Holstein, gerade ganze 15 Prozent der Wahlberechtigten auch wählen gegangen seien. Doch nahm die Arbeiterpartei in relativen Zahlen in vielen Wahlkreisen zu.

Neben Schweitzer war im Wahlkreis Lennep-Mettmann ein Dr. Reincke als Kandidat des ADAV gewählt worden. Dieser philanthropische Arzt ging aber sehr bald eigene Wege und der Arbeiterbewegung verloren. Die Sächsische Volkspartei hatte ihren Vorsprung ausbauen können, denn nicht nur hatten Bebel und Schraps ihre Sitze behaupten können, sondern auch Liebknecht hatte sich diesmal in Stollberg-Schneeberg durchgesetzt und dazu im Leipziger Landkreis der Arzt Goetz. Schließlich war der Präsident der Hatzfeldt'schen Abspaltung, Försterling, in Chemnitz zu einem Reichstagsmandat gekommen.

Aber von diesem ganzen Aufgebot, das von der unter schweren Geburtswehen ins Leben tretenden Arbeiterbewegung ins parlamentarische Feuer geschickt worden war, haben nur Schweitzer, Bebel und Liebknecht ihre Spuren in den Annalen hinterlassen. Und von diesen hätte Liebknecht sich auch noch bedankt, wenn man ihn zu damaliger Zeit als Parlamentarier bezeichnet hätte. Dennoch müssen wir diesen Prototyp eines Fundamentaloppositionellen mit Fug und Recht neben die beiden anderen Polarisationsfiguren Schweitzer und Bebel stellen und diese drei als die Begründer der parlamentarischen Tradition der Sozialdemokratie ansehen. Wobei in Klammern angemerkt werden soll, dass Gustav Mayer nur Schweitzer als ersten ausgesprochenen Sozialdemokraten in einem europäischen Parlament gelten lassen will, und Mehring die Vertretung des »proletarisch-revolutionären Standpunktes« im Reichstag auf Liebknecht und Schweitzer beschränkt.

Schweitzer schiebt Hofstetten ab

Neben vielen anderen Veränderungen, die das neue Jahr dem *Social-Demokrat* brachte, war der Zerfall des Zweiergespanns in der Redaktion die ins Auge fallendste. Die Gegensätze, die sich einmal angezogen hatten, führten schließlich doch zur Abstoßung. Freilich konnte darüber nur überrascht sein, wer sich über das Bindemittel der beiden ungleichen Blattmacher im Unklaren gewesen sein sollte. Zwei Wahlkampagnen hatten Hofstettens Finanzen zerrüttet. Für allerdringlichste Sanierungsmaßnahmen ließ er sich die Kaution für den *Social-Demokrat* zurückzahlen. Schweitzer suchte sich einen neuen Drucker, der auch die Kaution erlegte, und unterstützte Hofstetten, der für ihn wertlos geworden war, nur zu bereitwillig in seinen Plänen, ein Arbeiterblatt in Wien zu gründen. Allerdings würde er nur vorübergehend ausscheiden, meinte Hofstetten und glaubte, auch Schweitzer werde ihm den Rückweg jederzeit offen halten. Doch mochte der sich vielleicht tatsächlich so geäußert haben, innerlich war er zu einer endgültigen Trennung fest entschlossen.

Das Wiener Unternehmen endete in einem Fiasko. Zwar hatte Schweitzer geschickte Schützenhilfe geleistet, erstens durch ein Manifest an die Arbeiter Wiens, in welchem er den sichtbaren Aufschwung der österreichischen Arbeiterbewegung würdigte, zum zweiten durch einen zeitweiligen Schwenk in der politischen Leitlinie des *Social-Demokrat.* Eine Reihe scharfer Attacken auf den Norddeutschen Bund trugen dem Blatt ein Verbot ums andere ein, womit sich die Redaktion des Wohlwollens jeden Österreichers gewiss zu sein glaubte. Doch da gab es noch Liebknecht. Der ließ sich sein Erstgeburtsrecht als Preußenhasser und Freund eines österreichischen Volksstaates, den er schon vor der Tür stehen sah, so schnell nicht rauben. Er streute auch aus, dass Schweitzer sich die Märtyrerkrone deshalb aufs Haupt gedrückt habe, weil er selbst auf dem Sprung nach Wien stände. Das war nun wirklich an den Haaren herbeigezogen.

Den entscheidenden Fehler machte aber Hofstetten selbst. In der nicht unberechtigten Sorge, als »Bismarck-Freund« einen schlechten Einstand zu bekommen, führte er sich unter dem falschen Namen Braunfels in den Wiener Arbeiterbildungsverein ein. Als der Identitätsschwindel aufflog, war auch Hofstettens Traum von der Arbeiterzeitung an der Donau geplatzt. Der Bericht des *Wiener Tagblatts* über jene Arbeiterversammlung, die Hofstetten den Weg verlegte und die von Liebknecht mit Behagen nachgedruckt worden war, verrät allerdings, dass sich zumindest diese Arbeiter noch im Schlepptau der Liberalen befanden. Übrigens tauchte wie *deus ex machina* – Reusche in der Versammlung auf, um sich an dem Schlachtfest zu beteiligen. Später hat Hofstetten die Unterstützung Schweitzers für seine Wiener Mission in einem anderen Licht gesehen. Gerade weil Schweitzer sich den Anschein gegeben, »als bestände im Grunde doch eine gewisse Solidarität zwischen meiner Aufgabe und ihm«, habe er dazu beigetragen, »mein Vorhaben in Wien zu vereiteln«.

Das Zerwürfnis mit Schweitzer wuchs weiter wie ein Krebsgeschwür. Zwar musste der nunmehrige Alleinbesitzer des Parteiorgans den mittellosen Heimkehrer vorübergehend noch einmal einstellen, sogar mit der »Ober-Redaktion«, also der Redaktionsleitung betrauen. Aber die öffentliche Mitteilung darüber verschleppte Schweitzer bis zur endgültigen Trennung. Hofstetten hat in einem Schriftchen über *Mein Verhältnis zu Herrn von Schweitzer und zum Social-Demokrat* erbitterte Klage geführt über die perfide Art und Weise, wie er von dem einst bewunderten Freund aufs Kreuz gelegt worden war. In gemäßigter Sprache noch ist der Vorwurf abgefasst, dass Schweitzer es auf der Hamburger Generalversammlung vom August 1868 für zweckmäßig gehalten habe, »den Delegierten vorzulügen, daß ich ihm, aus purer Freundschaft vertrauensvoll das Blatt ›geschenkt‹, resp. ›als alleiniges Eigentum abgetreten‹ und daran nur noch finanzielle Ansprüche hätte«. Die Ausbeutung und Ausschaltung Hofstettens durch Schweitzer hinterlässt einen schlechten Geschmack und ist auch durch Parteirücksichten weder zu begründen noch zu entschuldigen. Selbst wenn Hofstetten der mittelmäßige Journalist war, der er war.

In all diesen Turbulenzen war der *Social-Demokrat* erstaunlicherweise zum Höhenflug übergegangen. Schon 1867 hatte das Blatt seine Auflage mehr als verdoppeln können. Anfang April 1868 musterte es 1600 Abonnenten und im Laufe des Jahres sollten es noch 3400 werden. Nachdem der *Social-Demokrat* einige Monate in der Druckerei Ihring & Co. hergestellt worden war, hatte sich mit Jahresanfang 1868 die Druckerei F.W. Koerting seiner angenommen. Auch waren Redaktion und Vertrieb zum Hellweg, heute Gitschiner Straße, verlegt worden. Ein neuer Expedient war gewonnen worden, Wilhelm Grüwel, der auch als Verleger und Redakteur zeichnete.

Von ungleich größerer Bedeutung war allerdings der Eintritt von Wilhelm Hasselmann in die Redaktion. Zunächst als Hilfskraft für den ausgeschiedenen Hofstetten eingestellt, machte der gerade 23-jährige Chemiestudent sich bald unentbehrlich. Sein Studium hing er an den Nagel und bewies Schweitzer durch sein Geschick im Redigieren, bald auch im Abfassen von Leitartikeln, dass er sein geborener Vertreter sein könne. Schweitzer machte von dem Angebot Gebrauch, als er im Juli 1868 wegen einer alten Flugblattgeschichte für drei Wochen ins Gefängnis musste. Im ADAV wie im ganzen Arbeiterlager war Hasselmann jedoch von Anfang an umstritten. Dazu trug weniger bei, dass er einen, wenn schon packenden und leidenschaftlichen, so doch mit Vulgärsozialismen durchsetzten Stil pflegte, als die Tatsache, dass es ihm an sozialistischem Stallgeruch mangelte. Hasselmann bemühte sich eifrig, den Mangel zu beheben, in dem er etwa den latent schlummernden Personenkult um Lassalle zu grotesken Formen erweckte. Andere Ungeschicklichkeiten trugen ihm Spott ein. Während ihn Parteifreunde als »den mit der schwieligen Hand« belächelten – eine Redensart, die Hasselmann häufig im Mund führte –, machte sich der scharfzüngige Marx über ihn als den »Berliner Marat« lustig.

Endlich durfte sich der *Social-Demokrat* mehr als eine esoterische Existenz zubilligen. Das, was Schweitzer und Hofstetten lange genug wie eine *fata morgana* erschienen war, rückte in den Bereich der Realität: Das Blatt kam aus den ewigen roten Zahlen heraus. Doch Hofstetten war nicht mehr an Bord. Und auch Schweitzer sollte seinen Zenith überschritten haben, im Moment noch unbemerkt von der Öffentlichkeit. Vor allem aber hatte der *Social-Demokrat* seine Stellung als alleiniger Signalgeber für die Arbeiterbewegung verloren. Drüben, im anderen Lager, wo sich aus den Arbeiterbildungsvereinen eine tatkräftige Alternative herauszukristallisieren begann, war, nach manchen Spielversuchen, eine Konkurrenz aufgetaucht, das *Demokratische Wochenblatt* in Leipzig. Ironischerweise sollte gerade für die beiden antikapitalistischen Kampforgane der ersten Stunde der kapitalistische Leitsatz gelten: Konkurrenz hebt das Geschäft.

4. Auch Flugblätter sind eine Zeitung

Nicht allein die Geschichte der Arbeitervereine und damit des anderen Zweiges der deutschen Arbeiterbewegung, auch die ihrer publizistischen Selbstdarstellung, beginnt mit Lassalles Intimfeind Leopold Sonnemann. Er hatte etwas von dem Igel im bekannten Märchen an sich: Er war immer schon da. Das hatte er sich zu einer Art Beruf gemacht, um so zu verhindern, was gerade mit seiner maßgeblichen Mitarbeit doch erst so recht ins Rollen kommen sollte.

Die Sträuße, die »das biografische Rätsel« (Na'aman) mit Lassalle ausfocht, hat es in seiner Hauspostille *Neue Frankfurter Zeitung* auf die schon früher geschilderte, einseitige Art dokumentiert. Auch Lassalles Nachfolger und die Gründung des *Social-Demokrat* ließ Sonnemann ebendort entsprechend würdigen. Sonnemann dachte wie die Wirths, Schulzes und all die anderen liberalen Arbeiterfreunde nicht im Traum daran, den Arbeitern das Recht auf eigenständige politische Vertretung ihrer Interessen zuzugestehen. Das muss nicht heißen, dass er ihnen überhaupt keine Rechte zugestand. Er bildete sogar in der Riege derer, die in den wachsenden Arbeiterbataillonen die natürlichen Hilfstruppen im Kampf gegen Feudalstaat und Reaktion sahen, den bemühtesten Fürsprecher der Arbeiter – mit der einen Ausnahme von Fedor Streit in Coburg. Streit aber bemühte sich um die Arbeiter mit einem anderen Deutschlandbild. Keine »preußische Spitze« in Deutschland, wie sie die im liberalen Lager führende preußische Fortschrittspartei forderte, sondern eine föderale Demokratie, deren Träger das Volk war. Zum Volk, das sich traditionell in den Schützen und den wehrhaften Turnern darstellte, was grob der Einteilung in Groß- und Kleinbürgertum entsprach, sollte als dritte Säule die Arbeiterbewegung treten.

Das war nun freilich nicht weniger instrumental gedacht. Aber Streit ging den wesentlichen Schritt weiter, als er seine *Arbeiterzeitung* gründete, als Organ zunächst des Coburger Arbeiterbildungsvereins. In den Spalten dieses Blattes, namentlich in seinem »Sprechsaal« fanden die Auseinandersetzungen statt, die dem Selbstfindungsprozess der Arbeiterbewegung wichtige Schrittmacherdienste leisteten.

Hier einen Riegel vorzuschieben, zögerte Sonnemann nicht lange. Aus dem gleichen Impuls heraus, aus dem er den Vereinstag der deutschen Arbeitervereine aus der Taufe gehoben hatte, nämlich um Lassalle und seinem ADAV das Wasser abzugraben, legte er Streit und dessen *Arbeiterzeitung* sein *Flugblatt vom ständigen Ausschusse des Vereinstags deutscher Arbeitervereine* in den Weg. Der umständliche

Titel erklärt sich schnell. Der Vereinstag, zunächst ein nicht gerade von Initiativen übersprudelndes Standestreffen, wählte als einziges Organ einen Ständigen Ausschuss, dessen primäre Aufgabe war, den nächsten Vereinstag zu organisieren. Der Vorsitz im Ausschuss aber lief, es wundert nicht, auf Sonnemann zu. Dass er auch in dieser Position bemüht war, möglichst nicht an den unpolitischen Grundansatz der Vereine zu rühren, liegt bei Sonnemanns Intentionen nahe. Wenn da nicht die Sache mit dem Vereinsorgan wäre.

Das Damaskus des Leopold Sonnemann

Schon auf dem ersten Vereinstag in Frankfurt war nach einem Vereinsorgan gefragt worden. Auf dem zweiten in Leipzig wurde beantragt, die Coburger *Arbeiterzeitung* als Organ der deutschen Arbeitervereine zu betrachten. Sonnemann und Max Hirsch gelang es, den Antrag zu verwässern – August Bebel war ganz und gar dagegen. Doch irgendwann zwischen dem Leipziger Vereinstag im Oktober 1864 und dem nächsten Sommer muss Sonnemann – laut Na'aman – sein Damaskus erlebt haben. Denn im Mai 1865 erscheint das erste *Flugblatt*. Damit hatte der Arbeiterpolitiker Sonnemann sich entschieden, den VDAV »positiv zu vergesellschaften, wenn nicht gar zu organisieren«.

Tatsächlich sind die Flugblätter die verlangte Zeitung. Sie erscheinen wöchentlich mit Mitteilungen aus dem Ständigen Ausschuss, Berichten aus den Vereinen und Nachrichten für die Vereine, mit Meldungen und Zuschriften über den Ablauf von Arbeitsniederlegungen und anderen das Arbeiterleben betreffenden Informationen. Auch um Stellungnahmen zu gesellschaftlichen Streitfragen mogeln sich die Flugblätter nicht herum. In Nummer 3 setzt sich Moritz Müller aus Pforzheim für das Recht der Frauen auf Arbeit, Beruf und Ausbildung ein – in seinem Bericht für den bevorstehenden dritten Vereinstag, der hier abgedruckt wird. Von der Nummer 4 ab wird auch dem der Arbeitervereinssache ferner stehenden Zeitgenossen deutlich, dass er in den Flugblättern eine Zeitung vor sich hat. Erscheinen sie doch nun regelmäßig mit einer »Politischen Wochenschau«, womit sie sich dem üblichen Gazettenstil ihrer Zeit anpassen.

Nummer 4 ist noch in anderer Hinsicht bemerkenswert. Zu ihr gehört eine separat gehaltene Beilage, eine »Erklärung des ständigen Ausschusses über seinen Konflikt mit dem Verleger und Redakteur der Allgem. Deutschen Arbeiter-Zeitung«. Verfasser ist Friedrich Albert Lange, sozial engagierter Philosoph und Nationalökonom, der gerade die Periode engster Tuchfühlung mit der Arbeiterfrage exekutiert, bevor er auf die Höhen des Kathedersozialismus entschwindet. Lange setzt sich mit den »Zumutungen« Streits auseinander, zum Teil berechtigterweise, vor allem an jenen Stellen, wo der Coburger die Motive des Leipziger Vereins und Bebels in Zweifel zog. Tatsächlich hatte die *Arbeiter-Zeitung* ein lang anhaltendes gestörtes Verhältnis zum Leipziger Verein und sich deshalb auch gegen den zweiten Vereinstag in Leipzig gewandt. Bebel war von ihr gar in die Nähe des reaktionären sächsischen Regierungschefs, Freiherr von Beust, gerückt worden. Andererseits erkannte Lange aber auch nicht, welche Chancen die weitergehende Zusammenarbeit mit der *Arbeiter-Zeitung* bot. So ist es hauptsächlich Lange zuzuschreiben, dass der Stuttgarter Vereinstag die »Notwendigkeit eines Vereinsorgans« ablehnt. In der ohne Debatte vorgenommenen Abstimmung ist er als zweiter Berichterstatter der für die »Herstellung eines Vereinsorgans« gewählten Kommission lapidar »dagegen«. Streit aber wird das Wort entzogen.

Es war eine fatale Entscheidung. Die Flugblätter hatten ihre Aufgabe erfüllt und erschienen nach Stuttgart nicht weiter. Der VDAV blieb ohne Zeitung in den kommenden schwierigen Tagen des deutschen Krieges und der Zeit danach, die den Vereinen nicht weniger zusetzte als dem ADAV. Kein Organ, das ihnen zeigte, wie es weiter gehen sollte unter den neuen Machtverhältnissen in Deutschland.

Bebel hat Lange übrigens wegen dessen Eintreten für ihn über den Tod hinaus ein ehrendes Andenken bewahrt. Langes Abdriften nach rechts betrachtete er als »die Folgen eines langen und schweren körperlichen Leidens« und bei seinem Tod würdigte er ihn als »einen unserer Besten«. Übrigens hatte die *Arbeiterzeitung* Bebel später volle Genugtuung gegeben und auch Streit sich persönlich für die Anwürfe entschuldigt, die Bebel in den Verdacht gebracht hatten, »Beustianer« zu sein.

Der 7. August 1865 ist einer jener Tage, die nicht im Geschichtsbuch stehen, aber für die weitere Entwicklung mehr bedeuten als manche Gedenktage mit Glorienschein. Da sahen sich August Bebel und Wilhelm Liebknecht zum ersten Mal. Der nun 39-jährige Revolutionär, der aus Berlin unter kaltschnäuziger Verachtung seiner familiären Notlage ausgewiesen worden war, hatte nach dem Umweg über Hannover in der mitteldeutschen Handels- und sich entwickelnden Industriemetropole bleibende Aufenthaltsstätte gefunden. Seine wirtschaftlichen Probleme waren nichts weniger als gelöst, auch wenn er seine Familie einige Monate später nachholen konnte. Und Bebel war trotz seiner gerade 25 Jahre einer der führenden Köpfe der sächsischen Arbeiterbildungsvereine, war Vorsitzender des Leipziger Vereins und stand an der Spitze des sächsischen Gauverbands. Auf dem Wege durch das Spektrum der Arbeitervereinsbewegung hatte er sich von ziemlich weit rechts schon um einige Grade nach links bewegt, wenn das auch auf dem Stuttgarter Vereinstag noch nicht so deutlich wird. Jedenfalls ist er dafür, an Stelle der nicht sehr schlagkräftigen Leitung durch den ständigen Ausschuss einen Präsidenten einzusetzen.

Insgesamt war die Arbeiterbewegung in einer Phase der Orientierungssuche. Behindert werden die Arbeitervereine dabei durch den noch immer nicht aufgegebenen liberalen Führungsanspruch. Der ADAV wiederum scheint zwar vorbildlich in seiner organisatorischen Geschlossenheit, muss sich aber gefallen lassen, wegen der nicht ausgeräumten Verdächtigungen gegen Schweitzer, vor allem aber wegen dessen diktatorischen Führungsstils angezweifelt zu werden. Liebknechts schroffe Kommentare, die mit einer Charakterisierung Preußens unter bismarckscher Leitung anheben, bewirkten, dass Bebel »aus dem Staunen und der Überraschung nicht herauskam«. Bald tun sie ihre Wirkung.

Liebknecht hält Vorträge, agitiert zwischen Leipzig und dem Erzgebirge. Aber er ist viel zu sehr Journalist, um nicht zu wissen, wie viel mehr mit einer professionell redigierten Zeitung zu bewirken wäre. Der deutsche Krieg von 1866, der sonst kaum der Arbeiterbewegung nützte, spielte ihm ein abgewracktes »Preßorgan« in die Hände, und Liebknecht griff zu, ohne sich viel zu besinnen. Es handelte sich um die *Mitteldeutsche Volkszeitung*, ein ehedem liberales Blatt, das vor etwa fünf Jahren gegründet worden war und sich in der Stadt durch seine immer krasser zutage tretende Preußenfreundlichkeit unbeliebt gemacht hatte. Liebknecht nimmt für sich und seine Freunde in Anspruch, es »nahezu aller seiner Abonnenten beraubt« zu haben. Jedenfalls will der Drucker das bankrotte Unternehmen unter allen Umständen loswerden. Liebknecht beschwatzt ihn, die MVZ in seine Hände zu geben, ohne dafür einen Heller hinlegen zu müssen. Mehr noch: Er hatte es auch übernommen, 800 Taler Schulden zu zahlen. Bebel, dem er die »freudige« Nachricht überbringt, »schlägt vor Schreck die Hände über dem Kopf zusammen«. Seine Frage nach den Unterhaltskosten beantwortet Liebknecht »heiter«: Der Drucker gewähre einstweilen Kredit und dann werde man weiter sehen. Marx freilich, den Liebknecht um »*a good article now and then*« sowie Abonnenten angegangen und dem er ein paar erste Exemplare der Zeitung zugeschickt hatte, befand sie gegenüber Engels als »keinen Schuß Pulver wert«.

Der von Mangel an Enthusiasmus nicht beschwerte Ausflug in verlegerische Gefilde nahm all zu schnell das zu erwartende Ende, selbst wenn es in Gestalt der Besatzungsmacht kam. Nach kaum einem Monat des Erscheinens, in denen Liebknecht seine Ansichten vertrat, »daß man glauben konnte, nicht die Preußen, sondern er sei Herr in Sachsen« (Bebel), wurde das Blatt vom Leipziger Stadtkommandanten verboten. Es hatte über die Amtsenthebung des Leipziger Kreisdirektors durch den preußischen Zivilkommissar berichtet. Bebel »war über diese Maßregel nicht erbost«. Liebknecht, von keinerlei Zweifeln am Wiederauferstehen getrübt, diente die *Mitteldeutsche Volkszeitung* einen Monat später Engels als Organ der Internationalen Arbeiter-Assoziation an und erwartete dafür Beiträge von ihm und Marx. Wenn der Frieden geschlossen sei, werde es ja wieder erscheinen. Das geschah tatsächlich, wenn auch ein Jahr später. Doch lassen sich keine Spuren von Liebknecht mehr auf seinen Seiten finden. Ob es übrigens von Bedeutung war, dass ausgerechnet ein Redakteur der *Mitteldeutschen Volkszeitung* Liebknecht bei Bebel einführte – wer will das heute noch sagen? Sein Name, Dr. Wolfgang Eras, stand dann später mit dem von Bebel unter einem Schreiben des Leipziger Arbeiter-Bildungs-Vereins an den National-Verein. Eras war selbst Mitglied des Nationalvereins.

Partei und Verband, beides geht – der Beginn der Ära Bebel

Aber es soll nicht der Eindruck entstehen, als hätte Liebknecht lediglich eine Spielwiese verloren. Nein, die *Mitteldeutsche Volkszeitung* sollte ja vor allem der gerade aus der Taufe gehobenen Sächsischen Volkspartei als Organ dienen. Am 19. August erst hatten sich Bebel und Liebknecht mit Vertretern von sächsischen Arbeitervereinen und kleinbürgerlichen Demokraten, darunter Lassalles altem Leipziger Widersacher Professor Rossmäßler, in Chemnitz zusammengefunden und sich auf ein Programm geeinigt. Es sah nichts weniger als eine Revision der durch den Krieg geschaffenen Zustände vor und unterschied sich von den Vorstellungen der anderen, mit Schwerpunkt im deutschen Südwesten angesiedelten Volksparteien, durch eine dezidierte sozialpolitische Note.

Bebel und Liebknecht verstärkten das Gewicht der Arbeitervereine sukzessive, indem sie weitere Vereine zum Beitritt überredeten. Dem Chemnitzer Programm hatten schließlich auch eine Reihe von ADAV-Mitgliedern zugestimmt, die alsbald von Schweitzer zurückgepfiffen wurden. Die antipreußische Grundhaltung passte ihm nicht ins Konzept. Die Erfolge der Sächsischen Volkspartei in den anstehenden Wahlen zum Reichstag des Norddeutschen Bundes, über die an anderer Stelle schon kurz berichtet worden war, hatten bewiesen: Dies war auch ein Weg, der weiter führte. Es waren Erfolge überdies, die den ADAV schwach aussehen ließen.

In seiner Kasseler Sitzung vom März 1867 stellte der Ständige Ausschuss der deutschen Arbeitervereine fest, welch verheerende Auswirkungen der deutsch-deutsche Krieg auf die Vereine ausgeübt hatte. »Die Kasse war leer, das Organ des Verbandes, die Allgemeine Arbeiter-Zeitung war … eingegangen, eine Monatsschrift ›Die Arbeit‹ … ebenfalls nach kurzer Lebensdauer wieder verschwunden.« Als Konsequenz fiel dem Ausschuss die Herausgabe eines neuen Verbandsorgans ein. Auf Vorschlag des Magdeburger Nationalökonomen Max Hirsch, bestimmte er den Mannheimer Buchdrucker und kleinbürgerlichen Demokraten Johann Peter Eichelsdörfer, die *Deutsche Arbeiterhalle* mit dem Untertitel *Flugblätter. Im Auftrage des ständigen Ausschusses deutscher Arbeitervereine* zu redigieren. Bebel, der nicht in Kassel dabei war, schrieb, als er nach anstrengender Wahlagitation wieder freie Hand bekam, alsbald an den Vorsitzenden des Ständigen Ausschusses, Johann Peter Staudinger. »Bei der Anzeige von dem Erscheinen der Flugblätter hätte ich sehr gewünscht, wenn gleich ein Termin festgesetzt war, bis wann man denke, dass sie erscheinen können, und dann eine Angabe des Preises. Wie will man Abonnenten sammeln und schriftliche Beiträge einschicken, wenn man nicht den mindesten Anhalt hat für den Termin des Erscheinens.« Seine Kritik hielt Bebel nicht ab, dass er – nach eigener Angabe – »eifrigster Mitarbeiter« der neuen Zeitschrift wurde.

Diese Selbstcharakterisierung ist zweifellos noch eine Untertreibung; denn mit dem Einfluss, den der bisherige Vereinspolitiker auf das neue Verbandsorgan nun nehmen wird – und damit auf den Verband selbst –, beginnt recht eigentlich die »Ära Bebel«. Bebel kann einige Zöpfe abschneiden. Der Name *Arbeiterhalle* selbst ist ein nostalgisch anmutender Begriff. »Hallen« waren im Vormärz Synonym »für konspirative Versammlungen, für Organisationen und eben auch für deren Zeitungen«. Das Blatt erschien zunächst in bescheidenem Oktav-Format und sowohl unregelmäßig wie auch mit stark wechselndem Umfang, aber seine »redaktionelle Anlage war gut durchdacht ... Die Information war übersichtlich und gut gegliedert« (Na'aman). Erste Aufgabe der *Arbeiterhalle* wurde die Propagierung eines Verbandstages.

Der Geraer Verbandstag von 1867 erscheint in der Geschichte des VDAV als Weichensteller in zweifacher Bedeutung. Eine dieser Weichenstellungen gründet im Referat Bebels über die Bergarbeiterfrage. Das Thema war aktuell wegen des schweren Bergwerkunglücks im sächsischen Lugau vom vergangenen Juli. Der sächsische Gauverband hatte sich bei der Linderung der sozialen Folgen stark engagiert. Bebel machte auch deutlich, dass die Arbeitgeber, deren unzulängliche Arbeitsschutzmaßnahmen in der Regel ursächlich für derartige Katastrophen waren, selbst nichts zu den Entschädigungsleistungen für die Opfer und Hinterbliebenen beitrügen, sondern sich der Kranken- und Unterstützungskassen der Arbeiter bedienten. Mit dem Aufrollen dieser Problematik, das in der Forderung nach staatlichem Arbeitsschutz gipfelte, war im VDAV zum ersten Male auf die Belange des Industrieproletariats eingegangen worden, nachdem man sich bisher vorwiegend der Sorgen der handwerklichen Facharbeiter angenommen hatte.

Die zweite wichtige Klärung betraf die Organisation, genau genommen deren Effektivität. Die entscheidende Veränderung betraf die Ablösung des Ständigen Ausschusses durch einen Präsidenten, zusammen mit der so genannten »Vorort«-Regelung. Dahinter verbarg sich die bereits in der Schweiz geübte Praxis, den Vorstand aus Mitgliedern desjenigen Vereines zusammenzusetzen, der den Präsidenten stellte. In einem Statut, das sich der Vereinstag nach eingehender Diskussion gab, wurden auch die Rechte und Pflichten des Vorstandes festgelegt. Dazu gehörte unter anderem, »für die Herausgabe eines regelmäßig erscheinenden Verbandsorgans Sorge zu tragen, in welchem alles, was den Verband berührt, veröffentlicht wird«. Als dann erstmals der Präsident zur Kür anstand, bestätigten sich Ansehen und Einfluss Bebels, der mit 19 Stimmen vor Max Hirsch (13 Stimmen) gewählt wurde. Das Wahlergebnis war auch ein Votum gegen die Verpreußung Deutschlands. Die Delegierten hatten genau hingehört, was Bebel im Norddeutschen Reichstag gesagt hatte. Und Leipzig war nun Vorort. Bei der Wahl des Vorstandes legten Bebel beziehungsweise sein Leipziger Arbeiterbildungsverein, die Satzung wohltuend großzügig aus. Vier Vorstandsmitglieder gehörten dem ABV an, zwei weitere kamen aus anderen Vereinen der Messestadt.

Für die Vorschrift, das Verbandsorgan am Leben zu erhalten, nahm sich, wie schon angedeutet, Bebel höchstpersönlich in die Pflicht. In der ersten Nummer nach dem Geraer Vereinstag zeigte er ein Übereinkommen mit dem Herausgeber an, nach dem die *Arbeiterhalle* nunmehr alle 14 Tage als »Organ des Vereinstags deutscher Arbeitervereine« erscheinen werde – sie erschien mit dieser Ausgabe übrigens erstmals im doppelt so großen Quartformat. Die Redaktion bleibe nach wie vor bei Eichelsdörfer in Mannheim. Außerdem gab es hinfort kaum eine Ausgabe des Blattes mehr, in der nicht ein Beitrag Bebels zu finden war. Praktisch immer ging es um eine wirksame Arbeit des Verbandes.

Abonnements stärken die Finanzkraft

Geld spielte da auch eine Rolle. Für die Arbeit des VDAV kam zu wenig zusammen und dennoch blieben die Stimmen nicht aus, die auf eine Reduzierung der »Steuer«, also des Beitrages drängten. Bebel hält diesen Forderungen in seinem Rundschreiben in der Nummer 11 entgegen, dass ein stärkeres Abonnementsaufkommen der *Arbeiterhalle* auch die Finanzkraft des Verbandes stärken würde. Dabei hielte der größte Teil der deutschen Arbeitervereine nicht einmal ein einziges Exemplar auf Vereinskosten. 3000 statt 300 Abonnements würden jedoch jede Steuer überflüssig machen. »Haltet auf je zehn Vereinsmitglieder ein Exemplar der *Arbeiterhalle* und die Steuer fällt.« So wie es ist, muss Bebel aber den Vereinen ankündigen, dass sie von Neujahr 1868 an keine Freiexemplare mehr erwarten können. Auch hier also eine Annäherung an den ADAV, bei dem ein Abonnement des *Social-Demokrat* das Mitglied von der Beitragspflicht befreite.

Der Verleger Bebel muss sich aber auch als sein erster Zeitungswerber angesehen haben, wie ein Brief an den geschäftsführenden Ausschuss der schleswig-holsteinischen Arbeiterbildungsvereine in Kiel deutlich macht. Anlässlich einer ersten Kontaktaufnahme mit der nicht gerade als Hochburg des VDAV geltenden »Nordmark Deutschlands« geht es Bebel unter anderem darum, »auf das Organ des Verbandes, die in Mannheim erscheinende *Deutsche Arbeiterhalle* aufmerksam zu machen, welche alle Verbandsangelegenheiten, sowie die Nachrichten aus den Vereinen alle 14 Tage bringt«. Bebel fordert dazu auf, für die Verbreitung des »von den Vereinen gegründeten« Blattes »auch in den schleswig-holsteinischen Arbeitervereinen tunlichst wirken zu wollen«.[16] Im gleichen Tenor ist auch sein Schreiben an Joachim Friedrich Martens gehalten, den Arbeiterfreund in Hamburg. Und: »Literarische Beiträge von Ihnen werden uns höchst erfreulich sein.«

Nach dem Geraer Vereinstag hatte die *Arbeiterhalle* auch begonnen, über ihre Auflagenhöhe Rechnung zu legen. Das sagt sicherlich auch etwas über das Selbstverständnis der für diese Zeitung Verantwortlichen aus. Wer sich derart in die Karten sehen lässt, der darf schon als einigermaßen demokratisch verwurzelt betrachtet werden. Die Statistik beginnt Mitte November mit 261 bestellten Exemplaren, zu denen noch 200 Freiexemplare für die Vereine kommen. Letztere fallen mit Jahresbeginn 1868 fort, doch steigt die Zahl der Neubestellungen. Vergleiche mit den Auflagenzahlen heutiger Blätter würden in die Irre führen. Die Zahlen sind nur aus den Bedingungen der Zeit und einer noch in den Startlöchern stehenden politischen Bewegung zu verstehen. Und sicherlich stellte sich das Verhältnis der Leser zu den Abonnenten im Vergleich zu heute ungleich besser zugunsten der Leser dar.

Im zweiten und zugleich schon letzten Jahr ihres Bestehens entwickelt sich die *Arbeiterhalle* im gleichen Schritt mit dem Verband oder besser: Wie die auf seine politische Mündigkeit drängenden Kräfte. In diesem Sinne ist sie deren getreuer Spiegel und Teil des Motors, der die Dinge vorantreibt. Bei der Vorbereitung des Nürnberger Vereinstages, wo sich die Geister scheiden und der VDAV sich auf seine Rolle als Partei vorzubereiten beginnt, lässt sich das Blatt noch deutlicher als beim Geraer Vereinstag in seiner Rolle als Transmissionsriemen der neuen Richtung ausmachen.[17]

In der letzten Nummer, die vor dem Vereinstag erschien, schwor Bebel die Delegierten auf das zukünftige Programm der Bewegung ein. Ein Antrag des Vororts zur

Programmfrage entnimmt seine Argumente nahezu wörtlich den Statuten der Internationalen Arbeiter-Assoziation. Doch die zentrale Aussage haben sich die Antragsteller selbst einfallen lassen. Ihre Schlussformel sollte in den nächsten 130 Jahren verbindlich bleiben für das Selbstverständnis der sozialdemokratischen Partei: »Die politische Bewegung ist das unentbehrliche Hilfsmittel zur ökonomischen Befreiung der arbeitenden Klassen. Die soziale Frage ist mithin untrennbar von der politischen, ihre Lösung durch diese bedingt und nur möglich im demokratischen Staat.«

Nicht alle, die sich auf Marx berufen, werden sich daran halten – wie die Geschichte gezeigt hat. In Nürnberg ist es eher noch der einleitende Gedanke, an dem sich die Geister scheiden. Nicht Schweichel, der die offizielle Begründung für das Programm vorträgt, sondern Liebknecht greift die liberalen »Arbeiterfreunde« frontal an: »Und während Sie, meine Herren, Ihre politische Parteistellung wesentlich als Feinde der Arbeiter gewählt haben, muten Sie diesen zu, die politische Frage von der sozialen zu trennen! Die Arbeiter sollen sich mit Politik beschäftigen, Sie sind so gnädig, ihnen das zu erlauben, aber sie sollen in ihren Arbeitervereinen keine bestimmte Parteipolitik treiben. Mit anderen Worten, sie sollen fortfahren, Ihre Politik zu treiben: die Politik der Bourgeoisie, der Feindin der Arbeiter ... Und das muß nun enden. Weil die soziale und politische Frage untrennbar sind, erheischt das Interesse der Arbeiter, daß sie sich von ihren sozialen Gegnern auch politisch trennen.«

Die namentliche Abstimmung über den Leipziger Antrag – nachdem noch der Ausdruck »politische Bewegung« durch »politische Freiheit« ersetzt wurde – erbringt die Zustimmung durch rund zwei Drittel der vertretenen Vereine. Die unterlegene Minorität protestierte und erklärte schließlich ihren Austritt. In einem Kommentar, den sie dem über drei Ausgaben sich erstreckenden Bericht über die Verhandlungen des Vereinstags vorausschickte, gab die *Arbeiterhalle* zu erkennen, wie weit sie auf dem Wege vom Vorstandsblättchen zum Kampforgan vorangeschritten war. »Die Würfel sind gefallen, die Mehrheit auf dem Vereinstag hat ein Programm angenommen, das den Anforderungen unserer Zeit an die sozialdemokratische Partei entspricht und sie im Kampfe für die ›Umgestaltung der bestehenden staatlichen und gesellschaftlichen Zustände im Sinne der Freiheit, gegründet auf Gleichheit alles dessen, was Menschenantlitz trägt‹, ermutigen und stärken wird. Die Minderheit blieb stehen auf dem Boden eines allgemein gehaltenen dehnbaren Programmes und will unter der Firma ›Deutscher Arbeiterbund‹ weiter vegetieren ... Die Scheidung war eine Notwendigkeit. Sie ist erfolgt, und die Folge wird beweisen, daß die aus dem Verbande ausgetretene Minderheit keinerlei Zeug auf Bestand in sich trägt.«[18]

Die Deutsche Arbeiterhalle erreicht das Klassenziel

Danach erschienen noch drei Ausgaben der *Arbeiterhalle*. In Nummer 22 vom 4. Dezember singt sie ihren Schwanengesang. Die Einstellung wird den Verbandsmitgliedern mit vielen guten Gründen schmackhaft gemacht. Ausschlaggebend wird nur einer gewesen sein: Die Übergabe der Feder an Wilhelm Liebknecht. Ob Bebel das für gut befunden haben mag oder nicht, er kam an Liebknecht nicht vorbei und hat die Entscheidung auch nicht bereut. Daneben mag Geld eine Rolle gespielt haben. Aus dem Züricher Revolutionsfonds, einer vor allem von Amerikadeutschen aufgefüllten Kasse, die lange in englischen Tresoren geruht hatte, gab es Zuschüsse für republikanische und demokratische Politik, nicht so für ausgesprochen soziale Bewegungen. Dieser Nachweis ließ sich für ein *Demokratisches Wochenblatt* leichter im Sinne der Geldgeber beibringen als für die *Arbeiterhalle*.[19]

In den 18 Monaten ihres Erscheinens hat die *Deutsche Arbeiterhalle* nahezu alle Erwartungen erfüllt, die man an sie stellen konnte. Der betuliche Ton des Anfangs hat einer sachlichen, die auf dem Spiel stehenden Interessen klar benennenden Sprache Platz gemacht. Die Kommunikation zu den Lesern und den Vereinen war lebendig und ein tragendes Element jeder Ausgabe. Ihre geschichtliche Bedeutung aber liegt zweifellos in der Akkumulierung der sozialen und politischen Erfahrungen, die zum Vereinstag von Nürnberg führten. So sei sie zu einem wirklichen Organ der Arbeiterbewegung geworden – im Gegensatz zum diktatorischen *Social-Demokrat*, resümiert Na'aman. Und selbst das *Demokratische Wochenblatt* war nicht derart emanzipatorisch oder offen für Meinungen, die nicht derjenigen des Herausgebers entsprachen.

In ihrem Abschiedskommentar empfiehlt die *Arbeiterhalle* ihre Nachfolgerin. Sie hatte das *Wochenblatt* auch vorher nicht verschwiegen, sondern seit Beginn des Jahres schon öfter darauf hingewiesen. Eichelsdörfer, dem Bebel durchaus einiges zu verdanken hat und der nun aus der Arbeiterbewegung ausscheiden wird, gilt ein letzter Dank. Ein Appell noch an die »Verbandsgenossen«: Kein Opfer zu scheuen, wo es sich um die eigenen heiligen Interessen handelt: Die Befreiung der Arbeiter von ihren Fesseln. Dem 1868 eingeläuteten Wandel wird 1869 der entscheidende Schritt folgen.

5. Immer Ärger mit Wilhelmchens Blättchen

Bebel, der durchaus zweispännig zu fahren verstand, wie wir feststellen konnten, ließ deshalb noch lange nicht seine haushälterischen Prinzipien aus dem Auge. Unter diesem Gesichtspunkt stellt sich die Beleihung des *Demokratischen Wochenblattes* mit der Funktion des Zentralorgans für den Verband deutscher Arbeitervereine als wohlüberlegte und vorbedachte Operation zur Schonung der Verbandskasse dar. Schon im Juli, weit im Vorfeld des Fünften Vereinstages ließ er Brieffreund Becker in Genf wissen: »Sobald die Entscheidung in Nürnberg getroffen ist …, werden wir wahrscheinlich die *Arbeiterhalle* eingehen lassen müssen, da diese zuviel Zuschuss erfordert.« »Selbstverständlich« würde dann »unser *Wochenblatt*« an ihre Stelle treten und »allgemeines Organ« werden.

Johann Philipp Becker, der in Genf einen Dreh- und Angelpunkt im sozialdemokratischen Kommunikationsnetz darstellte, war auch seinerzeit von Liebknecht über die bevorstehende Leipziger Geburt ins Bild gesetzt worden. Das lag gerade acht Monate zurück, und Becker hatte gewusst, wie er diese Neugründung einzuordnen hatte: Als »eine sozialdemokratische Wochenschrift«. So und nicht anders bezeichnete er jedenfalls in seinem eigenen *Vorboten*, dem deutschsprachigen Mitteilungsblatt der Internationalen Arbeiter-Assoziation, das neue »Organ der Deutschen Volkspartei.«

Die Nummer 1 erschien am 4. Januar, gedruckt bei C.W. Vollrath in der Windmühlenstraße, im Umfang von acht Seiten. »An unsere Parteigenossen« ergeht ein kurzes Leitwort. »Nachdem die Demokratie Sachsens ein volles Jahr lang ohne Organ gewesen, ist es uns endlich gelungen, dieses *Wochenblatt* ins Leben zu rufen, das wir im Interesse der Partei möglichst bald in ein täglich erscheinendes Blatt zu erweitern beabsichtigen … Vor allem wenden wir uns an den eigentlichen Kern der Partei, die Volks- und Arbeitervereine, und bitten sie, soweit in der allerdings jetzt schweren Zeit ihre Mittel reichen, uns helfend zur Seite zu stehen … Der Ausschuß der Volkspartei in Sachsen.«

Das Programm des neuen Organs baut auf dem »wohlbewährten ›Chemnitzer Programm‹« auf. Es sollen auf allen Gebieten des staatlichen und gesellschaftlichen Lebens demokratische Grundsätze verfochten, es soll ein deutscher Volksstaat erstrebt werden. »In der sozialen Frage werden wir rücksichtslos eintreten für die Rechte der Arbeit und mit aller Macht für die ökonomische Befreiung der Arbeiterklasse wirken.«

Von den Schwierigkeiten bei der Fertigstellung der ersten Nummer verrät einiges die Ankündigung, wonach zwar in jeder Nummer »eine möglichst vollständige Übersicht der politischen Ereignisse« gebracht werden soll, dies aber »heute unmöglich« gewesen sei. Dafür wird mit dem Abdruck eines Auszuges aus der Einleitung von Marxens *Kapital* begonnen, der in der nächsten Ausgabe fortgesetzt und abgeschlossen wird. Das ist sicherlich keine große und vor allem nicht eigenständige Leistung, was von Marx entsprechend kommentiert werden sollte. Im übrigen weist sich das *Demokratische Wochenblatt* als in guter deutscher Zeitungstradition stehend aus: Die politischen Nachrichten kommen überwiegend aus dem Ausland, als scheue man es, sich zu sehr mit den eigenen Angelegenheiten zu befassen. Die gängigsten Urteile über das *Wochenblatt* hat Lipinski zusammengefasst. Danach wurde das Blatt »von Wilhelm Liebknecht im proletarischen und großdeutschen Sinne redigiert ... Es verfocht das Ziel der Schaffung einer proletarischen Arbeiterpartei, die Bildung einer großen deutschen Republik, die die Arbeiterpartei schaffen sollte, bekämpfte die Hegemonie Preußens und die Lassalleaner«.

Der Redaktör, der hat es schwör

Ein Wunder ist es schon, dass das Blättchen seine Geburt überlebt hat. »Mit ganzen zehn Talern in der Tasche«, so erinnert sich Bebel, sei es gegründet worden. Eigentlich wären Organe wie dieses rechnerisch »schon nach der ersten Nummer bankrott«. Gespart wurde an allen Enden und Ecken, auch am Einkommen des Redakteurs: Liebknecht bekam im Monat gerade 40 Taler. Robert Schweichel, der 1848 die Revolution in Königsberg hochgehalten hatte, und der als Freund und journalistischer Weggefährte Liebknechts eine Zeitlang auch am *Wochenblatt* mitarbeitete, wird sicherlich nicht mehr erhalten haben als Adolf Hepner, der 1869 für monatlich 25 Taler eingestellt wurde. Bebel, der zum Jahresende 1868 begonnen hatte, den Arbeiterteil der Zeitung zu schreiben, tat dies unentgeltlich; für die Leitung der Expedition erhielt er 12 Taler, musste dafür aber auch seine Wohnung zur Verfügung stellen. Wir können davon ausgehen, dass ohne die publizistische Besessenheit Liebknechts das *Demokratische Wochenblatt* nie das Licht der Welt erblickt hätte. Sicherlich legte er sich damit auch die Grundlage seiner Karriere als sächsischer Politiker und als Arbeiterführer, der an Einfluss wenig und an Beliebtheit gar nicht hinter August Bebel zurückstand.

Neben der finanziellen Misere und den organisatorischen Unzulänglichkeiten gab es ein weiteres Handicap. Da wehte Gegenwind aus einer Himmelsrichtung, aus der sich der frischgebackene Blattmacher eher Zeichen der Ermunterung und des

Zuspruchs erhofft hatte. In London und Manchester verfolgten Karl Marx und Friedrich Engels die Bemühungen Liebknechts mit gespreizter Überlegenheit. Der Neusachse wollte ja auch nichts weniger als eine Plattform zimmern für Demokraten und Republikaner, Antibismarckianer und Antilassalleaner, Großdeutsche und Internationalisten, Volksmänner und Arbeiter. Da hatte er sich viel vorgenommen. Auch ließ seine Redaktionsführung zu wünschen übrig – wenn man dabei nicht in Rechnung stellt, dass Liebknecht, während er diese Zeitung machte, von der Obrigkeit argwöhnisch beobachtet, zugleich von allen erdenklichen Sorgen aufgefressen wurde und die halbe Zeit auf Agitationsreisen zubrachte. Das galt aber alles nichts in den Augen der beiden Alten, die zugegebenermaßen auch mit ihren Schwierigkeiten zu kämpfen hatten – besonders Marx. Nichtsdestotrotz: Die Überheblichkeit und Erbarmungslosigkeit in ihrem berühmten Briefwechsel erschüttern – jedenfalls soweit sie Liebknecht betreffen. Das geht früh los. Kaum haben die »Engländer« spitz bekommen, dass in Deutschland von Freundeshand ein neues Blatt redigiert werden wird, beginnen ihre Überlegungen, wie der Ahnungslose das zu machen habe.

»Da Liebknecht Dich u.a. zur Mitarbeit an seinem zu erscheinenden Blättchen auffordert, kannst Du ihm privatim einige Winke darüber geben, wie die politische Opposition mit der sozialen Agitation zu verbinden.« (Marx an Engels, 27. November 1867.)

»An Liebknecht habe ich ausführlich geschrieben und verlangt, daß er nicht nur die Preußen, sondern auch ihre Gegner, die Österreicher, Föderalisten, Welfen und andere Kleinstaatler angreifen soll. Der Kerl ist, wie ich vermute, rein süddeutsch borniert geworden ... *It's all very well*, daß er ein paar unbestimmte Reden im Reichstag hält, aber ein Blättchen ist doch ganz was andres, man macht uns verantwortlich dafür ...« (Engels an Marx, 6. Dezember 1867.)

»Einliegend Wilhelm zurück. In der Antwort mußt Du vorsichtig sein. Die Position ist schwierig. Um ganz korrekt zu handeln, wäre viel mehr kritisches Wesen und dialektische Gewandtheit nötig, als unser Wilhelm besitzt. Man kann ihn nur von groben Böcken abhalten. Im übrigen ist die Preußenfeindlichkeit das Pathos, dem er allein *verve* und *singleness of purpose* verdankt.« (Marx an Engels, 17. Dezember 1867.)

»*Of course* erfordert die Korrespondenz mit Wilhelmchen Vorsicht. Wie ich Dir früher schon sagte, die borniert einseitige *singleness of purpose* war sein Glück und das Geheimnis seines Effekts im Reichstag ... Nun kommt das Blättchen dazu, wo die geflügelten Worte schwarz auf weiß fixiert und uns in die Schuhe geschoben werden – dann das Zollparlament und damit sicher Blamage für uns, wenn Wilhelmchen nicht etwas instruiert wird.« (Engels an Marx, 19. Dezember 1867.)

Soweit hält sich das noch in Grenzen, werden Gedanken gewälzt, wie Liebknecht am besten zu instrumentalisieren und vor schlimmsten Böcken zu bewahren sei, und herrscht vor allem die Sorge vor, für das verantwortlich gemacht zu werden, was »Wilhelmchen« im fernen Leipzig zu Papier bringen wird. Eigentlich dünkt das ein schönes Beispiel für die Bedeutung des gedruckten Wortes in einer Zeit ohne Informationsüberflutung, auch wenn uns das Druckwerk, selbst in seiner Zeit, kaum anders denn als Winkelblatt erscheinen mag. Aber irgendwie erinnert das Ganze an das Verhältnis der beiden zu Lassalle, der auch stets an der Marx'schen Elle gemessen wurde. Der Ton wird sich nun schnell verschärfen. Der Verdruss über das *Wochenblatt* mischt sich namentlich bei Marx mit dem Ärger über die unzureichende Beachtung, die seine Anliegen bei Liebknecht dem Anschein nach finden, sei es die Propagierung des gerade erschienenen *Kapitals*, der Verkauf von »Herrn Vogt« oder die Anwerbung von Mitgliedern für die IAA.

»Es scheint mir nämlich, daß Wilhelmchen keineswegs *altogether bona fide* ist. Er (für den ich so viel Zeit finden mußte, um seine Eseleien in der Allgemeinen Augsburger etc. gutzumachen) hat bisher keine Zeit gefunden, um auch nur den Namen meines Buches oder meinen eigenen öffentlich zu nennen! ... Es war auch keine Zeit da, um in dem unter der direkten Kontrolle seines Freundes Bebel erscheinenden Arbeiterblatt (»Deutsche Arbeiterhalle«, Mannheim) ein Sterbenswort zu sagen!« (Marx an Engels, 8. Januar 1868.)

»Wilhelmchen werde ich dieser Tage zur Rede stellen über die Erfüllung der mir gemachten Zusagen; diesem Männlein wollen wir schon Beine machen.« (Engels an Marx, 10. Januar 1868)

»Was den Liebknecht angeht, so muß man ihn nicht weiter poussieren. Dieser Jüngling, wie er schon früher einmal zu London zeigte, liebt es sehr, den ›Protektor‹ zu spielen ... *To show him the cold shoulder* ist das Beste ... Sein Motto ist: Lehren, aber nicht lernen.« (Marx an Engels, 25. Januar 1868.)

»Liebknechts Blättchen mißfällt mir imme höchschte Grad. Nichts als versteckter süddeutscher Föderalismus.« (Engels an Marx, 2. Februar 1868.)

»Hast Du weitere *papers* des wichtigen Wilhelmchen erhalten? Ich höre und sehe nichts davon seit *the 2 first numbers.*« (Marx an Engels, 15. Februar 1868.)

»Auch ich habe von dem Blättchen nur drei Nummern gesehen, und diese hätten von Gustav Struve redigiert sein können. Seit Wilhelmchen sich selbst überlassen, ist sein süddeutscher Uralt-Föderativrepublikanismus (ernscht ist der Mann) wieder in voller Glorie durchgebrochen. Der Kerl druckt sogar Karl Grün ab!« (Engels an Marx, 1. März 1868.)

»Wilhelm schickt mir jetzt auch sein Blättchen. Wie gesinnungstreu von dem Mann, meinen ›Herrn Vogt‹ ein ›verdienstliches Buch‹ zu nennen, statt zu sagen, daß viele schlechte Witze drein seien.« (Marx an Engels, 21. April 1868.)

»Auch das Blättchen, wie Du gesehen haben wirst, leistet das Unmögliche: noch dummer zu werden.« (Engels an Marx, 22. Mai 1868.)

Bis hierher eine Blütenlese aus einem Briefwechsel, der schon immer für seinen Witz und intellektuellen Umfang, aber nicht unbedingt für seinen Gerechtigkeitssinn berühmt war. Dennoch hilft er bei der Einordnung Liebknechts in die Strömungen seiner Zeit. Die wiedergegebene Auslese beschränkt sich auf die Rolle des getadelten Freundes als Blattmacher und ist weder vollständig noch abgeschlossen. Auch sind die Invektiven noch steigerungsfähig und enden bei »Das unglückliche Vieh ...« (Engels an Marx, 8. Oktober 1868) und »Dieses Vieh scheint ganz verrückt« (Marx an Engels, 24. Oktober 1868). Es wundert nicht, dass die ersten Herausgeber des Briefwechsels solche Kostproben verbaler Unbekümmertheit im Wortschatz der gottähnlichen Gründerväter nicht durchgehen lassen mochten. Fragt man nach einer Erklärung für dieses Verhalten gegenüber »Wilhelmchen«, dem Freund, der hier viel eher als ein minderer Anhänger erscheint, so ist sie kaum anders als mit Mutmaßungen zu beantworten, will man nicht der einfachen These zustimmen: So machten sie's mit allen. Vielleicht zeigt sich hier nur die Arroganz der Perfektionisten, die allen Dilettantismus verachten und jeden Fehler mit Hohn überschütten. Sicherlich: Zwischen dem intellektuellen Gestus der *Neuen Rheinischen Zeitung* und dem populären Gebaren des *Demokratischen Wochenblatts* liegen Welten. Doch wer wollte schon Äpfel mit Birnen vergleichen ...

Ein Blick auf die Verstümmelungen der Marx-Engels'schen Briefe in der von den beauftragten Nachlassverwaltern Bebel und Bernstein besorgten Ausgabe lässt jedoch einiges von der bürgerlichen Befangenheit der sozialdemokratischen Gründergeneration deutlich werden. Eduard Bernstein hat die teilweise drastischen Veränderungen unter anderem so gerechtfertigt: »Marx läßt sich zeitweise in seinen Briefen nicht weniger drastisch aus, als dies der Olympier Goethe zu tun pflegte, und gelegentlich tut es auch Engels. Es würde aber durchaus nicht in ihrem Sinne gehandelt sein, wenn die derberen Ausdrücke unverändert im Druck wiedergegeben würden.«

Die Kürzungen belaufen sich auf fast 20 Prozent des Gesamtumfanges. Hier nur zwei Beispiele aus dem gerade behandelten Zeitraum.

Marx an Engels, 16. September 1868. Original: »Liebknecht hat eine ganz nutzlose (und sogar statutwidrige) Dummheit zu Nürnberg begangen, indem er den Leuten das konfuse Wischiwaschi Beckers als Programm der Internationalen Arbeiterassoziation aufdrang. Sonnemann bemerkte mit Recht, daß dies ein *quid pro quo* sei. Aber Herr Wilhelm wollte demokratischen Kohl für die ›Volkspartei‹.«

Bearbeitung: Der ganze Absatz fehlt.

Engels an Marx, 14. Oktober 1868. Original: »Was ist das wieder für eine dumme No. von Wilhelms Blättchen diese Woche! Deine Sachen über Hirsch unterbricht er, um einen Kohlartikel hineinzusetzen, der darauf hinausläuft, daß die bürgerliche Gesellschaft oder, wie er sagt, ›das Soziale‹ von ›dem Politischen‹ bestimmt wird, und nicht umgekehrt. *Naturam si furca expellas etc.* Fast jeder Artikel wimmelt von Blödsinn.«

Bearbeitung: »Was ist das wieder für eine schöne Nummer von Wilhelms Blättchen diese Woche! Deine Sachen über Hirsch unterbricht er, um einen Artikel hineinzubringen, der darauf hinausläuft, daß die bürgerliche Gesellschaft oder, wie er sagt, ›das Soziale‹ von ›dem Politischen‹ bestimmt wird, und nicht umgekehrt. *Naturam furca expellas* usw.«

Die Motive für diese unverständlichen Korrekturen könnten in einer missverstandenen Traditionspflege liegen. Wilhelm Liebknecht, der allerseits verehrte Kampfgefährte August Bebels, sollte möglicherweise vor dem Odium einer Götterschelte bewahrt werden. Nach Oncken muten die zahlreichen Eingriffe Bernsteins, Mehrings und Dietzens schulmeisterlich an, seien oft politisch oder parteitaktisch motiviert und machten diese Ausgabe zu einer wissenschaftlich unbrauchbaren, nicht zitierfähigen.

»So gehe ich ohne Gnade zum Teufel«

Liebknecht war für seine Freunde sicherlich eine unproblematische Natur, aber auf keinen Fall ein Schaf. Auch den verehrten Freunden im Exil ließ er nicht jede ihrer Zumutungen durchgehen. Noch vor Erscheinen des *Wochenblatts*, im Dezember 1867, setzte sich Liebknecht mit Engels auseinander. »In allem Wesentlichen stimme ich natürlich mit Dir überein; bloß in der praktischen Auffassung ... kann eine Meinungsverschiedenheit obwalten. Ich gebe zu, daß Ihr in England einen besseren Überblick habt, und wünsche daher möglichst oft Signale von Euch zu bekommen; was aber die Details des Kampfes betrifft, so müssen dieselben Euch notwendigerweise vielfach entgehen.« Es ist eine lange Liste, auf die Liebknecht eingehen muss, denn Engels hatte ihm nicht nur wegen seiner »süddeutschen Borniertheit« den

Kopf gewaschen. Auf ein anderes kritisches Schreiben Engels' antwortete der gestresste Zeitungsknecht mit beiläufigen Erläuterungen der politischen Voraussetzungen – »Das mußt Du überhaupt berücksichtigen, wenn Du nicht ungerecht werden willst« –, aber hauptsächlich mit einer zu Herzen gehenden Schilderung seiner persönlichen Situation und zieht das Resümee: »Kann ich mich nicht bald einmal auf ein paar Wochen ausruhen und pflegen, so gehe ich ohne Gnade zum Teufel. Das ist bitterer Ernst ...« In der Nachschrift bricht es aus Liebknecht heraus: »Tadelt, so viel ihr wollte. Ich werde stets offnes Ohr haben. Aber tadelt nicht bloß.« Auf die kaltschnäuzige Reaktion Engels wurde bereits oben eingegangen. (Engels an Marx, 23. Januar 1868.)

Der Gerechtigkeit halber muss erwähnt werden, dass Liebknecht aus England nicht nur Tadel empfing, sondern ihm auch gute Ratschläge, *money* und Manuskripte zugewendet wurden. Allerdings war aufs Ganze gesehen die Mitarbeit von Marx und Engels nicht so dominierend, wie sie gern vor allem von der DDR-Geschichtsschreibung hingestellt wurde. Im Gegenteil, gemessen an der Aufmerksamkeit, die die beiden »Alten« – tatsächlich befanden sich alle drei im gleichen fünften Lebensjahrzehnt – dem Blättchen zuwandten, ist ihre effektive Mitarbeit als bedauerlich gering einzustufen. Womit war das *Wochenblatt* nun tatsächlich gefüllt? Wie war der Stoff beschaffen, der Marx und Engels so aufbrachte? Zunächst zum Erscheinungsbild. Für die Dauer seines Erscheinens kam das Blatt in einem Grundumfang von acht Seiten heraus. Dazu kamen häufig zwei- bis vierseitige Beilagen. Der zweispaltige Satzspiegel ist klar gegliedert, die Anlage der Artikel übersichtlich, der Druck sauber. Das Blatt, so bescheiden es daherkommt, wirkt professionell gemacht, was man ja vom *Nordstern* des Herrn Bruhn mit seinem so chaotisch anmutenden Image – wie erinnerlich – kaum sagen konnte. Nach Koszyk glich das *Wochenblatt* »in Format und Aufmachung etwa der ›Augsburger Allgemeinen Zeitung‹«. Nun, bekanntlich war Liebknecht Mitarbeiter der AAZ gewesen.

Was tischte das *Demokratische Wochenblatt* seinen Lesern aber auf? Eine »Politische Übersicht« beherrschte regelmäßig die ersten Seiten. Das war in der Tat ein Kompendium der laufenden Ereignisse in den deutschen Ländern und außerhalb davon bis nach Übersee. Wie umfangreich es jeweils ausfiel, das hing wohl vom Nachrichtenanfall in den diversen Zeitungen ab, die der Redakteur studierte – und davon, wie viel Zeit er dafür aufbringen konnte. Abzuschreiben bedeutete für einen damaligen Journalisten keine Schande, worauf schon früher einmal hingewiesen wurde. In der Regel wurde das Material ja auch entsprechend den Bedürfnissen verarbeitet. Ein kurzes Beispiel lesen wir in der Nummer 18 vom 2. Mai 1868.

»Das ›*Zollparlament*‹ ist am Montag eröffnet worden. In der Thronrede finden sich zwar die üblichen Verwechslungen der Wörter: Deutsch und Preußisch, aber im Hinblick auf *Frankreich* hat man ihr im übrigen einen sehr bescheidenen Ton gegeben und alle vollparlamentlichen Anspielungen sorgfältig vermieden. Bis auf weiteres wird das ›Zollparlament‹ die für das Ausland harmlosen, für das Deutsche Volk mit Ausnahme der Deutsch-Östreicher dagegen um so bedenklicheren Funktionen eines großartigen *Geldschröpfapparats* zu verrichten haben.«

Ein Satz in der Nummer 24 vom 13. Juni 1868 beleuchtet das humanitäre Gefälle in Deutschland: »Die *Abschaffung der Todesstrafe* in Sachsen hat den leitenden Staatsmännern Preußens sehr mißfallen, und wird von der ›Norddeutschen Zeitung‹ stark bekrittelt.«

Im Anschluss an die »Politische Übersicht« finden sich häufig kürzere Notizen, die nicht eigens durch Überschriften hervorgehoben werden: Nachrichten aus der Volkspartei oder der Arbeiterbewegung, Wahlergebnisse und ähnliches. Damit soll wohl bedeutet werden, dass sie dem politischen Teil des Blattes im engeren Sinn zuzurechnen sind. Von den weiteren Berichten beschäftigen sich eine auffallend große Zahl mit sozialer Not, in England, in Ostpreußen, im Erzgebirge und an vielen anderen Stellen des Globus. In Nummer 3 beginnt eine Fortsetzungsserie, »Weiße Sklaven« betitelt, die sich zuerst mit der Lage der Arbeiter im sächsischen Bergbau befasst, auch mit den Machenschaften der Zechenherren bei der Verwaltung der knappschaftlichen Kassen, dann mit den Leiden preußischer Rekruten, und schließlich Fortsetzung für Fortsetzung mit dem Elend der mittelsächsischen Weber.

Immer wieder taucht das Thema Russland auf, sei es durch die Schilderung der Unterdrückung unter dem zaristischen System, sei es mit der Problematik der russischen Flüchtlinge oder dem besonderen Verhältnis zwischen Russland und Deutschland, das die Zeitung durch die direkte Einflussnahme des Zaren auf deutsche Fürstenhäuser, namentlich das preußische, als besonders prekär ansieht. Auch Polen ist ein oft wiederholtes Thema; dabei vertritt das *Wochenblatt* konsequent die Wiederherstellung des zerstückelten Landes. Weiter füllen das Blatt Berichte über Arbeiter- und Volksversammlungen, und dann langsam beginnend das Dauerscharmützel mit dem Geheimen Regierungsrat Stieber, dem rücksichtslosen Dirigenten der Berliner Politischen Polizei, das zu einer ständigen Kolumne führt: »Stieberisches«.

Wer schrieb alles für das Demokratische Wochenblatt?

Über die Autorenschaft ist nur gelegentlich etwas zu erfahren, zumeist, wenn ein nicht ständiger Mitarbeiter die Feder führte. So beispielsweise im Falle einer kurzen

Serie, in der Joseph Dietzgen *Das Kapital* erläuterte. Diese Arbeit hatte übrigens Marx selbst nach Leipzig geschickt. Die meisten Artikel erschienen ungezeichnet. Einer Mitteilung von August Bebel an Gustav Mayer können wir entnehmen, dass Liebknecht die politischen Rundschauen schrieb. Die »allgemeinen Artikel« stammten zu einem großen Teil von Carl Hirsch, der 1868 oder 1869 gelegentlich in der Redaktion des *Demokratischen Wochenblatts* mitarbeitete, aber schon 1869 zum *Crimmitschauer Bürger- und Bauernfreunde* ging, bevor er im gleichen Jahr für Liebknecht wieder in die Bresche sprang, sowie von Karl Wilhelm Eichhoff, der in Berlin residierte und nach einem Exilaufenthalt in England ein enger Vertrauter von Karl Marx geworden war. Bebel selbst habe nur im Vereinsteil und über organisatorische Fragen geschrieben. Berichte aus London sandte Eccarius, der früher schon für den *Social-Demokrat* die Feder geschwungen hatte.

So früh wie nur möglich, nämlich schon in der allerersten Ausgabe, hatte Liebknecht deutlich gemacht, was er von Johann Baptist von Schweitzer hält. Er sei ein Mann, schreibt er in einem Ratschlag an die Wiener Arbeiter, »dem die bewährten Vorkämpfer der sozialdemokratischen Sache sämtlich den Rücken gekehrt haben«. Von da an standen heftige Angriffe gegen den Rivalen, seine Partei und sein Blatt immer wieder auf der Tagesordnung des *Demokratischen Wochenblatts*. Schweitzer verhielt sich demgegenüber lange Zeit zurückhaltend. Das konnte er umso leichter, als ihm gerade in diesen Tagen eine Annäherung an Marx gelungen war, dem er in einigen Artikeln über *Das Kapital* bewiesen hatte, dass er Marx besser begriffen hatte als sonst einer aus der sozialistischen Szene, von den bürgerlichen Ökonomen ganz zu schweigen. Marx hatte das sehr wohl erkannt und auch anerkannt und in den folgenden Auseinandersetzungen erst sehr spät – für Liebknechts Geschmack jedenfalls – eine entschiedenere Haltung gegenüber Schweitzer eingenommen.

In der zweiten Jahreshälfte 1868 kumulierten die organisatorischen Anstrengungen aller Zweige der Arbeiterbewegung. Nach der siebten Generalversammlung des ADAV in Hamburg versammelte sich der VDAV in Nürnberg zu seinem bahnbrechenden fünften Vereinstag. In Brüssel tagte beinahe gleichzeitig der Kongress der IAA. Dann gab es da noch den Lassalle'schen ADAV der Gräfin Hatzfeldt, der es in seiner Düsseldorfer Generalversammlung fertig brachte, sich gegen Streiks auszusprechen. Die Gründung von Gewerkschaften lag in der Luft.

Von der Versammlung des ADAV, deren wichtigstes Ergebnis die Beauftragung Schweitzers mit der Einberufung eines allgemeinen Arbeiterkongresses für die Gründung von Gewerkschaften war, erfuhr der Leser des *Wochenblatts* nichts, außer der Tatsache, dass Marx dem Treffen trotz Einladung nicht beiwohnen konnte. Marx schickte Liebknecht seinen Text zu, so musste der abdrucken, dass Lassalle-Spötter Marx den Lassalleanern »Glück auf zum Werke!« wünschte. Bedenken wir, wie betont Marx stets und ständig Loyalität von Liebknecht eingefordert hatte, namentlich gegenüber seinen demokratischen Intimfeinden, so könnte dieser Vorgang als eine bemerkenswerte Zumutung erscheinen. Doch steht Liebknecht um eben diese Zeit selbst in Friedensverhandlungen mit Schweitzer.

In Sachen des Nürnberger Vereinstages ist das *Wochenblatt* verständlicherweise weniger zurückhaltend. Zwar hat da die *Deutsche Arbeiterhalle* bedeutend mehr Informationswert, was ja auch völlig in Ordnung ist; denn sie ist das Verbandsorgan. Aber für ein Blatt, das sich erklärtermaßen der Arbeiterdinge anzunehmen verpflichtet hat, tut das *Wochenblatt* schon einiges. Auch einiges zuviel?

Wie erinnerlich hatte die *Arbeiterhalle* im Vorfeld des Vereinstags einen programmatischen Aufsatz Johann Philipp Beckers aus der Nummer 1 des *Vorboten* nachgedruckt: »Was wir wollen und sollen.« Er war nichts anderes als die Selbstdarstellung der deutschsprachigen Sektion der IAA gewesen. Bebel schien es die geeignete Grundlage für die Programmdiskussion, mit der dem bisherigen »prinzip- und planlosen Arbeiten« des Verbandes ein Ende gesetzt werden und an Stelle dessen ein Wirken »nach festen Grundsätzen und bestimmter Richtung« treten sollte. In diesem Sinne schrieb er an den Generalrat der IAA nach London und erklärte zugleich, man sei gesonnen, »das Programm der Internationalen Arbeiterassoziation, wie es die erste Nummer des ›Vorboten‹ enthält, zur Annahme vorzuschlagen, respektive den Anschluß an die Internationale Arbeiterassoziation zu beantragen«. Den Brief erhielt Marx als Sekretär für Deutschland.

Die Programmdiskussion, nun ja, sie lag ja sozusagen in der Luft. Auf die Erde gebracht wurde sie von Eichelsdörfer, der Unterstützung vom Arbeiterbildungsverein Dresden erhielt, dessen Antrag zum Nürnberger Kongress forderte, »sich dem Programm und der Organisation der internationalen Arbeiterassoziation anzuschließen«. Der Beschluss, die Becker'sche Programmschrift zu veröffentlichen, dürfte dann auf einer Vorortsitzung gefallen sein.

Fünf Tage nach der *Arbeiterhalle* begann das *Demokratische Wochenblatt* mit dem Abdruck. Dabei gab es bezeichnende Unterschiede. Während die *Arbeiterhalle* unter der Dachzeile »Programm der Internationalen Arbeiter-Assoziation« den ursprünglichen Becker'schen Titel als Überschrift gesetzt hatte, ließ das *Wochenblatt* die Zeile »Was wir wollen und sollen« fort. Dafür behauptete es in einem Vorspann: »Der Dresdner Arbeiterverein hat bekanntlich den Antrag gestellt, dieses Programm dem nächsten Arbeitertage zur Annahme vorzulegen.« Der Abdruck hatte Folgen.

Von Bebel wissen wir, wie voraussehbar der Bruch von Nürnberg war, nachdem das Panier der Programmfrage erhoben worden war. Er hielt ihn für kein Unglück, oder schärfer formuliert: Er hatte ihn einkalkuliert. Denn nach allem mochten nur Betriebsblinde noch meinen, Politik habe nichts in den Arbeitervereinen zu suchen. Aber viele liberale Arbeiterfreunde waren mit solchen emanzipatorischen Gedanken einfach überfordert.

Johann Philipp Beckers »konfuses Wischiwaschi«

Der Zwist begann schon weit im Vorfeld des Verbandstages und jede Veröffentlichung hieß, Öl ins Feuer zu kippen – oder die Fronten zu klären, wie man will. So war auch der Abdruck im *Demokratischen Wochenblatt* gemeint. Offenbar tat er des Guten schon wieder zu viel. Denn was passierte, war Folgendes: Er leitete den Gegnern eines Beitrittes zur IAA Wasser auf die Mühlen, wobei sich die Ablehnung durchaus mit einem Ja zur internationalen Organisation maskieren ließ. Warum das so kommen konnte, hat Marx in seiner bekannten beißenden Art schon bald nach den Nürnberger Vorgängen in einem Brief an Engels festgehalten: »Liebknecht hat eine ganz nutzlose (und sogar statutwidrige) Dummheit zu Nürnberg begangen, indem er den Leuten das konfuse Wischiwaschi Beckers als Programm der Internationalen Arbeiterassoziation aufdrang.« Der Satz war bereits oben in einem anderen Zusammenhang zitiert worden. In einem Punkt hatte Marx ja recht: Beckers Ausarbeitung konnte nicht als Programm verkauft werden. Die IAA kannte ein solches gar nicht. Aber das Problem hatte sich in der Verhandlung ganz schnell erledigt. Anstelle des Becker'schen, irrtümlich als Programm der Internationalen Arbeiterassoziation bezeichneten Beitrages, nahm die Versammlung die drei vom Leipziger Vorort vorgeschlagenen Sätze an. Wie erwähnt.

Die Anbindung an die Internationale, mit der sich der VDAV für den politischen Wettkampf auf nationaler Ebene qualifiziert hatte, wird allgemein als das Hauptergebnis von Nürnberg angesehen. Doch die Wahl Bebels zum Tagungspräsidenten – in der Vorversammlung – war nicht weniger wichtig. Sie bedeutete, dass Entscheidungen getroffen wurden, die nicht mehr hinauszuschieben waren, und wahrte zugleich die Kontinuität. In Bebels Person verknüpften sich die Anforderungen der zur politischen Aktion drängenden Arbeiterbewegung mit der Wurzelhaftigkeit des Vereinslebens. Bebels Verhandlungsführung legte auch die Grundlage seiner Wiederwahl als Verbandspräsident – mit 57 von 59 abgegebenen Stimmen.

Ein Punkt im Bericht des Präsidenten über die Tätigkeit des Vorortes galt dem Vereinsorgan *Arbeiterhalle*. Er habe die Erfahrung gemacht, dass es von vielen Vereinen nicht ernsthaft genug unterstützt worden sei. Das heißt ja wohl, die Vereine haben sich nicht ernsthaft genug um Abonnenten gekümmert. Aus diesem Grund habe die Verbandskasse in erheblichem Maße einspringen müssen. Für die Zukunft empfahl Bebel dringend ein stärkeres Engagement der Vereine, denn das Organ sei »eine Hauptstütze des Verbandes«. Schon möglich, dass ihn in Nürnberg bereits der Gedanke bewegte, dem *Demokratischen Wochenblatt* auch die Aufgabe des Verbandsorganes zu übertragen. Dabei ist nicht auszuschließen, dass gerade das, was Marx und Engels an Liebknechts Blatt abstieß – der »süddeutsche Uraltföderalismus« – im Interesse der Kassenlage für Bebel eine Empfehlung bedeutete.

Noch ein Nachtrag zu Nürnberg, der treffend demonstriert, wie politische Klugheit und gravierende Fehleinschätzung der Arbeiterbewegung durch die staatliche Macht Hand in Hand gehen können. Der Abhaltung des Vereinstages liegt die ausdrückliche Genehmigung von König Ludwig II. zugrunde. Seine Behörde hatte ihm freilich dazu geraten, weil die Gefahren der Arbeiterfrage sich vermehren würden, »wenn die Erörterung dieser Frage in der Öffentlichkeit staatlich gehemmt und gehindert und dadurch in geheime und unkontrollierte Zusammenkünfte zurückgedrängt wird.« In der Bewertung der voraussehbaren Bedeutung der Konferenz erwies sich Innenminister Wilfried Hörmann von Hörbach aber als schlechter Prophet: »Voraussichtlich wird die Arbeiterversammlung in Nürnberg für den Fall, daß ihr nichts in den Weg gelegt wird, einige Tage mit theoretischer Lösung der oben bezeichneten Fragen ohne besonders praktisches Ergebnis sich beschäftigen und in kurzer Zeit wie so viele vorausgegangene ähnliche Versammlungen der Vergessenheit anheimgefallen sein.«[20]

Der Wettlauf um die Gewerkschaften

Bebel hat auch in ihrer Schlussphase kein Zeichen der Illoyalität zur *Arbeiterhalle* zu erkennen gegeben. Alle wichtigen Verbandsnachrichten erschienen weiterhin hier. Und auch sein Aufruf zur Gründung von Gewerksgenossenschaften mit den so ausführlich gehaltenen Musterstatuten, der am 28. November im *Wochenblatt* abgedruckt wurde, spricht nicht dagegen. Zwar wäre, so umfangreich die Statuten sind, der Abdruck in der Abschiedsnummer vom 4. Dezember noch machbar gewesen. Doch wo hätte die Diskussion darüber stattfinden sollen?

Die Gründung von Gewerkschaften war zu einem Wettlauf geworden. Der ADAV hatte in seiner siebten Generalversammlung, die vom 23. bis 26. August in Hamburg getagt hatte, die Streik- und Gewerkschaftsfrage zum Austrag gebracht und sich unheimlich schwer getan, über Lassalle hinauszugehen. Von Fritzsche war ein

Antrag eingebracht worden, dessen erster Teil die Anerkennung des Streiks als Mittel forderte, »das Klassenbewußtsein der Arbeiter zu fördern, die Polizeibevormundung zu durchbrechen und … einzelne soziale Mißstände drückender Art« zu beseitigen. Soweit waren ihm die Delegierten noch gefolgt. Doch der zweite Teil, der den Vereinspräsidenten auffordern sollte, »einen allgemeinen deutschen Arbeiterkongreß zur Begründung von allgemeinen Gewerkschaften zu berufen«, war von ihnen abgeschmettert worden. Nach langer Debatte mit vielen Verrenkungen von Seiten Schweitzers, revidierten die Delegierten den Beschluss insoweit, als sie Schweitzer und Fritzsche freistellten, den Kongress in ihrer Eigenschaft als Reichstagsmitglieder einzuberufen.

Schweitzer hatte seine Initiative sorgfältig vorbereitet. Schon im Juni war Marx von ihm höflichst angeschrieben worden, wobei es dem ADAV-Präsidenten vor allem darum ging, Marx auf der Hamburger Generalversammlung als geehrten Gast begrüßen und vorführen zu können. Auf Schweitzers vertrauliche Anfrage muss Marx ein positives Rücksignal gegeben haben, denn schon zehn Tage später folgte die Einladung. Der adlige Arbeiterführer wusste sehr gut, welches die zur Erledigung anstehenden Punkte waren. Aber soweit ging er doch nicht, mit Marx die gesamte Tagesordnung zu erörtern, vielmehr hoffte er, »das Haupt der europäischen Arbeiterbewegung«, wie er ihn im Briefe genannt hatte, wenn auch nicht als Verbündeten, so doch als vermittelnde Kraft in seinem Dauerstreit mit Liebknecht und Bebel zu gewinnen. Marx schien Letzterem auch gar nicht abgeneigt zu sein. Engels gegenüber machte er deutlich, dass er – als Sekretär für Deutschland – behilflich sein würde, falls Schweitzer mit der »Nürnberger Majorität« zu einem »rationalen Einverständnis« kommen wollte. Entsprechend schrieb er nach Berlin.

Dass Marx sich als Schiedsrichter gefordert sah, machte er auch gegenüber Kugelmann deutlich. »Ich habe viel ›*bother*‹ jetzt *now* in Deutschland mit dem Krakeel der Führer … Auf der einen Seite Schweitzer, der mich zum Papst *in partibus infidelium* ernennt, damit ich ihn zum Arbeiterkaiser in Deutschland ausrufe. Auf der anderen Seite Liebknecht, der vergisst, dass Schweitzer *in point of fact*, ihn gezwungen hat, sich zu erinnern, dass es eine von der kleinbürgerlich demokratischen verschiedene Proletarierbewegung gibt.« Den politischen Fähigkeiten Schweitzers hat Marx die Anerkennung nie versagt. Sein Urteil hat er Schweitzer selbst nicht vorenthalten. »Ich erkenne unbedingt die Intelligenz und Energie an, womit Sie in der Arbeiterbewegung wirken«, schreibt er im Brief vom 13. Oktober 1868 an Schweitzer und gibt ihm zusätzlich zu verstehen, wie ernst er ihn nimmt, indem er offen auf die »Differenzpunkte« eingeht, die beide trennen. Auch gegenüber Engels:

»Andererseits ist er unbedingt von allen jetzigen Arbeiterführern in Deutschland der intelligenteste und energischste.«

Sei wie es sei, zu dem anvisierten Einverständnis kam es nie, trotz gelegentlicher Waffenruhe. Wer es verhindert hat oder wer an der Dauerkrise den größeren Anteil hat, Schweitzer mit seiner Monomanie oder Liebknecht und Bebel mit ihrem unversöhnlichen Hass auf den feudalen Lebemann, der ein Arbeiterführer sein wollte – eine Anmaßung in ihren Augen –, ist heute kaum noch erheblich. Sicherlich hat der giftige Streit die Einheit der Arbeiterbewegung für lange Jahre verhindert, doch nicht einmal Marx hat diese Einheit als das höchste Ziel angesehen, wie seine Bemerkung verrät: »Schöne und echt Lassallesche Vorstellung des Schweitzer, daß zwei Organisationen nur schaden können«.

Marx war also nicht in die Hansestadt gekommen, auch nicht, um sich feiern zu lassen. Der beinahe ein halbes Jahr dauernde Briefwechsel befasste sich neben der Führungsfrage immerhin noch mit den Themen von Hamburg, allerdings in verschiedener Intensität. Zur Bindung des ADAV an die Internationale Arbeiter-Assoziation machte Schweitzer in verschiedenen Ansätzen deutlich, dass sowohl der Verein wie auch alle seine Mitglieder vollkommen auf dem Boden der Internationalen stünden, den formellen Beitritt würden lediglich die Vereinsgesetze verhindern. So offen der ADAV-Präsident in diesem Punkt Marx gegenübertrat, bei dem die letzten Wünsche ohnehin unerfüllt bleiben mussten, so verdeckt behandelte er die Gewerkschaftsfrage. Das mochte auch seinen guten Grund haben. Die Gewerkschaften, die Schweitzer vorschwebten, würden nichts als ein anderer politischer Hebel sein, ein verlängerter Arm des ADAV, also des Präsidenten. Als gleichberechtigter Partner im Rahmen der Arbeiterbewegung kamen sie bei ihm nicht vor, so beeindruckend und stringent Schweitzer in sieben Artikeln, die laufend im *Social-Demokrat* erschienen, sein Konzept entwickelte.

Auf dem Berliner Arbeiterkongress vom 26. bis 29. September wurde dann der Allgemeine Deutsche Arbeiterschaftsverband aus der Taufe gehoben. In Klammern darf man hinzufügen: Ähnlich wie es Schweitzer damals vorschwebte, hat sich 1949 auch der Deutsche Gewerkschaftsbund organisiert. Doch sei gleich wieder korrigiert: Das oberflächliche Bild täuscht, Gleiches war längst nicht gleich. Die Demokratie, die Schweitzer mit ihnen erstreiten wollte, war nicht in den Gewerkschaften selbst angelegt. »Arbeiterschaften« mit mindestens 500 Mitgliedern bildeten die Grundeinheit. Den Einzelgewerkschaften war es durch »Leitlinien« in ihren Satzungen unmöglich gemacht, sich dem Diktat des Arbeiterschaftsverbandes zu widersetzen. Erst der Zentralausschuss, gebildet von den Präsidenten der einzelnen Arbeiterschaften, konnte über die Unterstützung eines Streiks befinden. Und Schweitzer, der natürlich auch hier der Präsident war, besaß das Recht, alle leitenden Funktionäre anzustellen und abzusetzen und gebot außerdem uneingeschränkt über die Redaktion des Vereinsorgans.

Den Berliner Arbeiterkongress hat der Buchbinder Hermann Peter aus Berlin in einem Schriftchen beschrieben. Dabei versuchte er, den Vorwurf der Diktatur zu entkräften. Peter, der zum provisorischen Präsidenten der Arbeiterschaft der Buchbinder, Lederarbeiter, Sattler usw. gewählt worden war, druckte aber selbst jenen Passus der Satzung ab, die den Ausschluss aller Arbeiterschaften vorsah, die sich nicht den »Beschlüssen und Anordnungen der Generalversammlung und der Behörden des Verbandes ... fügen«. (In der Hauptsache beschäftigte sich seine Schrift mit den Angriffen der liberalen Gegner des ADAV.)

Gewerkschaften auf solcher Grundlage sind nicht lebensfähig, wie alle historischen Erfahrungen uns bewiesen haben. Zwar kamen die Schweitzer'schen Arbeiterschaften aus den Startlöchern, indes zeigte ihre Entwicklung keine aufsteigende Linie, im Gegenteil. Ob ihnen eine gedeihlichere Entwicklung beschieden gewesen wäre, hätte es beizeiten einen Zusammenschluss auf breiter Ebene gegeben? Sicherlich ja. Aber der war unter den gegebenen Umständen eben nicht zu haben. Die »Nürnberger Vereine«, deren Mitglieder ebenfalls eingeladen worden waren, stießen sich an einer Sicherheitsformel, die Schweitzer anwenden musste, um den Arbeiterkongress gegen vorzeitige Auflösung zu sichern. Der wahre Grund ihres Fernbleibens war freilich die Animosität gegen Schweitzer, wie sie namentlich Bebel und Liebknecht pflegten. Und Schweitzer selbst konnte sich nicht mehr auf lange Verhandlungen einlassen, weil ihm Max Hirsch allzu dicht an den Fersen klebte. Noch während des Berliner Arbeiterkongresses war es zum Bruch mit den liberalen Gewerkschaftern gekommen. Hirsch bevorzugte eine schiedlich-friedliche Konfliktregelung, die den Streik ausschloss. Im November 1868 trat mit dem »Gewerkverein der Berliner Maschinenbauer« die erste der so genannten Hirsch-Duncker'schen Gewerkschaften ins Licht der Öffentlichkeit, deren Mitgliederbestand in jener Gründungsphase alle konkurrierenden Arbeiterorganisationen weit hinter sich ließ.

Mit mehr Bedacht gingen die »Nürnberger«, die wir noch einmal so nennen wollen, auch wenn sie im Geschichtsbuch unter »Eisenacher« firmieren, an die Gründung von Gewerkschaften heran. Dabei hatten sie sicherlich weniger Probleme damit. Erinnert sei an Liebknechts verschiedentliche Auftritte bei den Buchdruckern oder Bebels Bemühungen um die Beilegung des Leipziger Druckerstreiks. Der Nürnberger Vereinstag hatte einen Beschluss gefasst, der alle Mitglieder und namentlich den Vorort verpflichtete, »für Vereinigung der Arbeiter in zentralisierten Gewerksgenossenschaften tatkräftig zu wirken«. Bebel nahm sich dieses Auftrages mit der ihm eigenen Gründlichkeit an, wie die von ihm abgefassten »Musterstatuten für Deutsche Gewerksgenossenschaften« verraten. Bei der Ausarbeitung zog er sowohl »die bewährten Regeln« der englischen *trade unions* heran, wie er auch die Statutenvorlagen des Berliner Arbeiter-Kongresses, und zwar sowohl die der Mehrheit wie jene der Minderheit, »einer gewissenhaften Prüfung« unterzogen hatte.

Unter der kernigen Parole »Arbeiter, organisiert Euch! Vereinzelt seid Ihr Nichts, vereinigt seid Ihr Alles!« veröffentlichte sie das *Demokratische Wochenblatt* ganze zwei Monate nach den Gründungen von Schweitzer und Hirsch: 69 Paragrafen, die vom Zweck (»die Würde und das materielle Interesse der Beteiligten zu wahren und zu fördern«) bis zur Schlussbestimmung über die Auflösung alles regelten, was die Organisation einer Gewerksgenossenschaft erheischt. Manche Bestimmung wirkt heute altfränkisch, so etwa die vom Verband deutscher Arbeitervereine übernommene Vorortregelung. Die Fürsorge indes, mit der sich eine damalige Gewerkschaft des durch Streik arbeitslos gewordenen Mitgliedes annahm und ihm gar die Reisekosten für den Antritt einer auswärtigen Arbeit erstattete, gibt uns einen Begriff davon, was Solidarität in der Morgenröte der Arbeiterbewegung hieß.

Als vier Wochen später unter dem Vorsitz Bebels eine Delegiertenversammlung aller Leipziger Gewerke eine Generalversammlung forderte, in der über die Gewerkschaftsfrage entschieden werden sollte, bis dahin aber ein gegenseitiges Vertrags- und Unterstützungsverhältnis einzugehen, um namentlich den Kampf gegen die Hirsch-Duncker'schen mit Erfolg führen zu können, da hatte Schweitzer schon einen Riegel vorgeschoben. Im *Social-Demokrat* hatte er seine Anhänger aufgefordert, jedem Versuch entgegenzutreten, Gewerksgenossenschaften nach dem Bebel-Statut zu gründen. Der Ausschuss des Arbeiterschaftsverbandes beschloss entsprechend. Schweitzer habe damit eine schwere Schuld gegenüber der Arbeiterklasse auf sich geladen, befand Gustav Mayer. Es hatte die reale Chance bestanden, die sozialistische Gewerkschaftsbewegung vor der Zersplitterung zu bewahren, die auf politischem Gebiete so leidvolle Erfahrungen gebracht hatte. Schweitzer hatte sie vertan.

Ob es ihn entschuldigt, dass er gerade alle Hände voll zu tun hatte, seinen ADAV über Wasser zu halten? Am 16. September hatte die Leipziger Polizei den Leipziger Verein geschlossen, so wie das Berliner Kammergericht schon einige Wochen zuvor die Berliner »Gemeinde« verboten hatte. Der Verdacht, Bismarck habe dabei seine Finger im Spiel gehabt, ist nie verstummt. Schweitzer löste nun den gesamten ADAV auf. Das *Demokratische Wochenblatt* gratulierte ihm zu der Einsicht, dass sein Verein in die gegenwärtige sozialdemokratische Bewegung nicht mehr hineinpasse. Doch Schweitzer sollte dieser, wenn auch mit Häme vorgebrachten, aber von Liebknecht positiv verstandenen Unterstellung alsbald die Grundlage entziehen.

Berlin rückt in den Mittelpunkt

Schon am 10. Oktober gründet der Patrizier im Gewand des Volkstribunen den ADAV neu. Die am nächsten Tag im *Social-Demokrat* veröffentlichten Statuten sind im Wesentlichen die gleichen wie bisher, aber als Vereinsort erscheint Berlin. Es mag zutreffen, dass dies eine polizeiliche Bedingung für die Wiederzulassung war, aber sie kann Schweitzer auch nicht so falsch erschienen sein. Er hatte längst den neuen deutschen Mittelpunkt ausgemacht. Und er bekam die Genugtuung, dass sich die aufgelöste Truppe im Handumdrehen wieder um ihn versammelte, Diktator oder nicht. Größere Sorgen machte ihm der Termin seines Haftantritts, der in eine Zeit fällt, wo ihn die Angriffe seiner Gegner mehr und mehr bedrängen. Im Gefängnis auch erreicht ihn die Nachricht vom Sterben seines Vaters, für das ihm ein Sonderurlaub gewährt wird. Doch die Hoffnung, die er daran knüpfte, erfüllte sich nicht. Der alte Herr von Schweitzer war längst kein reicher Mann mehr und von seinem Erbe hatte der junge den Löwenanteil bereits auf dem Vorschussweg erhalten. So wird er seine Schulden nicht los und die wirtschaftlichen Sorgen bleiben. Auch beschäftigen sich die Gazetten erneut mit den unerfreulichen Seiten seines Privatlebens. Schweitzer versucht durch beschwörende Briefe an die Redaktionen, dem Einhalt zu gebieten. »Ich glaube, zu dieser Bitte ist auch derjenige berechtigt, der einen öffentlichen Wirkungskreis hat.«

Es näherte sich der Zeitpunkt, da die großen Kontrahenten in der deutschen Arbeiterbewegung von Angesicht zu Angesicht die Klingen kreuzen sollten. In den jeweiligen Organen war ja schon immer Gift verspritzt worden, mal mehr, mal weniger. Wieder waren es die Leipziger Arbeiter, die die Dinge in Bewegung brachten und die endlich einen ehrlichen Austrag der Kontroverse wünschten. Sie hatten ein historisches Ereignis, das sich in ihren Mauern abgespielt hatte, vor Augen. So wie Luther und Eck in ihrer großen Disputation zu den Fragen der Kirche, sollten Schweitzer und Liebknecht mit ihren gegenseitigen Beschuldigungen einander gegenübertreten. Liebknecht schlug umgehend ein und gab im *Demokratischen Wochenblatt* mit Aplomb zu Protokoll, dass er Schweitzer gegenübertreten und den Beweis führen werde, dass jener – »für Geld oder aus Neigung« – die Organisation der Arbeiterpartei zu hintertreiben suche, das Spiel Bismarcks spiele und alle Bemühungen um die Einigung der Partei vereitele. Dazu wolle er, falls Schweitzer nicht nach Leipzig käme, – »allein oder mit Bebel« – ihm auch in Berlin unter allen seinen Häuptlingen oder gar auf der nächsten Generalversammlung des Allgemeinen Deutschen Arbeitervereins entgegentreten.

Das Ereignis fand, wie man weiß, in der für Ostern 1869 anberaumten Generalversammlung des ADAV in Barmen-Elberfeld statt. Bis es soweit war, führte Schweitzer, der erst mal wieder ins Gefängnis zurückgekehrt war, einige taktische Spielchen vor. Aber auch Liebknecht und Bebel bemühten sich, Hilfstruppen aus unzufriedenen Lassalleanern anzuwerben. Dass die Veranstaltung dann doch nicht zu dem an Luther und Eck erinnernden, großen Disput wurde, lässt sich leicht auf das schweitzersche Übertaktieren zurückführen. Noch bevor Liebknecht und Bebel in den Saal eingelassen wurden, vor dessen Tür sie ungeduldig auf die Stunde der Abrechnung gewartet hatten, ließ Schweitzer verlauten: Er werde nicht persönlich auf seine Ankläger antworten. Im Übrigen werde er zurücktreten, wenn auch nur eine Minderheit ihm nicht mehr folge.

Schweitzer war sich seiner Überlegenheit zu sicher. Die Rechnung ging nicht auf. Das Fass sollte endlich überlaufen. Es ging nun auch nicht mehr um das, was Liebknecht und Bebel vorbrachten, und sie machten ihre Sache gut. Dabei hatte Bebel ihrer beider Erfolgsaussichten recht nüchtern eingeschätzt. In einem Brief an Marx schrieb er: »Liebknecht und ich sitzen eben hier in Elberfeld in einem kleinen Kreis von Freunden, feurige Mitglieder der Internationale, um den Feldzugsplan für die morgige Schlacht vorzubereiten ... Über den Ausgang der morgigen Disputation läßt sich noch gar nichts sagen, nur das eine kann ich Ihnen sagen, daß Schweitzer mit allen Mitteln der Perfidie und Intrige gegen uns wühlt, auf einen durchschlagenden Erfolg hoffen wir auf keinen Fall.«

Marx reagierte übrigens recht kühl. Gegenüber Engels mokierte er sich über die »gottvollen Kerls«. Erst begäben sie sich in eine Situation, »worin Keile für sie unvermeidlich«, dann solle er als *deus ex machina* dazwischentreten. Vor allem kreidete er ihnen an, dass sie seit dem Nürnberger Kongress für die Internationale »so völlig nichts getan« hätten. Immerhin hielt er »Bebel für brauchbar und tüchtig«. Der hätte nur das Pech, »in Herrn Wilhelm seinen ›Theoretiker‹ zu finden«.

Einige Delegierte, die von Bebel und Liebknecht nur gewusst hatten, was ihnen der *Social-Demokrat* eingeblasen hatte, stellten nach dem Auftreten beider überrascht fest: Das sind ja echte Sozialdemokraten. Nicht ohne Wirkung blieb auch das Auftreten von Hofstettens, der überraschend aus Wien zurückgekehrt war und der Konferenz seine schon früher behandelten Anklagen gegen Schweitzer unterbreitete. Dieser entledigte sich des ehemaligen Busenfreundes und ausgepressten Kompagnons lediglich durch einen Trick. Aber die schließlich von Schweitzer erzwungene, ja erpresste Abstimmung über ein Vertrauensvotum sollte noch fatale Folgen für ihn zeitigen. 42 Delegierte stellten sich zwar hinter Schweitzer, und gerade 14 enthielten sich der Stimme – doch das sagte noch nicht viel. Man muss sich die Namen der Abweichler genauer ansehen. Darunter waren die von Yorck und Perl, die mit Lassalle im Pantheon den ADAV gegründet hatten. Es waren ferner der Vereinskassierer Bracke und der hoch angesehene Hamburger Buchhändler Geib und andere, die insgesamt zu Schweitzers Entthronung beitragen sollten, die von diesem Tag an datiert.

Im Übrigen hatte es die Generalversammlung geschafft, der Organisation des Vereins ein paar demokratische Streben einzuziehen, vor allem dadurch, dass der bisher völlig einflusslose Vorstand zur Aktion befähigt wurde. Die beiden Leipziger auf der einen und Schweitzer auf der anderen Seite aber hatten vereinbart, gegenseitig »keine weiteren Angriffe« mehr zu veröffentlichen.

Feindschaft über den Tod hinaus

Schon im Frühsommer des Vorjahres hatten Schweitzer und Liebknecht eine beschränkte Zusammenarbeit besprochen und – laut Liebknecht – vereinbart. Liebknecht sprach sogar von einem Ehrenwort Schweitzers. Ein Wortbruch lässt sich zwar nicht beweisen, doch die Auseinandersetzungen hatten bald heftiger getobt als vorher. So blieb auch nach Elberfeld der Waffenstillstand nur von kurzer Dauer. Zwar war diesmal Schweitzer der erste, der sich beschwerte, doch das besagt nichts. Gegenseitige Einbruchsversuche in die jeweiligen Parteidomänen hatten das Klima schon zutiefst vergiftet. Beide Seiten waren unfähig, über ihren Schatten zu springen. Welch tiefe Wunden damals geschlagen worden waren, wird am eindringlichsten an der Person August Bebels deutlich. Er, der den späteren Zusammenschluss der beiden feindlichen Brüder entscheidend mitbestimmt hat, konnte zeitlebens und über den Tod seines Kontrahenten hinaus, die Feindschaft zu Johann Baptist von Schweitzer nicht überwinden. Die Spuren finden wir in seinem Lebensbericht, wo er beinahe jede politische Maßnahme Schweitzers als von den Gesetzen seiner Spitzeltätigkeit für Bismarck geprägt hinstellt, und noch 1913, wenige Wochen vor seinem Tode, gibt er davon Zeugnis. In zwei Zuschriften an die Dortmunder *Arbeiter-Zeitung* bekräftigt er seine Behauptung, die er schon in *Aus meinem Leben* vertreten hatte, dass nämlich Schweitzer die Auflösung und Neugründung des ADAV in Absprache mit den Berliner Polizeibehörden betrieben habe. Gleichzeitig setzt er sich gegen den ehemaligen *Vorwärts*-Redakteur Davidsohn zur Wehr, der Bebel in dieser

Frage »Partei« genannt hatte. Es kränkte ihn, dass Davidsohn – und auch andere – »durch das Lesen von Mehrings Geschichte der Partei« – »zugunsten Schweitzers eingenommen« waren. Die Zuschriften sind ein gleichsam erschütterndes Dokument, zu welcher Voreingenommenheit auch ein bedeutender Mensch in seiner Feindschaft gelangen kann. Bebel belegt seine These, dass Schweitzer beim Verbot des ADAV mit der Berliner Polizei zusammengearbeitet habe, sogar mit Spekulationen: »Warum verlegte Herr von Schweitzer den Sitz des Vereins z. B. nicht nach Hamburg ...?« Davidsohn freilich zieh er einer Beweisführung mit »Möglichkeit und vielleicht«. Dem greisen Arbeiterführer, schon Denkmal seiner selbst, kann es nicht gefallen, dem Geschichtsschreiber größere Kompetenz zuzugestehen als sich selbst, dem Zeitgenossen.

Das sollte vorausgeschickt worden sein, bevor wir uns wieder den Tagen nach Elberfeld zuwenden, die Schweitzer nun wirklich in keinem guten Licht dastehen lassen. Die Dinge hatten sich so schnell zugespitzt wie zu erwarten war. Am 16. Juni 1869 forderten von Schweitzer und Fritz Mende, der Präsident der Hatzfeldt'schen Lassalleaner, im *Social-Demokrat* ihre beiden Organisationen auf, sich auf der Grundlage des Lassalle'schen Statuts von 1863 wiederzuvereinigen. Bald war nur noch vom »Staatsstreich« die Rede. Eine Woche später kündigte Schweitzer das Abkommen mit Liebknecht und Bebel, weil es in Thüringen zu Gesprächen zwischen Volkspartei und ADAV-Mitgliedern gekommen war – ohne seine Zustimmung. Und selbst wenn Abwerbung im Spiel gewesen sein sollte, die hatte Schweitzer selbst ganz massiv in der ureigensten Domäne seiner Widersacher, in Sachsen, betrieben. Freilich mit schallendem Misserfolg. Fast mit Behagen nehmen die Leipziger im *Demokratischen Wochenblatt* den Fehdehandschuh auf. In ihrem Aufruf an die Parteigenossen merken sie an: »Die ›Lassalleaner‹, wie die zwei ›Führer‹ gut orthodox und undemokratisch ihre vereinigten Fraktionen nennen, sollen gegen uns, die ehrliche Sozialdemokratie gehetzt werden ... Wohlan, wir treten mit aller Kraft und Zuversicht in den Kampf ein ... Nieder mit der Sektiererei! Nieder mit dem Personenkultus!« Mit den »Ehrlichen« lieferten sie freilich Schweitzer das Stichwort für neue höhnische Kommentare.

Doch ihre rechte Brisanz erhält diese Nummer des *Wochenblatts* erst durch einen Aufruf, der gleich neben dem von Liebknecht und Bebel abgedruckt ist und der sich »An die Mitglieder des Allgemeinen Deutschen Arbeitervereins« wendet. Unterzeichnet ist dieser von zwölf ADAV-Mitgliedern, fast ausschließlich aus dem nord- und mitteldeutschen Raum, darunter die Opposition von der Elberfelder Generalversammlung, unter anderem Yorck, Bracke und Spier. Wuchtig geht die Anklageschrift mit Schweitzer ins Gericht, der ein in jahrelangen Anstrengungen aufgebautes Reformwerk der Vernichtung preisgeben wolle und mit dem Zurück auf das Lassalle'sche Statut der alten, gerade zurechtgestutzten Diktatur durch diesen Staatsstreich – denn weder der Vorstand noch sonst jemand war vorher ins Bild gesetzt worden – erneut das Tor öffne.

So stempeln die Unterzeichner Schweitzer als einen Jemand ab, der »den Verein lediglich zur Befriedigung seines Ehrgeizes benutzt und ihn zum Werkzeug einer arbeiterfeindlichen reaktionären Politik herabwürdigen will«, sonst würde er »jetzt die Einigung der gesamten deutschen sozialdemokratischen Arbeiter suchen«. Dann brechen sie den Stab über den Diktator: »Wer die Einigung eines Teils der sozialdemokratischen Arbeiter empfiehlt, ohne dabei mit aller Energie auf die Einigung der gesamten Partei zu wirken, ... wer durch Einigung eines Teiles in diesen Formen die Einigung aller Teile unmöglich macht, und wer dies tut mit rührenden, von Bruderliebe überfließenden Worten, der ist ein elender Heuchler.«

Die Einigung aber ist ein Muss angesichts der Vorzeichen in allen Kulturstaaten. Um sie auch in Deutschland herbeizuführen, haben die Unterzeichner »den Entschluß gefaßt, ... einen allgemeinen Kongreß der gesamten sozialdemokratischen Arbeiter Deutschlands zu berufen«. Um freie Hand zu haben, werden sie aus dem ADAV – »es ist uns schwer gefallen, den Entschluß zu fassen – austreten.« Gegenüber Becker in Genf triumphiert Bebel: »Jahrelang haben wir an dem Halunken Schweitzer herumgearbeitet, endlich ist es soweit, daß er zum Sturze kommt.«

Unter den Bemühungen Schweitzers, sein Imperium zusammenzuhalten, zerbrach der letzte Rest menschlichen Einklangs zwischen beiden Seiten. Im *Social-Demokrat* unterschob der umtriebige Aristokrat Bebel und Liebknecht wahre Ungeheuerlichkeiten. Doch errang er auch die Krone der Lächerlichkeit, als er behauptete, beide hätten keinen Anhang mehr unter den Arbeitern, nicht einmal in Sachsen. Bebel greift zum Schmiedehammer. Im *Demokratischen Wochenblatt* dengelte er aus, was ihm an Schweitzers Privatleben schon immer nicht geheuer gewesen: die Equipagen, der Champagner, die Theaterbesuche in schöner Gesellschaft. Und wie finanzieren Sie das, bitte? Und wer bügelt das chronische Defizit des *Social-Demokrat* aus? Nun ja, da gibt es gute Beziehungen zu einem preußischen Prinzen (wenn der ihm auch lediglich mal im Reichstag die Hand geschüttelt hatte) und intime Bekanntschaften im Berliner Polizeipräsidium. Alles nicht vom Feinsten bei diesem Hickhack. Und den Vorwurf der mangelnden Anhängerschaft, den lässt Bebel nun schon gar nicht auf sich sitzen und zählt maliziös die 102 Vereine seiner Organisation auf – und die drei in Gründung.

Doch Schweitzer wäre nicht er selbst, hätte er nicht schon wieder eine Kugel im Lauf. »Die ›Ehrlichen‹«, so bohrt er, »bilden ein nettes Gemisch.« Da befinde sich doch unter den Akten des Kölner Kommunistenprozesses von 1852 »ein von Liebknecht geschriebener denunziatorischer Brief«. Denunziatorisch und verlogen dazu ist in diesem Fall allein Schweitzer, doch hat Liebknecht – eilen wir den Ereignissen voraus – auf dem Eisenacher Kongress alle Hände voll zu tun, die Verdächtigungen abzuwehren und kommt zu dem Fazit: »Es steht im *Social-Demokrat* – folglich ist es gelogen.« Während diese teilweise degoutante Auseinandersetzung abläuft und uns deutlich macht, dass auch Arbeiterführer den Kampf in den Niederungen nicht scheuen, rückt der Stundenzeiger weiter vor.

Alte Kampfgefährten sagen sich los

Das *Demokratische Wochenblatt* wird zur Tribüne, auf der Schweitzer von all denen der Spiegel vorgehalten wird, die seine diktatorischen Alleingänge nicht länger hinnehmen wollen und die in der Regel auch von Schweitzer im *Social-Demokrat* auf bedenkenlose Weise angegriffen und verleumdet worden sind. Unter den Anklagen stehen auch Namen, andere als die oben schon genannten, derer wir uns aus den Anfangstagen des ADAV noch erinnern: Hugo Hillmann aus Elberfeld, Heinrich Roller aus Berlin, Johann Levien aus Hamburg. Neben den Aktiven Geib, Hamburg, und Motteler, Crimmitzschau, sagen sich vier Gewerkschaftspräsidenten von ihrem Verbandspräsidenten Schweitzer los: Schob von den Schneidern, Yorck von den Holzarbeitern, Schumann von den Schuhmachern und, was am meisten Aufsehen erregt, Fritzsche von den Tabakarbeitern.

Fritzsche, der auch Reichstagsabgeordneter war, weigerte sich, die Gewerkschaftsbeiträge an die Verbandskasse weiterzuleiten und begründete das ausführlich im Ausschuss der Gewerkschaft mit den haarsträubenden Verhältnissen in den Führungsetagen sowohl des ADAV wie auch des Arbeiterschaftsverbandes. Hasselmann, der Redakteur des *Social-Demokrat*, sei der eigentliche Führer von ADAV und Arbeiterschaftsverband, wenn Schweitzer im Gefängnis sitze, weder Vizepräsident noch Sekretär. Bald füllen Beschwerden und Anklagen, meist unter der Sammelüberschrift »Contra Schweitzer-Hatzfeldt (Mende)«, ganze Ausgaben des *Demokratischen Wochenblatts*. Darin werden auch die Flugblätter abgedruckt, die von den Ausgetretenen allwöchentlich herausgegeben werden.

Dass soviel Unzufriedenheit zur Entladung drängt, nimmt nicht wunder. Schon früh frohlockt Liebknechts in seinem Blatt: »Die Einigung der deutschen Sozialdemokratie kann nun als vollendete Tatsache betrachtet werden« und stellt einen

Kongress für Anfang August in Aussicht. Im Ersteren erweist er sich als voreilig, im Zweiten wird es bald konkret. Am 17. Juli ergeht im *Wochenblatt* die Einladung zum »allgemeinen deutschen sozialdemokratischen Arbeiterkongreß« für den 7. bis 9. August nach Eisenach. Auch hier weht das Banner der Einigung: »Einigung auf Grund einer gemeinsamen Organisation, eines gemeinsamen Programms, eines gemeinsamen Auftretens in der politisch-sozialen Welt«. Die Liste der Einlader ist opulent. Sie umfasst viele uns schon bekannte Namen aus dem ADAV und dem Verband deutscher Arbeitervereine. Auch Mitglieder des Hatzfeldt'schen Vereins haben unterzeichnet, ebenso die Repräsentanten der deutschen Arbeitervereine in Österreich und der Schweiz, und endlich hat Johann Philipp Becker sein Plazet für die Internationale Arbeiter-Assoziation erteilt. Insgesamt rund 180 Unterschriften.

Einer der Unterzeichner der Einladung für Eisenach stößt Engels sauer auf: der süddeutsche Demokrat Amand Goegg, der als Redakteur des *Felleisen, Organ der deutschen Arbeitervereine der Schweiz* aufgeführt war. »Welch eine Dummheit von Wilhelm ...« – natürlich! Unter der Einladung für den sechsten Vereinstag des VDAV, der zum 9. August ebenfalls nach Eisenach eingeladen wird, finden sich nur die Handvoll Unterschriften des Vorstandes des Vororts, mehr bedarf es ja auch nicht. Wichtigster Tagesordnungspunkt: Eventuelle Auflösung des Verbandes.

Gerade noch rechtzeitig zum Kongress veröffentlichte das *Demokratische Wochenblatt* den Entwurf für Programm und Statuten. Bebel, Liebknecht und Carl Hirsch dürften dafür die ausschlaggebenden Überlegungen angestellt haben. Carl Hirsch, ehemaliges ADAV-Mitglied und jetzt Redakteur am *Wochenblatt*, hatte gerade eine Schrift herausgegeben, in der er sich über »Die Organisation der deutschen Arbeiterpartei« Gedanken gemacht hatte. Hirsch untersucht und vergleicht darin die verschiedenen Arbeiterorganisationen im deutschsprachigen Raum. Im Vergleich von ADAV und VDAV kommt er zu dem Ergebnis, dass gegenüber dem »verknöcherten Dogma«, dem der ADAV folge, im VDAV, bei allen seinen Mängeln, die größere Chance einer freien und demokratischen Entwicklung des sozialdemokratischen Prinzips liege. Bebel konnte darum auch kaum dem Ratschlag Yorcks folgen, der mahnte, nicht alle Prinzipien des ADAV über Bord zu werfen.

Bebel räumte selbst ein, das Programm aus den Nürnberger Beschlüssen und dem Chemnitzer Programm zusammengeschrieben zu haben. Da ist das Bekenntnis zum »Volksstaat«, da sind die nun geschliffener formulierten Grundsätze zur Emanzipation des Arbeiters und da ist unverändert von Nürnberg übernommen die zentrale Aussage zur politischen Freiheit und zum demokratischen Staat. Unter den politischen Forderungen steht an erster Stelle die nach dem allgemeinen gleichen direkten und geheimen Wahlrecht, gefolgt von der Einführung des Volksreferendums. Die Leitung der Parteigeschäfte aber sollte einem Ausschuss übertragen werden, der sich nach dem Vorortprinzip konstituierte. Kein Präsident mehr. Eine Kontrollkommission soll die Vorstandsarbeit zwischen den Kongressen überwachen.

Ein Absatz war mit besonderer Akribie formuliert worden, derjenige, der die Belange des zukünftigen Parteiorgans regelte. Zwar waren Name und Verlagsort noch offen geblieben. Doch sonst hatten die Autoren an alles gedacht, ob Eigentumsverhältnisse, Haltung des Blattes, Veröffentlichungs- und Beschwerderecht. Sicherlich haben die Erfahrungen mit Schweitzer und seinem *Social-Demokrat* hierbei Pate gestanden. Nie wieder sollte ein Arbeiterblatt so sehr in die Willkür eines Einzelnen gestellt sein.

Nun war alles bedacht und vorbereitet und doch fuhren Veranstalter und Delegierte mit einem unsicheren Gefühl nach Eisenach. Schweitzers Leute, das war durchgesickert, wollten den Kongress mit brachialer Gewalt beenden, bevor er zu Beschlüssen gekommen war. Dazu hatte der ADAV-Präsident, der wieder mal im Gefängnis saß, seinen Stellvertreter Tölcke ausdrücklich ermächtigt. Und Tölcke hatte Erfahrungen im Sprengen von Versammlungen. Julius Vahlteich und mit ihm andere Ex-Lassalleaner hielten Bebel und Liebknecht für zu vertrauensselig in dieser Sache und forderten scharfe Vorsorgemaßnahmen. Vahlteich erinnerte an Hohenstein-Ernstthal, wo im Frühjahr eine hundert Köpfe zählende Rotte von Anhängern der Gräfin Hatzfeldt eine Landesversammlung der Sächsischen Volkspartei überfallen und gesprengt hatte. Zwar hätte man die Lassalleaner auch aussperren können, doch stand das im Gegensatz zu dem Selbstverständnis eines allgemeinen Arbeiterkongresses.

Es kam, wie es kommen musste in der aufs höchste aufgeheizten Atmosphäre. Am Samstagmorgen rückten die Lassalleaner 110 Mann stark an, wiesen sich aus, wenn auch unter Protest, und dann nahm das Unheil seinen Lauf. Provokation folgte auf Provokation bis zum Absingen der Audorf'schen Arbeiter-Marseillaise durch die Störer. Doch als in der zweiten Strophe gerade die Rede vom »Unverstand der Massen« war, »da scheint mancher von ihnen von Schamgefühl ergriffen und vor seinem eigenen Beginnen erschrocken (zu) sein«, berichtet das Protokoll, »denn von hier ab stockt der Gesang«. Da hatte Geib den Kongress schon geschlossen und einen neuen Kongress für den nächsten Vormittag einberufen. Doch noch früher erhielt Tölcke alle Mandate der »Schweitzerianer« zurück, der Anschlag war gescheitert.

Der neue Name ist Volksstaat

Zu weiteren Störungen kam es nicht und der »Eisenacher Kongreß« nahm seinen bekannten historischen Verlauf. Die Abneigung, einem starken Mann die Führung der neuen Partei zu überlassen war eindeutig, die Äußerung, dass »die Liebknecht-Bebelsche Spitze ... so gut abgebrochen werden (müsse), als die Schweitzersche« jedoch ein extremer Zungenschlag. Liebknecht und Bebel hatten ohnehin erkennen lassen, dass sie die Wahl Leipzigs als Parteivorort für im Parteiinteresse schädlich ansehen würden. Damit war gemeint, dass sich die ganze Häme Schweitzers auf diese Entscheidung ergießen würde. Auch war dem Artikel über die Ausschusswahl hinzugefügt worden, dass weder Redaktions- noch Expeditionsmitglieder des Parteiblattes dem Ausschuss angehören dürften. Schließlich wurden, nachdem auch gegen Hamburg und Wien gewichtige Gründe sprachen, Braunschweig und Wolfenbüttel zum Sitze des Vororts gewählt.

Bebel sollte sich erinnern, man habe sehr bewusst eines der wichtigsten Zentren der lassalleschen Opposition mit der Leitung der neuen Partei betrauen wollen. Das mache »unsere Propaganda im ADAV ... weit leichter«. Zum Parteiorgan sollte, wie Bracke begründete, das *Demokratische Wochenblatt* »umgewandelt« werden. Auf Vorschlag Beckers sollte es den Namen *Volksstaat* erhalten. Eine längere Debatte entspann sich um den Untertitel der Zeitung, die gleichzeitig über den Parteinamen entschied. Obwohl Bebel, Bracke und Liebknecht sich ziemlich deutlich für die Bezeichnung sozialdemokratische – oder auch demokratisch-sozialistische Partei – aussprachen, setzte sich in der – wiederholten – Abstimmung der Name Sozialdemokratische Arbeiterpartei durch.

Für Leopold Sonnemann, der bis dahin engagiert an den Beratungen teilgenommen hatte, war es das Signal, sich von der Neugründung, die erklärtermaßen keine Volkspartei mehr sein wollte, abzusetzen. 25 Jahre später bestritt er, überhaupt in Eisenach gewesen zu sein. Deutschland hatte erstmals eine Arbeiterpartei, in der sich die ganze Breite der vorwärts drängenden Kräfte zusammengefunden hatte. Kein Schweitzer konnte nun noch den Vorwurf eines süddeutschen Föderalismus aufrechterhalten, und auch der Unterschied zwischen der schlagkräftigen, einheitlich geleiteten Arbeiterpartei (ADAV) und einer mit vielen Unterzentren agierenden Vereinsbewegung (VDAV) war verschwunden. Liebknechts alter Freund Schweichel verband seine Genugtuung mit einem frommen Wunsch: »Zu dem Triumph in Eisenach meinen Glückwunsch. Hackt aber jetzt nicht mehr so viel auf die Schweitzerianer los: Ihr gebt ihnen nur Wasser auf die Mühle, wenn Ihr auf jeden ihrer Angriffe erwidert.« Am Tage danach trafen sich die Delegierten des Verbandes der deutschen Arbeitervereine zur Grablegung des gerade sechs Jahre alt gewordenen Verbandes. Zuletzt gaben sie sich das Wort, »fest und treu zur Fahne der Sozialdemokratie zu stehen«.

Die Berichtsausgabe des *Demokratischen Wochenblatts* hatte sich mit der Schlagzeile *Der Volksstaat* geschmückt. Wie in Eisenach gefordert, wies sie auch in den folgenden Ausgaben darauf hin, dass das *Wochenblatt* selbst in den Besitz der sozialdemokratischen Arbeiterpartei übergegangen sei, in Kürze auch zweimal wöchentlich erscheinen werde und ab 1. Oktober unter dem neuen Namen. Ein früherer Namenswechsel empfahl sich nicht, weil sonst unnötigerweise Kaution zu zahlen wäre. Das *Wochenblatt* hatte zurzeit etwa 1500 Abonnenten bei einer Schuldenlast von 600 bis 800 Talern. Carl Hirsch, der in seine Untersuchung auch die diversen Organe einbezogen hatte, kam für den *Social-Demokrat* des ADAV auf eine Auflage von 4200, für das Organ der Hatzfeldt-Lassalleaner, die *Freie Zeitung*, auf eine von 400 bis 600. Von den Organen der Internationale hatte der *Vorbote* in Deutschland 900 Abonnenten, das *Felleisen* 500 bis 600 und der *Arbeiter* rund 200 Abonnenten. In diesem Feld sah das *Demokratische Wochenblatt* nicht viel mehr als mittelmäßig aus. Die große Zeit der Arbeiterpresse war noch nicht angebrochen.[21]

Szenenwechsel. Mitte Juli erhielt der Präsident des Bundeskanzleramtes, Ritter von Delbrück, ein Schreiben des Polizeipräsidenten Wurmb. Der macht ihn aufmerksam, dass im *Demokratischen Wochenblatt* Nr. 28 – das ist just die Ausgabe mit der Einladung nach Eisenach – sich ein Beitrag finde, der im Falle eines wegen »unnatürlichen Verbrechens« angeklagten Adligen Mitschuld in den »allerhöchsten Kreisen« vermutet, weshalb die Sache nun vertuscht werden solle. Hohe Intervention gegen dieses schamlose Treiben des Reichstagsabgeordneten Liebknecht sei gefordert. Der preußische Innenminister Eulenburg entwirft bereits eine Aufforderung an die sächsische Regierung, Anklage gegen das *Wochenblatt* zu erheben. Doch der Minister überlegt sich das Ganze noch einmal und schreibt – am Schlusstag der Eisenacher Konferenz – an Bundeskanzler Bismarck, dass man vom Vorgehen gegen das *Demokratische Wochenblatt* »zur Zeit absehen« solle, da ihm nicht »zweifellos scheint«, ob der Bericht einen »geeigneten Anlaß« bietet. Die Vermutung ist nicht ganz abwegig, dass ein im akuten Bruderzwist der Arbeiterbewegung hochaktiver Liebknecht den Machthabern nützlicher erscheint, als ein wegen Majestätsbeleidigung eingekerkerter. Während die Kombattanten auf der Suche nach neuen gesellschaftlichen Wirklichkeiten in aller Öffentlichkeit ihre Klingen kreuzen, bedient sich der gemeinsame Gegner geheimdienstlicher Methoden.

6. Streit und kein Ende

Dieser Titel enthielt eine Botschaft. Sie war so offenkundig, dass keiner der Delegierten in Eisenach auch nur ein Wort daran verschwenden mochte. Becker, der 48er, hatte ihn vorgeschlagen, auch das war ein Teil der Botschaft. *Volksstaat,* das stand auf gut deutsch für Republik. Republik durfte die Obrigkeit nicht hören, denn in deren Ohren war das nur ein Synonym für Hochverrat. Lesen wir mal im Vorgriff nach, wie sich der Staatsanwalt im Leipziger Hochverratsprozess von 1874 gegen Bebel, Liebknecht und Hepner in seiner verquasten Wortwahl ausließ: »An der Spitze des Programms und der Statuten der sozialdemokratischen Arbeiter-Partei … wurde als oberster Grundsatz aufgestellt: Die sozialdemokratische Arbeiter-Partei erstrebt *die Errichtung des freien Volksstaats*, und das Protokoll über die erfolgte Annahme dieser und der übrigen Satzungen (…) weist nach, daß man unter ›Freier Volksstaat‹ nichts anderes als die *Republik* verstand, und daß man, wie Liebknecht bekannte, das allgemein verständliche Wort ›Republik‹ vermied, nicht weil man an dem Wesen der Republik Anstoß nahm, sondern weil man, wenn man das nicht zweideutige Wort Republik gewählt hätte, die Verfügung polizeilicher Maßregeln fürchten zu müssen glaubte.« Sodann breitet der Ankläger genüsslich die Ergebnisse seines Lesefleißes aus, alle die Zitate, in denen im *Demokratischen Wochenblatt* schon und im *Volksstaat* natürlich erst recht von Republik und Revolution die Rede ist. Ihm aber Versteckspielen zu unterstellen, das mochte Liebknecht ganz und gar nicht auf sich sitzen lassen und knurrt darum zurück: »Daß ich Republikaner bin, habe ich schon zu wiederholten Malen gesagt.«

Darüber also kein Zweifel, aber ob der Blattmacher auch jederzeit das rechte revolutionäre Verständnis aufbringen würde, darüber kann gestritten werden. Einen knappen Monat nach Eisenach hatte in Basel der Kongress der Internationale die Grund- und Bodenfrage geregelt. Die Gesellschaft habe das Recht, den Grund und Boden in Gemeineigentum zu überführen, und diese Verwandlung sei im Interesse der Gesellschaft auch notwendig, befanden die 78 Delegierten mit einer glatten Zweidrittelmehrheit. Zu denen, die mit Ja gestimmt hatten, gehörte Liebknecht, wenn er auch Bedenken gehabt hatte, das Thema zum Gegenstand eines programmatischen Beschlusses zu machen.

Auch Spier, der zweite SdAP-Delegierte, hatte in Basel zugestimmt und wollte nun mit seinen Kollegen im Braunschweiger Ausschuss, dem offiziellen Führungsorgan der neuen Partei, für den Beschluss ordentlich auf die Pauke hauen. Doch Liebknecht hielt davon wenig und beantwortete in der letzten Ausgabe des *Demokratischen Wochenblatts* die Frage, welche Stellung die Partei zu den Basler Beschlüssen nehme, so: »Gar keine. Jedes einzelne Parteimitglied kann und soll Stellung nehmen; der Partei als solcher steht dies nicht zu, zumal sie nach keiner Seite hin durch die [Basler; Anm. H. S.] Beschlüsse gebunden ist ...«

Natürlich hatte Rücksicht auf die Volkspartei Liebknechts Feder geführt, wie er gegenüber den Braunschweigern bereitwillig einräumte: »Mein Wunsch ist, nicht vorzeitig mit der süddeutschen Volkspartei in Krakeel zu kommen.« Von Gera über Nürnberg nach Eisenach sei schon »ein rascher Vormarsch« gewesen. »Wir werden auch nach Basel kommen, aber jetzt ist es noch nicht möglich.« Bei so viel Vorbehalt war es dem wieder mal aus der Haftzelle entlassenen Schweitzer ein Leichtes, den ADAV und sich selbst als die besseren, weil glaubwürdigeren Sozialisten darzustellen. Im *Social-Demokrat* prophezeite er: Wie die Lassalleaner über das Gemeineigentum an Grund und Boden dächten, sei ja hinlänglich bekannt, doch mit dem »Halbsozialismus« werde Marx noch »seine liebe Not« haben. Die ehemaligen Lassalleaner aber, die nun den Braunschweiger Ausschuss bildeten, seien nichts besser denn Strohpuppen. Wenn es jedem frei stehe, den Basler Beschluss anzunehmen oder nicht, dann zeige dies, »daß man nicht zu einer sozialdemokratischen Arbeiterpartei, sondern zu einer Bourgeois- oder reaktionären Partei spricht«.

Von Woche zu Woche saugte Schweitzer mehr Honig aus Liebknechts Unklarheit. Einmal gefällt es ihm, die Eisenacher, die er nur noch »Volkspartei« tituliert, der Verleugnung von Grundlagen des Sozialismus anzuklagen. Dann wieder mokiert er sich spaltenlang über die »Ehrlichkeit« der »ehrlichen Sozialdemokraten«. Schließlich wirft er Bebel und Liebknecht Verrat an den ländlichen Arbeitern vor, die ja recht eigentlich die Mehrheit des deutschen Proletariats bildeten.

August Bebel legt »Unsere Ziele« fest

Bebel hatte schon bald Gefahr im Verzug gewittert. Es wäre sicherlich keine müßige Frage, ob an Bebels Konversion vom Volksparteiler zum Sozialisten etwa Schweitzer weniger Anteil hatte als Liebknecht, Marx und Engels. Er begriff rasch, dass das »salomonische Urteil« Liebknechts der Sozialdemokratischen Arbeiterpartei »keine Verbesserung, sondern eine Verschlimmerung ihrer Lage« bringe. Als dann der *Volksstaat*, inzwischen an die Stelle des *Wochenblatts* getreten, mit salopper Geste befand, man könne wohl über die Zweckmäßigkeit des Basler Beschlusses verschiedener Meinung sein, allein: »Nachdem er einmal gefaßt ist, kann die Partei als solche ihn nicht verleugnen, ohne ihre Grundprinzipien zu verleugnen«; jetzt war die Verwirrung komplett. Bebel nutzte darum eine schon länger geplante Agitationsreise nach Süd- und Südwestdeutschland mit insgesamt 20 Stationen, um den Basler Beschluss zu erläutern und zu verteidigen. Sein Auftritt in der Stuttgarter Liederhalle, wo er auf die gesammelte Führungsspitze der Volkspartei traf, sollte weit reichende Folgen haben.

Zwar war es Bebel gelungen, den Eklat zu vermeiden, indem er der Versammlung die Basler Beschlüsse als »verzuckerte Pille« überreichte. Doch alsbald nach seiner Weiterreise begann die *Demokratische Korrespondenz*, ein erst seit dem Vorjahr erscheinendes Organ der Volkspartei, gegen Bebels Ausführungen zu polemisieren. Das Thema beschäftigte die Zeitung noch für mehrere Fortsetzungen, und dabei orakelte sie auch, dass die Beschlüsse von Basel »so sehr im Widerspruch« mit dem Streben der Arbeitervereine stünden, dass »keinen Augenblick an deren Lossagung von solchen Hirngespinsten und einer so perfiden Organisation« zu zweifeln sei.

Vor einem Jahr war es in Spanien zu einer Erhebung gegen die Monarchie gekommen. Bebel hatte damals zusammen mit Liebknecht eine »Adresse an die spanischen Demokraten« gerichtet, und dafür waren beide zu einer dreiwöchigen Gefängnisstrafe verurteilt worden. Nach seiner Rückkehr von der süddeutschen Agitationsreise saß Bebel seine Haft im Leipziger Bezirksgerichtsgefängnis ab und nutzte sie, wie auch alle späteren, zur politischen Arbeit. Nichts ungewöhnliches, Schweitzer tat desgleichen. In jenen Dezembertagen setzte sich Bebel mit den Anwürfen der *Demokratischen Korrespondenz* auseinander. Doch aus der Schrift wurde mehr. Sie erschien zunächst in mehreren Fortsetzungen über die Monate Februar und März im *Volksstaat* unter dem farblosen Titel »Gegen die Demokratische Korrespondenz«. Noch im gleichen Jahr wurde sie als selbstständige Broschüre im Umfang von 48 Seiten verlegt, und das hatte gute Gründe. Bebel hatte sich nicht auf die Bodenfrage beschränkt, und auch wenn er die »Hauptdifferenzpunkte« ansprach, die »zwischen uns, der Sozial-Demokratie und der bürgerlichen Demokratie« existierten, macht das nicht die volle Bedeutung seiner Gefängnisarbeit aus. Vielmehr liegt in dieser Schrift, die unter dem Titel *Unsere Ziele* vielfache Auflagen erlebte, die erste umfassende programmatische Darstellung der neuen Partei vor. Bebel beschreibt Staatsauffassung, Wirtschaftsverständnis und die Stellung des Individuums. Im Einzelnen fordert er:

Der Staat solle aus einem auf Klassenherrschaft beruhenden Staat in einen Volksstaat umgewandelt werden, in einen Staat, in dem es keine Privilegien gebe.

Die genossenschaftliche Produktion solle an die Stelle der einzelnen Privatunternehmer treten.

Der Staat solle die Freiheit des Einzelnen garantieren, doch sei politische Freiheit bei wirtschaftlicher Ungleichheit nicht möglich.

Ziel aller Politik sei die Herstellung eines auf voller Freiheit und Gleichheit beruhenden Staats- und Gesellschaftswesens. Die Freiheit höre aber da auf, wo sie in die Sphäre des anderen hinüber greife, wo sie durch ihre Übergriffe die Gleichheit verletze.

Diese Ziele waren gewiss damals so utopisch wie noch heute und haben doch ganze Generationen beflügelt, mit allen Kräften für die Verbesserung ihrer Lebensverhältnisse und die Umgestaltung des Staatswesens einzutreten. Akzentverschiebungen im »real existierenden Sozialismus« haben dazu geführt, dass sich einzelne Ziele ins Gegenteil verkehrten. Ist Bebel, auf den sich die Apologeten der DDR ausdrücklich beriefen, nun Kronzeuge des »ersten Arbeiter- und Bauernstaates auf deutschem Boden« oder ist er missinterpretiert worden? Die Rezeption des *Volksstaats* durch die DDR-Historiker lässt eher die Vermutung zu, dass für sie Bebel eine Randfigur war, zumindest was seine ideologische und programmatische Kompetenz angeht. Erich Kundel, der den *Volksstaat*-Nachdruck besorgte, nimmt *Unsere Ziele* so gut wie gar nicht zur Kenntnis, projiziert hingegen Marx und Engels überlebensgroß auch auf diese Zeitung, wie sie schon Gemkow/Herrmann in das *Demokratische Wochenblatt* hinein manipulierten.[22] Und ob Bebel nun von Lassalle zwar die Argumente, aber nicht das Grundkonzept übernommen habe, das läßt sich mit *Unsere Ziele* selbst nicht beweisen. Der Weg zum Sozialismus, wie Bebel ihn sieht, kann genau so friedlich wie auch gewalttätig sein. Seine Leseempfehlungen an die Parteimitglieder aber umfassen sowohl Marx und Engels wie »die Schriften des so viel verketzerten Lassalle, dem ich einstmals auch bitter Unrecht getan habe«.

Von Wilhelm zum Esel proklamiert

Ja, und was denken die beiden Alten überm Kanal nun wirklich über das neue Organ und seinen Macher? Gegenüber den Zeiten des *Demokratischen Wochenblatts* hat sich da nichts geändert. Die erste Erwähnung des *Volksstaats* findet sich in einem Marx-Brief vom 6. November. Die »dringende« Bitte Liebknechts um »einige wissenschaftliche Artikel«, verbunden mit der schmollenden Klage, »ohne jede Unterstützung« allein gelassen zu werden, obzwar an Marx gerichtet, führt zu einem gelinden Wutanfall Engels', der schließlich »das Blatt von Wilhelm ... wirklich schändlich« findet. Also, zunächst alles wie gehabt, darum soll das auch nicht *in extenso* dokumentiert werden.

Eine Erwähnung verdient der Abdruck von Engels' *Deutschem Bauernkrieg*. Diese Arbeit, der überarbeitete Nachdruck einer Veröffentlichung aus der Monatsschrift *Neue Rheinische Zeitung – Politisch ökonomische Revue* von 1850 ist keine originäre historische Forschungsleistung Engels'. Er deutet diesen Aufstand des Landvolkes jedoch neu: »Auch das deutsche Volk hat seine revolutionäre Tradition« und stellt damit die Kontinuität zur gerade niedergeschlagenen Revolution von 1848/49 her. Ein aktueller Zusammenhang ergibt sich zu den Basler Beschlüssen. Auch dieser Nachdruck wird Anlass, um Liebknecht anzugiften. Obwohl der die Arbeit schon zu Zeiten des *Demokratischen Wochenblatts* auflegen wollte, wird ihm Verzögerung vorgeworfen, und seine Randglossen zum *Bauernkrieg* bringen Engels schier um den Verstand, dem dann auch der Wutschrei entfährt: »Lieber gar nicht gedruckt, als von Wilhelm dadurch zum Esel proklamiert.« Doch am Ende zählt, dass aus diesem Nachdruck die erste Buchausgabe mit diversen Neuauflagen erwächst.

Warum die Londoner sich mit den positiven Seiten ihres »Wilhelmchens« so selten abgeben, erscheint einigermaßen rätselhaft. Zu seinen Vorzügen müsste auch die glückliche Hand gehören, mit der Liebknecht einem volkstümlichen Marx-Interpreten den Zugang zum *Volksstaat* wie vorher schon zum *Demokratischen Wochenblatt* ermöglichte. Die Rede ist von Joseph Dietzgen, einem Lohgerber, der sich auf autodidaktischem Wege in die geistigen Strömungen seiner Zeit einarbeitete. Zur populären Umsetzung marxscher Begriffe hat in jenen Anfängen kaum einer soviel beigetragen wie dieser bescheidene Arbeiterphilosoph. Marx selbst besuchte ihn einmal in Siegburg, hielt aber sonst auf eine sprachlose Art Abstand. Doch könnte hier Respekt im Spiel gewesen sein.

Für den systemimmanenten Streit um die Frage, wer den Sozialismus kompetenter vertreten habe, *Social-Demokrat* oder *Volksstaat,* gibt es einen über jeden Zweifel erhabenen Richter: Eduard Bernstein. Kaum jemand zu seiner Zeit wusste über Fragen der Arbeiterpresse so gut Bescheid wie Bernstein. In seiner *Geschichte der Berliner Arbeiterbewegung* hält er dafür, dass »die politische Haltung des Social-Demokrat eine einheitlichere war. Das Blatt hielt sich von Überschwenglichkeiten frei, vertrat aber die sozialistischen und demokratischen Grundsätze mit rückhaltloser Konsequenz.« Dem Kritiker, der später einen anderen *Sozialdemokrat*, nämlich das Exilblatt der vereinigten und dann von Bismarck verbotenen Partei in Zürich und London redigieren sollte, entging aber auch nicht, wie »gehässig« und »roh« der Ton im *Social-Demokrat* mittlerweile geworden war.

Unüberhörbar wurden auch die antisemitischen Zungenschläge. Als ihr Urheber ist schnell Wilhelm Hasselmann auszumachen, der mit der »schwieligen Hand«, wir erinnern uns. In seinen oft maßlosen Polemiken, in denen er sich auch mit gegnerischen Journalisten aus der Arbeiterschaft, wie aus dem Bürgertum auseinandersetzte, denunzierte er gern im vermeintlichen Volkston den »Preßjuden« und den »Literaten«, oder noch lieber den »jüdischen Literaten«. Dabei hätte Hasselmann selbst mehr von einem Literaten an sich gehabt als viele seiner Schimpfobjekte, befand Bernstein. Im Übrigen wird sich noch erweisen, wie wenig von der Geschichte der Arbeiterpresse übrig bliebe, wären nicht ihre jüdischen Redakteure und Feuilletonisten.

Schweitzer übernimmt die Macht in Berlin

Schrill ist auch die Begleitmusik zu einer Technik im politischen Kampf, die so neu nicht war: die Sprengung von Versammlungen. Denken wir nur an Eisenach. Auch gab es viele Vorstufen. Wer eine Versammlung einlud, war nicht immer derjenige, der sie dann auch durchführte. Schweitzers ADAV aber entwickelte den Coup zum Herrschaftsinstrument. Auch dieses Verfahren hatte einen Namen: Wilhelm Tölcke. In Eisenach hatte er noch sein Ziel verfehlt, doch in der Reichshauptstadt lieferte er sein Meisterstück. Mit Hilfe der Schweitzer ergebenen Berliner Bauarbeiter sprengte er eine von der Fortschrittlichen Partei ins Konzerthaus einberufene Volksversammlung über Heeresverminderung und Abrüstungsfragen und funktionierte sie zu einer ADAV-Veranstaltung um. Der ADAV hatte nunmehr die Macht im Berliner Arbeiterlager übernommen. Die Fortschrittler, die lauthals über den Bruch des Versammlungsrechts klagten, mussten sich freilich sagen lassen, dass sie mit Lassalle um kein Haar anders umgesprungen waren.

Dem *Volksstaat* mochte es nicht gefallen, doch Berlin war nun mal viel eher eine Hochburg der Lassalleaner, gegenüber denen die Eisenacher – noch – keine Chance hatten. Über dieses Ungleichgewicht geben auch die Vertriebszahlen der Parteiblätter beredt Auskunft. Den 765 Abonnenten des *Social-Demokrat* (Stand September 1869) stehen gerade mal 41 Abonnenten des *Volksstaat* (1. Dezember 1869) gegenüber. Insgesamt hatte der *Social-Demokrat* 4586 Abnehmer (15. Oktober) gegen 2089 (1. Dezember 1869) des *Volksstaat*, der allerdings kräftiger zulegte als die Konkurrenz und schon ein halbes Jahr später auf 3000 kam. Schweitzer, der sich im Aufwind wähnte, ließ zur Jahreswende den *Social-Demokrat* mit vergrößertem Format erscheinen. Etwas voreilig, wie sich ein halbes Jahr später herausstellte, worauf er die Sache wieder rückgängig machte. Schwierigkeiten bekam auch das Organ des »Lassalle'schen ADAV«, die *Freie Zeitung*. LADAV-Vorsitzender Fritz Mende verlautbarte, wenn sich über den Jahresbeginn die Abonnentenzahl nicht um 1000 gesteigert habe, werde er das Blatt eingehen lassen. Für die Berliner – und auch die sonstigen deutschen Massenblätter – waren die sozialistischen Zeitungen alle zusammen kein Grund zur Sorge.

Die *Freie Zeitung* des LADAV verdient noch eine Anmerkung. Dieses Produkt der Gräfin Hatzfeldt ist von der Historiografie der Arbeiterbewegung schlichtweg als nichtexistent angesehen worden. Mehrere Gründe mögen dabei zusammengewirkt haben: Der Sektencharakter der dahinter stehenden Organisation, die einem unkritischen Lassalle-Kultus huldigte, sodann die Rolle des unglücklichen Mende, den seine Gegner hemmungslos als Kreatur der Gräfin abstempelten, die Gräfin Hatzfeldt selbst, der eine kaum kaschierte Frauenfeindlichkeit entgegenschlug, weil auch viele Arbeiterpolitiker mit dieser hoch emanzipierten Frau nicht zurechtkamen, und *last but not least* der byzantinische Hofberichterstattungsstil der *Freien Zeitung*. Letzterer muss uns nicht wundern: Karl Bruhn schwang hier die Feder. Schon in der letzten Phase seines *Nordstern* hatte sich der Altrevolutionär in finanzielle Abhängigkeit von der Gräfin begeben. Hand in Hand damit ging, wie berichtet, Bruhns Weg in die parteiinterne Opposition. Mit beidem brachte er die besten Voraussetzungen für die Leitung der *Freien Zeitung* mit, deren erstes Exemplar zum 18. Dezember 1867 die Druckerpresse verlassen hatte. Bruhn ging mit dem Blatt nach Leipzig und redigierte es, bis er schließlich von Dr. B. Fischer abgelöst wurde. Erst nach viereinhalb Jahren gab es im Juli 1872 seinen Geist auf. Immerhin hatte es Mendes Verdikt noch um 30 Monate überlebt. Verschiedene Versuche Bismarcks, die sächsische Regierung zum Verbot des Blattes zu bewegen, waren übrigens mit dem uns vertrauten Argument zurückgewiesen worden, die Behörden wollten an spalterische Tendenzen sozialistischer Parteien nicht rühren.[23]

Dass es im Dezember 1869 zum Bruch zwischen Schweitzer und Mende kam, deren »Staatsstreich« vor nicht einmal einem halben Jahr zur Wiedervereinigung aller Lassalleaner, zugleich aber auch zur Geburtsstunde der Eisenacher geführt hatte, wird von Cora Stephan auf eine Artikelserie in der *Freien Zeitung* zurückgeführt. Mende, der schon immer den Verzicht auf gewerkschaftliche Betätigung gefordert hatte, habe die Schuld an der Unordnung in der Partei den Gewerkschaften aufgebürdet. Die Generalversammlung des ADAV besiegelte die Trennung. Dazu brauchten die nach Berlin angereisten Delegierten nicht einmal drei Stunden.

Umso mehr beschäftigte man sich mit dem *Social-Demokrat*. Die Unzufriedenheit mit dem Vereinsorgan war unübersehbar und betraf nicht nur unbeantwortete Post und ungedruckte Leserzuschriften. Vor allem missfiel die Inanspruchnahme der Vereinskasse für Zwecke des *Social-Demokrat*, der ja Schweitzers Eigentum war. So nimmt die Forderung nicht wunder, das Blatt ins Eigentum der Partei zu überführen. Hier aber war für Schweitzer die Schmerzgrenze erreicht. Er attestierte seinen Kritikern, sie hätten keine Ahnung, was der *Social-Demokrat* eigentlich sei, denn »nicht die Partei habe den *Social-Demokrat* gemacht, sondern der *Social-Demokrat* die Partei«. Wenn der Verein das Blatt aber unbedingt haben müsse, dann solle er ihm dafür wenigstens einen Teil seiner bisherigen Aufwendungen erstatten. Die Delegierten, die nun auch fürchteten, Schweitzer würde mit einem neu gegründeten Blatt seine alten Leser zurückholen, gaben schließlich klein bei. Alle Anträge, die eine Übernahme der Zeitung durch die Partei, die Einsetzung einer Redaktionskommission oder die Kontrolle der Redaktion durch den Vorstand forderten, wurden als »erledigt« betrachtet, also abgelehnt. Schweitzer ließ in der Debatte auch seine Redakteure Wilhelm Hasselmann und Wilhelm Grüwel auftreten und ernannte schließlich den angesehenen Wilhelm Hasenclever, Abgeordneter für den ADAV im Norddeutschen Reichstag, zum Redakteur. Damit nahm er seinen Gegnern ersichtlich den Wind aus den Segeln. Die Berliner Generalversammlung vom Januar 1870 ist gleichwohl eine Wegscheide für den ADAV-Präsidenten.

Bayern geht seinen eigenen Weg

Ganz an den Rand gedrängt erscheint in Berlin die »bayerische Frage«. In dem Königreich hatte sich als Folge des »Staatsstreiches« eine Opposition herauskristallisiert, die nicht nur eine eigene Organisation anstrebte und darum oft als »vierte Fraktion« der zeitgenössischen Arbeiterbewegung gesehen wurde, sondern auch ein Blatt in eigener Regie herausgab. In diesem *Proletarier*, mit Sitz zunächst in Augsburg, sodann in München, sah Schweitzer das Einheitsprinzip noch stärker verletzt als in der drohenden Organisation der Abtrünnigen. Seine Bemühungen vor Ort, den Bruch zu kitten, blieben erfolglos, auch sein Angebot, den *Proletarier* gegen freie Lieferung von 800 Exemplaren des *Social-Demokrat* einzustellen, fand keine Gegenliebe. In der Generalversammlung wurde die Debatte über diesen Punkt durch geschickte Regie kanalisiert und im Protokoll bis zur Unkenntlichkeit entstellt. Am Ende stand die Missbilligung dieser »spezifisch bayrisch-partikularistischen« Bestrebungen, die nur auf Schädigung des Vereins gerichtet seien. Die Rebellen, die sich als die wahren Erben Lassalles betrachteten, sagten sich nun endgültig vom ADAV los.

Zu dem Arbeitertag in Augsburg, auf dem sie ihr weiteres Vorgehen besprechen wollten, erschien auch August Bebel, um sie für seine Partei zu gewinnen. Ihm wurde eindeutig beschieden, solange die Eisenacher noch mit der Volkspartei verbandelt seien, wären alle Bemühungen dieser Art fruchtlos. Bebel berichtete im *Volksstaat* ausführlich über seine Mission. Er führte seinen Misserfolg hauptsächlich auf den Popanz zurück, den die Schweitzer-Mendes aus den Eisenachern gemacht hätten und prophezeite eine baldige Einigung. So kam es auch.

Schweitzer war nicht der Mann, eine Niederlage widerspruchslos hinzunehmen. Auf den Schelm des *Proletariers* setzte er anderthalben. Am 1. April 1870 erschien in Berlin erstmals der *Agitator*. Dieses Wochenblatt war die erste Boulevardzeitung der Arbeiterbewegung, seine Zielgruppe der Sympathisantenkreis des ADAV. Alle Arbeiter, denen der *Social-Demokrat* zuviel »parteichinesisch« enthielt, konnten sich fortan im *Agitator* moralisch aufrüsten lassen. Um der eher lockeren politischen Beziehung gerecht zu werden – das ADAV-Mitglied, das den *Social-Demokrat* abonnierte, hatte gleichzeitig seiner Beitragspflicht genügt – kostete das *Agitator*-Abonnement nur einen Bruchteil des Ersteren. Mit einer Auflage von angeblich 50 000 sollte Kostendeckung erreicht werden, nachweisbar ist lediglich ein Abonnentenstand von 10 500.

Der *Agitator* war ebenso Eigentum Schweitzers wie der *Social-Demokrat*. Zum Redakteur und Verleger hatte er Wilhelm Grüwel eingesetzt. Doch war diesem hauptsächlich die Rolle eines Sitzredakteurs vorbehalten, eine Stellung, die er auch schon beim *Social-Demokrat* einnahm. Die tatsächlichen Blattmacher waren Schweitzer selbst und Hasselmann. Auf den ersten Blick erscheint die neue Zeitung wie ein im Format verkleinerter *Social-Demokrat* ohne Vereinsnachrichten. In den ersten Ausgaben werden schon die Elemente deutlich, mit denen ein breiterer Leserkreis angesprochen werden soll, darunter Mitteilungen aus dem Arbeitermilieu, sowie Nachrichten mit sensationellem Charakter, für die zweifellos Anleihen bei der Konkurrenz aufgenommen wurden. Dem Auftrage des Titels entsprechen dann Beiträge mit klassenkämpferischem Gestus, Erläuterungen der lassalleschen Programmatik und Artikel zur Tagespolitik, wobei Schweitzers Auftritte im Norddeutschen Reichstag nicht zu kurz kommen. Das vor Jahren im *Social-Demokrat* in Fortsetzungen abgedruckte Agitationsstück *Ein Schlingel* erlebt eine Neuauflage. Eigens dafür hatte es der Autor überarbeitet und dieses ursprünglich als Lesestück angelegte »ökonomische Gespräch« für Bühnenaufführungen tauglich gemacht. Das Bedürfnis dafür sei vorhanden, meldet der *Agitator*; der *Schlingel* sei nämlich schon öfter von Arbeitern im In- und Ausland aufgeführt worden. Dem *Schlingel* folgte mit *Eine Gans* weiteres Agitproptheater, in der Sprache der Ankündigung: Ein »Dramatisches Gespräch über die ›Erweiterung des weiblichen Arbeitsmarktes‹«.

Fünf Monate nach dem ADAV kommt in Stuttgart die SdAP zusammen. Es ist ihr erster Kongress nach Eisenach und schon hier erfüllt sich Bebels Prophezeiung: Die ADAV-Abtrünnigen um den *Proletarier* suchen um Aufnahme nach. Sie werden willkommen geheißen, auch wenn in Fragen der Organisation die Ansichten kontrovers bleiben. Einen ganzen Vormittag lang beschäftigt sich der Parteitag mit dem *Volksstaat*. Erinnern wir uns an Berlin, wo es um den *Social-Demokrat* ging? Die Arbeiterbewegung und ihre Zeitungen! Diese Diskussion wird ein Grundakkord ihrer Parteitage bleiben – auch in der Zeit dazwischen geht sie natürlich weiter – und sie wird erst erlöschen, als es keine Zeitungen mehr gibt, über die debattiert werden kann. Bei den Parteijournalisten waren diese Techtelmechtel nicht sonderlich beliebt, denn es war viel Beckmesserei im Spiel, und mancher Genosse, der in der Versammlung über die Parteizeitung herzog, hatte daheim eine bürgerliche Zeitung abonniert. Doch in seinen besten Zeiten sorgte dieses Dauergespräch für eine enge Bindung zwischen den Zeitungsmachern und ihren Lesern.

Wilhelm Liebknecht hatte absolut keine Probleme mit solchen Auseinandersetzungen. Gegen den eher am Rande auftauchenden Vorwurf, der *Volksstaat* lese sich unpopulär und zu wissenschaftlich, der noch ein Dauerbrenner werden sollte, verwahrte er sich schärfstens: »Aufgabe eines echten Arbeiterorgans sei ..., den Arbeiter denken zu lehren.« Vor allem aber dürfe der *Volksstaat* nie auf die Stufe des *Social-Demokrat* sinken. (Schweitzer würde es umgekehrt formulieren.) Im gewichtigeren Teil der Diskussion ging es um Fragen der Zustellung, die oft als zu schleppend empfunden wurde, und um die Gründung einer Genossenschaftsdruckerei. Nach dem Statutenentwurf dürfen nur Parteigenossen jeweils eine der zunächst 750 Aktien erwerben, deren Gültigkeit bei einem eventuellen Parteiaustritt automatisch erlöschen würde. Im Zuge der Debatte beschließt der Kongress eine Titeländerung des Parteiorgans. Die geänderte Unterzeile *Organ der sozialdemokratischen Arbeiterpartei und der internationalen Gewerksgenossenschaften* soll Verwechslungen mit Schweitzers Gewerkschaften vorbeugen.

Auf welch dünnem Eis sich die forschen Beckmesser bewegen, erfahren sie selbst leider viel zu selten. Bebel schüttet gegenüber dem Alten in Genf sein Herz aus. »Unsere Schulden für das Blatt machen uns böse Kopfschmerzen, wollen uns in den nächsten Quartalen recht sehr mit Ausgaben einschränken, sonst kriegen wir Unannehmlichkeiten mit gewissen Leuten.« Bei Johann Philipp Becker trifft er auf absolutes Verständnis, kennt der Herausgeber des *Vorboten* doch nur zu gut all die Tricks, mit denen man dem Drucker um den Bart gehen muss, damit er noch ein weiteres Mal die Presse in Gang setzt, obschon er auch für diese Ausgabe nicht so bald zu seinem Geld kommt. Während des Kongresses hatte es einen Störversuch von Seiten der Lassalleaner gegeben, der aber vom Präsidium souverän abgewehrt worden war. In der Bewertung des Manövers durch die kontroversen Parteiblätter, zu denen sich jetzt auch der *Agitator* gesellt hatte, werden verständlicherweise ebenso kontroverse Absichten deutlich. Der alte Zank, er nimmt kein Ende. Wenige Wochen später bricht die Kriegsfurie los. Preußen-Deutschland und Frankreich suchen auf dem Schlachtfeld die Frage zu entscheiden, wer Vormacht auf dem Kontinent sei. Bringt das die Kontrahenten im deutschen Arbeiterlager zur Einsicht? Gleich die Antwort: Noch immer nicht.

7. Der Krieg macht alles kaputt

Bismarck habe den Deutsch-französischen Krieg auf drei verschiedenen Ebenen geführt, wissen wir von Theodor Schieder. Einmal militärisch gegen Frankreich, zum anderen am Verhandlungstisch mit den deutschen Südstaaten und schließlich auf diplomatischer Ebene gegen mögliche Interventionen dritter Mächte. Doch gab es für den Reichsgründer noch eine vierte Front, die ihm keinesfalls nebensächlich erschien: Die gegen seine sozialistischen Kritiker und Widersacher. In dieser Auseinandersetzung ließ er sich auch nicht im Mindesten von diplomatischer Rücksichtnahme leiten, sondern ging mit aller Brutalität vor, die der damalige Rechtsstaat zuließ.

Der Krieg war bekanntlich aus der Streitfrage entstanden, ob ein Hohenzoller den spanischen Thron besteigen dürfe. Ein von Bismarck umfrisierter diplomatischer Bericht, die so genannte Emser Depesche, provozierte Napoleon III. zur Kriegserklärung. Für die deutsche nationalistische Geschichtsschreibung war damit ein für allemal der gallische Chauvinismus als Schuldiger festgemacht worden. Schon bald sollte sich erweisen, dass das kaiserliche Frankreich in keiner Weise auf den Krieg vorbereitet war, den sein Herrscher in eitler Selbstüberschätzung vom Zaun brach. Um so mehr war es Preußen-Deutschland. Bebel wies als einer der ersten darauf hin. Am Jahrestag der Kapitulation von Sedan, von der sich bekanntlich der Nationalfeiertag des deutschen Kaiserreiches herleitete, schrieb Bebel schon 1873 im *Volksstaat,* »daß der Krieg von 1870 gerade von denen gewollt, vorbereitet und eingefädelt wurde, welche bei dem Ausbruch so gelungen die Beleidigten und Überraschten zu spielen wussten …« Berichte, Lebenserinnerungen und Nachlässe brachten bald die ganze Wahrheit ans Licht. Wilhelm Liebknecht dokumentierte Bismarcks »Kriegslist« 1891 in der Schrift *Die Emser Depesche oder Wie Kriege gemacht werden.* Sie verstaubt in den Archiven. Das hier sichtbar gemachte Muster, wie »aus einer Schamade eine Fanfare« (Moltke) wird, hat viele Neuauflagen erlebt.

Aus Brüdern werden Todfeinde

So geschickt war dieser Krieg eingefädelt worden, sogar Marx und der »General« Engels hatten sich täuschen lassen. Bebel sollte es noch mit hämefreier Genugtuung feststellen. Er selbst hatte sich niemals, oder doch nur ganz vorübergehend, hinters Licht führen lassen, und später auch bedauert, nicht früher über die ganze Wahrheit im Bilde gewesen zu sein. Er wäre Bismarck noch schroffer in die Parade gefahren.

Für die noch junge Arbeiterbewegung sollten sich der Krieg und der damit einhergehende nationale Überschwang verheerend auswirken. Die Organisation blutete buchstäblich aus. Von keiner Bevölkerungsgruppe stand eine größere Anzahl von Männern – und damit Stimmbürgern – im Felde als von der Arbeiterschaft. Genauso schlimm war die Tatsache, dass Lassalleaner und Eisenacher sich aufeinander stürzten wie Todfeinde, und selbst innerhalb der Eisenacher gähnte in der Kriegsfrage eine Riesenkluft. Sie hatte sich schon aufgetan, als am 16. Juli der Braunschweiger Parteiausschuss in einer Volksversammlung eine Resolution annehmen ließ, wonach Napoleon der frivole Friedensbrecher sei, die deutsche Nation hingegen die angegriffene, die einen unvermeidlichen Verteidigungskrieg führte. Hingegen betrachtete eine Landesversammlung der SdAP in Chemnitz unter dem Einfluß von Bebel und Liebknecht den Krieg als einen Hohn auf die moderne Kultur, der auch nur im dynastischen Interesse geführt werde und das Leben von Hunderttausenden aufs Spiel setzte. Wie der Fortgang der Ereignisse bewies, hatten zwar die Leipziger den Nagel auf den Kopf getroffen, doch die Braunschweiger Volkes Stimme und auch die mehrheitliche Stimmung in der Arbeiterbewegung hinter sich.

Mit einer gewissen Verlegenheit begründeten denn auch Bebel und Liebknecht im *Volksstaat* ihre Stimmenthaltung bei der Reichstagsabstimmung über die Kriegskredite. Die zur Führung des Krieges verlangten Geldmittel hätten sie nicht bewilligen können, weil dies ein Vertrauensvotum für Bismarck gewesen wäre. Sie konnten die Kredite aber auch nicht verweigern, denn dies wäre als Billigung »der frevelhaften und verbrecherischen Politik Bonapartes aufgefaßt« worden. Das hinderte den ehemaligen Lassalleaner Theodor York aus Harburg nicht, gegen die »antinationale Haltung« des *Volksstaats* zu protestieren. Vertrauensleute der Lokalvereine in Breslau und Regensburg berichteten bedauernd über die Unmöglichkeit, Volksversammlungen gegen den Krieg zu veranstalten. »Die Arbeiter liegen vor Bismarck und Preußen auf dem Bauche, sind trunken bis zum Wahnsinn von den Siegen.« So aus Regensburg, was freilich nicht verallgemeinert werden darf.

Die Schweitzers hatten ohne Wenn und Aber für die Kredite gestimmt. Hieß es doch auch im *Social-Demokrat:* »Bonaparte greift jetzt die deutsche Nation an, um ihr das linke Rheinufer zu rauben ... Der Krieg von 1870, er ist ein Krieg gegen das deutsche Volk, er ist ein Krieg gegen den Sozialismus.« Die Lassalleaner insgesamt, auch die Ex-Lassalleaner, die nun den Parteivorstand der Eisenacher bildeten, hatten sich auf den Boden der 1866 errichteten Tatsachen gestellt. Ihr Verhalten war – mit der gebotenen Zurückhaltung des Heutigen geäußert – als populistisch zu bezeichnen. Bebel und Liebknecht sahen sich eher als Anwälte des demokratischen Reichsgedankens, den Bismarck den dynastischen Interessen Preußens unterworfen hatte. In einem gereizten Briefwechsel zwischen den Braunschweigern und den Leipzigern – vor allem Liebknecht – versuchte der Ausschuss, die Tonart des *Volksstaats* festzulegen. Liebknecht drohte mit seiner Auswanderung. Schließlich druckte der *Volksstaat* einen Aufruf ab, in dem der Ausschuss Feuer und Wasser zu versöhnen suchte. Er bekräftigte zum einen, »mit aller Entschlossenheit die Unantastbarkeit des deutschen Bodens gegen napoleonische und jede andere Willkür verteidigen helfen« zu wollen und versprach zugleich, dass mit der bevorstehenden deutschen Einigung »der sozialdemokratische Volksstaat ins Dasein tritt«. »Es lebe Deutschland! Es lebe der internationale Kampf des Proletariats!« Bebel konnte sich später die Anmerkung nicht verkneifen, dass der Ausschuss in seinem Optimismus nicht ahnen konnte, das erste Opfer zu werden, das die Herrlichkeit des Sieges zu kosten bekam. Die Differenzen zu schlichten, hatte sich auch die Kontrollkommission der Partei eingeschaltet. Ihre Mehrheit war für eine »möglichst neutrale Haltung« des *Volksstaats*. Er solle die nationalen Strömungen in Deutschland berücksichtigen, zugleich den internationalen Standpunkt der Partei »laut Programm« beachten. Na ja.

Bevor es zu einem möglicherweise unheilbaren Riss kommen konnte, brachte der Übermut der Sieger die Kontrahenten wieder zusammen. Schon bei den ersten Anzeichen eines deutschen Übergewichts auf dem Schlachtfeld waren Wünsche nach einer Einverleibung des Elsaß und Lothringens laut geworden. Rasch entwickelte sich die Lawine. Sowohl im Bürgertum, dem die wirtschaftlichen Möglichkeiten ins Auge stachen, wie bei den Militärs, die in den Vogesen ein strategisches Vorgelände erblickten, fand diese Forderung tosende Unterstützung. Bei den Sozialdemokraten aller Richtungen aber schrillten die Alarmglocken. Am 5. September veröffentlichte der Braunschweiger Ausschuss ein Manifest, in dem so unerhörte, dem Zeitgeist widersprechende Sätze stehen wie dieser: »... daß das französische und das deutsche Volk zwei Brudervölker sind, die beide dieselben Interessen, die beide die heilige Pflicht haben, im Geiste der Neuzeit zusammenzugehen und in den Künsten des Friedens zu wetteifern.«

Lange Passagen hatten die Braunschweiger einem Schreiben von Karl Marx entnommen. Da stand nun: Die Annexion Elsaß-Lothringens sei »das unfehlbarste Mittel, den kommenden Frieden in einen bloßen Waffenstillstand zu verwandeln, bis Frankreich so weit erholt ist, um das verlorene Terrain heraus zu verlangen. Es ist das unfehlbarste Mittel, Deutschland und Frankreich durch wechselseitige Selbstzerfleischung zu ruinieren.« Aber auch: »Dieser Krieg hat den Schwerpunkt der kontinentalen Arbeiterbewegung von Frankreich nach Deutschland verlegt.«

Leider hatten die Braunschweiger auch, kaum verschlüsselt, auf den Urheber hingewiesen.

Marx war außer sich. Er entrüstete sich bei Engels. Er habe nicht mit der Unkenntnis gebildeter Leute rechnen können, zu wissen, »daß die brutale Sprache von Briefen nicht ›für den Druck‹ berechnet ist«. »Diese Esel« hätten ihn nicht nur wörtlich abgedruckt, sondern auch noch »mit der Heugabel« auf ihn als den Briefschreiber gezeigt. Marx, der fast alles durch die Brille des Sekretärs der Internationale sah, war vor allem über die Indiskretion gegenüber Paris verärgert. Schließlich hatte er es ja für seine vornehmste Pflicht gehalten, auch während des Kriegs den Briefwechsel sowohl nach Frankreich wie nach Deutschland aufrechtzuerhalten. Das mit der Verlagerung des Schwerpunktes der Arbeiterbewegung war zwar ernst gemeint, sollte aber mehr »zur Anfeuerung« dienen und war »unter keinen Umständen jetzt zu publizieren«. Er könne noch froh sein, dass wenigstens seine Kritik der französischen Arbeiter ungedruckt blieb.

Acht Tage nach der Veröffentlichung des Manifestes wurden die Ausschussmitglieder in Ketten an Preußens östlichste Grenze deportiert. Der Generalgouverneur der Küstenlande, eine für den Kriegsfall eingerichtete Behörde, verkörpert in dem preußischen General Eduard Vogel von Falckenstein, ließ nach einem Hinweis des Braunschweiger Polizeipräsidenten die Parteiführer Bracke, von Bonhorst, C. Kühn und Spier und dazu noch den Drucker des Manifests, Sievers, festnehmen. Einem Staatsanwalt, der an die fehlenden strafrechtlichen Voraussetzungen erinnerte, ließ Bismarck ausrichten: »Es handelt sich um Krieg und nicht um Strafverfahren« und empfahl gleichzeitig »Anwendung in etwaigen gleichartigen Fällen«. In der Öffentlichkeit ließ der Kanzler freilich verbreiten, dass sein Ministerium nicht Vorgesetzter des Generalgouverneurs sei.

Die Hauptschlacht in Berlin

Auch der *Volksstaat* hatte den Aufruf abgedruckt, worauf ihn Falckenstein für die Dauer des Krieges in seinem Generalgouvernement verbot. Den *Volksstaat* in Sachsen zu verbieten hatte schon der Leipziger Polizeidirektor Dr. Rüder versucht. Den Anlass meinte er in den Rangeleien zwischen den beiden Arbeiterparteien gefunden zu haben. In einer Volksversammlung im Pantheon waren die unterschiedlichen Auffassungen zwischen den Anhängern Schweitzers und Bebels handgreiflich deutlich geworden. Nach dem Bericht des beobachtenden Polizeikommissars Kneschke waren die Schweitzerleute der provozierende Teil. Kneschke hatte auch die Ausführungen Bebels mitgeschrieben, etwa: »Berlin sei der Ort, wo die Hauptschlacht geschlagen werden müsse«, und: »Die Fürsten hetzten die Völker aufeinander.« Diese Sätze sollten in der späteren Schwurgerichtsverhandlung noch Gewicht bekommen.[24]

Das Dresdner Innenministerium lehnte Rüders Ansinnen ab. Es lägen keine militärischen Gründe für ein Verbot vor. Doch während die Gefangenen im fernen Lötzen, unweit des ostpreußischen Allensteins, schmorten, inzwischen in Gesellschaft des Hamburger Buchhändlers August Geib und des populären Altliberalen Johann Jacoby, legte man im Kesseltreiben gegen die beiden Leipziger einen Gang zu. Falckenstein spickte seinen Gouverneurskollegen in Sachsen mit Material, das in Braunschweig zutage gefördert worden war, und ließ auch den Dezernenten für die politische Polizei beim Berliner Polizeipräsidenten einen Blick in die sozialistische Registratur tun. Der berichtete Innenminister Eulenburg über seine Erkenntnisse.

In den Papieren, die »eine einfenstrige Stube nahezu anfüllen«, sei der »unwiderlegliche Beweis, daß der sozialdemokratische Arbeiterverein ... nichts anderes ist, als die deutsche Sektion der ›Internationale‹ zu London«. Ferner, dass Bebel und Liebknecht »die eigentlichen Urheber des republikanischen Manifestes ... sind«. Der Beamte führt die »heftigsten Zwistigkeiten« an, die zwischen den Braunschweigern und Leipzigern wegen der »franzosenfreundlichen und preußenfeindlichen Haltung des *Volksstaat*« ausgebrochen seien. Erst die Anrufung von Marx in London habe die Leipziger gerettet. Auch Berlins Polizeipräsident Wurmb versorgte Eulenburg laufend mit angeblichen Leipziger Ungeheuerlichkeiten. Zu all dem käme eine schlafmützige Leipziger »Preßbehörde« und eine königlich-sächsische Regierung, die man zum Jagen tragen müsse. So Wurmb.

Der Syndikus des Vogel von Falckenstein bereitete unterdes das Verfahren gegen die SdAP vor. Herr Obergerichtsrat Hoppenstedt nahm von allen den genauesten Einblick in die beschlagnahmten Unterlagen. Mit juristischer Akkuratesse beschreibt er die Organisation der »hauptsächlich in Süddeutschland, Rheinland und Königreich Sachsen« auftretenden Partei in allen ihren Teilen. Dass er bei Erwähnung des Ausschussmitgliedes Spier ausdrücklich darauf hinweist, es handele sich um einen »jüdischen Lehrer«, lässt Fragen über die Einstellung der preußischen Bürokratie zur Judenemanzipation zu. Zum *Volksstaat* notiert er, dass dieser »unter Oberaufsicht des Ausschusses« erscheine und »von den bekannten Sozialdemokraten W. Liebknecht, A. Bebel und A. Hepner herausgegeben« werde. »Die Zeitung erhält Zuschüsse aus der Vereinskasse, hat stets ein Defizit, fristet kümmerlich ihr Dasein und erfordert stets neue Anstrengungen, um ihr Weitererscheinen zu ermöglichen.« Im letzten Sommer sei beschlossen worden, ein Aktienunternehmen zu gründen. »Die Unternehmer, namentlich A. Bebel, sehen zwar ein, daß dieselbe nicht rentieren kann, glauben aber doch, daß das Publikum sich verleiten lassen werde, solche Aktien zu erwerben.« Vermerkt wird auch Bebels Hinzufügung »Der Zweck heiligt die Mittel«, obwohl die nur als Absage an den kapitalistischen Schnickschnack zu werten ist. Herr Obergerichtsrat Hoppenstedt hat sich jedenfalls bloßgestellt als völlig ahnungslos, was die wirtschaftlichen Zweckmäßigkeitserwägungen einer antikapitalistischen Partei angeht.

Sächsische Amtshilfe: Bebel und Liebknecht im Gefängnis

Aufgeschoben war nicht aufgehoben. Mit Beendigung der Reichstagssitzungsperiode hatten sich die sächsischen Behörden zur Amtshilfe bequemt. Bebel und Liebknecht fanden sich noch vor Weihnachten im Leipziger Bezirksgerichtsgefängnis wieder, mit ihnen der unlängst eingestellte zweite Redakteur des *Volksstaats,* Adolf Hepner. Nach Bebel ein »Unglückswurm«, der unschuldig sei »wie ein neugeborenes Kind«. Der Vorwurf lautete: Vorbereitung zum Hochverrat. In die verwaiste Redaktionsstube zog Carl Hirsch. Der redigierte den *Crimmitschauer Bürger- und Bauernfreund*, ein entgegen dem Trend erst nach Kriegsbeginn gegründetes Blatt der Eisenacher. Hirsch, ein ehemaliger Rabbinatskandidat aus dem Württembergischen, der Liebknecht schon im *Demokratischen Wochenblatt* zur Seite gestanden hatte, entledigte sich seiner Aufgabe mit einiger Bravour, auch wenn ihm erkennbar das revolutionäre Ungestüm Liebknechts abging. In seinem Jungfernauftritt im *Volksstaat* beschwor er: »An der Tendenz und am Erscheinen des Blattes wird nichts geändert.« Hirsch druckte ein Gedicht des Dichters und Arztes Theobald Kerner, Sohn von Justinus Kerner, das mit den Ungereimtheiten der »großen Zeit«, dem Rufmord an den »Franzosenfreunden« und der Vernichtungsstrategie gegen die Franktireurs ins Gericht geht und das endet:

»Gescholten ein Jeder, der's menschlich meint,
Und der den Menschen auch ehrt noch im Feind!
Zwerghafte Größe der Zeiten!«

Später bringt er eine Zusammenstellung aus Soldatenbriefen und Pressemeldungen über wahllose Erschießungen im Franktireurskrieg, die vorwegnehmen, was im Partisanenkrieg des Zweiten Weltkrieges an der Tagesordnung sein sollte. Zur Reichsgründung steuert der *Volksstaat* eine zweiteilige Betrachtung unter der Überschrift »Der Kaisertitel« bei, dessen Fazit lautet, »daß die Macht der Staaten und der Glanz der Kronen und der Throne immer und überall das Elend der Völker« sei. Da ließen die Denunziationen in »liberalen« Blättern nicht lange auf sich warten. Auch gegen

Hirsch tauchten, wie vorher gegen Bebel und Liebknecht, tendenziös herausgestellte Texte aus Briefen auf, die in Braunschweig beschlagnahmt worden waren.

Während eine Reichstagsdeputation dem preußischen König in Versailles die Glückwünsche der norddeutschen Volksvertretung zur Kaiserwürde überbrachte, bereiteten sich die inhaftierten Abgeordneten auf die Wahl des neuen Reichstags vor, des ersten nach der Reichsgründung. Bebel hatte da wenig Illusionen und behielt Recht. Der Wahltag unter »Glockengeläute und Kanonendonner« – in Versailles war gerade der Präliminarfriede unterzeichnet worden – endete für die Arbeiterparteien in einem Fiasko. Die Anzahl ihrer Vertreter wurde auf ein Viertel dezimiert. Lediglich Bebel selbst und der Anwalt Schraps erreichten das Wahlziel. Die Liberalen trieb ihr Hass so weit, Bebels Entlassung aus der Untersuchungshaft verhindern zu wollen. Die sächsische Regierung durchkreuzte solche Pläne, als sie nach einhundert Tagen Haftdauer die Entlassung ihrer drei Gefangenen anordnete. Hatte doch auch der Untersuchungsrichter keinerlei Beweis für die Anschuldigungen – Vorbereitung zum Hochverrat – erheben können. Zwei Tage später wurde auch der Braunschweiger Ausschuss auf freien Fuß gesetzt.

Schweitzer steht am Ende

Vom Allgemeinen Deutschen Arbeiterverein, der zwar insgesamt mehr Stimmen auf sich vereinigen konnte als die SdAP, war auch nicht ein einziger Kandidat durchgekommen, nicht einmal Schweitzer. Seinen Gegnern im Arbeiterlager erschien es eine gerechte Strafe für seine Niedertracht, denn auch diesmal hatte Schweitzer empfohlen, lieber Nationalliberale zu wählen als Kandidaten der Eisenacher. Spätestens an diesem Punkt sah der müde gewordene Nachfolger Lassalles keine Zukunft mehr für seine politische Karriere. Die divergenten Ansichten über die Verursachung des Krieges hatte er noch ohne Erbarmen für eine Schmutzkampagne gegen die verhassten Konkurrenten genutzt. Schweitzer-Biograf Gustav Mayer sprach von »rücksichtsloser Gehässigkeit«. Jene »vielfach bezahlten Agenten und Hetzer«, meinte Schweitzer, hätten durch ihren Preußenhass dem Ausland vermittelt, Deutschland habe in einen Krieg nur von Parteiungen und Einzelbestrebungen zerrissen eintreten können. So seien sie an seiner Entstehung mitschuldig. Als im November der Norddeutsche Reichstag die Mittel für die Fortführung des Krieges zu beschließen hatte, stimmten jedoch auch Schweitzer und Freunde gegen die Aufnahme weiterer Kredite. Schließlich sei mit der Gefangennahme Napoleons das Kriegsziel erreicht, der Verteidigungskrieg aber zu einem Eroberungskrieg gegen die Republik geworden. So begründete Schweitzer die Kursänderung in einem Präsidialerlass.

Aber es war schon auffällig, dass er die kritische Würdigung der Reichsgründung, wie sie war, seinem Adlatus Hasselmann überließ, der sich dieser Aufgabe mit kraftvollem demokratischem Temperament entledigte. Früher einmal, so Hasselmann, habe das deutsche Bürgertum einen Bürgerkaiser gewollt. Was es aber jetzt bekäme, sei ein allmächtiger Kaiser, dem gegenüber die Volksvertretung vollkommen ohnmächtig wäre. Die »kriegs- und siegestrunkenen Nationalliberalen« würden darum nicht weniger jubeln, von Grundrechten für das Volk – wie sie die Paulskirchen-Verfassung ausgezeichnet hatte – sei keine Rede mehr. Schon seit längerem dominierte Hasselmann in der Kommentarspalte des *Social-Demokrat,* während sich Schweitzer auf den *Agitator* zurückgezogen hatte, den er aber längst nicht mit der von ihm gewohnten analytischen Kraft bediente. Und was noch auffiel: In dem so viele Weichenstellungen beinhaltenden Januar 1871 führte das Berliner Belle-Alliance-Theater ein Drama aus Schweitzers Feder auf: *Canossa.* Es fand bei Kritik und Publikum gleichermaßen verständnisvolle Aufnahme. Wer aber von den Premierengästen mag daran gedacht haben, dass der Autor damit auch seinen Rückzug aus der Politik angekündigt hatte?

Drei Wochen nach der verlorenen Wahl gab er es seinen Freunden und Feinden schriftlich. In einer Botschaft »An die Partei« zog Schweitzer im *Social-Demokrat* das Fazit der Bestandsaufnahme seines Politikerlebens. Dabei war weniger die Rede von dem, was offenkundig war: Ohne das Reichstagsmandat, ohne seine satzungsgemäße »Diktatur« und ohne das Blatt konnte und mochte er politisch nicht überleben. Doch nun war das alles verloren. Der *Social-Demokrat* hatte noch nie Gewinn erwirtschaftet, wenn das von Schweitzer auch nicht eingestanden worden war. Doch jetzt war die Lage unhaltbar geworden. Schon im Dezember hatte Schweitzer nicht umhin gekonnt, ein Defizit von nahezu 1000 Talern im abgelaufenen Quartal einzugestehen. Im neuen Jahr kam es noch dicker: Drucker und Papierlieferant beschlagnahmten die auf der Post einlaufenden Abonnementsgelder. Auch Spenden der Parteimitglieder konnten das Schicksal nicht wenden. Sie flossen ohnehin nicht so reichlich. Schließlich war es erklärtes Ziel, die Zeitung ins Eigentum der Organisation zu überführen. Der Abonnementsstand war auf rund 2700 gesunken, was schon unter der Zahl des *Volksstaats* lag. Der bezifferte seine Abonnenten Ende März 1871 mit 2790, wobei er bekanntlich bis dato in den unter Kriegsrecht stehenden Küstenländern nicht erscheinen durfte.

Am Mittwoch, dem 26. April, erschien der *Social-Demokrat* mit dem Vermerk, dass die Freitagsnummer ausfallen werde, »aus Gründen, die mit der Parteileitung zusammenhängen«. Dabei blieb es nicht: Der *Social-Demokrat* erschien nie wieder. Das erste deutsche Arbeiterblatt von Bedeutung und intellektuellem Zuschnitt, dem Lassalle noch seinen Segen gegeben hatte, war sang- und klanglos untergegangen. Schweitzer führte den ADAV noch bis zur Generalversammlung im Mai und noch eine kleine Weile geschäftsführend darüber hinaus. Er ging für dieses Mal mit einem blauen Auge aus ihr hervor, die Delegierten bewilligten ihm sogar 1000 Taler zur teilweisen Abdeckung seiner Schulden. Den Eselstritt sollte er später erhalten. Einen Satz aus der Rücktrittserklärung kann man ihm ohne Abstriche abnehmen: »Ich kann keine weiteren Opfer mehr bringen, kann nicht länger an der Spitze der Arbeiterbewegung stehen.«

Diese Generalversammlung, die zum zweiten Mal in Berlin stattfand, war insoweit von Bedeutung, als sie die Konsequenzen aus der Lage des Verbandsorgans zog, einer Lage, die schlechter nicht sein konnte. In ihr wurden auch einige der Regeln festgelegt, nach denen die Sozialdemokratie ihre Pressegeschäfte noch viele Jahrzehnte führen sollte. Auch die Diskussion darüber, was ein rechter Leitartikel sei, bleibt keine einmalige Angelegenheit und wird noch oft wiederholt werden. Ursächlich für den katastrophalen Auflagenrückgang sei der Krieg, konstatiert die Versammlung. Etwas befremdlich wirkt die Tatsache, dass außer in diesem Zusammenhang sonst nirgendwo während des ganzen sechstägigen Kongresses vom Krieg die Rede ist, soweit man sich auf das Protokoll verlassen kann. Das ist schon einigermaßen verwunderlich angesichts der einschneidenden Zäsur, die sich mit diesem Ringen verbindet.

Zurück zur Parteipresse: Aus dem Zusammenbruch war gerade mal der *Agitator* gerettet worden, der vom 1. Mai an auch die Aufgaben des Parteiorgans übernommen hatte. Tatsächlich diente er »der Partei in schweren Zeiten als Bindemittel« (Originalton *Agitator*). Schweitzer hatte die Rechte an beiden Blättern an den ADAV abgetreten. In schwierigen Verhandlungen mit den Druckern Ihring und Haberlandt sowie dem Papierlieferanten war das Wiedererscheinen des *Social-Demokrat* für den 1. Juli 1871 vereinbart worden. Zum gleichen Datum sollte der *Agitator* sein Erscheinen einstellen. Als Titel des wiedererstandenen Organs sah die Vereinbarung *Neuer Social-Demokrat* vor. Die Generalversammlung setzte aber durch, es beim althergebrachten Traditionstitel zu belassen.

Von Bedeutung sollte der Beschluss sein, die Ämter des Präsidenten und des Redakteurs zu trennen. Der alte Tölcke hatte ihn herbeigeführt. Er argumentierte, dass es doch wohl nicht gut sein könne, den Präsidenten als verantwortlichen Redakteur anzustellen. Falls der Letztere im Gefängnis säße, würde der Partei auch der Vorsitzende fehlen. Das »Sehr wahr!« lässt sich leicht vorstellen, mit Herrn von

Schweitzer war das ja auch mehrfach Ereignis geworden. *In concreto* war die Gefahr allerdings nicht mehr so groß. Der Expedient des *Social-Demokrat*, Wilhelm Grüwel, hatte schon seit längerem dem Blatt als »Sitzredakteur« gedient, das heißt, er stand als »Verantwortlicher Redakteur« im Impressum, gleichfalls übrigens im *Agitator*. Da er indes schon einige Strafen eingeheimst hatte, bedankte sich Grüwel für weitergehende Ehren, denn die Strafen würden nun deutlich höher ausfallen.

Das Wichtigere war die Einigung zwischen dem designierten Präsidenten Wilhelm Hasenclever und dem Nachfolger auf Schweitzers Redaktionsschemel, Wilhelm Hasselmann. Hasenclever erklärte, er würde als Präsident zwar die Oberleitung haben, doch dem Redakteur freie Hand lassen. Die Versammlung entschied auch gleich in der Gehaltsfrage. Hasenclever erhielt für das Präsidentenamt 50 Taler, nach heutigem Wert annähernd 800 Euro, Redakteur Hasselmann 45 Taler, die gleiche Summe bekam auch Grüwel, der die Ämter des Expedienten und des Parteikassierers auf sich vereinte; der zum Sekretär bestellte Derossi – er hatte bei einer schriftlichen Prüfung unter fünf Kandidaten als Bester abgeschnitten – wurde mit 30 Talern monatlich entlohnt.[25] Die Versammlung wählte noch eine dreiköpfige »Preßkommission« für das Parteiorgan, gleichzeitig Beschwerdeinstanz – vorzugsweise für von der Redaktion abgelehnte Artikel. Letztere war schon von der Generalversammlung 1869 eingerichtet worden. Satzungsgemäß bestand die Presskommission allein aus Berliner Parteimitgliedern, da sie aus der Mitgliedschaft des Erscheinungsorts gebildet werden musste. Diese letzte Regelung sollte noch weitreichende Folgen haben.

Die Nabelschau der Berliner Versammlung – Hauptthema war ja weder der Krieg, noch die desolate Lage der Parteiblätter, sondern die Finanzen, genauer, die Abrechnungen des Präsidenten – verblüfft in der Tat. Denn just in diesen Tagen brach in Paris ein grandioses Experiment in Blut und Feuer zusammen, von dem viele der versammelten Delegierten in so mancher Parteiversammlung geschwärmt hatten: die Arbeiterherrschaft. Und August Bebel, politischer und geistiger Führer der viel geschmähten »Ehrlichen«, sollte am Tag, da die ADAV-Delegierten auseinander gingen, im Reichstag vor aller Öffentlichkeit darlegen, welche Bedeutung er diesem Experiment beimaß.

Commune setzte ein Signal

Die *Commune de Paris* hatte sich aus einem spontanen Aufstand der Nationalgarde entwickelt, die sich ihre Kanonen nicht wegnehmen lassen wollte. Wahlen erbrachten eine überwältigende Mehrheit für »rote Republikaner« und Sozialisten, eine Gegenbewegung auf die als bedrückend empfundene monarchistische Mehrheit in der Nationalversammlung der neuen Republik. Die nach dem Vorbild von 1793 ausgerufene *Commune* brachte allenthalben arbeiterfreundliche Maßnahmen auf den Weg. Eines ihrer Ziele war die Ausrufung souveräner Stadtstaaten durch ganz Frankreich unter Verwirklichung sozialistischen Gedankenguts. Die *Commune* scheiterte; unter anderem an der Uneinigkeit in ihren eigenen Reihen. Während im Norden von Paris die deutschen Armeen Gewehr bei Fuß standen, ließ der neue starke Mann Frankreichs, Adolphe Thiers, Paris stürmen. Die Regierungstruppen unter Marschall MacMahon, dem Verlierer von Sedan, veranstalteten unter Berufung auf die Erschießung von 67 Geiseln durch die *Commune* ein Blutbad. Unterschiedslos füsilierten sie Männer, Frauen, Kinder, alles was als links verschrien war. Die Zahl der Opfer schwankt zwischen 20 000 und 36 000. Überlebende wurden nach Neukaledonien deportiert. Der Ort der wüstesten Metzelei, die Mauer am Friedhof *Père Lachaise* blieb auf Jahrzehnte ein Ort der Trauer mit jährlichen Gedenkfeiern und Kundgebungen.

Bebel hatte alsbald nach seiner Entlassung sich wieder ins parlamentarische Feuer begeben, wo allein er die Fahne des Sozialismus noch hochhielt. In der Debatte über die neue Verfassung – es blieb ja die alte, die »Norddeutsche«, Vorbild für 1990? – wies er auf das Unsinnige hin, von einem auf eine Million Bajonette gestützten preußischen Herrscher Grundrechte wie die Presse- und Vereinsfreiheit oder die persönliche Freiheit zu verlangen. In der Frage neuer Kredite für den Krieg wies er nach, dass die jetzt auf den neuen Staat zukommenden höheren Militärausgaben eine direkte Folge der unrechtmäßigen Annexionen sei. Einen Tag darauf stand im Reichstag das Gesetz über die Angliederung von Elsaß-Lothringen an. Berühmt wurde Bebels Rede aus diesem Anlass weniger wegen seiner Haltung in der Annexionsfrage – die war hinreichend bekannt. Aber der Satz vom »kleinen Vorpostengefecht«, das der Kampf in Paris gewesen sei, und der »Hauptsache in Europa«, die unter dem Schlachtruf des Pariser Proletariats »Krieg den Palästen, Friede den Hütten, Tod der Not und dem Müßiggange!« stehen werde, weckte die Schlafenden.

Ja, was denn? Weckte er sie wirklich? Na, zumindest nicht so schnell. Das Reichstagsprotokoll verzeichnet an dieser Stelle nicht etwa »Unruhe« oder Protest, sondern – »Heiterkeit«! Bismarck, der bei der Begründung des Sozialistengesetzes sieben Jahre später erklären würde, wie ihn dieser Satz elektrisiert habe, ihm die Gefährlichkeit des Sozialismus vor Augen geführt habe, Bismarck selbst sprach ja unmittelbar nach Bebel und da war – noch – keine Rede von der sozialistischen Gefahr. Im Gegenteil! Er glaubte im Namen aller zu handeln, wenn er diese Rede keiner Antwort würdigte. »Zustimmung!« Und auch Bebel selbst ... Man kann ja voraussetzen, dass der aufgehende Parlamentsstern der deutschen Sozialdemokratie wusste, was er sagte: Ob er diese Kampfansage nun in einem übertragenen, bildhaften Sinn, oder, wofür etliches spricht, doch einigermaßen wörtlich und ernst verstanden wissen wollte, für besonders bemerkenswert muss er sie nicht gehalten haben.

Oder sein Freund Wilhelm Liebknecht, der inzwischen wieder den *Volksstaat* redigierte! Denn dort steht am 7. Juni über dem Abdruck von Bebels Rede nicht etwa: »Nach dem kleinen Vorpostengefecht kommen wir noch zur Hauptsache« oder wenigstens »Bebel zur Pariser *Commune*«, das also auch nicht, sondern »Bebels Rede über die Annexion von Elsaß-Lothringen«. Carl Hirsch war also nach Crimmitschau zurückgekehrt und Liebknecht redigierte den *Volksstaat* wieder. Sein alter Freund F. A. Sorge in Hoboken schrieb ihm erleichtert: »Wir sind hier sehr froh ... Das pfeift doch ein wenig klarer und schärfer.« – Doch gab es nun auch für ihn einen Sitzredakteur: Hepner.

Am 2. Juli, einem Sonntag, erschien die erste Nummer des *Neuen Social-Demokrat*, Untertitel: *Organ des Allg. deutschen Arbeitervereins*. Und darunter noch der Hinweis »Eigentum des Allgemeinen deutschen Arbeitervereins«. Also nun doch *Neuer Social-Demokrat*, aber keine Erklärung, warum das Votum der Generalversammlung ohne Beachtung blieb. Große Veränderungen gegenüber seinem Vorgänger waren nicht festzustellen. Das galt für Erscheinungs- und Schriftbild, aber auch für den Tenor der Meinungsbildung. Bei den Leitartikeln war Hasselmann von seinem bisherigen Chef schon lange freie Hand gelassen worden. Sein populistischer Ton kam in der Leserschaft gut an, weckte aber auch vielfache Kritik. »Manchmal an den Schwung Lassalles erinnert«, fühlte sich der Bonner Professor Adolf Held, der sich früh mit der Arbeiterpresse beschäftigt hatte. Eduard Bernstein, der sich in diesen Tagen der Berliner Sozialdemokratie näherte, warf Hasselmann vor, im *Neuen Social-Demokrat* »regelrechte Judenhetze« zu betreiben. Siehe oben. Ein neues Element im Blatt bildete ein »Sprechsaal«, eine Leserbriefspalte. Nach einem großzügigen Beginn schrumpfte der Sprechsaal aber bald auf wenige Zeilen zusammen. In der Nummer 1 verabschiedete sich Schweitzer als Präsident des ADAV. Sein Nachfolger Wilhelm Hasenclever übernahm die Geschäfte und ernannte als erstes C. W. Tölcke zum Vizepräsidenten. Die bei der Generalversammlung offen gebliebene Frage des Sitzredakteurs war inzwischen gelöst worden. Das Impressum wies J. Otto als »Verantwortlich für die Redaktion« aus. Verleger war Grüwel, der Druck blieb bei Ihring und Haberlandt.

Acht Wochen nach den Lassalleanern kamen die Eisenacher zu ihrem – zweiten – Kongress zusammen. In Dresden war einiges anders als in Berlin. Dass die Delegierten in der sächsischen Residenz nicht schweigend über den Krieg und seine Zusammenhänge hinweggehen würden, hatte der überwachende Polizeikommissar in Rechnung gestellt und jegliche Beschäftigung mit der Pariser *Commune* zum Tabu erklärt. Bebel und der an Stelle des verhinderten Liebknecht als Referent vorgesehene Johann Most, eine gerade 25-jährige Hoffnung der Partei, protestierten vehement. Bebel erklärte es unter der Würde des Kongresses, mit einem Maulkorb zu diskutieren, deshalb werde man über die vorgesehene Resolution zur *Commune* ohne Debatte abstimmen. Most war einverstanden und machte unter einem Beifallsorkan deutlich: »Wenn die Reaktion sich international verbindet, dann muß sich selbstverständlich die Revolution ebenfalls international verbinden.« Eine leidenschaftliche Diskussion gab es jedoch über die Frage, ob sich die Parteiorganisation unter den Bedingungen des Krieges und eines eingekerkerten Vorstandes bewährt habe oder nicht.

Pressediskussion auch bei den Eisenachern

Wie in Berlin nahmen die Verhandlungen über die Parteipresse einen großen Raum ein. Der *Volksstaat* hatte inzwischen eine Auflage von 4200 bei einem Abonnentenstand von 4020 erreicht. Da näherte sich das Blatt der Gewinnzone! Vorangegangen war allerdings der bedrohliche Einbruch im letzten Quartal 1870. Um diese Durststrecke zu überwinden, hatten Redaktion und Expedition für immerhin ein halbes Jahr Einkommenseinbußen hingenommen. Ein stets wiederkehrendes Problem blieben die Lieferzeiten. Doch gab es für die lauten Klagen verschiedener Orte über späte Zustellung keine zufriedenstellende Erklärung. Behinderungen seitens der Post waren nicht auszuschließen, zumal immer öfter provokant aufgerissene Zeitungssendungen zu beanstanden waren. In den Mittelpunkt der Diskussion rückte schließlich ein Vorhaben, das Kongressvorsitzender Bebel als »Beschlußfassung über das literarische Unternehmen« ankündigte. Darunter war mitnichten, wie man heute vielleicht meinen könnte, die Gründung eines Autorenkollektivs zu verstehen. Gemeint war vielmehr die Gründung einer Genossenschaftsdruckerei, bei der sowohl das Zentralorgan aufgelegt wie auch der wachsende Bedarf an Büchern und Schriften gedeckt werden könnte. Dieses Vorhaben hatte nicht nur Freunde.

An erster Stelle bereitete es dem bisherigen Drucker des *Volksstaats,* C. F. Thiele, Kopfschmerzen, der nicht nur Parteigenosse war, sondern als Delegierter am Kongress teilnahm. Er wünschte nichts anderes, als dass ihm der Parteikongress noch vor der Gründung der Genossenschaftsdruckerei eine Deckungszulage für die entstandenen Druckkosten gebe. Seine weitere Existenz stünde auf dem Spiel. Na klar, man kann doch nicht einem einzelnen, einem kleinen Unternehmer, der ja gar nicht so weit von der Arbeiterklasse ist, die Lasten aufbürden, wenn die Partei selbst unternehmerisch tätig werden will! Bevor das Kind in den Brunnen fällt und die Delegierten aus mitfühlendem Herzen heraus einem Unternehmer Existenzsicherung versprechen, zieht Bebel die Notbremse. »Wir stehen nicht dem Parteigenossen Thiele gegenüber, sondern dem Unternehmer Thiele«, und der habe sich gefälligst an die richtige Adresse zu wenden, nämlich die, von der er seine Aufträge habe. Natürlich wolle niemand seinen Schaden, doch habe der Parteikongress nicht zu fragen, »ob ein Privatmann seinen Vorteil findet, sondern ...: Was gebietet das Interesse der Partei.« Es war eine der Situationen, in denen sich Bebels vorausschauender Verstand bewies. Was wäre aus dieser Arbeiterpartei geworden, wenn sie sich schon an ihren Anfängen privaten Einzelinteressen verpflichtet gefühlt hätte?

Für die hinter dem »literarischen Unternehmen« stehenden Motive bewiesen einige Delegierte kein größeres Verständnis als auch der oben zitierte Obergerichtsrat Hoppenstedt, der über den in Braunschweig beschlagnahmten Briefwechsel Kenntnis von der geplanten Genossenschaftsgründung erhalten hatte. Bebel erklärte geduldig, wie wichtig es sei, einen von der Partei nominell unabhängigen Träger für das Zentralorgan zu finden, der dafür bürgt, dass dieses für das Überleben des sozialistischen Gedankens so wichtige Unternehmen im Falle eines Parteiverbots nicht »in alle Winde« zerstiebe. Der Leipziger Delegierte Heinrich Schilling bekräftigte: Diese »Assoziation – denn das ist es und nicht eine Aktiengesellschaft«, könne das. Wenn man sich für das sächsische Genossenschaftsrecht entschieden habe, machte Bebel deutlich, weil auch hier Streit drohte, dann nicht nur, weil es das liberalste sei, sondern weil es keine Solidarhaftung wie das norddeutsche, also jetzt deutsche Genossenschaftsrecht verlange. Bei Letzterem müsse jeder für das Ganze haften. Womit ein Arbeiter sicherlich überfordert wäre.

Auch die Eisenacher setzten dem Parteiorgan eine Kommission vor die Nase. Doch anders als die Pressekommission des ADAV soll sie nicht die Beschwerden über die Redaktion sammeln, sondern Verwaltung und Finanzen des Blattes kontrollieren. Am letzten Sitzungstag griff auch Wilhelm Liebknecht wieder in die Debatte ein. Er hatte außerdem seinen Freunden mitteilen können, dass seine zweite Frau ihm vorgestern einen Sohn geboren hatte. Der hatte den Namen Karl erhalten.

8. Verfolgung macht einig

Die Kolbenstöße der deutschen Heere hatten der deutschen Wirtschaft die Tore zum Weltmarkt weit geöffnet, wie Franz Mehring als zeitgenössischer Beobachter registrierte. Die Milliarden der von Frankreich gezahlten Kriegsentschädigung schwemmten Geld in die Kassen, bis sie überliefen. Damit beglich der Staat zwar zuerst seine Kriegsschulden und baute neue Kasernen, doch das Geld war auf dem Markt und damit Kapital für jeden, der auf das Spekulationskarussell aufspringen wollte. In Preußen entstanden in vier Jahren 857 Aktiengesellschaften mit 1425 Millionen Talern Kapital. 1850 waren es noch 223 Gesellschaften mit 225 Millionen Talern gewesen. Die Entwicklung in den anderen deutschen Ländern verlief ähnlich. Was an Banken und Industriebetrieben aus dem Boden schoss, an Kohle gebrochen und an Stahl produziert, in den aufblühenden Häfen verschifft wurde, zu schweigen von den Eisenbahnlinien, die sich kreuz und quer ins Land hineinfraßen, erschien so sensationell, dass sich die Zeit den Namen Gründerjahre zulegte. Kritiker sprachen vom Gründungsschwindel.

Auch die Arbeiterbewegung hatte sich aus dem Tief, in das sie der Krieg gestürzt hatte, wieder erhoben. Vor allem die Gewerkschaften waren gefragt, wollten die Arbeiter doch auch ihren Anteil am Wachstum, dies umso mehr als das billige Geld die Lebenshaltung teurer gemacht hatte. Die Wohnungsnot hatte in Berlin nichts weniger als Straßenkämpfe zwischen der Polizei und den aus ihren Notwohnungen exilierten Familien zur Folge. Eine Streikwelle rollte über das Land. Einige Streiks brachten Fortschritte, wie der Arbeitskampf der Berliner Maurer, die in mehreren Anläufen den Zehn-Stunden-Tag durchsetzten. Mehr Streiks aber mussten ohne greifbares Ergebnis für die Arbeitnehmer abgebrochen werden, so die erbittert geführten Lohnkämpfe der Maschinenbauarbeiter in Chemnitz und Nürnberg oder der Streik der 16 000 Bergleute im sich herausbildenden Ruhrgebiet. Die 1873 beginnende Wirtschaftskrise verschärfte die Lage für die Gewerkschaften noch mehr. Zähneknirschend mussten sie Arbeitszeitverlängerungen und Lohnkürzungen hinnehmen. Immerhin wurde in dieser Zeit auch der erste Tarifvertrag erkämpft: Der Allgemeine Buchdrucker-Tarif machte den Zehn-Stunden-Tag für dieses Gewerbe verbindlich.

In den politischen Organisationen der Arbeiter war die Einsicht über den Sinn und Nutzen von Gewerkschaften nicht ganz ungeteilt. Doch konnten sie mit viel Unterstützung rechnen, derer sie gegenüber den Schikanen arbeiterfeindlicher Behörden sowie den Vorurteilen des Bürgertums auch dringend bedurften. Das Märchen von den Sekt trinkenden Maurern der Gründerzeit spukt heute noch in manchen Köpfen. Auf zwei Gewerkschaftskongressen in Erfurt und Magdeburg scheiterte der Plan des SdAP-Sekretärs Theodor Yorck, der auch Vorsitzender des Holzarbeiterverbandes war, eine Dachorganisation der Gewerkschaften zu schaffen. Es war klar, ohne Einigung in der politischen Arbeiterbewegung war das nicht zu machen.

Spaltung verhindert Unterdrückung, jawohl!

In der Frage von Nähe und Distanz, von »Haudrauf« und »Kommher«, von Einheitswunsch und Spaltungsbeharren war es schon so oft auf und ab gegangen zwischen den beiden freund-feindlichen Brüdern, dass der neue Tiefschlag des Federfuchsers »mit der schwieligen Hand« nicht besonders wundernehmen sollte. Doch Hasselmann brachte eine neue Qualität in die Auseinandersetzung. Im *Neuen Social-Demokrat* warf er Liebknecht und Bebel vor, sächsisch-österreichische Agenten zu sein. Im Verlauf einer Versammlung des Streikvereins der Sattler trat Hasselmann – nach Bernstein »ein skrupelloser Polemist« – an der Spitze einer ganzen Redner-Rotte gegen Bebel auf, der hier einen Vortrag zu halten hatte, um ihn »moralisch zu vernichten«. Der Versuch endete als Fiasko und gab dem Angegriffenen im Anschluss immerhin die Gelegenheit, nach der Motivation für diese perfide Kampfesweise zu fragen. In der Berliner *Demokratischen Zeitung* berichtete Bebel über die verblüffende Antwort zweier Mitglieder des ADAV-Generalstabs. Wie aus einem Mund hätten sie erklärt: »Sie müßten uns bekämpfen; denn werde heute eine Einigung der Sozialdemokratie hergestellt, schreite morgen die Regierung mit aller Macht ein, um die Partei zu unterdrücken.« Bebel empört: »Bewußt und mit Vorbedacht arbeiten also diese Herren auf die Spaltung los und damit der Regierung in die Hände.« In seiner Autobiografie, mit dem Abstand der Erfahrung, urteilt er milder: »Ahnungsvolle Engel, denn so ungefähr kam es nachher, als die Einigung verwirklicht wurde.«

Berlins Polizeipräsident Wurmb, dessen Interesse an den »Landesfeinden« nie erloschen war, hatte natürlich auch dies beobachtet und Innenminister Eulenburg sein Resümee weitergegeben. Danach habe es nach Zeiten »fast tödlicher Feindschaft« zwar eine Art Waffenstillstand gegeben, in dem auch »die beiderseitigen Organe *Volksstaat* und *Neuer Social-Demokrat* sich nur sehr selten und dann auch äußerst gemäßigt angriffen«. Ja, es habe auch Hinweise auf so weitgehende Übereinstimmung gegeben, dass es gleichbedeutend sei, ob man einem »Verein nach Eisenacher Programm« oder dem ADAV angehöre, Hauptsache, »daß jeder Arbeiter einem dieser Vereine angehöre«. Doch hätten die letzten Tage eine Änderung hervorgebracht. Der *Neue Social-Demokrat* habe Bebel und Liebknecht »des Verrats der Arbeitersache« und oben genannter Agententätigkeit bezichtigt. Das hiesige Organ Bebels, die *Demokratische Zeitung*, und der *Volksstaat* hätten aber im gleichen Tone geantwortet.

Das »hiesige Organ« war jedoch kein sozialdemokratisches, sondern von Demokraten in der Nachfolge der im Frühjahr eingestellten *Zukunft* gegründet worden. Die *Zukunft* galt als Jacobys Sprachrohr, vor allem aber war dieses überzeugend demokratische Wochenblatt ein Produkt von Guido Weiß, ehemaliger 48er und eine der bemerkenswertesten Erscheinungen auf einem deutschen Redakteursschemel der Bismarck-Zeit. Carl Hirsch übernahm alsbald die Redaktion der *Demokratischen Zeitung*, von dem Wurmb sehr wohl wusste, dass er »in den Braunschweiger Papieren eine hervorragende Rolle« gespielt hatte. Sozialdemokratischer Geist scheint dem Blatt zwar nicht ganz fremd gewesen zu sein. Schon in der Eröffnungsnummer erklärten die Herausgeber, dass sie das auf sieben Erscheinungstage wöchentlich projektierte Blatt montags doch nicht erscheinen lassen wollten, »mit Rücksicht auf die dadurch notwendig werdende Sonntagsarbeit«. Auf der anderen Seite war wohl nicht zuviel davon da, denn nach einigen Wochen warf Hirsch demonstrativ das Handtuch. Nach einem Jahr, in der sie manchen Zickzackkurs gefahren hatte, musste die *Demokratische Zeitung* ihr Erscheinen einstellen. An die publizistische Bedeutung der *Zukunft* hat sie nie herangereicht. Eduard Bernstein fand, dass man in Beziehung auf die Schreibweise vom Verhältnis der *Demokratischen Zeitung* zur *Zukunft* das Gleiche sagen konnte, wie vom Verhältnis des *Neuen Social-Demokrat* zum *Social-Demokrat*. Die Nachfolger strickten einen wesentlich gröberen Faden.

Ein knappes Jahr, nachdem sie ihre Leipziger »Hochverräter« aus der Untersuchungshaft entlassen hatte, glaubte sich die sächsische Justiz imstande, ihnen nun auch den Prozess machen zu können. Liebknecht, Bebel und Hepner fürchteten nicht viel, hatten sie doch das gerade abgelaufene Verfahren für die Braunschweiger vor Augen, dass für den zu Kettensträflingen abgestempelten Parteiausschuss höchst glimpflich abgelaufen war. Das Herzogliche Kreisgericht in Braunschweig hatte Bracke, von Bonhorst, Spier und Kühn zwar zunächst zu Gefängnisstrafen zwischen 16 und 5 Monaten verurteilt, doch nachdem die Verurteilten Nichtigkeitsbeschwerde erhoben hatten, blieb vor dem Wolfenbütteler Obergericht kaum etwas davon übrig. Auf die minimalen Strafen wurde auch noch die Untersuchungshaft angerechnet, sodass alle vier auf freiem Fuß blieben – ein verkappter Freispruch.

»Der Richter ist nicht befugt«, hieß es dazu in den Entscheidungsgründen, »den wesentlichen Unterschied zwischen illoyaler Gesinnung und gesetzwidriger Handlung zu übersehen.«

Aufatmend schrieb Liebknecht an Hirsch: »Durch die Cassation des Braunschweiger Urteils ist unser ganzer Prozeß, resp. die öffentliche Verhandlung problematisch geworden.« Hoppla, holt da nicht einer eher tief Luft? Auch im Königreich Sachsen waren die Sitten rauer geworden, die Verfolgungen hatten eine vorher nie gekannte Schärfe angenommen. Der »alte« Vahlteich, inzwischen ausgewiesener Eisenacher, ja Mitbegründer der SdAP, wie auch Carl Hirsch mussten eine Festungsstrafe in Hubertusburg absitzen. In diesem ehemaligen Jagdschloss, in dem der Siebenjährige Krieg zu Ende gebracht worden war, jetzt »Landes-Korrektions- und Krankenanstalt«, war ein Seitenflügel für die Unterbringung politischer Häftlinge eingerichtet worden.

Für den Prozessbeginn hatte die Obrigkeit Unruhen einkalkuliert. Um keine falschen Fronten entstehen zu lassen, richteten die drei Angeklagten im *Volksstaat* ein Wort an ihre Gesinnungsgenossen. »Geschehe was da wolle, verhaltet Euch ruhig.« Das galt einmal für die Verhandlung selbst, man solle sich aber auch nicht durch Hetzartikel oder *agents provocateurs* reizen lassen. An solchen war kein Mangel. Die Leipziger – liberalen – Zeitungen taten das ihnen Mögliche, um den Geschworenen jeden Gedanken an einen zu zimperlichen Spruch auszutreiben. Aber das war auch gar nicht im Sinne der Dresdner Regierung, die sich, wie Bebel offenherzig festhielt, unter Sachsens Gerichtsdirektoren den »beschränktesten Kopf« für dieses Verfahren ausgeguckt hatte. Der Herr von Mücke war aus dem fernen Bautzen in die Messestadt beordert worden.

Eine unbezahlbare Werbekampagne

Die Verhandlung vor dem Leipziger Schwurgericht dauerte 14 Tage und war die bisher aufwendigste und gründlichste Abrechnung eines deutschen Staates mit dem politischen Phänomen des Sozialismus. Besser: Sie hätte es sein können, wenn der Gerichtsvorsitzende den Ansprüchen eines solchen Prozesses gewachsen gewesen wäre. Er war es nicht. So wurde die Gerichtsverhandlung umgekehrt eine unbezahlbare und in diesem Umfang das Agitationsprogramm von Jahren ersetzende Werbekampagne für die neuen Ideen. Mit Liebknechts Worten: »Unsere kühnsten Erwartungen waren übertroffen. Der Leipziger Hochverratsprozeß, der unsere Partei vernichten sollte, gab ihr einen mächtigen Aufschwung.« Im Reichstag hatten Bebel und er noch keine Gelegenheit gefunden, die sozialdemokratischen Ideen eingehend zu entwickeln. Auch sei einiges, was die beiden während des Krieges dort gesagt und getan hätten, wie er selbstkritisch hinzufügte, »eher geeignet gewesen, einen großen Teil des Volkes … zu entfremden«. Zwischen dem Zerrbild, das inzwischen von den Angeklagten entstanden war, und ihrem Erscheinen in der Gerichtswirklichkeit klafften Welten. »Und der Kontrast kam uns und der Sozialdemokratie zugut.«

Diese Naivität des Gerichts! Es betrachtete die Angeklagten aus einer für sie fremden Welt ganz genau so, wie ein Zoologe eine neue Art unter die Lupe nimmt. In ihrem Forschungseifer verlasen die Richter mit wachsender Begeisterung seitenlange Briefe, Aufrufe und Artikel aus dem *Demokratischen Wochenblatt* sowie dem *Volksstaat*, Kongressprotokolle, zumindest in großen Auszügen, auch die Schriften zur Internationale, wie etwa das *Kommunistische Manifest*, die Inauguraladresse von Marx oder die Statuten der Internationale und verdienten sich damit – so Liebknecht – »mehr als einmal das aufrichtige Bravo! des in seiner Mehrzahl sozialdemokratischen Auditoriums«. Wiederum setzte Gerichtspräsident von Mücke Akzente seiner Art, wenn er zum Beispiel den Ausruf »Hoch die Sozialdemokratie! Hoch die Internationale Arbeiterassoziation!« als »Sehr wichtig!« betrachtete.

Im Mittelpunkt der Beweisaufnahme standen vor allem die in Braunschweig beschlagnahmten Papiere. Zeugenaussagen pro und contra warfen persönliche und bisweilen erhellende Schlaglichter. So war Bebel aufgrund der polizeilichen Niederschrift über eine im Vogtland gehaltene Rede Aufforderung zur Gewalt vorgeworfen worden. Keiner der weiter dazu gehörten Zeugen konnte sich daran erinnern. Der 48er Kirbach, der sich als »entschiedener« Gegner der Sozialdemokratie bezeichnet, kann sich an »überhaupt nichts strafbares« in der Rede Bebels erinnern. Bracke, der wie die anderen ehemaligen Braunschweiger Ausschussmitglieder als Zeuge geladen war, erklärte, vom Gerichtspräsidenten über sein Verhältnis zum *Volksstaat* befragt: Nicht immer sei er mit dem einverstanden gewesen, was in Leipzig gedruckt wurde. Das gelte erstens für die auseinander gehenden Ansichten zum letzten Krieg; er bekundete aber auch seine Abneigung gegen die oftmals »schroffe« Ausdrucksweise der Redaktion.

Der Staatsanwalt spannte seinen Beweisbogen vom *Kommunistischen Manifest* bis zu *Unsere Ziele*. Am Ende stand die Empfehlung an die Geschworenen: »Wenn Sie die beiden Angeklagten nicht verurteilen, dann sanktionieren sie für immer den Hochverrat.« Hepner überließ er ihrer Gnade. Auch wenn die beiden Verteidiger, die Brüder Freytag, darauf hinwiesen, dass diesem Prozess »der Kern fehlt, daß alles Nebel ist«, so bestand über den Ausgang kein Zweifel. Liebknecht und Bebel wurden wegen Vorbereitung zum Hochverrat zu je zwei Jahren Festungshaft verurteilt, auf die dann jeweils zwei Monate Untersuchungshaft angerechnet wurden. Für Hepner gab es einen Freispruch.

Wilhelm Liebknecht hat aus dem *Leipziger Hochverratsprozeß* einen Gerichtsthriller gemacht. Wer sich von den fast 950 Seiten nicht abschrecken lässt, erhält protokollartig den gesamten Verhandlungsablauf zusammen mit dem Abdruck aller behandelten und zumeist auch verlesenen Schriftstücke und damit einen Einblick in die Ursprünge und ersten Schritte der deutschen Arbeiterbewegung wie aus kaum einer anderen Quelle. Liebknecht griff übrigens weitgehend auf die ausführliche Berichterstattung im *Volksstaat* zurück. Der Band erscheint uns noch heute vom Faszinosum erlebter Geschichte beseelt.

Während Gerichtspräsident und Staatsanwalt für ihre Tätigkeit, mit der sie den Staat zu retten geglaubt hatten, durch Orden belohnt wurden, trat Johann Jacoby nach dem Urteil demonstrativ der Sozialdemokratischen Arbeiterpartei bei. Liebknecht und Bebel aber hämmerten im *Volksstaat* ihren Genossen ein: »Der Wahrspruch der Herren Geschworenen ist nicht wahr ... Wenn wir schuldig sind, ist jede Partei schuldig, die nicht gerade am Ruder ist. Indem man uns verurteilt, ächtet man die freie Meinungsäußerung.« Im Übrigen würden die Parteigenossen dann richtig auf das Urteil reagieren, wenn sie ihre Anstrengungen für die Partei verdoppelten, »vor allen Dingen« dem Parteiorgan größere Verbreitung verschafften. Während die demokratische und linksliberale Presse sich nahezu geschlossen hinter die Verurteilten stellte, bedauerten die nationalliberalen Zeitungen, dass die Justiz Märtyrer geschaffen habe, denen das Urteil nur Stimmengewinne bescheren würde.

Über die Festungshaft der beiden in Hubertusburg weiß die marxistische Legende zu berichten, dass Liebknecht seinen jüngeren Parteifreund in die Ideenwelt des Marxismus eingeführt hätte. Abgesehen davon, dass Marx und Engels von den theoretischen Fähigkeiten des Altrevolutionärs wenig hielten – Engels mokant: »bei seinem totalen Mangel aller Theorie« –, hatte Bebel das *Kapital* – damals nur erster Band – schon lange gelesen. Richtig ist, dass die Festungshaft für beide ein Bildungsunternehmen erster Klasse wurde. Sie lernten Sprachen und lasen, was sie kriegen konnten. Bebel studierte nahezu alles, was politische Theorie und politische Ökonomie damals anboten, das *Kapital* auch zum zweiten Mal, und betrieb unter anderem die Vorstudien für seinen Bestseller *Die Frau und der Sozialismus*. Liebknecht schrieb für den *Volksstaat*, natürlich heimlich. Vor allem taten beide etwas für ihre Gesundheit, durch Gartenarbeit etwa, an erster Stelle Bebel, der mit Glück eine Tuberkulose auskurieren konnte, die bald nach Haftantritt ausgebrochen war.

Ohne Hubertusburg wäre das lange extensive Politikerleben der beiden Parteigründer kaum vorstellbar.

Auf den Tag 22 Monate, nachdem er Hubertusburg betreten hatte, wurde Liebknecht nach Leipzig entlassen, Bebel aber durfte seine letzten drei Wochen auf der Festung Königstein verbringen, wo sich Sachsen wieder eine standesgemäße Bleibe für seine politischen Gefangenen zugelegt hatte. Auch war seine Heimkehr noch keine endgültige, denn er hatte noch neun Monate Haft im Landesgefängnis Zwickau abzusitzen, zu denen er noch nach dem Hochverratsprozess wegen Majestätsbeleidigung verurteilt worden war – zugleich war ihm auch sein Reichstagsmandat aberkannt worden. Seine Entlassung fiel auf den 1. April 1875, den 60. Geburtstag von Reichskanzler Bismarck. Dazu schrieb Sonnemanns *Frankfurter Zeitung*: »Unser Glückwunsch sucht an anderem Ort einen anderen Mann. Er gilt dem schlichten Bürger und Arbeiter, der morgen nach fast dreijähriger Haft das Gefängnis verläßt mit demselben fleckenlosen Rufe, mit dem er es ... betreten hat. Gruß und Glückwunsch darum dem Reichstagsabgeordneten August Bebel.«

Die Hubertusburger Inhaftierten hatten einen zwar heimlichen, aber kaum geschmälerten Kontakt zu ihren politischen Freunden halten können. Auch zu den beiden Alten jenseits des Kanals. Warum es mit diesen gerade während der langen Haft zu einem Konflikt kommen sollte, lässt sich wohl nur aus dem revolutionären Verständnis aller Beteiligten erklären, die immer im Kampf waren, auch in der Zelle, und also nicht geschont werden brauchten. Auch für sie galt die Zeile aus dem englischen Chartistenlied: »Qual, Verfolgung, Not und Kerker dämpfen nicht den Mut.« Es ging übrigens auch und vor allem um den *Volksstaat*. Über den Ursprung des Streites wissen wir aus den Briefen Hepners an Engels recht gut Bescheid, in denen er schon alsbald nach Liebknechts und Bebels Haftantritt über eine schikanöse Behandlung seitens des jetzt in Hamburg residierenden Parteiausschusses klagte. Er vergaß nicht den Hinweis, »sie wollen den *Volksstaat* ›lassalleanisch‹ machen«, was immer das heißt. Bebel hält dafür, dass der brave und treue, »aber leicht verbissene« Hepner sich allzu sehr auf seine Abneigung gegen alles Lassalleanische einließ. Besonders Theodor Yorck hatte es ihm angetan, der ihm als Parteisekretär, also Geschäftsführer der Eisenacher immer dazwischen redete.

In der unendlichen Geschichte des innerparteilichen Pressekriegs bildet der Mainzer Kongress eines der auffälligsten Kapitel. Zweifellos bot die Abwesenheit Liebknechts und Bebels den Unzufriedenen eine handgreifliche Chance. Eine Fronde, hinter der die Kontrollkommission stand, schob dem *Volksstaat* die Verantwortung für nichts weniger als alles zu, was zwischen Eisenachern und Lassalleanern schief gelaufen war.[26] Im Antragsstil seiner Zeit monierte der Breslauer Bruno Geiser, späterer Schwiegersohn Wilhelm Liebknechts: »In Erwägung, daß Artikel, resp. Berichte des *Volksstaat*, welche in gehässiger Weise gegen die Leitung, Agitatoren oder den *Neuen Social-Demokrat* gerichtet sind, der Partei eher Schaden als Nutzen schaffen; vielmehr ... der Haß der beiderseitigen Mitglieder neue Nahrung findet und eine Vereinigung fast unmöglich macht, auch überhaupt maßvoll gehaltene Schreibart eher Anhänger zu erwerben vermag, beschließt der Kongreß: Die Redaktion des *Volksstaat* hat unbekümmert darum, ob von anderer Seite Gehässigkeiten stattfinden oder nicht, nur ruhig und maßvoll abgefaßte Artikel resp. Berichte aufzunehmen.«

Obwohl dieser Antrag keine Billigung fand, schien er alle Schleusen geöffnet zu haben. In der anschließenden langen Debatte versuchen einige Delegierte, darunter auch – etwas vorsichtiger – Yorck, der *Volksstaat*-Redaktion ein enges Korsett anzulegen. Das ging bis zu der Forderung, Berichte, die über 2000 Quadratzentimeter Platz beanspruchen, dem Ausschuss zur Billigung vorzulegen. Einem jungen Nürnberger Delegierten platzte schließlich der Kragen. Karl Grillenberger mahnte: »Eine Partei, die Pressefreiheit auf ihre Fahnen geschrieben hat, kann unmöglich in der eigenen Partei die Zensur wollen.« Hepner, der verantwortliche Redakteur, verwahrte sich gegen die Fülle von Vorschlägen, die das Blatt als Klippschule für Parteimitglieder missbrauchten: Er betrachte seine Leser nicht als ABC-Schützen. Was wiederum Yorcks Missbilligung fand. Schließlich stöhnte ein Delegierter: Der eine wünscht von der Zeitung dies, der andere das, ich wünsche, dass wir zur Tagesordnung übergehen.

Nachdem Geiser noch einen Antrag zurückgezogen hatte, der Redaktion und Vertrieb des *Volksstaats* unter das Kuratel von Ausschuss, Kontrollkommission – deren Mitglied er selbst war – und Parteitag stellen wollte, wurde dem Blatt schließlich auferlegt, »unverzüglich jede Polemik gegen den ADAV und seine Leiter einzustellen«, etwaige Anfeindungen von dort aber mit Schweigen zu beantworten. Auf jeden Fall wurde klar: Das Zentralorgan unterschied sich von der Lokalpresse nicht dadurch, dass es Organ des Parteivorstandes, sondern dadurch, dass es das Organ der gesamten Partei war, wie Karl Kautsky später einmal befand.

»Weil ich weder Liebknecht noch Bebel heiße«

Die Anweisung an die Redaktion war nur Teil eines umfassenderen Antrags gewesen, der sich nichts weniger zum Ziel gesetzt hatte als die Einigung mit dem ADAV voranzutreiben. Die Mühe war eitel. Was mehr noch Hasselmann als Hasenclever darüber dachte, war schon bald im *Neuen Social-Demokrat* nachzulesen. Überschrift: »Ein ernstes Wort an die Arbeiter der Eisenacher Partei«. Klar, mit den »Literaten« sprach man nicht. Als ob Hasselmann selbst, gegenüber Bebel etwa, ein bodenständiger Arbeiter war! Natürlich wird schon hier die Praxis aller Parteienkämpfe deutlich, zwischen Mitgliedschaft und Parteiführung einen Keil zu treiben. Das polemische Schriftstück sah den Schwarzen Peter ausschließlich bei den Eisenachern, verschwieg aber wohlweislich, dass ein Antrag zur Einigung in der eigenen ADAV-Generalversammlung ohne weitere Umstände beerdigt worden war.

Die Antwort der »Ehrlichen« ließ nicht lange auf sich warten und trug die Handschrift der Hubertusburger. Nachdem er sich mit den gegnerischen Vorwürfen im Einzelnen auseinandergesetzt hatte, erklärte der *Volksstaat*, er werde alle Polemik gegen das ADAV-Organ einstellen, wenn es vor allem »unsere Partei eindeutig als eine sozial-demokratische anerkennt« und sie auch immer beim richtigen Namen nenne. Außerdem erklärte er, sich für »einen gemeinschaftlichen Kongreß der beiden Fraktionen« einzusetzen, der die schwierigen Einigungsfragen diskutieren könne. Als die Lassalleaner kurz darauf wieder einmal eine Versammlung der Eisenacher in Berlin sprengten, war aller Welt klar, wie wenig den Hasselmännern die Einigung wert war. Nun erst veröffentlichte der *Volksstaat* eine Art von Kriegserklärung gegen ADAV und *Neuen Social-Demokrat*; denn: »Wer die deutschen Arbeiter spaltet, ist jetzt … erwiesen.«

Wenn dieser klare Sachverhalt Marx und Engels noch immer nicht genügte, so muss man bei dem schmollenden Hepner nach der Ursache suchen. Dem ging es nun wirklich nicht gut. Dass er im Hochverratsprozess freigesprochen worden war, sah er als persönliche Schmach an. In einem Anfall von Bekennermut erklärte er sich im *Volksstaat* der gleichen politischen Vergehen schuldig wie seine Mitangeklagten, freigesprochen worden sei er aber, weil er »weder Liebknecht noch Bebel heiße.« Aber es sollte auch ihn noch erwischen. Leipzigs Polizeidirektor Rüder hatte ein Verbot ausgesprochen, den Internationalen Arbeiterkongress in den Haag zu besuchen: Es war jener, der die Internationale spaltete und zur Übersiedlung des Büros nach New York führte. Hepner war trotz Verbot gefahren, bekam prompt seine vier Wochen Haft, die sich wegen verschiedener Pressedelikte bald noch verdoppelte und verdreifachte. Er wurde im folgenden Frühjahr auch noch aus Leipzig ausgewiesen, dann auch aus der Umgebung.[27] Mit dieser Ausweisungspraxis hatte das einst liberale Sachsen sich inzwischen an die Spitze der Verfolgungswut gesetzt. *Volksstaat*-Redakteur August Bernhard Muth wurde ebenfalls nach seiner Bestrafung ausgewiesen. Auch er hatte lediglich gegen ein Polizeiverbot verstoßen.

Hepner zog schließlich nach Breslau, wo er einen Buchladen eröffnete. Hier machte er seinem Herzen Luft, wobei er sich als Adressaten die beiden Londoner aussuchte. Er malte die lassalleanische Gefahr schwarz in schwarz, wobei er in Yorck nicht viel weniger sah als das, was Agententhriller ein U-Boot nennen. Der alarmierte Engels scheute sich nicht, Liebknecht auch in der Festungszelle den Kopf zu waschen. Der konterte, und das wäre sicher noch eine Weile so hin und hergegangen, wenn Bebel sich nicht eingeschaltet hätte. Mit zwei Briefen an Marx und Engels stellte er die Verhältnisse klar, und obwohl in dem Quartett der weitaus jüngste, stellte er eine Autorität unter Beweis, die überzeugte und mit den Jahren noch wachsen sollte.

Er entschuldigte Hepner, auch wenn der Unrecht habe und viel zu düster sehe. Andererseits Yorck. Den könne man nicht so einfach abqualifizieren. Ohne seine organisatorischen Verdienste sähe es um die von der seinerzeitigen Verhaftung ihres Vorstandes tief getroffene Partei heute noch schlimm aus. Und nun zur Hauptsache: Lassalle und der Lassalleanismus. Es sei nun einmal nicht wegzudiskutieren, dass Lassalles Schriften »durch ihre populäre Sprache die Grundlage der sozialistischen Anschauungen der Massen bilden«. Gegen den Lassallekultus aber könne und solle man etwas unternehmen. In »unserer eigenen Partei« sei er schon so gut wie verschwunden, woran auch der *Volksstaat* seinen Anteil habe, und wenn Yorck sich darüber ereifere … nun schön. Ein »vernichtender Schlag für den Lassallekultus« aber würde es sein, wenn »Freund Marx« sich selbst im *Volksstaat* dazu zu Worte melden würde. Und Engels würde doch seine Drohung nicht wahr machen, sondern seine Mitarbeiterschaft dem *Volksstaat* erhalten?

Engels Antwort – ein Rückzugsgefecht – offenbarte noch einmal seine Ängste. Die »unglücklicherweise ganz Lassalleschen Parteibehörden« könnten die Abwesenheit Bebels und Liebknechts nutzen, »um den *Volksstaat* in einen ›ehrlichen‹ *Neuen Social-Demokrat* zu verwandeln«. Yorck habe diese Absicht auch klar eingestanden, worunter Engels wohl die Attacken vom Mainzer Kongress zur Popularisierung des Parteiorgans verstand. Tatsache sei jedenfalls, dass der *Volksstaat* seit Hepners Weggang »weit schlechter geworden« sei. Auch wenn er den neuen Mann, Wilhelm Blos, nicht kenne, so könne man doch annehmen, dass er nach dem Herzen des Ausschusses sei. Um auch noch deutlich zu machen, dass Einigung um jeden Preis nicht seinem Geschmack entspräche, bemühte Engels die Dialektik des »alten Hegel«. Eine siegende Partei bewähre sich darin, dass sie sich spalte – und das auch vertragen kann. Was Engels eigentlich nicht übersehen haben dürfte: Die Arbeiterbewegung war schon von Beginn an gespalten. Was wäre da der der nächste dialektische Schritt gewesen? Gruß und Schluss: »Daß Sie Ihre Gefangenschaft stoisch aushalten und studieren, ist sehr schön.«

Es dürfte deutlich geworden sein, dass Engels erst auf eine Denunziation hin reagierte. So kritisch die beiden Alten oft mit den Ergebnissen von Liebknechts journalistischen Anstrengungen umgingen, es wäre ihnen nicht im Traume eingefallen, sich in die Redaktionsgeschäfte einzumischen. Den Historiografen der DDR blieb es vorbehalten, in Marx und Engels die heimlichen Chefredakteure des *Volksstaats* zu entdecken. Erich Kundel suchte allenthalben Beweise für die Führungsrolle von Marx und Engels und fand sie in 142 Belegstellen, die für eine Mitarbeit der beiden am Blatt sprächen. Sie beweisen aber hauptsächlich, dass der *Volksstaat* verdienstvollerweise den Abdruck bereits erschienener und auch neuer Werke von Marx und Engels besorgte. *Der deutsche Bauernkrieg*, von dessen Nachdruck wir bereits hörten, erschien in 29 Fortsetzungen. Über neun Ausgaben erstreckte sich der Abdruck von Marx' *Bürgerkrieg in Frankreich*, zu 16 Fortsetzungen brachten es seine *Enthüllungen über den Kommunistenprozeß in Köln*. Engels äußerte sich zur Wohnungsfrage, überhaupt beteiligte er sich viel aktiver an der Mitarbeit als Marx, wofür Kundel Krankheit und Marxens Arbeit am *Kapital* als Erklärung heranzieht. Ähnlich wie das *Demokratische Wochenblatt* nahm Marx auch den *Volksstaat* für Veröffentlichungen der Internationale in die Pflicht, und bei den ein, zwei Malen, wo sich Marx aktuell zu Worte meldet, handelt es sich um Berichtigungen in Form von Leserbriefen.

Alle diese Beiträge haben ihren Platz und ihren Rang, will man die Bedeutung des *Volksstaat* für die deutsche Arbeiterbewegung bemessen. Sie haben auch sicherlich zur marxistischen Orientierung der Sozialdemokratie für Jahre und Jahrzehnte beigetragen. Für die odenhaft beschriebene Führungsrolle von Marx und Engels in einer Kampfgemeinschaft ohne Fehl und Tadel spricht nichts. Wenn übrigens aus diesem Zeitraum keine Liebknecht-Sottisen im Marx-Engels'schen Briefwechsel zu melden sind, findet das seine einfache Erklärung darin, dass Engels am 20. September 1870 ein Haus in der Regent's Park Road in London bezog. Briefe wurden nur noch ausgetauscht, wenn einer der beiden Freunde die britische Hauptstadt verließ. Da wird dann deutlich werden, dass der inzwischen unbestrittene deutsche Arbeiterführer immer noch von hoher Warte aus gesehen und mit spitzen Bemerkungen bedacht wird. Zugegeben, die bekannte Vulgarität aus den Jahren der ideologischen Orientierung hatte sich etwas gelegt.

Wie viel Freiheit hat ein Parteiredakteur?

Verfahren wie die Karre nun einmal war, ließen die nächsten Parteikongresse keine Neigung für eine Vereinigung erkennen. Wenn sich beim ADAV einmal eine Stimme meldete, die um anständigen Umgang mit dem Mitbewerber im Arbeiterlager warb, so wurde das, bevor jemand auf dumme Gedanken kommen konnte, abgeblockt: »Von der Vereinigung mit den Ehrlichen wollen wir nichts wissen.« Bei den Ehrlichen war das nicht einmal ein Thema. Da der ADAV nicht wolle, würden auch sie »jedweden Versuch« einstellen. Tagungsort war wieder Eisenach, da die Nürnberger Polizei den Kongress in der Reichsstadt verhindert hatte. Tagungsthema Nummer eins war wieder einmal die Parteipresse. Das Herzstück dieser Diskussion, die Frage nämlich, wie viel Freiheit die Partei ihren Redakteuren zugestehen dürfe oder nicht dürfe, hatte eine breitere Grundlage gewonnen: Im vierten Jahre ihres Bestehens musterte die SdAP bereits elf Lokalblätter.

Das mobilisierte jene, die nicht einsehen mochten, dass etwa die Chemnitzer *Freie Presse* eine andere Nuance betonte als die *Hofer Zeitung*. Es half wenig, dass Bracke die Notwendigkeit einer »gewissen Unabhängigkeit« für die Parteiblätter betonte. Für Samuel Kokosky, Redakteur des *Braunschweiger Volksfreunds*, war schließlich die Schmerzgrenze erreicht. Er habe das »Unglück«, Redakteur eines Parteiblattes zu sein, monierte er. Wenn er neben den ganzen »Unannehmlichkeiten«, die das mit sich bringe – jeder verstand: Sozialdemokratische Redakteure lebten mit einem Bein im Gefängnis – auch noch seine Überzeugung opfern sollte, dann würde er »lieber Stiefelputzer sein« wollen. Wenn alles »nach einer Schablone« sein solle, dann verbiete man besser alle Parteiblätter »und mache den *Volksstaat* zu einem *Neuen Social-Demokrat*«. Das endlich wirkte! Der *Volksstaat* konnte melden, »daß der Antrag von Augsburg, die Parteiorgane der Aufsicht des Ausschusses unterzuordnen, nach langer, heftiger Debatte verworfen wurde!«

Wie sich herausstellen sollte, war es gerade die Vielzahl und die Vielfalt ihrer Parteiblätter, die den Eisenachern helfen sollte, den Vorsprung der Lassalleaner aufzuholen. Allerdings fand sich unter ihren Redakteuren auch ein Helfer von zweifelhaftem Wert. Bernhard Becker, der zum *Braunschweiger Volksfreund* gestoßen war, trug mit der Veröffentlichung seiner Bücher über Lassalles Agitation und Sterben maßgeblich dazu bei, den Konflikt mit dem ADAV am Schwelen zu halten. Dasselbe besorgte auf seine Art auch Herr von Schweitzer, der zum Paulus gewordene Saulus. Dr. Schweitzer hatte plötzlich sein Herz für die Einheit der Arbeiterbewegung entdeckt. »Mit den Führern, wenn diese wollen, ohne sie, wenn sie untätig bleiben, trotz ihnen, wenn sie widerstehen.« Sein Appell, der auch sein politisches

Testament war und mit dem Satz schloss: »Einigung um jeden Preis!«, war vom *Volksstaat* auf einem Extrablatt veröffentlicht worden. Er bewirkte bei den vergrätzten Lassalleanern, die Schweitzer ja in kaum nachzuvollziehender Weise aus ihrem Verein hinausgeworfen hatten, das genaue Gegenteil des bezweckten. Für sie war Schweitzer nunmehr ein Agent der SdAP. So schnöden Undank hatte der Sachwalter eines lebendigen lassalleschen Erbes sicherlich nicht verdient.

Freilich wäre es zu kurz gedacht, die Uneinigkeit in der Arbeiterbewegung auf rein persönliche Animositäten reduzieren zu wollen, so wirkungsvoll sie sich hin und wieder – siehe das Verhältnis Bebel-Schweitzer – darstellen mochten. Doch gab es tief sitzende politische Differenzen. Da war die sich gerade schließende Kluft zwischen den Anhängern der kleindeutschen und der großdeutschen Lösung, die ziemlich genau zwischen ADAV und SdAP verlief. In den Fragen der Organisation – straffe Zentralisation oder nicht – und teilweise auch der Gewerkschaften war man verschiedene Wege gegangen, zu schweigen von den gegensätzlichen Positionen der Liebknecht-Bebel-Partei bei Lassalles »ehernem Lohngesetz« und Schweitzers »reaktionärer Masse«. Wiederum galten die Eisenacher aufgrund ihrer Volkspartei-Herkunft in den Augen der Lassalleaner als kleinbürgerlich-kompromisslerisch. Als letzten Beweis dafür führte Hasselmann irrwitzigerweise auch noch die Spaltung der Internationale in den Haag an, weil die SdAP sich gegen Bakunin für Marx entschieden hatte.

Der Volksstaat schreibt rote Zahlen

Doch zurück zum *Volksstaat*. Auch er kam in Eisenach nicht ungeschoren davon, vom bekannten Vorwurf der Polemik gegen den *Neuen Social-Demokrat* bis zu der Verpflichtung, vorkommende Fremdwörter gefälligst zu erklären. Aber gerade am Beispiel dieses Kongresses bewies der *Volksstaat* seine beachtliche Fähigkeit zur Innovation. Sein Eröffnungsbericht ist so locker, anschaulich und fern der bis dahin gebräuchlichen Protokollkorrespondenz geschrieben, er kann sicherlich als Vorläufer heutiger Zeitungsfeatures gelten. Wichtiger mag den Delegierten erschienen sein, dass ihr Zentralorgan plötzlich rote Zahlen schrieb. Es wurde ja jetzt in der Genossenschaftsdruckerei gefertigt und erschien seit Anfang Juli statt bisher zweimal, nun dreimal in der Woche: mittwochs, freitags und sonntags. Das hatte allerdings zur Folge, dass aufgrund des verteuerten Abonnementspreises ein rundes Tausend der Bezieher absprangen. Aber mit den für das dritte Quartal 1873 angezeigten 6666 Abonnenten schien das Ende der Durststrecke erreicht, wenn auch auf den Höhenflug noch länger gewartet werden musste.

Schlimmer war es da einem Konkurrenten ergangen – nein, nicht dem *Neuen Social-Demokrat*, der hatte die Nase vorn und marschierte stramm auf die 13 000 zu. Die Rede ist von der *Freien Zeitung* des lassalleschen Allgemeinen Deutschen Arbeiter-Vereins, die weiland Herr Bruhn nach Leipzig gebracht hatte. Aber Bruhn gab es längst nicht mehr. In einem letzten Aufbäumen wies der neue und selbst wohl gar nicht mehr so willige Redakteur Dr. B. Fischer »alle Lassalleaner« auf die Pflicht hin, »für die weiteste Verbreitung der ›Freien Zeitung‹ mit unablässigem Eifer tätig zu sein«.

Es half sehr wenig. Nicht ohne Häme beurkundete ein halbes Jahr später der *Volksstaat*, dass die Hatzfeldt'sche *Freie Zeitung* ihr »Eingehen angezeigt« habe, »und zwar nicht aus Mangel an Lesern, obgleich auch dieser zugegeben wird, sondern aus Mangel an einem – Redakteur«. Kaum zu glauben, aber wahr! Mit der Einstellung seiner Zeitung signalisierte der Mende-Hatzfeldt'sche LADAV sein eigenes baldiges Ende.

Es sollten zwei Personalentscheidungen sein, nach denen sich die Voraussetzungen änderten, die bis dahin der Einheit der deutschen Arbeiterbewegung im Wege gestanden hatten. Bei der einen handelt es sich um die Berufung des Frankfurter Polizeipräsidenten Guido von Madai in die gleiche Funktion nach Berlin. Er wurde der Nachfolger des Herrn von Wurmb, der wegen sexueller Übergriffe nicht mehr im Amt zu halten war. Als noch folgenschwerer stellte sich die Versetzung des Staatsanwaltes Hermann Tessendorf von Magdeburg in das Berliner Stadtgericht dar. Die Sozialistenverfolgungen nahmen jetzt Ausmaße an, die selbst die berüchtigten »Stiebereien« des ehemaligen Chefs der politischen Polizei, Wilhelm Stieber, blass aussehen ließen. Als »Ära Tessendorf« gingen diese Jahre in die Geschichtsbücher ein und Tessendorfs Amtsführung wurde schließlich mit der Beförderung zum Reichsanwalt belohnt.

Auf welchen geistigen Grundlagen das ablief, belegt eine Denkschrift des Kriminalinspektors Pick, die Madai an Innenminister Eulenburg übersandte. Pick hatte sich Gedanken gemacht, wie man »der ganz unausbleiblichen Proletarierrevolution einen haltbaren Damm entgegensetzen« könne. Seine zutiefst feindselige Diagnose des Krankheitskörpers »Arbeiterstand« zählte folgende Symptome auf: Üppige Lebensweise, Kleiderluxus, Vergnügungssucht, Feindschaft gegen jede Autorität – besonders Kirche und Polizei – verderblicher Einfluss von »Preßbanditen« sowie freiem Vereinigungs- und Versammlungsrecht. Und dann aus dem Abgrund die Fratze: »Jüdischer Schmutz, jüdische Feigheit und Hinterlist, sie haben diese Zustände geschaffen … Ich halte … die freie Presse für das größte Unglück des Staates.«

Nicht uninteressant für die Polizeiorgane eines Militärstaates dürften auch die »Beobachtungen« Picks während des Krieges 1870/71 gewesen sein. Er habe Briefe von Landwehrmännern gelesen, »welche mir als Sozialisten bekannt waren«, in denen »man die großen Entscheidungsschlachten Massenmorde« nannte und »alles vergossene Blut ... dem Staatsoberhaupt in die Schuhe« schob. Eine Therapie hält dieser Wegbereiter des neudeutschen Antisemitismus und der dazugehörigen Sozialistenhetze ebenfalls bereit: »Abänderung des Preß- und Vereinigungsgesetzes« und eine Zentralstelle für »die einheitliche Bearbeitung der sozialistischen Verhältnisse«. Bismarck gefiel das. Seine Vorlage für ein neues Pressegesetz, das die alten Länderbestimmungen ablösen sollte, atmete durchaus Pick'schen Geist. Der berüchtigte Paragraf 20 mit seinen ausdrücklich gegen »Reichsfeinde« gerichteten Bestimmungen, stellte nahezu alles unter Strafe, was eine freie Presse ausmacht. Zwar konnte dieser Giftzahn gezogen werden, doch blieben – dank nationalliberaler Umfaller – mit den polizeilichen Beschlagnahmebefugnissen und anderen Schikanen alle Erwartungen für ein fortschrittliches Presserecht auf der Strecke, auch wenn die Befürworter im Wegfall von Stempelsteuer, Kaution und anderen Zöpfen einen Fortschritt sahen.

Gerichtlich war Bebel sein Reichstagsmandat abgesprochen worden, nicht jedoch seine Wählbarkeit. Die Wähler seines Wahlkreises Glauchau-Meerane durften darum bei nächster Gelegenheit bekunden, was sie von der politischen Kaltstellung ihres Abgeordneten hielten. 1874 wählten sie ihn mit vielfach größerer Stimmenzahl erneut ins Amt. Allerdings dauerte es ganze 15 Monate, bis Bebel sein Mandat ausüben konnte. Diese Reichstagswahl wurde ein großer Erfolg für beide sozialdemokratischen Parteien. Sie verdreifachten ihre Stimmenzahl seit 1871, die Eisenacher brachten sechs, die Lassalleaner drei Kandidaten durch.

Noch vor der Wahl waren die Wogen wieder einmal hochgegangen. Der *Neue* hatte Bebel wegen seiner Kandidatur in Altona angegriffen, da dort auch Hasenclever kandidierte – Mehrfachkandidaturen waren gang und gäbe. Dafür hatte der *Volksstaat* Hasselmann als »Hassel-Marat« verspottet. Doch mit der Wahl – und in ihrer Folge – war eine Wende eingetreten. In den Stichwahlen unterstützten ADAV und SdAP die gegenseitigen Kandidaten. Die Tatsache, dass beide Parteien eine annähernd gleiche Stimmenzahl buchen konnten, gab den Heißspornen hüben und drüben Anlass zum Nachdenken. Und als schließlich in der praktischen Fraktionsarbeit – zunächst nur zu siebt, da Bebel und Liebknecht noch in Hubertusburg einsaßen – »die Lassalleaner sahen, daß die Eisenacher mehr als ein Anhängsel der bürgerlichen Demokratie seien, und die Eisenacher erkannten, daß die Regierungsfreundlichkeit der Lassalleaner ein Märchen sei« (Mehring), da bekam der Einigungsgedanke eine neue Chance. Tatsächlich datiert Mehring die Einigung auf den 10. Januar 1874, den Wahltag.

Das geht ja hinunter wie Honig. Aber ist da der sonst so unbestechliche Historiograf nicht vielleicht ein wenig den »Einigungsschreiern« (Engels) auf den Leim gegangen? Als die Basis – 14 Antragssteller zwischen Lübeck und Stuttgart, zwischen Zittau und Köln – in der ADAV-Generalversammlung in Hannover die Einigung und wieder die Einigung oder doch zumindest Ende des Streits einfordern, da macht Hasselmann für sich deutlich, was er von seinen sozialistischen Abgeordnetenkollegen aus der anderen Fraktion hält: »Bei den Leuten herrscht eine völlige Korruption.« Am Ende kommt heraus, dass der Negativbeschluss vom letzten Kongress bekräftigt wird. Präsident Hasenclever kann gerade noch durchsetzen, »daß weder der Präsident noch ein sonstiger Parteibeamter [das zielt auf Hasselmann und vielleicht Tölcke; Anm. H. S.] die Eisenacher angreifen dürfe«. Diese aber werden auch nicht viel deutlicher. Zwei knappe Absätze benötigt der *Volksstaat*, um festzuhalten, was die SdAP auf ihrem Coburger Kongress zur Einigungsfrage zu sagen hatte. Immerhin: »Der einst bestandene Streit« soll ruhen, Einigung müsse nicht Vereinigung heißen, doch »über den Modus einer solchen Einigung«, der man »zugeneigt« sei, sollen Ausschuss und die Reichstagsmitglieder der Partei bis zum nächsten Kongress Vorschläge machen.

Tessendorfs Verfolgung kommt auf Touren

Wenn es schon Unterschiede gibt, dann in der obligaten Pressediskussion. Die Eisenacher bleiben bei ihrem Kurs, auch lokale Blätter zuzulassen, obwohl nun schon zwei davon in Schwierigkeiten geraten sind. Die Lassalleaner können sich dazu nicht aufraffen. Ihre Debatte ist lang und heftig. Hasselmann ist dagegen, »weil dies dem Verein mehr Kosten und auch mehr verantwortliche Redakteure, also auch Strafen verursachen wird«. Um von dem für ihn unangenehmen Thema abzulenken, redet er über Formatvergrößerung und Papierpreise. Es ist eine seltsame Rede, in der auch auf Hasenclever ein Schatten geworfen und in deren Folge vor allem der Kassierer und Expedient Grüwel mit dem Vorwurf von Nebengeschäften belastet wird, sodass eine Kommission ihre Arbeit aufnimmt. Grüwel verteidigt sich wild und ungeschickt, man spürt, er und Hasselmann sind Feinde. Zurück zum Thema. Jemand zitiert jemanden: »Hasselmann sucht jeden im ADAV zu unterdrücken, der durch Bildung etwas leisten kann.« Schließlich Abstimmung: Es bleibt bei der Ablehnung der Lokalblätter.

Tessendorfs Verfolgungsmaschine arbeitete nun. Dem *law-and-order*-Mann war klar geworden, dass sich »schon in nächster Zeit eine vollständige Vereinigung … vollziehen« würde. So hielt er »sofortiges energisches Einschreiten« für »schlechthin geboten«. Most erhielt eineinhalb Jahre Gefängnis für eine Rede über die *Commune*, der unbescholtene Schriftsetzer Heinsch ein Jahr für die Veröffentlichung eines bislang unbeanstandeten Arbeiterliedes auf Vereinskarten. In den ersten sieben Monates des Jahres 1874 wurden in Preußen 87 Lassalleaner zu insgesamt 211 Monaten Gefängnis verurteilt. Es waren allemal Lappalien, ja Willkür. Am 26. Juni des gleichen Jahres ordnete das Gericht auf Tessendorfs Antrag das Verbot des ADAV in Preußen an. Schnell folgten die Verbote der Gewerkschaften, des Arbeiterinnenvereins und der Berliner Organisation der Eisenacher. Sogar das Absingen von Audorfs legendärer »Arbeiter-Marseillaise« wurde unter Strafe gestellt. Auch anderswo wuchs der Druck. Als Hasenclever den Sitz des ADAV nach Bremen verlegte, brachte ihm dies zwei Monate Gefängnis wegen Verletzung des Vereinsgesetzes ein. In den bayerischen Großstädten mussten die Arbeiterorganisationen schließen. In Sachsen trafen sich die SdAP-Mitglieder reihenweise im Gefängnis. Aber vor allem waren es doch die Lassalleaner, die Nachstellungen von bisher kaum erlebter Brutalität kennen lernten. Die Schmerzgrenze war erreicht.[28]

Wenn man so will, lässt sich sagen, die Einheit ist im Gefängnis geschmiedet worden. Dies ist kaum eine Übertreibung. Immerhin saßen zwei der maßgeblichsten Führer beider Seiten in der Zelle, als die Würfel zu rollen begannen. Bebel für die Eisenacher in Zwickau, der Lassalleaner Hasenclever in Zeitz. Am 11. Oktober 1874 schrieb Liebknecht seinem alten Festungskameraden: »Gestern war Tölcke hier; er will Vereinigung mit uns.« Dass Tölcke sich diesen Ansprechpartner gewählt hat, sagt etwas über seine Gewichtung aus, doch Liebknecht verwies ihn entsprechend der »Kleiderordnung« an den Parteiausschuss. Der saß in Hamburg. Von den Eisenachern wurde das Einigungsbegehren, sobald bekannt, lebhaft begrüßt. Registriert wurden aber auch die hinhaltenden Reaktionen einer kleinen Gruppe um Hasselmann. So vereinbarten Liebknecht und Hasenclever bei einem Treffen im Zeitzer Gefängnis das weitere Vorgehen bis zur Entlassung des ADAV-Präsidenten. Sobald auf freiem Fuße erklärte der im *Neuen Social-Demokrat* – und der *Volksstaat* druckte es alsbald nach –, dass »die große Mehrheit der Mitglieder des Allgemeinen deutschen Arbeitervereins für die Vereinigung sei«, und darum die Unterhandlungen mit der Sozialdemokratischen Arbeiterpartei, »die ebenfalls den Wunsch einer Vereinigung hege«, aufgenommen worden seien. Je neun Mitglieder beider Fraktionen auf jeder Seite setzte sich die Verhandlungskommission am 14.

und 15. Februar 1875 in Gotha an den Tisch. Das Ziel: »Aus den beiden stark abweichenden Programm- und Organisationsentwürfen einen einzigen zu schmieden« (Bebel). Doch als der einsame Mann in der Zwickauer Zelle das Ergebnis begutachten darf, ist er »wie aus den Wolken gefallen«. So berichtet er jedenfalls im Abstand einer Generationsspanne in seinen Erinnerungen. Allerdings muss man wissen, dass in dieser Zeit dem Programm das letzte gute Haar ausgerauft worden war. Dazu hatten vor allem die Marx'schen »Randglossen« beigetragen, 1891 wieder aufgetaucht, nachdem sie Liebknecht 1875 vorsichtshalber hatte verschwinden lassen. Eine vernichtende Kritik des Programmentwurfes, überzeugend in jedem einzelnen Punkt, doch insgesamt die hochmütige Abrechnung des enttäuschten Hyperintellektuellen mit dem sozialdemokratischen Knotentum.

Die Knoten aber waren Lassalle und – Liebknecht. Keine andere Handschrift nämlich hat diesen Entwurf geprägt als die Liebknechts. Auch Hasselmann war nicht der Urheber, wie Herr Pick seinem Auftraggeber berichtete, wofür aufgrund der überbordenden Lassalleanismen ja einiges spräche. Doch Bebel war nie unkundig gewesen. Seine »Randglossen« waren ihm schon von Engels in die Zelle expediert worden, der ihm deutlich machte, was sich da vereinigen wolle, sei nicht »unsere Partei«. Und das Programm? Nichts als »historisch falsche Lassallesche Phrasen«. Das »eherne Lohngesetz«, die »Lassallesche Staatshilfe«, »die reaktionäre Masse« – die ist aber von Schweitzer. Und was steht dagegen? Nur »ein Haufen ziemlich verworrener rein demokratischer Forderungen«. Vor allem aber verzeiht Engels Liebknecht nicht, »daß er uns von der ganzen Sache kein Wort mitgeteilt«.

Als Bebel endlich wieder ungesiebte Luft atmen durfte und die Realitäten der Einigungspraxis hautnah erlebte, vergrub er das vorsorglich mitgebrachte eigene Programm tief in der Tasche. Und so verabschiedete der Gothaer Einigungskongress im Mai 1875, allen Warnungen zum Trotz, das Programm der geeinten Partei mit nur wenigen Änderungen im Kern unverändert. In selten so sachlicher Atmosphäre verlief die Diskussion um die Parteiorgane. Der Sattler Ignaz Auer aus dem bayerischen Dommelstadl, der sich als Eisenacher in der Lassalleaner-Hochburg Berlin und als Organisator des vorjährigen Reichstagswahlkampfes in Sachsen Verdienste und Anerkennung erworben hatte und darum als Sekretär des Parteiausschusses in Hamburg an entscheidender Stelle fungierte, referierte über die Vorlage. Danach sollten sowohl *Neuer Socialdemokrat* in Berlin als auch der *Volksstaat* in Leipzig vorläufig offizielle Organe bleiben. Beide würden Eigentum der Partei sein. Liebknecht versetzte mit rhetorischem Schwung die Versammlung in Hochstimmung, ohne Wesentliches zu sagen: »Unser gefährlichster Feind ist nicht das stehende Heer der Soldaten, sondern das stehende Heer der feindlichen Presse.« Unsere Presse aber wird die Fahne sein, um die wir uns scharen. Hasselmann sagte noch weniger. Ein wenig diskutiert wurden die Eigentumsverhältnisse des *Neuen*. Die Lassalleaner misstrauten dem Genossenschaftswesen und fürchteten staatliche Beschlagnahme von Parteieigentum, weshalb das Blatt ja in den Besitz von Hasenclever gegeben worden war. Auch hier einigte man sich gütlich.

Die Vorlage fand schließlich allgemeine Zustimmung, wobei nur das »vorläufig« in »bis zum nächsten Kongreß« abgeändert wurde. Damit war der Termin für den heißen Streit gesetzt, der diesmal ausgeblieben war. Übrigens konnte sich in der Frage der Lokalblätter der Eisenacher Standpunkt durchsetzen. Bei der Besetzung der Parteispitze sah es nach einem Übergewicht der Lassalleaner aus und nicht nur, weil mit Hasenclever und dem Hamburger Schuhmacher Hartmann zwei ADAV-Leute als Vorsitzender und Stellvertreter gewählt wurden. Auch dieses Ergebnis weckte heftiges Stirnrunzeln in London, doch würde sich ja noch zeigen, wie berechtigt das Selbstvertrauen der Eisenacher war, die nicht die Köpfe zählten, sondern auf die Inhalte sahen.

1875 ging in die Geschichte der deutschen Arbeiterbewegung als Jahr der Einigung ein; es war auch ein Jahr der Toten. Am Neujahrstag war 44-jährig Theodor Yorck gestorben, der nicht nur zu den Gründern des ADAV im Leipziger Pantheon gehört hatte, er war auch in Eisenach zugegen. Seinem Sarg folgten tausende Hamburger Arbeiter aus beiden Parteien. Sein Leichenbegängnis gab der Einigung einen starken Impuls. Im April starb in Paris Moses Hess, unruhiger Gefährte von Marx, Lassalle und auf vielfältige Art mit der Arbeiterbewegung verbunden, zugleich ein früher Schrittmacher des Zionismus. Am Tag darauf folgte ihm Georg Herwegh, Schöpfer des Bundesliedes des ADAV: »Mann der Arbeit aufgewacht! Und erkenne deine Macht!« Schließlich unterbrach, zwei Monate nach Gotha, eine tödliche Lungenentzündung die Karriere des Lustspieldichters Johann Baptist von Schweitzer, gerade 42 Jahre alt geworden. Auf seinem Grab lag nicht der ärmlichste Kranz einer Arbeiterorganisation. Der Tag seiner Rechtfertigung war noch nicht gekommen.

9. Vorwärts – das Kommandowort unserer Tage

Die Stimmung im Thüringer Hof war »feierlich gehoben«. Vermutlich fühlten sich die Beteiligten mit den Nerven am Ende. Denn wenig andere Entscheidungen hatten so emotional getönte Kontroversen ausgelöst, wie diese über den Standort des neuen Zentralorgans. Nun, da Mitternacht vorüber war, hatte »das Werk der Einigung … seinen bedeutendsten Schlußstein erhalten«, wenn man sich der triumphierenden Eloge des *Volksstaats* anschließen will. Die Unterlegenen um den *Neuen Socialdemokrat* mochten da anders fühlen.

In Leipzig würde also der – wie hieß er gleich? – *Vorwärts* seinen Sitz haben. Im Protokoll des Gothaer Sozialistenkongresses von 1876, der sich 15 Monate nach dem Einigungskongress noch einmal an der gleichen Stelle zusammenfand, ist das Ergebnis der entscheidenden Abstimmung vermerkt: »Für Leipzig stimmen 49, für Berlin 38, der Abstimmung enthalten sich 6«. Die Debatte war in der Nachmittagssitzung eröffnet worden, Vorsitzender Geib hatte die Versammlung nicht einmal fürs Abendbrot entlassen. Mit allen Redekünsten suchten zehn Delegierte den Kongress für einen Sitz des neuen Zentralorgans in Berlin zu erwärmen, ebenso vehement traten sieben Sprecher zugunsten Leipzigs ein.

Für die neue Reichshauptstadt sprachen nach Ansicht der Befürworter die begeisternden Zukunftsaussichten. Berlin werde nun einmal das politische und geistige Zentrum Deutschlands werden. Dagegen habe es in der Arbeiterbewegung zurzeit leider keine sonderliche Bedeutung. Um das zu ändern, müsse die Partei ihr publizistisches Schwergewicht dorthin verlegen. Wilhelm Hasselmann sah im anderen Fall sogar eine konkrete Gefahr für die sozialistische Bewegung. Die Partei in der Residenz würde sich um ihr eigenes Lokalblatt scharen und eine Entfremdung von der »Provinzialpartei« wäre die Folge. In Klammern sei angemerkt: Eine gewisse Hellsichtigkeit ist dem später ins Partei-Aus Geratenen nicht abzusprechen. Freilich verhielt es sich genau umgekehrt. Als unter veränderten Verhältnissen das Zentralblatt tatsächlich in Berlin angesiedelt und dort in eine Ehe mit dem lokalen Parteiorgan gezwungen wurde, musste es wie ein an den Mithäftling geketteter Sträfling alle Eskapaden der Hauptstadtpartei mitmachen und wurde von der ebenfalls in Berlin ihren Ausgang nehmenden neuerlichen Spaltung schmerzhaft betroffen. Es wird darauf zurückzukommen sein.

Als Argument für Leipzig galten vor allem die Gefahren, die in der Reichshauptstadt, diesem Mekka der Reaktion drohten. Sollte man sich das kaum zur Welt gebrachte Zentralblatt vom preußischen Staatsanwalt ruinieren lassen? Hasselmann sah das völlig anders: Man werde doch nicht Tessendorf den Gefallen tun, »aus Berlin auszuwandern«. Wilhelm Liebknecht wiederum ging in seiner Abneigung gegen die Preußenkapitale sogar soweit, sich zu einer Prognose hinreißen zu lassen, über die man bis 1945 zu Recht nur milde gelächelt hätte – und heute wieder lächeln kann: Berlin, das sei ja nur die administrative und militärische Hauptstadt Deutschlands. Die politische sei es nie gewesen und werde es – »voraussichtlich« – auch nie werden. Gute Propheten waren die verdienten Väter der Arbeiterbewegung allemal nicht.

Die Argumente sind die eine Seite der Sache, die Motive die andere. Letztere erhellen sich nach einem Blick auf die Votierenden. Für Leipzig stimmten alle Sachsen und Süddeutschen, für Berlin sämtliche Preußen. Die Norddeutschen mit den Schwerpunkten in Hamburg, Altona und Wandsbek erlaubten sich eine geteilte Auffassung über den Verlagssitz. Aber auch das alte Parteibuch lässt sich im Abstimmungsergebnis wieder erkennen. Nahezu einmütig stimmten die Ex-Eisenacher für Leipzig und die ehemaligen Lassalleaner für Berlin. Die einen pochten auf ihre »wissenschaftliche« Schreibe, womit gemeint war, dass die Seiten des *Volksstaats* mit den Beiträgen der Marx, Engels und Dietzgens mehr als Tageskost boten, die anderen verwiesen auf die unbestreitbare Volkstümlichkeit ihres Blatts, worunter überwiegend Hasselmanns oft den Stier an den Hörnern packende, manchmal aber auch überschießende Leitartikel zu verstehen waren. Unübersehbar versuchte jede Seite die Zeitungsproduktion auf ihren Hinterhof festzuschreiben. Über die Zeitung ließ sich entscheidend mehr bewirken, als über ein Amt.

Weil das so war, hatten einige vorausblickende Arbeiterführer sich beizeiten Gedanken gemacht. Noch beim Vereinigungsparteitag im letzten Jahr hatte es ja kaum Zweifel darüber gegeben, dass nur die Reichshauptstadt als Sitz des Zentralorgans infrage kam. Doch in den Monaten seither verdichtete sich die Sorge, ob nicht die Partei damit dem Zugriff eines unberechenbaren Hetzers und Volksverführers ausgeliefert werde. So ging es also in der Abstimmung weniger um die Standortwahl, sondern in erster Linie darum, wie Wilhelm Hasselmann von der Macht an der Redaktionsfeder auszuschalten oder zumindest einzubinden sei. Der Sauerländer Carl Wilhelm Tölcke, um einen in der Wolle gefärbten Lassalleaner zu nennen, hatte schon sehr früh das Demagogische in dem ehemaligen Schweitzer-Zögling gewittert. Er sah in ihm, kurz gesagt, die Wurzel aller Parteiübel. Damit »nicht Hopfen und Malz verloren« ginge, versuchte er Liebknecht darauf einzuschwören, »daß nur *Der Volksstaat* das einzige offizielle Organ der Gesamtpartei ist. Derselbe muss, vielleicht mit verändertem Titel, wie bisher dreimal wöchentlich in Leipzig erscheinen«. In diesem Sinne hatte er dem Kongress, dem er selbst nicht beiwohnen konnte, einen Antrag vorgelegt.

Auer lässt nicht zu, dass die Partei kastriert wird

Bei den Eisenachern hatte Ignaz Auer die Augen offen gehalten. Am Verhandlungstisch, an dem vor einem Jahr das Gothaer Programm ausgehandelt worden war, hatte er einen Hasselmann erlebt, der zu seinem großen Erstaunen die eigenen lassalleanischen Positionen nicht ernst nahm. Auch von Hasselmanns Qualitäten als Blattmacher hielt Auer nicht viel. Der *Neue* habe, »gefüllt von Hasselmannschem Haferschleim«, wie er war, letzthin zwei Drittel seiner Abonnenten verloren und gehe nun »aus Überfluß an Abonnentenmangel zugrunde«. Und nun muss Auer auch noch einen schwankenden Liebknecht auf den rechten Weg zurückbringen, der sich soviel auf seine Doppelrolle als Revolutionär und Realpolitiker zugute hält und darum schon mal übertaktiert.

Allen wohl und keinem wehe: Die Partei solle sich eben durch zwei Zentralorgane repräsentiert fühlen, eines in Berlin und eines in Leipzig. Der *Volksstaat* würde diesen Titel zwar nicht offiziell führen, aber durch seine Attraktivität zum unübersehbaren geistigen Zentrum der Partei werden. Doch Auer sperrt sich dagegen, »die Partei kastrieren« zu lassen, was Liebknechts Pläne ja vorsehen. Danach sollte das Zentralblatt in Berlin nichts Besseres als ein Veranstaltungskalender werden. Nein, der Parteisekretär, der Mitzudenken sich zur Devise gemacht hat, kann nicht begreifen, »wie man zu einem solchen Plane kommen konnte«, und hofft nur, dass Liebknecht »selbst das schädliche desselben einsehen werde ...« Bebel erfuhr von dem Vorhaben auf Geschäftsreise in München und legte sofort Verwahrung dagegen ein. Liebknecht mochte das zwar alles nicht so auf sich sitzen lassen und schrieb Auer: »... komisch, wir haben in der Blattfrage die Stellungen vertauscht«, kam aber rechtzeitig zur Besinnung.

So wie Hasselmann sich während der Pressediskussion verhalten hatte, erschienen alle Warnungen nur zu berechtigt. Unter keinen Umständen wollte er die ihm zugedachte Redakteursstelle in Leipzig annehmen. Er begründete diese seine Entscheidung mit einem Ehrenwort. Er wolle für die Zeit der Reichstagssitzungen stets in Berlin anwesend sein. Das habe er seinen Wählern – in Elberfeld – versprochen. Noch nach der Abstimmung machte Hasselmann einen weiteren Versuch, den Gang der Ereignisse aufzuhalten. Es fiel ihm ein, die Zeit sei noch nicht reif für die Gründung eines einzigen Zentralorgans. Neue Auseinandersetzungen und eine förmliche

Abstimmung darüber, dass das neue Blatt am 1. Oktober ins Rampenlicht treten solle. Dann wieder die Besetzungsfrage. Ja, von Berlin aus würde er mitarbeiten wollen, so Hasselmann. Das brachte Liebknecht vollends in Harnisch. Entweder wohnten beide Chefredakteure in Leipzig oder man werde auch auf seine Person verzichten müssen. Liebknecht – schließlich selbst Reichstagsabgeordneter – wollte nicht der »Packesel« sein. Da endlich gab Hasselmann auf. Sein Abschiedsartikel im *Neuen Socialdemokrat* ließ ahnen, dass die Partei nicht die letzten Schwierigkeiten mit ihm gehabt hatte. Oder wie war sein »letztes Wort« zu verstehen, »daß der bisherige Redakteur des *Neuen Socialdemokrat* nicht gedenkt, sich auf die Bärenhaut zu strecken«?

Aber wer, wenn nicht Hasselmann? Die Parteiarithmetik verlangte den Co-Chefredakteur aus den Reihen der Lassalleaner. Mit deutlichem Nachhelfen wurde Wilhelm Hasenclever dazu gebracht, sich mit Wilhelm Liebknecht in die Zeitungsführung zu teilen. Als Redakteur des *Neuen Socialdemokrat* hatte der Westfale im Schatten Hasselmanns gestanden, doch als einer der beiden Parteivorsitzenden und ehemaliger ADAV-Präsident kam man schlecht an ihm vorbei. Die Urteile über seine Qualitäten als Parteiführer fallen unterschiedlich aus, doch überwiegen die Stimmen, die seiner Besonnenheit große Anteile an der Erholung der lassalleanischen Bewegung nach dem Desaster des deutsch-französischen Krieges zubilligen, in den er übrigens als Landsturmmann eingerückt war. Auch in der Einigungsfrage war Hasenclever ein dem Fortschritt zugeneigter Verhandlungspartner gewesen. In seinem politischen Leben hatte er Gerichte und Gefängnisse weidlich kennen gelernt, sogar für eines seiner Gedichte hatte sich der preußische Kadi interessiert. Bei seiner Unternehmersippe galt er als schwarzes Schaf, und erst spät wurde ihm da posthume Anerkennung zuteil. Einhundert Jahre nach Gotha auch würde der *Vorwärts* sich den Untertitel zulegen: *Gegründet 1876. Von Wilhelm Liebknecht und Wilhelm Hasenclever.*

Ja, warum nun eigentlich *Vorwärts*? Weder das Protokoll noch die Memoirenliteratur der Veteranen kann diese Frage schlüssig beantworten. Unter den Vorschlägen auf dem Kongress, zu denen noch Namen gehörten wie *Sozialist*, *Zukunft*, *Social-Demokrat*, *Proletarier* und *Der Arbeiter*, entschieden sich die Delegierten entsprechend einem Antrag Iserlohns für *Vorwärts*. Und warum gerade so? Von den vielen Versuchen, die Abstammung des Titels zu begründen, wird keiner ganz Unrecht haben. Wir kennen einschlägige und weniger einschlägige Vorläufer *en masse*. Doch ob die Delegierten tatsächlich an den Pariser *Vorwärts* von 1844 oder an eine andere gleichnamige Publikation aus der Vergangenheit dachten? Es ist eher unwahrscheinlich. »Vorwärts« begriffen sie in erster Linie als »das Kommandowort unserer Tage«, so wie es Professor Roßmäßler, der für seine linke Einstellung in der 48er Nationalversammlung später gemaßregelte Naturforscher in seinem Festvortrag bei der Gründung des Leipziger Arbeiterbildungsvereins »Vorwärts« verstanden hatte. Gegen die leibhaftig gewordenen Gespenster des Gestern, gegen das »Rückwärts« musste ein entschiedenes »Vorwärts« gesetzt werden. Eine Posaune, die das Ende der Reaktion einzublasen hatte.

Bismarck als »Arzt« der Gesellschaft

Vielleicht ist deutlich geworden, dass die Redakteure des *Vorwärts* nicht vom Parteivorstand ernannt, sondern vom Parteitag gewählt wurden. Sie waren somit »dem Vorstand nicht untergeordnet, sondern beigeordnet« (Kautsky). Der Streit um das Zentralorgan muss nicht überbewertet werden. Die Konsolidierung der Partei hatte in der Zeitspanne zwischen den beiden »Gothas« gute Fortschritte gemacht. Das drückte sich weniger in den Auflagenzahlen der bisherigen Zentralorgane aus als im Mitgliederbestand, der um runde 60 Prozent zugenommen hatte. Das Bewusstsein unter den Arbeitern, bei diesen Sozialdemokraten eine kompetente Interessenvertretung zu finden, war seit der Vereinigung sichtbar gewachsen. Angesichts des neuerlichen Verfalls einer aufgeblähten Industrie, dem Bismarck mit antiquierter Schutzzollpolitik zu begegnen versuchte, kein Wunder.

Über die sozialen Folgen der industriellen Revolution und der ebenso rasenden wie schwankenden Kapitalbildung hatte sich der Kanzler durchaus Gedanken gemacht und den Wunsch der Unterprivilegierten, am Kuchen beteiligt zu werden, sogar verständlich gefunden. Leider setzte er in der Praxis auch nicht ein Jota dieser Einsicht um und ging gegen soziale Bewegungen mit allen Machtmitteln des Staates vor. Gegenüber Kaiser Wilhelm bezeichnete Bismarck die Erhebung der besitzlosen Klassen als »eine die ganze zivilisierte Welt durchziehende Krankheit«, deren Heilung nur »das sehr langsame Werk« verschiedener legislativer und administrativer Maßnahmen sein könne. Dem Versuch eines gewaltsamen Angriffs »auf den Bestand des Besitzes« werde er mit geeigneten Gesetzen entgegentreten.

Auch an der Ausforschung »der sozialistischen Vereine außerhalb Preußens und deren Führer« war der Reichskanzler höchst interessiert, wie aus einem Schreiben Eulenburgs an Madai hervorgeht. Bei Bismarcks Bemühungen, mit dem 1866 geschlagenen Österreich ins Reine zu kommen, war der sozialen Frage eine eigene Konferenz gewidmet, die unter anderem zu dem Ergebnis kam, dass eine Organisation der Arbeiter »große Vorzüge biete«. Eine »gesunde Organisation« der Gewerkschaften liege gar »im staatlichen und sozialen Interesse beider Staaten«. Allerdings sei jedes Übergreifen auf politisches Gebiet »streng zu verbieten«.

Dieser Geist also stand hinter der Regierungsarbeit des neuen Reiches. Auf gesetzgeberischem Gebiete zeigte sie sich gängelnd, wie beim Hilfskassengesetz, wo sie den Arbeitern Zwangskassen auferlegte, obwohl diese mit selbstverwalteten Kassen schon lange Erfahrungen gesammelt hatten, oder brutal repressiv, wie bei der Novellierung des Strafgesetzbuches, in dem ein eigener Paragraf die »Klassenhetze« mit Gefängnisstrafen ahnden sollte, was laut Minister Eulenburg direkt auf die Sozialdemokratie zielte. Die Verfolgung durch Polizei und Justiz aber gebärdete sich praktisch schrankenlos. In Preußen und Bayern, da hatten sich die Regierungsspitzen inzwischen kurzgeschaltet, war das Vereinsrecht für die Arbeiter durch justizielle Willkür so gut wie völlig aufgehoben. Noch acht Wochen vor dem Vereinigungsparteitag hatte Tessendorf auch die SdAP im Geltungsbereich des preußischen Vereinsgesetzes schließen lassen. Für ihn galt: »Ohne Zentralisation und Organisation ... ist die Sozialdemokratie tot, die sozialdemokratische Bewegung hat dann keine Bedeutung mehr.«

In zwei großen Leitartikeln suchte *Der Volksstaat* die Genossen aufzurichten, »die sich unter dem Szepter der Hohenzollern befinden«. Das Blatt riet, das zu tun, »was Seeleute tun, denen ein Windstoß das große Segel zerrissen hat, nämlich neue Segel hissen und im alten Kurs weiterfahren«. Vor allem käme es darauf an, alle noch verbleibenden Möglichkeiten des Vereins- und Versammlungsrechts zu nutzen und sich besonders um den Ausbau der Lokalpresse zu bemühen. Letzter Punkt rief den Parteisekretär auf den Plan, der es für überflüssig hielt, »daß die Gründerwut noch mehr geschürt wird«. Ob es für die innere Pressefreiheit der Eisenacher spricht oder für den Einfluss der Parteiführung, dass Auer den gleichen prominenten Platz im Blatt erhielt wie der monierte »C-Artikel«, sei dahingestellt. »C« war übrigens Carl Hirsch.

Redakteure sind Gefängnis-Aspiranten

Auch Sachsen war, wie schon erwähnt, längst kein Hort der Liberalität mehr. *Der Volksstaat* bekam das zu spüren. Festnahmen und polizeiliche Bedrohungen führten zu einer Fluktuation in der Redaktion, die der Arbeit äußerst abträglich war. Ständig wechselten vor allem die Sitzredakteure. Noch in »ruhigeren« Zeiten hatte das Blatt schon mal melden müssen: »Vom heutigen Tag an zeichnet bis auf weiteres *Hepner* als verantwortlicher Redakteur des *Volksstaat*. Es ist dies eine durch die Haltung der sächsischen Behörden notwendig gemachte Maßregel.« Dann stand

Hepner auch wirklich ein halbes Jahr im Impressum. Das hatte sich längst geändert. Die Zeiten, die sich auf diesem Feuerstuhl aushalten ließen, verkürzten sich drastisch.

Im letzten Jahr seines Erscheinens sah der *Volksstaat* mehr Veränderungen im Impressum als die sechs Jahre davor zusammen. Mancher Sitzredakteur amtierte nur gerade eine Ausgabe, konnte aber in der übernächsten schon wieder auftauchen. So etwa Rudolf Seiffert, der insgesamt acht Tagesausgaben zierte. Er hatte schon früher der *Volksstaat*-Redaktion angehört, war aber 1873 nach Verbüßen einer dreimonatigen Gefängnisstrafe aus Leipzig ausgewiesen worden. Für einen Artikel, der unter seiner eintägigen Verantwortung am 21. April 1876 erschienen war, verdonnerte ihn das Bezirksgericht Leipzig zu zehn Wochen Gefängnis. Auch Bruno Geiser diente seinem zukünftigen Schwiegervater öfter auf dem brisanten Posten. Insgesamt reichten sich 14 Redakteure 37-mal den Staffelstab einander weiter, allein 20 Wechsel gab es 1876.[29] Für den *Volksstaat* galt in ähnlicher Weise das, was Eduard Bernstein einmal von dem Berliner Parteiorgan *Freie Presse* sagen würde, »daß die redaktionelle Verantwortung ... die unfehlbare Anwartschaft auf Jahre Gefängnis bedeutete«.

Ob sich diese Pressionen auch auf die Auflagenzahl auswirkten, lässt sich nicht zweifelsfrei behaupten. Zwar hatte *Der Volksstaat* nach kontinuierlichem Wachstum – sieht man von der erwähnten Zäsur nach Einführung des dreimaligen wöchentlichen Erscheinens ab – im letzten Jahr eine Einbuße von 2000 auf einen Endstand von 5500 Abonnenten hinnehmen müssen. Doch wieviel davon eventuell zu Gunsten der prosperierenden Lokalblätter gehen, darüber schweigt auch das Parteitagsprotokoll. Dem *Neuen Socialdemokrat* ging es nicht viel anders, sieht man davon ab, dass lokale Parteiblätter keine Rolle spielten, und der Absturz von immerhin einmal 13 000 Abonnenten auf schlussendliche 6000 sich einigermaßen dramatischer darstellt.

Hasselmann machte da zwar eine andere Rechnung auf. Für ihn hatten die zehn neu gegründeten Lokalblätter mit ihren 30 000 Lesern auch dem *Neuen* am Abonnentenstand geschadet. Wie auch immer, dieses Kapitel war abgeschlossen. »Genossen! Sorgt für die weiteste Verbreitung des *Vorwärts*« appellierte der *Neue Socialdemokrat* am Kopf der Seite 1. *Der Volksstaat* hatte, schon seit die Entscheidung auf dem Parteitag gefallen war, laufend eine Spalte mit den Lieferbedingungen des neuen Blatts aufgelegt. Und auch die anderen Parteiblätter wurden »um entsprechende Weiterverbreitung dieser Bekanntgabe ersucht«.

10. Zwei Jahre für ein Zweigespann

Wie die große Offenbarung haben ihn seine Leser zunächst nicht empfunden. Aber damit unterscheidet er sich wohl nicht von je einem der Organe, die wir als die großen Fixsterne ihres Genres bis heute in Erinnerung haben. Mehr als ein »Aha« war bei ihrer Geburtslegung selten zu vernehmen. Wir können unterstellen: Beim *Vorwärts* ließ sich nicht einmal dieses hören.

Das neue *Centralorgan der Sozialdemokratie Deutschlands* erschien pünktlich zum 1. Oktober 1876, wie es der Gothaer Sozialistenkongress ja bestimmt hatte. Tage zuvor lag eine Probenummer auf; für werbliche Zwecke, dürfen wir annehmen. Sie unterschied sich lediglich in der ersten Seite, in der eine lyrisch gestimmte Betrachtung den Namen *Vorwärts* erläuterte, die in der Normalausgabe fehlte. Dort findet sich zum Auftakt ein Artikel über »Die Arbeiter und die Zollfrage« von Leo Frankel, auch Fränkel genannt. Der Autor ungarischer Herkunft, ehemaliges Mitglied der Pariser Kommune und später korrespondierender Sekretär des Generalrats der Internationale, blieb eine Zeitlang Mitarbeiter des *Vorwärts*, ohne aber großen Einfluss zu erlangen.

Der Satzspiegel des Neulings glich dem des *Volksstaat* aufs Haar; im Kopf war lediglich der alte Titel gegen den neuen ausgetauscht worden. Die Ähnlichkeit, besser gesagt der Gleichklang, setzt sich bis zu den Anzeigen auf der letzten Seite hin fort. Die Setzer in der Leipziger Genossenschaftsbuchdruckerei werden jedenfalls mit der Umstellung keine großen Schwierigkeiten gehabt haben. Auch in den Rubriken gab es wenige Veränderungen. Allerdings leistete sich der *Vorwärts* sehr bald ein Feuilleton, mit dem sein Vorgänger sich ja nicht anfreunden konnte. Der *Neue Social-Demokrat* war da kaum besser gewesen, auch wenn er mal der *Lucinde* zweiten Teil abgedruckt hatte. Was die Verbindung zur Literatur und den Künsten anging, war Schweitzers *Social-Demokrat* noch lange unerreicht. In seiner zweiten Ausgabe meldete der *Vorwärts* einen Abonnentenstand von 10 500. Noch vor Weihnachten, ein knappes Vierteljahr später, gingen 12 000 Exemplare »hinaus unter die Arbeiter Deutschlands«, und zwar dreimal in der Woche. Sonntag, Mittwoch und Freitag waren die Auslieferungstage.

Das Gespenst der Lassallebande

Wenn der *Vorwärts* sich als Zentralorgan der Sozialdemokratie Deutschlands bezeichnete, so mag das verwundern. Der *Volksstaat* hatte sich noch, wie erwartet werden durfte, als *Organ der Sozialistischen Arbeiterpartei Deutschlands* ausgewiesen. Übrigens hatte sich der *Neue*, nachdem er früher eher durch deren inflationären Gebrauch aufgefallen war, zuletzt mit keinerlei Untertitel mehr geschmückt. Doch zurück zum *Vorwärts*. Man sollte sich erinnern, dass die geeinte Partei im überwältigenden Teil seines Verbreitungsgebiets verboten war. Lediglich lokale Organisationen waren dort erlaubt, und nicht einmal die blieben unbehelligt. So wie die deutschen Sozialdemokraten ihre sonst nicht erlaubten Parteitage in Gotha als Sozialistenkongresse abhielten, so war ihr Zentralorgan streng genommen kein Parteiblatt, denn als solches wäre es sofort konfisziert worden.

Die beiden Gründungsredakteure – nach den vorliegenden Rechnungsabschlüssen waren sie auch die einzigen; Rudolf Seiffert, der noch im *Volksstaat* als Mitredakteur fungiert hatte, lief jetzt als Korrektor – wussten, dass sie auf einem Pulverfass saßen. Liebknecht rückte zunächst ins Impressum, später wurde er von Hasenclever abgelöst. Es gab einen mehrmaligen Wechsel, bis andere Namen als Sitzredakteure auftauchten. Marx in London sollte Liebknechts Verhalten später – aus Anlass einer Haftstrafe seines Freundes – für ziemlich schwachsinnig halten, womit er ja auch recht hatte. Unrecht hatte er darin, dass er unterstellte, die Lassalleaner hätten Liebknecht das eingebrockt. Die »Lassallebande«, wie er es ausdrückte, täte ja ohnehin alles, »um ihn zu hänseln und zu demütigen«. Na, solche Töne gerade aus London! Die »Bande« würfe ihm ja auch »sein Hundesalär am *Vorwärts* vor«. Liebknechts »Hundesalär«, wie auch das Hasenclevers, betrug 65 Taler oder 195 Mark im Monat. Damit erhielten die beiden sozialdemokratischen Chefredakteure aus der Parteikasse mehr als alle Mitglieder des Parteivorstandes, ganz gleich ob Sekretäre, Kassierer oder Beisitzer, was sicherlich etwas über Wert und Bedeutung aussagt, den die deutsche Sozialdemokratie ihren Top-Journalisten beimaß. Verglichen mit den Einkünften vergleichbar verantwortlicher bürgerlicher Journalisten handelte es sich in der Tat um ein Hundesalär.

Augenblick, bitte! Einen Parteivorstand konnte es natürlich nicht geben, wo es keine Partei gab. Da war vielmehr in Gotha ein zentrales Wahlkomitee gewählt worden, das in Hamburg residierte und die Partei führte und dessen Mitglieder die Sekretäre Auer und Derossi, der Kassierer Geib sowie der Hamburger Hartmann und der Altonaer Brasch als Beisitzer bildeten. Diese Konstruktion war nach richterlicher Erkenntnis zulässig, weil eine Organisation, die eine bestimmte Wahl im Auge hatte, nicht unter dem Vereinsgesetz stand. Genannte fünf Namen finden sich denn auch in einer Reihe unter dem ersten Wahlaufruf im *Vorwärts*. »Parteigenossen! Der Wahlkampf hat begonnen … Tue jeder von Euch seine Pflicht.« Zweifellos hätte das auch für das Zentralorgan selbst gelten müssen, doch auf seinen Seiten war es mit dem Wahlkampf nicht so arg.

Die Themen, die es seinen Lesern unterbreitete, wären auch zu jeder anderen Zeit ins Blatt gerückt worden. Anfeuernd im erwähnten Sinn war vielleicht noch das Gedicht »Vorwärts« zu verstehen, das die Ausgabe vom 22. Oktober einleitet. »Vorwärts! Vorwärts! heißt die Losung, welche unser Banner schmückt!« Hier lässt sich wieder das »Kommandowort unserer Zeit« vernehmen, wie es ähnlich in der Eindeutschung des schon erwähnten englischen Chartistenmarsches schallt: »Vorwärts ist die große Losung! Freiheit oder Tod.« Mehr als spekulativ wäre zweifellos die Annahme – trotz des Gleichklanges –, Baldur von Schirach hätte für sein HJ-Marschlied »Vorwärts! Vorwärts! schmettern die hellen Fanfaren« hier eine Anleihe gemacht, obwohl die Nationalsozialisten bekanntermaßen reihenweise Kampflieder der Arbeiterbewegung für ihre Zwecke usurpierten und sich Schirach sicherlich mit der gegnerischen Lyrik befasst hatte. Doch wo bei ihm schließlich die Fahne mehr ist »als der Tod«, plädiert der Original-*Vorwärts* dafür, »daß man gern in jedem Menschen seinen Bruder anerkennt«. Nach dieser wohl doch nicht unzulässigen Abschweifung zurück zur Reichstagswahl.

Der 10. Januar 1877 unterstrich, was der 10. Januar 1874 schon angedeutet hatte. Trotz aller Behinderungen gewann die Sozialdemokratie 9 Prozent Stimmen hinzu und arbeitete sich auf den vierten Platz im Parteiengefüge vor, wobei sie den »Fortschritt« bereits hinter sich ließ. In einer ersten Wahlanalyse wies der *Vorwärts* auf die Erfolge in den Großstädten hin. Tatsächlich hatten in Berlin und Hamburg rund 40 Prozent der Abstimmenden sozialdemokratisch gewählt, in Sachsen 38 Prozent. Unbefriedigend blieb die Mandatszuteilung. Die Partei gewann insgesamt zwölf Sitze, davon drei in den Stichwahlen, nach dem Stimmenverhältnis hätten ihr 36 zugestanden.

Wilhelm Hasselmann war zur Genugtuung vieler nicht in den Reichstag zurückgekehrt, obwohl er sich in Barmen-Elberfeld eine eigene Zeitung, *Die rote Fahne*, zugelegt hatte. Angeblich als Flugblatt für die Wahl konzipiert, war das vierseitige Blatt von Hasselmann alsbald in die Postzeitungsliste als regelmäßig, nämlich wöchentlich erscheinendes Publikationsorgan eingetragen worden. Der undurchsichtige Schweitzer-Adept folgte auch mit der *Roten Fahne* dem Konzept, das er im *Neuen Social-Demokrat* hochgehalten hatte, nämlich »den Feinden des Arbeiters besonders derb und volkstümlich auf den Pelz zu rücken«. Bald wurde klar, dass Hasselmann mit dem »schwach verhüllten Konkurrenzunternehmen des *Vorwärts*« (Mehring) seine eigene Politik betrieb. Seinem norddeutschen Parteifreund Karl

Egon Frohme, ebenfalls ein eingefleischter Lassalleaner, gestand er ein, die Vereinigung wieder rückgängig machen zu wollen. Frohme trennte sich in der Folge von Hasselmann. Mit der bekannten Namensschwester aus späteren Revolutionstagen, der *Roten Fahne* Rosa Luxemburgs und Karl Liebknechts, hatte Hasselmanns Agit-Prop-Postille mehr gemein, als man bei dem unterschiedlichen Grundansatz glauben möchte.

Mit der ersten Ausgabe des Jahres 1877 begann der *Vorwärts* den Abdruck einer Artikelserie von Friedrich Engels: »Herrn Eugen Dühring's Umwälzung der Philosophie«. Die Ansetzung der Veröffentlichung noch vor der Reichstagswahl hat Engels Unwillen erregt, weil zum einen die Leser nur eine eingeschränkte Aufmerksamkeit auf die Beiträge richten würden, zum anderen der Raum besser für die Wahlagitation genutzt worden wäre. Der letzte Vorwurf ist, wie wir wissen, berechtigt. Ob sich aber auch die Qualität des Wahlkampfes verbessert hätte? Der Wahlaufruf in der Nummer 3 liest sich wie eine brav gelöste Pflichtaufgabe. Liebknecht erklärte diese Haltung später mit Taktik. In Gotha wollte er sein Blatt als »mehr außerhalb der Wahlbewegung« stehen sehen, der Wahlkampf sei Sache der Lokalblätter. Der *Vorwärts* brachte jedenfalls keinen Schwung in den Wahlkampf. Dafür setzte er mit dem Abdruck der später als *Anti-Dühring* bekannt gewordenen Arbeit Engels einen Markstein, auch wenn das nicht sogleich erkennbar war. Der *Anti-Dühring* hatte einen Anlass, ein Vorspiel und eine weit über den Tag hinausreichende Wirkung.

Eugen Dühring las als Privatdozent Philosophie und Volkswirtschaft an der Berliner Universität. Der erblindete Gelehrte vertrat einen gemäßigten Materialismus und eine an Comte angelehnte positivistische Wissenschaftsauffassung. Im Wirtschaftlichen neigte er einem System sozialer Harmonie zu. Die Sympathien, die ihm aufgrund seines schweren Schicksals zuströmten, verspielte er größtenteils wieder durch einen Unfehlbarkeitsanspruch und die unverschleierte Forderung, als Universalgenie anerkannt zu werden. Dühring war von ungeheuerer Produktivität und schrieb über alles und jedes. Der *Volksstaat* hatte 1874 eine Besprechung seines *Kursus der National- und Sozialökonomie* aus der Feder Bebels veröffentlicht, der ihn mit dem Hinweis zum Studium empfahl, »daß nach Marx' ›Kapital‹ Dührings neuestes Werk zu dem Besten gehört, was auf ökonomischem Gebiete die neueste Zeit hervorgebracht hat«. Bebel entschuldigte sich später für sein vermeintlich voreiliges Urteil damit, dass ihm Eduard Bernstein die Bücher zugesandt hätte.

Dühring hatte namentlich in Berlin eine anhängliche Gemeinde, zu der außer Bernstein auch Most und zahlreiche andere Intellektuelle und Halbintellektuelle aus dem Weichbild der Arbeiterbewegung gehörten. Es ist zum Teil die bildhafte

Sprache seiner Gedankenführung, die Dühring solchen Zulauf bescherte, bei der allerdings seine Adepten übersahen oder hinnahmen, dass damit trotz scheinbarer Ähnlichkeiten ein bereits vorliegendes Modell, nämlich das marxistische, konterkariert wurde. Marx und Engels konnten es nicht übersehen. Dühring stellte zum Beispiel mit seiner Gewalttheorie ein Kernstück ihrer Lehre, den Klassenkampf, infrage. Noch hielten sie sich aber zurück, bis Liebknecht, der es schließlich auch begriffen hatte, sie aufforderte, »dem Dühring aufs Fell zu steigen«. Um Engels' gutem Willen nachzuhelfen, sandte ihm der *Vorwärts*-Chef eine noch für den *Volksstaat* bestimmte Lobpreisung Dührings durch Most zu.

Der will ja nur »aufs Manuskript pressen«

Zähneknirschend trat Engels zum Waffengang an. Die Aufgabe war ihm unangenehm, wie er Freund Becker schrieb, »weil der Mann blind ist, also die Waffen nicht gleich sind.« Andererseits verbot ihm »die kolossale Arroganz des Mannes ... darauf Rücksicht zu nehmen«. Marx machte Liebknecht klar, welch »großes Opfer« Engels mit der Dühring-Arbeit auf sich nehme. Für den inneren Dialog der beiden Londoner war sie ein neuerlicher Anlass, auf den theoretischen Mängeln des Parteisoldaten in Leipzig herumzureiten, dem sich damit wieder mal eine Möglichkeit eröffnet hätte, »aufs Manuskript zu pressen«. Allerdings tat der *Vorwärts*, und der *Vorwärts* war Liebknecht, wenig, sich des Engels'schen »Opfers« würdig zu erweisen. Nach anfänglicher schneller Abdruckfolge – zur Unzeit – kamen Verzögerungen und längere Pausen im Abdruck, sodass der Zusammenhang verlieren zu gehen drohte.[30] Engels stellte Liebknecht ein Ultimatum und Marx intervenierte bei Bracke. Da machte auch noch der Parteitag das Dühring-Projekt zu seiner Sache.

Die zwölf Reichstagsabgeordneten hatten für Ende Mai wieder zu einem Sozialistenkongress nach Gotha eingeladen. Ganz am Schluss der obligaten Pressediskussion brachte Most einen Initiativantrag ein. Man möge »die von Engels gegen Dühring gerichteten Kritiken, (die) für die Mehrheit der Leser des *Vorwärts* ohne Interesse sind«, künftig dem Zentralorgan fernhalten. Bebel, der die Sprengkraft einer Dühring-Debatte für die frisch geeinte Partei als sehr hoch einschätzte, blockte die Debatte ab, indem er den Kongress beschließen ließ, die Veröffentlichung der Engels-Artikel im »Hauptblatt« des *Vorwärts* einzustellen und sie in einer zu gründenden wissenschaftlichen Revue oder als Broschüre zu veröffentlichen. Folgt man Mehring, so bestand bei Most tatsächlich die Neigung, über Engels ein Scherbengericht auszulösen. Liebknecht, für den die Streitsache jetzt »ein Messer ohne Stiel und Klinge« geworden war, verteidigte gleichwohl bravourös die Veröffentlichung. In der Sache sei sie berechtigt, weil Engels' Arbeit seit dem Erscheinen des *Kapitals* »die bedeutendste wissenschaftliche Arbeit (sei), die aus dem Schoß der Partei hervorgegangen«. Sie sei berechtigt auch in der – viel kritisierten polemischen – Form: Dühring habe in seinen Angriffen gegen Marx und Lassalle selbst eine »derbe Sprache« geführt. Derb war noch geschmeichelt.

Trotz des Parteitags-Verdikts erschienen auch die weiteren Teile des *Anti-Dührings* – »Herrn Dührings Umwälzung der Ökonomie« und »Herrn Dührings Umwälzung des Sozialismus« – im *Vorwärts*. Bebels Antrag hatte die Möglichkeit offen gelassen. Der *Vorwärts* legte sich eine wissenschaftliche Beilage zu, die als Vorläufer der Revue akzeptiert wurde. Noch 1878 erschien *Herrn Dühring's Umwälzung der Wissenschaften* als Buch, das zahlreiche Neuauflagen erlebte. Es sollte zur dialektischen Schule der deutschen Sozialdemokratie werden. *Das Kapital* konnte kaum ein Arbeiter verstehen, ihren *Anti-Dühring* hatten Bebels Partei- und Zeitgenossen gelesen und verdaut. Sie hatten begriffen, dass Engels über die Abrechnung mit Dühring hinaus ihnen das theoretische Rüstzeug für ihren politischen Kampf im Kaiserreich geliefert hatte. Karl Kautsky würde später sagen: Erst seit dem *Anti-Dühring* begannen wir »marxistisch zu denken und zu arbeiten«. Aus dem anfänglichen Wissenschaftsstreit erwuchs aber auch der legendäre Ruf, den die beiden Londoner Alten in der deutschen Arbeiterbewegung bald genossen. Doch er hat nichts zu tun mit dem Oberlehrer-Schüler-Verhältnis, in das ihn die Geschichtsschreibung der DDR auflöste.

Kurze Zeit nach dem Parteitag entzog die Universität Berlin dem krankhaft streitsüchtigen Wissenschaftler aus Gründen, die lediglich mit dem Universitätsbetrieb zu tun hatten, das Lehramt. Es verdient erwähnt zu werden, dass die Berliner Sozialdemokraten, Anhänger wie Gegner Dührings, wie ein Mann für den gemaßregelten Dozenten und das Recht der freien Meinungsäußerung eintraten. Dühring überlebte diese Zeit übrigens noch lange. Neben seinen antisozialistischen, auch antichristlichen Gesellschaftslehren machte er sich schließlich noch einen Namen »als Erfinder des antisemitischen Wortschatzes der Deutschen« (Gregor-Dellin).

»Wie soll der Vorwärts schreiben?«

Der Streit um den *Anti-Dühring* erreichte andere Dimensionen als die Uraltdiskussion um die »wissenschaftliche« Schreibe des *Vorwärts*. Diese wiederum war zwar manchmal ein Synonym für den Marx-Lassalle-Konflikt, gleichwohl nicht immer mit ihm deckungsgleich. Es ging auch um auseinander strebende Auffassungen vom Zeitungsmachen. In einem Leitartikel nahm sich Ignaz Auer des Themas an. »Wie soll der Vorwärts schreiben?« fragte er. Die Antwort, die der Parteisekretär darauf gab, stand in der besten Tradition der Arbeiterbildungsvereine. Nur durch Bildung erwarb sich der Arbeiter das Anrecht, im Gemeinwesen mitzureden. Würde der *Vorwärts* im »saloppen, leichten Stile der modernen Zeitungsmacher schreiben«, so würde er sich »versündigen am deutschen Volke, dem wir den Kern des Wissens auch in einer guten Schale reichen wollen«. Auer wusste, wer gut wissenschaftlich und auch populär geschrieben hatte: Ferdinand Lassalle. Auch ihm zuliebe müsse der *Vorwärts* bei seiner Haltung bleiben. Auer hob am Ende den mahnenden Zeigefinger. Wer den Sinn nicht gleich erschließen könne, der möge sein Gehirn etwas mehr anstrengen. »Der Lohn bleibt ... dann nicht aus.«

Am 1. Juli 1877 druckte der *Vorwärts* vor dem Hintergrund innerfranzösischer Machtkämpfe einen Leitartikel »Nieder mit der Republik!« Es sei für die französischen Arbeiter ziemlich egal, ob sie in einer Monarchie oder einer Republik lebten, ließ sich der Autor – Hasenclever – vernehmen, solange es diese bürgerliche Republik mit ihren Scheinfreiheiten sei. Einem guten Sozialisten verwirkliche sich die Freiheit erst in der sozialistischen Republik. Der Artikel, zu dem auch noch nachgelegt wurde, weckte wütende Proteste in London und Paris. Liebknecht musste sich von Engels sagen lassen, dass der *Vorwärts* »die Geschichte in Frankreich doch etwas zu leicht zu nehmen scheine ... Übrigens würdet Ihr den Sieg der Reaktion in Frankreich auch in Deutschland verdammt spüren.«

Noch schärfer wurde Carl Hirsch, der inzwischen in Paris als Korrespondent verschiedener Zeitungen – auch des *Vorwärts* – lebte. »Der Ruf ›Nieder mit der Republik!‹ heißt einfach ›Es lebe das Kaiserreich!‹« Im Übrigen stehe »dieser schulmeisternde, polternde Ton uns gegenüber dem französischen Proletariat, dem wir das allgemeine Stimmrecht verdanken, schlecht an«. Liebknecht besänftigte, auch er missbillige den Artikel, verteidigte aber andererseits die *Vorwärts*- Linie. Wenn man von dem spezifisch marxistischen Ansatz absieht, der die bürgerliche Republik als Vorstufe der sozialistischen ansieht, lässt sich zumindest bei Hirsch auch Churchill vorausahnen, mit dessen Einschätzung der Demokratie als schlechtester aller Staatsformen – mit Ausnahme der bisher praktizierten.

Nach der so erfolgreich verlaufenen Reichstagswahl hatte der *Vorwärts* dem Sozialistentöter Tessendorf eine Dankadresse besonderer Art gewidmet. Unter der Überschrift »Wer ist der größte Sozialist?« wurde in zehn Strophen nach ihm gesucht. »Ist's Hasselmann, der Bourgeois frißt«? Oder Bebel, den seine Gegner zum Teufel wünschen? Oder Liebknecht? Hasenclever? Oder, oder? Und immer wieder beteuert der politische Barde: »O nein, o nein, der Sozialist muß größer sein.« In der elften Strophe wird uns klar:

»Der Tessendorf, er ist der Held, / Der schlägt sie alle aus dem Feld
Er ist, er ist, er ist, er ist / Der allergrößte Sozialist!«[31]

Doch solcher Sarkasmus konnte den Berliner Staatsanwalt in seinem unverfrorenen Missionseifer nicht beirren. Obwohl nicht alle seine Strafanträge ihr Ziel erreichten, das Strafmaß oft hinter seinen Wünschen zurückblieb, schaffte es Tessendorf mit konstruierten Anklagen und Appellationen an die höhere Instanz, Bebel und Hasenclever und Most und Grottkau, einen führenden Lassalleaner, und viele andere für kürzer oder länger ins Gefängnis zu bringen. Auch die Redakteure der *Berliner Freien Presse*, der neuen Arbeiterzeitung der Reichshauptstadt, ließ er, einen nach dem anderen, Monat für Monat wegen angeblicher Pressevergehen mit Freiheitsstrafen belegen.

Weniger im Blickfeld der Öffentlichkeit standen – aber um nichts geringer Existenz bedrohend wirkten – die Entlassungen sozialdemokratischer Arbeiter. Hin und wieder machte der *Vorwärts* einen Fall öffentlich wie den folgenden: »Entlassungsschein. Der Arbeiter Friedrich Wilhelm Zink ist ... nach Kündigung entlassen wegen sozialdemokratischer Agitation auf den Werken. Er empfing einen Schichtlohn von 2 Mark 30 Pfgn. 23. Januar 1877. Photogen- und Paraffinfabrik A. Riebeck, Weißenfels.« Mit solchem Papier eine neue Arbeitsstelle zu finden war alles andere als Erfolg versprechend.

Noch einmal frohlockte der *Vorwärts* über einen vermeintlichen Reinfall Tessendorfs. Seit 1876 erschien im Verlag der Leipziger Genossenschaftsdruckerei das Familienblatt *Die Neue Welt*. Sie sollte ein sozialistisches Gegengewicht zur bürgerlichen *Gartenlaube* bilden, war aber auch ein willkommenes Zubrot. Zu Zeiten des *Volksstaat* überstiegen die Einnahmen für *Die Neue Welt* jene aus den *Volksstaat*-Abonnements erheblich, später beim *Vorwärts* differenzierte sich das Verhältnis etwas aus. Redakteur war zunächst Liebknecht, später Bruno Geiser. Ihre Auflage von zunächst 26 000 Ende des Jahres entwickelte sich beinahe Schwindel erregend bis auf eine halbe Million vor dem Ersten Weltkrieg. Vielen Lokalzeitungen der Partei lag die *Illustrierte Beilage für Wissenschaft und Unterhaltung* allwöchentlich kostenlos bei, so auch der gerade gegründeten *Berliner Freien Presse*. Ein ihm unliebsames Gedicht verleitete Tessendorf, der Liebknechts schon lange habhaft werden wollte, zu einer gewagten Konstruktion. Berlin sei »Ort der Verbreitung«, also sei Berlin auch Gerichtsstand. Das Stadtgericht mochte dieser Auffassung nicht folgen, schloss sich vielmehr Liebknechts Argument an, dass für eine Zeitung nicht die eventuell 100 Gerichtsstände der Verbreitung, sondern lediglich der des Erscheinungsorts gelten könne. Liebknecht bedankte sich im *Vorwärts*, dass

Tessendorfs »juristische Genialität ... der vogelfreien deutschen Presse einen festen Gerichtsstand verliehen« habe.

Verfolgungen einer Art, die schon die Qualitäten einer Hexenjagd anzunehmen begannen, müssen im Zusammenhang der politischen und gesellschaftlichen Großwetterlage gesehen werden. Die Liberalen hatten die ersten Unterdrückungsmaßnahmen (Pressegesetz 1874 und Aufreizungsparagraf 1875) noch abgelehnt, nicht aus Sympathie für die Sozialdemokraten, sondern weil sie ihre eigene Meinungsfreiheit bedroht sahen. Das Zentrum fand nach überstandenem Kulturkampf wenig Anlass, sich durch Kumpanei mit »Reichsfeinden« erneut in die Schusslinie zu begeben. Der Versuch einer staatssozialistisch orientierten Gelehrtengruppe, in Verbindung mit ähnlich gesinnten evangelischen Geistlichen, der Sozialdemokratie durch eine monarchistisch-christlich-soziale Partei das Wasser abzugraben, erwies sich als Schlag in das solche.

Die unter dem Hofprediger Adolf Stöcker, einem begnadeten Demagogen und Antisemiten, sich zuspitzenden Auseinandersetzungen führten zu lawinenartig zunehmenden Kirchenaustritten in der Arbeiterschaft, sodass Kaiser Wilhelm sich gegenüber dem preußischen Landtagspräsidium und Berlins Polizeipräsident Madai beschwerte: »Die Religion muß dem Volke erhalten bleiben.« Des greisen Monarchen treueste Gefolgsleute, die Konservativen, konnten im Sozialismus ohnehin nur Rebellion wider die natürliche Ordnung erblicken. Bismarck sah das im Grunde nicht anders. Ihn beunruhigten die revolutionäre Zielsetzung und die internationale Anbindung. Er machte sich sicherlich auch Gedanken, wie er den sozialen Zündstoff entschärfen könne, der sich in den Gründerjahren verstärkt angesammelt hatte, aber eine politische Selbstvertretung der unteren Klassen war ihm ein Gräuel.

Im Frühjahr starb der schon erwähnte August Heinsch, gerade 31-jährig, einer der beliebtesten Organisatoren in Berlins Sozialdemokratie. Der Trauerzug für ihn legte die ganze Stadt lahm. Die nationalliberale *Magdeburger Zeitung* erschrak: »Wer spricht noch vom Arbeiterbataillon Berlins angesichts dieses Leichenaufgebots. Das sind Regimenter, Divisionen, Brigaden, ja mehr, das sind ganze Armeekorps.« Der Reichskanzler hatte Erfahrung in Kriegen. Er würde auch mit dieser erschreckend gewachsenen Armee fertig werden und lauerte nur auf eine Gelegenheit. Die schaffte er sich.

Am 11. Mai 1878 gegen 15:30 Uhr wartete vor der russischen Botschaft Unter den Linden ein junger Mann. Als die Kutsche des deutschen Kaisers auf ihrer alltäglichen Rundfahrt sich näherte, zog er einen Revolver und feuerte drei Schüsse auf den Monarchen ab. Sämtliche Kugeln gingen fehl. Als er festgenommen worden war, zeigte sich, dass mit der derangierten Waffe genaues Zielen praktisch unmöglich war. Der Schütze, ein 21-jähriger Klempnergeselle namens Max Hödel, wollte vermutlich gar nicht treffen, nur auffallen. Die Ernsthaftigkeit seines Attentatsversuchs ist von den verschiedensten Seiten untersucht und zumeist verneint worden, angeblich hatte Kaiser Wilhelm selbst zunächst keinen Anschlag auf seine Person gesehen. Hödel schien weniger eine catilinarische Existenz zu sein, als den sozialen Abgründen Dickens'scher Romane entstiegen.

Der *Vorwärts* handelte den Casus zunächst eher beiläufig unter der Überschrift »Ein Verrückter« ab. Allerdings legte er auch Wert auf die Feststellung, dass der »Wahnsinnige« mit der Sozialdemokratie nichts zu tun habe. In der Tat lag gegen das zeitweilige Mitglied der sozialistischen Partei ein vier Wochen alter Ausstoßungsbescheid vor, und im Verlauf der weiteren Beschäftigung mit Hödel stellte sich heraus, dass er mit den Bakunisten sympathisierte und für Stöckers Christlich-soziale Partei auf Mitgliederfang gegangen war. Ganz gleich, wie all dies zu bewerten war, für Bismarck zählte allein, dass er jetzt ein Instrument gegen die sozialistische Gefahr in der Hand zu haben hoffte. Von seinem Wohnsitz in Friedrichsruh erging die telegrafische Weisung nach Berlin: »Ausnahmegesetz gegen die Sozialdemokratie«. Innenminister Eulenburg bestieg den Zug nach Hamburg, im Gepäck der Gesetzentwurf des ehemaligen Lassalle-Vertrauten Bucher, um seinem Chef im Sachsenwald Formulierungshilfe zu leisten.

In sechs Paragrafen wurde die Vereins- und Pressefreiheit für die Sozialdemokratie aufgehoben, »so viel davon für diese Partei überhaupt noch bestand« (Mehring). Der *Vorwärts* begriff nicht, »warum man nicht einfach gesagt hat: Die Sozialisten und der Sozialismus sind vogelfrei!« Das Zentralorgan war inzwischen hoch alarmiert. Kaum einer Ausgabe mangelte es an oft seitenlangen Protesten und Rechtfertigungen. Das Leben des »Attentäters« wurde von allen Seiten her vorgestellt, um zu beweisen, wie wenig er mit der Partei zu tun hatte. Man wundert sich heute, wie viel doch in einer Zeit, die dem Vernehmen nach noch ganz ohne moderne erkennungsdienstlichen Methoden auskommen musste, von einer Randfigur in Erfahrung zu bringen war.

Am Ende ging der Kelch noch einmal vorüber. Der Reichstag stimmte mit 251 zu 57 Stimmen gegen die Vorlage. Die liberalen Parteien und das Zentrum waren praktisch einstimmig dagegen, von den Nationalliberalen zeigte der Historiker Treitschke mit seinem »Ja«, was noch von ihm zu erwarten war. Bebel hatte seiner Partei aus dem Gefängnis Diskussionshilfe angeboten, doch entschied die Fraktion, sich nicht an der Debatte zu beteiligen. Liebknecht verlas die entsprechende Erklärung.

Die »moralische Urheberschaft« an der Tat eines Wahnwitzigen sollte einer Partei aufgelastet werden, die Mord in jeder Form verurteile. Darüber zu diskutieren sei »mit unserer Würde nicht vereinbar«. Übrigens widersprach das Abstimmungsergebnis der Stimmung im »Volk«. Die war durch das überwiegende Presseecho schon reichlich aufgeheizt.

Eine neue Emser Depesche – »Wir pfeifen auf das ganze Gesetz«

In diese Stimmung hinein fielen neun Tage später erneut Schüsse Unter den Linden. Diesmal trafen sie. Ein Doktor Karl Nobiling verletzte den Kaiser mit einem Schuss aus der Schrotbüchse schwer, bevor er sich selbst zu richten versuchte, was ihm nur unvollkommen gelang. Er starb Tage darauf im Gefängnis. Doch schon am Abend lag ein »amtliches« Telegramm vor, wonach er »gerichtlich« erklärt habe, sozialistischen Tendenzen zu huldigen. Die Erklärung, dass hier das Prinzip der Emser Depesche auf die Innenpolitik angewandt wurde, lag nahe und ist auch ausgesprochen worden. Nobiling war erwiesenermaßen ein Gegner der Sozialdemokratie.

Während die Erregung auf der Straße sich zur Siedehitze steigerte – gerade auch zwei Tage vor dem Attentat war das Panzerschiff »Großer Kurfürst« im Kanal bei Folkstone mit 500 Mann Besatzung untergegangen – blieb der *Vorwärts* auf seltsame Art sprachlos, sieht man davon ab, dass das Blatt unter der Rubrik »Vom Kriegsschauplatz« die Opfer dokumentierte, die das Kesseltreiben forderte. Es war eine ahnungsvolle Sprachlosigkeit, denn der *Vorwärts* sah »Verfolgungen in noch größerem Umfange als bisher entgegen«. Zahlreiche Parteigenossen im Kerker, hunderte von Anklagen neuerlich erhoben, Vereine geschlossen und Versammlungen aufgelöst, Staatsregierung und liberale Bourgeoisie im Schulterschluss gegen das arbeitende Volk, so müssten alle Freunde der Sozialdemokratie, der Freiheit und des Rechts zusammenstehen. Und »Opfer, große Opfer« würden verlangt. »Beiträge sind zu senden an August Geib, Hamburg.« An den Parteikassierer.

Für den Entscheidungskampf, in dem er die Sozialdemokratie zur Strecke bringen wollte, hatte Bismarck drei Schlachtsäulen formiert. Die erste sollte den Reichstag von den unliebsamen Querulanten säubern. Sofort nach Nobilings Attentat hatte Bismarck den Reichstag aufgelöst und Neuwahlen für den 30. Juli angesetzt. Er strebte gleichzeitig neue Mehrheiten für seine Schutzzollpolitik an, die mit der freihändlerischen Mehrheit nicht durchzusetzen war. In der zweiten Marschsäule entfalteten Polizei und Justiz ihren »weißen Schrecken« (Mehring). Er traf nicht mehr nur Redakteure und Parteiangehörige. Eine Frau aus Brandenburg wurde zu eineinhalb Jahren Gefängnis verurteilt, weil sie geäußert haben sollte: »Der Kaiser ist wenigstens nicht arm, er kann sich pflegen lassen.« Dem Denunziantentum waren Tür und Tor geöffnet. Innerhalb zweier Monate waren rund 500 Personen zu über 800 Jahren Gefängnis – wegen Majestätsbeleidigung – verurteilt. Mit der dritten Marschsäule wollte der Kanzler den Entscheidungscoup landen. Ein neu erarbeitetes Sozialistengesetz mit 24 Paragrafen – aus denen schließlich 30 wurden – sollte die politische Vertretung der Arbeiter aus der Parteienlandschaft tilgen. Die Nationalliberalen hatten schon signalisiert, dass sie ihren »Fehler« gutmachen wollten.

Bei den Reichstagswahlen ging die Rechnung nicht auf. Zwar büßten die Sozialdemokraten geringfügig Stimmen und Mandate ein. Doch mit neun Angeordneten erhielten sie immer noch soviel wie bei der 1874er Wahl. Der *Vorwärts* jubelte nach den erfolgreicher als erwartet verlaufenen Stichwahlen schon wieder: »Nirgends Rückgang. Überall Fortschritt.« War das ziemlich vorlaut, so stimmte es voll und ganz, wenn er konstatierte, dass die Reichstagswahlen 1878 »den Bankrott des deutschen Liberalismus zum Ausdruck gebracht« hatten. Den liberalen Parteien waren rund 40 Plätze verloren gegangen, die alle den Konservativen zugute kamen.

Den ihm unterstellten Gefühlsausbruch, er wolle die Liberalen an die Wand drücken, bis sie quietschen, bestritt Bismarck zwar vehement als »lügenhafte Erfindung«. Bei den weiteren Beratungen des Sozialistengesetzes erfüllten sie seine Erwartungen gleichwohl – in der Hauptsache. Sie leisteten zwar hinhaltenden Widerstand, sich sehr wohl ausrechnend, was geschehen würde, wenn der sozialistische Prügelknabe nicht mehr zwischen ihnen und Bismarck stünde. Doch die einzigen Verbesserungen von Wert betrafen die Begrenzung der Geltungsdauer auf zweieinhalb Jahre und die Erhaltung des passiven Wahlrechts für Sozialdemokraten. Der Reichskanzler erwähnte in seinen *Gedanken und Erinnerungen* das Sozialistengesetz übrigens nur in einem Briefwechsel, mit dem er Intrigen seines neuen Innenministers Botho Eulenburg belegen wollte.

Der *Vorwärts* dokumentierte den Fortgang im Ausbau der staatlichen Unterdrückungsmaschinerie akribisch. Jede neue Vorlage druckte er im Wortlaut ab, sparte auch nicht an kommentierenden Bemerkungen. Er hielt fest, dass die Sozialdemokraten von der Arbeit in der Kommission für das Gesetz ausgeschlossen wurden, obwohl sie dafür eine Zusage hatten. Für die Diskussion war Bebel von der Gräfin Hatzfeldt über die unbekannt gebliebenen Unterredungen Lassalles mit Bismarck in den 1860er Jahren ins Bild gesetzt worden. Ja, als geistvollen Gutsnachbarn könnte er ihn sich gut vorstellen, hatte der überraschte Reichskanzler versucht, die Gespräche herunterzuspielen. Vor allem seine Behauptung, Lassalle sei kein Republikaner gewesen, rief den *Vorwärts* zu einer fulminanten Ehrenrettung Lassalles auf den Plan, die in bemerkenswertem Kontrast zu späteren Deutungen über marxistische Einflüsse auf den *Vorwärts* steht.

Auch die anderen Redner der Fraktion zeigten ihr Bestes in der Debatte, ob Hasselmann, Bracke – in seinem ungestümen »Wir pfeifen auf das ganze Gesetz« sollte die ganze Partei sich wieder finden – oder Liebknecht. Am Ergebnis gab es nichts mehr zu ändern. Der *Vorwärts* sah es voraus: »Die Annahme des Sozialistengesetzes ist gesichert ... Ruhe wird eintreten in der ›sozialen Frage‹ – die Ruhe des Kirchhofes. Aber die Not wird bleiben und das Elend ...« Am 19. Oktober nahm der Reichstag das »Gesetz gegen die gemeingefährlichen Bestrebungen der Sozialdemokratie« mit 221 zu 149 gegen die Stimmen der Sozialdemokraten, des Fortschritts und des Zentrums an. Am 21. Oktober trat es in Kraft. Am 9. August hatte der *Vorwärts* geschrieben: »Die Ausnahmegesetze sind die Brücke, über welche wir zum Siege schreiten.« Er sollte sich als guter Prophet erweisen. Doch war es noch eine gute Weile bis dahin.

In den letzten Wochen hatte sich der *Vorwärts* ein neues Layout zugelegt, hatte auch die Unterzeile im Zeitungskopf fallen lassen. Es gab also kein Zentralorgan der Sozialdemokratie Deutschlands mehr. Nichts sollte an das bisherige Kampforgan erinnern. Zu guter Letzt tat das Blatt noch kund: »So werden wir uns auf den Boden des Ausnahmegesetzes stellen und ›sozialdemokratische, sozialistische oder kommunistische, auf den Umsturz der bestehenden Staats- oder Gesellschaftsordnung gerichtete Bestrebungen, die in einer den öffentlichen Frieden, insbesondere die Eintracht der Bevölkerungsklassen gefährdenden Weise zutage treten‹ (§ 6 des Ausnahmegesetzes) ... sorgsam vermeiden«. Es war alles vergeblich. Der *Vorwärts* gehörte zu den ersten, die das Verbot traf. Am 27. Oktober 1878 erschien das Zentralorgan zum letzten Mal in Leipzig.[32]

11. Botschaft aus dem Exil: »Ihr zwingt uns nicht«

»Dieses Gesetz wird uns einen so ungeheuren Leserkreis schaffen, wie wir ihn jetzt und noch auf lange hinaus nicht hoffen können zu gewinnen.« So sprach August Bebel. Vor einem Kreis von politischen Freunden in vertraulicher Runde? Vor einem brechend vollen Saal kampfbereiter Genossen, die auf das wegweisende Wort warteten? Wir irren uns beide Male. Der Abgeordnete des Reichstagswahlkreises Dresden 2 sprach vom Podium des Hohen Hauses zu den Volksvertretern, um sie auf die Folgen des Gesetzes hinzuweisen, dessen erste Lesung gerade begonnen hatte. Und er fügte hinzu: »Ich erkläre Ihnen hier ohne Prahlerei und Übertreibung, daß, wenn wir jetzt bei einer sozialdemokratischen Schrift ein oder zwei Jahre gebrauchen, um eine Auflage von vier- bis fünftausend abzusetzen, wir nach der Einführung dieses Gesetzes ... eine bei weitem größere Zahl in weit kürzerer Zeit absetzen.« Es ist bekannt, die Mehrheit blieb taub, trotz dieser und weiterer Warnungen Bebels und seiner Fraktionskollegen, dass von dem Gesetz andere als die von der Regierung erwarteten Wirkungen ausgehen würden.

Über die ein Duodezennium anhaltende obrigkeitliche Unterdrückung einer Gesinnung »unter dem Sozialistengesetz«, die unüberbietbar schien, bis Hitler alle eines Schlechteren belehrte, über den Widerstand dagegen, der das Heldenepos der Sozialdemokratie wurde, sind Bibliotheken geschrieben worden. Und immer noch beeindruckt der Verlauf auch denjenigen Geschichtsbetrachter, der die Verwerfungen des 20. Jahrhunderts kennen gelernt hat. Da ist ein Regime, das sich als christlich bezeichnet und fast schon als konstitutionell betrachtet wird und das im Einverständnis mit seiner begüterten Klientel aus Agrarwirtschaft und Industrie Existenzen und Volksvermögen vernichtet, Menschen aus Stadt und Land vertreibt, Familien auseinander reißt und mitten im Frieden Kriegzustände organisiert. Und es schürt Stimmungen. Polizeipräsident Madai schwafelt von einem »Geheimbund, der den politischen Mord als Mittel zum Zweck ansieht«. Da gibt es aber auch diese Gegenbewegung. Menschen, wirtschaftlich und manchmal fast schon physisch vernichtet, stemmen sich gewaltlos dagegen, lange vor Gandhi, und geben nicht auf, weil sie überzeugt sind, dass die Zukunft ihnen Recht geben wird.

Dabei begann dieser Widerstand ziemlich kläglich. Nicht halb so mannhaft wie ihre Reichstagsabgeordneten verhielt sich die nominelle Parteiführung. Bebel wird ziemlich erschüttert zur Kenntnis nehmen müssen, dass der Parteiausschuss in Hamburg die Verantwortung nicht tragen kann. Der Parteiausschuss, offiziell Zentralwahlkomitee, bestand aber, nachdem Auer zur Berliner *Freien Presse* gewechselt war, um dort die recht desolaten Redaktionsverhältnisse zu ordnen, nur noch aus Geib. Nur er hatte in diesem provinziellen Gremium Format genug, das informelle Zentrum einer juristisch nicht existierenden und zugleich mit aller Polizeibrutalität geschurigelten Partei darzustellen. Doch Geib lehnte ab; er war, was keiner wusste, todkrank, und starb binnen Jahresfrist.

Bebel nahm die letzten 1000 Mark aus der Kasse mit nach Leipzig, Grundstock für die illegale, das hieß zunächst sozialpflegerische Arbeit unterm Sozialistengesetz. Sekretär Derossi veröffentlichte im *Vorwärts* eine Bekanntmachung über die bevorstehende Auflösung der Partei, »die an Trockenheit des Tones und an Schwächlichkeit des Inhalts kaum übertroffen werden konnte« (Bebel). Auch die nachgeschobene Erklärung des gesamten Parteiausschusses über seine Selbstauflösung gab kein erkennbar besseres Bild ab. Eine Mitteilung des *Vorwärts* in eigener Sache, erschienen am 21. Oktober, dem Tage, da das Gesetz in Kraft trat, versuchte noch einen Slalom zwischen staatlicher Bevormundung und innerem Auftrag. Man werde sich »auf den Boden des Ausnahmegesetzes stellen«, verwahrt sich gleichzeitig dagegen, dass diejenigen mundtot gemacht werden, »welche auf die Notlage des Volkes und des Vaterlandes aufmerksam machten«. Der Schlusssatz von »frischem Mute«, »Vorsicht und Kraft zwischen all den Fußangeln des Gesetzes« klingt schon sehr nach Pfeifen im Wald.

Innerhalb weniger Wochen, ja Tage, waren in Ausführung des Gesetzes über 150 Vereine und – bis auf ein oder zwei Ausnahmen – die gesamte sozialdemokratische Presse verboten worden, darunter mit dem *Vorwärts*, der *Berliner Freien Presse* und dem *Hamburg-Altonaer Volksblatt* die drei bedeutendsten politischen Zeitungen der Partei mit einem Abonnentenstand von zusammen 45 000. Vergleiche mit heutigen Auflagenzahlen führen in die Irre, hält man sich nicht vor Augen, dass beispielsweise die Zahl der aktiven Wahlbürger bei den Reichstagswahlen des gleichen Jahres in Berlin gerade 160 000 betragen hatte.

Die drei Herausgeber – wie auch die anderer Blätter – legten umgehend bei der Reichskommission Beschwerde ein. Die Reichskommission war nach dem Sozialistengesetz gebildet worden, um über Beschwerden zu entscheiden. Ihre Zusammensetzung aus hohen konservativen Bürokraten und Richtern mit deutlich preußischem Übergewicht ließ ahnen, wie die Ergebnisse ihrer Verhandlungen aussehen würden. Von rund 630 Verboten, die in den ersten neun Monaten ergangen waren, wurden gerade mal sechs aufgehoben. Und die betrafen fast ausschließlich bürgerliche Literatur. Vorsitzender war zunächst Innenminister Eulenburg. Unter seiner

Verhandlungsführung wies die Kommission in ihren ersten Sitzungen die Beschwerden der drei Blätter zurück. Dem *Vorwärts* waren in der Begründung der Ablehnung Sätze vorgeworfen wie dieser: »Armut und Schutzmannschaft wachsen also in unserer Hauptstadt in gleichem Maße«. Viel Platz verwandte die Kommission darauf, einen Artikel Wilhelm Brackes vom 25. Oktober zu untersuchen. Der Aufruf »An die Gesinnungsgenossen«, den der *Vorwärts* vom *Braunschweiger Volksfreund* übernommen hatte, gab Hinweise, wie man sich unter dem Gesetze verhalten solle. Bracke riet unter anderem: »Gut ist's, wenn jeder seine Zunge in Acht nimmt.« Die geringste unbedachte Äußerung werde oft zu einem »Verbrechen«. Für die Kommission ließ das darauf schließen, dass »die sozialdemokratischen Bestrebungen … mehr im Geheimen betrieben werden sollen.« So sei überhaupt der Artikel darauf gerichtet, »die Durchführung des Reichsgesetzes … zu erschweren«. Dennoch habe die Reichskommission die Zurückweisung der Beschwerde nicht auf diesen Artikel gegründet. Dafür wurde vielmehr ein kurzer Kommentar zur Begnadigung eines Raubmörders herangezogen. Diesen Fall hatte der *Vorwärts* mit dem des möglichen Kaiserattentäters Hödel verglichen, der ohne schlüssige Beweise zum Tode verurteilt und *nicht* begnadigt worden war. Endlich, so die Kommission, müsse man umso weniger Rücksicht nehmen, als Liebknecht im *Vorwärts* »als Schüler und Freund von Marx gerade die kommunistische antinationale und atheistische Richtung innerhalb der Partei … zur Geltung gebracht hat«. Na also, vaterlands- und gottlose Gesellen!

Durch Gesetzlichkeit »töten«

War die Methode auch rabiat, so doch sehr erfolgreich. Bismarck brachte damit auch die letzte sozialdemokratische Zunge im Reich zum Verstummen. Ersatzblätter, die als »farblos« zu bezeichnen man sich später angewöhnt hat, weil sie weitgehend auf sozialdemokratische, oft genug auch politische Inhalte überhaupt, verzichteten, traf früher oder später das gleiche Schicksal. Selten genug überlebten sie längere Zeit. Dass auch mal eine Redaktion durch einen provokanten Artikel und das darauf folgende Verbot ihr Blatt davor bewahrte, einen schmählichen Auszehrungstod zu sterben, wie es Philipp Scheidemann am Beispiel des Kasseler *Volksfreundes* beschrieb, mag gut erfunden sein – vielleicht aber auch nicht.

Liebknecht erläuterte Engels das Konzept: »Mit unserer Presse experimentieren wir nun … Mit unserer ›Gesetzlichkeit‹ wollen wir sie töten«. War es überhaupt ein tragfähiges Konzept, so eines, das einen sehr, sehr langen Atem brauchte? Zunächst sorgte es für Verwirrung und Sprachlosigkeit, mit der nicht alle einverstanden waren. So etwa Wilhelm Hasselmann, dessen oberbergische Blätter sich ja ebenfalls nicht gehalten hatten. In Berlin ließ er *Glückauf*, ein Familienblatt, und die Gazette *Berlin* erscheinen. Seine für Hamburg gegründete *Deutsche Zeitung* weckte Sorgen um die *Gerichtszeitung*, Nachfolgerin des *Hamburg-Altonaer Volksblatts*. Ein neuerliches Verbot gefährdete auch die Arbeitsplätze in der Genossenschaftsdruckerei. Ähnliches galt für Berlin.

Keine der hasselmannschen Gründungen geschah im Einvernehmen mit den örtlichen Parteiorganisationen. Bebel berichtete über die Auseinandersetzung: »Nach vielstündiger Debatte ... kam man überein, daß H. sein Blatt der Parteikontrolle unterstellen müsse ... Hiergegen opponierte er heftig ... Selbstverständlich ließen wir uns nicht darauf ein.« Eine Frist, die Hasselmann gesetzt wurde, ließ er verstreichen. Offensichtlich wollte er die »momentane Störung unserer Parteiorganisation demagogisch in seinem Interesse ausnutzen«, weshalb man ihn wegen Gefährdung der »jetzt doppelt notwendigen Parteieinheit ... als aus der organisierten Partei ausgeschieden« betrachtete. Wenn auch durch seine Blätter die »Sonderbündelei« (Bernstein) durchschien, so waren die hasselmannschen Gründungen politisch ebenso farblos wie alle anderen Nachfolgeblätter. Seine Radikalität und mangelnde Parteidisziplin offenbarte er auf andere Weise, so vor allem auf der Tribüne des Reichstages. Im Mai 1880 solidarisierte sich »der mit der schwieligen Hand« mit den russischen Anarchisten, worauf ihn auch die Fraktion ausschloss.

Mehr Kritik an dem erklärten Weg der Gesetzlichkeit übten zwei Blätter, die im Ausland erschienen. Für ein halbes Jahr leuchtete aus Brüssel die *Laterne* von Carl Hirsch, der uns als Gründer der ersten sozialdemokratischen Lokalzeitung bekannt ist. Die Auftaktausgabe dieses echten Westentaschenblattes – Format 10 mal 7 Zentimeter – erschien am 15. Dezember 1878. Es soll zeitweise in rund 1000 Exemplaren allwöchentlich in 39 Orte versandt worden sein. Allerdings stand Hirschs Arbeit unter einem großen Handicap, das weder ihm noch seinen Kampfgenossen bewusst war. Schon im September war Hirsch in Paris, wo er als sozialdemokratischer Korrespondent residierte, wegen seiner Mitarbeit für die Internationale verhaftet worden. In seine beschlagnahmten Briefschaften durfte auch die preußische Polizei Einsicht nehmen. Das war fatal, denn Hirsch verkörperte in seiner Person einen der größten Umschlagplätze für Informationen im sozialistischen Lager. Marx zum Beispiel erhielt regelmäßig schreibfrische Texte von Hirschs Korrespondenzpartnern. Madai setzte seinen einschlägig bewanderten Kriminalkommissar Krüger in Marsch. Der fand in den zahlreichen Briefwechseln, neben dem mit Marx und den Marx-Töchtern auch mit Liebknecht, Leopold Sonnemann, Karl Höchberg, von dem noch die Rede sein wird, und vielen sozialdemokratischen Journalisten, freilich nichts »besonders Gravierendes«, sodass er mutmaßte, ein Teil könne ausgelagert worden sein. Bemerkenswert ist die polizeiliche Erkenntnis, dass Marx sich zwar über Liebknecht hin und wieder lustig mache, dieser jedoch »sonst bei der Familie Marx in hohen Ehren zu stehen« scheine. Auch über Bebel werde nicht in dem »gewöhnlichen wegwerfenden Tone« gesprochen. Mit den Briefschaften waren aber auch lange Listen von Adressen beschlagnahmt worden. So nahm über die Jahre hin die deutsche politische Polizei Einblick in den Briefwechsel Hirschs. Für eine Verurteilung durch die französischen Behörden reichte es übrigens nicht. Aber Hirsch wurde ausgewiesen, ging zunächst nach Belgien, kehrte im Frühjahr in die französische Hauptstadt zurück, um schließlich nach London weiter zu ziehen.

Hirsch nahm in der *Laterne* nicht nur die Handhabung des Sozialistengesetzes aufs Korn, sondern beschäftigte sich auch zunehmend mit sozialdemokratischen Fehlleistungen. Das weckte, bei Bebel etwa, alles andere als Begeisterung. Der hielt »das Blättchen« nicht nur inhaltlich für dürftig, »es entsprach auch im Tone nicht dem Bedürfnisse der Leser«. Nach einem späteren, vielleicht ungerechten Urteil über den Vollblutjournalisten Hirsch: Zu literarisch, zu wenig »geistige Volkskost«.[33] Bebel konnte zwar die Kritik Hirschs an der Befürwortung der Schutzzölle durch den SPD-Reichstagsabgeordneten Max Kayser verstehen, doch missbilligte er die »unschöne, beleidigende Weise«. Kayser vertrat hier, wie später andere Gewerkschaftsnachfolger, besondere Interessen der Industriearbeiter. Als Hirsch der Parteileitung vorwarf, sie tue alles, »um nur ja die Genossen … vom Lesen der auswärtigen Blätter abzuhalten«, tat Bebel das als »Schwarzseherei« ab. Aber es sollte noch Folgen haben.

Es kann nicht ausgeschlossen werden, dass Hirsch von einem gewissen Boykott der Auslandblätter mit betroffen wurde, doch galt der in erster Linie einem Blatt, das aus London kam, und das ein Mann herausgab, der einmal ein Hoffnungsträger der Partei gewesen und sich jetzt zu einer regelrechten Belastung für sie entwickelt hatte. Gemeint sind die *Freiheit* und Johann Most. Most hatte bei Erlass des Sozialistengesetzes – wieder mal – im Gefängnis gesessen. Über Braunschweig und Hamburg, wo er keine geeignete Stelle fand, suchte er – wie so viele andere Opfer des Sozialistengesetzes – nach den Vereinigten Staaten auszuwandern. Er blieb aber in London hängen, wo er ab Januar 1879 seine Wochenschrift erscheinen ließ. Dabei arbeitete er mit dem Kommunistischen Arbeiter-Bildungsverein zusammen. Obwohl auch dieses Blatt ohne Absprache mit der deutschen Partei herauskam, ließ sie die Verbreitung zu.

Liebknecht verteidigte die deutschen Emigrantenblätter sogar im Reichstag. Zwar habe die Partei »absolut nichts gemein« mit dem, was »in Brüssel, London usw.« geschrieben werde, doch falle ihm nicht ein, dieses »desavouiren zu wollen«. Und wenn die Sprache Mosts der Reichstagsmehrheit nicht gefalle, sei das nicht etwa, so fragte er, »die notwendige Folge dessen, was ihm persönlich widerfahren ist?« Diese Sprache war in der Tat schneidend geworden. In einer *Denkschrift an die deutschen Sozialisten* forderten Most und seine Anhänger: »Nicht eine umsichtige Taktik *unter* dem Sozialistengesetz, sondern eine schlaue Taktik *gegen* dasselbe ist nötig ...« Damit war die Lebensfrage der Partei berührt: An die Stelle öffentlichen Wirkens für die Sozialdemokratie sollte konspirative Sektenarbeit treten. Most wandte sich gegen den »Parlamentarismus« der Partei, predigte Revolution und Putsch nach Blanqui-Art. Und was Bebel zusätzlich empörte: Most suchte »durch gehässige und verletzende Glossierung« jeden Parteistreit »zu verbösern«.

Marx und Engels, die sich eine Zeitlang abwartend, aber nicht unfreundlich verhalten hatten, gedachten sich deutlich zu distanzieren. Bebel fiel ihnen jedoch vorbeugend in den Arm. Man werde bald eine »geeignete Waffe gegen Most« in der Hand haben – eine auswärtige Zeitung der Partei selbst. Der zunehmende Anarchismus der *Freiheit* wurde schließlich dem Gastland zu viel. Als Most den Mordanschlag auf den russischen Zaren Alexander II. bejubelte, verurteilte ihn ein britisches Gericht zu 16 Monaten Gefängnis, nach deren Verbüßung er in die USA emigrierte.

Ein Reicher als Sozialist

Über die Entstehungsgeschichte des Exilorgans gehen die Erinnerungen der Veteranen auseinander. Nichts führt aber an der Erkenntnis vorbei, dass die Gründung des neuen Blattes ohne das finanzielle Engagement eines wohlhabenden Mäzens undenkbar gewesen wäre. Gerade diese Situation trug aber erheblich zu den Schwierigkeiten bei. Der reiche Onkel war ein noch junger Mann, Karl Höchberg, Sohn eines verstorbenen Frankfurter Lotterieeinnehmers und Bankiers. Schon im Studium hatte ihm Friedrich Albert Lange seine sozialpolitischen Vorstellungen vermittelt. Höchberg vertrat in der Folge einen ethischen Sozialismus, der allerdings dem sich gerade entwickelnden Klassensozialismus zuwiderlief. Sein kurzes Leben lang hielt er daran fest, dass der Sozialismus nicht nur eine Sache der Proletarier sei. 1876 in die SdAP eingetreten, stellte Höchberg seine Finanzkraft ohne Vorbehalt und ohne eine Gegenleistung zu verlangen, der Partei zur Verfügung.

Nach Osterroth verkörperte er den »reinen Idealisten«. Höchberg ist es zu verdanken, dass die geplante wissenschaftliche Revue 1877 unter dem Namen *Die Zukunft.*

Socialistische Revue Gestalt annahm. Er überwies zu diesem Zweck 10 000 Mark an Geib, ein Vermögen für die damalige Zeit. Höchberg führte selbst die Redaktion, nachdem der Versuch der Parteiführung, Carl Hirsch als Chefredakteur zu gewinnen, gescheitert war. Geib hatte lange auf Hirsch eingeschrieben, ihm die Wichtigkeit der Aufgabe vor Augen geführt, die namentlich darin bestand, »den *Vorwärts* von jenen Artikeln (zu) entlasten, welche zwei Drittel seiner Leser unverständlich sind«. Hirsch hatte sich schon in Berlin umgesehen, war dann aber wieder abgereist. Geibs Enttäuschung war so groß gewesen, dass er eine Spende Hirschs zugunsten der Justizopfer von Mosts *Freiheit* ablehnte. Höchberg hatte auch versucht, bei Marx für die Halbmonatsschrift Interesse zu wecken. Doch fand der es unter seiner Würde, sich mit dem Produkt eines *nobody* zu beschäftigen. Er wertete das Unternehmen als den Versuch eines Mannes, der sich »mit den besten Intentionen – in die Partei einkauft und sie nach seinem Bilde umschaffen will«. Unter dem Sozialistengesetz wurde auch *Die Zukunft* verboten.

Als Höchberg wegen eines Lungenleidens nach Lugano umsiedeln wollte, versicherte er sich der Dienste von Eduard Bernstein. Der wenig ältere Bankkaufmann gehörte zu den jüngeren Berliner Parteiintellektuellen, die sich im »Mohrenclub« eine lockere, aber wirksame Verbindung geschaffen hatten. Politisch kein Leichtgewicht, wie sein Auftreten als Parteitagsdelegierter und seine Übernahme in die Berliner Wahlleitung bewiesen, kannte er nach eigenem Bekunden in dieser Zeit »nichts anders als die Partei«. Wenige Tage vor Ausrufung des Sozialistengesetzes zog Bernstein zu Höchberg, als dessen wohlbestallter Sekretär er firmierte, in die Schweiz. Dritter im Bunde war der gerade aus Berlin ausgewiesene Versicherungskaufmann Carl August Schramm.

Es muss hier nicht akribisch das ganze Hin und Her um die Schaffung eines Auslandsblattes ausgebreitet werden. Es wird so sein, dass Bernstein zuerst den »Hamburgern« den Gedanken daran nahe legte. Die »Hamburger«, das waren einmal Geib, der durch seine Mitgliedschaft in den großen Genossenschaftsdruckereien auch nach seinem Rücktritt noch *die* bestimmende Rolle in der verbotenen Partei und namentlich in Pressefragen spielte, und sodann Auer, der nach seiner Ausweisung aus Berlin in die Hansestadt zurückgekehrt war und mit gewohnter Tatkraft in die Parteigeschicke eingriff. Beide schienen nicht sonderlich interessiert. Der Durchbruch kam erst, als die Reichstagsfraktion, zutiefst genervt durch Most und Hirsch, sich der Sache annahm. An Geibs Grab wurde dann am 1. August der Beschluss gefasst, ein Kampfblatt im Ausland zu gründen. *Der Sozialdemokrat* sollte es heißen, und als Verlagsort wurde Zürich ausersehen. Um der deutschen Bürokratie das Verbieten nicht zu leicht zu machen, sollte *Der Sozialdemokrat* international aufgemacht sein, das heißt, auch Schweizer Staatsbürger sollten an der Sache beteiligt werden. Weil man an Höchberg als Finanzier nicht vorbeikam, und sich auch Bernstein bereits den Kopf zerbrochen hatte, wurden diese beiden samt Schramm als Vorkommando und Kontrollinstanz eingesetzt. Hier aber setzen schon neue Konfusionen ein.

Im Grunde gab es zu viele Köche, die in der Suppe rührten. Sie saßen in London und Paris, in Hamburg, Berlin und Leipzig und schließlich noch in der Schweiz. Die Reichstagsfraktion leitete zwar inoffiziell-offiziell die Partei, bis 1880 aber besorgte das effektiv das Zentrale Unterstützungskomittee in Leipzig, dem außer Bebel und Liebknecht noch Hasenclever, Fritzsche und Geyer angehörten. Einer der Beteiligten machte auch die Informationsstrukturen als Ursache der Verwirrung aus. Viele Weisungen wurden nämlich mündlich vermittelt. So reiste etwa Paul Singer, ein ehemaliger Gefolgsmann Jacobys, der sich in Berlin gerade zum »musterhaften Sozialdemokraten« (Liebknecht) gemausert hatte, nach Zürich, um der dort inzwischen angesiedelten Troika die Vorstellungen der Parteileitung zu überbringen. Hauptsächlich aber waren die Verhandlungen Louis Viereck übertragen, Gründer des Mohrenclubs und als Exkammergerichtsreferendar ein ungewöhnliches Opfer der Sozialistenverfolgungen. Dem erprobten Juristen oblagen vor allem die Auflösung der Parteibetriebe und die Gründung neuer Zeitungen.

Trotz zahlreicher, vielleicht auch widersprüchlicher Unterweisungen konnten sich Höchberg und Bernstein lange nicht entscheiden, ob sie die Schirmherren oder die Blattmacher sein wollten – jedenfalls nach Auffassung ihrer Gegner. Verschleppend wirkte sich auf jeden Fall die Suche nach einem geeigneten Redakteur aus. Vorgesehen waren Hirsch oder Vollmar. Auf Hirsch schien eigentlich alles zuzulaufen, obwohl Bebel schon früh deutlich gemacht hatte: »Ich hoffe und wünsche, daß er ablehnt.« Da wirkten wohl noch die Nadelstiche aus der *Laterne*-Zeit nach, mehr noch aber Erfahrungen, die Geib mit Hirsch gemacht hatte, der Dinge anstieß, sich aber entzog, wenn sie verwirklicht werden sollten. Im speziellen Fall ging es um eine Korrespondenz für kleinere Parteiblätter.

Auch Bernstein hat, bei anfänglicher Gutwilligkeit, die Berufung Hirschs nicht lange mehr gefördert. »Ich formulierte meine Briefe an ihn immer mehr so, daß sie ihm die Ablehnung der Redaktion leichtmachen sollten.« Immerhin übersandte Hirsch den Entwurf für ein Layout, der Text bestand aus seinen Überlegungen für das neue Blatt. »Ich würde dann den Titel ›Deutsche Arbeiterzeitung‹ vorschlagen.« Letztlich hat sich aber Hirsch selbst um alle Chancen gebracht. Er lavierte zuviel und stellte, als es ernst wurde, Forderungen, mit denen er alle gegen sich aufbrachte. Es ist auch nicht auszuschließen, dass die besondere Verbindung Hirschs zu den Londonern sich diesmal gegen ihn kehrte. Immerhin wusste Bebel schon, dass er gegen die drei Züricher bei Marx und Engels Stimmung gemacht hatte.

Bernstein hatte schon vor der Projektierung des *Sozialdemokrat* die Verbindung zu Engels gesucht, auf sein höfliches Schreiben aber lediglich eine verschnupfte Antwort erhalten. Ede, wie ihn die Freunde riefen, setzte zwar sofort nach, doch bewegte sich Engels nur graduell, immerhin soweit, dass Bernstein erfuhr, wie sehr der Londoner die Most'schen Stänkereien verachtete. Geht man nur nach dem Briefwechsel zwischen den beiden, könnte man meinen, das Eis sei erst gebrochen, als Bernstein von einem wohlerhaltenen Sammelband der *Neuen Rheinischen Zeitung* berichtete. Da kam postwendend der Rat, sich durch die Lektüre des legendären Revolutionsorgans zu schulen. Dazwischen lag freilich ein tiefer Einbruch.

Sozusagen als Fortsetzung der verbotenen *Zukunft* hatte Höchberg in Zürich eine Zeitschrift unter dem Titel *Jahrbuch für Sozialwissenschaft und Sozialpolitik* herausgebracht. In einer Reihe theoretischer Aufsätze, einer zum Beispiel von Georg von Vollmar, fanden sich auch die »Rückblicke auf die sozialistische Bewegung in Deutschland, kritische Aphorismen von ***«. Dieser unglückliche und sprichwörtlich gewordene Drei-Sterne-Artikel sollte ungeahnte Reaktionen auslösen. Bei Marx und Engels, die ihn alsbald zu Gesicht bekamen, bestätigte er alle Befürchtungen. Er inspirierte sie gleichzeitig zu einem weit ausholenden Rundumschlag, der als »Zirkularbrief« in die lange Geschichte ihrer Beziehung zu den deutschen Sozialdemokraten eingegangen ist. Empfänger waren die Mitglieder der inoffiziellen Parteispitze und auch der Mitteilung an die Züricher stand »nichts im Wege«.

Was ein Artikel bewirkt, den gar keiner zu lesen bekam

Engels, der dem Protest seine Feder lieh, rollte zunächst die leidvolle Geschichte der Redakteurswahl auf, wobei er sich kompromisslos auf den Standpunkt von Hirsch stellte, der inzwischen in London war. Sodann befasste er sich mit der »beabsichtigten Haltung des Blattes«, wobei er allerdings hauptsächlich Hirschs Haltung zur Schutzzollrede Kaysers verteidigte. Dabei bekam auch noch der längst verbotene *Vorwärts* sein Fett weg. Statt solche »Fragen gründlich zu diskutieren«, habe er sich »mit Vorliebe auf die Konstruktion der zukünftigen Gesellschaftsordnung« eingelassen. Diese Kritik mussten sich nicht nur die Blattmacher gefallen lassen; Zukunftsvisionen machten einen bestimmenden Teil der sozialistischen Agitation aus. Aber: Mit der Treue zur Theorie, wie sie Marx und Engels forderten, war den politischen Tagesaufgaben auch nicht immer beizukommen. *In extenso* beschäftigte sich Engels endlich mit dem »Manifest der drei Züricher«, wie er es nannte. Das bot allerdings Angriffsflächen genug.

Der Drei-Sterne-Artikel stellte sich als überhebliche, über den Wolken abgegebene und im Grunde völlig parteiferne Kritik an der Sozialdemokratie dar, wie sie nun einmal geworden war. Lassalle wurde über den grünen Klee gelobt, die Funktionsträger wegen »verlumpten Auftretens« gedeckelt, das Eintreten für die Kommune als bürgerfeindlich gemaßregelt, und die Öffnung für »alle von wahrer Menschenliebe erfüllten Männer« gepredigt. Überhaupt sollte sich die Partei eine schöpferische Pause gönnen, in der sie über alle ihre Fehler nachdenken könne und dann den Weg der Reform einschlagen. Diese Kritik und diese Ratschläge waren nun wirklich das letzte, was eine um ihr Überleben kämpfende Partei brauchen konnte. Allein – wären sie von einem bürgerlichen Verfasser in einer bürgerlichen Zeitung erschienen, kein Hahn hätte danach gekräht.

Was Engels nicht wissen konnte, das »Manifest der Züricher« hatte in der Tat einen bürgerlichen Autor. Auch Bebel wird es seine Lebzeit lang nicht erfahren haben, Bernstein enthüllte die Geschichte erst nach Bebels Tod. Höchberg hatte das Manuskript seines Studienfreundes Karl Flesch, später Frankfurter Stadtrat und Landtagsabgeordneter der Fortschrittlichen Volkspartei, schon seit Wochen in der Schreibtischschublade liegen. Schramm und Höchberg, dem das Thema lag, hatten das Opus eingehend überarbeitet. Seinen eigenen Anteil stufte Bernstein als sehr gering ein. Er sei auch gegen die Veröffentlichung gewesen. Wie auch immer, die verheerende Wirkung dürfte klar genug geworden sein. Marx und Engels verweigerten ihre Mitarbeit an dem neuen Blatt noch ehe sie begonnen hatte. Übrigens hat den Artikel in Deutschland kaum jemand zu lesen bekommen. Die Reichskommission hatte das *Jahrbuch* in ihrer 13. Sitzung verboten.

Ungeachtet all dessen: Die Adressaten des Zirkularbriefes mussten sich den Schuh nicht anziehen. Engels erhielt dafür auch eine Antwort, die er sich hinter den Spiegel stecken konnte. In einem sehr formellen Schreiben von Fritzsche und Liebknecht, die mit Bebel, Auer und Karl Grillenberger zu den nominellen Eigentümern des *Sozialdemokrat* gehörten, wurde ihm der Sachverhalt »betr. d. Züricher *Sozialdemokrat* p.p.« klargelegt. Nach den schlechten Erfahrungen mit »Personen, welche außerhalb eines bestimmten Wirkungskreises stehen« – gemeint waren Most und Hirsch – sei es darum gegangen, den bestimmenden Einfluss der deutschen Partei auf das Organ zu sichern. Die Angriffe auf Kayser aber seien absolut unglaubwürdig, da der Abgeordnete durch Parteitagsbeschlüsse gedeckt sei, an denen Most und Hirsch mitgewirkt hätten.

Bebel, der den Brief expedierte, machte vor allem noch einmal deutlich, zu welchem Popanz die Züricher Drei stilisiert worden seien und ließ an Hirsch kaum ein gutes Haar. Im Übrigen, wenn Marx und Engels das neue Blatt nicht gefiele, »so helfen Sie es besser machen, indem Sie fleißig hineinschreiben.« Die Reaktion blieb nicht aus. Engels reagierte zwar seitenlang wie ein in die Enge getriebener Boxer, gab aber zu, endlich »den Sachverhalt klar zu überschauen«. Über die Reaktion innerhalb der Partei gibt ein Brief Auers an Bracke Aufschluss. »Was nun den großen Schreibebrief des E. betrifft, so ist die erste Hälfte [zu Hirsch; Anm. H.S.] nichts wie Dummheit.« Außerdem »legt E. den drei Zürichern zuviel Wichtigkeit bei ... und Hchbg. ist nicht der Mann, wie ihn sich die Londoner vorstellen.«

Dass Hirsch schließlich nicht mehr zur Verfügung stand, beunruhigte niemanden – außer Liebknecht, dessen Kandidat er gewesen war. Bebel wollte Georg von Vollmar und bekam ihn nun auch; der musste nur noch seine Haftstrafe in Dresden absitzen. Den bayerischen Adligen, einen im deutsch-französischen Kriege schwer versehrten Offizier, der im »Selbststudium« Eisenacher wurde, hatte Bebel als Redakteur der *Dresdner Volkszeitung* schätzen gelernt. Am Sonntag, dem 28. September 1897, verließ die Probenummer des *Sozialdemokraten* die Schweizerische Vereinsbuchdruckerei in Hottingen im Osten Zürichs. Als Verleger und verantwortlicher Redakteur fungierte der Schweizer Sozialdemokrat August Herter, später abgelöst von Conrad Conzett, Druckereileiter und Redakteur der Züricher *Arbeiterstimme*. Diese internationale Zusammenarbeit funktionierte klaglos.

An die »Parteigenossen aller Länder« richtet sich ein programmatischer Aufruf. Der ist freilich so zündend wie ein nasser Feuerwerkskörper, eine Magisterarbeit allenfalls über die Aufgaben der zeitgenössischen Parteipresse. Der Aufsatz suggeriert, dass es sich um ein deutschsprachiges Gemeinschaftswerk handelt, auch Österreicher und Schweizer sitzen im Boot, was, bezieht man Kautsky mit ein, ja richtig ist. Allerdings geht die Zielrichtung klar nach Norden. Was man sich darunter vorzustellen hat, dass dieses Blatt »sozusagen ein offizielles Zentralorgan der Partei ist«, wird noch zu klären sein. Aber unmissverständlich macht es seine Position gegenüber dem bisherigen Medienpark deutlich: »*Der Sozialdemokrat* steht ... sowohl in prinzipieller als taktischer Beziehung voll und ganz auf dem Standpunkte der deutschen Sozialdemokratie, wie sie war und wie sie ist!«

Wie diese Partei nun ist und warum sie so ist, das klärt schließlich der Leitartikel der Nummer 1: »Die Organisation der deutschen Sozialdemokratie«. Kein Büroplan also, wie man vielleicht meinen könnte, sondern eine etwas langstielige, aber schlüssige Darlegung der Kommunikationsströme und Verantwortlichkeiten, auch für die Presse der Partei. In diesem Gefüge erhält auch noch die Stimme des einfachsten Mitgliedes ein Recht an die Öffentlichkeit zu dringen und die Partei eine Kraft, mit der sie »den Keulenschlägen der Reaktion die Stirn bieten« kann. »Zehnmal niedergeworfen, steigt sie jedesmal wieder, wie der Riese Antaeus, nachdem sie neue Kraft aus dem Mutter-Erdboden gesogen, furchtbarer vor den Augen der Gewaltigen dieser Erde auf.«

Von den ersten beiden Nummern waren 2700 Exemplare aufgelegt worden, von denen jeweils 1500 ins Reich gingen. Die Auflagen wechseln zunächst, pendeln sich dann auf rund 1200 feste Bezieher ein. Auch Liebknecht hatte seine Exemplare erhalten. Er trägt ja die Verantwortung für den *Sozialdemokrat* in der Reichstagsfraktion. Er kann Vollmar Mut machen. »Engels scheint zur Vernunft zu kommen. Ihm gefällt das Blatt.« Karl Kautsky, ein junger »Radikaler« der österreichischen Sozialdemokraten, der schon mal für den *Volksstaat* die Feder gespitzt hatte, lobt: *Der Sozialdemokrat* »erwirbt ... sich durch seine würdige Haltung langsam aber doch die Achtung der Parteikreise«. Wenn Kautsky »besonders wohltuend ... die Abwesenheit jeder Polemik gegen Most« empfindet, so lässt das zu Recht auf seine Sympathie für dem ungebärdigen Londoner erkennen.

Auch das deutsche Parteivolk reagierte positiv. Leider hielt diese Stimmung nicht vor. Schon bald rät Liebknecht dem Redakteur, auf die Wünsche derer einzugehen, die den *Sozialdemokrat* »etwas schärfer, nicht mostisch polternd, sondern tiefer in den Kern eindringend« wollen. Auch beim ersten Kongress der verbotenen Partei auf Schloss Wyden, einem ziemlich verfallenen Gemäuer bei Winterthur, wird in der Pressediskussion verlangt, »daß der Ton, der bei Most gewöhnlich sei, dem *Sozialdemokrat* nicht zugestanden werden dürfe«. Gleichzeitig aber beschließt die unter konspirativen Umständen zusammengetretene Versammlung – die Delegierten befanden sich angeblich in einer »Generalversammlung der Kranken-, Wander- und Altersunterstützungskassen der deutschen Vereine der Schweiz« – den *Sozialdemokrat* in den Rang des einzigen offiziellen Organs der Partei zu erheben. Jetzt also nicht mehr »sozusagen«. Die Berliner politische Polizei war übrigens auch in Wyden zugegen: In der Person eines Spitzels, der sich als ultralinker oppositioneller Delegierter getarnt hatte.

Das »offiziell« verbreitete Protokoll, das übrigens auch nicht die Namen der deutschen Delegierten nennt, könnte Verwunderung erwecken bei demjenigen, der die Gewohnheiten der deutschen Sozialistenkongresse zu kennen glaubt. Wo blieb die große Pressedebatte? Nun, ein Blick in das geheim gehaltene, jetzt im Archiv liegende Urprotokoll macht deutlich, sie fiel keineswegs unter den Tisch. Vollmar hatte sich noch anderer Vorwürfe, als die der »Mostiaden« zu erwehren, tat das auch so gut er konnte und bedauerte, »daß von der cirka 36 Blätter starken sozialistischen Presse kaum ein Blatt dem *Sozialdemokrat* Beachtung geschenkt habe«. Die werden sich wohl auch gehütet haben. Bebel monierte mit mehr Recht, dass man innerhalb der Partei noch zu große Furcht habe, »auf das Blatt zu abonnieren«.[34] Nach Wyden entfachte die deutsche konservative Presse eine Kampagne mit dem Ziel, von der Schweiz die Ausweisung der »Verschwörer« zu verlangen. Der zur selben Zeit tagende Schweizer Juristentag sprach sich gerade deshalb entschieden für das Asylrecht aus. Doch was nicht war, konnte noch werden.

Vollmar zieht die Konsequenzen

Vollmar gab sich weiter Blößen. Seine Schreibweise wurde mal als zu gemäßigt, mal als zu radikal kritisiert. Bebel machte sich schließlich mit deutlichen Worten Luft, warf ihm vor, mit oft recht ungeschlachtem Ton »Herrn Hans in London ... [d. i. Most; Anm. H. S.] übertrumpfen« zu wollen. Vor allem aber habe er nicht die Ansprüche erfüllt, die man an ihn stellte, als er auf Schloss Wyden zum Verbindungsmann zu den deutschen Sozialisten im Ausland und den ausländischen Genossen gewählt wurde. Vollmar zog nun die Konsequenzen und kündigte die Redaktionsstelle zum 1. Januar 1880. Als Grund gab er an, sich nicht einen weiteren Aufenthalt in Deutschland unmöglich machen zu wollen. Schließlich wollte er noch einen aktiven Beitrag in der deutschen Politik leisten.

Obwohl diese Entwicklung beinahe abzusehen gewesen war, brachte sie die Partei in eine missliche Lage. Liebknecht, der hätte einspringen sollen, saß wieder einmal im Gefängnis. So lief erneut alles auf Hirsch zu. Tatsächlich entschieden sich die Gremien, wenn auch unter großen Widerständen, für den Neu-Londoner. Da hatte Bebel, dem nichts Gutes schwante, die richtige Eingebung. Er wollte, wie er sagte, den Gang »in die Höhle des Löwen« wagen. Er meldete sich in London an und nahm in seinem Schlepptau Bernstein mit. Diese Gespräche verliefen so günstig wie erhofft. Bernstein gewann bei Marx und Engels »sichtlich an Vertrauen«, und Hirsch erklärte sich »nach vielem Wenn und Aber« bereit, nach Zürich zu übersiedeln.

Die Bombe platzte an Heiligabend, kaum dass Bebel wieder in Leipzig zurück war. Hirsch erklärte, wie sich Bebel ziemlich gereizt gegenüber Engels ausdrückte, »unter Wiederholung der bekannten Anschuldigungen gegen die Züricher ..., nicht nach Zürich zu gehen, sondern die Redaktion von London aus leiten zu wollen«. Da aber vor allem der Verteilerapparat eine solche Umwälzung unmöglich machte, war klar: Hirsch wollte nicht. Der schnell arrangierte Ausweg: Liebknecht sollte die

Oberleitung der Redaktion übernehmen, Kautsky aber die Arbeit vor Ort machen. Doch Kautsky lehnte ab. Nun konnte nur noch Bernstein, der ja nun schon mal in Zürich saß, die Arbeit übertragen werden.

Bebel schrieb in seinen Lebenserinnerungen, dass er genau dies gewollt habe und aus diesem Grunde auch Bernstein nach London mitgenommen habe. Das Londoner Misstrauen gegen diesen Mann sollte abgebaut werden. Bernstein, der diese Lesart nicht unterstützte – Bebel irre sich da in seinen Erinnerungen –, übernahm das Amt zunächst provisorisch, erst nach langem Zögern willigte er definitiv ein. Erinnern wir uns des Bernstein-Engels-Briefwechsels? Als Engels nach 19 Monaten wieder einmal die Feder für einen Brief an Bernstein anfasste, hatte sich der Ton merklich geändert: »Die fünf No. des ›S-D‹ seit dem Jahreswechsel bekunden einen bedeutenden Fortschritt ... Der Ton ist flott und zielbewußt geworden; das Blatt wird nicht mehr abwiegeln, wenn es so bleibt, sondern den Leuten in Deutschland zur Ermutigung dienen.« Viereck, der just in London war, bekundet, die Nummer 2 – die erste von Bernstein redigierte – habe »den Beifall der Gestrengen« gefunden, obwohl sie nicht wussten, »wer der Redaktor war«.

Der Brief Engels sollte Auftakt eines anderthalb Jahrzehnte währenden Briefwechsels sein, der erst mit dem Tod des »Generals« endete. Bernstein saß auch an dessen Sterbebett. Kann man diese Korrespondenz mit der ungleich berühmteren der beiden sozialistischen Erzväter vergleichen? Sicherlich nicht, was den Umfang anlangt, sicherlich auch nicht in der spritzigen und unverschämten Intellektualität, die den Briefwechsel der beiden Freunde und revolutionären Kampfgenossen auszeichnete. Zwischen Bernstein und Engels bestand zunächst ein klares Schüler-Lehrer-Verhältnis, das im Laufe der Jahre aber zunehmend gegenseitigem Respekt und Freundschaft Platz machte. Inhaltlich führt der briefliche Gedankenaustausch jedoch nicht weniger tief in die politischen und gesellschaftlichen Zeitverhältnisse ein, wie der andere, bekanntere. Bernstein erwies sich immer klarer als ebenbürtiger Partner. Über die Entwicklung der sozialistischen Parteien ist er stets auf dem Laufenden, die deutsche kennt er aus erster Hand und bei den europäischen ist er erstaunlich gut unterrichtet.

Was die entscheidenden Jahre als Chef des *Sozialdemokrat* angeht, hat es sich eingebürgert, von dem »beratenden« Engels zu sprechen. Helmut Hirsch, der den Briefwechsel neu herausgegeben hat, hält das für ein »Understatement«. Hielte man die jeweils passenden Stellen des Dialogs und des Parteiblatts nebeneinander, würde man »sich wohl fragen müssen, ob das Verhältnis nicht eher umgekehrt war«. Also Engels schrieb den *Sozialdemokrat*! Soweit geht Hirsch nun auch nicht.

Es schmälert das Verdienst Bernsteins um das Medium, das mehr als alles andere die verbotene Partei zusammengehalten hat, in keiner Weise, wenn er sich dabei des Mannes versicherte, der um die Zubereitung der Überlebensmedizin wusste. Bernstein hatte es richtig erfasst: Eine Arbeiterpartei in solcher Existenzkrise konnte nur als revolutionäre Partei überdauern. Also wurden die deutschen Sozialdemokraten Marxisten.[35]

Das Blatt zu machen war die eine Seite, der zweifellos weit schwierigere Teil, es an den Mann zu bringen (Frauen tauchen auf den erhalten gebliebenen Versandlisten in kaum wahrnehmbarer Zahl auf, was in Anbetracht ihrer gesellschaftlichen und politischen Rechtlosigkeit nicht verwundern kann). Die »Rote Feldpost« ist ein Hauptstück der sozialdemokratischen Legende vor den Weltkriegen geworden. Mit Listigkeit und Opfersinn drehten »Generalstäbler« und unzählige freiwillige Helfer dem Polizeistaat lange Nasen. Dem ersten Expedienten des *Sozialdemokrat*, Adolf Uhle, gelang mit der Anwerbung des Kreuzlinger Schuhmachers Joseph Belli den wichtigsten Tragpfeiler für das Unternehmen einzuziehen, doch er selbst war den Anforderungen nicht gewachsen. Bebel und Vollmar bearbeiteten den ehemaligen Leiter der Leipziger Genossenschaftsdruckerei Julius Motteler so lange, bis er die ebenso anspruchsvolle wie aufreibende Mission in Zürich übernahm.

Motteler hatte sich schon in der Vergangenheit als Kaufmann, Verleger und Organisator kompetent erwiesen, war somit eine rare Erscheinung in der frühen Sozialdemokratie. Als »Roter Postmeister« zog er, mit Belli auf dem wichtigsten Außenposten, ein Vertriebssystem auf, das unter den erschwerten Bedingungen der Illegalität zehn Jahre Bestand haben sollte. Die Einzelheiten des Schmuggels rund um den Bodensee und entlang der deutschen Grenze bis nach Lothringen und die Verteilung bis hin zu dem Leipziger Logenschließer, der sein Zeitungspaket im Garderobenschrank des Stadttheaters verbarg, haben nicht weniger dazu beigetragen, Durchhaltewillen und Kampfbereitschaft zu fördern, wie alle Direktiven und Leitartikel, die damit verbreitet wurden. Es gab auch Verluste durch Beschlagnahmen bei Kontrollen, Verräterei, etwa von unzufriedenen Fuhrleuten und eingeschleusten Polizeispitzeln. Dass sich letzten Endes die Zustellung doch mehr oder weniger geordnet vollzog, lag an dem von Motteler eisern durchgehaltenen Prinzip. In seinem 1895 abgefassten Bericht steht, es sei unabdingbar, die »Wege des Feindes« zu gehen und sich nicht auf »abenteuerliche Methoden … à la Most« einzulassen, der seine *Freiheit* in Gipsfiguren oder Blechbüchsen versteckte. Nein, ein Zeitungspaket war ein Paket und ein Zeitungsbrief ein Brief.

Die Zeitung schreibt schwarze Zahlen

So stieg die Auflage stetig. Aus den 1500 Abonnenten zu Beginn waren im vierten Quartal 1881 schon 3777 geworden, die sich in der kontinuierlich geführten Statistik so aufschlüsselten: 241 Exemplare in Briefsendungen, 238 in Kreuzbandsendungen, 798 in Paketsendungen ins Ausland und 2500 in Paketsendungen ins Reich. Die letzte Zahl enthielt auch die österreichischen Abonnenten. 1884 war die Zahl der Abnehmer schon auf rund 9000 angestiegen, genau doppelt soviel wie Bebel dem Reichstag prophezeit hatte. Da wurde der *Sozialdemokrat* schon in Deutschland selbst gedruckt – geheim natürlich. Statt der fertigen Zeitungen gingen die ausgegossenen Bleiplatten über die Grenze, in eine Vielzahl oft wechselnder Druckereien bis nach Nürnberg zur Druckerei der *Fränkischen Tagespost* oder ins sächsische Burgstädt.[36]

Die Namen der meisten Helfer sind verweht. Bernstein überlieferte noch den des Stettiner Tischlers Hugo Woldersky, der den Geheimdruck von Köln aus leitete. In den letzten Jahren des Sozialistengesetzes wurden rund 11 000 Exemplare vertrieben. Umsonst gab es den *Sozialdemokrat* freilich nicht. Auch über die Abonnentengelder wurde peinlich genau Kontrolle geführt. Ab Mitte 1882 deckte der Vertrieb des Blattes seine Kosten. Motteler leitete nicht nur die Expedition und besorgte, oft mit emotionalem Überschwang, den Leserbriefkasten der Zeitung, sondern hielt zugleich die Verbindungen zu Vertrauensmännern in allen Orten und kümmerte sich endlich um die Sicherheit. Zweifellos war er auch der Vertrauensmann Bebels in Zürich. Der intensive Briefwechsel der beiden wird beherrscht von seitenlangen Anweisungen und Anfragen aus Leipzig. Bebel ließ auch des Öfteren »Ede« über Motteler etwas ausrichten.

Bernstein muss möglicherweise sehr erschrocken gewesen sein, als ihm klar geworden war, welche Verantwortung er sich aufgeladen hatte. Ein Indiz könnte seine unstete Gemütsverfassung in jenen Monaten sein. Es wird von Anwandlungen berichtet, dass er der Aufgabe nicht gewachsen sei, was er wörtlich auch Engels schrieb. Dabei versicherte ihm alle Welt das Gegenteil. Im geselligen Kreis des Mohrenclubs wiederum, der war in der Züricher Kolonie in Erinnerung an Berlin wiedererstanden, konnte er, oft zusammen mit Kautsky, die drolligsten Vorstellungen bieten. Engels musste dem Jungredakteur Mut zusprechen. Er habe dem Blatt erst »den richtigen Ton gegeben«. Engels versicherte ihm auch, dass die Zurückhaltung der Londoner, für den »*S.-D.*« zu schreiben, nichts mit seiner Person zu tun habe. »Im Gegenteil.« So blieb Bernstein auf dem Posten.

Schon in der zweiten Nummer erschien ein Artikel mit dem charakteristisch gewordenen Bernstein-Signum »Leo«, nach Bernsteins Begründung eine Umschreibung seines Kneipnamens »Oel«. Die Polizei hatte bei ihren Versuchen, den Verfasser ausfindig zu machen, dutzende von Leuten in Verdacht, die zum Teil überhaupt nichts mit der Sozialdemokratie zu tun hatten. Sie hätte auch nur zu gern gewusst, wer unter der Überschrift »Ein Gedenktag« die Enthauptung Ludwigs XVI. gewürdigt hatte. Doch wollte der Artikel nicht die »Hinrichtung des Menschen«, sondern die Abschaffung des Prinzips der »Heiligkeit und Unverletzlichkeit« des Fürsten als Hindernis der Volksherrschaft betonen. Auch das deutsche Volk sei »schon oft von seinen Monarchen betrogen und verraten worden«.

Engels gefiel dieser Leo-Artikel. Ihm gefiel dieser neue Ton überhaupt, den Bernstein für sich so interpretierte: »Es muß der alte trotzige, rücksichtslose Ton wiedergefunden werden, der früher unsere ... Partei auszeichnete. Hält das Parteiorgan sich so ..., dann wird auch ... der Rest jener schwachmütigen Stimmung weichen, die unter dem Druck der Attentatshetze sich so vieler sonst ganz braver Genossen bemächtigte. Dann wird auch hoffentlich im Parlament wieder die wuchtige, unerschrockene Sprache geführt werden, wie sie ... sich einzig für unsere Partei schickt. Es handelt sich ... nicht mehr darum zu beweisen, daß wir die Anständigen und Guten sind, sondern unsern Gegnern entgegenzuhalten, was für Schufte und Heuchler sie sind.« Muss betont werden, dass Bernstein keine Gebrauchsanweisung für das Verhalten in einer Demokratie gab, sondern eine Partei motivieren wollte, die sich in einem Überlebenskampf befand gegen ein Herrschaftsregime, so rücksichtslos und gewalttätig, wie man es der »guten alten Zeit« nie zutrauen würde, und gegen seine parlamentarischen Gehilfen, die lediglich ihre engen Parteiinteressen im Auge hatten?

Gerade aber mit der »wuchtigen und unerschrockenen Sprache« kam die Reichstagfraktion, zumindest in Teilen, nicht zurecht. In Berlin hatte sich einiges geändert. Bei den Wahlen im Oktober 1881 war die Stimmenzahl für die SPD auf etwa den Stand von 1874 zurückgefallen, hatte aber mit 12 Mandaten mehr erbracht als erwartet werden konnte. Zahl und Qualität der Wahlbehinderungen hatten alle Rekorde geschlagen. Die Ausrufung des kleinen Belagerungszustands für Leipzig war sicherlich die massivste. Bebel wurde wegen seiner Wahlmaterialien mehrfach zu Gefängnis verurteilt. Durch unglückliche Umstände, aber auch direkte Manipulation, hatte er überall seine Wahl verfehlt, wo er angetreten war, doch schien er darüber nicht ganz unglücklich gewesen zu sein. Seine Kräfte waren fast am Ende. Bracke war gestorben. Das Fehlen gerade jener Politiker, die den sozialdemokratischen Standpunkt entschieden vertreten konnten, hatte Folgen.

In der Debatte über die Handhabung des kleinen Belagerungszustandes griff der neue Innenminister Robert von Puttkamer die Auslandstätigkeit der verbotenen

Partei an. Sie seien nicht verantwortlich »für das, was im Ausland geschieht, was zum Beispiel der *Sozialdemokrat* schreibt«, meldeten sich die Abgeordneten Blos und Hasenclever zu Wort. Zwei Männer, die selbst an den Redaktionstischen in Leipzig gesessen hatten, distanzierten sich also von ihrem eigenen Zentralorgan. Für Bernstein war das ein eklatanter Verstoß gegen die Erklärung von Wyden. Zwar würde sich die Redaktion des »offiziellen Organs« nicht einbilden, »die Summe aller politischen Einsichten der Partei zu repräsentieren«, noch »für jede Zeile die Autorität der Partei zu beanspruchen«, doch eine Erklärung, die ausdrücklich feststellt, »wir sind nicht verantwortlich für die Schreibweise des *Sozialdemokrat*«, müsse als ein »höchst verwerflicher Opportunismus« angesehen werden. Unmissverständlich legte Bernstein in einem Leitartikel unter der Überschrift »Entweder – Oder« dar: »Wenn die Partei mit der Redaktion des *Sozialdemokrat* nicht einverstanden ist, so mag sie den Redakteur entlassen. Aber das Organ, das sie sich selbst geschaffen, so kurzweg verleugnen zu lassen, widerspricht den einfachsten Begriffen von politischer Ehre.«

Die Leser des *Sozialdemokrat* gaben Bernstein die Genugtuung, dass sie in einer Flut von Leserbriefen ihre Zustimmung zu seinem Standpunkt ausdrückten. Die zurechtgewiesenen Abgeordneten veröffentlichten in dem von ihnen abgelehnten Organ Erklärungen, dass es ihnen fern gelegen habe, Bedeutung und Rolle des Blattes in Abrede zu stellen. Eine Erklärung, unterschrieben von den zwölf sozialdemokratischen Reichstagsabgeordneten und August Bebel, stellte die Geschäftsgrundlage für das Verhältnis zwischen Zeitung und Parteiführung wieder her. Der *Sozialdemokrat* wurde »rückhaltlos« als offizielles Parteiorgan anerkannt, eine Verantwortung »für jeden einzelnen Artikel oder jeden einzelnen Ausdruck« von der Partei aber nicht übernommen. Mehr wollte Bernstein nicht erreichen.

Lange währte der Friede nicht. Zu weit klafften die Ansichten in Grundfragen auseinander. Vertrat Bernstein, in voller Übereinstimmung mit Bebel, Liebknecht und Vollmar – von Marx und Engels ganz zu schweigen – die Auffassung, dass die Partei sich auf die Revolution vorzubereiten habe, stand demgegenüber die Mehrheit der Fraktion mit der Auffassung, Anpassung und »gutes Benehmen« ziemten der Partei mehr, damit das Sozialistengesetz bald aufgehoben würde. Schon war von Parteineugründung – mit verwässerten Grundsätzen – die Rede. Wilhelm Blos hetzte in Bremen so vehement gegen den *Sozialdemokrat,* dass in der expandierenden Hafen- und Industriemetropole mit ihrem Arbeiterheer die Zeitung gerade einen einzigen Abonnenten zählte. Bernstein bekam bald Gelegenheit, seinen Standpunkt in offenem Meinungsaustausch zu verdeutlichen.

Bruno Geiser, Reichstagsabgeordneter, Chefredakteur des sozialdemokratischen Familienblatts *Neue Welt* und – nicht zu vergessen – Schwiegersohn Wilhelm Liebknechts, hatte öffentlich von der »lächerlichen Unwahrheit« gesprochen, »in Deutschland bereite sich eine Revolution vor«. Erstaunt fragte Bernstein: Wie kann ein Mann, der die deutsche Sprache beherrscht wie Geiser, eine derartige, der Missdeutung zugängliche Behauptung in die Welt setzen. Und dann knüppeldick: »Noch immer stoßen wir und gerade bei den sogenannten Führern unserer Partei auf die Sucht, Polizei und Philisterei zuliebe Dinge abzuleugnen, die tatsächlich das Wesen unserer Bewegung ausmachen.« Mit diesem Unfug, der hart an Verrat streife, täusche man nicht die Polizei, sondern die Masse des Volkes. »Anstatt daß die Charaktere durch den Kampf gestählt werden, werden sie auf diese Art durch und durch korrumpiert.«

Nachdem die Auseinandersetzung solche Formen angenommen hatte, musste auch die Sache ausgefochten werden. Sicherlich war die Haltung des *Sozialdemokrat* nicht der einzige Tagesordnungspunkt der Züricher Konferenz vom August 1882, die nach außen unter der Bewahrung strengsten Stillschweigens verlief, doch erhitzte er die Gemüter am stärksten. »Wir hatten drei heiße Tage der Verhandlungen«, schrieb Bebel an seine Frau Julie. Teilnehmer waren neben der Reichstagsfraktion und August Bebel die Züricher Mitarbeiter des *Sozialdemokrat*. Alle öffentlichen Auslassungen zu dieser Konferenz, auch die offizielle, haben den fundamentalen Meinungsstreit herunterzuspielen versucht. Tatsächlich aber stellten diese Tage die Weichen für das weitere Verhalten der Partei unter dem Sozialistengesetz. Am deutlichsten wird noch Bernstein in seinem Brief an Engels. »Daß es auf der Konferenz auch über mich herging, können Sie sich denken. Die Tatsache, daß ich einigen Abgeordneten auf die Hühneraugen getreten, ist sehr übel vermerkt worden. Ich wehrte mich meiner Haut, so gut ich vermochte, energisch sekundiert von Bebel, Vollmar und Liebknecht. Als ich mein Teil abhatte, das heißt gehörig heruntergehunzt war, zog man auf meine Verteidigung hin andere Seiten auf, d.h. es endete alles in allgemeiner Harmonie.«

Am Ausgang der Konferenz stand ein Patt zwischen *Sozialdemokrat* und Parteiführung. Bernstein versprach, seinen etwas »rauhen« Ton abzumildern. Ein Beschluss nach einem Antrag von Auer und Blos stellte zwar fest, »das Parteiorgan hat sich in allen taktischen und prinzipiellen Fragen den Beschlüssen des Parteikongresses und der darauf basierenden Anordnungen der Parteibehörden unterzuordnen«, in Wirklichkeit hatte aber Bernstein sein redaktionelles Konzept, das ja auch ein politisches war, durchgesetzt. Dass der spätere Revisionist Bernstein selbst die Revolutionsschwärmerei der deutschen Sozialdemokraten *ad absurdum* führen und durch das theoretische Gerüst für eine Politik ersetzen sollte, die sich an den Erfordernissen der politischen Realität orientierte, steht auf einem anderen Blatt. Seine publizistische Tätigkeit am *Sozialdemokrat* motivierte jedoch die deutsche Arbeiterbewegung während des Verbots durch das Sozialistengesetz zu einer kämpferischen Haltung, in der sie nicht nur die insgesamt zwölf Jahre unbeschadet überstand, sondern an Kraft und Einfluss gewann.

»Jawohl, wir sind staatsgefährlich«

Mehr Aufsehen als die Geheimkonferenz erregte ein Nachspiel. Vollmar veröffentlichte zeitgleich zu der dreitägigen Veranstaltung zwei Artikel zur Taktik der deutschen Sozialdemokratie. Ausgerechnet unter seinem Pseudonym der Waage forderte er nichts weniger als einen Bruch der bisherigen Politik. Er bezeichnete die Beibehaltung des Sozialistengesetzes als die größte Chance für die Partei und verlangte schonungslose Offenheit nach außen. »Lassen wir alles Verstecken, Vertuschen, Leugnen und Heucheln als unserer unwürdig und sagen wir offen und steifnackig unseren Feinden: ›Jawohl, wir sind ›staatsgefährlich‹, denn wir wollen Euch vernichten!‹« Vollmars Artikel leitete einen Sturzbach auf die Mühlen der Verfolger, er war brisant, leichtsinnig und zudem von keinem Parteitagsbeschluß gedeckt. Bebel wies, ebenfalls im *Sozialdemokrat*, Vollmars Auffassung scharf zurück: »Mit solcher Taktik würde die Partei zersprengt.« Engels, der mit den Artikeln Vollmars zu sympathisieren schien, machte er klar, dass diese Taktik »uns unrettbar ans Messer lieferte.« Es waren Vollmars revolutionäre Jahre, die er bald hinter sich lassen würde.

Der Zwist mit der Reichstagsfraktion sollte bei passender Gelegenheit wieder aufleben. Als Streit um die Dampfersubvention in die Parteigeschichte eingegangen, war er ein Lehrstück für verdeckte Kriegsführung. Die Fraktion hatte ihre Kopfzahl in der Wahl vom Oktober 1884 auf 25 erhöht, wodurch ihre mittragende Rolle in der Gesetzgebung nicht mehr zu übersehen war. Wie würde sie sich entscheiden in den Fragen, die den Weg Deutschlands zur Kolonialmacht betrafen? Im Prinzip war sich die Fraktion ja einig, dass staatliche Unterstützung für koloniale Bestrebungen abzulehnen sei. Aber konnte man nicht eine Ausnahme machen bei Schifffahrtslinien, die keine Kolonien ansteuerten? Am Welthandel wollte man sich doch wohl beteiligen. So dachte die Mehrheit der Fraktion. Eine Minderheit, zu der freilich die gewichtigeren sozialdemokratischen Parlamentarier wie der wiedergewählte Bebel, Liebknecht und Vollmar gehörten, lehnte auch dies ab. Irgendwann legte jeder

Dampfer in einem kolonialen Hafen an. Wie konnte dieser innerfraktionelle Streit zum neuen Krieg mit dem Blatt führen?

Bernsteins redaktionelle Ablehnung der Subventionen für die deutschen Reeder war nicht nur nach seiner Meinung in »möglichst unaggressiver Form« abgefasst. Doch gab es weitere Veröffentlichungen, darunter eine von Liebknecht, die die Auseinandersetzung schon eher anheizten. Und als dann Motteler auch noch den Zeitungspaketen der Roten Feldpost einen Aufruf zum Widerstand gegen die Fraktionsmehrheit beilegte, holte die zum Gegenschlag aus. In ihrer Erklärung verbat sie sich alle Angriffe als »durchaus ungehörig«. Das Parteiblatt dürfe sich keinesfalls der Fraktion widersetzen, die für seinen Inhalt ja verantwortlich sei. »Nicht das Blatt ist es, welches die Haltung der Fraktion zu bestimmen, sondern die Fraktion ist es, welche die Haltung des Blattes zu kontrollieren hat.«

Als Auer diese Erklärung Bernstein zusandte mit der Weisung, sie an der Spitze des Blattes zu veröffentlichen, sich selbst aber jeder Äußerung dazu zu enthalten, sah der gescholtene Redakteur darin nichts anderes, »als die Aufhebung meiner geistigen Unabhängigkeit«. Die wollte er sich aber unter keinen Umständen nehmen lassen. Seine briefliche Antwort an die Fraktion stellte diese vor die Alternative, entweder ihre Auffassungen den Parteigenossen direkt, ohne den Umweg über den *Sozialdemokrat* zu übermitteln, oder eine Veröffentlichung im Blatt zu erzwingen und damit die Kündigung seines Redakteurs auszulösen. Als sich auch noch Motteler Bernstein anschloss, nahm die Fraktion Liebknechts Anerbieten dankbar an, er wolle die Unbotmäßigen in Zürich zur »Raison« bringen.

Liebknecht führte sich zunächst auch wie ein Oberzensor auf, doch schlug sein Verhalten um, als Bernstein ihm klar gemacht hatte, welche Folgen eine Veröffentlichung hätte. Jeder Staatsanwalt in Deutschland könnte nämlich nunmehr den Beweis führen, dass die Fraktion für den Inhalt des *Sozialdemokrat* verantwortlich sei. In der nunmehrigen Erklärung Liebknechts, die das Blatt am 23. April 1885 veröffentlichte, stehen die bemerkenswerten Sätze: »Fraktion und Redaktion sind sich darin einig, daß innerhalb der Partei absolute Freiheit der Kritik obwalten muß, und daß jeder Versuch, diese Freiheit zu beeinträchtigen, einen Verrat an den Parteiprinzipien bedeuten und die Grundlage, auf der die Partei ruht, erschüttern würde.« Zwar dürfe unter dem Recht der Kritik, führte Liebknecht weiter aus, nicht der Versuch gemacht werden, der Parteileitung, das hieß also, der Fraktion, »die Erfüllung ihrer Pflicht zu erschweren«, vor allem wo sich die Partei in einem Kriegszustande befände. Doch sei »das beste Korrektiv gegen etwaigen Missbrauch dieser Vertrauensstellung der Fraktion ... die absolute Meinungsfreiheit«.

Was war nun mit besagtem Lehrstück für verdeckte Kriegsführung? Zum einen zeigte sich, je mehr Einzelheiten bekannt wurden, dass die Fraktion, dieses Mal jedenfalls, den Sack geprügelt, aber einen anderen Esel gemeint hatte. Sie war nämlich vor allem unzufrieden mit verschiedenen Artikeln Liebknechts im *Sozialdemokrat*. Ungleich gewichtiger scheint jedoch die Begründung, die Mehring der Affäre gab, der in der Dampfersubventionsfrage nur den Anlass, nicht die Ursache des langen bitteren Streits sah. Unter den Bedingungen des Sozialistengesetzes war die Parteiführung an die Fraktion übergegangen. Sie wurde damit für weit mehr verantwortlich als für all das, was eine kleine Fraktion im parlamentarischen Betrieb leisten konnte. Dieser Rollenwechsel nagte an dem an Souveränität gewohnten Selbstverständnis der Partei. In solch überreizten Klima stand das Ausmaß des Streits in keinem Verhältnis mehr zu seinem Gegenstand. So komplizierten Gedankengängen mochte Bernsteins Bruder Adolph, von dem er hin und wieder mit Stimmungsberichten aus Berlin versorgt wurde, nicht nachgehen. Der hatte als Einpeitscher der ganzen Geschichte Bernsteins alten Intimfeind Wilhelm Blos ausgemacht. Dieser habe sogar schon einen Nachfolger für in ausgesucht, einen gewissen Dr. Schoenlank. Von dem wird noch die Rede sein.

Pseudonyme waren eine Überlebensnotwendigkeit für Mitarbeiter und Redakteure. Von Bernsteins Leo wurde schon berichtet, hin und wieder zeichnete er Vitellius. Vollmar benutzte das Zeichen der Waage für seine Artikel. Bei den Hauptmitarbeitern hatte sich Bernstein für Liebknecht Selim ausgedacht, eine Umkehrung des lateinischen *miles*, Soldat. Das war Liebknechts alter Spitzname und auch kurz für »Soldat der Revolution«, als den er sich ja selbst bezeichnete. Es tauchten auch schon mal die Initialen W.L. auf. Kautsky wählte für seine Beiträge meist Symmachos, griechisch für Kampfgenosse, gelegentlich setzte Bernstein auch J-r darunter, das wieder eine Abkürzung des Spitznamens Juchzer. Unter Artikel Bebels kam schlicht B. Hin und wieder gab es Einmal-Verschlüsselungen, auch für gelegentliche Mitarbeiter wurden Pseudonyme gewählt, sodass man in der Zeitung auch auf A.B.C., B.J., E.K., X-e, H.Sch., Fr.K., Ernst Stahlhart, Nikodemus und viele andere Pseudonyme stoßen konnte.

Warum sich die Züricher nicht in die Karten sehen lassen durften, war ihnen schon von Anfang an klar. Sie konnten vielleicht nicht wissen, dass der preußische Innenminister schon 1876 den Polizeipräsidenten von Berlin zum Koordinator aller Überwachungs- und Verfolgungsmaßnahmen ernannt hatte. Und vermutlich auch nicht, dass 1879 das badische Innenministerium dem Eidgenössischen Justiz- und Polizeidepartment mitgeteilt hatte, dem Auswärtigen Amt des Deutschen Reiches sei es »erwünscht, von dem Übertritt verdächtiger oder gefährlicher Personen nach der Schweiz unterrichtet zu werden«. Doch die Folgen spürten sie wohl. Wenn auch die Schweiz dem Begehren nicht ohne Weiteres stattgab, pflegte sie doch eine laufende Observierung aller Emigranten und ihrer Aktivitäten. Bald tauchten die ersten Signalements aus dem Berliner Polizeipräsidium auf, denen mehr folgen sollten. Madai denunzierte Schramm, der sich bei der Schweizerischen Hagelversicherung beworben hatte, als Sicherheitsrisiko. Als der Königlich Sächsische Staatsanwalt wieder einmal gegen Bebel ermittelte, wandte er sich an die Polizeibehörde von Zürich, um Einzelheiten über den Ankauf der Genossenschaftsbuchdruckerei in Hottingen zu erfahren. Das Polizeiamt Chemnitz stand nicht an, den *Sozialdemokrat* bei der Züricher Polizeidirektion zu abonnieren.

Ziel aller polizeilichen Bestrebungen war in erster Linie, die »Rote Feldpost« auszuschalten, zumindest ihre Verbindungslinien kennen zu lernen. Zu diesem Zweck entsandten die Berliner politische Polizei und die Polizeidirektion von Mülhausen im Elsaß eine Reihe von Spitzeln. Ihre Arbeit brachte aber nur geringe Erfolge. Höchstens ein Zwölftel der versandten Zeitungen und Schriften fiel Beschlagnahmen zum Opfer. Von der Bespitzelung im Kongress auf Schloss Wyden ist schon berichtet worden, die jedoch ihr Ziel ziemlich verfehlte. Beim nächsten Auslandskongress, dem Kopenhagener von 1883, gedachten Bismarcks Schnüffelbehörden es besser zu machen, doch blieben auch da die Erfolge höchst bescheiden. Dafür verhaftete die Polizei neun Delegierte bei der Wiedereinreise nach Deutschland, darunter Bebel, Auer und Vollmar. Im Freiberger Geheimbundprozess – Auftakt für eine Flut gleicher Gerichtsverfahren – wurden die Ertappten zu insgesamt 72 Monaten Gefängnis verurteilt. Im Zusammenhang mit dem Freiberger Prozess erklärte das Reichsgericht in Leipzig alle Beziehungen mit dem *Sozialdemokrat* für strafbar.

Die allermeisten Spitzel wurden enttarnt, was der *Sozialdemokrat* immer wieder mit Stolz vermeldete. Der »*S.-D.*« überführte auch den ehemaligen Mitbegründer der österreichischen Arbeiterbewegung Heinrich Oberwinder, der inzwischen eine Rolle als anonymer Verleumder der um ihr Überleben kämpfenden Sozialdemokratie übernommen hatte, in der er sich auch den Behörden andiente. Ein Paradiesvogel eigener Art war der Hauptmann a.D. Alfred v. Ehrenberg. Zwar war er nicht der Polizeispitzel, für den ihn jeder Sozialdemokrat damals hielt, wie Dieter Frickes Nachforschungen in deutschen Polizeiakten bewiesen. Doch führte der ehemalige badische Generalstäbler einen Privatkrieg gegen die Sozialdemokratie. Er ließ sich in die verbotene Partei aufnehmen und begann mit Störmanövern, wofür er eine Reihe obskurer Schriften verfasste. Dann suchte er Bernstein bei Bebel anzuschwärzen, was ihm verständlicherweise misslang. Dem französischen Kriegministerium stellte er eine Denkschrift zu, in der er darlegte, wie im Kriegsfalle die Zitadelle Wesel mit Hilfe der deutschen Sozialdemokraten eingenommen werden könne. Natürlich ging es nur darum, die Letzteren zu kompromittieren. Als er Redaktion und Druckerei des *Sozialdemokrat* bis in alle Einzelheiten ausforschte, nahm ihn der Züricher Polizeihauptmann Fischer fest, der zu dem Ergebnis kam, dass Ehrenberg a) »ein deutscher Polizeispion« sei und b) sich der Redaktion des *Sozialdemokrat* »bemächtigen« wollte. Nachdem er aus der Schweiz geflohen war, stellte er sich dem Militärgericht in Karlsruhe, das ihn nach einigen Wochen Untersuchungshaft zur Kur schickte. Immerhin befasste sich der Reichstag mit Ehrenbergs seltsamen Praktiken.

Bismarck richtet schwere Kaliber auf die Züricher

Um mit den Unruhestiftern in Zürich fertig zu werden, waren Geschosse anderen Kalibers nötig. Bismarck fand sie schließlich in seiner eigenen Behörde, dem Auswärtigen Amt. Schon öfter hatte der deutsche Gesandte in Bern, Otto von Bülow, den Schweizer Bundesrat auf das »schamlose und gemeingefährliche Treiben gewisser Schweizerischer Presseorgane« hingewiesen. Schließlich forderte der Bundesrat, »daß die aus der Offizin des *Sozialdemokrat* hervorgehenden Publikationen sich innert der Schranken einer ruhigen und sachlichen Diskussion halten« müssten. Aber viele Hoffnungen, dass etwas in seinem Sinne geschehen würde, machte sich selbst Bülow nicht. Da gab der schon erwähnte Polizeihauptmann Fischer gegenüber den deutschen Reichstagsabgeordneten Bebel und Paul Singer – die persönlich bei ihm vorsprachen – amtlich zu, dass er zwei deutsche Polizeispione verhaftet habe. Die beiden, namens Haupt und Schröder, hatten Schweizer Arbeiter gegen Behörden und Mitbürger aufgewiegelt.

Bebel und Singer verteilten Schriftstücke mit ihren Erkenntnissen im Reichstag und entfachten einen Proteststurm. Doch nicht etwa gegen jene deutschen Stellen, von denen die *agents provocateurs* ausgesandt worden waren, sondern gegen Hauptmann Fischer, der seine Erkenntnis unbefugt an »Private« weitergegeben habe und gegen die Schweiz allgemein. Bismarck »bürstete« den Schweizer Gesandten in Berlin in völkerrechtswidriger Weise ab, weil der gegen das Treiben deutscher Polizeiagenten in der Schweiz protestiert hatte, und ließ auf der anderen Seite seinen Gesandten in Bern tätig werden. Am 24. Februar 1888 erklärte Bülow gegenüber dem Vorsteher des Departments des Auswärtigen, Droz: »Wenn zum wenigsten die fremden Chefs des *Sozialdemokrat* ausgewiesen worden wären, … hätten diese bedauerlichen Zwischenfälle nicht stattgefunden.« Bülow fügte hinzu, »daß Deutschland sich fragen werde, ob es sich nicht im Zustand der rechtmäßigen Verteidigung befinde«. Das ist allem diplomatischen Sprachgebrauch nach die verklausulierte Ankündigung einer Kriegserklärung. In einem Zeitungsinterview ließ Bismarck zwei Jahre später die Katze aus dem Sack. »Wir wollten einfach erlangen, daß die Schweiz mit unseren Sozialdemokraten weniger freundlich umgehe, und das haben wir vollkommen erreicht. Daß man sich einmal hierbei so stellt, als wollte man die ganze Schweiz auffressen, das ist eben so.«

Die Schweizer »Dummköpfe«, wie Bismarck sie nannte, nahmen die Sache ernst. Der Bundesrat wollte kein Risiko eingehen. Um die zur Belastung gewordenen Emigranten loszuwerden, holte er freilich ein überständiges Argument aus der Versenkung. Vor über einem Jahr war ein etwas plumpes illustriertes Witzblatt unter dem Titel *Der rothe Teufel* aus der Hottinger Buchdruckerei herausgegangen. Diese satirische Publikation, »gepfeffert«, wie Bernstein sie nannte, war für den »Wahlkampf unter dem Franzosenschreck« hergestellt worden. Um seinen horrenden Militäretat auf sieben Jahre – das so genannte Septennat – im Reichstag durchzupauken, hatte Bismarck die – selbstverständlich frei erfundene – Gefahr eines französischen Einfalls an die Wand malen lassen und das Parlament aufgelöst. Nach einem Wahlkampf, in dem sie in einem Maße behindert wurden wie noch nie vorher, errangen die Sozialdemokraten dennoch fast 39 Prozent mehr Stimmen als 1884, aber nur 12 Parlamentssitze. Der *Sozialdemokrat* schrieb dazu: »Es war keine Wahl, es war ein Kesseltreiben.«

Der rothe Teufel, der nur unter den Bedingungen des Sozialistengesetzes als Schmähschrift zu erkennen war, sowie einige Zitate des inzwischen bismarckisch-nationalliberal gewordenen Karl Blind aus dem Jahre 1866, die der *Sozialdemokrat* zur Abschreckung veröffentlicht hatte, genügten dem Schweizer Bundesrat für den Beschluss: »Bernstein, Schlüter, Motteler und Tauscher werden aus dem Gebiet der schweizerischen Eidgenossenschaft weggewiesen«. Hermann Schlüter leitete seit Jahren die Verlagsbuchhandlung und Leonhard Tauscher arbeitete als Faktor der Druckerei. Der Bundesrat zitierte ausdrücklich aus einem »Programmartikel«, geschrieben in der Ausgabe vom 7. April des *Sozialdemokrat*, nachdem dieser erfahren hatte, was sich gegen ihn zusammenbraut: »*Sit ut est aut non sit* – er muß sein wie er ist, oder er braucht gar nicht zu sein. Man mag gegen einzelne Personen, welche man für die Leiter und Lenker hält, unternehmen, was man will – so lange die Voraussetzungen bestehen, die ihn ins Leben gerufen, muß er an diesem Programm festhalten und wird an ihm festhalten.« Mehr Charakter als der Bundesrat zeigten die Chefs sowohl der Eidgenössischen Polizei als auch der Züricher Kantonspolizei, die von ihren Ämtern zurücktraten, um ihre Missbilligung des Beschlusses auszudrücken. Mit einer großen Demonstration auf dem Bahnhofsplatz verabschiedete die Züricher Arbeiterschaft die Ausgewiesenen und Polizeihauptmann Fischer setzte sich zu ihnen ins Zugabteil – in Zivil, als sei er einer von ihnen.

Die Ausweisung hatte den Ausfall nicht einer einzigen Ausgabe im Gefolge. Unter Conrad Conzetts Leitung erschien der Sozialdemokrat noch bis zum 22. September 1888 in Zürich. Dann verabschiedete sich das Blatt »vom Boden der Republik in die Metropole der Monarchie«. Es gäbe »zum Glück Länder, in denen man von der Pressefreiheit eine höhere Meinung und gegenüber den Zumutungen der Berliner Großhänse mehr Widerstandskraft hat, als diejenigen, die heut an der Spitze der Eidgenossenschaft stehen«. Gleichwohl bedankte sich Bernstein bei allen Schweizer Bürgern, »die in bedrängter Zeit so mannhaft für uns eingetreten sind«. Im Drei-Kaiser-Jahr, das noch einmal eine unrealistische Erwartung auf ein »soziales Königtum« hervorrief, organisierte sich der *Sozialdemokrat* in London neu. Engels freute sich, fünf Jahre nach Marxens Tod wieder einen ebenbürtigen Gesprächspartner zu bekommen. Die Umstellung des Vertriebs machte Motteler weniger Schwierigkeiten als befürchtet. Einfallstor ins Reich wurde Hamburg. In der Hansestadt wurde das Blatt auch überwiegend gedruckt.

Das Sozialistengesetz war nun zum vierten Mal verlängert worden. In allen seinen Phasen, mal den Polizeiknüppel schwingend, mal ein Zuckerbrot reichend, hatte es Bismarck nicht den gewünschten Erfolg gebracht, ob er den kleinen Belagerungszustand flächendeckend einsetzte, Spitzel spionieren und provozieren ließ oder mit staatlich verordneten Unterstützungskassen die Arbeiterschaft ködern wollte. Das Gesetz hatte ja die bestehenden Kassen zum größten Teil vernichtet. Bismarcks Sozialleistungen waren freilich nur ein Taschengeld, »damit die Schwiegertochter den Alten nicht aus dem Haus trieb« (Bismarck). Krankenversicherung 1883, Unfallversicherung 1884 und Alters- und Invalidenversicherung 1889 zeigten zwar die richtige Richtung an, doch ihre lebensordnende Wirkung entfalteten die Sozialversicherungen erst in der Weimarer Zeit nach allerlei Verbesserungen und Erweiterungen. Zu Zeiten Bismarcks konnte von sorgenfreier Existenz eines von Schicksalsschlägen betroffenen Arbeiters keine Rede sein.

Das Sozialistengesetz ist am Ende

Auch wenn man den Erinnerungen der Parteiveteranen nicht folgen will, als habe Bismarck Tag und Nacht nur daran gedacht, wie er die Sozialdemokraten vernichten könne: *dass* er sie vernichten wollte, steht außer allem Zweifel. Die letzten Versuche des nun 74-jährigen Kanzlers, sich die unbequemen Ankläger seines bonapartistischen Herrschaftssystems vom Halse zu schaffen, waren nur noch Verzweiflungstaten. Nicht einmal der Reichstag deckte sie mehr, obwohl einigen Abgeordneten der Gedanke gefiel, die Sozialdemokraten in die Kolonien zu verbannen, statt sie einfach auszuweisen. Einem der vielen trickreichen Schachzüge Bismarcks fiel schließlich das Gesetz selbst zum Opfer. Mit 196 zu 98 Stimmen lehnte das Hohe Haus eine Neufassung ab. Aber noch war es acht Monate in Kraft, ausreichend Zeit für Manipulationen und Neufestlegungen. Da setzte der Wahlbürger selbst ein Zeichen.

In der Reichstagswahl vom 20. Februar 1890, die der junge Kaiser mit zwei Erlassen selbst unter ein sozialpolitisches Vorzeichen gestellt hatte, gab der Wähler den Kandidaten der verbotenen, verfemten und permanent in ihren Wahlchancen verkürzten Partei über 1,4 Millionen Stimmen, mehr als jeder anderen. Auch wenn die Sozialdemokraten damit nur auf 35 Sitze kamen – das Zentrum zum Beispiel erhielt demgegenüber 106 –, das Zeichen an der Wand war unübersehbar. In seiner berühmten roten Ausgabe – nach dem Vorbild der *Neuen Rheinischen Zeitung* – fragte der Sozialdemokrat: »Was haben sie nicht alles angestellt, um die deutschen Arbeiter von der Sozialdemokratie abwendig zu machen? Und nichts hat geholfen.« Triumph am Ende: »Schmiedet Ausnahmegesetze ... Versucht es mit allen erdenklichen Mitteln, unsern Siegeslauf zu hemmen, Ihr hemmt uns – vielleicht – doch Ihr zwingt uns nicht. Unser die Welt – trotz alledem!«

Bismarck blieb noch genau einen Monat im Amt. Sein Unvermögen, die Ausdifferenzierung einer Gesellschaft in positive Politik zu übertragen, ist der tiefere Grund seines Scheiterns, mag ihm auch die ungestüme Geltungssucht des neuen Herrschers das Genick gebrochen haben. »Die Firmeninhaber haben gewechselt, das Geschäft ist unverändert geblieben«, merkte der *Sozialdemokrat* zur »Entlassung« an. Weiterhin sollen die Arbeiter »beglückt werden ..., doch nicht nach ihrer Fasson, sondern nach der des gnädigen Beglückers ... Marschieren sie nicht auf Kommando ..., nun, so werden sie ›über den Haufen geschossen‹ oder ›zerschmettert‹.« Nach kaiserlichen Zitaten. »Aus purer, lauterer Liebe.«

Am 27. September 1890 erschien die letzte Nummer des Exilorgans: »Der *Sozialdemokrat* hat seine Mission erfüllt, und deshalb muß er abtreten ... Welchem Zweck könnte der *Sozialdemokrat* noch nach dem ersten Oktober dienen, der nicht auch in Deutschland, und besser, erfüllt werden könnte?« Spaltenlang drückten dann Freunde aus dem Reich und aus dem Ausland ihre Verbundenheit mit dem Blatt aus.

Friedrich Engels, von Bernstein um einen Beitrag zum Abschied gebeten, erinnerte sich, zweimal in seinem Leben an einem Blatt mitgearbeitet zu haben, wo er die Gewissheit hatte, »von gerade dem Publikum gehört zu werden, von dem man gehört sein will«. Das sei 1848/49 bei der *Neuen Rheinischen Zeitung* und das zweite Mal beim *Sozialdemokrat* gewesen. »Der *Sozialdemokrat* war die Flagge der deutschen Partei; nach zwölfjährigem Kampf ist die Partei siegreich. Das Sozialistengesetz ist gefallen, Bismarck ist gestürzt.« Jetzt werde der Kampf wieder gesetzlich geführt, doch erinnerte Engels daran, dass gerade die »gesetzliebendste Nation«, die englische, darauf fuße, dass Gesetzlichkeit von allen Seiten eingehalten werde, »geschieht dies nicht, so ist nach englischer Rechtsanschauung Rebellion erste Bürgerpflicht.« Über das Blatt aber befand er, es »war der Mühen und Gefahren wert, die seine Verbreitung kostete. Es war unbedingt das beste Blatt, daß die Partei je besessen.« Diesem Urteil schlossen sich alle an, die von der Sache etwas verstanden.

12. Am »Alten« führt kein Weg vorbei

Keine zwei Wochen war das Ausnahmegesetz unrühmlich verschieden, da treten die Abgesandten der Partei in Halle an der Saale zu ihrem ersten Parteitag nach 13 Jahren auf deutschem Boden zusammen. Es sind Tage des Triumphes. Nach dem Parteitag von St. Gallen vor drei Jahren, dem letzten unter dem Sozialistengesetz, setzt der Parteitag in Halle Zeichen für das neue Selbstverständnis der Partei. Von jetzt ab wird sie sich Sozialdemokratische Partei Deutschlands (SPD) nennen. Hoch über der Tribüne signalisieren die Bildnisse ihrer großen Toten, Marx und Lassalle, dass sich die Partei aus beiden Wurzeln nährt. Die Sozialdemokraten, über ein Jahrzehnt in die Anonymität verbannt, bekennen sich zu ihrer neuen Öffentlichkeit. »Unsere Partei hat nichts ... zu verbergen, ihre Ziele liegen klar da«, sagt Liebknecht. Deshalb bekommen die Pressevertreter aller Parteien, in der Regel ja feindlich eingestellt, ungehindert Zugang zum Kongress.

Auch für ihre eigene Presse stellt die SPD an der Saale die Weichen neu. Oder sind die nicht schon längst gestellt? Bismarcks Verbotsgesetz hatte in den ersten Jahren zwar zunächst einmal alles zertrümmert, was das kleine sozialdemokratische Pressereich ausmachte. Doch aus den Ruinen wuchs neues Leben, wenn auch manches Unternehmen erst im zweiten oder dritten Anlauf auf die Dauer bestand. Das war in der Regel erst nach Einsetzen der so genannten »milden Praxis« 1883. Am Beispiel Hamburgs: Dem sofort vom Gesetz verbotenen *Hamburg-Altonaer Volksblatt* folgte noch 1878 die *Gerichtszeitung*, abgelöst nach Verbot 1881 von der *Bürgerzeitung*, der nach neuerlichem Verbot schließlich 1887 das *Hamburger Echo* folgte. Das aber sollte noch nach dem Zweiten Weltkrieg gelesen werden. Bestanden vor 1878 in Deutschland 42 sozialdemokratische Parteiblätter und 14 Gewerkschaftsorgane mit insgesamt etwa 170 000 Lesern, und wurden unter dem Fallbeil des Sozialistengesetzes 155 Zeitungen und Zeitschriften verboten, so konnte August Bebel in seinem Resümee der Verbotszeit noch vor Ablauf des Gesetzes folgenden Bestand registrieren: 60 politische Blätter – davon 19 Tageszeitungen – mit zusammen 254 000 Abonnenten und 41 Gewerkschaftsblätter, die 200 000 Bezieher mustern. Dazu kommen noch die von Kautsky redigierte *Neue Zeit*, eine theoretische, und *Der Wahre Jacob*, eine satirische Monatsschrift hinzu. Beide Blätter erschienen bei dem Verlegergenie J.H.W. Dietz in Stuttgart, und *Der wahre Jacob* hatte sich bereits als Auflagenhit im sozialdemokratischen Zeitungslager erwiesen. Schon Ende der 1880er Jahre präsentierte er sich mit 100 000 Exemplaren, die sich bis zum Ersten Weltkrieg auf mehr als 360 000 steigern sollten. Die Verbote, die damit nicht entschuldigt sind, hatten auch ihr Gutes gehabt. Die Redakteure lernten, sorgfältiger mit dem Wort umzugehen – statt des Vorschlaghammers das Florett zu benutzen. Das kam der Qualität der Zeitungen zugute. Auch die Qualifikation der Redakteure hatte sich verbessert. Die Redakteure aus dem Arbeiterstand waren nicht ausgestorben, aber vielfach von Akademikern abgelöst worden.

Die Hauptstadt erhält endlich wieder ein Arbeiterblatt

Eine der Neugründungen in Berlin war das *Berliner Volksblatt*. Sein Erscheinen am 1. April 1884 füllte eine nur zu deutlich empfundene Lücke. Seit dem Verbot der *Berliner Freien Presse* hatte sich keine Nachfolgerin länger als ein paar Tage halten können, und auch das war Jahre her. Vom ersten Tage an wurde das *Volksblatt* als sozialdemokratisches Arbeiterorgan Berlins auf- und angenommen. Unter der Redaktionsleitung von Wilhelm Blos – sein Mitredakteur Hugo Rödiger war alsbald ausgewiesen worden – übte sich das Blatt längere Zeit in »starker Zurückhaltung« (Bernstein), um seine Existenz nicht zu gefährden. Auch die Leitartikel, die Wilhelm Hasenclever bis zu seiner Einweisung in die Schöneberger *maison de santé* dem Blatt lieferte, waren Teil des ständigen Balanceaktes, der allerdings dem radikalen Flügel der Berliner Mitgliedschaft nicht behagte.

Wiederholte Proteste löste auch die Aufnahme von kapitalistischen Inseraten aus. Für politisch anspruchsvollere Leser wurde darum die *Berliner Volkstribüne* gegründet, die der eigens dafür aus dem *Volksblatt* ausgeschiedenen Max Schippel redigierte. Die *Tribüne* erschien wöchentlich. In den letzten Jahren wurde das *Berliner Volksblatt* von R. Cronheim politisch geleitet, Curt Baake redigierte Vereinsangelegenheiten und Wilhelm Liefländer steuerte die Gerichtsspalten. Als ständige Mitarbeiter hatte die Berliner politische Polizei Bebel, Liebknecht, Auer, Blos und Grillenberger ausgemacht. Die zunächst bei 1000 liegende Leserschaft expandierte nur langsam. Über finanzielle Engpässe des Verlages halfen Paul Singer und Sammlungen unter Genossen immer wieder hinweg. 1890 hatte das Blatt, das bei Max Bading gedruckt wurde, dem Aufkäufer der früheren Assoziationsdruckerei, immerhin eine Abonnentenzahl von strammen 25 000 erreicht.

Entsprechend der Vorlage zur Parteiorganisation schlug Ignaz Auer dem Hallenser Parteitag vor, das *Berliner Volksblatt*, »das am stärksten verbreitete, zweifellos gut redigierte und in Zukunft wo möglich noch besser redigierte Blatt der Partei« als neues Zentralorgan zu wählen. »Ob Sie den Titel des Blattes ändern wollen oder nicht, ist gleichgültig.« Obwohl sich in der Nachbarstadt Leipzigs kein Finger für den alten *Vorwärts* und seinen Standort erhob, meinte Auer, auch jeden Gedanken daran im Keim ersticken zu müssen. Er suggerierte den Delegierten, dass das alte Zentralorgan auch ohne das Sozialistengesetz bei sinkender Auflage vor der Einstellung gestanden hätte. Und für die flotten Provinzblätter mit ihrem täglichen Erscheinen sei er ohnehin eine Lachnummer gewesen. Ein bisschen demagogisch ging er schon um mit den Fakten, der Genosse Vorstandsschriftführer, denn ein Wochenblatt, zu dem das Zentralorgan nicht wieder werden dürfe, war der *Vorwärts* ja nun auch nicht gewesen. Es war aber deutlich genug: Unter den geänderten Bedingungen nach dem Verbotsgesetz musste die Partei ihre Stimme, wie Vollmar es ausdrückte, »am Sitze der Macht ... ertönen lassen«. Da war kein anderer Standort denkbar als die Reichshauptstadt. Und richtig war auch: Gegen die Konkurrenz lokaler Parteiblätter hatte ein Zentralorgan, das selbst keine »Hausmacht« besaß, wenig Chancen.

Nichtsdestotrotz nahm der Parteitag den Vorschlag nur mit Widerspruch hin. Ein Lokalblatt als Zentralorgan würde der Presse in den kleineren Städten Abbruch tun, hieß es zum Beispiel, während auf der anderen Seite die »breite Schilderung« der Berliner Streitigkeiten für das übrige Deutschland »sogar schädlich« sei. Der Delegierte von Teltow, der es ja wissen musste, ging noch weiter. Das *Berliner Volksblatt* sei ein »sehr wunder Punkt« in der Berliner Bewegung, befand er, und mache man es zum Zentralorgan, so werde »das Blatt ein ewiger Zankapfel der Berliner Sozialdemokraten sein«. Diese Schwarzseher irrten sich in einem Punkt: Es sollte noch schlimmer kommen: Zankapfel nicht nur der Berliner. Davon wird noch die Rede sein.

In Halle hatte man ihnen gleichwohl kein Gehör geschenkt, denn der Parteitag entschied: Am 1. Januar 1891 erscheint unter dem Titel *Vorwärts – Berliner Volksblatt* das neue Zentralorgan der Sozialdemokratischen Partei Deutschlands in der Reichshauptstadt. Als kleinlicher Zug erwies sich indes, dass der Stabswechsel an die Spree eine Geschichtskorrektur nach sich zog, die einen Teil der Vergangenheit des Zentralorgans aus dem Gedächtnis strich. Ob eine späte Rache der Hasselmann-Freunde obwaltete, ob hier Auers Animosität nachwirkte, der sich in seiner Zeit bei der *Berliner Freien Presse* weidlich über den *Vorwärts* geärgert hatte? Wir wissen es nicht. In den ab 1908 aufgelegten und weit verbreiteten Verzeichnissen des Vereins Arbeiterpresse über die Einrichtungen der Partei und ihrer Presse, wird der *Vorwärts* lediglich auf Berliner Vorgänger zurückgeführt. Das sind danach Schweitzers *Social-Demokrat*, der *Neue Social-Demokrat* und die *Berliner Freie Presse*. Kein Wort über das *Demokratische Wochenblatt* oder den *Volksstaat*, die tatsächlich aus dem kollektiven Parteigedächtnis entschwanden. Auch vom Leipziger *Vorwärts* war erst in einer späteren Ausgabe am Rande die Rede und vom Züricher *Sozialdemokrat* überhaupt nicht. Bedauerlich – aber Handbücher sind ja auch keine Geschichtsbücher.

Urheber der Berliner »Streitigkeiten« in der gerade behandelten Zeit waren »Die Jungen«. Der Zwist ist zwar nicht auf Berlin beschränkt, erhält von hier aber immer neue Impulse. Größte Auswirkungen hatte die Proklamierung der Arbeitsruhe zum 1. Mai durch die Jungen. Sie gingen damit noch über den Beschluss der vorjährigen Gründungsversammlung der Zweiten Internationale in Paris hinaus, die den 1. Mai als den Tag festgesetzt hatte, an dem überall für den Acht-Stunden-Tag demonstriert werden sollte. Die Reichstagsfraktion schränkte darum die Proklamation der Jungen ein, was neuen Hader zur Folge hatte. Vor allem durch den massiven Einsatz Bebels, der auf überfüllten Kundgebungen in verschiedenen Städten sprach, wurden die Parteireihen wieder beruhigt. Nach Mehring brachten die Jungen ihren überschießenden Elan, den sie bisher dem Sozialistengesetz zugewendet hatten, jetzt in Parteistreitigkeiten ein. Sicherlich war die kurzzeitige Bewegung keine »Literaten- und Studentenrevolte«, als die sie Engels im *Berliner Volksblatt* hinstellte. Neben den später bekannt gewordenen Schriftstellern Paul Ernst und Paul Kampffmeyer gehörten vor allem äußerst aktive Arbeiter in ihre ersten Reihen. War der Bewegung, wiederum nach Engels, auch ein »verzerrter Marxismus« zu eigen, so lässt sie sich doch in einem allgemeinen Sinn als »links«, allerdings auch als antiparlamentarisch einordnen und nimmt einiges voraus, was in den Richtungskämpfen des ersten Weltkrieges bis zur Parteispaltung führte.

Mehr Bedeutung sollte vorderhand Vollmars Aufrufen für eine entschiedene Reformpolitik zufallen, die sich in seinen – nach dem Münchner Tagungslokal so benannten – »Eldorado-Reden« fanden. Die SPD, so die Forderung des einstigen Radikalen, sollte auf der Grundlage der bestehenden Staats- und Gesellschaftsordnung Verbesserungen wirtschaftlicher und sozialer Art anstreben und sich Verbündete im progressiven Bürgertum suchen. Während die süddeutsche Sozialdemokratie diesen Weg auch tatsächlich einschlagen würde, antwortete die Gesamtpartei mit heftigen Auseinandersetzungen über die richtige Taktik. Auch der *Vorwärts* mengte sich in den Streit. Vor allem warf er dem »roten Baron« vor, in einer französischen Zeitschrift die Annäherung der SPD an den Staatssozialismus propagiert zu haben. Staatssozialismus war aber der Teil des Lassalle'schen Programms, immer wieder missverstanden, der für die Partei als ausgemerzt galt. Vollmar hieb in seiner Hauszeitung zurück. Jeder, der ihn kenne, müsse wissen, dass er das unmöglich geschrieben haben könne, vielmehr übersetzerische Fantasie am Werke war. Mit einer Nonchalance, die unter heutigen Presseverhältnissen unvorstellbar und auch unökonomisch ist, druckte der *Vorwärts* den ganzen Artikel aus der *Münchener Post* nach, nur um am Schluss durch Zitatenvergleich beweisen zu können: Vollmar hat doch geschrieben was er bestritt. Sogar der französische Text war abgedruckt. Die Alten waren polyglotter als man meint.

Als die Jungen sich wieder rührten, interpretierte der *Vorwärts* ihr Bekenntnis zur »revolutionären Sozialdemokratie« im Sinne Bebels, der selbst die Revolution oder »den großen Kladderadatsch« für seine massensuggestiven Zukunftsvisionen verwandte, diese aber nicht »im Heugabelsinn der blutigen Gewalt« verstanden wissen wollte. Ein Flugblatt der Jungen, das darauf folgte und namentlich in Liebknechts Wahlkreis verteilt wurde, war ein Rundumschlag. Es erinnerte den Altsozialisten an seine Absage an den Parlamentarimus vor nunmehr 22 Jahren – einen Standpunkt, den er längst widerrufen hatte –, forderte von der Regierung den »Marschallstab« für Vollmar und konnte nicht begreifen, dass Bebel »in einer Stunde alles das zertrümmern kann, was er seit 25 Jahren selber mit aufgebaut« habe. Im Kern ging es den Flugblattverfassern um die Reduzierung der Arbeiterbewegung auf das »revolutionäre Proletariat«. Die Auseinandersetzungen sollten noch bis zum Parteitag im Oktober 1891 weitergehen, wo diese Opposition sich in einer so hoffnungslosen Minderheit wieder fand, dass sie größtenteils die Partei verließ. Seine bleibende Bedeutung erhielt der Parteitag allerdings durch die Verabschiedung eines neuen Parteiprogramms. Das Erfurter Programm, von Karl Kautsky und seinem Londoner Korrespondenten Eduard Bernstein entworfen, dann mit dem Segen Engels' versehen, machte die SPD auch offiziell zu einer marxistischen Partei und blieb 30 Jahre verbindliche Richtschnur, bis es 1921 vom Görlitzer Programm abgelöst wurde.

Der Vorwärts ist ein Berliner

Pünktlich zum Jahresbeginn 1891 war die erste Nummer des neuen Zentralorgans unter Liebknechts Redaktionsleitung erschienen. Der »Soldat« hatte sich schweren Herzens von Leipzig losgerissen, mit erheblicher Nachhilfe Bebels und Engels'. Deshalb auch war er »fortgesetzt in der schlechtesten Stimmung« (Bebel). Warum aber legte der neue *Vorwärts* keinen Wert darauf, mit seinem originären Ahnherren in Zusammenhang gebracht zu werden? Er reiht sich vielmehr als achter an die bisher sieben Jahrgänge des *Berliner Volksblatts* an. Befremdlich, aber beileibe nicht irreführend, war die Tatsache, dass er auch programmatisch auf den Schultern des Berliner Blatts zu stehen vorgab. Die redaktionelle Botschaft des *Volksblatts* aus seiner Probenummer vom 30. März 1884, der Artikel »Was wir wollen«, findet sich auch in der Eröffnungsnummer des Zentralorgans wieder. Und die »Auferstehung«, die das Blatt in seinem Leitartikel feiert, ist nicht etwa die des Phönix, der sich aus der Asche des alten *Vorwärts* erhebt. Es handelt sich vielmehr gerade um den einen Tag, seitdem »die letzte Nummer des ›Berliner Volksblatt‹ zur Presse gegeben, heute erscheint es verjüngt als *Vorwärts.*« Die Berliner machen deutlich, dass das Zentralorgan an der Spree vor Anker gegangen ist, und sie werden das nachdrücklich wiederholen.

Liebknecht muss sich von den ersten Tagen an der zunehmenden Stänkereien erwehren. »Das Blatt sei insbesondere nicht imstande, die Wünsche der Berliner Parteigenossen vollständig zu vertreten.« Liebknecht rüpelt zurück, »keine Berliner Versammlung sei befugt, dem Zentralorgan der Partei irgendeine Verpflichtung aufzuerlegen«. Die gegnerische Presse registriert das alles mit großem Behagen. Als der *Vorwärts* seine Berichterstattung über Berliner Parteiversammlungen drastisch reduziert, beschweren sich die Betroffenen – es sind nicht nur die Jungen – im »Briefkasten« des Zentralorgans. Die Redaktion erwidert ungerührt, »daß es nicht Aufgabe des Zentralorgans sein könne, all das ungewaschene Zeug, das in den Versammlungen zusammengeredet werde und das die Partei nur discreditieren könne, zu veröffentlichen«. Das *Hamburger Fremdenblatt* befand schließlich, dass die Parteiführer die Versammlungen meiden, »denn selbst den Zaubermeistern gelingt es nicht mehr, die gerufenen Geister wieder los zu werden«.

Schon auf dem Erfurter Parteitag beantragte der I. Berliner Wahlkreis die »Teilung des Zentralorgans *Vorwärts*« in das »eigentliche Zentralorgan« und »die Berliner Parteipresse«. Letztere sollte dann auch unter Berliner Kontrolle stehen. Bebel hielt den Antrag, soweit er die Teilung des Blattes betraf, für »unannehmbar«. Zugleich machte er den Berlinern den Vorschlag, eine Kommission von neun Parteimitgliedern zu wählen, welche gemeinsam mit dem Parteivorstand die Kontrolle über den Berliner Lokalteil übernehmen sollten. Der Vorschlag ging durch. Den Berlinern erschien das nur recht und billig, schließlich war das Zentralorgan ja mal ihr Lokalblatt gewesen. Bebel glaubte, damit Frieden gestiftet zu haben, doch hatte er nichts weniger als die Büchse der Pandora geöffnet.

Ein Gutes hatte der Wechsel auf jeden Fall gehabt. Liebknecht, der nicht anders als zu Zeiten des Leipziger *Vorwärts*, als Chefredakteur, wie es Grillenberger in Halle aktenkundig gemacht hatte, »gleichberechtigt mit dem Parteivorstand« ihm koordiniert war, musste nicht länger allein oder zu zweit das Blatt redigieren. Die mit größerer Macht zurückgekehrte Partei stand auch finanziell auf festeren Beinen – »Bei uns fließt das Geld wie nie«, schrieb Bebel seinem Vertrauten Hermann Schlüter – und konnte sich eine personell komfortablere Redaktion für ihr Zentralorgan leisten. Die Redakteure vom *Volksblatt* wurden übernommen, blieben aber vor allem im Lokalteil tätig.

Liebknechts Stellvertreter wurde Bruno Schoenlank, der aus dem »täglichen Flugblatt« eine moderne Tageszeitung machen wollte, was er aber erst an anderer Stelle schaffte, nämlich nachdem er 1893 Chefredakteur der *Leipziger Volkszeitung* wurde. Adolf Braun gehörte schon vor Schoenlank der Redaktion an, wie auch Reinh. Cronheim, und wurde von Schoenlank als sein Nachfolger angeworben und auch von ihm für die Einkommensdifferenz entschädigt. Er muss auch sein Vorgänger gewesen sein, denn schon in den ersten Januartagen 1891 schreibt Braun einem Freund: »... bin zweiter Redakteur des ›Volksblattes‹, dh. habe mit Liebknecht den politischen u. sozialpolitischen Teil der Ztg. zu redigieren.« Zur Liebknecht-Redaktion gehörten ferner – in der ungefähren Reihenfolge ihres Eintritts – Wilhelm Schröder, August Enders, Samuel Kokosky, der dann die *Neue Welt* redigierte, Hugo Pötzsch, Adolf Stadthagen, Robert Schmidt, Georg Ledebour, Conrad Schmidt, Emil Dierl-Roland, August Jacobey, Georg Gradnauer, Kurt Eisner, Paul John, Heinrich Wetzker, auch Albert Südekum als »Hilfsarbeiter«.[37]

Einen wichtigen Platz nahm – bis 1898 – Ignaz Auer in der Redaktion ein. Er hatte alle Berichte auf ihre presserechtliche Unbedenklichkeit zu überprüfen, denn die preußischen Staatsanwälte warteten nur darauf, dem sozialdemokratischen Zentralorgan etwas am Zeuge flicken zu können. Auer wurde deshalb schon mal als »Zensor« der Partei apostrophiert. Doch hat er in Wahrheit viel Schaden vom Blatt abgewendet und manchen Redakteur vor hohen Freiheitsstrafen bewahrt. Auch Wilhelm Liebknecht. Allerdings konnte Auer nicht alle Fallstricke voraussehen, die die wilhelminische Justiz auslegte.

Im Übrigen wusste die Redaktion, was sie sich schuldig war. Der Partei und der arbeitenden Klasse war sie tief verbunden, doch nicht um jeden Preis und vor allem nicht zu jeder Zeit.

»Sprechstunden der Redaktion: 12 Uhr bis ein Uhr mittags und 7 Uhr bis 8 Uhr abends. Außerhalb dieser Zeit ist die Redaktion ausnahmslos für Niemand zu sprechen.«

So hielt sie sich den Rücken frei für ihre eigentliche Aufgabe: Die Zeitung zu machen. Dafür benutzte sie von Anfang an auch das Telefon. Das verdient festgehalten zu werden, weil später viele die erstmalige Benutzung dieses neu entwickelten Kommunikationsmittels in der sozialdemokratischen Presse für sich reklamieren werden. Berlin hatte 1881 – also zur Zeit des Sozialistengesetzes – sein erstes Telefonnetz erhalten. Die Nummer des *Vorwärts:* »Amt I, 4186«.

Man wird eine ganze Reihe der eben genannten Namen wieder finden auf führenden Positionen in Politik und Journalismus, ja einige geraten in die Geschichtsbücher, wie etwa die späteren Ministerpräsidenten Eisner und Gradnauer oder Robert Schmidt als Reichsminister mehrerer Kabinette der Weimarer Republik. Auch der Deutsche Reichstag holte sich Abgeordnete in großer Zahl aus den Reihen der *Vorwärts*-Redaktion, ein ungewöhnlicher Vorgang im deutschen Journalismus. Das alles wird eine lang andauernde Vorbildwirkung haben. Viele spätere Redakteursgenerationen des SPD-Zentralorgans wirkten nicht nur als Journalisten in hervorragenden Stellungen für das Gemeinwohl. Auch Carl Hirsch in Paris hatte ein Angebot zum Eintritt in die Redaktion erhalten, zog seine Zusage aber wieder zurück. Die Spekulationen in der bürgerlichen Presse, Rangstreitigkeiten mit Liebknecht seien der Anlass gewesen, wies der *Vorwärts* mit Nachdruck zurück. Nicht alltäglich erscheint die Karriere des ehemaligen Lehrers, Schriftstellers und Provinzredakteurs Fritz Kunert, der sich dem *Vorwärts* als Redaktionssekretär zur Verfügung stellte. Redaktionssekretäre fertigten keine Niederschriften an wie die späteren »Tippfräulein«, sind aber auch kaum als Vorläufer der heutigen Chefs vom Dienst zu betrachten. Kunert diente auch als Sitzredakteur, wofür er zahlreiche Gefängnisstrafen auf sich nahm und gehörte – mit kleinen Unterbrechungen – von 1890 bis 1924 dem Reichstag an. In einer weltgeschichtlichen Stunde zeigte er Rückgrat; davon wird noch die Rede sein. Liebknecht erhielt jetzt ein Monatsgehalt von 600 Mark, sicherlich einiges mehr als das, was ein Arbeiter verdiente, weshalb es dem Zentrumsabgeordneten Karl Bachem, Abkömmling einer rheinischen Verlegerfamilie, eine Erwähnung im Reichstag wert war. Er habe vergessen zu erwähnen, kommentierte Bebel den unsachlichen Angriff, dass der Reichstagskollege Jahrzehnte lang für einen Hungerlohn gearbeitet habe.

Marx meldet sich aus dem Grab

Liebknecht stand gerade mal vier Wochen an seinem Berliner Stehpult, als ihm eine alte Hypothek aus dem Jahre 1875 vorgehalten wurde. Wenn wir uns erinnern: Der Einigungsparteitag von Gotha stand bevor. Marx hatte seine sophistischen »Randglossen« zum Programmentwurf übersandt, die der »Soldat« mal eben verschwinden ließ. Auch Bebel hatte mit seinem Exemplar nicht viel anzufangen gewusst. Jetzt präsentierte Marx seinen Rundumverriss – aus dem Grab. Engels, seinem alten Kampfgefährten, hatte es keine Ruhe gelassen. In den Vorberatungen zum neuen –

Erfurter – Programm schickte er Kautsky den alten Text, den dieser unter Weglassung der schlimmsten Anti-Lassalle-Tiraden in seiner *Neuen Zeit* abdruckte. Ob und wie der neue Cheftheoretiker die Erstbetroffenen noch unterrichtete, ist umstritten; Bebel jedenfalls war mit der Hochzeit seiner Tochter beschäftigt. Liebknecht musste erst einmal tief Luft holen, bis er im *Vorwärts* reagieren konnte. Der Artikel wimmelt denn auch von verräterischen Floskeln. Natürlich werde nun auch das Zentralorgan einer Partei, »die nichts zu vertuschen hat«, den Brief abdrucken. Natürlich erklären sich »Schärfe und Härte« des Briefs aus seinem »streng privaten Charakter«. Natürlich auch stimmten »die meisten, wenn nicht alle« Verantwortlichen für Gotha »mit dem theoretischen Teil der Kritik« überein. Mit dem theoretischen! Das war's dann aber auch.

Denn nun ist es aus mit dem Kuschen. Mit einer Brillanz und Überzeugungstreue, die sich nicht nur mit der im langen, entbehrungsreichen und bis an die Grenzen der Existenz führenden politischen Kampf zugewachsenen Reife erklären lässt, sondern durch die auch die Verbitterung durchschimmert über in Jahrzehnten erfahrene Geringschätzung, rechnet da einer mit Marx ab. Der kann's zwar nicht mehr lesen, aber Engels. Der ist ja noch da. Jetzt muss es einmal ausgesprochen werden! Sollte man es Marx durchgehen lassen, »daß er über Lassalle ein Urteil gefällt hat, daß die Gefühle Hundertausender von deutschen Arbeitern zu verletzen geeignet« war? Nein, oder vielmehr, »ein kategorisches Nein!«, denn Marx »unterschätzte die Stärke der Lassalleschen Bewegung und täuschte sich über die Stimmung unter den deutschen Arbeitern«. Vielleicht hätte ja auch das Marx'sche Programm eine Mehrheit gefunden, doch galt es, »die Gesamtheit der deutschen Sozialisten zu einigen«, und zwar »ohne die Vergewaltigung einer Minorität«. Die Einigung, die die deutschen Arbeiter wollten, »der Einigungskongreß hat sie gebracht«, und das »war mehr wert als ein Dutzend tadelloser Programme«. So brauchen wir uns »unseres alten Gothaer Einigungsprogramms nicht zu schämen. Es hat eine ruhmvolle Geschichte.« Und nicht zu vergessen: Es war Liebknechts Programm, ein Produkt später Hellsicht des alten Marx-Vertrauten, dass der Lassalleanismus die politischen Vorstellungen der Sozialdemokratie konkreter ins Visier nehmen würde als die Projektionen seiner Londoner Freunde. Noch aus dem *Vorwärts* nachzutragen: Marx selbst habe ja sein Urteil über die Einigung revidiert. Immerhin sei er »nicht aus unserer Partei ausgeschieden, wie er damals angedroht hatte«.

Der *Vorwärts* hatte ganz offenbar den richtigen Ton getroffen. Nicht nur die übrige Parteipresse schwenkte auf seine Linie ein. Grillenbergers *Fränkische Tagespost* in Nürnberg befand, dass Marx sich in Bezug auf seine Befürchtungen zur Vereinigung »glücklicherweise vollständig getäuscht hat«, und das *Hamburger Echo* würdigte, dass die Sozialdemokratie »keine unfehlbaren Autoritäten kennt«. Sogar die bürgerliche Presse fällt in dieser Sache nicht einmütig über die Sozialdemokraten her. Zwar mäkelt die *Kölnische Zeitung* über das Gothaer »Kompromißprogramm«, von dessen Unhaltbarkeit die SPD-Führer »von vornherein überzeugt waren«. Doch konstatiert zum Beispiel die *Augsburger Postzeitung*: »Die alten Streitigkeiten werden bald vergessen sein.« Aber in einem täuschten sich alle: Das erwartete Scherbengericht für Kautsky blieb aus. Und auch der späte Protest Bebels bei Engels wegen der klammheimlichen Aktion betraf lediglich die Form, aber nicht die Sache.

Liebknecht sollte Freund und Feind noch mehr verblüffen. Auch wenn er inzwischen klar von Bebel überrundet worden war, den der Berliner Parteitag 1892 – nominell zusammen mit Singer – erstmals zum Vorsitzenden der Partei wählte, der er bis zu seinem Tode bleiben würde – zwei »Selbständige« an der Spitze der deutschen Arbeiterpartei –, so setzte der Altrevolutionär die Zeichen, die ihm wichtig schienen. Wenige Wochen vor dem Parteitag hatte er, wie die *Neue Zürcher Zeitung* schrieb, »in Marseille ... etwas fertig gebracht, was bisher kein anderer Deutscher mit gleichem Effekt zustande brachte«. Liebknecht hatte nämlich dem in der Hafenstadt tagenden französischen Sozialistenkongress nichts anderes empfohlen, als »Euer Geschrei nach Elsaß-Lothringen« einzustellen. Ein Krieg, der es zurückholte, würde nur einen neuen Krieg nach sich ziehen. Und so fort. Vor allem sollten sie sich davor hüten, dass aus der neuen russisch-französischen Freundschaft kein »Revanchezug« entstünde. Die deutschen Sozialisten hassten niemanden mehr, als das reaktionäre Russland. Allerdings, fügte Liebknecht mit überlegener Parteidialektik hinzu, werde »mit dem Sieg der Sozialdemokratie der Nationalitätenzwiespalt und folglich auch der Konflikt wegen Elsaß-Lothringen aus der Welt geschafft«. Schon damals erschien diese Schlussfolgerung nicht ganz glaubhaft. Doch das Offenlegen der deutschen Gefühle hatte einen paradoxen Erfolg. Die französischen Genossen zogen einen Antrag zurück, mit dem sie Liebknecht auffordern wollten, im deutschen Reichstag für die Neutralität des Doppellandes einzutreten. Diesem unbestechlichen Internationalisten nahmen sie ab, was er sagte. Die Rede fand in Frankreich, wo in wenigen Jahren erstmals ein Sozialist in eine Regierung eintreten sollte, und vor allem in Elsaß-Lothringen ein großes Echo. In Deutschland weckte Liebknechts realpolitischer Coup ungleich weniger Aufmerksamkeit als bald darauf Bebels Reichstagsreden über den Zukunftsstaat. Nicht ausgeschlossen aber, dass Liebknechts Auftritt viele Elsässer und Lothringer mit Deutschland auszusöhnen begann und nicht den

Schlechtesten unter ihnen den Weg in die sozialdemokratischen Reihen ebnete, wie Toni Pfülf und Julius Leber, um nur zwei zu nennen.

Das Erlöschen des Sozialistengesetzes hatte noch lange nicht zur Folge, dass die staatlichen Autoritäten den Sozialisten freie Bahn ließen. Zu keinem Zeitpunkt war die Überwachung eingeschlafen, die Rechtsprechung hatte die Gesetze so lange uminterpretiert, bis sie die Sozialdemokratie an jeder Stelle treffen konnte, die sie treffen wollte, und die Behörden schikanierten auf Teufel komm raus. Eine Versammlung wurde schon dann abgebrochen, wenn ein Provokateur ein »falsches« Wort rief. Auch der Kaiser, der sich zu Beginn seiner Regentenzeit so arbeiterfreundlich gezeigt hatte, schürte bald und immer wieder die latente Sozialistenfeindlichkeit im Bürgertum mit markigen Sprüchen. Bei einer Vereidigung kündigte er den jungen Rekruten an, dass sie im Falle sozialistischer Umtriebe ihre eigenen Verwandten, »Brüder, ja Eltern niederzuschießen« hätten, »ohne Murren«, wenn er es befehle.

Als die Sozialdemokratie den Feiern zur 25. Wiederkehr der Schlacht von Sedan fernblieb, nachdem ihre eigenen Veranstaltungen in den Vorjahren verboten worden waren, rief Wilhelm II. dazu auf, »der hochverräterischen Schar zu wehren«. Ein Kampf sei zu führen, »der uns befreit von solchen Elementen«. Als auch noch der *Vorwärts* ein Telegramm von Berliner Vertrauensmännern an den Vorstand der französischen Sozialisten veröffentlichte – »Am 25. Gedenktag der Schlacht von Sedan senden wir, als Protest gegen Krieg und Chauvinismus den französischen Genossen Gruß und Handschlag« – wurden eine Reihe sozialdemokratischer Blätter beschlagnahmt, ihre Redakteure verhaftet, Versammlungen verboten und Hausdurchsuchungen angesetzt. Im Februar 1896 wurden auch Adolf Braun und Fritz Kunert in der *Vorwärts*-Redaktion festgenommen. Grund: Das Zentralorgan hatte über ein Staatsgeheimnis – einen Gnadenerlass des Kaisers berichtet.

Wieder mal Gefängnis für den »Alten«

Immer wieder auch versuchte die Regierung, die Sozialdemokratie mit neuen Sondergesetzen zu bekämpfen. Im Reichstag lag oft »ähnliches in der Luft wie 1878« (Bebel). Die Umsturzvorlage von 1894 bedrohte allein schon das öffentliche Eintreten für Demokratie und Republik mit Zuchthaus, und Äußerungen gegen Religion und Monarchie, Ehe und Familie sowie die Eigentumsordnung mit Gefängnis. Die Zuchthausvorlage von 1899 richtete sich vor allem gegen die Gewerkschaften. Die Behinderung von Streikbrechern, schon die Benutzung des Ausdrucks »Streikbrecher«, sollten Zuchthaus zur Folge haben. Dass diese Vorhaben regelmäßig im Reichstag scheiterten, entmutigte die Machthaber nicht, animierte sie vielmehr zu

Staatsstreichplänen. Es blieb übrigens nicht immer bei Planungen und Stimmungsmache. Ende 1895 löste das Berliner Polizeipräsidium den Parteivorstand und eine Reihe sozialdemokratischer Kommissionen und Vereine auf. Ein Gericht bestätigte zunächst die polizeiliche Entscheidung, die erst durch eine spätere Berufungsverhandlung aufgehoben wurde. Länger als ein Jahr hatte wieder einmal die Reichstagsfraktion die Partei geleitet.

In seiner Begrüßungsrede für den Breslauer Parteitag von 1895 war Liebknecht auf die vielerlei Beleidigungen und Verleumdungen eingegangen, denen die Partei tagaus, tagein ausgesetzt war. Sie berühren uns nicht, hatte der Redner betont, wir stehen »zu hoch, als daß Kotwürfe an uns hinanreichen könnten«. Das Breslauer Landgericht konstruierte daraus eine Majestätsbeleidigung und verurteilte Liebknecht zu vier Monaten Gefängnis. Das mehr als bizarre an dem Urteilspruch war, dass der Gerichtshof in allen Punkten Liebknechts Argumente anerkannte und erklärte, »daß eine Absicht, den Kaiser zu beleidigen, *nicht* vorgelegen habe«. Dann kam das große Aber: Unter Liebknechts Zuhörern hätten sich Leute befinden können, die vielleicht doch annehmen würden, »er wolle mit seinen Worten den Kaiser treffen«. Dadurch hätte er sich strafbar gemacht und nur, weil seine Absicht, »jede Majestätsbeleidigung auszuschließen« anerkannt werde, habe man das Urteil auf vier Monate Gefängnis begrenzt. Begreife das, wer kann. Der Staatsanwalt hatte übrigens ein Jahr Haft und Aberkennung des Reichstagsmandats gefordert. Der *Vorwärts* fragte dazu an: »Wohin soll das denn führen? Wird die Konstruktion einer Beleidigung nun gar noch abhängig gemacht von dem Mißverständnis Dritter, dann ist die Verurteilungsmöglichkeit wegen Beleidigung völlig uferlos. Was kann denn eigentlich *nicht* mißverstanden werden?« Dem Verfahren gegen Liebknecht lag das gleiche Prinzip zugrunde, das etwa gleichzeitig *Caligula* zum Verhängnis wurde, der Studie über römischen Cäsarenwahnsinn von Professor Quidde, dem späteren Friedensnobelpreisträger. Obwohl in dieser hochwissenschaftlichen Arbeit der Name Wilhelms II. ganz natürlich nicht auftauchte, wurde Quidde wegen Majestätsbeleidigung angeklagt und zu drei Monaten Gefängnis verurteilt.

Urteile unter dem *dolus eventualis*, also dem – unterstellten – bedingten Vorsatz waren nichts Ungewöhnliches. Die prominente Berliner Sozialistin Ottilie Baader wurde verurteilt, weil ein Gendarm gehört haben wollte, sie hätte in einer Versammlung gerufen: »Auf, ihr Männer, zu den Waffen.« Das war erweislich falsch, Baader hatte von geistigen Waffen gesprochen. Das Gericht verurteilte sie dennoch. Begründung: Viele Zuhörer hätten auf dem gleichen Bildungsniveau gestanden wie der Polizist und ihre Worte ebenso falsch verstehen können. Der *Vorwärts* prophezeite dem *dolus eventualis* einen »Triumphzug … durch deutsche Lande. Noch ist er ein Kind, aber er kann ein Riese werden.«

Wegen seines Urteils hatte Liebknecht beim Reichsgericht in Leipzig Revision eingelegt, fand da aber ebenfalls keine Gnade. Wenn die Vorinstanz meinte, dass der Angeklagte den Eindruck habe hervorrufen wollen, der Kaiser selbst habe Kot auf die Partei geworfen, so wollten die obersten Richter die »tatsächliche Richtigkeit« nicht untersuchen. Die Tatsache, dass gerade der Satz »von dem Kotwerfen … lebhaften Beifall gefunden habe«, aber nicht in den sozialdemokratischen Zeitungen erwähnt worden sei, erhärte jedenfalls die Annahme. Haarsträubender geht's nimmer. Da fiel auch dem *Vorwärts* nichts mehr dazu ein. Das Reichsgericht bestätigte das Breslauer Urteil und mit 71 Jahren musste Liebknecht noch einmal ins Gefängnis. Es war seine letzte »Strafe«. Auer vertrat ihn während dieser Zeit im Amt des Chefredakteurs.

Es waren beileibe nicht nur seine politischen Gegner, die dem »Soldaten« das Leben schwer machten. Auch die interne Redaktionsarbeit bescherte ihm Enttäuschungen mannigfaltiger Art. Noch bis in die letzten Jahre seines Arbeitslebens beklagte er sich bei Freunden über »Palastrevolutionen« und »Staatsstreiche«. Er war freilich auch kein pflegeleichter Parteiopa, und in der sozialdemokratischen Presse war eine neue Generation herangewachsen, die vor den Verdiensten des Altrevolutionärs wenig Respekt an den Tag legte. Schon mit Schoenlank hatte er Ärger gehabt. Dieser genialisch veranlagte Vollblutakademiker, konvertierter Sohn eines jüdischen Lehrers und von Viereck in die sozialdemokratische Publizistik eingeführt, hatte Liebknecht, zuerst aufgrund seiner schweren Nervenerkrankung, aber auch wegen eigener politischer Ambitionen, nicht die erhoffte Entlastung gebracht. Von den anderthalb Jahren als Stellvertreter des Chefredakteurs verbrachte Schoenlank nur wenige Monate am Redaktionspult. Als er auch noch die Machtfrage stellte, kam er bei Liebknecht an den Unrechten. Schoenlank kündigte und stellte sich vor den Kölner Parteitag 1893 mit der Forderung, aus dem *Vorwärts* ein »aktuelles Blatt« zu machen und einen »wirklichen Chefredakteur« für das Zentralorgan zu finden. Er musste sich freilich sagen lassen, dass er selbst wenig zur Förderung solcher Ziele beigetragen hatte.

Liebknecht hätte als Nachfolger gern Max Quarck gesehen, einen unter dem Sozialistengesetz gemaßregelten Juristen, der schon seit Wiedergründung für den *Vorwärts* arbeitete und sich mit bis zu drei Leitartikeln wöchentlich an seiner Gestaltung beteiligte. »Ich bitte Sie dringend anzunehmen.« Der Plan scheiterte an den Gehaltsvorstellungen Quarcks.

Die vielen Abwesenheiten Liebknechts durch seine Abgeordnetentätigkeit und Reisen führten zu Unzufriedenheit und Fehlleistungen. Im Sommer 1896 trug das Blatt den Streit auf drastische Weise selbst an die Öffentlichkeit. Im Mittelpunkt stand – Quarck, der inzwischen Chefredakteur der Parteizeitung *Frankfurter Volksstimme* geworden war. Quarck schrieb vor allem zu Gewerkschaftsfragen, eine wichtige Aufgabe zu einer Zeit, in der die Gewerkschaften aufgrund der überragenden Erfolge der Partei etwas ins Hintertreffen geraten waren. Die Artikel Quarcks fanden jedoch nicht immer die Billigung der *Vorwärts*-Redakteure, die den Autoren als »sozialpolitischen Reformer« abqualifizierten, der ein falsches Bild der Beziehungen zwischen Partei und Gewerkschaften vermittle.

Ein Briefwechsel voll offener Worte mit Vorwürfen und Gegenvorwürfen gab der Redaktion die Handhabe, Erklärungen Quarcks, die ihr »in Ton und Inhalt durchaus unangemessen« erschienen, von der Veröffentlichung auszuschließen. Erst als sich Quarck an den von Berlin abwesenden Liebknecht wandte, bequemte sich die Redaktion zu einer Veröffentlichung. Sie tat das aber so prononciert auf der ersten Seite, mit entsprechenden Kommentaren und einer Rücktrittsdrohung aller Redakteure versehen, »falls das Prinzip der Gleichberechtigung aller Redakteure ... in der Redaktion des *Vorwärts* in Zukunft keine Geltung mehr haben soll«, sodass sich Quarck und erst recht Liebknecht düpiert fühlen mussten. Federführend war Stellvertreter Adolf Braun.

Der »Alte«, wie er inzwischen hieß, ließ sich davon nicht beeindrucken und »missbilligte« drei Ausgaben weiter an gleicher Stelle die Polemik um Quarck. Liebknecht stellte unmissverständlich fest, dass er als »der von der Partei ernannte Chefredakteur« für alles verantwortlich sei, was im *Vorwärts* stehe. Quarck gab er Gelegenheit, in zwei Spalten seinen Standpunkt darzustellen. Auch jetzt konnte sich die Redaktion nicht verkneifen, ihre Anmerkungen hinterher zu schicken. Trotz der markigen Worte von beiden Seiten blieb die Redaktion unverändert. Auch eine Drohung Liebknechts im nächsten Jahr, seinen Stellvertreter zu feuern, wurde nicht umgesetzt. Braun, der gebürtiger Österreicher war, wurde schließlich als Ausländer aus Preußen ausgewiesen und setzte in Bayern seine erfolgreiche Journalistenkarriere fort.

Die redaktionsinternen Querelen dürfen nicht zu dem Schluss verleiten, der *Vorwärts* habe darüber seinen Auftrag vergessen, »der Partei den Kurs anzugeben« (Bebel). In allen großen innenpolitischen Auseinandersetzungen der 1890er Jahre setzte das Zentralorgan Akzente, sei es, dass es die besonders betroffenen ärmeren Schichten gegen die Lebensmittelzölle mobilisierte oder Solidaritätsaktionen für Streikende organisierte. Gegen die schleichende Aufrüstung der Militärvorlage 1892/93 setzte sich der *Vorwärts* genau so vehement ein wie gegen die sächsische Wahlrechtsverschlechterung 1896. Er kritisierte ebenso die deutschen Kolonialmethoden wie die kaiserliche Flottenpolitik, die entscheidend zur Verschlechterung des politischen Weltklimas beitragen sollte. Wilhelm II. drohte erbost, das Redaktionslokal des *Vorwärts* durch seine Adjutanten »kurz und klein hauen« zu lassen. Trotz der immer stärker zunehmenden Konkurrenz der lokalen Parteiblätter stieg die Zahl der *Vorwärts*-Abonnenten von 25 000 zu Beginn des Jahrzehnts auf 53 000 an seinem Ende.

Ein Komet streift den Vorwärts

In der Folge von Brauns Weggang streifte ein Komet die *Vorwärts*-Redaktion. Jemand hatte Bebel vorgeschlagen, Rosa Luxemburg, die gerade als Chefredakteurin der Dresdner *Sächsischen Arbeiter-Zeitung* im Streit mit der Redaktion zurückgetreten war, als Nachfolgerin Brauns einzustellen. Bebel nannte den Plan »verrückt«, Rosa ebenso. Aber damit war er noch nicht aus den Köpfen. Rosa Luxemburg, die aus dem russisch besetzten Polen geflüchtete Sozialrevolutionärin, hatte sich in der deutschen Partei einen Namen gemacht als entschiedene Vertreterin einer revolutionären Sozialdemokratie. Ihre hohe Intelligenz und ihre überdurchschnittliche Eloquenz machten sie in gleicher Weise anziehend wie umstritten. Ein Jahr weiter unterbreitete ihr Karl Kautsky, dass man für den *Vorwärts* einen dritten politischen Redakteur suche, »der radikal sein soll, und das Gegengewicht gegen Eisner und Gradnauer darstellen soll«, die beide schon ihre Sträuße mit »rl« – Rosas Autorenchiffre – ausgefochten hatten oder noch ausfechten werden.

Sie stellte sich, als sei nicht sie gemeint. Bebel lässt nicht locker, lädt sie gar zu sich nach Hause ein und vermittelt ihr »spaßeshalber«, sie solle sich »ihre Kandidatur« vorstellen. Wieder von Kautsky hört sie dann, sie sei schon »formell« Kandidat. Aber als die Pressekommission ihr mitteilt, sie werde gewählt, wenn sie annähme, sagt Rosa Luxemburg Nein, wie Bebel ihr im letzten Moment und im Widerspruch zu seiner bisherigen Haltung geraten hatte. Doch sie empfiehlt Heinrich Ströbel, mit Erfolg. Der wird noch eine besondere Rolle spielen. Man kann es Rosa Luxemburg, die ständig unter Dampf steht, stets etwas schreibt, stets etwas liest, stets irgendwo spricht, immer Einfluss nimmt, man kann es ihr nachempfinden, wenn sie das alles für »Spiele von Erwachsenen« hält. Aber sie ist eifrigste Mitspielerin. Sagten wir Komet? Ein echter Komet kehrt wieder …

Ja, die Pressekommission. Ohne großes Aufhebens hatte ihr der Parteitag 1899 den Platz eingeräumt, den die Berliner schon immer haben wollten. Gleichberechtigt neben dem Parteivorstand. Eine Debatte fand kaum statt. Die Berliner machten die

Milchmädchenrechnung auf, dass von den 53 000 Abonnenten des *Vorwärts* 50 000 in Berlin ansässig seien, und das war's. Misstrauen, ob sie ihren Einfluss gegen das Interesse der Partei geltend machen könnten, wie ein Delegierter rhetorisch fragte, sei ja wohl unangebracht. Die großen Schlachten waren ja auch geschlagen. Die letzte auf dem Gothaer Parteitag 1896. Da hatten sie den Alten noch einmal gehörig aufgemischt, ihm die tollen Lokalblätter aus Leipzig und Dresden vor die Nase gehalten, von denen die Partei mehr geführt werde als vom *Vorwärts*. Der 70-jährige Liebknecht wehrte sich seiner Haut so gut er konnte. Und er konnte.

Er versuchte, den Delegierten seine Philosophie für das Zentralorgan zu verdeutlichen, für ein Blatt, in dem sich ja die ganze Partei mit ihren verschiedenen Stimmungen, Strömungen und Ansichten wieder finden müsse. Er sei ein Gegner jeder Zentralisation und nie dürfe die Minderheit vergewaltigt werden. Liebknecht fand, für seine hohe Toleranz habe er »nur Lob und nicht Tadel verdient«. Als dann aber auch Bebel aufstand und an die Kette von qualvollen Verhandlungen erinnerte, in denen man – erfolglos – versucht habe, der Redaktion ein Korsett einzuziehen, als Auer über die Nonchalance höhnte, mit der Liebknecht 25 Jahre lang Klagen überhört habe, da schien die Uhr für den Alten abgelaufen zu sein. Doch sie verschätzten sich alle: Natürlich klebte er nicht an seinem Redaktionssessel, machte Liebknecht deutlich. Er habe als junger Mann »ein offiziöses Regierungsblatt verlassen, ich würde auch keinen Augenblick in einem offiziösen Partei-Regierungsblatt verbleiben«. Wenn man ihm vorwerfe, der *Vorwärts* führte die Partei nicht, dann könne er nur sagen, »das höchste Prinzip einer demokratischen Regierung sei, daß sie mit dem Volke geht«. Wie war das Presseverständnis dieses alten Revolutionärs doch Lichtjahre entfernt von dem vieler Nachfolger, die ihre Zeitungen lediglich als »Transmissionsriemen« ihrer Leitvorstellungen achteten. Oder sollte man besser sagen missachteten? Die letzte Auseinandersetzung hatte die Kämpfer so ausgelaugt, dass sie nie mehr in solcher Weise aufeinander losgehen würden. Hinter den Kulissen freilich rumorte es weiter.

Im Verhältnis der beiden Parteigründer machte sich immer stärker ein Zug von Altersverbitterung bemerkbar. Sie werfen sich olle Kamellen vor, bis 14 Jahre zurück. Ja, die Geschichte um den »Dampfersubventionsstreit«: »Dein Umspringen vom schärfsten Opponenten zu einem Vermittlungsmann ... *tout prix.*« Wie schon *coram publico* in Gotha, bescheinigt Bebel dem alten Kampfgefährten auch brieflich, dass der ihm im Streit mit Vollmar in den Rücken gefallen sei. Aber als die jungen Spunde in der Redaktion den Alten bei ihm anschwärzen, haut ihnen Bebel auf die Finger. Besonders perfide: Sie versuchen den Eindruck zu erwecken, nur Liebknechts Weigerung, Mehrheitsentscheidungen in der Redaktion zuzulassen, verhinderte ein parteikonformeres Verhalten des Zentralorgans. Mit den *Vorwärts*-Redakteuren Gradnauer und Wetzker liefert sich Bebel eine Streitkorrespondenz, die er schließlich abbricht, da »mit Briefe wechseln nichts erreicht« werde. Die Floskel »Mit bestem Gruße« streicht er wieder aus. So wird auch sein Verhältnis zum *Vorwärts* immer distanzierter. Hatte Bebel schon nach den Reichstagswahlen 1898 gegenüber Schlüter dem Zentralorgan die Schuld am schlechten Abschneiden in einigen Berliner Wahlkreisen zuerkannt – »Zu große Siegeszuversicht« –, so muss er jetzt erkennen, dass er keinen Einfluss auf die Redaktion hat. Aber nicht, weil Liebknecht sich quer legt. Dem werden die ständigen Redaktionsquerelen allgemach zu viel. Als der Alte gegenüber Bebel klagt, »Meine Stellung am *Vorwärts* wird täglich unleidlicher«, ist absolut nichts mehr zu retten. Wenige Wochen darauf, am 7. August 1900 stirbt der Revolutionär der sozialen Demokratie, 74-jährig.

Der Tod ereilte Wilhelm Liebknecht zwar im Schlaf, aber reißt ihn aus einem Schaffen, für das er sich kein Ende setzen konnte. Am Abend hatte er noch auf einer Parteivorstandssitzung gesessen. Der Mann, der fünf Jahre in Gefängnissen zubrachte und sieben Sprachen beherrschte, wurde bestattet wie ein König. Hunderttausend folgten im fünfeinhalbstündigen Trauerzug dem Sarg, mehr als doppelt so viele Berliner säumten die Straßen. Es war indes nicht nur für Deutschland ein Trauertag. Ein internationaler Beobachter berichtet: »Noch nie wurde ein Politiker deutschen Namens in allen Ländern Europas so beweint wie er.« Und wie wunderbar jetzt alle von ihm sprechen. Bürgerliche Blätter, die früher kaum ein gutes Haar an Liebknecht ließen, würdigen das sozialdemokratische »Urgestein« (ein Begriff, der freilich damals noch nicht erfunden war), machen aber auch darauf aufmerksam, dass seine Zeit abgelaufen war, er »den neuen Verhältnissen keine neuen Seiten abzugewinnen« wusste. Auch als leitender Redakteur des *Vorwärts* habe »er nicht mehr den durchschlagenden Einfluss auszuüben« vermocht wie früher.

Der *Vorwärts* selbst brauchte zwei Ausgaben, um seinen Nekrolog zu schreiben und das »politische Testament« des Alten zu veröffentlichen. Und Rosa, die ihn eher belächelt als bekämpft hatte, trauert ehrlich. Sie fühlte den moralischen Verlust, und es tat ihr wohl, »von ihm in Frieden Abschied genommen zu haben«. Kurt Eisner, Liebknechts Nachfolger im *Vorwärts*, den er selbst noch als »scharfe Klinge« angeworben hatte, schrieb eine Biografie. Sechs Wochen nach Liebknecht starb Carl Hirsch in Paris, ein Jahr später Bruno Schoenlank. Beide waren über das gewöhnliche Maß hinaus mit dem »Alten« verbunden. Alle drei stehen, jeder in seiner Art, für eine Epoche des Journalismus.

13. Krise und Krieg

Zum ersten Parteitag im neuen Jahrhundert versammeln sich die Delegierten in Mainz. Sie gedenken ihres im Vormonat verstorbenen Führers, der sich nach den Worten des Co-Vorsitzenden Singer in den Herzen der Parteigenossen ein Denkmal gesetzt habe, *aere perennius* – dauernder als Erz. Sie debattieren über Landtagswahlen und Gütertarife, und die Berliner beantragen, den *Vorwärts* »baldmöglichst in eigene Regie zu übernehmen«. Über eines diskutiert der Parteitag nicht: Wie sich die Sozialdemokratie ihre Rolle im neuen Jahrhundert vorstellt. Dabei ist es mit Händen zu greifen, wie diese Partei sich verändert hat. Nicht zu verhindern ist, dass andere darüber Gedanken anstellen. Zum Beispiel ein deutschnationales Hamburger Blatt, das sich dadurch einen Namen machte, dass es sich dem Fürsten Bismarck nach seiner Entlassung als Sprachrohr zur Verfügung stellte.

Die *Hamburger Nachrichten* haben etwas mitbekommen von einem Richtungsstreit in der Sozialdemokratie. So wenig diese Zeitung glauben kann, dass die Sozialdemokratie gestärkt aus der Zeit des Sozialistengesetzes hervorgegangen sei, was nicht wundert, weil sie das Verbot für richtig und angemessen hält, so wenig wahrscheinlich scheint es ihr, dass die SPD »sich jetzt unaufhaltsam zu einer bürgerlichen Reformpartei entwickeln« könnte. Es ist sehr leicht möglich, dass ein gut Teil der maßgeblichen Sozialdemokraten dieser Analyse ohne Einschränkung zugestimmt hat. Es ist ebenso möglich, dass die Aufstellung des bedingungslosen Klassenkämpfers Georg Ledebour als Nachfolger Liebknechts im Reichstag diese Haltung auch unterstreichen sollte, wie das Hamburger Blatt triumphierend anmerkte. Aber sowohl die *Nachrichten* als auch die Gesinnungsfreunde Ledebours irrten sich. Die SPD war schon seit Jahren auf dem Wege zur bürgerlichen Reformpartei.

Die Rede ist vom Revisionismus, und da kaum ein Richtungsstreit in der sozialdemokratischen Bewegung so durchforscht und durchleuchtet worden ist wie dieser, muss hier nicht ausführlich darauf eingegangen werden. Auf den ersten Blick mag es freilich irritieren, dass gerade der Mann, der maßgeblich dazu beitrug, die Partei unter dem Sozialistengesetz auf die marxistischen Gleise zu setzen, sie jetzt wieder davon herunterholen will. Eduard Bernstein selbst sah das freilich anders, will nur der Weiterentwicklung des Marxismus gedient haben. Ob er, wie seine Gegner unfreundlich anmerkten, sich erst nach Engels Tod die Freiheit für seine Häresie genommen hatte, darf füglich bezweifelt werden. Bernstein hatte schon zu Zeiten des *Sozialdemokrat* bewiesen, dass ihn nicht bekümmerte, ob das von ihm als wahr Erkannte inopportun oder taktisch unklug war. Auer, der ebenso dachte wie Bernstein, aber politisch anders damit umging, gab ihm denn ja auch schriftlich: »So etwas beschließt man nicht, so etwas sagt man nicht, so etwas tut man.«

Reformerisches und revisionistisches Gedankengut war nichts Neues in der Partei. Zwei Zeitschriften, die es verbreiteten, die *Sozialistischen Monatshefte* und das *Archiv für Sozialwissenschaften*, wurden jedoch mehr außerhalb als innerhalb der Partei gelesen. Unter dem Einfluss der philosophischen Schule des Neokantianismus hatte sich ein ethischer Sozialismus entwickelt, mit dem sich viele Bildungsbürger befreundeten. Der bekannteste Reformer in der SPD war nach wie vor Georg von Vollmar. Er praktizierte sein Modell aber ausschließlich in Bayern. So verbanden sich mit Bernstein neue Hoffnungen. Ab 1896 hatte er von London aus begonnen, seine Gedanken in der *Neuen Zeit* öffentlich zu machen. Den Vorwurf, er verlange von der SPD den Verzicht auf die Machteroberung, bestritt er in einer Zuschrift an den Parteitag 1898 in Stuttgart energisch, machte vielmehr deutlich, dass die Sozialdemokratie, anstatt auf den großen Zusammenbruch zu warten, die Verhältnisse im Staate auf dem Wege der Reform demokratisch umzugestalten habe. Demokratie bedeute, »soviel Herrschaft der Arbeiterklasse, als diese nach ihrer intellektuellen Reife und dem Höhegrad der wirtschaftlichen Entwicklung überhaupt auszuüben fähig ist«. Dazu gehörten praktische Schritte. Entsprechend ihrer Bedeutung sollte die Fraktion einen Platz im Reichstagspräsidium beanspruchen. Vor allem hieran entzündete sich der Widerspruch, denn das Präsidium »ging zu Hofe«. 1899 erschien Bernsteins Ketzerbrevier *Die Voraussetzungen des Sozialismus und die Aufgaben der Sozialdemokratie*. 1901 hob Reichskanzler Bülow die Steckbriefe gegen die Emigranten Bernstein und Motteler in der wohlfeilen Hoffnung auf, neuer Parteistreit könne die Sozialdemokratie nur schwächen. Noch im gleichen Jahr konnte Bernstein auf dem Parteitag in Lübeck den Anspruch der »Theoretiker« anmelden, die wissenschaftliche Diskussion voranzutreiben. Wie anders wolle man zu Programmänderungen kommen?

Von Anfang an hatte der Ketzer den Gegenwind des Parteiestablishments und der Revolutionsgläubigen zu spüren bekommen. Kautsky, der Marxens Lehre auf jeden Fall rein erhalten wollte, sicherte Bernstein zwar brieflich Kritikfreiheit zu, bekämpfte den Freund aber in jeder Ausgabe der *Neuen Zeit*. Rosa Luxemburg forderte schlankweg den Parteiausschluss, doch Bebel folgte dem Rat Victor Adlers, dem Bebel Österreichs, und übte insoweit Toleranz, als er den Helden von Zürich nicht aus der Partei warf. Aber er litt ungeheuerlich und giftete am meisten. Bebel, der selbst einmal gegenüber den Jungen für den Parlamentarismus eingetreten war, der einst auch Schweitzers Schlagwort von den bürgerlichen Parteien als einer reaktionären Masse scharf abgelehnt hatte, fürchtete jetzt nichts anderes, als dass Bernstein und seine Mitstreiter der Partei die Grundlagen entziehen könnten. Auf dem Dresdner Parteitag 1903 wollte er deshalb »reinen Tisch machen«.

Dresden wurde tatsächlich die große Abrechnung, bei der alle Seiten Federn ließen. Selten wurde auf einem Parteikongress so viel schmutzige Wäsche gewaschen. Das Hauptaugenmerk fand zunächst eine Debatte um die »Mitarbeit von Genossen an bürgerlichen Blättern«. In diesem Zusammenhang richtete Heinrich Braun, Herausgeber verschiedener sozialwissenschaftlicher Schriften und Bruder des ehemaligen *Vorwärts*-Redakteurs Adolf Braun, einen derart vehementen Angriff gegen Franz Mehring, dass der nur durch Bebels autoritätsheischendes Eintreten vor der »Vernichtung« (Originalton der Berichterstattung) gerettet wurde. Mehring hatte zwar die Frau Heinrich Brauns, Lily Braun, eine Generalstochter und anerkannte sozialistische Schriftstellerin, auf unglaublich geschmacklose Art angegriffen, doch Braun zerrte einen Mehring ans Licht, den es nicht mehr gab, den Sozialistenfresser aus dem Jahr 1877. Das Ende der Debatte war die Missbilligung der Mitarbeit von SPD-Journalisten an bürgerlichen Blättern durch die Parteitagsmehrheit.

Ein Wahlsieg, doch keine Orientierung

Der Revisionismusstreit firmierte unter dem Tagesordnungspunkt »Taktik der Partei«. Bebels dreistündige Rede gipfelte in dem Bekenntnis, dass er sich nicht ändern werde. »Ich will der Todfeind dieser bürgerlichen Gesellschaft und dieser Staatsordnung bleiben ...« Nach Rosa Luxemburgs Eindruck war die Rede eine »große Selbstapotheose«. Alle stünden unter »dem schweren Eindruck dieser Tatsache«. Es sprach auch Vollmar, den Bebels Frotzeleien über die bayerische Lebensart auf die Palme gebracht hatten. Er spottete, es könne »nicht jeder Mensch ein Preuße sein!« Natürlich kam es zu keiner Einigung, wenn auch bis auf Bernstein und zehn weitere Delegierte – darunter der spätere Reichstagspräsident Paul Löbe – die meisten anerkannten Revisionisten der Parteitagsresolution über die Taktik zustimmten, da »die verurteilten Bestrebungen« nicht die ihren seien. Damit hatte der Revisionismusstreit seinen Höhepunkt erreicht und überschritten.

Über all dem Hickhack verfehlte der Dresdner Kongress die ihm vom geschichtlichen Augenblick gestellte Aufgabe, nämlich der Partei Orientierung zu geben. Gerade erst im Juni hatte die Sozialdemokratie einen überwältigenden Wahlsieg gefeiert, weil sie mit ihrer Verweigerung des neuen Zolltarifs die Stimmung breiter Bevölkerungsteile richtig eingeschätzt hatte. Damit war die Zahl der SPD-Stimmen um nahezu eine Million hinauf gegangen, der Abstand zur zweitstärksten Partei, dem Zentrum, noch weiter ausgebaut und mit 81 Abgeordneten die bisher stärkste Fraktion in den Reichstag entsandt worden. Doch was die Partei mit ihrem Machtzuwachs anzufangen gedachte, blieb in Dresden unbeantwortet. Am Ende des Parteitags herrschte auch im Land der Eindruck vor, den Bebel erklärtermaßen selbst gehabt haben will, als er Kautskys »Was nun?«-Artikel gelesen hatte. Er hatte gehofft, bei dem offiziellen Parteidenker eine Antwort auf die durch den Wahlsieg gestellten Fragen zu finden. Doch Bebel kam zu dem Ergebnis, Kautsky habe die Frage zwar aufgeworfen, »doch keine rechte Antwort gefunden«.

Aber wir haben da ja noch das Zentralorgan! Wusste es denn der *Vorwärts* nicht besser? Schließlich war bei seiner Gründung unwidersprochen festgestellt worden, dass er »die soziale und politische Leitung der Partei geistig zu vertreten« habe. Doch wäre er mit dieser Leistung sicherlich in der gegebenen Situation überfordert worden. Eisners euphorischer Leitartikel nach dem Wahlsieg, der mit den Worten endete: »Unser das Reich – unser die Welt«, erwärmte zwar die Herzen, gab aber keinen Hinweis darauf, wie es weitergehen sollte.

Maximilian Harden, der vielleicht nicht der scharfsinnigste, aber scharfzüngigste Beobachter seiner Zeit war, hatte schon 1901 darauf aufmerksam gemacht, dass mit dem Tod Liebknechts der *Vorwärts* seine ideologische Klammerfunktion für die Partei verloren habe. Harden, der den Namen der *Zukunft* wieder zum Leben erweckt hatte, war der eigentliche Adressat der Literatendebatte auf dem Dresdner Parteitag gewesen, denn sein Blatt erfreute sich »der Mitarbeiterschaft hervorragender Parteigenossen« (Clara Zetkin). Unter dem Titel »Die sozialistische Kris« war von der *Zukunft* nicht nur festgehalten worden, dass »die Verbürgerlichung der Sozialdemokratie ... nicht mehr aufzuhalten« sei, sondern auch, dass mit Bernstein »ein neuer Geist in den ›wissenschaftlichen‹ Sozialismus« eingezogen sei, »ein Geist, der ihn zerstören will«. Da haben sicherlich bei Bebel die Alarmglocken geschrillt.[38]

Dennoch lässt sich schlecht ein Reim darauf finden, warum auch der *Vorwärts*, der unter Eisners, des ethischen Sozialisten Ägide eine sehr freie Haltung gegenüber der Parteiführung eingenommen hatte, Bernstein mehr als einmal die kalte Schulter zeigte. Wetzker hielt einen Artikel des ehemaligen Chefredakteurs des *Sozialdemokrat* über Genossenschaftsangelegenheiten für »zu weit führend«, Parteiarchivar Grunwald, der kurzzeitig aushalf, lehnte einen Artikel Bernsteins ab, »weil der Stoffandrang sehr groß ist«, Gradnauer »ersuchte« ihn, von der Veröffentlichung seines Beitrags über die Frage des Reichstagspräsidiums »abstehen zu wollen«, da er Bernsteins »Vorgehen für taktisch völlig unrichtig« hält, und bittet bei anderer Gelegenheit »um Verzeihung wegen der Behandlung, die Ihr Artikel erfahren hat«. Der Bericht eines Mitarbeiters über eine Vortragsreihe des Volkswirtschaftlers Werner Sombart erscheint nicht, weil er als »eine lebhafte Demonstration für Bernstein« aufgefasst werden könnte. Endlich wurde Bernstein die Mitarbeiterschaft ganz aufgekündigt. Er versuchte sein Glück mit einer sozialdemokratischen Montagszeitung, *Das Neue Montagsblatt*, das aber das Gründungsjahr nicht überlebte. So ging die neue Journalistengeneration mit dem Mann um, dem die Partei so viel zu verdanken hatte. Allerdings folgte sie damit nur dem Beispiel der Parteiführung, die dem Heimkehrer eine feste Anstellung verwehrt hatte. Trennungen verdunkeln oft alte Verdienste.

1909 feierte der *Vorwärts* sein 25-jähriges Bestehen. Falls jemand sich wundern sollte, warum es nicht schon 1901 begangen worden war, der sei daran erinnert, dass *dieser Vorwärts* sich aus der Tradition des *Berliner Volksblatts* herleitete. Vom Leipziger *Vorwärts* will er noch immer nichts wissen. Der kommt denn auch in der 14-seitigen Festbeilage nur mit ein paar sparsamen Zeilen vor. Worauf im gegebenen Zusammenhang aber vor allem hingewiesen werden darf: Vom Zürich-Londoner *Sozialdemokrat* war noch weniger die Rede, lediglich Victor Adler erinnerte in seinem Jubiläumsbeitrag an die Rolle des deutschen Exilblattes für die ebenfalls unter Ausnahmegesetz stehende österreichische Arbeiterbewegung. Ihm weckte »jeder Gedanke, den wir in jene schönste und bitterste Zeit zurücksenden, sehnsüchtiges Verlangen«. Wollte er damit vielleicht noch mehr sagen? Der Name Bernstein jedenfalls blieb gänzlich unerwähnt in all den Gedenkartikeln von Singer, Bebel, Kautsky, Mehring und so weiter. Er war auch sicher nicht gefragt worden, ob er selbst etwas beisteuern wollte.

An der zunehmenden Beliebtheit des *Vorwärts* unter den Mitgliedern änderten solche Auseinandersetzungen nichts. Schon vor der Jahrhundertwende lasen ihn 50 000 Parteigenossen aus Stadt und Land. Ab 1901 legten die Abonnements noch einmal kräftig zu. Die alte Druckerei war den Anforderungen der steigenden Auflage nicht mehr gewachsen. Auch wurden die Stimmen immer dringlicher, die eine Herstellung in eigener Regie forderten, wie sie schon zu Zeiten der alten Genossenschaftsdruckereien praktiziert worden war. Beinahe aus dem Stand legte sich die SPD ein neues Druck- und Verlagshaus zu. Aus der Beuthstraße, deren Name ja Synonym für das Parteiblatt geworden war, zogen Redaktion, Vertrieb und Druckerei gerade um die Ecke in die Lindenstraße. Auch der Name dieser Straße sollte bald sprichwörtlich werden. Die Hausnummer war 69.

In der erwähnten Jubiläumsbeilage feierte die *Vorwärts*-Buchdruckerei und Verlagsanstalt Paul Singer & Co. ihre Errungenschaften: Die amerikanische Dreidecker--Rotation, die 22 000 Zeitungen im Umfang von 24 Seiten in einer Stunde auswarf, aber schon 1906 von einem Vierroller abgelöst werden musste, der »größten bisher in Deutschland gebauten Buchdruckmaschine«, wie das Blatt stolz meldet. Sie konnte in der gleichen Zeit gleichviel Exemplare, aber von 32 Seiten, oder 11 000 von 64 Seiten drucken. Doch auch diese Kapazität erschöpfte sich allzu bald und es bedurfte neuer Anschaffungen – inzwischen war die Auflage auf 140 000 gestiegen. Neben dem *Vorwärts*, dem Unterhaltungsblatt *Neue Welt* und zahlreichen Gewerkschaftszeitungen verließen Bücher und Broschüren in Massenauflagen die *Vorwärts*-Druckerei. Auftraggeber war oft genug die *Vorwärts*-Buchhandlung. Der unumstrittene Dirigent dieses Verbundes aus Großdruckerei und Verlagsanstalt war Richard Fischer, gelernter Schriftsetzer und mit 22 Jahren bereits Redakteur der *Berliner Freien Presse*. Er hatte zu den Ersten gehört, die unter dem Sozialistengesetz aus Berlin ausgewiesen worden waren, und sich umgehend dem Züricher *Sozialdemokrat* als Metteur und Mitarbeiter zur Verfügung gestellt. Nach der Rückkehr war er in den Parteivorstand gewählt und schließlich mit der Führung der Verlagsbuchhandlung *Vorwärts* betraut worden. 1902 fand er dann zu seiner Lebensaufgabe: Er entwickelte das Unternehmen zur größten und modernsten Arbeiterdruckerei der Welt.

Unter einem Dach mit dem Parteivorstand, dem Parteiarchiv und den Sekretariaten der Berliner und Brandenburger Parteiorganisationen bot das Haus in der Lindenstraße das Bild eines Parteilebens aus einem Guss, sieht man davon ab, dass unter dem gleichen Dach noch eine Kistenfabrik, eine grafische Kunstanstalt und eine Kostümfabrik residierten. Doch schon 1906 beklagte Bebel die Enge »im Vorwärts«. Büros müssten außerhalb »ermietet« werden. Das eigene Haus, das »alle Bedürfnisse befriedigt«, werde aber »mehrere Millionen« kosten. Doch 1913 war es schon soweit. Noch einmal zog der *Vorwärts* – bei einer Auflage von nunmehr fast 160 000 – mit Sack und Pack um, in die Nummer 3 der gleichen Straße, die, mit der Lindenstraße 2 vereinigt, in den Besitz der neu gegründeten Aktiengesellschaft Lindenhaus übergegangen war. Curt Berndt hatte dort einen Gebäudekomplex mit acht Höfen errichtet: das historische *Vorwärts*-Haus.

Die Zeitung als Sündenbock

Die in atemberaubender Geschwindigkeit ansteigenden Auflagenzahlen, von denen wir lasen, wurden indes nicht der Redaktion des *Vorwärts* gutgeschrieben. Im Gegenteil, die Redaktion wurde als Hemmschuh empfunden, die den vielen fleißigen Werbern und überzeugungsstarken Agitatoren das Leben schwer machte, wenn diese ihre Zeitungen an den Mann oder die Frau zu bringen gedachten. Und das war noch der geringste Vorwurf in einer Auseinandersetzung, für die auch das Wort Kesseltreiben nicht zu stark wäre, und die in die Parteigeschichte als der »*Vorwärts*-Konflikt« eingegangen ist. Obwohl dieser Vorgang ausgezeichnet dokumentiert ist, hat die Parteigeschichtsschreibung zumeist einen großen Bogen darum geschlagen. Das muss nicht wundernehmen, denn am *Vorwärts* vollzog die Partei, was sie sich an sich selbst nicht traute. Am Ende brauchte sie den Grundkonflikt zwischen ihrem überlieferten Selbstverständnis und den Anforderungen der neuen Zeit schon deshalb nicht mehr zu lösen, weil sie ihn an ihrem Zentralorgan entschieden hatte. Der *Vorwärts*-Konflikt übertünchte für eine ganze Generation von Sozialdemokraten die Lebenslüge ihrer Partei, die sich in ihrer Mehrheit mit der Formel von der »revolutionären, aber nicht Revolutionen machenden« Partei zufrieden stellen ließ. Die Zeitung als Sündenbock? Man kann das so sehen.

Ein Unschuldslamm war die *Vorwärts*-Redaktion freilich auch nicht. Viele Versäumnisse und Fehler auf ihrer Seite, mangelnde Koordination und unglückliches Taktieren gegenüber den Parteigrößen machten den Gegnern die Demontage leicht. Nach Liebknechts Tod hatte sich an ihrer Zusammensetzung und ihrem Erscheinungsbild wenig geändert. Die Redaktion pflegte eine so genannte Kollegialverfassung, als ungekrönter Chefredakteur wurde Kurt Eisner betrachtet. Das sah nicht nur Maximilian Harden so, auch Friedrich Stampfer, der nachmalige *Vorwärts*-Chefredakteur in den Weimarer Jahren, erinnert sich, »der wirkliche Leiter blieb wie zuvor ... Kurt Eisner«, denn der »Alte« [gemeint ist Liebknecht; Anm. H. S.] habe sich um das Blatt nicht mehr viel gekümmert. Eisner, Sohn eines Berliner Hoflieferanten, Neukantianer, war einer der renommiertesten Parteijournalisten. Er hatte bei der *Frankfurter Zeitung* gearbeitet, dann ein hessisches sozialliberales Blatt geleitet. Ein Neujahrsartikel trug ihm wegen Majestätsbeleidigung neun Monate Gefängnis ein, nach deren Verbüßung in der Haftanstalt Plötzensee ihn Liebknecht zum *Vorwärts* holte. Seinen viel gelobten Stil stellte Eisner nicht nur in den Dienst der Parteipolitik, auch als Feuilletonist war er gefragt.

Die Führungsrolle Eisners als Gleicher unter Gleichen beruhte indes nicht nur auf seinen publizistischen Meriten. Die Redaktion war politisch in zwei Fraktionen gespalten, die im Parteijargon entsprechend einer Charakterisierung Kautskys dem »ethisch-ästhetischen« oder dem »historisch-ökonomischen« Flügel zugerechnet wurden (Kautsky gehörte selbstredend zum Letzteren.) Im *Vorwärts* standen sich gegenüber Kurt Eisner, Georg Gradnauer, Paul Büttner, Julius Kaliski, Wilhelm Schröder und Heinrich Wetzker als »Ethisch-Ästhetische« und Heinrich Ströbel, Paul

John, Karl Leid und ab 1905 auch Heinrich Cunow als »Historisch-Ökonomische«. Der Rechtsanwalt und Berliner Kommunalpolitiker Artur Stadthagen gehörte zwar ebenfalls der *Vorwärts*-Redaktion an, doch galt er nicht als Vollmitglied, vermutlich weil er primär Beratungsstunden für Rechtsuchende abhielt. Politisch stand er bei der zweiten Gruppe. Alle redaktionellen Angelegenheiten wurden durch Mehrheitsentscheidung geregelt. Es war keine Frage, wie sie bei den gegebenen Verhältnissen ausfielen. Die Eisner-Gruppe setzte sich regelmäßig durch. Es wundert nicht, wenn sich das Innenverhältnis immer mehr zuspitzte. Namentlich zwischen den politischen Redakteuren Eisner und Gradnauer hie und Cunow und Ströbel da wurde das Klima unerträglich, am Ende blieben selbst Handgreiflichkeiten nicht aus. Wenn also auch nach außen klare Verhältnisse zu herrschen schienen, eine Redaktion, die unter solchen Spannungen arbeiten muss, macht sich verwundbar.

Krupp-Artikel und »Kaiser-Insel«

Sie machte auch Fehler. 1902 hatte der *Vorwärts* als einzige deutsche Zeitung über eine homosexuelle »Verstrickung« des Friedrich Alfred Krupp berichtet. Eisner, dem Freunde von diesem Coup abgeraten hatten, wollte dabei nicht einmal Krupp bloßstellen – eine recht blauäugige Einstellung –, sondern einen Schlag gegen den Paragrafen 175 führen, den er für abschaffungswürdig hielt. Am Tage nach der Veröffentlichung war der 48-jährige Kanonenkönig tot, angeblich einem Schlaganfall erlegen. Die Skandalwellen erschütterten das Reich. Der Kaiser raste, denn Krupp spielte eine Hauptrolle in seinen Flottenplänen. Friedrich Wilhelm sagte – wieder einmal – der gesamten Sozialdemokratie den Krieg an. Juristische Folgen blieben freilich aus, weil die Witwe auf eine Verfolgung verzichtete. Diese gab es aber im Falle der so genannten »Kaiser-Insel«. Dabei war der Redaktion ein Papier zugespielt worden, das Pläne für eine befestigte Flussinsel bei Spandau beschrieb. Dorthin sollte sich der Kaiser bei Unruhen zurückziehen können. Ob das Papier echt oder vom Hof oder der Polizei für eine Intrige präpariert worden war, das ließ sich nie mehr klären. Den beiden *Vorwärts*-Redakteuren Karl Leid und Julius Kaliski brachte es jedenfalls mehrmonatige Gefängnisstrafen wegen Majestätsbeleidigung ein.

Solche Pannen waren jedoch die Ausnahme, ihnen standen Erfolgsgeschichten gegenüber, in denen der *Vorwärts* sich über den Parteiauftrag hinaus eingesetzt hatte. So im Wahlkampf 1903, wo er mit solcher Vehemenz in die Verhandlungen über den neuen Zolltarif eingegriffen hatte, dass sich das Blatt einen mindestens ebenso großen Anteil an dem überragenden Wahlerfolg zuschreiben konnte wie die Reichstagsfraktion. Als fruchtbarer Ideenspender, nicht nur aus diesem Anlass, erwies sich der gerade erwähnte Friedrich Stampfer. Er gehörte zur kleinen aber feinen Riege von Journalisten aus der Donaumonarchie, wie auch die Brüder Braun, die in der sozialdemokratischen Publizistik eine viel beachtete Rolle spielten. Der gebürtige Brünner, der schon in seiner Heimatstadt das Einmaleins des Zeitungsmachens gelernt hatte, wirkte zwei Jahre als Redakteur in Schoenlanks *Leipziger Volkszeitung*, eine keineswegs spannungsfreie, aber fruchtbare Zusammenarbeit mit dem schwierigen Mann. Nachfolger Mehring ekelte ihn weg, weil Stampfer sich weigerte, parteipolemische Beiträge von Rosa Luxemburg unbesehen ins Blatt zu nehmen. Ein halbes Jahr später kündigte die streitbare Rosa ihre Mitarbeiterschaft auf, weil Mehring ihr einen Artikel »verstümmelt« hatte. In Berlin, wo er sich als »freier Schriftsteller« hingewandt hatte, entwickelte Stampfer eine freundschaftliche Beziehung zu Eisner, übrigens auch zu Kautsky, arbeitete zunächst als Mitarbeiter am *Vorwärts*, gab dann eine Pressekorrespondenz für Parteizeitungen heraus, von deren weit reichendem Einfluss auf die Parteipolitik noch die Rede sein wird.

Zunächst aber muss von den Reibereien und Anfeindungen zwischen Leipzig und Berlin gesprochen werden. In der traditionell linkssozialistischen *Leipziger Volkszeitung* fand Mehring die geeignete Plattform, um seinen Kampf gegen Revisionisten und Reformisten und namentlich gegen die »Ethischen«, dem er sich schon als Kautskys Leitartikler in der *Neuen Zeit* gewidmet hatte, um eine besonders publikumswirksame Spielart zu bereichern. Er machte ihn zum Duell der beiden bedeutendsten Tagesblätter der deutschen Sozialdemokratie. Ihren Höhepunkt erreichte die Fehde, als Mehring sich in der Vorweihnachtsausgabe der LVZ von 1904 mit Äußerungen des *Vorwärts* über einen der Parteipresse angemessenen Ton der Polemik befasste. Was der Choleriker Mehring dazu zu sagen wusste, war selbst reinste Polemik. Er warf dem Zentralorgan nicht nur vor, »wissentlich unwahr« über die vorangegangene Auseinandersetzung in der Parteipresse berichtet und ein »Trauerspiel der kalten Bosheit« aufgeführt zu haben, der *Vorwärts* habe durch seine »blöden Sensationen« à la Krupp und Kaiserinsel »die Partei aufs äußerste bloßgestellt« und sei im übrigen ein Blatt, »das trotz seiner ungeheuren Mittel und seines weiten Verbreitungsbezirkes ziffernmäßig nicht einmal so viel propagandistische Werbekraft zu entfalten vermag wie die meisten minderen und selbst kleinen Parteiblätter«. Vor allem aber sei der *Vorwärts* ein Blatt, »das, statt seiner Bestimmung gemäß das prinzipienfeste Rückgrat seiner Partei zu sein, in jeder prinzipiellen Frage hin und her schwankt und für die politische und wissenschaftliche Entwicklung der Partei längst zum rudimentären Organ geworden ist«.

Der *Vorwärts* hielt es für unter seiner Würde, hierauf noch zu antworten. Das besorgten Parteivorstand und die Pressekommission des *Vorwärts*. Allerdings beschäftigten sich die beiden Gremien nicht mit den Anschuldigungen, »deren Gehässigkeit für die Parteigenossen ohne weiteres ersichtlich ist«. Was Mehrings Vorwurf der Prinzipienlosigkeit des Zentralorgans betrifft, stellten Vorstand und Pressekommission einmütig fest, dass der *Vorwärts* »niemals ... zu einer ehrenkränkenden und beleidigenden Beurteilung Veranlassung gegeben (habe), wie es durch den Genossen Mehring in den oben zitierten Äußerungen geschehen ist«. Die Gremien wiesen deshalb »diese Herabwürdigung der Gesamthaltung der Redaktion des *Vorwärts* auf das nachdrücklichste zurück« und legten »energische Verwahrung ein gegen diese Form der Polemik ... Eine derartige Kampfesweise gegen ein Parteiorgan muß notwendig zur schwersten Schädigung und zur Zerrüttung der Partei führen«. Wann hat es in der sozialdemokratischen Pressegeschichte eine ähnliche Zurechtweisung gegeben?

In dem Schriftstück war aber auch darauf hingewiesen worden, »daß über die Haltung und Stellungnahme des *Vorwärts* in einigen Fragen der Parteitaktik Meinungsverschiedenheiten zwischen uns und der Redaktion bestanden haben«. Das war allerdings kein Geheimnis und eine noch ziemlich weiträumige Umschreibung des schlechten Verhältnisses zwischen der Redaktion und ihren Aufsichtsgremien. Umso mehr zeichnet es diese aus, dass sie sich nicht vor den Karren Mehrings spannen ließen. Oder warteten sie nur mit englischer Geduld, bis der casus sich von selbst erledigen würde, ganz so wie es Bebel den ungeduldigen Berlinern ins Stammbuch geschrieben hatte: »Die Dinge müssen allemal erst ihren Höhepunkt erreichen, ehe man zu entscheidenden Maßnahmen greifen kann«.

Für Bebel, darüber gibt es keinen Zweifel, bestand die *Vorwärts*-Redaktion einfach aus ungehobelten Flegeln, denen jeder parteigenössische Comment abging. Gerade erst wieder waren zwei seiner Zuschriften an das Blatt nicht aufgenommen worden. Und dass ihm die ganze Richtung nicht passen würde, war abzusehen gewesen, als ihm Gradnauer noch zu Liebknechts Zeiten erklärt hatte, sich nicht auf »einen einseitigen Kurs gegen den Opportunismus« festlegen lassen zu wollen. Opportunismus hießen auch für Bebel Wahlabsprachen, parlamentarische Kompromisse und ähnlicher reformistischer Schnickschnack, wie ihn vor allem die süddeutschen Sozialisten praktizierten. Seitdem hatte es ständig Reibereien gegeben, nervende Briefwechsel mit Eisner und anderen. Man kann es aber auch umgekehrt sehen: »... niedrigen Verdächtigungen und eklen Intrigen ist meine Nervenkraft auf die Dauer nicht gewachsen«. So Eisner an Bebel schon am 8. September 1903. Aber während der unumstrittene Prinzipal jeden in der Partei niederdonnern konnte, der ihm politisch zuwider war, versagte er sich, seinen Willen den Parteijournalisten aufzuzwingen. Bebel war ehrlicher Anhänger der inneren Pressefreiheit, vielleicht wirkte da noch Liebknechts Einfluss nach, vielleicht regte sich sein liberales Erbe. Das hieß aber noch lange nicht, dass er die Zügel schleifen ließ. Er wartete nur den rechten Augenblick ab, der würde kommen, da arbeiteten ihm die Berliner zu.

Das Signal der russischen Revolution

Das Jahr 1905 hatte sich schon in den ersten Wochen als ein besonderes angekündigt. Als an einem bitterkalten Januarsonntagabend eine zarenfreundliche Bittprozession in Sankt Petersburg niederkartätscht wurde, begann jene Erhebung, die als erste russische Revolution in die Geschichte eingegangen ist. Allüberall in dem Riesenreich flackerten Meutereien (Panzerkreuzer »Potemkin«), Arbeitsniederlegungen und Revolten auf. Die deutschen Arbeiter verfolgten die Entwicklung mit angehaltenem Atem. Russland war für sie schon lange ein anderer Name gewesen für Rückständigkeit, Unterdrückung und Terror. Deshalb fanden russische – was oft genug hieß: polnische – Deserteure die Hilfe der Sozialdemokraten, während die Reichsbehörden sie zumeist auslieferten. Der politische Flüchtling genoss Sympathie und Unterstützung, selbst der anarchistische Gegenterror fand Verständnis, auch wenn er offiziell abgelehnt wurde. Bismarck war von der Arbeiterbewegung besonders verübelt worden, dass er das republikanische Frankreich bekämpft hatte, aber mit dem rückständigen Zarenreich paktierte. Bebel wollte bekanntlich mehr als einmal die Knarre auf den alten Buckel nehmen, wenn es gegen Russland ginge. Er hatte auch die Bildung der polnischen Sozialdemokratie (PPS) initiiert. Rosa Luxemburgs Charisma gründete auf ihrem Emigrantenschicksal, allerdings gehörte sie einer sozialistischen Splittergruppe an, die sie aber über die Jahre hin mit großem Geschick propagierte, sodass diese schließlich in der Gunst der deutschen Genossen an die Stelle der PPS trat.

Die Streiks in Russland, ein zufälligerweise wenige Tage nach dem »Blutsonntag« beginnender Bergarbeiterstreik im Ruhrgebiet, gaben das Signal für einen nahezu vulkanischen Ausbruch der schon lange schwelenden Diskussion über den Massenstreik. Rosa Luxemburg hatte dazu bereits eine Theorie gebildet, nach der die Gewalt unerlässliches Mittel des Klassenkampfes sein musste. Der Parteiführung war das unbehaglich. Der Kölner Gewerkschaftskongress vom Mai 1905 verwarf die Idee eines politisch determinierten Massenstreiks mit großer Mehrheit. Im September auf dem Parteitag in Jena versuchte Bebel gegenzusteuern. In dreieinhalbstündiger Rede sah er im Massenstreik ein Mittel zur Verteidigung von Rechten, kein Mittel zur Eroberung der Macht. Er musste sich vorhalten lassen, dass er sich vor der Entscheidung gedrückt hatte. Auch der *Vorwärts* hatte sich an der Diskussion beteiligt. Dass es dabei wieder mal zu dem üblichen »Literatengezänk« mit Mehring kam, wundert nicht. Der *Vorwärts* betonte, der Versuch der kapitalistischen Parteien, bestehende Rechte zu beseitigen, »schafft einen Ausnahmezustand. In diesem Fall sind alle Mittel der Notwehr berechtigt, nicht nur der Massenstreik!« Er hatte Bebels Auslegung vorweggenommen. Mehring schrieb in der *Neuen Zeit*: »Wenn wir es für notwendig halten, den Massenstreik zu diskutieren und die proletarischen Massen mit seiner Handhabung vertraut zu machen, so vor allem deswegen, weil wir auch für Deutschland revolutionäre Situationen erwarten.« So klang es auch in der *Leipziger Volkszeitung*, nahezu Ausgabe für Ausgabe.

Über die Versuche der Berliner Partei, den *Vorwärts* in die Hand zu bekommen, ist schon mehrfach berichtet worden. In diese Bestrebungen war ein frischer Wind gekommen, als 1901 ein neuer Mann in die »Preßkommission« des *Vorwärts* gewählt wurde. Er hieß Otto Wels, ein Gewerkschafter, dessen großes Vorbild August Bebel war. Der Streit zwischen dem *Vorwärts* auf der einen und der *Leipziger Volkszeitung* und der *Neuen Zeit* auf der anderen Seite, feuerte die mehrheitlich radikalen Berliner nur an, ihr »revisionistisches« Parteiblatt, das zufällig auch Zentralorgan war, nun endgültig in die Hand zu bekommen. Auf dem Jenaer Parteitag, als ohnehin eine Überarbeitung des Organisationsstatuts anstand, meldete Wels ihre Forderungen an. Der gerade 32-Jährige, durch seine kraftvollen Formulierungen schon über Berlin hinaus bekannt gewordene Arbeiterführer gab zwar zu, dass die Berliner Pressekommission das Recht besitze, mit über den prinzipiellen und taktischen Teil des *Vorwärts* zu wachen und auch über die Anstellung der Redakteure mitsprechen könne. Aber »diese Rechte genügen uns nicht«. Es gehe den Berlinern darum, ein eigenes Organ zu haben, in dem »die Meinung der Berliner Genossen ihren unverfälschten Ausdruck findet«. Ein Zentralorgan habe die Pflicht, unparteiisch zu sein. »Das wollen wir gerade nicht.« Der *Vorwärts* werde gleichwohl das politisch einflussreichste Blatt der Partei bleiben, aber: »Gebt uns, was unser ist.« Bebel lehnte für den Parteivorstand und die Kontrollkommission den Berliner Antrag ab. Er fand auch, dass im Rahmen der bestehenden Verhältnisse die Berliner sehr wohl zu ihrem Recht kämen und auch ihre personalen Anliegen durchsetzen konnten. Es gehe schließlich nicht an, ein »Hauptblatt« zu haben, »auch wenn man es nicht so nennt«, in dem »die Berliner erklären, was Ihr wollt«. Ihr? Ihr Genossen jedenfalls. Auf der anderen Seite sähe er viele Klagen als berechtigt an und es würden Mittel und Wege beraten, »wie dem gegenwärtigen unhaltbaren Zustand ... abgeholfen werden kann«.

Bebel muss sich bereits in Jena den Kopf über diese Abhilfe zerbrochen haben, denn unzufrieden schreibt Rosa Luxemburg eine Woche später an Leo Jogiches: »Die ›Reform‹ des Vorwärts dürfte nach Bebels Vorstellungen nur darauf hinauslaufen, daß ich dort regelmäßig schreiben soll.« Dass es zu den erklärten Zielen Rosas gehörte, den »Revisionisten« das Zentralorgan abzujagen, steht außer jedem Zweifel. Ihr Verhältnis zu Eisner war gespannt, zumindest seit ihr vom *Vorwärts* in einen »Russenartikel« hineinredigiert worden war, eine Materie, von der sie nachweislich mehr verstand, und es gab vermutlich auch sonst kaum Gemeinsamkeiten zwischen beiden. Von Ströbel und namentlich Cunow erhoffte sie sich mehr Kooperation. Die treibende Kraft in diesem Spiel war sie indes nicht, da zogen Kautsky und Mehring ganz anders die Fäden. Doch hielt sie sich verfügbar. Und als Bebels Gedanken sich in einem »Heiratsantrag in aller Form« konkretisierten, sagte Rosa Ja. Sie sollte wöchentlich zwei Leitartikel schreiben, die von der Redaktion unverändert aufzunehmen waren, soweit nicht pressegesetzliche Bedenken entgegenstanden. Sie erhielt ein Sonderhonorar und, zweite Stufe der Reform, »durch Hinauswurf von zwei Kleinen und die Hereinnahme von zwei neuen Redakteuren (sollte) eine feste Majorität der Linken geschaffen werden«.

Natürlich blieb der alten Majorität nicht verborgen, dass sich da etwas anbahnte, was ihr nicht gefallen würde. Die Kontrollgremien traten zusammen ohne die Redaktion einzuladen, was in den Augen der Redaktionsmehrheit nichts anderes denn Geheimbündelei war. Eisner und Co. beschwerten sich mit Verweis auf ihre teilweise 10-, ja 15-jährige Zugehörigkeit zum *Vorwärts*. Der Parteivorstand pochte auf sein Recht, kraft Statut über redaktionelle Angelegenheiten ohne Hinzuziehung der Redaktion beraten und Entschlüsse fassen zu können. Die »edlen Sechs«, wie Bebel sie »wegwerfend« (Stampfer) nannte, beriefen sich auf Liebknecht, doch Liebknecht sei tot, sagte der Vorstand. Die Gremien beschlossen nun, der gesamten Redaktion zu kündigen, den Gekündigten sollte anheim gestellt werden, sich wieder zu bewerben, und dann könne man eine Auswahl treffen. An diesem Punkt reichten die sechs ihrerseits die Kündigung ein und machten diesen Schritt zur »Mitteilung« für die ganze Welt auf der ersten Seite des *Vorwärts* vom Sonntag, dem 22. Oktober 1905.

Bebel mochte seinen Augen nicht getraut haben. Er hatte wirklich nur zwei »Kleine« hinaussetzen wollen, Büttner, einen als provisorischen Redakteur eingesetzten Korrektor, und Kaliski – während die Kontrollkommission auch zwei stärker konfliktorientierten Redaktionsmitgliedern kündigen wollte, nämlich Gradnauer und Wetzker. Wenn Eisner und seine Leute geglaubt hatten, Bebel in Verlegenheit zu setzen, sollten sie sich böse getäuscht haben. Die Kündigung wurde angenommen. Die Redakteure erfuhren es – durch das Blatt. Ein Rattenschwanz von Anklagen und Gegenanklagen zog sich noch bis weit in den Dezember hinein durch den *Vorwärts*, bis alle zuviel hatten. In der Partei erregte der *Vorwärts*-Konflikt allergrößtes Aufsehen. Viele Mitglieder kreideten den Redakteuren die medienwirksame Kündigung als Disziplinbruch an.

Die Sympathien der Parteijournalisten lagen zumeist bei den geschassten Kollegen. Die Hamburger Mitgliederschaft des »Vereins Arbeiterpresse«, ein Berufsverband sozialdemokratischer Zeitungsleute, fand, »daß es unwürdig ist, zu versuchen, durch Entlassung minder verantwortlicher Genossen auf einem Umweg eine künstliche Mehrheit in der Redaktion eines Parteiorgans zu schaffen«. Das Eintreten der Kollegen missbilligten wiederum Parteiversammlungen, wie etwa in der Mainmetropole, wo der *Frankfurter Volkszeitung* per Resolution nahe gelegt wurde, »sich ihrer Verantwortlichkeit gegenüber der Partei besser bewußt« zu zeigen.

Die Opfer fielen weich. Sie erhielten alsbald neue Stellungen, Eisner etwa modernisierte als Chefredakteur das Nürnberger Parteiblatt, Gradnauer kehrte an die *Sächsische Arbeiterzeitung* zurück, die sich bald darauf in *Dresdner Volksblatt* umbenannte. Im Jahr 1916 schrieb Karl Kautsky aus Anlass einer neuen Vorwärtskrise in der *Neuen Zeit* eine Artikelfolge unter dem Titel »Zur Geschichte des Zentralorgans der Partei – Der ›*Vorwärts*-Konflikt‹«. Von den hier berichteten Vorgängen findet sich darin kein Wörtchen. Kautsky vertrat die These, wenn Parteivorstand und Pressekommission zusammenarbeiten, geht es dem *Vorwärts* gut.

Die neue Redaktion bestand neben den Restbeständen der alten, also der »Minderheit« von Heinrich Ströbel, Heinrich Cunow, Paul John und Carl Leid, aus den Zugängen Hans Block, Georg Davidsohn und Wilhelm Düwell sowie dem mit einer Scheinlegitimation aufgewerteten Artur Stadthagen. Nach Rosa Luxemburg hatte man ihn nur »einsetzen (wollen), um die alte Redaktion zu sprengen«. Sie, die neue feste Mitarbeiterin wurde von Karl Kautsky persönlich zur ersten Redaktionskonferenz »feierlich eingeladen ... Erste Pflicht: Du hast morgen, sonntags, Punkt zehn Uhr Vormittag zu der Redaktionssitzung zu erscheinen, die alles weitere regelt ... Es lebe die Revolution an allen Ecken und Enden.« Praktisch war sie politische Redakteurin, man wollte ihr lediglich den Zwang der üblichen Redaktionsroutine ersparen. Die neue Redaktion muss wohl den Erwartungen der Berliner entsprochen haben, denn auf dem nächsten Parteitag, Mannheim 1906, erklärte Wels hoch befriedigt,

»daß der *Vorwärts* gegenwärtig prinzipiell so redigiert wird, daß er voll und ganz der Überzeugung der Berliner Parteigenossen entspricht. Daran wird auch nichts geändert, wenn irgendein Bäckerdutzend in der Provinz anderer Meinung ist.«

Tatsächlich aber gab es nach wie vor den alten Streit um den *Vorwärts*-Kurs, lediglich waren die Fronten jetzt vertauscht. Und auch die Pressepolemiken waren geblieben. Als Stampfer in der *Neuen Gesellschaft* dem *Vorwärts* eine schwankende Haltung vorwarf und das auch noch mit Zitaten belegte, nannte ihn das Zentralorgan ein »Fälschergenie« und einen »dunklen Ehrenmann«. Wels fand nichts dabei, »daß im *Vorwärts* einmal grob zugehauen wird, darüber zu klagen, fällt uns nicht ein. Wir freuen uns, wenn wir mal einen recht kräftigen Artikel sehen.« Das weckte erneuten Widerspruch, eine Parteizeitung in der Provinz fragte: »Was macht die Güte einer sozialdemokratischen Zeitung aus? Die Sicherheit ihrer Berichterstattung, die Exaktheit in der Tagesführung, die Überlegenheit über die Gegner? Nein, das alles und einiges mehr nicht, sondern die ›recht kräftigen Artikel‹.« In allen Himmelsrichtungen würden Parteigenossen vom *Vorwärts* »gescholten und zurechtgewiesen, gehauen und beschimpft«, wenn sie anderer Meinung als der *Vorwärts* seien. »Zwar ist der *Vorwärts* auch noch das Zentralorgan der Partei. Aber das ›Bäckerdutzend in der Provinz‹, will sagen im gesamten Deutschland, hat nichts zu sagen.«

Kurt Eisner beklagte sich, nachdem er in Nürnberg zugesagt hatte und damit nicht mehr »in den Verdacht kommen kann, nach der Wiederkehr in den ›V.‹ zu streben«, bei Richard Fischer mit bitterbösen Worten über den neuen Kurs. »Das Zentralorgan hat jede Aktion verschandelt, immer die blödsinnigste Stellung eingenommen, hat in drei Tagen sechs bis zwölf Meinungen (nämlich immer die nicht vorhandene ›Meinung der Berliner‹, die wir nie getroffen haben) und bringt die wichtigsten Nachrichten 24–48 Stunden später als die durch Stampfer bediente Parteipresse ... Wie soll das werden, wenn die Wahlen kommen, oder wenn wir in eine entscheidende Situation geraten? Nehmen Sie sich doch wenigstens der Sache an.« Die gleichen Argumente hatte vor der *Vorwärts*-Krise die andere Seite verwandt.

Was im *Vorwärts* nun anders geworden war, darüber liegen drei voneinander unabhängige Bekundungen vor. Eduard Bernstein anerkannte, dass der innere Gegensatz in der Redaktion behoben war. »Die neueingestellten Redakteure nahmen zu den Parteifragen die gleiche Stellung ein wie die zurückgebliebenen.« Friedrich Stampfer, der aus seiner Abneigung gegen den Sieg der radikalen Richtung kein Hehl gemacht hatte, konnte auch in seinen Lebenserinnerungen kein besseres Urteil finden. Der *Vorwärts* sei nach 1905 »redaktionell in Schwierigkeiten« geraten. »Heinrich Ströbel, der Führer der siegreichen Minderheit, war kein Ersatz für Kurt

Eisner, und tüchtige Journalisten waren dünn gesät.« Das härteste Urteil fällte Rosa Luxemburg. »Die Redaktion besteht aus Ochsen, und überheblichen dazu.« Ströbel warf sie »furchtbares Geschnatter« zu einem Artikel vor, und miserable Schreibe, schlechter als wenn Eisner geschrieben hätte, zu einem anderen. Sie quälte sich mit den »sinnlosen Phrasen« ihrer Kollegen, dem »›radikalen‹ Gerede« und »diesem Stil«. »Aus der Haut fahren möchte ich!«

Ihre Unduldsamkeit in politischen Dingen und ihre Unfähigkeit zu Integrieren machte ihr das Zusammenarbeiten mit diesen Journalisten schwer, die ja durchaus mit ihr an einem Strang ziehen wollten. Acht Wochen hielt sie durch. Dann fuhr sie als Anna Matschke in das Land, in dem auch die *Vorwärts*-Querelen zu einem gewissen Teil ihren Anfang genommen hatten, nach Russland. Sie versuchte sich in die Revolution einzuschalten, wurde aber bald in Warschau festgenommen und erst nach deutscher Intervention freigelassen. Dem *Vorwärts* ging es erst wieder besser, als der Arzt Rudolf Hilferding in die Redaktion eintrat, auch er ein Import aus der Donaumonarchie. Hilferding war Marxist und wurde – dennoch? – einer der einflussreichsten Finanzpolitiker seiner Zeit.

Augenscheinlich gab es nicht nur ein qualitatives Problem, sondern die »Provinz«, will sagen die Parteimehrheit, fühlte sich vom *Vorwärts* nicht mehr angesprochen. Sie hatte zwar ihre eigenen Blätter, doch auch deren Qualität war oft beklagenswert. Diese Lücke auszufüllen, sprang Stampfer ein. Er hatte als Mitarbeiter des Eisner'schen *Vorwärts* für einen Parteijournalisten wertvolle und nützliche Beziehungen herstellen können. Auf dem Dresdner Parteitag 1903 sprachen ihn einige Parteiredakteure an, darunter Adolf Braun und Victor Adler, die sich von Stampfer laufende Mitteilungen aus der Reichshauptstadt erbaten. In der Folge schickte Stampfer täglich Berliner Briefe nach Wien, Nürnberg, Frankfurt am Main, Offenbach und Ludwigsburg.

Zwar hatte es schon bislang eine, von Curt Baake geleitete, halbprivate Korrespondenz für Parteiblätter gegeben, doch beschränkte sich diese auf Berichte über die Reichstagsverhandlungen. Stampfer jedoch verarbeitete den ganzen innenpolitischen Stoff eines Tages und bot ihn den Redaktionen erntefrisch an. Mit einem denkbar unaufwendigen Verfahren erstellte und vertrieb er seine hektografierten Blätter, war auch einer der ersten Journalisten, der das Telefon zur Übermittlung benutzte. Ab Neujahr 1904 bot er seinen Dienst der gesamten Parteipresse an. Damit machte er sich nicht nur Freunde. Adolf Braun bestellte den Dienst nunmehr ab, da er »Zerstörung der Individualität der Parteizeitungen«, will sagen fehlende Exklusivität, beklagte. Eisner, der Braun bei der *Fränkischen Tagespost* nachfolgte, wurde erneut Kunde. Bis zum Ersten Weltkrieg belieferte Stampfer vier Fünftel der Parteizeitungen mit seinem Dienst, der viele Redaktionen der Sorgen um ihren Leitartikel enthob.

Ein Triumvirat spricht aus dem Off

Als Zweck seiner Korrespondenz hatte Stampfer die Notwendigkeit ausgegeben, an die Stelle sozialdemokratischer Agitation sozialdemokratische Politik zu setzen. Dies sollte aber nicht »unter Fanfarenstößen im Getöse theoretischer Richtungsstreitigkeiten vor sich gehen, sondern ganz unauffällig«. Aber so unauffällig konnte das gar nicht vor sich gehen, ohne dass es nicht von den Gegnern reformorientierter Politik bemerkt wurde. Heinrich Ströbel beklagte etwas formalistisch, immer wieder auf die gleichen Korrespondenzartikel zu stoßen. »Die ganze Politik ... wird von der Berliner Korrespondenz gemacht.« Das sei mehr, als die Partei »ohne schwere Schädigung ertragen könne«. Für die viel offenherzigere Rosa Luxemburg war Stampfers Korrespondenz die »Groß-Lichtenfelder Meinungsfabrik zur Verkleisterung der Proletariergehirne«.

Wer wem die Hirne verkleistert ist sicher Auffassungssache, doch der erste Halbsatz entsprang zutreffender Beobachtung. Stampfer selbst sah später mit Genugtuung auf die Jahre zurück, in denen er zusammen mit Philipp Scheidemann und Ludwig Frank auf die Richtung der Parteiläufte eingewirkt hatte. Die beiden Reichstagsabgeordneten hatten, seit Bebel müde und krank geworden war, die Wortführerschaft der Fraktion in den Reichstagsdebatten übernommen. Scheidemann, ein ehemaliger Parteiredakteur, saß auch im Parteivorstand. Der Rechtsanwalt Frank, der noch 1903 zu den Radikalen gehört und 1904 die Arbeiterjugend in Süddeutschland begründet hatte, war bei den »Budgetbewilligern« seiner badischen Heimatpartei durch die Schule des politischen Realismus gegangen. Stampfer erinnert sich: »Während sie die Partei rednerisch vor der Welt vertraten, lieferte ich dem größten Teil der Parteipresse die täglichen Leitartikel. Was sie redeten und was ich schrieb, wurde sorgfältig zwischen uns dreien besprochen ... Offiziell wurde der Kurs der Partei vom Parteivorstand, dem *Vorwärts* und der ›Neuen Zeit‹ bestimmt, praktisch aber hatte wohl unser Triumvirat ... den größeren Einfluß.«

Die »Hottentottenwahlen«

Als diese Arbeitsgemeinschaft sich etablierte, hatte die SPD ihre größte Enttäuschung vor dem Ersten Weltkrieg schon hinter sich. Seit dem Abbruch der Verfolgungen unter dem Sozialistengesetz war es immer aufwärts gegangen. Die Reichstagswahlen hatten Mal für Mal fantastischere Ergebnisse erbracht. Die SPD war stärkste Partei geworden. Zwar widersprach die Zahl der Mandate oft recht krass dem Stimmenverhältnis. Das lag an der ungerechten Wahlkreiseinteilung, welche die agrarischen Gebiete gegenüber den industriell erschlossenen Teilen des Reichs bevorzugte. Doch schadete dies dem Bewusstsein wenig, auf dem richtigen Wege zu sein. Da kamen diese »Hottentottenwahlen« von 1907. Den Namen erhielten sie, weil Reichskanzler von Bülow von der Opposition durchgesetzte Streichungen im Kolonialbudget mit der Auflösung des Reichstages beantwortet hatte. Über die wirtschaftliche Bedeutung der Kolonien konnte man sich ja vielleicht noch streiten. Es gab sogar einige Sozialdemokraten, die dort Arbeitsplätze vermuteten. Doch die deutsche Kolonialpolitik stieß bei der SPD, und übrigens auch beim Zentrum, auf einhellige Ablehnung.

Bebel und seine Fraktionskollegen wie auch die sozialdemokratischen Blätter, an der Spitze der *Vorwärts,* prangerten immer wieder die Eingeborenenmisshandlungen, die Skandale in der Kolonialverwaltung und die barbarische Niederschlagung von Eingeborenenaufständen an. Gerade begann der letzte Akt in der Tragödie des Herero-Aufstandes in Südwestafrika, wo ein ganzes Volk in die Wüste und in den Tod getrieben wurde. Für ihre imperialistische Politik mobilisierte die Regierung das Nationalgefühl, indem sie ihren Gegnern Verrat an den deutschen Siedlern vorwarf. Bei ungewöhnlich hoher Wahlbeteiligung und unter rigoroser Ausgrenzung der SPD-Kandidaten in den Stichwahlen halbierte sich die Mandatszahl der SPD von 81 auf 43. Dabei hatte sie an Stimmen sogar eine Viertelmillion hinzugewonnen. Der *Vorwärts* schrieb dazu: »Eine Partei, die an stetes, unaufhaltsames Vordringen gewöhnt ist, hat alle Ursache enttäuscht zu sein, wenn sie einmal einen Rückschlag erleidet – enttäuscht, aber nicht entmutigt ... Je mehr diesmal unser Fortschritt gehemmt wurde, desto gewaltiger muß er sich bei der nächsten Wahl äußern, dessen dürfen wir versichert sein.« Der *Vorwärts* sollte sich als guter Prophet erweisen.

Die Ausdifferenzierung der Teile schritt inzwischen fort, von Flügeln zu sprechen, würde der Sache nicht gerecht. In der Führungsgruppe der Radikalen hatte es Veränderungen gegeben. Neben Rosa Luxemburg, Mehring, Stadthagen, Ledebour und Ströbel war der Stern Karl Liebknechts aufgegangen. Das war jener Sohn des »Alten«, der während des Dresdner Parteitags 1871 geboren worden war. Liebknecht, Jurist und überzeugter Antimilitarist, hatte fast zeitgleich mit Ludwig Frank die sozialistische Jugendorganisation im Norden gegründet, in die er sein pazifistisches Gedankengut pflanzte und gehörte 1908 zu den ersten sieben Abgeordneten der SPD, die in dem nach Dreiklassenwahlrecht gewählten preußischen Abgeordnetenhaus Platz nahmen. Obgleich sie die meisten Stimmen auf sich vereinigte, hatte die SPD jedoch nur einen Bruchteil der Mandate erhalten, die Konservativen dagegen bei viel weniger Stimmen 152, das Zentrum 104.

Sprachrohre der Radikalen waren nach wie vor die *Neue Zeit*, *Leipziger Volkszeitung* und der *Vorwärts*. Aber es gab Widersprüche. Der *Vorwärts* musste sich nach seiner Qualifikation für diese Aufgabe fragen lassen, wo doch Rosa ihre Leitartikel in der LVZ platzierte. Die Radikalen nannten ihre Gegner schon mal pauschal Opportunisten, eine Kennzeichnung, der sich ja auch Bebel bedient hatte. Angemessenere Bezeichnungen wären gewesen Reformisten, Revisionisten oder Zentristen, aber auch die, wenn sie überhaupt zutrafen, klangen aus dem Mund von Mehring oder Rosa Luxemburg verächtlich. Wer sich weder links noch rechts einfügen ließ, gehörte schlichtweg zum »Sumpf«.

Wiederum waren die Reihen nicht so fest gefügt, als dass nicht Kampfgemeinschaften zwischen den Fronten entstehen konnten. Auf diese Weise wurden neue Demonstrationsformen erprobt, »Wahlrechtsspaziergänge«, Straßendemonstrationen und Massenaufmärsche. Im Wahlrechtskampf entwickelte sich ein demokratisches Demonstrationsrecht. Zusammen mit der Demokratischen Vereinigung, einer Absplitterung der Freisinnigen Partei unter der Führung von Theodor Barth, veranstalten die Sozialdemokraten Berlins am 10. April 1910 die erste Großkundgebung.

In zähen Verhandlungen hatte der Berliner Parteivorsitzende Eugen Ernst dem Polizeipräsidenten von Jagow die Genehmigung abgehandelt. Eine Viertelmillion versammelten sich. Der *Vorwärts* brachte eine sechsseitige Extraausgabe mit Zeichnungen und neun Fotos heraus, wahrscheinlich seine erste Bildbeilage. Er berichtete über die Genugtuung der Genossen im Zuge, die unter dem Sozialistengesetz wegen der Teilnahme an einer kleinen geschlossenen Veranstaltung zu Gefängnisstrafen verurteilt worden waren. »Politische Rechte fallen einem Volk nicht als Geschenk in den Schoß; es muss sie sich nehmen und nur die erkämpften haben bleibenden Wert.« Über dem Wahlrechtskampf kam es übrigens zum Bruch zwischen Rosa Luxemburg und Karl Kautsky. Während Rosa weiteres Vorantreiben der Massenaktionen bis zur Revolution propagierte, warnte Kautsky davor, sich »in schwere Kämpfe mit höchst zweifelhafte[m] Ausgang« verwickeln zu lassen, ohne zu wissen, ob man ihnen gewachsen sei.

Eine ähnlich aufrüttelnde Wirkung zeigten die Massendemonstrationen in der zweiten Marokkokrise. Schon die erste Marokkokrise 1905, in der sich Deutschland – erfolglos – zum imperialen Partner des in Marokko vordringenden Frankreichs aufzuwerfen versuchte, hatte Kriegsschatten an die Wand geworfen. Eisner hatte damals, noch als *Vorwärts*-Redakteur, den französischen Sozialisten Jean Jaurès als Redner einer Friedenskundgebung nach Berlin eingeladen. Bebel und die Parteilinke fanden die Idee gar nicht gut, denn Jaurès war nach deutschem Sprachgebrauch Reformist. Reichskanzler Bülow, der Jaurès' Auftritt ebenfalls ablehnte, machte allen Sorgen ein Ende, indem er die Einreise verhinderte. 1911 kam es noch schlimmer. Das deutsche Kanonenboot »Panther« legte in dem marokkanischen Hafen Agadir an. Doch alles, was Deutschland bekam, waren ein paar Quadratkilometer an den Grenzen Kameruns, während Frankreich und England enger zusammenrückten. Seit 40 Jahren war die Gefahr eines Krieges in Westeuropa noch nie so nahe gewesen.

Auf dem Höhepunkt der Krise veranstaltete die SPD Massendemonstrationen in allen größeren Orten. Allein 200 000 Berliner versammelten sich im Treptower Park zur größten Friedenskundgebung in der deutschen Geschichte. Ihr Protest richtete sich gegen die »Kriegshetze des Panzerplatten- und Kanonenkapitals«, gegen »imperiale Machtentfaltung« und ihre Forderung ging auf »die Aufrechterhaltung des Völkerfriedens«. Von zehn Tribünen aus sprachen 20 Redner und begründeten die einstimmig verabschiedete Resolution. Auch hierüber berichtete der *Vorwärts* in einer Extraausgabe. Doch es war schon etwas Seltsames um diese publizistische Sonderleistung. Während über alle die Reden der Stadthagens, Ströbels, Liebknechts und so fort ausführliche Berichte erschienen, fiel dem Blatt zum »Genossen Bernstein« auf der Tribüne 3 lediglich pauschal ein, es seien »vortreffliche Ausführungen« gewesen. Auch in diesem geschichtlichen Moment konnte das Blatt nicht über seinen Schatten springen.

Mit immer neuen Massendemonstrationen protestierte die Sozialdemokratie gegen das offen zutage getretene Wettrüsten, doch der politische Erfolg war kaum messbar. Verhandlungen mit England über Flottenbegrenzungen scheiterten. Der neue Kanzler Bethmann Hollweg wäre noch zu Eingeständnissen bereit gewesen, konnte sie aber weder beim Kaiser noch bei Marinestaatssekretär Tirpitz durchsetzen. Doch im Wahlbürger hatte die neue offensive Art der SPD wohl den rechten Nerv getroffen. In den Reichstagswahlen von 1912 feierte die Partei einen noch nie da gewesenen Erfolg. Sie ließ mit fast 35 Prozent der abgegebenen Stimmen alle anderen Parteien weit hinter sich und stellte mit nunmehr 110 Abgeordneten auch die größte Fraktion im neuen Reichstag, dem Parlament des Ersten Weltkrieges, wie sich herausstellen würde. Unter der Schlagzeile »110!« triumphierte der *Vorwärts*: »Vor fünf Jahren, da jubelten an diesem Tage die anderen ... Heute jubeln wir, und unser Jubel gilt fürwahr keiner vorübergehenden Erscheinung. Denn was wir haben, das wissen wir zu halten.«

Einen Gutteil des Erfolges konnten sich Friedrich Ebert und Philipp Scheidemann mit ihren erfolgreichen Verhandlungen über ein Stichwahlabkommen mit der Fortschrittlichen Volkspartei zuschreiben. Zum ersten Mal funktionierte es. Eine neue Funktionärsgeneration rückte ins Blickfeld. Paul Singer war 1911 gestorben, für ihn wählte ein Parteitag in Jena den ostpreußischen Arme-Leute- und *Vorwärts*-Anwalt Hugo Haase zum SPD-Vorsitzenden neben Bebel. Ebert, der gar nicht kandidiert hatte, erhielt 102 Stimmen. Der Heidelberger Sattlergehilfe, in dessen Jugend vieles an Bebel erinnerte, hatte sich schon einen guten Ruf erworben, als er die notorisch schlechten Beziehungen zwischen Partei und Gewerkschaften zu verbessern half.

Am 14. August 1913 meldete der *Vorwärts* den Tod August Bebels, »dessen Name für Millionen deutscher Arbeiter zum Symbols ihres politischen Strebens, ihres Denkens und Ringens geworden ist«. Sein Verdienst in den letzten Jahren war es gewesen, die sich immer schärfer voneinander abgrenzenden Gruppen in der Partei im Gleichgewicht gehalten zu haben. Dabei blieb die Kraft des Gestalterischen, blieb der Fortschritt, für den er einstmals eingetreten war, auf der Strecke. 50 000 aus Deutschland angereiste Genossen begruben ihren »Altmeister« *(Vorwärts)* an seinem Alterswohnsitz Zürich. Daheim folgte ihm Ebert unangefochten im Parteivorsitz. Es blieb nicht einmal mehr ein Jahr bis zum Ausbruch des Krieges.

Tatsächlich, es ist kaum verwunderlich, traf das Attentat von Sarajewo die Partei unvorbereitet. Das lag zum einen an der Tatsache, dass schon manche schwere Krise vorüber gezogen war, ohne dass es zum Krieg kam. Auch richteten die Sozialdemokraten ihr Augenmerk auf erneut drohende Unterdrückung. In Frankfurt am Main war Rosa Luxemburg wegen ihrer Aufforderung an die deutschen Arbeiter, nicht auf ihre französischen Brüder zu schießen, im Februar zu einem Jahr Gefängnis verurteilt worden. Hinter dem groß aufgemachten Prozess stand das preußische Kriegministerium. Die sozialdemokratische Presse berichtete Tag für Tag – seitenlang. Auch über die Fortsetzung, Rosa hatte Einspruch eingelegt. Tausende von Zeugen sollten gehört werden. Der preußische Justizminister Beseler aber drohte sämtlichen sozialdemokratischen Reichstagsabgeordneten mit einem Prozess wegen Majestätsbeleidigung. Als der Reichstag in die Ferien gehen wollte, war die SPD-Fraktion beim obligaten Kaiserhoch sitzen geblieben. Früher hatte sie bei derlei Anlässen vorher den Saal verlassen. Schließlich sperrte sich die Reichsregierung beim Ausbau der sozialpolitischen Gesetzgebung. Auf dem neunten Gewerkschaftskongress in München beschwor August Winnig die Konsequenzen. Fünf

Jahrzehnte lang hätten die Gewerkschaften den Willen bewiesen, im gesetzlichen Rahmen zu bleiben. Wenn ihnen die herrschenden Klassen alle Wege »verrammelten«, müsse endlich »auch der stärkste Damm brechen«. Innenpolitisch, nicht außenpolitisch standen alle Zeichen auf Sturm. Vielleicht erklärt das einiges an den folgenden Ereignissen.

Zwar warnte der *Vorwärts* nach den Schüssen auf das österreichische Thronfolgerpaar vor den Folgen einer »stümperhaften Politik«, die »die Geschicke des deutschen Volkes allzusehr mit denen Österreichs verknüpft« hatte. Doch blieben die weiteren Einlassungen des Zentralorgans zu dem drohenden Unheil, dessen Regisseure – auch deutsche an hervorragender Stelle – hinter den Kulissen arbeiteten, bemerkenswert uneinheitlich. Während der Wiener Korrespondent auf eine Todfeindschaft zwischen Serbien als Träger der großserbischen Idee und der Donaumonarchie hinweist, die selbst »durch eine vernünftige österreichische Politik kaum zu erschüttern sei«, lenkten andere Meldungen den Blick auf »wüste Serbenverfolgungen in den slawischen Kronländern«. Ein späterer bürgerlicher Kritiker rügte, daß der *Vorwärts*, statt die »korrekte« und »besonnene« Haltung der österreichischen Regierung zu erwähnen, vielmehr darauf hinweise, dass sie, die Regierung, versuche, »die Bluttat im nationalistischen Interesse auszunutzen«. Genau das aber geschah ja. In seinem Leitartikel vom 3. Juli machte dann auch der *Vorwärts* deutlich: »... es wird mehr fallen, als ein Erzherzog, wenn nicht die verblendeten Machthaber durch die Schüsse in Sarajewo gewarnt, in letzter, in zwölfter Stunde einlenken«. Für diese, so aus dem Rahmen fallende Berichterstattung und Kommentierung gibt es eine Erklärung. Sie heißt Hermann Wendel. Der 30-jährige gelernte Journalist, zuletzt kommissarischer Chefredakteur der Frankfurter *Volksstimme*, war 1912 in den Reichstag gewählt worden und betätigte sich seitdem als »Dreiviertelredakteur« beim *Vorwärts*. Wendel war ausgewiesener Südslawien-Experte. Auf zahlreichen Reisen hatte er sich kundig gemacht.

Immer noch dachten wenige ernsthaft an Krieg; Teile des SPD-Parteivorstandes waren in den Ferien. Viele vertrauten der Friedensliebe des deutschen Kaisers. Erst nach dem Krieg veröffentlichte Dokumente ließen erkennen, wie wenig ernst gemeint die war. Auf das Ansuchen des Reichskanzlers an den Kaiser, die deutsche Hochseeflotte in Norwegen zu lassen, um Großbritannien nicht zu provozieren, antwortete Wilhelm: »Meine Flotte hat Marschordre nach Kiel und dahin fährt sie!« Erst als am 23. Juli das österreichische Ultimatum an Serbien herauskam, dämmerte langsam die Größe der Gefahr, die sich über Europa zusammengebraut hatte. Das Gefühl, ihr ohnmächtig gegenüberzustehen, wuchs, als Wien trotz Einlenkens der serbischen Regierung auf Einhaltung der letzten Kommata bestand. Das bedeutete, Serbien sollte gedemütigt werden. Aber ein Krieg gegen Serbien bedeutete auch Krieg mit Russland; dann würde wie auf einer schiefen Ebene alles ins Rutschen kommen. Schon hatte sich »eine auffallende Übereinstimmung in der Haltung eines Teils der bürgerlichen Presse und des *Vorwärts*« entwickelt (Koszyk), die das Wiener Vorgehen scharf verurteilten.

Am 25. Juli veröffentlichte der *Vorwärts* einen Aufruf des Parteivorstandes, der Haases Handschrift trug. Da wurden sowohl »das Treiben der großserbischen Nationalisten« wie »die frivole Kriegsprovokation der österreichisch-ungarischen Regierung« verurteilt. »Kein Tropfen eines deutschen Soldaten darf dem Machtkitzel der österreichischen Gewalthaber, den imperialistischen Profitinteressen geopfert werden ... Der Weltkrieg droht!« Gleichzeitig wurde die Partei zu Massenversammlungen aufgerufen. In Berlin wurden sie verboten. Wo die sozialdemokratischen Arbeiter dennoch auf die Straße gingen, stießen sie auf unübersehbare Ansammlungen kriegsbegeisterter Massen. Noch einmal versuchte die Parteiführung über ihre internationalen Verbindungen sich dem drohenden Völkerringen entgegenzustemmen. Doch weder in Brüssel, wo sich das Büro der Internationale versammelt hatte, noch in direkten Verhandlungen in Paris mit den französischen Genossen bestätigte sich die Hoffnung auf die internationale Solidarität. Noch 1907 hatte ja die Internationale auf ihrem Stuttgarter Kongress »die arbeitenden Klassen und deren parlamentarische Vertreter verpflichtet, ... alles aufzubieten, um durch Anwendung der ihnen am wirksamsten erscheinenden Mittel den Ausbruch des Krieges zu verhindern«. Noch 1912 war Jean Jaurès auf dem außerordentlichen Kongress der Internationale in Basel überzeugt, dass die sozialistische Arbeiterbewegung stark und solidarisch genug sei, einen Krieg zu verhindern. Seine Ermordung durch einen französischen Nationalisten am 31. Juli bewies blutig, wohin der Weg ging.

Die »vaterlandslosen Gesellen« erfüllen ihre Pflicht

Sich auf die Realität einzustellen, gelang als erstem Ludwig Frank. Er fand, wenn der Krieg unabwendbar sei, dann könne die sozialdemokratische Politik nur darin bestehen, Freiheit im Innern zu fordern. Die »vaterlandslosen Gesellen« aber wüssten, dass sie, wenn auch Stiefkinder, so doch Kinder Deutschlands seien, »und daß wir unser Vaterland gegen die Reaktion erkämpfen müssen. Wenn ein Krieg ausbricht, so werden also auch sozialdemokratische Soldaten gewissenhaft ihre Pflicht erfüllen müssen.« Stampfer griff den Gedanken auf und schrieb einen Leitartikel, in dem er darlegte, Deutschland wolle keinen Krieg, aber niemand wolle Deutschlands Niederlage, die Zusammenbruch und Elend bedeuten würde. Darum werden »die ›vaterlandslosen Gesellen‹ … ihre Pflicht erfüllen und sich darin von den Patrioten in keiner Weise übertreffen lassen.« Die SPD-Reichstagsabgeordneten hätten immer gesagt, dass sie das Vaterland in der Stunde der Gefahr nicht im Stich lassen würden. »Wenn die verhängnisvolle Stunde schlägt« werden die Arbeiter das Versprechen einlösen.

Für einen Teil der Parteiredakteure wirkte der Artikel erlösend. Er füllte einen Leerraum, den sie, in stärkerer Nachbarschaft zu den Vorgängen als die Berliner Zentrale, mit Unbehagen erkannt hatten. Mit *Vorwärts*-Chef Ströbel geriet der Verfasser in einen bitteren Streit. Auch Haase machte ihm Vorwürfe. Stampfer zog daraufhin den Artikel zurück, doch als er merkte, dass der Parteivorstand sich nicht festlegen wollte, was ja auch eine Festlegung bedeutete, reute ihn die telegrafische Rücknahme. Einige Redakteure mochten seine Stimmung geteilt haben, denn sie veröffentlichten den Leitartikel trotzdem.

Der Artikel enthielt einen Satz, für den spätere Generationen von Sozialdemokraten kaum noch Verständnis aufbrachten. »Wir wollen nicht, daß unsere Frauen und Kinder Opfer kosakischer Bestialitäten werden.« Auf die Ablehnung der zaristischen Unterdrückung bei den Führern und den Massen der Arbeiterbewegung ist schon hingewiesen worden, und sie geht noch hinter die Vorgänge von 1905 zurück. Am Vorabend der russischen Revolution hatte ein Prozess in Königsberg die Gewaltherrschaft auch einem weiteren Kreis ins Bewusstsein gebracht. Neun Männer, überwiegend Sozialdemokraten, darunter der Königsberger Stadtverordnete und spätere preußische Ministerpräsident Otto Braun, waren der Geheimbündelei und der Majestätsbeleidigung – gegenüber dem Zaren! – angeklagt worden. Sie hätten den Schmuggel oppositioneller Schriften nach Russland organisiert. Mit Hilfe ihrer schlagfertigen Verteidiger, darunter die Rechtsanwälte Hugo Haase und Karl Liebknecht, konnten die Angeklagten nachweisen, dass wohl nicht sie, vielmehr die scheinkonstitutionelle Regierung in Berlin und der absolutistische Herrscher in Petersburg der Geheimbündelei zu zeihen seien. Kurt Eisner, der tagtäglich im *Vorwärts* über den Prozess berichtet hatte, veröffentlichte die zusammengefassten Berichte im Auftrage des Parteivorstandes noch im Jahr 1904 unter dem Titel *Der Geheimbund des Zaren*. Das Buch weckte weit reichende Resonanz.

Aktuelle Ausschnitte aus den *Vorwärts*-Berichten hatte in einer Wilnaer Gefängniszelle der aus dem lettischen Wolmar stammende 23-jährige Kürschnerssohn Alexander Stein zu Gesicht bekommen. Er war Mitglied der illegalen Transportorganisation auf russischer Seite gewesen, und seine und seiner Freunde Festnahme hatte den

Königsberger Prozess ins Rollen gebracht. Stein berichtete später, dass es den Inhaftierten eine moralische Genugtuung war, ihren »Teil zu dieser Niederlage des Zarismus beigetragen« zu haben. Nach einer Aufsehen erregenden Flucht kam Stein über die Schweiz nach Deutschland, wo er dann als Mitarbeiter für den *Vorwärts* arbeitete und nach dem Weltkrieg selbst *Vorwärts*-Redakteur wurde.

Die Revolution und das Einlenken von Zar Nikolaus brachten nur vorübergehend Entlastung. Als sich erwies, dass trotz der Zusagen im Oktober-Manifest über die Grundrechte staatliche Willkür und grausame Verfolgung politischer Gegner weitergingen, erklärte sich die deutsche Sozialdemokratie auf dem Magdeburger Parteitag mit flammendem Protest gegen den Besuch des »Blutzaren« in Deutschland. Eine Amnestie, die Nikolaus II. aus Anlass der 300-jährigen Romanow-Herrschaft erließ, schloss ausdrücklich die politischen Gefangenen und Verbannten aus. Der folgende »Protest gegen die Gefängnisgreuel«, zu dessen Initiatoren Karl Liebknecht gehörte, trägt nicht nur die Unterschriften August Bebels, der noch kurz vor seinem Tode unterschrieben hatte, und Eduard Bernsteins, sondern auch die wohlbekannter Namen des bürgerlichen Lagers, wie die der Professoren Lujo Brentano und Max Weber, Max Liebermanns, Engelbert Humperdincks, Käthe Kollwitz' und Frank Wedekinds. Auch prominente Ausländer, wie Arthur Schnitzler, Jean Jaurès und Conan Doyle hatten unterschrieben.

Der *Vorwärts* hatte das bis dahin einmalige Erlebnis, den von ihm abgedruckten Aufruf »Für die politischen Gefangenen Rußlands« von allen namhaften bürgerlichen Zeitungen nachgedruckt zu sehen. Die Hinweise auf die 40 000 wegen politischer Vergehen Verurteilten und 3000 Hingerichteten, auf die Folterungen bei Verhören, die Misshandlungen und Durchpeitschungen von Männern und Frauen, und schließlich die Namen der 500 Unterzeichner waren gleich lautend in dem sozialdemokratischen Zentralorgan und der *Frankfurter Zeitung*, der *Vossischen Zeitung* und dem *Berliner Tageblatt*, aber auch in dem bürgerlichen *Manchester Guardian*, in Jaurès *L'Humanité*, in *Het Volk* und vielen anderen Blättern zu finden. Der in der Folge gegründete »Deutsche Hilfsverein für die politischen Gefangenen und Verbannten Rußlands« kann als früher Vorläufer der späteren »Deutschen Liga der Menschenrechte« angesehen werden. In der Einschätzung des östlichen Nachbarn als Hort finsterer Reaktion und Willkür, mehr noch bei den Sozialdemokraten als im Bürgertum, hatte sich bis in die letzten Tage vor Kriegsausbruch nichts geändert und sie erklärt manche Entscheidung.

Ein August, der die Welt veränderte

Wir kennen alle die Stationen, über die Europa sich in einen Weltkrieg stürzte. Über den deutschen Anteil daran kann man bei Fritz Fischer nachlesen. Der 4. August 1914, an dem der Reichstag die ersten Kriegskredite bewilligte, wurde eines der Schlüsseldaten der sozialdemokratischen Parteigeschichte. Die Frage, ob die SPD-Fraktion richtig oder falsch entschieden habe, wird die Gemüter bewegen, solange die SPD existiert. Ob sie anders entscheiden konnte, trotz der tief gehenden Meinungsverschiedenheiten in ihren Reihen, ist keine Frage. Sie folgte der Notwendigkeit und der Linie, die jahrzehntelang – auch von August Bebel – vorgegeben worden war. Betont wird auch auf die Einstimmigkeit verwiesen. Obwohl Gegner der Bewilligung, trug Hugo Haase die Fraktionserklärung vor, Liebknecht stimmte mit ja. Aber diese Einstimmigkeit hatte ihre Lücken. Zwei Mitglieder der Fraktion entzogen sich der Abstimmung. Einer davon war Fritz Kunert, MdR und Redaktionssekretär des *Vorwärts*. Er ging kurz vor der Abstimmung aus dem Plenarsaal und kam anschließend wieder herein. Er ist der einzige, der niemals den Kriegskrediten zugestimmt hat. Ein Hinterbänkler, der für seine Überzeugungen einstand.

Ludwig Frank meldete sich am Tage nach der Abstimmung als Kriegsfreiwilliger. Er fiel schon einen Monat später in Frankreich bei einem Sturmangriff. Die Freundschaft mit Frankreich war ein Lebensziel von Frank gewesen. Noch kürzlich hatte er mit Jaurès den Baseler Friedenskongress organisiert. Als der Krieg unvermeidlich war, begriff er ihn als die Bresche für die Arbeiterbewegung. »Statt eines Generalsstreiks führen wir für das preußische Wahlrecht einen Krieg«, schrieb er an Gustav Mayer. Er sah das gelobte Land, durfte es aber nicht betreten. Rosa Luxemburg verbündete sich noch am Abend der Abstimmung mit Mehring und anderen Radikalen zum Kampf gegen diese Politik. Karl Liebknecht trat ihnen später bei.

Nach diesem August blieb nichts mehr wie es war, nicht in Deutschland, nicht in Europa, nicht in der Welt. Auch nicht in der deutschen Arbeiterbewegung. In dem Bruderkampf, der bald in ihren Reihen ausbrechen sollte, spielte der *Vorwärts* keine geringe Rolle.

»Zugrunde geht diese Regierung doch, zerbricht im ungeahnten Taumel der Ereignisse, die diese Weltwende bezeichnen. Ihre historische tragische Aufgabe ist es aber, diese Wende selbst zu beginnen. Wie der Krieg auch ende, daß sie an ihm stirbt ist gewiß. Führt sie ihn lang, dann früher, führt sie ihn kurz, dann später.«

Diese heute etwas pathetisch wirkenden Zeilen drücken mit anderen Worten dasselbe aus, was auch Ludwig Frank empfunden hatte. Mit Regierung meint der Schreiber natürlich keine kurzlebige Staatsführung, sondern die Staatsform, das System, diese Synthese aus hohenzollerischem von-Gottes-Gnadentum, imperialer Weltgeltungssucht und kapitalistischem Nie-genug-haben-können. Die emphatischen Sätze stehen in einem Brief aus dem Feld an ein Elternpaar, das wir kennen, an Heinrich und Lily Braun. Ihr Sohn Otto schrieb dies nach einem Jahr Krieg. Freilich äußerte er sich selten so politisch, eher schrieb er in seinen zahlreichen Briefen vom Alltag an der Front und über die Bücher die er las, nahezu jeden Tag ein anderes. Der hochbegabte junge Mann hatte sich 17-jährig freiwillig gemeldet; als er im Frühjahr 1918 mit 21 Jahren fiel, hinterließ er bereits einen literarischen Nachlass, der 1922 vom Insel Verlag veröffentlicht wurde. Heute ist er vergessen.

Auch ältere Sozialisten hatten sich freiwillig gemeldet. Nach Franks Tod etwa der *Vorwärts*-»Dreiviertel«-Redakteur Hermann Wendel, der noch unlängst eine Reichstagsrede mit der an diesem Ort ungewöhnlichen Wendung beendet hatte: »Nieder mit dem Krieg! Es lebe das deutsche Volk! Vive la France!« Nun aber war ihm nicht danach zumute, »zu Hause zu sitzen, wenn das ganze Volk um seine Existenz ringt«. Freiwillig meldeten sich die Arbeiterdichter Karl Bröger, zugleich Redakteur der *Fränkischen Tagespost*, und Richard Dehmel. Der ehemalige *Vorwärts*-Redakteur und Reichstagsabgeordnete Georg Davidsohn zählte schon über 40 Jahre, als er 1915 an die Front geschickt wurde, der er 1916 nach zwei Verwundungen wieder entrann. Im März 1916 schrieb der *Vorwärts*, dass sein Redakteur Dr. phil. Siegfried Nestriepke als Unteroffizier bei Fort Douaumont verwundet worden sei. Vier Redakteure der Chemnitzer *Volksstimme* meldeten sich freiwillig, darunter Ernst Heilmann, späterer SPD-Fraktionsvorsitzender im preußischen Landtag, und Erich Kuttner. Heilmann verlor ein Auge, auch Kuttner wurde schwer verwundet. Letzterer trat 1916 in die Redaktion des gerade von einer tiefen Krise gebeutelten *Vorwärts* ein. Der außenpolitische Redakteur des *Vorwärts* und Nachfolger Heinrich Ströbels in der Leitung der kollegial verfassten Redaktion, Dr. med. Rudolf Hilferding, wurde 1915 von seinem Heimatland Österreich für den Militärdienst reklamiert und erlebte als Arzt aufreibende Jahre in einem Seuchenlazarett an der italienischen Front. Auch der Österreicher Friedrich Stampfer wurde eingezogen. 1916 am Isonzo verschüttet, hatte er nicht die Absicht, sein restliches Militärleben in Schreibstuben zu verbringen, betrieb mit Hilfe deutscher Parteifreunde seine Entlassung und ging wieder nach Berlin. Dort traf er auf einen jüngeren Waffengefährten aus der Donaumonarchie. Victor Schiff näherte sich gerade der SPD, begann unter anderem für den *Vorwärts* zu schreiben und sollte nach dem Kriege gewissermaßen in der Nachfolge Hilferdings auf dem Stuhl des außenpolitischen Redakteurs zu sitzen kommen. Auch andere Kriegsteilnehmer wussten noch nicht, dass sie einmal an den Schreibtischen des SPD-Zentralorgans sitzen würden. Genannt sei zum Beispiel Ernst Reuter, Berlins legendärer Regierender Bürgermeister in den Jahren des frühen Kalten Krieges. 1916 geriet er schwer verwundet in russische Kriegsgefangenschaft. Bevor sie Soldat wurden, trugen bereits bekannte Namen als Parteiredakteure Wilhelm Dittmann (*Bergische Arbeiterstimme* Solingen), der nachmalige USPD-Volksbeauftragte, und Konrad Haenisch (*Arbeiterzeitung* Dortmund), später preußischer Kultusminister. Freiwillig hatte sich auch der lothringische Reichstagsabgeordnete Georges Weill gemeldet. Er war von 1906 bis 1910 Redakteur der *Fränkischen Tagespost* gewesen, dann ab 1912 Berliner Korrespondent des französischen Sozialistenblattes *L'Humanité*. Stampfer schrieb dazu in seiner Korrespondenz: »... zur gleichen Stunde, da Ludwig Frank als Freiwilliger in die deutsche Armee eintrat, hat sich Georges Weill zum Dienst im französischen Heere gemeldet. Die Tragik des Bruderkrieges kommt uns erschütternd zum Bewußtsein in diesem jähen Auseinandergehen zweier Freunde und Kampfgenossen.« Ihr gemeinsames Thema war die Verständigung zwischen Deutschland und Frankreich gewesen.

Von der Vielzahl sozialdemokratischer Journalisten und Intellektueller im Kriegsdienst kann hier nur ein Bruchteil benannt werden. Sie ist exemplarisch. 50 Prozent der eingeschriebenen Sozialdemokraten mussten sofort nach der Mobilmachung in die Kasernen einrücken, bis 1917 wurden es 75 Prozent. Diesen Aderlass verspürten dann auch die Parteiblätter. Einzelnen Zeitungen gingen bis zu 40 Prozent ihrer Leser verloren. Der *Vorwärts* büßte bereits im ersten Kriegsmonat 13 Prozent seiner Abonnentenschaft ein. Jedenfalls hat keine andere Bevölkerungsgruppe mehr von den Lasten des Krieges schultern müssen, keine hat einen höheren Blutzoll erbracht, als die Arbeiterschaft. Die Gralshüter des Patriotismus schon lange nicht.

Die Empfindungen und die Motive der Einrückenden mögen unterschiedlich gewesen sein und sie haben sich bis zum Ende des Krieges noch verändert. Viele, die noch 1914 das Vaterland verteidigen wollten, kehrten als glühende Pazifisten und voller Hass auf den deutschen Militarismus zurück, eine Erfahrung, die sie mit zahlreichen Künstlern und Literaten teilten. Max Beckmann sah den Krieg als Faszinosum, das er darstellen wollte, Franz Marc – bevor er fiel – als »reinigendes Blutopfer« und Otto Dix wollte »alles unmittelbar erleben«. Die, die Grauen und Vernichtung überlebten, wurden zu Anklägern der Epoche. So auch Ernst Toller, Deutschlands großer expressionistischer Dramatiker, der sich zu Kriegsbeginn von seinem französischen Studienort Grenoble durchschlug, um sich freiwillig zu melden, und der 1919 einer der Führer der Münchner Räterepublik wurde. Wer das Abstimmungsergebnis vom 4. August verstehen und es nicht als einen Betriebsunfall in der Geschichte der Arbeiterbewegung betrachten will, der kann an diesen Entwicklungen, wie auch an den oben genannten Zahlen und was sie zum Ausdruck bringen, nicht achtlos vorübergehen. Der so »jähe Stimmungsumbruch« (Susanne Miller) hat tief reichende Wurzeln. Es war den ärmeren Söhnen des Vaterlandes überaus wichtig, ihren Teil zu seiner Verteidigung beizutragen, so gut wie die anderen. Dass sie einem gigantischen Betrug zum Opfer fielen, ging den meisten erst nach und nach auf.

Im Februar 1915 wurde auch Karl Liebknecht eingezogen, in einer einmaligen Zeremonie, die mit einer Rechtsbelehrung darüber verbunden wurde, was ihm politisch zu tun erlaubt und zu lassen geboten war. Da er sich als einer der ersten Gedanken über den tieferen Grund des Krieges gemacht hatte, galt er als Sicherheitsrisiko. Wenige Tage darauf wurde Rosa Luxemburg verhaftet, um ihre im Vorjahr verhängte Gefängnisstrafe anzutreten. Mehr noch vielleicht als Liebknecht hielt die Reichsregierung – und die SPD-Führung nicht minder – diese Frau für das geistige Haupt der radikalen Opposition. Um diese Zeit auch revidierte Kurt Eisner das Verhältnis zu seiner Partei. Er hatte anfangs des Krieges noch an die Rechtmäßigkeit der Verteidigung, vor allem gegen einen russischen Angriff, geglaubt. Nach Erscheinen des deutschen Weißbuchs begann er das Spiel der Reichsregierung zu durchschauen. Der SPD aber machte Eisner den Vorwurf, sich mit dem preußischen Militarismus zu solidarisieren. Noch im Herbst 1914 hatte der einstige *Vorwärts*-Redakteur um Zulassung als Kriegsberichterstatter bei der 6. bayerischen Armee nachgesucht. Er wollte sich selbst ein Bild vom Krieg machen, um wahrheitsgemäß darüber schreiben zu können. Sein Vorhaben scheiterte; die Bitte um Zulassung wurde, wie sein Biograf Felix Fechenbach berichtet, durch Eingreifen des Parteivorstandes abgelehnt. Übrigens konnten Kriegsberichter durchaus nicht schreiben, was sie wollten. Dafür sorgte schon ihre enge Anbindung an die Pressestellen der militärischen Stäbe. Erster sozialdemokratischer Kriegsberichterstatter wurde der ehemalige *Vorwärts*-Redakteur Wilhelm Düwell. Er schrieb von der Front auch für sein altes Blatt, auf dessen Seiten er deutlich machte, dass er die Änderungen seiner Berichte von der Ostfront durch Zensurstellen ablehne. Mehr journalistische Freiheit als Kriegsberichter verschaffte sich Gustav Noske, ein anderer Redakteur der Chemnitzer *Volksstimme*, der seine Feder der sozialdemokratischen Parlamentskorrespondenz geliehen hatte.

Die Zensur! Das Reichspressegesetz von 1874 erlaubte dem Reichskanzler, Veröffentlichungen zu verbieten, die sich gegen die militärischen Interessen des Reiches richteten. Darüber bestand eine Liste, deren letzter Punkt die Veröffentlichung von Feldpostbriefen regelte. Von größerer Bedeutung war, dass mit der Verkündung des Kriegszustandes praktisch die gesamte zivile Gewalt in die Hände der Militärbefehlshaber gelegt wurde. Für die Reichshauptstadt, und damit auch den *Vorwärts*, war das Oberkommando in den Marken unter seinem Kommandeur Generaloberst von Kessel zuständig. Bald war nicht zu übersehen, dass die Zensur nicht allein dazu dienen sollte, militärische Geheimnisse zu bewahren, vielmehr mussten alle Zweifel an der politischen Geschlossenheit für die großen nationalen Ziele ausgeschlossen werden, wie der Generalstabschef des Feldheeres den Begriff »Burgfrieden« definieren ließ. Das Kriegsministerium wollte sogar die auswärtige Politik, »die über ein Jahrhundert entscheidet«, von keinerlei offener oder versteckter Kritik behindern lassen.

Hinter diesem Grauschleier belogen die Oberste Heeresleitung und das Reichsmarineamt die deutsche Bevölkerung über die wahren Risiken ihrer Kriegsführung. Ein Protest der SPD-Führung gegen die politische Zensur, unterschrieben von Ebert und Scheidemann, blieb unbeantwortet. Zwar wurde immer wieder betont, selbst bei der Übergabe der Zensurgewalt vom Innenministerium an die militärischen Dienststellen im Dezember 1916, dass Parteimeinungen sowie die innen- und wirtschaftspolitische Diskussion frei seien. Doch schränkten weitere Auflagen die freie Meinungsäußerung immer wieder ein. Mit der totalitären Lenkung der Presse im Zweiten Weltkrieg ist die Zensur des Ersten nicht zu vergleichen. Doch schon damals versuchte die Regierung durch eigene Korrespondenzen Einfluss auf die Meinungsgestaltung vor allem kleinerer und mittlerer Blätter zu nehmen. Immerhin konnten wirkliche oder vermeintliche Übergriffe nicht selten durch Appell an den Reichskanzler korrigiert werden. Am Ende bleibt unbestreitbar: Zwischen Ausgang und Folgen des Ersten Weltkrieges auf der einen und der Irreleitung der Öffentlichkeit unter der Zensur auf der anderen Seite bestand ein direkter Zusammenhang.

Um der Kriegsziele einer Allianz von Wirtschafts-, Agrar- und Militärinteressen willen, die sich unter dem vaterländischen Panier versammelt hatten, täuschte die Pressepolitik der militärischen Führung das Volk jahrelang über die wirkliche Lage.

Das SPD-Zentralorgan sollte während des Krieges zahlreiche Verwarnungen der Zensurbehörden erfahren und wurde allein viermal verboten bis zur *Vorwärts*-Krise im Oktober 1916, danach noch einige weitere Male unter der neuen Chefredaktion. Es unterlag auch des Öfteren der Präventivzensur, eine Ehre, die sich überwiegend auf sozialdemokratische und polnische Blätter beschränkte. Vor dem Reichstag begründete der SPD-Abgeordnete und Geschäftsführer des *Vorwärts* Richard Fischer einen Antrag auf Abschaffung der Zensur und des Belagerungszustandes unter anderem mit dem »unerträglichen Zustand der Drangsalierung« unter der Zensur, der vor allem die sozialdemokratische Presse beträfe. So sei es zum Beispiel dem *Vorwärts* verboten, »gewisse Notizen aus anderen Blättern selbst ohne Kommentar nachzudrucken«. Er dürfe auch nicht über Präventivzensur und Verhaftungen berichten. Ein weiteres Beispiel dafür, wie das »ungeschriebene Sozialistengesetz« (Stampfer) weiterwirkte: Als der *Vorwärts* wegen des Abdrucks einer Fraktionserklärung »Sozialdemokratie und Frieden« verboten wurde, konnte am gleichen Tag eine Stellungnahme der Nationalliberalen Partei zu den Kriegszielen in den Berliner Zeitungen unbehelligt erscheinen. Bei Beschwerden wurde auf die »Verschiedenheit der mit der Zensur betrauten Personen« verwiesen. In den ersten Kriegswochen hatte Hugo Haase der Redaktion mit seinem juristischen Rat geholfen, die Fußangeln der Zensur zu umgehen. Doch hätten diese allabendlichen Besprechungen mit dem Parteivorsitzenden auch dem Zweck gedient – wie Scheidemann es sah –, die Redakteure auf Haases Vorstellungen einzuschwören. Doch war das im Grunde notwendig gewesen?

Zwang zur kritiklosen Veröffentlichung

Den 4. August hatte der *Vorwärts* wie einen Schock erfahren. Er schrieb am nächsten Tag, dass es die Redaktion eines Arbeiterblattes unter den »jetzigen Umständen« sehr schwer habe, »die Pflicht, die Interessen der Arbeiterklasse wahrzunehmen, mit der Aufgabe zu verbinden, den Anweisungen der Militärgewalt nicht zuwider zu handeln«. Dem Parteivorstand legte die Redaktion eine Erklärung auf den Tisch, die allerdings erst nach dem Krieg öffentlich bekannt wurde und in der es hieß: »Ausschließlich die Rücksicht auf die jetzige gefährliche Lage unserer Partei und die Erhaltung unserer Presse hindert uns, die Bewilligung der Kriegskreditforderungen im *Vorwärts* einer öffentlichen Kritik zu unterziehen, doch können wir nicht darauf verzichten, dem Parteivorstand und der Pressekommission wissen zu lassen, daß wir die Haltung der Fraktion für inkonsequent und in ihren Folgen für parteischädigend halten.« Unterschrieben hatten neben Hilferding die Redakteure Cunow, Leid, John, Däumig, Ströbel, Weber, Wermuth und Scholz. Lediglich Nestriepke und Döscher fanden, dass sie »eine Ablehnung der Kriegskredite nicht hätten gutheißen können«. Für den Parteivorstand mochte das eine Pille sein, die Pressekommission jedoch hielt der aufmüpfigen Redaktion – wie seit jeher – die Stange. Zwar war dort Otto Wels satzungsgemäß ausgeschieden, seit er auf dem Parteitag von Jena in den Parteivorstand gewählt worden war. Doch hatte es schon vorher Entfremdungserscheinungen zwischen dem pragmatischen Funktionär und der radikalen Berliner Organisation gegeben. Rosa Luxemburg, die seit Juni 1914 der Pressekommission angehörte, waren radikale Töne gerade recht, oder mit den Worten von Philipp Scheidemann, der selbst den Parteivorstand in diesem Gremium vertrat: Die Pressekommission war »vollständig in den Händen von Rosa Luxemburg«.

Hilferding war den Reichsbehörden schon seit längerem ein Dorn im Auge. 1906 hatten sie bei Androhung der Ausweisung erzwungen, dass er als Lehrer der Parteischule zurücktrat. Dann war sein bekanntestes Werk, *Das Finanzkapital*, erschienen, mit dem sich Hilferding den Ruf erwarb, der anerkannte Nachfolger von Karl Marx auf dem Gebiet der politisch-ökonomischen Analyse zu sein. Durch Belauschen von Gesprächen in der Straßenbahn und Ausforschen von Portiersfrauen war der Polizei schließlich der Nachweis gelungen, dass Hilferding »der leitende Kopf der gesamten Redaktion« des *Vorwärts* sei, als wäre diese eine Geheimorganisation. Wenige Tage vor Kriegsbeginn gab das preußische Innenministerium darum grünes Licht für die Ausweisungsverfügung. Doch erst seine Einberufung zum österreichischen Militärdienst befreite die Berliner Behörden von dem ungeliebten Gast.

So eindeutig, wie es sich immer deutlicher darstellte, waren die Rollen um den *Vorwärts* zunächst noch nicht verteilt. Arthur Stadthagen unterschrieb »zum Entsetzen« seiner Kollegen dem Militärkommando eine Erklärung, in der er sich »zum patriotischen Verhalten des *Vorwärts*« verpflichtete. Auch dem Parteivorstand war das zu viel. Dessen Protest bei Staatssekretär Delbrück brachte aber auch nicht mehr ein, als die begütigende Vorstellung, dass Militärs eben alles schriftlich haben wollten. Dabei war das Blatt durchaus guten Willens und auf zweitrangig scheinende Fragen ausgewichen. In den ersten Augusttagen hatte es sich vorzugsweise mit der Lebensmittelversorgung für Heimat und Truppe beschäftigt, die Auswirkungen einer drohenden britischen Blockade untersucht und sich besonders des Problems der drastisch gestiegenen Arbeitslosenzahlen angenommen. Man hielt es für sinnvoller, statt schulpflichtiger Kinder die beschäftigungslos gewordenen Industriearbeiter bei der Ernte einzusetzen. Überhaupt habe der Staat für sinnvolle Lenkung der Beschäftigten in einer durch den Krieg zerrütteten Wirtschaft zu sorgen. Wo er da nicht weiterkomme, müsse eine staatliche Unterstützung der Arbeitslosen einspringen.

Aber selbst diese auf die sozialen Folgen des Krieges beschränkten Gedanken scheinen nicht im Sinne des Zensors gewesen zu sein, jedenfalls verstummten sie eines Tages. Als bei späterer Gelegenheit der *Vorwärts* sich wieder einmal die Sorgen der Heimat angelegen sein ließ und vom Lebensmittelwucher berichtete oder einen Artikel »Gegen die Teuerung« schrieb, verhängte das Oberkommando in den Marken Vorzensur. Die Begründung: Berichte über steigende Lebensmittelpreise »belebten« die Stimmung des Feindes und seien geeignet, »den Burgfrieden zu stören«.

In der Berichterstattung über den Fortgang auf den Kriegsschauplätzen blieb der *Vorwärts* wortkarg. Er druckte, was er musste und versah zum Beispiel die Meldung über die Einnahme Lüttichs mit der Anmerkung: »Wir müssen diese Nachricht, da gegenwärtig jede kritische Würdigung unmöglich ist, so wiedergeben, wie sie der Presse durch das W.T.B. [*Wolffs Telegraphisches Büro*, die dem Generalstab ergebene deutsche Nachrichtenagentur; Anm. H. S.] vom Großen Generalstab übermittelt wird.« Zensur war ja weniger eine Frage von Streichungen, sondern der Zwang, bestimmte Dinge unter bestimmtem Blickwinkel zu sehen oder bestimmte Berichte kritiklos zu veröffentlichen. Dazu gehörten zum Beispiel ein Abdruck aus der *Kreuz-Zeitung* über Kaiser-Reden, der Bericht eines Gutsbesitzers über russische Gräueltaten und natürlich Schilderungen von den Kriegsschauplätzen.

Vom Zensor gezwungen druckte der *Vorwärts* einen Bericht aus dem Amsterdamer *Telegraaf* nach, der sich mit Überfällen belgischer Franktireurs befasste und zugleich die unverhältnismäßigen deutschen Reaktionen beschrieb. Der Bericht sollte signalisieren: Wenn die Zivilbevölkerung in den Kampf eingreift, dann werden aus Gründen des Selbstschutzes Männer, Frauen und Kinder die Folgen tragen. »Not kennt kein Gebot!« Die Nötigung zum Abdruck nutzte die Redaktion, um in einem Leitartikel selbst Stellung zu nehmen. Unter der Überschrift »Kein Franktireurkrieg« wies das Blatt darauf hin, dass nach der Haager Friedensordnung von 1907 durchaus nicht jede Teilnahme der Zivilbevölkerung am Kriege völkerrechtswidrig sei. Und auch in Deutschland sei nach der Landsturmverordnung von 1813, die in diesem Punkte immer noch gültig sei, jeder preußische Staatsbürger verpflichtet, dem eindringenden Feind zu schaden, wo er kann. Das neutrale Belgien war, was jeder wusste, völkerrechtswidrig zum »Durchmarschgebiet« erklärt worden.

Die Arbeiter stehen nicht außerhalb des Staates

Groteskerweise schadete die abweichende Auffassung diesmal nicht. Die politische Reichsführung anerkannte die Haltung der sozialdemokratischen Zeitungen. Das galt zwar besonders für viele Blätter in der Provinz, die höchst nationale Töne angestimmt hatten. Doch auch dem *Vorwärts* winkten Erleichterungen. So wurde das bestehende Verkaufsverbot für die Berliner Bahnhöfe aufgehoben und, was noch wichtiger war, das Verbot des Kriegsministers von 1894 zur Verbreitung sozialdemokratischer Schriften im Heere ebenfalls. Allerdings konnte es jedes Generalkommando für seinen Bereich wieder in Kraft setzen. Manche taten es. Noch im Juni 1918 beschwerte sich Gustav Bauer im Reichstag über das Verbot des *Vorwärts*-Bezugs im Bereich des Feldpostamtes 727. Dem preußischen Innenminister von Loebell ging diese Lockerung schon zu weit, weshalb er beim Reichskanzler dagegen Verwahrung einlegte. Auch war Loebell aufgefallen, dass sich »im *Vorwärts* eine ... Tendenz bemerkbar macht, die darauf ausgeht, Stimmungen gegen Gebietserweiterungen im Falle einer siegreichen Beendigung des Krieges zu machen«. Auch die Art, wie das Zentralorgan mit den Meldungen über Gräueltaten und Repressalien umging, missfiel ihm sehr. Da der Minister mit seiner Auffassung nicht durchdrang, blieb es bei der neuen Regelung und der *Vorwärts*, so schien es, zeigte sich erkenntlich. In seiner ersten grundsätzlichen Stellungnahme zum Krieg gab er zwar allen beteiligten Regierungen die Mitschuld an seiner Entstehung, doch befand das Blatt: Ganz gleich, wie er entstanden sei, »ist der Krieg einmal da, so muß er auch von denen, die ihm ... widerstreben, durchgehalten werden. Wir wirken nicht abseits und jenseits vom Staate, die Arbeiter stehen nicht außerhalb der Nation.«

Das waren Töne, die zu der bisherigen Enthaltsamkeit schlecht zu passen schienen. In der Tat kündigen sie auch keinen Frontwechsel an. Vielmehr ging es dem *Vorwärts* darum, sich nicht von der Entwicklung abzukoppeln, die auf einen baldigen militärischen Zusammenbruch Frankreichs hindeutete. Dann aber war es geboten, einen deutschen Vernichtungskrieg zu verhindern. Das Beispiel 1870/71 mahnte. Als die französische Niederlage handgreiflich schien, blieb es nicht nur bei Andeutungen: »Daß Frankreich besiegt wird, ist militärisch das erste Gebot.« Aber: »Wie Bismarck 1866 dem besiegten Österreich die goldene Brücke baute, auf der es den Weg zur Bundesgenossenschaft betreten konnte, so muß auch jetzt der Weg zur Verständigung zwischen den großen Kulturnationen offen bleiben.«

Als zwei Sozialisten in das französische Kriegskabinett eintraten, wurde deutlich, dass sie dort nicht Frieden predigen, sondern die Geschlossenheit der Nation bekräftigen wollten. Die »*Union sacré*«, das französische Gegenstück zum deutschen

»Burgfrieden«, fand in der überparteilichen Regierung ihren konsequenten Ausdruck. Der *Vorwärts* sah sich in seiner Analyse bestätigt: »Die Niederlage läßt ihnen den Krieg als Kampf um die nationale Selbständigkeit erscheinen. Sie fürchten Annexionen.« Eduard Bernstein lenkte in einem Fortsetzungsartikel den Blick auf den anerkannten Verursacher der Völkerkatastrophe, den russischen Zarismus. »Der Krieg, der gegenwärtig in Europa wütet, ist unbestreitbar in erster Reihe Rußlands Krieg.« Als die neue französische Regierung das Volk zur äußersten Gegenwehr aufrief, konnte der *Vorwärts* den Schluss ziehen: »Politisch ... ist der Krieg eröffnet worden nicht als Eroberungskrieg, nicht als Krieg gegen die Nationen, sondern als Kampf gegen das Moskowitertum und den Zarismus, also für die Nationen [z. B. der Finnen, Polen, Letten usw.; Anm. H. S.], für ihre Freiheit, Unabhängigkeit und kulturelle Fortentwicklung. Bleibt es bei diesem Programm, so wird es auch zu keinem Verzweiflungskampf kommen brauchen, dann wird ein Frieden möglich, der die künftige Verständigung nicht hindert.«

So mit seiner Zukunftsvision beschäftigt übersah der *Vorwärts*, was sich in Ostpreußen abspielte, obwohl er dort mit Düwell einen eigenen Kriegsberichterstatter hatte. Der aber schrieb kaum andere Berichte als seine bürgerlichen Kollegen. Er notierte, dass die deutschen Kriegsfreiwilligen »fröhlich lachend, tanzend und springend den Schlachten entgegensehen«. Aber die Bedeutung der russischen Offensive entging ihm, die zwar bei Tannenberg in einem Desaster endete, aber das »Wunder an der Marne« vorbereiten half. Es muss der Redaktion auch bald aufgegangen sein, dass der Einfluss ihres Blattes auf die großen Linien der Politik weniger als marginal war. Als es dann die ersten Verwarnungen hagelte – das Kriegsministerium hatte dem Oberkommando in den Marken einen ganzen Katalog zu beanstandender Artikel übersandt – wandte sich der *Vorwärts* wieder mehr sozialen Themen zu. Meldungen über die Ausnutzung der Kriegskonjunktur durch Kriegsgewinnler häuften sich, auf der anderen Seite verwies das Blatt auf die vermehrten Anzeichen der Not: Rücksichtsloses Vorgehen von Hausbesitzern gegenüber Familien von Soldaten und Arbeitslosen; Menschen, die sich zu Hunderten lange vor Mitternacht an den Freibanken der Schlachthöfe anstellten, um am nächsten Morgen ein Stück minderwertigen Fleisches zu ergattern.

Schon Mitte August hatte der *Vorwärts* eine Erklärung des Parteivorstandes abgedruckt, in der schärfster Einspruch dagegen erhoben worden war, dass das Internationale Sozialistische Büro mit Unterstützung der Sozialistischen Partei Frankreichs die Neutralen über »Greueltaten der Deutschen« in Belgien informieren wollte. Darüber sei weder mit der deutschen Partei gesprochen worden, noch werde auf die Überfälle der belgischen Franktireurs oder die Gräueltaten der Russen eingegangen. Bereits seit Tagen war die deutsche Parteiführung von den sozialistischen Organen der feindlichen Staaten unter Beschuss genommen worden. Der *Vorwärts* aber hatte sich in auffälliges Schweigen gehüllt. Jetzt brachte er die Erklärung des Parteivorstandes ebenfalls kommentarlos. Sie erschien auf der dritten Seite im Kleindruck. Die Distanzierung war nicht zu übersehen.

Auch als die Sozialisten des noch neutralen Italiens sich auf den französischen Standpunkt stellten, hielt das Zentralorgan diese Einstellung zwar für »einseitig«, enthielt sich aber jeden weiteren Kommentars. »Vorbildlich« nannte Franz Mehring die Haltung des *Vorwärts* in einem Leserbrief. Die Redaktion habe alles vermieden, was das unfreundliche Urteil der Bruderparteien hätte bestätigen können. Internationale Solidarität, das war die Botschaft, stand dem deutschen Zentralorgan höher als der Schulterschluss mit den Kräften im eigenen Land, unter denen sich ja auch die Kriegsgewinnler, die Annexionisten und die Völkerrechtsverletzer verbargen, ja, höher auch als der Anspruch der Parteiführung auf Geschlossenheit der Partei, welche allein ihr Überleben in den kontinentalen und globalen Unwettern garantieren konnte. Der Parteivorstand fühlte sich düpiert. Hier tat sich ein Graben auf. Es war abzusehen, dass er bald nicht mehr zuzuschütten war.

Diese Differenzen entgingen den interessierten Beobachtern nicht, die in den Regierungsstuben und Armeestäben saßen und die nur auf ein deutlicheres Signal warteten. Das kam. Im Feuilleton stellte der *Vorwärts* der Literatur entnommene Soldatenschicksale vor, die gar nicht in das Klischee des tapferen Vaterlandsverteidigers passten, zuletzt die autobiografische Erzählung *Ein Soldat des alten Fritz* von Uli Bräker. Ihr Held, ein von den Werbern des Preußenkönigs zum Kriegsdienst gepresster Bauernsohn aus dem Tockenburg, hat nur das eine Ziel vor Augen: zu desertieren, was ihm schließlich in der Schlacht bei Lobositz gelingt. Aber auch mit der Darstellung der Kriegslage in Ost und West erregte das Blatt Anstoß. Es kam, was kommen musste: Am 21. September wurde der *Vorwärts* zum ersten Mal verboten, auf drei Tage. Begründung: Klassenkämpferische Einstellung.

Die Tragödie vor Terschelling

Es könne sich nur um ein Versehen handeln, »wie es in einer vielbeschäftigten Redaktion sehr begreiflich wäre«, eilte die *Leipziger Volkszeitung* zu Hilfe. Sofort nach Wiedererscheinen bewies der *Vorwärts*, dass es sich nicht im Geringsten um ein Versehen handelte. Das Unterseeboot U 9 hatte vor der holländischen Insel Terschelling drei englische Panzerkreuzer innerhalb weniger Minuten versenkt. 1800 britische Seeleute, die keine Chance hatten, ertranken zugleich in den Fluten. Es war eine der legendärsten »Heldentaten« des noch jungen Krieges, die zugleich den Ruf der U-Bootwaffe begründete. Der *Vorwärts* mochte sich in den allgemeinen Freudentaumel nicht einklinken. Er schrieb vielmehr: »Diese Katastrophe – man kann das Ereignis ja kaum ein Gefecht nennen – steht bis jetzt in der Seekriegsgeschichte einzig da ... Wir sind gewiß nicht sentimental und sind von den Verwüstungen, die eine raffinierte Waffentechnik zu Lande, zu Wasser und in der Luft anrichtet, nicht überrascht. Aber wir können den Wunsch nicht unterdrücken, daß bald die Zeit kommen möge, wo das, was Menschengeist und Menschengeschicklichkeit geschaffen, nur der Erhaltung und Verschönerung des Menschenlebens, nicht aber seiner Vernichtung dienen möge.«

Als sich kurz darauf der Gründungstag der Internationale zum 50. Mal jährte, konnte das Blatt nicht auf den Hinweis verzichten, dass das Ziel dieses Zusammenschlusses nichts anderes als »die vollständige und endgültige Befreiung« der Proletarierklasse vom Joch des Kapitals sei und bleibe. Auch die weitesten Klüfte, die der Krieg aufgerissen habe, blieben überbrückbar. Noch deutlicher wurde der Leitartikel. Unter der Überschrift »Deutschland und das Ausland« suchte er zu beweisen, dass die Propaganda der »Chauvinisten jenseits der Grenzen« nur deshalb erfolgreich war, weil Deutschland aufgrund des Sozialistengesetzes und seines schikanösen Polizeiregiments im Ausland für Militarismus und politische Unterdrückung stehe. Dadurch seien auch die Arbeiter jener Länder gegen Deutschland aufgebracht worden. Das müsse man bedauern, »weil sie das deutsche Volk als Gesamtheit für das verantwortlich machen, was das Tun einer kleinen Klasse war ...« Am selben Tag wurde der *Vorwärts* zum zweiten Mal verboten.

Vorwärts unter Selbstzensur

Konnte es sich die Partei leisten, dass ihr Hauptorgan ständig unter dem Damoklesschwert des Verbots arbeitete, durfte sie es darauf ankommen lassen, es eines Tages gänzlich entbehren zu müssen? Wie dem vorzubeugen sei, gab es freilich die unterschiedlichsten Konzepte. Jetzt ging es erst einmal darum, das Kind aus dem Brunnen zu holen. SPD-Vorsitzender Haase und der Geschäftsführer des *Vorwärts*, Richard Fischer, stellten den Antrag auf Aufhebung des Verbots. Die von Generaloberst von Kessel diktierten Kapitulationsbedingungen dokumentierte das Blatt bei Wiedererscheinen im besten Amtsdeutsch selbst. »Auf die von mir gestellte Bedingung, daß in Zukunft in Rücksicht auf die mit Kriegsausbruch hervorgetretene Einmütigkeit des deutschen Volkes das Thema ›Klassenhaß und Klassenkampf‹ im

Vorwärts nicht mehr berührt werden dürfe, hat Herr Haase durch Schreiben vom heutigen Tage erklärt, daß die Redaktion des *Vorwärts* im Einverständnis mit den Aufsichtsinstanzen den Beschluß bekundet hat, für die Dauer des Kriegszustandes die Zeitung unter jener von mir geforderten Bedingung zu redigieren und die zur Durchführung derselben notwendigen Maßnahmen innerhalb der Redaktion zu treffen.« Diese »Maßnahmen« aber betrafen die Selbstzensur des Blattes, für die der Redakteur Ernst Däumig »mit diktatorischer Entscheidungsgewalt über Form und Inhalt« ausgestattet wurde, und die Beaufsichtigung durch ein Mitglied des Parteivorstandes erfolgte – auf Wunsch der Redaktion. Hermann Müller wurde dafür abgestellt, da Philipp Scheidemann nicht mochte. Diese Konstruktion sollte, wie sich zeigen würde, des Problems nicht Herr werden.

Der Konflikt in der SPD, und er betraf die ganze Partei, ging nicht um die Frage – sieht man von einigen Radikalen ab –, ob sie der Landesverteidigung zustimmen könne oder nicht, als vielmehr darum, ob die Regierung und die bürgerlichen und konservativen Parteien das Vertrauen verdienten, das einen Burgfrieden erst ermöglichen konnte. Der Streit wurde überall ausgetragen, wo sich Sozialdemokraten versammelten, bis hin zum kleinsten Verein im buchstäblich letzten Dorf. Das Schlachtfeld jedoch, wo der Krieg im Kriege am heißesten tobte, war die Reichstagsfraktion. Daneben gab es weitere Fronten, die immer mal wieder von sich reden machten, Gremien und Gliederungen der Partei, auch ihre Zeitungen. Berlin war ein Mittelpunkt des Streites, darum stand auch der *Vorwärts* im dichtesten Getümmel. Und wenn er mal ernsthaft in Schwierigkeiten geriet, so paukte ihn die Berliner Pressekommission wieder heraus. Als der *Vorwärts*-Redaktion in einer gemeinsamen Sitzung mit Partei- und Gewerkschaftsführung unter anderem der Vorwurf gemacht wurde, die Interessen der deutschen Partei gegenüber Angriffen sozialistischer Parteien des Auslandes nicht ausreichend zu vertreten, gab ihm die Pressekommission alsbald eine Ehrenerklärung, der sich sofort der Berliner Zentralvorstand anschloss. Die Vorwürfe gegen die Redaktion könnten nicht anerkannt werden, hieß es da. Es sei vielmehr gut, dass sich der *Vorwärts* »gegen den Chauvinismus« wende.

Am 2. Dezember 1914 hatte Karl Liebknecht als einziger Abgeordneter gegen die weiteren Kriegskredite gestimmt, ein Vorgang, den Susanne Miller als »die Geburtsstunde einer neuen Richtung in der sozialistischen Arbeiterbewegung Deutschlands« betrachtet hat. Vom Fraktionsvorstand wurde dieser »Bruch der Disziplin … aufs tiefste« bedauert. Man würde ihn auch nicht auf sich beruhen lassen. Gleichwohl bat der Parteivorstand die Parteipresse, diese Sache nicht in der Öffentlichkeit hochzuspielen, doch die sozialdemokratischen Journalisten mochten sich keinen

Maulkorb vorbinden lassen. Bis auf wenige Ausnahmen verurteilten sie allerdings Liebknechts Verhalten. Der *Vorwärts* druckte am folgenden Tag die Erklärung des Fraktionsvorstandes ab und erläuterte in einer Fußnote den Fraktionsbrauch, Abweichlern die Möglichkeit der Stimmenthaltung durch Verlassen des Saales zu gestatten. Zugleich veröffentlichte das Blatt ein Schreiben Liebknechts, in dem dieser sein Abstimmungsverhalten begründete. Die Ruhe, die zunächst wieder eintrat, war freilich eine trügerische.

In einer neuerlichen Abstimmung am 20. März stimmte mit Liebknecht auch Otto Rühle, der Pirnaer Parteiredakteur, gegen die Kredite. Und noch Aufsehen erregender: 30 Abgeordnete, darunter Parteivorsitzender Hugo Haase und Eduard Bernstein, verließen vor der Abstimmung den Sitzungssaal. Bemerken wir, wie sich die Quantitäten, aber auch die Qualität verändern! Eine Lawine kommt ins Rollen. Wenn sie unten niedergeht, wird sie die große und mächtigste europäische Arbeiterpartei in Fraktionen zerbrochen unter sich begraben haben. Und was ebenfalls nicht zu übersehen ist: An jeder Wendung steht auch der *Vorwärts* und weist den Kurs. Längst ist er in den Mittelpunkt des Streits gerückt. Ob aber in ihm, im Gegensatz zu anderen SPD-Blättern, wie Hermann Müller vor dem Parteiausschuss befand, auch gar nichts »von den lebendigen Strömungen in der Partei« zu finden war, »weil der *Vorwärts* kein Spiegelbild der Zeit ist«, das darf doch anders gesehen werden. Er war vielmehr allzu sehr das Spiegelbild der Zerrissenheit, nicht viel anders als die meisten SPD-Zeitungen. Kurt Koszyk hat es für uns überzeugend herausgearbeitet.

Manchmal stand sich der *Vorwärts* selbst im Weg. Im Frühjahr 1915 formulierten führende deutsche Wirtschaftsverbände, deutsche Professoren und auch der König von Bayern ihre Vorstellungen der Kriegsziele. Sie verlangten unter anderem einen tiefen Einschnitt in französisches Kernland und die Einverleibung Belgiens. Dazu sah sich die innerparteiliche Opposition zu einem klaren Wort aufgefordert. Als Adressaten ihrer Forderungen wählte sie den Partei- und den Fraktionsvorstand, denen sie die Verantwortung für alles zuschob, »was sonst kommt«. Unterschrieben hatten dieses »Unterschriftenflugblatt« etwa 700 zum Teil hochrangige Parteimitglieder. Zu den Initiatoren gehörten auch die *Vorwärts*-Redakteure Heinrich Ströbel und Ernst Meyer. Insgesamt unterschrieben neun Angehörige der *Vorwärts*-Redaktion den als Manuskript gedruckten Brief. Dennoch lehnte der *Vorwärts* die Veröffentlichung ab. Dafür erschien eine Leserzuschrift »Zur Protesteingabe«, die sich auf beckmesserische Weise mit den Unterschriften befasste und am Ende abschätzig kundtat, man sehe ja, »welcher Wert dieser mit so großem Tamtam bekanntgegebenen Unterschriftensammlung beizumessen ist«.

Das Zentralorgan unterstützt Karl Liebknecht

Liebknecht hatte nicht nur für seine Haltung in der Frage der Kriegskredite die Unterstützung des Zentralorgans, auch sein Eintreten für Wahlrechtsänderungen und Demokratisierung des Staates an Haupt und Gliedern im preußischen Abgeordnetenhaus fand rückhaltlose Unterstützung beim *Vorwärts*: »Ein denkwürdiger Tag in der Geschichte des preußischen Staates.« Letztlich setzte Liebknecht ja nur fort, was das Blatt schon begonnen hatte, als es in seiner Neujahrsausgabe die Einlösung »sozialdemokratischer Neuorientierungs- und Gleichberechtigungswünsche noch während des Krieges« einforderte. War das denn nun ein unberechtigtes Begehren? Schließlich war Ludwig Frank für die Durchsetzung einer demokratischen Verfassung gefallen. Und Paul Lensch, langjähriger Chefredakteur der *Leipziger Volkszeitung*, der seit dem 4. August von einem linken »Radikalen« zu einem rechten »Chauvinisten« geworden war, zog in einer weithin beachteten Broschüre den Schluss, dass die nach dem Krieg zu erwartende Demokratisierung des öffentlichen Lebens von allen Parteien der Sozialdemokratie am meisten zustatten kommen werde. Allerdings ging er von einem für Deutschland unbedingt siegreichen Ende aus.[39] Für Liebknecht und den *Vorwärts* war der Sieg weniger wichtig.

Neben Lensch gab es noch einige andere Wanderer von links nach rechts, wie Konrad Haenisch und auch Heinrich Cunow, der einst als linker Rebell gegen Eisner angetreten war. Es ist kein Zufall, dass alle drei bei einem anderen Blatt zusammentrafen, Haenisch als dessen Redakteur. Die Rede ist von der *Glocke*, eine von Alexander Helphand, der sich »Parvus« nannte, gegründete Halbmonatsschrift. Der gebürtige Kiewer, eine der schillerndsten, aber auch geistreichsten Persönlichkeiten der deutschen Sozialdemokratie, unter anderem Vorgänger Rosa Luxemburgs als Chefredakteur der *Sächsischen Arbeiterzeitung* in Dresden, stellte *Die Glocke* in den Dienst der Parteimehrheit. Die nahm sie für das, was der *Vorwärts* ihr nicht mehr war. Weil das neue Blatt so gut ankam, konnte es bald wöchentlich erscheinen. Schon im ersten Heft hatte sich Parvus mit dem so belasteten Verhältnis der Partei zu ihrer Presse befasst. Er warf der Führung vor, meinte aber damit eher Bebel und Liebknecht als die jetzigen Amtsinhaber, zwischen einer phantastischen Zukunft und einer glorreichen Vergangenheit die Gegenwart vergessen zu haben und so der Anpassung der Parteipresse an die moderne Zeit im Wege gestanden zu haben. Erst Schoenlank habe den Bann gebrochen. Und einige Hefte weiter bescheinigte Georg Gradnauer der jetzigen Parteipresse, dass sie mehrheitlich »den schicksalsschweren Wandel der Ereignisse« erfasst – und sich auf die Seite der Reichstagsfraktion gestellt habe. An den *Vorwärts* konnte er damit freilich nicht gedacht haben.

Es gab auch Bewegungen in der anderen Richtung. Am auffälligsten waren sie, wie schon vermerkt wurde, bei Kurt Eisner und Eduard Bernstein. Besonders der einstige Widersacher gegen den parteipolitisch verankerten Marxismus gab zu verstehen, dass er einen zum Dogma erhobenen Burgfrieden ablehnte. Dabei stieß er auch wieder auf seinen alten Freund Karl Kautsky. In der Revisionismus-Debatte hatten die beiden sich ja entzweit, doch bereits in den letzten Jahren vor dem Krieg einander wieder angenähert. Am 19. Juni 1915 veröffentlichten sie zusammen mit Hugo Haase in der *Leipziger Volkszeitung* einen Aufruf, der sich zwar nicht erkennbar gegen die offizielle Parteilinie wandte, aber die deutsche Sozialdemokratie »vor die Wahl gestellt« sah, entweder dem zum Feigenblatt für einen Eroberungskrieg verkommenen Burgfrieden abzuschwören »oder dem Vertrauen einen tödlichen Stoß zu versetzen, das sie bisher im deutschen Volke und in der gesamten Welt als Verfechterin des Völkerfriedens genoß«. Eine diplomatischer gehaltene Neuauflage des Unterschriftenflugblatts also.

Nichtsdestotrotz handelte sich die *Leipziger Volkszeitung* mit dem Abdruck von »Das Gebot der Stunde« – so der Titel des Aufrufs – ein Verbot ein, Hugo Haase hatte sich als vermeintlicher Drahtzieher dieses »Pronunziamentos« in Fraktion und Parteiführung weiter isoliert, und für die Partei bildete die Veröffentlichung einen nächsten Schritt auf dem Wege zur Teilung. Ein Friedensmanifest des Parteivorstandes und eine Eingabe von Partei- und Fraktionsvorstand an Reichskanzler Bethmann Hollweg, diesen »Friedenskanzler«, der so überzeugend den Eindruck vermittelte, lediglich einen Verteidigungskrieg zu führen, stehen allerdings unter dem Verdacht, ohne das Vorpreschen der Parteiminderheit nicht oder zumindest nicht so zustande gekommen zu sein. Aber die Parteimehrheit konnte für sich in Anspruch nehmen, ebenfalls nur für einen Verteidigungskrieg zur Verfügung zu stehen. Ohne Annexionen, versteht sich, sieht man von einigen, allerdings nicht unwesentlichen Randerscheinungen ab. Doch wollte sie den Krieg gewinnen.

Auch der *Vorwärts* wurde im Verlauf dieser Diskussion wieder einmal – für fünf Tage – verboten, ironischerweise für den Abdruck eines Protestes der Parteileitung gegen jede Art von Annexionen. Das Verbot eines kritischen *Vorwärts*-Artikels zu einer Friedensappellation der SPD-Fraktion war übrigens in der Regierung selbst umstritten. Es sei »nicht unbedenklich«, hieß es in den vom Kriegsministerium verbreiteten Berichten des Büros für Sozialpolitik. »Nachdem die sozialdemokratische Fraktion eben erst ihre vaterländische Gesinnung bekundet hatte, hätte ein Aufsatz des führenden Minderheitenorgans [!] vermutlich weniger Aufsehen erregt als das Verbot desselben.«

Das Verhältnis zwischen Reichstagsfraktion und Zentralorgan war nicht immer das Beste gewesen. Wir erinnern uns an die Spannungen zwischen Eduard Bernstein als Redakteur des *Sozialdemokrat* und seinen Parteifreunden im Parlament. Bernstein war aus den damaligen Auseinandersetzungen gestärkt hervorgegangen. Doch Ströbel war nicht Bernstein. Dem Redaktionschef des *Vorwärts* war vorgeworfen worden, vertrauliche Mitteilungen, von denen er in der Fraktionssitzung Kenntnis erhalten hatte, in Parteiversammlungen öffentlich gemacht zu haben. Als Scheidemann ihn aufforderte, in einer Sitzung des Fraktionsvorstandes darüber Auskunft zu geben, lehnte Ströbel ab. Er beschied den Partei- und Fraktionsvorsitzenden, er habe »besseres zu tun«. Daraufhin schloss ihn die Fraktion von weiterer Teilnahme an ihren Sitzungen aus. Wurde so Männermut vor Fürstenthronen belohnt? Eher lässt sich sagen, dass Ströbel auf recht kaltschnäuzige Weise für sein Blatt eine Informationsquelle erster Ordnung aufs Spiel gesetzt hatte. Eine Signalwirkung war von seinem Verhalten ohnehin nicht zu erwarten gewesen. Erst zwei Jahre später wurde Ströbels Nachfolger wieder zu den Fraktionssitzungen zugelassen, ein Recht, das auch die späteren SPD-Reichstags- und Bundestagsfraktionen dem jeweiligen *Vorwärts*-Chefredakteur bis in die 1980er Jahre einräumten.

Im Frühjahr 1916 überschlugen sich die Ereignisse. Nachdem bei einer Abstimmung über den Kriegsnotetat das abweichende Stimmverhalten von Haase und 17 weiteren Abgeordneten (darunter die zwei *Vorwärts*-Angehörigen Stadthagen und Kunert) von der Fraktionsmehrheit mit dem Entzug der aus der Fraktionszugehörigkeit entstehenden Rechte geahndet worden war, schlossen sich die Gemaßregelten zur »Sozialdemokratischen Arbeitsgemeinschaft« zusammen. Haase legte sein Amt als Parteivorsitzender nieder. Wie nach den bisherigen Erfahrungen kaum anders zu erwarten war, stellte sich der *Vorwärts* hinter die neue Gruppierung. Er konnte »die geschehenen Ereignisse nicht bedauern«, sah sie auch ausschließlich durch die Brille der Minderheit. Zugleich befand er, es stehe Auffassung gegen Auffassung und als »der einzige Richter über Recht und Unrecht« käme nur »die sozialdemokratische Masse« in Frage. Als eine Woche darauf der *Vorwärts* eine Erklärung der Sozialdemokratischen Arbeitsgemeinschaft auf der ersten Seite veröffentlichen wollte, widerrief Geschäftsführer Richard Fischer die entsprechende redaktionelle Druckanweisung. Es ging dabei gar nicht um ein Verbot, der Parteivorstand wandte sich nur gegen eine übermäßige *publicity* für die neue Gruppierung, verständlicherweise. Das wiederum rief den flammenden Protest der SPD-Führung von Groß-Berlin hervor.

Der *Vorwärts* bot schon ein verwirrendes Bild. Verlautbarungen des Parteivorstandes oder der Fraktionsführung standen hinter Erklärungen der Sozialdemokratischen Arbeitsgemeinschaft. Darum herum die redaktionellen Texte oder solche von genehmen Autoren, wie etwa Eduard Bernstein, der längst wieder das Vertrauen der Redaktion hatte. Als Hermann Müller an einem dieser Artikel Änderungen verlangte und die Redaktion widersprach, setzte der Parteivorstand erneut einen Zensor ein. Aber selbst darüber konnte das Blatt berichten, und es fragte, wie die Parteiführung solche »Maßnahmen mit den in unserer Partei bisher üblichen Grundsätzen redaktioneller Unabhängigkeit und dem Prinzip der Meinungsfreiheit, auf die wir so stolz waren, vereinbaren will«. Als Beweis für diese ließe sich ein Beitrag von Heinrich Cunow anführen. Er stellte die Parteiopposition in ihrer Widersprüchlichkeit vor, wobei er zwischen der »Gruppe Haase-Bernstein-Kautsky«, der »Zweimänner-Fraktion Liebknecht-Rühle« und »Rosa Luxemburgs Ansichten«, die sie in der Zeitschrift *Internationale* vertrat, keinerlei Verbindendes feststellte. Ob aber eine Zeitung, die den oppositionellen Streitigkeiten *in extenso* Raum gab, zur Urteilsbildung der »sozialdemokratischen Masse« in vernünftiger Weise beitrug, ist eine offene Frage.

Es wäre gleichwohl verfehlt, sich die *Vorwärts*-Redaktion als eine Ansammlung pflichtvergessener Gazettenschreiber vorzustellen, deren Blatt jedes Recht verwirkt habe, als Zentralorgan der Partei zu gelten, wie es unlängst der Parteiausschuss befand. Für die inneren Einstellungen und Antriebe des »politischen Disponenten des Vorwärts«, wie sich der nach Rudolf Hilferdings Ausscheiden wiederum amtierende Kollegialverweser Heinrich Ströbel bescheiden nannte, gibt es eine bemerkenswerte Quelle. Auch Ströbel ist ein Briefpartner Maximilian Hardens. Er schreibt dem Star-Publizisten der wilhelminischen Jahre gerade in den Tagen der sich anbahnenden Parteispaltung über seine Grundsätze, Einsichten und Zweifel. Ströbel vertritt leidenschaftlich die Pressefreiheit, weshalb er die gerade erfolgte Beschlagnahme von Hardens *Zukunft* schonungslos verurteilt. Zugleich weist er auf die dem *Vorwärts* von der Selbstzensur gesetzten Grenzen hin, die er zu beachten gewillt ist. Im Verhältnis zu Reichskanzler Bethmann Hollweg ist er gar nicht so weit von der Führung seiner Partei entfernt: »Ich verkenne keineswegs, daß man unter Umständen B. stützen muß«, doch hält er die Methode der Fraktionsmehrheit, den Kanzler nur wegen seiner Widersacher zu stärken, »für die allerschlechteste Art«. Überhaupt spiele die Sozialdemokratie »als Regierungspartei in jedem Belang die kläglichste und unfruchtbarste Rolle«.

Auf Anraten Hardens versucht Ströbel mit der Generalkommission der Gewerkschaften, die zu den intensivsten Befürwortern der Burgfriedenspolitik und den schärfsten Kritikern des *Vorwärts* gehörte, in ein besseres Verhältnis zu kommen.

Nach dem Stand unseres Wissens scheinen diese Anstrengungen zu keinem positiven Ergebnis geführt zu haben. Für Karl Liebknecht, der gerade anlässlich einer Friedensdemonstration der neu gegründeten Spartakusgruppe auf dem Potsdamer Platz festgenommen worden war, suchte Ströbel Hardens Sympathien zu mobilisieren, obwohl er Liebknechts Vorgehen missbilligte. Ströbel war gegen die Spaltung, aber objektiv trug auch er zu ihr bei. Leider reißt die Korrespondenz zu einem Zeitpunkt ab, da der *Vorwärts* in die gefährlichste Krise seiner Geschichte eintritt. Weil ein Brief Ströbels verloren gegangen sein soll, bleiben wir die folgenden 17 Monate ohne die informellen Anmerkungen eines Hauptprotagonisten. Erst als alles vorbei ist, fasst der Briefwechsel unter ganz anderen Umständen wieder Tritt.

Die Berliner wollen alles

Das Fass war nun übergelaufen. Der Redakteur Dr. Ernst Meyer hatte »in seiner Freizeit« ein Flugblatt abgefasst, in dem er dazu aufforderte, keine Parteibeiträge mehr an den Parteivorstand abzuführen. Der sah die »Desorganisation propagiert« und forderte Meyers Entlassung – nach Vertretern der Parteiopposition sei er auch »hinausgeworfen« worden. Die Pressekommission widersprach, und die um Entscheidung angegangene Kontrollkommission war bei 4 zu 4 Stimmen gespalten. Und doch machte die Parteiführung einen weiteren Anlauf zu einer friedlichen Lösung. Der *Vorwärts* sollte geteilt werden, um ihn aus seiner unheilvollen Doppelrolle als Zentralorgan *und* Organ der Berliner Parteiorganisation zu befreien. Wie das praktikabel zu gestalten sei, hatte durchaus Hand und Fuß, doch der Groß-Berliner Zentralvorstand bereitete solchen Überlegungen ein schnelles Ende. Er forderte, den *Vorwärts*, »so wie er ist, in die alleinige Verwaltung der Berliner Genossen« zu übergeben. In »unbegreiflicher Verblendung« habe sich Berlins SPD um ihre Chance gebracht, schrieb der *Vorwärts* dazu ein Jahr später.

Streng genommen stolperte die Redaktion über ein Fremdgewächs. Am 6. Oktober 1916 druckte sie unter der Überschrift »Aus der Hexenküche der Kanzlerfronde« einen von ihr gründlich verarbeiteten Artikel aus dem Duisburger Parteiblatt *Niederrheinische Arbeiterzeitung* nach. Das auf dem Fuß folgende vierte *Vorwärts*-Verbot begründete das Oberkommando in den Marken damit, dass »die Ausführungen der Redaktion ... einen schweren Verstoß gegen den Burgfrieden« darstellten. Der Artikel selbst befasst sich mit einer Kampagne der Kriegspartei gegen den Reichskanzler, die ihn dabei als »schwächlich« und »gegen demokratische Machtgelüste nachgiebig« darstellt. Gegenüber nationalen und monarchistischen Auffassungen sei er hingegen »kleinlich« und stütze sich zur Durchführung seiner Politik

»auf die jüdisch-demokratische Presse«. Die »Begründung« für diese Behauptung strotze »von antisemitischer Gehässigkeit«, stellte der *Vorwärts* fest.

Die Duisburger Redaktion hatte hinter dem Schriftstück Kreise um den rheinischen Großindustriellen Kirdorf ausgemacht. Ernst Däumig verteidigte die Veröffentlichung im *Vorwärts*. Auch die *Freisinnige Zeitung* habe, und zwar unbehelligt, aus dem Duisburger Blatt zitiert. Er vergaß, was der *Vorwärts* in eigener Verantwortung hinzugefügt hatte: Den Vorwurf an jene Industriellen in der Kriegsproduktion, die sich davor absichern wollten, »daß ein frühzeitig geschlossener Friede ihren Kriegsprofiten ein Ende machen würde«. Darum auch würden sie »den Krieg bis zum Weißbluten, den Krieg bis zum Wahnsinn« fordern. Im Übrigen vereinigten die Industrie- und Agrarmagnaten ihre »rücksichtslosen Profitinteressen mit dem festwurzelnden Haß gegen die breiten Volksmassen«, und das wiederum aus Furcht vor einer Demokratisierung der inneren Politik.

Wie die baldige Ablösung Bethmann Hollwegs bewies, hatte das alles eine gewisse Berechtigung. Es gab eine Fronde und sie arbeitete mit großem Effekt. Damit ist wohl auch am besten das Verbot erklärt. Der Burgfriede war gewiss nicht vom *Vorwärts* gebrochen worden. Für den Parteivorstand, ob er das nun genau so oder ganz anders sah, zählte aber allein, dass die Tirade das Weitererscheinen des *Vorwärts* in Frage gestellt hatte. Die Redaktion habe gegen ihre eigenen Erklärungen verstoßen, nach denen »Klassenhaß und Klassenkampf im *Vorwärts* nicht mehr berührt werden dürfen«. Am Beispiel der Auseinandersetzungen um dieses vierte *Vorwärts*-Verbot wird uns die Geschäftsgrundlage des Burgfriedens am überzeugendsten deutlich. Der Klassenkampf durfte zwar von oben geführt, aber von unten nicht als solcher benannt werden. So wie es immer gewesen war.

Vorwärts-Geschäftsführer Fischer, mit den Verhandlungen für das Wiedererscheinen seines Blattes beauftragt, musste sich vom Oberkommando sagen lassen, dass nicht eher an eine Aufhebung des Verbotes gedacht werden könne, »ehe nicht durch Änderungen in der Redaktion Garantien für die Zukunft gegeben seien«. Bei Nachfrage Fischers wurde verdeutlicht: »Garantien durch andere Herren.« Auch der Berliner Vorstand verhandelte mit dem Oberkommando und glaubte, die geforderte Garantie damit geben zu können, dass der bisherige »Zensor« Däumig nunmehr ausschließlich für die Überwachung der Zensurvorschriften arbeiten sollte. Fischer, der die Verhältnisse richtig einschätzte, lehnte es ab, diesen Vorschlag mit zu tragen. Dennoch übermittelte ihn der Zentralvorstand dem Oberkommando »nach Rücksprache« mit Fischer. Diese Täuschung half wenig. Die Militärbehörde verwies darauf, dass sie den *Vorwärts* nicht nur als Organ der Berliner Wahlvereine ansehe, sondern auch als Zentralorgan der SPD, für welches ja auch »ein Mitglied des Parteivorstandes« – Haase – die seinerzeit eingegangenen Verpflichtungen übernommen habe. In einer nervenaufreibenden Sitzung rangen Parteivorstand, Berliner Zentralvorstand und Pressekommission um die zweckmäßigste Ausfüllung der behördlichen Vorgaben. Die Berliner Opposition meinte, weit genug gegangen zu sein, wenn sie dem Eintritt eines PV-Mitgliedes in die *Vorwärts*-Redaktion zustimmte, das die Vollmacht habe, »die Beobachtung der Zensurvorschriften zu überwachen und zu erzwingen«. Der Parteivorstand lehnte das ab, wenn sein delegiertes Mitglied nicht gleichzeitig Einfluss auf den Inhalt des Blattes bekommen würde.

Das nächste Forum, auf dem der Streit weiter ausgetragen wurde, war kein geringeres als der Reichstag. In der Sitzung vom 31. Oktober entwickelte Arthur Stadthagen detailliert seine Verschwörungstheorie. Nicht zum ersten Mal warf er der Zensur vor, »gegen die Richtung im *Vorwärts*, die von der überwältigenden Mehrheit der Berliner Arbeiter repräsentiert wird, mobil zu machen zugunsten der Richtung innerhalb der Sozialdemokratie, die augenblicklich in der Fraktion die Mehrheit hat«. In seiner überbordenden Philippika verschmähte er auch nicht die Schützenhilfe der *Alldeutschen Blätter* für eine »Meinungsfreiheit … innerhalb ein und derselben Partei«, überhörte aber die laufenden Ermahnungen des Präsidenten, interne Parteiangelegenheiten nicht vor dem Reichstag auszubreiten. Der Parteivorsitzende Friedrich Ebert selbst wies die Vorwürfe Stadthagens zurück. In einer Zwangslage, nach sieben Verbotstagen, »haben wir so gehandelt, wie es die Situation und das Interesse der Partei geboten. Die Parteileitung übertrug einem ihrer Mitglieder die Vollmacht, über den Inhalt des *Vorwärts* zu entscheiden.« Hinter dem knappen Satz verbarg Ebert die Entschlossenheit, mit der die Parteiführung die unhaltbare Situation im Hauptorgan der Partei abzustellen sich gezwungen sah. An der fortschreitenden Spaltung änderte dieser Schritt freilich nichts. Sie verlief im Gegenteil in womöglich noch stärker erbitterter Form.

Wer unterdrückt eigentlich wen?

Als klar geworden war, dass mit der Pressekommission kein Abkommen zu erzielen war, hatte der Parteivorstand dem Oberkommando von sich aus mitgeteilt, eines seiner Mitglieder werde nunmehr die Position Däumigs ausfüllen. Pressekommission und Berliner Zentralvorstand wurden entsprechend unterrichtet. Zwei Tage nach der gemeinsamen Sitzung war das Verbot schon aufgehoben, am 18. Oktober erschien der *Vorwärts* wieder. Ein Aufruf des Parteivorstandes auf der Titelseite klärte die Leser über Vorgeschichte und Verlauf des neuen Konflikts auf, eine Protesterklärung der Redaktion aufzunehmen war von Hermann Müller – er war der Mann der Parteivorstandes und faktischer Chefredakteur – abgewiesen worden. Doch veröffentlichte der *Vorwärts* am andern Tag die Stellungnahmen der Pressekommission und des Zentralvorstandes Groß-Berlin, nicht ohne den Standpunkt des Parteivorstandes anzufügen, der mit den sarkastischen Sätzen schloss: »Von einer Unterdrückung der freien Meinungsäußerung kann gar keine Rede sein. Im Gegenteil. Der Parteivorstand ist stets dafür eingetreten, daß im *Vorwärts*, dem Zentralorgan der Partei, auch die Auffassung der Parteimehrheit zur Geltung kommt und nicht nur die der Minderheit.« Die Empörung der Groß-Berliner Organisation über den »*Vorwärts*-Raub«, wie die Opposition das Vorgehen des Parteivorstandes hinfort titulieren sollte, schlug auf allen Ebenen durch. Die Verbandsgeneralversammlung forderte Aufhebung der »Gewaltmaßregeln«. Im Weigerungsfall waren die Berliner Genossen aufgefordert, »die Zahlung des *Vorwärts*-Abonnements solange einzustellen, bis ... die Groß-Berliner Organisationen wieder zu ihren Rechten auf den *Vorwärts* gekommen sind«. Wer diesen Kurs nicht unterstützen mochte, in der Hauptstadt und im Reich, dem wurde mit Entzug des Ehrenamtes gedroht. Berliner Genossen, die von dem Blatt nicht lassen mochten, sahen sich Repressalien ausgesetzt. Auch die *Vorwärts*- Redaktion förderte die Boykottmaßnahmen. Otto Braun berichtete ein Jahr später auf dem Würzburger Parteitag, in den Redaktionsräumen »ganze Pakete solcher Boykottflugblätter« vorgefunden zu haben, in denen es hieß: »Wer es mit den Grundsätzen der Demokratie und des Sozialismus ehrlich meint, darf nicht länger dieses Reptilienblatt des Parteivorstands unterstützen.« Eine Redaktion, die ihr eignes Blatt für nicht lesenswert hält!

Der »*Vorwärts*-Raub« hat, ähnlich wie die Entscheidung des 4. August 1914, noch lange in der Sozialdemokratie nachgewirkt. Selbst nahe stehende Historiker, die der Parteiführung zugute rechneten, dass es für sie kaum Alternativen zur Politik des Burgfriedens gab, verargten ihr den harschen Umgang mit dem Zentralorgan. Zweifellos hat der Parteivorstand gegen den Buchstaben der Parteisatzung verstoßen, als er den langen Streit mit der *Vorwärts*-Redaktion auf so durchgreifende Weise beendete. Und richtig ist auch, dass die Berliner Parteigenossen den *Vorwärts* als ihr Lokalorgan betrachteten, und dass sie ihm seine satte finanzielle Grundlage sicherten. Doch den Vorwurf des Diebstahls brauchte der Parteivorstand nicht auf sich sitzen zu lassen. Zwar war der *Vorwärts* 1891 auf das *Berliner Volksblatt* aufgepfropft worden, doch hatte die Berliner Organisation schon mit dessen Herausgabe nichts zu tun gehabt. Das *Volksblatt* war vielmehr 1884 auf Veranlassung der Parteileitung unter dem Sozialistengesetz von Max Bading herausgegeben worden, und es überlebte bis zum Aufgehen in dem wiederbegründeten Zentralorgan dank der Zuschüsse, die ihm Bading und Paul Singer zukommen ließen. Als der *Vorwärts* sich dann trug und gar Überschüsse abwarf, wurden diese widerspruchslos beim Parteivorstand abgeliefert. Zwar sicherten sich die Berliner nach und nach zunehmenden Einfluss auf Redaktion und Personalpolitik, doch »das Eigentumsrecht der Gesamtpartei am *Vorwärts*« wurde, wie der Parteivorstand im bald ausgebrochenen Krieg der Flugblätter feststellte, »in all den Jahren niemals bestritten oder auch nur diskutiert«.

Waren also die Väter, die Bebels und die Auers, denn doch klüger gewesen, als sie sich darauf verließen, »daß die Berliner die Verhältnisse ... am besten kennen« (Bebel). Doch die Verhältnisse, in denen »die Meinungen bloß über die Person eines Expedienten oder die Höhe eines Redakteursgehalts auseinandergingen«, hatten sich grundlegend gewandelt. Die Konstruktion, den *Vorwärts* gemeinsam und gleichberechtigt von Gesamtpartei und Berliner SPD leiten zu können, hatte nur so lange getragen, wie ein unverzichtbares Maß von Gemeinsamkeiten bestand. Karl Kautsky, der ideologische Vorreiter der SPD, der inzwischen Patina angesetzt hatte und im jetzigen Streit Partei geworden war, beschrieb in der *Neuen Zeit* den Weg zu der neuen *Vorwärts*-Krise mit vielen Verweisen auf die vermeintliche Klugheit der Alten. Doch das Fazit, das er zog, war von der Wirklichkeit längst eingeholt worden: »Nicht die Spaltung der Fraktion, sondern der ›*Vorwärts*-Konflikt‹ birgt die schlimmsten Gefahren für den organisatorischen Zusammenschluß der Partei.« Die Gefahr war schon Wirklichkeit, die Partei bereits auseinander gebrochen.

Am 9. November 1916 setzte der Parteivorstand den Herausgeber der *Berliner politischen Korrespondenz für die sozialdemokratische Parteipresse*, Friedrich Stampfer, zum Chefredakteur des *Vorwärts* ein. Stampfer hatte bereits ein Zimmer in der Redaktion bezogen, wo er als Mitarbeiter Hermann Müllers eines, wie er es selbst bezeichnete, »etwas peinlichen Amtes waltete«. Seine Einsetzung war der vorläufige Schlusspunkt, nicht der Höhepunkt, der dramatischen Entwicklung und Stampfer hat sie auch gänzlich undramatisch in Erinnerung. Ebert sei eines Tages im Reichstag an ihn herangetreten und habe ihn gefragt, ob er »unter Umständen« die Redaktion des *Vorwärts* übernehmen würde. Seinen Gegenvorschlag, doch Scheidemann damit zu beauftragen, der ja ebenfalls Parteijournalist war, habe Ebert »brüsk« zurückgewiesen. Stampfer willigte dann ein, unter der Bedingung, dass das Blatt geteilt werde. Die Berliner, wie wir bereits wissen, lehnten ab, sie wollten »in Berlin allein reden«. Stampfer stellte keine weiteren Bedingungen, sondern übernahm. Er hat den *Vorwärts* über 16 Jahre geleitet und auf seine unaufdringliche Art geprägt wie kein anderer vor und nach ihm. Weil sie zum Boykott aufgerufen hatten, wurden Ströbel, Stadthagen und Leid entlassen. Däumig, John und Wielepp traten nun ebenfalls aus der Redaktion aus, worauf auch ihnen gekündigt wurde. Eine Klage auf Weiterzahlung der Gehälter bis zum April 1917 wurde erst 1919 vom Reichsgericht in Leipzig endgültig entschieden, und zwar zugunsten der Redakteure. Nach dem Organisationsstatut hätten nur Parteivorstand und Pressekommission gemeinsam die Kündigung aussprechen dürfen. Stadthagen erlebte den späten Triumph nicht mehr, er war 1917 gestorben. Zuletzt war auch noch den beiden Redaktionssekretären Fritz Kunert und Wilhelm Freythaler gekündigt worden. Der Neuaufbau der Redaktion wurde nicht leicht, er kam erst Jahre nach dem Kriege zum Abschluss.

Als Indiz für die Schwierigkeiten darf die Ernennung des bisherigen *Vorwärts*-Verlagsredakteurs und Feuilletonisten Dr. Franz Diederich zum politischen Redakteur verstanden werden, die Diederich durchaus nicht als Beförderung auffasste. (Im Feuilleton blieb Karsten-Heinrich Döscher.) Die Anwerbung Erich Kuttners, der an einer von Rudolf Breitscheid herausgegebenen Zeitschrift mitarbeitete und der Stampfer schon seit Jahren freundschaftlich verbunden war, sicherte dem *Vorwärts* einen seiner aktivsten und farbigsten Redakteure für die nächsten Jahre. Auf längere oder kürzere Zeit traten noch während der verbleibenden Kriegsjahre Erwin Barth, Hermann Müller-Lichtenberg, Dr. John Schikowski und, als »nebenamtlicher« Redakteur, Rudolf Wissell in die *Vorwärts*-Redaktion ein. Nicht zu vergessen der bisherige Zensor-Chefredakteur Hermann Müller, auch bekannt als Müller-Franken, der zunächst eine unklare, aber nichtsdestoweniger unübersehbare Rolle neben Stampfer spielte. Stampfer entledigte sich schließlich des »Zensors« in einem Kraftakt, der aber erneuter freundschaftlicher Beziehung keinen Abbruch tat. Der menschliche Grundzug im Wesen des neuen *Vorwärts*-Chefs, bei aller Schärfe, mit der er seine politischen Ansichten vertrat, führte unter anderem dazu, dass sich zu seinem Vorgänger Ströbel bald wieder ein gutes persönliches Verhältnis einstellte. Bezeichnend für Stampfer, dass er das Verdienst daran auch noch Ströbel gutschrieb.

Waren die Vertreter der Mehrheit in der Berliner Partei ihrerseits eine Minderheit, überließen sie doch nicht der Opposition das Feld kampflos. Otto Wels und Eugen Ernst beantworteten den *Vorwärts*-Boykott postwendend mit der Gründung des »Vereins Vorwärts. Lese- und Diskutierklub für Groß-Berlin«. Namentlich Wels hatte die gegen den Parteivorstand gerichtete Zusammenarbeit zwischen *Vorwärts*-Redaktion und Pressekommission schon lange mit Argwohn beobachtet. Berlins Parteispitze warf er nichts anderes vor, als dass sie ihre ganze Kraft nur darauf richte, den *Vorwärts* zu zerstören. Zu Jahresbeginn hatte Wels zur Wiederbegründung der bei Kriegsanbruch eingestellten Brandenburger Monatsschrift *Die Fackel* beigetragen und selbst die redaktionelle Leitung übernommen. Auch von Stampfer und Scheidemann wurde das Blättchen unterstützt, das mit aller Kraft in die Auseinandersetzung mit der Opposition ging; vor allem nahm es sich der Radikalen an. Die Gegenseite keilte in ihrem Berliner *Mitteilungs-Blatt* aus, so gut sie konnte, namentlich Wels wurde von ihr mit schwerem Geschütz eingedeckt. Für den *Vorwärts* hatte das organisatorische Gegenhalten zusammen mit Stampfers kluger Redaktionsführung immerhin den Erfolg, dass sich die Abonnentenzahlen nach anfänglichem Durchsacken wieder stabilisierten. Nach Otto Braun hatte er sich gar »in erfreulicher Weise aufwärts entwickelt«. Wenn das sogar der Parteikassierer sagt ...

Die weiteren Stationen der Parteispaltung kennen wir. Am 7. Januar 1917 Konferenz der oppositionellen Parteigruppen in Berlin. Daraufhin organisatorische Trennung der Mehrheit von der Minderheit durch Beschluss des SPD-Parteiausschusses. Dann Auszug der oppositionellen Abgeordneten aus der SPD-Fraktion des preußischen Abgeordnetenhauses und Bildung einer eigenen Fraktion. Anfang April trat die sozialdemokratische Opposition in Gotha zu einer Reichskonferenz zusammen, die zur Gründung der Unabhängigen Sozialdemokratischen Partei Deutschlands (USPD) führte. Die Schwerpunkte der neuen Arbeiterpartei lagen in Sachsen und Thüringen, und, wie zu erwarten, in Berlin. Nicht ganz zufällig fällt das trennende Beil jetzt hernieder, denn ebenfalls nicht zufällig setzte der Winter 1916/17 eine Radikalisierungswelle in Gang. Die Lebensmittelnot hatte ungeahnte Ausmaße angenommen. Hauptbestandteil der Volksernährung wurde die Steckrübe. Der Schock saß umso tiefer, als die Zensur bisher alle Hinweise auf Ernährungsengpässe unterdrückt hatte. Und gegen eine beizeiten eingeführte Rationierung hatten sich die deutschen Agrarier erfolgreich gewehrt. Ihnen war es recht, wenn Brot und Fleisch knapp wurden und sich der Preis über die Nachfrage regelte.

Wie die Partei, so spaltete sich auch die Parteipresse. Wo die USPD stark war, übernahm sie in der Regel auch die Zeitung. Als Hauptorgan galt die *Leipziger Volkszeitung*, die von dem ehemaligen *Vorwärts*-Redakteur Hans Block geleitet wurde. Der Versuch der Opposition, in der Folge des *Vorwärts*-Verlustes ein eigenes Blatt zu gründen, war schon im Vorjahr gescheitert. Den von Haase, Ledebour und Adolph Hoffmann unterzeichneten Antrag auf Herausgabe einer Tageszeitung hatte das Oberkommando in den Marken, »entsprechend einer seit Kriegsbeginn geübten Praxis, aus grundsätzlichen Erwägungen« abgelehnt. Die Berliner mussten sich mit dem aufpolierten *Mitteilungs-Blatt* begnügen, das von dem ehemaligen *Vorwärts*-

Mann Karl Leid redigiert wurde. Erst nach dem Waffenstillstand im November 1918 erschien die erste Nummer des USPD-eigenen Organs *Die Freiheit*, die ihr Vorbild in dem alten *Vorwärts* sah. Das Blatt nannte sich *Berliner Organ der USPD*, wurde aber weithin als Zentralorgan der Unabhängigen angesehen. Aus alten Fehlern nichts gelernt? Mit Rudolf Hilferding hatte auch die *Freiheit* einen ehemaligen *Vorwärts*-Redakteur zum Chef, der ihr soviel Schwung gab, dass sie zeitweise den *Vorwärts* in der Bezieherzahl überflügelte.

Falls irgendjemand geglaubt hatte, der *Vorwärts* würde sich unter der neuen Redaktionsführung eine zahnlose Unverbindlichkeit zugelegt haben, so sollte er das bald als fundamentalen Irrtum erkennen. Die Sprache des Zentralorgans war wohl pragmatischer geworden, in der Sache wurde es eher härter. In nahezu jeder Ausgabe stellte es die Frage der demokratischen Neuorientierung, ja bald sollte von der Parlamentarisierung der Staatsführung die Rede sein. Dabei nutzten Stampfer und seine Redaktion die Entwicklung in Russland, die nicht nur von der militärischen Führung, sondern von der Sozialdemokratie mindestens ebenso aufmerksam beobachtet wurde. Im März 1917 brach in Russland die Revolution aus. Am 15. März dankte der Zar ab und sein Reich wurde Republik. Was das für Deutschland bedeutete, wagte der *Vorwärts* drei Tage später klar auszusprechen: »Unaufhaltsam wälzt sich der Strom freiheitlicher Entwicklung von West nach Ost, er kann, was in der Mitte liegt, nicht überspringen.« Scheidemann forderte, ebenfalls im *Vorwärts*, das Reichstagswahlrecht für Preußen. »Konnte der daheimgebliebene Kriegsgewinnler Wähler erster Klasse sein, der aus dem Felde heimkehrende Soldat aber in die dritte verwiesen werden?« fragte Stampfer. Im *Vorwärts* klagte er die »Neuorientierung« und Parlamentarisierung für das ganze Reich ein. Noch im gleichen Monat setzte der Reichstag einen Verfassungsausschuss ein, und drei Wochen, nachdem Nikolaus II., sein »kaiserlicher Bruder«, wie er ihn einst nannte, vom Zarenthron herabgestiegen war, versprach Wilhelm II. in der »Osterbotschaft« die Reform des preußischen Dreiklassenwahlrechts und unmittelbare geheime – nicht gleiche – Wahl der Abgeordneten. Sofort nach Friedensschluss!

Die Umwälzungen in Russland drängten auf Entladung auch in dem spannungsreichen Verhältnis zwischen politischer Reichsleitung und der Obersten Heeresleitung. Hindenburg, Ludendorff und Kronprinz Wilhelm machten den Reichskanzler persönlich verantwortlich für die politischen Schlussfolgerungen, die sozialdemokratische und linksliberale Presse aus der russischen Revolution zogen. Bethmann Hollweg wehrte sich mit dem Argument, dass gerade seine Pressepolitik die Zurückhaltung der radikalen Blätter erkläre. Die Forderungen, die jetzt von links stehenden Blättern erhoben würden, wären alle schon vor dem Krieg gestellt worden, und wollte man denn allen Ernstes für das alte Zarenregime Partei ergreifen? Bethmann Hollweg kämpfte indes auf verlorenem Posten. Angriffe in der konservativen und alldeutschen Presse, die den Kanzler – nicht etwa die Militärs – für den verlustreichen Kriegsverlauf verantwortlich machten, bereiteten den Boden für seinen Sturz vor. Mit Ausnahme der Fortschrittlichen Volkspartei war da niemand im Reichstag, der sich ernsthaft für ihn verwandte, auch die SPD nicht, die sich dabei noch auf den *Vorwärts* berufen konnte. Hierzu nun auch Ebert – wie seinerzeit schon einmal –, dass die »Parteileitung nicht die Verantwortung übernehmen könne[n] für jede Notiz im *Vorwärts*« – dabei beließ er es aber auch. So stießen Hindenburg und Ludendorff auf keine Gegenwehr mehr, als sie bei Androhung des eigenen Rücktritts die Entlassung des Reichskanzlers forderten. Wilhelm ließ ihn denn auch fallen. Die intrigante Politik der Obersten Heeresleitung hatte sich wieder einmal durchgesetzt, nun auch gegenüber dem Kaiser. Bethmann Hollweg erklärte später resigniert, es habe damals zum ersten Mal die Chance bestanden, Friedenspolitik zu verwirklichen. Das war sicher richtig. Die drei Mehrheitsparteien, Sozialdemokraten, Zentrum und Fortschrittliche, die spätere Weimarer Koalition, waren einander näher gerückt zu gemeinsamen politischen Schritten. Doch Bethmann selbst hatte es versäumt, Stellung zu beziehen im Spannungsfeld zwischen Reichstag und Militärs. So wurde er auch nicht mehr konfrontiert mit der Friedensresolution der Reichtagsmehrheit, sondern sein farbloser Nachfolger Michaelis, der sie mit der wunderlichen Feststellung, »wie ich sie auffasse« zur Kenntnis nahm. Immerhin bekräftigte er, dass Deutschland nicht einen Tag länger Krieg führen werde, wenn ein ehrenvoller Friede zu haben sei, »bloß darum, um gewaltsame Eroberungen zu machen.« In ihrem Verhalten gegen die neuen Kräfte in Russland bewies die Oberste Heeresleitung, wie wenig ihr solch ein Kanzlerwort wert war.

Preis der neuen Koalition, auch interfraktioneller Block oder Mittelblock genannt, war ein weiteres Auseinanderdriften der beiden sozialistischen Parteien. Die Unabhängigen stimmten gegen die Resolution. Unter Michaelis aber registrieren wir das erste konkrete, wenn auch äußerst schwache Anzeichen beginnender Parlamentarisierung. Parteivertreter übernahmen erstmals höhere Staatsämter, darunter für die SPD August Müller als Unterstaatssekretär das Kriegsernährungsamt. Doch wie der *Vorwärts* zu Recht feststellte, war »der Versuch, die Sitten parlamentarisch regierter Länder nachzuahmen, in seinen bescheidensten Anfängen steckengeblieben«. Immerhin wurde deutlich: Wenn auch verfassungsrechtliche Schritte ausblieben, die fortschreitende Entleerung des herrschenden autokratischen Systems nahm die Parteien in die Pflicht, ob ihnen das gefiel oder nicht. Das zeigte sich beim Rücktritt Michaelis' nach einer Amtszeit von gerade mal 15 Wochen. Die Zustimmung zur Ernennung seines Nachfolgers Graf Hertling nutzten die Mehrheitsparteien, um weitergehende Forderungen anzumelden, darunter die einer endlichen Klärung der preußischen Wahlrechtsfrage.

Die Bolschewiki an der Macht

Dass die Zukunft Deutschlands keine andere als die eines parlamentarisch-demokratischen Staatswesens sein würde, war nicht nur die Auffassung Scheidemanns – gerade war er neben Ebert zum neuen Vorsitzenden gewählt worden –, sondern des ganzen Würzburger Parteitages. Vier unglaublich bewegte Jahre hatte dieser Rumpfkongress 1917 aufzuarbeiten und tat es in großer Besonnenheit. Was Wunder, denn die entschiedensten Kritiker hatten ja die Partei verlassen. Nicht übersehen konnte die Versammlung, welche Folgen die weitere Auflösung Russlands für die deutsche Entwicklung haben würde. Dort hatte die Oktoberrevolution die Herrschaft der bürgerlich-sozialdemokratischen Übergangsregierung beendet. Die Machtübernahme durch die Bolschewiki wurde von allen Linken Europas, auch den beiden deutschen Arbeiterparteien und bis weithin ins bürgerliche Lager als Erfolg der Demokratie gewertet. »Eine demokratische Regierung, die ernstlich zum Frieden bereit ist«, ließ sich eine prominente sozialdemokratische Stimme im Reichstag vernehmen. Das Urteil änderte sich, als die Bolschewiki im Januar 1918 die Konstituante auseinanderjagten.

Stampfer war der erste, der die Zeichen richtig deutete. Unter der Überschrift »Demokratie und Revolution« stellte er im *Vorwärts* fest: »Der bolschewistische Sozialismus versucht, mit allen Mitteln sich selber durchzusetzen. Die deutsche Sozialdemokratie versucht mit allen zweckdienlichen Mitteln – und die Mittel können mit den Zeitumständen wechseln – die Demokratie durchzusetzen, und erst durch die Demokratie sich selbst. Sie will, daß vor allem der Volkswille herrschen soll, sie strebt für sich selber keine Macht an, zu der sie nicht der Volkswille in freier geregelter Abstimmung beruft. Mit solchen Methoden ist sie nicht hinter Rußland zurück, sondern vor ihm voraus.« Ist die Diskussion darüber auch nie verstummt, ob diese reine Lehre für die Entwicklung der Weimarer Republik das richtige Rezept war, so hat sich mehr als ein halbes Jahrhundert später bestätigt, was Stampfer für den Fall prophezeite, dass man »sich über den Willen der Volksmehrheit« hinwegsetzte. Ein solches Experiment könnte dem Sozialismus schlecht bekommen, »der durch einen Versuch, ihn gewaltsam durchzusetzen, nicht zum Ziele geführt, sondern nur für Jahrzehnte diskreditiert würde«. Dem real existierenden Sozialismus ist das Experiment nicht bekommen, mit der Aufhebung der Diskreditierung des Sozialismus tut sich die Welt noch immer schwer.

Stampfer hält den Vorwärts auf Spur

Im letzten Jahr des Krieges erlangte der *Vorwärts* unter Stampfer eine Bedeutung, die weit über sein von der Auflage gedecktes Gewicht hinausging. Kaum eine der großen bürgerlichen und liberalen Zeitungen wurde in den höheren Amtsstuben so eingehend studiert wie das sozialdemokratische Zentralorgan. Das mag auf seltsame Weise mit der Tatsache kontrastieren, dass die Zahl der parteigenössischen Abonnenten im Verlauf des Krieges gesunken war, hauptsächlich deshalb, weil die Frauen der eingezogenen Soldaten den *Vorwärts* abbestellten, um ein bürgerliches Blatt zu beziehen. Das ist sicherlich eine Aussage über das mangelnde Gespür der Redaktion, die Bedürfnisse der Leserinnen anzusprechen. Für viele Arbeiter und Soldaten blieb der *Vorwärts* jedoch der maßgebliche politische Ratgeber, und er wurde mehr als früher weithin im Reich gelesen. Sein gestiegenes Gewicht verstand sich zum einen als Ergebnis der gewachsenen Bedeutung der Mehrheitspartei im Reichstag. In erster Linie aber resultierte es wohl aus dem Fingerspitzengefühl Stampfers. Er verstand wortmächtig auszudrücken, was von der SPD in gegebener Lage erwartet wurde, auch wenn es der politische Alltag allzu oft verwässerte.

Stampfer verstand auch Spur zu halten in dem undurchdringlichen Dschungel der verschiedensten Ansprüche im Kriegsverlauf. Bekannt wurden seine Zweikämpfe mit Lensch, einstmals Kriegskreditverweigerer, dann fast auf annexionistischen Positionen. In solchen Auseinandersetzungen war der *Vorwärts*-Chefredakteur immer der Glaubwürdigere, weil ihm selbst der »Hagel von Dreck und Eisen um die Ohren geflogen« war. Verbote von Seiten der Zensur, die dem Blatt auch unter seiner Ägide nicht erspart blieben, bestätigten ihm, dass er auf dem richtigen Weg war. Ein Artikel des *Vorwärts*, der kurz vor Weihnachten 1917 erschienen war und sich mit der Not der Kriegsbeschädigten beschäftigte, ließ Hindenburg zur Feder greifen, um sich beim Reichskanzler zu beschweren. Der Artikel unter der Überschrift »Laßt sie betteln gehen« – in Anspielung an Heines Ballade von den beiden französischen Grenadieren – sei geeignet, »Unzufriedenheit in die Armee zu tragen«.

Ein halbes Jahr zuvor, muss man wissen, war gerade der »Bund der Kriegsbeschädigten«, später »Reichsbund«, heute unanstößig »Sozialverband Deutschland«, aus der Taufe gehoben worden. Zu den Mitbegründern gehörten Erich Kuttner, Ernst Heilmann und der ehemalige *Vorwärts*-Redakteur Georg Davidsohn. Kuttner wurde einer der beiden Vorsitzenden. Verbote gab es wiederum im Januar 1918 wegen eines Berichtes über Brotunruhen in Wien und kurz darauf wegen angeblicher Aufforderung zum Massenstreik, die auch in der Reichstagsfraktion kontrovers erörtert wurde. Der Januar-Streik war der wohl bedeutendste politische Streik der deutschen Geschichte, der sich an der harten Haltung der deutschen Vertreter bei den Friedensverhandlungen in Brest-Litowsk entzündete und die weitere Entwicklung in Deutschland bis zum Kriegsende beeinflusste. Die zahlreichen mitdemonstrierenden Frauen aus den Rüstungsbetrieben mögen freilich handgreiflichere Ziele, vor allem Brot für ihre Kinder, vor Augen gehabt haben. Kuttner als für die Politik verantwortlicher Redakteur wurde für den inspirierenden Artikel des versuchten Landesverrats angeklagt, doch gab sich Stampfer dem Gericht als Verfasser zu erkennen. Das Verfahren wurde eingestellt.

Als die deutsche Frühjahrsoffensive 1918 noch einmal die Hoffnung auf einen glimpflichen Ausgang des Krieges nährte, mochte der *Vorwärts* nicht die kalte Dusche schwenken. Der »Vormarsch zum Frieden« wurde als letzte Chance, »aus dem nicht endenden Kriegselend herauszukommen« begriffen. »Wehe dem Volk, das in den Krieg geht, ohne den Willen zum Sieg.« Selbst die Unabhängigen feierten im *Mitteilungs-Blatt* den »herrlichen Fortschritt unserer Waffen«. Der *Vorwärts* hielt auch den Spagat aus zwischen wiederholten Aufrufen, Kriegsanleihen zu zeichnen – ja, lobte die deutsche Anleihepolitik als die beste aller kriegführenden Staaten – und harscher Kritik an den mit annexionistischer Zielsetzung geführten Friedensverhandlungen in Brest-Litowsk. Ein deutsches Herzogtum Kurland lehnte er betont aus »patriotischem Empfinden« ab. Noch weit ins Jahr hinein druckte er immer wieder Durchhalteparolen, deklarierte sich aber nachdrücklich als Anwalt eines Verteidigungskrieges, den das deutsche Volk, »freilich nur als solchen, gewinnen kann und gewinnen wird«. Mit Scheitern der deutschen Hoffnungen auf dem Schlachtfeld rückte aber deutlich wieder der Kampf um die Demokratisierung in den Vordergrund, zunächst um das preußische Wahlrecht. Der *Vorwärts* handelte sich damit ein neuerliches dreitägiges Verbot ein. Wie erbittert die alten absterbenden Gewalten um ihre Bastionen rangen, zeigte sich am deutlichsten am Beispiel der preußischen Wahlrechtsfrage. Trotz der Zusage der Regierung und mehr schon im Sinne der kaiserlichen Zusicherung in der Osterbotschaft, beharrte der konservativ beherrschte Verfassungsausschuss auf dem Pluralwahlrecht, das hieß Dreiklassenwahlsystem, das gleiche Wahlrecht wurde abgelehnt. Entsprechend verliefen die Abstimmungen. Als der *Vorwärts* die Auflösung des Abgeordnetenhauses forderte, sprang die Oberste Heeresleitung den bedrohten Junkern bei. Eine solche Maßnahme, so wissen die Militärs, könne leicht die »Schlagfertigkeit der Armee« beeinträchtigen. Ach ja!

Muss 1917 als das kriegsentscheidende Jahr betrachtet werden, so fielen 1918 die Ereignisse an, die das nahende Ende beförderten und besiegelten. Die amerikanischen Truppen verstärkten die alliierten Fronten – konsequente Folge des leichtfertig vom Zaun gebrochenen uneingeschränkten U-Bootkrieges. Zum Schluss standen 1,8 Millionen ausgeruhter Söhne Amerikas auf französischem Boden, während sich zur gleichen Zeit die Kampfstärke des deutschen Westheeres um eine Million verringert hatte. Die deutschen Offensiven versickerten allesamt nach Anfangserfolgen, und als die alliierten Gegenoffensiven anrollten – symbolträchtig wurde der 8. August, das Datum der ersten Panzerschlacht der Geschichte – gab es bald kein Halten mehr. Ludendorff aber dachte nicht daran, die erschöpften Truppen zu entlasten, geschweige denn militärische und politische Konsequenzen aus der sich abzeichnenden Niederlage zu ziehen. Erst als Österreich um Frieden bat, Bulgarien die Fronten wechselte und dann auch die Türkei zusammenbrach, zog er die Notbremse mit dem einzigen Ziel vor Augen, die Verantwortung von sich abzuwälzen. Und darin würde er beachtliches Geschick entwickeln. Dem militärischen Desaster kongruent ging eine ohnmächtige politische Führung. Kein Wunder bei einem Kanzler, der absolut überfordert war.

Auch der Zustand der demokratischen Parteien bot nicht unbedingt Anlass zur Hoffnung. Die große Arbeiterpartei gespalten, und nicht nur in Mehrheits- und Unabhängige Sozialdemokraten, die radikalsten Führer in Festung und Zuchthaus. Die Friedenskoalition des interfraktionellen Blocks über mehr Dinge uneins als einig. Zunehmende Zuflucht der militärischen Befehlshaber in der Heimat zu diktatorischem Gehabe verstärkte die Kriegsmüdigkeit der Bevölkerung – auch der Presse. In den sechs Wochen zwischen dem 1. April und 15. Mai hagelte es Verbote für vier SPD-Blätter, darunter den *Vorwärts* für seinen Artikel »Heraus aus dem Schlammfeld«, drei Organe der Unabhängigen und ein parteiloses Blatt. Der Abgeordnete Daniel Stücklen berichtete im Reichstag von einer »Jagd … auf sozialdemokratische Zeitungen, wie sie schlimmer niemals in den Kasernen getrieben worden ist«. Die Generale machten, was sie wollten, denn das Kriegsministerium sei machtlos.

Ausgemergelt durch Kriegshilfsdienste, dazu ausgehungert durch Fehlernten und Blockade und am Ende ihrer nervlichen Kräfte wollten die Menschen nur noch eines – Frieden. Die Feldgrauen draußen aber taten weiter, was sie für ihre Pflicht hielten, die in den Materialschlachten dezimierten Divisionen notdürftig aufgefüllt von den 17-Jährigen des letzten Aufgebots. Anders die kaiserliche Marine in den

Kriegshäfen. Abgesehen von den U-Bootsbesatzungen hatte sie seit der Skagerrak-Seeschlacht vom Mai 1916 bei stumpfsinnigem Drill und verschimmelten Rationen ihren Groll gegen Gott, Kaiser und namentlich ihre Offiziere genährt. Als es im Sommer des vergangenen Jahres zu Protesten einer Panzerkreuzerbesatzung in Kiel gekommen war, wurden die beiden »Rädelsführer« standrechtlich erschossen, 50 weitere Matrosen zu 500 Jahren Zuchthaus verurteilt. Solche Urteile hatten das Unruhepotential bei den »Blauen Jungs« beträchtlich erhöht.

Endlich das Scheitern eingestanden

Vor diesem Hintergrund forderte der *Vorwärts* am 15. August die volle Parlamentarisierung des Reiches. Nur eine völlige Änderung des politischen Systems könne Vertrauen schaffen und Hilfe bringen. Das war einen Tag, nachdem im Großen Hauptquartier die militärische Ohnmacht Deutschlands und Österreichs festgestellt worden war, aber Hindenburg und Ludendorff immer noch meinten, sie könnten den Gegner von Deutschlands Grenzen fernhalten. Einen Monat später erneuerte das Zentralorgan sein Verlangen nach demokratischem Fortschritt im Innern und einem Verständigungsfrieden nach außen. Nicht viel später sollte nun endlich die Oberste Heeresleitung ihr Scheitern eingestehen und die sofortige Aufnahme von Waffenstillstandsverhandlungen fordern. Doch auch hier noch spannte sie die Zensur für ihre Zwecke ein. Die Verantwortlichen für Waffenstillstandsangebot und Friedensersuchen durften nicht beim Namen genannt werden. So wurde die Legendenbildung vorbereitet.

Das Unternehmen Krieg nach Völkerrecht zu liquidieren sah Graf Hertling aber nicht mehr als seine Aufgabe an. Prinz Max von Baden als der letzte vom Kaiser ernannte Reichskanzler bildete ein Kabinett aus Mitgliedern der Reichstagsparteien, in dem auch neben dem Zentrumsmann Matthias Erzberger der Sozialdemokrat Philipp Scheidemann saß. »Die wenig günstige Kriegslage hat im Reich endlich jener Richtung zum Durchbruch verholfen, die von Anfang an den Schutz der Freiheit des deutschen Volkes als ihr einziges Kriegsziel betrachtet hat«, schrieb der *Vorwärts* dazu. Als er dann forderte: »Deutschland soll – das ist unser fester Wille als Sozialisten – seine Kriegsflagge für immer einziehen, ohne sie das letztemal siegreich heimgebracht zu haben«, war dies ohnehin der einzige Schritt, der noch zu tun geblieben war.

Dieser Satz wurde später aus dem Zusammenhang gerissen und als »Beweis« zu Zwecken der üblichen Verleumdung der »vaterlandslosen Gesellen« benutzt. Daneben hatten aber auch Sätze gestanden wie dieser: »Nüchtern und besonnen wollen wir unsere Pflicht tun für die Verteidigung solange sie notwendig, für den Frieden, sobald er erreichbar ist.« In der gleichen Ausgabe rief Scheidemann zu weiterer Zeichnung der Kriegsanleihe auf: »Es ist kein Opfer, sein Geld mündelsicher zu fünf Prozent anzulegen.« Wenige Tage darauf vertraute Käthe Kollwitz dem *Vorwärts* ihren Gewissensappell an: »Es ist genug gestorben! Keiner darf mehr fallen!« Er richtete sich unter anderem an Richard Dehmel, der sich nochmals freiwillig an die Front gemeldet hatte, und der – ebenfalls im *Vorwärts* – dazu aufforderte, seinem Beispiel zu folgen.

Die Entwicklung folgte der inneren Logik. Der neue Kanzler richtete an den amerikanischen Präsidenten Wilson ein Waffenstillstands- und Friedensangebot auf der Grundlage der bekannten »14 Punkte«, nachdem Ludendorff erklärt hatte, die Armee könne keine 48 Stunden mehr warten. Bald wird der Militärdiktator entlassen sein und nach Schweden flüchten. Fürchtete er Konsequenzen? Doch es wird auch klar, dass mit dem Kaiser kein Neuanfang möglich ist. Während Max von Baden alle Vorbereitungen trifft, um seine Macht in die Hände von Friedrich Ebert zu legen und der Kaiser sich weiter weigert, zurückzutreten, verhindern in Kiel die Matrosen der Kriegsmarine, dass ihre Schiffe für einen letzten Ausfall unter Dampf gesetzt werden. Die Revolution erhebt ihr Haupt. Von der Gruppe Spartakus, die sich um den gerade aus dem Zuchthaus entlassenen Karl Liebknecht schart, war sie schon lange ins Visier genommen worden. Mit dem schlichten Übergang in eine parlamentarische Demokratie sind die linken Radikalen einfach nicht zufrieden zu stellen, und auch die Unabhängigen fordern zumindest eine sozialistische Republik. In diesen Tagen und Stunden, in denen sich die Ereignisse überschlagen, wird auch im *Vorwärts*-Haus eine Werkstatt aufgeschlagen für die Arbeit am letzten Kapitel einer überständigen Epoche.

Zwei sehr unterschiedliche Gruppen treiben die Entwicklung voran: Zum einen die Berliner Industriearbeiter, die unruhig werden, sich versammeln und beraten, und sodann die sozialdemokratische Reichstagsfraktion. Hinter den plüschverhangenen Scheiben ihres Konferenzraums werden die Bedingungen formuliert, die weder Regierung noch Oberste Heeresleitung länger übersehen können. Liest man heute die Protokolle und Erinnerungen, so wird deutlich genug, dass die politischen Schachzüge der Ebert und Scheidemann etwas Zwingendes an sich hatten. Es kann nicht die Rede davon sein, als sei einer unbedarften Parteiführung plötzlich die Macht im Staate in den Schoß gefallen. Sogar die Operationen der innerparteilichen Gegner fördern das Gelingen. Der Sturz der Wittelsbacher durch Eisners Machtübernahme – hier ist das revolutionäre Wort angebracht – in München half bei der

Durchsetzung der Republik in Berlin. Denn diese Sorge stand ja hinter dem zögerlichen Vorgehen Eberts beim Umbau der Staatsform: Eine bayerische Monarchie hätte sich von einem republikanischen Norddeutschland lossagen können.

Am 7. November stellte die Sozialdemokratische Partei dem Kanzler das Ultimatum, den Rücktritt des Kaisers und des Kronprinzen bis zum nächsten Tag zu erwirken. Der *Vorwärts* veröffentlichte es mit einem Aufruf an die Arbeiter und Parteigenossen: »Der Frieden ist gesichert – in wenigen Stunden wird die Waffenruhe eingetreten sein. Nur jetzt keine Unbesonnenheiten, die das an der Front beendete Blutvergießen im Lande wieder aufleben machen.« Diese Mahnung zur Friedfertigkeit sollte später viele stören, nach deren Meinung eine blutigere Zäsur die Rückkehr des alten Geistes und den Triumph der NS-Barbarei verhindert hätte. Die Beweiskette ist schwach. Auch auf die französische Revolution folgten Napoleon und die feudale Restauration. Und in Bebels Bild von einer Volkserhebung kamen Aristokraten an den Laternen nicht vor. Seine Erben aber hatten soeben das Sterben von zwei Millionen ihrer Landsleute auf den Schlachtfeldern mit angesehen, ganz zu schweigen von den noch höheren Zahlen von Toten in Europa und außerhalb. Ihr Bedarf an Tod war gedeckt. Gegen einen Bürgerkrieg aber sprachen auch die drängenden Aufgaben der Übergangszeit: Geordnete Rückkehr der Millionenheere deutscher Soldaten und ihre Wiedereingliederung in Gesellschaft und Wirtschaft, Sicherung einer Mindesternährung für ein fast verhungertes Volk bei anhaltender Blockade und schließlich die Verhütung von Einfällen ins und Lostrennungen vom Staatsgebiet, eine Gefahr die real war und der ein zerrissenes Volk kaum entgegentreten konnte.

Der 9. November im Vorwärts-Haus

Von solcher Voraussicht war das Oberkommando in den Marken weit entfernt, als es sich der Entwicklung in den Weg stellen wollte. Sein neuer Kommandeur, Generaloberst von Linsingen, verhängte eine scharfe Zensur, verbot Versammlungen der Unabhängigen sowie die Bildung von Arbeiter- und Soldatenräten und verlegte Truppen in die Reichshauptstadt. »Fort mit Linsingen!« forderte der *Vorwärts* trotz Zensur am 8. November. Der gleichen Meinung war die Reichsregierung. Das Verdienst aber, den 9. November in Berlin ohne Blutvergießen in die Geschichtsbücher eingetragen zu haben, gebührt vor allem Otto Wels. In einer Sitzung der SPD-Betriebsvertrauensleute im *Vorwärts*-Haus gab er am Morgen die Losung zum Generalstreik aus. »Die Würfel sind gefallen! Geredet wird nicht mehr! Heraus aus den Betrieben, auf die Straßen! Von heute ab gibt es keinen Streit mehr in der Arbeiterschaft, heute kämpfen wir den Entscheidungskampf unter dem alten gemeinsamen Banner.« Dann fuhr Wels in die Alexanderkaserne, wo das Naumburger 4. Jäger-Bataillon auf ihn wartete, das nach Berlin verlegt worden war, um die Revolution niederzuschlagen. Diese Soldaten brachte er nicht nur hinter sich, sie warfen vor Begeisterung ihre Mützen in die Luft. 100 Mann nahm Wels mit sich zur Sicherung des *Vorwärts*-Hauses. Da hatte ihn eine innere Stimme richtig beraten. Um die Mittagszeit fuhr ein Auto mit bewaffneten Anhängern Liebknechts unter der Führung eines ehemaligen *Vorwärts*-Redakteurs vor, um das Haus zu besetzen. Ein höflicher Verweis auf die Maschinengewehre rettete das Zentralorgan vor dem Besitzerwechsel und der SPD ein wichtiges Machtzentrum an diesem Tag. Im *Vorwärts*-Gebäude bildete sich der Arbeiter- und Soldatenrat, der die neue Regierung unterstützte. Mit Mut und taktischem Geschick hatte sich die alte SPD an die Spitze der Revolutionsbewegung gesetzt. Über den Ablauf dieses 9. Novembers berichtete der *Vorwärts* in neun Extraausgaben:

1. Extraausgabe.
Generalstreik! Der Arbeiter- und Soldatenrat von Berlin hat den Generalstreik beschlossen ... Ein großer Teil der Garnison hat sich ... dem Arbeiter- und Soldatenrat zur Verfügung gestellt. Die Bewegung wird gemeinschaftlich geleitet von der Sozialdemokratischen Partei Deutschlands und der Unabhängigen sozialdemokratischen Partei Deutschlands ... Es lebe die soziale Republik!

2. Extraausgabe.
Der Kaiser hat abgedankt! ... Der Reichskanzler Prinz Max von Baden. Es wird nicht geschossen!

3. Extraausgabe.
Der freie Volksstaat ist da! Kaiser und Kronprinz haben abgedankt! Fritz Ebert ... ist Reichskanzler geworden ... Damit ist die öffentliche Gewalt in die Hände des Volkes übergegangen.

6. Extraausgabe.
Mitbürger! Der bisherige Reichskanzler Prinz Max von Baden hat mir ... die Wahrnehmung der Geschäfte des Reichskanzlers übertragen ... Der Reichskanzler. Ebert.

7. Extraausgabe.
Die Einigung zwischen den beiden sozialdemokratischen Parteien ist vollzogen. Ebert, Haase, Scheidemann, Dittmann, Landsberg und Barth werden die neue Regierung bilden.

Irgendwann im Laufe dieses Tages hatte Scheidemann von einem Fenster des Reichstages die Republik ausgerufen, dem Volk und der Welt in die Ohren geschrieen, wie Stampfer später schrieb, welch ein ungeheuerlicher Umschwung sich vollzogen hatte. Doch das war wohl keine Extraausgabe wert gewesen.

15. Durch Zwietracht alles verspielt

Den 9. November 1918 nennen wir geläufig einen deutschen Schicksalstag. Das ist er ja wohl auch. Aber was ihn noch mehr charakterisiert ist die Tatsache, dass er über die Jahrzehnte und bis auf den heutigen Tag zum Mittelpunkt des heftigsten Meinungsstreits aufrückte. Selbst das Offenkundigste blieb umstritten. Die Anhänger und Nutznießer des untergegangenen Regimes betrieben allzu bald die Revision dieser epochalen Zeitenwende. Als sie damit – zunächst – erfolglos blieben, erfanden sie den »Dolchstoß«. Und erst die Sieger. Sie kamen auf überhaupt keinen grünen Zweig. Das Jahrhundertwerk ihrer sozialen Revolution minimierten sie im Parteienstreit, etwa darüber, ob sie – die Revolution – auch weit genug gegangen sei. Und noch heute beschäftigen uns Fragestellungen wie jene, ob etwa die Sieger der Revolution nicht die falschen Verbündeten hatten, ob sie nicht vielleicht zu früh das Heft aus der Hand gaben, ob nicht ein bisschen deutscher Bolschewismus uns den Machtanspruch des russischen erspart hätte.

Wir kennen andere Schicksalstage unter dem gleichen Datum, den von 1923 wie vor allem den von 1938, die wir als schwere Lastschrift unseres nationalen Kontos erfühlen, bis an einem bislang letzten 9. November eine unblutige Revolution das zerschnittene Land wieder vereinigte. Ein anderer Tag müsste eher dem Vergessen entrissen werden. Da fiel in der Wiener Brigittenau der Abgeordnete der Frankfurter Nationalversammlung Robert Blum unter den Kugeln eines Hinrichtungskommandos der kaiserlichen Truppen der Konterrevolution. Blum, der Führer der gemäßigten Linken in der Paulskirche, war von dem ersten deutschen Parlament mit einer Botschaft in das aufständische Wien entsandt worden. Seine Immunität, die auch in Österreich galt, hatte ihn nicht schützen können. Dieser 9. November 1848 scheint uns ein bemerkenswertes Präludium aller anderen.

Es ist schon möglich, dass auch in unseren Köpfen einige der Irrtümer fortwirken, denen bereits die Akteure des Revolutionsdramas zum Opfer fielen. Die linken Radikalen hielten alle Revolutionäre für radikal. Ebert und die Seinen meinten hingegen, auch der radikalste Linke würde sich in die alte Bewegung einbinden lassen, jetzt, wo sie am Ziel ihres langen Kampfes stand. Ebert hörte im ersten Gespräch mit den Unabhängigen über die anstehende Regierungsbildung, dass man ja auch Liebknecht …: »Bringen Sie ihn nur, er soll uns angenehm sein«, sagte Ebert. Aber Liebknecht war nur bereit, in die Regierung einzutreten, wenn alle legislative, exekutive und richterliche Gewalt in die Hand der Arbeiter- und Soldatenräte gelegt werden würde. Ähnlich hatte er erst wenige Tage vorher auf ein Angebot der Unabhängigen-Führung reagiert. Sie schlug vor, er solle einen Platz im Parteivorstand einnehmen. Ja, aber nur wenn die USPD »ihr Programm und ihre Taktik im Sinne der Gruppe ›Internationale‹ (Spartakusbund) ändern und durch entsprechende Gestaltung ihrer Leitung sichern würde«. So Liebknecht.

Seit seiner Entlassung aus dem Zuchthaus am 23. Oktober war Karl Liebknecht nicht nur der unumstrittene Führer von Spartakus, sondern auch eine Symbolgestalt für viele geworden, die des furchtbaren Krieges so überaus müde waren. Er verkörperte ihre Friedenssehnsucht, denn keiner hatte so wie Liebknecht das Schlachten von Anfang an bekämpft. Aber die Begeisterung, die ihm entgegenschlug, trübte auch seinen Sinn für die Realität. So viele sich um ihn versammelten, es waren längst nicht Mehrheiten. Und mancher, der mit Liebknecht sympathisiert hatte, schreckte vor seinem jetzigen politischen Credo zurück. Eduard Bernstein erlebte sein Auftreten in einer Sitzung von USP-Vorstand und -Reichstagsfraktion, die sich mit dem Angebot der Mehrheitspartei zur Regierungsbeteiligung befasste. Liebknecht war kein Mitglied in einem der Gremien, riss aber das Wort an sich und diktierte die Bedingungen. Bernstein: »Ich hatte bis dahin trotz weitgehender Meinungsverschiedenheiten zwischen uns viel Sympathie für Karl Liebknecht gehabt. Als er aber in der geschilderten Weise der Partei das Bolschewistensystem aufzudiktieren sich anschickte, zuckte es mir wie ein Blitz durch den Kopf: ›Er bringt uns die Konterrevolution‹.«

Die Politik, die der Vorwärts vertritt

Im Zirkus Busch versammelten sich am Nachmittag des 10. November die Vertrauensmänner der Arbeiter- und Soldatenräte. Die »gewaltige Kundgebung«, von der Bernstein schrieb, war auf fragwürdige Weise vom linken USP-Flügel unter besonderer Beteiligung des Vorsitzenden der Berliner Revolutionären Obleute, dem ehemaligen Gewerkschafter Emil Barth, ins Werk gesetzt worden, um eine Regierung Liebknecht, Ledebour, Luxemburg einzusetzen. In buchstäblich letzter Sekunde konnte Wels die Betriebsvertrauensleute seiner Partei instruieren, und die Soldaten mobilisierte er mit einem Flugblatt, das er der Einfachheit halber »An alle Truppenteile«, adressierte, »welche auf dem Boden der Politik stehen, die der *Vorwärts* vertritt«.

Der Verlauf der Konferenz enttäuschte die Illusionen der Radikalen, obwohl sie sich noch viel Mühe gaben, die Mehrheits-SPD und zur Mitregierung bereite Unabhängige auszugrenzen. Doch in der Konferenz war Verständigung gefragt. Herrschende Auffassung war, der Krieg sei ja nun vorbei und damit die Ursachen der Spaltung. »Fritz« Ebert erntete für seine Mitteilung, dass sich die beiden sozialistischen Parteien über das neue Kabinett geeinigt hätten, nicht enden wollenden Jubel. Schließlich wählten die dreitausend Abgeordneten einen Vollzugsrat – ohne Spartakisten –, und bestätigten die neue Regierung, die sich »Rat der Volksbeauftragten« nannte. Am Tag darauf unterschrieb eine deutsche Delegation unter Führung des Zentrumspolitikers Matthias Erzberger im Wald von Compiègne den Waffenstillstand. Dass nicht die Herren Ludendorff und Hindenburg vor ihre alliierten Bezwinger treten mussten, sollte noch fatale Folgen für die junge Republik haben.

Der *Vorwärts*, der mit seinen Extrablättern den Ablauf der entscheidenden Stunden dokumentiert hatte, bot sich auch weiter als Richtungsweiser im Dschungel des Umsturzes an. Mit Aufrufen zur Aufrechterhaltung des Ernährungs-, Versorgungs- und Gesundheitssystems wollte er das Ausmaß der Zugeständnisse an eine kaum vermeidbare Unordnung möglichst klein halten. Auf der gleichen Linie bewegte sich am 25. November die Reichskonferenz der deutschen Länder, in denen schon die neuen Führungen, teils von den Mehrheitlern, teils von den Unabhängigen gestellt, das Ruder hielten. Ihr einstimmiger Beschluss verlangte, dass nur intakte Versorgungs- und Finanzsysteme die Lebensfähigkeit der gebeutelten Nation aufrechterhalten könnten. Der *Vorwärts* wusste auch, wie die Grundlagen auszusehen hätten. Voraussetzung: »Kein Bruderkampf«. Und er bekräftigte im Leitartikel: »Die alte sozialdemokratische Partei erstrebt die Einigung mit aller Kraft auch unter eigenen Opfern ... die Bruderhand liegt offen – schlaget ein!« Aber wenn auch die Unabhängigen einschlugen, fürs erste jedenfalls, Spartakus dachte nicht daran.

Schon am Abend des 9. November hatte eine Gruppe unter der Führung von Ernst Meyer und Hermann Duncker, ehemaliger *Vorwärts*-Redakteur der eine und auch mal Redaktionsvolontär der *Leipziger Volkszeitung* der andere, die Redaktion des *Berliner Lokal-Anzeigers* besetzt. Das bislang so kaisertreue Scherl-Blatt, in welchem seit dem März 1916 der rheinisch-westfälische Wirtschaftsführer Alfred Hugenberg das Sagen hatte, kam noch am selben Abend unter dem Titel *Die rote Fahne* auf die Straße. Hatte die neue Redaktion in der Schnelle auch nur die erste Seite umschreiben können, so zeigte sie doch schon ihre Krallen. In den Überschriften wimmelte es von »roten Fahnen über Berlin«, was ja richtig beobachtet war. Der *Vorwärts* hatte am gleichen Tag getitelt »Die rote Fahne über Berlin.« Im Text, der ansonsten nichts demonstrativ Spartakistisches enthielt, wurde dann unverhohlen die Bewaffnung aus geheimen Waffendepots zugegeben. Lenins Gesandter Joffe hatte dazu die Mittel vorgestreckt, wie er sich noch rühmen sollte.

In der Nummer 2 entschuldigte sich am nächsten Morgen die neue Redaktion für die mangelhafte Profilierung des Vortagsprodukts und kündigte an, dass dies »von morgen ab« anders würde. Doch deutliche Worte fehlten schon in dieser Ausgabe nicht. Die »Arbeiter und Soldaten« wurden zum Misstrauen aufgefordert gegenüber allen, »die von Reichskanzler- und Ministerstellen herunter glauben, Eure Geschicke lenken zu dürfen«. Ein Aufruf Friedrich Eberts, im Interesse der Volksernährung auf den Straßen für Ruhe und Ordnung zu sorgen, wurde mit dem Kommentar versehen: »Wir fordern im Gegenteil dazu auf, nicht die Straßen zu verlassen, sondern bewaffnet zu bleiben ... Die Aufforderung des vom gestürzten Kaiser neugebackenen Reichskanzlers verfolgt nur den Zweck, die Massen heim zu senden, um die alte ›Ordnung‹ wieder herzustellen.« Im Übrigen forderte *Die rote Fahne* in einem Zehn-Punkte-Programm die Übergabe der gesamten Macht an die Arbeiter- und Soldatenräte. Sie sollten die Kontrolle über alle Waffen- und Munitionsbestände sowie die Verkehrsmittel übernehmen. Alle Parlamente einschließlich des Reichstages sowie die bestehende Reichsregierung seien zu beseitigen. Die zehnte und letzte Forderung betraf die sofortige Rückberufung der russischen Botschaft nach Berlin. Dies wohl ein Akt der Wiedergutmachung für bewährte Freunde. Die mit großen Erwartungen befrachtete nächste Ausgabe blieb übrigens ungedruckt, weil Setzer und Drucker sich weigerten, das Spartakusblatt noch ein weiteres Mal herzustellen. Selbst Rosa Luxemburg, die gerade nach langen Haftjahren aus Breslau eingetroffen war, brachte es nicht fertig, die Arbeiter umzustimmen. Keine der Berliner Lohndruckereien war zunächst bereit, *Die rote Fahne* zu drucken, so erschien die Nummer 3 erst acht Tage später, am 18. November, als »Zentralorgan des Spartakusbundes«.

Hie Demokratie – da Diktatur

Die paritätische Einsetzung der Volksbeauftragten, hell bejubelt von allen, die einen neuen Anfang erwarteten, sollte die Hoffnungen nicht erfüllen, die sich daran knüpften. Von den vielen Gründen für das Scheitern ist einer besonders zu nennen: Die unterschiedlichen Auffassungen zur Legitimation der neuen Regierung. Während die Volksbeauftragten die Bildung einer konstitutionellen Versammlung angekündigt hatten, erließ die Parteiführung der USPD einen Aufruf, dessen Kernpunkt klar ausdrückte: Träger der Regierungsgewalt sind die Arbeiter- und Soldatenräte. Friedrich Stampfer antwortete darauf im *Vorwärts*: »Die Mitglieder der neuen Regierung nennen sich Volksbeauftragte ... Aber sie müssen sich diesen Titel erst verdienen. Denn einen irgendwie geregelten Auftrag vom Volke besitzen sie noch nicht.« Dann stellte Stampfer die »andere Auffassung« gegenüber, nach der die Volksbeauftragten nicht Beauftragte des ganzen Volkes, sondern nur der Arbeiter und Soldaten sein sollen und kommt zu dem Resümee: »Das also ist ungefähr der Gegensatz: Hie Demokratie durch die konstituierende Nationalversammlung, da Diktatur durch die Arbeiter- und Soldatenräte.«

Der *Vorwärts* blieb auf seiner Linie, mit der er nur bekräftigte, was für jeden aufrechten Sozialdemokraten außer Frage stand. Die Einberufung der Nationalversammlung war mehr als eine Formalie. Auch wenn darüber nicht groß gesprochen wurde, mit ihr erfüllte sich das Vermächtnis der gescheiterten Revolution von 1848/49. Unter der Überschrift »Mit uns das Volk, mit uns der Sieg«, stellte das Blatt heraus: »In einer Angelegenheit, die für uns eine Frage des Prinzips und Lebensfrage ist, kann es kein Kompromiß geben«. Und am 16. Dezember, dem Eröffnungstag der Reichskonferenz der Arbeiter- und Soldatenräte, unterstrich es als »heiligste Pflicht« für eine möglichst frühe Wahl zur Konstituante zu sorgen. So sahen es auch die im Preußischen Landtag versammelten Delegierten aus dem ganzen Reich und stimmten mit großer Mehrheit einem Antrag zu, der die Wahl zur Nationalversammlung auf den 19. Januar festlegte. Das war ein Termin, der noch weit vor dem vorher von MSP und USP vereinbarten lag. Der Antrag, unter allen Umständen am Rätesystem als Grundlage der Verfassung festzuhalten, verfiel hingegen mit einer deutlichen Dreiviertelmehrheit der Ablehnung.

Die Tage bis zur Wahl sollten sich noch dehnen. Sie waren angefüllt mit ständig neuen Wirren und Umsturzversuchen. Daraus resultierendes Blutvergießen lastete *Die rote Fahne* den Sozialdemokraten, namentlich dem neuen Stadtkommandanten Otto Wels an, und stachelte unentwegt zum gewaltsamen Sturz der Regierung auf. Der *Vorwärts* kommentierte die hemmungslose Aufwiegelei dahin, dass *Die rote Fahne* täglich sechs bis zehn Lügen veröffentliche. »Wenn es in Berlin wirklich Idioten gibt, die glauben, was in der Roten Fahne steht, können wir ihnen nicht helfen!« Das sollte sich als eine recht läppische Feststellung herausstellen, bedenkt man die Folgen. Der neuen Regierung mangelte jeglicher effektive Schutz, von Regierungs*gewalt* konnte schon gar nicht die Rede sein. Die aus dem Felde zurückkehrenden Soldaten, obwohl den sozialdemokratischen Nachlassverwaltern durchaus wohlgesinnt, liefen auseinander, sobald in der Heimat angekommen. Der revolutionäre Berliner Polizeipräsident sammelte Waffen, aber nicht etwa, um sie zum Schutz der Regierung einzusetzen, sondern zu deren Sturz. Eine Republikanische Soldatenwehr gab es zwar, von erfahrenen Offizieren aufgebaut. Doch hielt sie sich vornehm in allen Auseinandersetzungen zurück. Das war eine Einladung für alle, die rücksichtslos ihre eigenen Ziele verfolgten. Nachdem Liebknecht wiederholt die Regierung als einzige Verantwortliche für die bei einer Demonstration gefallenen Arbeiter beschuldigt hatte, hielt ihm der *Vorwärts* vor: »Liebknecht hetzt mit Lügen zum Bürgerkrieg und klagt dann über die Opfer, die doch nur die Opfer seines eigenen gewissenlosen Treibens sind.«

Die Revolte der so genannten Volksmarinedivision leitete die Phase offener Gewalt ein. Otto Wels selbst hatte die Matrosen aus Cuxhaven zum Schutz der revolutionären Regierung nach Berlin gerufen, wo sie im Schloss und im Marstall untergebracht wurden. Allerdings hatten sich ihre Zusammensetzung und ihre Moral in wenigen Wochen erheblich verändert. Die über ihre weitere Verwendung beunruhigten Männer brachten schließlich Stadtkommandant Wels in ihre Gewalt. Nachdem bekannt wurde, dass er misshandelt und sogar mit dem Tode bedroht werde, forderte Ebert den Verteidigungsminister zum Handeln auf. Die nun folgende und arg missglückte Militäraktion kann als Datumsgrenze angesehen werden, ab der sich vom zurückgekehrten Einfluss der militärischen Führung auf die deutsche Politik sprechen lässt. Und Friedrich Ebert brachte sie den Vorwurf ein, mit den alten Gewalten paktiert zu haben.

Nach einer anderen Auffassung hätte Ebert das freilich schon durch seine Telefonate mit General Wilhelm Groener, dem Nachfolger Ludendorffs in der Obersten Heeresleitung, getan, Gespräche, welche – hauptsächlich in Erinnerungen Groeners – zu einem Bündnis Ebert-Groener geführt hätten. Ging es Ebert tatsächlich darum, ein »Bündnis« mit den alten Militärs zu schmieden? Oder hatte er, der im Rat der Volksbeauftragten ohnehin für das Heerwesen zuständig war, nicht vielmehr ein legitimes Interesse an Informationen darüber, wie die durch den Waffenstillstand zum Rückzug bis über die Reichsgrenzen verpflichtete deutsche Armee voran kam? Fragen, die heute keiner mehr beantworten kann. Entschiedenster Verfechter der Bündnis-These ist Wolfgang Sauer, während der ungekrönte Mentor aller Historiografen der Weimarer Republik, Arthur Rosenberg, »das sogenannte Bündnis zwischen Ebert und Groener … ein umstrittenes Problem« nannte. Groener selbst ist als Zeuge nicht viel wert. Seine Darstellungen, auch vor Gericht, sind widersprüchlich und teilweise falsch. Von Ebert liegen keine Bekundungen vor.

Zurück zu der verhängnisvollen Kanonade am kaiserlichen Marstall: Unmittelbare Folge war der Austritt der von den Unabhängigen gestellten Volksbeauftragten aus der Regierung. Der Zusammenstoß mit den Matrosen sollte aber, wie der Unabhängige Eduard Bernstein in seinem von Detailkenntnis strotzenden Buch über *Die deutsche Revolution* nachwies, »nur das Vorspiel eines sich immer deutlicher abzeichnenden Zusammenstoßes mit Karl Liebknecht und dessen wachsender Gefolgschaft« werden.

Friedrich Stampfer hatte schon in der Heiligabend-Ausgabe des *Vorwärts* die Putschisten und ihr »Radaufritzentum« scharf angegriffen. Am nächsten Tage besetzten einige Matrosen und Spartakusleute das *Vorwärts*-Haus. Ein Flugblatt teilte mit, dass das »lügnerische Reptil« nunmehr als »Roter Vorwärts« erscheinen werde. Als die Redakteure am zweiten Weihnachtsabend an ihre Schreibtische zurückkehren wollten, bedeutete man ihnen, dass sie dort nichts mehr zu suchen hätten. Doch gelang es diesmal noch, durch Verhandlungen die Besetzer zum Abzug zu bewegen. Dafür musste der *Vorwärts* an der Spitze seiner nächsten Ausgabe eine Erklärung abdrucken, in der das Motiv für die Besetzung unumwunden zugegeben wurde. »Der ungeheuerliche Rechtsbruch, der vor zwei Jahren gegen die Berliner Arbeiterschaft begangen wurde, wird heute umso aufreizender von der revolutionären Arbeiterschaft empfunden, als der *Vorwärts* in der letzten Zeit alle ehrlichen und revolutionären Kreise sowie die Volksmarinedivision beschimpft hat.«

Die alte Wunde des »*Vorwärts*-Raubes« war also noch immer nicht vernarbt. Stampfer dazu in der gleichen Ausgabe: »Wir halten diejenigen Kreise für ›ehrlich revolutionär‹, die an den Errungenschaften der Revolution festhalten. Die größte Errungenschaft der Revolution ist, daß das ganze Volk künftig selbst über seine Geschicke entscheiden soll. Versuche, ihm dieses Recht vorzuenthalten, die Wahlen zur Nationalversammlung zu vereiteln, halten wir für konterrevolutionär ... Denjenigen aber, die mit dem Bürgerkrieg spielen, werden wir immer wieder sagen, daß sie Verderber des Volkes sind, und wir werden immer wieder unseren Genossen raten, das Selbstbestimmungsrecht des Volkes nach allen Seiten hin bis zum äußersten zu verteidigen.« Stampfer wies noch darauf hin, dass der *Vorwärts* bleibe, was er gewesen sei: das Zentralorgan der Sozialdemokratischen Partei Deutschlands, »das keiner anderen Kontrolle als jener der eigenen Parteiinstanzen unterworfen ist«. Im Übrigen hoffte Stampfer, dass er das Recht, »frei seine Meinung sagen zu dürfen ... im revolutionären, republikanischen Deutschland kein zweites Mal noch besonders zu verfechten« brauche. In diesem Punkte sollte er sich leider geirrt haben.

Stampfer, unter dessen Redaktionsführung das Blatt bis jetzt 170 000 neue Leser verbuchen konnte, hatte bereits am 9. November den Unabhängigen den Vorschlag unterbreitet, die Redaktion neu zu ordnen. Er erinnerte daran, als er seinen Redaktionssitz wieder eingenommen hatte, doch war das kaum als Vorwurf gemeint, denn: »Die Unabhängigen gingen nicht darauf ein, sondern zogen es vor, ein eigenes Blatt zu gründen, womit richtig erwogen, den beiderseitigen Interessen wohl am besten gedient war.« Dieses Blatt, *Die Freiheit*, war erstmals am 15. November erschienen. Rudolf Hilferding hatte die Leitung, der Redaktionssitz war am Schiffbauerdamm. Als verantwortlicher Redakteur zeichnete Siegfried Nestriepke, der jedoch bald das Vertrauen der Pressekommission verlor und von Alfred Wielepp abgelöst wurde. Alle drei Genannten waren frühere *Vorwärts*-Redakteure. Zur Redaktion gehörten ferner Paul Hertz, vor dem Krieg wenige Monate Redakteur der *Leipziger Volkszeitung*, und Bruno Schoenlank jun., Sohn des bekannten Vaters.

Zwischen den beiden Organen herrschte naturgemäß nicht die dickste Freundschaft, doch verlief ihr Diskurs meist in gemäßigterem Ton als der zwischen gewissen Politikern beider Parteien. *Die Freiheit* war ja auch in einer schwierigen Lage. Die Führer der USPD saßen mit Ebert und Genossen in der Regierung, die Mitglieder ließen sich hingegen in großer Zahl von den Parolen der *Roten Fahne* inspirieren. Auf bemerkenswerte Weise kommt dieser Zwiespalt in der Kommentierung der schon erwähnten Schießerei vom 6. Dezember zum Ausdruck, bei der 14 Demonstranten getötet worden waren. Nicht anders als das Spartakistenblatt machte *Die Freiheit* Wels für das Blutvergießen verantwortlich und schob die Schuld daran aber auch dem *Vorwärts* für seine »Hetze« gegen Liebknecht in die Schuhe. »Eine arge Umkehrung des Sachverhalts«, beurteilte Bernstein das Verdikt. In der nächsten Ausgabe aber freute sich das Blatt darüber, »daß Ebert und Scheidemann von dem Putschversuch nichts gewußt haben«, und somit ein »ersprießliches Zusammenarbeiten« gewährleistet blieb. Dass die *Rote Fahne* in die angebotene Kerbe hieb und die vermeintliche Versöhnung »zwischen den Scheidemännern und den Unabhängigen« als »politische Ehrlosigkeit« abkanzelte – um nicht noch giftigere Invektiven zu zitieren –, muss nicht wundernehmen.

Der Austritt der Unabhängigen aus der Regierungsverantwortung war von einem ihrer Genossen nicht mit vollzogen worden, dem amtierenden Polizeipräsidenten Emil Eichhorn. Die in der Regierung verbliebenen Sozialdemokraten konnten Eichhorn, der vorher leitender Mitarbeiter der sowjetischen Presseagentur *Rosta* gewesen war, zu Recht als Gegner betrachten, dessen Herz keinesfalls für die nach Lage der Dinge als verfassungsgemäß zu betrachtende Ordnung schlug. Der preußische Innenminister Paul Hirsch, SPD, legte ihm deshalb den Abschied nahe, und als Eichhorn sich weigerte, entließ er ihn. Aus diesem Vorfall holten die Revolutionären Obleute, die Berliner Unabhängigen und die seit dem Jahreswechsel 1918/19 als Kommunistische Partei firmierenden Spartakisten alles heraus, was nur herausgeholt werden konnte, auch mittels politischer Falschmünzerei, um endlich die Regierung zur Strecke zu bringen. Susanne Miller weist darauf hin, dass die gleichzeitig verbündeten und konkurrierenden Revolutionäre von der Entwicklung, wie sie dann eintrat, überrollt wurden. Doch hatten sie diese mit der maßlosen Polemik, in der sie sich gegenseitig zu überbieten trachteten, erst in Gang gesetzt. Gleich lautend erschien am 5. Januar der Aufruf zum Massenaufmarsch in der *Freiheit* und der *Roten Fahne.* »Die Regierung Ebert-Scheidemann« habe Eichhorn »in niederträchtiger Weise aus seinem Amt zu drängen« versucht, um »vor allem in Berlin ein Gewaltregiment gegen die revolutionäre Arbeiterschaft auf[zu]richten«. »Marschiert in Massen auf! Es gilt Eure Freiheit, es gilt Eure Zukunft, es gilt das Schicksal der Revolution! Nieder mit der Gewaltherrschaft der Ebert-Scheidemann-Hirsch und Ernst!« Eugen Ernst war als Nachfolger Eichhorns vorgesehen.

Der emotionale Ton entfaltete seine Wirkung, noch bevor Liebknecht, Ledebour und Paul Scholze, der Vertreter der Obleute, als »Revolutionsausschuß« eine Regierung »abgesetzt« hatten, die gerade erst von der überwältigenden Mehrheit der deutschen Arbeiterschaft bestätigt worden war. Wie der *Vorwärts* schrieb, versuche »ein Grüppchen, hinter dem nicht drei von je hundert Wählern stehen«, seinen Willen durchzusetzen. Bewaffnete Trupps, die sich »Rote Garden« nannten, besetzten die großen Berliner Zeitungshäuser, darunter auch den *Vorwärts*. Gerade das habe elektrisierend auf die Bewegung gewirkt, wusste Ledebour, bekanntlich ehemaliger *Vorwärts*-Redakteur, später zu berichten. Über die Erfahrungen der Überrumpelten hört man aus einer Anekdote, die über den derzeitigen presserechtlich verantwortlichen *Vorwärts*-Redakteur Erich Kuttner kolportiert wurde. Er war von dem Überfall mit zwei seiner Kollegen in einem Büro des weit verzweigten Hauses überrascht worden. Notgedrungen verbargen die drei sich die Nacht über, um nicht den umherstreifenden Rotgardisten in die Hände zu fallen. Dank der Fronterfahrungen Kuttners konnten sie am nächsten Tag entkommen.

Seine Fronterfahrung setzte Kuttner auch bei der Aufstellung einer aus heimgekehrten sozialdemokratischen Soldaten gebildeten republikanischen Schutzwehr ein. Von den drei so gebildeten Regimentern trug das erste den Namen »Reichstag«, weil den Reichstag zu sichern seine erste Aufgabe wurde. Kuttner glaubte sogar, mit diesen Freiwilligen den Aufstand niederwerfen zu können. Gerechtfertigt der Gedanke oder nicht, immerhin hielt es auch Rosenberg für sicher, dass »mit 10 000 zuverlässigen republikanischen und demokratisch gesinnten Freiwilligen in Berlin … die Regierung sich hätte behaupten können«. Die Regierung, das heißt Gustav Noske, vertrat jedoch ein anderes Konzept. Noske beauftragte Freikorps, die in der Umgebung Berlins von Offizieren der abgedankten kaiserlichen Armee zusammengetrommelt auf ihre Stunde warteten, mit dem »Aufräumen«. Der brillante Mediator im Kieler Matrosenaufstand übernahm die politische Verantwortung. Doch diesmal hatte er die Folgen falsch eingeschätzt.

»Republikanisierung der Wehrmacht«

Die unterschiedlichen Auffassungen zwischen Kuttner und Noske in den Fragen der bewaffneten Macht sollten noch über den Januaraufstand hinausreichen. In einem programmatischen Artikel warb Kuttner im *Vorwärts* für »Die Republikanisierung der Wehrmacht« und begründete mit Otto Strasser und Hinrich Wilhelm Kopf den »Republikanischen Führerbund«, einen Zusammenschluss verfassungstreuer Offiziere und Unteroffiziere. Noske, der nun Reichswehrminister war, hielt davon nichts. Die Reichswehr müsse »absolut unpolitisch« sein. Da gab der Führerbund auf, vielleicht zu rasch. Auch der *Vorwärts* musste zurückstecken, als er auf seinem Terrain einen vergleichbaren Versuch wagte. Stampfer hatte – wie auch andere SPD-Zeitungen – Werbeanzeigen für Freikorps ins Blatt rücken lassen. Das wurde ihm von der Berliner Parteiorganisation sehr verübelt, er musste die Aktion einstellen. Stampfer machte in seinen Lebenserinnerungen geltend, es sei ihm darum gegangen, möglichst viele Sozialdemokraten in die Freikorps zu bekommen. Diese Absicht kann man für ein Blatt, das fast ausschließlich von Sozialdemokraten gelesen wurde, bereitwillig unterstellen. Der Erfolg blieb freilich hinter den Erwartungen zurück, wie auch der erste Nachkriegsparteitag der SPD bedauernd feststellte. Ob sozialdemokratische Freikorpssoldaten in der Realität ein ausreichendes Gegengewicht gegen die reaktionären Offiziere und Mannschaften gebildet hätten, scheint höchst zweifelhaft. Auch war zu dem Zeitpunkt, da das Gros dieser Anzeigen erschien, die landsknechtartige Attitüde der Freikorps unverkennbar geworden.

Zurück zu den Ereignissen. Nach fünf Tagen erfolgloser Verhandlungen hatte das Regiment Potsdam unter Major Stephani – kein Freikorps – den Befehl zur Entsetzung des *Vorwärts*-Hauses erhalten. Die Hauptlast bei der Niederschlagung des Aufstandes insgesamt fiel jedoch den republikanischen Freiwilligen zu. Sie zahlten auch den höchsten Blutzoll. Allein das »Regiment Reichstag« beklagte über 100 Tote. Nach Bernstein waren die Verluste der Aufständischen geringer als die der Regierungstruppen.

Dass die Regierung sich aus Gründen der Selbstbehauptung und in Verfolgung ihres derzeit wichtigsten politischen Zieles zur Wehr setzen musste, liegt auf der Hand. Das Land stand acht Tage vor den Wahlen zur Nationalversammlung. Die Wiederherstellung der Pressefreiheit war unabdingbar, sollte der Urnengang nicht zur Farce verkommen. Doch standen die Volksbeauftragten auch unter außenpolitischem Druck. Schon in den ersten Januartagen hatte der *Vorwärts* über eine Meldung des *Hollandsch Nieuwsbureau* berichtet. Danach habe General Foch der deutschen Waffenstillstandskommission erklären lassen, »daß, falls die bolschewistischen Elemente in Deutschland die Macht in die Hand bekämen, die Alliierten sofort alle Verhandlungen abbrechen und den vorläufigen Frieden rückgängig machen würden«. Ja, es war von der Besetzung Berlins die Rede, »falls die drohende bolschewistische Gefahr nicht ein Ende habe«.

Ob Rosa Luxemburg sich mit ausgebreiteten Armen in das Tor des *Vorwärts*-Hauses gestellt hatte, wie es ein prominenter Zeitzeuge gehört haben will, um ihren stürmenden Mitrevolutionären den Zutritt zu verwehren, ist nicht erwiesen und eher in den Bereich der politischen Legende zu verweisen. Rosa hatte zwar einen Aufstand zum Sturz der Regierung nicht gutgeheißen, doch als die »Massen« einmal in Bewegung waren, lediglich moniert, dass man »die allerelementarsten Regeln der revolutionären Aktion« vernachlässigt habe, weil man statt der wirklichen Machtpositionen lediglich ein paar Zeitungsredaktionen besetzt habe. Wie sehr es wieder einmal um den *Vorwärts* ging, zeigte sich, als ein Vermittlungsversuch führender Unabhängiger zwar die anderen Pressehäuser befreien konnte, nicht aber das des sozialdemokratischen Zentralorgans.

Stampfer und seine Leute hatten im Hause der ehemaligen *National-Zeitung* am Schiffbauerdamm eine Notredaktion unweit ihrer Konkurrenz von der *Freiheit* bezogen, waren aber auch da von Rotgardisten vertrieben worden. Die schon fertig gestellte Ausgabe warfen die Angreifer in die Spree. Erst als ihr ein liberales Blatt in Charlottenburg ein paar Räume überließ, konnte die Redaktion wieder arbeiten – hinter Stacheldraht und Maschinengewehren. In einer der ersten Ausgaben nach der Rückkehr ins *Vorwärts*-Haus zog die Redaktion Bilanz ihrer Erlebnisse in der »Blutwoche«. Während dieser »redaktionellen Vagantenzeit« sei »der Federhalter ... unsere ganze Büroeinrichtung gewesen«. Aber »auch auf der Flucht und unter Gewehrfeuer regelmäßig unsere Zeitung herzustellen ... ist uns gelungen ... wir lassen uns nicht stumm machen«.

Die *Vorwärts*-Stürmer verbreiteten indes ihre Parolen in dem usurpierten Blatt, das sie zum *Organ der revolutionären Arbeiterschaft Groß-Berlins* erhoben hatten. Darin forderten sie zugleich »Auf zum Generalstreik!« und »Auf zu den Waffen!« Proletarier und revolutionäre Soldaten wurden aufgerufen, auf den »Donnerruf des unerbittlichen Geschicks« zu hören: »Auf zum letzten, zum entscheidenden Kampf! ... Gebraucht die Waffen gegen Eure Todfeinde, die Ebert-Scheidemann!« Der nächtliche Angriff der Regierungssoldaten wurde aus dem Gebäude und hinter aufgetürmten Rollen von Zeitungspapier mit entschiedener Gegenwehr beantwortet. Erst als schwere Granaten ins Haus fegten, brach der Widerstand zusammen. 300 Spartakisten wurden gefangen genommen, darunter der 15-jährige Sohn Liebknechts. Als »Kommandant« der Besetzer entpuppte sich der Spartakist Ostermann, ein ehemaliger Bote des *Vorwärts*, der vor Jahren wegen Veruntreuungen entlassen worden war. Stampfer, der als erster Zivilist am Morgen des 11. Januar zum *Vorwärts*-Haus eilte, traf auf den Zug der mit Fußtritten und Kolbenstößen traktierten Gefangenen. Empört stellte er Stephani zur Rede. Doch sollte er noch Schlimmeres erfahren: Sieben Revolutionäre waren bereits erschossen worden. Es waren die Parlamentäre, welche die Übergabeverhandlungen führen wollten. Exzesse wie diese wurden natürlich der Regierung zur Last gelegt und ließen den Hass weiter anschwellen. Das *Vorwärts*-Gebäude schien eine Ruine, Granateinschläge waren bis in das vierte Stockwerk gedrungen, doch konnten die Instandsetzungsarbeiten schon im Sommer abgeschlossen werden. Nicht so schnell würden die Wunden heilen, schon gar nicht die politischen, ganz zu schweigen von den vielen Toten auf allen Seiten. Auch die politisch Verführten waren für eine Sache gefallen, die sie für gut und recht angesehen hatten.

Ein verhängnisvolles Gedicht

Am 13. Januar veröffentlichte der *Vorwärts* ein Gedicht. Verfasser war Artur Zickler, ein auch schriftstellerisch ambitionierter Mitarbeiter, der im Krieg dem Kreis um Kurt Eisner in München nahe gestanden hatte. Es gibt keinen Zweifel daran, dass viele Leser den *Vorwärts* nach der Lektüre mit einem zustimmend empörten »So ist es!« zugeschlagen haben.

Das Leichenhaus

Vielhundert Tote in einer Reih –
Proletarier!
Es fragten nicht Eisen, Pulver und Blei,
ob einer rechts, links oder Spartakus sei,
Proletarier!
Wer hat die Gewalt in die Straßen gesandt,
Proletarier?
Wer nahm die Waffe zuerst zur Hand
und hat auf ihre Entscheidung gebrannt?

Spartakus!
Vielhundert Tote in einer Reih –
Proletarier!
Karl, Rosa, Radek und Kumpanei –
Es ist keiner dabei, es ist keiner dabei!
Proletarier!

Zwei Tage später, genauer: am Abend des 15. Januar, waren Rosa Luxemburg und Karl Liebknecht tot. Das Entsetzen darüber war groß, beschränkte sich aber auf die linke Seite des damaligen politischen Spektrums. Die *Freiheit* konnte sofort die Verantwortlichen namhaft machen. Das waren die »Ebert – Scheidemann – Landsberg«, der *Vorwärts* »und seine bürgerlichen Helfershelfer« und namentlich Noske. »Über sie komme das Blut.« Der *Vorwärts* wehrte sich: »Mit Entrüstung weisen wir die Vermutung zurück, irgendein Sozialdemokrat könnte die geschehene Tat weniger streng verurteilen als Anhänger einer anderen Überzeugung, es könnte ihm um die restlose Aufklärung des Falles und die rücksichtslose Bestrafung der Schuldigen weniger ernst zu tun sein.« Und das Blatt bekräftigte: »Deutschland darf nicht dem Faustrecht verfallen.« Natürlich wurde von manchen eine Verbindung zu dem Gedicht Zicklers hergestellt. Stampfer meinte später, »es wäre uns allen lieber gewesen, es wäre nicht erschienen«. Allerdings fand er zugleich, dass das Gedicht kaum die Schärfe dessen erreichte, »was die ›Rote Fahne‹ täglich gegen uns schrieb«. Der Sinn der Verse sei völlig klar gewesen, »als eine Warnung an die Proletarier, nie wieder unter einer verantwortungslosen Führung, die sich selber im Hintergrund hielt, ihr Blut zu verspritzen«.

Zickler, dem von der *Freiheit*, aber auch von der *Republik* unterstellt worden war, er habe durch das Gedicht sein Bedauern zum Ausdruck gebracht, »daß die drei nicht zu den Toten gehörten«, wies das vehement zurück. Er habe sich vielmehr dagegen gewendet, »daß sich Proletarier um Leitartikel willen zum gegenseitigen Totschlagen verleiten lassen«. In einer Dokumentation unter dem Titel *Der Mord an Karl Liebknecht und Rosa Luxemburg*, die von der Verlagsgenossenschaft *Freiheit* ein Jahr später aufgelegt wurde, fehlt dann jeder Hinweis auf das Gedicht. Die Morde werden vielmehr in Zusammenhang gebracht mit einem Kommentar des *Vorwärts* vom 14. Januar. Dieser Kommentar befasste sich mit dem bereits oben erwähnten Aufruf des Revolutionsausschusses zum Sturz der Regierung, der auch im Faksimile abgedruckt wird, und nennt die Verfasser beim Namen: »Indem die Ledebour, Liebknecht und Scholze, die geblähten Eintagsdespoten Deutschlands, das Dokument ihrer Tölpelhaftigkeit und ihrer Gewissenlosigkeit unterzeichneten, unterschrieben sie kaltblütig das Todesurteil für noch ungezählte Hunderte. Sie haben sich selbst bekannt als Bürgerkriegshetzer, Proletariermörder, Brudermörder und ewig muss ihnen das furchtbare Wort der Bibel in den Ohren gellen: ›Unstät und flüchtig sollst du sein auf Erden‹.« Dieser Kommentar aber, so die Autoren der *Freiheit*, »war gleichbedeutend mit einem Todesurteil für Liebknecht«. Warum nur für diesen und nicht für die beiden anderen? Und warum wurde Rosa Luxemburg umgebracht, die hier gar nicht erwähnt wurde. Natürlich waren dies Polemiken im Parteienstreit.

Die Folgen des doppelten Mordes auf die Richtung und den Verlauf der deutschen und, ja, auch der europäischen Geschichte, reichten weit – und reichen bis heute. Erstes Ergebnis war die Zementierung der Spaltung in der deutschen Arbeiterbewegung. Auf diese Art geschwächt fiel die Linke als beherrschender Faktor der Weimarer Republik aus. Sie brachte auch die Kraft nicht mehr auf, Hitler zu verhindern. Die deutschen Kommunisten hatten zwar zwei Märtyrer gewonnen und damit eine identifikationsstiftende Kraft erhalten, gerieten aber ins Schlepptau Stalins. Am Ende war nicht Deutschland das erste Land geworden, in dem sich der Sozialismus verwirklichte – wie immer erwartet worden war –, sondern Russland. Allerdings entwickelte er sich hier zum Feigenblatt für schlimmste Parteidiktatur.

Wer aber waren die Mörder? Vorbereitung wie auch Durchführung des Anschlags auf die beiden Spartakusführer waren von generalstabsmäßiger Präzision geprägt. Das galt im gleichen Maße für die Verschleierung der Tatumstände. Erst 50 Jahre später konnten die Fakten aus dem Dunkel, das sie von Anfang an umgab, ans Licht gebracht werden. Allerdings hatte sich kein deutscher Richter oder Staatsanwalt dieser Aufgabe angenommen. Journalisten waren es, die sich nicht scheuten das Gras auszureißen, das inzwischen über die Sache gewachsen war. Als den Initiator der Bluttat markierten sie den Ersten Generalstabsoffizier der Garde-Kavallerie-Schützen-Division, Hauptmann Waldemar Pabst, der sich nach seinen eigenen Worten im Januar 1919 für den »mächtigsten Mann in Berlin« hielt. Zwar ist er in keiner zeitgenössischen Veröffentlichung von einiger Bedeutung zu finden. Das beweist aber nur, wie gut Pabst es verstand, sich in dieser hochbrisanten Angelegenheit weitgehend im Hintergrund zu halten. Tatsächlich war er der faktische Befehlshaber der schwer bewaffneten Einheit, die er aus Frankreich in Eilmärschen nach Berlin geführt hatte, schon mit dem erklärten Ziel, der Revolution in den Arm zu fallen. Divisionskommandeur Heinrich von Hoffmann, schwer herzkrank, segnete alles ab. Nachdem die ehemalige kaiserliche Elitetruppe auf 40 000 Mann angewachsen war, machte Pabst ein Freikorps daraus.

Pabst hatte auch die beiden Todesurteile ausgedacht und ihre Vollstreckung organisiert. Sie entsprachen seiner Grundhaltung: Der eines fanatischen, nationalistischen Militärs, welcher Sozialismus, Internationalismus und Pazifismus den unbarmherzigsten Kampf angesagt hatte. Dazu gesellte sich das elitäre Bewusstsein, Schicksalsvollstrecker in geschichtlicher Stunde zu sein. »Die ganze Gefährlichkeit der Frau Luxemburg« habe er erkannt, als ein Regimentskommandeur ihm vorgeschwärmt habe, wie begeistert er von einer Rede der Frau gewesen sei, berichtete Pabst noch 50 Jahre später. Das bestärkte ihn in seiner Auffassung, nach der Rosa Luxemburg »gefährlicher als alle anderen [war], auch die mit der Waffe«. Wie Pabst dachten auch seine Mordgehilfen, die er in einem Kreis nicht minder fanatischer Marineoffiziere gefunden hatte.

Auf die mörderische Tragödie folgte die Farce einer Kriegsgerichtsverhandlung, deren einziges Ziel war, die Täter zu schützen. Hier werden Spuren unkenntlich gemacht. Hier auch finden wir Namen, die wir unter Hitler in höchsten Stellen wieder sehen werden: Als einen der Richter Wilhelm Canaris, später Hitlers militärischer Abwehrchef, jetzt legte er falsche Fährten und leistete einem Angeklagten Fluchthilfe; Paul Jorns, der noch einmal Reichsanwalt an Freislers Volksgerichtshof werden sollte, war ein willfähriger Untersuchungsführer, der alles im Sinne Pabsts lenkte. Von den Mördern wird keiner bestraft. Lediglich eine Nebenfigur, der Jäger Otto Wilhelm Runge, der mit dem Gewehrkolben auf Karl Liebknecht und Rosa Luxemburg eingeschlagen hatte, musste von 1919 bis 1921 ins Gefängnis. Für einige Zeit war Runge die meist verhasste und verachtetste Figur der Weimarer Republik. Er ging zu Erich Kuttner in die *Vorwärts*-Redaktion, um sich auszuweinen und rein zu waschen. Er habe nicht das getan, was ihm vorgeworfen wurde und ja auch klar erwiesen war. Später erhielt er vom nationalsozialistischen Staat einige Zuwendungen. 1945 wurde Runge in der Sowjetischen Kommandantura in Berlin zum letzten Mal gesehen. Die Mörder aber starben alle in ihren Betten.

Von den Vorwürfen, die alsbald gegen Mehrheitssozialdemokraten, namentlich Noske und Scheidemann, erhoben worden waren, sie hätten die Beseitigung ihrer politischen Gegner in die Wege geleitet oder zumindest angedacht, ist keiner schlüssig oder gar beweiskräftig. Alles, was herangezogen wurde, um die Verdächtigungen zu untermauern, etwa der Handschlag Eberts mit dem in die Reichskanzlei zitierten Pabst, sind an Schreibtischen erdachte Beweisführungen, die wenig mit den realen Umständen zu tun hatten. Eduard Bernstein, der Augenzeuge wurde, welche Erschütterung die Nachricht von der Erschießung Liebknechts in der Reichskanzlei hervorrief, fand »nicht die Spur eines stichhaltigen Beweises« für solche Anschuldigungen. Gravierende Fehler sind allerdings bei der Aufklärung der Bluttat gemacht worden. Eine Verhandlung vor einem Kriegsgericht anstatt vor einem ordentlichen Zivilgericht oder einem Revolutionsgericht, wäre vielleicht noch vor dem 9. November hinzunehmen gewesen, nicht mehr 1919. Drei Arbeitervertreter, die dem Gericht beigegeben waren, fanden nicht die notwendige Unterstützung der Regierung, sodass sie schließlich vor den Schikanen der militärischen Gerichtsherren kapitulierten. Wie sie erklärten, wollten sie nicht teilhaben »an einem Gerichtsverfahren, das es ermöglicht die Spuren der Tat zu verwischen und die Mörder den Armen der Gerechtigkeit zu entziehen«. Vor allem waren es die Entscheidungen Noskes als Kriegsminister, die es Pabst leicht machten, sein Verwirrspiel bis ins Ziel durchzuhalten. Noske ging es darum, die Militärs bei der Stange zu halten, weil er glaubte, nicht auf sie verzichten zu können. Eine verhängnisvolle Einstellung für die Republik und für seine eigene Partei.

Dabei hätte der starke Mann der Mehrheitspartei längst entspannter operieren können. Das wichtigste Ziel, für das er die republikanischen Truppenverbände in den Kampf geschickt hatte, war erreicht. Am 19. Januar hatten die Deutschen ihre verfassungsgebende Versammlung gewählt – ohne nennenswerte Störungen. Die SPD war stärkste Partei geworden mit knapp 38 Prozent – das waren gerade mal drei Prozentpunkte mehr, als bei den Reichstagswahlen von 1912, die Unabhängigen waren auf 7,6 Prozent gekommen. Beide sozialistische Parteien hatten damit zwar zusammen deutlich mehr Stimmen erhalten als 1912, aber eben doch keine Mehrheit, wie es allgemein erwartet worden war. Doch was hätten sie auch damit angefangen, da sie noch unheilvoller zerstritten waren als je?

Hermann Müller, der demnächst Nachfolger Eberts als Parteivorsitzender werden sollte, schob den Unabhängigen den Schwarzen Peter zu. Sie hätten ein gemeinsames Vorgehen verhindert und seien »schuld daran, wenn wir in der jetzigen Regierung so wenig für den Sozialismus und nicht genug für die Demokratie tun können.« Die USPD machte geltend, ihr hätten die Zeitungen gefehlt, um ihre Ideen zu verbreiten. Sie seien ja von der SPD »geraubt« worden. USP-Redakteur Siegfried Nestriepke sah das Scheitern seiner Partei neben der »Unsicherheit ihrer Stellungnahmen in wichtigen Fragen« in dem »Mangel an Entschlußkraft, klipp und klar mit der Spartakusgruppe zu brechen«. Er befand ferner, eine »proletarische Einheitsfront« nach dem 9. November hätte statt in die »furchtbaren Konflikte« zu einem »glänzenden Siege der Sozialdemokratie« geführt. Die Wahlen zu den verfassunggebenden Versammlungen in den Ländern erbrachten ähnliche Ergebnisse wie im Reich, beispielsweise in Preußen, wo eine Woche später gewählt wurde.

Mit den Wahlen waren zwar klare Verhältnisse in der politischen Verfassung Deutschlands geschaffen worden, aber das Thema einer Räteverfassung kam dennoch nicht zur Ruhe. Den Befürwortern schrieb Friedrich Stampfer im *Vorwärts* ins Stammbuch: »Wir werden uns auch nicht durch die Redensart einfangen lassen«, das Rätesystem sei ja gerade »die echte Demokratie. Die echte Demokratie ist das allgemeine, gleiche, direkte und geheime Wahl- und Stimmrecht als Grundprinzip des gesamten öffentlich-rechtlichen Lebens.« Gegen das »Schlagwort« von den Arbeiter- und Soldatenräten als der »einzigen Errungenschaft der Revolution« setzte Stampfer sein Bekenntnis: »Die große Errungenschaft der Revolution ist die Umwandlung des monarchistischen Obrigkeitsstaates in eine demokratische Republik.« Im Übrigen seien die Räte ein Werkzeug der Revolution, deren Zweck es sein müsse, »die Macht in die Hände des ganzen Volkes zu legen. Wenn sie ihre Mission so auffassen – aber auch nur dann – werden sie vor Volk und Geschichte ehrenvoll bestehen.«

Aus heutiger Sicht ist zu sagen, dass die Räte dem von Stampfer skizzierten Auftrag alles in allem gerecht geworden sind. 14 Tage nach der Wahl erkannte der Zentralrat der deutschen sozialistischen Republik die Souveränität der Nationalversammlung an. Zweierlei kann freilich nicht übersehen werden: Die mangelnde Anerkennung, die die Arbeiter- und Soldatenräte als Ordnungsfaktor nach dem militärischen und staatlichen Zusammenbruch gefunden hatten, und sodann der unzureichende Rückgriff auf ihre Kompetenz in den anstehenden Demokratisierungsbestrebungen. Beide Mankos führten zu einer erheblichen Missstimmung in weiten Teilen des sozialistischen Lagers. Diese Unzufriedenheit nicht weniger als die bald zerplatzenden Hoffnungen auf eine Räterepublik, die etwa in München, Bremen, Braunschweig und Sachsen eine jeweils kurze Inszenierung erlebte, bescherten dem Rätegedanken eine – noch heute wirksame – quasi-religiöse Verehrung.

Geburt der Weimarer Koalition

Mit dem Elan einer Gründergeneration ging die Nationalversammlung an ihre Aufgabe. Die Volksbeauftragten hatten sie »nicht nach dem fieberkranken Berlin ..., sondern nach dem ruhigen Weimar« (Stampfer) einberufen. Schon vier Tage nach ihrem Zusammentritt war die vorläufige Reichsverfassung beschlossene Sache und 24 Stunden später hatte der historische Paradigmenwechsel in der Wahl des ersten demokratischen Staatsoberhauptes in Deutschland seinen sichtbaren Ausdruck gefunden. Der *Vorwärts* jubelte: »Der Sattler Fritz Ebert ist Reichspräsident. Ein Sieg für den Mann, ein Sieg für das Proletariat, ein Sieg für den Sozialismus.« Ebert selbst drückte es ungleich staatsmännischer aus. Im Anschluss an die bekannten Worte seiner viel zitierten Antrittsrede, dass er als Beauftragter des ganzen deutschen Volkes, nicht als Vormann einer einzigen Partei handeln werde, machte er sich vor der Versammlung Gedanken, wie er seine Wahl verstehe: »Indem Sie das höchste Amt des deutschen Freistaates mir anvertrauten, haben Sie, ich weiß es, keine einseitige Parteiherrschaft aufrichten wollen. Sie haben damit den ungeheuren Wandel anerkannt, der sich in unserem Staatswesen vollzogen hat, und zugleich auch die gewaltige Bedeutung der Arbeiterklasse für die Aufgaben der Zukunft Deutschlands anerkannt.« Ebert erhielt 73 Prozent der abgegebenen Stimmen und damit auch viele von bürgerlichen Abgeordneten. Es gab ja auch keine Alternative zu ihm. Ein deutschnationaler Kandidat kam auf 13 Prozent. Zwei Tage später setzte die Nationalversammlung die erste deutsche Nachkriegsregierung unter dem »Reichsministerpräsidenten« Scheidemann ein. Die »Weimarer Koalition« aus SPD, Zentrum und Demokraten war geboren.

Trotz Wahl, Verfassung und Regierungsbildung kam das Reich nicht zur Ruhe. Die Bevölkerung hungerte bei weiter bestehender Blockade, die Wirtschaft lag am Boden, die Grenzen im Osten waren Gegenstand militärischen Gezerres. In München erschoss ein blindwütiger Monarchist den bayerischen Ministerpräsidenten Kurt Eisner. Das historische Verdienst des ehemaligen *Vorwärts*-Redakteurs liegt nicht so sehr in der Tatsache, dass er in Bayern als erstem deutschen Teilstaat die Revolution proklamierte, sondern dass die dadurch ausgelöste Flucht der Wittelsbacher die Abdankung des deutschen Kaisers induzierte und letztlich alle Fürstenhäuser wegfegte. Damit hat Eisner mehr für die Geburt der Republik getan als Scheidemann und Liebknecht mit ihren Proklamationen. Das offizielle Bayern dankte es dem Schöpfer des Freistaates Bayern auf seine Weise, indem es Eisner bis auf den heutigen Tag nicht in die Ahnengalerie seiner bedeutenden Staatsmänner aufnahm. Dass es ihm ein Denkmal verweigerte, dürfte eher noch die belustigte Zustimmung des schöngeistigen Realpolitikers erfahren. Sein Mörder hingegen wurde nach Verbüßung seiner kurzen Strafe mit dem Posten eines Direktors des süddeutschen Zweiges der Lufthansa belohnt. Stampfer riet den »revolutionären Bayern« seinen alten engen Freund, von dem ihn allerdings in den letzten Jahren sehr viel getrennt hatte, dadurch zu ehren, dass sie aus ihrem Land »einen deutschen Freistaat und keine russische Sowjetrepublik« machten. Die Räterepublik kam dennoch, unter Berufung auf Eisner, der sie sich immer streng verbeten hatte.

Räterepubliken oder andere Formen lokaler revolutionärer Regierungen wurden auch an anderen Stellen des Reiches ausgerufen und binnen kurzem oder längerem von Regierungstruppen oder Freikorps in meist blutigen Auseinandersetzungen wieder beseitigt. Ein Unruheherd eigener Prägung war das Ruhrgebiet, ein Dampfkessel unter ständigem Überdruck. Hier erwuchs aus Zusammenstößen zwischen Bergarbeitern und Freikorps ein Generalstreik. Die Reichsregierung verhängte den Belagerungszustand und setzte Truppen in Marsch. Nach verlustreichen Kämpfen vermittelte der Reichskommissar Carl Severing einen brüchigen Frieden, der im Jahr darauf von noch explosiveren Unruhen abgelöst werden sollte. Der Name des Reichswehrgenerals von Watter, der die Niederschlagung leitete, blieb für lange Zeit Synonym für eine besonders brutale Form der »Befriedung«

Berlin aber musste ein weiteres Mal tiefschwarze Tage erleiden. Hier entwickelten sich aus einem Generalstreik – in dessen Verlauf auch der *Vorwärts* für zwei Tage nicht erschien – die »Märzkämpfe«, die ungleich mehr Opfer forderten als der Spartakusaufstand vom Januar. »Was jetzt Berlin erlebt hat, war der Bürgerkrieg im ganzen Sinne des Wortes«, konstatierte das SPD-Zentralorgan. Doch auch der *Vorwärts* hatte zuvor eine Falschmeldung der Pabst-Leute verbreitet, durch die sich die Gewaltspirale weiter nach oben drehte. Danach seien »60 Polizeibeamte und einige Dutzend Regierungssoldaten ... wie Tiere abgeschlachtet worden«. Der Befehl, den Noske am gleichen Tag unterzeichnete, wonach »jede Person, die mit den Waffen in der Hand gegen Regierungstruppen kämpfend angetroffen wird, ... sofort zu erschießen« sei, wurde zum Auftakt schlimmster Willkürakte, die noch die Exzesse der Aufständischen in den Schatten stellten.

Entsetzen erregte die Erschießung von 29 unbewaffneten Matrosen der Volksmarinedivision. Als die Waffen schwiegen, wurden laut *Vorwärts* 1200 Tote gezählt, eine Zahl, die das Blatt später noch nach oben korrigierte – auf 1371. Die *Freiheit* hielt den Siegern vor: »Noch nie hat eine Regierung so offen und brutal erklärt, daß sie auf das Gesetz pfeift.« »Nun ... beginnt die große Kritik an allem was gefehlt ... worden ist«, gab der *Vorwärts* zurück und stellte die Dinge dar, wie er sie sah. »Die freiwilligen Truppen der Regierung sind erst gerufen worden, als das Leben und die Sicherheit der Berliner Bevölkerung durch wüste Ausschreitungen verbrecherischen Gesindels bedroht wurden ... Jede Regierung muß eine Militärmacht haben, um die Sicherheit des Volkes schützen zu können ... Was von Regierungstruppen Übles getan worden ist, darf nicht beschönigt werden. Aber es darf auch nicht übersehen werden, welchen großen Dienst man ihnen danken muß.« Bitter empfand es Stampfer, dass die Demokratie als »einzig mögliche Staatsform des inneren Friedens ... in diesem Augenblick von links schwerer bedroht ist als von rechts. ... Die Arbeiterklasse zeigte sich nicht fähig die Demokratie zu schützen, weil sie nicht einig und geschlossen für sie eintrat.« Derweil sehe die Reaktion zu, »wie ihr der Spartakismus die Hasen in die Küche jagt«.

Was Friedrich Stampfer über diesen blutigsten Akt im sozialistischen Bruderkampf wirklich dachte, ist schwer zu sagen. In seinen Lebenserinnerungen hat er ihn ausgespart, in seiner eingehenden Darstellung der ersten deutschen Republik gegenüber anderen, vergleichsweise weniger einschneidenden Ereignissen, in auffallender Kürze abgehandelt. Ob ihm, an Noske denkend, in den Sinn kam, wie wenig auch ein demokratischer Machtpolitiker den alten Gewalttätern gewachsen war? Zu Noske, der noch ein Jahr als Reichswehrminister amtierte, bis er nach dem Kapp-Putsch zurücktrat, fand er schließlich klare Worte: Ein Bluthund sei er nie gewesen, als den ihn seine Feinde schilderten. Zum Verhängnis sei ihm seine Vertrauensseligkeit gegenüber den hohen Militärs geworden. Am Ende sei er mehr als an seinen eigenen Schwächen an den unermesslichen Schwierigkeiten seiner Aufgabe gescheitert, die auch seine Nachfolger nicht gelöst hätten.

Während die Straßenkämpfe in den deutschen Städten tobten und auch jetzt nur zögerlich nachließen, hatte sich in Paris ein Ereignis vorbereitet, das einen langen Schatten über den Kontinent werfen sollte. Als die Staatsmänner der Alliierten Deutschland die Rechnung für den von ihm maßgeblich mit herbeigeführten und nun verlorenen Krieg präsentierten, war auch der Chefredakteur des *Vorwärts* an Ort und Stelle. Er hatte sich schon Ende April der deutschen Versailles-Delegation angeschlossen und war einer von gerade fünf deutschen Journalisten, die der Überreichung des Friedensvertragsentwurfs beiwohnen durften. Und er machte deutlich, dass er persönlich diese Rechnung ganz und gar nicht akzeptieren würde. Noch professionell kühl, aber schon mit sichtbaren Zeichen des Unverständnisses, berichtete er am 8. Mai 1919 aus Versailles. »Man hatte den Eindruck, daß hier tatsächlich die ganze Welt gegen Deutschland versammelt ist ... Clemenceau bestätigt in seiner kurzen, schneidenden Rede die Erscheinung einer Kampfnatur, die sich am Ziel ihrer Wünsche sieht ... Bei Eintritt und Austritt der Deutschen herrschte ein steifes Zeremoniell; von keiner Seite der Gegner war auch nur der geringste Anklang an einen Versöhnungswillen bemerkbar ... Was den Vertrag selbst anbetrifft, ... so übertrifft er an Sinnlosigkeit der Forderungen jede Erwartung«.

Erich Kuttner schlug im Leitartikel kräftig in die gleiche Kerbe: »Über den Vertragsentwurf, den die Entente in Versailles überreicht hat, kann es nur ein Urteil geben: Er ist ein reines Produkt des siegreichen Imperialismus ...« Der in der Entwicklung der marxistischen Geschichtsauffassung sicher nicht unerfahrene Kommentator hätte allerdings auch fragen können, was der unterlegene Imperialismus, nämlich der deutsche, anderes erwartet haben könnte. Aber Kuttner kündigte an, was Argumentationslinie der Sozialdemokraten in Fragen des Kriegsendes und des Friedensvertrags werden sollte: Durch die Revolution seien der deutsche Imperialismus und Militarismus entmachtet worden, für die Folgen ihrer Gewaltpolitik könne das deutsche Volk nicht verantwortlich gemacht werden. Den Imperialismus gebe es jetzt nur noch auf alliierter Seite, wo allerdings in der Tat vielfach Verständigungspolitiker durch Nationalisten abgelöst worden waren.

Jetzt heißt das »Erfüllungsgehilfen«

Etwas anders sahen es die Unabhängigen, weshalb die hier zurückhaltendere *Freiheit* meinte, in den Vertragsbedingungen »einen Kompromiß zwischen dem Geiste Wilsons und Clemenceaus« zu erkennen. Kuttner konnte den überhaupt nicht sehen und fragte »mit Erstaunen, wo denn die Spuren des Wilsonschen Geistes« zu finden seien. In seiner Schlussfolgerung sollte der kämpferische Republikaner jedoch prophetisches Maß erreichen. »Wir kennen fürs erste nur den Friedensentwurf, nicht die Kräfte, die er auslösen wird. Vielleicht werden Bewegungen darunter sein, welche die Macher des Entwurfs nicht vorausgesehen haben.« Kuttner konnte da noch nicht geahnt haben, dass sehr bald eine Bewegung auf tiefstem barbarischen Niveau den Versailler Vertrag in einer Art und Weise instrumentalisieren würde, durch die sie nicht nur die junge deutsche Demokratie zerstören, sondern ganz Europa weit schwerer verwüsten würde, als es im Ersten Weltkrieg der Fall gewesen war – und die ihn selbst gnadenlos verfolgen ließ. Aber so wie eben zitiert, sprachen Sozialdemokraten, die von ihren sich bald neu formierenden Feinden nach altem Rezept als »vaterlandslose Gesellen« – jetzt hieß das »Erfüllungsgehilfen« – apostrophiert werden sollten.

Stampfer aber ging noch weiter als Kuttner. Nachdem die Entente die deutschen Gegenvorschläge zum Vertrag mit einer Kaskade von Schuldzuweisungen zur Vorbereitung und zur Durchführung des Krieges beantwortet und als ihr Kriegsziel die Befreiung Europas vom preußischen Despotismus reklamiert hatte, erblickte er in dem Schriftstück, das »den Geist unversöhnlichsten Hasses« atme, »eine neue Kriegserklärung«: »Wenn die Mantelnote der Entente den Krieg als größtes Verbrechen an der Menschheit nennt und für ihn das deutsche Volk allein verantwortlich macht, so ist es doch gewiß, daß es noch ein größeres Verbrechen an der Menschheit gibt, und das ist dieser sogenannte Frieden, der von den Entente-Imperialisten dem deutschen Volke zugemutet wird.« Sebastian Haffner sagte es 70 Jahre später so: »Wen man als Verbrecher behandelt, der wird leicht einer – und das gilt für Nationen ebenso wie für den Einzelnen.« Stampfer hatte seinen Leitartikel in Weimar geschrieben, wo gerade der Parteitag der SPD zu Ende gegangen war. Er war der erste unter der Republik, dem »Ziel, nach dem sich Millionen jahrzehntelang sehnten«, wie es Hermann Müller in seinen Begrüßungsworten formulierte, der hier zusammen mit Otto Wels zum neuen Parteivorsitzenden gewählt werden sollte. Am Parteitag hatte Stampfer zwar teilgenommen, sich aber nicht zu Wort gemeldet, was für einen *Vorwärts*-Chefredakteur schon sehr ungewöhnlich war. Mehr noch. Auch der Parteitag selbst hatte sich mit dem Thema Friedensvertrag nur am Rande befasst. Scheidemann hatte wohl angemerkt, dass »der tiefste Sinn der uns vorgelegten Friedensbedingungen« der sei, »daß der siegreiche Kapitalismus Deutschland seine Wirtschaftsform aufzwingen will«,[40] Eduard Bernstein dann aber einen Aufschrei der Delegierten ausgelöst, als er seine Meinung zu den Friedensbedingungen äußerte. Er fand sie zwar »hart, sehr hart und zum Teil ... einfach unmöglich.« Jedoch: »Neun Zehntel davon sind unabweisbare Notwendigkeiten.« Er erinnerte an die Zerstörungen in Frankreich und Belgien und an die Wiederherstellung Polens in den Grenzen vor 1772, die auch einmal Marx und Engels gefordert hätten. Hermann Müller, Otto Braun, Wilhelm Keil und – wohlgemerkt – Adolf Braun, jetzt Mitglied der Nationalversammlung, waren die Wortführer einer harschen und breiten Kritik an Bernsteins Ausführungen, mit der sie vor allem die Politik der Mehrheits-SPD in den Kriegstagen zu rechtfertigen suchten.

Vorwiegend verwendeten die Delegierten jedoch ihre Zeit zu Auseinandersetzungen über die Haltung zur bewaffneten Macht, zur Verwaltungsreform und den für sie verantwortlichen Regierungsmitgliedern, womit »die Ventilfunktion des Parteitags ... sich bei seinen heikelsten Fragen ... vorzüglich bewährt[e]« (Susanne Miller). Noske, der noch zu Beginn angegiftet worden war bis hin zur Forderung seines Parteiausschlusses, erreichte einen totalen Stimmungsumschwung, ohne etwa in den Fragen der Freikorps nennenswerte Konzessionen zu machen. Einen breiten Raum nahm schließlich die Rätefrage ein. Zu einer klaren Festlegung kam es nicht, doch wurden die Räte bevorzugt als zu entwickelndes Instrument der Wirtschaftsdemokratie behandelt – und auch der Demokratie in der Verwaltung.

Als der Parteitag geschlossen wurde, durfte man sich die Augen reiben. Es war kein einziges Wort gefallen, das man als Presseschelte hätte verstehen können, ein einmaliger Vorgang. Adolf Braun hatte eine Lanze für die bessere Bezahlung der Parteiredakteure gebrochen, wobei er sich selbst ausnahm. Als Chefredakteur der Nürnberger *Fränkischen Tagespost* hielt er sich für einen Spitzenverdiener. Ansonsten aber würden die Setzer in Parteidruckereien besser entlohnt als die Journalisten.

Mit zwei marginalen Beiträgen zur Geschäftsordnung hatte sich ein Delegierter aus Magdeburg zu Worte gemeldet, der sehr bald der engste Mitarbeiter Friedrich Stampfers werden sollte: Franz Klühs. Zurzeit redigierte er noch für die Rubriken »Politik, Parteinachrichten und Soziales« die Magdeburger *Volksstimme*.

Vorwärts-Redaktion im Umbruch

Die Redaktion des *Vorwärts* erlebte, nicht anders als das ganze Land, Zeiten eines unerhörten Umbruchs. Gerade die Jahre 1919 und 1920 sollten sie sichtbar verjüngen und vergrößern. Nach der »Flurbereinigung« des Jahres 1916, die innerparteiliche Gründe hatte, waren es jetzt der Zuwachs an politischer Bedeutung als Regierungsorgan und die gestiegene Auflage – trotz Papierknappheit –, die auch personelle Konsequenzen forderten. Eine Woche vor Beginn des Parteitages war an Stelle des bisher an dieser Stelle ausgewiesenen Artur Zickler ein Dr. Werner Peiser als »Verantwortlich für Politik« im Impressum aufgetaucht. Der 23-jährige Peiser, ein frischgebackener Jurist und Soldatenrat von Spandau, war im Herzen USP-Mann und zu seiner eigenen Verwunderung von Eduard Bernstein für die *Vorwärts*-Redaktion vorgeschlagen worden. Nach einem kurzen Vorstellungsgespräch hatte ihn Stampfer im Februar 1919 als innenpolitischen Redakteur eingestellt. Seine Bestallung zum Sitzredakteur enttäuschte nicht. Unter Peisers Ägide wurde trotz zahlreicher von konservativer Seite angestrengter Prozesse der *Vorwärts* nicht ein einziges Mal verurteilt.

Am Neujahrstag war ein Namensvetter Eduard Bernsteins in die *Vorwärts*-Redaktion aufgenommen worden. Richard Bernstein (37) hatte schon länger Erfahrungen als SPD-Redakteur gesammelt, die letzten Jahre im Parlamentarischen Büro der Parteipresse. Der gebürtige Wiener diente zugleich der *Arbeiterzeitung* seiner Vaterstadt als Berliner Korrespondent. Zusammen mit Peiser war auch Arthur Saternus (27) gekommen. Zuletzt bei der Frankfurter *Volksstimme*, kümmerte er sich beim *Vorwärts* um Wirtschaftsfragen. »Benjamin« der Redaktion wurde der 19-jährige Hans Turß. Der führende Berliner Jungsozialist sollte aber bald in die preußische Landespolitik abwandern. Sie alle ergänzten die politische Redaktion, in der Erich Kuttner (32) schon seit 1916 und Erwin Barth (35) seit 1918 die Feder führten. Der Sachse Barth, vorher beim *Sächsischen Volksblatt* in Zwickau, war – mit oder ohne Auftrag – treibende Kraft beim Zustandekommen des Parteitags in Weimar gewesen. Über weitere Zugänge wird noch zu reden sein. Wenige Änderungen hatte es beim Feuilleton gegeben, sieht man davon ab, dass, wie schon berichtet, Franz Diederich nach 1916 zeitweilig als politischer Redakteur fungieren musste und Karsten-

Heinrich Döscher 1918 und 1919 als Sonderbeauftragter der SPD an das preußische Kultusministerium ausgeliehen wurde.

Niemandem war erklarlicherweise geholfen, dass sich der Parteitag in der zentralen Frage tot stellte. Die Entente, die keinen Aufschub mehr duldete, ein Reichsministerpräsident, dem »die Hand verdorren« wollte, wenn er unterzeichnete, und Regierungsfraktionen, von denen keine zu einer einheitlichen Auffassung über Annahme oder Ablehnung des Friedensvertrages kam, unter diesen Voraussetzungen erhielt ein deutscher Konsens keine Chance. Am tiefsten ging der Riss durch die sozialdemokratische Fraktion. »Die Krise hat ihren Höhepunkt erreicht«, stellte Erich Kuttner im *Vorwärts* lakonisch fest. Am 20. Juni trat das Kabinett Scheidemann zurück. Einen Tag später warf auch Friedrich Stampfer das Handtuch. Das Regierungsblatt hatte keinen Chefredakteur mehr. »Um Mißdeutungen vorzubeugen« ließ Stampfer mitteilen, »daß sein Rücktritt nicht auf die bekannte Meinungsverschiedenheit über die Friedensfrage innerhalb der Redaktion zurückzuführen ist …« Stampfers Grad der Ablehnung war hinlänglich bekannt. Die übrige Redaktion, so erinnert sich Werner Peiser, sei für Unterschreiben gewesen. Friedrich Ebert hingegen teilte die Auffassungen Scheidemanns und Stampfers. Der Reichspräsident blieb jedoch im Amt, vor allem um die schwierige Regierungsneubildung in die Wege zu leiten. Das gelang schneller als erwartet, allerdings gehörten die Demokraten dem neuen Kabinett unter dem Ex-Gewerkschafter Gustav Bauer nicht mehr an. Am 28. Juni 1919 unterschrieben im Spiegelsaal von Versailles der Reichsaußenminister Hermann Müller (SPD) und Reichsverkehrsminister Johannes Bell (Zentrum) den Friedensvertrag.

So umstritten der Vertrag war, brachte seine Unterzeichnung doch klare Verhältnisse für das weniger von der Kriegsfurie als von der auszehrenden Gewalt des gerade erst erloschenen Weltbrandes verheerte Land. Als Reichspräsident Ebert am 10. Juli – entsprechend dem Beschluss der Nationalversammlung – das Versailler Vertragswerk ratifizierte, wurde zwei Tage darauf die Blockade aufgehoben. Die Hungernden in den Städten fassten neue Hoffnung, nachdem die Nachkriegsmonate nicht weniger Opfer durch Unterernährung gefordert hatten als die langen Kriegsjahre.

Die Nationalversammlung setzte zügig ihre Arbeit am Aufbau des neuen demokratischen Staatswesens fort. Schwarz-rot-gold, die Farben der 48er Revolution, sollten als neue Reichsflagge über dem Lande wehen. Allerdings setzten die missgestimmten Konservativen durch, dass das bismarcksche Schwarz-weiß-rot, mit einer kleinen schwarz-rot-goldenen Gösch, von den Handelsschiffen über die Meere getragen wurde. Mit einem Eisernen Kreuz diente dieses Farbenpotpourri auch als Reichskriegsflagge. Kompromisse überall. Die freiheitlichste Verfassung, die das Land je gekannt hat, wurde am 11. August mit übergroßer Mehrheit verabschiedet. Vorher waren allerdings die Anträge der SPD auf Abschaffung der Todesstrafe und der Gleichberechtigung von Mann und Frau mit bürgerlichen Mehrheiten abgelehnt worden. Und im Artikel 48 hatte die Volksvertretung in der wohlmeinendsten Absicht ein Institut in die neue staatliche Rechtsordnung eingebaut, von dem um diese Zeit noch niemand ahnen konnte, dass es sich als Zeitbombe für den Bestand der demokratischen Republik erweisen würde.

Der Bruderkampf auf der Linken war längst nicht ausgekämpft, aber allmählich traten die alten historischen Fronten wieder schärfer ins öffentliche Bewusstsein. Konservative, Monarchisten und reaktionäre Militärs, die sich nur zähneknirschend ins Unvermeidliche geschickt hatten, witterten Morgenluft. Der *Vorwärts* machte eine »Konservative Kriegserklärung« aus: »Am 9. November wandte die konservative Partei die Wanzentaktik an. Sie fiel auf den Rücken und stellte sich tot.« Nunmehr, mit dem Friedensschluss, »dessen Bestimmungen wie geschaffen sind, wo irgendwo noch Reste chauvinistischer Gefühle bestehen, diese aufzupeitschen ... strampelt sie mit allen Sechsen ... ist wieder quicklebendig.«

Indes beschränkte sich der *Vorwärts* nicht darauf, Positionen zu klären und zu attackieren. Er verstand sich noch dazu als Helfer bei der Bewältigung der Kriegsfolgen, auch der Aufklärung des Unglaublichen und versuchte sich in der schweren

Kunst, Gerechtigkeit gegenüber dem Andersdenkenden zu üben. Letzteres etwa am Beispiel Ernst Tollers, als die Redaktion sein elegisches Gedicht »Fabrikschornsteine am Vormorgen« veröffentlichte. Hatte sie doch bisher dem »Oberbefehlshaber der Truppen der verflossenen Bayerischen Räterepublik« nicht gerade Respekt gezollt. Weiterhin lässt sie das »Märchen von den abgehackten Händen« durch einen Kriegschirurgen erklären, der viele Kinder operiert hatte, denen Blindgänger die Hände abgerissen hatten. Es sei also nicht immer Verleumdung durch den Kriegsgegner gewesen, wie die traumatisierten Opfer ihre Verwundungen selbst dargestellt hätten. Fritz Karstädt, noch erst redaktioneller Mitarbeiter, arbeitet Front- und Nachkriegserfahrungen in verschiedenen literarischen Skizzen auf, »Blinder Kamerad« heißt eine davon. Wie die Redaktion insgesamt den Krieg »bewältigte«, war jedoch nur unzureichend an der gedruckten Zeitung abzulesen. Erich Kuttner, darauf wurde schon hingewiesen, gehörte bereits im vorletzten Kriegsjahr zu den Mitbegründern des »Bundes der Kriegsteilnehmer und Kriegsbeschädigten«, dem späteren »Reichsbund«.

Mörder und Hintermänner

Viel Zeit aber sollte dem *Vorwärts* nicht bleiben für seine – ohnehin unzureichenden – Versuche, mittels journalistischer Psychotherapie die aus der Vergangenheit herreichenden Leiden zu lindern. Das Gestern meldete sich höchstselbst wieder zurück. Am 7. November bricht der USP-Vorsitzende Hugo Haase unter Pistolenschüssen zusammen, denen er einen Monat später erliegt – dies noch kein explizit politischer Anschlag. Aber am 26. Januar 1920 wird Matthias Erzberger durch eine Revolverattacke verwundet – aus »vaterländischen« Motiven, wie der Attentäter bekundet. Der adlige Schütze, ein 21-jähriger ehemaliger Fähnrich, lauerte seinem Opfer vor dem Moabiter Amtsgericht auf, wo Erzberger als Zeuge gegen Karl Helfferich aufgetreten war. Der Deutschnationale Helfferich, einer der maßgeblichen deutschen Wirtschaftsführer und ein Hauptverantwortlicher für die gewissenlose Finanzpolitik des Reiches im Krieg, hatte den jetzigen Reichsfinanzminister und Unterzeichner des Waffenstillstandes durch persönliche Verdächtigungen zu einem Strafantrag gedrängt. Es war eine der ersten planmäßigen Versuche der Rechten, die republikanischen Parteien beim Volke anzuschwärzen.

Die nationalen Wogen gingen hoch. Von der nationalistischen Presse wurde das Attentat gerechtfertigt: »Aus der Hand der von ihm mißleiteten Massen empfängt der Demagoge seine Strafe« (*Deutsche Zeitung*). Das Attentat werfe mehr Fragen auf »als die der intellektuellen Mitschuld einer gewissen Presse«, analysiert Eduard

Bernstein im *Vorwärts* die tieferen Ursachen. Er findet sie in der deutschen Schule, nennt Beispiele »tendenziöser Verzerrung« und »direkter Verdrehung der Fakten« zum Kriegsausbruch, zur Friedensresolution von 1917 und »tendenziöses Verschweigen« zum Kriegsende, was die Rolle Ludendorffs und von Hindenburgs betreffe. Dann zitiert er aus einem »Lehrbuch der Geschichte« für die höheren Lehranstalten, wo es wortwörtlich heißt: »Unser diplomatischer Vertreter, der in weiten Kreisen des Volkes verhaßte Zentrumsabgeordnete Erzberger und unsere neue Regierung hatten fast widerstandslos in alle Forderungen des Entente-Unterhändlers Foch gewilligt.« Wenn sie solche Lehrbücher zulasse, die »die Wahrheit über die Ursachen und Urheber« des Krieges und seiner Folgen vorenthalte, begehe die Republik »geistigen Selbstmord«, war Bernsteins Fazit.

Inzwischen nährten weitere Friedensbedingungen der Alliierten die Aufregung. Nachdem sie schon früher von den Niederlanden die Auslieferung des abgedankten Kaisers Wilhelm II. verlangt hatten, veröffentlichten die Ententemächte jetzt eine Liste mit mehreren hundert Namen, darunter denen von Hindenburg, Ludendorff und Bethmann Hollweg. Alle diese Personen sollten an die verschiedensten Kriegsgegner zur Aburteilung überstellt werden, lediglich die USA enthielten sich solcher Forderungen. Die Reichsregierung lehnte eine Auslieferung ab, obwohl einige der Benannten nach den Maßstäben heutigen internationalen Rechts zweifellos justitiabel gewesen wären. Es stellte sich allerdings die Frage, wie Kriegsverbrechen von alliierten Militärpersonen geahndet worden wären.

Von den zur selben Zeit bekannt gewordenen Zahlen für eine reduzierte Reichswehr fühlten sich die Truppenverbände im Reich und namentlich die um Berlin stationierten Freikorps betroffen. »Berlin ist ... voll von Putschgerüchten«, notierte der *Vorwärts* schon ziemlich früh. Konkret gemeint war der drohende Einmarsch der Marinebrigade Ehrhardt, die in Döberitz stationiert durch weitere aus dem Baltikum zurückgekehrte Freikorps Verstärkung erhalten hatte. Und sie marschierte tatsächlich. Damit begann das unter dem Namen Kapp-Putsch bekannte Abenteuer. Heute sprechen wir vom Kapp-Lüttwitz-Putsch, womit der Tatsache Rechnung getragen wird, dass nicht das skurrile Auftreten des Generallandschaftsdirektors Wolfgang Kapp, der sich selbst zum Reichskanzler ernannte, prägend für das hochverräterische Unternehmen war, »sondern daß es die Reichswehr war, die ihren Verlauf bestimmte« (Susanne Miller). General Walther von Lüttwitz, der als militärischer Führer der Armee nach Hindenburg betrachtet wurde, rebellierte gegen seine eigene Staatsführung. In der Mitte des Verschwörerzirkels der uns wohl bekannte Waldemar Pabst, jetzt Major.

Einige Ereignisse am Rande des Staatsstreichs von rechts sind Teil der *Vorwärts*-Legende geworden. Richard Schwartz, damals 17-jähriger Botenmeister beim *Vorwärts*, erinnerte sich ein langes Menschenleben später: »Der Putsch von 1920 war mein erstes politisches Erlebnis. Auch das *Vorwärts*-Haus wurde von den Freikorps besetzt. Die grimmigen Herren mit dem Hakenkreuz am Stahlhelm ließen uns aber noch eine Zeitlang passieren. Dann sagte jemand, ich meine es war Stampfer: Wir drucken ein Flugblatt. Richard Fischer, der Verleger, griff selbst mit zum Winkelhaken für den Handsatz. Wegen des Generalstreiks gab es keinen Strom, doch wir besaßen eine Notstromanlage. So druckten wir 15 000 Exemplare auf der Rotation und schmuggelten sie über den Zaun zur Alten Jakobstraße. Es wurde ein Ereignis für ganz Berlin; nirgendwo erschienen ja Zeitungen.«

Weitere 20 000 Exemplare wurden in einer anderen Druckerei hergestellt. Insgesamt drei solcher Sonderausgaben stellte die Redaktion in den »tollen Tagen« unter konspirativen Bedingungen her. Das Flugblatt vom 18. März konnte bereits den Zusammenbruch des Aufstandes melden. »Kapp – Kapputt!« lautete die Schlagzeile. In einem Kurzkommentar stellte das Blatt politische Forderungen: »Warum konnte es soweit kommen? Weil Fehler begangen wurden, über die noch offen gesprochen werden muß, und für die diejenigen, die sie begingen, die Konsequenzen tragen müssen.« Im Übrigen forderte der Kommentar, bei dem die Feder Stampfers mit Sicherheit von Otto Wels, vielleicht auch noch von anderen Parteivorstandsmitgliedern geführt worden war, eine Umbildung der Regierung »nach links«.

Das Militär regiert weiter – Noskes Illusionen

Geschlagene zehn Tage waren die *Vorwärts*-Abonnenten wie ja auch die Leser anderer Zeitungen ohne ihr reguläres Blatt geblieben. Auch als sein Erscheinen ohne Gefahr für Leib und Leben wieder möglich war, hielten die Schwierigkeiten – sprich: der Generalstreik – an. Die erste ordentliche, aber noch außerhalb Berlins gedruckte Ausgabe, konnte mangels Transportmöglichkeiten erst mit zweitägiger Verspätung ausgeliefert werden. Dass die Bevölkerung ohne Informationen blieb, behinderte die Normalisierung. Doch erscheint der Mangel klein gegenüber der unbefriedigenden innenpolitischen Lage. Der *Vorwärts* sparte nicht mit offenen Worten: »Die Reichsminister sind aus Stuttgart zurückgekommen, sie haben sich beim Volke mit höflichen Worten für Liebe und Treue bedankt und im übrigen regiert das Militär ungehindert weiter, nur daß es sich jetzt rohe Übergriffe und Willkürakte nicht mehr im Namen der Regierung Kapp-Lüttwitz erlaubt, sondern im Namen der rechtmäßigen Regierung ... Vor allem in Berlin ist in der vergangenen Woche so gut wie gar nichts zur Änderung der tatsächlichen Machtverhältnisse geschehen ... Im Gegenteil, die militärische Position der Republik hat sich seit dem 13. März noch verschlechtert ... die treuesten und besten Elemente der Reichs- und Sicherheitswehr ... sind fast ausnahmslos entwaffnet und aus ihren Truppenteilen entfernt worden.«

Der Kapp-Lüttwitz-Putsch war durchaus nicht zu den heiteren Abschnitten der Weimarer Republik zu rechnen, obwohl er vielfach belächelt wurde, sondern führte zu schwerwiegenden politischen Konsequenzen, ganz abgesehen davon, dass er auch eine blutige Spur hinterließ. Die Reichswehr hatte, noch ehe sie richtig geboren war, schon aufgehört, ein zuverlässiges Instrument der Republik zu sein. Noske rechtfertigte sich im *Vorwärts*. »Man sagt mir, ich hätte ... in der Armee einen republikanischen Geist schaffen und zuverlässige Führer auf die entscheidenden Posten bringen sollen. Das ist leicht gesagt [bei] den Wirrnissen des letzten Jahres ... Der Geist der Truppe ist im allgemeinen nicht konterrevolutionär ... Zuzugeben ist ohne jeden Vorbehalt, daß ihre politische Einstellung ... zu einseitig war.« Diese nonchalante Diagnose präzisierte Noske einen Tag später: »Militärisch haben sich die [Frei]korps durchweg ausgezeichnet bewährt, politisch haben sie mir eine Menge Verdruß bereitet.« Aber doch nicht nur die Freikorps! Die Verweigerung des Generals von Seeckt und seiner militärischen Gesinnungsfreunde beschreibt Noske ausgesprochen lakonisch: »... habe ich sie vergeblich beschworen ..., die Rebellen vor der Stadt mit Feuer zu empfangen ... Die eigentlichen Befehlshaber lehnten ab.«

»Unheilbaren Optimismus« bescheinigte Erich Kuttner dem Kriegsminister. »Noskes Artikel beweisen mir klipp und klar, daß er auch jetzt nicht imstande ist, die Reichswehr so zu sehen wie sie ist.« Niemals habe Noske zuverlässige republikanische Kader mit zuverlässigen Führern schaffen wollen, bedauerte Kuttner, der ja genug eigene Erfahrungen mit dem starrköpfigen Parteigenossen gemacht hatte. »Die Quintessenz des Systems Noske bestand darin, daß er erzreaktionären Offizieren, innerlich geschworenen Feinden der Republik, freie Hand ließ, mit der Reichswehr und den Soldaten zu schalten, wie sie wollten.« Diese »schädlichen Folgen« des Systems Noske machten es nach Auffassung Kuttners so schwer, trotz nomineller Beendigung des Putsches die Reaktion in den Griff zu bekommen. Kuttner sollte sich noch einmal mit Noskes einseitigen Darstellungen befassen, als vier Monate später dessen Erinnerungsbuch *Von Kiel bis Kapp* erschien. »Die Darstellung ist wahrhaftig, aber nicht wahr«, so der *Vorwärts*-Mann, der darauf hinwies, »daß man dieses persönliche Erlebnis Noskes nicht für den Ablauf der Tatsachen halten darf«.

Kann man die verhängnisvolle Rückkopplung der republikanischen Staatsgewalt auf die ressentimentbeladenen Überlebenden des wilhelminischen Militarismus allein Noske anlasten? Leicht lässt sich hier anführen, dass es die Volksbeauftragten, und das heißt in erster Linie Friedrich Ebert, in den ersten Revolutionsmonaten versäumt hatten, der Obersten Heeresleitung die Zähne zu ziehen. Gerade das Ausbleiben jeglicher Sanktionen brachte Ludendorff und Konsorten ja erst auf die Idee, sich jeder Verantwortung für das angerichtete Unheil zu entziehen und auch noch roh und unverschämt in das nötig gewordene Reparaturwerk einzugreifen. Immerhin hatte es Ansätze zu einer grundlegenden Demokratisierung der bewaffneten Macht gegeben. Noske hat sie aber allesamt rückgängig gemacht und aktiv wie passiv die Beseitigung der sich bereits bewährenden republikanischen Volkswehren zugunsten der Reichswehr betrieben. Noskes System, so konnte Kuttner zusammenfassend feststellen, mache es auch nach der Abdankung von Kapp und Lüttwitz »ungeheuer schwer, der Reaktion Herr zu werden.« Heute können wir sagen: Die Republik schaffte es nie mehr.

Der Gewaltstreich brach zusammen, wie man weiß, als Folge des einzigen großen Generalstreiks in der deutschen Geschichte – kombiniert mit der Arbeitsverweigerung der Ministerialbürokratie. Ein einmaliger Vorgang! Um Legendenbildung vorzubeugen wies Stampfer darauf hin, ein Teil des Misserfolgs sei auch den schwachen Nerven Kapps geschuldet. Das schmälert nicht die Verdienste eines Mannes, der das meiste zum glimpflichen Ausgang des Abenteuers beitrug, des Vorsitzenden des Allgemeinen Deutschen Gewerkschaftsbundes Carl Legien. Allerdings scheiterte der Versuch, mit einer Arbeiterregierung, an deren Spitze vielleicht dieser Gewerkschafter hätte stehen können, einen neuen Anfang zu wagen. Auch der *Vorwärts* hatte gefordert: »Die Regierung muß umgebildet werden, und vor allem: Noske kann nicht Reichswehrminister bleiben!« Aber Legien war todkrank und starb noch im gleichen Jahr. Auch war deshalb seinem Vorhaben, weiterer Radikalisierung vorzubeugen, nur teilweise Erfolg beschieden.

Die abgefallenen Provinzen im Osten konnten zwar bald wieder unter die Kontrolle der rechtmäßigen Regierung gebracht werden – ungeheures Aufsehen hatte da schon die Anerkennung Kapps durch den ostpreußischen Oberpräsidenten August Winnig (SPD) erregt. Bayern vollzog unter militärischem Druck einen deutlichen Rechtsruck und die Unruhen in den Industrierevieren nahmen kein Ende und forderten noch viele Opfer. Als markantestes Ergebnis der Putschbewältigung sahen viele den Rücktritt Gustav Noskes wie auch das Ausscheiden von Innenminister Wolfgang Heine aus der preußischen Staatsregierung. Der SPD-Politiker Heine hatte die Demokratisierung von Justiz und Verwaltung nach Ansicht vieler mit ähnlichem Erfolg betrieben wie Noske die der Streitkräfte.

Bei allen diesen Vorzeichen nimmt es nicht wunder, wenn die Regierung und natürlich auch die Regierungsparteien einen massiven Vertrauensverlust erlitten. Da spielte es keine große Rolle mehr, welche niederdrückende Hypothek die Vorgänger hinterlassen hatten, auch nicht, dass Ebert und seine Leute wahre Wunder vollbracht hatten, damit das Staatswesen nicht vollends in den Abgrund stürzte, und schließlich ebenso wenig die Frage, wer es hätte besser machen sollen. Die Quittung gab's, wie in der Demokratie üblich, am Wahltag. In der ersten »normalen« Reichstagswahl verloren alle drei Koalitionsparteien massiv an Stimmen. Von der SPD waren die Wähler zu einem guten Drittel zu den Unabhängigen übergelaufen. Auf der rechten Seite hatten Deutschnationale und vor allem Stresemanns DVP erhebliche Stimmengewinne eingefahren. Heute würde man von einem Erdrutsch sprechen. Das Ergebnis war die erste Nachkriegsregierung ohne Sozialdemokraten.

Friedrich Stampfer kehrt zurück

Soeben war die Rede von Friedrich Stampfer gewesen. Ja, ganz unbemerkt, ohne eine neuerliche Zeitungsnotiz, hatte der alte Redaktions-Chef seinen Platz wieder eingenommen. Der Platzhalter war nicht einmal acht Monate im Amt gewesen. Paul Bader hat im *Vorwärts* kaum Spuren hinterlassen. Er ging zurück zur Magdeburger *Volksstimme*, deren Chefredakteur er bis zum Wechsel in das Zentralorgan schon gewesen war. Was soll man sich aber dabei denken, dass fast zur gleichen Zeit ein Magdeburger Redaktionskollege von Bader nach Berlin ging, beinahe so, als werde ein Staffelstab übergeben? Franz Klühs kam aber nicht nur wie Bader von der *Volksstimme*, beide waren auch Söhne der gleichen kargen und schwermütigen Boddenlandschaft der Ostseeinsel Rügen. Die Erklärung ist einfach. Klühs war Stampfer »neben Severing ... und Löbe ... als einer der besten Männer der Parteipresse aufgefallen«. Und Stampfer erinnert sich weiter, dass es ihm wegen der Ortstreue von Klühs nur »mit Mühe gelang, ihn zu gewinnen«. Er erhielt aber auch den verlässlichsten Mann als Stellvertreter, der ihm in den kommenden schwierigen Jahren den Rücken freihalten würde.

Im Übrigen setzte sich der Ausbau der Redaktion fort. Von seiner Aufgabe als Beauftragter des Landes Preußen für die Liquidation des Hohenzollernvermögens ließ sich der Finanzfachmann Kurt Heinig vom *Vorwärts* als politischer Redakteur anwerben. Allerdings blieb es bei einem gerade zweijährigen journalistischen Zwischenspiel für den Leipziger Schuhmachersohn, der als Budget- und Steuerexperte von hohen Graden bald anderwärts gefragt war. Zwei weitere Namen kennen wir schon: Noch nicht einmal 25 Jahre alt, wurde Victor Schiff in die Redaktion aufgenommen, deren profilierter Außenpolitiker er bald sein würde. 34 Jahre zählte der Frontsoldat Fritz Karstädt. Der gebürtige Danziger würde sich bald einen Namen machen als Chef der Lokalredaktion. Zusammen mit diesen beiden war auch der 30-jährige Hesse Herbert Lepère als politischer Redakteur eingestellt worden, während Erwin Barth die Redaktion verließ. Im gesetzten Alter von 47 Jahren trat der Gewerkschaftsführer und -journalist Fritz Etzkorn der *Vorwärts*-Redaktion bei. In seiner Arbeit für das Ressort Gewerkschaft würde er bald von dem nur wenig jüngeren Josef Steiner-Jullien unterstützt werden. Dessen journalistische Anfänge lagen ebenfalls in der Gewerkschaftspresse. Dann hatte der gebürtige Wiener lange Jahre Auslandserfahrungen als Pariser Korrespondent der SPD-Presse gesammelt und kam jetzt, wie Klühs, von der Magdeburger *Volksstimme*. Aktive Hilfe für die sozial Schwachen hatte traditionell einen hohen Stellenwert im *Vorwärts*. Dem dienten auch die juristischen Sprechstunden. Die dort arbeitenden Rechtsberater waren zugleich auch immer Redaktionsmitglieder. Als prägnantes Beispiel aus der Vergangenheit kennen wir Artur Stadthagen. Jetzt besorgten diese Aufgaben Carl Felgentreu aus Neuruppin als Leiter der Sprechstunde und der Gewerkschafter Karl Freter.

Während so für den *Vorwärts* eine Zeit soliden Ausbaus angebrochen war, geriet die unabhängige Schwester in schwere Wetter. Die Nöte der *Freiheit* waren freilich nur ein Reflex der tief greifenden Krise, in die sich die USP hineinmanövriert hatte. Der Verdoppelung ihrer Wählerstimmen (und der Vervierfachung ihrer Mandate) bei den Reichstagswahlen vom 8. Juni war kein adäquater Erfolg bei der Regelung ihres Grundwiderspruchs gefolgt. Im Gegenteil! Der *Vorwärts* machte das »Unabhängige Dilemma« in einem Leitartikel deutlich. Während überall in der Welt sich die Spaltung der Arbeiterbewegung entsprechend dem Widerspruch der beiden Prinzipien demokratischer und diktatorischer Sozialismus in zwei Parteien manifestiere, gebe es in Deutschland drei: die Sozialdemokratie, die Kommunisten – und die Unabhängigen. Diese lavierten taktisch zwischen den Gegensätzen.

Wegen der »geradezu religiösen Schwärmerei für Sowjetrussland ..., die damals in manchen Kreisen der Arbeiterschaft herrschte« (Stampfer), und in der USPD ganz besonders, entsandte diese Partei eine Delegation nach Moskau, um über den Anschluss an die Kommunistische (III.) Internationale zu verhandeln. Der gute Wille der Unabhängigen wurde jedoch mit zynischer Kaltschnäuzigkeit auf die Probe gestellt. Die Internationale machte die Aufnahme der Deutschen von 21 Leitsätzen abhängig, die allesamt, ohne ein Komma abzustreichen, zu unterschreiben waren. Dazu gehörten die Ausrichtung des Parteiprogramms im Sinne der Kommunistischen Internationale, wie überhaupt deren Beschlüsse bindend wären für alle Parteiaktivitäten, und – was bei den Redakteuren der *Freiheit*, aber auch anderer USP-Blätter die Alarmglocken schrillen ließ – die bedingungslose Unterordnung der Parteipresse unter den Parteivorstand. Die *Leipziger Volkszeitung* entsetzte sich: »Die Moskauer Kommunistische Internationale hat den großen Gedanken des internationalen Zusammenschlusses aller revolutionären sozialistischen Parteien der Welt *erschlagen*. Restlos erschlagen – für Jahre erschlagen ... Toller ist es wohl kaum jemals von einer Partei gefordert worden. Hier gibt es nur eine Antwort: Ein einmütiges rundes unumwundenes Unannehmbar!« Der *Vorwärts* betrachtete das Spiel mit gemischten Gefühlen. Wie es ausgehen würde, wollte er »nicht prophezeien«. Zunächst sah er »in dem Zwiespalt, der jetzt die Unabhängige Partei durchrast, wie richtig es seitens der Sozialdemokratie war, konsequent an dem Grundsatz der Demokratie festzuhalten und keine Kompromisse mit dem Diktaturgedanken zu schließen«.

Wir wissen inzwischen, wie es ausging. Nachdem Ernst Däumig, *Vorwärts*-Redakteur bis 1916, als erster für Annahme der 21 Bedingungen plädiert hatte und dafür auch Karl Kautsky »auf dem Altar der Versöhnung mit Moskau zu opfern« bereit war *(Vorwärts)*, zerfiel die USP in die zwei Teile, aus denen sie schon immer bestanden hatte. Ein außerordentlicher Parteitag in Halle, laut *Vorwärts* »Tragödie und Satyrspiel zugleich«, riss sie entzwei. Die hochemotionale Rede des Vorsitzenden der Kommunistischen Internationale sicherte den Moskaufreunden die Mehrheit. Vorkämpfer werden für die kommende Weltrevolution, ja, das wollten auch sie. Grigori Jewsejewitsch Sinowjew alias Hirsch Apfelbaum war der deutschen Rhetorik meisterhaft mächtig. Rudolf Hilferding, der eine seiner besten Reden hielt und davor warnte, russische Revolutionserfahrungen kurzschlüssig auf die deutsche Situation anzuwenden, konnte gegen diesen »größten Demagogen des Jahrhunderts« (Eugen Prager) nichts ausrichten. Fritz Kunert, Ex-*Vorwärts*-Mann, Aushängeschild der USP als erster Kriegskreditverweigerer noch vor Karl Liebknecht, wurde erbarmungslos niedergepfiffen, als er mit der Minderheit (156 gegen 236 Stimmen) die Leitsätze ablehnte. Keine zwei Monate später vereinigte sich die USPD-Linke mit der KPD.

Die restlichen Unabhängigen, die sich um Arthur Crispien geschart hatten, verstanden sich schon vorher als die Linke der SPD. So jedenfalls erfuhren es die Delegierten des zur gleichen Zeit stattfindenden SPD-Parteitags von Kassel, als sich beide Gruppen bei der Heimfahrt in den Eisenbahnzügen trafen. Aus der zweitstärksten deutschen Partei, die von vielen europäischen Sozialisten eher als Bruderpartei angesehen wurde als die alte SPD, welcher die Führungsrolle in der deutschen Linken abzunehmen sie gerade im Begriff schien, war in vier Monaten ein Trümmerhaufen geworden. Die KPD aber, gerade mal mit zwei Abgeordneten im Reichstag vertreten, machte diese Blutspende zur Massenpartei. Der *Vorwärts* erhoffte sich zwar »vom Zerfall der USP den Beginn eines Gesundungsprozesses« für die ganze deutsche Arbeiterbewegung. Doch der weitere Verlauf hat bewiesen, dass diese Hoffnung unberechtigt war.

Nun also nochmals zur *Freiheit*. Schon vor dem Spaltungsparteitag in Halle hatte der *Vorwärts* beobachtet, dass die beiden Richtungen an dem Blatt hin und her zerrten »wie zwei Hunde an einem Knochen«. Die Pressekommission der *Freiheit* hatte beschlossen, dass die Redaktion »sofort« neu zu besetzen sei, und maßte sich damit ein Recht an, das ihr nicht zustand. Die Vorgänge erinnerten den *Vorwärts* lebhaft an seine eigene Geschichte in den ersten Kriegsjahren. Wäre das SPD-Blatt damals nicht Zentralorgan geblieben, dürfte man sich fragen, ob es sich nicht jetzt anstelle der *Freiheit* mit »zuverlässigen Kommunisten« besetzen lassen müsste. Auch im Falle des USP-Zentralorgans wurde der Vorstoß abgewehrt; doch nach der Spaltung sah sich die Redaktion einer Zensur des Setzersaales unterworfen, die erst unter der Androhung fristloser Entlassungen endete. Ruhigere Zeiten sollte die *Freiheit* gleichwohl nicht mehr erleben, auch wenn sie im Besitz der Rest-Partei blieb. Von allzu vielen USP-Zeitungen draußen im Lande konnte man nicht einmal das mehr sagen; sie gingen zu den Kommunisten über.

Die Not der Arbeiterpresse

Über derlei Aufgeregtheiten konnte der *Vorwärts* gelassen hinwegsehen. Auch machten der SPD im Gegensatz zur Schwesterpartei nicht die Verluste von Zeitungen, sondern eine Fülle unkontrollierter Neugründungen zu schaffen. Oft genug waren die wirtschaftlichen Voraussetzungen ungenügend. Alle deutschen Zeitungen aber, gleich welcher politischen Couleur, ob Parteiblätter, Generalanzeiger, Wochenzeitschriften, litten unter den davon galoppierenden Papierpreisen. Jahr um Jahr und schließlich Monat um Monat zogen die Rohstoffkosten steil nach oben und sollten noch nicht einmal vier Jahre nach Kriegsende das 350-fache des Friedensniveaus erreichen. Da machte sich auch die Geldentwertung bemerkbar. Aber während trotz aller Verteuerungen der damalige Verbraucher nicht auf Nahrung, Heizung, Körperpflege verzichten konnte und wollte – die Zeitung stand schon eher zur Disposition.

Unter dem Stichwort »Zeitungsnot und Arbeiterpresse« gab der *Vorwärts* seinen Kopfschmerzen Ausdruck. Mehr noch als die bürgerliche Presse, die ja auch über die »gewaltige Last« klage, habe die Arbeiterpresse Ursache, der Entwicklung mit größter Sorge entgegenzusehen. Schließlich sei sie mehr noch als die bürgerlichen Zeitungen auf die Erlöse aus den Abonnements angewiesen und könne sich nicht durch Anzeigen schadlos halten. Geriete aber die Arbeiterpresse in Gefahr, dann sei die Arbeiterschaft »in Gefahr, ihr stärkstes Machtmittel im Kampf um ihr Recht ... zu verlieren«. Der *Vorwärts* forderte »Vorsorge dagegen ..., daß die Arbeiterpresse von der wachsenden Teuerung erdrosselt, der politische Einfluß der Arbeiterschaft in der Öffentlichkeit herabgemindert oder in einzelnen Teilen des Reiches sogar ausgeschaltet wird«. Konkret verlangte das Blatt Höchstpreise für Holz und Zellstoff, fürchtete aber, dass ein Zeitungssterben einsetzen werde, welches dann, besonders durch die Beeinträchtigung der Arbeiterpresse, zur »Erdrosselung der Demokratie« führen werde.

Die Folgen ihres Katastrophenkurses sollten sich für die Unabhängigen bei der nächsten Gelegenheit zeigen. Das waren die preußischen Landtagswahlen. Gegenüber den gerade acht Monate zurückliegenden Reichstagswahlen verlor die USP die Hälfte ihrer Wähler. Allerdings profitierte nicht die SPD davon, die selbst herbe Verluste einstecken musste, sondern die KPD. Sie überholte die Unabhängigen. Der *Vorwärts* konnte sich nicht verkneifen, darauf hinzuweisen, »daß sogar in der bisherigen unabhängigen Hochburg Berlin die Sozialdemokratische Partei wieder an der Spitze der sozialistischen Parteien marschierte«. Aber diese Triumphfanfare überdröhnte lediglich die eigenen Sorgen. Und außerdem: Polemik wie diese, wie allerdings auch die der »Freiheit«, die von einer »Stärkung der Reaktion und des Reformismus« faselte, kann man durchaus schon als Nachhutgefechte betrachten, denn der Zug hatte sich bereits in die andere Richtung in Bewegung gesetzt. In welche? Der *Vorwärts* wusste, dass der »Unabhängigen Partei, die den Mut aufgebracht hat, sich dem Moskauer Diktat zu entziehen«, nun auferlegt sei, »praktisch [zu] arbeiten für die Interessen des Proletariats in Gemeinschaft mit der Sozialdemokratie«. Die Wiedervereinigung der so lange verfeindeten Brüder wurde das beherrschende Thema in beiden Parteien, ob man nun dafür oder dagegen war. Allerdings sollten vom Hallenser Spaltungsparteitag an noch zwei Jahre vergehen, bis sie verwirklicht war, Jahre, die auch sonst nicht ereignislos dahin flossen.

Am 11. Mai konnten die Leser dem *Vorwärts* entnehmen, dass es »der Sozialdemokratie gelungen war, was ihr im Juli 1914 ... mißlungen ist, nämlich den Ausbruch eines Krieges zu verhindern«. Eines Krieges übrigens – und das klang schon wieder verdächtig nach 1914 –, den »der französische Imperialismus gewollt«. War das nicht ein bisschen zu dick aufgetragen? Vermutlich ja. Denn alle Manifestationen des »französischen Imperialismus«, die noch kommen sollten, haben ja auch nicht zum Kriege geführt, weil ihn das Deutsche Reich sich gar nicht leisten konnte. Aber vermutlich brauchte man ein starkes Geschütz an der Medienfront, um zu erklären, warum die SPD wieder in die Regierung eingetreten war.

Der Zentrumspolitiker Wirth führte das wieder von SPD, DDP und Zentrum gebildet neue Kabinett, nachdem sein Vorgänger Fehrenbach über eine Fehleinschätzung der deutschen Möglichkeiten ins Straucheln gekommen. war. Er hatte geglaubt, mit den Ententemächten über Höhe und Modalitäten der erdrückenden Reparationszahlungen verhandeln zu können. Doch die Siegermächte dachten nicht im Traum daran, auf so etwas einzugehen, besetzten die Rheinhäfen Duisburg, Ruhrort (heute ebenfalls Duisburg) und Düsseldorf und verlangten ultimativ die Annahme ihrer Forderungen, andernfalls das ganze Ruhrgebiet besetzt würde. Auch sollte die Blockade wieder verhängt werden. In den aufwühlenden Auseinandersetzungen, die darüber in Deutschland ausbrachen, zogen die Rechtsparteien unter schriller Begleitmusik die nationale Karte, auch den Kommunisten entfuhr ein schroffes Nein, während die Mittelparteien verlegen herumruderten. Es war die SPD-Reichstagsfraktion, die gegen eigene parteipolitische Interessen die Reißleine zog. Ihre Anerkennung des Londoner Ultimatums brachte auch die bürgerliche Seite zur Besinnung. Indes, es sollte für die Garanten der Weimarer Republik ein Pyrrhus-Sieg gewesen sein.

Zu dem wenigen Positiven der weiteren Entwicklung gehörte, dass damit einige Leute mit ins Boot kamen, die bisher nicht durch konsequente Friedensliebe aufgefallen, sondern vielmehr als potente Förderer der deutschen Kriegspolitik bekannt waren. An erster Stelle sind zu nennen Walther Rathenau und Gustav Stresemann. Rathenau, einer der einflussreichsten deutschen Wirtschaftsführer, hatte den ganzen Krieg hindurch die Rohstoffabteilung des Kriegsministeriums geleitet und zur Abwendung der unaufhaltsamen Niederlage noch im Herbst 1918 eine allgemeine Volkserhebung propagiert. Stresemanns Name war geläufig als der eines Gewährsmanns der deutschen Großindustrie, und von daher verstanden sich auch seine weit reichenden annexionistischen Forderungen. Von seinen alldeutschen Positionen trennte er sich im Verlauf der Krise um Bethmann Hollweg, den er zu stürzen half. Stärkere Parlamentarisierung der Regierungsarbeit schien ihm da bereits eine stabilere Führung zu versprechen.

Diese Wirtschaftsführer waren sicherlich Realpolitiker. Sie hatten begriffen, dass die Zeit der kaiserlichen Großmannssucht und der deutschen Allmachtsträume abgelaufen war. Auch, und vielleicht erst recht, wenn man unterstellt, dass sie die Interessen ihrer Klientel wahren wollten. Stresemann, der oft wahre Eiertänze zwischen seiner rechten Parteilinie und den Ansprüchen der Nachkriegsrealität vollführte, wurde damit der Leitstern des Großbürgertums, wie man bei Sebastian Haffner nachlesen kann. Bald sollten aus seiner Realpolitik wichtige und für die Republik erfolgreiche Impulse hervorgehen. Von Rathenau liegt ein literarischer Nachlass vor, der beweist, wie ernst es ihm mit einem Ausgleich zwischen Kapitalismus und Sozialismus, vor allem aber, wie stark sein Wunsch nach politischer Mündigkeit der gelernten Untertanen zwischen Maas und Memel war. Als er in die Regierung Wirth eintrat, in der er erst Wiederaufbauminister und schließlich Außenminister wurde, machte er sich zur Zielscheibe im Sinne des Wortes. Für die ewig Gestrigen war er ein Verräter. Wie mit »Verrätern« umzugehen war, darüber bestand in »nationalen Kreisen« kein Zweifel. Und auch der steil aufschießende Antisemitismus bemächtigte sich des »Juden Rathenau«.

Die Hetze gegen Wegbereiter und Repräsentanten der Republik erreichte 1921 einen ersten Höhepunkt. Sie wurde vor allem durch das damals einzige Medium des öffentlichen Lebens, die Zeitung, vorgetragen. Traurigen Ruhm erntete der *Miesbacher Anzeiger* mit seinen ultrareaktionären Ausfällen. Aber auch zahlreiche andere Blätter nationaler, nationalistischer und völkischer Couleur überboten sich in ihren Angriffen auf Demokratie und Demokraten. Das ging bis zur kränkenden Ehrverletzung und Morddrohung. So musste zum Beispiel der ehemalige Mitstreiter des ermordeten bayerischen Ministerpräsidenten Kurt Eisner, der Journalist Felix Fechenbach, der einige Dokumente zur Kriegsschuldfrage veröffentlicht hatte, im *Bayerischen Vaterland* lesen: »Eisner ist tot, aber der Jude Fechenbach läuft noch irgendwo auf seinen Plattfüßen in der Welt herum ... Für den Juden Fechenbach ist in ganz Deutschland kein Galgen hoch genug, um diese Schurkentat zu sühnen.« Geahndet wurden solche Ausfälle selten genug. Wenn einmal, dann wurden Zweifel an der Ernsthaftigkeit des Richterspruchs wach, wie bei jenen Richtern, »die einen Lebius für zweimalige nachdrückliche Aufforderung zum Mord an Männern wie Professor Einstein und Hello von Gerlach [ein damals bekannter Pazifist und Journalist; Anm. H. S.] usw. zu ganzen 1000 M. Geldstrafe verurteilten.«

Von Kassel aus, wo er nach seinem Ausscheiden aus der Reichspolitik Oberbürgermeister geworden war, machte sich Philipp Scheidemann im SPD-Zentralorgan Gedanken über »die Sorglosigkeit, mit der man in Berlin die Vorgänge im Reich zu beobachten scheint«. Man müsse sich schon fragen, ob man in der Reichshauptstadt vor lauter Steuersorgen nicht »nach dem Treiben der Todfeinde der Republik zu sehen« imstande sei. »Die Pressefreiheit«, so die Anklage Scheidemanns, »ist von der reaktionären Presse zu einer Pressefrechheit und Verleumdungsfreiheit entwickelt worden, der gegenüber die Republik und die ihr treu ergebenen Staatsbürger nahezu schutzlos sind.« Scheidemann findet es empörend, dass die schwarzrotgoldenen Nationalfarben als »Novemberflicken« und »Judenfahne« verunglimpft, der neue Staat als »Jammerrepublik«, die mit den »Ministerjuden Schiffer und Gradnauer« und dem »Juden Rathenau als Wiederaufbauminister« auch noch einen »Kanzler der Roten« habe, herabgesetzt würde. Der Ruf der *München-Augsburger-Abendzeitung* (DVP) nach einem »Diktator ..., der den ganzen Novemberschwindel abtäte«, mache deutlich, dass »es sich um Leben oder Sterben der Republik, um Sein oder Nichtsein der Demokratie und des Sozialismus handelt«. Wenn aber »die reaktionäre Presse ihre schier grenzenlosen Beschimpfungen der Republik und ihrer Einrichtungen überhaupt drucken kann, so dankt sie das in erster Linie gerade den Männern, die sie am skrupellosesten verleumdet.«

Ein Mord, der die Republik erschüttert

Die Folgen der Hetze sollten nicht lange auf sich warten lassen. Das nächste – aber bekanntlich nicht das erste – Opfer wurde der Fraktionsgeschäftsführer der USP im bayerischen Landtag, Karl Gareis. Das Motiv: Gareis wusste zuviel über geheime Waffenlager der Einwohnerwehren im Freistaat. Der folgende Mord sollte die Republik erschüttern. Am 26. August 1921 erschossen zwei ehemalige Marineoffiziere Matthias Erzberger. Von der langen Verfolgung und von seiner juristischen Auseinandersetzung mit Karl Helfferich erschöpft, weilte der ehemalige Reichsfinanzminister auf einer Kur. Ungleich professioneller vollendeten die vaterländischen Auftragskiller, was beim ersten Attentat missglückt war. Das Kesseltreiben war an sein Ziel gelangt. Allzu viele in Parteien, Redaktionsstuben und Gerichtssälen hatten sich daran beteiligt, für die der bullige Zentrumspolitiker schon immer ein Feindbild war, ob wegen seiner Enthüllungen über die deutsche Kolonialpolitik, ob wegen seiner Unterschrift unter das Waffenstillstandspapier, ob wegen seiner »Großen Finanzreform« von 1919, die nicht nur erstmals eine reichseigene Steuerverwaltung herstellte, sondern die auch die großen Besitzenden an den erdrückenden Lasten des verlorenen Krieges angemessen beteiligte.

In der Berichterstattung des *Vorwärts* taucht in den dunklen Tagen dieses Mordes erstmals ein Wort auf, das bald zum Sammelbegriff für eine ganze verhängnisvolle politische Strömung werden sollte. Noch klingt es rudimentär: *fascistisch*. In Italien gehen beschäftigungslos gewordene Frontsoldaten (*fascio di combattimento*) einen Bund mit Landbaronen und von den Friedensschlüssen enttäuschten Annexionisten ein. Das Terrorregime, das sie aufrichten, zielt vor allem auf Einrichtungen der Arbeiterbewegung. Gewerkschaften und Genossenschaften werden aufgelöst, Volksheime niedergebrannt, sozialistische Funktionäre misshandelt und ermordet. Polizei, Justiz und Militär unterstützen die »*fascisti*«, wie sie sich nennen. Ihr unheilvolles Wirken hat der *Vorwärts* im Auge, wenn er warnt, »daß die Hetztätigkeit der Rechtsparteien uns fascistischen Zuständen in Deutschland zutreibe«.

Auf die Woche genau 20 Jahre nachdem August Bebel auf dem Parteitag in Lübeck vorgeschlagen hatte, eine Programmkommission einzusetzen, versammelten sich die Sozialdemokraten in Görlitz, um sich ein neues Programm zu geben. Es löste das alte Erfurter von 1891 ab, stellte sich auf die durch den Weltkrieg geschaffenen Tatsachen ein und war mit vier Druckseiten Umfang (im Protokoll) noch von jedermann leicht lesbar. Als ihren Leitsatz verkündete darin die SPD, dass sie »die demokratische Republik als die durch die geschichtliche Entwicklung unwiderruflich gegebene Staatsform« betrachtet und »jeden Angriff auf sie als ein Attentat auf die Lebensrechte des Volkes«. In gesellschafts- und wirtschaftspolitischer Hinsicht fordert auch das Görlitzer Programm die Überwindung des Kapitalismus, doch wird der enge proletarische Bezug aufgegeben. Die SPD sieht sich als die Partei aller, die auf den Ertrag eigener Arbeit angewiesen sind.

Friedrich Stampfer hält einen der meistgefeierten Redebeiträge des Parteitages, in dem er sich zum einen mit seinem Vorgänger an der *Vorwärts*-Spitze, gleichzeitig Kontrahent und Freund Heinrich Ströbel auseinandersetzt, der mit ihm in der Programmkommission sitzt und den alten Zeiten nachtrauert. Vor allem aber versucht Stampfer Klarheit zu bringen in »unser grundsätzliches Verhältnis zum Staat«. Nachdem »wir Sozialdemokraten und Republikaner« uns des Staates angenommen haben, als die anderen ihn im Stich ließen, sagt Stampfer, sei es »ein Widerspruch in sich selbst, wenn wir für die Staatsform unser Leben einsetzen wollten, während wir den Staat selbst verneinten«. Der Redner zielt hier auf das Marx-Wort von der Abschaffung des Staates, das noch in manchen Köpfen spukt. Aber »wo kein Staat ist, da ist Anarchie«. Und in der Anarchie könne wohl der Kapitalismus gedeihen, doch nicht der Sozialismus. Fast alles aber, was das neue Programm zur Befreiung des Menschen fordere, richte sich an den Staat, an die Republik. Darum: »Wenn wir uns nicht mit beiden Beinen auf den Boden des Staates stellen, wenn wir nicht in ihm um Macht und Einfluß kämpfen, dann können wir allenfalls eine philosophische Sekte sein, aber niemals eine kämpfende politische Partei.« Es sind Worte, die auch auf dem Godesberger Programmparteitag 1959 kaum anders hätten gesprochen werden können.

Eine gewisse, obzwar keine überragende Rolle hatte in Görlitz auch die Frage einer einheitlichen Arbeiterbewegung gespielt. Unverkennbar hatte seit den nationalistischen Mordtaten die Bereitschaft zur Überwindung der Spaltung in allen Arbeiterparteien zugenommen. Realistisch wurde sie freilich nur in Beziehung zu den Unabhängigen gesehen. In seinem vom *Vorwärts* veröffentlichten Grußwort zum Parteitag hatte Karl Kautsky an erster Stelle die große Zahl der Anträge zur Einigung gewürdigt und hier auch einen »mächtigen Anstoß« in der Ermordung Erzbergers gesehen. Hinweise wachsender Übereinstimmung waren auch in der *Freiheit* ausgemacht worden. So etwa, als das Blatt begründete, warum die USP-Fraktion – allerdings nicht einmütig – im Reichstag die Wirth-Regierung und damit die stets noch bekämpfte SPD gegen das Misstrauensvotum der Deutschnationalen unterstützt hatte. Da schrieb das Zentralorgan der sich sonst so antiparlamentarisch gebenden Unabhängigen, dass seit den Tagen kaiserlicher Kabinettspolitik »die Verantwortung des Parlaments und jeder einzelnen politischen Partei ... gestiegen« sei und »jede politische Partei ... die Möglichkeit, damit aber auch die Pflicht [habe], ihr Gewicht in die Waagschale zu werfen«. Ein Vertreter des SPD-Parteivorstandes befand, anders würde seine Partei ihre seit 1918 betriebene Politik auch nicht begründen.

Doch die »Freiheit« vertrat damit noch nicht die Auffassung maßgeblicher USP-Führer. Namentlich die drei auf dem Leipziger Parteitag im Januar 1922 gewählten Vorsitzenden Arthur Crispien, Wilhelm Dittmann und Georg Ledebour mochten nichts von einer Annäherung wissen. Im Mittelpunkt des Dissenses stand die Koalitionsfrage. Während die »Linken« jedes Zusammengehen mit bürgerlichen Parteien ablehnten, da allein die »Diktatur des Proletariats« für sie die Regierungslegitimation bildete, sahen die »Rechten« um Rudolf Hilferding und Rudolf Breitscheid die Frage taktisch. Wie die SPD ... Zehn Wochen nach dem Parteitag kam die Sache zum Austrag. Die Redaktion der *Freiheit* habe sich in der Koalitionsfrage absolut auf den Boden der Parteitagsbeschlüsse zu stellen, verlangte die Parteiführung. Das Diktum traf die Zeitung in einem Moment, da ihr zugleich die wirtschaftlichen Grundlagen unter den Füßen weggerissen wurden. Grundstück und Druckerei der *Freiheit* waren verkauft worden, die Suche nach einem neuen Drucker gestaltete sich schwierig. Der beste Kenner der sozialdemokratischen Presseverhältnisse, Kurt Koszyk, urteilte: »Wie die Spaltung der SPD mit der Entlassung der *Vorwärts*-Redaktion begann, so begann die Liquidation der USPD mit der Liquidation der ›Freiheit‹.«

Nach drei Tagen warf die Redaktion das Handtuch. Mit Hilferding verließ fast die gesamte Mannschaft ihre Schreibtische, darunter Paul Hertz, Eugen Prager, Richard Seidel, Alexander Stein, der Feuilletonist Felix Stoessinger und der verantwortliche

Redakteur Leo Liebschütz. Auch die Pressekommission der *Freiheit* stellte sich auf die Seite der Redaktion. In Leipzig brach eine »kleine Palastrevolution« (Koszyk) aus. Dem immer noch populärsten USP-Blatt *Leipziger Volkszeitung*, das Hilferding unterstützte, hatten sich weite Kreise der Parteimitglieder angeschlossen. Dittmann gelang es im letzten Augenblick, eine erneute Spaltung zu verhindern. Vom *Vorwärts* war der Konflikt mit Gefühlen betrachtet worden, »die von Schadenfreude weit entfernt sind«. Es handele sich »um eine überaus ernste Angelegenheit auch für uns«. Der schlimmste Schaden sei dadurch entstanden, dass die »Geheimdiplomatie«, mit der in der USP Richtungskämpfe durchgeführt würden, die nun völlig überraschte Anhängerschaft an der Glaubwürdigkeit demokratischer Parteipolitik zweifeln ließe. Insoweit sei auch die realpolitisch orientierte Gruppe nicht unschuldig daran, dass der *Freiheit*-Konflikt »wie eine Bombe« wirkte.

Dittmann, ehemals Redakteur an Arbeiterzeitungen in Bremerhaven und Solingen, hatte nun die Chefredaktion der *Freiheit* übernommen. Er griff sofort seinen Vorgänger Hilferding und die SPD scharf an, um zu beweisen, dass die Grundlagen einer Einigung für ihn immer noch fehlten. Mit Dittmann traten der ehemalige *Vorwärts*-Redakteur Georg Davidsohn, der Ex-Kommunist Karl Minster und der preußische Landtagsabgeordnete Otto Meier in die Redaktion ein. Karl Marchionini, der bei der Königsberger *Volkszeitung* gewesen war, arbeitete erklärtermaßen für lediglich vier Wochen mit, um den Übergang zu erleichtern. Schließlich holte Dittmann noch einen Mann mit besonders farbiger Vergangenheit in die Redaktion. Ernst Reuter stammte aus stockkonservativem Hause, hatte Anfang des Krieges die Friedensorganisation »Bund Neues Vaterland« mitbegründet, war schwer verwundet in russische Kriegsgefangenschaft geraten, hatte im Auftrag Lenins die chaotischen Verhältnisse der Deutschen Wolgarepublik geordnet und sich nach Ausbruch der deutschen Revolution den Kommunisten angeschlossen. Als er gegen deren putschistische Politik opponierte, war er Anfang des Jahres aus der KPD ausgeschlossen worden. Die Schwierigkeiten der *Freiheit* sollten indes kein Ende nehmen. Im Berliner Buchdruckerstreik konnte sie fünf Tage überhaupt nicht erscheinen, als sie wiederkam, war sie in der Druckerei des *Vorwärts* hergestellt worden.

»Der Feind steht rechts«

Gerade mal zehn Monate nach der Ermordung Erzbergers fiel eine weitere Symbolfigur der Republik dem dumpfen Hass von rechts zum Opfer: Außenminister Walter Rathenau. Er hatte gerade in Rapallo die Wiederherstellung deutsch-russischer Beziehungen eingeleitet. Das Mordkommando war auch hier aus Angehörigen der

»Organisation Consul« gebildet, einer geheimen Nachfolgeorganisation der »Brigade Ehrhardt«. Sie hatte ebenso die Hand bei einem Blausäureattentat auf Philipp Scheidemann im Spiel. Der ehemalige Reichsministerpräsident überlebte schwer verletzt. Zornentbrannt wandte sich Reichskanzler Wirth im Reichstag gegen Helfferich: »Da steht der Feind, der sein Gift in die Wunden eines Volkes träufelt. Da steht der Feind – und darüber ist kein Zweifel: dieser Feind steht rechts!«

Mit einem Gesetz zum Schutz der Republik gedachten Reichspräsident und Regierung nicht nur die Täter, sondern auch die Hintermänner zu treffen. Es führte zu einem Konflikt mit Bayern, das einen Ausnahmezustand gegen links praktizierte. Als die Reichsregierung den *Miesbacher Anzeiger* und den nationalsozialistischen *Völkischen Beobachter* in München verbot, die zu den schlimmsten Hetzblättern gehörten, blieb das folgenlos. Zugleich kamen aus den gleichen Kreisen, die vorher das Klima aufgeheizt hatten, Rechtfertigungen und Beschwichtigungen. Im *Deutschen Abendblatt*, laut *Vorwärts* das »Sprachrohr Wulles und anderer Wotangläubiger«, wurde gefordert, den »Fall Rathenau« abzuschließen, nachdem die Mörder als ein »paar blutjunge fanatische Außenseiter« ermittelt worden seien. Reinhold Wulle war Reichstagsabgeordneter der Deutschnationalen Volkspartei, auf deren völkischem Flügel er stand. Später gründete er seine eigene völkische Partei.

»Es ist richtig«, stellte der *Vorwärts* dazu fest, »dass ... zwei Gymnasiasten an der Vorbereitung und Ausführung des Mordes beteiligt waren. Aber es ist ebenso richtig, daß die Gründer und hauptsächlichsten Mitglieder der Organisation C, daß insbesondere die Killinger[41], die Schulz und Tillesen [die beiden Erzberger-Mörder; Anm. H. S.] und die bis zur Stunde noch flüchtigen Rathenau-Mörder ... kaiserliche Offiziere waren ... Kaiserliche Offiziere waren die Erzberger-Mörder, kaiserliche Offiziere mordeten Rosa Luxemburg und Karl Liebknecht, kaiserliche Offiziere sind es wieder, die an dem feigen Meuchelmord von Grunewald schuldig sind.« Man solle den Tatbestand nicht verwischen, fügte das Blatt hinzu, »die jahrelange Hetzpropaganda, die unter Führung von Helfferich, Ludendorff und ihren Getreuen gegen die Träger des republikanischen Gedankens geführt wurde, hat die Mordatmosphäre geschaffen.« Wenn jetzt »Jünglinge« in diesen Kreis gezogen würden, »so trägt diese deutschnational-völkische Hetze auch daran die Schuld, wenn die Mütter gramgebeugt ihre jugendlichen Kinder dem Strafrichter überantwortet sehen. Sie trägt die Blutschuld mit sich und niemand wird sie ihr abwaschen.«

Die Liste nationalistischer Morde in den ersten Jahren der Weimarer Republik war noch viel länger als hier mitgeteilt. Der Pazifist und Heidelberger Privatdozent Emil Julius Gumbel hat 1922 unter dem Titel *Vier Jahre politischer Mord* 354 juristisch nachgewiesene politische Morde von rechts aufgelistet, von denen kaum einer ausreichend gesühnt wurde – im Gegensatz zu 22 Morden von links. Die Rechtsblindheit der Nachkriegsjustiz zu dokumentieren, die sich personell kaum von der Vorkriegsjustiz unterschied, war eines der Hauptanliegen der Veröffentlichung Gumbels.

Unter dem Eindruck der Mordserie, die unübersehbar die Gefährdung der Republik deutlich machte, wurden in SPD und USP die Rufe nach Einigung immer lauter. Es war »die Massenstimmung selbst, die die Einigkeit forderte« (Stampfer). Zwar scheiterte der Versuch, die Unabhängigen an der Regierung zu beteiligen an den anderen Koalitionären. Aber die USP stimmte ohne wenn und aber dem Schutzgesetz zu, während Kommunisten und neben den Deutschnationalen die Bayerische Volkspartei dagegen votierten. Drei Wochen nach dem Rathenau-Mord schlossen sich die beiden Reichstagsfraktionen von SPD und USP zu einer Arbeitsgemeinschaft zusammen. In den Parteigremien begann die Arbeit an den Modalitäten, die sehr schnell zu einem Einigungsprogramm führte. In Augsburg stimmten die Mehrheitssozialisten, in Gera die Unabhängigen auf zwei getrennten Parteitagen dem Programm zu, und am folgenden Tag, dem 24. September 1922, fanden sich 146 SPD- und 135 USP-Delegierte zum »Einigungsparteitag« in Nürnberg zusammen. Der umjubelte Handschlag zwischen den beiden Alterspräsidenten Wilhelm Pfannkuch und Wilhelm Bock wurde Parteilegende. Der *Vorwärts* schrieb von einem »Tag der Freude und der Harmonie in dieser Zeit bitterer Not und schriller Dissonanz«. Zu Vorsitzenden wurden gewählt Hermann Müller, Arthur Crispien und Otto Wels. *Vorwärts* und *Freiheit* hatten ein gemeinsames Festblatt herausgegeben. In den Köpfen wirkte die Trennung noch lange fort.

17. Tucholsky, Traven und Co.

Am 28. Februar 1921, also schon anderthalb Jahre vor dem Vereinigungsparteitag, war im pommerschen Polzin Dr. Franz Diederich, Feuilletonredakteur des *Vorwärts*, gestorben. Diederich könnte als eines der letzten Opfer des Weltkrieges bezeichnet werden. Er starb am Ende einer Kur nach einem Schlaganfall in der Folge eines Auszehrungsprozesses. Der Mann war verhungert. Er hatte sich in den Mangeljahren des Krieges für seine große Familie aufgezehrt. Wenige Wochen zuvor war ihm sein jüngstes Kind, eine Tochter, vorausgegangen. Das hatte ihm den Rest gegeben.

Diederich ist beispielhaft für eine journalistische Spezies, deren Wirken sich ihrer zeitgenössischen Gesellschaft nachdrücklicher aufprägte, als ihre namentliche Präsenz ahnen lässt. In diesem Sohn eines hannoverschen Telegrafenobersekretärs findet der schon früh angemeldete Anspruch der Arbeiterbewegung, eine Kulturbewegung zu sein, einen für seine Epoche stichhaltigen Ausdruck.

Nach dem Studium der Naturwissenschaften und der Ethnografie ging Diederich zunächst als wissenschaftlicher Mitarbeiter in die Redaktion des Brockhaus-Lexikons. Als dort seine sozialdemokratischen Neigungen offenbar wurden, entließ man ihn. Wir erinnern uns, dass das liberale Familienunternehmen einmal mit Lassalle über die Herausgabe einer Zeitung verhandelt hatte. Auch der Vater verstieß seinen Sohn. Von den nächsten vier Jahren als Redakteur der Dortmunder *Arbeiterzeitung* verbrachte Diederich 18 Monate im Gefängnis aufgrund heute dubios anmutender Pressevergehen. Oft schleppte ihn die preußische Polizei wie einen Schwerverbrecher in Handfesseln vom Schreibtisch weg in die Zelle. Nächste Station wurde die *Bremer Bürgerzeitung*. In der Hansestadt an der Weser freundete er sich unter anderen mit Friedrich Ebert und dem Bildungspolitiker Heinrich Schulz an. Zugleich wurde er einer der Mitentdecker von Worpswede. In seiner literarischen Verarbeitung von Heide und Moor stellten ihn Zeitgenossen in die Nachbarschaft von Hermann Löns. Diesem Urteil muss man sich nicht anschließen. Auf jeden Fall eindeutiger als Löns betonte Diederich die soziale Komponente, sprich die unerhörte Armut der Menschen dieser kargen Landschaft.

1902 holte die *Sächsische Arbeiter-Zeitung* den bis dahin immer noch »politischen Redakteur« als Verantwortlichen für ihren »Kunstteil« nach Dresden. Um das Blatt, bald in *Dresdner Volkszeitung* umbenannt, hatten sich über die Jahre politisch zwar höchst differente, aber stets bemerkenswerte Mitarbeiter bemüht. Das Spektrum reichte von Rosa Luxemburg und Georg Ledebour auf der einen bis zu Georg Gradnauer und Albert Südekum auf der anderen Seite linker Überzeugungen. In der Kulturmetropole an der Elbe entwickelte Diederich seine pädagogischen Talente. Er wurde, was man damals gern einen Volkserzieher nannte; heute ist die Bezeichnung aus der Mode gekommen. Grundlegend dafür wurde seine 1910 erschienene zweibändige Anthologie freiheitlicher Lyrik *Von unten auf*.

Diese Sammlung war nicht die erste ihrer Art. Gegenüber den rudimentären Vorgängern ließ Diederich aber in seiner Zusammenstellung Zeugen vieler Zeiten und verschiedenster Zungen auftreten. Die Bedeutung des Werkes geht über die von zeitgenössischen Rezensenten betonte Ausrichtung auf revolutionäre und proletarische Lyrik hinaus. Vielmehr zeigt es das freiheitliche, das soziale und das republikanische Potential der Weltliteratur, Abteilung Lyrik, so, wie es im gängigen Literaturbetrieb oder gar in den Schullesebüchern nicht im Entferntesten zu finden war. Wenn Diederich neben den bekannten revolutionären Stimmen seiner Zeit auch denen Platz gab, die heute mehr oder weniger zu Recht vergessen sind, so ist es noch immer ein Vergnügen, nachzulesen, wie er vorherrschende Allgemeinplätze über erlauchte Dichterfürsten zwischen Klopstock und Lenau zerstörte. Hölderlin, Byron und die Droste im Reigen der Freiheitssänger! Eine Reihe Übersetzungen besorgte Diederich selbst, so auch die russischer Autoren. Seine Übersetzung der »Internationale« tritt zwar gegenüber der hämmernden Wucht von E. Luckhardts Verdeutschung zurück und zeigt so auch Diederichs Grenzen, wurde dennoch damals vielfach rezitiert. Neben der eigenen lyrischen Produktion, die einerseits aus dem Erlebnis der Heide, andererseits dem der rußigsten Arbeitswelten der hochkapitalistischen Epoche herkam, brachte sich der mit Krausbart und dicken Brillengläsern auch äußerlich so gar nicht einem Schöngeist ähnelnde Mann in die etablierte Kulturorganisation ein, etwa beim Dürer- und beim Goethe-Bund, arbeitete später auch bei der Berliner Volksbühne mit und gab sorgfältige Auswahlen von Goethe, Heine und Glaßbrenner heraus. Für Dresden wurde Diederich eine kulturelle Institution. 1913 folgte er einem Ruf nach Berlin. Die Pläne für eine Familien-Illustrierte, die er leiten sollte, zerschlug der Krieg. Als der *Vorwärts*-Konflikt mit dem Auszug von Heinrich Ströbel und Genossen endete, ließ sich Diederich noch einmal als politischer Redakteur anschirren, eine Rolle, die ihm nicht sonderlich behagte und von der ihn Friedrich Stampfer befreite. Die letzten Jahre in der Feuilleton-Redaktion hielten ihm noch eine Reihe von Ämtern auf dem Kultur- und Bildungssektor bereit; zugleich gab Diederich eine Sammlung verstreuter Schriften von Karl Marx und ein Lassalle-Brevier heraus. Sein Tod blieb keine sozialdemokratische Angelegenheit. Natürlich trauerte, so wie Erich Kuttner im *Vorwärts*, die Arbeiterpresse zwischen Bremen und Breslau um »den großen Kultursämann« (Hermann Wendel). Der wahlverwandte Dettmar Heinrich Sarnetzki bekannte sich zu Diederich in der rechtsliberalen *Kölnischen Zeitung* als seinem geistigen Führer, dessen »werbende Kraft« allerdings »in seinem Menschlichen, nicht in seiner politischen Überzeugung« gelegen hätte. 25 Jahre nach seinem Tode, also auch schon nach dem Zweiten Weltkrieg, forderte die New Yorker *Neue Volkszeitung* einen Sammelband mit Diederichs Theaterkritiken und Essays, die seine Lyrik um einiges überragten.

Feuilleton – was ist das?

Franz Diederich war sicherlich exemplarisch in Werdegang und Wirkkraft, aber nicht solitär. Das *Vorwärts*-Feuilleton stand über Jahrzehnte in der lebhaftesten Wechselbeziehung zu den Künsten, ganz besonders den literarischen. Aus den Wurzeln der Arbeiterpresse war das allerdings nicht abzulesen gewesen. Vielmehr stand das Feuilleton bei den journalistischen Urvätern in einem recht geringen Ansehen. Wenn wir von der *Neuen Rheinischen Zeitung* absehen, die ja, wie sie selbst bekannte, ein »Organ der Demokratie« und keine Arbeiterzeitung war, aber das Feuilleton bereits auf einsame Höhen erhob, waren die Anfänge eher schlecht als recht, und Carl Bruhns *Nordstern* vertritt auch hierbei den Prototyp des Ignorantismus. Bis auf seinen früher erwähnten »Büchertisch« gab es nichts, was auch nur ansatzweise den Namen Feuilleton verdiente. Gelegentlich erschienen Gedichte dilettantischer Machart, die allenfalls aus Anlass von Lassalles Tod etwas Niveau zeigten. Dabei unterlief Bruhn auch noch das typische Missgeschick, das einzige unter seinen Augen entstandene genuine Zeugnis der Epoche, Audorfs »Arbeitermarseillaise«, gründlich zu verschlafen. Nach literatur- oder sonstwie kulturkritischen Beiträgen oder allem, was im Entferntesten essayistischen Charakter zeigte, hielte man vergeblich Ausschau.

Das Bild änderte sich, als Johann Baptist von Schweitzer seinen *Social-Demokrat* präsentierte. Schon der illustre Redaktionsbeirat berechtigte zu den schönsten Hoffnungen, die sich dann ja leider zerschlugen. Nichtsdestotrotz begann mit dem Frankfurter Adelsspross das Feuilleton der sozialdemokratischen Presse. Dazu trugen von Anfang an seine eigenen belletristischen Produktionen bei, auch wenn sie weniger literarischen als agitatorischen Ansprüchen genügten, wie auch die spärlichen Beiträge von Karl Marx. Das Niveau der politischen Lyrik lag ein gewisses Maß über den vergleichbaren *Nordstern*-Texten. Dabei sahen es auch prominente Arbeiterführer wie Fritzsche, Roller und Audorf d.J. nicht für unter ihrer Würde an, zur Feder zu greifen. Susanne Miller hat die Spuren offen gelegt. Insgesamt aber blieb auch dieses Feuilleton, das Schweitzer, wie von den bürgerlichen Blättern abgeschaut, »unterm Strich« angesiedelt hatte, ein Sammelsurium zwischen Theateranzeige und politischem Traktat. »Das Feuilleton als Ausdrucksform des geistig-kulturellen Lebens kannte der *Sozial-Demokrat* noch nicht«, urteilte Harald Feddersen in seiner Dissertation über *Das Feuilleton der sozialdemokratischen Tagespresse Deutschlands* im Jahre 1923. Und doch wurde schon erkennbar: Die Arbeiterpresse borgte sich zwar die Form ihres Feuilletons bei den bürgerlichen Blättern, doch sie wird es mit eigenen Inhalten füllen.

Die liebknecht-bebelianischen Blätter taten sich schwerer als die des ADAV. Dem *Demokratischen Wochenblatt* war das Feuilleton ähnlich fremd wie der Bruhn'schen Gazette. In seiner »Bücherschau« ist allenfalls Praktisches zur Chemie zu finden, und natürlich wurde Marx' *Kapital* gewürdigt. Das war's dann auch und änderte sich auch bei der Umwandlung des *Wochenblatts* in den *Volksstaat* nur sehr zögerlich. Ein gelegentliches Gedicht von Herwegh oder Freiligrath machte noch keinen feuilletonistischen Sommer. Auch nicht die Überlegungen, wie dem Unterhaltungsbedürfnis in den Arbeiterfamilien geholfen werden könne. Dieses war bislang schutzlos den bourgeoisen Einflüssen der *Gartenlaube* wie auch dem sich riesig ausbildenden Markt der Kolportageromane ausgeliefert. Bald kamen noch die anspruchlosen Romane à la Anny Wothe und Hedwig Courths-Mahler hinzu.

Da bildete der sonst ja verdienstliche Abdruck von Engels *Bauernkrieg* kaum das rechte Gegengewicht. Eher schon der des Romans *Am Webstuhl der Zeit* von August Otto Walster in einer eigens dafür angelegten Sonntagsromanbeilage. Der Autor, ein promovierter Handelslehrer, war vom ADAV zu den Eisenachern gestoßen, hatte ihnen nach der Festnahme des Braunschweiger Vorstandes auch als Sekretär gedient und in Dresden die erste Arbeiterzeitung, den *Dresdner Volksboten*, gegründet. Sein Hauptverdienst um die Arbeiterbewegung lag in seiner schriftstellerischen Arbeit, darunter verschiedenen Romanen und Novellen. Am bekanntesten wurde, wie genannt, *Am Webstuhl der Zeit*, die Geschichte eines erfolgreichen Volksaufstandes, der zu einem »freien Volksstaat« führt. Der *Volksstaat* wusste, was von dieser epischen Leistung zu halten war und kündigte sie als »sozialdemokratischen Tendenzroman« an, damals kein Schimpfwort. Aber auch dieser Roman machte noch kein Feuilleton.

Nach dem Untergang des *Social-Demokrat* hatte sich der ADAV im *Neuen Social-Demokrat* sehr schnell den schlagkräftigen Nachfolger zugelegt. Die neue Redaktion knüpfte nicht nur an das Feuilleton-Verständnis der Vorgängerin an, sondern entwickelte es fort zu einem eigenen tragenden Teil der Zeitung. Auch Schweitzers *Lucinde* finden wir hier wieder. Daneben aber gewichtigere geistige Kost, etwa Rousseaus *Gesellschaftsvertrag* in Fortsetzungen, die Vorstellung reformatorischer, sozialistischer und kommunistischer Gedankenwelten, von Hus über Lassalle bis Blanqui. Der Stoffandrang zwang die Redaktion, aus der Enge »unterm Strich« auszubrechen und eine Rubrik Feuilleton einzurichten, die ein eigenes Beiblatt und die Ankündigung im Inhaltsverzeichnis erhielt. Damit hatte der Kulturteil seine eigenständige, vom übrigen Blattinhalt abgehobene Rolle erhalten. Noch freilich bildete er kein eigenes Ressort, sondern wurde wechselweise von den Redakteuren gestaltet.

Als entsprechend den Gothaer Beschlüssen der *Neue Social-Demokrat* und der *Volksstaat* zusammengeschlossen wurden, ging die Tradition des ADAV-Blattes in der *Berliner Freien Presse* auf, welcher auch sämtliche ehemaligen NSD-Redakteure angehörten, mit Ausnahme natürlich von Wilhelm Hasenclever, der zusammen mit Wilhelm Liebknecht die Chefredaktion des neuen Zentralorgans bildete. Auf ihr gewohntes Feuilleton mussten die Berliner Leser nicht verzichten. Aber auch der neue Leipziger *Vorwärts* erschien ohne Umstände mit einem Feuilleton unterm Strich und ließ sich auch sonst auf mehr oder weniger populär gemeinte Beiträge zu Zeitfragen ein. Für Belletristik war jedoch ebenso wenig Raum wie für Theaterkritiken, was dem Blatt beim nächsten Parteitag den Vorwurf der Verwissenschaftlichung eintrug. Er kam allerdings aus dem Munde von Delegierten, die in ihren heimischen Parteiblättern zunehmend kleinbürgerlichen Einflüssen ausgesetzt waren. Die Fortsetzungsromane beispielsweise, die hier erschienen, kamen mit dem gleichen Personal daher – vom vertauschten Grafenkind bis zum väterlich-wohlwollenden Kommerzienrat – wie jede bürgerliche Zeitung. Die Walsters waren eben dünn gesät. Für das sozialistische Essay standen gleichfalls viel zu wenig Namen zu Gebote, am bekanntesten wurde der von Josef Dietzgen.

Dieser Entwicklung entgegen zu steuern, hatte schon 1873 ein Kongress der SdAP die Gründung einer belletristischen Wochenschrift gefordert. Drei Jahre später erschien dann erstmals *Die Neue Welt* als *Illustriertes Unterhaltungsblatt für das Volk*. Wie der *Vorwärts* in seiner Probenummer postulierte, wollte die Zeitschrift »die falschen Größen, die Götzen des Tages vom Postamente herabwerfen; die Schäden in Staat und Gesellschaft aufdecken; der Lüge, wo sie sich zeigt, die Maske abreißen; das Edle, Schöne und Gute verfechten; echte Bildung verbreiten …; die Vorurteile wegräumen, welche dem Neuen im Wege stehen und das große Reformwerk hemmen, – mit einem Wort, den Übergang aus der alten in die neue Welt erleichtern und befördern.« *Die Neue Welt* erschien wöchentlich, zunächst beim Verlag der

Genossenschaftsdruckerei in Leipzig, später bei Dietz in Stuttgart und schließlich im Hamburger Verlag Auer & Co. Von einer Startauflage von 21 000 katapultierte sich das Blatt bis 1911 in eine Höhe von 550 000 Exemplaren. Die meisten erreichten ihre Leser als kostenlose Beilage der verschiedensten Parteiblätter, auch des *Vorwärts.*

Zu den frühen Redakteuren gehörte Wilhelm Liebknecht. Das Urgestein Johann Philipp Becker war einer der ersten Autoren. Friedrich Engels' *Wilhelm Wolff* wurde in Fortsetzungen abgedruckt. Es gab Romane und Novellen, Beiträge aus allen Wissenschaftsgebieten sowie Biografien. Bruno Geiser, Liebknechts Schwiegersohn, soll die Zeitschrift so heruntergewirtschaftet haben, dass ihr Verkauf erwogen wurde. Weitere Redakteure waren Curt Baake, Edgar Steiger und Nicolaus Krauß. Oftmals regte die *Neue Welt* zu Diskussionen über Fragen der Kunst und Literatur an, sodass ihr schließlich der Vorwurf gemacht wurde, »ein Probierfeld der naturalistischen Richtung« (Karl Frohme) geworden zu sein. Von 1905 bis 1919 prägte Ludwig Salomon Lessen das Blatt, bis es zur Jahreswende 1919/20 von *Volk und Zeit* abgelöst wurde. Lessen, der sich nach seiner westpreußischen Geburtsstadt (heute Lasin) nannte, war Feuilletonredakteur des *Vorwärts,* wie es überhaupt stets eine enge, auch räumliche Beziehung vom *Vorwärts*-Feuilleton zu der Familienbeilage gab, und öffnete die *Neue Welt* für viele junge Schriftsteller und Arbeiterdichter.

Nach gerade mal zwei Jahren brachte Bismarcks Sozialistengesetz, wie wir wissen, das Aus für den Leipziger *Vorwärts.* Nicht anders erging es der *Berliner Freien Presse* und so gut wie allen anderen Zeitungen der in Bann getanen Partei. Selbst die im aktuellen Sinne unpolitische *Neue Welt* traf 1884 der Donnerschlag des Verbotes. Die einsame, sich langsam kräftigende Stimme, die sich aus Zürich zu Wort meldete, gehörte zu einer Zeitung von bis dato unbekanntem Typus. *Der Sozialdemokrat* war weder Arbeiterblatt im bisher gekannten Sinn noch »Organ der Demokratie«, sondern eine revolutionäre Zeitung. Das betonte auch ihr mehr als sparsam erscheinendes Feuilleton. Seine Glossen erinnerten an »Revolutionäre Gedenktage«, Mahnungen, wie volksferne Regenten enden können: Die »Hinrichtung Ludwigs 16.« unter der Guillotine, »Ein Kaisermord«, die Erschießung Maximilians, der Marionette Napoleons III. auf dem »Thron« von Mexiko. Herweghs Gedicht »Der 18. März 1848« beschwor die deutsche Revolution. Ein Beitrag »Der Ständestaat und der Klassenstaat« machte deutlich, wie überholt beide seien. Von Paul Lafargue erschienen in Fortsetzungen nicht nur sein bekanntes *Recht auf Faulheit*, sondern eine Reihe von Vorträgen, so etwa »Die Theorie des Klassenkampfes«. Und Friedrich Engels ließ sich – nach anfänglichem Gezeter – nie zweimal bitten, um zur Feder zu greifen. Auch eine Romanbeilage (*Der Vetter aus Amerika* von Sigmund Pollitzer) änderte wenig; aus allen feuilletonistisch gemeinten Beiträgen erklang der gleiche agitatorische Grundakkord.

Der Vorwärts unterfordert seine Leser

Dann also, nach Bismarcks innenpolitischem Desaster, der neue, der Berliner *Vorwärts,* zunächst als bescheidenes Reis auf das *Berliner Volksblatt* aufgepfropft. Dieses, eine der vielen Ersatzgründungen nach vorangegangenen Verboten, war der Ersatz der *Berliner Freien Presse*. Ungleich vielen anderen Gründungen hatte es sich halten können. Als eines der noch lebendig sprießenden Triebe der *Freien Presse*, wir bedenken auch, dass sie die Tradition des *Neuen Social-Demokrat* fortführte, erbte der *Vorwärts* die Tradition des Feuilletons. Nicht zu seinem Schaden. Das Konzept der Volkstümlichkeit hielt auch einige Jahre stand mit Roman-Feuilleton, »Sonntags-Plaudereien« und nur unregelmäßigen und kurzen Beiträgen unter den Rubriken »Theater«, »Literarisches« und »Aus Kunst und Wissenschaft«. 1892 erschien auch die *Neue Welt* wieder und wurde beigelegt. Mit der Zeit sollte sich erweisen, dass der *Vorwärts* seine Leser unterforderte. Rufe zur Änderung, die sich am Standard führender bürgerlicher Blätter orientierten, mehrten sich.

Eine Wende brachte der Gothaer – eigentlich Sieblebener – Parteitag von 1896. Da probten die Konservativen, an der Spitze der erwähnte Karl Frohme, aber auch der kernige Hermann Molkenbuhr, mit den verrückten Intellektuellen in ihren Reihen Schlitten zu fahren. Die Verkörperung alles Schlimmen war in ihren Augen Edgar Steiger, der vor zwei Jahren das Feuilleton der *Leipziger Volkszeitung* übernommen hatte, vor allem aber in der *Neuen Welt* die lesenden Parteigenossen und ihre Familien mit den »Schweinereien« der neuen Kunst traktierte. Das mochten die streitbaren Debattenredner gar nicht haben und die zahlreichen Zwischenrufer dankten ihnen für die klare Aussage, dass dem Arbeiter, der die Not ja selbst am allerbesten kennt, »immer nur die Not in den allerkrassesten Farben geschildert wird«.

Wilhelm Liebknecht gab dem Anliegen die höheren Weihen des Klassenkampfes. Man könne eine solche Kunst, die auch mal in Anlehnung an das Junge Deutschland »das jüngste Deutschland« genannt wurde, nur »mit der Fäulnis der kapitalistischen Gesellschaft« erklären. Diese Kunst war der Naturalismus, den man sich heute ohne den Boden, aus dem auch die Arbeiterbewegung erwuchs, kaum vorstellen kann. Die bekanntesten Vertreter in der deutschen Literatur sind noch heute den meisten geläufig: Gerhart Hauptmann, Arno Holz, Johannes Schlaf, Max Halbe, auch Detlev von Liliencron, ganz zu schweigen von der außerdeutschen, wo der

Naturalismus schon länger in großer Blüte stand, mit Namen wie Zola über Dostojewski bis Strindberg und Ibsen. Bebel muss gespürt haben, dass dieser Parteitag im Begriff war, die Schleusen des Banausischen zu öffnen. Er intervenierte: Eine moderne Partei dürfe in Fragen der Kunst keinen veralteten Standpunkt einnehmen, war sein unüberhörbares Verdikt. Im Übrigen stärkte er Edgar Steiger den Rücken.

Die anderthalbtägige Kunstdebatte war auch eine Pressedebatte, in der von Berliner Seite ein Antrag eingebracht wurde, dem *Vorwärts* »wöchentlich eine wissenschaftliche Beilage beizugeben«. Der Antrag fand Zustimmung und von hier aus datiert die jetzt unübersehbare Aufwärtsentwicklung des Feuilletons im Zentralorgan. Schon im Jahr nach dem Parteitag erschien der *Vorwärts* mit einer Unterhaltungsbeilage sowie einer volkswirtschaftlichen wie auch einer literarischen Rundschau. Zum Feuilleton im engeren Sinn gehörten ständige Rubriken wie »Kunst und Wissenschaft«, »Theater« und »Freie Volksbühne«. Und der Einfluss des Naturalismus beschränkte sich nicht auf die beiliegende *Neue Welt*, sondern kennzeichnete das Feuilleton des *Vorwärts* und darüber hinaus der gesamten Arbeiterpresse. Es darf sogar gesagt werden, dass sich aus dieser Symbiose die vehemente Ausbreitung der jungen Literaturrichtung erklärt, bis sie von neuen Stilen abgelöst wurde. Der Qualität der Zeitung tat es allemal gut. 1898 übernahm schließlich der erste selbstständig agierende Redakteur das aufstrebende Ressort.

Der Österreicher Hans Nicolaus Krauß hatte vorher schon verschiedene Berliner Parteizeitungen redigiert und mit Novellen und Essays einen gewissen Ruf als Schriftsteller begründet. Er muss im Übrigen ein stiller Arbeiter gewesen sein, denn die Annalen berichten wenig über ihn. Doch als er 1906 mit 45 Jahren ziemlich früh starb, nannte ihn der jährliche Bericht des Parteivorstandes unter den »verstorbenen Mitkämpfern« an erster Stelle. Neuer Feuilletonleiter wurde Karsten Heinrich Döscher. Der viel studierte Niedersachse hatte mit Frank Wedekind das kabarettistische Richtschwert bei den Münchner »Elf Scharfrichtern« geschwungen. Die literarische Szene der bayerischen Hauptstadt verdankte ihm ohnehin viel Anregendes, ob als Mitbegründer der Volksbühne und des Goethe-Bundes oder als Theaterkritiker der *Münchner Post*. Über die Nürnberger SPD-Zeitung kam er schließlich zum *Vorwärts*, dem er genauso wenig als Schmalspur-Redakteur dienen mochte. Schon 1912 betätigte sich Döscher als einer der ersten ernst zu nehmenden Filmkritiker. Nach dem Weltkrieg versicherte sich die so unvorbereitet an die Macht gekommene Partei seiner Fähigkeiten und setzte ihn als Sonderbeauftragten im preußischen Kultusministerium ein. Döscher war ein beredtes Beispiel für den neuen Typ sozialdemokratischer Journalisten. Er war beileibe nicht der erste Akademiker, aber er und seinesgleichen lösten weithin den verdienten Funktionär ab, der sich vom Setzersaal auf den Redaktionsstuhl hochgearbeitet hatte. An sozialem Engagement standen die neuen hinter ihren älteren Kollegen dabei durchaus nicht zurück.

Sie nannten ihn Pascha

Auch Lessen, der die *Neue Welt* besorgte, war beim Feuilleton angebunden. Neben sozialer, aber auch tendenzfreier Lyrik sind von ihm vor allem Reisebücher überliefert. 1913 war zum Beispiel von ihm *Kreuz und quer durch den Balkan* erschienen. Da etwa trat ja auch Franz Diederich auf die *Vorwärts*-Bühne, leider viel zu kurz, wie wir wissen. Die von ihm hinterlassene Lücke füllte 1921 Dr. John Schikowski. Der aus dem ostpreußischen Gumbinnen stammende Philosoph hatte schon bald zwei Jahrzehnte lang das hervorragende Feuilleton der *Leipziger Volkszeitung* um Nachrichten aus dem Berliner Kunst- und Theaterleben bereichert, bevor er 1916 beim Zentralorgan eintrat. Einen Namen machte er sich als ausgewiesener Fachmann für den Kunsttanz, über den er einige Standardwerke schrieb. Mehr als einmal sollen sich die Vortänzerinnen auf dem Gebiete des Ausdruckstanzes, Mary Wigman, Gret Palucca und Jutta Klamt, in seiner Redaktionsstube im *Vorwärts*-Haus, Zimmer Nr. 7, versammelt haben. Frau Schikowski kochte Tee und John Schikowski präsidierte mit seiner türkischen Stielpfeife. Gegenüber Zweiflern verbürgt Augenzeuge Richard Schwartz die Richtigkeit des Vorganges. In der Redaktion titulierten sie Schikowski ob dieser Séancen als »Pascha«. Während seine Obsession für den Tanz sich nur gelegentlich im Blatt niederschlug, sorgte er mit Nachdruck dafür, dass nach dem Naturalismus der Expressionismus seine Chance erhielt. Vor allem arbeitete er mit Herwarth Walden und seiner Schule »Der Sturm« zusammen, für die er auch das Büro führte. Auch Else Lasker-Schüler, zeitweilig Waldens Frau, kannte er gut. Eine Erwähnung verdient in diesem Zusammenhang: Viele *Vorwärts*-Redakteure, namentlich die des Feuilletons, unterstützten die Freie Volksbühne, eine Besucherorganisation der Arbeiterbewegung, gegründet 1890, die auch dem Arbeiter Theatererlebnisse sichern wollte. Schikowski war auch Redakteur der Zeitschrift *Volksbühne*. Der ehemalige *Vorwärts*-Redakteur Dr. Siegfried Nestriepke war inzwischen Leiter der Freien Volksbühne und ein anderer Ehemaliger, Curt Baake, leitete den Verband der deutschen Volksbühne-Vereine.

Ähnlich geistige Fülle wie die Redakteure zeigten auch die Mitarbeiter des *Vorwärts*-Feuilletons. Am Beispiel der Musikkritik: Der erste Musikkritiker des Blattes, Dr. Kurt Singer, war als Dirigent des Berliner Ärztechors eine bekannte und beliebte Größe im Musikleben der Reichshauptstadt, schließlich wurde ihm die stellvertretende Intendanz der Städtischen Oper Charlottenburg übertragen. Eine Gedenktafel an der Deutschen Oper weist noch heute darauf hin. 1944 wurde der feinsinnige Mann im Konzentrationslager Theresienstadt gequält und ums Leben gebracht. Sein Nachfolger am *Vorwärts* wurde Dr. Klaus Pringsheim, ein Schwager Thomas Manns. Ständiger Mitarbeiter namentlich für die »gemischte« Seite 3 war Gerhart Herrmann Mostar, der die Gerichtsreportage in Deutschland literaturfähig gemacht hat. Einer der wichtigsten Mitarbeiter war Professor Dr. Conrad Schmidt, Bruder der Bildhauerin Käthe Kollwitz. Er hatte noch Friedrich Engels gekannt und schrieb nicht nur blendende Theaterkritiken, sondern versorgte die Leser mit verständlichen Erklärungen sozialistischer Theorie.

Im Schwarm der Zeichner und Karikaturisten, in dem – auch nach seinem Ausscheiden aus der Redaktion – die ordnende Hand Erich Kuttners waltete, finden wir Erich Ohser alias e.o.plauen, bekannt geworden durch seine »Vater-und-Sohn«-Serie, wie auch Aloys Florath, der als bildender Künstler mindestens so begabt war wie sein schauspielernder Bruder Albert, oder Jakobus Belsen, der schon lange vor dem Krieg einer der wichtigen russischen Maler war. Eine leider viel zu kurze Zeit konnte der *Vorwärts* vom Zeichenstift Dr. Otto Koesters profitieren. Koester, dessen Strich auch im großen Format nichts von seiner Präzision einbüßte, war von Haus aus Jurist und aus den Reihen der USP zum Zentralorgan gestoßen. Er sollte der erste Cartoonist von Bedeutung für die Arbeiterpresse werden. Als er nach gerade mal einem Jahr der Mitarbeit im Mai 1925 starb, würdigte der Heidelberger Parteitag seine Leistung.[42]

Käthe Kollwitz meldet sich zu Wort

Was hatte nun der Leser von diesem Aufgebot potenter Blattmacher? In den guten und besten Zeiten des *Vorwärts*-Feuilletons sicherlich dreierlei: Er konnte davon ausgehen, dass sein Unterhaltungsbedürfnis nicht auf kleinbürgerliche und philisterhafte Weise befriedigt und ausgenutzt wurde. Die Unterhaltung im *Vorwärts* zeigte Niveau. Sodann erlebte er die Auseinandersetzungen im Kunst- und Literaturbetrieb, die Entwicklung der Stile und Richtungen, »in der ersten Reihe« mit. Und schließlich fand er für seine politischen Überzeugungen auch die ästhetische Rechtfertigung. Viele Künstler und Schriftsteller waren selbst Sozialisten oder neigten den Zielen der Arbeiterbewegung zu, die auch ihnen neue Freiheiten öffnete. Käthe Kollwitz war nicht nur akribische Leserin des *Vorwärts,* sondern nutzte ihn auch, etwa um Richard Dehmels neuem nationalen Pathos entgegenzutreten. Der hatte im Oktober 1918 noch »ein letztes Aufgebot der Alten und Jungen« gefordert, um dem »Unterwerfungsfrieden« zu entgehen. Käthe Kollwitz entgegnete ihm im *Vorwärts*: »Es ist genug gestorben! Keiner darf mehr fallen! ... Saatfrüchte sollen nicht vermahlen werden.« Max Liebermann schrieb dem Blatt 1918, was er vom neuen Volksstaat erwarte: »Nichts und Alles: Freiheit! ... Kunst ist Gewissenssache: es schaffe jeder Künstler, so gut er es vermag, dann schafft er am besten fürs Volk.« Mancher setzte sich im Arbeiterblatt durch und wurde dann auch von den bürgerlichen Meinungsbildnern akzeptiert.

Konkret konnten die Leser des *Vorwärts* und seiner Beilagen sich ein Bild über alle maßgeblichen Autoren ihrer Zeit machen, mit authentischen Texten, ob Roman, Novelle oder Erzählung, von Guy de Maupassant, dem Darsteller des triebhaften Menschen, über Edmond de Goncourt und Emile Zola, Frankreichs sozialem Gewissen, zu den Russen Fjodor Dostojewski, Maxim Gorkij, Nikolai Gogol, Leo Tolstoj, Iwan Turgenjew und Leonid Andrejew, über John Galsworthy, Rudyard Kipling, Jack London, Upton Sinclair und Maurice Maeterlinck zu den Skandinaviern Björnstjerne Björnson, Knut Hamsun, Selma Lagerlöf und Martin Andersen-Nexö, dessen deutscher Erfolg von *Pelle der Eroberer* mit der Veröffentlichung im *Vorwärts* begann. Das war die Weltliteratur ihrer Zeit.

Dagegen kamen auch die deutschsprachigen Dichter und Schriftsteller nicht zu kurz, von Gottfried Keller und Detlef von Liliencron, Gerhart Hauptmann, Leopold von Sacher-Masoch, Peter Rosegger und Bertha von Suttner, Theodor Storm und Hermann Hesse, René Schickele, Gustav Meyrink und Ernst von Wolzogen bis zu Joseph Roth, Paul Zech und Richard Dehmel, der »markantesten Gestalt der deutschen Moderne« (Meyers Lexikon von 1925) und den Eigengewächsen der Arbeiterbewegung, wie den Brögers und Preczangs. Natürlich ist die Aufzählung lückenhaft. Ein Verfasser zeitkritischer und satirischer Beiträge blieb den *Vorwärts*-Lesern für die Zeitdauer seiner Autorenschaft ein Geheimnis. Von 1911 bis 1914 schrieb Kurt Tucholsky unter verschiedenen Signaturen von kurt bis Th.T., zum Teil ungezeichnet. 42 Artikel sind nachgewiesen, wenn auch die bei Rowohlt 1960 erschienenen *Gesammelten Werke* nur 15 veröffentlichen. Nach 1914 hat Tucholsky nur noch ein einziges Mal für den *Vorwärts* geschrieben: 1922. In seinen frühen Arbeiten ist schon der ganze Tucholsky enthalten, später suchte er andere Partner, auch politische.

Da war doch was mit Karl May

An volkstümlichen Unterhaltern ging der *Vorwärts*, bei allem literarischen Engagement, durchaus nicht vorbei, ob an Jules Verne (sein deutsches Pendant Hans Dominik steuerte dem *Vorwärts* Non-fiction, nämlich Artikel zur Technik bei), an Friedrich Gerstäcker, Hermann Löns oder dem gern gedruckten Ludwig Thoma, der nicht nur ein grandioser Geschichtenerzähler, sondern auch ein hemmungsloser Sozialistenfresser werden sollte. Ein Kapitel für sich bildete das Verhältnis des *Vorwärts* zu Karl May. Gegenüber dem Volksschriftsteller bestand bei dem Zentralorgan eine durchgehend ablehnende Haltung, obwohl May aus dem gleichen sächsischen Weber-Milieu kam, aus dem August Bebel seine ersten und überzeugtesten Anhänger rekrutierte. Er wurde ja auch nie gedruckt. Das frostige Verhältnis hatte sich einerseits Karl May selbst zuzuschreiben mit seinen vielen unfreundlichen Anmerkungen zur Sozialdemokratie, dieser, wie er schon in den Anfängen der Verbotszeit der Sozialistengesetze verdeutlichte, »unglückseligen Richtung«, sowie auch seiner Vergötzung des Wilhelminischen Militarismus. Andererseits gab es einen Redaktionskonsens, dem *Vorwärts*-Mitarbeiter Otto Rühle in einem Beitrag aus dem Jahr 1907 Worte gab. Er befand, »die Karl Mayschen Romane ... sind unwahre, erlogene Produkte einer überhitzten Phantasie, die nur die Stoffgier befriedigen, den Geschmack verderben, das Gemüt verrohen und das künstlerische Wesen im Kind auf Abwege bringen und verwüsten«. Oft genug seien »Indianerbücher schon die Ursache von Verbrechen gewesen, die Kinder auf die Strafbank oder ins Gefängnis führten.« Zuletzt mag auch »Kunstwart«-Herausgeber Ferdinand Avenarius im Spiele gewesen sein, ein ausgewiesener Karl-May-Gegner von großem Einfluss, mit dem Franz Diederich an irgendeinem literarischen Vorstandstisch zusammen saß.

Aber einmal wäre es beinahe doch zu einem Zweckbündnis gegen einen gemeinsamen Feind gekommen. Rudolf Lebius, Redakteur sozialdemokratischer Zeitungen, hatte die SPD verlassen, nachdem sie sein Karrierestreben nicht in der von ihm gewünschten Weise förderte. Er rief dann nach französischem Vorbild den deutschen Ableger der »gelben« wirtschaftsfriedlichen Gewerkschaften ins Leben, gründete und redigierte deren Zeitschrift *Der Bund. Organ für die gemeinsamen Interessen der Arbeiter und der Arbeitgeber*. Schließlich landete er beim »Reichsverband gegen die Sozialdemokratie«. Für diesen Zusammenschluss konservativer, nationalliberaler und wirtschaftsfreundlicher Kreise, der entsprechend einem geheimen Rundschreiben – warum geheim?, es wusste ja doch jeder – »einen Keil in die sozialdemokratische Organisation zu treiben« beabsichtigte, verfasste Lebius Werbe- und Bettelbriefe an Unternehmer. Eines dieser Schreiben druckte der *Vorwärts* ab. Darin beschwor Lebius den Adressaten, der zufällig *Vorwärts*-Leser und sehr wahrscheinlich SPD-Mitglied war, »im Auftrage Sr. Exzellenz des Herrn Generalleutnant v. Liebert, ehemaligen Gouverneurs von Deutsch-Ostafrika ... im Hinblick auf die bevorstehenden Reichstagswahlen von 1908 den Wahlfonds des Reichsverbandes gegen die Sozialdemokratie mit einer Spende zu unterstützen und vielleicht auch dem Vereine als Mitglied gütigst beitreten zu wollen«.

Den Grundstein zu seinem Verhältnis zu Karl May legte Lebius mit einem Erpressungsversuch, auf den der Schriftsteller ablehnend reagierte. Lebius revanchierte sich mit verdächtigenden und beleidigenden Zeitungsartikeln, in denen er auch auf Mays Vorstrafen anspielte. May zog deshalb vor Gericht, wo es sein unbedarfter Anwalt im Verein mit einem ebenso einfallslosen Richter fertig brachte, dass Mays 30 Jahre zurückliegende Vorstrafen erst recht publikumswirksam ausgebreitet wurden. Auch der Zeitungskrieg, den Lebius mit dem *Vorwärts* führte, sollte vor den Schranken der Justiz entschieden werden. Die beiden von dem Renegaten verklagten *Vorwärts*-Redakteure Carl Wermuth und Hans Weber wandten sich an den Lebius-gebeutelten Karl May, um sich seiner Zeugenschaft zu versichern. Doch es kam nicht zum Prozess. Lebius' Auftraggeber von der Wirtschaft pfiffen ihren Kettenhund zurück, da sie negative Schlagzeilen fürchteten. Am kühlen Verhältnis zwischen Karl May und dem *Vorwärts* änderte dieses Intermezzo nichts. Erst nach der Wiener Friedensrede Mays und seinem unerwarteten Tod 1912 fand das Blatt versöhnlicher klingende Worte. Der »Pseudo-Welt-Abenteurer« passe »in keines der vorhandenen pädagogischen und literarischen Schubfächer«, hieß es im Nachruf. »In seiner Art« sei er »eine Klasse für sich« gewesen, »eine Kombination gewissermaßen von Jules Verne und Conan Doyle. Dabei aber keineswegs ein Nachahmer, sondern ein vollblütiges Original.« So ganz gerecht geworden ist der *Vorwärts* dem Phänomen Karl May nie.

Ein Schuhkarton aus Mexiko

Einem anderen »Abenteurer«, der nun aber ganz nach seinem Geschmack war, hat der *Vorwärts* alle literarischen Türen geöffnet. An einem Tag im April 1925 wurde der Redaktion ein Päckchen zugesandt; in einem Schuhkarton fand sich ein Romanmanuskript. Wie so viele andere Manuskripte blieb es zunächst liegen, bis sich der gar nicht zuständige Lokalredakteur Fritz Karstädt der schmuddeligen Seiten annahm. Sein Urteil weckte die Feuilletonkollegen auf … Soweit die Legende. Verifizierbare Zeitungsgeschichte ist: In der Sonntagsausgabe vom 21. Juni 1925 kündigte der *Vorwärts* einen neuen Fortsetzungsroman an: *Die Baumwollpflücker*, Copyright by B. Traven, Tamaulipas, Mexiko. Damit begann der literarische Siegeslauf eines Autors, der noch über seinen Tod hinaus biografische Rätsel aufgibt.

Die guten Verbindungen der Redaktion zur gewerkschaftsnahen Buchvertriebsorganisation »Büchergilde Gutenberg«, deren Lektor Ernst Preczang ja auch ein beliebter *Vorwärts*-Mitarbeiter war, führten zur ersten Buchausgabe Travens. Es ist *Das Totenschiff*, die Geschichte des Seemanns ohne Papiere, der wie der fliegende Holländer ewig weiter schippern muss. Zahlreiche andere Romanveröffentlichungen schlossen sich an, in deren Mittelpunkt schließlich die Leidensgeschichte der unterdrückten mexikanischen Indios rückte. Als großer Filmerfolg blieb auch *Der Schatz der Sierra Madre* in Erinnerung. Traven wurde für die Büchergilde einer der wichtigsten Autoren. Für die Literaturwissenschaft war er über sein Werk hinaus ein dankbares Objekt durch die jahrzehntelange Suche nach seiner wahren Identität. Soviel ist heute sicher, dass er die gleiche Person war wie der Schauspieler Ret Marut, Herausgeber der anarchosozialistischen Zeitschrift *Der Ziegelbrenner*, Teilnehmer an der Münchner Räterepublik und von den Freikorps nach Gefangennahme zum Tode verurteilt. Er entrann im letzten Augenblick. Marut kannte wohl seine Pappenheimer; die Angst vor der Auslieferung soll ein ebenso starkes Motiv für sein literarisches und biografisches Versteckspiel gewesen sein, wie seine ethische Begründung, der Autor habe hinter seinem Werk zurückzustehen. So hat es seine Frau enthüllt. Möglicherweise gab es sogar zwei Verfasser, die sich unter dem Pseudonym Traven verbargen. Trotz Stilanalysen und Spurensuche ist noch alles denkbar.

Am 10. Mai 1933 wurden zusammen mit den Büchern von Karl Marx und Karl Kautsky neben vielen anderen auch die von Kurt Tucholsky auf dem von Joseph Goebbels entzündeten Scheiterhaufen vor der Berliner Oper verbrannt. Wahrscheinlich war auch *Die Regierung* von B. Traven darunter. Auf jeden Fall wurde dieser Titel verboten. Seine übrigen Bücher hätten weiterverkauft werden dürfen. Doch Traven lehnte das ab. Seit 1934 gab es keine Traven-Bücher in Nazi-Deutschland mehr zu kaufen.

»Was ist uns Nürnberg?« hatte der *Vorwärts* nach dem Vereinigungsparteitag gefragt. Er kam zu der Einschätzung, dass die Einigung der bisher getrennt marschierenden, ja sich meist feindlich bekämpfenden Brüder, zwar große Hoffnungen wecke, wenn auch die Einigkeit der politischen Arbeiterbewegung weiterhin durch kommunistische Demagogie rücksichtslos gestört werde, dass aber auch die geeinte Sozialdemokratie nicht über die Mehrheit im Volke und in den gesetzgebenden Körperschaften verfüge. Das schien eine notwendige Erklärung an die Adresse jener Parteigänger, die sich von der Vereinigung zugleich die Rückkehr der Machtverhältnisse aus den Tagen nach Kriegsende versprachen. Illusionisten allesamt. Aber auch die bürgerlichen Gegenkräfte beflügelte die Angst vor einer sozialdemokratischen Übermacht. Selbst der besonnene Stresemann warnte vor »einer weiteren Radikalisierung der Sozialdemokratie« während seine Partei, in der neben ihm ja auch der Großindustrielle Hugo Stinnes saß, gerade die weitere Radikalisierung der antisozialdemokratischen Front betrieb. Dieser Bürgerblock, vom *Vorwärts* »bürgerlicher Antisozialistenblock« tituliert, ließe sich von einer Politik der Angst leiten, die »zwar nicht an der Sozialdemokratie, wohl aber an unserem, ganzen Volk unabsehbaren Schaden stiften« könne. So der *Vorwärts*.

Am 1. Oktober 1922 erschien von den beiden Zentralorganen der wiedervereinigten Partei nur noch eines. Es führte, wie auf dem Parteitag beschlossen, den Namen *Vorwärts* und gab sich im Untertitel als *Zentralorgan der Vereinigten Sozialdemokratischen Partei Deutschlands* zu erkennen. Der bandwurmartige Parteiname – abgekürzt auch VSPD – blieb nur bis zum nächsten Parteitag im Juni 1924 in Berlin bestehen. Dann hatte die SPD ihren alten Namen wieder angenommen und auch der *Vorwärts* änderte seinen Untertitel erneut.

Mit der Zusammenlegung der führenden Blätter war die bereits sichtbar gewordene redaktionelle Verstärkung des *Vorwärts* fortgesetzt worden. Sie sollte dem Organ die nötige journalistische Schlagkraft verleihen, die es in den kommenden schwierigen Jahren brauchte. Es wird uns auffallen, dass besonders das »linke« Potential gestärkt wurde. Als erste fanden die ehemaligen *Freiheit*-Redakteure Ernst Reuter und Alexander Stein Aufnahme in die *Vorwärts*-Redaktion. Diese Übernahme entsprach einem Wunsch der Unabhängigen bei den Einigungsverhandlungen. Doch während Stampfer gegen Stein nichts einzuwenden hatte, wehrte er sich heftig gegen die Aufnahme Reuters. Im ersten Gespräch, das er mit ihm führte, sagte Stampfer auch, warum. Er fürchtete, dass der ehemalige Kommunist »bei der Abkehr von seiner radikalen Vergangenheit zu weit nach rechts abrutschen« könne. Reuter konnte die Bedenken zerstreuen, und Stampfer hat es nie zu bereuen gehabt, den späteren Regierenden Bürgermeister Berlins in sein Redaktionsteam aufgenommen zu haben. Für die sprunghafte Entwicklung im kommunistischen Lager hatte der *Vorwärts* den denkbar geeignetsten Kommentator gefunden. Als nächster kam Dr. Kurt Geyer hinzu, ein gebürtiger Leipziger, durch den das innenpolitische Ressort komplettiert wurde. Zu diesem rechnete Stampfer sich selbst, seinen Stellvertreter Klühs, Kuttner, Reuter und eben Geyer. Dieser, Sohn eines führenden sächsischen Sozialisten, hatte nach Redakteursjahren in Würzburg und seiner Heimatstadt zuletzt die Hamburger *Volkszeitung* geleitet, ein USP-Organ, das 1921 von der KPD usurpiert worden war. Geyers nach den extremsten Richtungen ausufernde politische Bandbreite blieb Stampfer noch lange im Gedächtnis, doch ließ er auch hier seine Toleranz walten, wie er ja auch in keiner Weise, wie ihm von kommunistischer Seite unterstellt wurde, dem Blatt einen »rechten« Stempel aufgedrückt hatte.

Aus der Zelle in die Redaktion des Vorwärts

Das bewies er auch bei der Einstellung Gustav Klingelhöfers, der zunächst als Mitarbeiter, später als Redakteur für den Wirtschaftsteil des *Vorwärts* arbeitete. Der gebürtige Lothringer hatte bereits ein bewegtes Leben hinter sich. Als Student der Volkswirtschaft war er gleich zu Beginn des Weltkrieges eingezogen worden, kam aber nie aus seiner Münchner Garnison ins Feld, weil ihm auf Grund seiner landsmannschaftlichen Zugehörigkeit Unzuverlässigkeit unterstellt wurde. Wie so manche andere Soldaten schloss er sich Kurt Eisner an, war bei ihm, als die Republik ausgerufen wurde, und wurde nach Eisners Ermordung einer der Führer der Münchner Räterepublik. Nach deren blutiger Beseitigung verbrachte Klingelhöfer über fünf Jahre in bayerischer Festungshaft. Er nutzte die Zeit zu volkswirtschaftlichen Studien. Nach seiner Freilassung ging er sofort nach Berlin.

So auch Felix Fechenbach, der über zwei Jahre in bayerischen Gefängnissen und Zuchthäusern einsaß, nachdem er zu elf Jahren Zuchthaus verurteilt worden war. Auch Fechenbach war einer der Soldaten für Eisner gewesen, hatte sogar die revolutionären Massen in die Kasernen geführt. Er war dann von Eisner als Sekretär ins Ministerpräsidentenamt mitgenommen worden. Nach Eisners Tod hatte Fechenbach als Journalist über die illegale Bewaffnung der Heimwehren berichtet und Vorkriegsdokumente zur Kriegsschuldfrage veröffentlichen lassen. Wegen beider Vorgänge war ihm vor einem so genannten Volksgericht der Prozess wegen Landesverrats gemacht worden. Das skandalöse Urteil führte zu einem Aufstand der deutschen Rechtswissenschaft und zu erregten Reichstagsdebatten. Der Reichstagsabgeordnete Friedrich Stampfer hatte als Berichterstatter eines für die Fechenbach-Sache eingesetzten Unterausschusses eine Beschlussvorlage verfasst, die am Ende zu einem von dem Hohen Hause einmütig verabschiedeten Antrag für eine beschleunigte Strafrechtsreform führte. Damit sollte der bayerischen Staatsregierung eine Brücke gebaut werden. Doch diese beschritt sie nicht und hielt Fechenbach noch anderthalb Jahre in Gewahrsam. Über die merkwürdigen Umstände seiner Entlassung wird noch zu reden sein. Fechenbach wurde danach als Verlagsredakteur des *Vorwärts* eingestellt, arbeitete besonders für dessen Abendausgabe. In Erinnerung geblieben sind seine Sozialreportagen, eine damals in den Anfängen steckende Featureform. 1929 übernahm Fechenbach die Redaktion des lippischen SPD-Blattes. Alle diese Neuen kamen aus den Reihen der USP.

Für das Ressort Außenpolitik wurde noch Wolfgang Schwarz eingestellt. Der gebürtige Berliner war als junger Mann für die Kriegsdauer in England interniert gewesen. So konnte er sein Studium – mit dem Schwerpunkt Völkerrecht – erst spät aufnehmen und führte es auch nicht zu Ende. Schon neben dem Studium engagierte er sich in der Deutschen Liga für Völkerbund. Nach einem Umweg über das Institut für auswärtige Politik in Hamburg kam der inzwischen 30-Jährige zum *Vorwärts* – von Stampfer persönlich eingestellt, wie es die Regel war. Schwarz arbeitete neben Victor Schiff und Richard Bernstein im außenpolitischen Ressort und entwickelte sich dort zum Experten für Fragen des Völkerbunds. Übrigens repräsentierten die drei Außenpolitiker auch drei europäische Hauptstädte. Schiff war in Paris geboren, Bernstein in Wien.

Mit gerade 20 Jahren wurde Hans Etzkorn ins *Vorwärts*-Haus geholt. Der gebürtige Hamburger war der Sohn von Friedrich Etzkorn, dem Gewerkschaftsredakteur im Zentralorgan. Hans kam zu Ludwig Lessen und half ihm bei der Redaktion der Beilage *Volk und Zeit*. Schließlich hat noch Friedrich Ebert jun., Sohn des Reichspräsidenten, eine kurze Zeit als Gewerkschaftsredakteur gearbeitet. Er ging schon 1925 zum SPD-Organ *Brandenburger Zeitung* und hinterließ so wenig Spuren im *Vorwärts*, dass selbst altgediente Mitarbeiter des Blattes sich nicht an ihn erinnern konnten. Nach dem Zweiten Weltkrieg trat er der SED bei und wurde bekannt als Oberbürgermeister von Ost-Berlin.

Die Aufstockung der Redaktion hatte auch etwas mit verbesserten wirtschaftlichen Verhältnissen nach dem Ende der Inflation zu tun – dazu kommen wir noch –, auch die Auflagenzahlen stiegen wieder. Außerdem galt es, Vakanzen zu füllen. Kurt

Heinig war, wie schon berichtet, ausgeschieden, Dr. Peiser zur Pressestelle der Preußischen Staatsregierung abgewandert. Für Letzteren waren Spannungen mit Klühs unerträglich geworden, sodass er sich in seiner Not an Stampfer wandte. Der vermittelte ihn guten Gewissens an Otto Braun, den preußischen Ministerpräsidenten. Schließlich verlor die Redaktion einen ihrer profiliertesten Köpfe, zumindest auf dem Papier. Erich Kuttner schied aus und wurde nun als Redakteur der *Vorwärts*-Buchhandlung geführt. Kuttner redigierte zunächst die Helphand'sche *Glocke*, übernahm dann die Redaktion der Zeitschrift *Lachen links*, einer Art linkem *Simplicissimus* und Nachfolgerin des *Wahren Jacob*. Mitredakteur war übrigens Hermann Wendel. Kuttner veröffentlichte auch hier wie schon vorher in zahlreichen *Vorwärts*-Ausgaben unter dem Pseudonym »Mich. von Lindenhecken« Proben seiner satirischen Tageslyrik, mit denen er seine Leser oft zu dröhnendem Gelächter, manchmal aber auch zu zornigem Fäusteballen brachte. Vor allem aber steuerte er die schnell wachsende Schar der Karikaturenzeichner, die er auch in großem Umfange für sein altes Blatt einsetzte. So blieb die Verbindung erhalten. Kuttner hatte nicht einmal den Schreibtisch gewechselt.

Wilhelm Dittmann, der letzte Chefredakteur der *Freiheit*, war nicht übernommen worden. Wie vernünftig diese Personalentscheidung zum Besten des *Vorwärts* war, hatte Dittmanns Abschiedswort in der letzten Nummer der *Freiheit* gezeigt. Zwar las man da den wohlklingenden Aufruf: »Einig und geschlossen, wie wir zur neuen Gesamtpartei stoßen, wollen wir auch von der ›Freiheit‹ zum Vorwärts gehen, wollen wirken und werben für das Blatt der Partei …« Aber da stand auch: »Es wird Aufgabe der Berliner Parteigenossenschaft sein, durch ihre berufenen Organe dafür zu sorgen, daß der Vorwärts neben seiner Aufgabe als Zentralorgan der Partei in allen diesen Kämpfen der Zukunft das Sprachrohr des Berliner Proletariats ist.« Stampfer konnte sich unschwer ausmalen, was dieser Satz auch bedeuten konnte, und nach einer Neuauflage der Querelen des Vorkriegs-*Vorwärts* stand ihm zu allerletzt der Sinn.

Verbrüderung

Hände an die Hosennaht,
Stillgestanden! Heil, uns naht
Ein Gen'ral, uralter Adel,
(Schulz, verbirg die Sowjetnadel!)
Augen rechts! Wie sagt man nun? –

»Wollen Exzellenz geruh'n,
Unsrer roten, kampfbereiten
Garde Front mal abzuschreiten.
Diese harrt, streng national
Nur auf Euer Exzellenz Signal

Zum frischfrohen Freiheitskampfe.
Vorne: Jugendwehr mit Klampfe,
Dann das Gros, Franzosenfresser,
Hitler hat sie auch nicht besser.
Exzellenz, was soll ich sagen:
Siegreich wolln wir Frankreich schlagen!
Singt dem Feind ein Lied zum Tort:
Hakenstern am Stahlhelm,
Sowjetkreuz am Band,
Radek-Ehrhardt-Garde
Werden wir genannt!
Exzellenz hat jetzt das Wort.«

»Aeh, mein Lieber, äh famos,
Juter Wille. Aber bloß ...
Aeh, na was ich sagen will:
Hier fehlt noch der rechte Drill.
Sie, der Mann. Sie stehen ja
Wie'n geknickter Kaktus da.
Und was hat denn dort das Schwein
Ein zerriss'nes Hosenbein?
Na, das wird sich schon verlieren.
Bei mir lernt Ihr Kerls parieren.
So, zuerst woll'n wir mal beten:
Schütze, Herr, des Kaisers
Hehre Lichtgestalt,
Die Novemberlinge
Mache schleunigst kalt.
Amen. Sela. Wejjetreten!«

Mich. von Lindenhecken[43]

Hatte Deutschland sich nach dem verlorenen Krieg durch Unterzeichnung des Versailler Vertrags, Gebietsabtretungen und den Verlust der Kolonien, unter Aufständen, Putschen, Fememorden und dem Druck der Reparationsleistungen in eine ausweglose Lage im Inneren und nach Außen versetzt gesehen, so sollte es bald lernen, dass die Talsohle noch nicht erreicht war. Das Jahr 1923 zeigte schon in seinen ersten Tagen, wie tief das Land noch fallen konnte. Eine Drohung wurde Realität, die Victor Klemperer in seinem Tagebuch schon 1921 als einen »stumpfen Alpdruck« notiert hatte. Das französische Sicherheitsbedürfnis gegenüber seinem westlichen Nachbarn war durch Sieg, Friedensvertrag und weitgehende Entwaffnung des Gegners nicht schon gestillt. Auch irritierte es die *Grande Nation*, dass die Vereinigten Staaten den Versailler Vertrag nicht ratifiziert hatten. Aber kann man damit den Bruch eines Vertragswerkes rechtfertigen, das bei ausreichender Ratifikation durch andere Mächte unwidersprochen in Kraft getreten war? Vor einem Jahr war Raymond Poincaré neuer französischer Ministerpräsident geworden. Dieser gemäßigte Konservative, der während des Krieges als Staatspräsident die *Union Sacrée* geschmiedet hatte, ließ alsbald den Ruf nach »produktiven Pfändern« erklingen. Im Gegensatz zu England, das die Fortdauer der Reparationszahlungen durch Verhandlungen und Verträge sichern wollte, setzte Poincaré auf Sicherheit durch bewaffnete Macht, sabotierte alle Gespräche und drohte mit weitergehender Besetzung deutscher Gebietsteile. Als die Reparationskommission auf Ersuchen Frankreichs festgestellt hatte, dass Deutschland mit der Ablieferung von einigen tausend Telefonmasten und ein paar Kohlenzügen im Rückstand war – der Gesamtumfang geleisteter Reparationen im Jahre 1922 betrug immerhin eineinhalb Milliarden Goldmark –, ließ Poincaré seine Divisionen einrücken. Sie kamen auf der Schiene. Schon vorher hatte Rudolf Hilferding im *Vorwärts* seinen Ahnungen freien Lauf gelassen.

»Die Anfänge mögen unscheinbar sein. Einige tausend Soldaten im Ruhrgebiet, ein paar Städte besetzt, und dazu einige hundert französische Zöllner und Ingenieure. Deutschland werden die Zolleinnahmen genommen, die Kohlenverteilung in französische Hände gelegt. Es kommt – unvermeidlicherweise – zu Zwischenfällen, Störungen, Konflikten. Es rücken die Soldaten nach. Es rücken Ingenieure nach; deutsche Beamte werden ausgewiesen, französische treten an ihre Stelle. An der Ostgrenze des besetzten Gebietes wird eine Zollgrenze aufgerichtet …«

Präziser konnte nicht beschrieben werden, wie sich das Jahr entwickeln würde. Und Hilferding warnte: »Zugleich aber peitscht das gewaltsame Vorgehen Frankreichs in Mitteleuropa alle nationalen Instinkte auf, zerstört jede Hoffnung auf eine friedliche Entwicklung … Herr Poincaré mag nur an Pfänder denken, er entfesselt, mag er es wissen oder nicht, ... den vollen künftigen Krieg.« Auch diese Prophezeiung ging nicht weit über die folgende Entwicklung des »Ruhrkampfes« hinaus. Als 16 Jahre später der »volle künftige Krieg« zwischen Deutschland und Frankreich in seiner blutigen Realität tobte, da wurde er von vielen deutschen Soldaten weniger wegen der »Heimholung« Elsaß-Lothringens als im Andenken auch der Ruhrbesetzung geführt.

Léon Blum protestiert im Namen Frankreichs

An Warnungen und Kritik hatte es auch in Frankreich nicht gefehlt. Schon am 11. Januar hielt der Sprecher der Sozialistischen Fraktion und Nachfolger Jean Jaurès, Léon Blum, unter dem ohrenbetäubenden Gezeter der nationalen Kammermehrheit Poincaré entgegen: »Wenn wir gegen die Politik, die zur Ruhrbesetzung führte, protestieren, dann nicht nur, weil Völkerrecht, demokratisches Recht, Menschenrecht durch derlei militärische Sanktionen verletzt wird, sondern vor allem auch im Namen der Interessen Frankreichs, die Sie in allerschwerster Weise verletzen, im Namen der erhabensten moralischen Interessen sowohl, als im Namen der unmittelbarsten und der dringlichsten materiellen Interessen unsres Landes.«

Der Einmarsch der 60 000 Soldaten, darunter auch einige belgische Einheiten, löste in Deutschland einen Sturm der Entrüstung aus. Reichspräsident Ebert und Reichskanzler Cuno protestierten in würdiger Weise gegen den »Vertragsbruch, angetan einem entwaffneten und wehrlosen Volke«, und versicherten die Menschen des besetzten Gebietes der »Treue und Hilfe« des Reiches. Der »passive Widerstand«, den die Reichsregierung proklamierte, sollte bald zeigen, dass das Land doch nicht so wehrlos war. Kein Beamter führte eine Anordnung der Besatzungsmacht aus, kein Bergmann fuhr ein, sodass Arbeitskräfte aus dem Ausland geholt wurden. Allerdings merkte der *Vorwärts* gegenüber den besonders von nationalistischen Kreisen propagierten Kampagnen gegen die Ruhrbesetzung an: »Das Weltgewissen wird sich nicht gegen die Raubpolitik ... aufbäumen, wenn es dazu von den Männern aufgefordert wird, die einst Belgien annektieren wollten und in Nordfrankreich böswillige Verwüstungen verursacht und bejubelt haben.«

Am Tag nach Ostern berichtete der *Vorwärts* über »Die Essener Karsamstagtragödie«. Im Krupp-Werk feuerten französische Soldaten in eine Demonstration von 5000 Arbeitern, die stumm gegen den Abtransport ihres Fuhrparks protestiert hatten. Elf wurden getötet, 32 verletzt, von denen zwei später starben. Aber: »Die Bluttat ... hat nicht vermocht, die Essener Bevölkerung aus ihrer Selbstbeherrschung herauszureißen.«

Doch es gab neben dem passiven Widerstand auch einen aktiven. Rechtsradikale und Kommunisten verübten, teils gemeinsam, Sabotageakte und Sprengstoffanschläge. Nach seiner Hinrichtung durch ein französisches Peleton stieg der Freikorpsoffizier und Nationalsozialist Albert Schlageter in Deutschland zum Märtyrer auf. Er hatte Eisenbahnbrücken gesprengt, über die Kohlenzüge rollten. Der *Vorwärts* stellte dazu fest, dass der Erschossene ein politischer Gegner war und »der Sache des Ruhrvolkes nicht genützt, sondern nur geschadet« habe. »Aber diejenigen, die über ihn zu Gericht saßen ..., hatten dazu kein anderes Recht als das der Gewalt«. Karl Radek in Moskau feierte den frühen Stadtguerillero vor dem Exekutivkomitee der Komintern als »mutigen Soldaten der Konterrevolution«, der es verdiene, »von uns Soldaten der Revolution männlich-ehrlich gewürdigt zu werden ... Wenn die Kreise des deutschen Faschismus, die ehrlich dem deutschen Volke dienen wollen, den Sinn der Geschicke Schlageters nicht verstehen werden, so ist Schlageter umsonst gefallen.« Die *Rote Fahne* druckte die Tirade ausführlich ab.

Wie Hermann Weber 40 Jahre später feststellte, lief »die Politik der deutschen Kommunisten ... nach dieser Rede Radeks auf eine Zusammenarbeit mit den Rechtsradikalen hinaus«. In gemeinsamen Diskussionszirkeln, von der KPD eingerichtet, wurde der Kampf gegen Frankreich vorbereitet. Kommunistische Redner erklärten: »Die Zeit ist nicht mehr weit, in der Kommunisten und Völkische vereint sein werden.« »Sowjetsternler und Hakenkreuzler«, hämmerte der *Vorwärts,* »arbeiten einer für den andern und beide gemeinsam für das Verderben der Republik«. Und den Kommunisten schrieb das Blatt ins Stammbuch, dass sie eines Tages einen solchen »Kuddelmuddel« anrichten könnten, dass die Nazis am Ende »obenauf« seien. Man könnte sagen: Kassandra sprach ...

Der Vorwärts schreibt Ede Bernstein zu vornehm

Stampfer hatte sich alsbald nach dem Einmarsch selbst ein Bild von der Lage im Ruhrgebiet gemacht. Seine Beurteilungen fielen gleichwohl differenziert aus. Vor allem warnte er immer wieder vor Gewaltanwendung. Er stellte aber auch schonungslos klar: »Frankreich führt Krieg im brutalsten Sinne des Wortes gegen ein waffenloses Volk.« Auch diese Sprache empfanden parteiinterne Kritiker noch als zu ausgewogen. Die Berliner SPD protestierte auf einem außerordentlichen Bezirksparteitag gegen das Zentralorgan ihrer Partei. Eduard Bernstein formulierte als Wortführer die Vorwürfe. »Der *Vorwärts* schreibt mir ein wenig zu vornehm. Diese Leute müssen schon etwas gröber angefaßt werden.« Bernstein wies darauf hin, dass die Arbeiterklasse, die ja an ihr Land gebunden sei, ein starkes Interesse habe, dass ihr die Produktionsmittel nicht gestohlen würden. Dennoch: Der Ruhrkampf, dieses erste Beispiel eines (fast) gewaltlosen Widerstandes, war nicht zu gewinnen. Die rigorose Absperrung der Ruhrlande vom restlichen Reichsgebiet, verschiedene Versuche der Separation von Landesteilen, die glücklicherweise abgewendet werden konnten, die übermächtige Belastung des Reichsetats, der praktisch alle Kosten im besetzten Gebiet, vor allem die Gehälter und Löhne der entlassenen Beamten, Angestellten und Arbeiter zu tragen hatte, und eine weltweit noch nie erlebte Hyperinflation ruinierten Wirtschaft und Staatshaushalt. Am 26. September verkündete die neu gebildete Regierung Stresemann, in der Rudolf Hilferding Finanzminister wurde, das Ende des passiven Widerstands. »Deutschland gibt eine Festung auf, die soviel Proviant verbraucht, daß die ganze übrige Armee darob verhungern könnte«, schrieb der *Vorwärts* euphemistisch.

Die »Inflation« wurde das einschneidendste Erlebnis für den begüterten deutschen Mittelstand im abgelaufenen 20. Jahrhundert. Über sie wurde mehr geschrieben, als über jedes andere Ereignis der Finanz- und Wirtschaftsgeschichte Deutschlands. Und die Inflation hat sich dem kollektiven Gedächtnis ebenso stark eingebrannt wie die beiden deutschen Kriege und ihre Gräuel. Nicht nur Vermögenswerte schmolzen dahin wie Schnee unter der Sonne, auch die Reallöhne sanken auf 40 Prozent des Vorkriegsniveaus. Und selbst Immobilien boten keine Sicherheit. Mangels Kaufkraft wurden sie »für'n Appel und'n Ei« verschleudert. Am ärgsten traf es die Rentner. Da die »Teuerungszulagen« der Entwicklung nachhinkten, bekamen sie für ihre Monatsrenten, nach denen sie halbe Tage an den Postschaltern angestanden hatten, buchstäblich nichts mehr zu kaufen. »Ohne die Beihilfe einer Sozialrente, die ihnen die Gemeinde zahlen kann, müßten die meisten Rentner elend verhungern«, berichtete der *Vorwärts*.

Ein Dreitaktmotor mit Schwindel erregendem Geldverbrauch hatte in wenigen Jahren den Wert der deutschen Währung vernichtet. Den schrillen Auftakt bildete die Finanzierung des Krieges. Die umlaufende Geldmenge verfünffachte sich, der Staat verschuldete sich beziehungsweise seinen republikanischen Nachfolger bis zur Bewusstlosigkeit, während die Kriegsanleihezeichner leer ausgingen, oft genug kleine Leute. Es ist übrigens nicht richtig, dass Notgeld erst auf dem Höhepunkt der Inflation ausgegeben wurde; Gemeinden und Firmen gaben es mit staatlicher Duldung bereits im August 1914 heraus. Zweiter Takt: Kriegsfolgelasten und Reparationen setzten die Geldentwertung durch Aufnahme neuer Staatsschulden fort. Nachdem die Gold- und Silbervorräte erschöpft waren, die so unüberlegt auf den Transportkähnen verstaut worden waren, dass diese bei niedrigem Wasserstand in Rhein und

Elbe auf Grund liefen, was wiederum zu Zahlungsverzögerungen führte, ließ die Regierung neues Geld drucken, um die für weitere Zahlungen nötigen Devisen zu kaufen. Schließlich versetzten – dritter Takt – zwei Ereignisse der deutschen Währung den Todesstoß. Das erste war der Mord an Walther Rathenau, der das Vertrauen in die Stabilität der Republik tief erschütterte, das zweite die Ruhrbesetzung samt dem passiven Widerstand. An seinem Ende waren 1200 Trillionen Mark in Umlauf.

Auch der *Vorwärts* blieb selbstverständlich von der Inflation nicht verschont. Die rasende Geldentwertung machten Kalkulation und betriebswirtschaftlich vernünftige Unternehmensführung zu einem Vabanquespiel. Wir können heute noch anhand der Bezugspreise die Fieberkurve nachzeichnen. Vor dem Krieg kostete ein Einzelexemplar der einmal täglich erscheinenden Ausgabe fünf Pfennig, die Sonntagsausgabe mit ihrer illustrierten Beilage zehn Pfennig. Der Preis hielt sich auch die ersten Kriegsjahre in dieser Höhe. 1914 hatte es sich eingebürgert, den Einzelpreis auffällig im Titel auf der ersten Seite anzugeben. Das hatte wohl etwas mit leichter gewordenem Straßenverkauf unter den Bedingungen des Burgfriedens zu tun gehabt. Ende November 1918 stellte das Blatt auf zweimal tägliches Erscheinen um, nur sonntags blieb es bei einer Ausgabe. Die kostete 20 Pfennig, die Werktagsausgaben 10 Pfennig. Die Klettertour begann langsam. 1920 blieb es bei noch verhaltenen 30 Pfennig für die Morgen- und die Sonntagsausgabe, 20 Pfennig für die Abendausgabe. Auch 1921 ließ es noch bescheiden angehen mit 40 Pfennig für die Sonntagsausgabe. Eine Zeitlang wurden für Groß-Berlin und »auswärts« verschiedene Preise gefordert. Außerhalb kostete das Blatt einen Groschen mehr. 1922 nahm das Preiskarussell langsam Fahrt auf.

Ein Vorwärts kostet Milliarden Mark

Schon im Juni wurde für die Abendausgabe eine Mark, für die Morgenausgabe 1,50 Mark verlangt, bald waren es 3 Mark für die Abend- und 4 Mark für die Morgen- und die Sonntagsausgabe. Der Januar 1923 eröffnete mit 22 Mark für die Abend- und 45 Mark für die Morgenausgabe, im April betrugen die entsprechenden Preise 100 und 180 Mark. Im August kletterte der Preis schon in 1000-Mark-Sprüngen: 6. August 3000 Mark, 9. August 4000 Mark, 11. August 15 000 Mark jeweils für die Abendausgabe. Von jetzt ab drehte sich die Preisspirale im Wahnsinnstempo, wobei oft genug der Preis täglich neu festgelegt wurde. Eine kleine Auswahl:

28. August 1923, Morgenausgabe: 80 000 Mark
19. September 1923, Morgenausgabe: 700 000 Mark

27. September 1923, Morgenausgabe: 2,5 Millionen Mark
10. Oktober 1923, Morgenausgabe: 7 Millionen Mark
20. Oktober 1923, Morgenausgabe: 140 Millionen Mark
31. Oktober 1923, Abendausgabe: 1 Milliarde Mark
1. November 1923, Morgenausgabe: 2 Milliarden Mark
9. November 1923, Morgenausgabe: 20 Milliarden Mark
10. November 1923, Abendausgabe: 20 Milliarden Mark
20. November 1923, Morgenausgabe: 80 Milliarden Mark
20. November 1923, Abendausgabe: 50 Milliarden Mark
21. November 1923, Abendausgabe: 70 Milliarden Mark
30. November 1923, Morgenausgabe: 130 Milliarden Mark

Bei diesen letzten beiden Preisen blieb es bis Ende Dezember 1923. Lediglich die Sonntagsausgaben klommen noch auf stolze 150 Milliarden Mark. Auf dem Höhepunkt der Inflation im November 1923 druckte die Reichsbank einen Geldschein über 100 Billionen Mark. Ein Dollar entsprach 4,2 Billionen Mark. Wenn nicht schon aus staatspolitischen und wirtschaftlichen, so auf jeden Fall aus technischen Gründen musste die Inflation zu Ende gebracht werden. Die Druckmaschinen kamen mit der Produktion der Inflationsscheine nicht mehr nach, obwohl die Reichsdruckerei 133 Fremdfirmen mit 30 000 Beschäftigten zusätzlich unter Vertrag genommen hatte. Darum hatte das Reich schon im August eine wertbeständige Anleihe von 500 Millionen Goldmark aufgenommen. Am 16. Oktober wurde die deutsche Rentenbank eingerichtet, und am 15. November trat die neue Währungsordnung in Kraft. Der Kurs für einen Dollar wurde auf 4,20 Rentenmark festgesetzt. Die Inflation kam tatsächlich binnen kurzem zum Stillstand. Stampfer nannte das Gelingen der Markstabilisierung, für die Hilferding die entscheidenden Schritte getan hatte, ein Ereignis, das »für die deutsche Geschichte mindestens gleich große Bedeutung [hat], wie die Schlacht von Tannenberg«. Tannenberg, das sagt sicherlich zu Beginn des 21. Jahrhunderts nicht mehr viel, doch für die deutschen Menschen von damals hatte es eine Dimension wie Stalingrad für russische Menschen heute.

Das Inflations- und Notgeld kursierte noch bis in die Mitte des nächsten Jahres. So kostete im Februar 1924 die Abendausgabe des *Vorwärts* 7 Goldpfennig oder 70 Milliarden Mark und die Morgenausgabe 13 Goldpfennig oder 130 Milliarden Mark. Die Preise reduzierten sich bis zur Jahresmitte auf 5 Goldpfennig oder 50 Milliarden Mark beziehungsweise 10 Goldpfennig oder 100 Milliarden Mark. Ende des Jahres erschien die Preisangabe nur noch in Goldpfennig und ab 1925, nachdem im Oktober 1924 die Reichsmark eingeführt worden war, hatte das Blatt zu seinem alten »Friedenspreis« zurückgefunden – 5 und 10 Pfennig.

Die Inflation hatte auch Gewinner

Die Inflation hatte hunderttausend-, wenn nicht millionenfach Existenzen zerstört, eben so viele um ihre Alterversorgung gebracht. Aber neben diesen Verlierern gab es auch Gewinner, deren wirtschaftlicher Besitz sich in unerhörter Weise vermehrte. In einem ungezeichneten *Vorwärts*-Artikel prangerte Rudolf Hilferding die Kreditgewährung der Reichsbank an, die »zu lächerlich niedrigen Zinssätzen« Papiermark kurzfristig verlieh. Wenn der Bankier oder Industrielle nach drei Monaten zurückzahlte, »so geschah das in längst entwerteter Papiermark. Ungeheure Gewinne flossen so der Wirtschaft auf Kosten der Allgemeinheit, auf Kosten aller Papiermarkbesitzer und -empfänger zu.« Das eklatanteste Beispiel für diese skrupellose Bereicherung wurde Hugo Stinnes, der sich so ein Wirtschaftsimperium, den größten Konzern der deutschen Montan- und Elektroindustrie, zusammenborgte. Doch gab es viele kleine Stinnes.

Als der Reichspräsident und die Reichsregierung am 26. September das Ende des passiven Widerstands verkündet hatten, waren die wirtschaftliche und die politische Lage im Reich so schwarz wie noch nie seit Kriegsende. Das war der Nährboden für Verzweiflungstaten. Putsche und Unruhen flackerten in allen vier Himmelsrichtungen auf, im Rheinland ließen Abspaltungsbestrebungen gar um die Reichseinheit fürchten, und allenthalben machte sich Extremismus breit. Doch wies das politische Tiefdruckgebiet über dem Reich zwei deutliche Kerne auf. Sie lagerten über Bayern und Mitteldeutschland.

Eine sächsische SPD, die mit sich selbst im Widerspruch stand – in der Organisation dominierten die Radikalen, während die Landtagsfraktion auf Parteilinie lag –, erleichterten es der KPD eine »Einheitsfront« herbeizuführen. Sie stellte schließlich zwei Landesminister im SPD-geführten Kabinett. Mit dem Ziel eines »deutschen Oktobers« – revolutionären Vorgängen analog der russischen Oktoberrevolution von 1917 – stellten Kommunisten und linke Sozialdemokraten »Proletarische Hundertschaften« auf, paramilitärische Kampfverbände aus revolutionär gesinnten Arbeitern. Sowjetische Bürgerkriegsspezialisten übernahmen ihre Schulung. Als sich die sächsische Regierung weigerte, die bewaffneten Einheiten aufzulösen, ließ die Reichsregierung Truppen marschieren. Sechs Tage später enthob Reichspräsident Ebert den sozialdemokratischen Ministerpräsidenten Erich Zeigner seines Amtes.

In Thüringen, wo die Vorgänge ähnlich weit gediehen waren, löste sich das Kabinett schnell noch selbst auf. Der auch von Moskau vorangetriebene Versuch einer deutschen Revolution, mit der nach Ansicht Josef Stalins das revolutionäre Weltzentrum von Moskau nach Berlin verlagert worden wäre, war gescheitert. Daran änderte auch ein unzeitgemäßer Putsch in Hamburg wenig. Er konnte nicht mehr abgeblasen werden und forderte 40 tote Kommunisten und Polizisten.

Ganz anders lagen die Dinge in Bayern. Wenn auch Kurt Eisner in München den Sturz der deutschen Dynastien eingeleitet und sich nach seinem Tod an der Isar die radikalste Räterepublik im ganzen Reich etabliert hatte, so durfte das nicht darüber hinwegtäuschen, dass die Grundstimmung draußen im Lande reaktionär und reichsfeindlich war. Für diese Einstellung waren die Grundlagen schon im Krieg gelegt worden. Viele Bayern hatten den Eindruck gewonnen, dass ihr Agrarüberschussland durch die als schikanös empfundene Bewirtschaftungspolitik der preußisch dominierten Reichsbehörden ausgeplündert werden sollte. Revolution und Räterepublik mit ihren von den Lokalpatrioten noch aufgeblähten nichtbayerischen Anteilen vollendeten das traumatische Erleben. In den Augen starker bayerischer Bevölkerungsteile war es folgerichtig und begrüßenswert, dass nach Niederwerfung der Räterepublik und der Entmachtung der bayerischen Landesregierung des Sozialdemokraten Hoffmann durch die Reichswehr im Kapp-Putsch ein Monarchist an die Spitze des Landes gestellt wurde. Gustav Ritter von Kahr sah seine Aufgabe darin, Bayern als »Ordnungszelle« für das Reich auf- und auszubauen. Tatsächlich wurde der zweitgrößte Einzelstaat im Reich Asylland für steckbrieflich gesuchte Mörder und Aufmarschgebiet rechtsradikaler Organisationen.

Die Arbeit der nationalistischen Geheimbünde hatte Emil Gumbel in seinem Buch *Verschwörer* schon 1924 beschrieben. Er zeigte die blutigen Spuren auf, aber auch die Behandlung der Übergriffe und Verbrechen durch die bayerische Justiz, die eher den Opfern als den Tätern den Prozess machte. Der *Vorwärts* schrieb im August 1923 über einen Fememordprozess, er habe »bewiesen, daß in der ›Ordnungszelle‹ München Dinge möglich sind, die sonst nirgends in Deutschland passieren könnten. Auch dieser Prozeß hat wieder ein anschauliches Bild von dem Verbrecher- und Verschwörertreiben der Geheimbünde geliefert, ohne freilich dieses Treiben zu vernichten …« Als bezeichnende Fußnote erscheint auch, dass die Münchner Polizeidirektion ein umfangreiches Dossier über den Redakteur der *Freiheit* und dann des *Vorwärts* Ernst Reuter anlegte, in dem seine politische Arbeit zu Anfang der 1920er Jahre detailliert festgehalten wurde. Als die Reichsregierung die vom Versailler Vertrag geforderte Entwaffnung der bayerischen Einwohnerwehren durchsetzte, trat Kahr vom Ministerpräsidentenamt zurück. Die Einwohnerwehren waren seine Hilfstruppen.

Hitler hetzt gegen die »Judenrepublik«

Unter den rechtsextremen Organisationen im Bannkreis der bayerischen Metropole hatte eine Nationalsozialistische Deutsche Arbeiterpartei (NSDAP) ganz besonders auf sich aufmerksam gemacht. Es führte sie der Österreicher Adolf Hitler, ehemaliger Kriegsfreiwilliger eines deutschen Regiments, nach dem Kriege Agitationsredner der lokalen Reichswehrführung, der heimkehrende Soldaten im »nationalen, antimarxistischen Sinne zu beeinflussen« suchte (Joachim C. Fest). Aus einer sektiererischen Gruppe hatte Hitler durch hemmungslose Hetzpropaganda, in der die »Verjudung der Republik« und »marxistisches Chaos« Schlüsselworte bildeten, Regimenter zu allem entschlossener Saal- und Straßenkämpfer geschmiedet. Mit ihnen forderte er die bayerische Staatsmacht bei jeder Gelegenheit heraus. Dabei ging er von der gar nicht falschen Annahme aus, dass er das leiste, was sie sich noch scheute offen zu tun. Unterstützung fand er in dem ehemaligen Ersten Generalquartiermeister und Kriegsverlängerer Erich Ludendorff. Gemeinsam vertraten sie die Dolchstoßlegende, der zufolge nicht der Feind und die zermürbende endlose Kriegsführung die deutschen Armeen besiegt hätten, sondern der »Dolchstoß« der Heimat, sprich der Streik der Munitionsarbeiterinnen und -arbeiter im Winter 1918. Schließlich wurde Hitler politischer Führer des Deutschen Kampfbundes, in dem seine »Sturmabteilungen« (SA) Seite an Seite mit bewaffneten bayerischen Einwohnerwehren marschierten. Stehen wir »vor einem Hitler-Ludendorff-Putsch?« fragte nach dieser Machtkonzentration der *Vorwärts* und wies darauf hin, dass die militärische Leitung der Kampfverbände »ausschließlich von Berufsmilitär beherrscht wird«.

In dieser Situation ernannte die bayerische Regierung den ehemaligen Ministerpräsidenten Ritter von Kahr zum Generalstaatskommissar. Den *Vorwärts* erfassten böse Vorahnungen. »Was insbesondere Herrn v. Kahr betrifft, so ist er geradezu Typ und Repräsentant der weißblauen Reaktion. Ein beschränkter Fanatiker, dem von gefährlichen Freunden der Glauben an seine Mission beigebracht worden ist.« Sein »Grundgedanke«: In Deutschland sei der »Entscheidungskampf zwischen dem christlich-germanischen Geist und dem international-jüdischen entbrannt«. Und doch schien er als Führer der weißblauen »Vaterländischen Kampfverbände« der letzte Garant gegen Hitlers völkische Kampfverbände. Wir werden uns die Augen reiben.

Kahr begann seine Amtsführung zwar mit einem Demonstrationsverbot für Hitler, ließ aber zugleich das Gewerkschaftshaus wie auch das Pressehaus der SPD-eigenen *Münchener Post* durchsuchen und verbot die sozialdemokratischen Sicherheitsabteilungen. Und als die Regierung Stresemann den Ruhrkampf beendete, fiel Kahr dazu nichts Besseres als die Verhängung des Ausnahmezustandes über sein eigenes Land ein. Auf diese Provokation, die als Errichtung einer Rechtsdiktatur in Bayern verstanden wurde, konnte Reichspräsident Ebert nur mit der Verhängung des Ausnahmezustandes über das ganze Reich reagieren. Der *Vorwärts* machte deutlich, was das für jeden Einzelnen, aber auch für das Verhältnis des Reiches zu den Einzelstaaten bedeutet. Es liege »in der Natur der Sache, daß sich eben auch die Einzelstaaten, wie die Einzelbürger, vorübergehende Einschränkungen ihrer Machtvollkommenheiten gefallen lassen müssen ... Das Hauptproblem im Verhältnis zwischen Reich und Staat ist jetzt das bayerische ... Die Ausnahmeverordnung ist erlassen worden zum Schutz gegen den drohenden Rechtsputsch.«

Doch Bayern in Gestalt seines Generalstaatskommissars dachte nicht im Traum daran, sich auf solche Einschränkungen einzulassen. Kahr ignorierte zuerst die Weisung des Reichswehrministers, jetzt der DDP-Mann Otto Geßler, der die vollziehende Gewalt verkörperte. Geßler hatte ein Verbot des Hitler'schen *Völkischen Beobachters* verlangt, der die Reichsregierung und General von Seeckt, den obersten deutschen Militär, angegriffen hatte. Doch Kahr wies General von Lossow, den militärischen Befehlshaber in Bayern an, sich dem Verbot zu widersetzen, wozu nach der Verfassung keiner der beiden Herren berechtigt war. Als Geßler darauf Lossow absetzte, erhob ihn Kahr nunmehr zum »bayerischen Landeskommandanten« und ließ die Truppe einen bayerischen Eid schwören. Das war nun nichts anderes als blanker Hochverrat. Der *Völkische Beobachter* revanchierte sich bei Kahr, indem er dessen Äußerung kolportierte, »vielleicht schon sehr bald die Ausrufung der Monarchie zuzulassen.« Kahr bestritt nichts, erklärte vielmehr, »seine persönliche Stellung zur Monarchie sei allgemein bekannt«. »In Bayern regiert also heute ein Mann,« versetzte der *Vorwärts* bissig, »der die Republikaner entwaffnet, die Monarchisten bewaffnet und der auf den Augenblick lauert, in dem er der Republik den Todesstoß versetzen kann.« An der bayerisch-thüringischen Grenze ging schließlich Artillerie in Stellung, Freikorps zogen sich zusammen und »Hitler-Truppen« schossen auf thüringische Polizisten. Die thüringische Regierung forderte »die Wiederherstellung verfassungsmäßiger Zustände in Nordbayern«.

Warum es dennoch wie das Hornberger Schießen ausging? Gravierender als diese Grenzgeplänkel waren das Pläneschmieden und die praktischen Übungen für einen Marsch auf Berlin. Bewaffnet irgendwohin zu marschieren war in vielen Köpfen, seit Benito Mussolini mit seinen faschistischen Schwarzhemden durch einen Marsch auf Rom die Macht in Italien an sich gerissen hatte. Selbst Kemal Pascha, den sie später Atatürk nannten, musste mit einem seiner Befreiungsmärsche für diese Begeisterung herhalten. Von München nach Berlin zu marschieren und dort für »Ordnung« zu sorgen, dafür übten Kahrs wie auch Hitlers Kampfverbände. Und schließlich hat dann Kahr, wie der *Vorwärts* vom 3. November berichtete, »nach Berlin ein Ultimatum geschickt, das mit dem Marsch auf Berlin droht, falls nicht binnen 24 Stunden hier eine Rechtsdiktatur eingerichtet werde«. Jetzt beauftragte der Reichspräsident den General von Seeckt, wie schon einmal, gegen Putschisten die Reichswehr marschieren zu lassen. Und wie damals gegen Kapp-Lüttwitz missachtete Seeckt auch gegen Kahr diesen Auftrag. Seeckt, der verfassungsgemäß bestellte Diktator, der gegenüber Ebert ja erklärt hatte, dass die Reichswehr hinter ihm, Seeckt, nicht aber hinter dem Reichspräsidenten, der Reichsregierung oder dem republikanischen Staat stünde, schrieb Kahr einen freundlichen Brief. Er legte dem bayerischen Diktator auseinander, dass er, Seeckt, in puncto Berlin ja nicht viel anders dächte als Kahr, aber der möchte doch bitteschön die Institutionen stehen lassen. Wegen der Einheit der Reichswehr. Und da Seeckt in Sachsen und Thüringen nicht so zurückhaltend war wie in Bayern, wie oben schon berichtet wurde, deshalb ließ sich Kahr überreden und so ging der Konflikt zwischen Bayern und dem Reich wie das Hornberger Schießen aus.

Beinahe wäre aber doch noch marschiert worden, wie wir wissen und woran namentlich eine ganze Generation bis 1945 in düsteren Gedenkfeiern immer wieder erinnert wurde. Hitler, der nicht in das *gentleman's-agreement* einbezogen worden war, fühlte sich zu Recht düpiert. Mit einem Überrumpelungsmanöver samt obligatem Pistolenschuss in die Saaldecke versuchte er Kahr im Münchner Bürgerbräukeller in die »Nationale Revolution« einzubinden. Am nächsten Tag marschierte er mit Ludendorff zusammen an der Spitze seiner Kampfverbände, um zunächst die Isarmetropole zu erobern. Kahr, der sich's wieder anders überlegt hatte, ließ ihn an der Feldherrnhalle von bewaffneter Polizei aufhalten. 16 Tote. Hitler verhaftet. Das war am 9. November 1923. Elf Jahre später hat Hitler, als er den erdichteten »Röhm-Putsch« in einer Blutorgie ertränkte, auch gleich den alten Herrn Kahr mit umbringen lassen.

Nach dem 9. November ein Zwischenhoch

Die Ungleichheit, mit der das Reich auf die Krisen in Mitteldeutschland und in Bayern reagiert hatte, war von der Sozialdemokratie mit Wut und Entsetzen registriert worden. Folgerichtig stellte sie die Forderung auf ein Ende des Reichsnotstandes.

»Niemand kann die Augen vor der Tatsache verschließen«, befand der *Vorwärts*, »daß der militärische Ausnahmezustand total abgewirtschaftet hat. An der Stelle, wo er in erster Reihe zu wirken bestimmt war, Bayern gegenüber, hat er vollkommen versagt. Im übrigen Deutschland hat er aber nur grenzenloses Unheil angerichtet.« Eine entsprechende Forderung der SPD-Reichstagsfraktion an die Reichsregierung, verbunden mit dem Verlangen eines umgehenden Vorgehens gegen Bayern, lehnte Reichskanzler Stresemann jedoch ab – in Erkenntnis der realen Machtverhältnisse, wie hinzugefügt werden muss. Daraufhin traten die drei sozialdemokratischen Reichsminister zurück. Stresemann war ohne Mehrheit.

Als nun die SPD-Fraktion auch noch einen Misstrauensantrag gegen den Kanzler einbrachte – wie auch die DNVP –, kam Stresemann beiden zuvor. Er stellte die Vertrauensfrage – und verlor. Er hatte gerade mal 100 Tage regiert. Friedrich Ebert kommentierte das Wahlverhalten seiner Genossen mit den Worten: »Was euch veranlaßt, den Kanzler zu stürzen, ist in sechs Wochen vergessen. Aber die Folge eurer Dummheit werdet ihr noch zehn Jahre lang spüren.« Die SPD sollte erst fünf Jahre später zurück an die Macht kommen, doch unterstützte sie die Regierung, namentlich die auf Versöhnung mit Frankreich ausgerichtete Außenpolitik Stresemanns, der bis zu seinem Tod 1929 das Auswärtige Amt leitete. Aber etwas Seltsames geschah. Nach den Paukenschlägen des Novembers schien die Luft raus zu sein aus der deutschen Misere. Der Geldmarkt stabilisierte sich, das Verhältnis zwischen Bayern und dem Reich renkte sich ein und auch über andere dumme Dinge wuchs Gras. Die Deutschen durften sich auf ein Weimarer Zwischenhoch freuen.

19. Die Goldenen Zwanziger

»Die Jahre von 1924 bis 1928 werden auch heute noch oft als die ›goldenen zwanziger Jahre‹ bezeichnet«, beginnt Heinrich August Winkler den zweiten Band seiner Trilogie über die Arbeiter und Arbeiterbewegung in der Weimarer Republik. Auch wenn er diesen Satz alsbald wissenschaftlich relativiert, hat er damit doch die Gefühle der Zeitgenossen verdeutlicht, die diese kurze Spanne Zeit zwischen Krieg und Nachkriegselend und der heraufdämmernden Katastrophe ein wenig genossen. Mit diesem Gefühl verhielt es sich wohl nicht viel anders als mit dem heute gebräuchlichen Terminus von der »gefühlten« Temperatur, die durchaus nicht immer dem Thermometerstand entspricht. Immerhin, wenn auch die Wirtschaftsdaten im Weltvergleich nicht gerade erstklassig waren und manche zügellos agierenden Wirtschaftsführer horrende Fehler machten, so sanken die Arbeitslosenzahlen doch auffällig. Hauptsächlich war dies dem massenhaften Zustrom amerikanischer Kredite zu verdanken. Auch das von Kanzler Stresemann ohne Ermächtigung des Reichstages in die deutsche Wirtschaft gepumpte Staatsgeld für die »Verluste durch den Ruhrkampf« tat seine Wirkung. Erleichterung, ja Überschwang machte sich breit.

Das neue Gefühl hatte auch etwas mit dem Namen eines Bankiers und US-Generals zu tun, der im Krieg die amerikanische Einkaufszentrale in Frankreich geleitet und danach mit bewunderter Energie die hunderte von Kriegsämtern daheim aufgelöst hatte. Charles Gates Dawes stand der alliierten Sachverständigenkonferenz vor, die nach umfangreichen Vorarbeiten, unter anderem auch in Berlin, einen Plan für die gesamten deutschen Verpflichtungen aus dem verlorenen Krieg und deren Begleichung vorlegte. Der Dawes-Plan, wie er bald genannt wurde, nutzte die geänderte europäische Interessenlage. Ein Frankreich, das sich mit der Ruhrbesetzung wirtschaftlich übernommen hatte und dessen Bevölkerung der ewigen Feindschaft müde wurde, ein England, das dem Ungleichgewicht auf dem Kontinent schon länger skeptisch gegenüberstand und das gerade eine neue, eine Labour-Regierung bekommen hatte, und ein Deutschland, das sich wie kein anderes Land ein Ende des Schlamassels ersehnte und mit der Währungsreform dafür die Grundlage gelegt hatte. Nach dem Plan, zu dessen finanzieller Seite eine Auslandsanleihe von 800 Millionen Mark gehörte, belasteten die Zahlungen in steigendem Maße den Reichshaushalt, auch die Industrie und vor allem die Eisenbahn. Er gab jedoch den deutschen Schuldnern klare Konturen vor, wenn auch noch ohne Vereinbarung über die Höhe und den Abschluss der Zahlungen. Er stabilisierte Deutschlands Wirtschaft, auch wenn er ihr noch keine volle Souveränität zubilligte. Am Ende winkte der Abzug der Besatzungssoldaten. Stresemann sprach von einem »Silberstreifen am Horizont«. Dawes sollte für sein Vorhaben später den Friedensnobelpreis erhalten.

Bei der Durchsetzung des Dawes-Planes, zu dem wieder einmal eine Konferenz nach London geladen war, hatten die Franzosen zweifellos die größten Schwierigkeiten. Obwohl Poincaré gerade gestürzt und durch eine linke Kammermehrheit unter dem Radikalsozialisten Herriot abgelöst worden war, einem Mann, der sich als Bewunderer der deutschen Geisteskultur bezeichnete, so blieb das Bedürfnis der *Grande Nation* nach *securité* davon absolut unberührt. Doch auch die deutschen Schwierigkeiten waren nicht gering. Bei der Reichstagswahl im Mai 1924 hatte die Sozialdemokratie erhebliche Stimmenverluste erlitten, die vor allem den radikalen Rändern zugute gekommen waren. Die Deutschnationalen waren zweitstärkste Partei geworden und Nationalsozialisten und Kommunisten hatten sich explosionsartig vermehrt. Alle diese drei Parteien waren gegen den Dawes-Plan, und namentlich die beiden letzteren überboten sich in ihrer Polemik. Gerade hatte Arthur Crispien auf dem Parteitag in Berlin unumwunden betont: »Wir Sozialisten in Deutschland übernehmen die Verpflichtung ... den Erfüllungsgedanken durchzusetzen gegen alle Widerstände«, und die SPD hatte die Reichsregierung aufgefordert, das Dawes-Gutachten zu akzeptieren. Dagegen schrillte das radikale Verdikt, dass dieses Erfüllungsprogramm nichts anders bedeute, als die »Verschacherung von Schweiß und Blut der deutschen Arbeiter an die Kapitalisten der Ententeländer«. Niemand Geringeres als Eduard Bernstein, inzwischen 74 Jahre zählend, nahm sich im *Vorwärts* dieser Parole an.

Deutschland riskiere den Rest von Sympathie, den es noch genießt, wenn es den Dawes-Plan ablehnte, schrieb der alte Parteireformer. Sowohl die Arbeiterregierung Englands wie die von den Sozialisten unterstützte Regierung Herriots in Frankreich machten die uneingeschränkte Anerkennung zur Bedingung für ein Ende der alten Pfänderpolitik. Die Völker ersehnen den Frieden, und Deutschland kann seinen Friedenswillen »nur überzeugend beweisen durch die Betätigung eines aufrichtigen Erfüllungswillens. Friedensreden, denen dieser fehlt, glaubt uns in der Welt, auf die es ankommt, kein Mensch mehr.« Ein Deutschland aber, das auf die ausgestreckte Hand spucke, möge sich »vor Kindern und Narren als Heldenland aufspielen, vor urteilsfähigen Menschen würde es als eine Nation erscheinen, der nicht zu helfen ist«. Wie aber ginge es nach einer Ablehnung weiter? Deutschlands Industrie würde gelähmt bleiben; Deutschlands Wiedergutmachungsschuld aber unverändert fortbestehen wie 1921 festgesetzt. Statt einem Abbau der Pfänderpolitik käme es zu deren Aufrechterhaltung und möglicher Zuspitzung. Dem deutschen Arbeiter könne das alles nichts nützen. Sein Interesse gebiete ein »Eintreten für die Politik des Erfüllungswillens«, die allein des gegenwärtigen Elends Herr zu werden verspreche. Die Politik der Völkischen und Kommunisten bedeute dessen »Forterhaltung, wenn nicht Verschlimmerung«.

Anders war die Lage in der Auseinandersetzung mit der Deutschnationalen Volkspartei. Hier lag der Hauptkampfplatz auf dem parlamentarischen Parkett. Bei den gegebenen Stimmverhältnissen war gegen die DNVP keine Mehrheit für das Dawes-Abkommen möglich. Zwar hatten die Siegelbewahrer des Kaiserreichs in ihren Blättern schon vor der Londoner Konferenz ein wüstes Trommelfeuer eröffnet. Dabei scheuten sie auch diplomatische Verwicklungen wegen Verleumdung ausländischer Regierungschefs nicht. Und nach der Londoner Konferenz sah die *Kreuzzeitung* Deutschland »wieder einmal am Grabe seiner Hoffnungen« und die *Deutsche Zeitung* »die volle hundertprozentige Versklavung Deutschlands durch die Weltfinanz«. Die deutschnationale Parteileitung bekräftigte diesen Standpunkt in einer Erklärung, in der sie feststellte, wie vorher schon die Reichstagsfraktion, »daß die deutschnationale Fraktion das Dawes-Gutachten und die mit ihm zusammenhängenden Gesetze unbedingt und ohne Rücksicht auf parteipolitische Interessen ... ablehnen werde.«

Die Parteiführer untermauerten diesen Standpunkt wieder und wieder, wie zum Beispiel der Wegbereiter der wilhelminischen Allmachtspläne vor dem Weltkrieg, Großadmiral a.D. Alfred von Tirpitz: »Das Dokument, wie es heute ist, wirkt tödlich für uns!« Dann kam der Tag der Abstimmung. Und zur Überraschung der ganzen Welt stimmte von der hundertköpfigen DNVP-Fraktion zwar die eine Hälfte wie angekündigt mit Nein. Doch die andere Hälfte sagte Ja. Das genügte zur Annahme. Selbst Tirpitz hatte mit Ja gestimmt. Erst nach der Abstimmung wurde bekannt, dass die DNVP für ihr Einlenken Ministersessel in der Regierung Marx gefordert hatte, die sie auch bekommen sollte. Der Vorwärts merkte dazu misslaunig an, dass »die Deutschnationalen in dem Augenblick regierungsfähig geworden seien, in dem sie sich in einer Weise, derengleichen die Geschichte nicht kennt, öffentlich selbst geohrfeigt und prostituiert haben«.

Zwölf Jahre später, in der Emigration, mochte Stampfer nicht mehr so zugespitzt urteilen und befand, die Deutschnationalen hätten damals »den Charakter einer unversöhnlichen Oppositionspartei verloren« – gemeint ist die Opposition gegen die Republik als solcher –, sodass selbst Reichspräsident Ebert keinen Grund mehr sah, ihnen den Eintritt in eine Regierung zu verweigern. Der tiefere Grund für die augenscheinliche Spaltung der DNVP lag in der einfachen Tatsache, dass sie, wie jede andere Partei auch, Flügel hatte. Und dem weitgehend aus dem rechtsradikalen Alldeutschen Verband übernommenen Parteiapparat stand eine ganze Reihe von Männern gegenüber, die, in der Tradition preußischen Beamtentums groß geworden, auch den republikanischen Staat nicht als Feind betrachteten.

Wahlsieg für die »Erfüllungspolitiker«

Tatsächlich hat, wie prophezeit, die Zustimmung zum Dawes-Plan Deutschland aus seiner außenpolitischen Isolation gelöst. Die Kredite begannen zu fließen und Deutschlands Antrag auf einen Ratssitz im Völkerbund traf auf ein wohlwollendes Echo bei den ehemaligen Feinden. Auch in der deutschen Bevölkerung fand der positive Ausgang Zustimmung. Das zeigte sich bei erneuten Reichstagswahlen im Dezember. Der Reichstag war aufgelöst worden, nachdem sich keine Koalition als regierungsfähig erwiesen hatte. Die Sozialdemokraten wetzten die Scharte vom Mai aus und gewannen 1,8 Millionen Stimmen hinzu. Auch die anderen Parteien, die den Gesetzen zugestimmt hatten, fuhren – wenn auch bescheidenere – Gewinne ein, während Kommunisten und Nationalsozialisten jeweils eine Million Wähler verloren. Der Vorwärts kommentierte absolut zutreffend: »Was die Bedeutung der Wahlen ... betrifft, so springt der Sieg der ›Erfüllungspolitik‹ in die Augen. Die beiden einzigen Parteien, die geschlossen gegen die Dawes-Gesetze stimmten, sind schwer geschlagen.«

Leider lässt sich nicht sagen, dass auch im Innenverhältnis der den Staat tragenden Parteien Anzeichen von Entkrampfung zu sehen waren. Im Gegenteil. Die Mitte-Rechts-Parteien, angeführt von der Deutschen Volkspartei, verbreiterten den Graben zur Linken und steuerten auf einen »Bürgerblock« hin, in dem für die Sozialdemokraten kein Platz vorgesehen war. An deren Stelle sollten die Deutschnationalen rücken. Dafür trat die DVP sogar aus der preußischen Landesregierung unter dem Sozialdemokraten Otto Braun aus – eine Bedingung der DNVP.

Die nationale Bruchlinie orientierte sich an den Vorkriegsstrukturen. Das machten auch zwei Justizprozesse vom gleichen Jahr deutlich. Der erste fand in München statt. Dort war Hitler mit seinen Genossen wegen Hochverrats angeklagt. Wie der Putschist vom 9. November das Tribunal nutzte, um seine antirepublikanischen Tiraden öffentlich zu machen, von verständnisvollen Richtern eher ermutigt als gehindert, ist hinlänglich bekannt. Die Strafe für ihn fiel milde aus, verglichen vor allem mit den brutalen Urteilen gegen die Räterepublikaner. Von den fünf Jahren Festung, die er erhalten hatte, musste Hitler nicht einmal neun Monate absitzen, unter sehr angenehmen Umständen.

Der *Vorwärts*, und nicht nur er allein, sah neben Hitler und den seinen noch weitere Täter. Obwohl nur im Zeugenstand gehört, hätte »das Kleeblatt Kahr-Lossow-Seißer« (Letzterer war Kahrs »Polizeiminister« gewesen) ebenfalls auf die Anklagebank gehört. »Drei Männer in hoher Beamtenstellung, die der Republik Treue geschworen hatten und sich von der Republik bezahlen ließen, haben ihre amtlichen Stellen benutzt, um gegen diese Republik den bewaffneten Aufstand zu organisieren.« Das »Kleeblatt« hatte sich zu revanchieren versucht, indem »Befehlshaber« von Lossow ein Strafverfahren einzuleiten versuchte. Es richtete sich gegen Ernst Reuter und erinnerte an die Methode, die gegen Felix Fechenbach angewandt worden war. Der Strafvorwurf lautete auf Landesverrat, begangen durch einen *Vorwärts*-Artikel, der Angaben über geheime Waffenlager der Putschisten enthielt und auf die Bewaffnung von Hitlers Truppe durch von Kahr hinwies. Der Untersuchungsrichter lehnte in diesem Falle ab, den Antrag zu verfolgen. Wenn »der Fall Kahr« vom *Vorwärts* schließlich doch als erledigt angesehen wurde, so befand das Blatt, harre »der größere Fall Ludendorff … noch der Erledigung«. Ludendorff, der einer der Anklagten war, habe mit seiner Dolchstoßlüge, die nichts anderes als »eine Beschimpfung des deutschen Volkes« sei, seit Jahren das innenpolitische Leben vergiftet. Und es habe keinen rechtsradikalen Putsch gegeben, hinter dem nicht, »vorsichtig lauernd, Ludendorff stand«. So habe er sich auch drei Jahre darauf vorbereitet, »den Bürgerkrieg nach dem Norden zu tragen«, und als er meinte, es sei so weit, sich »an die Spitze der ›nationalen‹ Bürgerkriegsarmee« gestellt. »Auf der Anklagebank in München sitzt der Geist, der Deutschland zugrunde gerichtet hat.« Doch das Gericht sprach diesen Angeklagten frei. In der Urteilsbegründung gab es seiner Überzeugung Ausdruck, dass überhaupt alle Angeklagten »von rein vaterländischem Geist und von edelstem selbstlosen Willen« geleitet waren.

»Was wird mit Mühsam, Toller, Fechenbach?«

Es war diese Begründung für ein unbegreifliches Urteil, welche den *Vorwärts* zu einem argumentativen Salto mortale verleitete, um altes Unrecht erneut ins Bewusstsein der Öffentlichkeit zu rücken. Das Blatt stellte sich auf den Standpunkt, »dieses Urteil wäre gerecht« und seine Begründung akzeptabel. Dann fragte das Zentralorgan: »Was wird mit Mühsam, Toller, Fechenbach?« Wie ließe es sich nach diesem Urteil rechtfertigen, »daß in Bayern politische Gefangene anderer Richtung auch nur noch einen Tag … ihrer Freiheit beraubt bleiben?« Schließlich hätten sie alle und unzählige andere, die noch in bayerischen Zuchthäusern und Gefängnissen einsaßen, aus den idealsten und lautersten Motiven gehandelt. Dem Schriftsteller und

Räterepublikaner Erich Mühsam, der noch zehn Jahre abzubüßen hatte, war vom Gericht vor fünf Jahren ausdrücklich sein »Idealismus, seine lautere, ehrenvolle Gesinnung« attestiert worden. Als Hitler am Tage vor Weihnachten des gleichen Jahres freikam, musste die bayerische Justiz in den sauren Apfel beißen und auch Fechenbach und Mühsam entlassen. Die öffentliche Entrüstung über diese Urteile war ihr zu laut geworden. Ernst Toller war bereits im Juli entlassen worden.

Ein Satz in der Urteilsbegründung sollte eine unheilvolle Bedeutung über den Tag hinaus erhalten. Das Gericht hatte die Absicht der Angeklagten akzeptiert, »daß der Hochverrat von 1918 durch eine befreiende Tat wieder wettgemacht werden müsse«. Der Redakteur Erwin Rothardt von der *Mitteldeutschen Presse* aus Staßfurt, nahm den Ball auf. In seinem völkischen Blatt erhob er den Vorwurf, nein, nicht nur des Hochverrats, des Landesverrats gegen Reichspräsidenten Friedrich Ebert. Er zielte auf Eberts Mitgliedschaft in der Streikleitung beim Berliner Munitionsarbeiterstreik vom Januar 1918. Dieser Streik, das war er ja, der angebliche Dolchstoß. Doch der Vorwurf war geradezu grotesk, denn Ebert war als Befürworter der Landesverteidigung über seine Partei hinaus bekannt.

In dem Beleidigungsprozess vor einem erweiterten Magdeburger Schöffengericht, den Ebert angestrengt hatte, wurde das auch von allen Zeugen bestätigt. Ebert, so wurde deutlich, war nur in die Streikleitung eingetreten, um den Streik zu entradikalisieren und zum Ende zu bringen, bevor noch Schüsse in den Berliner Straßen fielen. Rothardt wurde zu drei Monaten Gefängnis verurteilt, wie auch das Gericht anordnete, dass alle Nummern der inkriminierten Ausgabe »sowie die zu ihrer Herstellung benutzten Platten und Formen ... unbrauchbar« gemacht werden sollten. Gleichzeitig stellten die Richter aber fest, dass Ebert »im strafrechtlichen Sinne Landesverrat begangen hat«, wobei es unerheblich sei, von welchen Beweggründen er sich leiten ließ. Otto Landsberg, ehemaliger Volksbeauftragter und Reichsjustizminister, geißelte im *Vorwärts* die Widersinnigkeit dieser Urteilsbegründung. Schließlich habe das Magdeburger Gericht »den Angeklagten, der Ebert als Landesverräter bezeichnet hatte, deshalb zu Gefängnis verurteilt, weil Ebert mit dem Eintritt in die Streikleitung vaterländische Zwecke verfolgt habe!« Das Urteil gereiche der Rechtsprechung »nicht zur Ehre und dem, den es herabsetzt, nicht zur Schande«.

Für Friedrich Ebert sollte es gleichwohl lebensbedrohend sein. Obwohl in den Zeitungen aller Richtungen, mit sichtbarer Ausnahme der Hugenberg'schen deutschnationalen Blätter und – selbstredend – der kommunistischen Organe, das Urteil einhellig gescholten wurde, traf es den Reichspräsidenten, der selbst zwei Söhne im Krieg verloren hatte, im Kern. Der Vorwurf des Landesverrats war für einen

Sozialdemokraten das schimpflichste, was ihm widerfahren konnte. Die SPD war ja wieder und wieder von Bismarcks Zeiten her als Partei der Landesverräter verunglimpft worden. Wie mag dieser Spruch auf Ebert gewirkt haben, dessen ganzes Streben immer darauf gerichtet war, Unheil von seinem Land abzuwenden! Er starb zwei Monate nach dem Urteilsspruch. Nach dem medizinischen Befund, weil er eine notwendige Blinddarmoperation zu lange hinausgeschoben hatte. Der vergewaltigte Körper hatte sich dagegen aufgebäumt. Gegen einen Darmdurchbruch und anschließende Darmlähmung kämpften die Ärzte vergeblich. Doch wiegt der psychologische Befund, das Trauma einer verabscheuungswürdigen Verleumdungskampagne, mindestens genau so schwer. Ebert wurde gerade 54 Jahre alt.

Nach einem kleinen Kaiser ein großer Präsident

Der *Vorwärts* würdigte seine Bedeutung mit dem Verweis darauf, dass nach dem Abgesang der Monarchie durch »einen kleinen Kaiser, die Republik als ersten einen großen Präsidenten gehabt hat.« Wo gekrönte Häupter versagten, habe Ebert, der von ganz unten kam, die Aufgabe der Stunde erkannt und gemeistert, »nach dem Zusammenbruch im Kampf gegen bolschewistische und gegenrevolutionäre Strömungen den Weg zur deutschen Demokratie« freizumachen.

Der erste Wahlgang für den Nachfolger Eberts brachte noch keine Entscheidung. Der preußische Ministerpräsident Otto Braun als Kandidat der SPD erhielt 29 Prozent, der Kandidat der vereinigten Rechten im so genannten Reichsbürgerblock, der Duisburger Oberbürgermeister und ehemalige Innenminister im Kabinett Stresemann, Karl Jarres, 39 Prozent der Stimmen, die anderen Bewerber viel weniger. Für den zweiten Wahlgang mussten die Karten neu gemischt werden. Die republikanischen Parteien, SPD, Zentrum und DDP einigten sich auf den Zentrumspolitiker und Exkanzler Wilhelm Marx. Für den Rechtsblock, der sich zunächst in großer Verlegenheit befand, zauberten die Deutschnationalen den inzwischen 77-jährigen Paul von Hindenburg aus dem Zylinder. Damit wurde aus dieser Wahl für die Nachfolge des Staatsoberhauptes aber etwas ganz anderes, nämlich die Auseinandersetzung zwischen Gegenwart und Vergangenheit. Schwarz-rot-gold gegen Schwarz-weiß-rot, Republik gegen Monarchie, »Volksblock« gegen »Reichsblock«.

Außenminister Stresemann war geschockt. Das Ausland würde in Hindenburgs Aufstellung das Deutschland erkennen, gegen das es vier Jahre gekämpft hatte. Diese Kandidatur war ein Schlag gegen den Versailler Vertrag. Die amerikanischen Kredite würden gefährdet und der sich abzeichnende wirtschaftliche Aufschwung in Frage gestellt. Tatsächlich gelang es Stresemann, seine Partei zu überzeugen, wie unmöglich das Vorgehen war. Dem greisen Feldmarschall, der gar kein Staatsmann sein wollte, »fiel einSteinbruch vom Herzen«. Da meldete sich ein anderes Gespenst aus der Vergangenheit zu Wort. Tirpitz reiste zu Hindenburg, und seiner Überredungskunst war der Sieger von Tannenberg nicht gewachsen. Der Wahlkampf wurde einer der leidenschaftlichsten in der deutschen Republikgeschichte. Im Rundfunk wurden Ansprachen der beiden Kandidaten ausgestrahlt, einer der frühen Versuche, das neue Medium in der Wahldiskussion zu nutzen. Volksredner waren sie beide nicht, der *Vorwärts* hat ihre Reden dokumentiert. Marx verwies darauf, dass die Länder, auf die Deutschland nun einmal angewiesen sei, seit langem demokratische Staatsformen hätten. »Wir dürfen in dieser Welt, von der wir uns politisch und wirtschaftlich in keiner Weise abschließen können, nicht wie ein Fremdkörper dastehen.« Hindenburg versuchte die Befürchtungen, die sich mit seinem Namen verbanden, zu entkräften. »Ich erkläre vor der ganzen Welt, daß es immer mein heiligstes Bestreben sein würde, neue Kriegsschrecken fernzuhalten und den Kriegsopfern der Vergangenheit nach Kräften zu helfen.« Nichtsdestotrotz titelte der *Vorwärts* am Vorabend der Wahl: »Rettet Volk und Land! Arbeit für Hindenburg ist Selbstmord aus Dummheit!«

Als die Wahlurnen ausgezählt wurden, zeigte sich, dass die Rechnung der Rechten aufgegangen war. Hindenburg hatte 900 000 Stimmen mehr eingefahren als Marx. Es hatte aber noch einen dritten Kandidaten gegeben, Ernst Thälmann. Der Hamburger Transportarbeiter war von der Kommunistischen Partei aufgestellt worden und gewann zwei Millionen Stimmen. Und die Bayerische Volkspartei, deren eigener Kandidat im ersten Wahlgang noch eine Million Stimmen erhalten hatte, empfahl ihren Wählern, nicht für den Zentrumsmann und Katholiken Marx zu stimmen. Die verlorenen Stimmen jedweder der beiden Parteien haben den Sieg des Volksblock-Kandidaten Marx verhindert. Der *Vorwärts* zog Bilanz: »Wir, die aufrichtigen Republikaner, sind unterlegen. Wir haben unsere Pflicht getan. Die Aufgaben der Zukunft liegen klar vor uns. Wir werden weiter arbeiten für die Republik. Die Episode der Präsidentschaft Hindenburgs wird vorübergehen. Wir, heute die Unterlegenen, werden die letzten Sieger sein.« In acht Jahren werden wir einen ähnlichen Aufruf, mit dem gleichen Tenor zu lesen bekommen. Da stand Deutschland vor dem Marsch in seinen Untergang.

Die Befürchtungen – oder Hoffnungen, je nach Sichtweise –, die sich an die Wahl Hindenburgs knüpften, haben sich nicht erfüllt, nicht jedenfalls nach seinem Amtsantritt und in den darauf folgenden Jahren. Der Feldmarschall legte in die Hand des sozialdemokratischen Reichstagspräsidenten Löbe seinen Amtseid ab und erwies der schwarz-rot-goldenen Fahne seine Reverenz. Er erfüllte seine Aufgaben, wie sie auch Ebert erfüllt haben mochte. Als Stresemann mit den Nachbarn Deutschlands die Locarno-Verträge abschloss, die den europäischen Frieden sichern sollten und namentlich die Grenzen Frankreichs und Belgiens garantierten, beschloss sie der Reichstag gegen die üblichen Verdächtigen – Deutschnationale, Völkische und Kommunisten –, und Hindenburg setzte seine Unterschrift darunter, »zum fassungslosen Entsetzen seiner alten Freunde« (Hagen Schulze). »Aus innerer Überzeugung«, wie der *Vorwärts* glaubte. Die Republik hatte nun einen Monarchisten an der Spitze. Paradoxerweise stärkte er den republikanischen Gedanken, namentlich bei den Anhängern des alten Systems.

Die Zeitung muss reformiert werden

Lassen die verschiedentlich in diesem Kapitel angeführten Kommentierungen der Ereignisse den Schluss zu, dass der Vorwärts mittlerweile eine ganz »normale« Tageszeitung geworden war, abhold jeder ideologischen Parole und fernab dem historischen Klassenkampfauftrag? Sehen wir genau hin. Noch immer wurde den Machern der Zeitung der übliche Spagat zwischen Parteiauftrag und Lesererwartung abverlangt. Noch immer galt, wie vor dem Krieg, das Organisationsstatut der SPD, das zum »Zentralorgan der Partei« aussagte:

»§ 26. Zentralorgan der Partei ist der ›Vorwärts‹, Berliner Volksblatt.

Die offiziellen Bekanntmachungen sind an hervorragender Stelle des redaktionellen Teils zu veröffentlichen.

§ 27. Zur Kontrolle der prinzipiellen und taktischen Haltung des Zentralorgans sowie zur Verwaltung desselben wählen die Parteigenossen Berlins und der Vororte eine Preßkommission, die aus höchstens 20 Mitgliedern bestehen darf.

Die Preßkommission entscheidet in Gemeinschaft mit dem Parteivorstand über alle Angelegenheiten des Zentralorgans, insbesondere über Anstellung und Entlassungen im Personal der Redaktion und Expedition. Bei Meinungsverschiedenheiten zwischen dem Parteivorstand und der Preßkommission entscheiden die Kontrollkommission, der Parteivorstand und die Preßkommission in der Art mit gleichen Rechten, daß jedes dieser drei Organe eine Stimme hat.«

Nun lässt sich überhaupt nichts dagegen sagen, dass die Wahrnehmung der aus den Eigentumsverhältnissen herrührenden Rechte und Pflichten in der Tageszeitung einer demokratischen Partei demokratisch geregelt wird. Damit unterschied sich der *Vorwärts* von vielen den bürgerlichen Parteien zur Verfügung stehenden Blättern und namentlich von den immer stärker den Markt beherrschenden Hugenberg-

Gazetten des rechten Spektrums, die alle den politischen Auftrag eines Mannes ausführten. Gleichwohl erzwang die Konkurrenzsituation auf dem Zeitungsmarkt eine Initiative, die der SPD-Presse den überfälligen Modernisierungsschub bringen sollte. Sie begann mit der Gründung der »Konzentration AG« am 31. März 1925. Damit wurde 174 Tageszeitungen in insgesamt 133 Verlagen ein betriebswirtschaftlich kompetenter Partner zugeordnet. Gemeinsame und damit kostengünstige Beschaffung von Betriebsmitteln sowie buchhalterische Aufsicht und Steuerberatung gehörten zu den Aufgaben des neuen Unternehmens. Neben wirtschaftlicher Verlagsführung stand aber auch die Redaktionsarbeit im Visier der Modernisierer.

Im Januar 1926 versammelte der »Verein Arbeiterpresse«, eine Organisation von sozialdemokratischen Partei- und Gewerkschaftsjournalisten, die aber auch andere Parteiarbeiter aufnahm, seine Mitglieder zu einer Redakteurskonferenz nach Berlin. Sie sollte wegweisend werden. Im Mittelpunkt stand ein Referat von Wilhelm Sollmann über den »Ausbau der sozialdemokratischen Presse«. Sollmann hatte bereits einen Ruf als Zeitungsreformer, den er sich vor allem als Chefredakteur der Kölner *Rheinischen Zeitung* und Mitbegründer des »Parlamentarischen Pressedienstes« erworben hatte. Über die SPD hinaus bekannt wurde er als Innenminister unter Stresemann. Sollmann räumte zuerst mit einigen Vorurteilen auf, die sich in der parteigenössischen Leserschaft über ihre Presse herausgebildet hatten und denen die sozialdemokratischen Journalisten zum Teil selbst anhingen. So etwa, dass der redaktionelle Teil der Parteizeitungen gegenüber den Anzeigen zu kurz komme. Sollmann wies nach, dass in der Generalanzeigerpresse der Textteil gegenüber den Anzeigen noch viel stärker eingeschränkt werde. Schief sei allerdings im Vergleich das Verhältnis von Politik zum gesamten Text. Politik mache bei Generalanzeigern ein Sechstel des Textes aus, bei der Parteipresse sei fast alles Politik. Sollmann wünschte hier eine deutliche Reduzierung im Interesse der Leser, weniger Polemik, mehr Anschaulichkeit. Politische Texte sollten als Rohstoff betrachtet und entsprechend bearbeitet werden. Sollmann stellte klar, dass er keinen sozialdemokratischen Generalanzeiger wünsche, aber mehr Rücksicht auf Interessen und Lebensverhältnisse der Leser.

Das Echo der Versammlung war überwiegend positiv, wenn auch einige Bedenkenträger Einsprüche bei den Parteifunktionären ob dieser »Amerikanisierung der Parteipresse« fürchteten. Der *Vorwärts*-Redaktionsvize Franz Klühs stellte gar schlechte Prognosen aus Parteikreisen vor Augen, wenn Parteiblätter »Bilder vom bürgerlichen Sport bringen« würden. Tatsächlich stand ja der Arbeitersport mit seinen eigenen Vereinen in der Zeit der Weimarer Republik in großer Blüte. Aber viele Erscheinungen des Massensports, wenn man ihn nicht »bürgerlich« nennen will, erweckten durchaus ein überparteiliches Interesse, und so konnte man erleben, dass gerade der *Vorwärts*, nachdem er sich vorher dem soeben breitere Kreise erfassenden Boxsport noch auf ausgesprochen kulturkritische Weise genähert hatte, eines Tages einen Kampfbericht über das damalige Boxidol Breitensträter veröffentlichte, der nachgerade pressehistorisch wurde.

Berlin greift wieder einmal nach dem Vorwärts

Wenn sich der Vorwärts auch zunehmend den Interessen seiner Leser anpasste, so fand er damit noch lange nicht die Zustimmung aller Funktionäre. Einige beurteilten ihn nach anderen Maßstäben und eröffneten die Auseinandersetzung an einem nur zu bekannten Kampfplatz, nämlich auf dem Parteitag. 1925 in Heidelberg, von dem das dort verabschiedete Parteiprogramm seinen Namen bekam, monierte der Vorsitzende der Berliner Parteiorganisation Franz Künstler: »Wir in Berlin haben ein Zentralorgan, das die Berliner Verhältnisse nicht so berücksichtigen kann, wie wir es wünschen. Wenn der Parteitag gewillt wäre, den Berlinern mehr Einfluß auf das Zentralorgan zu geben, würden wir das dankbar quittieren.« Bekannte Töne! Zwei Jahre später, auf dem Parteitag in Kiel, hatten sich die Hamburger der Sache angenommen und einen Antrag vorgelegt, nach dem geprüft werden sollte, ob nicht in Berlin ein Lokalblatt geschaffen werden könne und gleichzeitig der *Vorwärts* zum Zentralorgan auszubauen sei. Der Parteivorsitzende Otto Wels, der einst selbst solche Gedanken vorgetragen hatte, nahm dazu Stellung. Er enthüllte ein Geheimnis. Bebel und Singer hätten ihm in Jena 1905 unter der Hand mitteilen lassen, dass sie als Parteivorsitzende zurücktreten würden, wenn der *Vorwärts* in ein Berliner Lokalblatt umgewandelt würde. Daraufhin habe er den entsprechenden Berliner Antrag zurückgezogen. An den Gründen für die ablehnende Haltung habe sich bis heute nichts geändert. Wels erläuterte: Die eine Seite »will ein Richtungsblatt, die andere eine Art ›Morgenpost‹«. Das könne nicht gut gehen. »Mit dem Bestehen zweier Blätter in Berlin, radikal und weniger radikal, spinnen beide Blätter keine Seide. Das erlebten wir, als Vorwärts und ›Freiheit‹ nebeneinander bestanden. Die ›Rote Fahne‹ hat es auch nicht über 15 000 Abonnenten in Berlin gebracht.«

Der Parteivorsitzende blieb nicht unwidersprochen, doch es wurde bald deutlich: Die Zeitungsschelte entwickelte weder die Heftigkeit noch die parteischädliche Konsequenz vergangener Tage. Die Hamburger stellten klar, dass sie ganz und gar nicht den Berlinern zu einem radikalen Lokalblatt verhelfen wollten, sondern sie sich vielmehr ein Zentralorgan wünschten, in dem die Belange aller Teile der Partei zufrieden stellend vertreten wären. Der Hamburger Partei sei jedenfalls verwehrt worden, ihren Standpunkt in der Großhamburger Frage im *Vorwärts* deutlich zu machen, während die gegenteilige Position, wie sie Preußens Ministerpräsident Otto Braun vertrat, in aller Ausführlichkeit dargestellt wurde.

Die Berliner ließen durch Franz Künstler erklären, dass ein eigenes Lokalblatt immer noch ihr Ziel sei. Wenn sie den entsprechenden, bereits von allen Teilen der Berliner SPD beschlossenen Antrag dem Parteitag nicht vorgelegt hätten, dann nur, um den alten Streit zu begraben. Es sei aber ein Unding, dass die SPD, die in Berlin 33 Prozent aller Stimmen erhielt, nur eine einzige Zeitung habe, die gerade halb so starke Deutschnationale Partei aber acht und die noch viel, viel schwächere Deutschdemokratische Partei elf Blätter, die ihnen jeweils nahe stehen. Am schärfsten äußerte sich der Reichstagsabgeordnete Kurt Rosenfeld, bekannt vor allem durch seine Arbeit als Rechtsanwalt. Schon vor dem Krieg hatte er zahlreiche Sozialdemokraten und Pazifisten in politischen Prozessen vertreten, unter anderem auch Rosa Luxemburg 1914; er sollte auch noch der Verteidiger Carl von Ossietzkys werden. Rosenfeld warf Wels den Versuch vor, »sich zum Schulmeister der Partei zu machen«. Wels habe ja selbst gesagt, die Meinungsfreiheit dürfe nicht unterbunden werden, doch solle er zunächst einmal »im Zentralorgan, im Vorwärts, für die Freiheit der Meinungsäußerung« sorgen. Der *Vorwärts* schließe »grundsätzlich jede Erörterung in Parteifragen aus …«

Stampfer erkannte, dass sich da etwas zeigte, »das wie ein Anklang an die Vorwärts-Debatten früherer Zeiten anmutet«. Da er die Sünden, die er begangen habe, kenne, »besser als Sie«, so müsse er sagen: »Es hätte noch Schlimmer kommen können.« So sei es nicht so schlimm geworden wie in alten Zeiten. Gegenüber den Hamburger Vorwürfen gab Stampfer »journalistische Flüchtigkeitsfehler« zu, bedauerte aber, dass er nicht früher darauf angesprochen worden sei. Rosenfeld, dem er zugleich attestierte, dass auch sein Vorwurf nicht die Schärfe früherer Zeiten enthalte, gab er zu bedenken: »Das Zentralorgan der Partei kann nichts anderes sein, als die publizistische Vertretung der Politik der Gesamtpartei. Da kann man aber in diesem Zentralorgan nicht eine unbeschränkte Meinungsfreiheit statuieren. Diese Meinungsfreiheit haben wir Vorwärts-Redakteure auch nicht.« Wenn diese alles geschrieben hätten, was ihnen bekannt geworden sei, hätten sich manche in der Partei sehr gewundert. Alles in allem kam Stampfer zu dem Schluss: »Das System hat gewiß seine Schwächen und Mängel, aber es ist uns damit doch gelungen, die Einigung zu fördern und die Partei seit dem Kriege und der Revolution durch die schwersten Zeiten hindurchzuführen.« (Zwischenruf: »Sehr wahr!«)

Stampfer machte an diesem Punkt noch einen Zusatz, den jeder im Saal sofort verstand: »Wenn wir die Rezepte von Zwickau, Plauen, Chemnitz und anderen Orten befolgt hätten, die Sozialdemokratische Partei wäre dann ein Trümmerhaufen.« Heute wüssten wohl nur mit den Weimarer Verhältnissen Wohlvertraute, dass sich hinter diesem Hinweis eines der schwersten und folgenschwersten Zerwürfnisse in der deutschen Sozialdemokratie verbarg, der so genannte Sachsenstreit. Der schon im letzten Kapitel angesprochene Konflikt hatte sich zu einem anhaltenden Grabenkrieg zwischen der sächsischen Parteiorganisation und der Mehrheit der Landtagsfraktion, der »Gruppe der 23« entwickelt, in dem niemand mehr die einmal bezogenen Stellungen zu verlassen gedachte. Die Parlamentarier folgten ja dem Beschluss des Berliner Parteitages, wenn sie mit bürgerlichen Parteien koalierten. Entsprechend fanden sie die Unterstützung des Parteivorstandes, der verhindern wollte, dass durch weitere Radikalisierung der Reaktion in die Hände gespielt wurde. Dass die 23 und ihre Anhänger sich in der weiteren Entwicklung unter dem Namen »Alte Sozialdemokratische Partei« zu einer politischen Sekte zurückbildeten, war das Ergebnis der immer hemmungsloser und feindseliger praktizierten Kontroverse und führte sie schließlich ins Aus der Bedeutungslosigkeit. Dafür sollten ihre radikalen Gegner noch einen Part von gerütteltem Maß bei den Spaltungstendenzen zum Ende der Weimarer Republik spielen.

Die von Stampfer genannten Orte waren ihm Synonym für Parteiblätter, die erheblich zur Verschärfung der Auseinandersetzung beigetragen hatten. Der Sachsenstreit steht in seinen Auswirkungen nicht viel hinter dem historischen Schisma von 1916 zurück. Dabei hatte sich die Parteiführung alle Mühe gegeben, das für die SPD so überaus schädliche Gerangel unter der Decke zu halten. So war der Sachsenstreit zwar in Heidelberg, wie ein Jahr zuvor in Berlin, noch ein Hauptthema gewesen, in Kiel wurde er so gut wie totgeschwiegen. An den letztendlichen Ursachen des Konfliktes rätseln die Historiker noch heute herum. Heinrich August Winkler schließt sich dem sächsischen Protagonisten Richard Lipinski an, der unter anderem auch einmal Redakteur der *Leipziger Volkszeitung* war. Lipinski sah die Ursachen des Sachsenstreits in den besonderen politischen Bedingungen der Vorkriegszeit, in der sich auf Seiten der Arbeiterbewegung ein glühender Hass gegen die konservativen bürgerlichen Parteien herausgebildet hatte, denen jedes Mittel recht gewesen war, die starke Sozialdemokratie von der politischen Macht auszuschließen. So wurde Sachsen zur Hochburg des linken Flügels der SPD, später der Unabhängigen und der KPD.

Exkurs über das Innenleben der Redaktion

Kaufmännische und journalistische Anstrengungen hatten Mitte der 1920er Jahre dem *Vorwärts* einen achtbaren Platz unter den Tageszeitungen der Reichshauptstadt verschafft. An seiner politischen Bedeutung war ohnehin nie zu zweifeln gewesen. Der *Vorwärts* war die maßgebliche Stimme der Sozialdemokratie. Darum lasen der klassenbewusste Arbeiter, soweit er nicht zu den Kommunisten abgeirrt war, wie auch ein Großteil der neuen staatstragenden Verwalter und Intellektuellen dieses Zentralblatt der SPD. In seinen besten Zeiten erbrachte es eine Auflage von mehr als 300 000 Exemplaren je Morgen- und Abendausgabe, eine Zahl von der die anderen Berliner Blätter nur träumen konnten, mit Ausnahme vielleicht des Mosse'schen *Tageblatts*. In der Beurteilung seines journalistischen Ansehens sollte man sich nicht den Blick verstellen lassen von dem erheblich reduzierten Renommee des Bonner *Vorwärts* nach dem Zweiten Weltkrieg. Litt dieser dreifach, unter seiner meist dahinkümmernden Auflage als Wochenzeitung, unter dem kaum verhehlten Liebesentzug seiner Herausgeberin, der Sozialdemokratischen Partei Deutschlands, und unter der Tatsache, als Parteizeitung von der Kollektivmeinung deutscher Zeitungsleser und deutscher Zeitungsmacher nicht für voll genommen zu werden, so galt dies alles nicht für den *Vorwärts* der Weimarer Jahre. Parteizeitungen waren damals die Regel. Eine Feststellung, die schon früher getroffen wurde und noch immer gilt. Die Auflage, wie beschrieben, war glänzend, und da damit auch finanziell der SPD der Rücken gestärkt wurde, gab es keine Zweifel am innerparteilichen Marktwert des Zentralorgans.

Die äußeren Lebensumstände dieses Zeitungswesens waren demgegenüber bescheiden. Mit verschiedenen Zeitungspalästen, die es schon gab, wollte man nicht konkurrieren. Das *Vorwärts*-Haus in der Lindenstraße 3 ließ wenig davon ahnen, wie viel Pressemacht es verbarg. Ein Laden der *Vorwärts*-Buchhandlung, eine Toreinfahrt, das war das, was man sehen konnte. Mehr Sein als Scheinen. Unbestreitbar war das verschachtelte Gebäude mit seinen diversen Höfen eine Burg. Als solche wurde es aber nur ein einziges Mal genutzt – von den Feinden des Hauses, und die bewiesen, wie schwer sie einzunehmen war. Spartakus war nur mit Artillerie zu vertreiben gewesen. Hinter den Mauern vereinigte sich vieles: Eine der größten und leistungsfähigsten Zeitungsdruckereien Europas, eine groß dimensionierte Vertriebsorganisation, die ihr Produkt mit Wagen und Bahn in alle Himmelsrichtungen schickte, ein Buchverlag mit zahlreichen Auflagen – der Verlag Buchhandlung *Vorwärts*, der Parteivorstand der SPD mit vielen angeschlossenen Organisationen, die Führungen der SPD-Bezirke Berlin und Brandenburg – und die Vorwärts-Redaktion.

Die Redaktion hauste in der Burg ziemlich weit hinten. Vom ersten Hof aus, wo der Parteivorstand residierte, vorbei am Parteiarchiv, das heute ein ganzes Institutsgebäude im niederländischen Amsterdam füllt, erreichten Beschäftigte und Besucher die Redaktion im 4. Hof, 4. Stock. Im langen Flur reihte sich Tür an Tür, die Räume dahinter waren durchnummeriert von 1 bis 20. Zimmer Nr. 1 beherbergte die Redaktionssekretäre, Zimmer Nr. 20 war Berichterstatterzimmer und nur zum Schreiben der aktuellen Berichte vorgesehen. Dazwischen lagen die Zimmer der Redakteure, das Sekretariat, die Textaufnahme und eine Teeküche. Auch einen Konferenzraum gab es (Nr. 11), der nicht häufig benutzt wurde. Redaktionskonferenzen waren unbekannt, alle anstehenden Probleme wurden in Einzelgesprächen – oder am Kantinentisch – erörtert und geklärt. In Zimmer 18 regierte Friedrich Stampfer die Redaktion, daneben lag Zimmer 17, dasjenige seines Stellvertreters Franz Klühs. Von den anderen Nummern hatte die 7 eine legendäre Bedeutung erlangt. Hier zelebrierte Dr. Schikowski seine Séancen mit den Tanzgrößen der Zeit. Die Einrichtung der Zimmer war spartanisch. Sie waren, laut Stampfer, »mit der traditionellen Lieblosigkeit sozialdemokratischer Zeitungsbüros ausgestattet. Man lebte ja von ›Arbeitergroschen‹.« Das Zimmer des Chefredakteurs machte keine Ausnahme. Für Erich Kuttner schien das wohl alles zu karg. Er hatte die Wände seines Zimmers (Nr. 16) mit all den Karikaturen beklebt, für deren Veröffentlichung im *Vorwärts* er gesorgt hatte. Dazwischen hing der Degen, den er als Kommandeur des »Regiments Reichstag« getragen hatte. Die Kollegen nannten das Gemach wenig respektvoll »Die Schreckenskammer«.

Für die Redaktionssekretäre gibt es keine Entsprechung im heutigen deutschen Journalismus. Die DDR-Presse kannte sie noch. Die Redaktionssekretäre des *Vorwärts* lassen sich am besten als die Kontaktfläche der Redaktion zum Leserpublikum beschreiben. Sie regelten den Publikumsverkehr und kümmerten sich um den Schriftverkehr. In der Regel leiteten sie die Post weiter, wobei Stampfer seine Briefe grundsätzlich öffnen ließ. Manche Postsache bearbeiteten die Redaktionssekretäre auch selbst. Man könnte sagen, das wäre alles auch von einer guten Chefsekretärin zu erledigen gewesen. Aber Sekretärinnen gab es damals noch nicht, jedenfalls nicht beim SPD-Zentralorgan. Und die Aufgabe wäre auch zu gewaltig gewesen. Der Andrang war riesig. Die Leute, die Leser kamen mit allen möglichen Anliegen zu ihrer Zeitung, mit Beschwerden und Bitten, Anfragen und schließlich als Ratsuchende. Die juristische Sprechstunde war ein Teil der Redaktion.

Vier Redaktionssekretäre bewältigten die gestellte Aufgabe, je zwei für die Morgen- und die Abendausgabe. Wir kennen schon Fritz Kunert, den Kriegskreditverweigerer der ersten Stunde. Er musste den Vorwärts 1917 verlassen. Paul Büttner war einer von Eisners »Edlen Sechs« gewesen. Als Redaktionssekretär blieb er noch bis 1919, dann begann er zu erblinden. Sein Nachfolger wurde 1920 Richard Schwartz, der 1933 von den Nazis von seinem Arbeitsplatz verjagt wurde, und ohne dessen Mitteilungsbereitschaft diese Darstellung des Innenlebens der Redaktion bedeutend dürftiger ausfallen würde. Sein Kollege Josef Arndt stieß 1922 zur Redaktion und machte sich einen Namen als rühriger Kommunalpolitiker in Berlin-Neukölln, dessen Bezirksverordnetenversammlung er zeitweise vorstand. Nach dem Weltkrieg arbeitete Gustav Fuhs für ein, zwei Jahre im Redaktionssekretariat und ging dann als Stadtrat nach Wedding. Ein uralter Hase war schließlich noch Max Winkler. Er war bereits 1896 Redaktionssekretär geworden und »machte« die Honorare. Dabei wandte er subversive Praktiken an. Die Namen der Mitarbeiter standen nur in einem kleinen Notizbuch verzeichnet, das er stets bei sich trug. Im Hauptbuch erschienen lediglich Zahlen. Dieses Verfahren gehörte zu den Lehren, die aus den Jahren des Sozialistengesetzes gezogen worden waren. Eine Neuauflage von Sozialistenverfolgung hielt jedermann für möglich. Da Wirtschaftsprüfungen nur im Verlag anfielen, blieb das Verfahren unangefochten. Aus den gleichen Gründen der Geheimhaltung waren die Bretter im Sekretariat, auf denen die gesammelten Zeitungen lagerten, ausgehöhlt. Auf Knopfdruck konnten sie geöffnet werden und im Falle der Gefahr wichtige Papiere aufnehmen. Doch sind sie nie in diesem Sinne genutzt worden.

In der Textaufnahme saßen zunächst drei, später vier Damen. Die Schicksale dieser Frauen sind nicht weniger von der Zeit gezeichnet als die der männlichen Redaktionsmitglieder. Natürlich verloren auch sie beim *Vorwärts*-Verbot 1933 alle ihre Arbeitsstellen. Emma Gnabs war die Seniorin, schon Mitte der 1920er Jahre eine reife Fünfzigerin. Sie schrieb auch die Briefe für Stampfer. Nicht viel jünger, Dr. Herta Dreyfus, geborene Hamburger. Als sie in den 1940er Jahren den Zug in die Gaskammern besteigen musste, warf sie einen Zettel aus dem Waggon, der auch aufgefunden und weitergeleitet wurde. Sie selbst kam nie zurück. Emmy Thiede war zugleich die rechte Hand von Verlagschef Richard Fischer und befreundet mit Ernst Preczang. Frieda Thieme heiratete den Wächter der Elektro-Zentrale im *Vorwärts*-Haus und schied dann aus. Vermutlich für sie kam Hanna Kleinert, die 1927 Ernst Reuter heiratete, mit dem sie erst nach Magdeburg ging, wo Reuter 1931 das Oberbürgermeisteramt übernahm und später ins türkische Exil.

So hochkarätig besetzt wie die bereits in einem anderen Kapitel vorgestellte Schar der Feuilletonmitarbeiter war auch die Gruppe der Berichterstatter und Mitarbeiter für politische, wirtschaftliche und kommunalpolitische Fragestellungen. Es galt das Prinzip, möglichst Fachleute zu Wort kommen zu lassen. So besaß der *Vorwärts* beispielsweise für Fragen des damals grundlegend wichtigen Bergbaus zwei kompetente Autoren: den Obersteiger Georg Werner und den Direktor des Reichskohlesyndikats, Heinrich Löffler. Zu Wirtschaftsfragen äußerten sich Dr. Fritz Naphtali, der bestimmende Impulsgeber auf dem Gebiet der Wirtschaftsdemokratie, und Dr. Fritz Baade, einer der Mitautoren des WTB-Planes, eines Arbeitsbeschaffungsprogramms zur Bekämpfung der Wirtschaftskrise. Nach dem Zweiten Weltkrieg wurde Baade Leiter des Weltwirtschaftlichen Instituts in Kiel. Dr. Max Schütte, ein im Kaiserreich geschasster Gymnasiallehrer, setzte Akzente als Parteihistoriker. Der ehemalige Offizier Dr. Hermann Schützinger, der als Redakteur beim *Sozialdemokratischen Pressedienst* arbeitete, lieferte Beiträge zu militärischen Fragen. Von den Auslandskorrespondenten sollen erwähnt werden Egon Wertheimer in London, von dem auch eine Schrift über die britische Labour Party überliefert ist, und die Rom-Korrespondentin Oda Olberg-Lerda, die 1934 nach Argentinien emigrierte und von da noch engen brieflichen Kontakt zu Friedrich Stampfer hielt. Als vielseitiges Talent blieb der ehemalige Benediktinermönch und Teilnehmer der Münchner Räterepublik, Dr. Franz Rothenfelder, seinen Kollegen im Gedächtnis. Als kommunalpolitischer Mitarbeiter ein Urgestein war Wilhelm (Willi) Wach, der schon seit 1890 für das Zentralorgan arbeitete und seit 1913 dem Vorstand der Volksbühne angehörte. Beim Eislaufen ertrank er Anfang der 1920er Jahre im Müggelsee. Noch länger stand nur Hermann Bauermeister im Dienste der Lokalredaktion und war inzwischen fest angestellt. An seinen Berichten über die Berliner Stadtverordnetenversammlung wurde auch nicht ein Komma verändert; unbesehen gingen sie an die Setzmaschine. Daneben betätigte sich der Altphilologe und Privatlehrer als »Ausputzer«. Kamen von irgendwoher Beschwerden über einen Bericht, so ging Bauermeister der Sache nach, prüfte sie und stellte sie, wenn nötig, richtig.

Es gab ja auch schwarze Schafe unter den Berichterstattern. So entpuppte sich Emil Unger als Antisemit, als er nach dem Weltkrieg den *Deutschen Vorwärts* herausbrachte, der allerdings bald wieder einging. Eine widersprüchliche Figur war Dr. Otto Strasser, der im »Freikorps Epp« die Münchner Räterepublik niederschlagen half, auf der anderen Seite eine »Rote Hundertschaft« gegen den Kapp-Putsch befehligte. Er schrieb einige wirtschaftswissenschaftliche Artikel für den *Vorwärts* – aber auch für das Zentrumsblatt *Germania* – bis er 1920 aus der SPD wieder austrat; vermutlich um einem Ausschluss zuvorzukommen. Er wandte sich später der NSDAP zu, zu deren linkem Flügel er gehörte. Weil er in Gegnerschaft zu Hitler geriet, musste er 1933 emigrieren. Über Henning Duderstadt, der ebenfalls zu den Nationalsozialisten überlief, wird noch an anderer Stelle zu reden sein. Schließlich beschäftigte die Redaktion hin und wieder politisch nahe stehende Emigranten, so einmal einen mexikanischen Revolutionskämpfer oder Alexander Feodorowitsch Kerenskij, den ehemaligen Ministerpräsidenten der provisorischen russischen Regierung. Hans Etzkorn erinnert sich, dass der nicht nur Artikel schrieb, sondern auch das Kantinenessen in der Lindenstraße nicht verschmähte, bevor er dann weiter nach Westen ging. Mit den vorgestellten Namen ist das Mitarbeiterreservoir des Vorwärts bei weitem nicht ausgeschöpft.[44]

Über das Menschliche und Allzumenschliche in der Vorwärts-Redaktion verlieren sich die Spuren. Auch wird in einer Zeit, in der auf der einen Seite das Rauchen kriminalisiert wird, auf der anderen der hektische Griff zur Zigarette eine Kollektivsucht offenbart, kaum noch das Rituelle des blauen Dunstes Verständnis finden. Zu den Wahlabenden gehörte in der Redaktion die Zigarrenkiste, die vom Stellvertretenden Chefredakteur Franz Klühs höchstpersönlich verwaltet wurde. Raucher waren die *Vorwärts*-Redakteure fast alle. Von Stampfer weiß man noch, dass er ausschließlich Virginia-Zigarren qualmte. Schikowski frönte, wie bekannt, seinem Tschibuk. Die Trinkgewohnheiten etlicher Redakteure wird man wohl als berufstypisch beschreiben können. Einzelheiten sind verloren gegangen. Das wohlbekannte Wein- und Speisehaus »Blaurock« in der Friedrichstraße 236 war jedoch nicht so sehr ein Redaktionstreff als vielmehr die Kneipe der Lokalredaktion. Vor allem Lokalchef Fritz Karstädt konnte sehr ungehalten sein, wenn sein Stammplatz besetzt war. Dann ließ er sich auch auf keinem anderen Stuhl nieder. Friedrich Stampfer wurde hin und wieder im »Lukullus« gesehen, wo auch der Parteivorsitzende mal eine Molle stemmte.

Und doch gibt es einen dokumentarischen Nachweis redaktioneller Eigentümlichkeiten, oder, wenn man so will, der Eigenheiten von Redaktionsangehörigen. Die Redaktion hat ihn zumindest dreifach in der ihr gemäßen Art der Nachwelt überliefert, als Zeitung. Aus dem Anlass »runder« Geburtstage druckte sie einen *Vorwärts* im Kleinformat für redaktionsinterne Verbreitung, in dem Schwächen und Pannen der Redaktionsmitglieder aufs Korn genommen wurden. Das erste bekannte Exemplar erschien aus Anlass des 50. Geburtstages von Friedrich Stampfer am 8. September 1924. Die Menge der Anspielungen ist heute kaum noch zu entschlüsseln. Ein Leitartikel, nach Vorwärts-Art am rechten Rand platziert, persifliert mehr oder weniger gelungen Duktus und Botschaft der Stampfer'schen Editorials. Mit ihnen beschäftigt sich auch ein Gedicht, frei nach Goethe:

Der neue Erlkönig

Wer stampft durch die Gassen, vom Winde umwippt?
Der Stampfer brütet ein Manuskript!
Er hält das Papier in der Mappe verpackt,
Er wälzt die Gedanken zu Rhythmus und Takt ...

Er wälzt die Gedanken ... Sie langen ihm glatt
Für zwei Artikel zu dreieinhalb Blatt, –
Für zwei Artikel, geschliffen und scharf,
Daß jeder ein Beispiel dran nehmen sich darf ...

Den einen schreibt er – das ist weltbekannt –
Mit rechter, den andren mit linker Hand ...
Und hätt' er drei Hände, er schriebe in Ruh
Womöglich noch einen dritten dazu ...

Die ganze Zeitung schrieb voll er für sich
Vom Leitartikel bis »unter dem Strich«!
Er zieht den politischen Karr'n aus dem Mist;
Er ist der geborene Journalist!

Das tut nicht weh, ist zugleich eine milde Karikatur und ehrfürchtige Bewunderung für einen geborenen Leitartikler, der mit seiner Gabe schon vor seiner *Vorwärts*-Zeit weit reichenden Einfluss auf die Parteigeschicke nahm. Zu einem Anflug von Spott bringt es eine Anzeige auf der letzten der vier Seiten:

»Von Versailles zum Unsinn

oder: Die Grundbegriffe der Politik des Görlitzer Programms

Gesammelte Werke eines in allen Sätteln gerechten und vielgenannten Schriftstellers werden antiquarisch zu jedem beliebigen Preis abgegeben bei Friedrich Fünfziger & Co.«

Zur Erinnerung: Stampfer verließ wegen des Versailler Vertrages, den er ablehnte, vorübergehend den Platz des Chefredakteurs, für viele nicht nachvollziehbar. Aber da ist noch eine kurze Meldung »Aus dem Reichstag«, in der sich vielleicht Gedanken verstecken, die in der Redaktion über den Zustand der deutschen Innenpolitik kursieren:

»Bedeutsame Parteiführerbeschlüsse. Die maßgebenden Kreisel der deutschen Politik haben interfraktionell beschlossen, sich auch weiterhin unentwegt und voll und ganz um sich selber zu drehen. Die oppositionellen Brumm- (Dn.), Pfeif- (Komm.) und Keifkreisel (Nat.-soz.) haben sich ihrerseits grundsätzlich dieser Losung angeschlossen.«

Unter der Kopfzeile »Fränzchen – freu Dich« steht die ebenfalls vierseitige Sonderausgabe, die am 5. Mai 1927 aus Anlass des 50. Geburtstages von Franz Klühs erschien. Die raumfüllende Karikatur auf der Titelseite zeigt einen Jubilar, der im Kaftan vor einem Pessachleuchter sitzt und über den eine Geburtstagsglocke dicke Zigarren ausschüttet. Sie tragen alle einen Davidstern auf der Bauchbinde. Die Zeichnung wie auch zahlreiche Anspielungen in den Texten verweisen auf die Wortspiele und Frotzeleien zwischen den scharfen Zungen in den beiden etwa gleichstarken Gruppen der jüdischen und nichtjüdischen Redaktionsmitglieder. Klühs war eine der schärferen auf Seiten der Nichtjuden. Mit Antisemitismus hatte das freilich nichts zu tun. Immerhin reichte es zu einer spöttelnden Betrachtung über Klühs' Traumleben. »Tief seufzte Tateleben auf – und erwachte ... Froh, daß alles nur ein Traum gewesen war, eilte er nordwärts, an die geliebte Arbeitsstätte. Zunächst konnte er noch gar nicht an den Schriftenberg auf seinen Tisch, um ihn durch weitere Lagen zu erhöhen. Obendrauf war natürlich wieder ›Uenser Waig‹ aus Kowno gelegt worden, in Hakentypen von rechts nach links gedruckt, dann folgten ›Der Fraind‹ und ›Haint‹ aus Warschau, ›Jüdische Rundschau‹, CV-Zeitung, Jüdische Gemeindeblätter aus Hamburg, Magdeburg, Frankfurt, Kusmin, die Zionistische Korrespondenz u.v.a.m. Wehmütig schmunzelnd arbeitete Tateleben sich durch diesen Berg Sinai durch, um nun erst zu den vielen Briefen und Manuskripten über jüdische Fragen zu gelangen, die man ihm als Spezialisten zugeleitet hatte.« Ein weiterer Gegenstand bissiger Kommentierung war Klühs' manchmal rigide Redaktionsleitung. Unter »Goldene Worte eines koordinierten Jubilarchefs« liest man unter anderen: »›Die Aufmachung einer Zeitung verträgt kein Schema‹ sagte er – und verbot zweizeilige Überschriften grundsätzlich!«

Schon am 17. Juli des gleichen Jahres erscheint eine weitere Nummer. Auf sogar sechs Seiten besingt sie »Das Glück im Tanzwinkel«. Unterzeile: »Unserm Pascha zum Sechzigsten von den Amateur-Feuilletonisten anderer Ressorts«. Dr. John Schikowskis Expertenstellung im Tanztheater gab ja so viel her! Auf der halbseitigen Karikatur umwirbeln schlanke Tänzerinnen aller Couleur den beleibten Pascha, darunter auch eine aufreizende Josephine Baker. Dazu folgende Verse:

Jonnys Tanzlied

Schigoloch, du Tanzreformer,
Wadenregler, Beine-Normer
Dich besinge heut mein Lied!
Zwischen Reizen der Paluccen
Und den Reifrock-Mamelucken
Lehrst uns *du* den Unterschied!

Durch die Tür des Zimmers sieben
Sah ich deine Pfeife stieben,
Roch den Knaster, den du schmauchst.
Sah dich selbst den Halter zücken,
den du für den krummsten Rücken
in die Beifallstinte tauchst.

Raffen wir von jeder Wigman
Eine Blüte für den Wigwam
Und zwei Blatt fürs Feuilleton!
Tanzen wir mit Feist-Labanen
Zwischen Külz und Kurtisanen
Zu den Klängen eines Gong.

Lösen wir den Tanz vom Joche
Der erotischen Epoche,
Baden ihn in Seelenglanz!
Geben wir der Republike
Und der Stampferpolitike
Als Symbol den Eiertanz!

Aus einer kurzen Biografie »Sir Johns« wird deutlich, dass der offenbar des Hochdeutschen nur eingeschränkt Mächtige aus »Jumbinnen« stammt, »das weniger Gebildete leider immer noch mit einem weichen G schreiben«. »Und was den Tanz betrifft, so geht es ihm damit wie mit dem Abstinententum [über das er gleichfalls eine wissenschaftliche Arbeit schrieb; Anm. H. S.]: er spricht darüber, aber er übt ihn nicht.« Vor allem aber wird an vielen Stellen deutlich, wie sich das Verhältnis von Schikowski zu seinem Feuilleton-Kollegen Karsten Heinrich Döscher darstellte.

Um es geradeheraus zu sagen: Es gab gar kein Verhältnis. In allen Höfen der Lindenstraße 3 war bekannt, dass die beiden Vorwärts-Kulturchefs nicht miteinander sprachen, sondern per Zettelpost miteinander verkehrten. Beispielsweise so: »Kassiber von K. H. D. an J. Sch.: ›L. Sch. Heute vormittag wurde mittels Fernruf nach Ihnen gefragt. Ein Grobian am Apparat. Ich habe abgelehnt, mich mit mir unbekannten Größen zu unterhalten, die nicht einmal den Krebs erfunden haben …‹« Was immer das war. Anhand der Geburtsdaten ist anzunehmen, dass einige weitere Festtagszeitungen, die vielleicht ebenfalls tiefere Einblicke in Redaktionsinterna gegeben hätten, möglich gewesen wären. Ob sie verloren gingen, ob sie den härter werdenden Zeiten zum Opfer fielen, ob sie ausfielen, weil die Zielpersonen nicht genug hergaben – wir wissen es nicht.[45]

Ausplünderung des Volksvermögens verhindern

In der Novemberrevolution war manches nur halbherzig zu Ende gebracht worden. Dazu gehörte unter anderem und vielleicht sogar in erster Linie der wasserdichte, will heißen staatsrechtlich und also auch juristisch unanfechtbare Übergang von der monarchischen zur republikanischen Staatsform. Die Fürsten waren zwar abgesetzt worden oder hatten durch Erklärung – »Macht Euren Dreck alleene!« – oder durch Flucht auf ihre bisherige staatsrechtliche Position verzichtet. Aber über ihr Eigentum, die Domänen, Schlösser, Sammlungen und die Kronfideikommisse – Vermögenskonstruktionen, aus denen sie bezahlt wurden –, insgesamt beträchtliche Vermögenswerte, waren höchst unterschiedliche Regelungen getroffen worden. Enteignungen waren die absolute Ausnahme, die Regel waren Beschlagnahmen, vielerorts wurde verhandelt. In Preußen schlug der Versuch fehl, auf parlamentarischem Wege zu einem Ausgleich zwischen Staatsinteresse und den Ansprüchen des ehemaligen Königshauses zu kommen. Das alles führte zu einer Prozessflut, in der fürstenfreundliche Richter dazu neigten, den depossedierten Monarchen wieder zu ihrem alten Besitz zu verhelfen. So hatte das Reichsgericht die entschädigungslose Enteignung in Coburg-Gotha als »rechtsungültig« umgestoßen. Doch nicht nur die bis Kriegsende regierenden Landesväter und -mütter wollten ihr »Privateigentum« zurück haben, es meldeten sich auch die vom Reichsdeputationshauptschluss 1803 betroffenen, wie auch die von Bismarck enteigneten Landesfürsten zu Wort. Unermessliche Summen, die für den Aufbau des zerstörten Landes gebraucht wurden, drohten verloren zu gehen.

Eine wesentliche Ursache für die unbefriedigende Situation war, dass das Reich sich für diese »Länderangelegenheit« lange als nicht zuständig gesehen hatte. Ein

Antrag der SPD-Fraktion, der diesem Zustand ein Ende setzen wollte, hatte keine Mehrheit gefunden. Aber die Unzufriedenheit in der Öffentlichkeit war gewachsen, und so wagte Ende 1925 die Demokratische Partei einen neuen Vorstoß. Danach sollten die Länder vom Reich ermächtigt werden, die Fürstenabfindung unter Ausschluss des Rechtsweges durch Landesgesetz zu regeln. Das fand auch der *Vorwärts* gut und forderte den Reichstag auf, die »in der Geschichte noch nicht da gewesene Ausplünderung des Volksvermögens zugunsten weniger Familien zu verhindern«. Doch ehe dieser Weg ausgelotet werden konnte, wurden die Sozialdemokraten von den feindlichen Schwestern und Brüdern von der KPD in deutliche Verlegenheit versetzt. In einem Offenen Brief wandte sich das Zentralkomitee der KPD an die Vorstände von SPD, ADGB und anderen Arbeiterorganisationen und forderte sie zu Gesprächen über die Vorbereitung eines Volksentscheides auf. Das Ziel sollte eine entschädigungslose Enteignung sein, deren Nutznießer die Kriegsopfer, die Wohnungslosen und die kleinen Bauern sein würden.

Die erste Reaktion der Sozialdemokraten war ablehnend. Sie setzten ja darauf, dass die gerade laufenden Gespräche über eine große Koalition zu einem parlamentarischen Kompromiss führen würden, außerdem waren die Aussichten, mit einem Volksentscheid die Frage zu regeln, mehr als bescheiden. Der verfassungsändernde Charakter des Entscheides verlangte eine absolute Mehrheit der Stimmberechtigten. Doch der Schlüsselsatz des Volksentscheids war im Artikel 75 der Reichsverfassung nachzulesen. Danach konnte ein Beschluss des Reichstags nur dann außer Kraft gesetzt werden, »wenn sich die Mehrheit der Stimmberechtigten an der Abstimmung beteiligt«. Diese Mehrheit lag bei 20 Millionen stimmberechtigten Deutschen. Bei der letzten Reichstagswahl hatten SPD und KPD aber gerade 10,6 Millionen Stimmen auf sich vereinigt. Wenn die SPD-Führung zu dem populistischen Ansinnen schließlich doch Ja sagte, so hatte das hauptsächlich zwei Gründe: Zum einen musste sie fürchten, bei einer Verweigerung nicht nur Wähler, sondern auch Mitglieder zu verlieren. Zum anderen zeigte sich, dass die Fürstenenteignung auch in bürgerlichen Kreisen Anhänger fand.

Die Bemühungen um eine große Koalition sollten jedoch erfolglos bleiben, nicht zuletzt auch auf Grund mangelnder Bereitschaft der sozialdemokratischen Seite. So bat der Parteiausschuss der SPD den Allgemeinen Deutschen Gewerkschaftsbund, als »vermittelnde Instanz« einzugreifen. Diese Vermittlung brachte den gewünschten Erfolg: SPD und KPD einigten sich auf einen Gesetzentwurf, der dem Reichsinnenminister vorgelegt wurde. Damit war die Zusammenarbeit schon wieder beendet; die weitere Propagandaarbeit sollte jede der beiden Parteien für sich betreiben, auch wenn die KPD das Spiel ihrer »Einheitsfront von unten« weiter betrieb. Die SPD hatte aber genug Erfahrungen damit gemacht, wie die Kommunisten versuchten, die Wähler und Mitglieder der Sozialdemokratischen Partei gegen ihre »rechten« Führer auszuspielen und sie in das eigene Lager zu ziehen. So auch jetzt wieder: Der Vorwärts konnte ein internes Rundschreiben der KPD-Bezirksleitung Berlin-Brandenburg veröffentlichen, das als »wichtigste Aufgabe« der Partei forderte, »breite Arbeitermassen ... aus der Gefolgschaft der SPD ... loszulösen und sie in die Gefolgschaft der KPD zu bringen«. Der SPD-Vorstand untersagte daraufhin alle gemeinsamen Aktivitäten von Sozialdemokraten und Kommunisten.

Einstein, Zille, Kollwitz, Tucholsky waren dafür

Dem Volksentscheid hatte ein Volksbegehren vorauszugehen, das von einem Zehntel aller Stimmberechtigten unterstützt werden musste. Schon die Durchführung dieses Vorhabens zeigte die sattsam bekannten Merkmale der Wahlen unter wilhelminischer Ägide. Untere Behörden in den ostdeutschen Ländern verweigerten die Annahme der Eintragungslisten für das Volksbegehren. Reaktionäre Zeitungen fanden diese Dienstpflichtverletzung sogar nachahmenswert. Die *Pommersche Tagespost* forderte die Gutsbehörden in ganz Pommern auf, dem Beispiel zu folgen. Der *Vorwärts* kommentierte den Vorgang mit der Prophezeiung, dass »die reaktionären Gutsvorstände und ihre Hintermänner ... die Durchführung des Volksbegehrens nicht durchkreuzen können«, sie würden nur eines erreichen: die Empörung der Bevölkerung darüber, »daß in der Republik Behörden versuchen, Fürstenpolitik zu treiben«. Tatsächlich fand das Volksbegehren viele, auch prominente Unterstützer, so etwa Albert Einstein, Heinrich Zille, Käthe Kollwitz und Kurt Tucholsky. Der *Vorwärts* sollte Recht behalten. Als die Listen geschlossen wurden, zählte man 12,5 Millionen Eintragungen. Das waren dreimal so viel, wie notwendig gewesen wären, und zwei Millionen mehr, als SPD und KPD zusammen an Stimmen bei der letzten Reichstagswahl auf sich vereinigt hatten. Es erwies sich, dass die Aktion bis weit hinein ins bürgerliche Lager unterstützt worden war. Das SPD-Zentralorgan feierte das Ergebnis als gewaltigen, moralischen Erfolg der Volksbewegung und »vernichtende moralische Niederlage der deutschen Fürstenhäuser«. Gleichzeitig wurde aber klar, dass die vom Reichslandbund inspirierten administrativen Behinderungen nicht folgenlos geblieben waren. In Ostpreußen, Pommern und Mecklenburg lagen die Eintragungen weit unter dem Reichsdurchschnitt und wurden nur noch von Niederbayern unterboten, wo sich die Bayerische Volkspartei, aber auch die katholische Kirche, dem Volksbegehren in den Weg gestellt hatten.

Noch einmal eröffnete sich die Chance, die Abfindungsfrage auf dem Wege eines parlamentarischen Kompromisses zu lösen. Als aber Reichspräsident von Hindenburg die Abstimmungshürde erhöhte, indem er dem Gesetz verfassungsändernden Charakter unterschob und der Reichstag den vorliegenden Gesetzentwurf mit großer Mehrheit ablehnte, entschloss sich die SPD, den Weg des Volksentscheides zu Ende zu gehen. Nach der Papierform waren die Aussichten auf einen Erfolg denkbar schlecht, doch konnten die Linksparteien mit einer weitergehenden Mobilisierung als beim Volksbegehren rechnen, auch würden Teile des Zentrums und der Demokraten mit stimmen und schließlich forderten die Dachverbände vieler Organisationen der Kriegsopfer, der Inflationsgeschädigten, der Sparer und der Mieter ihre Mitglieder zur Unterstützung des Volksentscheids auf. Dennoch verlief der Abstimmungskampf in einer Weise, dass nicht nur der *Vorwärts* von »Terror« sprach. Die Berliner *Morgenpost* konstatierte, dass »die Furcht vor wirtschaftlichem und gesellschaftlichem Boykott Tausende von der Stimmabgabe abgehalten hat«.

Darum war es den Gegnern des Volksentscheides ja in erster Linie gegangen: Die Beteiligung niedrig zu halten, denn am Übergewicht der Ja-Stimmen gab es keine Zweifel. »Bleibt zu Hause!« befahlen die monarchistischen und nationalistischen Verbände. »Dieser Volksentscheid ist Diebstahl«, proklamierte ein vermutlich von Deutscher Volkspartei, Deutschnationaler Volkspartei und Zentrum gemeinsam herausgegebenes Plakat und hob die Abstimmung auf die Ebene einer Entscheidung über das Eigentum an sich. Die Kirchen warnten vor der Teilnahme, und ein Brief des Reichspräsidenten, der sich ebenfalls gegen den Volksentscheid aussprach, wurde als Plakat vervielfältigt. Die schlimmsten Übergriffe konnten wieder in den Ostprovinzen registriert werden, wo die Abstimmenden unter wirtschaftlichen und sozialen Druck gesetzt wurden, bis hin zur Überwachung im Abstimmungslokal. Nicht immer wurden illegal arbeitende Listenführer des Lokals verwiesen.

Wie verschieden das – voraussehbare – Ergebnis interpretiert wurde, demonstrieren die einleitenden Sätze des *Vorwärts*-Artikels nach Vorliegen des vorläufigen amtlichen Abstimmungsergebnisses: »Das erste Wort der Hugenberg-Presse nach dem Volksentscheid – was kann es sein als wieder eine Lüge? In dicken Lettern steht über der Montagausgabe des ›Berliner Lokalanzeigers‹: ›Das Volk sagt Nein!‹ Das ist nicht wahr. Rund 14 ½ Millionen deutscher Volksgenossen sagten Ja, rund eine halbe Million Nein, und die anderen sagten überhaupt nichts.« Da aber mit einer Teilnahme von 15,6 Millionen Stimmberechtigten das Quorum nicht erreicht wurde, war der Volksentscheid abgelehnt worden. Dennoch war das Ergebnis ein großer Erfolg. Auch wenn die Republik verloren hatte, so hatten doch die Republikaner ihre Nagelprobe abgelegt. Außerdem führte der Ausgang des Volksentscheids zu einem Kurswechsel der SPD. Sie würde sich nie mehr von der KPD die politischen Themen vorschreiben lassen, und sie würde sich bald von einer unfruchtbaren Oppositionspolitik verabschieden.

Die Erinnerung an diesen ersten Volksentscheid in der Weimarer Republik verdient eine Ergänzung. Es gab daneben nur noch einen zweiten. Im Dezember 1929 erhielt der von den Nationalsozialisten, Deutschnationalen und einigen rechten Verbänden angezettelte Volksentscheid gegen den Young-Plan unter dem Namen »Volksentscheid gegen die Versklavung des deutschen Volkes« eine deutliche Abfuhr. Zwar hatte das Volksbegehren das Quorum knapp erfüllt – mit 10,02 Prozent –, doch wurden für den Volksentscheid nicht einmal 15 Prozent der Stimmen abgegeben. Das kommunistisch inspirierte »Volksbegehren gegen den Panzerkreuzerbau« 1928 schaffte nicht einmal 3 Prozent, sodass es nicht zum Volksentscheid kam. Einige andere Versuche verschiedener Interessenverbände, ihr Anliegen qua Volksbegehren und Volksentscheid durchzudrücken, blieben schon in den Vorbereitungen stecken. Trotz dieser mageren Ausbeute wurden in der Bundesrepublik nach 1949 alle Versuche, zu einer stärkeren Direktbeteiligung der Bürger zu kommen, regelmäßig mit dem Hinweis auf die angeblich zerstörerische Rolle des Volksentscheides für die Weimarer Republik zurückgewiesen.

Richtig ist allerdings, dass andere Wahlvorgänge, so die Reichstagswahlen, die eine zersplitterte Parteienlandschaft hervorriefen, und die Volkswahlen des Reichspräsidenten, die mit verheerenden taktischen Manövern einhergingen, der Sache der Demokratie schweren Schaden zufügten. Für den Volksentscheid über die Fürstenabfindung bleibt aber richtig, was der *Vorwärts* nach dessen Scheitern schrieb: Er »war eine große allgemeine Volksbewegung, die sich nicht nur auf die Angehörigen der Parteien beschränkte, die ihn eingeleitet haben«. Die Einheit der Arbeiterbewegung stellte allerdings auch diese gesellschaftliche Eruption nicht wieder her. Da vermittelten die Stimmlisten eine Illusion.

Im Schatten der gerade geschilderten Auseinandersetzung lief noch ein politisches Dramolett mit hohem Symbolgehalt ab. Bei den oben erwähnten Verhandlungen um die Bildung einer Großen Koalition hatte die Deutsche Volkspartei deutlich gemacht, wie wenig ihr an einer Regierung unter sozialdemokratischer Beteiligung lag. Gustav Stresemann als ihr Vorsitzender strebte zwar – nun wieder – eine Beteiligung an der SPD-geführten Regierung in Preußen an, doch im Reich schloss er diese Zusammenarbeit aus. Als die sozialdemokratische Reichstagsfraktion ihm die nötigen Hilfstruppen zur Annahme des Locarno-Paktes zugeführt hatte, entfiel der letzte Grund, seinen Widerwillen zu zügeln. Aber auch der SPD-Führung, das war nicht zu übersehen, lag wenig an einer Regierungsbeteiligung im Reiche. Es waren überwiegend innerparteiliche Gründe, die ihr diese Haltung nahe legten, die Sorge nämlich, sich von der Parteiopposition »prinzipienlosen Opportunismus« nachsagen lassen zu müssen. Der *Vorwärts* bemäntelte diesen parteipolitisch verengten Standpunkt: »Die Sozialdemokratie ... hat durch ihre zeitweilige Beteiligung an der Reichsregierung viel innere Kämpfe in der Partei heraufbeschworen und ihren Funktionären, die ihre Politik im Betrieb verteidigen müssen, das Leben manchmal recht schwer gemacht ... Wenn die Massen der Partei, eben infolge dieser Erfahrungen von stärkstem Mißtrauen erfüllt sind gegen den Plan, das gescheiterte Experiment vom Herbst 1923 zu wiederholen – wer will es ihnen verdenken?«

Die Federn des Zentralorgans hatten nicht begriffen, dass sie dem großbürgerlichen Gegner zu einem Gefälligkeitsbeitrag im selbsteigenen Blatt verholfen hatten. In den *Sozialistischen Monatsheften* legte der preußische Innenminister Carl Severing den Finger auf den wunden Punkt: »... alle diese Bedenken dürfen nicht zu einer Politik der Enthaltung führen, die identisch wäre mit einer Enthaltung von der Politik«. Und die *Vossische Zeitung* fragte direkt, warum sich die Sozialdemokratie in den stürmischen Monaten der Verfassungsgebung so engagiert für Demokratie und Parlamentarismus eingesetzt habe, »wenn sie jetzt nicht die Konsequenzen daraus ziehen will?« Solches Verhalten sei eine »todbringende Sünde« gegenüber den Gleichgesinnten. Das sah auch Preußens Ministerpräsident Otto Braun so, ganz wie sein Innenminister, und rief seine Partei zum »Mut zur Verantwortung« auf. »Wollte sie sich weiter von der Furcht vor der Verantwortung in ihrem Handeln leiten lassen, so würde sie dem parlamentarischen System einen vernichtenden Schlag versetzen und der Reaktion die Bahn ebnen.« Immerhin – auch diese Philippika druckte der *Vorwärts* ab.

Doch das Kind lag nun im Brunnen. Zwar bewältigte das zweite Kabinett Luther, natürlich mit sozialdemokratischer Unterstützung, die parlamentarischen Hürden des Anfangs – sprich Vertrauensvotum, da bewies dieser nicht gerade mit politischem Fingerspitzengefühl begabte Kanzler, wie berechtigt die Sorge vor einem reaktionären *backlash* war. Sollte es ein Zugeständnis an die immer noch ihrem alten Kaiser Wilhelm anhängenden Auslandsdeutschen, namentlich in Südamerika, sein, oder wollte Luther eine Verbeugung vor Hindenburg machen, der bei den Koalitionsverhandlungen erstmals seine parteipolitische Neutralität zugunsten der Rechten verlassen hatte – was auch immer, Luther präsentierte dem Kabinett eine Vorlage, nach der den deutschen Auslandsmissionen das Zeigen der Handelsflagge erlaubt sein sollte. Wir erinnern uns: Die war schwarz-weiß-rot mit einer »verschämten« (H. A. Winkler) schwarz-rot-goldenen Gösch. Die deutschnationale *Deutsche Zeitung* jubilierte: »Die schwarzweißrote Flagge hat es geschafft ... Mit ihrer Rückkehr wird der Geist des Pazifismus, d. h. der Feigheit, aus dem deutschen Volk entweichen.« Der *Vorwärts* hatte sofort begriffen: »Diese Verordnung der Reichsregierung ist ein schwerer Angriff auf das schwarzrotgoldene Symbol der Republik, auf die Republik selbst.« So wie die Sozialdemokraten dachten auch zwei Koalitionspartner Luthers: Demokraten und Zentrum. Da halfen auch keine Korrekturen an der Verordnung mehr und keine abwiegelnden Erklärungen des Reichspräsidenten – nach nicht einmal vier Monaten Regierungszeit musste Luther das Handtuch werfen. Doch bis die Stunde der SPD schlug, sollte es immer noch zwei Jahre dauern.

Mit dem Abschluss des Locarno-Paktes war die Bedingung verknüpft worden, dass Deutschland in den Völkerbund eintreten müsste. Diese auf Wilsons 14 Punkte zurückgehende Staatenvereinigung zur Sicherung des Weltfriedens und zur Förderung der internationalen Zusammenarbeit hatte ihren Sitz in Genf. Ursprüngliche Mitglieder waren die alliierten Siegermächte des Ersten Weltkrieges und ein gutes Dutzend hinzu geladene Neutrale. Die Vereinigten Staaten gehörten dem Völkerbund nicht an, da die USA den Versailler Friedensvertrag nie ratifiziert hatten. Die Aufnahme Deutschlands hatte für die Franzosen den Vorteil, dass der gefährliche Nachbar in eine Art Sicherheitssystem eingebunden wurde; die Deutschen freuten sich über das Ende ihrer außenpolitischen Isolierung. Sie sollten auch gleich einen ständigen Sitz im Völkerbundsrat erhalten, ein Führungsgremium, vergleichbar dem Sicherheitsrat der Vereinten Nationen. Im September 1926 war es soweit. Unter dem rauschenden Beifall der Versammlung zog die deutsche Delegation mit Reichsaußenminister Stresemann an der Spitze in den Tagungsort der Vollversammlung ein, enthusiastisch begrüßt vom französischen Ministerpräsidenten Aristide Briand. Die beiden Versöhnungspolitiker erhielten bekanntlich noch im gleichen Jahr den Friedensnobelpreis. Beider weitergehenden Bemühungen um eine deutsch-französische Zusammenarbeit auch auf wirtschaftlichem Gebiet, die sich mit dem Namen des Dorfes Thoiry verbinden, wo sie sich heimlich trafen, blieben leider unerfüllt.

Für Fragen, die mit dem Völkerbund verbunden warten, besaß der *Vorwärts* einen Fachmann von hohen Graden. Wir haben Wolfgang Schwarz schon als einen der drei außenpolitischen Redakteure kennen gelernt. Er saß in Genf mit im Saal, als Stresemann Deutschland in die internationale Gemeinschaft zurückführte. Es scheint einigermaßen unverständlich, dass sich von der damit verbundenen Problematik so wenig im Blatt niederschlug. Obwohl Schwarz an all den jährlichen

Kongressen des Weltverbandes der Völkerbundgesellschaften teilnahm, und dort teilweise auch den offiziellen deutschen Standpunkt vertrat, sucht man Berichte im Blatt mit geringem Erfolg. Es lag wohl in erster Linie an dem niedrigen Stellenwert, den Völkerbundfragen in der SPD besaßen. Als der 11. Kongress des Weltverbandes – der *Vorwärts* spricht von »Helden des Friedens« – in Berlin tagte, was wohl als Zeichen der Ermutigung zu werten war, nahm Reichskanzler Marx in den Konferenzreihen Platz, von der SPD-Führung fand sich niemand von Rang, der deshalb den gerade zu Ende gehenden Kieler Parteitag verlassen wollte. Auch legte der Parteivorstand – nach Auskunft von Schwarz selbst – wenig Wert auf eine Berichterstattung. Eine gewisse Rolle, könnte man aus zeitlicher Entfernung hinzufügen, mag die starke Absorbierung in den journalistischen Tagesbetrieb gespielt haben. Schwarz war besonders intensiv in das Schichtsystem mit Tages- und Nachtausgabe eingespannt. Die restliche Zeit verbrachte er mit der Abfassung von Artikeln für ihm wichtiger erscheinende Fachschriften. Er ging dann auch 1932 nach Genf, wo er die Deutsche Liga für Völkerbund vertrat und blieb dort bis 1935 als Beobachter, selbst als Deutschland aus dem Völkerbund schon ausgetreten war.

Drohende Gefahr: Die Einigung der bürgerlichen Reaktion

Die SPD hatte sich inzwischen in der Opposition eingerichtet. Sie lebte eine Zeitlang von ihrem Pyrrhussieg im Volksentscheid. Sie fand es eine große Genugtuung, zusammen mit den anderen demokratischen Parteien gegen Kommunisten, gegen Nationalsozialisten und andere völkische Gruppen die Verlängerung des Republikschutzgesetzes durchgesetzt zu haben. Allerdings hatten sich 36 Abgeordnete von den an der Regierung beteiligten Deutschnationalen, darunter ein Reichsminister, vor der Abstimmung gedrückt. Im *Vorwärts* hatte Reichstagspräsident Paul Löbe die geänderte Strategie und die neue Taktik begründet. Die Republik scheine »nicht mehr bedroht«, der Kampf gelte nunmehr wieder dem »den Staat in jeder Form zunehmend beherrschenden Kapitalismus selbst«. Da schien ihm »die Taktik der nächsten Jahre eine kräftige sozialistische Opposition im Reiche zu fordern.« Löbe wollte freilich nicht so weit gehen, »Koalitionen auf jeden Fall und unter allen Umständen zu verwerfen.« Doch die Begründung spricht Bände, was das Verständnis für politische Machtfragen bei so manchem zeitgenössischen SPD-Funktionär angeht: »Einen Vorteil werden solche Koalitionen auf jeden Fall bringen, nämlich die Ausbildung, Schulung und Übung von Kräften.« Das soll heißen, wenn wir die Macht nicht allein ausüben können, reichen uns Schulung und Übung. Das war Vorkriegsdenken.

War das wirklich der letzte Schluss? Auf dem Kieler Parteitag, von dem schon die Rede war, gab Hilferding die Parole aus, unter der die SPD die Macht an sich reißen könnte. In einer kraftvollen Rede begründete er seinen Standpunkt. Er war dem von Löbe diametral entgegengesetzt. »Wenn wir erklären, grundsätzlich nicht mit zu regieren, erzwingen wir eine Regierung gegen die Sozialdemokratie.« Kein Mensch würde das verstehen, wo doch die Sozialdemokratie »ein unentbehrlicher Bestandteil des Staates« geworden sei. Der Weg zur Macht aber gehe über die Mobilisierung aller Arbeiter für die SPD. Man könne doch wohl nicht hinnehmen, dass die Deutschnationale Volkspartei vielerorts stärkste bürgerliche Partei geworden sei, »weil tausende Proletarier infolge der geistigen Verwirrung des Krieges und der Inflation für sie gestimmt haben«. Sicherlich gehe der Kampf nicht mehr um die Frage Monarchie oder Republik. Seherisch, obwohl die Hitler-Partei tief in einer Krise steckte und als Machtfaktor noch nicht einmal am Horizont auszumachen war, benannte Hilferding die reale Gefahr: »Wenn der akute Kampf gegen die Republik heute nicht mehr so gefährlich ist, so folgt daraus, daß gewisse Gegensätze um die Staatsform im bürgerlichen Lager zurücktreten, daß die Vereinheitlichung der bürgerlichen Reaktion leichter wird, und daß damit ein Weg frei wird, den ich von jeher für gefährlicher gehalten habe als den Weg zur Monarchie ... Wenn es nicht mehr um Republik oder Monarchie geht, so kann sich doch die gesamte Reaktion in Deutschland um so leichter in den Kampf gegen die Demokratie und für den Faschismus einigen.« Es brauchte keine sechs Jahre dazu.

Für die SPD sollte die Stunde der Wahrheit allzu bald kommen. Über den Entwurf eines Reichsschulgesetzes hatte sich die rechtsbürgerliche Koalition heillos zerstritten. Reichstagswahlen blieben als einziger Weg aus dem Dilemma, auf die sich die SPD mit einer nachdrücklich geführten Werbeaktion vorbereitete. Sie bescherte der Partei 65 000 neue Mitglieder und der Parteipresse eine noch größere Zahl neuer Abonnenten. Als nach der Schließung der Wahllokale am Abend des 20. Mai 1928 die Stimmen ausgezählt waren, hatte sich die politische Landschaft um einiges verändert, und die SPD stand vor der Entscheidung, welchen Weg sie zu gehen bereit war: den Löbes oder den Hilferdings? Weitere Opposition oder Bereitschaft zur Koalition unter ihrer Führung?

Im Unterschied zu großen Teilen der SPD-Presse, die den offenbar erfolgreichen Oppositionskurs weiter steuern wollten, hatte der *Vorwärts* dieses Mal begriffen, was die Stunde verlangte. Natürlich war die SPD »berufen, die Führung bei der Regierungsbildung zu übernehmen«. Viele Wähler würden sich bei zukünftigen Wahlen enttäuscht abwenden, wenn sie nach dieser Wahl erleben müssten, dass »wieder alles beim alten« bliebe. Von der Koalition, die nun zustande kam, erwartete freilich niemand zuviel. Dafür war der Spannungsbogen der beteiligten Parteien zu groß und nicht allzu belastbar. Es fehlte auch eine ordentliche Koalitionsabsprache.

Kanzler wurde, wie gerade acht Jahre zuvor, Hermann Müller. Hindenburg hatte den Sozialdemokraten mit sichtbarer Selbstverständlichkeit ernannt. Stampfer kolportierte sogar den folgenden Ausspruch des Reichspräsidenten: »Müller ist der beste Kanzler, den ich bisher gehabt habe. Schade nur, daß er Sozialdemokrat ist.« Allerdings schränkte der *Vorwärts*-Chefredakteur gleich ein: Wahrscheinlich gut erfunden. Immerhin machte diese Regierung Hoffnung, dass die demokratischen Spielregeln Alltag würden. Auch versuchte Müller, einige nach dem Krieg aus der Hand geschlagene Reformen erneut durchzusetzen. Die augenfälligste betraf die Aufhebung der Todesstrafe. Dem langwierigen gesetzgeberischen Verfahren vorgreifend, hatte die Reichsregierung die Länderregierungen aufgefordert, keine Todesstrafe mehr vollstrecken zu lassen. Die Länder hielten sich auch daran, sodass in Deutschland zweieinhalb Jahre lang ein humanes Strafrecht praktiziert wurde. Erst nach dem Ende der Regierung Müller setzten die Hinrichtungen wieder ein. Die erste wurde im Juni 1930 im württembergischen Ravensburg vollstreckt.

Im Übrigen stand die Regierungszeit des Kabinetts Müller unter keinem guten Stern. Die Konstellationen, die Probleme und das glanzlose Ende der letzten parlamentarischen Regierung Weimars sind von der Geschichtsschreibung lang und breit in den kritischsten Tönen unter die Lupe genommen worden. Zumeist wurde das Scheitern aus einer Wurzel gezogen. Panzerkreuzer A und Arbeitslosenversicherungsbeitrag sind die Hauptschlagworte, die auch heute noch beim Geschichtsbewussten einen Reflex auslösen. Doch wer die zwei Jahre dieser Regierung als einen fortwährenden Kampf mit der Hydra ansieht, kommt der zeitgenössischen Wahrheit bedeutend näher. Müller war jedoch kein Herakles, leider auch kein Odysseus. Das hätten Parteiführung und Reichstagsfraktion wissen müssen. Wo er auf die Hilfe dieser mächtigen Instanzen angewiesen war, fielen sie ihm in den Rücken. Das ist leider wahr und ihr historisches Versagen.

Kinderspeisung statt Panzerkreuzer

Das traurige Possenspiel um den Panzerkreuzer A lag in der Konsequenz des vorangegangenen Wahlkampfes. Zwar hatte sich die SPD vorgenommen, nie wieder auf den kommunistischen Zug aufzusteigen. Doch genau das war von ihr im Fall Panzerkreuzer A getan worden. Der Bau dieses Waffensystems sollte Ersatz für ein schrottreifes Linienschiff schaffen und lag in dem vom Versailler Vertrag gezogenen

Rahmen. Vom Bürgerblock war die Kiellegung 1927 beschlossen worden, die preußischen Vertreter im Reichsrat hatten das Vorhaben aus finanziellen Gründen abgelehnt. Man konnte viele Argumente dafür und dagegen anbringen, was ja getan wurde, aber die Diskussion blieb sachlich – bis die Kommunisten das Thema als Wahlkampfmunition entdeckten. Und die SPD in ihrer immer wieder neu aufbrechenden Furcht, Stimmen nach links zu verlieren, schloss sich der Agitation an. »Kinderspeisung statt Panzerkreuzer«, hieß die Parole.

Es ist ja richtig: Auch die SPD der Weimarer Republik betrachtete die bewaffnete Macht des von ihr erst zum Leben erweckten republikanischen Staates so, wie Bebel – der aber mit gutem Grund – die kaiserliche Unterdrückungsarmee behandelt hatte. Bekanntlich wollte er ihr »keinen Mann und keinen Groschen« zukommen lassen. Umso fassungsloser reagierte die Partei, als Müllers Kabinett am 10. August 1928 den Weiterbau des Kriegsschiffes beschloss. Der *Vorwärts* sprach vielen aus der Seele, als er feststellte, dass diese »Erbschaft des vorigen Reichstags und des Bürgerblocks« weder der neue Reichstag noch die neue Regierung, am allerwenigsten ihre sozialdemokratischen Mitglieder hätten antreten dürfen. Wie so oft schlossen sich eine ganze Reihe anderer Parteiblätter dem Verdikt an. Aber allesamt mussten sie sich vom *Sozialdemokratischen Pressedienst* vorhalten lassen, dass der Schiffsbau »nicht erst am 10. August vom Reichskabinett beschlossen« worden war. Er war bereits eine »vom Reichstag und vom Reichsrat in gesetzmäßiger Form beschlossene Sache«. Mit anderen Worten: Die amtierende Regierung handelte lediglich in Ausführung eines rechtskräftigen Reichsgesetzes. Für die Sozialdemokraten im Kabinett gab es damit nur zwei Möglichkeiten: Entweder den Dingen ihren verfassungsgemäßen Verlauf zu lassen »oder eine Regierungskrise zu eröffnen mit dem sicheren Erfolg, dass das Panzerschiff doch gebaut wurde«.

Diese überzeugende Einschätzung bewegte jedoch weder den *Vorwärts* noch die maßgebenden Teile der SPD zum Einlenken. Das Zentralorgan gab einer Reihe von Gegnern des Panzerkreuzerbaus das Wort, welche der »unnützen« Ausgabe die »wichtigeren« sozialpolitischen Aufgaben entgegenstellten, wie Senkung der Lohnsteuer oder Krisenfürsorge. An diesem Kurs hielt der *Vorwärts*-Kommentator auch noch fest, als Parteiausschuss und Reichstagsfraktion in aller Form feststellten, dass die sozialdemokratischen Minister trotz ihrer vom Parteikurs abweichenden Haltung nicht zurücktreten müssten. Er versuchte diesen Widerspruch zu erklären, indem er feststellte: »Nachgeben mag in Koalitionen mitunter ein unerläßliches Mittel sein, aber ihr Zweck ist das Durchsetzen.« Begreife das, wer mag. Schließlich fand sich doch noch jemand, der zum Kern des Problems vorstieß. Wenn der großen

Mehrheit der Parteigenossen im Lande »eine Regierungskrise tausendmal lieber gewesen wäre als der gegenwärtige Zustand ... so müssen die Ursachen tiefer liegen«. Der Gewährsmann des Zentralorgans befand, dass eine der Ursachen im Übergang von der Opposition in die Regierung liege. Darum dürfe sich eine Partei »als Oppositionspartei nicht so verhalten, daß sie als Regierungspartei zwangsläufig in Widerspruch zu ihrem früheren Verhalten gerät«. Eine andere Ursache aber läge »nicht mehr auf dem Gebiet der Taktik, sondern auf dem des Prinzips. Über die Stellung der Partei zum Wehrproblem muß Klarheit geschaffen werden.« Aha!

Die Frage wäre ja: »Stehen wir noch bei Bebel, Jaurès, dem Erfurter Programm und den französischen Sozialisten, die ein sehr weitgehendes Gesetz zur Verteidigung des Landes angenommen haben, ein Gesetz, das sogar die Dienstpflicht der Frauen vorsieht, oder vertreten wir den Standpunkt, daß die Sozialisten überall, ohne Rücksicht auf die Rüstungsverhältnisse der anderen Länder, für die Totalabrüstung des eigenen Landes eintreten müssen?«[46] Und dann: »Die Beantwortung dieser Frage ist wichtig, nicht nur für die Entscheidung des gegenwärtigen Konflikts, sondern für unsere Stellung im Staate überhaupt. Denn sie schließt eine andere Frage ein, die lautet: Sind wir der Ideologie eines extremen Pazifismus in solchem Maße verpflichtet, daß wir um ihretwillen darauf verzichten müssen, als Regierungspartei praktische Arbeiterinteressen wahrzunehmen?« Folgerichtig forderte der Vorwärts zum Schluss: »Es ist notwendig, daß die Lücke im Heidelberger Programm geschlossen und über die Stellung der Partei zum Wehrproblem Klarheit geschaffen wird!« Das Heidelberger Programm hatte sich einer Stellungnahme zur Wehrfrage enthalten und lediglich die »Umgestaltung der Reichswehr zu einem zuverlässigen Organ der Republik« gefordert.

Diese einmalig klare Aussage des Zentralorgans zur Wehrfrage überraschte allgemein. Julius Lebers *Lübecker Volksbote* druckte lange Passagen nach und merkte dazu an: »Wir begrüßen ... diese Stellungnahme des Vorwärts sehr ... Hätte er von Anfang an mit solcher Offenheit über die strittige Frage geschrieben, dann wäre uns manches erspart geblieben. Denn sein aussichtsloser und unkluger Versuch, den Beschluß vom 10. August als Bagatelle zu behandeln, hat das Gegenteil des Erstrebten bewirkt.« Der Aufsatz nahm aber auch in großen Teilen die Kritik vorweg, die Julius Leber an seiner Partei nach ihrem Scheitern 1933 übte. Ist es daher vermessen, zu mutmaßen, der ungezeichnete Leitartikel könnte ja geradezu von dem militanten Sozialdemokraten und Chefredakteur der Lübecker Parteizeitung verfasst worden sein? In Lebers Blatt finden wir zur selben Zeit verwandte Formulierungen. Freilich wären Erich Kuttner ähnlich deutliche Worte zum Wehrproblem zuzutrauen. Auch er hatte sich früh genug gegen das »Durchwursteln« ausgesprochen. Aber sollte er seinen Rückzug aus der Tagesaktualität gerade jetzt abbrechen? Wie auch immer, nach seiner nicht alltäglichen Festlegung verfiel der *Vorwärts* wieder ins Lavieren zwischen Regierungserfordernissen und Parteipolitik.

Die Auseinandersetzung sollte noch monatelang weitergehen und ist heute kaum mehr zu begreifen. Nur ein Beispiel: Die Parteifunktionäre und Betriebsvertrauensleute der SPD Hannovers missbilligten das Verhalten der sozialdemokratischen Minister »aufs schärfste« und forderten »mit aller Entschiedenheit, daß die Partei in jeder derartigen Situation um ihre Stellungnahme gefragt wird«. Rätedemokratie auf kaltem Wege. Dabei hatte das »Volk« selbst deutlich klargemacht, was es nicht wollte, als es das bereits erwähnte kommunistische Volksbegehren gegen den Panzerkreuzerbau geradezu brachial abschmetterte.

Keine Seite hinterließ einen guten Eindruck. Parteivorsitzender Otto Wels trieb seinen Mitvorsitzenden und Reichskanzler Hermann Müller auf dem Reichstagspodium unter Berufung auf den »Willen des Volkes«, von dem er ein Bild auf der tiefsten Stufe des Elends malte, und die »Lage des deutschen Reichshaushaltes, der auf dem Notstand des Volkes aufgebaut ist« (*Vorwärts*-Zitat), schonungslos in die Enge. In Wirklichkeit war Wels selbst ein Getriebener. In der Reichstagsfraktion hatte er für den Kanzler gestritten, war aber Leuten wie Reichstagspräsident Paul Löbe unterlegen, die mehr auf ihr heimisches radikales Klientel achteten als auf die Pflichten einer Regierungspartei. Hermann Müller verfolgte die Diskussionen in Vorstand, Parteiausschuss und Reichstagsfraktion nach Beobachtung von Teilnehmern fatalistisch und schwunglos. Der Höhepunkt wurde erreicht, als die Reichstagsfraktion einen Antrag gegen den Panzerkreuzer einbrachte und von ihren Regierungsmitgliedern, die allesamt Abgeordnete waren, Fraktionsdisziplin einforderte. Fraktionsdisziplin aber war nach all dem, was die SPD in ihrer leidvollen Geschichte der Spaltung erfahren hatte, das Heiligste. Und so erlebte die deutsche und internationale Öffentlichkeit, dass die gleichen Minister, die am Kabinettstisch für das Schiffbauprojekt gestimmt hatten, auf ihren Reichstagssitzen dagegen votierten. Im heroischen Duktus des Überschwangs verkündete der *Vorwärts*: »Geschlossen, in voller Übereinstimmung zwischen Fraktion und Ministern, hat die Sozialdemokratie die große Schlacht um den Panzerkreuzerbau im Reichstag geschlagen.« – Und verloren. Der SPD-Antrag wurde klar abgelehnt.

Im Zentralorgan und in vielen anderen Parteiblättern muss dennoch ein Gefühl dafür vorhanden gewesen sein, dass im Vorgehen der Partei in der Panzerkreuzerfrage etwas nicht stimmen konnte. Wie soll man die Tatsache bewerten, dass immer nur von den »Ministern« oder den »vier Ministern« die Rede war? Die SPD stellte nur drei. Der Vierte war – der Kanzler. Sollte die Sprachregelung verbrämen, dass die Partei den von ihr selbst gestellten Vormann der Exekutive unter ihr Joch gezwungen hatte? Kanzlerdemontage würden wir zwei Generationen später sagen. Den verheerenden Eindruck in der Öffentlichkeit machte ein Kommentar in der liberalen *Vossischen Zeitung* deutlich. Der Führer der größten Partei des Reichstages habe eine »Oppositionsrede schwersten Kalibers« gehalten. Eigentlich wäre danach der Rücktritt der sozialdemokratischen Minister zu erwarten gewesen. »Wird man sich damit zufrieden geben, daß sie [die SPD; Anm. H. S.] mit der Faust auf den Tisch des Hauses schlägt und froh ist, wenn andere verhindern, daß etwas kaputt geht?« Als vier Monate später die Minister gegen einen kommunistischen Antrag stimmten, der die zweite Rate für das Kriegsschiff streichen wollte – ihre Fraktion war dafür –, hatten sie damit möglicherweise ihr strapaziertes Selbstvertrauen beruhigt, an dem verheerenden Gesamteindruck konnte das nichts mehr ändern.

Immerhin, die »Lücke« wurde geschlossen. Kurz vor Jahresende 1928 veröffentlichte der *Vorwärts* die neuen Richtlinien der Wehrpolitik. Sie enthalten vieles von dem, was nach dem Zweiten Weltkrieg in das Grundgesetz geschrieben wurde, so etwa die Kontrolle des Bundestages über die Streitkräfte, auch die Sicherung der staatsbürgerlichen Rechte der Soldaten und das Verbot des Einsatzes der Streitkräfte bei Arbeitskämpfen. Vor allem aber, wie der *Vorwärts* kommentierte, bekannten sich die Richtlinien »zu einer internationalen Politik, die den Krieg unmöglich und alle Rüstungen überflüssig machen soll.«

So utopisch die pazifistische Sinngebung sich auch zu Beginn des dritten Jahrtausends wieder erweist, so Bahn brechend die Richtlinien selbst. Der nächste Parteitag, der von Magdeburg, verabschiedete sie ohne großen Widerspruch. Auf die verbliebenen Jahre der ersten deutschen Republik hatten sie keinen Einfluss mehr, noch schlossen sie die Kluft zur Reichswehr.

Wer nach einem Zugang für die uns so unbegreiflich scheinenden Vorgänge sucht, findet ihn vielleicht in einem Absatz des Diskussionsbeitrages von Friedrich Stampfer auf dem Magdeburger Parteitag. Der *Vorwärts*-Chefredakteur sprach als erster zum Bericht der Reichstagsfraktion und führte dabei unter anderem aus: »Es scheint mir, daß mitunter alte, bewährte Regierungsgrundsätze nicht ganz beachtet worden sind. Genosse Hermann Müller, Bismarck war auch eigensinnig, aber er hat auch von den Imponderabilien im Volksleben gesprochen, die berücksichtigt werden müßten. Die Berücksichtigung dieser Imponderabilien möchte ich unsern Genossen in der Regierung ganz angelegentlich empfehlen. Sollte einmal die verhängnisvolle Situation eintreten, daß wir in einer sozialpolitischen Frage, wie es die der Arbeitslosenversicherung ist, zu entscheiden haben zwischen der Regierung auf der einen Seite und den Gewerkschaften auf der andern Seite, dann kann über unsre Entscheidung gar kein Zweifel bestehen. In solchem Falle würden wir nach dem Grundsatz handeln: Partei und Regierung sind zwei, aber Partei und Gewerkschaften sind eins. (Beifall)« – Der erste SPD-Parteijournalist, einer der genauesten Beobachter seiner Zeit und einer der klügsten politischen Exponenten seiner Partei, sollte noch erfahren, dass er sich zweifach geirrt hatte. In der Bewertung der Rolle einer Regierungspartei und im Stellenwert der Einheit für die Gewerkschaften.

Die Panzerkreuzerdebatte hatte für die SPD keinen Segen gebracht. Hochhalten der Prinzipien ohne Rücksicht auf die Realitäten wird nicht als Glaubwürdigkeit gutgeschrieben. So ernst die Sache aber war, blieb ihr der lächerliche Satyrschwanz nicht erspart. Ausgerechnet ein um die internationale Verständigung besonders bemühter *Vorwärts*-Redakteur erhielt ihn angeheftet. Wolfgang Schwarz, der sich der Pflege der Völkerbundsarbeit angenommen hatte, hatte gerade begonnen, am *Reichssender Berlin* eine Vortragsreihe zum Thema Friedenssicherung zu halten. Eines Tages erhielt er einen Anruf in seiner Britzer Wohnung. Angeblich aus dem Sendehaus. Er habe ja heute wieder einen Vortrag zu sprechen, zufällig habe man ein Auto in seiner Nähe, das ihn zum Sender mitnehmen könne. Schwarz stieg in den bereits gut besetzten Wagen. Ein bekannter Wiener Intellektueller verstrickte ihn in ein Gespräch, neben dem Fahrer ein »Apache«-Typ, wie gewisse Berliner Szene-Erscheinungen genannt wurden. Weiter im Original-Ton Schwarz: »Nach einiger Zeit wurde mir bewußt, daß wir gar nicht in der Richtung des Sendehauses fuhren. Plötzlich wandten sich zwei mit dem Revolver mir zu. Sie sagten: ›Wir tun Ihnen nichts. Seien Sie ruhig. Wir haben Sie entführt. An ihrer Stelle hält der Abgeordnete Schultz den Vortrag.‹« Weit vor den Toren Berlins ließen die Entführer Schwarz laufen. Er fand in der Nähe eine Ausflugswirtschaft. Eine Jagdgesellschaft, die dort schmauste, nahm ihn mit zurück in die Hauptstadt. Tatsächlich hatte währenddessen ein kommunistischer Landtagsabgeordneter anstelle des angesagten Schwarz einen Vortrag absolviert. Es fiel nicht weiter auf. Wegen der dabei anfallenden Polemik gegen die SPD soll Wels, der den Vortragenden ebenfalls für Schwarz hielt, gebrüllt haben: »Den entlaß ich!« Die Entführer brüsteten sich ihrer Tat und bekamen es mit der Polizei zu tun. Die Strafen: Je drei Monate Gefängnis. Der Abgeordnete Karl Schultz war aufgrund seiner Immunität unangreifbar. Und ganz Berlin lachte.

Zu Beginn der Regierung Müller hatte Reichsinnenminister Carl Severing »vier Jahre Ferien von Regierungskrisen« versprochen. Allerdings hatte er versäumt, die

Zustimmung der Koalitionspartner einzuholen. Unzufrieden war vor allem die Deutsche Volkspartei, weil sie nicht nur im Reich, sondern auch in Preußen mit zu regieren wünschte. Hiergegen sperrte sich das Zentrum. Es wünschte, solange die Konkordatsverhandlungen zwischen Preußen und dem Heiligen Stuhl noch nicht abgeschlossen waren, keine Veränderung der Machtverhältnisse. Als es Ministerpräsident Otto Braun gelang, beim Zentrum einen Kompromiss durchzusetzen, welcher der DVP zwei Ministersessel zusprach, lehnte diese ab – zum höchsten Ärger ihres eigenen Parteivorsitzenden Stresemann. Quertreiber war der schwerindustrielle Flügel der DVP, der die preußischen Parteifreunde in ihrer intransigenten Haltung unterstützte. Der Koalitionsfriede wurde über den Reichsetat gerettet. Finanzminister Hilferding strich den schon arg strapazierten Haushalt weiter zusammen.

Nebenregierung Reichsbank

Auch in der Außenpolitik hakte es. Zwar hatte Kanzler Müller für seinen erkrankten Außenminister die Siegermächte zum Zwecke einer endgültigen Lösung der Reparationsfrage an einen Tisch geholt. Doch die Verhandlungen selbst führte nicht die Regierung, sondern ein Konsortium aus Wirtschaftsführern und dem Reichsbankpräsidenten. Letzterer, Hjalmar Schacht, ein Mitbegründer der DDP, benutzte die Gespräche, um den ehemaligen Feindmächten politische Revisionen abzutrotzen. Das war nicht mit der Regierung abgesprochen und belastete naturgemäß das Verhandlungsklima. Dass es schließlich doch zur Einigung kam, vor allem über die Frage der Räumung des Rheinlandes von Besatzungstruppen, war vor allem Stresemann zu verdanken. Der Young-Plan konnte nun den Dawes-Plan ablösen. Der sich immer deutlicher nach rechts orientierende oberste Währungshüter ließ bald keine Möglichkeit aus, die Schwierigkeiten der Regierung zu vergrößern.

Als Hilferding dem Konjunkturabschwung (»Schwarzer Freitag«) entgegentreten und die von seinen Vorgängern aufgehäuften Schulden durch Steuererhöhungen abtragen und zu diesem Zweck einen ausländischen Überbrückungskredit aufnehmen wollte, legte sich Schacht quer. Man sprach von der »Nebenregierung Reichsbank«. Als der Reichsbankier auch den Reichstag auf seine Seite ziehen konnte, trat Hilferding zurück. Nur zu bald würde Schacht deutlich machen, welchen Kräften er sich verpflichtet fühlte. Zwei Wochen vor dem von Hitler und Hugenberg eingefädelten Volksentscheid gegen den Young-Plan erklärte er der Reichsregierung schriftlich, dass er das Abkommen entschieden ablehne. Warum hatte es Schacht dann erst unterzeichnet? Allerdings erreichte Demagogie, obwohl sie hier schon auf hohen Touren lief, noch nicht alles. Wie wir wissen, verfehlte der Volksentscheid sein Quorum.

Die Klippe, an der das Regierungsschiff schließlich scheitern sollte, war schon früh aufgetaucht aus den Mahlströmen. Bereits im Frühjahr 1929 war allen Beteiligten klar, dass es ohne eine Reform der Arbeitslosenversicherung keine Sanierung der Staatsfinanzen geben würde. Der Streit ging natürlich um die Frage des Wie. Aber selten verknüpften sich politische Zwänge und menschliche Schicksalsstränge wie an diesem Wendepunkt in der Geschichte des Weimarer Staates. Ein Musterfall für politologische Seminare, selbst wenn man von den Folgen absähe. Im Zentrum des Ganzen stand der sozialdemokratische Arbeitsminister Rudolf Wissell. Der altgediente Gewerkschafter hielt sich für das soziale Gewissen seiner Partei, und so konnte es für ihn in dieser Reformfrage keine Lösung geben, die den Sozialetat zu Lasten der bereits bei drei Millionen pendelnden Arbeitslosenzahl beeinträchtigte. Er sprach dann schon mal davon, dass er seiner Partei mehr nicht zumuten könne, und er auch nicht an seinem Sessel klebe. Allerdings stand er allein auf weiter Flur. Selbst seine Parteifreunde in der Regierung wollten sich einem Kompromiss nicht verschließen.

Von größerem Gewicht in diesem Streit war freilich die Haltung des Koalitionspartners DVP. Ihrem Industrieflügel war aber auch jeder Zehntelpunkt an Beitragserhöhung zur Verbesserung der Einnahmenseite eine Zumutung, für deren Abwendung sie auch eine Regierungskrise in Kauf nehmen würde. Der *Vorwärts* machte klar, was die hinter ihm stehende Partei davon hielt: »Keine Rede kann davon sein, daß die Partei irgendwelche Zugeständnisse machen könnte aus Angst vor einer politischen Krise. Sie muß ihre Entscheidungen aus sachlichen Gründen treffen ... die Verantwortung für Krisenmacherei kann sie dann anderen überlassen. Einschüchtern läßt sie sich nicht.« Hermann Müller hielt diese Einschätzung für unüberlegt und machte Friedrich Stampfer in einem persönlichen Schreiben klar, dass er der weiteren Entwicklung im Streit um die Arbeitslosenversicherung mit großer Sorge entgegensehe. Soweit Stampfer aber auch eine Auflösung des Reichstages ins Kalkül ziehe – und das hatte er getan – so »hätten auch wir nichts zu profitieren« davon, im Gegenteil könne der Wahlkampf Gefahrenmomente bringen, »die in Ihrer Auswirkung gar nicht ernst genug genommen werden könnten«.

Stampfer wie Wissell traten für das soziale Gewissen ihrer Partei ein, Müller für die demokratische Vernunft. Selbst wenn es seinem Naturell entsprochen hätte, sich gegen seine Partei durchzusetzen – was nicht der Fall war –, so warfen ihm die Umstände ein Hindernis nach dem anderen in den Weg. Zuerst erkrankte er, der Kanzler, selbst. Seit langem litt er ja an Leber- und Gallenbeschwerden. Entscheidungen am Kabinettstisch wurden unmöglich, weil Wirtschafts- und Finanzminister auf internationalen Konferenzen (Young-Plan) unabkömmlich waren. Gleiches galt für den Reichsaußenminister, dem dazu noch die Aufgabe oblag, seine renitente Partei zu zügeln. Die Regierung war in der Zeit ihrer schwersten Krise führungslos. Man konnte sich allenfalls an den Staatssekretär in der Reichskanzlei wenden, wenn man jemanden brauchte, die Richtlinien der deutschen Politik zu bestimmen.

An einem besonders kritischen Punkt dieser endlosen Geschichte war es Stresemann gelungen, seiner Partei die Stimmenthaltung gegenüber der Regierungsvorlage abzuringen, womit auch die Koalition – vorübergehend – gerettet wurde, da trat der Tod dazwischen. Stampfer, ein enger Beobachter der Vorgänge, sieht in seinen Erinnerungen einen unmittelbaren Zusammenhang. Aus dem Krankenzimmer habe sich der schwer kranke Stresemann zur entscheidenden Fraktionssitzung geschleppt, in der folgenden Nacht traf ihn der Schlaganfall, dem er kurz darauf erlag. Aber auch dieser Tod besiegelte die Koalitionseinheit nicht. An der nächsten Wegbiegung flog der Wagen endgültig aus dem Gleis. Es ging um das historische halbe Prozent Erhöhung des Arbeitslosenbeitrages oder 70 Millionen Mark, welche die Arbeitgeber nicht aufzubringen gedachten. Das Reich sollte für den Ausgleich sorgen. Während drei aus der sozialdemokratischen Ministerriege sich dem Kompromiss anschlossen, hielt Wissell streng dagegen, unterstützt von einem auffallend scharfen Machtwort des parteinahen Allgemeinen Deutschen Gewerkschaftsbundes: Der Kompromiss platzte, der volksparteiliche Finanzminister stellte sein Amt zur Verfügung, die Regierung Müller, die, wie sich herausstellen sollte, letzte parlamentarische Regierung Weimars, war am Ende.

Der *Vorwärts* befand dazu: »Die Krise beweist nichts gegen das parlamentarische System.« Denn nicht der Reichstag habe die Regierung gestürzt. »Sie ist vielmehr im Streit der Parteiführer unter Ausschluß der Öffentlichkeit abgewürgt worden. Ist das noch ›parlamentarisches System‹?« Erst Tage nach der Krise konnte der *Vorwärts* den Brief veröffentlichen, den der Berliner Industrielle Ernst von Borsig in seiner Eigenschaft als Vorsitzender der Vereinigung der Deutschen Arbeitgeberverbände an Reichsfinanzminister Moldenhauer geschrieben hatte. Er kündigte den Austritt der Arbeitgeber aus der Reichsanstalt für Arbeitsvermittlung und Arbeitslosenversicherung im Fall der Beitragserhöhung an. Moldenhauer machte weder dem Kanzler noch dem zuständigen Ministerkollegen Wissell Mitteilung.

Die Folgen des Umsturzes sind bekannt. Nicht einmal der Sozialabbau wurde verhindert. Schon sehr bald hatte die sozialdemokratische Reichstagsfraktion den

Leistungsabbau in der Arbeitslosenversicherung hinzunehmen und musste noch dazu die Regierung tolerieren, die diesen Abbau durchsetzte. Den Abbau der Demokratie noch obendrein. Im Nachhinein befand Friedrich Stampfer den Kampf um die Arbeitslosenversicherung und den Tariflohn als notwendig. »Richtig konnte er aber nur geführt werden, wenn sich die Verteidiger, Partei und Gewerkschaften, der großen Zusammenhänge bewußt blieben.« Ja, die Gewerkschaften. Sie hatten eine SPD-geführte Regierung aus dem Amt zwingen können, eine neue wieder einsetzen konnten sie nicht. Noch nicht ein Jahr war seit dem Sturz seiner Regierung vergangen, als Hermann Müller seinem Außenminister nachfolgte. Mit 54 starb er im gleichen Lebensjahr wie Friedrich Ebert. In seiner Würdigung hielt der *Vorwärts* fest: »Er hat sich nie nach einem Amte gedrängt.« Hätte man schreiben sollen: Er hat es nicht festzuhalten verstanden?

20. Die Bahn neigt sich abwärts

Als sie die von ihr gestützte Regierung aus dem Amt zwang, hatte die SPD-Fraktion das letzte Mal ihre Macht demonstriert. Hinfort würde keine weitere Regierung mehr von ihr abhängig sein. Waren diese hoch erfahrenen Parlamentarier so ahnungslos gewesen? Hatten sie vergessen, was ihnen vor Jahresfrist noch Carl Severing ins Stammbuch geschrieben hatte? Hatten sie sein Monitum überhaupt gelesen? In seiner in den *Sozialistischen Monatsheften* abgedruckten Analyse der »Verpaßten Gelegenheiten« war von Severing eindrucksvoll nachgewiesen worden, wie eine Große Koalition, wäre sie rechtzeitig eingegangen worden, dem Land »die größten Hindernisse für den kulturellen, sozialen und politischen Aufstieg« aus dem Weg geräumt hätte. Als wesentliche Tugend parlamentarischer Politik nannte Severing Führungsstärke der Regierenden, die nicht nach der Mehrheit schielen dürfen, um ihrer Aufgabe gerecht zu werden. Der einstige Schlossergeselle, der selbst zu den eindrucksvollsten Führungspersönlichkeiten Weimars gehört hatte, warnte zugleich nachdrücklich: »Was aber auf die Dauer nicht geht, und was immer wieder zum Leerlauf in der Parlamentsmaschine und zur Herabsetzung des Parlamentarismus führen muss, das ist der Zwiespalt zwischen Regierung und Parlamentsmehrheit.«

Wie sah es aber mit der Mehrheit für die neue, die jetzige Regierung aus? Wer war diese Regierung überhaupt? Einen einzigen Tag nach dem Amtsverzicht des alten Kanzlers benannte der Reichspräsident den neuen, und zwei Tage darauf stellte dieser seine Regierung vor. Dr. Heinrich Brüning, gerade mal wenige Wochen Fraktionsvorsitzender des Zentrums im Reichstag, gehörte nicht unbedingt zu den volkstümlichsten Politikern im Lande, besaß aber einen guten Ruf als Finanzexperte. Bekennender Katholik, hatte er in zehn Jahren als leitender Funktionär der christlichen Gewerkschaften tiefe Einblicke in gesellschaftliche Strukturen erhalten. Vor allem aber besaß er als ehemaliger Frontoffizier einen reichen Bekanntenkreis ehemaliger Soldaten, und der reichte bis zum Reichspräsidenten. Ob ihn nun Hindenburg aus eigenen Kenntnissen berief, oder ob auch hier der an vielen Drähten ziehende Generalleutnant von Schleicher, der inzwischen höchste politische Militär des Reiches, seinen Einfluss hatte spielen lassen, Brüning, von dem sich Schleicher Förderung seiner Rüstungspolitik erhoffte, war der Mann der Stunde.

Er war auf jeden Fall Hindenburgs Mann. Der alte Feldmarschall hatte zugegebenermaßen fünf Jahre lang versucht, dem Land ein Präsident von republikanischem

Zuschnitt zu sein, obwohl ihm sein politischer Freundeskreis das vielstimmig auszureden versucht hatte. Am Ende war er wohl doch überfordert gewesen. Die Zeichen hatten sich gemehrt, an denen abzulesen war, wie überdrüssig Hindenburg der »Parteiwirtschaft« war. Statt parlamentarischer Tugenden war nunmehr Autorität gefragt. Und Brüning war der Mann, der ihr auch im Reichstag zum Durchbruch verhelfen sollte. Entsprechend klang es bei der Antrittsrede des neuen Kanzlers: »Das Kabinett ist gebildet mit dem Zweck, die nach allgemeiner Auffassung für das Reich notwendigen Aufgaben in kürzester Frist zu lösen. Es wird der letzte Versuch sein, die Lösung mit diesem Reichstag durchzuführen.«

Diese Formulierung war aber auch eine gelinde Unverschämtheit, denn der Reichstag war auf vier Jahre gewählt, von denen er noch zwei vor sich hatte. Wer will ausschließen, dass geduldige Verhandlungen ihn wieder lebensfähig machen würden. Aber vielleicht sollte diese Regierung nur noch den Beweis führen, wie wenig Staat mit dem Parlamentarismus zu machen war. Und es lässt sich nicht übersehen, dass Hindenburg auch private Interessen mit dem neuen Kurs verband. Durch das »Dankgeschenk« des deutschen Volkes, Gut Neudeck, war der Retter Ostpreußens ja Großagrarier geworden. Es war kein Geheimnis, dass der neue Landwirtschaftsminister im Kabinett Brüning auf besonderen Wunsch Hindenburgs diesen Platz eingenommen hatte. Sein Name ist heute nicht mehr wichtig, aber er war einer der drei Präsidenten des Reichs-Landbundes, der die Interessen der ostelbischen Großgrundbesitzer vertrat.

Koalition gegen die Sozialdemokratie

Das Echo auf Brünings Regierungserklärung blieb höchst einseitig. Nur die SPD erklärte sich ebenfalls. Die bürgerlichen Parteien hielten sich auffällig zurück. Das wurde so verstanden, dass Brüning, der doch eigentlich Kanzler des Reichspräsidenten war, zugleich auch Kanzler einer gegen die Sozialdemokratie ausgerichteten Koalition war. In den Parteien, die man ihr zurechnen konnte, ging ein lange schwelender Prozess seinem Ende zu. Die Deutschnationale Volkspartei auf einen mehr verantwortungsbewussten Kurs gegenüber der Republik einzuschwören, wollte den Leuten um den preußischen Altkonservativen Graf Kuno von Westarp leider nicht gelingen. Im Gegenteil stattete die DNVP den alldeutschen Antiparlamentarier Alfred Hugenberg mit ausreichender parlamentarischer Kompetenz aus, damit dieser noch Hitler in den Sattel heben konnte. In der Deutschen Volkspartei war nach dem Tode Stresemanns ohnehin niemand mehr da, der antisozialdemokratischen Ressentiments wehren konnte. Die folgenreichste Veränderung aber ging im Zentrum vor sich, wo dem zeitweiligen Reichskanzler Wilhelm Marx der Prälat Ludwig Kaas als Parteiführer gefolgt war. Dieser Klerikal-Konservative entzog der Kampfgemeinschaft SPD-Zentrum, die letztlich der Weimarer Republik einen Stempel von Sicherheit aufgedrückt hatte, die Grundlage; er sollte noch auf fatale Weise Hitlers Absichten verkennen. Auch wenn der *Vorwärts* kein Blatt vor den Mund nahm – »Eine vom Zentrum getragene Regierung spielt Diktatur« –, man schämte sich noch allseits, den Frontwechsel offen zu legen.

Schon sehr früh hatte das SPD-Zentralorgan das Bedrohliche für die Demokratie an den Winkelzügen des neuen Bürgerblocks ausgemacht. »Wohin treibt die Regierung Brüning?« fragte der *Vorwärts* in einem staatspolitischen Essay, der schon aus Gründen seiner Treffsicherheit und Hintersinnigkeit verdiente, wieder in Erinnerung gerufen zu werden. Die Frage richtete sich nämlich an das Kanzleramt genauso wie an das Reichspräsidentenpalais. »Keine Abenteuer!« hatte Hindenburg einem damals viel gelesenen Buch (*Von Spa nach Weimar*) als Widmung mit auf den Weg gegeben. Keine Abenteuer, so der *Vorwärts,* sei auch das Leitmotiv aller bis dahin regierenden Kabinette gewesen. »Das Kabinett Brüning hat diese Richtlinie verlassen.« Und zwar mit dem Segen Hindenburgs. So abenteuerlich wie das Zustandekommen der neuen Staatsspitze seien aber auch ihre Pläne. Sie wolle eine Mehrheit für ihr Finanzprogramm finden, nachdem man eine vorhandene Mehrheit gerade erst zerschlagen habe. »Die Mehrheit fehlt. An ihre Stelle tritt wieder die Drohung mit dem Artikel 48.«

Aber blieb denn Brüning überhaupt eine andere Wahl? Nachdem Sozialdemokratie und Arbeiterschaft aus der Regierungsverantwortung hinausgedrängt worden seien, kann es natürlich keine Finanzgesetze aus einem Guss mehr geben. Gesetze für den Leistungsabbau, Deckungsgesetze und eine zusätzliche Subventionswirtschaft zum Schaden der Reichsfinanzen stehen sich schließlich gegenseitig im Weg. »Gibt es etwas Abenteuerlicheres«, fragte der *Vorwärts,* »als den Versuch, eine Mehrheit für die Finanzsanierung erkaufen zu wollen, um den Preis einer uferlosen agrarischen Liebesgabenwirtschaft auf Kosten der Reichsfinanzen.« Wofür auch saß der Herr vom Reichs-Landbund denn mit am Kabinettstisch? Hier werde eine Blindheit gegenüber den realen Verhältnissen der politischen und sozialen Kräfte im Lande deutlich, die Schlimmes erwarten ließ. Bei all den bekannten Schwierigkeiten mit einer großen Koalition, was wäre das größere Übel? Wenn die Drohung mit dem Artikel 48 nicht verfängt, dann wird Brüning nicht bei der Drohung stehen bleiben. Und dann? »Wendung gegen die Arbeitslosenversicherung, Blockbildung gegen die Sozialdemokratie, politische Ausschaltung der Arbeiterschaft – ein böser Anfang!

... Keine Abenteuer – darum muß diese Regierung verschwinden, die der normalen verfassungsmäßigen Arbeit im Wege steht!«

Vor dem Reichstag erklärte Rudolf Breitscheid, warum seine Partei, wenn sie schon zum vierten Mal eine Regierung verlässt, um in die Opposition zu gehen, dies sogar positiv sehen könne: »Parteipolitisch ist uns die Opposition zu jeder Zeit ausgezeichnet bekommen; sie wird es auch jetzt.« Wir wissen, wie falsch der Vorsitzende der SPD-Fraktion dieses Mal die Lage einschätzte. Dafür wusste er von seinem Appell an den neuen Kanzler, sich von Leuten fernzuhalten, »für die der Artikel 48 nur ein Anfang der Diktatur ist«, wie sehr er damit tauben Ohren predigte. Wichtiger war darum jener Teil seiner Rede, in der er auf die sowohl sozial- wie außenpolitischen Folgen des Agrarprogramms – volkstümlich »Speckzoll« genannt – der neuen Regierung einging. »Wenn das Kabinett die Forderungen der Grünen Front verwirklichen will, dann wird unser Handelsvertragssystem zerschlagen, dann ist auch der Handelsvertrag mit Polen gefährdet, dann müssen die Lasten der Arbeitslosigkeit in unermeßlicher Weise steigen.«

Den weiteren Gang der Ereignisse kann jeder halbwegs Sachverständige vorhersagen. Als das Kabinett sein Steuererhöhungsprogramm dem Reichstag vorlegt, wird dieses, wie zu erwarten war, abgelehnt. Selbst der Hugenberg'sche DNVP-Flügel stimmt mit den Nein-Sagern, denn seine agrarischen Ziele sind ja abgesegnet. Um eine Mehrheit hat sich Brüning ohnehin nie bemüht, obwohl ihm die Sozialdemokraten ein klares Verhandlungsangebot gemacht haben. Nach der Abstimmungsniederlage setzte der Kanzler die Gesetze mit Hilfe des Artikels 48 als Notverordnung in Kraft. Zwei Tage später stimmte der Reichstag dem Antrag der SPD zu, die Notverordnungen aufzuheben. Als die Stimmen ausgezählt sind und das Ergebnis feststeht, erklärt der Reichskanzler den Reichstag für aufgelöst. Die Ermächtigung durch den Reichspräsidenten hatte er sich vorsorglich erteilen lassen. Und natürlich wird auch die Notverordnung erneut in Kraft gesetzt. Sie umfasste so ziemlich alles, was dem Staat Geld bringt und Ausgaben erspart, von der Ledigensteuer über die Biersteuer und einen allgemeinen Zuschlag zur Einkommensteuer bis zu Leistungseinschränkungen bei der Arbeitslosen- wie auch der Krankenversicherung, zum Beispiel eine Zwangsgebühr für Krankenscheine und Beteiligung an den Arzneimittelkosten und vieles andere mehr. Dieser Notverordnung werden noch viele folgen, 1930 noch vier, 1932 werden 60 Notverordnungen erlassen. Ein Zeitalter der Notverordnungen.

»Wie weit kann die Regierung mit dem angemaßten Verordnungsrecht gehen?« fragte der *Vorwärts*. »Staatsrechtlich kann sie damit, wenn sie Steuern ausschreiben darf, alles, also z. B. auch die Arbeitslosenversicherung, die Krankenversicherung, verschlechtern, den Etat ändern, Subventionen entziehen oder austeilen usw. Ihr ›Recht‹ zu solchen Maßnahmen ist genau so stark und so schwach, wie ihr Recht, ohne den Reichstag Steuern auszuschreiben. Aber politisch sind ihr Grenzen gesetzt. Es ist eine politische Frage, wie weit sie sich mit ihren Diktaten in das Gestrüpp der Unpopularität verlieren will.« Der *Vorwärts* konnte nicht wissen, zu welchen Zwecken Brüning solche Unbeliebtheit auf sich nehmen wollte, die einem demokratischen Politiker im Grunde ein Gräuel ist. Erst viele Jahre nach dem Zweiten Weltkrieg wurde deutlich, was diesen so steifen, buchhalterisch wirkenden Mann bewegte. Nachdem Brüning sich in seinen Memoiren zu seinen innersten Zielen bekannt hatte, war eine verständnisvolle Charakterisierung möglich, wie sie Hagen Schulze im Zusammenhang mit seiner Geschichte der Weimarer Republik vorlegte.

Alle seine den Einzelnen hart bedrückenden Aktionen hatten nichts anderes zum Ziel, als mit der Überwindung der Wirtschaftskrise der politischen Radikalisierung ein Ende zu bereiten. Allerdings sollten wir als Ergebnis keine von ihren Schlacken gereinigte demokratische Republik erwarten. Brüning hatte vielmehr eine Erneuerung der Monarchie zum Ziel. Auch hier nicht die plumpe Auferstehung des alten Kaisers Wilhelm, vielmehr strebte er eine verfassungsmäßig abgesicherte Rückübertragung der Hoheitsrechte auf einen der Söhne des Hohenzollern-Prinzen an. Hindenburg sollte der Reichsverweser sein, die Verfassung des Reiches ein Gemisch aus britischen und bismarckschen Elementen. Vielleicht hätte er »mit diesem konservativ-monarchistischen Programm ... dem anderen Führer, dessen Pläne noch viel abenteuerlicher waren, Paroli bieten können; aber Brüning war nicht der Mann, an dem sich die Phantasie der Massen entzündete.« Wie sein exzeptionell ökonomischer Verstand dennoch nicht das wirtschaftspolitische Instrumentarium zu nutzen verstand, die Krise zu überwinden – erst Keynes legte ja die geeigneten Konzepte vor –, so stand seinen politischen Visionen eine horrende Unbeholfenheit in allen Gesellschaftsfragen gegenüber. Auf diesem Gebiet blieb er ein Träumer.

Am 14. September 1930 stand als Konsequenz der so verschlagen eingeleiteten Reichstagsauflösung die Wahl der neuen Volksvertretung an. Hier schon musste Brüning erfahren, wie irreal sein Weltbild war. Sieht man von den paar Achtungsstimmen ab, die seine Partei, das Zentrum, als Kanzlerbonus einfuhr, galt für die meisten Parteien und über allem, für das Gesamtergebnis, der Aufschrei, mit dem der *Vorwärts* seine Nachwahlausgabe titelte: Ein Trümmerhaufen! Zwar hielten sich die Verluste, die die SPD als Quittung für ihren Rückzug aus der Regierungsverantwortung erhielt, mit gut einer halben Million Wählerstimmen noch in Grenzen; die Partei stellte auch nach wie vor die stärkste Parlamentsfraktion. Doch schon die Mitkoalitionärin in beiden Lagern, Stresemanns DVP, büßte zwei Fünftel ihrer Stimmen und ein Drittel ihrer Sitze ein, die Deutschnationalen wurden nahezu halbiert. Während die mittelständischen Parteien (Wirtschaftspartei, Bayerische Volkspartei usw.) sich in etwa hielten, feierten die linken und die rechten Radikalen Orgien des Triumphs. Die Kommunisten legten 1,3 Millionen Wählerstimmen zu. Und gar Hitlers Nationalsozialisten! Aus dem Nichts eroberten sie den zweiten Rang, ihre Stimmenzahl schnellte von 0,8 auf 6,4 Millionen empor. Das Bedenkliche dabei war: Sie holten sich nicht nur die verlorenen bürgerlichen Stimmen, sondern vier Millionen kamen buchstäblich aus dem Nichts. Die Zahl derer, die an die Wahlurne gingen, war von 30,7 bei der Wahl 1928 auf 34,9 Millionen gestiegen. Die Sturmspitze der Republikfeinde, die nach Hitlers Verurteilung in den Untergrund gegangen war, hatte sich zurückgemeldet.

»Eine Politik, die solche Ergebnisse zeitigt, kann nicht fortgesetzt werden«, hatte der *Vorwärts* nach der Wahl festgestellt. Solche Ergebnisse, kann man fraglos unterstellen, waren sicherlich auch nicht Brünings Ziel gewesen. Aber was in einer Demokratie die Norm ist, dass ein Regierungschef nach einer verlorenen Wahl zurücktritt, erwarteten die deutschen Wahlbürger des Jahres 1930 vergebens. Brüning war ja keiner Partei verpflichtet, sondern dem Reichspräsidenten. So blieb es ohne Konsequenzen, wenn er keines der anstehenden Probleme einer Lösung zugeführt hatte. Von diesen Problemen stand das der erlahmenden Wirtschafts- und Finanzkraft an erster Stelle. Der Bankenkrach sollte zwar in Nordamerika seine schwersten, ja ungeheure Auswirkungen erreichen. Doch auch Deutschland bekam den Niedergang auf Grund spezifischer Faktoren dramatisch zu spüren. Hatte es schon neben den in die hunderte von Millionen gehenden Reparationen noch weit höhere Zinsen zu zahlen, so setzte mit dem Rückzug kurzfristiger Anleihen eine unheilvolle Entwicklung ein. Erst langsam, dann immer schneller sanken die Gold- und Devisenbestände, und die Kurse fielen ins Bodenlose. Katastrophal waren die Auswirkungen auf den deutschen Arbeitsmarkt. Im Juli, dem besten Monat für die Statistik, hatte die Zahl der Arbeitslosen 1929 1,35 Millionen betragen. 1930 sollten es 2,82 Millionen werden. Die entsprechenden Dezemberzahlen betrugen 2,89 und 4,8 Millionen.

Es gab keine gesellschaftliche Gruppe, die von der Krise nicht in Mitleidenschaft gezogen wurde. Selbst die Großgrundbesitzer schrieen in ihrer Bedrängnis nach Staatshilfe und hatten, wie wir wissen, ihren Gewährsmann platziert. Die Einzelhändler litten unter der Geldknappheit ihrer Kundschaft. Die Beamten als bevorzugte Zielscheiben der brüningschen Notverordnungen mussten murrend eine Gehaltskürzung nach der anderen zur Kenntnis nehmen. Am stärksten aber traf es die Arbeitnehmer, die schwer erkämpfte soziale Errungenschaften schwinden sahen. Und weil eine ungeheure Arbeitslosenarmee nur darauf wartete, die Plätze derer einzunehmen, die noch Arbeit hatten, griffen die Arbeitgeber ihren Beschäftigten auch in die Lohntüte. Ein Vorstoß des Verbandes Berliner Metallindustrieller war als Signal gedacht. Nachdem sie noch die Wahl abgewartet hatten, forderten die Wirtschaftsführer eine Senkung der Tariflöhne der Berliner Metallarbeiter und -arbeiterinnen um 15 Prozent. »Unsere Wirtschaft verträgt ... solche Gewaltkuren nicht«, rügte der *Vorwärts*. Offenbar sollte sie die 6 bis 7 Prozent vertragen, auf die man sich am Ende einigte.

Was also tat nun diese Regierung, die einfach deshalb an der Macht blieb, weil sie keinem Parlament verantwortlich war? Oh, sie tat sehr viel. Innerhalb weniger Tage legte sie 30 Gesetze und eine ganze Serie von Notverordnungen vor. Sie schützte, wie zu erwarten, die Landwirtschaft vor den billigen Importen, senkte gleichwohl die Preise für Brot und Energie, wenn auch zu Lasten des Steuerzahlers; mehr aber noch senkte sie die Einkommen. So konnte das Institut für Konjunkturforschung an der Jahreswende 1930/31 feststellen, dass die Kosten der Lebenshaltung um 7,5 Prozent, die Einkommen aber um 10 Prozent gesunken waren.

Unter vielen kritischen Kommentaren zu dieser Entwicklung klingt der des *Vorwärts* noch objektiv und gemäßigt. »Man hätte erwarten können, daß die Reichsregierung Maßnahmen ins Auge faßt, die zur Überwindung der unmittelbaren Not dienen und die ... getroffen werden müssen, um die Wirtschaft zu beleben und die Not zu lindern. Statt dessen legt sie eine Fülle von Richtlinien vor, die neben ungeheuer drückenden Maßnahmen gegen Arbeiter, Beamte und Angestellte eine Reihe von Plänen umfassen, die ... sich im einzelnen noch kaum übersehen lassen ... Das ist nicht ein Programm zur Belebung der Wirtschaft und zur Sanierung der Staatsfinanzen. Durch die Einschränkung des Wohnungsbaues und durch die ungewisse Aussicht auf Aufbringung von Baugeldern auf dem privaten Kapitalmarkt wird die Krise auf dem Baumarkt verewigt, eine der wesentlichen Möglichkeiten zur Steigerung der Produktion verschüttet. Dieselbe Wirkung muss die Schwächung der inneren Kaufkraft durch Kürzung der Gehälter und Löhne hervorrufen. Alle jene Maßnahmen, die der Wirtschaft in der Krise neue Antriebe geben könnten, sucht man in diesem Programm vergeblich: Abbau der Lebensmittelpreise durch Änderung der Zollpolitik, Umstellung der Handelspolitik, zielbewußte Kartellpolitik. Das Ziel der endgültigen Sanierung der Reichsfinanzen wird auf diesem Wege nicht erreicht werden ... Wahrlich, ein Programm, ganz nach dem Herzen der Wirtschaftspartei und der Volkspartei. Am Schlusse heißt es: ›Der Plan der Reichsregierung fordert von allen Teilen des deutschen Volkes Opfer.‹ Ein Satz, der erst richtig wird durch die Ergänzung: ›mit Ausnahme der Besitzenden‹. Der Plan der Reichsregierung fordert von allen Teilen des deutschen Volkes Opfer mit Ausnahme der Besitzenden. Das ist die Quittung für den 14. September.« Schließlich bestellte Brüning den Leipziger Oberbürgermeister Goerdeler zum Reichssparkommissar, um die Regierungsdevise »Sparen, Sparen, Sparen« auch dem letzten Haushalt verständlich zu machen. Nur ein Wort suchte man in seinen Programmen vergeblich: Arbeitsbeschaffung. Die sei nicht Aufgabe des Staates, hieß es. Außerdem hatte der ja kein Geld.

Eine Regierung, die völlig überfordert war! Wie war es möglich, dass sie sich so lange am Ruder halten konnte? Es gab, wie erinnerlich, zur Errichtung der Brüning'schen Kanzlerschaft eine gegen die Sozialdemokratie gerichtete Koalition. Doch es gab, sie überschneidend, noch eine zweite, ebenso verschwiegene Koalition, an der die SPD nun aber beteiligt war. Diese war die Koalition, die Brünings Kanzlerschaft aufrechterhielt. Dieser reale Widerspruch wird verständlich, wenn man sich die Parlamentsverhältnisse nach der Wahl vor Augen hält. Der Reichstag besaß seit dem 14. September eine starke antirepublikanische und antiparlamentarische Opposition, bestehend aus Nationalsozialisten, Kommunisten und Deutschnationalen. Dieses ebenfalls nur in den Abstimmungsergebnissen wirksame Bündnis ließ keine Gelegenheit aus, wenn es galt, der Regierung Brüning ein Ende zu setzen, zum Beispiel bei Abstimmungen gegen den Artikel 48, durch Misstrauensvoten und ähnliches. Eine Abstimmungsniederlage der schon weit rechts stehenden Brüning-Regierung aber, das war allen klar, könnte leicht den Weg zu einer noch extremeren, einer nazistischen Regierung öffnen.

In der Sozialdemokratie gab es über die damit verbundenen Gefahren keinen Zweifel. Sie war dem Aufstieg dieser Bewegung im Windschatten aller aus dem verlorenen Krieg hergeleiteten Ressentiments schon immer entgegengetreten. Sie hatte auch nicht an ihre dauerhafte Niederschlagung nach dem missglückten Putsch im Herbst 1923 geglaubt. In einem Becken von Sympathie schwammen zu viele Haie. Nachdem die durch einige Zuchthausjahre verursachte Zwangspause vorübergegangen war, fanden sich die Republikaner in allen Befürchtungen bestätigt. Auf offener Straße führten die Kampforganisationen der Nationalsozialisten und Kommunisten einen heimtückischen Bandenkrieg, in dem keine Brutalität unvorstellbar war. Die Gefahr eines neuerlichen Putsches sah der *Vorwärts* nicht nur hypothetisch, wobei allgemein ein leichtsinnig herbeigeführter kommunistischer Putschversuch befürchtet wurde, der »automatisch in einen viel gefährlicheren faschistischen

Putschversuch umschlagen« würde. »Die demokratische Staatsgewalt ... gleicht in ihrer gegenwärtigen Lage ein wenig dem Irrenwärter, der zwei Geisteskranke daran hindert, sich gegenseitig totzuschlagen.« So der *Vorwärts*.

Der preußische Landtag reagierte ungläubig, als ihm Innenminister Severing vorrechnete, wie viele Tote dieser politische Krieg in den ersten neun Monaten des Jahres 1930 allein in Preußen gekostet hatte. Es waren 45. Einer der Toten war der Student und SA-Mann Horst Wessel. In diesen Tagen rollte gerade der Prozess gegen seine Mörder vor einem mitfiebernden Publikum über die Bühne des Moabiter Schwurgerichts. Das Werbetalent Hitler erkannte sehr schnell die propagandistischen Möglichkeiten und ernannte Wessels mäßig mitreißendes Marschlied »Die Fahne hoch« zum hervorragenden Kampfgesang seiner Partei. Später wurde es Teil der deutschen Nationalhymne.

Hitler: Köpfe werden rollen

Ein anderer Prozess beschäftigte sich mit Vorgängen, die sich hinter verschlossenen Türen abgespielt hatten. Vor dem Reichsgericht in Leipzig mussten sich die Reichswehroffiziere Scheringer, Ludin und Wendt wegen Vorbereitung zum Hochverrat verantworten. Die drei Angehörigen eines Ulmer Artillerie-Regiments hatten Pläne ausgearbeitet, nach denen sich die Reichswehr im Falle eines Nazi-Umsturzes auf die Seite der Putschisten schlagen sollte. In diesem Sinne hatten sie bereits mit nationalsozialistischen Führern verhandelt und im Offizierskorps zahlreicher Garnisonen Sympathisanten geworben. Im Laufe der Verhandlung erklärte der Angeklagte Scheringer, dass er sich selbst und seine Mitangeklagten für »fanatische Nationalsozialisten« halte und der Angeklagte Ludin meinte gar, »das ganze Heer war eigentlich in unserem Sinne eingestellt«. Einer der Verteidiger der drei, Hans Frank, später berüchtigter Generalgouverneur für die besetzten polnischen Gebiete, nutzte die Gelegenheit, Hitler in das Verfahren einzuschleusen. Hier schwor der nationalsozialistische Führer den so genannten Legalitätseid. Nie würde seine Partei auf anderen, denn legalen Wegen die Macht im Staate anstreben.

Im gleichen Atemzug kündigte Hitler für den Fall seines Sieges die Gründung eines Staatsgerichtshofes an. »Vor diesem werden sich die Novemberverbrecher des Jahres 1918 zu verantworten haben, und dieses Verbrechen wird seine Sühne finden. Ich gestehe offen, daß dann Köpfe rollen werden.« Das Protokoll registriert laute Bravo-Rufe im Zuhörerraum. Doch weder Hitlers Unverschämtheit noch die Entgleisung einer großen Anzahl von Zuschauern wurden gerügt. Noch erschreckender erscheint heute, wie wenig ernst die Öffentlichkeit Hitlers Absichten nahm. Auch der *Vorwärts*, der sich doch sonst so geringe Illusionen machte: »Natürlich ist das Gerede von den rollenden Köpfen nichts anderes als eine alberne Großsprecherei, an der sich ein innerlich unreifer Mensch berauschen mag, die aber mit Politik nichts gemein hat ... Herr Hitler wird es nicht bis zum Kopfabschneider bringen – ein Ziel, das seiner Knabenphantasie offenbar als das höchste erscheint. Aber wenn auch die Köpfe nicht in den Sand rollen werden, so soll man sie auch nicht in den Sand stecken.« Das scheint an Einspruch zu wenig. Bald wird das Erschrecken sich verstärken.

Während die Brutalität auf den Straßen Tag um Tag zunehmen sollte, versuchten Professoren einen kleinen Damm aufzuschütten. Der deutsche Soziologentag hatte sich »Presse und öffentliche Meinung« zum Thema genommen. Dazu war auch *Vorwärts*-Chefredakteur Friedrich Stampfer um ein Referat gebeten worden. Der Zufall hatte es gewollt, dass er als Koreferent dem Staats- und Völkerrechtler Carl Schmitt gegenübertrat, jenem brillant formulierenden Kritiker des Parlamentarismus, dessen Ideen über Macht, Legitimität und »Konkretes Ordnungsdenken« dem Kommunismus und mehr noch dem Nationalsozialismus zur Rechtfertigung dienten. Meinung, konstatierte Schmitt, sei noch im 16. Jahrhundert ein polemischer Begriff gewesen. Ihr gegenüber stand das Dogma. Heute stehe der Meinung die Aktion gegenüber. Was er sagen wollte, war: Man solle weniger reden, sondern handeln. Der Ruf nach dem starken Mann war unüberhörbar. In dessen Hände gehörten auch die technischen Mittel der Politik: Presse und Radio.

Stampfer wollte nicht als Soziologe dilettieren, sondern – nach seinen Worten – »räsonierte« vor der Versammlung als politischer Publizist. Anhand seiner eigenen Erfahrungen konnte er die Entwicklung der politischen Presse als Träger der öffentlichen Meinung beschreiben. Das Zeitalter des Bürgertums habe im Zeichen dreier Freiheiten gestanden: Freiheit der Wirtschaft, Freiheit der Wissenschaft und Freiheit der Presse. Die Arbeiterbewegung habe den bourgeoisen Wirtschaftsliberalismus bekämpft, sei aber liberal in allen geistigen Fragen gewesen. Die Wissenschaft der Akademien sei ihr mehr oder weniger versperrt gewesen, doch habe sie sich ihre eigene Presse geschaffen. Der Weltkrieg, der nicht zuletzt ein Pressekrieg war, brachte eine entscheidende Weichenstellung, indem die Allmacht des Staates die Presse unter Zensur gestellt habe. Als die Sozialdemokratie die Macht im Staate übernahm, habe sie entsprechend ihrem liberalen Verständnis in Pressefragen die Zensur sofort aufgehoben. Auch in der Auseinandersetzung mit den Kommunisten [welche die Pressehäuser besetzten; Anm. H. S.] stand die Pressefreiheit im Mittelpunkt der Kämpfe. »In diesen Kämpfen haben wir die Freiheit der Presse verteidigt. Aufhebung der Pressefreiheit bedeutet unweigerlich den Einparteienstaat.« Man solle auch, meinte Stampfer, die Machtmittel der Presse nicht überschätzen. Die Pressekonzerne von Ullstein, Mosse und Hugenberg seien die eigentlichen Verlierer der Wahl vom 14. September gewesen. Zum Schluss richtete Stampfer einen eindringlichen Appell an die versammelten Wissenschaftler. »Es gibt keine Freiheit der Wissenschaft ohne Freiheit der Presse.« Nur gemeinsam könnten sie die Gesellschaft voranbringen. Zur Presse aber sagte er, sie solle Dienerin der Nation sein; nach den Worten Immanuel Kants aber nicht der Herrin die Schleppe nachtragen, sondern ihr mit dem Lichte vorangehen.

Doch vor neuen Provokationen der Nationalsozialisten schützten weder der kleine Damm der Wissenschaft, noch ein Massenaufmarsch der hauptstädtischen Sozialdemokratie im Berliner Lustgarten. Am Vorabend der Reichstagseröffnung vereinigten sich lange Menschenzüge aus allen Stadtteilen unter einem Meer von roten Fahnen und Transparenten wie: »Nazi-Sieg führt Deutschland in den Bürgerkrieg.« Franz Künstler, der oberste Sozialdemokrat der Reichshauptstadt, und Reichstagspräsident Paul Löbe forderten den Kampf gegen Diktatur und Faschismus. Löbe: »Der Nationalsozialismus kann nur zerstören, nicht aufbauen.«

Dem Todfeind Leib an Leib gegenüber

Im Reichstag saßen am nächsten Tag 107 uniformierte Braunhemden und schockierten In- und Ausland. Ihre Anträge, die zum Beispiel auf die sofortige Aufhebung des Versailler Vertrages oder die entschädigungslose Enteignung aller »Bank- und Börsenfürsten« sowie der »Ostjuden« und sonstigen »Fremdstämmigen« zielten, verfielen insgesamt der Ablehnung. Erstmals zeigten sich Brüning und die Sozialdemokratie in einem Boot. Draußen aber zerschlugen andere Hitleranhänger in ihrem Pogromzug durch die LeipzigerStraße Schaufensterscheiben jüdischer und nichtjüdischer Kaufhäuser. Der *Vorwärts* merkte dazu an: »Deutschland kann sich … den Luxus antisemitischer Straßenkrawalle nicht leisten. Es muß erwachen und sich wehren, wenn es nicht an der Hakenkreuzpest verrecken will … Für die Arbeiterklasse war der 14. September eine Warnung, der 13. Oktober ein Alarmsignal. Sie steht jetzt ihrem Todfeind Leib an Leib gegenüber und sieht das Weiße seines Auges. Ein Sieg dieser Horden würde sie materiell und ideell über die Kaiserzeit hinaus zurückwerfen. Rechtlos geworden würde sie vergeblich die begrabene Demokratie mit den Nägeln auszugraben suchen. Der Kampf muß sofort aufgenommen werden und er muß geführt werden mit wirksamen Mitteln.«

Die nächste Schlacht sollte in einem Lichtspielhaus geschlagen werden. Wenn sie auch unblutig verlief, machte sie der Welt klar, welches Verhängnis über ihr hing.

Zugleich öffnete sie jedermann die Augen, welches Bündnis hier am Werke war. Im Februar 1929 war Erich Maria Remarques *Im Westen nichts Neues* erschienen. Erst Fortsetzungsroman hatte die Buchausgabe im Nu mit einer Auflage von zunächst 640 000 Exemplaren die Spitzenposition auf den Verkaufstischen erobert. Der Roman im Reportagestil galt als schonungslose Spiegelung des Krieges an der Westfront. Er war ein pazifistisches Bekenntnis, auch wenn er das ausdrücklich nicht sein wollte. Doch dieses Werk war Literatur. Erst als im Herbst 1930 der in Amerika gedrehte Film herauskam, entdeckten nationalistische Kreise die Gefahr für ihr Weltbild. Hugenbergs Deutschnationale befanden im Preußischen Landtag, die deutsche männliche Jugend werde in dem Streifen verhöhnt und als unmännlich dargestellt. Der *Vorwärts* stellte richtig: »Dieser Film gibt nur die Wahrheit. Wenn die Wirklichkeit gewissen Politikern nicht paßt, so ist sie selbst nicht schuld daran.«

Zur deutschen Uraufführung im Berliner Theater am Nollendorfplatz hatten die Nationalsozialisten rund 200 Karten vorab aufgekauft. SA-Leute und Mitglieder der NS-Kulturabteilung besetzten damit Teile des Kinos, in dem sie zehn Minuten nach Vorstellungsbeginn weiße Ratten ins Parkett losließen und Stinkbomben warfen. Die Vorstellung musste unterbrochen werden, bis heran geholte Polizei die Radaubrüder an die frische Luft gesetzt hatte. Zur zweiten Vorstellung waren die Nazis mit ihrem Gauleiter Dr. Goebbels an der Spitze erschienen. Mit weißen Mäusen und Stinkbomben entfachten sie den Krawall erneut, sodass die Vorstellung abgebrochen werden musste. Wenn die Ordnungsbehörden schließlich einige störungsfreie Vorstellungstage durchsetzten, so war das in erster Linie ein Erfolg des neu installierten Gespanns Severing-Grzesinski.

Der »kleine Schlosser« aus Herford war von Ministerpräsident Braun erst Ende Oktober – wiederum – zum preußischen Innenminister ernannt worden, nachdem er als Reichsinnenminister mit dem Kabinett Hermann Müller zurückgetreten war. Severing war bekannt als einer der nicht sehr zahlreich gesäten Politiker mit ausgeprägter Durchsetzungskraft. Der *Vorwärts* hatte die Ernennung enthusiastisch kommentiert: »Die Ernennung Karl Severings zum preußischen Innenminister wird in allen Kreisen als Antwort auf die nationalsozialistischen Diktatur- und Staatsstreichdrohungen aufgefaßt werden. Mit Severing tritt der preußische Innenminister wieder ins Amt, der in sechsjähriger Tätigkeit die Schutzpolizei und den Verwaltungsapparat zu zuverlässigen Machtinstrumenten der republikanischen Regierung entwickelt hat.« Auch Albert Grzesinski, nicht zum ersten Mal Berliner Polizeipräsident, hatte sich in unruhigen Zeiten bewährt.

Die republikanische Züchtigung des Nazi-Terrors hielt jedoch nur einige Tage vor. Auf Antrag mehrerer Länder verbot die Filmoberprüfstelle den Film wegen »Gefährdung des deutschen Ansehens«. Zu dem Urteil hatten die Gutachten dreier Reichsministerien entscheidend beigetragen. Das Reichswehrministerium heuchelte, dass es gegen die realistische Darstellung und das pazifistische Ideal nichts einzuwenden habe, fragte aber, »warum dieses Ideal gerade mit den Bildern der deutschen Wehrmacht nachgewiesen« würde. Das Reichsinnenministerium befand, der Film sei nicht eine Darstellung des deutschen Krieges, sondern der deutschen Niederlage und wirke daher auf den deutschen Beschauer qualvoll und niederdrückend. Das Auswärtige Amt schließlich befürwortete ein Verbot, weil aus dem Ausland Berichte eingegangen seien, die deutlich machten, dass der Film das deutsche Ansehen im Ausland schädige. Es sollte sich indes schnell zeigen, dass nicht der Film, sondern sein Verbot dem deutschen Ansehen in der Welt schweren Schaden zufügte.

Einmütig verurteilte die britische Presse die Zensurmaßnahme. »Die Kapitulation vor Hitler«, titelte der liberale *News Chronicle* seinen Bericht. Der *Manchester Guardian* sah in dem Verbot »eine Lynchjustiz gegen die Kunst und die Wiedergeburt des deutschen Militarismus«. Jahrelang sei die deutsche Republik führend in der Welt als Land der geistigen Freiheit gewesen. »Das ist vorbei.« Als unabsehbar wurden die psychologischen Folgen auf Amerika bezeichnet. Auch hier wurde das Filmverbot als Riesenerfolg Hitlers bewertet. Gleichzeitig zeichnete die amerikanische Akademie für Kunst und Wissenschaft den Streifen als besten Film des Jahres aus, eine Ehrung, die man heute mit einer Oscar-Verleihung vergleichen kann. Auf bizarre Weise unterschiedlich fielen andere Reaktionen jenseits der deutschen Grenzen aus. Während die luxemburgische Streitmacht geschlossen in den Film geführt wurde, verbot Polen den Streifen, weil er aufdringliche Propaganda für Deutschtum und deutsches Heldentum betreibe.

»Herr Goebbels hat seine Radauschlacht gewonnen, und das deutsche Volk bezahlt die Kosten«, fasste der *Vorwärts* die Reaktionen zusammen. Und weiter: »Der Spruch der Oberprüfstelle selbst gefährdet nicht nur das deutsche Ansehen, sondern er schädigt es auf das allerschwerste ... Die Verfassung, die – bisher leider vergeblich – vorschreibt, daß der Schulunterricht im Geiste der Völkerverständigung zu erteilen sei, hat die Möglichkeit einer Filmzensur nicht etwa deshalb zugelassen, um zur Unterdrückung der Friedenspropaganda eine Handhabe zu bieten. Sinn und Zweck der Verfassung und des Gesetzes sind auf den Kopf gestellt und in ihr Gegenteil verkehrt worden ... Die Anwendung von Gewalt wird durch den Spruch nachträglich legalisiert. Mit tiefster Erbitterung erlebt die republikanisch und friedlich gesinnte

Bevölkerung der deutschen Republik diesen unerhörten Skandal.« Während so ein pazifistischer Film durch eine Allianz von Straße und Regierung der Ächtung anheim fiel, wies der *Vorwärts* auf ein anderes Skandalon hin. »Es laufen in Deutschland periodisch Filme der Hugenbergschen Ufa und gleichgesinnter Unternehmungen, die dem Empfinden jedes Republikaners ins Gesicht schlagen. Meist sind es Hetzfabrikate übelster Art. Wir erinnern nur an jenen Hugenbergschen Scapa Flow-Film, der die Revolution auf der Flotte im Sinne der Dolchstoßlegende verleumdet. Die Herren Seeoffiziere sind Engel, die meuternden Matrosen als Bestien dargestellt. Von den wirklichen Ursachen der Meuterei, von dem Herrenleben in der Offiziersmesse, dem Hungerleben der geschundenen und gedrillten Mannschaft zeigt der Film nichts ... Genau so wird in den diversen Hohenzollernfilmen, den Fridericus Rex- und Königin Luise-Filmen, die historische Wahrheit dauernd vergewaltigt. Man sieht wohl die friderícianischen Heere in einem fort siegen; aber von dem Korporalstock und dem Spießrutenlaufen, von dem ganzen zusammengeprügelten ›Heldenmut‹, von der in Menschenraub ausartenden Rekrutenwerbung, von der ganzen Schmach des Söldnertums zeigen die Filme nichts.« Es wunderte daher nicht, als das Blatt von dem folgenden Vorgehen der sächsischen Regierung berichtete. »Sachsen erhebt Einspruch. Der Fridericus-Film ist ein schwerer Eingriff auf die sächsische Volksehre. Wie wir soeben erfahren, hat der sächsische Gesandte in Berlin bei der Reichs- und preußischen Staatsregierung einen Protest gegen die Aufführung des Fridericus-Films eingereicht, da dieser Film eine Verhöhnung des sächsischen Volksteils, eine Verächtlichmachung der sächsischen Stammeseigenschaften und eine Beleidigung der sächsischen Armee darstellt. Der sächsische Gesandte verlangt namens seiner Regierung sofortigen Abbruch der Aufführungen, andernfalls eine Gefährdung der bundesstaatlichen Beziehungen Sachsens die Folge sein müsse. Zur Begründung dieses Schrittes wird namens der sächsischen Staatsregierung folgendes geltend gemacht: In diesem Film wird sowohl die sächsische Politik wie das Verhalten des Landes Sachsen zu Beginn des Siebenjährigen Krieges verächtlich gemacht. Sachsen erscheine in dem Film als ein Land, das im Bunde mit Frankreich, Österreich und Rußland hinterlistig das friedliche Preußen angreift und überfällt. Alle im Film vorkommenden Repräsentanten Sachsens seien als verächtliche Schufte gekennzeichnet. Wenn man es schon im Remarque-Film als eine Beleidigung der Armee angesehen habe, daß gute und schlechte Soldatentypen nebeneinander gezeigt wurden, so müsse es die sächsische Regierung um so verletzender empfinden, daß in diesem Film Sachsen nur durch ausgesucht schlechte Charaktere repräsentiert werde.« Und so weiter, und so fort. Wer wollte die Berechtigung für den amtlichen Schritt bezweifeln.

Amtlich!? Am Tag darauf, es ist Heiligabend, druckt der *Vorwärts* ein Bulletin der sächsischen Regierung mit dem folgenden Wortlaut ab: »Wie der Staatskanzlei gemeldet wird, bringt die heutige Abendausgabe des *Vorwärts. Der Abend* [Der Titel *Der Abend* war mit Wirkung vom 1. Oktober 1930 abgeschafft worden; Anm. H. S.] die Nachricht, daß der sächsische Gesandte in Berlin bei der Reichs- und preußischen Staatsregierung einen Protest gegen die Aufführung des Fridericus-Films eingereicht hätte. Diese Nachricht – so heißt es in der amtlichen Meldung –, die offensichtlich den Stempel tendenziöser Erfindung trägt, entbehrt jeglicher Grundlage.« Wie sollte auch! An der gleichen Stelle enthüllt sich besagte *Vorwärts*-Meldung als Satire. »Mein hauptsächlichster Protest richtet sich dagegen; daß in diesem Film immer die Preußen als die lachend Überlegenen und die Sachsen als die blamierten Nachtmützen gezeigt werden. Als ehemaliger Leipziger Hundertsiebener und Inhaber der Friedrich-August-Medaille in echter Bronze, glaubte ich, diesen Protest meinem Vizevaterlande Sachsen schuldig zu sein.« Der Verfasser bekennt, sich geirrt zu haben: »Da Sie, hochverehrter Herr Ministerpräsident, diesen Protest gegen die Verspottung der Sachsen nicht wünschen, nehme ich ihn hiermit feierlich zurück und erkläre: Wenn die sächsische Nation jenen Fridericus Rex, der ihr Land ohne Kriegserklärung überfallen, es dann sieben Jahre lang barbarisch verwüstet und ausgesogen hat, als ihren Nationalhelden ansieht – warum sollte ich als Preuße sächsischer sein, als meine lieben Sachsen. gez. Jonathan.« Das Pseudonym Jonathan lässt sich leicht lüften. Es gehört Erich Kuttner, schwer verwundeter Verdun-Kämpfer, Angehöriger der 7. Kompanie im 8. Infanterie-Regiment »Prinz Johann Georg« Nr. 107 in Leipzig. Kuttner war übrigens nicht der einzige sozialdemokratische Redakteur bei den Hundertsiebenern. Neben ihm dienten Edmund Goldschagg bei der 6., Ernst Heilmann bei der 8. und Karl A. Meyer bei der 9. Kompanie.

Es war aber nicht Kuttner noch einer von den eben genannten, der es sich angelegen sein ließ, das Thema Fridericus im *Vorwärts* noch einmal gründlicher zu behandeln, sondern der uns bereits bekannte »Dreiviertelredakteur« und hochproduktive Buchautor Hermann Wendel. Der war ja nicht nur einer der gründlichsten Balkan-Kenner in Kaiserreich und Republik, sondern hatte sich auch schon mit der »Preußenpolitik in ihren Ursachen und Wirkungen« beschäftigt. Für den jetzt erwähnten Aufsatz hatte es ihm »Der friderizianische Soldat« angetan. »Kein Soldat« nämlich, konnte er den preußischen Heeresreformer Scharnhorst zitieren, »ist so erbärmlich gepeitscht worden wie der preußische.« Wendel führte den zurzeit die Kinos beherrschenden Fridericus-Film »Das Flötenkonzert von Sanssouci« auf seine verbogene und verlogene Substanz zurück. Während die wehenden Feldzeichen der Fahnenkompanie, Parademarsch und Blechmützen vor der Maske des Fridericus-Darstellers Otto Gebühr den Eindruck eines modernen Volksheeres erwecken sollten, bildete die friderizianische Armee in Wirklichkeit eine einzige große Fremdenlegion.

Die üblen Szenen um den Remarque-Film datieren das Ende der Weimarer Kulturblüte. Was sonst noch das »Unglücksjahr 1930« der Welt bescherte und wie sich die Sozialdemokratie dazu stellte, erhellt ein Leitartikel im *Vorwärts* aus der Feder von Paul Löbe. Er war als Reichstagspräsident wiedergewählt worden, obwohl die Nationalsozialisten – das Recht der stärksten Fraktion missachtend – versucht hatten, einen nationalistischen Politiker in dieses Amt zu lancieren. In erster Linie sei es die immer weiter um sich greifende Wirtschaftskrise, die Völker und Verantwortliche heimsucht, schrieb Löbe. »Vergeblich mühten sich Kapitalisten in Amerika und Sozialisten in England, Faschisten in Italien und Bolschewisten in Rußland, bemühte sich die republikanische Regierung bei uns und die monarchische in Spanien, ihre verheerende Wirkung einzuschränken – nirgends hat dieses Bemühen bisher sichtbare Erfolge gezeitigt.« Wie Löbe konstatierte, handelt es sich eben »um keine Krise eines politischen Systems, sondern um eine Krise des Kapitalismus, ... eine Krise des Überschusses und Überflusses«, auch wenn überall die jeweils politisch Herrschenden verantwortlich gemacht werden.

»Bei uns klagt man die Demokratie und die Republik ... als Urheberin der Wirtschaftsnot an.« Für Besserung werden Patentrezepte vorgeschlagen, wie »Ausrottung oder Vertreibung der Juden, ... Aufrichtung der Diktatur«. Die Arbeiterklasse, so Löbe, wird »sich nicht irreführen lassen durch die Schreier nach dem reinrassigen ›Dritten Reich‹ ... Sie wird auch nicht zurückfallen in den Fatalismus des Proletariats aus der Frühzeit des Kapitalismus, die ihr ähnliche und schlimmere Geißeln gebracht hat. Sie weiß, daß das ›Dritte Reich‹ ein Apothekerrezept von Kurpfuschern ist, und daß ein neuer Krieg Europa vollends verwüsten müßte.« Wer aber die sozialdemokratische Arbeiterschaft mit Gewalt von ihren Zielen abzubringen versucht, »der beißt auf Granit«. Ihre Macht gründet sich nämlich längst nicht mehr auf die parlamentarische Vertretung allein, sondern der Kampf wird durch ihre Organisationen in Gemeinden und Städten, in Gewerkschaften, Sport- und Bildungsbewegung, in Jugendorganisation und Konsumvereinen geführt. »Wer unseren Marsch gewaltsam aufhalten will, wird uns gerüstet finden.« – In den nächsten zwei Jahren wird sich entscheiden, ob Löbes Glauben in die Kraft der Arbeiterklasse auf einer realistischen Grundlage beruht.

21. Zustände, kaum von der Verfassung zu decken

Den Jahresbeginn 1931 markierten die alten Sorgen: Ein Heer von Arbeitslosen erwartet bessere Wirtschaftsbedingungen, der Staat greift nach jedem Pfennig, um seine Aufgaben erfüllen zu können, und auf den Straßen prügeln die Feinde der Republik sowohl aufeinander als auch auf die Republikaner ein. Doch die ersten Schlagzeilen gehören wie die zum Jahresausgang 1930 einer marginalen Behörde, der Filmoberprüfstelle.

Für Wahlkampfzwecke hatte die Film- und Werbeabteilung des SPD-Vorstandes einen Trickfilm – Titel: »Ins Dritte Reich« – herstellen lassen. In Zeiten, in denen Walt Disneys Micky Maus ihren Siegeszug antrat und schon manchen Nachahmer gefunden hatte, waren die bewegten Cartoons eine beliebte Machart, sein Anliegen zu verdeutlichen. Der Streifen war reine Propaganda, wollte gar nichts anderes sein, und sah sein Publikum in den Kreisen der Partei und jenen, die man für deren Anliegen erwärmen wollte. Die satirische Story stellte einen Unternehmer vor, der einen Arbeiter mit Nazi-Hilfe zum Dritten Reich »bekehrt«, und beschreibt weiter, wie dieser Mann in die Arme der demokratischen Republik zurückkehrt. Die untere Prüfinstanz hatte den Film bereits für Veranstaltungen der SPD zugelassen. Es wirkte wie ein Donnerschlag, als die Oberprüfstelle diese Zulassung zurückzog. Noch unglaublicher erscheint heute wie damals die Begründung. Diese einmalige Jury von Beckmessern befand, »daß die Sozialdemokratische Partei eine so große Anhängerschaft zählt, daß eine beschränkte Zulassung bei diesem Personenkreis nicht mehr in Frage käme«. Auf gut Deutsch: Wäre die SPD eine kleinere Partei, dürfte sie den Film zeigen. Es kommt noch ärger. Der Streifen zeigt randalierende Nazis; dazu der Vorsitzende der Oberprüfstelle: »Der Staat müsse auch eine Partei, die ihn verneint, gegen öffentliche Angriffe in Schutz nehmen.« Der *Vorwärts* fand deutliche Worte.

»Die Filmoberprüfstelle hat einen sozialdemokratischen Propagandafilm gegen die Nationalsozialisten verboten. Er darf nicht in öffentlichen Filmvorstellungen gezeigt werden, aber auch nicht einmal in Mitgliederversammlungen der Sozialdemokratischen Partei. Was ist das für ein gefährlicher Film? Reizt er zum Verbrechen auf? Ist er unsittlich?

Der Film zeigt in bewegten Karikaturen einige Grundtatsachen des politischen Lebens von heute: Lohndruck gegen Arbeiter. Die Nationalsozialisten als letzte Hoffnung der Unternehmer. Der Mut der Hakenkreuzler gegen Fensterscheiben und ihre Feigheit gegenüber der Polizei. Der Tod der Freiheit unter den Stiefeln Mussolinis.

Die Sehnsucht der Hakenkreuzler nach rollenden Köpfen. Aber dann: Den begeisterten Marsch sozialdemokratischer Arbeitermassen für Demokratie und Freiheit, und den Triumph der Republik.

Wahrhaftig, sie haben den Triumph der Republik über ihre nationalsozialistischen Feinde verboten! – Niemand wird uns zumuten, in der Filmoberprüfstelle, die diese perverse Entscheidung gefällt hat, noch eine objektive Behörde zu erblicken. Hier ist eine Zelle der Feinde der Republik!«

Nach Paragraf 1 des seinerzeitigen deutschen Lichtspielgesetzes durfte die Zulassung eines Filmes nicht wegen seiner politischen Tendenz verweigert werden. Diese verbindliche Richtlinie wurde von dem Verbot in seiner Totalität missachtet, aber auch in Einzelbegründungen, wie zum Beispiel der angeblichen Kritik an einem von der Regierung Brüning angestrebten 6-prozentigen Lohnabzug. Auch vom Auswärtigen Amt wurden weitere Beispiele seiner haarsträubenden Einstellung bekannt. Weil der Nationalsozialist als unsympathische Figur dargestellt werde, könne das Ausland verallgemeinernd erklären: Wie dieser Nationalsozialist sind alle Deutschen. »Dadurch würde die deutsche Diplomatie im Ausland erschwert.« »Wir wünschen«, resümierte der *Vorwärts,* »daß alle Verantwortlichen sich über die Konsequenzen dieses grundsätzlichen ›Spruches‹ im Klaren sind. Wenn das Gesetz gebrochen, der Terror als wirksames Mittel zur Verhinderung von Filmpropaganda und Filmaufnahmen anerkannt wird – dann wird angesichts der politischen Spannungen in Deutschland an dieser Art von ›Rechtsprechung‹ die deutsche Filmindustrie zugrunde gehen! – Und nicht sie allein!«

Filmzensur schützt Hitler-Worte

Die Sache hatte noch ein Nachspiel, das wie eine Satire auf eine Satire wirkte. Nachdem der Film unter Weglassung einiger beanstandeter Stellen neu eingereicht worden war, gab die Filmoberprüfstelle den Streifen frei – sogar für Jugendliche. Allerdings verlangte sie eine Reihe weiterer Streichungen, die nur einen Torso übrig ließen, wodurch die Spielhandlung praktisch unverständlich wurde. Beseitigt werden musste zum Beispiel die Illustration des Hitler-Wortes vom »Köpfe rollen«. Hier schlug ein aus Beilen zusammengesetztes Hakenkreuz durch rotierende Bewegung die Köpfe ab. Begründung: Die Beile seien Faschistenbeile. Also Beleidigung Italiens. Ähnlich ridikül die Beseitigung einer Szene, in der ein Nazi sich nach begangener Rohheitstat an einem Seil aus Paragrafen empor kletternd rettet – Beleidigung der Justiz. Den Höhepunkt bildete die Forderung nach Beseitigung der am Schluss des Filmes auftretenden Figur der Republik mit dem Banner »Freier Volksstaat«. Diese

Symbolfigur der Republik trug eine – Jakobinermütze. *Vorwärts:* »Der Gipfel aller bisherigen Zensurleistungen.« Es dauerte gerade bis übers Jahr, dann wurde der *Vorwärts* unter der Zensur der »Republik« selbst verboten.

Wer für die Feinheiten eines Kulturkampfes nicht das rechte Verständnis besaß, es vielmehr etwas brutaler liebte, kam jedoch durchaus auch auf seine Kosten. Hier im Telegrammstil, was der *Vorwärts* an zwei aufeinander folgenden Tagen über Straßen- und Saalschlachten erfuhr – und berichtete.

»*Meldungen vom 2. Februar 1931*

Am Vortag war die Hebbelstraße in Berlin-Charlottenburg Schauplatz eines blutigen Straßenkampfes zwischen Nationalsozialisten und Kommunisten. Ein kommunistischer Arbeiter wurde getötet, zwei seiner Gesinnungsgenossen durch Schüsse und Stiche schwer verletzt.

Bei einer Schlägerei zwischen Hakenkreuzlern und Kommunisten in der Bellermannstraße im Berliner Norden wurde ein nationalsozialistischer Zeitungsverkäufer durch Messerstiche in die Brust erheblich verletzt.

Eine sozialdemokratische Versammlung in dem Fremdenkurort Murnau am Staffelsee endete mit einer anderthalbstündigen Saalschlacht zwischen Nazi-Sturmtrupps und Reichsbanner. 30 Verletzte, das Lokal völlig demoliert.

Bei zwei antifaschistischen Kundgebungen der SPD und nahestehenden Verbänden in Wuppertal kam es zu Zusammenstößen mit Nationalsozialisten. Eine Anzahl Leichtverletzter.

Eine Versammlung der Kommunisten in Nagold führte zu einer Saalschlacht und Schießerei mit den Nazis. 28 Verletzte, darunter drei Schwerverletzte, die Mehrzahl Nationalsozialisten.

Meldungen vom 3. Februar 1931

In Hochelheim bei Wetzlar überfielen Nationalsozialisten einen sozialdemokratischen Diskussionsredner, dem sie zuvor erst das Wort erteilt hatten. Reichsbannerleute, die dem Mann zu Hilfe eilten, wurden durch Messerstiche teilweise schwer verletzt.

In einer SPD-Versammlung in Feucht bei Nürnberg sollte der Pfarrer Kleinschmidt über das Thema »Faschismus, Christentum und Sozialdemokratie« sprechen. Trotz Zutrittsverbot wollten 200 Nazis in das Versammlungslokal eindringen. Bei schweren Schlägereien trugen sieben Sozialdemokraten und drei Nationalsozialisten Kopfwunden davon. Vier Verletzte wurden ins Nürnberger Krankenhaus eingeliefert.

Zu nächtlicher Stunde überfielen Nazis das Eislebener Volkshaus, in dem der »Volkschor« sein Stiftungsfest feierte. Mit Stahlruten und Messern fielen die Hakenkreuzler über die Feiernden her. Viele Verletzte wurden ins Krankenhaus eingeliefert. Fazit: In Eisleben versagt die Polizei gegenüber dem Treiben der Nationalsozialisten.

In Köln drang ein Trupp Nazis in eine öffentliche Versammlung des Zentralverbandes der Angestellten ein. Von herbeigerufenen Reichsbannerleuten verjagt, warfen die Nazis Stinkbomben.

In Metzbach bei Neuwied überfielen Nationalsozialisten und Stahlhelmer einen Propagandazug des Reichsbanners. Mit Mistgabeln, Beilen und Knüppeln schlugen sie auf die ahnungslos Marschierenden ein. Dabei töteten sie einen Reichsbannermann, zwei weitere und ein Unbeteiligter wurden schwer verletzt. Einen der Schwerverletzten versuchten die Nazis noch, in eine Jauchegrube zu werfen, woran sie im letzten Moment gehindert wurden.«

Der Straßenterror konnte sich so ungehindert austoben, weil er in den seltensten Fällen angemessen geahndet wurde. Eine Hauptausschuss-Sitzung des Preußischen Landtags förderte die Existenz nationalsozialistischer Zellen in der Justiz zutage. Eine Reihe von Polizeipräsidenten habe in den letzten Monaten erklären müssen, dass die Einstellung der Gerichte ihnen den Schutz von Ruhe und Ordnung unmöglich machten. Insbesondere aus Dortmund und Kassel lag eine ganze Anzahl von Fällen vor, in denen schwer belastete Nationalsozialisten freigesprochen worden seien, weil die Gerichte die Aussage der Polizeibeamten für unglaubwürdig erklärt hätten. Selbst in Berlin hat das Amtsgericht einen Nationalsozialisten, der einen Polizeileutnant zu Boden geschlagen hat, mit lediglich 30 Mark Geldstrafe belegt und Bewährungsfrist empfohlen. Von einem Berliner Schöffengericht wurde der Ausdruck »Judenbastard« gegenüber dem Preußischen Innenminister Carl Severing für einen straffreien volkstümlichen Ausdruck erklärt. Die Bezeichnung des Reichskanzlers als »Lump« kostet 140 Mark. Ein Naziredner schimpfte den Breslauer Oberpräsidenten Hermann Lüdemann »Vollblutidioten«; redet sich damit heraus, er habe »Vollblutjude« gesagt; das Gericht beschloss, Lüdemann über seine Abstammung zu vernehmen. Der Landgerichtsrat Krebs in Frankfurt am Main fungierte als Berichterstatter in einem Prozess gegen Nazis wegen Mordes und war zugleich Leiter der nationalsozialistischen Rechtsauskunft. Dabei sollte man wissen, dass die Rechtssicherheit in Ländern wie Thüringen oder Braunschweig, wo die Nazis bereits regierten, auf noch viel schwächeren Füßen stand. So sprach das Große Schöffengericht in Naumburg einen Nationalsozialisten frei, einen Theologiestudenten, der das Signal zu einer blutigen Saalschlacht gegeben hatte, sodann einem Polizeibeamten, der sich um einen Kranken kümmerte, das Bierglas ins Genick geschlagen hatte und einem anderen Polizisten an die Gurgel gegangen war. Begründung: Trotz der entgegenstehenden Zeugeneide sei einem Theologen die Tat nicht zuzutrauen.

Zur Ehrenrettung des Richterstandes sei noch von einem Urteil Kunde gegeben, durch das eine Meute wüster Nazirandalierer ihrer gerechten Strafe zugeführt wurde. Am jüdischen Neujahrstag, dem 12. September 1931, hatten sich SA-Leute aus den verschiedensten Berliner Stadtteilen auf dem Kurfürstendamm zusammengerottet. Unter Anleitung der Berliner SA-Führer Graf Helldorf und Karl Ernst ging ihre Demonstration alsbald in Tumulte und Ausschreitungen über, an deren Ende körperliche Angriffe auf jüdische Mitbürger standen. Wegen einfachen und schweren Landfriedensbruches, wegen Rädelsführerschaft, Gewalttätigkeit und unbefugten Waffenbesitzes verurteilte der Landgerichtsdirektor Schmitz bereits elf Tage später etwa 25 Braunhemden zu den unterschiedlichsten Strafen bis zu einem Jahr und neun Monaten Gefängnis. Und er behielt sie auch gleich in Haft.

Der *Vorwärts* honorierte dieses Urteil mit der Feststellung, dass die Aburteilung eines planmäßig inszenierten Landfriedensbruches möglich wurde aufgrund der energischen und zielbewussten Verhandlungsleitung. »Hier sah man endlich einmal einen Vorsitzenden seines Amtes walten, der auf die dummdreisten Lügen und flegelhaften Veralberungen des Gerichts durch die Angeklagten die schlagfertige Antwort fand, die schonungslos die moralische Minderwertigkeit dieser Art von Verteidigung bloßstellte ... Aus dem Prozeß sollte das Justizministerium die Lehre ziehen, daß die Möglichkeit einer Aburteilung und Bekämpfung nationalsozialistischer Landfriedensbrüche damit steht und fällt, daß die Verhandlungsleitung in die Hände von Richtern gelegt wird, die diesen Aufgaben voll gewachsen sind.« Mit anderen Worten: In die Hände von republikanischen und nicht von nationalistischen oder gar nationalsozialistischen Richtern.

Schon einmal waren Republikaner vogelfrei

Um seiner vielfach ahnungslosen Leserschaft, namentlich in Norddeutschland, deutlich zu machen, welche Gefahren von einer »ganz- oder halbfaschistischen Diktatur« in Deutschland ausgehen würden, gab der *Vorwärts* dem bayerischen Juristen und Reichstagsabgeordneten Wilhelm Hoegner das Wort. »In Preußen ist man durch die starke Regierung Braun-Severing politisch verwöhnt. Man kann es sich dort nur schwer vorstellen, daß die Aufbauarbeit der letzten zwölf Jahre mit dem Übergang der Staatsmacht auf eine rechtsaktivistische Staatsmacht sofort in Frage gestellt wäre. Da ist es vielleicht zweckdienlich, ... daran zu erinnern, was die bayerische Arbeiterschaft in den Jahren 1920 bis 1924 durchgemacht hat.« Und Hoegner erinnerte: »Wir hatten in Bayern seit dem Kapp-Putsch bis Juni 1924 ausgesprochene Rechtsregierungen. Sie haben der nationalsozialistischen Bewegung im Allgemeinen freien Lauf gelassen. Zahllose nationalsozialistische Ausschreitungen wurden von den Behörden durch die Finger gesehen. Die Jünger des Dritten Reiches konnten in bewaffneten Scharen durchs Land ziehen, auf ›deutschen Tagen‹ Arbeiterwohnungen stürmen, Gewerkschaftler misshandeln, in ihren Zeitungen eine unerhörte Mordhetze treiben, ohne dass ihnen wesentliches geschah. Sie wurden sogar als ›Notpolizei‹ eingestellt und in Reichswehrkasernen militärisch für den Straßenkampf ausgebildet. Republikaner waren nahezu schutzlos, vogelfrei.« Hoegner erinnerte ferner an die Ermordung des sozialistischen Landtagsabgeordneten Gareis, die Attentatsversuche auf den bayerischen SPD-Führer Erhard Auer und die Handgranatenanschläge gegen die sozialdemokratische *Münchener Post.* Das Ergebnis des Hitler-Putsches vom November 1923 war, entsprechend einem Ultimatum der »Vaterländischen Verbände«, das Verbot aller SPD-Zeitungen in Bayern. Das Verbot der Sozialdemokratischen Partei stand vor der Tür, vom Reich in letzter Minute verhindert. Es könne, so Hoegner, nach diesen Erfahrungen nur ein Ziel geben: »Fernhaltung des Faschismus von der politischen Macht.«

Die sozialdemokratische Reichstagsfraktion versuchte, den Sumpf mit praktischer Politik trockenzulegen. In einer Entschließung verlangte sie »Anspannung aller finanziellen Mittel des Staates und beschleunigte Durchführung aller politischen Maßnahmen, um die Erwerbslosen vor dem Untergang zu bewahren und die Konjunktur zu beleben.« Sie warnte vor der Kürzung der Arbeitslosen- und Sozialrenten und forderte die Heranziehung der leistungsfähigen Kreise der Bevölkerung zur Sanierung der öffentlichen Finanzen. Um die Not der Arbeitslosen zu beheben, sollte eine besondere Krisensteuer erhoben werden. »Die ins Unerträgliche steigende Not und die wachsende Erbitterung der Volksmassen droht zu schweren innerpolitischen Verwicklungen zu führen, wenn trotz aller Warnungen der Versuch unternommen werden sollte, eine Sanierung der öffentlichen Finanzen einseitig auf Kosten der Opfer der Krise zu erreichen.«

Das war nicht nur ein Appell an den Gerechtigkeitssinn der Regierenden, sondern ebenso eine Warnung vor der Machtübernahme der Nazis. Und dann begann, am letzten Tag des Mai, in Leipzig der Parteitag der SPD. Er war der letzte vor der tatsächlichen »Machtübernahme«, und mit seinem geschichtlichen Stellenwert hat es eine eigene Bewandtnis. Die eine Seite der Geschichtsschreibung hält ihn für kaum mehr erinnernswert, nach Lesart der anderen Seite ist er eine nicht zu überhörende Kundgebung und Standortbestimmung.

Wie im Brennglas verdichtet erscheinen in Leipzig die Kernfragen sozialdemokratischer Politik jener Zeit: Parteieinheit, innerparteiliche Demokratie und Tolerierungspolitik. Und dann gibt es noch das Zeugnis von einem, der dabei war. Im Exil schrieb Friedrich Stampfer *Die vierzehn Jahre der ersten Republik*. Es erschien 1936, also in unmittelbarer zeitlicher Nähe. Der Parteitagsdelegierte Stampfer ringt sich gerade mal zwei Absätze für Leipzig ab. Doch siehe da, dem mindestens ebenso bedeutenden Görlitzer Parteitag von 1921 mit seinen Programmverhandlungen räumt er noch weniger Platz ein. Was kann das bedeuten? Wollte Stampfer den Eindruck von Parteinähe vermeiden? Oder hindert ihn gerade diese Nähe an einer angemessenen Platzierung? Welchen Eindruck gewinnen wir selbst?

Bild und Verlauf des Parteitags sind alles andere als duckmäuserisch. Er beginnt in den Straßen der Industrie- und Handelsmetropole mit einem Aufmarsch, zu dem die sächsischen Arbeiterorganisationen ihre Abordnungen mit der Eisenbahn, auf Lastautos und in Fahrradkolonnen entsandt hatten. Am Abend endet die Demonstration der Massen mit einem Fackelzug von 10 000 Angehörigen der Parteijugend. Dieser eindrucksvollen Kulisse entsprechen Aufmachung und Stimmung im Parteitagslokal, dem großen Saal des Leipziger Volkshauses. Die Büsten von August Bebel und Wilhelm Liebknecht flankieren die Bühne und weisen auf die Rolle Leipzigs in der ruhmvollen Geschichte der Partei hin. Aber so beeindruckend und mitreißend das alles ist; es scheint, als ob dem Bilde Hermann Müllers, das schwarz umflort die Delegierten grüßt, die bestimmendere Rolle in dem Ensemble zufällt.

Zwar hatte sich die Parteitagsregie bemüht, mit namhaften Referenten den Boden zu bereiten, um Lösungen für die drängendsten Probleme zu finden. Über die Wirtschaftsfragen der Zeit sprach der Gewerkschaftsführer und anerkannte Wirtschaftstheoretiker Fritz Tarnow. Er verlangte den Traditionsbehafteteren unter seinen Zuhörern einiges ab, als er befand, die Arbeiterbewegung müsse sich derzeit als »Arzt am Krankenbett des Kapitalismus« betrachten. Rudolf Breitscheids groß angekündigtes Referat über den Faschismus lief mehr auf eine scharfe Distanzierung von der Regierung Brüning und den bürgerlichen Parteien hinaus. Um der Nationalsozialisten Herr zu werden, empfahl Breitscheid eine Wahlrechtsreform, auf gut Deutsch: Einführung des Mehrheitswahlrechts. Diese Kur wäre, wie die Verhältnisse lagen, leider zu spät gekommen. Zur Tolerierungspolitik sprach Wilhelm Sollmann. Er unterstellte den Gegnern dieses Kurses, sie würden dem Faschismus, wenn auch ungewollt, den Weg bereiten. Das sah die Parteiopposition genau umgekehrt. Erst die

Tolerierungspolitik helfe dem Faschismus zur Macht. So war klar, dass an diesem Punkt der zentrale Richtungsstreit des Parteitags entbrennen musste. Die Protestanten, übrigens, sind uns nicht unbekannt. Aus den Wortführern des schon mehrfach erwähnten Sachsenstreites und den ewig Radikalen der Reichstagsfraktion hatte sich eine Gruppierung herausgebildet, von der man nicht sicher wusste, ob sie sich eines Tages abspalten würde. Man nannte sie »Die Neun«, weil das die Zahl an Abgeordneten war, die bei einer Abstimmung über den Panzerschiffbau gegen die Fraktionsempfehlung gestimmt hatten. Wir finden Max Seydewitz und Kurt Rosenfeld hier wieder, und die organisatorischen Schwerpunkte der Gruppe lagen in einigen sächsischen Parteibezirken, in Thüringen und Mittelschlesien sowie der Parteijugend. Auf dem Parteitag hatte man Seydewitz als dem akzeptierten Sprecher der Opposition zusätzliche Redezeit gegeben. Er nutzte sie, um sein Abstimmungsverhalten zu rechtfertigen. In der Frage des Panzerkreuzers B sei für ihn die Grenze der Tolerierungspolitik erreicht gewesen. Seydewitz: »Wir Neun stehen nicht reumütig vor dem Parteitag, sondern sind von der Richtigkeit unserer Auffassung überzeugt.« Im Übrigen werde ihnen die Geschichte Recht geben. Der »stürmische Beifall«, den das Protokoll an dieser Stelle verzeichnet, kam aber nicht aus dem Plenum, sondern von der Galerie, die von Seydewitz' sächsischen Gesinnungsgenossen ohne Stimmrecht besetzt worden war.

Im Hin und Her der Debatte wurde deutlich, dass nicht nur die Mehrheit, sondern auch die breite Linke mit ihren Wortführern Toni Sender und Siegfried Aufhäuser sich Seydewitz versagte. Zwar war auch von dieser Seite Kritisches zur Tolerierungspolitik zu hören, aber mehrheitlich wurde sie als das derzeit einzig stichhaltige Konzept zur Erhaltung der Demokratie erblickt. Am Ende sagte Breitscheid das für alle Zeiten Richtige zum Thema. »Es wurde gesagt, niemand denke daran, eine Spaltung herbeizuführen. Ich persönlich erkläre hier als einer der ehemaligen Unabhängigen: Es war ein schwerer Fehler, daß wir uns seinerzeit von der Partei trennten. Ich halte die Überzeugung, die ich damals über die Kriegspolitik hatte, heute noch für richtig. Trotzdem weiß ich: Es war ein Irrweg, wir haben einen Fehler begangen, eine so gewaltige Partei in ihrem Gefüge auch nur zu lockern. Sorgt dafür, Genossen, daß sich so etwas nicht wiederholt.« Der »stürmische, lang anhaltende Beifall« dröhnte jetzt aus dem ganzen Haus. Es war möglicherweise dieses Erlebnis, das Stampfer in seinem »Nachwort zur Leipziger Tagung« im *Vorwärts* zu dem »Gesamteindruck« verleitete, »daß die große Partei der sozialistischen Arbeiterschaft einiger und geschlossener dasteht als je zuvor«. Selten musste sich ein Irrtum so rasch korrigieren lassen. Noch ehe das Jahr zu Ende ging, sollte der Bruch vollzogen sein.

Die Geschichte dieses Bruchs ist schnell erzählt. Keine vier Wochen nach dem Parteitag erschien im *Klassenkampf*, dem Organ der Parteiopposition, die darum auch schon »Klassenkampf-Gruppe« genannt wurde, ein »Mahnruf der Partei«. Rosenfeld, Seydewitz und der uns wohlbekannte Heinrich Ströbel protestierten darin gegen die Tolerierungspolitik der SPD-Reichstagsfraktion. Es war abzusehen, dass die Parteiführung dieser Strategie der Nadelstiche die Antwort nicht lange würde schuldig bleiben können. Sie wartete nur den geeigneten Anlass ab, um sich ihrer Quälgeister zu entledigen. Der Anlass kam schneller als gedacht, und natürlich hatte er und wie es dann weiterging seine Spuren im *Vorwärts* hinterlassen.

Am Abend des 13. Juli, einem Montag, hatte das Blatt berichtet, dass die als Danatbank bekannte *Dar*mstädter und *Nat*ionalbank am gleichen Tag ihre Schalter geschlossen halte. Das bedeutete den Zusammenbruch dieser zweitgrößten deutschen Privatbank und war zugleich das Rauchzeichen einer ebenso tief greifenden wie seit langem schwelenden Finanz- und Wirtschaftskrise. Sie war keine ausschließlich deutsche Erscheinung, doch kam Deutschland wegen seiner Reparationen und seiner Gläubigerrolle auf den internationalen Kreditmärkten eine Schlüsselrolle zu. Über die auswärtigen Aspekte dieser Krise wird noch zu sprechen sein. Über die deutschen Verantwortlichen machte sich der *Vorwärts* so seine Gedanken. »Die Schuld tragen die sogenannten Wirtschaftsführer in ihrer Selbstherrlichkeit und ihrer Verantwortungslosigkeit. Die Führer der deutschen Riesenunternehmungen, die den Staat mit ihrem Haß verfolgen, haben durch ihre Fehldispositionen die Wirtschaft in die Katastrophe geführt. Sie haben den Wiederaufbau Deutschlands, den seit 1925 das arbeitende Volk mit ungeheuren Opfern für die Rationalisierung bezahlt hat, gestört und irregeleitet. Als die Weltwirtschaftskrise ihre Schatten voraus warf, begannen Kapitalfehlleitung, Kartellrentnertum, Selbstfinanzierung, uferlose Zollschutz- und Subventionspolitik sich zu rächen. Die Schuldigen haben ihre Verantwortung zu verdecken versucht durch das Geschrei gegen den ›Marxismus‹ und die angebliche ›Mißwirtschaft der öffentlichen Hand‹. Es war die deutsche Schwerindustrie, der Sitz des brutalsten Scharfmachertums, die dabei führend vorangegangen ist. *Diese Führer ins Unglück sind bankrott – wirtschaftlich und politisch –, und es ist an der Zeit, dem Volke die ganze Größe ihrer Schuld zu zeigen!*« [Hervorhebung im Original; Anm. H. S.]

Wir können davon ausgehen, dass die Analyse des Zentralorgans nicht weit von den Gedankengängen der Parteiführung angesiedelt war. Deren Gremien tagten in Permanenz, wie alle Führungsriegen in Reichs- und Landesregierungen, Wirtschaft und Industrie, Großorganisationen mit wirtschaftlichem Hintergrund und natürlich allen politischen Parteien. Sie alle, auch die Führungsgremien der SPD, Parteivorstand, Parteiausschuss und Kontrollkommission gaben der Öffentlichkeit mehr oder weniger deutlich zu verstehen, was sie von der Lage hielten. Aus dem Geist dieser Bekundungen erklärte sich ein Beschluss, den der SPD-Parteiausschuss fasste und im *Vorwärts* veröffentlichen ließ. Der Parteiausschuss setzte sich aus Vertretern der Bezirksverbände der SPD zusammen und hatte unter anderem das Recht, »gemeinsam mit dem Parteivorstand über wichtige, die Gesamtpartei berührende politische Fragen« zu beraten.

Ob eine solche Beratung mit dem Parteivorstand vorausging, wissen wir nicht. Eine »wichtige, die Gesamtpartei berührende politische Frage« lag hier sicherlich vor, denn der Beschluss beruhte auf der Feststellung, »Die Einheit und Geschlossenheit der Partei ist in der gegenwärtigen Sturmzeit mehr denn je eine unbedingte Notwendigkeit.« Die Aufforderung, dem im *Klassenkampf* abgedruckten »Mahnruf« zuzustimmen und auch noch Unterschriften zur Erhebung von Adressenmaterial zu sammeln, diene erkennbar dem Ausbau einer Sonderorganisation. Gleichgültig, ob die Urheber diese wollten oder nicht, bestehe die Gefahr der Spaltung der Partei. Jede Betätigung in diesem Sinne müsse »als parteischädigende Handlung angesehen werden«. Der Parteiausschuss verlangte deshalb die Einstellung aller solcher Bestrebungen.

Tatsächlich ging die *Klassenkampf*-Redaktion, die ja mit der Oppositionsführung identisch war, auf das Verlangen des Parteiausschusses ein und brach die Unterschriftensammlung ab. Zugleich aber trugen Seydewitz und Rosenfeld ihre publizistische Offensive weiter voran. Nach der Gründung einer »Freien Verlagsgesellschaft« in Berlin erschien am 4. September die erste Ausgabe einer neuen linkssozialistischen Zeitschrift. Ihr Titel lautete *Die Fackel* – eine beliebte Bezeichnung bei Sozialisten, und nicht nur bei diesen –, der Untertitel *Sozialistische Wochenzeitung. Gegen Nationalismus und Kulturreaktion.* Noch im Erscheinungsmonat trafen sich Seydewitz und Rosenfeld mit einer Gruppe Gleichgesinnter, darunter Ströbel, zu einer Geheimbesprechung. In ihr wurde festgelegt, dass sich im Falle eines Parteiausschlusses der *Fackel*-Verleger die anderen mit ihnen solidarisch erklären und im Übrigen weiter für das Blatt schreiben würden. Der erwartete Schachzug der SPD-Führung erfolgte prompt – die Maßnahme der Opposition war ja nichts anderes als die vorweggenommene Reaktion – und liest sich im *Vorwärts* wie folgt:

»Der Parteiausschuss hat gestern eine Entschließung angenommen, die zur Wahrung der Parteieinheit entschiedene Maßnahmen fordert. Die … Teilnahme an gewissen Sonderbündeleien wird als unvereinbar mit der Zugehörigkeit zur Partei bezeichnet. Der Beschluss zielt insbesondere gegen die sogenannte ›Freie Verlagsgesellschaft‹, deren Gesellschafter die Genossen Seydewitz und Kurt Rosenfeld sind. Diese ›Freie Verlagsgesellschaft‹ wird nicht wegen des Schriftenvertriebs angegriffen, den sie sich zur Aufgabe gemacht hat, und nicht wegen der Meinungen, die sie vertritt, sondern vielmehr deshalb, weil sie der Deckmantel für sonderbündlerische Bestrebungen innerhalb der Partei ist. Es ließ sich nicht vermeiden, daß einige Genossen vor die Frage gestellt wurden, was ihnen wertvoller erscheint: die ›Freie Verlagsgesellschaft‹ – oder die Sozialdemokratische Partei! ... Im Parteiausschuss hat sich gestern niemand gegen die Opposition als solche ausgesprochen. Niemand hat verlangt, daß irgendwelche Meinung verboten werden soll ... Was von der Opposition verlangt wird, ist weiter nichts als der Verzicht auf ein Verhalten, das zu einer Gruppenabspaltung zu führen droht.«

In der dann vom *Vorwärts* abgedruckten Entschließung führt der Parteiausschuss auch einzelne Tatbestände des sonderbündlerischen Verhaltens auf. Der »Kampfcharakter« der *Fackel* gegen den Leipziger Parteitag im Besonderen wie die SPD im Allgemeinen gehörten ebenso dazu, wie die Verleitung von Angestellten der Partei zur Untreue und das Abwerben von Werbern der Parteipresse für eigene Zwecke. »Jede weitere Duldung eines solchen zur Parteispaltung führenden Treibens würde alle verantwortlichen Parteiinstanzen mitschuldig machen.« So die Entschließung. Und selbst, wenn man die eine oder andere Wendung dieses Schriftstücks als etwas bemüht betrachten könnte, so spricht das praktische Verhalten dieser Opposition der »Neun« für sich. Es zielte auf Abspaltung.

Natürlich erschien die nächste Ausgabe der *Fackel*. Und ebenso natürlich erklärte sie, dass dadurch nicht die Partei gespalten, sondern lediglich das Recht auf Meinungsfreiheit wahrgenommen werden sollte. Die großen Worte, die beide Seiten in diesem Stadium verwendeten, enthüllten ein ziemliches Maß von kleinlicher Rechthaberei. Die *Fackel*-Autoren sahen bei der SPD-Führung »den Beginn eines Gesinnungsterrors und einer Meinungsdiktatur ..., dem entgegenzutreten wir als parteigenössische Pflicht empfinden«. Der *Vorwärts* hielt dieser »törichten Erklärung« entgegen: »Es geht nicht um die Meinungsfreiheit in der Partei, die niemand antasten will, sondern es geht ganz einfach um die Frage, ob gewissen Parteigenossen der von ihnen aufgezogene eigene Laden wichtiger ist als die Partei.« Wie viele inzwischen einen solchen »eigenen Laden« haben, machte das Zentralorgan in einer Aufstellung deutlich, die von der USP (Theodor Liebknecht) über den Sozialistischen Bund (Georg Ledebour) und den Internationalen Sozialistischen Kampfbund (Nelson-Eichler) bis zu den Anarcho-Syndikalisten reichte und 17 Gruppen und Sekten umfasste, »die in den Niederungen der Arbeiterbewegung ihr Wesen treiben«. Der *Vorwärts* charakterisierte weiter: »Bei diesen Querköpfen gilt die Losung: Jeder seine eigene Partei! Die Arbeiterklasse folgt einem anderen Ruf. Sie weiß, daß Karl Marx niemals Zersplitterung und Spaltung und Anarchie gelehrt hat.«

»Ich wiederhole: Die Sache ist nicht gut«

Im *Zwickauer Volksblatt*, das bisher von Seydewitz geleitet worden war, nahm Walther Victor, einer der Redakteure des Blattes, zur Lage Stellung. Victor befand, dass die Haltung von Seydewitz nach der Parteiausschuss-Entschließung das langjährige Vertrauensverhältnis zwischen ihnen beendet hätte. Seydewitz habe sich bereits vor dem Parteiausschuss entschlossen, sich einem etwaigen Verbot zu widersetzen. Der Bitte von Victor, in diesem Fall nicht an seinen Arbeitsplatz zurückzukehren, sondern in Berlin als Abgeordneter das zu tun, was er für richtig halte, habe Seydewitz nicht entsprochen, vielmehr ihn, seine heimische Partei und die Leser bis zuletzt über seine politische Entscheidung im Unklaren gelassen. Wenn Seydewitz es nun doch zum Ausschluss kommen lassen sollte, so habe er ihn selbst provoziert. »Das Betrüblichste indessen«, schrieb Victor zum Schluss, »ist die menschliche Form, in der dieser Bruch sich vollzieht. Die Partei hätte ein Recht darauf gehabt, daß Seydewitz mit ihr klar und offen gesprochen hätte. War seine Sache gut, so bedurfte es keiner taktischen Winkelzüge mit dem Ziel, den Parteivorstand denjenigen sein zu lassen, der durch den Ausschluss die Sache ins Rollen brachte ... Aber die Sache ist nicht gut. Dem Bild, dem Führerbild, das viele von Max Seydewitz hatten, hat das ausweichende, bewußt unaufrichtige Verhalten unverwischbare Flecken aufgeprägt. Aber ich wiederhole: die Sache ist nicht gut.«

Zwei Tage später wurden Seydewitz und Rosenfeld aus der SPD ausgeschlossen. »Die Gesellschafter der ›Freien Verlagsgesellschaft‹ haben«, heißt es in der Begründung, »die ihnen nochmals gebotene Frist nicht benutzt, um entsprechend der an sie gerichteten Aufforderung klar und deutlich ihre Bereitwilligkeit auszusprechen, sich dem Beschluss des Parteiausschusses zu fügen. Damit haben sie gegen den auf Antrag der Zwickauer Organisation von dem Parteitag zu Heidelberg 1925 gefaßten Beschluß verstoßen, der lautet:

›Sonderkonferenzen, Sonderveranstaltungen, wie sie von den 23 sächsischen Landtagsabgeordneten wiederholt abgehalten worden sind, sind verboten.‹«

Wie überraschend! Oder nicht? Wer hatte denn die 23 in die Enge getrieben, wenn nicht Seydewitz? So hatte sich sein eigener Antrag von vor sechs Jahren gegen ihn selbst gekehrt.

Was dem *Vorwärts* dazu einfiel, war kaum anders zu erwarten gewesen. »Durch den Ausschluss von Rosenfeld und Seydewitz und das Ausscheiden derer, die ihnen folgen, wird ein Zustand beendet, der unerträglich geworden war.« Abermals beschwor das Zentralorgan die »kameradschaftliche Aufrichtigkeit« und verdammte »Verschwörermanieren und Machenschaften im Dunkeln«. »Solche Methoden wirken, besonders auf die Jugend, moralisch verwüstend. Es ist notwendig, daß sich die Partei gründlich von ihnen befreit.« Aber gab es denn wirklich nur den Weg dieser Art von Befreiung, und was erwartete die Jugend von der Partei? Nach dem Leipziger Parteitag hatte Carlo Mierendorff, jüngstes Mitglied der SPD-Reichstagsfraktion, aber der sicherlich unabhängigste Sprecher der deutschen Sozialdemokratie, nach einer Antwort gesucht. Was er herausfand, unterschied sich von den offiziellen Verlautbarungen und den Interpretationen der an die Organisation angelehnten Parteiorgane.

»Der Vorstandstisch konnte gewiß triumphierend am Abend dieser Leipziger Schlacht sich selbst die Meldung machen: Opposition zurückgeschlagen!« schrieb Mierendorff in den *Neuen Blättern für den Sozialismus.* »Aber ... das war ein Pyrrhussieg.« Stimmte die Beschreibung des Schlachtfeldes? Für die Parteiführung gebe es nur Einheit und Geschlossenheit als den einzigen und höchsten Wert. Die Opposition war dagegen das Böse schlechthin, das man am Besten aus der Welt redete. Dagegen wäre es richtiger gewesen, zu zeigen, welche Schwierigkeiten der Partei durch die Tolerierungspolitik erwachsen, auch wenn dieser Weg am Ende aus vielen Gründen eingeschlagen werden muss. So aber richtete sich die Strategie der Führung gegen die Opposition, statt auf eine Strategie gegen Brüning und seine Notverordnungen bedacht zu sein. Wer jedoch brauchte denn noch die SPD, wenn die Tolerierungspolitik außer Frage stand? Wie aber die Partei zur Jugend stand, habe sich im Referat von Erich Ollenhauer gezeigt, das explizit »Partei und Jugend« vorbehalten war. Mierendorff befand, Ollenhauer habe nicht als Anwalt der Jugend gesprochen, der ihre Nöte und Forderungen aus ihrer eigenen Perspektive aufzeigte, sondern wie ein Professor, der einem wissenschaftlichen Kongress das Ergebnis seiner Forschungen an einer neuen Krankheit vorstellte. »Sein Referat trug einen Vollbart bis zum Knie.«

Schon drei Tage nach seinem Ausschluss gründete Seydewitz in Breslau die erste Ortsgruppe der neuen Partei. Wie der *Vorwärts* meldete, sei dabei die »historische Lassalle-Fahne« die traditionell ihren Standort in Breslau hatte, »aus dem Gewahrsam der Partei entwendet« worden. Wenn die Sozialdemokratie sie zurückhaben wollte, so sollte sie prozessieren, wurde vor der Versammlung erklärt. Nach weiteren zwei Tagen, am 4. Oktober 1931, kam es in einer Reichskonferenz oppositioneller Sozialdemokraten zur Gründung der »Sozialistischen Arbeiterpartei Deutschlands« (SAP). Seydewitz beschwor vor den 88 Delegierten im Hauptreferat die Notwendigkeit der Parteigründung mit der mangelnden Meinungsfreiheit in der SPD. Der Altlinke Georg Ledebour hatte ein Begrüßungsschreiben geschickt, während Paul Löbe in einem Brief an den Vorsitzenden des Bezirks Mittelschlesien von seinem »tiefen Schmerz« über die Abspaltung schrieb. Er habe selbst oft in Opposition zu Beschlüssen der Reichstagsfraktion gestanden und dabei »auch mit der Gruppe um Seydewitz gestimmt.« Doch was »jetzt von den sogenannten Linken geschieht, ist ein Verhängnis und ein Verbrechen an der deutschen Arbeiterklasse«. Ähnlich dachten viele der älteren Oppositionellen, denen Parteidisziplin eine Selbstverständlichkeit war und dazu die Erinnerung an die Parteispaltung im gar nicht so fern zurückliegenden Weltkrieg noch schwer in den Knochen lag. Selbst zwei der originären »Neun« machten den Schritt zur SAP nicht mit und Ströbel kehrte ihr bereits im Dezember wieder den Rücken.

Willy Brandt erinnert sich

Wenn man nach Hochburgen der neuen Partei sucht, so finden sie sich bezeichnenderweise vor allem in jenen Gebieten, wo die Opposition sich nicht – *nicht* – über ein regionales Parteiorgan und/oder eine »linke« Gliederung ausreichend artikulieren konnte. Willy Brandt, damals noch als Herbert Frahm einer der Organisatoren der SAP-Parteijugend, beschreibt das eigene Gründungserlebnis in seinen *Erinnerungen*: »Unter den Sozialdemokraten mit ihrer jahrzehntealten – emotionalen und oft existenziellen – Bindung an die Partei, war das Echo, von einigen Regionen abgesehen, minimal, unter den SAJlern [SAJ: Sozialistische Arbeiterjugend, die SPD-Jugendorganisation; Anm. H. S.] dafür umso lebhafter. Der Sozialistische Jugendverband (SJV) der neuen Partei übte nicht nur in Lübeck eine erhebliche Anziehungskraft auf die linken Jugendlichen aus; daß ich dabei sein würde, schien mir das Natürlichste von der Welt.« Der Bruch mit seiner alten Partei barg für den jungen Sozialisten freilich ein erhebliches Risiko; er verlor ein in Aussicht gestelltes Stipendium. So wie Brandt dachten jedoch viele seiner politischen Gesinnungsgenossen. Im Verhältnis zur Stärke der Gesamtpartei besaß die SAP dadurch den stärksten Jugendverband unter allen Arbeiterparteien.

Nach dieser eingehenderen Einlassung auf die innersten Konfliktfelder der Sozialdemokratie soll der Blick wieder zu den Zwickmühlen der Staatsführung zurückkehren. Hier steht noch ein Nachtrag über die außenpolitischen Aspekte der deutschen

Wirtschaftskrise aus. Es ist ja richtig, dass sie sich, wie in vielen anderen Ländern, zu einem erheblichen Teil aus dem amerikanischen Börsenkrach herleitete. England zum Beispiel wertete sein Pfund um 30 Prozent ab. Brüning begegnete der Illiquidität der deutschen Banken durch erhebliche Reichszuschüsse. Das half aufs Ganze gesehen wenig. Die Arbeitslosigkeit kletterte weiter auf sechs Millionen. Aber Brüning fand sich seinem Ziele näher. Seine Deflationspolitik hatte den Haushalt stabilisiert und das Ausland für den Abbau der Reparationen günstig gestimmt. Im Juni 1931 hatte der amerikanische Präsident Hoover ein allgemeines internationales Schuldenfeierjahr vorgeschlagen, das heißt, die USA würden alle ihnen geschuldeten Zahlungen ab 1. Juli 1931 für ein Jahr aufschieben, wenn die jeweiligen Regierungen ihren fremden Schuldnern die gleiche Erleichterung gewähren würden. Deutschland nahm sofort an. Der *Vorwärts* zog einen Monat später ein außen- und wirtschaftspolitisches Resümee.

Der Leitartikel »Wirtschaft ist Schicksal«, hinter dem Rudolf Hilferding stehen dürfte, sucht als erstes die Frage zu beantworten, »wieviel Geld braucht Deutschland eigentlich, um über die Krise hinwegzukommen?« Die Antwort: Notverordnung und Hoover-Plan zusammen verminderten die Ausgaben des Reiches im laufenden Jahr um mindestens drei Milliarden Mark. Das hätte genügt, um einigermaßen Ordnung zu schaffen, »wenn nicht von der privatwirtschaftlichen Seite her neue Störungen schwerster Art eingetreten wären.« Dabei handle es sich nicht mehr darum, »ein Loch im Reichshaushalt zu stopfen«, sondern heiße es, »Ersatz für das Kapital zu schaffen, das in den letzten Wochen aus Deutschland davongelaufen ist und dessen plötzliches Verschwinden für die deutsche Wirtschaft eine Lebensgefahr bedeutet«. Was noch nicht in diesem Aufsatz stehen konnte: Als Folge des Kapitalabflusses, dessen Hauptbestandteil aus den zurückgezogenen kurzfristigen Anleihen bestand, sank der Gold- und Devisenbestand der Reichsbank um zwei Milliarden Mark, nämlich von 3078 auf 1077 Millionen.

Der *Vorwärts* zeigte volles Verständnis dafür, dass das Ausland, wenn es denn rettend eingreife, dies nicht aus »eitel Nächstenliebe« tun würde, sondern sich durchaus »kaltblütig« überlege, was es gewinnen oder verlieren könnte. Darum hätten etwa die deutschen Nationalisten am allerwenigsten ein Recht, Frankreich wegen seines Zögerns zu beschimpfen. »Denn wer der Meinung ist, morgen werde das Dritte Reich kommen und dann werde es dem verfluchten Erbfeind an den Kragen gehen, der sollte doch wirklich Verständnis dafür haben, daß der Erbfeind eine solche Aktion nicht selber finanzieren will.« Allerdings meinte das Blatt, dass Frankreich verstehen müsse, dass es sich bei der Frage, ob für den lebensgefährlichen Kapitalabfluss noch rechtzeitig Ersatz geschaffen werden solle, um eine wirtschaftliche Frage handle, die auch für Frankreich selbst von größter *wirtschaftlicher* Bedeutung sei. »Im Verhältnis zu den Objekten, um die es dabei geht, sind Dinge, wie der österreichisch-deutsche Zollplan und der Bau des Panzerschiffes B nahezu Nichtigkeiten.«

Die beiden letzten Hinweise galten außenpolitischen Aktivitäten der Regierung Brüning, die im Gegensatz zu ihren erfolgreicheren finanzpolitischen Aktionen im einen Fall zu einer markanten Niederlage eben der deutschen Außenpolitik, im anderen zu unnötiger Verstimmung geführt hatten. Brünings Außenminister und Nachfolger Stresemanns, der DVP-Mann Julius Curtius, hatte Anfang des Jahres einen bemerkenswerten Erfolg auf seinem Feld verbuchen können. Der Völkerbund hatte auf eine deutsche Beschwerde wegen Wahlterrors gegenüber der deutschen Minderheit in Oberschlesien hin festgestellt, dass in der Mehrzahl von 250 angezeigten Fällen eine Verletzung der Genfer Konvention vorliege. Immerhin führte dies Warschau, oder besser, die Pilsudski'sche Präsidialdiktatur zu einer vorsichtigeren Handhabung ihrer Minderheitenpolitik. Durch diesen Erfolg kühn gemacht, ließ sich Curtius auf ein zweifelhaftes außenpolitisches Abenteuer ein. Ohne Vorwarnung machte er bekannt, dass sich die deutsche und die österreichische Regierung auf den Abschluss einer Zollunion geeinigt hätten.

Auch wenn die wirtschaftliche Großwetterlage manches Argument für diesen Schritt geliefert hätte, stand der Beschluss in offenem Widerspruch zum Friedensvertrag von St. Germain und dem Genfer Protokoll von 1922 über die Unabhängigkeit Österreichs. Es kam, wie es kommen musste. Nach Anrufung durch den Völkerbund erklärte der Internationale Gerichtshof in Den Haag die Unvereinbarkeit einer Zollunion mit dem Genfer Protokoll. Curtius trat zurück, und das Verhältnis zwischen Deutschland und Frankreich blieb lange belastet. Wären beide Regierungen, die deutsche und die österreichische, nicht so überhastet vorgegangen, wer weiß, wie die Dinge sich entwickelt hätten. So wurde die letzte Chance vertan, den Traum nach einem »Großdeutschland« zu realisieren, den die 48er und Wilhelm Liebknecht einmal geträumt hatten. Hitler gab dem Gedanken bekanntlich den Rest. Nicht ganz so viel politisches Porzellan zerschlug das Beharren Deutschlands auf seinem Recht, sich nach dem Versailler Vertrag auch einen Panzerkreuzer B zulegen zu dürfen. Aber besonders in der Beziehung zu Großbritannien, das die deutsche Rolle auf den Weltmeeren immer mit Aufmerksamkeit betrachtete, sorgte es für einige Irritationen.

Der *Vorwärts* beobachtete indes nicht nur die ausländischen Hindernisse gegen einen Abbau des Kapitalschwundes. Mit womöglich stärkerem Eifer prangerte er die »Kapital- und Steuerflucht als kapitalistische Staatsmoral« an. Dabei konnte die Zeitung auf das Beispiel – »gewiß nicht typisch für die ganze deutsche Unternehmerschaft« – der Brüder Lahusen hinweisen. Diese Regenten des Nordwolle-Konzerns benutzten die von ihnen im Ausland gegründete Ultra-Mare-Gesellschaft zu Kapitalflucht und Steuerhinterziehung. Als ihr deutsches Stammhaus, mit den Verlusten von Ultra-Mare belastet, zusammenbrach, riss es seine Hausbank mit sich. Deren Name: Danatbank. Am Rande vermerkte der *Vorwärts*, dass die Brüder Lahusen wie ein nicht unbeträchtlicher Teil ihrer Standesgenossen »das Wort Vaterland hochtönend im Munde führen, den Staat und die Gesamtheit aber zu ihrem Privatvorteil schädigen, wo sie es können«. Auch kam später noch heraus, dass sich die NSDAP-Kasse über Zuwendungen aus ihrer Hand freuen durfte.

Von den vielfältigen Wegen der Kapital- und Steuerflucht zählte der *Vorwärts* ein halbes Dutzend Beispiele auf, die von der Überweisung von Vermögen oder Bankguthaben an ausländische Firmen oder Banken als einfachste Form der Veruntreuung bis hin zur Gründung von Finanzierungsgesellschaften im Ausland reichten, wobei alles noch die Form von »normalem kapitalistischen Verhalten« aufweisen könnte und gesetzwidriges Gebaren in den seltensten Fällen nachzuweisen war. Diese bekanntesten Formen und Fälle von Kapital- und Steuerflucht legten den Verdacht nahe, dass der Betrug am Fiskus nachgerade »zum guten Ton geworden« war. Noch schwieriger zu kontrollieren waren die Fälle, wo nach der Gründung von Tochtergesellschaften im Ausland durch manipulative Praktiken – von überhöhten Preisen bis zu erfundenen Schadensrechnungen – das Geld ins Ausland transferiert wurde. Manche ausländische Staaten unterstützten diesen Trend, da ja die deutsche Kapitalflucht den eigenen Kapitalpreis senkte und vielleicht die Steuerkraft des Landes anhob. Was Wunder, dass man ihr durch die entsprechende Steuergesetzgebung entgegenkam, wie etwa in der Schweiz, den Niederlanden, Luxemburg und dem kleinen Liechtenstein. Die Neugründung von Vermögens- und Holdinggesellschaften sprach Bände. Der Preis war die öffentliche Finanznot in Deutschland, die jedenfalls zum Teil auf die Finanz- und Kapitalflucht deutscher Unternehmer zurückgeführt werden konnte.

Mit seiner dritten Verordnung zur Sicherung von Wirtschaft und Finanzen wollte Brüning, neben andere Begradigungen, auch die durch die erwähnten Praktiken klaffenden Löcher stopfen. Beim Reichsfinanzministerium wurde eine »Umschuldungsstelle« eingerichtet. Doch es blieb nicht bei dem 32-seitigen Katalog. Mit gleicher Post unterrichtete der Reichskanzler den Reichspräsidenten und sein Land vom Rücktritt des gesamten Kabinetts. Hindenburg nahm die Demission an, beauftragte

Brüning aber zugleich mit der Regierungsneubildung. Jedoch erfolgte der Auftrag mit einer Einschränkung: Die Neubildung habe »ohne parteimäßige Bindung« zu erfolgen. Was sollte das nun heißen? Ja, der Reichspräsident sei aktiv geworden. Das aber war nichts anderes als eine euphemistische Umschreibung der allzu offenkundigen Tatsache, dass Hindenburg immer stärker unter den Einfluss seiner Hofkamarilla geraten war. Alte Militärfreunde und rechtsgewirkte Politiker und Pseudopolitiker nutzten Hindenburgs Sohn Oskar zunehmend für ihre Zwecke. Die *Deutsche Tageszeitung* überschrieb ihren Leitartikel zum Thema so: »Es rutscht.« Mit dieser Überschrift, befand der *Vorwärts,* sehe die deutschnationale Gazette die Dinge richtig. Der *Vorwärts:* »Es rutscht nach rechts ... Auch das zweite Kabinett Brüning, das jetzt gebildet werden soll, wird nur noch als Übergang zu einem ausgesprochenen Rechtskabinett betrachtet. Es rutscht – aber wie weit? Es schlittert – aber wohin?«

Der nächste Sonntag offenbarte: Zunächst nach dem malerischen Bad Harzburg. Dort versammelte sich eine große Koalition aus Republikfeinden aller Kaliber, um ihre Macht und Geschlossenheit zu demonstrieren. Warum gerade in dem verträumten Harzstädtchen, das mehr aufgrund seiner Solequellen, als durch politische Schwerpunkte bekannt war? Die Tatsache verdient in die Erinnerung zurückgerufen zu werden. Zitieren wir dazu den *Vorwärts* aus jenen Tagen. »Die Konterreaktion ist übermütig geworden ... Sie wähnt ihren Sieg zum Greifen nahe. Daß sie ihre Parade in Bad Harzburg abhält, ist kein Zufall. Bad Harzburg liegt in Braunschweig. Braunschweig ist das Land, in dem Aufmärsche der sozialistischen Arbeiterjugend und des Reichsbanners verboten sind, während die braunen Kohorten Hitlers das Feld und das Straßenbild beherrschen. Braunschweig ist das Musterland der Reaktion. Ganz Deutschland soll wie Braunschweig werden.«

Die Harzburger Front – Wahrheit und Legende

In der Tat stießen in dem ländlich geprägten Kleinstaat die politischen Gegensätze brutaler aufeinander als sonst im Deutschen Reich. Um eine SPD-Regierung am Ende der 1920er Jahre abzulösen, ließ sich die bürgerliche Rechte 1930 zu einem Bündnis mit der NSDAP verführen. Keine andere Landesregierung hat entscheidendere Schrittmacherdienste für Hitler geleistet, wie die von dieser Liaison ausgehaltene. Hier in Braunschweig auch erlangte der Österreicher Hitler durch Ernennung zum Regierungsrat die deutsche Staatsangehörigkeit. Der Terror gegen republikanische Parteien, namentlich gegen die SPD, nahm das Jahr 1933 großenteils vorweg. Mehrmals verbot der Nazi-Innenminister Dietrich Klagges die Braunschweiger SPD-Zeitung *Volksfreund*, einmal sogar für acht Wochen. Lediglich das Eingreifen des Reichsministers Groener verkürzte diese Frist. Unter dem Titel »Die Wahrheit über Braunschweig« veröffentlichte der *Vorwärts*-Redakteur Curt Geyer eine Bildreportage in seinem Blatt. Der *Völkische Beobachter* erblickte darin »dreiste Schmähhetze« gegen Klagges und forderte ein Verbot des Zentralorgans.

Die Harzburger Front, diese große Heerschau der Rechten, lebt allerdings mehr als Legende, denn als politische Wirklichkeit. Zwar inszenierte die SA in Harzburg einen ihrer größten Aufmärsche vor 1933. Doch in den Augen der Öffentlichkeit überwogen das Geglitzer der Orden, die Adelsprädikate und die Zylinderhüte. Die Prinzen und Generale – darunter auch Herr von Seeckt –, die sich namentlich den Deutschnationalen und dem Stahlhelm verbunden fühlten, wähnten sich auch ganz selbstverständlich als die Häuptlinge, Hugenberg als der Oberhäuptling; Hitler hatte die Aufgabe gehabt, die Indianer heranzuführen. Doch am Ende einer Reihe von Brüskierungen seitens Hitlers musste Hugenberg erkennen, dass der selbsternannte Volkstribun sich nicht einbinden ließ. Die Einigkeit der Rechten blieb eine Schimäre.

Wenn von Harzburg eine Wirkung ausging, dann war sie dem politischen Chamäleon Hjalmar Schacht zu verdanken, der auf diesem Boden endgültig der demokratischen Regierungsform absagte. In seiner Rede nannte der ehemalige Reichsbankpräsident die Reichsmark »eine Währung, die nicht mehr dem regulären Warenverkehr dient, sondern nur noch dazu, die Illiquidität unserer Finanzinstitute und der öffentlichen Hand zu verbergen«. Die Reichsregierung warf Schacht daraufhin vor, Deutschland um den letzten Kredit bringen zu wollen. Der *Vorwärts* sprach von einem »Angriff auf die Stabilität der deutschen Mark« und erinnerte daran, dass Schacht es gewesen war, der den Kommunen verwehrte, langfristige Auslandskredite aufzunehmen, und der somit die Kreditkrise vom Sommer mit herbeigeführt hatte.

Es war zu einem gewissen Teil die Sorge um die Stabilität der deutschen Währung, die es den Sozialdemokraten leichter machte, auch das zweite Kabinett Brüning zu tolerieren. So stand die SPD in der ersten Reichstagssession seit einem halben Jahr an des Kanzlers Seite, um ihn aus verschiedenen Misstrauensvoten der neuen Harzburger Gemeinschaft und der Kommunisten herauszupauken. Unter den Schlagzeilen »Niederlage der Harzburger« und »Mehrheit von 25 Stimmen gegen Hitler-Hugenberg« feierte der *Vorwärts* den knappen Abstimmungssieg der inoffiziellen Koalition und den eigenen Erfolg bei zwei Abstimmungen über SPD-Anträge, deren einer sich gegen alle Versuche richtete, das Tarifrecht auszuhöhlen, während der andere eine Winterhilfe in Naturalien für das Millionenheer der Erwerbslosen forderte.

Schon lange nicht mehr hatten Reichstagssitzungen ein derartiges Echo gefunden. Menschenmassen umlagerten die Portale des »Hohen Hauses«, denn nur die wenigsten hatten Eintrittskarten für die Tribünen ergattern können. Der *Vorwärts* hatte eine staatsbürgerlich verständnisvolle Erklärung für das Gedränge. »Der Parlamentarismus ist tot, behaupten die Gegner der Demokratie. Aber die Massen haben es zu spüren bekommen, was es heißt, wenn der Parlamentarismus durch die Schuld seiner Gegner nicht funktioniert. Die Kette der Notverordnungen, ein Werk der Bürokratie, ist ein Zeugnis *für* den Parlamentarismus, denn niemals hätte der Reichstag soviel Unzulänglichkeiten zusammengetragen, niemals hätte eine parlamentarische Gesetzgebung so schlecht gearbeitet. Das wissen die Massen. Und darum erwarten sie jetzt vom Reichstag, daß er ihnen Hilfe aus ihrer Not bringe, daß er die brutalen Angriffe der Reaktion auf ihre Lebenshaltung abwehre.« Lassen wir das, was uns heute blauäugig erscheint an dieser Argumentation, einmal so stehen. Aber waren die Massen nicht vielleicht auch ein bisschen von der Neugierde getrieben, ob sich die brutalen Übergriffe wiederholen könnten, mit der die Nationalsozialisten sich in der letzten Session in Erinnerung brachten?

Nun, die Nazis taten ihnen diesen Gefallen nicht. Im Gegenteil. Als ihre Abstimmungsniederlage feststand, verließen sie den Plenarsaal zusammen mit den Deutschnationalen und der Erklärung, an den weiteren Beratungen kein Interesse zu haben. Dass sie für dieses Mal nur Kreide gefressen hatten, sollte sich postwendend herausstellen. In Hessen hatte die NSDAP gerade einen überwältigenden Sieg bei den Landtagswahlen eingefahren, als einer ihrer Abgeordneten, ein Mann namens Schäfer, aus welchen Motiven auch immer, dem Frankfurter Polizeipräsidenten ein Furcht erregendes Dokument übergab. Zwischen den beiden Einbanddeckeln waren die Maßnahmen verzeichnet, mit denen die Nationalsozialisten ihre Herrschaft sichern wollten.

Hohe hessische NSDAP-Führer hatten den Katalog entworfen, und nach dem Ort ihrer Zusammenkunft, dem Boxheimer Hof bei Trier, hatte er den Namen »Boxheimer Dokumente« erhalten. SA und SS sollten danach die Staatsgewalt übernehmen, politische Gegner ins KZ eingeliefert und jeder Widerstand mit dem Tode bestraft werden. Juden hatten keinen Anspruch auf Ernährung. Der Widerspruch der NSDAP-Führung gegen die Darstellung war halbherzig, der *Vorwärts* wies denn auch darauf hin: »Die Reichsleitung der Nationalsozialistischen Partei … weiß, daß dies Programm herausgewachsen ist aus einer jahrelangen systematischen Agitation, daß es Grundgedanken wiedergibt, die jedem nationalsozialistischen Agitationsredner als Richtungspunkte gedient haben.«

Strafrechtliche Folgen hatte die Veröffentlichung nicht. Das Reichsgericht stellte den Hauptschuldigen, einen Gerichtsassessor, der nach der »Machtergreifung« Landespolizeipräsident von Hessen wurde, außer Verfolgung. Zur selben Zeit übrigens, als dieses hohe, aber durchaus nicht über den Parteien stehende Gericht den Herausgeber der *Weltbühne* Walter von Ossietzky wegen der Veröffentlichung eines Berichtes über unerlaubte deutsche Rüstungen zu anderthalb Jahren Gefängnis verurteilte. Als nach dem Tod Heinrich Brünings 1970 seine Memoiren erschienen, konnten die geschockten Zeitgenossen nachlesen, dass der Kanzler selbst es gewesen war, der den Oberreichsanwalt angewiesen hatte, die Boxheimer Dokumente niedrig zu hängen. Sie sollten die anstehenden Sondierungsgespräche zwischen NSDAP und Zentrum nicht belasten. Die diktatorischen Terrormaßnahmen wurden im Dritten Reich, wie erlebt, durch die Bank Realität. Den Abgeordneten Schäfer erschlugen seine einstigen Parteigenossen 1933 als einen der ersten.

Das alte halbvergessene Sturmsignal

Unter Sozialdemokraten gab es keine Zweifel, welchem Schicksal Deutschland bei einer Machtübernahme Hitlers entgegenginge, wie immer sie bewerkstelligt würde. Sich dem nicht kampflos zu überlassen war auch dem letzten Genossen in Anbetracht der kampfbetonten Parteigeschichte pure Selbstverständlichkeit. So ging auch ein befreites Aufatmen durch die Reihen, als sich vor Weihnachten die verwandten sozialdemokratischen Organisationen zur Gründung einer Abwehrfront zusammenfanden. Julius Leber hatte später notiert, die neue Schöpfung habe auf die »namenlosen Massen der alten Bebel Partei« gewirkt wie ein »altes halbvergessenes Sturmsignal auf eine kampf- und sieggewohnte Truppe«. Vertreter der SPD, der sozialdemokratischen Gewerkschaftsverbände, des Arbeiter-Sports und des überparteilichen Reichsbanners, erklärten sich in Berlin zur Bildung einer »Eisernen Front« bereit. Diese neue Formation sollte »den Kampf gegen den Faschismus mit gesteigerter Aktivität fortführen.« So wie das Reichsbanner die Schutzorganisation aller republikanischen Parteien bildete, auch wenn jüngere Sozialdemokraten das Hauptkontingent stellten, war die »Eiserne Front« als ein über den Parteien stehender antifaschistischer Verband gedacht. Doch blieb sie ein sozialdemokratisches Biotop. Von den bürgerlichen Parteien duldete lediglich die Deutsche Staatspartei, Nachfolgerin der DDP, den Anschluss ihrer Gliederungen.

Aber auch die SPD selbst tat sich schwer. Was vielleicht der letzte ernsthafte Versuch war, den Erzfeinden von Demokratie und Republik das Steuer des Staates zu entreißen, das sie schon fest in ihrem Griff wähnten, verkam in den Parteietagen zu einem Funktionärstheater. Die niederen Ränge, der Basis näher, erkannten zwar, dass sich hier die Chance zu einem Aufbruch auftat, doch waren sie zu sehr gewohnt, ihre Entscheidungen dem »Apparat« unterzuordnen. Der aber hatte gerade einen Angriff der innerparteilichen Opposition abgeschlagen und fühlte sich jetzt schon wieder attackiert. Statt der Chance sah er nur die Herausforderung. Am deutlichsten wird dieses Missverständnis bei der Diskussion über die Propaganda. Die Sozialdemokratie der 1920er Jahre hielt wenig von Emotionen in der Politik. Ihr Prinzip war die Nüchternheit, ihr Kampfmittel das Argument. Doch in Zeiten, in denen den Menschen die Not immer stärker auf den Nägeln brannte, reichte das nicht. Hier klaffte eine Lücke, in die NSDAP und Kommunisten mit ihren Propagandamethoden hineinstießen.

Die Eiserne Front rief tatsächlich die Hoffnung wach, man könne der geschickten Agitation, namentlich der Hakenkreuzler, wirksam entgegentreten. Mit Massenaufmärschen, der Mobilisierung von Frauen, Kindern, Kriegsopfern und Arbeitslosen und der Zusammenarbeit mit den gewerkschaftlichen »Hammerschaften«, mit Kabarett, Kampf- und Spottliedern, mit »Kreidekrieg« und »revolutionären« Massendialogen weckte die Eiserne Front jetzt wirklich Emotionen, ja peitschte die Menschen auf und riss sie aus der Lethargie. Dieser Durchbruch war ein Verdienst des neuen Reichsbannervorsitzenden Karl Höltermann und seines propagandistischen Beraters Sergei Tschachotin. Letzterer, ein Psychologieprofessor und früherer Assistent des russischen Physiologen und Nobelpreisträgers Iwan Petrowitsch Pawlow, hatte seine ersten agitatorischen Erfahrungen in der russischen Revolution gemacht. Vermutlich war er Menschewik. In der SPD fand er Unterstützung bei Carlo Mierendorff, einem streitbaren Abgeordneten aus der kleinen Gruppe der militanten Sozialisten. Ihr größter Erfolg wurde die Einführung der *Drei Pfeile*.

Das Symbol entwickelte sich aus einem »Kreidekrieg«, in dem die an Mauern und Häusern prangenden Hakenkreuze durch einen Kreidepfeil unkenntlich gemacht wurden. Tschachotin fand drei nebeneinander stehende diagonale Pfeile als ein geeignetes Sinnbild für die Kampfbereitschaft der Sozialdemokratie. Es brauchte allerdings längerer Anstrengungen, bis Reichsbanner- und Parteiführung von dem hohen Symbolwert überzeugt werden konnten. Ein gemeinsamer Auftritt von Tschachotin und Mierendorff vor dem Parteiausschuss gab schließlich den Ausschlag. Die drei Pfeile wurden nun als Kampfzeichen auf dem Rockaufschlag getragen; Gewerkschaftshäuser verwendeten sie als Lichtreklame; drei Pfeile schmückten »Freiheitsfahnen« und schließlich rückten sie auch in die Titelzeilen der Parteizeitungen. Ab Juli 1932 führte auch der *Vorwärts* die drei Pfeile im Titel. Ansonsten aber schlug sich wenig von der Drei-Pfeil-Agitation im Zentralorgan nieder, auch wenn dieses lautstark aus der Gründungserklärung der Eisernen Front proklamiert hatte: »Wir werden unsere Kampfmethoden denen unserer Feinde anpassen.« Neben dem Aufruf an die Jugendbewegungen der beteiligten Organisationen, als »Junge Front« in die Eiserne einzuschwenken, finden sich kaum mehr als einige Verweise auf Veranstaltungen der neuen Kampfgemeinschaft.

Das größere Manko stellte die Entschlossenheit der Parteiführung dar, den Weg der Legalität nicht zu verlassen. Sie hatte recht deutlich erkannt, dass die bewaffnete Auseinandersetzung mit den Nationalsozialisten in den Bürgerkrieg führen würde. Blutvergießen aber war unter allen Umständen zu vermeiden und die Entscheidung, so lange es nur anging, im parlamentarischen Raum zu suchen. Selbst bei der Bewaffnung einer kleinen Terror-Abwehrstelle im Parteivorstand, die schließlich als unumgänglich angesehen wurde, verlor die Parteispitze ihre Skrupel nicht aus den Augen. Es wurden nur leichteste Handfeuerwaffen angeschafft, und als Höltermann von einer Überzahl im Bestand erfuhr und sie für seine Eiserne Front reklamierte, wurde er glatt abgewiesen.

Ob republikanische Entschlossenheit das aufsteigende Verhängnis erfolgreich abgewehrt hätte, wird auch durch immer neue Hypothesen nicht beantwortet werden. Dass sie ausreichte, Hitler und den Seinen den Zugang zur Macht zu erschweren, bewies die nächste Wahl. Es war die des Reichspräsidenten. Dass dieser Urnengang zur großen Abwehrschlacht gegen den Faschismus werden sollte, hatte zunächst keiner erwartet. Im Gegenteil! Brüning, der den Risiken einer Volkswahl, wie sie die Verfassung vorschrieb, aus dem Weg gehen wollte, strebte eine Verfassungsänderung an, um den Präsidenten vom Reichstag wählen lassen zu können. Er holte sich damit nicht nur eine breite Abfuhr ein, sondern fand sich von Hugenberg und Hitler durch gezielte Indiskretionen noch an den Rand der Amtsaufgabe gedrängt. Der nächste Paukenschlag brachte das Hohe Haus gar selbst an den Rand einer Katastrophe und hatte mit der Wahl nur indirekt zu tun. In einer ersten Debatte über die Regierungsvorlage zur Wahl sprach der Chefagitator der Nazis, der Berliner NSDAP-Gauleiter Dr. Joseph Goebbels. Der Mann, der später als Reichspropagandaminister die Lüge zum beherrschenden Prinzip der Meinungsbildung machen sollte, lieferte hier eine der ersten Kostproben seines Talents.

Der *Vorwärts* merkte in seinem Bericht an, dass Goebbels »wortwörtlich« dieselbe Rede gehalten habe wie vorgestern im Sportpalast, der bekannten Berliner Kundgebungshalle, in der er gleichzeitig Hitler zum Präsidentschaftskandidaten der NSDAP proklamiert hatte. Was aber in der aufgeheizten Atmosphäre einer Wahlveranstaltung zur umjubelten Selbstdarstellung geraten war, konnte im Reichstag nur als peinliche Dreistigkeit verstanden werden. Der »Held des Sportpalastes« war im Reichstag »eine unmögliche Erscheinung«. Da habe sich »der kleine Goebbels« entschlossen, es »mit einem großen Skandal zu probieren«. Nachdem er die nationale Zuverlässigkeit Hindenburgs angezweifelt hatte, fügte er der Beleidigung des Staatsoberhauptes die einer ganzen politischen Generation an. Von wem werde denn Hindenburg heute gelobt? Und auf die sozialdemokratische Fraktion hinweisend kreischte Goebbels: »Von der Partei der Deserteure!« Die nächste Stunde bot der Reichstag ein Bild, das erschütterte, sich aber über die Zeiten hinweg immer deutlicher als eine seiner Sternstunden darstellte.

Nach weitergehenden Invektiven von Seiten Goebbels, nach Tumulten am Rande von Tätlichkeiten, nach Sitzungsunterbrechung und Wiederaufnahme trat der junge, einarmige Kriegsinvalide Dr. Kurt Schumacher an das Rednerpult. Friedrich Stampfer erinnert sich an seinen Auftritt. »In einer mitreißenden Stegreifrede sprach er das Stärkste, was im Reichstag je gesagt wurde über die moralische und intellektuelle Verlumpung des deutschen Volkes durch die Methoden der nationalsozialistischen Agitation.« Schumacher stellte der übergroßen Mehrheit der sozialdemokratischen Frontsoldaten, auch unter den SPD-Reichstagsabgeordneten, die allein 86 zählten, die wahren Verhältnisse in den Reihen der NSDAP gegenüber. Dort hatten die prominentesten Agitatoren, einschließlich Dr. Goebbels selbst, Dr. Frick, Alfred Rosenberg, Dr. Ley und anderen, den Krieg entweder in Hörsaal oder Amtsstube oder weit hinten in der Etappe erlebt. Mit schneidender Stimme erklärte der Schwerstverwundete, dass er und seine Freunde es ablehnten, »die sozialdemokratische, durch Opfer an Gut und Blut erhärtete Politik in nationalen Fragen vor solcher Art Agitation zu rechtfertigen«. Diese Agitation, legte er nach, sei »ein dauernder Appell an den inneren Schweinehund im Menschen«. Und dann warnte Schumacher vor den Folgen: »Das deutsche Volk wird Jahrzehnte brauchen, um wieder moralisch und intellektuell von den Wunden zu gesunden, die ihm diese Art Agitation geschlagen hat.«

Den Ereignissen vorgreifend müssen wir sagen, dass die Nationalsozialisten die ganze Zeit ihrer Herrschaft brauchten, um ihre Wut gegen Schumacher und sein mutiges Auftreten abzureagieren. Elf Jahre lang hielten sie ihn im Konzentrationslager fest und sie hätten ihn zum Schluss noch umgebracht, wenn ihn nicht ein Arbeitskollege verborgen gehalten hätte. In der Geschichte Weimars war diese Debattenstunde wohl die einzige Gelegenheit, in der sich alle Parteien des Reichstages in einer Front gegen die Nazis zusammenschlossen. Die Sitzungsprotokolle weisen auch aus, dass im Verlaufe jener aufwühlenden Auseinandersetzung drei sozialdemokratische Abgeordnete mit einem Ordnungsruf belegt wurden: Kurt Schumacher, Carlo Mierendorff und Julius Leber. Das ist bezeichnend. Diese drei Vertreter der jungen Generation waren nicht nur, wie durchaus viele andere, illusionslos über das, was Deutschland vom Nationalsozialismus zu erwarten hatte, sie waren auch nicht bereit, Hitler die Bastionen kampflos zu überlassen. Zusammen mit Theodor Haubach bildeten sie die inoffizielle Gruppe der »militanten Sozialisten«, wie sie, nicht immer ohne einen leichten denunziatorischen Unterton, bezeichnet wurden.

Der *Vorwärts* dokumentierte die schicksalhafte Reichstagssitzung in großer Ausführlichkeit. Seine Kommentierung beschränkte sich auf ein satirisches Gedicht aus der Feder Erich Kuttners, der es unter dem Pseudonym Jonathan veröffentlichte:

Antwort eines Kriegsteilnehmers an Josef Goebbels

Du Mießnick, der vier Jahre lang Niemals ins Feld nicht rückte, Der gänzlich ohne Tatendrang Zu Hause sich verdrückte, Ein Schelm Und »Held Daheim«, – – Du nennst uns Deserteure – – – ? Es ist uns eine Ehre!

Nachdem die Sache mit der Verfassungsänderung schief gelaufen war, nachdem Goebbels seinen Meister Hitler als Kandidaten präsentiert hatte, zu einer Stunde, da dieser noch nicht einmal die deutsche Staatsangehörigkeit besaß, nachdem auch die Deutschnationalen einen Oberst Düsterberg aufgestellt hatten, musste sich Reichskanzler Brüning nach brauchbareren Verbündeten umsehen. Nachdem auch Hindenburg selbst versichert hatte, »lieber verkannt und persönlich angegriffen (zu) werden«, als dass er »sehenden Auges unser Volk, das so Schweres in den letzten anderthalb Jahrzehnten getragen hat, in neue innere Kämpfe geraten ließe«, ließen sich die Sozialdemokraten nicht lange nötigen. Hitler verhindern war das einzige, aber alles andere überragende Wahlziel, das Bürgertum und demokratische Arbeiter noch einmal einigte. Im *Vorwärts* bekannte Otto Braun, der meist respektierte Sozialdemokrat: »Mich trennt in Weltanschauung und politischer Haltung eine tiefe Kluft von Herrn von Hindenburg.« Doch habe er den Reichspräsidenten als einen Mann kennen gelernt, »auf dessen Wort man bauen kann«. Deshalb wähle er ihn, und er appellierte an die Millionen Wähler: »Tut desgleichen, schlagt Hitler, wählt Hindenburg.«

Der *Vorwärts* gab noch eine differenziertere Begründung. Nach einer Reichstagssitzung, in der sowohl Brüning wie auch die SPD ihren Standpunkt zur Reichspräsidentenwahl in zwei großen Reden darlegten, analysierte das Zentralorgan die Ursachen der »politischen Notgemeinschaft« nach den herrschenden Klassenkampfgrundsätzen. Für die SPD hatte Erich Roßmann gesprochen, ein schwäbischer Journalist und Mitbegründer des Reichsbundes der Kriegsbeschädigten. Roßmann, so der *Vorwärts*, habe die nationalsozialistische Bewegung »richtig als einen Angriff der vornovemberlichen Mächte und des reaktionären Teiles der Bourgeoisie auf die demokratischen und sozialpolitischen Positionen der Arbeiterklasse« bezeichnet. Roßmann stehe auch voll »auf dem Boden der Tatsachen, die im November 1918 geschaffen ... worden sind«. Brüning auf der anderen Seite habe sich gegen diese neuen Tatsachen zunächst heftig gewehrt und sich ihnen erst allmählich angepasst. Den Rechtsradikalismus habe er jetzt angegriffen »als den Saboteur eines bürgerlichen Zusammenschlusses«, der dem Bürgertum die vorherrschende Stellung im Staate sichern sollte.

Die erbitterte Schärfe, mit der der sonst so kühle Brüning die äußerste Rechte attackierte, »zeigt den tiefen Riß, der zwischen den bürgerlichen Parteien klafft«. Wenn diesem zerspaltenen Bürgertum ein geschlossener proletarischer Block gegenüberstünde, würden sich die Machtverhältnisse bald wenden. Aber während ihre »Todfeindschaft gegen den reaktionärsten Teil des Bürgertums« die SPD taktisch an die Seite des Gemäßigteren zwingt, leisten sich die Kommunisten das Vergnügen, »dem reaktionärsten Teil der Bourgeoisie Hilfsstellung zu gewähren«. Doch die Sozialdemokratie »wird nicht dulden, daß die Machtmittel des Staates in die Hände der Frick, Goebbels und Rosenberg gelangen – und darum muß sie vor allem verhindern, daß der jüngste Parteibuchbeamte Deutschlands, Adolf Hitler, Reichspräsident wird ... Feind ist, wer am weitesten rechts steht, und dieser Feind muß geschlagen werden!«

Wieder einmal verhindert Thälmann

Im Wahlkampf zeigte sich, was die Eiserne Front wert war. Den Straßenterror der Braunhemden hielt sie in Grenzen. Allerdings bereiteten sich die Nazis weiter auf einen Bürgerkrieg vor. In Ludwigsburg wurde zusammen mit fünf seiner Kameraden der Führer der pfälzischen SA und SS, Theodor Eicke, verhaftet. Der spätere Führer der SS-Totenkopfverbände und Inspekteur der Konzentrationslager hatte mit seiner Gruppe bereits 30 Bomben gebastelt; den Sprengstoff dazu aus einem Werk der IG-Farben gestohlen. Zur Wahl hatte sich auch wieder Ernst Thälmann gestellt. Es waren auch die für ihn abgegebenen Stimmen, die verhinderten, dass Hindenburg im ersten Wahlgang gewählt werden konnte, so wie Thälmann ja vor sieben Jahren den Sieg des demokratischen Bewerbers Marx verhindert hatte. Hitler, der gerade drei Wochen zuvor durch die schon erwähnte Ernennung zum braunschweigschen Regierungsrat die deutsche Staatsangehörigkeit erhalten hatte, kam auf 30 Prozent der Stimmen, eine Zahl, die er im zweiten Wahlgang noch auf nahezu 37 Prozent steigern konnte. Doch wurde Hindenburg problemlos wiedergewählt. »Die sozialdemokratischen Arbeiter ...«, resümierte der *Vorwärts,* »haben diesen ganzen Kampf mit großer Kaltblütigkeit, aber auch mit verbissener Wut geführt. Sie haben wieder einmal Staat und Volk vor dem Sturz in den Abgrund gerettet, und sie wissen schon aus alter Erfahrung, daß man ihnen das außerhalb ihrer eigenen Reihen nicht danken wird.«

Drei Tage nach der Wahl druckten die Blätter eine Schlagzeile, auf die viele schon lange gewartet hatten: »SA und SS verboten.« Auf Grund des Artikels 48 hatte der Reichspräsident sämtliche militärähnlichen Organisationen der NSDAP mit sofortiger Wirkung für aufgelöst erklärt und verboten, deren Uniformen weiter zu tragen. War die Staatsmacht nun endlich aufgewacht, um sich ihrer Verderber zu entledigen? Hatte sie nun endlich gleichgezogen in der Beurteilung von Gewalt, nachdem der Rote Frontkämpferbund bereits seit 1929 verboten war? War die Wahl Hindenburgs das Signal gewesen, um Deutschland den innenpolitischen Frieden zurückzubringen? Hatten die Verteidiger der Demokratie ihre Chance genutzt? Leider nicht. Was auf den ersten Augenschein wie ein Aufbruch erschien, stellte sich als das Ende einer peinlichen Kette von Widersprüchlichkeiten und Halbheiten heraus, die zu einem Ergebnis führten, das zu spät kam und keinen Bestand haben sollte. Es war genau anders herum.

Schon lange zuvor hatte ein halbes Dutzend Landesregierungen dem Reichsinnenminister das SA-Verbot nahe gelegt, sowie die Dokumente vorgelegt, die ihnen als Ergebnis ihrer Aktionen in die Hände gefallen waren. Auch der *Vorwärts* veröffentlichte unter der Überschrift »Dokumente des Hochverrats« die Enthüllungen eines NS-Generalmobilmachungsplans für Preußen. Am Wankelmut Groeners änderten jedoch die offenbarsten Beweise des nationalsozialistischen Terrors nichts. Erst als sich zu den namentlich sozialdemokratischen Innenministern wie Preußens Severing und Hessens Leuschner der stramm rechte Bayer Stützel von der Bayerischen Volks-Partei gesellte, änderte sich die Lage. Die Bayern waren allerdings auch bei jenen, die nach dem Verbot am schärfsten durchgriffen, als sie mit dem Münchner Braunen Haus die Terrorzentrale aushoben. Auch im hessischen Darmstadt wurden erheblichere Funde gemacht, darunter neben militärischen Ausrüstungsgegenständen ein komplettes Flugzeug. Sonst war die Ausbeute gering, da den Nazi-Stäben bereits Warnungen vor dem Verbot zugegangen waren. Natürlich wurden weder Waffen noch Mitgliederlisten im nennenswerten Umfang gefunden.

Während die Republikaner dem SA-Verbot voller Genugtuung zustimmten, setzte auf der Rechten, angeheizt von ihren Blättern, eine wüste Kampagne ein. Unter

Schlagzeilen wie »Der Staat steht links« diagnostizierten sie eingeschränkte Wahlchancen für die NSDAP und forderten nichts anderes als ein gleiches Verbot des Reichsbanners. Über Mittelsmänner wie den General Schleicher und Hindenburgs Sohn Oskar erreichten diese Töne auch das Ohr des Reichspräsidenten. Hindenburg hatte nur widerwillig anerkannt, dass er seine Wiederwahl nicht seinen politischen Freunden, sondern gerade deren Gegnern verdankte. Nur zu gern ließ er sich einreden, dass die Reichswehr beunruhigt über die Entwicklung sei. Hindenburg, der in seiner ersten Wahlperiode zur Stabilisierung der Republik mehr beigetragen hatte, als man zunächst von ihm erwartet hatte, sollte sich in seiner zweiten als der entscheidende Unsicherheitsfaktor erweisen. Und das SA-Verbot, oder besser, dessen Auslegung durch die Umgebung des Staatsoberhauptes, war die erste Drehung des Gewindes, mit der die Schraube gelockert wurde.

Wie wenig die Nationalsozialisten sich durch das Verbot einschüchtern ließen, bewiesen sie nicht nur in Braunschweig, wo sie es dadurch umgingen, dass sie ihre Aktivitäten gar nicht einschränkten und das Uniformverbot ad absurdum führten, indem sie ein unpassendes Kleidungsstück zur Kluft trugen. Auf der anderen Seite verbot der Nazi-Innenminister Dietrich Klagges alle Maidemonstrationen unter freiem Himmel. Eine Kundgebung im Saal wollte er nur genehmigen, wenn der preußische Landtagsabgeordnete Erich Kuttner von der Rednerliste gestrichen würde. Auch steuerten die nationalsozialistischen Übergriffe neuen Höhepunkten entgegen; der landesweit Aufsehen erregendste war ein Überfall auf den SPD-Vorsitzenden Otto Wels. Dieser war nach einer Großkundgebung in Köln im Rahmen des preußischen Wahlkampfes in sein Hotel zurückgekehrt. Dort fiel eine zehnköpfige Horde Hakenkreuzler unter Führung des Reichstagsabgeordneten Robert Ley über ihn her. Ein Kölner Gericht verurteilte den späteren Reichsarbeitsminister für seine Schandtat zu drei Monaten Gefängnis.

Der *Vorwärts* wagte die Prophezeiung: Hätte der Angriff einen anderen – sprich schlimmeren – Ausgang genommen, »dann wären vielleicht die Hunderttausende, die gestern im Lustgarten demonstrierten, ... nicht mehr zu halten gewesen. Und dann: Gnade Gott den Schuldigen! Die Schuldigen sind die Führer der NSDAP, die seit Jahr und Tag bei ihren Massen, insbesondere in einer unreifen Mittelstandsjugend, eine blutrünstige Landsknechtsstimmung durch Reden schüren, die fast ausnahmslos Aufforderungen zum Mord enthalten.« Und nach einer Aufzählung der gravierendsten Mordreden: »Ihr Naziführer, ihr seid gewarnt! Abschlachten läßt die deutsche Arbeiterklasse weder sich noch ihre Führer!« Ein großes Wort, gelassen ausgesprochen? Oder mehr?

Ein Erdrutsch von ungeahntem Ausmaß

14 Tage nach der so hoffnungsfroh zu Ende gebrachten Wahl des Reichspräsidenten und dem Beginn eines harten Kurses gegenüber den Nazis wählten fünf Länder des Reiches ihre Parlamente neu. Die Ergebnisse dokumentierten einen Erdrutsch von unglaublichen Ausmaßen. Zwar entsprachen die auf die NSDAP entfallenen Stimmen prozentual gerade knapp jenen, die Hitler bei der Präsidentenwahl eingefahren hatte, doch wurde seine Partei damit überall stärkste Kraft – mit Ausnahme Bayerns. Die absolute Mehrheit verfehlten die Nazis zwar, doch für die SPD und die bürgerliche Mitte fiel der Vergleich mit den Landtagswahlen vor vier Jahren katastrophal aus. Am ärgsten traf es Preußen. Statt wie bisher acht braune Abgeordnete saßen jetzt 162 im Landtag, während sich die Zahl der SPD-Sitze von 136 auf 94 verringert hatte. Kommunisten und Zentrum hatten sich in etwa gehalten, dagegen war die Deutsche Staatspartei fast verschwunden, und auch DVP und Deutschnationale kränkelten von der Schwindsucht ereilt. Als hätte sie es geahnt, hatte die alte »Weimarer« Koalition Preußens noch wenige Tage vor der Wahl die Geschäftsordnung geändert. Danach konnte der Ministerpräsident nur noch mit absoluter Mehrheit gewählt werden. Somit blieb die Regierbarkeit erhalten.

Der *Vorwärts* hatte sich keine Illusionen über das zu erwartende Wahlergebnis gemacht und nahm es in seiner Ausgabe vom Morgen der Wahl vorweg: »Gelingt es der Rechten nicht, die Mehrheit aller Stimmen und Mandate zu erobern, dann haben die tapferen Verteidiger der Demokratie erreicht, was in diesem Augenblick zu erreichen war.« Als der Umschwung geschichtsnotorisch geworden war, reagierte das Blatt dennoch wie gelähmt. Fürs erste behalf es sich mit der Veröffentlichung von ausländischen Pressestimmen. Dann gab es zwei kompetenten Parteigrößen das Wort, deren Bewertung allerdings höchst unterschiedlich ausfiel.

Als erster fragte Reichstagspräsident Paul Löbe in seinem Kommentar »Wer sind die Sieger?« Seine Antwort schien aber keine ausreichenden Kenntnisse über die Machtverhältnisse in der NSDAP zu verraten. »Die als Hakenkreuzler verkleideten Großgrundbesitzer, Generale, Fürsten, Prinzen, Kapitalisten haben gesiegt.« Es lassen sich tatsächlich genug Besitzer des NS-Parteibuches in den erwähnten Gruppen finden. Aber wenn sie hier als Sieger betrachtet wurden, so unterlief Löbe der gleiche Irrtum wie diesen Großbürgern selbst. Sie glaubten ja, die entscheidende Macht im nationalen, sprich rechtsradikalen Lager zu sein, stark genug, sich Hitler verfügbar zu machen. Ein folgenschwerer Irrtum. Zwingender erscheinen auch heute noch die Gedankengänge von Carl Severing. Unter der Überschrift »Der Weg der Pflicht« beschwor sein *Vorwärts*-Aufsatz die Regierung und seine eigene Partei, nicht erfolglos einem begreiflichen Impuls zu folgen, nämlich sich erschöpft von den langen Jahren einer übermenschlichen Beanspruchung in der Regierungsverantwortung einen »Erholungsurlaub« zu gönnen. Das hieße zugleich, denen leichthin die Verantwortung zu überlassen, die bisher nicht die mindeste Verantwortung bewiesen hätten. Dabei kann man davon ausgehen, dass er sowohl die Verhältnisse in Preußen, wie die im Reich ansprach. Es wäre ja eine »wahre Lust«, von den Bänken der Kritik aus zuzusehen, was die Nationalsozialisten von ihren großen Versprechungen zu erfüllen imstande seien, meinte der preußische Innenminister. Die »hemmungslose Agitation« der Nationalsozialisten habe ja nur deshalb so viele Anhänger gefunden, weil sie die schlimmen Folgen des Weltkrieges und der Weltwirtschaftskrise von der lähmenden Arbeitslosigkeit bis hin zum umfassenden Stocken von Handel und Wandel allein den republikanischen Parteien zur Last legten. Die Nazis hätten versprochen, alles zu bessern, wenn sie regieren würden. »Ist es nicht begreiflich, wenn sich der lebhafte Wunsch regt, nunmehr den Nationalsozialisten Gelegenheit zu geben, ihre Worte mit den harten Tatsachen in Einklang zu bringen?« Dieser Wunsch, so Severing, müsse aber an eine Voraussetzung geknüpft bleiben: »Der Schaden, der aus einem solchen Experiment erwächst, darf nicht irreparabel sein.« Severing benennt die Gefahr, die von einer regierenden nationalsozialistischen Partei ausgehen könne: »... daß sie unter Bruch der Verfassung ihre Alleinherrschaft aufzurichten versuchte«.

Es gibt einen Adressaten seiner Gedanken zur Pflichterfüllung, den Severing nicht mit Namen benennt: Otto Braun. Dem preußischen Ministerpräsidenten war zunehmend anzumerken, dass er die Belastungen seines Amtes nicht länger würde tragen können, dass er vor allem auch keinen Sinn mehr darin sah. Braun war in die Großkundgebungen des Wahlkampfes gegangen, um die Menschen mit einer Zuversicht zu erfüllen, die er selbst nicht mehr besaß. Er hatte ja auch persönlich erlebt, wie alle Anstrengungen, dem Verhängnis in den Rachen zu fassen, sprich Hitler zu vereiteln, von allerhöchster Stelle torpediert wurden. Eine Denkschrift in diesem Sinne, die er Brüning zukommen ließ, war vom Kanzler nie beantwortet worden.[47]

Muss man nicht auch danach fragen, was Braun, der Vorkämpfer der Republik, sich angetan hat, als er Hindenburg, der sich als Statthalter des Kaisers betrachtete, die Stimmen seiner Parteigenossen und Sympathisanten zuführte? Muss man nicht überhaupt danach fragen, wie sich jeder SPD-Abgeordnete und -Funktionär, wie sich jeder aufrechte Sozialdemokrat und Republikaner fühlte, als er Brünings politisches Überleben garantierte, als er diesem Notverordnungskanzler, der den kleinen Mann bis zur Besinnungslosigkeit knebelte und einen neuen Ständestaat aufrichten wollte, beim Machterhalt half. In welcher Verfassung mochten alle diese Menschen sein, die ein in ihren Augen politisches Übel unterstützten, nur um ein größeres Übel zu verhindern? Die gesundheitliche und psychische Verfassung Otto Brauns jedenfalls stürzte seine Umgebung in die größten Sorgen, und einige den Zeitgenossen und den Nachgeborenen unverständliche Entscheidungen des Ministerpräsidenten lassen sich nur von daher erklären. Wir werden uns noch mit ihnen zu befassen haben.

Während die preußische Symbolfigur Braun also wusste, auf was sie sich einließ – und darunter litt, lässt sich das von der Symbolfigur der ersten deutschen Präsidialregierung, Brüning, so gar nicht sagen. Aus vielen seiner mündlichen und schriftlichen Äußerungen weiß man, wie sehr er auf den Reichspräsidenten ausgerichtet war. Er hing ihm an, weil er Hindenburg für einen Garanten der Restauration, der Wiederherstellung vorrepublikanischer Zustände hielt. Aber Brüning rechnete auch mit einer Loyalität auf Gegenseitigkeit. Doch hier täuschte sich der Kanzler. Der bürgerliche Frontoffizier Brüning war bei allen seinen Dekorationen doch nicht der gesellschaftliche Partner für einen Reichspräsidenten, der einmal Generalfeldmarschall gewesen war. Der hörte auf ganz andere Kreise.

Diese Gespräche waren durchaus kein Geheimnis im Berlin jener Tage, wie heute vielfach bei der Erwähnung der Wühlarbeit einer Kamarilla geschlossen wird. In aller Offenheit und Ausführlichkeit berichtete der *Vorwärts* über eine Warnung aus München vor einer »Generalsclique gegen Brüning«. Dahinter steckten die Manöver der Generale Schleicher und Hammerstein, der eine Chef des Ministeramtes im Reichswehrministerium, der andere Chef der Heeresleitung. Das Ziel der beiden: Ihren eigenen Chef, den Reichswehr- und Reichsinnenminister Wilhelm Groener, selbst ein ehemaliger General, aus der Regierung Brüning herauszuschießen. Groener hatte sich durch sein SA-Verbot und seine Weigerung, das Reichsbanner ebenso wie diese Putscharmee zu behandeln, bei der Rechten unbeliebt gemacht.

Die ausschlaggebenden Impulse aber empfing der greise Reichspräsident am heimischen Kaffeetisch. Dort empfing der Gutsherr von Neudeck seine neuen Nachbarn, die Großgrundbesitzer, die man früher Junker nannte, wie etwa den deutschnationalen Reichstagsabgeordneten Elard von Oldenburg-Januschau. Die witterten Gefahr im Verzug. Sie fürchteten Einstellung der Osthilfe, eine von Preußen und dem Reich gewährte Agrarsubvention, die sich als Fass ohne Boden herausgestellt hatte. Und schlimmer noch: Brüning gedachte, dem Rat seines Reichskommissars für die Osthilfe, Hans Schlange-Schöningen, selbst ein Gutsbesitzer, zu folgen, und die nicht mehr entschuldungsfähigen Güter aufzukaufen und Kleinbauern, Landarbeitern und Arbeitslosen zur Besiedlung zu überlassen. Dieser Zerschlagung der großen Besitztümer sah eine Klasse, die bis vor kurzem noch selbst die Macht im Staate verkörpert hatte und die sie jetzt wiederhaben wollte, nicht tatenlos zu. So redeten sie alle auf den alten Herrn ein: die Reichswehr, die netten Nachbarn, sein eigener Staatssekretär Meißner und Sohn Oskar. Der konzentrische Angriff von vier Seiten zeigte raschen Erfolg.

Nach einem mehrwöchigen Urlaub auf seiner ostpreußischen Besitzung empfing der Reichspräsident seinen Kanzler. Es war eine Sache von wenigen Minuten. Er müsse ihn entlassen wegen seiner Ehre, sagte Hindenburg. Dann ging er vor die Tür, um den Aufzug der Wache abzunehmen. »Der Weg, der jetzt betreten ist, führt in Zustände hinein, die mit der Verfassung kaum noch zu decken sind«, kommentierte der *Vorwärts*.

22. Bis zum brutalen Ende

In seiner letzten Rede als Kanzler vor dem Reichstag hatte Brüning aufbegehrt: »Nur nicht in den letzten fünf Minuten weich werden ... hundert Meter vor dem Ziel.« Er hatte die Reparationen gemeint, und tatsächlich sollten sich bald andere mit dem Ergebnis seiner Anstrengungen auf diesem Feld schmücken. Doch sein Ausspruch, der ein geflügeltes Wort werden sollte, wurde bald verstanden als Charakterisierung eines unverdienten und unbedankten Abschieds von einer großen Aufgabe. Dieses Bild ist leider schief.

Brüning, der sich wie der Kabinettschef eines von Gott eingesetzten Herrschers verstand, kannte wenig von dem Instrumentarium, mit denen er den Krisen seiner Zeit zu begegnen hatte. Sein höchstes innenpolitisches Ziel, ein schuldenfreier Reichsetat, führte das Land in die Deflation und die Arbeitslosenzahlen in immer größere Höhen. Die Chance zur wirtschaftlichen Neuordnung, die sich nach dem Bankenkrach geboten hatte, ließ er ungenutzt. Brünings antidemokratisches Leitbild vom Staat machte den Rechtsradikalismus hoffähig, und so wie er die politischen Gewichte von der linken Mitte nach rechts rücken wollte, wurde er selbst Instrument zur Verschiebung der politischen Achse.

Zwar hat Brüning nicht das parlamentarische System außer Kraft gesetzt, doch tat er auch nichts dazu, es wieder funktionsfähig zu machen. Der Reichstag hatte sich vielmehr aus eigener Kraft erhoben, als die politische Rechte dem Parlamentarismus nach ihrer Harzburger Verschwörung den *final blow* versetzen wollte. Und als Hindenburgs erster Präsidialkanzler dann doch eine staatserhaltende Entscheidung aus eigener Einsicht traf, entledigten sich die, deren Geschäfte er bis dahin wissentlich oder unwissentlich besorgt hatte, des unbequem gewordenen Mannes. Friedrich Stampfer resümierte: »So endete Brüning wie ein kaiserlicher Kanzler, von Hofintrigen gestürzt.« »In brüsker Weise«, urteilte Karl Dietrich Bracher 28 Jahre später, habe sich Hindenburg gerade sechs Wochen nach seiner Wiederwahl »vom Votum seiner demokratischen Wähler distanziert und seine Unterstützung einer Gruppierung zugewandt, die seine Kandidatur soeben noch entschieden bekämpft hatte«. Soviel zur Tugend der Treue in nationalen Kreisen.

Brünings Sturz war natürlich auch eine Niederlage der SPD. Die traf sie umso bitterer, als die Sozialdemokraten der Regierung Brüning ihre Unterstützung hatten angedeihen lassen, obwohl sie von ihr zunächst massiv bekämpft worden waren. Erst durch die Wirtschaftskrise und dann vor allem die »braune Gefahr« war eine

Art von Partnerschaft erwachsen. Das Miteinander brachte der Partei jedoch keine Zinsen, vielmehr wurden die sozialen Belastungen der Notverordnungen auch ihr angekreidet. Der *Vorwärts* suchte nach dem Positiven in dem Regierungswechsel. Er sah es darin, dass die Befreiung von besagter Partnerschaft »für die Partei zum Gewinn werden« kann. Das Blatt übersah auch nicht das Negative: »Auf der anderen Seite sind die großen Gefahren, die sich aus der Regierungskrise ergeben, keinen Augenblick zu übersehen.« Unter der Überschrift »Gerüchte über die Nachfolge« waren die Gefahren angedeutet: Statt eines Parteiführers wollte Hindenburg »eine Persönlichkeit seines Vertrauens« das Kabinett bilden lassen, und sollte es nicht die Billigung des Reichstages finden, würde der aufgelöst werden. Mit unabsehbaren Folgen. Was aber keiner bis dahin wusste: Die Reichstagsauflösung war die *conditio sine qua non*, unter der Hitler das Kabinett tolerieren würde.

Zwei Tage später war die Katze aus dem Sack. Es war wohl doch nicht so einfach gewesen, den geeigneten Kandidaten zu finden, zumal dessen eigene Partei sich gegen die Ernennung gesperrt hatte. Dann aber kam es heraus. Er war tatsächlich kein Parteiführer, eher ein Hinterbänkler, der Herr von Papen. Bevor das Zentrum ihn wegen wiederholter Disziplinlosigkeiten aus seinen Reihen verbannte, gab Papen sein Parteibuch zurück. Aber er war wohl der Mann des Vertrauens, zumindest für Herrn von Schleicher. Stampfer erinnerte an sein Herkommen mit skurrilem Grimm. »Ein Witz der Weltgeschichte hat es gefügt, daß aus der Firma Villeroy und Boch, Fabriken für Hartsteingut in Mettlach a.d. Saar mit Filialen im ganzen Reich, zwei deutsche Reichskanzler hervorgingen: Hermann Müller, der sich dort als junger, schlecht bezahlter Angestellter sein Brot verdiente, und Franz von Papen, der elegante Ulanenoffizier, der durch Einheirat Mitchef geworden war. Von Hermann Müller hatte die nationalistische Propaganda behauptet, er sei, bevor er Nachfolger Bismarcks geworden, ›Reisender in Spülklosetts‹ gewesen. Ähnliche Respektlosigkeiten gegen den aristokratischen Mitinhaber der Firma lagen ihr fern. Sie waren froh, daß die Dinge wieder in Ordnung kamen. Arbeiter und Angestellte hatten nichts mehr zu sagen, die Chefs regierten.«

Papens Regierungsmannschaft spiegelte den Gezeitenwechsel in unübersehbarer Weise wider. Um den Kabinettstisch versammelten sich ein Graf, vier Freiherrn, zwei weitere Adlige und gerade drei Bürgerliche. Der *Vorwärts*, der im Erfinden geschichtsträchtiger Schlagzeilen selten enttäuschte, hatte auch für dieses Phänomen die treffende Parole kreiert: »Kabinett der Barone« titelte seine Abendzeitung. General von Schleicher hatte den von ihm selbst hinaus intrigierten General Groener als Reichswehrminister beerbt. Justizminister Franz Gürtner, wie auch Lutz Graf Schwerin von Krosigk, der Reichsfinanzminister, sollte übrigens noch Hitler dienen. Letzterer bis zum blutigen Ende.

Die Maßnahmen dieser Regierung entsprachen ihrem Selbstverständnis. Der *Vorwärts* veröffentlichte die Regierungserklärung unter der Überschrift »Der Wortlaut der Kriegserklärung«. Darin behaupteten die neuen Herren, alle Nachkriegsregierungen hätten versucht, mittels »eines sich ständig steigernden Staatssozialismus ... den Staat zu einer Art Wohlfahrtsanstalt zu machen«. Mit platten Redensarten, die, wie der *Vorwärts* meinte, »aus der Hugenberg- und Hitler-Presse abgeschrieben« sind, wird auf der einen Seite von der »Reinheit des öffentlichen Lebens« geschwafelt, demgegenüber zersetzendes »atheistisch-marxistisches Denken« sowie ein »unseliger gemeinschaftsfeindlicher Klassenkampf« und schließlich ein »Kulturbolschewismus ... wie ein fressendes Gift die besten sittlichen Grundlagen der Nation zu vernichten droh[en]«. Weiter geht es mit dem hohlen Bombast der sittlichen Motive dieser Regierung bis zu dem alles abdeckenden Programmsatz »... und man soll sie nach ihren Taten beurteilen«.

Die Taten der neuen Regierung sehen zunächst so aus: Durch neue Notverordnungen werden alle Sozialleistungen weiter herabgesetzt. Im Einzelnen: Die Arbeitslosenversicherung wird praktisch abgeschafft, Arbeitslosenhilfe und Renten werden um 15 Prozent, die Kriegsopferrenten bis zu 25 Prozent gekürzt, die Salzsteuer aufs Neue erhoben und die Freibeträge der Umsatzsteuer abgeschafft, was besonders Kleinbetriebe und Handwerker belastet. Der ganze Sozialabbau soll etwa anderthalb Milliarden Mark einbringen, die ausschließlich von den Besitzlosen und Kleinverdienern aufgebracht werden. So machen die »Notverordnungen der Barone« aus dem Land eine »Elendsanstalt« und führen zu einer »ungeheuren Verschärfung des Massenelends«. Zur gleichen Zeit, so bilanziert das SPD-Blatt seine Expertise, schließe die Papen-Regierung mit ihren »Schimpfereien ... alle die Kreise des Volkes von der Mitarbeit aus, die die Republik aufgebaut und sich auf den Boden der Weimarer Verfassung gestellt haben«. Gerade jene Kräfte, die für »die Wiederherstellung des vom Kaisertum zugrunde gerichteten Staatswesens die ungeheuersten Opfer gebracht haben, werden für nicht »aufbauwillig«, nicht »staatserhaltend«, nicht »national« erklärt. So sei diese ganze Regierungserklärung »weiter nichts als eine einzige Klassenkampferklärung von oben«.

In seinem Leitartikel sucht Friedrich Stampfer nach einer Erklärung für diese »Zustände.« Er sieht eine Kampfgemeinschaft »zwischen Hakenkreuz und Freiherrnkrone«, die, »geeint durch ihren Haß gegen die Demokratie und ihre antisozialen Instinkte«, sich einig ist »in dem Willen, das große Kulturwerk, das die sozialistische

Arbeiterbewegung in Jahrzehnten geschaffen hat, bis in die Grundfesten zu zerstören«. Dann gibt er eine Deutung, die jene nicht befriedigen wird, die glauben, Brechts Wort von der Regierung, die sich ein anderes Volk suchen sollte, absolut nehmen zu müssen. Stampfer befindet, »daß das Volk nicht unschuldig daran ist, wenn seine Lebensrechte bedroht sind, denn es hat sie nicht gehütet. Es hat nicht verstanden, aus den Wahlurnen Mehrheiten hervorgehen zu lassen, die dem Mehrheitswillen des Volkes entsprechend regierten.« Aber wie anders soll dieser Marsch in die Unregierbarkeit erklärt werden, aus der für viele nur noch die Diktatur heraushilft? Will man dem Wähler unterstellen, er habe keinen freien Willen? Wenn nicht einmal die Verantwortung des Wahlverhaltens gilt, dann darf an den deutschen Volkscharakter oder die Zwangsläufigkeit geschichtlicher Entwicklungen geglaubt werden. Was der *Vorwärts*-Chefredakteur deutlich erkannte, hätten auch andere sehen können: »Es geht nicht bloß um das letzte Stück Brot. Es geht auch um die Ehre des Volkes, denn die Zustände, in die wir geraten sind, sind eine Schande.«

Vier Tage nach seinem Amtsantritt löste Papen das erste den Nationalsozialisten für ihre Tolerierung gegebene Versprechen ein. Er löste den Reichstag auf und schrieb Neuwahlen aus. Keine zwei Wochen später folgte die Einlösung eines zweiten Versprechens aus den gleichen Gründen: Das SA-Verbot wurde zurückgenommen. Ob auch die Beseitigung der SPD-geführten Regierung in Preußen mit einer weiteren, Hitler gegebenen Zusage korrespondiert, wurde öffentlich nicht zugegeben. Argumente, die dafür sprechen, gibt es genug. Sehen wir uns an, welche Folgen die Einlösung aller dieser Versprechen für das Land hatte, Versprechen, für die Schleicher bürgte, und deren Patenschaft der Reichspräsident selbst übernommen hatte, und sehen wir uns auch an, wie sich der Regierungswechsel für den *Vorwärts* ausgewirkt hat.

Bereits anderthalb Jahre zuvor hatte die Sozialdemokratische Partei eine Denkschrift über die Gewalttaten der Nationalsozialisten herausgebracht. In dem 238 Seiten starken Band wurden 1484 nationalsozialistische Gewalttaten aus den letzten zwei Jahren aufgezeichnet. Die unmittelbaren Folgen waren 62 Tote und 3200 Verletzte. In dem Teil, in dem sich die Denkschrift mit den Übergriffen gegenüber Sozialdemokraten befasst, wurden 100 Fälle schwerer Misshandlungen von SPD-Mitgliedern, 281 von Reichsbannerangehörigen, 39 von Mitgliedern der Sozialistischen Arbeiterjugend und 25 von Arbeitersportlern gemeldet. Die Denkschrift listet auf, wie oft eine Bewaffnung – bis hin zum Maschinengewehr – festgestellt wurde, wie viele Versammlungen systematisch gesprengt, wie viele Zeitungen und Journalisten, wie viele Zivilpersonen und Polizisten überfallen, auch Friedhöfe geschändet wurden usw. Am Ende vermerkte der *Vorwärts,* der eine kurze Zusammenfassung des Druckwerks veröffentlichte: »Das ist die wahre Legalität der Hitler-Partei« – in Anspielung an den Legalitätseid Hitlers.

Es ist richtig, dass auch Kommunisten und Roter Frontkämpferbund gewalttätiger Übergriffe schuldig waren, die an Brutalität dem Nazi-Terror wenig nachstanden. In vielen Fällen war nicht mehr festzustellen, wer die Metzeleien auf Straßen und Hinterhöfen begonnen hatte. Es ging darum, Macht zu zeigen. Wenn die Extremisten sich schamlos und brutal auf der Straße breit machten, juckte es wiederum vielen Reichsbannerleuten in den Fingern. Manche führten Waffen bei sich, um sich selbst zu verteidigen. Doch dahinter stand hier die Motivation, den Feinden von Parlament und Demokratie die Stirn zu bieten. An Umfang und Systematik reichten die Aktivitäten der sozialdemokratischen Kampfverbände nicht im Entferntesten an den Terror der Nazis noch den der Kommunisten heran. Wie weit auch die »Kreuzscharen« des Zentrums und die »Bayernwacht« in gewalttätige Auseinandersetzungen verstrickt waren, ist bei der dürftigen Quellenlage unklar. Immerhin hat letztere, eine Truppe von angeblich 30 000 enthusiastischen Jungbayern, mit ihren Gummiknüppeln den Veranstaltungen der Bayerischen Volkspartei nach anfänglichen Nazi-Rangeleien einen ungestörten Verlauf garantieren können. Es war auch von Verständigungsgesprächen mit dem Reichsbanner die Rede.

Nicht einmal die Parlamente waren sicher vor der Brutalität der Nationalsozialisten. Als der Herausgeber der *Antifaschistischen Korrespondenz*, Helmuth Klotz, Otto Wels nach einem Gespräch im Speisesaal des Reichstages verlassen hatte, griff ihn eine Gruppe nationalsozialistischer Abgeordneter an. Als ihn nach seiner Befreiung zwei Hausinspektoren hinaus geleiten wollten, fiel eine größere Gruppe von etwa 30 NS-Abgeordneten erneut über ihn her. Zwei Wochen später kam es im preußischen Landtag zu einer »ungeheuren Saalschlacht«. Wie der *Vorwärts* berichtete, nahm sie mit der provokativen Wortmeldung eines NS-Abgeordneten ihren Anfang. Es ist die erste Erwähnung Roland Freislers, des späteren Blutrichters an Hitlers Volksgerichtshof.

Freisler wollte nichts anderes, als eine Stellungnahme des Parlaments zum so genannten Hückeswagener Prozess erzwingen. Dort standen einige SA-Männer vor ihrer Verurteilung, die drei politische Gegner umgebracht hatten, darunter den Bruder eines SPD-Landtagsabgeordneten. Im Laufe der erregten Debatte um diesen unparlamentarischen Antrag, rückte die ganze Fraktion der 160 nationalsozialistischen Abgeordneten – wie der *Vorwärts* schreibt, »fast durchweg jüngere und – anscheinend hauptsächlich – nach körperlichen Qualitäten ausgesuchte Männer« – gegen die zahlenmäßig weit unterlegene kommunistische Fraktion vor und prügelte das halbe Hundert »mit Stühlen, Tischen und allen erreichbaren harten Gegenständen ... aus dem Saal«. Während die anderen Fraktionen »von Scham und Ekel erfüllt« die Stätte verließen, sammelten sich die Nazis um einen der ihren und stimmten das Horst-Wessel-Lied an. »Das von Gregor Strasser [Hitlers »Reichsorganisationsleiter«; Anm. H. S.] proklamierte ›Faustrecht‹ ist von den Nazis dazu auserkoren, das parlamentarische Recht und jede parlamentarische Gesittung zu ersetzen.« So das SPD-Blatt.

An Sonntagen floss besonders viel Blut

Nach der Aufhebung des SA-Verbotes am 16. Juni brachen alle Dämme. Schon am ersten Tag begannen die nun übermütig gewordenen Sturmabteilungen die Polizei zu provozieren. Besonders viel Blut floss an den Sonntagen. Schon vom ersten Sonntag nach Aufhebung, dem 19. Juni, meldete der *Vorwärts* zwei Tote und über 100 Verletzte. Der Schwerpunkt der Kämpfe lag im Ruhrgebiet. Allein 40 Opfer forderte ein »Nahkampf mit Messern und Seitengewehren« zwischen Kommunisten und Nationalsozialisten in Hagen. Drei Tote und elf Verletzte, Polizisten, SA-Leute und Kommunisten, brachte der 23. Juni in Hamburg; in Breslau wurden bei »Bürgerkriegsszenen« mindestens fünf SA-Leute und Reichsbannerangehörige schwer verletzt. In Berlin schossen täglich Nationalsozialisten auf Kommunisten und Kommunisten auf Nationalsozialisten. Am 10. Juli, einem Sonntag, wurden im ganzen Reichsgebiet 17 Tote, zehn »tödlich Verletzte« und 181 Schwerverletzte gezählt, davon im schlesischen Ohlau vier Tote und 34 Verletzte. Als die Nazis die ganze Stadt zu terrorisieren sich anschickten, säuberte eine Reitereskadron der Reichswehr die Straßen »mit Karabinern und Revolvern«. Das Ergebnis des »Altonaer Blutsonntags« vom 17. Juli waren nach einem *Vorwärts*-Bericht zwölf Tote und 64 Verletzte. Die Zahl erhöhte sich jedoch noch beträchtlich, viele Zivilisten wurden getötet, meist durch Querschläger.

Aus einem »in offensichtlich provokatorischer Absicht« unternommenen Marsch der SA durch Altona, damals noch eine selbstständige preußische Stadt, hatte sich eine blutige Schießerei zwischen Kommunisten und der Polizei entwickelt, die den Zug beschützte. Wie das Blatt weiter wusste, hatte die SA »aus der ganzen Provinz Schleswig-Holstein, aus Hannover und aus Mecklenburg ihre Anhänger zusammengezogen«. Aber auch die kommunistischen »Verteidiger« kamen nur zum geringsten Teil aus Altona. Von 91 Festgenommenen waren bis auf vier alle Mitglieder der Antifaschistischen Aktion Hamburg. Die Ermittlungen verliefen im Sande. Nach dem 30. Januar klagten die Nazis 15 Teilnehmer der Unruhen an. Das Sondergericht verurteilte vier Kommunisten zum Tode, schuldig der Ermordung von zwei SA-Leuten, obwohl der Beweis nicht geführt werden konnte. Außer in Altona gab es an diesem Tag Unruhen im ganzen Reich, die größten im Ruhrgebiet, in Bayern und Leipzig mit dutzenden von Verletzten. Drei Tote und 25 Verletzte gab es in Greifswald. Seit Aufhebung des SA-Verbotes, also in gerade einem Monat, wurden so in ganz Deutschland 99 Tote und 1125 Verletzte gezählt.

Auch der *Vorwärts* blieb nicht verschont. Der Angriff auf das Zeitungshaus in der Lindenstraße begann mit einem Überfall auf einen Propagandawagen der SPD in der Friedrichstraße. Als die beiden Fahrer zur Lindenstraße hin flüchteten, setzte ein Haufen von 150 bis 200 SA-Leuten ihnen nach. Die Meute überrannte einige als Angehörige der Eisernen Front erkennbare Männer und drang dann in den Torweg des *Vorwärts*-Hauses ein. »Hier kam es«, wie der *Vorwärts* schreibt, »zu einem schweren Handgemenge zwischen den eindringenden Nationalsozialisten und dem Hausschutz des *Vorwärts*. In diesem Handgemenge fielen Schüsse. Zwei Reichsbannerleute und ein Nationalsozialist wurden verwundet.« Nicht ganz ohne Stolz setzt das Zentralorgan hinzu: »Die Nationalsozialisten wurden aus dem Hause hinausgeworfen.« Der Polizeibericht sprach von einer »etwa 50 Mann starken Gruppe«, die in den ersten Hof des *Vorwärts*-Gebäudes gelangte, bestätigte ansonsten die Zeitungsmeldung. Acht SA-Männer waren von der Polizei zum Präsidium gebracht worden – als Zeugen.

Der Überfall hatte in der Luft gelegen. »Sie sollen sich nicht sicher fühlen in ihren Parteibüros und in ihren Redaktionsstuben im Liebknechthaus, in der Lindenstraße, bei Ullstein, bei Mosse und bei Steinthal«, hatte der *Angriff*, Joseph Goebbels' Berliner Magenblatt drei Tage zuvor geschrieben. Nach geschehner Tat sah es Hitlers Propagandachef in einer Versammlung in Schlachtensee so: »Wenn es heute möglich sei, ... daß von der Beisetzung eines ermordeten Kameraden zurückkehrende SA-Männer von dem Gebäude des *Vorwärts* in Berlin beschossen würden, daß der Polizeipräsident untätig zusehe, daß obendrein die NSDAP noch des Mordes beschuldigt werde und eine nationale Regierung dazu schweige, so sei es an der Zeit, in Deutschland allerhand zu ändern ... Es sei christlicher, das Unterweltgesindel zu Paaren zu treiben und damit anständigen jungen Menschen das Leben zu sichern als jenem freien Lauf zu lassen und ihm weiter Gelegenheit zu Mord und Überfällen zu geben.«

»Das sagt derselbe Goebbels«, schrieb dazu der *Vorwärts*, »der oder dessen Blatt drei Tage zuvor zum Sturm auf den *Vorwärts* aufgefordert hatte! Wie macht es der

Bursche nur, daß er nicht an seinen Lügen erstickt?« Dann wandte sich das Blatt der Reichsregierung zu: »Namentlich den Herren v. Papen, v. Gayl [der neue Reichsinnenminister; Anm. H. S.] und v. Schleicher stellen wir hiermit die Frage, ob sie ihr bisheriges Verhalten fortsetzen und dafür vor Deutschland und der gesamten Kulturwelt die Verantwortung übernehmen wollen. Der Überfall auf das *Vorwärts*-Gebäude ist eine Folge der von ihnen betriebenen Politik. Die Aufhebung des SA-Verbots, die Aufhebung des Uniformverbots ist die Ursache. Zahllose blutige Zusammenstöße und zuletzt der Überfall auf das *Vorwärts*-Gebäude sind die Wirkung.« Weigerte sich die Reichsregierung weiterhin, die Länder bei ihrem Bemühen um Ruhe und Ordnung zu unterstützen, werde sie vor der Geschichte den Vorwurf des bösen Willens zu tragen haben: »Denn so verblendet kann kein Mensch sein, nicht zu sehen, wohin die Reise geht.«

Zeitungsverbot wegen einer Karikatur

Die Aufhebung des SA-Verbots war von den Sozialdemokraten nicht unwidersprochen hingenommen worden. Es war von Anfang an klar, dass der Terror wieder aufleben und zunehmen würde und dass Widerstand notwendig war. Zwei Tage später forderte darum die Bundesleitung des Reichsbanners Schwarz-Rot-Gold alle Ortsvereine auf, die Schutzformationen neu aufzustellen. Diese kurz Schufo genannten Verbände, die als Gegengewicht zur militant auftretenden SA im Herbst 1930 ins Leben getreten waren, hatten sich nach dem SA-Verbot selbst aufgelöst – als Zeichen guten Willens. Der *Vorwärts* ging gegen die neue Lage mit journalistischen Mitteln vor. Dazu gehörte eine Karikatur, die einige salutierende SA-Männer in ihren »schnieken« neuen Uniformen zeigt. Zwei verhärmt dreinblickende Kriegsopfer kommentieren ihren Vorbeimarsch mit den Worten: »Siehste Paul, dafür haben sie uns die Rente gekürzt.« Niemand würde auf die Idee kommen, damit eine Zensurmaßnahme zu begründen. Genau das geschah.

Die Grundlage dafür war in einer Presse-Verordnung des Reichspräsidenten im Juli des Vorjahres gelegt worden. Die schien damals auch vielen Republikanern notwendig, um der Hetze der Radikalen von rechts und links Einhalt bieten zu können. Carl Severing verteidigte beziehungsweise begründete ihren Erlass in einem *Vorwärts*-Artikel: »Ein Blick in die radikale Presse belehrt jeden, der sehen will, daß den gräßlichen Bluttaten, die heute leider zu alltäglichen Erscheinungen geworden sind, in vielen Artikeln dieser Presse erst der Stimmungsboden bereitet wird ... Hier ist die genannte Presse weniger Mundstück als vielmehr Macher der öffentlichen Meinung, die schließlich eine Bluttat, verübt an einem politischen Gegner, als etwas ganz natürliches betrachtet.« Neben dem Erscheinungsverbot führte die Verordnung eine neue Vorschrift ein, nach der eine Zeitung verpflichtet werden konnte, »auf Verlangen der obersten Reichs- und Landesbehörden Kundgebungen oder Entgegnungen aufzunehmen.« Dies sollte gerade für den *Vorwärts* noch Folgen haben. Weniger behagte es Severing, dass es weitgehend ins Ermessen der Behörden gestellt war, »zu entscheiden, ob durch den Inhalt einer periodischen Druckschrift die ordentliche Sicherheit und Ordnung gefährdet und damit der Verbotsgrund gegeben wird.« Von der Regierung Braun würde die Ausführung der Verordnung jedenfalls »nicht kleinlich gehandhabt.« Zum Schluss wünschte Severing, dass sie »recht bald wieder verschwinden möge«.

Auf welcher geistigen Basis die nationalsozialistischen Exzesse beruhten, ließ der *Vorwärts* seinen Lesern wieder einmal von Wilhelm Hoegner erläutern. Der bayerische Reichstagsabgeordnete hatte Hitlers *Mein Kampf* aufmerksam gelesen. Im Mittelpunkt der Wahnideen des »Führers« machte Hoegner den Hass aus. Dem Nationalsozialismus sei es gelungen, die verschiedenartigsten Volksteile mit ganz entgegen gesetzten Klasseninteressen »zusammenzuschweißen im gemeinsamen Haß gegen das heutige Staatssystem, vor allem die Sozialdemokraten«. Habe Hitler zunächst durch eine »verbissene Judenhetze« zum Rassenhass und zur Vernichtung des Erbfeindes Frankreich aufgestachelt, hätte er sich im letzten Punkt aus durchsichtigen außenpolitischen Gründen gemäßigt und »die ganze Woge seines Hasses auf seine innerpolitischen Widersacher abgelenkt«. So werden Sozialdemokraten trotz aller Widerlegungen »immer wieder als geborene Vaterlandsverräter, als verlumpte Söldlinge Frankreichs hingestellt«. Für Hitler sei die »Rettung des Vaterlandes begründet erst in der Stunde, da der letzte Marxist entweder bekehrt oder vernichtet ist«. Die Ergebnisse der obskuren Hetzparolen sind bekannt. Nicht aber sie werden vom Verbot betroffen. Nein, diese witzige Karikatur zur Aufhebung des Uniformverbots.

Begleitet von den Schlagzeilen der NS-Presse, in denen behauptet wird, aus dem *Vorwärts*-Haus sei auf die vorbeiziehenden SA-Leute geschossen worden und gleichzeitig ein Verbot des Blattes gefordert wird, ersuchte die Reichsregierung in Gestalt ihres Innenministers Wilhelm Freiherr von Gayl die preußische Staatsregierung, »den *Vorwärts* für fünf Tage zu verbieten«. Begründet wird die obskure Forderung damit, dass durch die erwähnte Karikatur wie auch durch ein zum gleichen Thema erschienenes Flugblatt der Eindruck entstanden sei, »daß die SA und SS auf Kosten der Rentenempfänger wiedererstanden sei.« In dieser Behauptung liege aber »eine Beschimpfung und böswillige Verächtlichmachung« des Reichspräsidenten und der

Reichsregierung als den für die Notverordnung verantwortlichen Stellen. Carl Severing, der als preußischer Innenminister den Verbotsantrag entgegennehmen musste, vermochte allerdings die Begründungen seines Kollegen nicht anzuerkennen und sah darum auch keine »Gefährdung lebenswichtiger Interessen des Staates« – und somit das Verbot als nicht gerechtfertigt an. Er musste den Antrag der Reichsregierung nunmehr einem als eine Art Schiedsstelle eingerichteten Senat beim Reichsgericht in Leipzig vorlegen.

Es wundert kaum, hält man sich die Biografien der Richter vor Augen, dass der Senat die Auffassung der Reichsregierung stützte und das Verbot des *Vorwärts* für zulässig erklärte. Er setzte sogar noch eins drauf und sah auch »lebenswichtige innen- und außenpolitische Interessen« gefährdet. Die konnte das Ausland selbst aber überhaupt nicht erkennen. Der englische *Daily Herald* überschrieb seinen Leitartikel zum Verbot des *Vorwärts* und dem gleichzeitigen Verbot der zentrumsnahen *Kölnischen Volkszeitung* mit »Die Wahrheit wird getötet« und unterstrich: »Eine Karikatur, die die Reichsregierung lächerlich macht, wird als Vorwand für die willkürliche Aktion gegen den *Vorwärts* benutzt, und das Verbrechen des katholischen Blattes beruht in einer Kritik an dem neuen Reichskanzler Herrn von Papen. Die Unterdrückung der Pressefreiheit ist die Waffe aller Diktatoren.« Die belgische Zeitung *Peuple* fragte: »Was soll man dazu sagen, daß die Reichsregierung sich gerade die leitenden Organe der zwei großen politischen Parteien zum Opfer ihrer Gewaltmaßnahmen aussucht?«

Es war das zweite Verbot, das dem *Vorwärts* seit den Gründungstagen der Republik widerfuhr. Das erste war von der »Regierung« Kapp-Lüttwitz ausgesprochen worden. Gerade jetzt hatten die Eiserne Front und das Reichsbanner im ganzen Land einen Sonntag der Kundgebungen angekündigt. Sie wollten beweisen, dass sie nicht gewillt waren, »der Hitlerschen Privatarmee die Straße zu überlassen«. Aus gegebenem Anlass sollte der Massenaufmarsch in Berlin gleichzeitig dezidiert zum *Vorwärts*-Verbot Stellung beziehen. Bruno Schoenlank jun., Sohn des einstigen *Vorwärts*-Redakteurs und Zeitungsreformers, schrieb für den Aufmarsch ein Gedicht: »Berlin marschiert«, das der *Vorwärts* auf der ersten Seite abdruckte. Die erste Strophe lautete:

Berlin ist kein Herrenklubsessel!
Berlin ist die brodelnde Masse.
Berlin ist der Hochdruck im Kessel,
Berlin ist die Arbeiterklasse!

Kein braunes Haus, kein Herrenhaus!
Berlin fegt selbst den Spuk hinaus.
Berlin marschiert im Sommerbrand,
Berlin ruft hell ins deutsche Land:
Freiheit!

»Freiheit« war auch der Kampfruf des Reichsbanners. Fünf Tage erschien der *Vorwärts* nicht, und es sollte nicht das einzige Verbot bleiben. Auch musste sich das Blatt gefallen lassen, dass ihm die neuen Machthaber, namentlich der Berliner Polizeipräsident Kurt Melcher, ein Nationalsozialist, von der Presseverordnung gedeckte »Korrekturen« aufdrückten. Auch andere sozialdemokratische Presseorgane wurden drangsaliert. So durfte *Der wahre Jakob*, wie *Lachen links* jetzt wieder hieß, zwei Monate nicht erscheinen – wegen einer Karikatur. Vor allem in den Ländern des Reiches, in denen die Nazis regierten – und das wurden immer mehr – häuften sich die Verbote. Severing hatte nicht voraussehen können, dass sich die Pressenotverordnung *so* auswirken würde.

Hatte die Aufhebung des SA-Verbotes der neuen Regierung kaum mehr Mühe als die eines Federstriches gemacht, so war es mit Einnahme der, wenn auch schwer angeschlagenen Festung Preußen ein anderes Ding. Entsprechend sorgfältig wurde sie vorbereitet. Wer meint, dass die ersten gedanklichen Vorbereitungen bereits kurz nach der desaströsen Landtagswahl einsetzten, dürfte so falsch nicht liegen. Der *Vorwärts* konnte jedenfalls über die »Papen-Pläne für Preußen« bereits Anfang Juni berichten. Danach sollte zunächst versucht werden, auf parlamentarischem Weg einen neuen Ministerpräsidenten zu wählen, wobei Papens Wunschkoalition aus NSDAP und Zentrum gebildet werden sollte. Auch wenn der Kanzler sich alle Mühe gab, diese Verbindung zustande zu bringen, so hatten allerdings bis dahin noch keine verbindlichen Verhandlungen zwischen den Parteien stattgefunden. Falls die Neuwahl scheitern würde, so ging die Planung weiter, sei das Reich auch zur Einsetzung eines Reichskommissars bereit. Der *Vorwärts* fragte, ob sich ein solcher Plan mit der Reichsverfassung vereinbaren lasse. Schließlich amtiere in Bayern bereits seit zwei Jahren ein geschäftsführendes Kabinett, und auch in Sachsen, Hessen, Hamburg und Oldenburg würden »geschäftsführende Regierungen arbeiten, ohne daß man von der Einsetzung eines Reichskommissars spreche«.

Vorangetrieben wurde der Machtwechsel vor allem durch Reichsinnenminister von Gayl, der ihn als einen wichtigen Schritt zu der von ihm angestrebten konservativen Reichsreform sah. Gayl, Deutschnationaler und Sympathisant der NSDAP, hatte schon 14 Tage nach seinem Amtsantritt gezeigt, wes Geistes Kind er war. Auf dem Verordnungswege zwang er den deutschen Rundfunk, täglich eine Stunde Sendezeit für die Reichsregierung zur Verfügung zu stellen, sodass allein Papen während seiner kurzen Kanzlerschaft 18-mal über den Äther sprach, von den Ministern zum Beispiel Gayl achtmal. Nicht erst unter Hitler, sondern bereits jetzt setzte eine Militarisierung des Rundfunks ein. Militärmärsche hatten Konjunktur. Und schon einen Tag nach Gayls Erlass durfte erstmals ein Nationalsozialist sprechen. »Reichsorganisationsleiter« Gregor Strasser verkündete: »Wir wollen keine Judenverfolgung, aber deutsche Führung ohne jüdischen Geist.« Schleicher und Papen standen voll und ganz hinter Gayl, was die Ablösung der geschäftsführenden preußischen Regierung betraf, und es gibt einen Historiker durchaus konservativer Prägung, der den Kreis der »Totengräber Preußens« auf vier erweitert: Papen, Gayl, Schleicher und – Hindenburg.

Es stimmt ja auch: Die endgültige Entscheidung über die Ablösung der demokratischen Strukturen Preußens fiel in Gesprächen, zu denen Papen, Gayl und Staatssekretär Meißner zu Hindenburg nach Neudeck fuhren. Doch konnte es soweit nur kommen, weil diese demokratischen Strukturen, die lange das starke Rückgrat des Reiches gebildet hatten, unbeschreiblich schwach geworden waren. Nicht nur war durch die Wahl vom April der zwölf Jahre regierenden »Weimarer« Koalition die Grundlage entzogen worden: Die SPD hatte fast ein Drittel ihrer Sitze abgeben müssen, das Zentrum zwar nur wenige, doch die stolze Demokratische Partei war vollständig aufgerieben worden. Von 65 Sitzen, die sie 1919 erhalten hatte, waren ihr zwei geblieben. Was schwer ins Gewicht fiel: Der starke Mann dieser Regierung, Otto Braun, war mit seinen Nerven völlig am Ende, und wenn es auch so aussah, als hätte ihm das Wahlergebnis den letzten Schlag versetzt – er hatte innerlich längst abgedankt und folgerichtig schon vor Zusammentritt des neuen Landtags seinen Rücktritt erklärt.

Das änderte zunächst nichts. Weil das »Restparlament« nicht imstande war, einen neuen Ministerpräsidenten zu wählen, blieb die bisherige Regierung geschäftsführend im Amt. Das Parlament aber ähnelte mehr und mehr einem Tollhaus. Nicht nur, dass, wie schon beschrieben, die Gewalt eingekehrt war in das Gebäude hinter dem ehemaligen Herrenhaus an der Leipziger Straße, die Nationalsozialisten machten aus ihm erst richtig das, was sie den alten Parlamentsparteien immer vorgeworfen hatten: eine Quasselbude. Sie brachten Anträge ohne jeden Sinn und Verstand ein. So wurde auf einen dieser Anträge hin beschlossen, dass alle Einkommen über 12 000 Mark im Jahr radikal wegzusteuern seien. Als die braunen Abgeordneten erkannten, dass sie damit auch die Einkommen ihrer Geldgeber wegsteuerten, versuchten sie, den Antrag zurückzuholen. Als dies misslang, blieben sie selbst der abschließenden Abstimmung fern. »So geht es in diesem Parlament herrlich zu«, ironisierte der *Vorwärts* den solcherartigen Parlamentsstil. »Alle Augenblicke steigt ein Freisler, ein Kube [Wilhelm Kube, NS-Fraktionsvorsitzender; Anm. H. S.] oder irgendein anderer Demagoge auf die Tribüne und verlangt, daß über irgend etwas, was er verliest, ohne Beratung und ohne Ausschußüberweisung abgestimmt werde. Das Gesetzemachen ist jetzt die beliebteste Angelegenheit geworden, daher schlägt auch ein Gesetz dem anderen ins Gesicht, und es werden Gesetze gemacht, deren Konsequenzen niemand übersieht.«

Aber auch Papens Kabinett tat das seine, um die Lage in Preußen weiter zu destabilisieren. Der gleiche Graf Schwerin von Krosigk, der als Ministerialdirektor der Regierung Brüning die Verhandlungen mit Preußen über den Ankauf der Siedlungsbank geführt hatte, weigerte sich jetzt als Reichsfinanzminister, die dafür ausgehandelten 100 Millionen Mark zu überweisen. Die Folge: Preußens Regierung, nunmehr unter Führung des ehemaligen Braun-Stellvertreters Heinrich Hirtsiefer vom Zentrum, musste weitere unpopuläre Notmaßnahmen erlassen, um den Etat auszugleichen. Und Reichsinnenminister Gayl nutzte ein Gespräch mit Severing über die Sicherheitslage in Preußen, um in alle Welt zu posaunen, dass auch der preußische Innenminister mit einem Eingreifen des Reiches einverstanden sei. Was Severing umgehend dementierte. Ja, mehr noch. Severing erreichte durch konkrete Handlungsanweisungen an die preußische Polizei, dass die Baumeister der Reichskommissarslösung meinten ihre Pläne auf die lange Bank schieben zu müssen.

Es war schließlich der Altonaer Blutsonntag, der das Blatt wieder wendete und Papen als ausreichende Handhabe zum Eingreifen erschien. Der preußische Landtagspräsident Kerrl, ein Nationalsozialist, gab die passende Vorlage. Kerrl forderte in einem Brief an Papen die Einsetzung des schon lang geforderten Reichskommissars in Preußen. Begründung: Weil in Auswirkung übersteigerter kommunistischer und sozialdemokratischer Propaganda die Unsicherheit im Lande anwüchse, »und Überfälle und Morde sich von Tag zu Tag in erschreckendem Maße mehrten«. Dazu der *Vorwärts:* »So schreibt ein prominenter Vertreter einer Partei, deren Anhänger täglich Überfälle auf politische Gegner und auf die Einrichtungen gegnerischer Parteien verüben, ohne daß die Partei es auch nur in einem einzigen Fall für nötig gehalten hätte, von solchen Taten öffentlich abzurücken ... Im Gegenteil hat sie durch eine verlogene Bluthetze die Leidenschaften immer mehr gesteigert. Für das meiste Blut, das bisher geflossen ist, trägt sie die Verantwortung.«

Der Ablauf des nun folgenden »Preußenschlages« muss nicht zum wer-weiß-wievielten Male wiederholt werden. Gegenüber vielen historisch waghalsigen Beschreibungen bis hin zu der Legende von dem Leutnant und den zehn Mann, die bei Severing angerückt sein sollen, war der Verlauf dieses 20. Juli 1932 bei weitem nüchterner und wegen vielfacher Beachtung juristischer und staatsrechtlicher Bedenken zähflüssiger. Das nimmt dem Preußenschlag kein Jota seiner Widerrechtlichkeit und Gewaltstruktur. Es handelte sich um einen Staatsstreich. Im Mantel des Ausnahmezustandes, bei dem der spätere Hitler-Feldmarschall von Rundstedt als damaliger Wehrkreisbefehlshaber die vollziehende Gewalt innehielt, wurden alle Landesminister ihrer Ämter entsetzt. Den bereits zurückgetretenen Ministerpräsidenten Braun setzte von Papen durch ein persönliches Schreiben noch einmal ab. Innenminister Severing war zwar nicht das einzige Kabinettsmitglied, das einen hinhaltenden Widerstand praktizierte. Da er aber nur der Gewalt weichen wollte, arbeitete er so lange weiter, bis ihn der neue Berliner Polizeipräsident Melcher unter Rückendeckung zweier Polizeioffiziere von seinen Akten trennte.

Reichskommissar in Preußen wurde von Papen selbst, Nachfolger Severings der Essener Oberbürgermeister Franz Bracht, der als Papens Stellvertreter auch die Regierungsgeschäfte führte. Schon im Schatten der Einsetzung hatte der *Vorwärts* geschrieben: »Der Reichskommissar in Preußen kann nicht Ordnung schaffen. Er soll nach den Wünschen derer, die ihn fordern, es auch gar nicht tun. Seine Einsetzung soll nur ein weiterer Schritt auf dem Wege zum Krieg aller gegen alle sein, der sich immer weiter ausbreitet, je mehr sich die Reichsregierung den nationalsozialistischen Wünschen gefügig zeigt. Reichskommissar ist Staatsstreichkommissar, in den Augen der verfassungstreuen Bevölkerung ein Gewalthaber ohne Recht. Reichskommissar bedeutet nicht Ordnung sondern Chaos, nicht weniger Blut, sondern mehr – niemand kann sagen wieviel! Reichskommissar ist der Name des Instruments, mit dem eine gewalttätige Minderheit nach der politischen Macht greift.«

War der »Preußenschlag« zu verhindern gewesen?

War der Preußenschlag doch die dritte Konzession? Wäre er zu verhindern gewesen? Zur ersten Frage gibt es, wie erwähnt, keine offizielle oder offiziöse Bekundung. Doch bereits drei Wochen vor dem Preußenschlag hatte der *Vorwärts* Dokumente veröffentlicht, die nach seiner Auffassung den Beweis lieferten, dass »ein regelrechter Pakt geschlossen worden [sei] zwischen den Leuten vom Deutschen Herrenklub, aus dem die Regierung von Schleicher-von Papen hervorgegangen ist und Adolf Hitler«. In dem einem dieser Dokumente, einem Brief des Geschäftsführers des Deutschen Herrenklubs, Herrn von Gleichen, an einen ungenannten Adressaten, heißt es unter anderem: »... es bestehen auch wegen Preußen Abmachungen, d.h. über die Einsetzung eines bewährten Mannes als Ministerpräsident oder als Reichskommissar, Umorganisation der inneren Verwaltung unter starker Mitwirkung der nationalsozialistischen Kräfte«. Nie wurde dieses Schreiben dementiert.

Die Frage, ob der Staatsstreich zu verhindern oder abzuwehren gewesen wäre, hat namentlich die Sozialdemokraten bewegt. Zeitgenossen und Nachgeborene stellten dabei immer wieder das Verhalten zweier Hauptbetroffener in den Vordergrund: Otto Braun und Carl Severing. Gerade Braun wurde schon früh kritisiert. Die Öffentlichkeit empfand es wie einen Schock, dass der »starke Mann« Preußens gerade dann die Brücke verließ, als der Orkan seine Höchststärke erreichte. Aber konnte Braun das Staatsschiff tatsächlich noch lenken, geschweige denn verteidigen? Hagen Schulze weist darauf hin, wie furchtbar sich die Taktik nun rächte, »die seit wenigstens einem halben Jahr manifeste Krankheit des Ministerpräsidenten bis zum letzten Augenblick zu verschweigen«. Richtig ist ja, dass seine abgrundtiefe Depression Braun hinderte, sowohl die Realitäten wie auch seine eigenen Möglichkeiten klar zu erkennen. Man darf in diesem Zusammenhang daran erinnern, dass das Regieren in der Weimarer Republik eine lebensgefährliche Aufgabe war. Ebert, Stresemann und Hermann Müller mussten dies erfahren, von den Attentatsopfern wie Rathenau und Erzberger ganz zu schweigen.

War man aber bei Braun noch bereit, Erklärungen für sein »Versagen« anzuhören, so gab es gegenüber Severing nicht die Spur eines Verständnisses. Er war ja nicht minder ein »starker Mann«, bewährt in den schwierigsten und blutigsten Staatsaffären und dazu noch im Besitz nicht zu verachtender Machtmittel. Severing auch hatte ausreichend Zeit, sich auf die Ereignisse vorzubereiten. In seinem Fall am allerwenigsten lässt sich von Überrumpelung sprechen. Aber gerade das spricht dafür, dass der preußische Innenminister sehr genau wusste, auf was er sich einlassen würde, sollte er seiner Polizei das Stichwort zum Widerstand geben. Und wenn er es nicht wissen sollte, so wurde er von seinen politischen Freunden mit der Nase darauf gestoßen. Es war bereits am 16. Juli, als Severing vor dem Parteivorstand über Möglichkeiten der Abwehr referierte, wobei ihm Stampfer ins Wort fiel mit dem Hinweis, dass er ja wohl kein Recht habe, »auf Kosten seiner Polizeibeamten tapfer zu sein«. Doch Severing dachte ja ganz ebenso; denn an der Bereitschaft Schleichers, die Reichswehr marschieren zu lassen, bestand kein Zweifel.

Aber da war ja noch der Generalstreik! Hatten nicht schon einmal Kapp und Lüttwitz davor kapitulieren müssen? Die Nachricht von der Ausrufung des Belagerungszustandes erreichte die Spitzen der Freien Gewerkschaften in einer Konferenz, an der auch Wels und andere SPD-Führer teilnahmen. Ja, was tun? Konnte man wirklich einen Putschistenaufstand mit den Maßnahmen einer regulären Regierung vergleichen? Und wie groß waren die Chancen eines Generalstreiks angesichts eines Arbeitslosenheeres von über fünf Millionen? Michael Schneider rekapitulierte die Entscheidung der Gewerkschaften: »Die angemessene Quittung für seine Politik sollte Papen ... nicht mit der Waffe des Streiks, sondern mit dem Stimmzettel erhalten.« Das war genau so die Meinung der SPD-Führung.

Im *Vorwärts* finden wir in wenigen Zeilen die Doppelstrategie erklärt, mit der die Machtlosigkeit der demokratischen Linken gegenüber der rechten Verschwörung verbrämt wird: »Der Gewalt weichend hat Carl Severing gestern abend auf die Fortführung seiner Amtsgeschäfte verzichtet. Er hat es mit der Begründung getan, daß er Blutvergießen zu vermeiden wünsche ... Respekt vor der Heiligkeit des Menschenlebens gehört zu den Traditionen der Sozialdemokratischen Partei. Wenn sie erklärt, daß sie nutzloses Blutvergießen vermeiden will, so kann sie zugleich auch keinen Zweifel daran lassen, daß sie dem im Reich herrschenden System mit äußerster Feindschaft gegenübersteht. Diesem System so rasch wie möglich eine vernichtende Niederlage beizubringen, ist das Ziel all ihres Denkens und Trachtens. Mit diesem System gibt es keinen Kompromiss, sondern nur Kampf. Wiederherstellung geordneter Rechtszustände in der Deutschen Republik ist das Ziel. Wahlkampf ist bis zum 31. Juli das Mittel. Je stärker die Sozialdemokratie am 31. Juli dasteht, desto besser wird sie für den weiteren Kampf gerüstet sein.« Im Abstand mehrerer Jahre beurteilte Stampfer das Verhalten seiner Partei eher noch verständnisvoller. »Rückblickend läßt sich sagen, daß bei ruhiger Überlegung ein anderes Handeln nicht möglich war und daß es von der sozialdemokratischen Partei ihrer ganzen Mentalität und Geschichte nach auch nicht zu erwarten war ... Die Sozialdemokratie war seit Jahrzehnten eine Partei der ruhigen Entwicklung, der verstandesgemäßen Erwägung, der gewaltlosen Verständigung – hätte sie das Signal zum Losschlagen gegeben, so hätte sie versucht, als etwas zu erscheinen, was sie nicht war.«

In eben diesem Verständnis hatte die entmachtete preußische Regierung an den Staatsgerichtshof appelliert. Der gab in einem sophistisch verschlüsselten Urteil beiden Seiten Recht. Das hieß, der Kommissar durfte weiter regieren, jedoch blieb der alten Regierung die Vertretung nach außen, also auch im Reichsrat, vorbehalten. Das bedeutete mit anderen Worten, die Enthebung der Regierung war unrechtmäßig. Auf dieser Grundlage forderte Braun immer wieder, dass ihr die verfassungsmäßigen Rechte eingeräumt würden, was von Reichskanzler Papen und Kommissar Bracht brüsk verweigert wurde. Vielmehr setzte die kommissarische Regierung ihre antirepublikanische Politik mit der massenweisen Entlassung von Beamten fort, von Beamten, die entweder Sozialdemokraten, Zentrumsmänner oder Demokraten waren, auch solcher, die ohne Akademiker zu sein wegen ihrer Fähigkeiten in höhere Ränge befördert worden waren. »Seht nach Preußen!« schrieb der *Vorwärts* zu diesem »Herrenputsch«. »Hier wird vorgeführt, wie die Barone sich die Verfassungsreform und die Reichsreform denken! Die Herren wollen unter sich sein.«

Von den Neuwahlen zum Reichstag hatten sich die Sozialdemokraten die Korrektur aller politischen Defekte erhofft. Der *Vorwärts* durfte das seine tun, zum Erfolg beizutragen. In zwei »Gastkommentaren« zielte das Blatt auf jene Wählerschichten, die nicht durch Klassenlage und Tradition der Sozialdemokratie verhaftet waren, vor allem auf die heimatlos gewordenen bürgerlichen Demokraten. Als erster schrieb Hellmut von Gerlach, Chefredakteur und Herausgeber der die Republik stützenden *Welt am Montag*. Der einflussreiche Pazifist, Gründungsmitglied der Deutschen Demokratischen Partei (DDP), hatte ohnmächtig mit ansehen müssen, wie diese aus Überzeugung staatstragende bürgerliche Partei nicht nur »ihren Namen, sondern auch ihre Existenzgrundlage einbüßte«. Ihre Mitglieder, konstatierte Gerlach, hätten sich verlaufen zu den verschiedensten Parteien und nicht wenige gehörten keiner Partei an. Ihn entsetzte die Vorstellung, dass »dieser Fatalismus ehemals aktiver und auch heute noch überzeugter Demokraten die Chancen Hitlers steigern muß«. Da »für den 31. Juli nur vier Parteien ernsthaft in Frage kommen«, nämlich SPD, KPD, Zentrum und Nationalsozialisten, habe er sich für die SPD entschieden, in seinen Augen der einzige Garant gegen Faschismus und Militärdiktatur. Obwohl er nicht alles im Programm der SPD unterstreichen könne, sei er als bürgerlicher Demokrat für diese Partei aus folgenden Gründen: »Die Sozialdemokratie ist für die Demokratie. Darum schützt sie die Menschenrechte und die bürgerlichen Freiheiten einschließlich der Rechte aller Minderheiten …

Die Sozialdemokratie ist für die Handelsfreiheit …

Die Sozialdemokratie ist für internationale Verständigung …

Die Sozialdemokratie ist Hüterin der Kultur …

Die Sozialdemokratie hat tiefsten Respekt vor der Wissenschaft und ihren Trägern, vor der Kunst und ihren Jüngern«;

hingegen »die Nationalsozialisten mißachten Geist und Wissenschaft, predigen den Aberglauben an Blut und Rasse«.

Da es nun also keine organisierte bürgerliche Demokratie und keinen Liberalismus mehr gebe, müsse, »wer Demokratie und Liberalismus nicht preisgeben will, jetzt offen für die Liste 1 eintreten.« Liste 1 war – noch – die SPD. Der zweite Beitrag dieser Art stammte von dem Kieler Professor Ferdinand Tönnies, vom *Vorwärts* als »Altmeister der deutschen Soziologie« vorgestellt. Der schon 77-Jährige hatte sich einen Namen gemacht mit Untersuchungen über den Fortgang von der »Gemeinschaft« zur »Gesellschaft«. Auf etwas verspielte, aber durchaus ernsthaft gemeinte Weise beschäftigte sich Tönnies mit dem »Takt in der Politik«. Mangel an Takt habe schon den davongelaufenen deutschen Kaiser ausgezeichnet. Einer Taktlosigkeit hätten sich auch die Ratgeber Hindenburgs schuldig gemacht, »als sie ihn bewogen, aus den Trümmern der Deutschnationalen Partei eine Regierung zu bilden, die ihrem Wesen nach eine nationalsozialistische Regierung ist in fadenscheinigen deutschnationalen Kleidungsstücken«. Nun haben wir ein »Kabinett der Taktlosigkeit«. Es habe sich schon mit einer Taktlosigkeit eingeführt, als es »den Wohlfahrtsstaat verspotten zu sollen meinte, angesichts unerhörter Notstände«. Viele Taktlosigkeiten folgten. Der Sturz Brünings war aber keine Taktlosigkeit mehr. Er wurde gegen die Mehrheit der Nation geführt, die dieser Kanzler zur Wahl des Reichspräsidenten vereinigt hatte, sollte also die republikanische Reichsverfassung tödlich treffen. Wer Gegenrevolution und Wiederherstellung der Hohenzollern nicht will, müsse entsprechend wählen, riet Tönnies. Dadurch werde ihm viel Kummer erspart, vor allem »jener Kummer, den immer diejenigen erleben, die *nachher* klug sind – wie Epimetheus in der griechischen Sage!« Da schimmerte der Bildungsbürger durch. Epimetheus war der Gatte der Pandora.

Ob solche illustren Mitstreiter mehr bewirkten als der schlichte Genosse von der Klebekolonne, der sein »Wählt Liste 1« mit Teerfarbe auf die Mauer der Eisenbahnunterführung pinselte? Wir kennen die Antwort. Sie lautet Nein. Die SPD erwachte aus allen ihren Illusionen nach einem Wahlergebnis, das Parteiveteranen noch schlimmer als den Schock der »Hottentottenwahlen« von 1907 einstuften. Zwar hatten die Sozialdemokraten ihre Verluste im Rahmen halten können, doch waren die Nationalsozialisten an ihnen vorbeigaloppiert und zur stärksten Fraktion im Reichstag geworden. Während Kommunisten und Zentrum leicht zulegten, war die Demokratische Partei, die sich jetzt Deutsche Staatspartei nannte, wie schon in Preußen zur Bedeutungslosigkeit herabgesunken. Die einzigen Verbindungen, die Mehrheiten erbrachten, waren NSDAP und KPD oder NSDAP und Zentrum. Beide Koalitionen erschienen unwahrscheinlich, auch wenn Nazis und Kommunisten oft an einem Strang zogen, wenn es galt, die Republik oder die Sozialdemokratie zu treffen. Mit den Deutschnationalen allein konnte die Hitler-Partei mangels Mehrheit schon gar nicht regieren.

Paul Löbe wird Vorwärts-Redakteur

Der *Vorwärts* überließ die erste Deutung des Wahlergebnisses Paul Löbe. Der Noch-Reichstagspräsident gab sich alle Mühe, die entstandene Lage realistisch zu sehen. Auch er sah keinen Ansatzpunkt für eine dauerhafte Koalition, wenn überhaupt die Nationalsozialisten »dem Teufel der Koalition den kleinen Finger zu reichen« gewillt waren. Damit wäre »die Gefahr des Weiterregierens mit Notverordnungen und Verfassungsdehnung« das Wahrscheinlichste. Dieser »starken Regierung« von Papen-Schleicher den Weg zu verstellen, würde in jedem Fall die Zustimmung der SPD finden. Vor allem werden es sich die Sozialdemokraten zur Aufgabe machen, die angeblichen Auch-Sozialisten im Reichstag mit praktischen Vorschlägen zur Behebung der Krise vor die Wahl zu stellen, ob weiterhin Schlagworte regieren sollen oder Nüchternheit. Im Übrigen sehen sie der Arbeitsfähigkeit dieses Reichstages »mit den stärksten Zweifeln entgegen«. Sechs Wochen später war der gelernte Journalist Paul Löbe Mitglied der *Vorwärts*-Redaktion, nachdem er seinen Platz als Präsident des Reichstages an den Nationalsozialisten Hermann Göring abtreten musste.

Sicherlich hätte, bevor man sich Gedanken über das Wie-geht's-weiter machte, eine gründliche Ursachenerforschung des Wahldesasters stattfinden müssen. Ohne Zweifel redete man sich in den Gremien die Köpfe heiß. Ein Erfolg der Diskussionen war die Verjüngung des Reichstagsfraktionsvorstandes. Mit Kurt Schumacher und Friedrich Ebert jun., Sohn des ersten Reichspräsidenten, wurden zwei Hoffnungsträger hinzu gewählt. Ob die Diskussion aber ansonsten so weit in die Tiefe ging, wie nötig war?

In seinen Erinnerungen befand Stampfer, dass die »Schwäche der Staatsgewalt« den Nationalsozialisten ihren starken Zulauf gebracht hätte. Außerdem sei Hitlers Tolerierungspolitik gegenüber der Papen-Regierung zu wenig bekannt gewesen. Deutlicher wurde Julius Leber, als er in der Zelle über »Die Todesursachen der deutschen Sozialdemokratie« nachdachte. Ausschlaggebend sei ein merkwürdiger Immobilismus der Parteiführung gewesen, der die ganze Weimarer Epoche durchzogen habe. »Was auch kam, wie immer die sozialen Kräfte im deutschen Volke sich entluden, die sozialdemokratische Führung stand am Rande des Geschehens, nur bemüht, Erklärungen zu suchen ... In keiner Stunde kam es zu irgendeiner entschlossenen Haltung.« In zweiter Linie, aber nicht weniger deutlich, kritisierte Leber den mangelnden Kontakt zu dem Reservoir »der gewaltigen Kräfte, die doch immer noch hinter Sozialdemokratie und freien Gewerkschaften standen«. Auch die vorsichtigsten Versuche, sie in das aktive politische Geschehen einzubeziehen, »stießen auf den schärfsten Widerstand der verantwortlichen Parteileitung«. So drehte sich die Partei, laut Leber, im Kreise ihrer eigenen Entschlusslosigkeit und wusste auch nicht mehr, zu welchem Zweck und auf welche Weise sie Macht und Einfluss ausüben sollte. Als Symptom dieser Haltung erkannte Leber, dass »die alte sozialdemokratische Massenpartei, einst aus lassalleanischem Geist geboren, ... die Kunst der großen Volksrede ganz und gar verloren« hatte. Sie habe ja auch fast keine Redner mehr, »die imstande waren Massen zu mobilisieren«.

Das besorgte nun, kann man hinzufügen, auf seine demagogische, verderbte Art Hitler, der Trommler, und sprach damit Stimmungen an, die bedient werden wollten. Und wenn auch die Sozialdemokraten die dringendste Aufgabe der Zeit richtig erkannten, was ja die Beseitigung der Arbeitslosigkeit nun einmal war, so verpackten sie diese in Programme, die kaum die Fantasie der Massen erregten. Konkret: Der Ruf nach dem »Umbau der Wirtschaft«, wie dieses Programm hieß, war nun einmal »eine weniger zündende Wahlkampfparole ... als die nationalsozialistische Forderung nach ›Arbeit und Brot‹« (zit. nach Heinrich A. Winkler). Doch hat die SPD auf alle erdenkliche Art, zum Beispiel durch das Einbringen geeigneter Anträge im Reichstag und den Landtagen, die Arbeitslosigkeit einzudämmen versucht. Auch der *Vorwärts* half seinen Lesern auf eine Art, die ihnen mehr brachte als alle Programme. Zum Jahresende hatte er die Abonnementsgebühr um etwa 10 Prozent gesenkt, und Langzeitarbeitslose, wenn sie sich das Blatt überhaupt noch leisten konnten, erhielten eine besondere Ermäßigung. Mit einer Menschengruppe, für die Arbeitslosigkeit nicht nur einen sozialen Abstieg bedeutete, sondern das Ende einer künstlerischen Berufung, beschäftigte sich Kurt Singer. Der ehemalige Musikkritiker des *Vorwärts,* bevor er Intendant der Städtischen Oper Berlin in Charlottenburg wurde, beschrieb in seinem alten Blatt das Elend tausender hochbegabter junger Musiker, nach denen kein Agent mehr fragte. Mit ihrem Verstummen kündigte sich auch der Niedergang der Musikkultur an. Hierfür sei aber nicht in erster Linie die Wirtschaftskrise verantwortlich zu machen, sondern, wie Singer es nannte, »eine Krise des sozialen Gewissens«. Äußerer Ausdruck dafür sei die Sucht nach den großen Namen. »Zwei Dutzend füllen den Markt.«

Hitlers Erfolg bei der Reichstagswahl brachte keine größere Stabilität in das politische Tagesgeschäft, wie man hätte erwarten können. Im Gegenteil münzte sie der »Führer« nur in einen Freibrief für Gewalt um. Eine Terrorwelle rollte jetzt über das Land, die alles in den Schatten stellte, was wir bisher gehört haben. Geben wir wider, was im *Vorwärts* in einer Woche zu lesen war:

Königsberg, 1. August 1932
Schon am Montagmorgen, also unmittelbar nach der Wahl, wurde auf das Verlagsgebäude der *Königsberger Volkszeitung* ein Bombenattentat mit Benzinflaschen verübt. »Um dieselbe Zeit wurde ... der Chefredakteur der ›Königsberger Volkszeitung‹, Genosse Wyrgatsch, in seiner Wohnung überfallen ... Die Frau unseres Genossen hatte in der Meinung, daß der Milchmann da sei, die Tür geöffnet.« Zwei Männer drangen sofort ein und schossen auf Wyrgatsch, der später an den Verletzungen starb. Ebenfalls in seiner Wohnung wurde der kommunistische Stadtverordnete Sauff erschossen. Bei einem ähnlichen Überfall wurde der vor einigen Tagen vom amtierenden Reichskommissar in den Ruhestand versetzte Regierungspräsident, Herr von Bahrfeld, ein Volksparteiler, verletzt. Bei weiteren Überfällen wurden wenigstens ein Sozialdemokrat, ein Kommunist und ein junges Mädchen verletzt.

Braunschweig, 2. August 1932
»In Braunschweig wurden Bombenanschläge gegen das Eigentum der Arbeiterbewegung wie gegen die Wohnung des Oberbürgermeisters verübt.«

Schleswig-Holstein, 2. August 1932
»In Schleswig-Holstein wurden in zehn Orten Bombenanschläge gegen Wohnungen von Sozialdemokraten und Kommunisten, gegen Konsumvereine und Verkehrslokale verübt.«

Königsberg, 3. August 1932
Der sozialdemokratische Gemeindevorsteher Gallowski in Norgau (Kreis Fischhausen) wurde durch den Ruf »Im Dorfe brennt es!« ans Fenster gelockt und in den Kopf geschossen. Er wurde in bedenklichem Zustand in das Johanniter-Krankenhaus in Königsberg gebracht.

Tilsit, 3. August 1932
Weil ihn angeblich ein Kamerad sprechen wollte, wurde der Reichsbannerführer Raschkowski in Szillen im Kreis Tilsit-Ragnit ans Fenster gelockt und mit seiner neben ihm stehenden Ehefrau beschossen.

Kiel, 3. August 1932
Zu nächtlicher Stunde wurde eine Bombe auf die Synagoge im Hohenzollernpark geworfen. Es entstand erheblicher Sachschaden.

Breslau, 3. August 1932
Zwei Polizisten, die einem überfallenen Passanten zu Hilfe kommen wollten, wurden von 30 SA-Leuten brutal misshandelt.

Königsberg, 5. August 1932
»Die Attentatswelle in Ostpreußen hat noch nicht ihr Ende erreicht.« In das Dienstzimmer des Amtsgerichtes in Mehlauken (Kreis Labiau) wurde eine Brandbombe geworfen. In Drengfurt wurden ein Mann und eine Frau durch Schüsse eines Kommunisten schwer verletzt. In Allenstein fielen drei SA-Leute über einen Händler her und verletzten ihn schwer.

Königsberg, 6. August 1932
In Johannisburg, in Lyck und in Tilsit wurden Häuser bei Anschlägen beschädigt und es wurde auch auf Menschen geschossen. In Elbing stachen Kommunisten zwei Nationalsozialisten nieder, mit denen sie in Wortwechsel geraten waren.

Braunschweig, 7. August 1932
Bei einem terroristischen Anschlag auf Arbeiterwohnungen wurden 30 Häuser von drei bewaffneten Nationalsozialisten beschädigt. Einer davon wurde erkannt, obwohl er sich als Antifaschist verkleidet hatte.

Stolp in Pommern, 7. August 1932
»Gegen die Wohnungen des Kreisvorsitzenden des Reichsbanners Bonnke und des kommunistischen Führers Meier wurden heute früh drei Uhr mehrere Schüsse abgegeben, verletzt wurde niemand.«

Denkt man nun, die vielen nachgewiesenen Übergriffe der braunen Kolonnen würden zumindest ihren Richter finden, so befindet man sich im Irrtum. Wie schon zu Beginn der Republik von Weimar antwortet die Rechtsprechung mit krasser Parteilichkeit: Für linke Übergriffe wird fast immer eine harte Sühne durchgesetzt, nicht so für rechte. Und schlimmer noch: Während die Vorsitzenden der Sozialdemokratischen Partei, Otto Wels und Hans Vogel, beim stellvertretenden Reichskommissar für Preußen, Franz Bracht, schärfste Beschwerde gegen den NS-Terror in Ostpreußen führen, versammelt Reichsinnenminister Gayl Ministerpräsidenten und Minister aus verschiedenen, schon von den Nazis regierten Ländern um sich, um mit ihnen über die Aufstellung einer Hilfspolizei aus SA und Stahlhelm zu verhandeln.

Offene Bekenntnisse zu zweierlei Recht

Im Unterschied zu den Ungerechtigkeiten der 1920er Jahre gibt es jetzt eine Begründung. Hitlers Sprachrohr *Völkischer Beobachter* bekennt unzweideutig: »Es kommt auf die Gesinnung an und nicht auf den Tatbestand.« Auch die Hugenberg'sche *Deutsche Zeitung*, also ein deutschnationales Sprachrohr, denkt nicht anders: »Wenn der *Vorwärts* ... heuchlerisch von der ›grundsätzlichen Frage des gleichen Rechts aller Staatsbürger vor dem Gesetz‹ spricht, so muß ... doch gesagt werden, daß im Staatsleben endlich mit einer Auffassung gebrochen werden muß, die den international-marxistischen Staatsfeinden die gleichen Rechte gewährt wie den nationalen Kräften.« Und im Gossenjargon des Goebbels'schen *Angriffs* klingt es dann so: »Ein verkommenes und verlumptes Verbrecherpack, das sich von marxistischen Mordhetzern zu den brutalsten Bluttaten aufputschen läßt, das sich mit Dolch und Revolver betätigt und Bluttat auf Bluttat, Meuchelmord auf Meuchelmord häuft, kann selbstverständlich nicht mehr den Anspruch erheben, als Staatsbürger bezeichnet und dementsprechend behandelt zu werden. Mit diesem Gesindel muß vielmehr von Staats wegen gründlich aufgeräumt werden.«

»Die ganz- und halbnationalsozialistische Presse bekennt sich jetzt offen zu einem System, in dem die Staatsbürger mit zweierlei Maß gemessen werden sollen, in dem der Richter je nach der Gesinnung des Täters freizusprechen oder zu verurteilen haben wird«, stellt der *Vorwärts* dazu fest und fährt mit Blick auf die angekündigte Hilfspolizei fort: »Schwerer können Rechtsgefühl und Rechtssicherheit in einem Lande nicht erschüttert werden. Der Staatsbürger, der sehen muß, wie eine Organisation, deren Einzelteile bandenmäßige Brandstiftung und Attentate begehen, obrigkeitliche Funktionen ausübt, der gleichzeitig hört, daß man ihn nicht mehr nach Recht, sondern nach Gesinnung behandeln wolle, der verliert nicht nur den Glauben an den Staat, er verliert auch jede Achtung vor ihm. Die Reichsregierung muß sich vollständig darüber klar sein, daß die Verwirklichung der nationalsozialistischen Forderungen gleichbedeutend ist mit der restlosen Zertrümmerung und Vernichtung des Rechtsstaates.«

Zwei Gerichtsverfahren sollten schmerzlich beweisen, dass es sich hier nicht um Warnungen vor einer Schimäre, sondern um traurige Realitäten handelt. Am 22. August fällten zwei schlesische Gerichte die Urteile nach Aufsehen erregenden Vorfällen. Im oberschlesischen Beuthen wurden fünf SA-Leute im so genannten Potemba-Prozess zum Tode verurteilt. Die betrunkenen Männer hatten in Potemba den Arbeitslosen Konrad Pietczuch, einen polnischen Oberschlesier, der mit den Kommunisten sympathisierte, zu nächtlicher Stunde im Schlaf überfallen und vor den

Augen seiner Mutter zu Tode getrampelt. Das Urteil führte zu einem Aufschrei in den Nazi-Organen, zu schweren Straßenunruhen, bei denen auch jüdische Geschäfte sowie sozialdemokratische und zentrumseigene Zeitungsverlage angegriffen wurden, und Hitler seinen »Kameraden« in einem Telegramm versicherte: »Angesichts dieses ungeheuerlichen Bluturteils fühle ich mich mit Euch in unbegrenzter Treue verbunden. Eure Freiheit ist von diesem Augenblick an eine Frage unserer Ehre ...« Nach zehn Tagen wurden die Verurteilten zu lebenslänglichem Zuchthaus begnadigt. Auch da blieben sie nur wenige Monate.

Vor einem Sondergericht im niederschlesischen Brieg waren eine Reihe von Reichsbannerleuten angeklagt und zu Strafen bis zu vier Jahren Zuchthaus verurteilt worden. Gegenstand des Verfahrens waren die Unruhen von Ohlau, bei denen es vier Tote, darunter zwei SA-Männer gegeben hatte. Auch dieses Urteil machten die Nationalsozialisten zu einem Gegenstand wüster Hetzkampagnen wegen angeblich mangelnder Objektivität der Behörden; Hitler formulierte eine Kampfansage gegen die Regierung, die ihm bisher nur zugearbeitet hatte und sprach von einer Saat, die nun aufgehen wird, und »die man künftig nicht mehr durch Strafen beschwichtigen können« wird. Tatsächlich war das Brieger Urteil ein Justizvergehen, allerdings in einem anderen Sinn, als Hitler es verstand. Die Sondergerichte arbeiteten aufgrund einer Notverordnung vom Oktober 1931 nach einem beschleunigten oder besser, verkürzten Verfahren und ihre Urteile waren keinem Rechtsmittel unterworfen. Sie führten zu ähnlichen Ergebnissen wie die bayerischen Volksgerichte in den frühen 1920er Jahren und lassen Hitlers späteren Volksgerichtshof ahnen. Eine Statistik, die alle bis zum 17. September 1932 gefällten Urteile berücksichtigt, stellt fest: Bei Verfahren gegen 336 Angeklagte von links wurden 166 Jahre Zuchthaus und 122 Jahre Gefängnis verhängt, hingegen wurden bei Verfahren gegen 124 Angeklagte von rechts, abgesehen von den fünf alsbald wieder kassierten Todesurteilen, 10 Jahre Zuchthaus und 23 Jahre Gefängnis verhängt. »Das ist Rechtsnot!« befand der *Vorwärts* und forderte mehr Klarheit über das Wirken der Justiz, namentlich der Sondergerichte.

Offiziellen Charakter hatte eine Statistik, die der Amtliche Preußische Pressedienst über die Todesfälle bei politischen Ausschreitungen 1932 veröffentlichte. Danach waren vom 1. Januar bis zum 23. September in Preußen 155 Menschen in politischen Auseinandersetzungen ums Leben gekommen, allein in den sechs Wochen seit Aufhebung des SA-Verbotes waren es 100 Todesopfer. Mit größtem Misstrauen betrachtete der *Vorwärts* die parteiliche Zuordnung der Toten. So führte der amtliche Einzelnachweis die 16 Opfer des Altonaer Blutsonntags als Nationalsozialisten auf, obwohl es nur einen einzigen SA-Mann unter den Toten gab, die anderen Opfer waren Kommunisten und Parteilose, auch Frauen. Diese und ähnliche Manipulationen andernorts führten dazu, dass die Zahl toter Nationalsozialisten mit 70, toter Kommunisten mit 54 angegeben wurde. Das Verhältnis dürfte eher umgekehrt gewesen sein. Auch die Zahl der toten Reichsbannerleute, mit zehn angegeben, war gefälscht. Es waren nachweisbar 17 und sie wurden alle Opfer von Zusammenstößen mit Nationalsozialisten. Was wollte die kommissarische preußische Regierung mit diesen Fälschungen erreichen? Sympathie für braune Terroristen erzeugen?

Einige Tage nach dem Urteil von Brieg erhielten der *Vorwärts* und etwa 25 weitere Zeitungen Post vom stellvertretenden Reichskommissar Bracht. In Berlin waren es neben dem SPD-Zentralorgan das *Berliner Tageblatt*, die *Berliner Volkszeitung*, das *Acht-Uhr-Abendblatt*, die *Welt am Abend* und die *Rote Fahne*. Sie erhielten alle die Auflage, am Kopf der ersten Seite einen fettgedruckten Artikel der kommissarischen preußischen Regierung zu veröffentlichen. Titel: »Die Schuld von Ohlau«. Es handelte sich dabei um nichts anderes als willkürlich zusammengestellte Teile der Urteilsbegründung von Brieg, voller Einseitigkeiten und juristisch verbrämter Unterstellungen. Am Tag darauf veröffentlichte der *Vorwärts* die Stellungnahme eines Verteidigers der Ohlauer Reichsbannerleute. Der stellte zunächst klar, dass die Auseinandersetzung nach provokatorischen Aufmärschen und Ausschreitungen der SA ausbrachen – erhärtet durch eidliche Aussagen. Beschworene Aussagen auch für die Tatsache, dass die Braunhemden in »ein friedliches Haus grundlos eingedrungen« seien und dort zwei Frauen niederschossen. Bracht hatte geschrieben, die Nationalsozialisten hätten in keinem einzigen Fall von der Schusswaffe Gebrauch gemacht. Der Verteidiger stellte abschließend fest: »Das Urteil stellt die Dinge völlig auf den Kopf. Kein Wunder, wenn man miterlebt hat, wie es zustande gekommen ist. In unglaublicher Hast wurde die Verhandlung durchgepeitscht. Niemand kannte die Akten ..., um ein gerechtes Urteil fällen zu können.«

Wo solche Zwangsveröffentlichungen winkten wie die soeben geschilderte, konnten auch Verbote nicht fern bleiben. Schon am 30. August hatte der Berliner Polizeipräsident Melcher den *Vorwärts* für drei Tage verboten. Das letzte Verbot lag gerade zwei Monate zurück. Grund: Das Blatt habe das »Programm des Herrn Reichskanzlers« als »Programm des Verfassungsbruchs« bezeichnet. Diese Charakterisierung stelle »eine grobe Beschimpfung und böswillige Verächtlichmachung des Herrn Reichskanzlers dar«. Als der *Vorwärts* wieder erscheinen durfte, stellte er klar: »Der *Vorwärts* steht zur geltenden Verfassung in einem engeren Verhältnis als jede andere Zeitung. Seit seinem Bestehen hat er, als Zentralorgan der Sozialdemokratischen

Partei Deutschlands, für ihre Grundsätze gekämpft: für die Demokratie, für das gleiche Wahlrecht, für das Recht des deutschen Volkes, durch frei gewählte Vertretungen sich selbst zu regieren.« Gleiches gelte für die sozialen Rechte.

Aus all dem ergebe sich, dass »wenn irgendein Blatt, so der *Vorwärts* geschichtlich legitimiert ist, die in der Verfassung verankerten Volksrechte zu verteidigen.« Zu den das Verbot begründenden Vorwürfen habe aber das Reichsgericht schon 1931 geurteilt: »Die Äußerung, ein Minister habe die Verfassung gebrochen, ist nicht schlechthin ehrverletzend.« Und unter »böswilliger Verächtlichmachung« und »Beschimpfung« wurden ursprünglich »jene Unflätigkeiten verstanden, mit denen eine gewisse Presse ihre politischen Gegner zu bedecken pflegt«. Auf das Niveau dieser Art von Presse werde der *Vorwärts* nie hinabsteigen. Diese Regierung aber bekämpfe er, weil, wenn ihr gelinge, was sie vorhabe, »von dem, was die Verfassung für das arbeitende Volk bedeutet, nicht viel übrig bleiben« werde. Als Beispiel für »diese« Art von Presse darf man zitieren, was der »Gauleiter« des NSDAP-Mitgliedes Melcher, Josef Goebbels, in seinem *Angriff* über die *Vorwärts*-Redaktion schreibt. Anlass waren die oben erwähnten Prozesse: »Auch die jüdischen Schreiberlinge des *Vorwärts,* die für dieses marxistische Lumpenpack immer wieder eintreten, haben damit dokumentiert, daß sie nicht zu den anständigen Staatsbürgern, sondern zu den marxistischen Terroristen gerechnet werden wollen«.

Richtig ist allerdings, dass Goebbels schon ausreichend Sympathisanten in den Regierungsstellen besaß, die nicht nur dem *Vorwärts,* sondern der gesamten sozialdemokratischen Presse das Leben schwer machten. Aus Anlass der sechsmonatigen Geltungsdauer der Notverordnung veröffentlichte der *Vorwärts* eine Zwischenbilanz der Verbotspraxis. Allein für die sozialdemokratische Presse waren 45 Verbote ausgesprochen worden, die 72 Zeitungen betrafen. In der Provinz häuften sich die Zeitungsverbote, die auch auffällig oft ausgesprochen wurden, wenn sich eine Zeitung mit den Entgleisungen der NSDAP beschäftigte. Lediglich in den Freistaaten Bayern, Baden und Württemberg gab es keine Verbote, aber allein 30 in Preußen. Nicht weniger gefährlich als das Verbot war die Auflagennachricht. Als »amtliche Entgegnung« sollte sie die Irreführung der Leser verhindern – theoretisch. In der Praxis öffnete sie dem Missbrauch durch amtliche Stellen Tür und Tor. Überhaupt nicht mit der Pressefreiheit vereinbar war die »amtliche Kundgebung«, die den obersten Landesbehörden im Einvernehmen mit dem Reichsminister des Innern das Recht gab, jegliche, selbst politische Inhalte, für die Veröffentlichung zu erzwingen. So könne, machte der *Vorwärts* klar, die Regierung selbst in der oppositionellen Presse ihre Auffassungen propagieren.

Der Kommissar reglementiert die Badehose

Verbotsförderlich war in hohem Maße die Empfindlichkeit der Verwaltung. So wurde die Zeitschrift *Das Reichsbanner* auf vier Wochen verboten, weil einer der Verteidiger im Ohlauer Reichsbannerprozess an den Reichskommissar die Frage gestellt hatte: »Wollten Sie der Wahrheit dienen?« Am meisten kränkte Bracht der frageweise vorgebrachte Vorwurf der »Parteilichkeit«. Das sei »schlimmste und ihrem Inhalt nach schärfste denkbare und daher im höchsten Grade verletzende Form der Mißachtung« gegenüber einem Beamten. Dazu merkte der *Vorwärts* an: »Wir wollen nicht in Vergleich ziehen, was tagtäglich in der nationalsozialistischen Presse an Vorwürfen von Parteilichkeit in ruppigster Tonart gegen alle Regierungsstellen ausgesprochen wird, ohne daß sich ein Finger rührt.« Im Übrigen stelle diese Begründung »eine Unfehlbarkeit behördlicher Organe fest und läßt für eine Kritik der Presse kaum noch Raum«. Die Empfindlichkeit des Herrn Bracht dokumentierte sich noch in einem ganz anderen Zusammenhang. In einem Erlass verordnete er, dass sämtliche Badeanzüge und Badehosen mit einem Zwickel versehen sein müssten, um weniger nackte Haut zu enthüllen. Dass diese Maßnahme in der ganzen Republik einen Lachsturm auslöste, muss nicht wundern. Der *Vorwärts* aber fragte: »Gehören die Zwickel auch zu den Maßnahmen auf Grund des Artikels 28, die zur Wiederherstellung von Sicherheit und Ordnung unumgänglich nötig erachtet worden sind?«

Je weiter wir uns von den Zeiten der ersten deutschen Republik entfernen, desto weniger verständlich erscheint das Verhalten der deutschen Kommunisten. Wir lesen, dass sie sich die heftigsten, ja bürgerkriegsähnlichen Kämpfe mit den Nationalsozialisten lieferten. In ihrer eigenen Geschichtsschreibung stellten sie sich deshalb als die entschiedensten Feinde des Faschismus vor. Was sicherlich nicht ganz falsch ist – aber eben nur die halbe Wahrheit. Denn auf der anderen Seite verübten sie zusammen mit den Nazis allzu viele Schandtaten gegen Republik und Sozialdemokratie; als ihren eigenen entschiedensten Gegner betrachteten sie in jenen Jahren die SPD. Die deutschen Kommunisten richteten sich damit nach den Vorgaben der Kommunistischen Internationale, deren Kongress von 1928 die »sozialfaschistische« Sozialdemokratie zum »Hauptfeind« erklärt hatte. Da auch die Komintern mehr oder weniger die Richtungskämpfe der KPdSU im Zeichen der sich festigenden Stalin'schen Diktatur widerspiegelte, lockerte oder spannte sich das Verhältnis in der deutschen Linken entsprechend.

Das galt vor allem für den Dauerstreit um die »proletarische Einheitsfront«. Das bedeutete eine Art Kampfgemeinschaft der beiden Parteien, bis hin zum fernen Ziel einer Wiedervereinigung. Die »Einheitsfront« war eine kommunistische Losung, schon 1922 von Lenin erfunden, und wo sie hinführen kann, haben nach dem Zweiten Weltkrieg schmerzvoll viele sozialdemokratische Parteien in Osteuropa erfahren. Sie wurden, unter den Fittichen einer sowjetischen Besatzung, mit den kommunistischen Parteien ihrer Länder zwangsvereinigt und politisch ausgelöscht. Für manchen deutschen Sozialdemokraten der frühen 1930er Jahre hatte die Parole jedoch einen gewissen Reiz, weil sie zu versprechen schien, dass auf diesem Wege der bourgeois-kapitalistischen Hegemonie und nun der faschistischen Gefahr Paroli geboten werden könne. Natürlich musste man vorsichtig sein, weil die Kommunisten damit auch die SPD spalten wollten, aber man würde ja sehen. Es gab auch den einen oder anderen Kommunisten, der die Einheitsfront nicht taktisch verstehen wollte, der wurde aber sofort von seiner Partei zurückgepfiffen. In den Tagen vor der Reichstagswahl hatten sich auch drei deutsche Intellektuelle der Frage angenommen. Albert Einstein, Käthe Kollwitz und Heinrich Mann forderten in einem offenen Brief SPD und KPD zu einer Art Wahlbündnis auf. Für die SPD eine verfängliche Situation, da die Herren von Papen-von Gayl ja nur auf diese Zusammenarbeit warteten, um den »Preußenschlag« zu lancieren. Doch die KPD sorgte selbst dafür, dass aus den »Massenstimmungen, die gegenwärtig vorhanden sind«, keine ernsthaften Erwartungen resultierten.

In diesen Tagen, da von Papen sich mühte, Hitler salonfähig zu machen, schrieb Friedrich Stampfer im *Vorwärts* einen grundsätzlichen und grundgescheiten Artikel zu dem Problem. »Einheitsfront! Ein Ziel – aber wo ist der Weg?« fragte Stampfer. »Für die Gegenwart bedeutet sie nichts anderes als erbitterten Kampf der Parteien um die Führung des Proletariats, also das Gegenteil von Einheitsfront.« Man könne die Sache drehen wie man will, die Einheitsfront sei nur denkbar als lose Kombination auf Zeit, »und auch die ist nur möglich, wenn die Kommunisten darauf verzichten, über die Sozialdemokraten zu schimpfen und mit den Nationalsozialisten zu stimmen.« Und dann spricht der politische Vollprofi: »Der Feind steht vor den Toren. Wenn wir Sozialdemokraten die Abwehr kommunistischer Angriffe auf das Notwendige beschränken und unsere ganze Kraft gegen das Hitler-Papen-System richten, so tun wir für die proletarische Einheitsfront alles, was wir tun können, und dieses Tun ist besser als bloßes Gerede. Wo mit dem Einsatz aller Kräfte der Kampf gegen den Faschismus geführt wird, wie wir ihn führen, dort wächst die proletarische Einheitsfront.« Der Feind stand immer noch rechts, die Kommunisten mussten das wieder lernen.

Man muss sich nicht wundern, dass Hitler seinen Wahlerfolg vom 31. Juli für einen Griff nach der Macht nutzen wollte. Schließlich war die NSDAP stärkste Partei im Reichstag geworden. Unter normalen politischen Umständen war das durchaus ein Argument, mit dem sich das Verlangen nach der Kanzlerschaft rechtfertigen ließ, obwohl die SPD durchweg die stärkste Partei der Weimarer Republik gewesen war, ohne auch durchweg den Reichskanzler zu stellen. Im Gegenteil war ihr gerade mal für drei von den 13 vergangenen Jahren dieses Amt zugefallen. Hitler wollte jedenfalls bei Reichspräsident Hindenburg vorsprechen, damit dieser ihm das Kanzleramt übertrage. Der *Vorwärts* untersuchte die Voraussetzungen, die der »Führer« dafür mitbrachte, und einige der dabei zutage geförderten Erkenntnisse haben prophetischen Rang.

Hinter der überparteilichen Fassade die brutalste Diktatur

Zunächst fragte der *Vorwärts* »Wird der Reichspräsident Hitler überhaupt beauftragen?« und meinte dazu: »Nach unserer Überzeugung kann eine Beauftragung Hitlers überhaupt nicht in Betracht kommen, weil für die alle persönlichen Voraussetzungen fehlen. Man kann den Führer einer Partei, die bis in die letzten Tage hinein eine Unzahl scheußlicher Schandtaten zu verantworten hat, nicht mit der Bildung einer Regierung betrauen, ohne die Autorität des deutschen Staatswesens vor den Augen der ganzen Welt und der Mehrheit des eigenen Volkes völlig zu zertrümmern.« Das Blatt stellte dann weiter fest, Hitler wolle ja gar nicht Chef einer Regierung auf parlamentarischer Grundlage werden. Er wolle nicht die Pflicht übernehmen, zurückzutreten, wenn ihm eine Reichstagsmehrheit das Vertrauen ausdrücklich verweigert. »Er will Chef einer als ›überparteilich‹ maskierten sogenannten ›Präsidialregierung‹ werden, die ohne und gegen den Reichstag regiert.« Was das aber bedeute, sei klar: »Hinter der täuschenden Fassade einer ›überparteilichen Präsidialregierung‹ soll die brutalste, parteiischste, gewalttätigste Diktatur einer einzigen Partei, der nationalsozialistischen, errichtet werden. So will Hitler die Alleinmacht, die ihm eine ungeheure Mehrheit des deutschen Volkes im Jahre 1932 in drei Abstimmungsschlachten dreimal verweigert hat, auf krummen Wegen erschleichen. Er mag dabei auch daran denken, daß bei dem hohen Alter des Reichspräsidenten der Tag vielleicht nicht mehr ganz ferne sei, wo dann der amtierende Reichskanzler auch das Amt des Reichspräsidenten vertretungsweise übernehmen wird.« Wie es ja geschah.

Der *Vorwärts* glaubte Versicherungen »wohlunterrichteter« Blätter, dass Hindenburg dieses Spiel durchschaue und nicht die Hand dazu reichen werde. In der Tat lehnte der Reichspräsident Hitlers Forderung ab, da er es »vor seinem Gewissen und seinen Pflichten dem Vaterland gegenüber nicht verantworten könne, die gesamte Regierungsgewalt der nationalsozialistischen Bewegung zu übertragen«, wie der *Vorwärts* berichtete. Ein Angebot von Reichskanzler von Papen an Hitler, als Vizekanzler in seine, Papens, Regierung einzutreten, lehnte wiederum der »Führer« ab. Hitler wolle der Mussolini Deutschlands werden, bemerkte dazu der *Vorwärts*, und die Nazi-Blätter stürzten sich jetzt auf die bisherigen Förderer ihrer Bewegung, die »im Augenblick gefährlicher als selbst der Marxismus« seien.

Es gab noch einen weiteren Grund für die Aufweichungserscheinungen in der Harzburger Front. Zwischen den Nationalsozialisten und dem Zentrum waren Koalitionsverhandlungen so weit fortgeschritten, nach Kenntnis des *Vorwärts* seien sie sogar »bis nahe an den Abschluß herangeführt worden«, dass schon von der Vorlage »eines fix und fertigen Programms« samt Personalvorschlägen beim Reichspräsidenten die Rede war. Eine Kanzlerschaft Hitlers war dabei nicht vorgesehen. Jedenfalls verschlechterten sich die Beziehungen zwischen Nationalsozialisten und Deutschnationalen entsprechend, und zwar auf allen Ebenen. Auf der Straße lieferten sich Stahlhelm und SA immer häufiger Schlägereien. Dass es doch zu keiner schwarzbraunen Regierung kam, ist der nächsten Reichstagssitzung zu danken, die mit ihren Seltsamkeiten ein Unikum wurde, wie kaum eine andere in jenen Krisenjahren. Der *Vorwärts* hatte vorab schon angemerkt, dass die Reichsregierung den Reichstag auflösen werde, wenn der schwarzbraune Block nicht mit der Papen-Regierung zusammenarbeiten wolle, und zwar noch ehe der Reichstag die Regierungserklärung debattieren könne. Damit hatte er sich wieder eine »Auflagennachricht« eingehandelt und musste also eine Erklärung abdrucken, wonach das alles falsch und unsinnig sei.

Was aber geschah nun? Nach seltsamen Geschäftsordnungsmanövern der Kommunisten und des frisch gewählten Reichstagspräsidenten Göring fertigte der Reichstag die Reichsregierung in einem Maße ab, wie es keine Regierung vorher erlebt hatte. Mit 513 gegen 32 Stimmen sprach das Hohe Haus der Regierung sein Misstrauen aus. Vordergründig ursächlich war die Notverordnung »Zur Belebung der Wirtschaft«, durch die das Tarifrecht und das Sozialrecht bis zur Sinnentleerung ausgehöhlt wurden. Auf der anderen Seite erhielten Unternehmer garantierte Wocheneinkünfte in Form von Einstellungsprämien. Paul Löbe hatte sich in seinem ersten Leitartikel als *Vorwärts*-Redakteur mit Papens Plänen befasst. »Wirtschaftsbelebung?« fragte Löbe. Die Pläne seien vielmehr »ein Wagnis auf Kosten der Arbeiter.« Am Ende könne »eine Belebung der kapitalistischen Gewinne, aber keine Belebung der allgemeinen Kaufkraft stehen« Der Wirtschaftsplan der SPD, den Löbe bei dieser Gelegenheit vorstellt, nahm Keynes'sche Gedanken vorweg und stellte Ankurbelungsversuche der Wirtschaft in den Mittelpunkt, die nicht durch Milliardenzuschüsse an private Unternehmer erkauft wurden.

Zurück zum Reichstag: Nach einem heftigen Papierkrieg zwischen Reichskanzler von Papen und Reichstagspräsident Göring über die Frage, ob die durch das ausgesprochene Misstrauen zum Rücktritt aufgeforderte Regierung noch verfassungsgemäß den Reichstag auflösen könne, musste Göring schließlich zurückstecken. Der Reichstag blieb aufgelöst. »Die erste und letzte Sitzung dieses Reichstags«, meldete der *Vorwärts,* »hat nur wenige Minuten gedauert, aber es waren dramatische Minuten.« Und nicht frei von Triumphgefühlen wies das Blatt darauf hin, dass es für seine Ankündigung zwar eine Auflagennachricht erhalten habe. Aber: »Zwei Stunden, nachdem diese Auflagennachricht im *Vorwärts* veröffentlicht worden war, hat die Reichsregierung den Reichstag aufgelöst.« Damit standen Neuwahlen an.

Nazis und Kommunisten in einer Streikfront

Aus dem kurzen Wahlkampf, der nun folgte, ist ein einzigartiger Vorgang im Gedächtnis geblieben. Es ist der Streik bei der Berliner Städtischen Verkehrsgesellschaft BVG. In Verhandlungen über die Kürzung (!) der Stundenlöhne hatten die Gewerkschaften ein Ergebnis erzielt, über das sie am 2. November eine Urabstimmung abhielten. Die Alternativen waren: Annahme oder Streik. Das Ergebnis: Keines von beiden. Darauf stellte die Gewerkschaftsleitung einstimmig fest, dass kein Streikbeschluss vorliege. Dennoch rief die revolutionäre Gewerkschaftsopposition der Kommunisten (RGO) zusammen mit der nationalsozialistischen Betriebsorganisation (NSBO) den Streik aus. Der *Vorwärts* beleuchtete – im Wahlkampf verständlicherweise polemisch – die Hintergründe.

»Diese Leute – einig wie immer im Kampf gegen die Gewerkschaften und die Sozialdemokratie – stellen die Dinge so dar, als ob sie allein Gegner von Lohnreduktionen wären und als ob sie allein das Mittel in der Hand hätten, die Arbeiter vor Lohnherabsetzungen zu schützen ... Eigentlich müßte ein Blick in die kommunistische und die nationalsozialistische Presse genügen, um jeden erkennen zu lassen, daß es jenen Herrschaften gar nicht um die sachliche Vertretung von Arbeiterinteressen geht, sondern nur um parteipolitische Manöver. Obwohl aus dem Direktorium der BVG längst der letzte Sozialdemokrat herausgedrängt ist, ist man sich einig darüber, daß nur sozialdemokratische Niedertracht und Tücke an den drohenden Lohnherabsetzungen Schuld hat ... Die Gewerkschaften müssen es gewesen sein, weil sie ohne alle Demagogie rein sachlich die Interessen der BVG-Mitarbeiter wahrnahmen und der *Vorwärts* muß es gewesen sein, weil er die Gewerkschaften darin unterstützt! Man hofft aus diesem unwahrhaftigen Treiben Gewinn für die Wahlen ziehen zu können. Aber der Schuß kann auch nach hinten losgehen.« So rissen nun Berliner Kommunisten und Nazis Seite an Seite Straßenbahnschienen auf und stürzten Busse um, es gab Tote und Massenentlassungen, selbst der Notverkehr wurde gewaltsam verhindert, doch einen Tag nach der Wahl brach die Streikleitung den Streik ohne Ergebnis ab.

Der Streik hatte noch ein Nachspiel. Ein Sondergericht verurteilte in zwei Verhandlungen am gleichen Tag sieben der Streikenden zu insgesamt 17 Jahren Zuchthaus, weil sie Steine gegen Straßenbahnwagen geworfen hatten. Die Verurteilten waren zum Teil Nationalsozialisten, zum Teil kommunistische Sympathisanten. Der Staatsanwalt berief sich auf die Notverordnung gegen den Terrorismus, doch mit Terror hätte diese Entgleisung des Streikgeschehens nichts zu tun, machte der *Vorwärts* deutlich. Obwohl er diesen Streik grundsätzlich abgelehnt hatte, wandte sich der *Vorwärts* in scharfer Form gegen die Urteile. Er erinnerte daran, dass es in weit höherem Maß Parallelen zu Vorfällen in Schleswig-Holstein und Ostpreußen gäbe, wo die ebenfalls in wirtschaftlichen Notsituationen stehende Landbevölkerung mit Steinwürfen und Dreschflegeln Amtspersonen und Gendarmen vertrieben habe. Doch während gerade die der Regierung Papen nahe stehende Presse starke Sympathie für diese Akte ausdrückte und das Reichsgericht die wegen Aufruhrs und Widerstand gegen die Staatsgewalt angeklagten Bauern freisprach, nun diese Behandlung von Arbeitern. Der *Vorwärts* subsumierte: »Wovor wir gewarnt haben, das ist nun eingetreten: zweierlei Recht! … Für den Existenzkampf des bürgerlich orientierten Landvolkes volles Verständnis, für grobe Exzesse der Agrarier freisprechende Entschuldigung. Für die Exzesse im Existenzkampf der Arbeiter aber mehrjährige Zuchthausstrafen.« Dabei beträfen die Übergriffe im ersten Fall Menschen, im zweiten lediglich Maschinen.

Und die Wahl? Für die Nationalsozialisten hatte sich der Ausflug in die Arbeiterwelt tatsächlich nicht ausgezahlt. Sie fielen von 230 Sitzen im Reichstag auf 196 zurück. Die Kommunisten konnten dagegen bei ihrer Klientel punkten und kamen nun auf 100, statt bisher 89 Sitze. 121 Sitze erhielten die Sozialdemokraten und damit zwölf weniger als bisher. Die Papen unterstützenden Deutschnationalen und die Deutsche Volkspartei erhielten zusammen 62 Sitze, also etwa 10 Prozent. Der *Vorwärts* deutete das Ergebnis, das er trotz des Rückgangs der nationasozialistischen Stimmen nicht gerade als erfreulich einschätzen musste, wie folgt: »Die Front gegen die konterrevolutionären Pläne ist heute stärker als nach dem 31. Juli. Der Widerstand gegen die reaktionären Diktaturpläne steigt unaufhaltsam. Er wird noch wachsen und noch stärker steigen, wenn die Barone sich hartnäckig an die Regierungssessel klammern, um dem Volk ein neues Junkerregiment zu diktieren! ... Das Kabinett des Herrn von Papen hat zu verschwinden, und mit ihm die reaktionären Pläne gegen die Volkssouveränität und die demokratischen Rechte des Volkes! Wenn Herr von Papen dem Mißtrauensvotum des Volkes nicht weichen will, so ist es die Pflicht des Reichspräsidenten, das Urteil des Volkes zu vollstrecken.«

Das Urteil des Volkes war sicherlich nicht so leicht zu verstehen. Nach dem Wahlergebnis war es einigermaßen vieldeutig. So wundert es auch nicht, dass sich besonders die Verlierer um die Regierungsbildung bemühten. Zunächst versuchte von Papen die schmalbrüstige parlamentarische Grundlage seiner Regierung zu vergrößern. Dabei wandte er sich auch an die SPD, handelte sich von dieser jedoch eine scharfe Absage ein. Schon zweimal habe ihm das deutsche Volk einen vernichtenden Bescheid zu seiner Regierungspolitik erteilt, und so wie er sich bei seinem Vorgehen gegen die rechtmäßige Regierung Preußens über Verfassung und Spruch des höchsten Gerichts hinweggesetzt habe, sei er als Verhandlungspartner für die Sozialdemokratische Partei ungeeignet. Am Tag nach dieser Erklärung der sozialdemokratischen Reichstagsfraktion trat von Papen zurück. Als nächster meldete Adolf Hitler seine Ansprüche beim Reichspräsidenten an. Zuvor besprach sich Hindenburg mit allen Parteiführern – außer den sozialdemokratischen. Die waren wegen ihrer harten Worte in Richtung Papen personae non gratae geworden.

Hitler durfte zweimal ins Präsidentenpalais. Hindenburg war bereit, ihn mit der Kanzlerschaft zu betrauen, wenn Hitler sich um eine parlamentarische Mehrheit bemühen würde. Das wollte der »Führer« nicht, sondern mit dem Artikel 48 regieren. So gab es am Ende doch eine Absage. Staatssekretär Meißner schrieb: »Der Reichspräsident hat diesen Vorschlag abgelehnt, ... da er befürchten müsse, daß ein von Hitler geführtes Präsidialkabinett sich zwangsläufig zu einer Parteidiktatur mit allen ihren Folgen für eine außerordentliche Verschärfung der Gegensätze im deutschen Volke entwickeln würde.« »Hitlers Traum ist aus!« kommentierte der *Vorwärts*. »Zur Niederlage vom 13. August tritt die Niederlage vom 24. November. Die Zwiespältigkeit und Unehrlichkeit seiner Haltung hat zu einem Zusammenbruch geführt, den die schroffe Absage des Reichspräsidenten besiegelt«

Wie sollte es weitergehen? »Wieder Papen?« fragte der *Vorwärts*. Die Frage war vermutlich nicht ganz ernst gemeint, spiegelte sie doch eher die allgemeine Ratlosigkeit wider. Die Sozialdemokratie hatte keine Chance, sich um eine Regierung von Republikanern zur bemühen. Von Hindenburg waren genug Signale gekommen, dass er sich eine Reichsregierung nur noch als ein nationales Regiment vorstellen konnte. Für die Auffassung, dass Papen noch nicht ganz aus dem Rennen sei, sprach die Tatsache, dass er als Präsidentenberater so gut wie täglich Zutritt zu Hindenburg hatte. Als der *Vorwärts* den Reichspräsidenten vor dieser Alternative warnte, hatte er sich schon wieder eine »Auflagennachricht« durch Polizeipräsident Melcher eingehandelt, obwohl der zugleich einräumte, dass ein solcher Einspruch dem Blatt »an sich nicht versagt werden« könne.

Etwas deutlicher schienen die Hinweise auf Schleicher. Der General, der auch als Königsmacher der beiden letzten Kanzler betrachtet wurde, hatte eine rege Gesprächstätigkeit entfaltet. Er sprach mit Zentrum und NSDAP, aber auch mit Gewerkschaftern und Sozialdemokraten, für die Rudolf Breitscheid zu ihm kam. Aber nicht einmal der gewöhnlich zutreffend kommentierende *Vorwärts* konnte sich einen Reim auf die Bedeutung dieser Unterhaltungen machen. Man ging davon aus, dass Schleicher die sozialen Teile des politischen Spektrums in die Verantwortung einbeziehen wollte. Der *Vorwärts* traute sich nicht, das zu unterstreichen. Er zog dieses Fazit: »Die Atmosphäre bleibt also unter den obwaltenden Umständen noch unklar und trübe. Vorläufig lautet das Problem: Waffenstillstand mit Schleicher oder neue Reichstagsauflösung mit Papen.« Schneller als erwartet wurde deutlich: Es war Schleicher. Aber mit einem Kabinett Papen.

Damit änderte sich im Grunde nicht viel. Dass der *Vorwärts* seinen Lesern, also dem Parteivolk, in jenen Wochen so wenig bei der Spurensuche im Polit-Dschungel helfen konnte, lag zu einem gerüttelten Maß daran, dass die Parteiführung selbst keinen Weg wusste und kaum jemandem ihren weitgehend taktisch begründeten Kurs verständlich zu machen verstand. Das hatte allerdings nachvollziehbare Gründe. Wenn sie Schleicher zu deutlich stützte, musste die SPD fürchten, noch mehr Wähler an die Totalverweigerer, an die Kommunisten, zu verlieren. Gegen den General ließ sich ja auch einiges vorbringen. Der *Vorwärts* machte deutlich, welche »gewaltige Kluft« Sozialdemokraten und Schleicher trennte. »Die Wege, auf denen er, wie man vernimmt, zu einer Gesundung der Wirtschaft und zu einer Einschränkung der Arbeitslosigkeit gelangen will, sind nicht unsere Wege. Seine gelegentlichen Verbeugungen vor dem Gedanken der Verstaatlichung gewisser Industrien haben mit unserem demokratischen Sozialismus nichts zu tun. Seine Absicht, Herrn Bracht zum Innenminister zu machen, kann weder für die Gestaltung der Dinge im Reich, noch für das Verhältnis zwischen dem Reich und Preußen irgendwelche Hoffnungen erwecken. Seine bekannten Rüstungspläne vertragen sich nicht mit unseren Auffassungen von Wehr- und auswärtiger Politik und schließlich – auch er bezieht seine Machtvollkommenheiten nicht von der Volksvertretung, sondern vom Reichspräsidenten.«

Aber etwas war anders als bei Papen: Mit Schleicher konnte man wenigstens reden. Und das taten vor allem die Gewerkschaften, die sich von des neuen Mannes sozialpolitischen Zielen einiges versprachen. Und auch Otto Braun tat es. Aus seinen Erinnerungen wissen wir, dass er Schleicher das Angebot machte, mit ihm zusammen die schwere Staatskrise zu lösen. Voraussetzung sollte die Aufhebung der Verordnung über das Reichskommissariat sein. Dann würde er, seine Krankheit bändigend, mit Schleicher zusammen – dieser im Reich, Braun in Preußen solange auf dem Verordnungsweg regieren, bis die NSDAP ausmanövriert wäre und arbeitsfähige Parlamente wieder Erfolg versprechende demokratische Politik machen könnten. Auch wenn, wie eingewendet wurde, Hindenburg nie einem solchen Bündnis zugestimmt haben würde: Für Braun war Schleicher ein denkbarer Partner gegen Hitler. Preußens alter Mann hatte damit der SPD-Führung etwas voraus: die Bereitschaft zum Wagnis, den gordischen Knoten zu durchschlagen.

Im *Vorwärts* finden sich nur undeutliche Spuren von Brauns Plänen. Zwar wurde das Treffen sehr prominent erwähnt und auch der Gesprächsgegenstand, die Ausräumung der Differenzen zwischen Reichsregierung und preußischer Staatsregierung, nicht verschwiegen, doch die ganze Brisanz der Unterredung war der Redaktion entweder nicht bewusst oder sie wurde den Lesern vorenthalten. Da lag das Blatt wahrscheinlich zu deutlich auf Parteilinie, wie sie Otto Wels gerade erst in einer »Neujahrsbetrachtung« in seinem Zentralorgan vorgegeben hatte. Den ganzen langen Artikel durchzieht eine gewisse Bunkermentalität. Die SPD in ihrer »roten Festung« als Festungsbesatzung, die sich der anrennenden Feinde erfolgreich erwehrt. Und das sind immer die gleichen Reaktionäre, und so ist der angeblich »soziale General«, der das Land »mit generalstäblicher List und Schläue in vergangene Zeiten zurückführen möchte«, kein Deut besser als sein Vorgänger Papen, und darum braucht es auch gegen diesen »Urheber des Papen-Kurses ... schärfste Opposition«. Aber war das die wichtigste Aufgabe des kommenden Jahres? In Wels' Aufruf ist auffällig, was er nicht sagt. Mit keiner Silbe findet der Nationalsozialismus Erwähnung. Sah ihn der SPD-Vorsitzende schon als erledigt an?

Im Verhältnis zu Schleicher gaben auch Hitler und Konsorten kein klares Bild ab. Die Nationalsozialisten waren vielmehr höchst unsicher darin, wie sie sich zu des Generals Kanzlerschaft stellen sollten. Schließlich war er lange genug der Mann ihres Vertrauens gewesen und der maßgebliche Organisator bei der Aufhebung des Uniformverbotes. Doch seine Versuche, die »linken« Nazis, die sich um den »Reichsorganisationsleiter« Gregor Strasser gruppierten, zu sich herüber zu ziehen, beendeten das freundschaftliche Verhältnis. Aber weder Sozialdemokraten noch Nationalsozialisten konnten wissen, wie bald schon Schleichers Kanzlerschaft zu Ende gehen würde. Doch wusste Hitler wenigstens, dass seine Freunde mit Hochdruck an der Kanzler-Demontage arbeiteten. Es waren die gleichen, die schon Brüning gestürzt hatten, und auch die Szenerie in diesen Auftritten glich sich auf beklemmende Weise. Da war der Industrie-Lobbyist, der heimlich wühlte: von Papen, und da war das Landvolk, das den Präsidenten beackerte.

Eine der schwersten Provokationen des Volkes – die Osthilfe

Schleicher hatte sich mit den Großagrariern angelegt, ganz in derselben Weise wie Brüning, um nämlich Land für Landsuchende zu beschaffen. »Agrarbolschewismus!« flüsterten die Männerfreunde dem Präsidentennachbarn ins Ohr. Hinter dieser Verdächtigung steckte aber nichts anderes als die nackte Angst, eine intensiv ausgebeutete Pfründe zu verlieren. Im so genannten Osthilfeskandal war ans Licht gekommen, dass einer Handvoll Großgrundbesitzern die gleiche Millionensumme aus dem Staatssäckel ausgeschüttet wurde wie zehntausenden bäuerlicher Siedler. Unter den Nutznießern waren auch der ehemalige Landbundführer und Nachbar Hindenburgs, von Oldenburg-Januschau, und die Frau des Exkaisers, Hermine. In Agrarierkreisen kursierte das Zweckgerücht, dass Schleicher nicht ganz unschuldig an der Enthüllung des Skandals sei. Der *Vorwärts* hielt »die sogenannte Osthilfe« für »eine der schwersten Provokationen des Volkes durch das autoritäre System« und fand es aufreizend, dass »die Städte zur Arbeitsbeschaffung Darlehen zu drückenden Bedingungen aufnehmen« müssten, während »den Agrariern Geschenke« gemacht würden. Mit polemischer Spitze, wenn auch nach den Enthüllungen durch einen Zentrums-Abgeordneten sachlich gerechtfertigt, merkte das Blatt an: »Diese notleidenden Großagrarier sind so hilfsbedürftig, einige von ihnen haben liebgewonnene Gewohnheiten so lange entbehren müssen, daß sie gleich nach Empfang der Osthilfegelder Luxusautos kaufen und damit zur Erholung an die Riviera fahren mußten.«

Einen festen Platz in der Legende zur »Machtergreifung« hat das »Geheimgespräch« Hitlers mit dem rheinischen Bankier Kurt von Schröder am 4. Januar 1933. Dadurch sei die Parteikasse der NSDAP aufgefüllt worden. Das aus den Nachkriegsjahren stammende Bild wurde inzwischen korrigiert. Hauptzweck des Gesprächs war die Annäherung Papens an Hitler, und es betraf Abmachungen gegen Schleicher. Richtig ist allerdings, dass zunächst niemand die Tatsache eines Gespräches Papen-Hitler zu glauben vermochte. Der *Vorwärts* schrieb: »Als die Gerüchte über eine Unterredung Hitlers mit Papen zuerst auftauchten, haben wir sie für unwahrscheinlich gehalten. Daß Hitler ein Komplott schmieden sollte mit dem Mann, den er monatelang in der blutigsten Form als Herrenreiter, den Chef der feinen Leute aus dem Herrenklub hat höhnen lassen, das erschien als haarsträubende Unwahrscheinlichkeit.« Da Fotografien das »Unwahrscheinliche« bewiesen, begründete Papen die »Aussprache« mit der »Eingliederung der NSDAP in eine nationale Konzentration«. Die Wahrheit war, dass sich zwei Männer verbündeten, die mit allen Mitteln Schleicher aus dem Sattel heben wollten. Als der schwer enttäuschte General, der doch selbst ein Meister der Intrige war, die Tatsache dieses Treffens in alle Welt posaunen ließ, tat er sich allerdings keinen Gefallen. Denn nun durften immer größere Industriekreise Hitler für kreditwürdig halten, die dann auch allenthalben für seine Partei den Geldhahn öffneten. Aber vermutlich wird die Finanzierung der NSDAP durch die Industrie überbewertet. Es gibt Beispiele, dass das Landvolk auf diesem Gebiet durchaus mithalten konnte. Der *Vorwärts* berichtete in jenen Tagen, wie die ostpreußischen Nationalsozialisten zu Geld kamen. Zuerst drängten sie die alteingesessenen Bauernführer aus der Landwirtschaftskammer hinaus, um dann eigene Leute an ihre Stelle zu setzen. Der *Vorwärts:* »Nachdem die NSDAP so die Vollzugsorgane der Landwirtschaftskammer in ihre Hand bekommen hatte, ging sie daran, die Landwirtschaftskammer ›wirtschaftlich‹ zu nutzen.« Der Weg dazu führte über finanzielle Manipulationen von Druckaufträgen. Die Objekte waren der ostpreußischen Landwirtschaft nahe stehende Verlage und Druckereien. Auf diese Weise sicherte sich der ostpreußische Nazi-Gauleiter Koch zunächst ein Vermögen von 20 000 Mark. Aber wichtiger noch als Geld waren für Hitler in einer Zeit, da sein Stern erkennbar im Sinken war, neue politische Erfolge. Hier ist über die unglaubliche Geschichte einer Wahl in einem deutschen Zwergstaat zu sprechen.

Exkurs über die lippischen Landtagswahlen vom 15. Januar 1933

Über den Wahlsieg in Lippe am 15. Januar 1933 sei Hitler wie auf einer Treppe hinaufgestiegen und habe am 30. Januar die Macht in ganz Deutschland übernommen. So lautete die offizielle Version vom unaufhaltsamen Vormarsch der »Bewegung« in den Geschichtsbüchern des »Dritten Reiches«. Viel richtiger ist, dass die lippische Landtagswahl ohne die nachfolgende Auslieferung der Republik an ihren ärgsten Feind eine unbedeutende Episode darstellt. Eine Erinnerung verdient sie aber aus zwei Gründen. Sie demonstriert einmal an einem überschaubaren Beispiel die Demagogie der von den Nationalsozialisten geführten Wahlkämpfe, genauer: die Brutalität ihrer Wahl»schlachten«. Zum Zweiten liefert ihr Ausgang einen Paradefall für Desorientierung durch propagandistische Aufblähung eines Schein- oder allenfalls Minimalerfolges.

Der Freistaat Lippe, eines der kleineren Länder in der Weimarer Republik, wurde seit 1919 von einem dreiköpfigen Landespräsidium regiert; seine Legislative, der lippische Landtag, hatte 21 Mitglieder. Politisch tonangebend in Lippe waren die Sozialdemokraten. Ihr starker Mann, Heinrich Drake, ein ehemaliger Druckereiangestellter und Parlamentsstenograf, leitete die Landesgeschicke, auch wenn die Präsidiumsmitglieder dem Buchstaben nach gleichberechtigt waren. Erst ab 1932 amtierte Drake als Landespräsident.

Die Nationalsozialisten hatten hier, im Schatten des Hermannsdenkmals, lange keine Rolle gespielt. Bis 1933 war es ihnen nicht gelungen, auch nur einen einzigen Landtagssitz zu erobern. Bei den Reichstagswahlen 1930 waren ihnen allerdings sogleich 20 000 Stimmen zugeströmt, was einem Anteil von etwa 20 Prozent der abgegebenen Stimmen entsprach. Bei den Juli-Wahlen 1932 hatten sie dieses Quantum sogar mehr als verdoppeln können, waren aber bei der Novemberwahl wieder auf 33 000 zurückgefallen, analog dem Rückgang der NSDAP-Stimmen im ganzen Reich. Nicht zu übersehen waren auch die Ergebnisse der Gemeindewahlen in Thüringen vom Dezember 1932, von denen der *Vorwärts* als der »Wahl als Wahrzeichen« geschrieben hatte. Trotz Einsatzes ihrer prominentesten Führer hatte die NSDAP Verluste bis zu 20 Prozent und mehr erlitten. In manchen Orten, wie etwa in Jena, Gera und Ilmenau blieb sie sogar hinter den Sozialdemokraten zurück. Diese Scharte auszuwetzen, die den Nimbus der immer siegreichen Partei empfindlich getroffen hatte, war Hitler jedes Mittel recht.

Außerdem galt es, das Zerwürfnis des »Führers« mit seinem »Reichsorganisationsleiter« Gregor Strasser zu kaschieren und den Finanziers der NSDAP aus Industrie und Landwirtschaft einen kleinen Beweis zu liefern, dass sie ihre Gelder richtig angelegt hatten. Vor allem aber war eine Erfolgsmeldung vonnöten, um am Ende der Einflüsterungskampagne beim Reichspräsidenten, wenn der amtierende Reichskanzler von Schleicher gefallen war, Hitler als den geeignetsten Nachfolger zu empfehlen. Das würde Schleichers Intimfeind von Papen schon besorgen. Allerdings war die Entscheidung des »Führers«, das lippische Land mit einem Wahlkampf bisher ungekannten Ausmaßes zu überziehen, verhältnismäßig spät gefallen.

Von der Landesregierung in Detmold war die reguläre Wahlkampfzeit auf zwei Abschnitte von je 14 Tagen in der ersten Dezember- und in der ersten Januarhälfte begrenzt worden. Das hing mit einem vom Reichspräsidenten verkündeten »Burgfrieden« nach der November-Reichstagswahl zusammen. Hitler fasste seinen Entschluss, als die erste Wahlkampfphase schon beinahe abgelaufen war. Er ließ bekanntmachen, dass er im »Hauptkampf« insgesamt 16-mal an zehn Abenden sprechen würde und dabei auch an kleinsten Gemeinden nicht vorbeigehen wollte. »Hitler geht auf die Dörfer«, schrieben die lippischen Zeitungen. Daneben war die erste Rednergarde der NSDAP aufgeboten worden. Joseph Goebbels sollte auf mindestens zwölf Kundgebungen sprechen; als weitere Redner waren Rosenberg, Kube, Kerrl, Frick, Ley und Rust neben den einheimischen Parteigrößen vorgesehen. Der *Vorwärts* berichtete in drastischen Bildern vom NS-Wahlkampf: »Gegen unseren schlichten Genossen Heinrich Drake, der seit zwölf Jahren vom Vertrauen der Parteigenossen und der Achtung der Gegner getragen, die Geschäfte des Landes führte, wird plötzlich angestürmt, als ob eine neue Varusschlacht entzündet werden sollte. Wie Heuschreckenschwärme überziehen die braunen Bataillone zu Fuß und Motorrad das kleine Land.« Zu den Veranstaltungen wurden, wie der *Vorwärts* nachwies, die Besucher aus »allen nichtlippischen Städten der Umgegend ... herbeigeschleppt.« Hitler selbst konnte »natürlich nicht wie andere Sterbliche in einfachen Dorfgasthäusern sprechen.« Deshalb wurde »ein Riesenzelt im Lande umher getragen und immer wieder aufgebaut, für das die importierten Heerscharen an jedem Ort eine vielhundertköpfige Zuhörerschaft stellen.« Der Bericht »Sturm über Lippe« stammte übrigens aus der Feder von Felix Fechenbach, der seit 1929 das lippische *Volksblatt* leitete und als ehemaliger *Vorwärts*-Verlagsredakteur auch die Berichterstattung für das Zentralorgan besorgte.

Wenn auch die anderen Parteien einen mehr traditionellen Wahlkampf führten, so hatte das Land mit einer Bevölkerungszahl wie die Städte Augsburg oder Bochum insgesamt 900 Wahlversammlungen mit 90 Rednern über sich ergehen lassen müssen. Für die SPD sprachen unter anderen der gerade zum Vizepräsidenten des Reichstages gewählte Paul Löbe und die Begründerin der Arbeiterwohlfahrt Maria Juchacz – nicht die erste Rednergarde –, die Kommunisten schickten ihren Führer Ernst Thälmann. 300 preußische Polizisten wurden im Lande einquartiert, um die äußere Ordnung aufrecht zu erhalten. Unter ihrem Schutz konnten auch wieder sozialdemokratische Verteiler ihre Flugblätter austragen. Die Polizei verhinderte aber nicht, dass SA-Männer im westlippischen Leopoldshöhe einen sozialdemokratischen Lagerverwalter des Konsums nach Potemba-Manier brutal zusammentraten und dass es in der gleichen Konsumfiliale am Wahlabend zu einer Schießerei kam, bei der drei Reichsbannerleute und ein SA-Mann verletzt wurden. Das Geschäft wurde völlig zerstört.

Für den nationalsozialistischen Wahlkampf war aber nicht so sehr die Massierung der Redner als vielmehr der Wahlkampfstil der ausschlaggebende Faktor. Er zielte auf »Typisierung«, auf »die Konzentration des Kampfes auf Einzelpersonen, die repräsentativ und sichtbar exponiert für dieses System auftraten«. So begründete eine wissenschaftliche Abhandlung von 1936 die nicht zu übersehende Brutalisierung. »Dieses System« war nichts anderes als die Demokratie und die Weimarer Republik. Und die »Einzelpersonen«, auf die die Nationalsozialisten alle Demagogie, derer sie fähig waren, »konzentrierten«, waren der Landespräsident Heinrich Drake und der Redakteur Felix Fechenbach vom Detmolder *Volksblatt*. Beide wurden zusammen als das »Drake-Fechenbach-System« angegriffen. Da aber die sprichwörtlich »weiße Weste« Drakes kaum zu beschädigen war, wandte sich die ganze Hasspropaganda vor allem Fechenbach zu. Dieser hatte sich mit seiner glänzenden Feder den lippischen Nazis verhasst gemacht wie kein anderer. Er kannte die Anfänge der »Bewegung« von München her und klärte in seinen Leitartikeln und Berichten schonungslos über die Gefährlichkeit der Braunhemden auf. In seiner Kolumne »Nazi-Jüsken« – Jüsken ist lippisch für August – ließ er einen erfundenen »Pe-Ge« [PG war offizielle NS-Abkürzung für Parteigenosse; Anm. H. S.] allerlei Interna ausplaudern, die ein bezeichnendes Licht auf Zustand und Absichten der NSDAP warfen. Ganz Lippe lachte darüber, während die Nationalsozialisten vor Wut schäumten.

Fechenbach war 1922 aus politischen Gründen in München der Prozess gemacht worden. Gegen das seinerzeit gefällte Terrorurteil war von Politik, Presse und Rechtswissenschaft Sturm gelaufen worden und das Reichsgericht hatte es in Teilen kassiert. Dank guter Beziehungen zwischen dem »Braunen Haus«, also dem Sitz der NS-Reichsleitung, und Münchener Polizei- und Justizstellen war »ein ganzer Berg Akten« über den Prozess an den aus Nachbarzeitungen personell verstärkten nationalsozialistischen *Lippischen Kurier* gesandt worden. Die Redaktion fabrizierte daraus eine Sonderausgabe und baute Fechenbach auch in den »normalen« Ausgaben unter der Apostrophierung als »Novemberverbrecher«, »Schandfleck der Nation«, »jüdischer Zuchthäusler« und ähnlicher Schmähungen systematisch als Feindbild auf. Besonders beliebt war die Gegenüberstellung des »Landesverräters« Fechenbach zu dem »Frontsoldaten« Hitler, wobei lediglich verschwiegen wurde, dass Fechenbach selbst ein dekorierter und verwundeter Frontsoldat war. Nach zuerst anonymen Morddrohungen wurden solche auch in Wahlreden und im *Kurier* geäußert. Die SPD sah sich schließlich gezwungen, Fechenbach, der auch einer ihrer besten örtlichen Redner war, aus dem Wahlkampf zurückzuziehen.

Der propagandistische und organisatorische Aufwand, den die Nationalsozialisten betrieben, wurde jedoch durch das Wahlergebnis nicht gerechtfertigt. Zwar war die NSDAP stärkste Fraktion im lippischen Landtag geworden, konnte aber nicht allein regieren. Verglichen mit den Reichstagswahlen hatten sich die Nationalsozialisten zwar von ihrem Rückschlag im November erholt, aber längst nicht die Ziffern der Juli-Wahlen erreicht. Dennoch war die Deutschnationale Volkspartei Hugenbergs fast aufgerieben worden. Auch die Kommunisten waren von ihrem Hochstand zurückgefallen. Dagegen hatte die SPD ihren November-Einbruch wettgemacht und praktisch die Juli-Marke wieder erreicht. Insgesamt ging der Trend von den radikalen zu den gemäßigten Parteien. Das *Berliner Tageblatt*, damals *das* Berliner Weltblatt, wandte sich völlig zu Recht gegen die übertriebene Bedeutung, die den lippischen Landtagswahlen beigemessen wurde: »Für die Reichspolitik hat sie eine solche Bedeutung jedenfalls nicht; für sie ist auch die Tatsache, daß die Nationalsozialisten gegenüber den Novemberwahlen etwas aufholen konnten, bei weitem nicht so wichtig und interessant, wie die beiden anderen Kennzeichen der Wahl in Lippe: die geradezu katastrophale Niederlage Hugenbergs, der an Hitler wieder alle die Wähler abgeben mußte, die er ihm Ende des vorigen Jahres abgewinnen konnte, und die unerwartete und erhebliche Zunahme der Sozialdemokraten.«

Gleichwohl triumphierte der *Lippische Kurier*: »Hitler siegt in Lippe!« Was Hitler allerdings mit dem Wahlergebnis von Lippe vorhatte, stand in schöner Offenheit gleich darüber: »Abtreten, Herr von Schleicher!« Und diesen Ruf vervielfältigten alle NS- und nahe stehenden Blätter. Was das Wahlergebnis für Lippe bedeuten könnte, hatte Fechenbach in seinem *Vorwärts*-Bericht so zusammengefasst: »Über die zukünftige Regierung kann heute noch nichts gesagt werden. Wenn die Nazis regieren wollen, müssen sie sich mit dem Hugenberg-Mann, dem Volksparteiler und dem Evangelischen Volksdienst verbünden. Ob ihnen das gelingt, bleibt noch eine offene Frage.« Die »Machtübernahme« in Lippe kam ja auch erst nach dem 30. Januar. Zu den Folgen für das Reich kommentierte der *Vorwärts*-Leitartikler: »Nachdem aber Hitler gestern in Lippe einen Teil der Verluste der letzten Reichstagswahlen wieder aufgeholt hat, hält man es nicht für unwahrscheinlich, daß die Nazis es auf eine neue Reichstagsauflösung ankommen lassen werden. In diesem Fall würden wir vielleicht schon zu Ende der nächsten Woche in einem neuen Wahlkampf stehen.« Es dauerte in der Tat gerade drei Tage länger.

Lippe war also das falsche Signal. Aber es funktionierte. Für die deutsche Öffentlichkeit waren allerdings nur Bruchstücke des nunmehr auf Hochtouren laufenden politischen Erosionsprozesses zu besichtigen. Ein wesentliches Teilstück war der Beschluss des Ältestenrates des Reichstages, den bereits schon einmal verschobenen Zusammentritt des Hohen Hauses wiederum auf den 31. Januar zu verschieben. Das brachte Zeit. Es war die Zeit, die Papen brauchte, um Hindenburg weich zu klopfen. Der *Vorwärts* hatte durchaus Recht, wenn er feststellte, dass der Reichspräsident noch immer »in keiner Weise geneigt« war, Hitler zum Reichskanzler zu ernennen, selbst als er sein Einverständnis dafür gegeben hatte, dass Sohn Oskar und sein Staatssekretär Meißner mit dem »Führer« direkt verhandelten. Aber das zentrale SPD-Blatt hatte sich inzwischen einen Reim darauf gemacht, warum Hitler mit seinen »Anhängern und mit dem ganzen deutschen Volk Schindluder« spielte. Eine Partei, die eine solche Stärke erreicht habe wie die NSDAP, »müßte wenigstens einen Versuch machen, ideell die Führung zu übernehmen; sie müßte mit bestimmten sachlichen Forderungen hervortreten, von deren Erfüllung sie ihre Beteiligung an einer Regierung abhängig macht. Anstatt dessen hat sich ihr Führer auf die Prestigeforderung versteift, daß er Reichskanzler werden müsse ... Diese Versteifung auf die Personenfrage weckt den Verdacht, daß es den Nationalsozialisten gar nicht auf sachliche Erfolge, sondern nur auf die Vorbereitung eines Versuchs der illegalen Machtergreifung ankommt. Hitler soll der deutsche Putschkanzler werden, der sich eines Tages über den Reichspräsidenten, die Ministerkollegen und – das sowieso! – über den Reichstag hinwegsetzt, so daß er eines Tages als Selbstherrscher aller Deutschen dasteht.« So der *Vorwärts* am 18. Januar 1933.

Hindenburgs Widerstand gegen den »böhmischen Gefreiten«, wie er Hitler apostrophiert hatte, schwand tatsächlich in dem Maß, in dem die Gefahr wuchs, dass seine guten Beziehungen zur Landwirtschaft eine offene Flanke des Präsidenten sichtbar machten. Mit den Enthüllungen zum Osthilfeskandal waren auch Tatsachen ins Bewusstsein der Öffentlichkeit gedrungen, die kein gutes Licht auf den alten Generalfeldmarschall warfen. Federführend bei der Spendenaktion um das Gut Neudeck war Nachbar und Freund Oldenburg-Januschau gewesen, der nun als einer der Hauptnutznießer der Osthilfe da stand. Und um Sohn Oskar die Erbschaftssteuer zu ersparen, hatte man das »Ehrengeschenk des deutschen Volkes« gleich an den Erben übertragen. Das war nicht verboten, hatte aber den Ruch des Manipulativen an sich. Es ist nicht bewiesen, aber vieles spricht dafür, dass Hitler in seinen Gesprächen mit Oskar von Hindenburg mehr als dezent auf diese wunde Stelle hinwies. Um aber Hitler zum Reichskanzler zu ernennen, musste man Schleicher erst wieder loswerden.

Die Handhabe dazu lieferte der politisierende General selbst, und es war ironischerweise ein Vorhaben, mit dem er das Land aus der Sackgasse führen wollte. Die absolute Unregierbarkeit, die gegenseitige Lähmung der Staatsorgane und der Straßenterror hatten auf den verschiedensten Seiten die Frage nach einer Ausrufung des Staatsnotstandes aufgeworfen. Kernstück dabei bildete die Verschiebung der Neuwahlen nach einer Reichstagsauflösung über die verfassungsrechtlich vorgegebene Frist von 60 Tagen hinaus. Sowohl Papen wie Otto Braun hatten in dieser Richtung gedacht, wenn auch unter extrem unterschiedlichem Blickwinkel. Schleicher hatte den Gedanken zunächst verworfen, dann aber bei den Parteien rückgefragt und dabei von Breitscheid die Antwort erhalten, dass die SPD »mit allen ihr zur Verfügung stehenden gesetzlichen (!) Mitteln gegen einen solchen Verfassungsbruch vorzugehen« gewillt sei. Der *Vorwärts* sah sogar, »daß Schleicher allen Ernstes im Begriff steht, den deutschnationalen Gelüsten zu folgen und zu entsprechen«. Damit war klar, dass die SPD weder auf die Barrikaden gehen noch dem Kanzler zu seinem Vorhaben die Hand reichen würde. Die Partei wie auch ihr Zentralorgan hatten jeden Einflusses auf eine halbwegs politisch begründbare Lösung des deutschen Problems entsagt. Angesichts der Alternative des totalen Verfassungsbruches durch die an den Toren rüttelnde nationalsozialistische Diktatur war das schwer zu verstehen.

Der *Vorwärts* zumal hatte ja gerade wieder bewiesen, dass er ganz gut wusste, wie man verkrustete Strukturen aufbrechen konnte. Wenn, ja, wenn … Auf der Linie, die Friedrich Stampfer schon einmal vorgegeben hatte, drückte das Blatt den Kommunisten seine Anerkennung dafür aus, nicht in eine von Berlins Polizeipräsident Melcher und der NSDAP in einer kombinierten Aktion gestellte Falle hineingetappt zu sein. Anders als noch kürzlich in Altona hatten sich die kommunistischen Arbeiter nicht zu einem blutigen Abenteuer provozieren lassen, obwohl die Nazis in den kommunistischen Wohnvierteln rund um den Bülowplatz demonstrieren durften und Polizei die KP-Zentrale im Karl-Liebknecht-Haus taktgleich nach Waffen durchsuchte. Der *Vorwärts* stellte dazu zwei Fragen: »Die erste lautet: Sieht jetzt nicht auch die KPD ein, daß scheinrevolutionäre Kraftphrasen nicht genügen, um eine wirkliche Arbeiterpolitik zu treiben? Und die zweite: Kann die KPD auch nach dem 22. Januar, an dem sie dem wirklichen Feind der Arbeiterklasse, der faschistischen Reaktion ins Auge gesehen hat, noch immer wie bisher in der Sozialdemokratischen Partei ihren Hauptfeind erblicken? Einigkeit tut not! Einigkeit, nicht Einheitsfrontmanöver.« Und Stampfer gab eine ganz persönliche Sympathieerklärung ab, als er nach einer kommunistischen Demonstration schrieb: »Auch das schärfste Urteil über die Politik der kommunistischen Führung kann nichts ändern an der Hochachtung, die diese Massen verdienen. Durch klingenden Frost und schneidenden Wind zogen sie in abgeschabten Mänteln, in dünnen Jacken, in zerrissenen Schuhen stundenlang. Zehntausende blasser Gesichter, aus denen die Not sprach, aus denen aber auch der Opfermut sprach für die Sache, die sie für die richtige halten. Aus ihren rauhen Stimmen klang der Haß, der tausendmal berechtigte Haß gegen eine Gesellschaftsordnung, die sie zu Not und Elend verdammt, der Protest, der tausendmal berechtigte Protest gegen den grotesken Wahnsinn, die schreiende Ungerechtigkeit unserer sozialen Zustände. Der wäre kein Sozialist, der diesen Haß, diesen Protest nicht mitempfände.«

Die Antwort der KPD folgte umgehend. In der *Roten Fahne* wurde die Frage des *Vorwärts,* warum »zwischen den Parteien der zweiten und der dritten Internationale« nicht ein ähnliches Verhältnis möglich sein könnte, wie es zwischen der Sowjetunion und den kapitalistischen Ländern bestehe, eine Art von Nichtangriffspakt nämlich, so beantwortet: »... daß wir Kommunisten mit den Goebbels-Wegbereitern aus der SPD-Führung einen ›Nichtangriffspakt‹ abschließen«, sei eine »infame Verhöhnung des antifaschistischen roten Berlin«. Und die kommunistische Reichstagsfraktion verleumdete Stampfer noch ganz persönlich. In einem Flugblatt hetzte die Balkenüberschrift: »*Vorwärts* fordert Hitler-Regierung. Schändlicher Dolchstoß der Leipart und Stampfer.«

Die Kamarilla am Ziel

Auch Reichskanzler Schleicher erhielt eine andere als die erhoffte Antwort auf seine Schicksalsfrage. Am Kabinettstisch ließ er seine Minister noch einmal über die Notwendigkeit und die Chancen einer Politik des Staatsnotstandes diskutieren. Sie kamen zu einem positiven Ergebnis, und zwar einstimmig. Auch über den Termin für die Neuwahlen machte sich die Runde Gedanken und hielt den Oktober für ein angemessenes Datum. Damit ging der Kanzler zum Reichspräsidenten. Und noch einmal! Doch fand er kein geneigtes Ohr mehr. Die Unterminierungsarbeit der Strippenzieher aus Reichslandbund, Harzburger Front und Herrenklub – der »Kamarilla« – hatte verfangen. Wie Staatssekretär Meißner, ja auch einer der Akteure, später mitteilte, soll Hindenburg sogar geglaubt haben, Schleicher selbst habe die Presse mit Informationen über den Osthilfeskandal versorgt. Wie in den Akten der Reichskanzlei festgehalten, beschied der alte Mann seinen Kanzler, dass er sich »die Frage einer Auflösung des Reichstages noch überlegen wolle, dagegen die Hinausschiebung der Wahl über den in der Verfassung vorgesehenen Termin zur Zeit nicht verantworten könne.«

Damit war Schleicher am Ende und der *Vorwärts* konnte am 28. Januar mehr als spekulativ mutmaßen: »Man rechnet damit, daß Herr von Schleicher heute zurücktreten werde.« Das Blatt rechnete auch damit, »daß am Dienstag auf dem Stuhl des Reichskanzlers nicht Schleicher, sondern Herr von Papen sitzen werde.« Das war aber eine totale Missinterpretation der Tatsache, dass Hindenburg Herrn von Papen mit der Suche nach Schleichers Nachfolger beauftragte hatte. Papen selbst wollte jedoch keiner mehr haben. Doch wusste nun eigentlich jedermann, wohin die Reise ging. Auf die Techtelmechtel-Gespräche zwischen den Herren Papen, DNVP-Hugenberg, Hitler, Oskar Hindenburg, Meißner und den anderen Vertretern der maßgeblichen Interessengruppen machte sich jeder den richtigen Reim. So konnte sich dann schließlich auch der *Vorwärts* auf Hitler als den kommenden Kanzler festlegen. Zuerst noch als eine von zwei Möglichkeiten, dann immer sicherer als gemeinsamer Vorschlag von Papen und Hugenberg unter möglicher Tolerierung durch das Zentrum.

Als Schleicher wie erwartet zurücktrat – »ein Alarmzeichen allererster Ordnung« nannte der *Vorwärts* den Vorgang –, war der Weg klar. Und was er bedeutete, wusste das Blatt auch: »Eine Harzburger Regierung ohne parlamentarische Mehrheit bedeutet Staatsstreich und Bürgerkrieg.« Eine Überraschung war das, was kam, nicht mehr. So konnte auch weder ein Appell aller freien und christlichen Gewerkschaften an Hindenburg, nur eine »verfassungsmäßige Lösung der Krise« zuzulassen, noch eine von überwältigenden Menschenmassen begleitete Kundgebung der Eisernen Front im Berliner Lustgarten etwas daran ändern: Am 30. Januar 1933 ernannte der Reichspräsident den NSDAP-Führer Adolf Hitler zum neuen Reichskanzler. Er wurde eingerahmt, wie erwartet, von einigen reaktionären Figuren, die glaubten, Hitler im Griff zu haben. Zwei Schlüsselpositionen wurden mit Nationalsozialisten besetzt: Frick wurde Reichsinnenminister, Göring als Reichsminister ohne Geschäftsbereich gleichzeitig geschäftsführender preußischer Innenminister.

Erste Reaktion des *Vorwärts:* »Der Reichspräsident hat mit der Ernennung dieser Regierung die furchtbarste Verantwortung übernommen, die jemals ein Staatsoberhaupt übernommen hat.« Wie »furchtbar« zutreffend diese damals vielleicht als etwas hochtrabend empfundene Beurteilung war, konnten erst die folgenden Generationen ermessen. Das Blatt fuhr fort: »Würde ein Versuch gemacht werden, diese Minderheitsregierung, deren Feindschaft gegen die Verfassung offenkundig ist, auch ohne Zustimmung des Reichstages im Amte zu halten, so wäre eine Situation gegeben, die vom arbeitenden Volke die Einsetzung letzter und äußerster Kräfte erfordert.« Da das Zentrum »parteiamtlich« mitteilte, dass man mit ihm in keiner Weise über diese Regierungsbildung verhandelt hatte, war diese Situation da. Offen geblieben war noch die Frage, warum die Reichswehr, Schleichers bester Verbündeter und natürlicher Gegner von Hitlers brauner Bürgerkriegsarmee, sich ruhig verhalten hatte. Man kann mehr als mutmaßen, dass die NS-Zellenarbeit in die Streitkräfte hinein ihre Früchte getragen hatte. Als Hindenburg den Wehrkreiskommandeur in Ostpreußen, Generalleutnant Freiherr von Blomberg, um seine Meinung in der Kanzlerfrage anging, hatte der »Hitler« gesagt. Da fügte der Reichspräsident seinem historischen Verfassungsbruch noch einen ganz privaten hinzu, indem er Blomberg ungefragt zum Reichswehrminister ernannte. Das Vorschlagsrecht hatte bekanntlich der Kanzler.

Eine unmissverständliche Warnung für den Vorwärts

Nun waren die Würfel gefallen, die Wissenden erwarteten das Schlimmste. Oder doch nicht? Wer regierte jetzt wirklich? Der *Vorwärts* sah es so: »Es wird kapitalistisch regiert! Die (national)-sozialistische Maske Hitlers ist gefallen, nicht er, sondern Hugenberg regiert.« Göring versprach »bessere Zeiten« und der neue Reichsinnenminister beruhigte die Presse. Er selbst habe noch bei Schleicher auf Aufhebung der Pressenotverordnung gedrungen, und er hoffe, die Presse biete keinen Anlass, sie wieder einzuführen. Wenn aber, etwa durch »Tatarennachrichten ... Beunruhigung ins Volk« getragen werde, so würde man dem nicht untätig zusehen, drohte Frick. Auf den Straßen ging es weiter wie gehabt. Messerstechereien, Schusswechsel und die ersten gezielten Attentate auf prominente Politiker. Der *Vorwärts* berichtete wieder spaltenweise von Übergriffen. Zumeist gingen sie von Nationalsozialisten, seltener von Kommunisten aus. Eine »Blutnacht in Berlin«, und zwar in Charlottenburg, forderte zwei Tote und mehrere Schwerverletzte. SA-Leute, die von dem bekannten Fackelzug am Abend des 30. Januar durch das Brandenburger Tor zurückkehrten, schlugen in Neukölln einen Reichsbannermann mit ihren Fackeln nieder und verletzten ihn mit einem Dolch. In Schweinfurt wurden drei Angehörige der Eisernen Front von SA-Leuten durch Schüsse schwer verletzt, einer davon lebensgefährlich. Polizei verhinderte die Besetzung der SPD-eigenen *Volkszeitung für das Riesengebirge* in Hirschberg durch einen Trupp von 40 SA-Leuten. In Lübeck wurde der Reichstagsabgeordnete Julius Leber ebenfalls von einem Trupp SA-Leute überfallen und durch einen Messerstich im Gesicht schwer verletzt. Einer der beiden Begleiter Lebers, ein Reichsbannermann, schlug einen der Angreifer nieder, der noch in der Nacht verstarb. Daraufhin nahm man den bekannten Politiker in Untersuchungshaft. Weitere Übergriffe, oft in der Folge von Fackelzügen der SA, wobei es vielfach Verletzte gab, berichtete das Blatt aus Düsseldorf, Halle, Mannheim, Königsberg, Stuttgart, Hamburg und Frankfurt am Main. Es berichtete auch über steigende Aktienkurse an der Berliner Börse, besonders bei der Schwerindustrie.

Schon am Tage nach der »Machtübernahme«, wie sich als Bezeichnung des Regimewechsels einbürgern würde, erhielt auch der *Vorwärts* eine unmissverständliche Warnung und konnte sich ausmalen, was ihm bevorstand. Hitlers *Völkischer Beobachter* druckte ab, was das SPD-Zentralorgan zu den Konsequenzen einer verfassungsfeindlichen Regierung geschrieben hatte (siehe oben) und fügte an: »Dem *Vorwärts* wird diese Sprache wahrscheinlich nicht mehr lange gut bekommen.« Der *Vorwärts* seinerseits erwies sich »für diesen Hinweis außerordentlich dankbar«. Da es in der Tat so kommen könne, dass das Blatt »im entscheidenden Augenblick physisch behindert wäre«, riet es seinen Freunden und Lesern, »das von so hoher Stelle beanstandete Zitat auszuschneiden, gut aufzubewahren und öfters zu überlesen.«

Bereits nach drei Tagen bot sich die erste Gelegenheit dazu. Hitler hatte den Reichstag aufgelöst mit der Begründung, das Zentrum habe sich einer Einigung mit ihm versperrt, und zugleich die Neuwahlen auf den 5. März festgesetzt. Am 1. Februar hielt er seine erste Wahlrede über den Rundfunk. Solche Reden sollte das deutsche Volk nun zwölf Jahre lang hören. In dieser beschuldigte er den »Marxismus«, Deutschland nach dem »Novemberverbrechen der Sozialdemokraten« in 14 Jahren in den Abgrund geführt zu haben. Die SPD antwortete mit einem Wahlaufruf, der am 3. Februar im *Vorwärts* erschien. Sie zählte darin offensiv die »Novemberverbrechen« auf, nämlich alle sozialen Errungenschaften der Republik. Dann forderte die SPD-Führung zum Kampf auf gegen die Pläne der Hitler-Hugenberg-Papen-Regierung. »Wehrt Euch. Schützt Euer Selbstbestimmungsrecht als Staatsbürger. Erhebt Euch gegen Eure Bedränger, gegen die feinen Leute, die hauchdünne Oberschicht des Großkapitals. Zerbrecht ihre politische und wirtschaftliche Macht. Kämpft darum mit uns für die Enteignung des Großgrundbesitzes und die Aufteilung des Landes an Bauern und Landarbeiter! Kämpft mit uns für die Enteignung der Schwerindustrie, für den Aufbau einer sozialistischen Plan- und Bedarfswirtschaft!« Diesen Aufruf sah der uns bereits gut bekannte Berliner Polizeipräsident Melcher als Aufforderung zum Hochverrat an und verbot den *Vorwärts* für die nächsten vier Tage.

Beim Wiedererscheinen unter der Nummer 59–63 – der *Vorwärts* hatte es sich zur Angewohnheit gemacht, nach Verboten jeweils alle ausgefallenen Ausgaben mit aufzuzählen – führte das Blatt die Ereignisse der letzten Tage auf:

»Der *Vorwärts* wird wegen Hochverrats verboten.

Eine Notverordnung gibt den Behörden das Recht, Tageszeitungen aus den verschiedensten Gründen für ein halbes Jahr zu verbieten.

Der [preußische] Landtag lehnt seine Auflösung ab.

Eine Notverordnung nimmt der Regierung Braun-Severing das vom Staatsgerichtshof ihr zugebilligte Recht, Preußen im Landtag und im Reichsrat zu vertreten, und setzt sie völlig ab.

Sämtliche Kommunalvertretungen Preußens aufgelöst. Neuwahlen am 12. März.

Mord und Totschlag in den verschiedensten Gegenden des Reiches.«

Von einem Mord berichtete der *Vorwärts* ausführlicher. Mit den Worten: »Du Schurke, jetzt kommt die Abrechnung« streckte ein 17-jähriger Sekundaner den sozialdemokratischen Bürgermeister der Salzstadt Staßfurt, Hermann Kasten, Vater dreier Kinder, in dessen Vorgarten mit Pistolenschüssen nieder. Anschließend wurde der verhetzte Jugendliche vom NS-Kreisleiter versteckt. Kasten starb nach einer Notoperation im Staßfurter Knappschaftslazarett.

In dicken Schlagzeilen rief das Zentralorgan zur Kundgebung am gleichen Tag im Lustgarten auf. Der SPD-Vorsitzende Otto Wels werde sprechen. »Heute wird das freigesinnte, das rote Berlin zeigen, daß es kampfesfroh und zuversichtlich ist. Deutschland ist nicht Italien! Auf dem Weg, den unsere Gegner beschritten haben, liegen ungezählte Hindernisse. Schon die Wahlen vom 5. März werden ihnen eine Enttäuschung bringen … Nicht ihnen gehört die Zukunft, sondern der Arbeiterklasse – wenn sie einig ist!« Was noch niemand wusste, aber manche ahnten: Dies würde die letzte Kundgebung der SPD für die nächsten zwölf Jahre sein. Es waren auch die Stunden, in denen sich die ersten fragten, ob sie alles getan hatten, um die Naziherrschaft zu verhindern. Auch in der *Vorwärts*-Redaktion kamen Diskussionen solcher Art auf. Friedrich Stampfer bedauerte im Kollegengespräch, Hitler als Redner nicht richtig eingeschätzt zu haben. Er sei nicht nur der »Maschinenredner« gewesen, als der er im polemischen Tageskampf hingestellt worden war. Erst als Stampfer eine Rede Hitlers gehört habe, wäre ihm klar geworden, mit welcher rhetorischen Macht dieser »Volksschauspieler« das kritische Denken der Menschen ausschaltete.

Gegen die neue Notverordnung zur Pressefreiheit war vom Reichsverband der Deutschen Presse beim Reichspräsidenten Protest eingelegt worden. Der Verband fürchtete, dass diese Notverordnung »die frühere Knebelung der Pressefreiheit wiederherstellen und anscheinend verschärfen will.« Als Antwort darauf verpflichtete die Reichsregierung alle deutschen Zeitungen, den gesamten Text der Notverordnung abzudrucken. Der *Vorwärts* tat dies unter der Überschrift »Das Ende der Pressefreiheit« und fügte den Hinweis an, dass diese Notverordnung sich nicht nur auf die Presse, sondern auch auf das Versammlungsleben und die persönliche Freiheit jedes einzelnen erstrecke. »Sie schränkt jedes freie Wort, jede freie Entfaltung demokratischer Kräfte unerträglich ein.« Unterzeichnet war die Verordnung von Reichspräsident Hindenburg, Reichskanzler Hitler, dem Reichsminister des Innern Frick und dem Reichsminister der Justiz Gürtner. Letzterer war es gewesen, der als bayerischer Justizminister den zu mehrjähriger Festungshaft verurteilten Hitler nach wenigen Monaten wieder freigelassen hatte.

Kein Signal zu einem Blutbad

In den drei Wochen, die der *Vorwärts* noch erscheinen würde, mühte er sich auf tapferste Weise, den offiziellen und offiziösen Äußerungen, Verdrehungen und Festlegungen der neuen Herren entgegenzuhalten. Er berichtete über die alltäglichen Terrorakte, leuchtete das Hintergründige politischer Maßnahmen aus und korrigierte die unerträglichsten Entgleisungen der Wortführer. So war er nicht gewillt, Hitler die Behauptung »Vierzehn Jahre Marxismus haben Deutschland ruiniert«, diesen Rufmord an der Republik, durchgehen zu lassen. Er fragte Hitler, ob er nicht wisse, dass von diesen 14 Jahren acht Jahre Herr von Hindenburg Reichspräsident gewesen sei, der »Nazifreund Cuno« Reichskanzler, der »Nazifreund Schacht« Reichsbankpräsident, und zählte dann die Minister auf, von denen einige gar in seinem Kabinett säßen, die rechts stehenden Bauernführer und die kapitalistischen Wirtschaftskapitäne und viele andere, die sonst Herrschaft in der Weimarer Republik ausübten, sich aber für alles andere als Marxisten halten würden. »Hitler weiß es wohl nicht und kennzeichnet damit seine politischen Kenntnisse«, schloss der *Vorwärts*.

Was er nicht tat und auch nicht konnte: Das Angriffssignal für einen allgemeinen Aufstand zu geben, das Losungswort für einen Generalstreik zu verkünden. Auch wenn es an starken Worten nicht fehlte in diesen Tagen, die aber öfter noch aus dem Mund eines Gewerkschafters als eines SPD-Führers kamen, das Wort, das nichts anderes als das Signal zu einem Blutbad geworden wäre, fiel nicht.

Die Redaktion hatte inzwischen erfahren, dass von den weit über 100 Zeitungen, die den angeblich hochverräterischen Wahlaufruf veröffentlicht hatten, gerade mal ein Viertel verboten worden war, und nur ganz wenige, wie der *Vorwärts*, auch beschlagnahmt wurden. Die meisten Verbote gab es auf Initiative, wie es hieß, übereifriger örtlicher NSDAP-Leitungen. Ja, es wurde bekannt, dass Göring nur beabsichtigt hatte, den *Vorwärts* zu verbieten, da er dies für ausreichend hielt. Schließlich hob das Amtsgericht Breslau die Beschlagnahme der *Volkswacht* auf und stellte fest, dass kein Hochverrat vorliege, während das Amtsgericht Hannover die Beschlagnahme des dortigen *Volkswillens* bestätigte. Nun wurde eine Entscheidung des Reichsgerichts erwartet. So stellte sich die Situation dar, in der das SPD-Zentralorgan an den amtierenden preußischen Innenminister öffentlich einige Fragen richtete. Darunter war die, ob es wahr sei, dass nach dem Erlass des *Vorwärts*-Verbotes die Anordnung ergangen sei, andere Blätter, die den gleichen Aufruf gedruckt hätten, nicht zu verbieten, da das Verbot des *Vorwärts* genüge. Das Blatt bat dann »gehorsamst um Aufklärung«, ob das Ministerium der Ansicht sei, dass Hochverrat vorliege oder nicht. Bejahendenfalls hätte dann doch gegen alle eingeschritten werden müssen, die ihn begangen hatten. Es war also deutlich ein Akt der Willkür, der den *Vorwärts*-Leuten allerdings vor Augen führte, welchen Stellenwert ihr Blatt bei den Nationalsozialisten hatte. Eine Antwort Görings ist nicht bekannt. Hitler empfing zur gleichen Zeit Pressevertreter von ganz rechts bis zum Zentrum, also ohne einen Repräsentanten sozialdemokratischer oder kommunistischer Zeitungen. Er versicherte, dass die Presse nicht geknebelt werde, »sie müsse sich nur von persönlichen Injurien fernhalten«. Als Beispiel solcher »Fehler« nannte er die Behandlung Richard Wagners durch die Presse im vergangenen Jahrhundert.

Es waren keine »Injurien« und keine Kritik an einem Komponisten, die dem *Vorwärts* das nächste Verbot einbrachten, vielmehr seine Berichterstattung über den Überfall einer mehrhundertköpfigen SA-Horde auf kommunistische Häuser in der Luther-Stadt Eisleben. Darunter war eine Turnhalle, in der sich Mütter mit ihren Kindern zu einem Kindernachmittag versammelt hatten. In dem wüsten Kampfgetümmel waren ein SA-Mann erschossen und zwölf Kommunisten schwer verletzt worden, zumeist durch den Einsatz scharf geschliffener Spaten und Stahlruten. Zwei von ihnen verstarben noch am nächsten Tag. In der hugenbergschen und in der nationalsozialistischen Presse wurden die Kommunisten beschuldigt, den Straßenkampf ausgelöst zu haben. Ihnen widersprach Friedrich Stampfer in einem namentlich gezeichneten Leitartikel »Für die Wahrheit«. Was sich in Eisleben ereignet habe, das sei mehr als ein bloßes Lokalereignis, mahnte der *Vorwärts*-Chefredakteur. »Denn das, was dort geschehen ist, kann jeden Tag woanders in Deutschland auch passieren.« Die Behauptung der Nationalsozialisten, es sei aus dem Haus der Kommunisten auf sie geschossen worden, »ist nachweislich unwahr«. Warum aber müssen die Nationalsozialisten »das Märchen von dem Schuß, der diesen Sturm veranlaßte, unter allen Umständen aufrecht erhalten«? Aus folgendem Grund: »Wäre es nicht wahr, daß die Nationalsozialisten die Angegriffenen waren, dann müßten ja alle anständigen Menschen gegen sie als die brutalen Angreifer zusammenstehen, und in Eisleben könnte man nicht mit Haussuchungen und Verhaftungen gegen die Kommunisten vorgehen, sondern alle Schärfe der behördlichen Maßnahmen müßte sich gegen die SA und ihren Führer, den Herrn v. Alvensleben richten. Dies würde aber dem Lauf der Weltgeschichte, wie er jetzt von oben vorgeschrieben ist, widersprechen.« Haben aber auch die Nationalsozialisten sich eines unprovozierten Angriffs schuldig gemacht und die Kommunisten in Notwehr gehandelt, so wird das die Regierungspresse doch nicht »davon abhalten, den Vorfall von Eisleben als ein neues Argument für das Verbot der kommunistischen Partei zu gebrauchen.«

Stampfers mutiger Auftritt war ein gefundenes Fressen für Herrn Melcher. Besonders der Vorwurf, niemand dürfe mehr dem Lauf der Weltgeschichte, wie jetzt von oben vorgeschrieben, widersprechen, hatte es ihm angetan. Auch die Überschrift eines anderen Artikels zu den brutalen Vorgängen fand sein Missfallen: »Aus dem braunsten Deutschland – Faschistentreiben in Eisleben!« Das genügte, um auf Grund der Verordnung des Reichspräsidenten zum Schutze des deutschen Volkes vom 4. Februar den *Vorwärts* für die nächsten sieben Tage zu verbieten. Zur gleichen Zeit überfiel ein SA-Trupp Erich Kuttner auf dem Weg zu einer Reichstagswahlkundgebung in Potsdam, wo er als Redner auftreten sollte. Nur die mannhafte Verteidigung durch ihn begleitende Reichsbannerleute rettete den *Vorwärts*-Redakteur vor dem Schlimmsten.

»Wieder in Front!« meldete sich der *Vorwärts* am 23. Februar unter der Nummer 79–91 zurück. Über die vergangenen »Sieben Tage« berichtete er: »Der *Vorwärts* war eine Woche lang verboten, weil er die Kommunisten von Eisleben gegen ein Unrecht, das ihnen widerfahren war, in Schutz genommen hatte.« Genau so, wie das vorletzte Verbot wegen angeblichen Hochverrats inzwischen vom Reichsgericht aufgehoben worden war, forderte der *Vorwärts* auch die Aufhebung des letzten Verbots. Das änderte aber nichts daran, dass diese Maulkörbe das Blatt zunehmend in wirtschaftliche Schwierigkeiten brachten. In »ein paar Worten zur Aufklärung« an seine Leser entschuldigte sich der *Vorwärts* dafür, dass er keine Ersatzzeitungen liefern dürfe, wie das in früheren Fällen möglich war. Während aber vormals bei Verboten die Leser in dieser Form entschädigt werden konnten, verbot es die letzte Pressenotverordnung ausdrücklich. Das Blatt bat um Verständnis und appellierte an die »oft bewährte Treue unserer Leser«, da es durch den Ausfall der Anzeigen bei Weiterlaufen aller wesentlichen Ausgaben durch das Verbot schon ohnehin »aufs schwerste geschädigt« sei.

Verbote, Verbote, Verbote!

Inhaltlich hatte sich nichts geändert. Wie Stereotype wiederholten sich die Schlagzeilen: »Mord in Moabit – Parteigenosse als Flugblattverteiler erschossen«, »Blutnacht auch in Kiel«, »Mord an Reichsbannerkameraden« – Ein Toter und 15 Verletzte in Hannover. Als besonders auffälliges Rohheitsdelikt prangerte der *Vorwärts* den Überfall auf die Eheleute Löwenstein an. Dr. Kurt Löwenstein war Reichstagsabgeordneter und ein bekannter pädagogischer Reformer. Zwei uniformierte SA-Leute waren zu nächtlicher Stunde in die Neuköllner Wohnung der Löwensteins eingedrungen und hatten zehn Schüsse in das Schlafzimmer abgefeuert.

Und dann: Verbote, Verbote, Verbote! Allenthalben verboten die neuen Machthaber sozialdemokratische Zeitungen: den *Volksfreund* in Frankfurt (Oder), die *Märkische Volksstimme* in Cottbus, die *Volkswacht* in Luckenwalde, das *Volksblatt* in Göttingen, das Haller *Volksblatt* – und erstmals in ihrem 41-jährigen Bestehen die *Volkswacht* in Bielefeld. Gleichzeitig meldete der *Vorwärts* die Aufhebung des Zeitungsverbotes durch das Reichsgericht in Leipzig für sechs SPD-Blätter in Thüringen, Trier und Breslau sowie für die Bundeszeitung *Das Reichsbanner*. Wie den sozialdemokratischen erging es den kommunistischen Druckerzeugnissen, und dem traßenterror fielen nicht wenige kommunistische Funktionäre und Sympathisanten zum Opfer. Das änderte nichts an dem sterilen SPD-Bild im Karl-Liebknecht-Haus. Stampfers Angebot zu einem Nichtangriffspakt war von dem Vorsitzenden der KP-Reichstagsfraktion Ernst Torgler abgelehnt worden. So fragte Stampfer noch einmal zurück: Was nützten die Aufrufe zum gemeinsamen Handeln, wenn die Kommunisten immer noch einen Keil zwischen die Führung der SPD und ihre Mitglieder zu treiben versuchten, wenn sie die Feindschaft gegen die Sozialdemokraten höher einschätzten als die gegen die Nationalsozialisten? Warum also keinen Nichtangriffspakt? Dann sprach Stampfer die kommunistischen Arbeiter direkt an, wie es umgekehrt die KP-Führung gegenüber den sozialdemokratischen Arbeitern sich seit langem angelegen sein ließ. »Kommunistische Arbeiter ... wollt ihr nicht Euren Führern sagen, daß der gehässige, zersetzende, organisationsschädigende Kampf gegen die Sozialdemokratie und die Gewerkschaften jetzt aufhören muß, damit die ganze Arbeiterklasse geeint ihre Lebensinteressen gegen ihre Feinde verteidigen kann?« Auch in den letzten Tagen vor dem brutalen Ende sollte das wirkungslos bleiben.

Wenn nicht in der KP-Zentrale, so doch an anderer Stelle waren Stampfers Vorstellungen aufmerksam registriert worden. In der Neuköllner Versammlungshalle »Neue Welt« sprach er in einer Kundgebung des Sozialistischen Kulturbundes zusammen mit Adolf Grimme, dem Volksbildungsminister der Regierung Braun. Stampfer beschäftigte sich auch mit einer Äußerung des neuen Berliner Polizeipräsidenten und Nachfolgers von Melcher, Herrn von Levetzow. Der hatte den 9. November 1918 einen »Satansgeburtstag« genannt. Immerhin habe dieser »Satansgeburtstag«

das gleiche Recht für alle Staatsbürger gebracht, erinnerte der Redner. Alsbald verwarnte der überwachende Polizeioffizier Stampfer aus nichtigem Grund. Als dieser die Arbeit der sozialistischen Kulturorganisation eine »wahrhaft nationale Tat« nannte, löste die Polizei die Versammlung auf. Stampfer wurde zur Wache gebracht. Dort stellte man seine Personalien fest und ließ ihn gehen. Einen Tag später sprach Stampfer anstelle des SPD-Co-Vorsitzenden Arthur Crispien, der Redeverbot hatte, in einer großen Gedenkfeier im »Sportpalast«. Anlass war der 50. Todestag von Karl Marx. Für Stampfer war es eine etwas heikle Aufgabe, da er wusste, dass ihn die orthodoxen Marxisten in seiner Partei nicht gerade als einen der ihren ansahen. Aber er war in die Bresche gesprungen, weil er fand, dass es jetzt nicht um Theorien ging, sondern um politische Entscheidungen. In der überfüllten Versammlungsstätte führte sich der Versammlungsprofi mit einem humorigen Vergleich ein. Um ein wirklicher Marxist zu sein, müsse man ungeheuer viel wissen, meinte Stampfer, »um ein Antimarxist zu sein – dazu brauche man gar nichts zu wissen«. Mitten in den tosenden Beifall hinein erfolgte die Auflösung der Kundgebung, keiner konnte sagen, warum.

Zurück in der Redaktion beschloss eine Ad-hoc-Konferenz: Was die Zehntausend in der Versammlung nicht hören durften, sollte ganz Berlin lesen. Stampfer bereitete den Text für den Druck vor, als Franz Klühs in sein Zimmer trat. »Der Reichstag brennt«, rief er. Stampfer konnte es nicht glauben. »Der Reichstag kann gar nicht brennen, vielleicht brennt es im Reichstag.« Die beiden Männer kletterten über eine Leiter aufs Dach des Verlagshauses. Da sahen sie, wie aus der Kuppel des deutschen Parlaments die hellen Flammen in den Berliner Nachthimmel schossen. Ob sie dabei schon eine Ahnung bekamen, dass der nächste Tag der letzte für den *Vorwärts* sein würde?

In seiner Ausgabe Nr. 99 im 50. Jahrgang, unter dem Datum des 28. Februar 1933, einem Dienstag, listete das Zentralorgan auf seiner zweiten Seite unter der Überschrift »Verboten!« die letzten Übergriffe der Nationalsozialisten auf dem Pressegebiet auf. Danach waren gerade verboten worden: Wieder einmal das Bundesorgan des Reichsbanners *Das Reichsbanner* für drei Monate, die großen Gewerkschaftsblätter *Metallarbeiter-Zeitung* und *Aufwärts* bis zum 15. beziehungsweise 31. März, ferner für jeweils mehrere Tage sechs SPD-Blätter in Dortmund, Spandau, Königsberg, Elbing, Barnim und München, eine Kreiszeitung des Zentrums in Heidelberg, drei Organe der Bayerischen Volkspartei in Bamberg, Altötting und Würzburg und schließlich ein christliches Gewerkschaftsblatt. »Alle Verbote erfolgten«, so der *Vorwärts,* »wegen angeblicher Verächtlichmachung der gegenwärtigen Regierung.«

»Heute kann man nicht mal seinem Bruder trauen«

Auch der Reichstagsbrand war noch ins Blatt gekommen, denn die Redaktion hatte den jungen Lokalredakteur Rudolf Brendemühl und den Polizeireporter Harry Berger an die Brandstelle entsandt. Auch Victor Schiff hatte einen Bericht durchtelefoniert »Riesenbrand im Reichstag« hieß es quer über die erste Seite. »Der Reichstag brennt! Ungläubig wird die Nachricht aufgenommen ... Wenn die Gerüchte recht haben, wenn es wirklich Brandstiftung ist, so müssen die Täter in Kreisen zu suchen sein, die durch ihre Tat ihrem Haß gegen das parlamentarische System Ausdruck verleihen wollten. Soll es ›ein Signal‹ sein? Wahrhaftig, man möchte es wünschen! Man möchte wünschen, daß dieser Brand dem ganzen deutschen Volk ein Licht aufstecken möchte.« Es ist die Verwirrung um den Reichstagsbrand bis auf den heutigen Tag nicht gewichen. Als Täter wurde der niederländische Kommunist Marinus van der Lubbe verurteilt, von dessen Festnahme der *Vorwärts* noch kurz berichten konnte. Er hat sich dazu bekannt und wollte tatsächlich ein Signal geben. Aber die Stimmen, die ein Komplott der Nationalsozialisten hinter dem Brand vermuten, sind nie verstummt und sie klingen um so eindringlicher, je näher die Zeugen dem Ereignis waren.

Zumindest Schiff und Brendemühl hatten in den nächsten Stunden und Tagen Grund zur Besorgnis. Brendemühl entging der Festnahme, weil ihn der Berliner Korrespondent von *Associated Press*, Walter Brockmann, als »unter dem Schutz der amerikanischen Botschaft« stehend bezeichnete und anschließend versteckte. Schiff wurde zu zweitägigen Verhören abgeholt. Er sollte preisgeben, wer den Bericht zum Reichstagsbrand durchgegeben hatte, doch Schiff schwieg. Hitler hatte noch in der Nacht zugeschlagen. Unter dem Vorwand einer kommunistischen Verschwörung setzte die hemmungslose Verfolgung von Sozialdemokraten und Kommunisten ein. Am folgenden Tag erhielt sie durch die »Verordnung des Reichspräsidenten zum Schutz von Volk und Staat« ihre gesetzliche Tarnung. Doch die Zeitungsbeschlagnahmen in der Nacht – mit dem *Vorwärts* wurde die gesamte sozialdemokratische Presse in Preußen verboten – gingen nicht einmal auf das Konto dieser »Notverordnung«, sondern wurden vom preußischen Innenminister Göring durch Funkspruch angeordnet.

Noch ehe die ersten beladenen Zeitungswagen das Verlagshaus in der Lindenstraße verlassen konnten, rollten grüne Überfallwagen der Polizei auf den Hof. Tschakobehelmte Beamte sprangen von den offenen Sitzen. In der Erinnerung eines Augenzeugen: »Die Polizei drängte auf Eile, aber keine Hand rührte sich. Wenn die Ausgabe beschlagnahmt sei, dann sollten die Beamten ihre Beute auch selbst hinaustragen.

Von diesem Vorsatz gingen die braven Packer nicht ab – also mußten die Polizisten selbst Stapel um Stapel hinaustragen und aufladen.« Wie unwohl sich viele in dieser Rolle fühlten, überlieferte Stampfer in seinen Erinnerungen. Der *Vorwärts*-Chefredakteur war aus der Redaktion in die Packerei gestürzt, um Protest einzulegen. Erfolglos. Aber: »Die Beamten taten nur ungern Dienst. Manche entschuldigten sich. ›Ich bin‹, sagte einer, ›seit fünfzehn Jahren Sozialdemokrat. Aber was sollen wir tun? Heute kann man ja nicht einmal seinem eigenen Bruder trauen‹.«

Bei der Beschlagnahmeaktion in der *Vorwärts*-Druckerei hatte der Chef der Botenmeisterei, Georg Mischke, einen Stapel Zeitungen verschwinden lassen. Er verteilte sie auf der Heimfahrt im Omnibus. So fand der letzte in Berlin gedruckte *Vorwärts* doch noch ein paar Leser – und wir wissen, was in ihm stand. Das Verbot des *Vorwärts* wurde zweimal – nach je 14 Tagen – verlängert, das letzte Mal »bis auf weiteres«. Das hieß: für immer. In Deutschland trat Grabesruhe ein.

23. Totgesagte leben länger

Das *Vorwärts*-Verbot von 1933 stellte eine Zäsur dar, ähnlich dem Verbot durch das Sozialistengesetz 55 Jahre zuvor. Auch damals verschwand das Zentralorgan aus Deutschland, setzte seine Arbeit unter schwierigen Bedingungen im Ausland fort und kehrte am Ende des Interdikts zurück. Doch die Übereinstimmung trügt. Schon die Protagonisten von 1933 mussten ihren Irrtum korrigieren. Sie hatten gemeint, sich auf die Verbotsperiode in ähnlicher Weise einstellen zu können wie die Vorväter auf die ihre. Die Unterdrückungsmechanismen waren jedoch auf eine Art und Weise verschieden, dass auch die weltgeschichtliche Entwicklung bekanntlich zu total anderen Folgen führte. Das berührte die schon damals traditionsreiche Zeitung derart, dass man sagen darf: Auch der *Vorwärts* blieb nicht derselbe. Mit dem Epochenwandel ging gleichzeitig die Epoche der großen sozialdemokratischen Parteizeitung zu Ende.

Es wäre eine andere Geschichte zu schreiben, wollte man verfolgen, wie der Name *Vorwärts* sich dennoch bis heute als publizistischer Begriff erhalten hat, und sie kann nicht im Rahmen dieser Arbeit erfolgen. Wenn sich dennoch hier eine stark geraffte Darstellung von noch einmal 70 Jahren anschließt, dann zum geringsten Grund, um etwa die These zu belegen, der *Vorwärts* mit allen seinen beschriebenen Vorgängern und Seitenzweigen habe seine geschichtliche Aufgabe erfüllt. In erster Linie gilt es, einer Pflicht zu genügen. Mit der hier vorgestellten Zeitung verbinden sich Lebensläufe, die 1933 nicht in der Luft hängen geblieben sind. Wie sie sich in den dunkelsten Jahren der deutschen Geschichte erfüllten, ist noch an keiner Stelle zusammenhängend beschrieben worden. Daran muss erinnert werden, womit gleichzeitig ein über dem 20. Juli 1944 vergessenes Kapitel im Buch des deutschen Widerstandes ins Gedächtnis zurückzurufen wäre. Eine Erinnerung haben aber auch all jene verdient, die sich über Jahre und Jahrzehnte mühten – meist mit unzulänglichen Mitteln ausgestattet –, »ihrem Blatt« das Überleben zu garantieren.

In der Zeitung fast noch früher als in der politischen Führung wurden die einschneidenden Veränderungen auf ganz existenzielle Weise begriffen. Es gab kein Geld mehr. Die Arbeitsplätze boten keine Arbeit mehr, dann erfolgten die Kündigungen. Sie waren fristlos, mit der Maßgabe, dass man noch ein paar Wochen zur Verfügung stehe. Das galt allerdings kaum für die Redakteure. Um schlimmste Notlagen zu lindern, erfolgten mehr oder weniger legale Auszahlungen an bekannten Treffpunkten, wie dem »Blaurock«. Andererseits beschwerte sich zum Beispiel Hans

Etzkorn noch lange Jahre später, dass die Parteikassierer in preußischer Überkorrektheit das Geld auf dem Konto festhielten, bis es von den Nazis beschlagnahmt wurde. Die Leser versuchte der Verlag noch eine Zeitlang zum Abo-Bezug zu bewegen. Da keine Ersatzzeitungen geliefert werden durften, sollten sie mit anderen Druckwerken entschädigt werden. Als erstes war an die Lieferung eines Romans über die Jugendjahre von Karl Marx, *Der schwarze Ritter* von Herrmann Mostar, gedacht worden.

Während die Redaktion brach lag, hatte Stampfer immerhin eine politische Aufgabe. Als Mitglied des SPD-Vorstandes war er an allen Abwehrversuchen der bedrohten Partei an führender Stelle beteiligt. Als Göring gegenüber seinem Noch-Reichstagspräsidiumskollegen Löbe verlauten ließ, dass die SPD-Zeitungen erst wieder zugelassen würden, wenn die »Hetze« von Seiten der Sozialistischen Arbeiter-Internationale (SAI) gegen das »neue Deutschland« beendet würde, reiste er mit Wels und Paul Hertz in die europäischen Hauptstädte, um entsprechend auf die Bruderparteien einzuwirken. Der Erfolg blieb freilich aus, was Otto Wels veranlasste, seinen Austritt aus dem Büro der SAI zu erklären. Allerdings machte er diesen Schritt sechs Wochen später rückgängig, als klar wurde, dass kein Zugeständnis den Nazi-Terror besänftigen konnte.

Am 23. März 1933 stimmte die SPD als einzige der im Reichstag vertretenen Parteien gegen das »Ermächtigungsgesetz«. Ihre Haltung an diesem Tag ist als Ruhmesblatt in die sonst wenig ruhmreiche Geschichte jener Jahre eingegangen. Die Abgeordneten der KPD konnten nicht mehr mit abstimmen, da sie schon ihres Mandats beraubt und die Träger selbst zum großen Teil verhaftet worden waren. Von den vielfach bedrohten und teilweise ebenfalls festgenommenen SPD-Abgeordneten fanden 94 den von Schmährufen der SA begleiteten Weg in die Krolloper, das Ausweichquartier für den abgebrannten Reichstag; Julius Leber wurde auf diesem Weg erneut verhaftet. Die von Braunhemden dominierten Sitzreihen vor Augen geißelte Otto Wels mit unerschrockenen Worten das Vorhaben Hitlers, »die Kontrolle der öffentlichen Angelegenheiten auszuschalten«, das heißt, auch gegen die Verfassung und den Reichstag Gesetze zu erlassen. Seine Ansprache gipfelte in dem Bekenntnis: »Freiheit und Leben kann man uns nehmen, die Ehre nicht.« Unter den Umständen, unter denen sie gesprochen wurde, war diese Rede eine der stärksten der deutschen Parlamentsgeschichte. Wenn allerdings Hitler in seiner Rede darüber hinaus einen rhetorischen Tageserfolg erzielte, so war Stampfer, wie er bekannte, »an diesem Meisterstück politischen Komödiantentums nicht ganz unschuldig«. Er hatte, nach gutem journalistischen Brauch – unter allerdings gesitteteren Umständen –, den Text von Wels vorher den Medien zugestellt. So hatte sich Hitler schon vor der Sitzung mit ihm beschäftigen können.

Wie die anderen sozialdemokratischen Parteiführer erlebte auch Stampfer bewegte Tage. Einmal wurde der *Vorwärts*-Chefredakteur von der Straße weg von Reichsbannerleuten in eine fremde Wohnung in Sicherheit gebracht. Der Rundfunk hatte gerade seine Verhaftung angekündigt. Einige Tage darauf wurde der Haftbefehl wieder aufgehoben. Seine eigene Familie hatte Stampfer bereits aus Berlin fortgeschickt, doch auch in Braunlage wurde seine Frau vorübergehend festgenommen. Bis Ende März verhafteten die unduldsamen neuen Machthaber 18 SPD-Abgeordnete, darunter den früheren *Vorwärts*-Redakteur und damaligen Magdeburger Oberbürgermeister Ernst Reuter. In Detmold war der frühere *Vorwärts*-Verlagsredakteur Felix Fechenbach in Schutzhaft genommen worden. Alsbald gab es auch Tote. Im KZ Breslau-Dürrgoy ermordeten die Nazis den SAP-Mitbegründer Ernst Eckstein; aus Verzweiflung über die politischen Verhältnisse nahm sich die Reichstagsabgeordnete Toni Pfülf das Leben, eine Lothringerin, die für Deutschland optiert und bereits der Nationalversammlung angehört hatte.

Das Aus für die Gewerkschaften

Der April stand im Zeichen einer gezielten Verunsicherung der Gewerkschaften. Vereinzelt wurden Gewerkschaftshäuser besetzt. Sachsen und Bayern unterbanden dies zwar, erlegten den Gewerkschaften aber absolute politische Enthaltsamkeit auf. Darüber hinaus waren alle Veranstaltungen von Gewerkschaften, gleich welcher Art, 48 Stunden vorher anzumelden. In die Gewerkschaftshäuser wurden polizeiliche Wachkommandos gelegt, die aber auch aus SA, SS oder Stahlhelm bestehen konnten. Am 10. April erließ die neue Reichsregierung ein Gesetz, das den 1. Mai zum »Feiertag der nationalen Arbeit« bestimmte. Zum ersten Mal war dieser historische Arbeiterkampftag auch arbeitsfrei. Die Rechnung der Nazis ging auf. Während in den traditionellen Arbeitervierteln statt der drei Pfeile oder roter Fahnen immer mehr Hakenkreuztücher die Fassaden verhingen, ging »die Anpassungsbereitschaft der Gewerkschaften ... bis an den Rand der Selbstaufgabe« (zit. nach Michael Schneider). Die Organisation zu retten war ihr einziges Ziel. Vergeblich. Einen Tag nach dem ersten »Feiertag der Arbeit« besetzten SA und SS entsprechend einem von Hitler selbst verfügten Plan alle Häuser der Freien Gewerkschaften und die Redaktionsbüros ihrer Presse. Das Gewerkschaftsvermögen wurde beschlagnahmt, alle führenden Gewerkschafter wurden in Schutzhaft genommen. In Duisburg ermordeten die Nazis vier Gewerkschaftsfunktionäre bei der Durchführung der Aktion. Die Freien, die sozialdemokratischen Gewerkschaften hatten aufgehört zu existieren; die anderen Gewerkschaftsverbände unterstellten sich freiwillig den neuen Machthabern.

Zugleich war auch deutlich geworden, dass der nächste Schlag der SPD gelten würde. Darum schickte schon zwei Tage nach der Besetzung der Gewerkschaftshäuser der gerade neu gewählte Parteivorstand fünf seiner Mitglieder, darunter die beiden Vorsitzenden Otto Wels und Hans Vogel, sowie Friedrich Stampfer ins Ausland. Sie gingen zunächst ins damals französisch besetzte Saarbrücken. Indes waren in Berlin noch nicht alle Illusionen gestorben. Als Hitler eine Friedensresolution zur Abstimmung bringen wollte, dachte ein Teil der SPD-Fraktion, durch unterstützende Haltung die schlimmste Gefahr für die Partei abwenden zu können. Dagegen forderte der Exil-Vorstand Ablehnung der Resolution. Stampfer und Vogel hatten die Botschaft zu überbringen und die Fraktion zur Umkehr zu bewegen. Damit konnten sie sich nicht durchsetzen. In der Fraktionssitzung vom 10. Juni, es sollte die letzte sein, diskutierten die jetzt noch 73 Abgeordneten ihre Lebensfrage. Wer sollte für die SPD sprechen, hieß diese vor allem, die Leute im Ausland, oder die hier in Berlin?

Paul Löbe hatte unbedingtes Mitschreibeverbot erlassen. Einer der jüngsten Abgeordneten, Josef Felder aus Augsburg, ein Journalist, hielt sich nicht daran. Er konnte die nach der Sitzung abgefasste Reinschrift seiner Notizen über die Nazi-Jahre hinweg retten. Heute ist Felders Protokoll ein wichtiges Dokument aus tragischer Zeit für Forschung und Geschichtsschreibung. In seinen nüchternen Sätzen spiegeln sich die bis nahe zum Zerreißen führenden Auseinandersetzungen um die Frage Widerstand oder Anpassung, und – was nicht dasselbe ist – ob Emigration oder Durchhalten im Inneren bessere Voraussetzungen zum Überleben der Sozialdemokratie schaffen. Auch die beschwörenden Ausführungen Kurt Schumachers zum Zusammenhalten gegen einen unversöhnlichen Feind hat Felder festgehalten. Felder selbst wurde 20 Jahre später Chefredakteur des *Vorwärts* in einer für das Blatt schweren Zeit anderer Art.

Schritt für Schritt setzten die Nationalsozialisten die Zerschlagung der Sozialdemokratie und damit des letzten Teils der Arbeiterbewegung fort. Vermögen und Zeitungen waren bereits beschlagnahmt. Dann verloren Gemeinderäte und Landtagsabgeordnete ihre Mandate. Die Frage, wer für die SPD sprechen sollte, hatte sich bald erledigt. In Deutschland gab es niemanden mehr, der unbehelligt für sie sprechen konnte. In einer bis dahin beispiellosen Aktion verhafteten die Nazis binnen einer Woche 3000 Sozialdemokraten, darunter Paul Löbe und Kurt Schumacher.

In einer Gewaltorgie, die als Köpenicker Blutwoche in die Geschichte eingegangen ist, misshandelten nationalsozialistische Rohlinge hunderte von Sozialdemokraten, Kommunisten und Gewerkschaftern, zahlreiche ihrer Opfer ermordeten sie. Zur gleichen Zeit legte Reichsinnenminister Frick die verwaltungsrechtlichen Grundlagen für das totale Verbot der SPD und die Aberkennung aller Mandate in Volksvertretungen. Am Ende stand die Ausrufung der Ein-Parteien-Diktatur. Schon vorher hatte der Saarbrücker Vorstand seinen Sitz nach Prag verlegt. Die tschechoslowakische Republik bot bessere Möglichkeiten, ins Reich hineinzuwirken. In einer kargen Mietwohnung im Prager Industrie- und Arbeiterviertel Karlin richteten sich die letzten freien Sozialdemokraten ein. Wand an Wand mit seinen Vorstandskollegen erarbeitete Stampfer das publizistische Werkzeug des Exilvorstandes.

»Zerbrecht die Ketten!« forderte die erste Schlagzeile des neuen Exilorgans, und es wusste auch: »Die Geschlagenen von heute werden die Sieger von morgen sein.« Im grenznahen Karlsbad verließ am 18. Juni 1933 die Nummer 1 des *Neuen Vorwärts* die Druckerei »Graphia«. Friedrich Stampfer zeichnete ein schonungsloses Bild der nationalsozialistischen »Machtübernahme«. Erstmals berichtete eine deutsche Zeitung über die massenhaften Übergriffe in den ersten Wochen unter der nationalsozialistischen Ägide, über Morde, Folterungen und Verschleppungen. »Es war ein Versinken in Schande. Sie aber nannten es – ›nationale Erhebung‹.« Dieses Musterstück politischer Kampfliteratur gehörte von Rechts wegen gerade heute in jedes Schullesebuch. Das Problem war: Das große Zeitungsblatt im üblichen Format konnte nur schwer über die Grenze geschmuggelt werden. Die Lösung fand sich in einer Miniaturausgabe auf Seidenpapier. Sie wurde in tausenden von Exemplaren über die Grenze gebracht und fand reißenden Absatz. Noch im selben Jahr erhielt diese Ausgabe den Titel *Sozialistische Aktion.*

Deutschlands neue Herren ließen ihre Gegner auch im Ausland nicht aus den Augen. »Nach Angabe eines hiesigen Gewährsmannes wird die Briefausgabe des *Neuen Vorwärts*, die regelmäßig nach Deutschland eingeschmuggelt wird, an der Reichsgrenze jeweils von zwei deutschen Kraftwagen abgeholt, welche die Nummern V 44749 und V 44695 tragen.« So berichtete die Deutsche Gesandtschaft in Prag schon im Oktober 1933 an den »Herrn Preußischen Minister des Innern«. Der Brief beweist zugleich, wie rasch es den Nazis gelungen war, die auswärtigen Dienststellen in Spitzelagenturen zu verwandeln. In den Berichten tauchen immer wieder die Namen Friedrich Stampfers und Fritz Heines auf. Heine, ein junger Angestellter des Parteivorstandes, füllte in den ersten Monaten die Aufgaben eines Verlagsleiters des Exilorgans aus. Später wurde er von Arthur Arnold abgelöst, der in besseren

Zeiten eine der SPD nahe stehende Außenhandelsgesellschaft geleitet hatte. Im Impressum der Zeitung stand aber keiner dieser Namen, sondern die von zwei sudetendeutschen Sozialdemokraten: Ernst Sattler als Herausgeber und Wenzel Horn als Verantwortlicher Redakteur. Die Einzelnummer kostete 1,40 Kronen. Ohne die Unterstützung der deutschen Sozialdemokratie in der ČSR wäre das Blatt nie zu realisieren gewesen. Aber auch die Tschechoslowakische Republik bewies mit der Zulassung des *Neuen Vorwärts* mehr Mut als die meisten anderen Nachbarn des Deutschen Reiches, denn Freunde schafften sich die Prager Führer im braunen Berlin damit nicht. Die sozialdemokratischen Grenzsekretariate in diesem Land, wie auch in einigen westeuropäischen Staaten, über die der Transport des natürlich illegalen Materials lief, waren den neuen Berliner Machthabern ein besonderer Dorn im Auge.

Hunger nach qualifizierter Unterrichtung

Die »Sopade«, wie sich die SPD im Exil nannte, dachte sich den *Neuen Vorwärts* verständlicherweise in der Rolle des *Sozialdemokrat,* der während der Zeit des Sozialistengesetzes von der Schweiz aus via »Rote Feldpost« die deutschen Sozialdemokraten zusammenhielt. Dieses Vorbild erreichte der *Neue Vorwärts* trotz aller Anstrengungen und Opfer nicht. Die Brutalität der Unterdrücker überstieg alle geschichtlichen Erfahrungen, und so, wie sie die sich immer wieder neu bildenden Widerstandszellen zerschlugen, legten sie auch schließlich die Zugangswege des Exilorgans lahm. Aber für die in der ganzen Welt verstreuten Genossen war der *NV* ein wichtiges Bindeglied. »Die Leute in der Emigration hungern doch geradezu nach qualifizierter Unterrichtung, Betrachtung und Wegweisung.« So in einem Brief aus Dänemark. Auch Kritik blieb nicht aus. Doch war sie gegenüber dem unter abenteuerlichsten Bedingungen hergestellten und vertriebenen Blatt nicht immer gerecht.

Mit Stampfer, der immer mehr politische Aufgaben übernahm, besorgte alsbald in steigendem Maße Curt Geyer die Redaktion des *Neuen Vorwärts.* Die Ausgabe der *Sozialistischen Aktion* hatte Paul Hertz übernommen, ein ehemaliger Redakteur der *Freiheit*, dann lange Jahre Sekretär der SPD-Reichstagsfraktion. Eine besondere Leistung waren die *Deutschland-Berichte der Sopade*, herausgegeben von Erich Rinner. Sie berichteten vom April 1934 bis zum April 1940 minutiös über die Vorgänge im Reich, auch über die Vernichtung der polnischen Juden. Daneben verließen Unmengen von Broschüren und Untergrundschriften, zum Teil im Tarnumschlag, die Karlsbader Druckerei. Eine Reihe von Arbeiten, die zum eisernen Bestand der zeitgeschichtlichen Literatur zählen, wurde erstmals bei Graphia verlegt, wie etwa Arthur Rosenbergs *Geschichte der Deutschen Republik*, Stampfers *Die 14 Jahre der ersten deutschen Republik* oder Gerhart Segers *Oranienburg* über das gleichnamige Konzentrationslager. Als *Neu Beginnen* von Miles [Tarnname von Walter Löwenheim; Anm. H. S.] erschien, dokumentierte diese Programmschrift nicht nur den politischen Konflikt unter den sozialdemokratischen Emigranten, sondern sorgte auch wegen angeblichen Diebstahls des Manuskripts für einen handfesten parteiinternen Skandal.

Nachdem Hitlers Wehrmacht 1938 in Karlsbad, im folgenden Jahr auch in Prag eingerückt war, hatte die Stunde des *Neuen Vorwärts* geschlagen. Er wich nach Paris aus, wo unter den größten Schwierigkeiten wenige Nummern fabriziert wurden. Dann verstummte er. Die deutschen Armeen, die Frankreich besetzten, hatten im Gefolge die Häscher, die nach den deutschen Emigranten fahndeten, waren sie nun »Politische« oder Juden oder sonst den Nazis Verhasste. Otto Wels kam ihnen durch seinen Tod im September 1939 zuvor. Viele wurden gefasst, wenige entkamen, wie Friedrich Stampfer, der mit Hilfe amerikanischer Freunde nach den USA ausreisen konnte. Fritz Heine, für den kein Visum ausgestellt worden war, blieb in Marseille zurück, wo er unter bejammernswerten Umständen die Ausreise für zahlreiche Bedrohte organisierte. Er selbst entkam in letzter Sekunde. Für seine selbstlose und tapfere Arbeit, die vielen Juden das Leben rettete, ehrte ihn der Staat Israel durch die Aufnahme in die Reihe der »Gerechten unter den Völkern«.

Auch ohne eigene Zeitung verstummte Stampfer nicht. Dafür ist als bemerkenswertestes Beispiel seine zornige Attacke auf Lord Vansittart aus dem letzten Kriegsjahr überliefert. Der britische Diplomat hatte geäußert, dass als Zeichen der künftigen moralischen Umerziehung des deutschen Volkes nur eine kniefällige Abbitte aller seiner Angehörigen denkbar sei. Dazu Stampfer am 14. Oktober 1944 in der New Yorker *Neuen Volkszeitung*: »Alle? Alle? – Auch die Deutschen in Dachau und Buchenwald? – Auch die Erschossenen, Geköpften, Gehängten? – Die Verjagten, Ausgebürgerten? – Alle, die Göring wie ein Hetzwild gejagt hat? Keiner, der mit ihm auf die Jagd gegangen ist? – Keiner der Herren vom Foreign Office? Auf die Knie, wir? Nach Ihnen, Lord Vansittart, nach Ihnen!«

Stampfer, selbst einer der Verjagten und Ausgebürgerten, der erst nach einer Intervention von Freunden beim US-Präsidenten Franklin D. Roosevelt dem Zugriff der deutschen Verfolger entkam, wusste wovon er sprach. Er kannte die Blutspur, die Hitler schon in den ersten Jahren seiner Machtausübung unter seinen deutschen Widersachern hinterlassen hatte. Zur selben Zeit noch pirschten westliche Diplomaten als Gäste des »Reichsjägermeisters« Göring in der Schorfheide. Ob Friedrich

Stampfer aber auch das ganze Ausmaß der Verfolgungen kannte, der seine eigene Redaktion ausgesetzt war? In seinem ausgedehnten Briefwechsel, den er von allen Stationen seines Emigrantenlebens aufrechterhielt, nahmen Nachrichten über die persönlichen Schicksale einen wichtigen Platz ein. Mit den ehemaligen *Vorwärts*-Redakteuren Victor Schiff, Erich Kuttner, Ernst Reuter, Kurt Heinig und vielen anderen tauschte er ständig aus, was nur in Erfahrung zu bringen war.

Eine Ehrentafel der Verfolgten

Über seinen eingekerkerten Stellvertreter Franz Klühs berichtete ihm dessen Frau Trude, als sie 1935 von deutschen Emigranten nach Bornholm eingeladen worden war. Da endlich konnte sie, ohne Angst vor der Zensur, einem Brief anvertrauen, was sie bewegte. Doch den ganzen Umfang, in dem sozialdemokratische Journalisten von ihren NS-Todfeinden gehetzt und ausgelöscht wurden, konnte wohl keiner von den Zeitgenossen, von den Betroffenen und Miterlebenden ermessen. Erst nach und nach vervollständigte die Geschichte ihre unvollständigen Lebens- und Sterbedaten. Letzte Unklarheiten werden immer bleiben.

Heute lässt sich belegen, dass keine andere deutsche Zeitung so sehr unter der Verfolgung durch die Nazis zu leiden hatte wie der *Vorwärts*. Mindestens 30 seiner ehemaligen Redakteure, Mitarbeiter und Korrespondenten waren den Verfolgungen und Drangsalen der braunen Machthaber ausgesetzt und mehr als ein Drittel hat sie nicht überlebt. So liest sich die Liste aus der Schreckenszeit.

Richard Bernstein: Gehörte von 1919 bis 1933 dem *Vorwärts* als Redakteur an. Emigrierte zunächst nach Prag, wich dann vor den einrückenden deutschen Truppen nach Norwegen aus. Von dort nach deutscher Besetzung zunächst ins Konzentrationslager Grini, Ende 1942 in ein Vernichtungslager in Osteuropa deportiert.

Robert Breuer: Eigentlich *Lucian Friedländer.* Mitbegründer des Schutzbundes Deutscher Schriftsteller, Redakteur der *Schaubühne* (Germanicus). War einer der Vertrauten des Reichspräsidenten Friedrich Ebert. Mitarbeiter des *Vorwärts* in Berlin und des *Neuen Vorwärts* im Prager Exil. In Frankreich interniert, emigrierte er weiter nach Martinique, wo er 1943 starb.

Heinrich Cunow: Diente dem *Vorwärts* von 1905 bis 1914 als politischer Redakteur. Nach dem Ersten Weltkrieg Direktor des Museums für Völkerkunde in Berlin, starb er 1936 im niederländischen Asyl.

Georg Davidsohn: Von 1905 bis vermutlich 1909 Redakteur des *Vorwärts* für Ausland und Parlamente, später Reichstagsabgeordneter. Er verbarg sich vor den Nationalsozialisten in einem Versteck in Berlin, wo er 1942 starb.

Felix Fechenbach: Verlagsredakteur des *Vorwärts* und seiner Abendausgabe *Der Abend* von 1925 bis 1929. Eines der ersten Opfer nach der »Machtübernahme«: 1933 bei Warburg in Westfalen »auf der Flucht erschossen«.

Rudolf Hilferding: Der zweifache Reichsfinanzminister in den Kabinetten Stresemann und Hermann Müller gehörte von 1907 bis 1915 dem *Vorwärts* als Auslandsredakteur und Redaktionsleiter an und schrieb auch nach 1933 wieder für den *Neuen Vorwärts* im Exil. Kam über Dänemark und die Schweiz nach Frankreich, wo er unter den Bedingungen des Waffenstillstandsvertrages von der Vichy-Regierung – zusammen mit Rudolf Breitscheid – an die Gestapo ausgeliefert wurde. Er starb unter mysteriösen Umständen 1942 im Pariser Gefängnis Santé.

Karl Kautsky: Der bekannte sozialistische Theoretiker arbeitete zweimal in seinem Leben für die Exilzeitungen, die anstelle des verbotenen *Vorwärts* erschienen; für den *Sozialdemokrat* in Zürich und London (1879–1890) und den *Neuen Vorwärts.* Er starb im Exil 1936 in Amsterdam.

Franz Klühs: Stellvertretender Chefredakteur des *Vorwärts* von 1920 bis 1933. Er starb an den Folgen der im Konzentrationslager »Columbia-Haus« erlittenen Misshandlungen und der Kerkerhaft 1938 in Berlin.

Erich Kuttner: Der Mitbegründer des Reichsbundes der Kriegsbeschädigten war von 1922 bis 1933 Redakteur des *Vorwärts.* Im Spanischen Bürgerkrieg wurde er verwundet. 1942 im holländischen Untergrund aufgespürt, wurde er im gleichen Jahr im KZ Mauthausen »auf der Flucht erschossen«.

Ludwig Lessen-Salomon: Der ehemalige Feuilleton-Redakteur des *Vorwärts* gab sich in Mülrose in der Mark, wo er sich verborgen hatte, 1943 den Freitod.

Erich Ohser alias *e. o. Plauen:* Der *Vorwärts*-Zeichner und Urheber der Bildergeschichten von »Vater und Sohn« nahm sich 1944 in Gestapo-Haft das Leben angesichts eines bevorstehenden Todesurteils wegen »Wehrkraftzersetzung«.

Eugen Prager: Chefredakteur des *Abend,* der Spätausgabe des *Vorwärts.* Nach seiner Deportation 1943 oder 1944 in Riga ermordet.

Kurt Singer: Der namhafte Musikkritiker des *Vorwärts* in den 1920er Jahren war einer der Mitbegründer des »Kulturbundes Deutscher Juden« nach 1933. Er starb 1944 in Theresienstadt. Eine Gedenktafel an der Städtischen Oper in Berlin-Charlottenburg erinnert seit 1984 an ihren Intendanten, der Singer ebenfalls gewesen war.

Heinrich Ströbel: Von 1900 bis 1916 Redakteur des *Vorwärts.* Der führende Parteilinke starb 1944 im Züricher Exil.

Über das Schicksal von *Herta Dreyfus* wurde schon weiter oben berichtet. Unter diese Namen wäre gerechterweise noch der von *Erich Alfringhaus* zu setzen. Er war Chefredakteur des *Sozialdemokratischen Pressedienstes.* Nach Auffassung von Friedrich Stampfer kam sein Auslandsdienst »vor allem dem *Vorwärts* zugute«. Alfringhaus gab sich selbst den Tod, als er den Nationalsozialisten bei seiner Flucht von Dänemark nach Schweden 1941 in die Hände fiel.

Groß ist auch die Zahl der *Vorwärts*-Redakteure, die sich durch die Emigration einem ungewissen – in Wahrheit eher sicher unheilvollen – Schicksal entzogen. Ernst Reuter, der spätere Regierende Bürgermeister von Berlin, saß bereits zweimal im KZ Lichtenburg, ehe er über Großbritannien in die Türkei emigrierte. Curt Geyer fand nach dem Aus des *Neuen Vorwärts* in Frankreich nach der Flucht über Portugal sein endgültiges Exil in London. Viele Umwege machten auch andere, und manche kehrten nie zurück. Genannt seien: Kurt Heinig, Georg Ledebour, Werner Peiser, Arthur Saternus, Victor Schiff und Alexander Stein. Georg Gradnauer, *Vorwärts*-Redakteur von 1896 bis 1905, später Ministerpräsident von Sachsen und Reichsinnenminister, überlebte das Kriegsende und seine Befreiung aus dem Konzentrationslager Theresienstadt gerade um ein gutes Jahr. Paul Löbe wurde nach anfänglichem KZ-Aufenthalt unter einer Anwandlung seltener Milde von Hermann Göring außer Verfolgung gesetzt. Gegenüber dieser Schar von Standhaften und Verfolgten blieb die Zahl der Überläufer und Verräter unglaublich gering – vergleicht man sie mit der Renegatenziffer anderer Gruppen. Auffällig wurde Henning Duderstadt, ständiger freier Mitarbeiter des *Vorwärts* seit den frühen Zwanzigern und Reichsbannerfunktionär. Duderstadt machte sich mit seinem Buch *Vom Reichsbanner zum Hakenkreuz. Ein Bekenntnis* zum Kronzeugen eines proletarischen »Läuterungsprozesses«. Mit einer Redakteursstelle in der NS-Presse belohnt, müssen ihm zuletzt tiefe Zweifel an seiner Rolle zugesetzt haben. Duderstadt starb ein Jahr nach dem Krieg in einem Lübecker Krankenhaus.

Warten auf die Lizenzierung

Endlich war die militärische Niederlage Deutschlands besiegelt und der Faschismus niedergeschlagen. Als einzige demokratische Kraft hatte die Sozialdemokratie Hitler von Anfang an entschlossen Widerstand geleistet. Zu Recht erhob sie nun den Anspruch auf eine führende Rolle beim staatlichen Wiederaufbau. Ihrer neuen Selbstdarstellung kam zugute, dass sich die lange zerstrittenen Emigrantengruppen zur Einigung durchgerungen hatten. Einige aus der »inneren Emigration« wärmten einen alten Streit wieder auf, nach dem die Emigranten nicht das Recht hätten, für die SPD zu sprechen. Das belastete den Neuanfang. Viele wollten auch den Kommunisten nichts nachtragen und waren zur Bildung einer einheitlichen sozialistischen

Partei bereit. Allerdings bereiteten die Sowjetunion und die Kommunisten solchen Gedanken ein rasches Ende. Sie kamen erst darauf zurück, als die Organisation der KPD gefestigt war und sie erkannten, dass die wieder gegründete SPD größere Zustimmung fand. Wie sie sich dann die Vereinigung dachten, erlebten die Sozialdemokraten im sowjetisch besetzten Teil Deutschlands auf schmerzvolle Weise. Da hatte aber Kurt Schumacher mit seinem Aufruf »Konsequenzen zur deutschen Politik« eine klare Linie in die vielfach von Überschwänglichkeiten und Illusionen bestimmte Anfangseuphorie gebracht. Aber auch er konnte nicht verhindern, dass sich das Gefühl breit machte, als sei gerade die SPD den Besatzungsmächten – und nicht nur der im Osten – die am wenigsten gelittene politische Kraft in Nachkriegsdeutschland. Das gilt auch für die Entstehungsgeschichte des Nachkriegs-*Vorwärts*.

Die Frage muss erlaubt sein: Warum brauchte die SPD nach dem Zweiten Weltkrieg über drei Jahre, bis sie sich wieder ein zentrales Blatt zulegte? Weder in Wennigsen, dem großen überregionalen Wiedersehenstreffen im Oktober 1945, noch beim ersten Parteitag in Hannover im Mai 1946 stand das Thema Zeitung überhaupt zur Debatte. Erst die Delegierten des Parteitages von Nürnberg 1947 beauftragten den Parteivorstand, sich um die Herausgabe eines neuen Zentralorgans zu kümmern. Aber dieses äußere Bild sagt nicht alles. Hinter den Kulissen war bereits einiges vor sich gegangen. Schon auf seiner ersten Sitzung nach Hannover hatte der neu gewählte Parteivorstand die Schaffung eines Zentralorgans besprochen. An eine Wochenzeitung für alle drei Westzonen war gedacht, die von dem ehemaligen Berliner Korrespondenten der 1943 verbotenen *Frankfurter Zeitung*, Fritz Sänger, geleitet werden sollte.[48] Aber, so räumte man ein, vor August/September 1946 werde das Blatt nicht erscheinen.

Durch diese optimistische Erwartung machten die alliierten Militärbehörden einen dicken Strich. Anfang 1947 musste die Parteiführung zur Kenntnis nehmen, dass ihr Lizenzierungsantrag abgelehnt worden war. Der Vorstand führte darüber eine hitzige Debatte, vor deren Beginn der Vertreter der Militärregierung höflich, aber bestimmt aus dem Verhandlungsraum komplimentiert wurde. Dann kamen vielerlei Pläne zur Sprache, darunter sogar der, wie bereits in vergangenen Verbotszeiten, ein illegales Blatt herauszugeben. Die übergroße Mehrheit war allerdings strikt dagegen, und Fritz Heine, nunmehr federführend in Presseangelegenheiten, wies auch noch auf andere Schwierigkeiten hin, von denen an erster Stelle stand, geeignete Redakteure zu finden.

Das für eine Neugründung insgesamt unerfreuliche Klima hielt über ein Jahr vor. Erst im April 1948 stellte Heine erneut einen Antrag auf Lizenzierung. Das Verfahren war eine Zumutung. Dem Antrag mussten ausführliche Personalangaben nach Fragebogenart für die ins Auge gefassten Herausgeber, Redakteure und Verlagsleiter beigefügt werden. Da sollte ein ausgewiesener Hitler-Gegner wie Dr. Kurt Schumacher, der zehn Jahre lang im Konzentrationslager gelitten hatte, seine weiße Weste beweisen. Desgleichen die anderen, die als Emigranten oder durch Schutzhaft und KZ-Aufenthalt ihre antifaschistische Einstellung deutlich genug gemacht hatten. Um die Farce zu vollenden, wurden die Personalangaben allen Ernstes im US-Document-Center, der Sammelstelle für Nazi-Personaldokumente, und in den Archiven der Reichskulturkammer überprüft. Das geschah zu einer Zeit, als der KZ-Massenmörder Mengele unter seinem richtigen Namen unerkannt durch ein amerikanisches Kriegsgefangenenlager schlüpfen konnte.

15 Tonnen Papier für den Druck extra

Schließlich waren es dann auch nicht die Besatzungsmächte, denen der *Neue Vorwärts* – so sollte das Blatt heißen – seine Lizenz verdankte. Das Genehmigungsverfahren war in deutsche Hände gelegt worden. Unter dem Datum vom 10. Oktober 1948 unterschrieb der Ministerpräsident von Niedersachsen, Hinrich Wilhelm Kopf, die Lizenz-Urkunde für die Wochenzeitung *Neuer Vorwärts*, Erscheinungsort Hannover. Sie erhielt die Lizenz-Nummer 1. An Gebühren waren 1500 DM zu entrichten, von denen 1000 DM nach einigen Wochen zurückgezahlt wurden. Aus einem Sonderkontingent gab es 15 Tonnen Papier für den Druck der Zeitung.

Wer die erste Ausgabe des neuen Blattes in der Hand hält, das Datum der Lizenzerteilung mit dem Ersterscheinen vergleicht und meint, die ersten Nummern seien also doch illegal erschienen, der irrt sich. Denn am 9. September war bereits eine vorläufige Lizenz erteilt worden. Und so konnten am 11. September 1948 die Delegierten des Düsseldorfer SPD-Parteitages die erste Nummer druckfrisch und auch rechtmäßig in Empfang nehmen. Ein Blick ins Impressum lehrte sie, dass Kurt Schumacher, Fritz Heine und Alfred Nau die Herausgeberschaft übernommen hatten. Nau war Schatzmeister der SPD und er gab später offen zu, dass für ihn der Zeitpunkt des Wiedererscheinens noch zu früh war. Der Standpunkt ist zwar verständlich für einen Mann, der mit stets unzureichenden Kassenbeständen rechnen musste, und erst recht in der Zeit kurz nach der Währungsreform, die jedem Westdeutschen gerade mal 40 DM in die Hand drückte. Aber am Ende hatte nicht die Vorstellung des Kassierers den Ausschlag gegeben. Für die Gesamtredaktion zeichnete Dr. Gerhard Gleissberg verantwortlich. Verlagsleiter war Wilhelm Grabbert vom *Hamburger Echo*, der bald von dem aus Bolivien heimkehrenden Ernst Schumacher abgelöst werden sollte. Schumacher hatte sich einen guten Ruf erworben als Gründer und Herausgeber der Emigrantenzeitung *Rundschau von Illimani* in La Paz.

Kurt Schumacher selbst erklärte den Lesern, was sie von dem wieder erstandenen Blatt zu erwarten hatten. »Unsere Zeitung maßt sich nicht an, ... mit einem geschlossenen Programm unumstößlicher Erkenntnisse aufzuwarten. Sie kann nur ihren guten Willen beteuern, die Augen nicht schließen, sondern öffnen zu wollen.« Auf der gleichen Seite beschrieb der Chefredakteur des alten *Vorwärts*, Friedrich Stampfer, die wechselvolle Geschichte des Blattes, das immer im Mittelpunkt innerparteilicher Auseinandersetzungen, aber auch feindlicher Bedrohungen gestanden hatte.

Zurück zu der Frage von vorhin: Hat es nicht doch etwas reichlich lange gedauert, bis der *Vorwärts* wieder erschien? Bei allen objektiven Schwierigkeiten, die sich der Zulassung in den Weg stellten: Dies war wohl auch ein Zeichen der veränderten Verhältnisse. Am Beginn der Parteigeschichte war die Zeitung ein wichtiges Instrument zur Bewusstwerdung und zur Sammlung der Menschen gewesen. Dessen bedurfte es nach dem Zweiten Weltkrieg nicht. Da kamen sie ja nach den Jahren der Diktatur und des Verbots von allen Seiten. Zu der Zeit, als der *Neue Vorwärts* mit einer Auflage von 13 000 Exemplaren einen neuen Abschnitt seiner Geschichte begann, zählte die SPD über 600 000 Mitglieder. Es soll der Stoßseufzer manches Parteigewaltigen gewesen sein: Wenn die alle Leser wären!

Gleissberg und seine Redaktion – das Gründungsimpressum verzeichnete die Namen J. F. Warner, Innenpolitik, Dr. P. Skopp, Wirtschaftspolitik und F. Barsig, Nachrichten – teilten die Büroräume mit dem zunächst in Hannover angesiedelten Parteivorstand, was kein großer Unterschied zu den Berliner Verhältnissen war. Im Lichte eines neuen Presseverständnisses nach Verbot und Krieg hätte eine andere Lösung erwartet werden können. Doch machte es im kriegszerstörten Hannover auch große Mühe, geeignete Arbeitsräume zu finden. Die Redaktion zog dann, wenngleich zeitlich verzögert, mit dem Parteivorstand um – in die neue Bundeshauptstadt Bonn. Auch dort erhielt sie zunächst Quartier in den alsbald »Baracke« genannten Vorstandsbauten.

Differenzen über die Wiederbewaffnung

Der Emigrant Gleissberg hatte bereits 1941 der von der Sopade eingerichteten Arbeitsgemeinschaft angehört, die Programmvorschläge zum Thema »Deutschland und Europa nach dem Kriege« erarbeiten sollte. Die Schwierigkeiten des Anfangs meisterte der von Kurt Schumacher geschätzte Linkssozialist mit ziemlicher Bravour. In seinem politischen Vokabularium erwies er sich stärker vergangenheitsorientiert als es einer Zeitung in der Mitte des 20. Jahrhunderts gut tat. Ihm ging auch ab, den Wert neuer Gedanken zu erkennen, wie sie zum Beispiel von Fritz Erler ausgingen. Sein Scheitern als Chefredakteur hatte jedoch ausschließlich politische Differenzen zur Ursache. Der in der Deutschen Friedensgesellschaft organisierte Pazifist kam mit dem Umschwenken der SPD in Fragen der Wiederbewaffnung nicht zurecht. Es wäre sicher ein leichtes gewesen, ihm seine Auffassung zu belassen, so wenig wie ja Gustav Heinemanns und Johannes Raus Pazifismus ihrer Eignung als Kandidaten der SPD für die Bundespräsidentenwahl im Wege gestanden hatte. Es fand sich jedoch niemand in der Parteiführung, der mit ihm ein klärendes Wort sprechen konnte.

Es lief am Ende darauf hinaus: Was keinem Parteimitglied zugemutet werden konnte, der Parteijournalist hatte die offizielle Parteimeinung eins zu eins nachzuvollziehen und zu vertreten. So kam, was zu erwarten war: Gleissberg musste sein Amt abgeben, arbeitete jedoch noch eine Zeitlang unter seinem Nachfolger weiter am *Vorwärts* mit. Er fand jedoch selbst, dass loyale Mitarbeit nicht mehr möglich war und verließ mit einigen Gesinnungsgenossen das Zentralorgan auf – wie es die Kollegen empfanden – »brüske Weise«. Gleissberg gründete dann in Hamburg die linksoppositionelle *Andere Zeitung*. Das Blatt an sich gab noch keinen Anlass, das Tischtuch ganz zu zerschneiden, einige fanden darin interessante Denkanstöße. Erst als *Die Andere Zeitung* zum Kristallisationspunkt einer Partei links von der SPD werden sollte, wurde Gleissberg aus der Partei ausgeschlossen. Seine Zeitung existierte noch ein paar Jahre. Als die Linken sich mit dem Godesberger Programm abgefunden hatten, verschied sie sanft.

Auch über das Fortbestehen des *Neuen Vorwärts* waren die Meinungen in der Parteiführung geteilt. Im gutachterlich befragten SPD-Seniorenrat sprachen sich vor allem Fritz Heine und der Hamburger Publizist Heinrich Braune »massiv« gegen ein weiteres Erscheinen aus. Braune hatte vor 1933 als Redakteur für Unterhaltungsbeilagen sozialdemokratischer Zeitungen gearbeitet und wurde nach dem Krieg bekannt als Gründer der Hamburger *Morgenpost*. Die Entscheidung der Führungsgremien lautete jedoch auf Fortbestehen. Neuer Chefredakteur wurde der bayerische Journalist Josef Felder, der bis dahin einer der beiden Lizenzträger des Bad Reichenhaller *Südostkuriers* gewesen war. Felders Rolle als Reichstagsabgeordneter wurde bereits oben erwähnt. Über seine neue Aufgabe hat er sich sorgfältige Gedanken gemacht. An erster Stelle seiner Vorschläge zur Umgestaltung des Blattes stand eine Umbenennung von programmatischem Charakter. Wie Carlo

Schmid auf dem Münchner Parteitag bereits gefordert hatte, sollte aus dem »Zentralorgan« eine »Sozialdemokratische Wochenzeitung« werden. Die Rückkehr zum alten Titel *Vorwärts*, den bis dato eine kommunistische Zeitung in Ostberlin usurpiert hatte, sollte beweisen, dass damit keine Abkehr von den traditionellen sozialdemokratischen Idealen und Zielen verbunden war. Weitere Vorschläge betrafen eine Formatänderung, stärkeren Bildeinsatz, wie auch eine Auflockerung und Belebung des Nachrichtenteils.

Mit seinem Vorschlag, dass sich der Parteivorsitzende aus der Herausgeberschaft zurückziehen möge, drang Felder nicht durch. Das Impressum wies außer Heine und Nau nunmehr Erich Ollenhauer, den Nachfolger Kurt Schumachers, als Herausgeber aus. Die Redaktion bestand neben Felder aus Paul Mayer, Innenpolitik; Dr. Gerhard Gleissberg, Kulturpolitik und Ausland; Rudolf Gottschalk, Feuilleton; Hermann Stallberg, Wirtschaft und Sozialpolitik; Marianne Krell, Bunte Seiten; Bernd Stark, Reportagen. Nach dem Ausscheiden von Gleissberg, Gottschalk und Stark übernahmen Hans Peter Goße die Wirtschaft und Sozialpolitik, Theodor Bleckmann das Feuilleton und die Kulturpolitik, Hermann Stallberg die Sonderbeilagen und Reportagen sowie der in Frankfurt ansässige Alfred Baresel als ständiger Mitarbeiter Theater und Musik. Verlagsleiter für den schwer kranken und früh verstorbenen Ernst Schumacher wurde dessen Stellvertreter Walter Petersen. Durch Umzug in die Bad Godesberger Siebengebirgsstraße verließen Redaktion und Verlag den unmittelbaren Bannkreis der Parteizentrale. Was Felder von seinem Konzept verwirklichen konnte, waren größtenteils die ins Auge fallenden Äußerlichkeiten. Von der angestrebten Auflockerung durch erhöhten Bildeinsatz blieb bemerkenswert die Entwicklung des Karikaturisten Peter Leger zu einem der bedeutendsten politischen Bildkommentatoren der deutschen Tages- und Wochenpresse. Früh schon zeichnete H. M. Brockmann, der Schöpfer der Adenauer-Raute, für den *Vorwärts*.

Felder war nicht undankbar, als ihm 1957 ein Sitz im Bundestag angeboten wurde. Er zog ein ernüchterndes Fazit seiner Arbeit. Die Umbenennung in *Sozialdemokratische Wochenzeitung* habe »nicht die geringste Wirkung« gezeigt, da der *Vorwärts* nach wie vor als parteioffiziöses Organ, also praktisch als Zentralorgan angesehen werde. Funktionäre der untersten Ebene versuchten nach wie vor in das Blatt hineinzuregieren. Artikel würden aufgedrängt und im Weigerungsfall drohte man mit Beschwerden bei der Parteiführung. Felder forderte eine klare Entscheidung für die Zukunft: Entweder bleibe der *Vorwärts* Parteiorgan oder er werde eine von Parteieinflüssen freie, von sozialdemokratischen Journalisten geleitete Zeitung. Als Nachfolger schlug er seinen Vertreter und Konkurrenten Paul Mayer als Primus inter pares einer kollegial verfassten Redaktion vor. Bei aller Halbherzigkeit, mit der Felder die Umorientierung voran trieb, ist doch zu sagen, dass mit ihm das Zeitalter der modernen Zeitung im *Vorwärts* begann.

Aber nicht Paul Mayer, der darum das Blatt auch bald verließ, wurde Felders Nachfolger. Der Parteivorstand berief den von Fritz Erler favorisierten Horst Flügge. Die beiden kannten sich aus der südwestdeutschen politischen Szene. Der Neu-Beginnen-Mann Erler, von den Nationalsozialisten für die längste Zeit ihrer Machtausübung hinter Zuchthausmauern gesperrt, war der politische Hoffnungsträger der baden-württembergischen SPD, der jüngere Flügge unter Theodor Heuß Ressortleiter Politik in der *Rhein-Neckar-Zeitung* gewesen. Mitte der 1950er Jahre bediente Flügge als Bonner Korrespondent einen Bauchladen verschiedener Zeitungen. Der neue Mann setzte die begonnenen Reformen konsequenter um als Felder. Der Redaktion verordnete er einen kompletten Blutaustausch. Von der *Hannoverschen Presse* übernahm er Ulrich Blank für das Innenressort und Alexander von Cube für das Feuilleton. Aus der Hagener Redaktion der *Westfälischen Rundschau* kam Carl L. Guggomoos, der bald als Chef vom Dienst virtuos auf dem Klavier der Technik zu spielen begann. Eine Einstellung mit weit reichender Wirkung war die von Jesco von Puttkamer. Der mecklenburgische Generalssohn hatte bis dahin für die *Süddeutsche Zeitung* und, neben dem *Bayerischen Rundfunk*, einige weitere Blätter seiner Wahl kommentiert. Er sollte für Außen- und Wehrpolitik zuständig werden und außerdem Stellvertretender Chefredakteur. Flügge und Puttkamer hatten eine Gemeinsamkeit: Bei Kriegsende bekleideten beide den Leutnants- respektive Oberleutnantsrang in der deutschen Wehrmacht. Puttkamer war jedoch in russischer Kriegsgefangenschaft dem Nationalkomitee Freies Deutschland beigetreten; von Flügge war derartiges nicht bekannt.

Die Freiheit, die Flügge von der Parteiführung eingeräumt worden war, gab der neue Redaktionsleiter nicht im gleichen Umfang an seine Redaktion weiter. Er hielt sie vielmehr an der kurzen Leine. Damit stellten sich erste Unzuträglichkeiten ein. Für Flügge blieben sie zunächst folgenlos, da der Herausgeber Ollenhauer sich in loyalster Weise hinter seinen Chefredakteur stellte. Ollenhauer ließ ihn auch nicht im Stich, als Flügge der SPD anlässlich ihres Stuttgarter Parteitages Vorschläge zur Wahl der Parteispitze andiente. Während die »gut informierten« Beobachter hier den Konflikt vermuteten, der Flügge alsbald wieder aus dem Amt brachte, war die Ursache viel banaler. In einem Streit mit den *Vorwärts*-Verlagsleitern an der Bar eines Stuttgarter Hotels verletzte Flügge die Umgangsformen in einer Weise, die sein Verbleiben auf dem Chefredakteursstuhl ausschloss. Er enttäuschte damit auch jene Politiker, die, auf sein journalistisches Talent vertrauend, zu ihm gestanden hatten. Nach genau einem halben Jahr war Flügges Amtszeit zu Ende, die kürzeste Zeit für einen Chefredakteur des *Vorwärts*.

Die Nachfolgefrage bereitete diesmal keine Probleme. Indem die Herausgeber Flügges Stellvertreter auch zu seinem Nachfolger bestellten, taten sie einen Glücksgriff. Allerdings ließen sie den zunächst kommissarisch eingesetzten Puttkamer ungebührlich lange warten, bis sie ihn in alle Rechte einsetzten. Es gelang dem neuen Mann schließlich, auch das Einstellungsrecht für die Redakteure in die Chefredaktion zurückzuholen. Das chronisch unterbesetzte Team hatte sich auf sieben Mitarbeiter eingependelt, doch gab es in den 13 Jahren, die dieser Preuße im *Vorwärts* das Blatt leitete, zahlreiche Umbesetzungen. Welche Arbeitslast mit einer so kleinen Redaktion zu bewältigen war, verdeutlicht ein Vergleich mit der Wochenzeitung *Die Zeit*. Diese beschäftigte damals bei doppeltem Seitenumfang einen fünffach größeren Redaktionsstab.

Endlich Kontinuität und »Puttkamers Gesetz«

Immerhin, und der Hinweis auf die Länge von Puttkamers Amtsperiode verrät es, wurde dem Blatt die lang vermisste Kontinuität beschert. Unter seiner Leitung wurden die Flügge auferlegten Richtlinien realisiert, deren wichtigste der Umbau des *Vorwärts* zu einer Zeitung darstellte, die nicht nur der Information der Parteimitglieder, sondern vor allem der publizistischen Darstellung der SPD selbst diente. Dass der *Vorwärts* aber als linkes Wochenblatt auf den Zeitungsmarkt vordringen könne, bleibe eine Illusion, machte Puttkamer dem neuen Parteivorsitzenden Willy Brandt in einem Memorandum deutlich. Dieser Markt sei »nach Auflagenziffern und politischen Bedürfnissen einer überdurchschnittlichen Leserschaft befriedigt«. Bleiben die sich daran knüpfenden horrenden Auflagenzahlen dort, wo sie hingehörten, nämlich als Wunschzahlen ins Reich der Fantasie, dann waren die 21 000 Abonnenten, auf die sich das Blatt inzwischen hoch geboxt hatte, gute handwerkliche Arbeit. Der *Vorwärts* war lesbarer geworden, auch witziger. Dazu trugen nicht wenig neu angeworbene Cartoonisten bei, wie Chlodwig Poth, Hans Traxler und Friedrich Karl Waechter, die das Witzige und Aberwitzige der Bundesrepublik auch in den Satire-Zeitschriften *Pardon* und später *Titanic* dokumentierten.

Zu den Schattenseiten der Redaktionsführung hatte sich Felder bereits zutreffend geäußert. Hier hatte sich nicht viel geändert. Noch immer wandten sich Unzufriedene gleich an die Spitze, jetzt also an »Onkel Herbert« Wehner, als den seit 1958 für Pressefragen Zuständigen, statt an die Redaktion. Typischstes Beispiel war die

Reaktion auf einen Leitartikel des Chefredakteurs zu den Berliner Diadochenkämpfen nach Brandts Abschied als Regierender Bürgermeister. Der »Berliner Krankheit« betitelte Artikel war die erste Bewährungsprobe einer freien Meinungsäußerung innerparteilicher Art im *Vorwärts*. Belastend für das Verhältnis Zeitung-Partei wirkte sich 1966 ein zur »Heckenschützenaffäre« hochstilisierter Beitrag in der *Zeit* aus, zu dem angeblich *Vorwärts*-Redakteure Material geliefert hätten. Ziel des Angriffs war Herbert Wehner. Am Ende konnte lediglich eine am Rande der Redaktion verbundene Persönlichkeit namhaft gemacht werden. Viel Kritik unterer Parteigliederungen erntete der *Vorwärts*, wenn er Anzeigen der Bundeswehr druckte. Das ging zwar nicht zu Lasten der Redaktion, die in dieser Frage selbst uneins war. Allerdings fand sich auch niemand, der darauf hinwies, dass die SPD schon auf ihrem Stuttgarter Parteitag 1958 ein Bekenntnis für die Streitkräfte als »Bestandteil unserer demokratischen Ordnung« abgelegt hatte.

Doch fanden sich auch neue Unterstützer. Günter Grass, um jene Zeit aktiv in der Wähler-Initiative für Willy Brandt, folgte einer Einladung ins inzwischen neu errichtete *Vorwärts*-Haus an der Godesberger Allee. Zentral in seinen Vorschlägen zur Belebung des *Vorwärts*-Verkaufs: Das richtige Verhältnis zur kritischen Berichterstattung zu finden. Es müsste möglich sein, »daß die Wähler der SPD dieser Partei in ihrem Organ kritische Fragen stellen«. Eine neue Spezies von Kritikern stellte Fragen außerhalb des Organs. Franz Barsig, im Bonner *Welt*-Haus residierend, Ulrich Blank, nunmehr in der *Süddeutschen Zeitung* und »Charly« Guggomoos als freier Linker, alle drei ehemalige *Vorwärts*-Redakteure, hielten ihr sozialdemokratisches Erbe auf eine mehr oder weniger nur ihnen zugängliche Weise hoch. Nach den genannten 13 Jahren, die ihm neben den üblichen Höhen und Tiefen auch zwei Herzinfarkte beschert hatten, wollte es Jesco von Puttkamer genug sein lassen. Einer Familientradition folgend hatte er sich für den Auswärtigen Dienst beworben. Seine erste Station als deutscher Botschafter in Israel hielt mit dem Anschlag auf die israelischen Sportler anlässlich der olympischen Spiele in München sehr schnell eine schwere Bewährungsprobe für ihn bereit.

Ein »Blattmacher« am Steuer

Für die Nachfolge Puttkamers hatte sich sein bisheriger Stellvertreter Klaus Voigdt bereitgehalten, dem auch entsprechende Versprechungen gemacht worden waren. Aber diese glatte Regelung verfing nicht, auch wenn sich die Verlagsleitung dafür stark machte. Unter der geistigen Nachhilfe eines einflussreichen Journalisten, des *stern*-Redakteurs Leo Bauer, hatte sich die SPD-Spitze für einen anderen Weg entschieden. Im Spätsommer 1971 übernahm Gerhard E. Gründler die Redaktionsleitung. Diese Personalie beschreibt nicht nur einen Generationswechsel, denn erstmals bekam der *Vorwärts* einen Chefredakteur, dessen Erfahrungswelt die Bundesrepublik war – Gründler hatte das Jahr 1945 als Zwölfjähriger erlebt. Sein Name war auch Programm, und über dieses hatte er niemanden im Unklaren gelassen. Gründler sah seine Aufgabe grundsätzlich als Journalist, als »Blattmacher«, und nicht als Parteimann, auch wenn er der SPD schon seit 1957 angehörte, übrigens exakt ebenso lange wie sein Vorgänger Puttkamer. Der studierte Jurist hatte nach einer Ausbildung bei der Kieler *Volks-Zeitung* als Düsseldorfer Korrespondent der damals liberalen *Welt* und als Bonner Korrespondent des *stern* auf sich aufmerksam gemacht. Über seine Rolle im *Vorwärts* hatte er sich gegenüber Gratulanten, die meinten, sie könne der Partei gut tun, bereits deutlich ausgelassen: »Ich hoffe, sie tut dem Blatt gut.« Dass er sich nicht auf Resolutionen beschränken würde, die folgenlos bleiben, wenn es hart auf hart kommt, hatte er in seinem Einführungsartikel deutlich gemacht. Er verwandte dafür die Anekdote, die Stampfer von dem sozialdemokratischen Budget-Rebellen Ludwig Frank überliefert hatte: Einem alten Weib in Franks badischer Heimat, das Holz gestohlen hatte, wollte der Richter die Strafe erlassen gegen das Versprechen, es nie wieder zu tun. Darauf ließ sich die Frau nicht ein: »Nei, nei, ich stehl mei Holz und zahl mei Straf!«

Die Redaktion, die Gründler vorfand, bestand neben Klaus Voigdt aus Hermann Schueler als Chef vom Dienst; Sigurd Baecker, Feuilleton; Heinz Peter Goße, Wirtschaft; Margret Meyer und Ursula Ruby, letztere eine Tochter des ehemaligen *Vorwärts*-Lokalchefs Fritz Karstädt, Deutschland; Ulrich Rosenbaum, Bildung; Peter F. Ruthmann, Reportage; Eckhard Wiemers, Ausland und Embla Seinsch, Volontärin. Gründler war der Ruf vorausgegangen, er werde mit neuen Leuten seinen Kurs durchziehen. Aber er tat nichts dergleichen und bewies damit sicherlich seine Kunst der Personalführung; zum Zweiten wurde deutlich, dass auch in der Redaktion ein Bedürfnis nach neuen Wegen bestand. Klaus Voigdt ging nach einiger Zeit zum *Deutschlandfunk* zurück, was erwartet worden war. An seine Stelle trat Hermann Schueler als Stellvertretender Chefredakteur.

»Lange Leine« nannte sich das schließlich von den Herausgebern gebilligte Konzept, das in einer Zeit, in der Journalisten Redaktionsstatuten erkämpften und die SPD nicht nur in der neuen Ostpolitik Hoffnungen weckte, auf breite Zustimmung in der politischen Öffentlichkeit stieß. Die »alte Tante« *Vorwärts,* wie sie von den einen spöttisch, von anderen wohlmeinend genannt wurde, schien Fahrt aufzunehmen. Doch die Realität sollte bald ihre Tücken zeigen. Einem der scharfsinnigsten

Kritiker der bundesdeutschen Realitäten, Bernt Engelmann, schien die *Vorwärts*-Transformation einladend genug. Er bot einen Bericht über die so genannte Akademie für Führungskräfte in Bad Harzburg an. Dort wurden nicht nur Angehörige des oberen und mittleren Managements der Wirtschaft für den Umgang mit ihrem Personal geschult, auch die Bundeswehr schickte alljährlich 500 Offiziere und Unteroffiziere zur Vorbereitung auf den Zivilstand in diese »Schmiede der Elite« (*Vorwärts*-Schlagzeile).

Der wunde Punkt: Gründer und Leiter der Harzburger Akademie war Professor Reinhard Höhn, vor 1945 zugleich Hochschullehrer und Leiter einer Zentralabteilung im SD-Hauptamt. Gründler erfassten doch mulmige Gefühle, als er realisierte in welchem Umfang das Harzer Unternehmen in die deutsche Wirklichkeit der 1970er Jahre verwebt war. Gewissheit erhielt er bei einem zufälligen Treffen mit Bundesverteidigungsminister Helmut Schmidt, der deutlich machte, wie wenig *amused* er sei über den Bericht. Noch folgenreicher drückte sich die Tatsache aus, dass ein einflussreicher SPD-Politiker, inzwischen Vizepräsident des Bundestages, der Abgeordnete des Wahlkreises Groß-Gerau Schmitt-Vockenhausen, sich bei passender oder unpassender Gelegenheit hinter Höhn gestellt hatte.

Mit einem Schlag, von Bonn bis New York, war der *Vorwärts* im Gespräch. Diesmal aber waltete kein mokantes Lächeln über den Kommentaren. Prominenteste deutsche Schriftsteller mit Erich Kästner und Siegfried Lenz an der Spitze gaben dem *Vorwärts* Rückendeckung, während sich Gründler von den Herausgebern fragen lassen musste, ob die »lange Leine« wirklich bis zum Ende ausgenutzt werden sollte. Der Vorgang war symptomatisch. Der *Vorwärts* konnte mit aller Leidenschaft zum Beispiel Willy Brandts neue Ostpolitik verfechten, er durfte sogar eine als inopportun eingestufte Äußerung verbreiten, wenn sie der Stimmungslage in der Partei entsprach, wie Bruno Friedrichs Beschwerde über Walter Scheels Zugriff auf das Bundespräsidentenamt; vertrat er aber in Abkehr von der erwarteten Hofberichterstattung auch einmal einen anderen Standpunkt, gab es immer wieder erstaunte Fragen, Beschwerden und beleidigte Mienen.

Auch wurde nicht immer goutiert, was von namhaften Publizisten nunmehr im *Vorwärts* zu lesen war. Was Jesco von Puttkamer mit Autoren wie Helmut Lindemann begonnen hatte, die oft noch als Gastkommentatoren gekennzeichnet wurden, jetzt geriet es zum Markenzeichen des gründlerschen Blattes. Aus der Fülle der Namen einige herausgegriffen: Joachim Besser, Carola Stern, Jürgen Tern, Klaus Harpprecht, Immanuel Geis, Peter Bender, Werner Hill und Erich Böhm alias Walter Osten. Letzterer blieb in Erinnerung als einer der stärksten Analytiker für den

Ostblock im Zeichen von Wandel durch Annäherung. Natürlich unterliefen der Redaktion auch Fehlgriffe und Ungeschicklichkeiten, wie sie bei der Erprobung von etwas Neuem immer auftreten. Es lag wohl an den besonderen Verhältnissen einer Parteizeitung, dass die Parteiseite nicht mit publizistischen, sondern mit administrativen Maßnahmen dagegen angehen zu müssen glaubte. Ganz schlimm wurde es bei Personalien. Bundestagspräsidentin Annemarie Renger griff den *Vorwärts* auf dem Parteitag in Hannover 1973 an, weil er in einer Gratulation für den »Kanalarbeiter« Bundesminister Egon Franke verabsäumt hatte, auf dessen Zuchthauszeit und Überstellung zum Strafbataillon 999 im »Dritten Reich« hinzuweisen. Das war schon beinahe wie zu Bebels Zeiten. Einen skurrilen Höhepunkt stellte der Konterschlag eines Herausgebers auf die *human interest*-Meldung dar, Herbert Wehner trinke gern Diabetikerwein. So dürfe man Politiker nicht bloßstellen, hieß es dazu.

Es gab noch viele Streitpunkte. Besprechungen von Memoiren etwa, wo der Verfasser die Auffassung des Rezensenten nicht teilen mochte … und, und, und. So durften das Blatt und auch Gründler persönlich Schelte von höchster Stelle einstecken. Willy Brandt, Herbert Wehner sowieso, Hans-Jochen Vogel und Herausgeber Heinz Kühn gehörten dabei noch zu denen, die den *Vorwärts* und das Konzept nicht in Frage stellten, wohingegen andere kräftig am Ast sägten. Dagegen waren die Unterstützer seltener geworden. Bis zuletzt riskierten noch eine offene Lippe Conrad Ahlers, Brandts Regierungssprecher, und Fritz Sänger, der Medienexperte der SPD. Das Ende kam von anderer Seite. Obwohl die Auflagenzahl kräftig angezogen hatte und sogar die 50 000 kratzte, war die Entwicklung an einen Schlusspunkt gekommen. Puttkamers Gesetz, das Gründler nicht wahrhaben wollte, hatte ein weiteres Mal seine Bestätigung gefunden. Für ein linkes Wochenblatt war der Markt ausgereizt.

Als dann Verlag und Herausgeber sich weiteren Investitionen verschlossen, zog der »Blattmacher« die Konsequenzen und ließ sich von seinem Vertrag entbinden. Nichtsdestotrotz wird heute über die »Gründler-Zeit«, wie es ein späterer Betrachter sah, »mit ähnlicher Nostalgie gesprochen wie über die sozialliberalen Pionierjahre insgesamt«. Es besteht kein Zweifel, dass auch dieser Aufbruch einer Zeitung der Stimmung der Zeit zu danken ist, die Willy Brandt unter die Parole »Mehr Demokratie wagen« gestellt hatte. Ist das Experiment gescheitert? Das kommt auf den Blickwinkel an. Möchte man daran die Wahrheit der »inneren Pressefreiheit« prüfen, so stellte diese SPD-Zeitung der 1970er Jahre sicherlich viele Publikationen großer Konzerne, die bombastisch ihre »Unabhängigkeit« vor sich her tragen, in den Schatten. Über seine Erfahrungen als »Zeitungsmacher für Genossen« hat Gründler inzwischen selbst ein Memoirenwerk geschrieben, das selten amüsant und oft pointiert die Wanderung auf dem schmalen Grat einer offenen Parteizeitung beschreibt.

Sozialdemokrat Magazin übernimmt

Während der ganzen Zeit dieses »Experiments« hatte wie ein Damokles-Schwert das Mitteilungsblatt der SPD über dem *Vorwärts* geschwebt. Der anfängliche Versuch, es von der *Vorwärts*-Redaktion in Personalunion mit gestalten zu lassen, war von Gründler erfolgreich abgewehrt worden. Lange war es als Konkurrenz, welche Leser, nämlich Parteimitglieder binden konnte, und als Wettbewerber um Investitionen verstanden worden. Was man sich gar nicht vorstellen konnte, war, dass das Mitteilungsblatt den *Vorwärts* übernehmen würde. Genau das geschah aber. Während Hermann Schueler ein halbes Jahr als kommissarischer Leiter der Redaktion den *Vorwärts* durch den Bundestagswahlkampf 1976 (»Freiheit oder Sozialismus«) führte, erarbeitete Friedhelm Merz vom Mitteilungsblatt *Sozialdemokrat Magazin* das Konzept und Nullnummern für einen neuen *Vorwärts*. Aktive Mithilfe leisteten zwei vom SPD-Präsidium eingesetzte Arbeitsgruppen aus SPD-Politikern, Verlagskaufleuten und Journalisten, in denen nicht nur Björn Engholm, der spätere SPD-Vorsitzende, und Alois Hüser, Exekutor der bemerkenswertesten Rettungsaktion einer SPD-Tageszeitung (*Freie Presse*, jetzt *Neue Westfälische* in Bielefeld), sich ihre Sanierungspläne um die Wette in die Ohren hämmerten. Es war in der Tat ein neuer *Vorwärts*, der an seinem 100. Gründungstag erstmalig erschien. Wenn aber jemand geglaubt hatte, der Parteiarbeiter Merz würde unter diesem Datum auch zum Zentralorgan zurückkehren, hatte er sich getäuscht. Allerdings machte Merz etwas, was Gründler abgelehnt hatte. Er fing mit neuen Leuten an.

Die Redaktion änderte in nicht einmal zwei Jahren ihr Gesicht von Grund auf. Ein Beobachter hatte hierin einmal den verspäteten Einbruch der 68er-Generation gesehen, doch das ist ein schiefes Bild. Merz gelang es, nach dem Weggang einer Reihe von Redakteuren den Personalbestand der Redaktion bis auf 17 Mitglieder aufzustocken, ein Höchststand bis dahin nach 1945. Neben einer Anzahl renommierter Bonner Korrespondenten stellte er hochkarätige Intellektuelle für den kultur- und gesellschaftspolitischen Bereich ein. Auffällig war die große Zahl von Neueinstellungen aus der Konkursmasse der früheren katholischen Wochenzeitung *Publik*, der Merz auch selbst als Ressortleiter Politik angehört hatte. Das Bischofsblatt war bei allen Unterschieden mit vergleichsweise ähnlichen Erwartungen betrachtet worden, wie der Gründler-*Vorwärts*, und so wurde auch seine Stilllegung als Scheitern eines mit zu viel Optimismus befrachteten Experiments angesehen. Die Tatsache der redaktionellen Maximierung wie auch sonstiger ideeller und finanzieller Unterstützungen ließen das besondere Wohlwollen der Parteispitze für Merz erkennen, was dieser gern bestätigte. Neben den Veränderungen in der Redaktion gab es auch Neues beim Verlag. Nach Brechung seines hinhaltenden Widerstandes wurde der langjährige Verlagsleiter Walter Petersen von Dr. Klaus-Detlef Funke abgelöst, der bis dahin Medienberater des neuen Schatzmeisters und *Vorwärts*-Herausgebers Wilhelm Dröscher gewesen war. Stellvertretender Verlagsleiter blieb Oswald Röhnelt.

Mit neuem Layout, geändertem Titel – *das Brikett* –, Format und Schriftbild stellte sich der *Vorwärts* zum 1. Oktober 1976 vor. Er hatte Ehrgeiziges im Sinn, das war auch an den Namen der Autoren abzulesen, mit denen er sich nun schmückte, wie Walter Jens, Lea Rosh und Christian von Krockow. Eine halbe Titelseite jeder Ausgabe nahm die Karikatur von Kurt Halbritter ein, die hintergründig Scheinheiligkeiten – meist deutsche – aufspießte. Sicherlich ein Blickfänger. Im Blick war auch eine andere Zielgruppe. Sie wies über die Parteimitglieder und Sympathisanten hinaus. Intellektuelle sollten angesprochen werden. Dafür drehte sich die Werbespirale in immer schnelleren Umdrehungen. Und tatsächlich gab es steigende Auflagen zu melden. Aber bei 60 000 hakte es auch hier. Bald wurde deutlich, dass der finanzielle Aufwand, namentlich für die Werbung, dazu in keinem Verhältnis stand. Das wachsende Defizit musste sich Funke anlasten lassen, der nach nicht einmal drei Jahren im Amt des Verlagsleiters von den Herausgebern entlassen wurde, ein bisher nicht erlebter Vorgang. Neu war auch, dass der Chefredakteur die Verlagsleitung übernahm, aber Merz fühlte sich durch die Möglichkeit, »selbst etwas zu gestalten«, sehr befriedigt.

Nach den beiden Aufbrüchen, die zwar weite Aufmerksamkeit bei der *political class* erweckt hatten, sich aber kaum in wirtschaftliche Aufschwünge niederschlugen, kehrte so etwas wie Normalität in den *Vorwärts* zurück. Eine Zeitlang führte der Merz-Stellvertreter Günter Walter das Blatt kommissarisch, bis die Herausgeber in Gerhard Hirschfeld einen neuen Chefredakteur fanden. Unter diesem Fachmann im Bildungsverlagswesen erfuhr der *Vorwärts* eine weitere Variation seiner langen Geschichte, was nicht abwertend zu verstehen ist. Die Herausgeber wie Egon Bahr oder Schatzmeister Wilhelm Dröscher, Fritz Halstenberg, Hans Matthöfer und Hanslrich Klose probten in einer kaum spannungsfrei zu bestehenden Kombination zwischen Aufpasser und Beisteher durch einen Slalom zwischen Sparprogramm und finanzieller Zuwendung der Zeitung das Überleben zu sichern. Medienfachleute der SPD wie Peter Glotz und Wolfgang Clement oder der Hamburger Justizsenator

Frank Dahrendorf erarbeiteten Modelle für ein sturmfesteres Blatt. Willy Brandt hatte deutlich gemacht, dass der *Vorwärts*, der Sozialistengesetz und Nationalsozialismus überstanden hatte, zu seinen Lebzeiten nicht aufgegeben werde. Seine Meinung über das Blatt war jedoch längst nicht mehr so positiv, wenn man seinem Redenschreiber Klaus Harpprecht glauben darf.

Die Redaktion, deren Arbeit in diesem Biotop der Widersprüche nicht einfacher wurde, zeichnete sich durch große Fluktuation aus. Ein Leben zwischen Kritikverlangen und Anpassung verlangte oft genug seinen Obulus. Aber auch fernerhin bewies der *Vorwärts* seine Experimentierfreudigkeit, am augenfälligsten bei seiner Umstellung auf Magazinformat nach dem Vorbild anderer politischer Zeitschriften. Bei Veränderungen dieser Art hatte es sich eingebürgert, Studien zum Leserverhalten erstellen zu lassen, erstmals war das allerdings schon zur Zeit der puttkamerschen Redaktionsführung ausgetestet worden. Einen Aufruhr unter den Lesern, namentlich in den oberen Parteirängen, erregte 1986 ein als »Blutschuld«-Artikel in die Zeit- und Zeitungsgeschichte eingegangener Beitrag des *Vorwärts*-Autors Kraft Wetzel. Der Artikel, eine Besprechung des Rosa-Luxemburg-Films von Margarethe von Trotta, sah eine Blutspur in der deutschen Geschichte, die vom Berliner Landwehrkanal, in den die 1919 ermordete Sozialistin geworfen worden war, über Auschwitz und Dachau, Benno Ohnesorg, Rudi Dutschke und Stammheim bis zu dem kurz vorher am Frankfurter Flughafen von einem Wasserwerfer »zermatschten« Günther Sare ginge, und an der auch Sozialdemokraten von Ebert bis Schmidt mitgewirkt hätten. Die Entrüstung über diese verleumderische Geschichtsauffassung war breit gestreut. Einige Stimmen in der lang anhaltenden Diskussion schossen über das Ziel hinaus und wollten gleich den *Vorwärts* einstellen. Die Redaktion musste sich allerdings fragen lassen, ob sie mit innerer Pressefreiheit auch solche Entgleisungen besiegeln durfte. Was der »Blutspur«-Artikel bei aller Unhaltbarkeit seiner Thesen bloßlegte, war die Unsicherheit in der SPD ob ihres schwierigen Verhältnisses zur Macht und vor allem zur Anwendung staatlicher Gewalt. Doch wurde diese »Affäre« nicht der Anlass zu Hirschfelds Rücktritt, obwohl er ihn angeboten hatte. Nach längeren Streitigkeiten mit Herausgeber Matthöfer warf der Chefredakteur auf dem Nürnberger Parteitag 1986 das Handtuch, als Matthöfer über seinen Kopf weg einem Redakteur kündigte. Eine über jene Jahre erschienene Doktorarbeit konstatierte »Das Ende des *Vorwärts*«, doch dieser Befund ist Auslegungssache. Nach Ansicht mancher hat sich der Autor als falscher Prophet erwiesen. Totgesagte leben länger.

Über ein Jahr leitete Gode Japs als kommissarischer Chefredakteur das Blatt, der vierte in diesem speziellen Amt seit dem Neuerscheinen nach dem Krieg. Aber Hoffnungen, die er sich offenbar gemacht hatte, zerschlugen sich, als der SPD-Bundestagsabgeordnete Günter Verheugen neuer Chefredakteur wurde. Der schon damals als Sozialliberaler *par excellence* Renommierte hatte zu Beginn seines Berufslebens ein zweijähriges Redaktionsvolontariat bei der *Rhein-Ruhr-Zeitung* abgeleistet. An Verheugen knüpfte sich die Hoffnung, dass er »durch Person und Namen dem *Vorwärts* mehr Resonanz« verschaffen könnte. In seine zweijährige Amtszeit fällt die erste publizistische Äußerung von Lea Rosh über ein Holocaust-Denkmal in Berlin und das Erscheinen des *Vorwärts* in Moskau. SPD-Vorsitzender Hans-Jochen Vogel hatte sich mit Michail Gorbatschow, dem Vorsitzenden des Präsidiums des Obersten Sowjets, darauf geeinigt, im Zeichen von *Glasnost* und *Perestroika* das sozialdemokratische Wochenblatt als erste westliche politische Publikation in der Sowjetunion zum Verkauf anzubieten. Der Preis: 2 Rubel.

In Verheugens Zeit fällt aber auch der lange Prozess der endgültigen Liquidation des *Vorwärts*. Oberflächlich betrachtet scheiterte er am Verfehlen einer vorgegebenen Auflage von 65–70 000. Es war das alte Lied. Trotz Lobes über eine unter Verheugen wieder »lesbarer« und »munterer« gewordene Zeitung bewegte sich die Auflage nicht. Der erste Vorstandsbeschluss – mit einer erheblichen Zahl von Gegenstimmen gefasst – über die Einstellung im Januar 1989 weckte sogar den Widerstand der Parteimitgliedschaft, die das Blatt selbst nur zu 4 Prozent las. Aber 81 Prozent waren nach einer repräsentativen Umfrage des Wickert-Instituts gegen die Einstellung. Wie schon einmal 1982 setzten sich Prominente wie Günter Grass und Lew Kopelew in großer Zahl für das Fortbestehen des Blattes ein. Tatsächlich setzte der Vorstand den Liquidationsbeschluss noch einmal aus, ließ Alternativmodelle prüfen, setzte einen Arbeitsausschuss ein. Dennoch kam ein Vierteljahr später das endgültige Aus.

Der Vorwärts wird Mitteilungsblatt

Wiederum ein Vierteljahr später erschien die erste Ausgabe von *Vorwärts – Sozialdemokratisches Magazin*. Das war ein Monatsblatt und nichts anderes als das runderneuerte *Sozialdemokrat Magazin*. Von diesem stammte auch die Chefredakteurin Ulla Lessmann. In der Redaktion saß zunächst kein einziger *Vorwärts*-Redakteur. Erst später kamen einige hinzu. War der *Vorwärts* nun gerettet oder war er tot? Die Zeitschrift *feder* der Journalistengewerkschaft schrieb von »Etikettenschwindel«. Inhaltlich bestand das neue Wesen aus überwiegenden Anteilen des alten Mitteilungsblattes und sehr wenigen des *Vorwärts*. Trotz der nunmehr über zehnfach höheren Auflage, denn jedes Parteimitglied erhielt das Blatt – kostenlos –, das Konzept war nicht ausgereift. Es hagelte Kritik und das Bedürfnis nach einem Neuanfang wurde übermächtig. Unter der neuen Schatzmeisterin – Inge Wettig-Danielmeier, die im Vorstand gegen den Einstellungsbeschluss gestimmt hatte –, einem neuen Bundesgeschäftsführer und Herausgeber – er hieß Verheugen – und dem Geschäftsführer des *Vorwärts*-Verlags Ansgar Burghof wurde ein »Relaunch« des Blattes beschlossen.

Ideengeber für das neue Konzept waren der Geschäftsführer der Deutschen Druck- und Verlagsgesellschaft, Jens Berendsen, ein erfahrener Zeitungsverleger, und der Hamburger Journalist Frank Suplie. Von Bedeutung in diesem Zusammenhang, weil ein Bruch mit jahrzehntelanger Übung, war die Kündigung des Druckvertrages mit einer gewerkschaftseigenen Druckerei. Das Ziel: eine höhere Druckqualität bei günstigen Preisen. Dieses kaufmännisch richtige Manöver brachte der Schatzmeisterin viel Ärger ein, auch wegen hoher Abstandszahlung, rechnete sich aber am Ende und lieferte dem *Vorwärts* Argumente für sein ökonomisches Überleben. Nach dem Relaunch hieß das Mitteilungsblatt weiterhin *Vorwärts*. Statt des Magazinformats erhielt es wieder Zeitungsformat. Es sollte sogar unterhaltende Elemente enthalten. Und es sollte ein guter Werbeträger sein, damit Geld in die Kasse floss. Und hier kommt ein Mann ins Spiel, der sämtliche Chefredakteure seit Jesco von Puttkamer überlebt hat. Die Rede ist von Knut Schumann, dem Anzeigenleiter des *Vorwärts*. Noch heute, obwohl im Ruhestand, wird er im Impressum neben Verlagsleiter Guido Schmitz als Berater des Verlags geführt. Viele nennen ihn Mr. Vorwärts. Chefredakteur wurde nunmehr Suplie mit Sitz in Hamburg. Eine Redaktion unter Michael Scholing blieb in Bonn. Im Vorfeld des Umzugs der Bundesorgane zog die Redaktion nach Berlin. Als Frank Suplie nach einem Motorradunfall starb, übernahm Susanne Dohrn, seine bisherige Stellvertreterin, die Redaktionsleitung.

Ende Dezember 2005 erschien in einem großen deutschen Nachrichtenmagazin eine Meldung mit der Überschrift: »*Vorwärts* zurück an die Kioske«. Aus dem Inhalt ging hervor, dass die SPD-Mitgliederzeitung *Vorwärts* zurück in den Handel strebe und nicht mehr lediglich an die Mitglieder verteilt werden soll. Der ehemalige Regierungssprecher und Journalist Uwe-Karsten Heye werde die Chefredaktion übernehmen und aus dem parteiinternen Blatt ein offenes Diskussionsforum machen. Neues Layout, vielleicht sogar neues Format seien denkbar. Generalsekre tär Hubertus Heil fördere Heyes Konzept energisch. Für den wahren Kern der Nachricht sprach die Tatsache, dass die Mitglieder zu Jahresbeginn vergeblich auf die normale Auslieferung des gewohnten Blattes warteten. War da etwas in Bewegung gekommen? Tatsächlich erschien die nächste Ausgabe mit der Mitteilung, dass Heye zum neuen Chefredakteur des *Vorwärts* berufen worden sei. Mag auch die Rückkehr an die Kioske Zukunftsmusik sein, jedenfalls erfährt die Überschrift, die über diesem letzten Kapitel steht, eine weitere Bestätigung: Totgesagte leben länger.

Namen, Namen, Namen

Damit ist die Geschichte des *Vorwärts,* soweit man sie erzählen kann, zu ihrem vorläufigen Ende gekommen. Aus gutem Grund sollte man ihr einen Nachtrag anfügen. Wo sind die vielen Journalisten geblieben, die über Jahrzehnte seine Seiten gestalteten? In den seltensten Fällen war ihre Laufbahn beendet, wenn sie aus dem Blatt ausschieden. Wenige zeichneten sich durch eine derartige Verlagstreue aus, wie der Wirtschaftsredakteur und Beilagenspezialist Peter Goße sowie Sigurd Baecker, wechselweise Feuilletonchef und Chef vom Dienst, die dem *Vorwärts* 27 respektive 25 Jahre angehörten. Baecker ging noch für ein paar Jahre zur *Allgemeinen Jüdischen Wochenzeitung.*

Einige *Vorwärts*-Redakteure fügten sich in die Tradition, die schon vor dem Ersten Weltkrieg begründet wurde. Sie stellten sich für größere politische und gesellschaftliche Aufgaben zur Verfügung. Von Jesco von Puttkamers Karriere im Auswärtigen Dienst war schon die Rede, die ihn auf Botschafterposten in Jerusalem und Belgrad führte. Von Günter Verheugen wird erwartet, dass er über den Europakommissar hinaus noch für andere europäische Aufgaben in Frage kommt. Gerd Gründler blieb Journalist. Er ging zunächst zum *stern* zurück und übernahm dann die Leitung des Funkhauses Hamburg im NDR. Einen außergewöhnlichen Weg wählte Friedhelm Merz. Aus seiner Leidenschaft für Gesellschaftsspiele entwickelte er eine Zeitschrift, ein florierendes Unternehmen und begründete die Essener Spielemesse. Die meisten Redakteure und Redakteurinnen blieben freilich dem Journalismus erhalten. Von der puttkamerschen Redaktion ging Klaus Voigdt, wie erwähnt, als stellvertretender Bonner Studioleiter zum *Deutschlandfunk* zurück, der Außenpolitiker Dr. Karl Grobe als Ressortleiter zur *Frankfurter Rundschau,* Margret Meyer übernahm die Bonner Redaktion der Frauenzeitschrift *Brigitte* und Nils C. Nagel trat in die Redaktion der Gewerkschaftszeitung *metall* ein. Schon vorher waren Alexander von Cube und Ulrich Blank zum WDR gestoßen, letzterer als Bonner Korrespondent, Cube als Wissenschaftsredakteur, der ein amüsantes TV-Ratespiel kreierte. Jupp Darchinger begann seine erstaunliche Karriere beim *Vorwärts* und blieb ihm auch treu, als er längst »Bonner Hoffotograf« war.

Zur Redaktion Gründler hatten unter anderem gehört Peter F. Ruthmann, der als Sozialreferent im Auswärtigen Dienst arbeitete, Dr. Roman Leick, der zum *Spiegel* und Wolf Perdelwitz, der zum *stern* ging. Ulrich Rosenbaum war später bei *stern*, *Bild* und *Welt* in Bonn und als Korrespondent der Hamburger *Morgenpost* in Berlin. Eckhardt Wiemers ging zum DGB-Blatt *Welt der Arbeit* und Claus Lutterbeck avancierte zum viel gelesenen Auslandskorrespondenten des *stern* in Rom, Paris und Los Angeles. Ähnliche Fortsetzungen gab es bei den Angehörigen der Merz-Redaktion. Helmut Morell, der Chef vom Dienst, ging in der gleichen Funktion zur *Wirtschaftswoche*, Uly Foerster zum *Spiegel*, Edeltraud Remmel zur ARD, Klaus Vater wurde Sprecher im Bundesgesundheitsministerium. Jens Fischer, nachdem er die Redenschreibergruppe von Bundeskanzler Helmut Schmidt geleitet hatte, gründete verschiedene Beraterfirmen. Günter Walter etablierte sich freiberuflich und der Feuilletonchef Lothar Romain wurde neben vielem anderem Präsident der Akademie der Künste in Berlin. Von den Redaktionen unter Hirschfeld und Verheugen seien hier nur erwähnt Gode Japs, der anschließend im *Deutschlandfunk* in Köln arbeitete und Peter Kutschke, der zum *stern* ging; Nikolaus Piper wurde Wirtschaftsredakteur bei *Der Zeit* und der *Süddeutschen Zeitung*, Dr. Rudi Mews ging in gleicher Position zum *Ostdeutschen Rundfunk-Radio Brandenburg*. Zum Schluss noch, wenn auch eher die Ausnahme bildend: Auch nach einer gewissen Karriere als Parteisoldat konnte man sich noch als guter Journalist erweisen, wie Jochen Loreck und Jürgen Itzfeld bewiesen. Und bis auf den heutigen Tag legte der Vorwärts Wert auf Mitarbeiter von Rang, wie an zwei Beispielen demonstriert werden kann. Albrecht Müller, unvergessen als Planungschef bei den Bundeskanzlern Brandt und Schmidt, hielt auf seinen viel gelesenen Seiten dem Diktat der Neoliberalisten entgegen, und Horst Heimann erinnert in seinen zeitgeschichtlichen Beiträgen an Traditionen, die in der realen Kulturszene von heute *out* sind.

Es ließen sich noch viele Namen aufzählen, aus denen sich ein Kapitel im *who-is-who* des deutschen Journalismus machen ließe. Der *Vorwärts* stellte auch einen Durchlauferhitzer dar, dessen *output* vor allem in den zahlreichen publizistischen Karrieren besteht, die bis auf den heutigen Tag die Impressen und Mitarbeiterverzeichnisse der deutschen Zeitungsverlage und Rundfunkanstalten schmücken. Welche journalistische Kapazität war über die Jahrzehnte in diesem Parteiblatt versammelt! Eines dürfte damit deutlich geworden sein: An der mangelnden Professionalität seiner Redaktionen konnte der *Vorwärts* nicht scheitern.

Nun könnte zum Schluss die Frage gestellt werden: Ist die Zeit für ein Parteiblatt endgültig vorüber oder ist denkbar, dass ein neuer *Vorwärts* seinen Part im Medienkonzert spielt? Natürlich kann der kein Mitteilungsblatt sein, nur als ein offener Meinungsträger hätte er Zukunft und Daseinsberechtigung, verantwortet und geschrieben von Journalisten, deren Recht auf freie Meinungsäußerung verbürgt ist. Zurzeit sieht es nicht aus, als wünsche sich die SPD einen solchen *Vorwärts*. Doch die Zeiten können sich ändern.

Unter wenigstens drei Voraussetzungen wäre ein allgemein akzeptiertes Parteiblatt vorstellbar: Erstens: Offene Visiere im Mediengerangel. Hinter vorgeschützter Unabhängigkeit und Objektivität verbergen sich oft genug politische Interessen, von den Herausgebern statuiert. Und allzu viele Journalisten vertreten auch ohne Parteibuch eng gesteckte Überzeugungen – was auch weit in den Bereich gesendeter Medien hinein gilt. Wenn dem deutschen Zeitungsleser, dem Medienkonsumenten darüber ein Licht aufgehen sollte, würde er auch wieder Parteizeitungen goutieren. Zweitens: Rückbesinnung auf das, was Zeitung ausmacht. Die Redaktion einer Zeitung verpflichten, irgendeiner Gruppe, Vorständen oder wem immer, jede gewünschte Blattseite zur Selbstdarstellung verfügbar zu machen, heißt dem Produkt die Marktfähigkeit zu nehmen. Das Gegenteil ist vonnöten: Freie Kritik verschafft Marktwert.

Als Drittes und Wichtigstes: Einsicht in die Realitäten. Meinungsführerschaft gewinnt man nicht zum Nulltarif. Wer von einer Parteizeitung erwartet, dass sie, wie etwa ein Generalanzeiger oder eine Boulevardgazette, Gewinn einbringt – oder »sich selbst trägt« –, geht von falschen Voraussetzungen aus. Der Berliner *Vorwärts* darf hier nicht angeführt werden, er war Lokalblatt der Reichshauptstadt. Alle anderen in dieser Arbeit vorgestellten Parteiblätter waren Zuschussobjekte. So genannte »Flaggschiffe« heutiger deutscher Zeitungskonzerne, die sehr bewusst Meinung stiften, sind häufig Zuschussobjekte. Darum sei zum Schluss wiederholt: Realitäten anerkennen. Sollten aber alle eben genannten Voraussetzungen einmal zusammenkommen, kann es wieder offene Parteizeitungen, könnte es einen neuen *Vorwärts* geben. Selbst im Zeitalter der Globalisierung. Gerade dann wäre er notwendiger denn je.

Anmerkungen

1 Wie wir es von Kurt Koszyk wissen: »Das Jahrzehnt von 1850 bis 1860 stand im Zeichen der konservativen Presse, das Jahrzehnt von 1860 bis 1870 stand im Zeichen der liberalen Presse …«

2 Michael Freund rechtfertigt noch einhundert Jahre nach Gründung der *Frankfurter* die Behandlung Lassalles durch Sonnemann, der in ihm ein Instrument Bismarcks zur Spaltung der Fortschrittspartei, ja einen potenziellen Volkskaiser à la Napoleon III. sah. Im gravitätischen Gewand der *comparative history* daherschreitend, gleichwohl geschmacklos, ist der Vergleich Lassalles mit Hitler [Siehe Literaturverzeichnis]. Anders dann im Selbstbild in der *Geschichte der Frankfurter Zeitung*. Die Darstellung der Arbeiterbewegung und damit das Auftreten Lassalles hat der Verlag Gustav Mayer übertragen, der sich der prekären Aufgabe mit äußerstem Takt entledigte, aber einer Erörterung der vermeintlichen Ideologiefreiheit der *Frankfurter* aus dem Weg ging. Sonnemann erlebte übrigens die Erstausgabe 1906 noch selbst.

3 Auch vom *Nordstern* sind nicht alle Ausgaben, die für die Jahre 1860 bis 1866 von 5 bis 332 durchnumeriert sind, erhalten geblieben. Einige wenige Nummern vom Jahrgang 1860 befinden sich im Staatsarchiv Hamburg. Im Internationalen Institut für Sozialgeschichte (IISG) in Amsterdam werden von den Jahrgängen 1862 bis 1866 knapp 140 Nummern aufbewahrt. Überschneidend befinden sich im Russischen Zentrum für die Aufbewahrung und Erforschung von Dokumenten der neuesten Geschichte, früher Bibliothek des ehemaligen Instituts für Marxismus-Leninismus beim ZK der KPdSU in Moskau, aus den gleichen Jahrgängen etwa 190 Nummern. Die Tatsache, dass außer einer Nummer, die in Amsterdam fortlaufend aufbewahrten Exemplare am 20. Dezember 1862 beginnen, lässt darauf schließen, dass die Sammlung unter dem Gesichtspunkt der Arbeiterbewegung angelegt war.

4 Mayer stellte noch 40 Jahre später den Verdacht gegen Vogt in Frage und berichtete, dass J. B. von Schweitzer sich gegen einen so »unwürdigen Verdacht gegen einen Mann …, der im Jahre 1849 bis zum letzten Augenblick zur Fahne gestanden«, verwahrt hätte.

5 Na'aman irrt, wenn er meint, dass der *Nordstern* den Bericht über die Gründung des ADAV ohne den Hinweis auf die abendliche Festveranstaltung abgedruckt hätte. Auch dieser Teil ist vollständig abgedruckt worden. Weggelassen hat der *Nordstern* lediglich die in den Text der DAZ eingebetteten Statuten. Bruhns Begründung: »Diese Statuten übergehen wir, da dieselben in Tausenden von Abdrucken werden verbreitet werden.« Nordstern Nr. 214 und Na'aman sowie Bruhn an J. Ph. Becker, 15. Februar 1863 und weitere.

6 Für Gustav Mayer steht es außer Zweifel, dass auch der in der Nummer 259 erschienene Bericht über die Veranstaltung in Wermelskirchen von Lassalle selbst verfasst worden ist. Lassalle-Nachlass, Bd. IV, S. 356.

7 Hofstetten war genau genommen Sekundant der Reserve. Er sollte für den Fall eintreten, dass der zweite Sekundant, der ungarische General Bethlen, etwas gegen die zur Verfügung stehenden Waffen einzuwenden hatte. Lassalle hatte zunächst Wilhelm Rüstow und Johann Philipp Becker als Sekundanten gewählt. Becker hatte jedoch aus prinzipiellen Gründen abgelehnt.

8 Shlomo Na'aman stellte 1974 die Authentizität der berühmt und fast schon berüchtigt gewordenen Passage aus Lassalles Testament mit guten Gründen infrage. Mit der von ihm adaptierten

Fassung: »Er soll die Organisation festhalten« wäre »der zumindest teilweise sicherlich nachzuweisende Sektencharakter des ADAV, wie er sich vor allem im Statutenfetischismus kundtat, ohne direkte Bezugnahme auf Lassalles Testament zu erklären«.

9 Auffällig ist, dass Eisner in seiner Liebknecht-Biografie kein Wort über die Rolle seines vormaligen Chefredakteurs in Schweitzers Blatt verlor. Seine Mitgliedschaft im ADAV wird so eben gestreift und beinahe entschuldigt. Unkenntnis kann hier kaum vorgelegen haben.

10 Der Brief von Marx an Schweitzer vom 13. Februar 1865 ist im Original nicht mehr vorhanden. Gustav Mayer gab ihn noch verloren. Doch Marx fertigte eine Abschrift für seinen Brief an Engels vom 18. Februar 1865 an. (Briefwechsel, Bd. III, S. 240).

11 Warum Mehring und Mayer den Termin der von Becker einberufenen Versammlung auf den 25. November datierten, bleibt unerfindlich, wobei Mayer von Mehring abgeschrieben haben dürfte. Das von Bernhard Becker geschriebene Vorwort zum Protokoll der Generalversammlung wie auch Tölckes Leitfaden weisen den 27. November als ursprünglich anvisierten Termin aus. Durch die bekannten Verzögerungen wurde es dann der 30. November. Lustig der Lapsus der Frankfurter *Volksstimme*, die bei einem Nachdruck des Protokolls die Generalversammlung nach Braunschweig verlegte. Siehe: *Die ersten deutschen Sozialistenkongresse, Aus der Waffenkammer des Sozialismus.*

12 Bundesarchiv, Abt. Potsdam, Bestand: 90Wa3 Nachlass Wagener, Nr. 23, Bl. 5.

13 Vertrag zwischen v. Hofstetten, v. Schweitzer und A. Perl, Berlin, 1. Juli 1866, IISG, Bestand ADAV/Hatzfeldt, Nr. 196.

14 Der *Nordstern* bezeichnet in seinem »Büchertisch« vom 13. Januar 1866 den ihm unbekannten Verfasser einer Geschichte der »Socialdemokratischen Partei in Deutschland seit dem Tode Ferdinand Lassalles« (Eugen Richter) für »im ganzen unparteiisch in seiner Beurteilung«. Zu dieser Bewertung könnte beigetragen haben, dass die Schrift auch der Denunziation Schweitzers und Hofstettens durch die *Elberfelder Zeitung* Raum gab, die berichtet hatte, in hohen aristokratischen Kreisen Berlins werde für zwei ultraradikale Demokraten Geld gesammelt.

15 Reusche schreibt auch, dass Lassalle sich die Entscheidung, ob der *Social-Demokrat* offizielles Organ werden sollte, bis zu seiner Rückkehr aus der Schweiz nach Berlin vorbehalten habe. Man kann davon ausgehen, dass die Quelle für diese Information ebenfalls die Gräfin Hatzfeldt ist, in deren Auftrag er ja das Pamphlet schrieb, das sie enthält.

16 August Bebel an den geschäftsführenden Ausschuss der schleswig-holsteinischen Arbeiterbildungsvereine, 9. Juli 1868, Schleswig-Holsteinische Landesbibliothek Kiel.

17 Die Darstellung der beiden periodischen Wegbegleiter des VDAV, dessen erster ein genuiner Abkömmling Leopold Sonnemanns war, bezieht sich weitgehend auf die Einleitung Na'amans zum Reprint der Schriften. Es ist auffällig, dass Bebel die *Arbeiterhalle* in die Nachfolge von Streits *Allgemeine deutsche Arbeiterzeitung*, nicht jedoch in die der Sonnemann'schen *Flugblätter* stellt. Sicher geschah es nicht, um Sonnemanns Verdienste zu schmälern.

18 *Bericht über den Fünften Vereinstag der Deutschen Arbeitervereine am 5., 6. und 7. September 1868 zu Nürnberg*, hg. vom Vorort Leipzig, 2. Auflage (Nachdruck Nürnberg 1928). Mit diesem Bericht nicht identisch ist die Berichterstattung über den Nürnberger Vereinstag in der *Deutschen*

Arbeiterhalle, die sich über die Ausgaben Nr. 17, 18 und 19 erstreckt. Doch wird auf diesen in der Ausgabe Nr. 21 vom 14. November 1868 hingewiesen. In weiten Teilen stimmt der Leipziger Bericht hingegen mit der Veröffentlichung im *Demokratischen Wochenblatt* überein. Die Abweichungen in Letzterem gehen zu Lasten der Minoritätsmeinung.

19 Zur Behandlung des Revolutionsfonds: Liebknecht legte Wert auf die Feststellung, »daß die Gelder von uns nur bedingungslos angenommen wurden«. Uns, das meint *Demokratisches Wochenblatt*.

20 Immediatbericht von Hörmann, 14. August 1868, Hauptstaatsarchiv München, M.A. II, Nr. 66, Bd. I.

21 Hirsch vervollständigte seine Auflagenzahlen noch mit dem Organ der sozialdemokratischen Partei Österreichs, dem er 3000 Abonnenten zugestand. Seine Zahlen sind sicherlich Schätzungen. Bebel hatte für den *Social-Demokrat* 1867 »erst 1.200 Abonnenten« genannt. Bebel, *Aus meinem Leben*, S. 217.

22 Die Einleitung des Nachdrucks ist in großen Teilen eine Zusammenschreibung zweier BzG-Aufsätze. Kundel hat sich intensiv mit dem *Volksstaat* befasst, doch unübersehbar unter den Prämissen der SED-Geschichtsschreibung, das heißt zum Zwecke einer Verherrlichung des Marxismus-Leninismus. Bebels *Unsere Ziele*, die Kundel im Aufsatz *Die Mitarbeit von Marx und Engels am Volksstaat* noch vier Zeilen und eine Fußnote wert waren, sind in der Einleitung des Nachdrucks verschwunden.

23 *Protokoll und Materialien des Allgemeinen Deutschen Arbeitervereins (inkl. Splittergruppen).* In ihrer Einleitung unter der Überschrift »Die Lassalleanismus-Legende« (S. IX–XX) versucht Cora Stephan dem ADAV und in gewisser Weise auch den Splittergruppen Gerechtigkeit widerfahren zu lassen, die ihr vom »Sieger« in den Fraktionskämpfen der alten deutschen Sozialdemokratie, sprich den Eisenachern, vorenthalten worden sei. Völlig einseitig sei das Bild, das die DDR-Geschichtsschreibung von der Arbeiterbewegung entworfen habe, aber auch die Forschung in der Bundesrepublik vor 1990 habe mit den »Restbeständen deutscher Arbeiterbewegungsgeschichte« wenig anfangen können.

24 Dem scharfmacherischen Schreiben des Leipziger Polizeidirektors liegt eine Auseinandersetzung zwischen den Eisenachern und dem LADAV zugrunde. Rüder spricht von den Parteien des *Volksstaat* und der *Freien Zeitung*. Hatte 1870 eine Zeitung mehr Gewicht als eine Partei? Im Übrigen beschwerte sich Rüder, dass Liebknecht, obwohl drei »Kriminaluntersuchungen« wegen Pressevergehen gegen ihn anhängig seien, noch nicht in Haft genommen worden sei. Bundesarchiv (früher Zentrales Staatsarchiv Merseburg), Schriftwechsel des Generalgouverneurs der Küstenlande, Rep. 77, Titel 500, Nr. 42, Bd. 1.

25 Einer freundlichen Auskunft der Deutschen Bundesbank vom 9. September 1997 entsprechend hatte, bei allen Vorbehalten, »rein rechnerisch … ein preußischer Taler im Jahre 1871 etwa die gleiche Kaufkraft wie 34 D-Mark heute. Dieser Umrechnung liegt der im Münzgesetz vom 9.7.1873 enthaltene Tauschkurs von 1 Taler gleich 3 Mark zugrunde.« Dazu weitere Hinweise in »Das Ausmaß der Geldentwertung seit 1950 und die weitere Entwicklung des Geldwerts«, Sonderdruck aus *Monatsberichten der Deutschen Bundesbank*, 20. Jg., Nr. 3, 1968, S. 3–19; *Hessen*

im Wandel der letzten hundert Jahre – 1860 bis 1960, hg. vom Hessischen Statistischen Landesamt, Wiesbaden, 1960; RAINER GÖMMEL, *Realeinkommen in Deutschland. Ein internationaler Vergleich (1810–1914)*, Nürnberg, 1979.

26 Die Kontrollkommission der SdAP sah ihre Funktion auch als politische Kontrollinstanz, indem sie z. B. die »gesamte Tätigkeit des Ausschusses« kontrollierte und den Parteiblättern Polemiken untersagte.

27 In der bei Bracke erschienenen Schrift *Meine 3½-jährige Leipziger Polizeicampagne* legt Hepner seine Erfahrungen mit der Leipziger Polizei in der Zeit als *Volksstaat*-Redakteur nieder. Im Mittelpunkt steht sein Kleinkrieg mit dem Polizeidirektor Dr. Rudolf Rüder, über den wir erfahren, dass er als Redakteur der demokratischen *Vaterlandsblätter* von Robert Blum und als 48er ein liberaler Hoffnungsträger war, der als Stadtverordneter das Leipziger Polizeiwesen reformieren sollte. Hepner legt Wert auf die Feststellung, dass es ihm in seiner Zeitungsarbeit »ums Aufklären und um Abwehr der gegen unsere Partei gerichteten Übergriffe« ging, doch auch an »Neckereien« und Satire habe er seinen Spaß gehabt. Was sich auch von diesen 60 Seiten sagen lässt.

28 »Bismarcks Prätorianer« von Fricke gibt intensiven Einblick in die illegalen und verwerflichen Mittel, mit denen Bismarcks Behörden gegen die deutsche Sozialdemokratie vorgingen. Warum aber »der wissenschaftliche Wert der Erinnerungen Eduard Bernsteins und anderer ... dadurch erheblich eingeschränkt« sein soll, weil »sie zu einer Zeit geschrieben wurden, als ihre Verfasser zum Teil schon jahrzehntelang [wie Fricke sich ausdrückt; Anm. H. S.] Renegaten waren«, lässt sich in keiner Weise nachvollziehen, falls man nicht davon ausgehen will, dass Marxisten ein Monopol auf das richtige Erinnern haben (S. 12).

29 Als Verantwortliche Redakteure notierte das Impressum des *Volksstaats* zwischen dem 2. Oktober 1869 und dem 29. September 1876 in dieser Reihenfolge der Erstnennung: Wilhelm Liebknecht, Adolf Hepner, Carl Hirsch, August Muth, Rudolf Seiffert, E. Kasper (Casper), M. Preißer, H. Rindt, Julius Kirsten, H. Wallbracht, Bruno Geiser, Hermann Weingart, A. Schmalfuß, Jacob Marbach. Wilhelm Blos, der vom Frühjahr 1873 bis 1874 den *Volksstaat* redigiert hatte, erschien nicht im Impressum.

30 Engels Artikel zu Dühring erschienen in Ausgaben zwischen dem 3. Januar und 13. Mai sowie 27. Juli und 30. Dezember 1877, ferner 5. Mai und 7. Juli 1878.

31 Das Gedicht erschien zeitgleich im *Vorwärts* und in der *Berliner Freien Presse* (19. Januar 1877).

32 Der Reprint des Leipziger *Vorwärts* entstand 1977 und damit in großem zeitlichen Abstand zu den vorausgegangenen Reprints des *Demokratischen Wochenblatts* (1969), des *Volksstaats* (1971) und des *Sozialdemokrats* 1879–1890 (1970). Diese vier Blätter entsprachen dem von Ost-Berlin erhobenen Anspruch der Vorbereitung und Durchsetzung des Marxismus in der deutschen Sozialdemokratie. Die Arbeiterblätter, die diesem Anspruch nicht genügten, fanden keine Berücksichtigung. Auch der Leipziger *Vorwärts* wird in der Einleitung ausschließlich auf seine Verwendung im angegebenen Sinne untersucht, was zu einer ausgesprochenen Verknappung und auch Fehldeutung der vermittelten Fakten führt. Gegenüber den Einleitungen und Arbeiten zu den früheren Reprints fallen eine größere Nüchternheit der Darstellung und der Wegfall der

oft hymnischen Beschreibungen des vorgeblichen Einflusses von Marx und Engels auf. Zum Vergleich: Das dezidierte Urteil Mehrings über den *Vorwärts* hielt sich von allen ideologischen Vorprägungen fern. Er bescheinigte dem Blatt die »demokratische Praxis«, doch fehle ihm die »überlegene Theorie«. In den Tagesfragen gebreche es ihm »an genauer Kenntnis der Verhältnisse, an konkreter Schärfe in der Auffassung der deutschen Dinge; alles Unbequeme wurde mit einigen Schlagworten ›abgefertigt‹, wodurch ein süffisanter und nicht eben erfreulicher Ton in die Partei kam.« (*Geschichte 1898*, 2. Teil, S. 380f.)

33 Kampffmeyer fällte über die *Laterne* folgendes Verdikt: »Eine Fülle von satirischen Artikeln, Notizen, Anekdötchen schüttet Hirsch für literarische Feinschmecker aus, aber das grobe und kräftige Brot einer geistigen Volkskost fehlte.« (*Unter dem Sozialistengesetz*, S. 178.)

34 Der Kongress auf Schloss Wyden schloss im Übrigen Hasselmann und Most aus der Partei aus und strich das Wort »gesetzlich« aus dem Gothaer Programm, womit deutlich gemacht werden sollte, dass jegliche Parteiarbeit unter dem Sozialistengesetz »ungesetzlich« sei.

35 In der Marxismus-Apotheose der DDR-Gechichtsschreibung am Beispiel der frühen sozialdemokratischen Presse bildet der Reprint des *Sozialdemokrat* den Höhepunkt. Richtig ist, dass unter Bernstein – im Schatten Engels' und Bebels – die Sozialdemokratie auf marxistischen Kurs einschwenkte. Das entschuldigt nicht die penetrante Beweihräucherung und die einseitige Verwendung und Bewertung der Fakten. Z. B. wird der »Drei-Sterne-Artikel« aufgebauscht zu einer Abrechnung mit den »Opportunisten«, über den bürgerlichen Autor jedoch kein Wort verloren; der Name Flesch taucht nicht auf.

36 Die im Nachlass Motteler befindlichen Speditionslisten enthalten Namen, Anschriften und teilweise Berufsangaben. Empfänger sind z. B. auch Ärzte, Juristen und zahlreiche Handwerksmeister, auch das Stöcker-Blatt *Der Staatssozialist*. Von namhaften Vertretern der Sozialdemokratie waren u. a. aufzufinden A. Bracke, W. Bock, J. Dietzgen und H. Rödiger. Die Aufzeichnungen und Aufstellungen über Auflagenhöhe und Anzahl der Abonnenten des *Sozialdemokrat*, 1879–1890, sind allerdings fragmentarisch.

37 Aus den Handbüchern, Protokollen und anderen Quellen lässt sich die Zugehörigkeit zur Liebknecht-Redaktion für folgende Personen belegen: Franz Tutzauer (1890–?), Dr. Adolf Braun (1891–1898), Reinh. Cronheim (1891–?), Dr. Bruno Schoenlank (1892–1893), Wilhelm Schröder (frühe 1890er Jahre–1905), August Enders (1892–1899), Fritz Kunert, als Redaktionssekretär (1892–1917), Samuel Kokosky (1893), Hugo Pötzsch (1893–1901), Robert Schmidt (1893–1902), Georg Ledebour (1895–1898), Dr. Conrad Schmidt (1895–1900), Dr. Albert Südekum als redaktioneller »Hilfsarbeiter« (1895–1896), August Jacobey (1896–1899), Dr. Georg Gradnauer (1897–1905), Kurt Eisner (1898–1905), Paul John (1898–?), Julius Kaliski (?–1905), Paul Büttner (?–1905), Heinrich Wetzker (1899–1905), Heinrich Ströbel (1900–1916). Für Max Pfund und Leopold Schönhoff ist nicht festzustellen, wann sie der Redaktion angehörten. Wetzker suchte seine *Vorwärts*-Spuren zu tilgen, blieb aber sozialdemokratischer Journalist. Cronheim, Pfund und Schönhoff gingen zu bürgerlichen Blättern und schieden auch aus der Arbeiterbewegung aus. Bei einigen der als »frühere Redakteure« gekennzeichneten Namen wie Blos und Rödiger handelt es sich um Redakteure des *Berliner Volksblatts*.

38 Die aufbewahrten Zuschriften lassen erkennen, dass zwar Heinrich Braun einer der fleißigsten Korrespondenzpartner Hardens war, auch Wolfgang Heine schrieb häufiger, doch pflegte Harden auch geregelten Umgang mit Anti-Revisionisten wie Franz Mehring, Bruno Schoenlank und Heinrich Ströbel. Bundesarchiv Koblenz, NL Harden.

39 Lensch, einer der Wanderer von links nach rechts, gab in dieser Broschüre Hilfestellung, wie man den Krieg als einen gerechten ansehen müsse. Am Ende des Schlachtens sah er übrigens ein »Großdeutschland« stehen, ganz so, wie es die NS-Politik 23 Jahre später verwirklichte. Allerdings war Lenschs Großdeutschland noch eine Geburt aus dem Geiste der Paulskirche.

40 Laut Protokoll, S. 237, heißt es im Scheidemann-Zitat »Wirtschafts*reform*«. Ob es so gesagt wurde oder der Stenograf es so verstand, gemeint ist die kapitalistische Wirtschafts*form*.

41 Manfred von Killinger, Kapitänleutnant a.D., Beteiligter am Kapp-Lüttwitz-Putsch, war angeklagt als Hintermann des Erzberger-Mordes; nach 1933 wurde er Ministerpräsident in Thüringen, ab 1936 machte er Karriere als NS-Diplomat.

42 Der *Vorwärts* beschäftigte in der Zeit von 1918 bis 1933 im Feuilleton folgende Mitarbeiter: Erna Büsing, Salomon Dembitzer (zeitweise auch Holland-Korrespondent), Georg Denicke, Erich Gottgetreu, Erich Grisar, Dr. Max Hochdorf (ständiger Theaterkritiker), Kurt Kaiser-Blüth, Henni Lehmann, Walther G. Oschilewski, Dr. Klaus Pringsheim, Dr. Franz Rothenfelder, Prof. Dr. Conrad Schmidt, Dr. Paul Ferdinand Schmidt (Kunstkritiker), Bruno Schoenlank d. J., Trude Esther Schulz, Dr. Kurt Singer, Herta Zerna. Als Zeichner arbeiteten für den *Vorwärts*: Abeking, Jakobus Belsen, Aloys Florath, Emery Göndör, Karl Holtz, Dr. Otto Köster, Willibald Krain, Helmut Krommer, Robert Krüger, Erich Ohser alias e.o.plauen, Julius Potzernheimer alias Jupo, Ludwig Wronkow. Diese mit Sicherheit unvollständige Liste wurde zum überwiegenden Teil nach den Angaben von Richard Schwartz zusammengestellt.

43 Mit diesem Gedicht nahm Kuttner die oft unbewusste, manchmal auch bewusste Zusammenarbeit von Kommunisten und Völkischen, den späteren Nationalsozialisten, aufs Korn, deren beider Hauptfeind die Demokratie und die sie stützenden Parteien waren.

44 Mitarbeiter der Ressorts Politik, Wirtschaft, Gewerkschaften und Lokales waren: Dr. Fritz Baade, Hermann Bauermeister, Henry Berger, Henning Duderstadt, Max Grunwald, Fritz Köhler, Wilhelm Liefländer, Heinrich Löffler, Gerhart Herrmann Mostar, Dr. Fritz Naphtali, Gustav Reinke, Otto Schindler, Dr. Erwin Topf, Dr. Max Schütte, Theodor Thomas, Hermann Wendel, Georg Werner, Dr. Egon Werthheimer (England-Korrespondent), Heinz Zank.

45 Redaktionsinterne Sondernummern des *Vorwärts* aus Anlass von Geburtstagen von Redaktionsmitgliedern:

Vorwärts. Organ für analphabetische Staatsmänner, Berlin, zum 8. des Herbstmonds 1924 (50. Geburtstag Friedrich Stampfers). Fränzchen – freu Dich an Deinem 50. Geburtsfest. Berlin, den 5. Mai 1927 (50. Geburtstag von Franz Klühs). Das Glück im Tanzwinkel. Unserm Pascha zum Sechzigsten. Preußisch-Berlin, 17. Juli 1927 (60. Geburtstag Dr. John Schikowskis). Weitere »runde« Geburtstage bis zum Verbot 1933: 50. Geburtstag Josef Steiner-Jullien am 25. Juli 1928, 50. Geburtstag Alexander Stein am 27. Januar 1931, 60. Geburtstag Karsten Heinrich Döscher am 3. März 1932, 50. Geburtstag Richard Bernstein am 12. September 1932.

46 August Bebel und Jean Jaurès waren bei aller Friedensliebe keine Pazifisten. Bebel wollte noch »mit der Knarre auf dem Buckel« gegen den Zaren ziehen. Jaurès forderte 1910 die Umwandlung des stehenden Heeres in ein Milizsystem; Punkt 3 des Erfurter Programms der SPD von 1891 lautete: »Erziehung zur allgemeinen Wehrhaftigkeit. Volkswehr anstelle der stehenden Heere. Entscheidungen über Krieg und Frieden durch die Volksvertretung. Schlichtung aller internationalen Streitigkeiten auf schiedsgerichtlichem Wege.«

47 *Der verpaßte Nazi-Stopp* ist die nach über 50 Jahren erstmals veröffentlichte Denkschrift des preußischen Ministerpräsidenten Otto Braun an Reichskanzler Heinrich Brüning zum Nationalsozialismus. Kempner bewertete sie als eine vertane Chance in der Bekämpfung Hitlers noch vor der »Machtübernahme«.

48 Als Fritz Sänger 1959 wegen seiner wahrhaftigen Überparteilichkeit auf Betreiben Adenauers in der Leitung der Nachrichtenagentur dpa abgelöst wurde, trug ihm Erich Ollenhauer wiederum die Chefredaktion des *Vorwärts* an. Sänger war zur Zusage gewillt, wenn die Redaktion aus Bonn und damit aus dem Einflussbereich des Parteivorstandes herausgenommen und in eine andere Stadt, z. B. Hamburg, verlegt würde. Der Deal kam nicht zustande.

Danksagung

Die über 20-jährige Arbeit an der vorliegenden Geschichte der sozialdemokratischen Zentralorgane bringt es mit sich, dass ich einer großen Zahl von Menschen zu danken habe, die mich bei diesem Vorhaben gefördert haben. Es fällt mir auch schwer, mich zu entscheiden, mit wem ich beginnen soll. Als einer der ersten, den ich ansprach, ist Prof. Dr. Dr. Karl Dietrich Bracher zu nennen, der auch mein Doktorvater ist und sich gutachterlich für die Deutsche Forschungsgemeinschaft zur Verfügung stellte. Prof. Dr. Susanne Miller, die ich gern eine mütterliche Ratgeberin nennen möchte, war von Anfang an mit Ermunterung und fachlicher Hilfe zur Stelle. Prof. Dr. Werner Link und Prof. Dr. Hans-Peter Harstick danke ich Gespräche über strukturelle Fragen, ersterem auch den Hinweis auf die Rolle der liberalen Zeitungen. Dass die Arbeit ins Rollen kam, ist das Verdienst meines seinerzeitigen Chefredakteurs und späteren Verlagsleiters Friedhelm Merz, der anzufangen mich beschwor, auch wenn ich dafür meinen Redaktionsschreibtisch »missbrauchen« würde. Die Deutsche Forschungsgemeinschaft setzte mich mit ihrer Beihilfe in den Stand, aus dem in 33 Archiven und Bibliotheken in ganz Europa lagernden Wissensfundus zu schöpfen, wobei ich in Dr. h.c. Sylvester Rostosky einen stets ansprechbereiten Gesprächspartner fand. Für Unterstützung des Projektes durch die Sozialdemokratische Partei danke ich dem ehemaligen SPD-Vorsitzenden Dr. Hans-Jochen Vogel, dem früheren Schatzmeister Hans-Ulrich Klose wie der jetzigen Schatzmeisterin Inge Wettig-Danielmeier, sowie dem Geschäftsführer der Deutschen Druck- und Verlagsgesellschaft Gerd Walter. Als glücklichen Umstand empfinde ich, dass gerade das vorliegende Werk im 2005 gegründeten *vorwärts buch Verlag* erscheint, setzt doch dieses Publikationsunternehmen die Tradition des *Verlags Buchhandlung Vorwärts* von vor 1933 fort.

Eine zentrale Rolle bei der Faktenerhebung spielte neben dem Internationalen Institut für Sozialgeschichte in Amsterdam, in dem das einstige SPD-Archiv lagert, das Archiv der sozialen Demokratie bei der Friedrich-Ebert-Stiftung in Bonn-Bad Godesberg. So wie ich mich dort dem Leiter der Deutschland-Abteilung Götz Langkau verpflichtet fühle, waren es hier Werner Krause, die Professoren Drs. Michael Schneider und Dieter Dowe, sowie vor allem die Bibliothekare Christine Mester und Wolfgang Stärcke. Nach meinem Umzug in den Norden fand ich ähnliche Unterstützung in der Bibliothek des Wirtschaftswissenschaftlichen Instituts Kiel. Die mir noch zugänglich gewesenen Zeitzeugen stellten sich ausnahmslos engagierter zur Verfügung, als nur als bereitwillige Interviewpartner. Stellvertretend nenne ich vier Namen. Größten Dank schulde ich Richard Schwartz, der als ehemaliger Redaktionsangehöriger mich in die Welt des Berliner *Vorwärts* der Weimarer Republik einführte. Einblicke in politische Zusammenhänge der 1920er Jahre verschaffte mir Fritz Sänger, während Josef Felder, der als »letzter lebender Neinsager zum Ermächtigungsgesetz« lange Jahre ein Vorbild aller Sozialdemokraten war, die schwierigen Jahre nach der Wiedergründung aufhellte. Fritz Heine, unter anderem der erste Geschäftsführer des Prager Exil-*Vorwärts*, nahm so regen Anteil an der Arbeit, dass er eine große Anzahl fertig gestellter Kapitel kommentierend gegenlas. Nicht zuletzt danke ich für praktische Hilfen, wie das Abschreiben von Dokumenten, Gisela Schueler und Elisabeth Leonhardt, für die Fertigstellung unter den Bedingungen des Software-Zeitalters Dr. Thomas Schueler, und schließlich für die verständnisvolle unendliche Geduld, mit der sie die Beeinträchtigung unseres Familienlebens durch eine vieles andere zurückdrängende Arbeit auf sich nahm, meiner Frau Karin.

Abbildungen

Die Fahne der Breslauer Lassalleaner durchlitt ein wechselvolles Schicksal. Sie überlebte Parteienstreit und zwei Weltkriege. Heute ist sie das Traditionsbanner der SPD.

I. Jahrgang.

Nordstern.

I. Quartal.

Organ der social-demokratischen Partei und des Allgemeinen Deutschen Arbeiter-Vereins.

328. Hamburg, den 19. Januar. 1866.

Eine Versammlung der Volkspartei.

Wehrhaftmachung des Volkes.

Der *Nordstern* half bei der Befreiung der Arbeiter von liberaler Bevormundung. Von Lassalle zum inoffiziellen Zentralorgan erhoben, blieb er aber zeitlebens ein »dünnes Flötchen«.

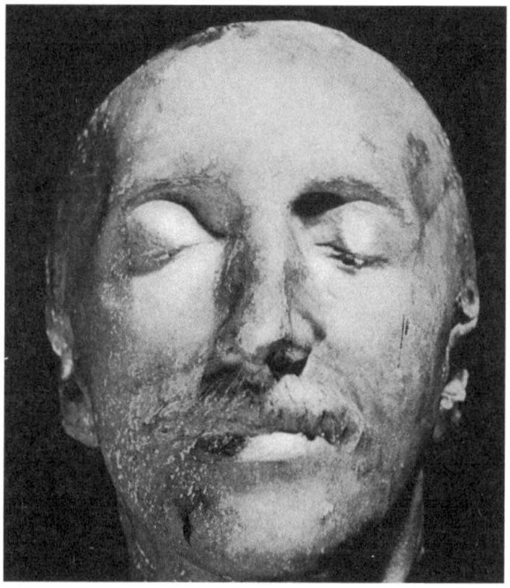

Ferdinand Lassalles Totenmaske.

☞ In 50,000 Exemplaren unentgeltlich verbreitet! ☜

Nr. 1. Probe-Nummer.

Der Social-Demokrat.

Organ des Allgemeinen deutschen Arbeiter-Vereins.

Redigirt von J. B. v. Hofstetten und J. B. v. Schweitzer.

Berlin, den 15. Dezember 1864.

Ihre Mitwirkung

zu diesem Organe haben zugesagt unter Andern die Herren:
Bernhard Becker, Präsident des „Allgemeinen deutschen Arbeiter-Vereins“,
Joh. Ph. Becker zu Genf, **F. Engels** zu Manchester, **Georg Herwegh** zu Zürich,
M. Heß zu Paris, **W. Liebknecht** zu Berlin, **Carl Marx** zu London,
Oberst-Brigadier **W. Rüstow** zu Zürich und Professor **H. Wuttke** zu Leipzig.

Unser Programm.

Drei große Gesichtspunkte sind es, welche das Streben und die Thätigkeit unserer Partei bestimmen:

Wir bekämpfen jene Gestaltungen des europäischen Staatensystems, welche, unnatürlich die Völker trennend und verbindend, aus dem feudalen Mittelalter in das neunzehnte Jahrhundert sich herübergeschleppt haben — wir wollen fördern die Solidarität der Völkerinteressen und der Volkssache durch die ganze civilisirte Welt.

Wir wollen nicht ein ohnmächtiges und zerrissenes Vaterland, machtlos nach außen und voll Willkühr im Innern — das ganze, gewaltige Deutschland wollen wir, den Einen, freien Volksstaat.

Wir verwerfen die bisherige Beherrschung der Gesellschaft durch das Capital — wir hoffen zu erkämpfen, daß die Arbeit den Staat regiere.

Diese drei großen, auf gemeinsamer Grundlage beruhenden Gesichtspunkte weisen uns in jeder möglichen Frage mit zwingender Nothwendigkeit auf die Bahnen, die wir zu wandeln haben.

Unsere Prinzipien sind einfach und klar — ihre Consequenzen zu ziehen werden wir uns niemals scheuen.

Der deutsche Arbeiterstand d. h. der zahlreichste und wichtigste Theil der Nation ist seit der Unterdrückung der „Neuen Rheinischen Zeitung“ im Jahre 1849 in der Tagespresse fast gänzlich ohne Vertretung geblieben.

Der in Hamburg wöchentlich einmal erscheinende „Nordstern“ war bisher das einzige Organ, welches offen und bestimmt für die social-demokratische Sache einstand. Einige andere Blätter haben sich hier und da freundlich gezeigt; die meisten vorhandenen Organe aber, insbesondere die großen, dienen entweder der Reaction oder der Geldmacht.

Der „Social-Demokrat“ hingegen soll ein Arbeiterblatt im vollen Sinne des Wortes sein und wird die Interessen des Arbeiterstandes im ausgedehntesten Maße zur Geltung zu bringen suchen; auch diejenigen Arbeiter, welche noch nicht unserer Richtung huldigen, werden die Spalten des Blattes zur Verbreitung gerechter Beschwerden offen finden.

Unablässig, unermüdlich werden wir den Ruf nach durchgreifender Umgestaltung der Gesellschaft wiederholen; unablässig, unermüdlich werden wir diese dringendste Forderung der Gerechtigkeit und der Humanität vertreten.

Dem europäischen Sclavenleben muß ein Ende gemacht werden — die Ausbeutung vieler Millionen durch wenige Tausende muß aufhören.

Wir haben offen und rückhaltlos das Panier der Arbeitersache entfaltet; möge uns der Arbeiterstand mit Vertrauen entgegenkommen!

Die Zeitung ist die Partei oder das Blatt mit dem Adelsprädikat. *Der Social-Demokrat* wurde von Schweitzers Lebenswerk.

Johann Baptist von Schweitzer.

Wilhelm Liebknecht.

[illegible]. Gruppe. № 22.

Antheilschein und Quittung

über

Einen Thaler

Beitrag zum Gründungsfond des in Leipzig erscheinenden demokratischen Wochenblattes, eingezahlt unter heutigem Tage durch

Herrn in

an W. Liebknecht

Leipzig den 1 Januar 1868

A. Bebel. W. Liebknecht.

zur Controle: O. Freytag

Andere Wege als von Schweitzer ging Wilhelm Liebknecht. Für einen Taler erwarb er sich einen Anteil am Gründungsfonds des *Demokratischen Wochenblatts.* 1000 Taler sollten den finanziellen Grundstock des Zeitungsunternehmens bilden.

Mit dem *Volksstaat* prägte Wilhelm Liebknecht die Zeitungskultur der deutschen Sozialdemokratie. Der blühende Wald von Parteiblättern wurde erst 1933 von den Nationalsozialisten zerstört.

№. 1. Sonnabend, den 2. Oktober. 1869.

Erscheint wöchentlich 2 mal in Leipzig. Bestellungen nehmen alle Postanstalten und Buchhandlungen des In- und Auslandes an. Für Leipzig nehmen Bestellungen an: A. Bebel, Petersstraße 18, F. Thiele, Emilienstraße 2, Leipziger Consumverein, Universitätsstraße.

Der Volksstaat

Abonnementspreis: Für Preußen incl. Stempelsteuer 15 Ngr., für die übrigen deutschen Staaten 12 Ngr per Quartal.

Agent für London: A. Duensing, Foreign Bookseller, Librarian and Newsagent, 8, Little Newport Street, Leicester Square, W. C.

(früher „Demokratisches Wochenblatt")

Organ der sozial-demokratischen Arbeiterpartei und der Gewerksgenossenschaften.

An die Parteigenossen!

Mit Freude und Genugthuung begrüßen wir Euch, Parteigenossen, heute, wo unser Organ zum ersten Male unter dem zu Eisenach beschlossenen Namen in der neuen Form erscheint. Mit gehobenem Gefühl wird Jeder von Euch diese erste Nummer des „Volksstaates" zur Hand nehmen; sind wir doch wieder einen Schritt weiter! Und so werden wir weiterschreiten in rastlosem Kampfe, bis, während wir heute nur den Geburtstag eines Blattes feiern, der wahre, der sozial-demokratische Volksstaat ins Leben tritt!

Die Behörden der Partei werden, fest das große Ziel im Auge, ihre Schuldigkeit zu thun versuchen. Aber Jeder muß auf dem Posten sein, Jeder muß emsig arbeiten, rüstig schaffen, unverdrossen wirken, selbstlos opfern. So nur wird einstmals das erhabene Ziel erreicht!

Darum denkt an die Nothwendigkeit der Organisation! Wirkt für unsere Vereine, wirkt für die Partei, wirkt für den großen vielgeschmähten, mächtigen Bruderbund der Arbeiter der ganzen Erde! Wenn die Arbeitersache Euer ganzes Herz erfüllt, wenn Ihr Euere Mitbrüder zu einer gleichen Begeisterung aufrafft, dann wird die Zeit nicht mehr so fern sein, wo die Arbeitersache die ersten großen Siege feiert.

Und wenn Ihr heute unserm „Volksstaat" — dem Organ und dem Eigenthum der Partei — mehr und mehr Leser, mehr und mehr Abonnenten verschafft, wie das Eure Pflicht ist, aber auch eine Pflicht, die zu erfüllen Euch Freude machen muß, so werden wir um so schneller weiter kommen.

Und so begrüßen wir Euch an dem Geburtstage unsres „Volksstaats" mit dem Rufe:

Es lebe der sozial-demokratische Volksstaat!
Es lebe die sozial-demokratische Agitation!

Braunschweig-Wolfenbüttel und Leipzig, den 1. Oktober 1869.

Der Ausschuß. Die Redaktion.

Politische Uebersicht.

Alle Zeitungen sind mit Nachrichten über die plötzliche Annäherung Oesterreichs an Preußen und Rußland gefüllt. Ueber die Einzelheiten der Unterhandlungen ist man noch nicht im Klaren, die Thatsache selbst steht über jedem Zweifel. Kein Zweifel: die Koalition ist so gut wie abgeschlossen; kein Zweifel: die Völker haben die Kosten zu bezahlen — so lange sie feig genug sind, es zu thun.

Der Furcht vor der Revolution ihr Dasein verdankend, richtet sich die neue Heilige Allianz gegen die Revolution und bezweckt in erster Linie die Eindämmung der Französischen Republik, die selbst in den monarchischsten Kreisen als unvermeidliches Uebel betrachtet wird. Natürlich mit obligaten Demokraten- und Demagogenhetzen diesseits des Rheins.

Graf Bismarck — das liegt auf der Hand — wird mit der neuesten Wendung der Dinge bei Seite geschoben, und darauf beschränkt sich nun die „Revanche" Beust's, der bis zum Ausbruch des fatalen Napoleon'schen Nierenleidens viel Gewaltigeres im Sinne gehabt hatte. Im Uebrigen bleibt in Preußen Alles beim Alten — liberales Unkraut ist ja dort nicht auszujähden. Anders in Oesterreich. Hier ist seit 1866 der Boden ziemlich tief vom Reformpflug umgeackert worden — hier giebt's Ministerverantwortlichkeitsgesetze, Soldateneid auf die Verfassung, pfaffenfeindliche Gesetze, ein Bürgerministerium und andere derartige Greuel.

Bürgerministerium! Bah — der Mohr hat seine Schuldigkeit gethan, der Mohr kann gehen. Und der Mohr ist so dumm gewesen, daß er die Einzigen, bei denen er auf Dankbarkeit und kräftigen Beistand hätte rechnen können, daß er die Arbeiter mit unvergleichlicher Stupidität chikanirt, malträtirt, von sich gestoßen hat — der Mohr hat keine Freunde, der Mohr wird gehen. Und mucksen sich die Wiener —, nun, aus dem Greuter'schen Prozeß haben wir's ja gesehen, daß der Kaiser schon vor einem Jahre Lust hatte, seine „lieben Wiener" in majorem dei gloriam niederkartätschen zu lassen. Jetzt hat er die Gelegenheit, und Beust, der ewig lächelnde, wird lächelnd mit zuschauen.

Freilich, es könnte auch mißlingen. Könnte? Nein, wird mißlingen. Vielleicht nicht sofort, aber endgültig mit mathematischer Sicherheit. Jeder Moment des Scheinerfolgs muß die Vernichtung der reaktionären Elemente nur um so gründlicher machen, und der politische und soziale Gährungsprozeß ist so weit gediehen, daß an eine langsame, chronische Entwickelung nicht mehr gedacht werden kann.

Hat doch sogar ein bisher streng monarchisches Blatt, wie die Hannoversche „Volkszeitung", jetzt begriffen, daß es für die deutsche Frage nur noch eine revolutionäre Lösung gibt!

Und der „kranke Mann" an der Seine, in dem einige Monarchen Europa's vor Kurzem noch ihren tödtlichsten Feind erblickten, und dessen Leben und Reich zu verlängern sie heut sämmtlich die Hälfte ihrer Vorrechte und ihrer Macht dahingäben? Er stirbt, mit der Schminke auf dem Gesicht, und sinnt sterbend über Staatsstreiche noch bei seinen Lebzeiten, über Füsilladen nach seinem Tode und — flüchtet seine Schätze in's Ausland — seine Schätze? soll heißen, die Schätze Frankreichs, die sich in die kaiserlichen Taschen verirrt haben.

Mittlerweile hat die französische Kaiserin einen neuen Unterrock und ein französischer Mönch eine neue Religion (Rongelei) erfunden. In besagtem Unterrock kann man das Empire begraben und in besagter Religion die Todtenfeier veranstalten.

Unsern Freunden in Wiesbaden, Mainz und Umgegend sind wir es schuldig, an dieser Stelle gegen die verläumderischen Berichte zu protestiren, welche über die Haltung der Sozialdemokraten in der Wiesbadener Volsversammlung vom 5. September in Umlauf gesetzt worden sind. Wir selbst — es sei dies offen eingestanden — hatten uns täuschen lassen, sind aber nach genauer Erforschung des Sachverhalts zu der Ueberzeugung gelangt, daß unsere Parteigenossen durchaus im Recht waren und politisch durchaus taktvoll gehandelt haben. Gewiß ist: jene Versammlung war eine öffentliche. Gewiß ist: bei der Vorsitzendenwahl hatten unsre Parteigenossen die Mehrheit. Gewiß ist: die fortschrittliche Minorität erkannte die Entscheidung der sozialdemokratischen Majorität nicht an. Daß die Majorität sich von der Minorität nicht nasführen ließ, war ganz in der Ordnung — anderenfalls hätte sie sich verächtlicher Feigheit schuldig gemacht. Was endlich den Vorwurf betrifft, unsere Parteigenossen hätten durch ihr Auftreten einen Schlag gegen Braun vereitelt, so ist auch jeder Vorwand für diesen Vorwurf beseitigt, seit die Fortschrittspartei auf einer zweiten Volksversammlung, von der man unsre Parteigenossen durch die lächerlichsten Angstmaßregeln fernhielt (s. d. Bericht in einer anderen Columne), den Beweis geliefert hat, daß sie, abgesehen von einigen persönlichen Zerwürfnissen mit Braun, doch im Wesentlichen auf dem Standpunkt dieses Westerwälder Biedermannes steht.

In Würtemberg wird dieser Tage das fünfzigjährige Constitutionsfest gefeiert. Eine harmlose Verfassung muß es sein, die während des letzten halben Jahrhunderts keine fürstlichen Staatsstreich- und Oktroyirungs-Gelüste erweckt hat. Entsprechend harmlos war die Feier; der Landesvater selbst brachte einen Toast aus auf die Verfassung, und nur die demokratischen Abgeordneten hielten sich schmollend bei Seite, weil Meyer („Beobachter"), der auf dem Aßberg eine kleine Gefängnißstrafe absitzt, nicht begnadigt worden. Von der Amnestie hatten sie ihre Hoffähigkeit abhängig gemacht. Amnestie — die französischen Demokraten weisen verachtungsvoll die Amnestie zurück, die ihnen ein Kaiser angeboten hat, und deutsche Demokraten gehen bei einem König zur Tafel, wenn er so gnädig sein will, ihnen Amnestie zu gewähren. Ländlich, sittlich.

Nachdem das Provisorium in Spanien genau ein Jahr lang gedauert hat, scheint jetzt die Krise hereingebrochen zu sein. In Tarragona und Barcelona hat der Versuch der Regierung, die republikanischen „Freiwilligen der Freiheit" zu entwaffnen, zu heftigen Szenen, in letzterer Stadt sogar zu einem fünfthalbstündigen Kampf geführt, der den amtlichen Telegrammen zufolge mit dem Sieg der Regierungstruppen geendet haben soll. Die Bestätigung bleibt natürlich abzuwarten, um so mehr als wir bei der trefflichen Organisation der Republikaner in Barcelona an deren Besiegung in so kurzer Zeit nicht glauben können. Denselben (amtlichen) Berichten nach sind mehrere republikanische Abgeordnete, darunter der brave General Pierrad, gefangen. Jedenfalls war die republikanische Partei nicht unvorbereitet. Am 20. Septbr. fand, wie ein aus guter Quelle stammender Brief aus Catalonien meldet, in Tortosa eine große republikanische Kundgebung statt, veranlaßt durch die Anwesenheit der Delegirten der vier Provinzen Catalonien, Arragonien, Valencia und der Balearen, die einen Pact unter dem Namen „Coronilla von Arragonien" bilden. Auch einige republikanische Cortesdeputirte waren anwesend. Das Centralcomité der verschiedenen Provinzen trat zusammen, um Beschlüsse über die demnächst zu treffenden Schritte zu fassen. „Das Resultat der Berathungen, heißt es in dem Schreiben, blieb geheim." In demselben Brief wird gesagt, daß die Idee des bewaffneten Widerstandes gegen die, wie man glaubte, auf den 1. Oktober anberaumte Königswahl in der republikanischen Partei, die überall ihre Organisation vervollständige, häufige Versammlungen halte und die Bewaffnung eifrig betreibe, immer mehr Boden gewinne. „Das Signal zu einem allgemeinen Aufstande soll durch die sicher erwartete Verwerfung eines, von einigen Mitgliedern der Minorität zu stellenden Antrags: Die Wahl des Staatsoberhauptes einer Volksabstimmung zu unterwerfen, sowie durch den Austritt der Republikaner aus der Kammer gegeben werden."

Es fragt sich nun, hat die Regierung nicht das Prävenire*) gespielt? Und war ihr Vorgehen in Tarragona und Barcelona nicht Theil eines ganz Spanien umfassenden Planes? In diesem Fall würden die Republikaner allerdings schwer gefehlt haben. Wer beim Nahen eines Conflikts den ersten Streich führt, hat den Sieg schon halb gewonnen.

Nachschrift. Die neuesten Depeschen aus Spanien deuten auf den Ausbruch eines allgemeinen republikanischen Aufstandes. An vielen Punkten „haben sich starke Banden bewaffneter Republikaner gezeigt" und in Madrid sind die Clubs geschlossen worden. In den nächsten Tagen, das unterliegt keinem Zweifel mehr, wird auf der pyrenäischen Halbinsel die Frage: ob Republik oder Monarchie (Säbeldiktatur) für die nächste Zukunft entschieden sein.

Der Lausanner „Friedens und Freiheitskongreß" hat es Bezug auf in soziale Frage folgende Resolutionen gefaßt:

„Der diesjährige Kongreß erklärt aufs Neue die politische und soziale Frage für untrennbar; die eine kann nicht gelöst werden ohne die andere. Es ist Pflicht der Gesellschaft sich unausgesetzt mit der Verbesserung der allgemeinen Bedingungen der Arbeit und des Tausches zu beschäftigen, um die zahlreichen Mißstände zu heben, an welchen die gegenwärtige Gesellschaft leidet, doch ohne der Freiheit des Individuums Abbruch zu thun.

„Die folgenden politischen Bedingungen sind unumgänglich, um eine ökonomische Reform wirksam zu machen: 1) Die republikanisch-föderative Regierung; 2) die direkte Gesetzgebung durch's Volk; 3) der obligatorische und unentgeltliche Schulunterricht, unentgeltlich für alle Stände und für beide Geschlechter; 4) Abschaffung der stehenden Heere und Ersetzung derselben durch die Volkswehr; 5) Abschaffung aller indirekten Steuern und Ersetzung derselben durch eine direkte Progressivsteuer;

„Die nothwendigsten ökonomischen Maßregeln sind: a) Die Abschaffung des industriellen Monopols, besonders des Monopols des Transports; b) zu jeder Art der Arbeit die Intervention des Gesetzgebers, um jedes Privatreglement zu hindern, welches den Grundprinzipien des gemeinen Rechts widerspricht; c) die Einrichtung der Syndikate für die Abeiter jeder Klasse sowohl als für die Arbeitgeber."

Hierzu kommen noch folgende von Sonnemann aus Frankfurt gestellte Amendements, die ebenfalls angenommen wurden.

„1) Expropriation aller Transportmittel und anderer Industrien, welche ein rechtliches oder faktisches Monopol genießen, durch den Staat. 2) Errichtung großer Kredit-Institute durch den Staat, damit der Kredit ein Arbeitsinstrument für Alle werde. 3) Festsetzung normaler Arbeitsstunden, Schutz der Arbeiter gegen die Ungerechtigkeiten der Fabrikordnungen; Verbot der Kinderarbeit."

In diesen Resolutionen vermissen wir vor Allem die Anerkennung des Rechts der Arbeiter auf den vollen Ertrag ihrer Arbeit. In der Phrase: „ohne der Freiheit des Individuums Abbruch zu thun" begegnet uns die grundfalsche Ansicht, als ob in der heutigen Bourgeoisgesellschaft die Freiheit des Individuums bestehen könnte, während umgekehrt die Bourgeoisgesellschaft mit ihrer Ausbeutung einer Klasse durch die andre erst sozialistisch umgeformt werden muß, um die Freiheit des Individuums zu ermöglichen. Ferner halten wir eine föderative Republik für unfähig, die sozialistische Umgestaltung der Gesellschaft zu bewirken. Die übrigen Punkte befinden sich auch in unsrem provisorischen Programm. Daß diese halb sozialistischen Beschlüsse übrigens eine etwas widerwillige Conzession sind erhellt am Besten aus dem Umstand, daß der Friedens- und Freiheitskongreß der Rede eines naturwüchsigen Vertreters der Manchesterschule (deren schwacher Abklatsch Schulze-Delitzsch ist) begeisterten Beifall gezollt hat. Die Herren Föderativrepublikaner müssen noch viel lernen.

Berichtigung. In dem Protokoll des Eisenacher Congresses ist in dem Telegramm, von mir unterzeichnet, ein Fehler enthalten. Statt: „Kein Lasalleanismus" hatte ich geschrieben: „Kein Cäsarismus".

Ronsdorf. Ernst Wilke, Breitestr.

An die Parteigenossen!

Es liegt auf der Hand, daß die Thätigkeit des Partei-Ausschusses von der Unterstützung abhängt, welche ihm Seitens der Partei wird. Vor allen Dingen muß dieselbe in finan-

*) Ist sie nicht den Republikanern zuvorgekommen?

Erscheint in Leipzig
Mittwoch, Freitag, Sonntag.

Abonnementspreis
für ganz Deutschland 1 M. 60 Pf. pro Quartal.

Monats-Abonnements
werden bei allen deutschen Postanstalten auf den 2. und 3. Monat, und auf den 3. Monat besonders angenommen; im Königr. Sachsen und Herzogth. Sachsen-Altenburg auch auf den 1ten Monat des Quartals à 54 Pfg.

Inserate
betr. Versammlungen pr. Petitzeile 10 Pf., betr. Privatangelegenheiten und Feste pro Petitzeile 30 Pf.

Vorwärts

Central-Organ der Sozialdemokratie Deutschlands.

Bestellungen
nehmen an alle Postanstalten und Buchhandlungen des In- u. Auslandes.

Filial-Expeditionen.
New-York: Soz.-demokr. Genossenschaftsbuchdruckerei, 154 Eldridge Str.
Philadelphia: P. Haß, 630 North 3rd Street.
J. Boll, 1129 Charlotte Str.
Chicago: A. Lanfermann, 296 Division Street.
San Franzisco: F. Enz, 418 O'Farrell Street.
London: Baudiz, 5 Nassau Street, Middlesex Hospital.

Nr. 1. Sonntag, 1. Oktober. 1876.

Mit dem 1. Oktober a. c. haben laut Congreßbeschluß unsere bisherigen zwei offiziellen Parteiorgane „Volksstaat" und „Neuer Sozialdemokrat" zu erscheinen aufgehört und ist an deren Stelle als einziges offizielles Parteiorgan getreten der

„Vorwärts"

Centralorgan der Sozialdemokratie Deutschlands.

Redakteure: **W. Hasenclever** und **W. Liebknecht.**

Ort des Verlags: **Leipzig.**

Der Preis des „Vorwärts" ist per Quartal auf **M. 1,60** festgestellt, und abonnirt man denselben bei allen Postanstalten, sowie den bisherigen Bezugsquellen.

Der „Vorwärts" erscheint ebenso wie „Volksstaat" und „Neuer Sozialdemokrat" 3mal wöchentlich. Die Bezugsbedingungen und Versandttage sind dieselben, wie bei den bisherigen Parteiorganen.

In dem Zeitungskatalog steht der „Vorwärts" im Nachtrag XI, unter Nr. 3770a, Seite 2.

Denjenigen Abonnenten, welche das Blatt per **Kreuzband** beziehen, wird dasselbe bei wöchentlich dreimaliger Zusendung in folgender Weise berechnet:

für Deutschland, Oesterreich, Helgoland und Luxemburg 3 Mark per Quartal;

für die Schweiz, Serbien, Belgien, Scandinavien, Italien, die Niederlande, Großbritanien, Rumänien, Portugal, Frankreich, Spanien, Türkei und Vereinigten Staaten von Amerika 4 Mark;

Couvertsendungen wöchentl. 3mal 10 Mrk. pr. Quart.
„ „ 1mal 4,80 Mrk. „ „

☛ Der Abonnements-Betrag ist bei Bestellung einzusenden.

Für Leipzig und Umgegend ist der Abonnementspreis (mit Bringerlohn) auf 1 Mark 80 Pf. pro Quartal und 60 Pf. pro Monat festgesetzt. Man abonnirt bei der Expedition d. Bl. Färberstr. 12, und bei unseren Colporteuren. Für die Umgegend von Leipzig bei den Filialexpeditionen: **Volkmarsdorf, Reudnitz, Neuschönefeld** ꝛc. ꝛc. bei Frau Engel, Reudnitz, Feldstr. 14, Hof 1 Tr.; für **Connewitz** ꝛc. bei Teubert, Bornaischestr. 19; für **Kleinzschocher und Umgegend** bei Fleischer, Schloßg. 13 daselbst; für **Thonberg** bei Kirsten, Hauptstr. 7, und Zschau; für **Neureudnitz** bei Zschau; für **Gohlis** ꝛc. bei A. Hermsdorf, Lindenthalerstr. 17; für **Stötteritz** bei E. Grube, An der Papiermühle; für **Lindenau** bei Frau Grebenstein, Aurelienstraße 3.

Für **Berlin** wird auf den „Vorwärts" monatlich für 75 Pf. (frei in's Haus) abonnirt, bei der Expedition der „Berliner Freien Presse", Kaiser-Franz-Grenadier-Platz 8a und Rubenow, Brunnenstr. 34, im Laden.

Die Redaktion und Expedition des „Vorwärts".

Die Arbeiter und die Zollfrage.

Mit besonderem Bezug auf Ungarn.

Von Leo Frankel.

Während meiner hiesigen Untersuchungshaft — wegen Betheiligung an der Pariser Commune — kam ich mit meinem Staatsanwalt unter anderem auch auf die Zollfrage zu sprechen. — Schutzzoll- oder Freihandels-Fragen, die sonst nur in volkswirthschaftlichen Büchern oder Revuen erörtert wurden, tauchten plötzlich in Folge des bevorstehenden Ablaufs des 1867 zwischen Oesterreich und Ungarn gemachten zehnjährigen Vertrags in den Tagesblättern auf und wurden ganz von selbst zu Tagesfragen. Das mag auch den Staatsanwalt veranlaßt haben, meine diesbezügliche Meinung zu hören; oder wollte er wissen, ob ich wirthschaftliche Kenntnisse besitze?

Sei die Ursache gewesen welche sie wolle, ich trat — so befremdend dies auch klingen mag — für den Schutzzoll ein.

Man muß die ökonomischen Fragen immer auf ein gegebenes Land, auf gegebene Verhältnisse prüfen, man muß die sogenannte historische Methode anwenden, wie sie von Marx und Engels schon in den vierziger Jahren (in den deutsch-französischen Jahrbüchern) gelehrt wurde, denn es giebt im ökonomischen Leben keine unveränderlichen Gesetze, Gesetze die zu allen Zeiten und in allen Ländern gleich sind, sondern nur historische Gesetze, d. h. Gesetze, die mit dem Ableben einer gegebenen Entwicklungsperiode absterben, so daß jede historische Periode ihre eigenen Gesetze hat.

Die industriellen Verhältnisse Ungarns sind heute eben noch derartig beschaffen, daß sie ebensosehr eines Schutzzolls bedürfen, als die Englands des Freihandels, wie sich dies schon aus der Zahl derjenigen ergiebt, die in den Ländern der ungarischen Krone eine industrielle Beschäftigung haben.

Mit Industrie beschäftigen sich in den einzelnen Ländern

Ungarn	534,500	Personen,
Siebenbürgen	63,740	„
Fiume	3,200	„
Croatien und Slavonien	29,960	„
der gew. Militärgrenze	15,500	„
Im Ganzen	646,900	Personen.

Bei einer Gesammtbevölkerung von 15,400,000 Seelen nur 4.20 Proz. Hiervon sind 291,000 selbstständige Unternehmer, ein Zeichen, daß die Industrie zum größten Theil noch handwerkmäßig betrieben wird, und nur 355,900 d. i. 2.30 Proz. Arbeiter und Gehilfen, während z. B. Belgien, das nur 5 Millionen Einwohner zählt, in den Fabriken allein 448,940 Arbeiter beschäftigt hat.

Wenn heute Engländer und Franzosen mit ihren Freihandelstheorien in aller Herren Länder hausiren gehen, darf man nicht vergessen, daß Englands Industrie durch hohe Zölle und Einfuhrverbote geschützt wurde, so lange es eben nothwendig war. Hußkisson, der englische Handelsminister, hatte noch 1824 große Schwierigkeiten, als er das Verbot aufheben wollte, welches die englische Seidenindustrie gegen die französische schützte, und mußte an dessen Stelle einen Zoll von 30 Proz. auflegen, der erst 1846 herabgemindert wurde.

Frankreichs Industrie wurde besonders durch Colbert (Minister Ludwig des XIV.) gefördert, der sie mit Monopolen, Privilegien und Subventionen reichlich ausstattete und nebenbei auch hohe Zölle und ein Einfuhrverbot diktirte. Nach einer im Mai l. J. in der Société d'economie politique stattgehabten Diskussion über die Zollfrage zu schließen, zählt der allgemeine Tarif Frankreichs heute sogar noch viele Artikel — Garnier behauptete 52 — deren Einfuhr verboten ist.

Welchen Erfolg könnte man nun von einer Armee ungeübter mit Feuersteingewehren bewaffneten Soldaten, die sich mit einem kriegsgeübten, mit den neuesten Feuerwaffen ausgerüsteten Heere im Kampfe befände, erwarten?

Auf dem Felde der Industrie hätte Ungarn mit seinen schlechten und schwachen Arbeitsmitteln nicht nur denselben Erfolg gegenüber England und Frankreich, nicht nur gegen Belgien, die Schweiz und Deutschland, sondern zum großen Theil selbst gegen das in der Industrie wenig vorgeschrittene Oesterreich, so daß Ungarn, wenn es das Bestreben fühlt, den größern Theil seines eignen Bedarfs an Fabrikaten zu decken und den eignen Markt auch nur mehr oder minder zu beherrschen, die Interessen seiner Industrie auch gegen Oesterreich wahren muß; es müßte auch ein eignes Zollgebiet haben.

Ungarns Industrie gleicht einem Kinde, dem noch das Stehen und Gehen gelehrt werden soll; es muß ihr noch sehr unter die Arme gegriffen werden, soll sie je auf eignen Füßen stehen können.

Mein Staatsanwalt schien sich meinen Ansichten mehr oder minder zuzuneigen. Er sprach nur seine Verwunderung darüber aus, daß ich mich als ein „Internationaler" für den Schutzzoll ausspreche, da er immer glaubte, die Internationalen seien Freihändler.

Dies gab mir Gelegenheit, ihm zu sagen, daß dieselben weder Schutzzöllner noch Freihändler sind, daß sie sich diesen Fragen gegenüber ganz passiv verhalten, da dies keine Arbeiter-, sondern eine Kapitalistenfrage sei, daß sie weder an den amerikanischen Protektionsapostel Carey, noch an die englischen und französischen Freihandelsapostel wie Cobden und Bastiat glauben, denn unter dem einen oder dem andern System ist der Abhängigkeitsgrad der Arbeiter derselbe, unter beiden Systemen erhebt sich ihr Lohn selten höher und auch dies vorübergehend, als der Preis der zu ihrer Erhaltung nothwendigen Lebensmittel.

Wenn diese Frage aber auch wesentlich nur das Interesse der Kapitalisten und Grundbesitzer berührt, und die Art der Lösung von dem Verständniß der Sachlage abhängen wird, so ist sie doch nicht ganz unwesentlich für diejenigen, die nichts als ihre Arbeitskraft zu Markt zu tragen haben. Allerdings nicht im Sinne jener Oekonomisten, welche behaupten, daß sich mit der Vergrößerung des Nationalreichthums die Lage der arbeitenden Klasse verbessern, und daß das Interesse der Arbeitgeber und Arbeitnehmer daher ein gleiches sei. Nein, täuschen wir weder uns noch andre. Die menschlichen Interessen mögen gleiche sein, das Interesse der Klassen aber nie und nimmermehr!

Für die Zukunft, für den Fortschritt der Menschheit hat dieser Antagonismus nichts Erschreckendes, sondern nur Erfreuliches an sich. Die ganze bisherige Geschichte der menschlichen Gesellschaft zeigt sich uns als ein Cyklus anhaltender Kämpfe zwischen Klassen, Ständen und Parteien, die entgegengesetzten Interessen folgten. Es würde mich zu weit von meinem Gegenstand abführen, wollte ich hier erst den Nachweis liefern, wie die Unterdrückten bei allen diesen langwierigen Kämpfen schließlich doch als Sieger das Feld behaupteten. Bemerken will ich nur, daß alle diese Kämpfe, die sich im Grunde um materielle Interessen drehten, auch von entsprechenden geistigen Fortschritten begleitet waren. Der Kampf zwischen der Bourgeoisie und dem Adel, der sich in Frankreich bereits in den Communeerhebungen des 11. und 12. Jahrhunderts kundgiebt, in dem Bauernkrieg, Jacquerie genannt, an Bedeutung gewinnt und seinen eigentlichen Abschluß in der Eröffnung der französischen Reichsstände (5. Mai 1789) findet, zeigt dies am Besten in seinen Encyklopedisten, den Philosophen des 18. Jahrhunderts.

Wäre es wahr, daß das Interesse der Arbeiter und Kapitalisten ein gleiches ist — und nehmen wir an, es sei so — dann müßten die Folgerungen auch im umgekehrten Falle wahr sein und wir dürften sagen: Alles, was im Interesse der Arbeiter liegt, ist auch im Interesse der Kapitalisten, und da nun Jeder glaubt, die allgemeinen Interessen am besten vertreten zu können, [illegible]

vertreten sein. Was sehen wir aber anstatt dessen? Die besitzende Klasse allein ist in den meisten Ländern vertreten, sie allein macht die Gesetze, sie allein schreibt die Steuern aus, sie allein schließt Verträge, während die Arbeiter systematisch von der Herrschaft ausgeschlossen werden.

Darf man sich dann wundern, wenn diese Gesetze als Klassengesetze, als gegen die Arbeiter, gegen die besitzlose Klasse gerichtet verschrieen, und die Oekonomisten, die stets gegen die Arbeiter Front machen und mit ihren Harmonielehren die Arbeiter nur glauben machen wollen, daß das Interesse der Kapitalisten zugleich das ihrige sei, als Sykophanten und Söldlinge der besitzenden Klasse betrachtet werden?

Hatten vielleicht die Feudalherr.., die den Bauer gesetzlich zwangen, für sie zu arbeiten, der ihrer Gerichtsbarkeit unterstellt war (in Oesterreich-Ungarn sind die letzten Pfeiler des Feudalwesens erst 1848 niedergerissen worden), das Interesse der Bauern im Auge? Hatten die englischen Grundbesitzer, welche (bis 1846) die Korngesetze als für ihre Renten unumgänglich nothwendig betrachteten, das Interesse der Besitzlosen im Auge? Hatten die Sklavenhalter Südamerikas im Interesse der Sklaven die Waffen zur Aufrechthaltung dieses barbarischen Systems ergriffen? Oder hatten die früheren Meistergilden, die durch übertriebene Gebühren selbst den fähigsten Gesellen die Meisterschaft fast unmöglich machten, ja in vielen Fällen nur den Söhnen der Meister oder den zweiten Männern verwittweter Meisterinnen Zutritt ließen, das Interesse der Gesellen im Auge?

Auch die Arbeiter sind nicht so blöde, um zu glauben, daß ihr Ausschluß von der Gesetzgebung, das Verbot von Arbeitercoalitionen, Nichteinführung von Fabrikgesetzen, von besoldeten und unabsetzbaren Fabrikinspektoren, oder das Lohnsystem in ihrem Interesse liege.

Das Interesse der Arbeiter und Kapitalisten ist ebenso verschieden als das der Käufer und Verkäufer einer Waare, wo jeder nur seinen eigenen Vortheil sucht und schließlich immer derjenige im Nachtheil sein muß, der des andern am meisten benöthigt. Daß dies unter den bestehenden Verhältnissen der Arbeiter ist, braucht wohl kaum erst beleuchtet zu werden. (Forts. folgt.)

An ihren Früchten sollt ihr sie erkennen.

„Die Sozialdemokraten hetzen das Volk auf, machen es mit den herrschenden Zuständen unzufrieden." Das ist der gewöhnliche Vorwurf, der von Seiten der Spießbürger unserer Partei gemacht wird. Wir sagen „Vorwurf", weil es als Vorwurf gemeint ist. In Wirklichkeit ist's freilich kein Vorwurf, denn das sogenannte „Aufhetzen", das Erregen von „Unzufriedenheit" ist an sich ja durchaus nichts schlimmes. Wer gegen schlechte Zustände „aufhetzt", thut nur seine Schuldigkeit, und wer unter den Menschen „Unzufriedenheit" mit schlechten Zuständen verbreitet, handelt im Interesse des menschlichen Fortschritts. Die Zufriedenheit ist die schädlichste aller menschlichen Eigenschaften. Von gedankenlosen Dichtern gepriesen, ist sie der Schrecken des Reformators und des Kulturgeschichtschreibers. Die Zufriedenheit, das Sichwohlfühlen in den menschenunwürdigsten Verhältnissen und Lebenslagen ist der Feind jedes Fortschritts, das Hinderniß jeder Verbesserung; während umgekehrt die vielverlästerte, dem Philisterthum so verhaßte Unzufriedenheit das Triebrad der Kulturentwickelung bildet. „Hunger und Liebe" erhalten zwar, wie Schiller sagt, das Weltgetriebe, aber sie treiben die Welt nicht vorwärts; die Peitsche, welche die Menschheit vorantreibt, das ist die Unzufriedenheit; die Unzufriedenheit ist es, was den Menschen vom Thier unterscheidet, was den Menschen über das Thier erhebt — die Unzufriedenheit ist die ewige Unruhe in der Weltenuhr — die Unzufriedenheit ist die wahre Kulturträgerin, die Führerin, der Sporn in dem großen menschlichen Kulturkampf.

Wenn man uns Sozialdemokraten also den Vorwurf macht, wir erregten Unzufriedenheit, hetzten das Volk auf, so macht man uns in Wirklichkeit ein Compliment, welches wir sehr gern annehmen, und welches wir in immer höherem Grade verdienen wollen. Ja wir wollen Unzufriedenheit verbreiten, ja wir wollen „aufhetzen"!

Sie lächeln vergnügt, Herr Tessendorf und Compagnie, Sie denken gewiß: „Die guten Leutchen wollen mir die Arbeit erleichtern, sie schwimmen mit offenen Augen in mein Netz." Lächeln Sie nicht zu früh, Herr Tessendorf und Compagnie; Sie laboriren an falschen Vorstellungen, von denen Sie sich emanzipiren sollten. Wir ertheilen Ihnen diesen Rath nicht in unserem Interesse, sondern in dem Ihrigen. Je länger Sie auf dem Holzweg herumstolpern, desto besser für uns; bessere Feinde als die, welche uns bisher bekämpft haben, können wir uns nicht wünschen, und wir geben Ihnen die ehrliche Versicherung: wenn wir wären, was Sie von uns glauben, wenn wir thäten, was Sie uns zutrauen, und einmal pro bono Sancti Stieberii frisch fröhlich frei putschten — und wenn uns bei dieser Gelegenheit durch irgend einen Zufall gelänge, unsere Hauptfeinde, von Bismarck an bis herunter zu Tessendorf, zu fangen, wir würden das Beispiel Washington's befolgen, der einen durch ganz besondere „Genialität" ausgezeichneten englischen Heerführer in seine Gewalt bekommen hatte: wir würden die genannten guten Feinde schleunigst wieder in Freiheit setzen, mit der Bitte, als einziger Bedingung, daß sie so fortwirthschaften mögen, wie sie bisher gewirthschaftet haben. Sie sehen, Herr Tessendorf und Compagnie, wir meinen es gut mit Ihnen; wir Sozialdemokraten sind eben so human, daß wir Ihnen eine kleine Belehrung angedeihen lassen müssen, auch auf die Gefahr hin, dadurch uns Nachtheile zu verursachen.

Nun aufgepaßt!

Wir wollen Unzufriedenh[illegible] gen und „aufhetzen"! [illegible]

Die Arbeiter gewannen Selbstbewusstsein. Eisenbahner-Schmiede in Braunschweig.

Die Geburtsstunde des *Vorwärts*. Ein Jahr nach der Vereinigung der beiden Schwesterparteien zur Sozialistischen Arbeiterpartei Deutschlands legten die Delegierten in Gotha 1876 auch die Parteiblätter zusammen. Nach langen Debatten entschieden sie sich für Leipzig als Redaktionssitz – ein Misstrauensvotum gegen die in Berlin sitzende Reaktion.

Parlamentarier der ersten Stunde. Sozialdemokratische Reichstagsabgeordnete (stehend von links nach rechts): Johann Heinrich Wilhelm Dietz, Carl Kühn, Wilhelm Liebknecht, Karl Grillenberger, Paul Singer. (Sitzend): G. Schumacher, Harm, August Bebel, Heinrich August Meister, Karl Frohme.

Aufgepfropft auf das Blatt der Berliner SPD erschien nach dem Fall des Sozialistengesetzes der *Vorwärts* fortan in der Reichshauptstadt. Hier sollte er seinen Siegeszug antreten; gleichzeitig führte diese Konstruktion zu schweren Konflikten.

Nr. 21. | 29. Jahrg.

Abonnements-Bedingungen:
Abonnements-Preis pränumerando: Vierteljährl. 3,30 Mk., monatl. 1,10 Mk., wöchentlich 28 Pfg. frei ins Haus. Einzelne Nummer 5 Pfg. Sonntagsnummer mit illustrierter Sonntags-Beilage „Die Neue Welt" 10 Pfg. Post-Abonnement: 1,10 Mark pro Monat. Eingetragen in die Post-Zeitungs-Preisliste. Unter Kreuzband für Deutschland und Oesterreich-Ungarn 2 Mark, für das übrige Ausland 3 Mark pro Monat. Postabonnements nehmen an: Belgien, Dänemark, Holland, Italien, Luxemburg, Portugal, Rumänien, Schweden und die Schweiz.

Erscheint täglich außer Montags.

Vorwärts

Berliner Volksblatt.

Zentralorgan der sozialdemokratischen Partei Deutschlands.

Die Insertions-Gebühr
beträgt für die sechsgespaltene Kolonelzeile oder deren Raum 60 Pfg., für politische und gewerkschaftliche Vereins- und Versammlungs-Anzeigen 30 Pfg. „Kleine Anzeigen", das fettgedruckte Wort 20 Pfg. (zulässig 2 fettgedruckte Worte), jedes weitere Wort 10 Pfg. Stellengesuche und Schlafstellenanzeigen das erste Wort 10 Pfg., jedes weitere Wort 5 Pfg. Worte über 15 Buchstaben zählen für zwei Worte. Inserate für die nächste Nummer müssen bis 5 Uhr nachmittags in der Expedition abgegeben werden. Die Expedition ist bis 7 Uhr abends geöffnet.

Telegramm-Adresse: „Sozialdemokrat Berlin".

Redaktion: SW. 68, Lindenstrasse 69. Fernsprecher: Amt Moritzplatz, Nr. 1983. | Freitag, den 26. Januar 1912. | Expedition: SW. 68, Lindenstrasse 69. Fernsprecher: Amt Moritzplatz, Nr. 1984.

110!

Unten im Hofe des „Vorwärts" stehen die Massen. Die breiten Straßen im Zeitungsviertel sind schwarz von Menschen und sie jubeln und jubeln. So oft ein sozialdemokratischer Sieg verkündet wird, erschallen die Hochrufe und die Siege folgen einander. Und immer begeisterter wird die Stimmung und Kampfgesänge ertönen.

Fünf Jahre sind es heute, da war auch Wahltag und da wurde das Wort von den Niedergerittenen gesprochen. Heute hat Potsdam die rote Fahne gehißt.

Vor fünf Jahren, da jubelten an diesem Tage die andern und heute haben wir die andern Parteien weit hinter uns gelassen, sind wir die weitaus stärkste Fraktion des Deutschen Reichstags, und, was mehr ist, wir sind die weitaus stärkste Partei im deutschen Volke, sind der dritte Teil unseres Volkes geworden.

Heute jubeln wir, und unser Jubel gilt fürwahr keiner vorübergehenden Erscheinung. Denn was wir haben, das wissen wir zu halten. Durch harte Arbeit sind wir geworden, was wir sind, durch harte Arbeit werden wir mehr und größer werden, bis der letzte Siegestag heraufkommen wird, der große Befreiungstag der arbeitenden Menschheit, der Tag der Völkerverbrüderung und Völkerfreiheit, der Tag des Sozialismus....

Der dritte Stichwahltag hat vollendet, was die Hauptwahl versprochen hat. Die Sozialdemokratie hat 110 Mandate. Bei einem wirklich gerechten Wahlrecht hätten wir etwa 134 Mandate erhalten. Immerhin ist für uns diesmal die reaktionäre Wahlkreiseinteilung überwunden worden. Die Leidtragenden dieses Pluralwahlrechts sind die Liberalen noch mehr als wir. Es wird eine wichtige politische Aufgabe sein, die Verfassungsbestimmung, die das gleiche Wahlrecht verbürgt, endlich auch durchzusetzen.

Die Sozialdemokratie hat heute wiederum ganz prächtige Erfolge zu verzeichnen. Da ist vor allem Potsdam-Osthavelland. Mit einem ungeheuren Terrorismus haben die Gegner gearbeitet. Kein Mittel war schlecht genug, keine Lüge war erbärmlich genug, es war die echte Kampfesweise der wahren Patrioten. Sie haben gestritten für ihren Kaiser und haben gekämpft, wie sie es verstehen. Und die Arbeiter sind gekommen, haben die Einschüchterungen nicht beachtet, haben der Lügen gelacht, haben gestimmt und Karl Liebknecht ist gewählt. Wir haben uns Revanche geholt für Berlin I.

Ueberhaupt haben in Brandenburg sich die Arbeiter prächtig geschlagen. In Kalau-Luckau hat Genosse Wels den Konservativen überwunden. In Sorau-Forst Genosse Schumann den Kreis von dem saubern nationalliberalen Herrn Bahn gereinigt, der noch im letzten Moment um die Stichwahlhilfe der Schwarzblauen gebettelt hat. Bedeutsam sind auch unsere Erfolge in Schlesien, wo wir Grünberg-Freystadt und Striegau-Schweidnitz den Konservativen abgenommen haben. In Nordhausen hat Genosse Cohn den Führer der Freisinnigen Dr. Wiemer aus dem Mandat geworfen. Die verärgerten Antisemiten haben da größtenteils den Fortschrittlern die Wahlhilfe versagt.

Nicht minder erfreulich und von größter Bedeutung sind die Siege, die wir in dem Industrierevier verzeichnen können. Die Niederlage des Zentrums in Düsseldorf ist für diese Partei nicht minder schmerzlich als der Verlust von Köln. Dortmund haben wir in der Stichwahl gleichfalls gegen das Zentrum behauptet, Altena-Iserlohn uns von den Fortschrittlern geholt und Elberfeld-Barmen, diese alte sozialdemokratische Feste, die wir 1907 verloren haben, hat jetzt Genosse Ebert glänzend wiedererobert. Freilich haben wir dort unten auch einen schmerzlichen Verlust erlitten. Genosse Hue ist in Bochum dem Nationalliberalen Heckmann unterlegen. Der Haß gegen den unermüdlichen Vertreter der Bergarbeiter trieb diesmal das Zentrum Mann für Mann für die Nationalliberalen an die Urne. Aber dieser Sieg ist wohl der letzte, den die bürgerlichen Parteien in diesem Wahlkreis werden verzeichnen können. Außer Bochum haben wir noch das Mandat von Frankfurt-Lebus, das wir in der Nachwahl geholt hatten, und auch das Mandat von Mülheim-Duisburg nicht halten können. Genosse Hengsbach ist hier dem Nationalliberalen Dr. Böttger unterlegen. Auch hier hat das Zentrum gegen den Vertreter der Arbeit gestimmt, seinen reaktionären Charakter deutlich offenbart. Das erleichtert unsern Kampf und sichert uns künftige Siege. Das Zentrum steht da als der gefährlichste und tückischste Arbeiterfeind und darüber werden auch seine proletarischen Anhänger bald zur Klarheit kommen. Verdankt doch Giesberts seine Wahl in Essen nur der Protektion der nationalliberalen Scharfmacher, ohne die er schon diesmal verloren gewesen wäre. Die 53 000 Stimmen, die Genosse Gewehr in der Krupp-Residenz bekommen hat, stellen einen ganz außerordentlichen Erfolg dar. Ueberhaupt haben die rheinisch-westfälischen Nationalliberalen und das Zentrum sich gegenseitig in die Hände gearbeitet, sich im Kampf gegen die Arbeiterschaft gefunden.

Der schwarzblaue Block hat ausgelebt. Selbst wenn man die Polen, Welfen und all die anderen kleinen Parteisplitter zusammenhält, verfügt er nur über 195 Mandate, bleibt also, wenn auch nur wenig, hinter der Majorität zurück. Daß er nicht eine viel ohnmächtigere Minorität geworden ist, das ist vor allem die Schuld der nationalliberalen Verräterei und der Schwachmütigkeit der fortschrittlichen Wähler, die am ersten Stichwahltage so arg versagt hatten. Aber immerhin, die Alleinherrschaft der Schwarzblauen ist gebrochen.

Und diese Tatsache ist politisch bedeutsam deshalb, weil jetzt die Liberalen zeigen müssen, was sie können. Die Sozialdemokratie hat den Liberalismus bei diesen Wahlen mit ihrer ganzen Macht unterstützt. Sie hat es getan, nicht weil sie sich Illusionen über die künftige Entwicklung hingibt, nicht weil sie übermäßige Hoffnungen hegt oder allzu großes Vertrauen in die liberalen Worte setzt. Aber sie hat gewollt, daß die Liberalen Gelegenheit haben, ihren Worten Taten folgen zu lassen. Die Liberalen tragen jetzt die Verantwortung. Die Sozialdemokratie wird innerhalb wie außerhalb des Parlaments ihre ganze Macht einsetzen, um die Demokratisierung Deutschlands zu fördern, die Lage der arbeitenden Massen durch sozialpolitische Reformen zu verbessern, gegen die Not der Teuerung und der Steuerlasten wirksame Maßregeln durchzusetzen. Wir wissen, daß wir von keiner bürgerlichen Partei in unserm Kampf gegen den Imperialismus und seine Begleiterscheinungen — Wettrüsten, Kolonialpolitik, Schutzzöllnerei — wirksame Unterstützung zu erwarten haben. Aber die Liberalen haben gelobt, für freiheitliche politische Entwicklung und für soziale Verbesserung einzutreten. Da wollen wir sie beim Worte nehmen, da wird es sich zeigen, ob sie den Willen und die Kraft haben, ihr eigenes Programm durchzuführen. An uns soll es nicht liegen, wenn der Reaktion in Deutschland ein Ende gemacht werden soll.

Wir aber, die wir als Sieger aus dieser Wahlschlacht hervorgehen, wir gehen an neue Arbeit. Eine Million neuer Kämpfer hat sich den Reihen der deutschen Sozialdemokratie angeschlossen. Sie müssen eintreten in unsere Organisationen, müssen Leser unserer Parteipresse, müssen zu vollbewußten und zuverlässigen Genossen werden.

Große Aufgaben stehen uns bevor. Riesig schnell geht heute die Entwicklung. Ungebärdiger als je ist der Kapitalismus geworden, mit Kriegsgeschrei erfüllt er die Welt, an neue Eroberungen denkt er und je schärfer die Klassengegensätze im Innern werden, desto mehr sehnt er sich nach auswärtigen Abenteuern. Wir aber, wir kämpfen nur einen Kampf, wir ersehnen nur einen Sieg. Wir wollen dem Kapitalismus kein Entrinnen mehr gönnen. Wir fürchten nicht seine drohenden Gebärden. Immer mehr umklammert ihn unsere Macht, immer näher rückt die Stunde des Schicksals, das der Geschichte ehernes Muß ihm bereitet. Und heute an diesem herrlichen Siegestage, da wendet sich der Blick weg von den Sorgen und den Losungen des Tages, wir schauen aus in die Zukunft und jubelnd wiederholen wir den Ruf, den da unten die Massen immer wieder haben erschallen lassen:

Hoch die Sozialdemokratie!
Es lebe der Sozialismus!

Neugewählte Sozialdemokraten.

Zu den bisher gewählten 99 Sozialdemokraten sind folgende **11** hinzugewählt:

Elberfeld-Barmen	Ebert
Düsseldorf	Haberland
Dortmund	Erdmann
Lennep-Remscheid	Dittmann
Sorau-Forst	Schumann
Altena-Iserlohn	Spiegel

Neu eroberte Kreise:

Potsdam-Osthavelland	Liebknecht
Nordhausen	Dr. Cohn
Grünberg-Freystadt	Davidsohn
Kalau-Luckau	Wels
Striegau-Schweidnitz	Feldmann

Das Endergebnis des Wahlkampfes.

	Gewählt	Gewinne	Verluste	Frühere Stärke
Sozialdemokraten	110	69	12	53
Zentrum	93	5	15	103
Konservative	42	6	23	59
Nationalliberale	45	25	30	51
Fortschr. Volkspartei	42	14	21	49
Polen	18	—	2	20
Wirtsch. Vgg. u. Antis.	13	3	10	21
Reichspartei	14	5	16	25
Welfen	5	5	1	1
Elsasser	5	2	2	8
Lothringer	2	—	1	
Bayer. Bauernbund	3	3	—	—
Bauernbund	2	1	—	—
Dänen	1	—	—	1
Wilde	2	2	5	6
	397			

Die Stichwahlen in Württemberg.

Aus Stuttgart wird uns geschrieben:

In sieben von den siebzehn Wahlkreisen Württembergs war die Entscheidung schon am 12. Januar gefallen. Den ersten und zweiten Wahlkreis (Stuttgart und Cannstatt) hatte die Sozialdemokratie behauptet; dem Bauernbund war der 12. Kreis (Crailsheim) wieder zugefallen, das Zentrum hatte seinen alten sicheren Besitz, den 13. (Aalen), 15. (Blaubeuren), 16. (Biberach) und 17. (Ravensburg) mit leichter Mühe gehalten.

Am Montag, den 22. Januar, fanden in den übrigen zehn Kreisen die Stichwahlen statt. An sieben war die Sozialdemokratie beteiligt. In drei Kreisen stand die Fortschrittliche Volkspartei dem Bauernbund gegenüber. In zweien dieser Kreise, dem 8. (Freudenstadt) und dem 14. (Ulm) siegte die Volkspartei mit sozialdemokratischer Hilfe über den Bauernbund, im 11. Kreise (Backnang) wurde dem Volksparteiler gleichfalls die sozialdemokratische Unterstützung restlos zuteil; doch der Vorsprung des Bauernbündlers war zu groß; er behauptete sein Mandat.

Die Sozialdemokratie eroberte in den sieben Stichwahlen, an denen sie beteiligt war, nur noch ein Mandat, das Heilbronner. In der Hauptwahl waren hier auf die Sozialdemokratie 12 429 Stimmen gefallen, auf den Bauernbündler 10 788 Stimmen. Es hätte hier also Wahlenthaltung der Anhänger des aus der Stichwahl gedrängten Volksparteilers Naumann genügt, um der Sozialdemokratie das Mandat zu sichern. Die Liberalen spalteten sich jedoch, die Nationalliberalen gingen mit fliegenden Fahnen in das Lager des Bauernbündlers über. Die Volkspartei erklärte sich für den Genossen Feuerstein, der denn auch mit

Abonnements werden bei allen schweizerischen Postbureaux, sowie beim Verlag und dessen bekannten Agenten entgegengenommen, und zwar zum voraus zahlbaren Vierteljahrspreis von: Fr. 2.– für die Schweiz (Kreuzband) Mk. 3.– für Deutschland (Couvert) fl. 1.70 für Oesterreich (Couvert) Fr. 2.50 für alle übrigen Länder des Weltpostvereins (Kreuzband)

Inserate die dreigespaltene Petitzeile 25 Cts. — 20 Pfg.

Der Sozialdemokrat

Organ der Sozialdemokratie deutscher Zunge.

Erscheint wöchentlich einmal in Zürich (Schweiz). Verlag der Volksbuchhandlung Hottingen-Zürich. Postsendungen franko gegen franko. Gewöhnliche Briefe nach der Schweiz kosten Doppelporto.

№ 35. Briefe an die Redaktion und Expedition des in Deutschland und Oesterreich verbotenen „Sozialdemokrat" wolle man unter Beobachtung äußerster Vorsicht abgehen lassen. In der Regel schicke man uns die Briefe nicht direkt, sondern an die bekannten Deckadressen. In zweifelhaften Fällen eingeschrieben. 25. August 1888.

Parteigenossen! Vergeßt der Verfolgten und Gemaßregelten nicht!

Die Theilung Afrikas und — die Aussichten des Sozialismus.

Der Titel mag auf den ersten Blick befremden: was hat der dunkle Erdtheil mit der Befreiungsbewegung der europäischen Arbeiter zu thun? Indeß wer sich erinnert, welche enorme Rückwirkung seinerzeit die Entdeckung Amerikas auf die wirthschaftliche und politische Entwicklung Europas ausgeübt, wie verhängnißvoll noch in diesem Jahrhundert die Entdeckung der Goldminen Kaliforniens sowohl unmittelbar auf die politischen Bewegungen jener Tage, als in weiterer Folge auf die Entwicklung der Weltwirthschaft zurückgewirkt, der wird die Frage zum Mindesten berechtigt finden: ob und in welcher Weise voraussichtlich die neuerdings von allen sogenannten Kulturstaaten mit verdoppeltem Eifer in Angriff genommene Erschließung, bezw. „Zivilisirung" Afrikas auf die wirthschaftlichen Verhältnisse derselben und dadurch mittelbar auf den Fortgang der sozialistischen Bewegung zurückwirken wird. Denn die Erkenntniß ist wohl seit Marx so ziemlich Gemeingut aller Sozialisten geworden, daß die Aussichten des Sozialismus in letzter, entscheidender Instanz abhängen von der Entwicklung der Produktionsverhältnisse, daß der Sozialismus eintreten wird, nicht wenn er nur möglich, sondern wenn er nothwendig geworden, nothwendig für die Fortentwicklung der gesammten Kulturwelt. Oder mit andern Worten, wenn die bürgerlich-kapitalistische Produktion ein Hemmniß der Fortentwicklung geworden, wenn sie sich unfähig erweist, die gesellschaftlichen sachen seien, weshalb die zivilisirte Welt bisher den „dunklen Erdtheil" zu Gunsten der „neuen Welt", entfernter Theile Asiens und der Südsee vernachlässigt hat, heute scheint sie entschlossen, es nachzuholen und darauf aus, unter allen möglichen nationalen Flaggen ihre Segnungen über diese gesammten, in Dunkel gehüllten Regionen auszubreiten. England hat in den letzten zehn Jahren fortgesetzt von Süden her dahin gearbeitet und Gebiet nach Gebiet sich einverleibt, Deutschland hat innerhalb ein oder zwei Jahren ausgedehnte Gebiete an der Ostküste besetzt, dicht daneben sucht Portugal bisher unbestimmte und zum großen Theil blos nominelle Ansprüche geltend zu machen. Weiter nördlich, in Sansibar, streiten verschiedene Mächte um die maßgebende Oberherrschaft, in Abyssinien und an der Küste des rothen Meeres bereitet Italien offen Annexionen vor, während im nördlichen Sudan und in Egypten die Zukunft ersichtlich in den Händen von Frankreich und England liegt. Daß Tripolis eines Tages an den Frankreich gehörenden Theil Algiers fallen wird, untersteht, vorausgesetzt daß nicht die italienische Regierung dem zuvorkommt, keinem Zweifel. Nach Marokko, das bis jetzt noch unabhängig ist, schielt ein halbes Dutzend Raubstaaten eifersüchtigen Blickes; wahrscheinlich wird sich die Waage zu Gunsten Spaniens senken. Der halbe Norden der Westküste ist zum großen Theil durch Abmachungen der verschiedenen Mächte bereits vertheilt, wobei England der Löwenantheil zugefallen, während Portugal den größten Theil des zwischen dem Aequator und dem Wendekreis des Steinbocks belegenen Küstenstriches inne hat. Nördlich davon erstreckt sich der neue Kongostaat in das Innere des Landes hinein, eine „unbegrenzte Potentialität" (wie Carlyle es vielleicht genannt hätte), ein scheußlicher Krebs — heute nur noch embryonenhaft und träge, aber dazu berufen, Kräfte zu gewinnen und in einem gegebenen Moment Fangarme auszuwerfen, die das Herz Zentral-Afrika's einzuheimsen vermögen.

„Wenn jemand, der die Sache nicht genauer kennt, nach den obigen Ausführungen die Karte von Afrika aufschlägt, so wird er vielleicht meinen, ich hätte die Dinge übertrieben, wenn er die große weiße Fläche erblickt, die den ungeheuren, Millionen von Quadratmeilen*) umfassenden Komplex darstellt, der bis jetzt von den Europäern noch nicht betreten worden ist. Möge er jedoch bedenken, wie blitzartig schnell der Kapitalismus vorwärts bringt, wie man von allen Seiten der Küste zugleich in das Innere vordringt, die vielen Expeditionen aller Art und Ausdehnung, und er wird anfangen einzusehen, daß die „Zivilisirung" Afrikas durchaus kein im Weiten liegendes Ereigniß ist. Eine transkontinentale Bahn vom Kongo nach Zanzibar, und das Ende des barbarischen Afrika ist nur noch eine Frage von wenigen Jahren. Von dieser Bahn ist freilich bis jetzt noch nicht die Rede, wohl aber von einer in's Kongo-Gebiet, und wenn Herr Stanley und seine Expedition bedauerlicherweise mit heiler Haut davon kommen sollten, so wird sie zweifelsohne binnen Kurzem begonnen werden, und von da zu der geplanten der armen Neger aus den Banden der Sklaverei! Was beseligender, als den Heiden das Evangelium der Liebe predigen lassen, das man daheim mit Füßen tritt, wenn als Lohn für diese gottgefällige That die Möglichkeit winkt, aus den in den Bund der Christenheit eingetretenen schwarzen Menschenbrüdern, unter Zuhilfenahme von Stock und Peitsche, fette Profite herauszu—segnen? Darum auf, Sendboten des Evangeliums, Männer der Wissenschaft und handfeste Unteroffiziere, helft uns allesammt der Zivilisation einen neuen Erdtheil erobern.

Ob es aber gelingen wird, durch Erschließung und möglichste kapitalistische Ausnutzung des bis jetzt jungfräulichen Theils von Afrika die Dauer des kapitalistischen Systems in den Ländern ihres bisherigen Waltens um irgend eine wesentlich ins Gewicht fallende Frist zu verlängern, das halten wir, im Gegensatz zu Bax, wenn auch nicht für absolut unmöglich, doch für höchst unwahrscheinlich. Um die Erfolge zu erzielen, die Dinge zustande zu bringen, auf die er hindeutet, müßten Summen und Kräfte aufgewendet werden, deren Beschaffung trotz der Opferwilligkeit der Besitzenden in dieser Hinsicht sehr unwahrscheinlich ist. Wenn man das Schicksal der bis jetzt in Afrika bestehenden Bahnen in Betracht zieht — von den Bahnen im Kapland abgesehen, so kommt einem die versprochene transafrikanische Bahn doch noch sehr problematisch vor, wenigstens dürfte bis zu ihrer Herstellung eine Zeit vergehen, von der wir nicht voraussagen möchten, daß während ihrer der Kapitalismus in den Ländern seines jetzigen Waltens nicht manche Krise wird durchzumachen haben.

Aber selbst vorausgesetzt, daß Alles so geht, wie der Optimismus des Bürgerthums hofft und Genosse Bax fürchtet, ist nach unserer Ansicht für die Dauer der Bourgeoisherrschaft wenig gewonnen. Der Reichthum, den der Kapitalismus aus Afrika zieht, rettet ihn nicht, am Mangel an Reichthum wird er ja überhaupt nicht zu Grunde gehen, sondern umgekehrt, er wird an seinem Reichthum verenden, in seinem Reichthum ersticken. Ebensowenig wird ihn die „billige Arbeitskraft" retten. Nutzt er sie da aus, wo er sie findet — in Afrika —

Auf abenteuerlichen Wegen schleuste die »Rote Feldpost« den in Zürich und zuletzt in London erscheinenden *Sozialdemokrat* über die streng bewachten Grenzen zu ihren Lesern. Mit diesem Exilblatt schwor Eduard Bernstein die von Bismarck verbotene Partei auf die Bedingungen des Überlebenskampfes ein.

Eduard Bernstein.

Die Revolutionärin Rosa Luxemburg und der ethische Sozialist Kurt Eisner waren sich über ihre Arbeit am *Vorwärts* durchaus nicht einig. Beide errangen gleichwohl eine große Bedeutung für die Sozialdemokratie und die deutsche Geschichte. Beide auch fielen von rechtsradikaler Mörderhand.

Kurt Eisner.

Weil er im November 1915 einen Bericht über die Teuerung unter den Kriegsbedingungen veröffentlichet hatte, wurde der *Vorwärts* vom Oberkommando in den Marken zur Vorzensur verpflichtet.

37

Berlin, den 6. November 1915.

Das Oberkommando hat wiederholt gebeten, bei Erörterungen über die Lebensmittelteuerung nicht nur scharfe Ausdrücke wie Lebensmittelwucher, sondern auch Ausführungen zu vermeiden, die geeignet sind, den inneren Frieden zu stören oder gar die Pläne unserer Feinde zu fördern. Erst vor kurzem haben der Pariser Matin und der Manchester Guardian Artikel in Nr. 284-286 Jhres Blattes vom 14.- 16. Oktober cr. benutzt, um auf das Steigen der Lebensmittelpreise in Deutschland hinzuweisen und die Stimmung im eigenen Lande zu beleben. Da aber der Artikel „Gegen die Teuerung " im heutigen „ Vorwärts " wieder geeignet ist, den Burgfrieden zu stören, und auch die Wirkung auf das Ausland unberücksichtigt läßt, so wird Jhnen hiermit die Verpflichtung auferlegt, bis auf weiteres die einzelnen Nummern Jhrer Zeitung vor dem Erscheinen dem Oberkommando zur Vorzensur vorzulegen.. Außerdem werden die Bekanntgabe dieser Zensurmaßnahme, sowie der Nachdruck und jede weitere Verbreitung der vorliegenden Kundgebung des Vorstandes und Ausschusses der Sozialdemokratischen Partei Deutschlands unter Hinweis auf § 9 b des Gesetzes vom 4. Juni 1851 ausdrücklich untersagt.

Von seiten des Oberkommandos.

Der Chef des Stabes.

gez. v. Berge.

An die Redaktion des „ Vorwärts" Berlin.

Ab-

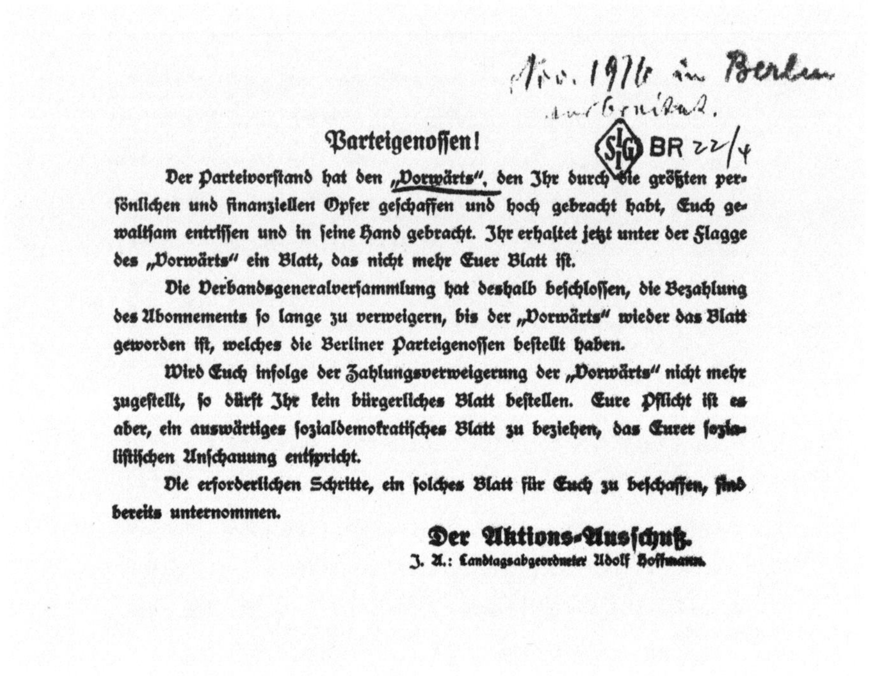

Nov. 1916 in Berlin verbreitet.

SIG BR 22/4

Parteigenossen!

Der Parteivorstand hat den „Vorwärts“, den Ihr durch die größten persönlichen und finanziellen Opfer geschaffen und hoch gebracht habt, Euch gewaltsam entrissen und in seine Hand gebracht. Ihr erhaltet jetzt unter der Flagge des „Vorwärts“ ein Blatt, das nicht mehr Euer Blatt ist.

Die Verbandsgeneralversammlung hat deshalb beschlossen, die Bezahlung des Abonnements so lange zu verweigern, bis der „Vorwärts“ wieder das Blatt geworden ist, welches die Berliner Parteigenossen bestellt haben.

Wird Euch infolge der Zahlungsverweigerung der „Vorwärts“ nicht mehr zugestellt, so dürft Ihr kein bürgerliches Blatt bestellen. Eure Pflicht ist es aber, ein auswärtiges sozialdemokratisches Blatt zu beziehen, das Eurer sozialistischen Anschauung entspricht.

Die erforderlichen Schritte, ein solches Blatt für Euch zu beschaffen, sind bereits unternommen.

Der Aktions-Ausschuß.

J. A.: Landtagsabgeordneter Adolf Hoffmann.

Hinter dem Aktionsausschuss standen neben der Mehrheit in der Berliner SPD-Führung auch eine Reihe von Redaktionsmitgliedern des *Vorwärts*, die 1916 gegen den Eingriff des Parteivorstandes in die Redaktion zur Abonnementsgeld-Verweigerung aufriefen.

Führend in der Auseinandersetzung mit dem Parteivorstand Heinrich Ströbel (rechts).

Der Munitionsarbeiterstreik 1918 war auch ein Streik der Frauen.

Der *Vorwärts* begleitete die dramatischen Stunden des Übergangs vom monarchistischen Obrigkeitsstaat zur demokratischen Republik mit einer Serie von Extraausgaben. Die zweite berichtete vom Rücktritt des Kaisers.

2. Extraausgabe Sonnabend, den 9. November 1918.

Vorwärts

Berliner Volksblatt.

Zentralorgan der sozialdemokratischen Partei Deutschlands.

Der Kaiser hat abgedankt!

Der Reichskanzler hat folgenden Erlaß herausgegeben:

Seine Majestät der Kaiser und König haben sich entschlossen, dem Throne zu entsagen.

Der Reichskanzler bleibt noch so lange im Amte, bis die mit der Abdankung Seiner Majestät, dem Thronverzichte Seiner Kaiserlichen und Königlichen Hoheit des Kronprinzen des Deutschen Reichs und von Preußen und der Einsetzung der Regentschaft verbundenen Fragen geregelt sind. Er beabsichtigt, dem Regenten die Ernennung des Abgeordneten Ebert zum Reichskanzler und die Vorlage eines Gesetzentwurfs wegen der Ausschreibung allgemeiner Wahlen für eine verfassungsgebende deutsche Nationalversammlung vorzuschlagen, der es obliegen würde, die künftige Staatsform des deutschen Volk, einschließlich der Volksteile, die ihren Eintritt in die Reichsgrenzen wünschen sollten, endgültig festzustellen.

Berlin, den 9. November 1918. **Der Reichskanzler.**

Prinz Max von Baden.

Es wird nicht geschossen!

Der Reichskanzler hat angeordnet, daß seitens des Militärs von der Waffe kein Gebrauch gemacht werde.

Parteigenossen! Arbeiter! Soldaten!

Soeben sind das Alexanderregiment und die vierten Jäger geschlossen zum Volke übergegangen. Der sozialdemokratische Reichstagsabgeordnete Wels u. a. haben zu den Truppen gesprochen. Offiziere haben sich den Soldaten angeschlossen.

Der sozialdemokratische Arbeiter- und Soldatenrat.

Der Besitz des *Vorwärts*-Hauses bekam einen hohen symbolischen Wert im Kampf der politischen Richtungen. Als sich die Spartakus-Leute der Gebäudeanlage bemächtigten, konnten die Besetzer nur mit Hilfe schwerer Waffen hinausgedrängt werden.

Ohne das Zweigespann Stampfer-Klühs wäre der *Vorwärts* der Weimarer Republikjahre unvorstellbar. Friedrich Stampfer (oben) schrieb zweifellos das Gros der wegweisenden Artikel, doch ob er oder sein Stellvertreter Franz Klühs mehr für den Zusammenhalt der Redaktion getan hat, ist schwer zu entscheiden.

Franz Klühs.

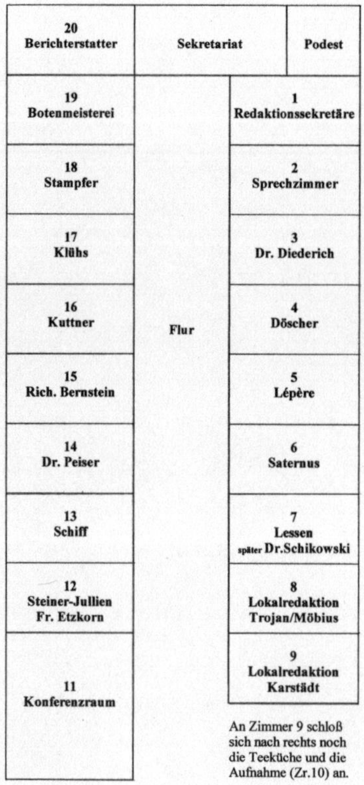

Das Schema der Redaktionsräume im Berliner *Vorwärts*-Haus.

Drei Generationen am Redaktionstisch des *Vorwärts*. Franz Diederich (oben), obgleich redaktionell vielseitig, prägte vor allem das Literaturverständnis der Arbeiterbewegung. Erich Kuttner diente seiner Überzeugung nicht nur mit der Feder. Als Kommandeur des Regiments Reichstag blieb er den Nationalsozialisten verhasst, bis sie ihn zu Tode gejagt hatten. Werner Peiser, Soldatenrat und Pazifist, verließ schließlich seinen amerikanischen Professorenstuhl, um den braunen Verderbern das Handwerk zu legen.

Erich Kuttner

Werner Peiser

Das Glück im Tanzwinkel

Unserm Pascha zum Sechzigsten

von den Amateur-Feuilletonisten anderer Ressorts

Je öller – Preußisch-Berlin, 17. Juli 1927 – je döller

Jonnys Tanzlied.

(Grotesken nach Nietzsche.)

Schigolsch, du Tanzreformer,
Wadenregler, Beine-Normer
Dich besinge heut mein Lied!
Zwischen Reigen der Paluccen
Und den Reifrock-Mamsellchen
Lehrst uns du den Unterschied!

Durch die Tür des Zimmers sieben
Sah ich deine Pfeife stieben,
Roch den Knaster, den du schmauchst.
Sah dich selbst den Halter glühen,
den du für den krummsten Rücken
In die Beifallstinte tauchst.

Tanze nun wie tausend Flöhe,
[illegible], [illegible],
Heil, wer neue Tänze schafft!
Tanze stolz in bunten Socken,
Tanze auf der Nase Glocken,
Tanz sei uns're Wissenschaft!

Wer nicht tanzt nach Gotthilf Raute,
In die Knickebeine Raute
Wie 'n geölter Lebegreis, —
Wer da mit die Beinchen flitzet,
Röckchen hebt und Mäulchen spitzet,
Fort aus unserm Paradeis!

Raffen wir von jeder Wigman
Eine Blüte für den Wigwam
Und zwei Blatt fürs Feuilleton!
Tanzen wir mit Feist-Sabanen
Zwischen Kölz und Kurtisanen
Zu den Klängen eines Gong!

Blasen wir die Tschaikowskyse
Dem Ballette in die Nase
Fahr zum Teufel, Musikant!
Stillen wir das Tanzgelüste
Durch den Anblick dürrer Brüste
Und das Bein vom Elefant!

Lösen wir den Tanz vom Joche
Der erotischen Epoche,
Badet ihn in Seelenglanz!

Geben wir der Republike
Und der Stampferpolitike
Als Symbol den Eiertanz!

Seine Redaktionskollegen frozzelten ihn schon mal ob seiner wissenschaftlichen Leidenschaft, wie auch mit obiger »Bierzeitung« aus Anlass seines 60. Geburtstages. Das darf nicht darüber hinwegtäuschen, dass Dr. John Schikowski einer der renommiertesten Experten auf dem Gebiet des Kunsttanzes war.

John Schikowski.

Der in Paris geborene Österreicher Victor Schiff avancierte in Berlin zu einem über die Grenzen anerkannten Außenpolitiker.

Vielseitigkeit war ein Markenzeichen so manchen *Vorwärts*-Redakteurs. Der gelernte Arzt Rudolf Hilferding galt als legitimer Vollender der Marx'schen Wirtschaftstheorie und brach als Reichsfinanzminister der Inflation das Genick.

Wegen dieser Karikatur wurde der *Vorwärts* verboten.

Auf einem Hinterhof des Berliner *Vorwärts*-Hauses stellte sich ein Teil der Redaktion zum Gruppenfoto auf. Von links: Richard Schwartz (Redaktionssekretär), Harry Berger (Berichterstatter), Johannes (Matern-)Müller, Karsten Heinrich Döscher, E.W. Trojan, Franz Klühs, Otto Schindler (Berichterstatter), Friedrich Stampfer, Max Jaehner, Curt Geyer, Rudolf Brendemühl, Josef Steiner-Jullien, Max Winkler (Redaktionssekretär), Henning Duderstadt (Berichterstatter), Victor Schiff, Fritz Köhler (freier Mitarbeiter). Im Hintergrund das Haus des Metallarbeiterverbandes, rechts das Patentamt in der Alten Jakobstraße.

1933: Das *Vorwärts*-Haus wieder besetzt.
Diesmal von SA und Polizei.

Dank der Beherztheit des Botenmeisters blieben vom letzten *Vorwärts* 1933 genug Exemplare erhalten, sodass wir ihn heute noch lesen können.

Morgen-Ausgabe
Nr. 99 A 42 50. Jahrg.

Redaktion und Verlag:
Berlin SW 68, Lindenstr. 3
Fernsprecher: A 7 Amt Dönhoff 292 bis 297
Telegrammadresse: Sozialdemokrat Berlin

Vorwärts

BERLINER VOLKSBLATT

Wählt Liste 2
Sozialdemokraten

DIENSTAG
28. Februar 1933

In Groß-Berlin 10 Pf.
Auswärts....... 15 Pf.

Zentralorgan der Sozialdemokratischen Partei Deutschlands

Riesenbrand im Reichstag

Gestern in der zehnten Abendstunde brach im Reichstagsgebäude an mehreren Stellen zugleich ein Riesenbrand aus. Das Feuer ergriff den Sitzungssaal und schlug bald zur Kuppel heraus. Die Feuerwehr aus ganz Berlin wurde zusammengezogen. Der Sitzungssaal brannte vollständig aus. Es liegt Brandstiftung vor.

Der Reichstag brennt!

Ungläubig wird die Nachricht aufgenommen. Möglich, daß im Reichstag etwas brennt. Aber der Reichstag, dieses ungeheure steinerne Gebäude?

Man sucht einen Aussichtspunkt, das Dach eines hohen Gebäudes — da sieht man, daß dort, wo bei Tageslicht sonst die berühmte vergoldete Kuppel zu sehen ist, eine steile Flamme emporsteigt.

Der Reichstag brennt!

Wilde Gerüchte durchschwirren die Stadt. Man sagt, es sei Brandstiftung. An vier oder sechs Stellen des Gebäudes sind Brandstellen. Niemand darf hinein, niemand darf heraus. Man sucht die Täter.

Wird man sie finden?

Wenn die Gerüchte recht haben, wenn es wirklich Brandstiftung ist, so müssen die Täter in Kreisen zu suchen sein, die durch ihre Tat ihren Haß gegen das parlamentarische System Ausdruck verleihen wollten

Soll es „ein Signal" sein? Wahrhaftig, man möchte es wünschen! Man möchte wünschen, daß dieser Brand dem ganzen deutschen Volk ein Licht aufstecken würde.

Durch Deutschland wütet der Wahn nn der Selbstzerstörung! Wer gebietet ihm Einhalt?

Der Reichstag wird wieder aufgebaut werden. Die Demokratie wird wieder aufgebaut werden. Und wer Brand stiftet, der wird seine Strafe haben.

Das arbeitende Volk wird es schon schaffen!

Der Reichstag brennt!

Sitzungssaal in Flammen — Brandstiftung

Ein Riesenfeuer rötete in den gestrigen Abendstunden den graubedeckten Himmel in der City blutrot. Die Riesenkuppel des Reichstags, eines der Wahrzeichen der Reichshauptstadt, stand in hellen Flammen. Im Innern des großen Gebäudes brannte der Sitzungssaal lichterloh, anfänglich war das Schlimmste für das Riesenhaus zu befürchten. Der aufopfernden Arbeit der Berliner Feuerwehr gelang es, in zweistündiger, aufreibender Tätigkeit den Brand einzukreisen. Die Feuerwehr und Polizei haben Brandstiftung festgestellt. An mehreren Stellen wurden Brandherde entdeckt.

Der erste Alarm

Kurz nach 21 Uhr ertönte im Reichstag das Feuersignal. Im Restaurant war Feuer ausgebrochen und auf den Alarm eilten zunächst 3 Löschzüge an die Brandstelle. Die Flammen konnten bald erstickt werden und während die Feuerwehrleute noch in den Restaurationsräumen die Aufräumungsarbeiten vornahmen, loderten an verschiedenen anderen Stellen die Flammen empor. In einer unglaublich kurzen Zeit brannte der große Sitzungssaal des Reichstages in seinem ganzen Umfange lichterloh. Das Feuer, das an den Abgeordnetensitzen, Pulten und den hölzernen Wandverkleidungen überaus reiche Nahrung fand, griff wie rasend um sich. Die Feuerwehren, die inzwischen mit 15 Löschzügen auf 15. Alarmstufe am Reichstagsgebäude unter Leitung des Oberbranddirektors Gempp erschienen waren, nahmen die Bekämpfung des Riesenfeuers von allen Seiten auf. Schlauchleitung auf Schlauchleitung würde an die Motorspritzen angeschlossen. Ueber zahlreiche mechanische Leitern und über die Treppen aller Portale drangen die Löschtrupps nach oben vor. Zunächst war es wegen der ungeheuren Hitze, die dem Feuermeer entströmte, überhaupt nicht möglich, an den brennenden Sitzungssaal heranzukommen.

So mußte man sich zuerst darauf beschränken, ein Weitergreifen des Brandes zu verhindern. Das ist glücklicherweise im vollen Maße gelungen. Allerdings konnte nicht verhindert werden, daß ein Teil der Wandelgänge und die Garderobe von dem Feuer schwer in Mitleidenschaft gezogen wurden.

Während oben in furchtbarer Hitze die Löschtrupps ihr schwieriges Werk vollführten, trafen in unmittelbarer Folge die Spezialfahrzeuge der Feuerwehr und des Städtischen Rettungsamtes am Reichstag ein. Ablösungsmannschaften mit Rauchschutzgeräten und Gasmasken ausgerüstet, versuchten gegen 22.15 Uhr weiter gegen den brennenden Sitzungssaal vorzustoßen. Das erwies sich aber bald als ganz unmöglich, denn es konnte jeden Augenblick ein Einsturz der Reichstagskuppel, die fast zwei Stunden einer enormen Hitze ausgesetzt war, erfolgen.

Die brennende Kuppel nahm sich wie ein Fanal aus, das bis weithin hinein in die Außenbezirke zu erkennen war. Meterhoch schlugen die Flammen empor, der heftige Wind trieb einen gewaltigen Funkenregen auf den Platz der Republik nieder. Die weitere Umgebung des Reichstages war in kurzer Zeit mit Tausenden von Schaulustigen gefüllt. Mehrere Hundertschaften Schupo nahmen Absperrungen vor, es wurde eine scharfe Kontrolle durchgeführt, da die Polizei glaubte, daß sich noch Komplicen des bereits festgenommenen Brandstifters innerhalb der Absperrungszone befinden könnten.

Der Schaden dürfte sich nach einiger vorsichtigen Schätzung auf einige hunderttausend Mark belaufen. Er dürfte aber noch bedeutend höher sein, wenn der gesamte Kuppelbau von Grund auf erneuert werden müßte.

Kuppel gefährdet

Die Eisenkonstruktion der großen Mittelkuppel hat sich verbogen und ist teilweise eingestürzt.

Ein Täter

Maurer van der Luebbe aus Leyden
Polizeiverdacht gegen Kommunisten

WTB. 12 Uhr 15 Min.:

Die Berliner Polizei, sowohl die politische Polizei als auch die Schutzpolizei, sind aus Anlaß des Reichstagsbrandes in die höchste Alarmstufe versetzt worden.

Im Polizeipräsidium ist eine Sonderkommission für den Reichstagsbrand gebildet worden, die eine weitere Vernehmung des Täters durchgeführt hat. Van der Luebbe, der 24 Jahre alt ist, ist von Beruf Maurer und stammt aus Leyden. Er bleibt auch jetzt dabei, die Tat allein begangen zu haben. Man rechnet noch für die kommende Nacht mit energischen Maßnahmen der Polizei. Insbesondere mit weiteren Verhaftungen.

Das gründet sich besonders darauf, daß man nicht daran glaubt, Luebbe habe seine Tat allein begangen. Der Befund im Reichstagsgebäude zeigt, daß der Täter eine gute Ortskenntnis gehabt haben muß, so daß die Meinung vorherrscht, er habe in führenden Kommunisten, die im Reichstage ein- und ausgehen, Helfershelfer.

Feuer eingekreist

Gegen 1 Uhr nachts erfahren wir, daß der Brand endgültig um 0,25 Uhr eingekreist ist. Die Gefahr eines weiteren Umsichgreifens besteht nicht mehr.

Insgesamt sind von dem Riesenfeuer folgende Räume erfaßt worden: der Plenarsitzungssaal mit sämtlichen Tribünen, einzelne Gänge um den Plenarsitzungssaal, einzelne Pressezimmer, der Reichsratsvorsaal und fast die gesamten Restaurationsräume sowie verschiedene Abgeordnetenzimmer im zweiten Obergeschoß.

Polizei sichert auch den Landtag

Kurz vor Mitternacht besetzten mehrere Polizeiposten das in der Prinz-Albrecht-Straße gelegene Landtagsgebäude.

Karl-Marx-Kundgebung aufgelöst

Man darf nicht sagen: Ein Antimarxist braucht nichts zu wissen!

Eine Gedenkfeier der Berliner Sozialdemokraten zum 50. Todestage von Karl Marx! Wer die Massen im Sportpalast überblickte, der hatte den Eindruck: hier sind gewiß — jeder einzelne von den vielen tausenden Arbeitern, Angestellten und Beamten — politisch geschulte, denkende, reife Eigenpersönlichkeiten, aber sie sind wie ein Block, ein einziger unerschütterlicher, nicht zu zerschlagender Block!

*

Drinnen im Sportpalast der schon lange vor 19½ Uhr bis auf den letzten Sitzplatz gefüllt ist, grüßt das rote Banner der Berliner Sozialdemokratie, mahnt es in riesigem Transparent:

„Proletarier Deutschlands, vereinigt euch!"

Da stehen die Träger der roten Banner, und auf der weißen Leinwand erscheinen die Mahnungen: „Am 5. März nur Liste 2!" (Stürmischer Beifall.) „Bleibt dem „Vorwärts" treu trotz aller Verbote." (Neuer stürmischer Beifall.)

Die Kundgebung beginnt Franz Künstler grüßt die Massen mit Freiheit. Die vielen Tausende erheben sich und es ist eine weihevolle Minute tiefsten traurigen Schweigens, als er sagt: „Wir wären schlechte Freiheitskämpfer, wenn wir nicht der Opfer gedächten, die in so großer Zahl gefallen sind für die Freiheit, hingemordet und hingestreckt. Wir wären schlechte Freiheitskämpfer, wenn wir nicht auch bereit wären, das Leben für die Freiheit zu opfern Die Fahnen hoch!"

Musik aus Beethovens „Egmont" ertönt. Dann spricht begeisternd und begeistert Martha John Wladimir Kirrilows hymnische Dichtung „Karl Marx", in der Uebertragung von Max Barthel:

„Es kommt die Zeit, da brechen alle Schranken,
Dann hören alle Völker deinen Schrei:
„Ihr Unterdrückten aller Länder, macht euch frei!"
Du feuriger Titan geflügelter Gedanken."

Arbeitersänger des Berliner Lendvai-Chors, des Neuköllner Sängerchors des Sängerchors Berlin 1900 und das Orchester des Berliner Konzertvereins intonierten Uthmanns „Heiliges Feuer".

Dann sprach, hämmernd in Herzen und Hirne, Alexander Stein die Grabrede, die Friedrich Engels am 17. März 1883 auf dem Friedhof zu Highgate Karl Marx gewidmet hat.

Das Kampflied der Arbeit „Wir sind die Kraft" klingt auf. Dann sprach

Friedrich Stampfer:

Ein Gespenst geht um in Deutschland — das Gespenst des Marxismus. Alle Mächte der Vergangenheit haben sich zu einem heiligen Krieg gegen dieses Gespenst verbündet. Täglich wird zu seiner Ausrottung, zu seiner Vernichtung aufgefordert. An allem hat der Marxismus schuld.

Daß der Krieg verloren wurde, das war nicht die Schuld derer, die bis zum Tage der Niederlage Deutschlands Politik und Deutschlands Heere geführt hatten, es war die Schuld des Marxismus!

Daß die deutsche Währung vor 10 Jahren ins Bodenlose sank, das war nicht die Schuld derer, die den Krieg und den nachfolgenden Ruhrkrieg mit Schuldenmachen geführt hatten, um den Besitz zu schonen, es war die Schuld des Marxismus!

Und daß in Deutschland, wie in der übrigen Welt, die Maschinen stillstehen, daß Millionen Arbeitsloser lungern und hungern müssen, während die Technik jede Möglichkeit bietet, alle Menschen mit allem Nötigen reichlich zu versorgen — auch das ist nicht die Schuld der kapitalistischen Wirtschaft, sondern es ist die Schuld des Marxismus!

Die ganze Politik ist damit auf die denkbar einfachste Formel gebracht.

Das deutsche Volk ist arm und unglücklich. Es braucht nur den Marxismus auszurotten und zu vernichten, um reich und glücklich zu sein! (Große Heiterkeit!)

Vielleicht ist es aber auch in diesen Tagen er-

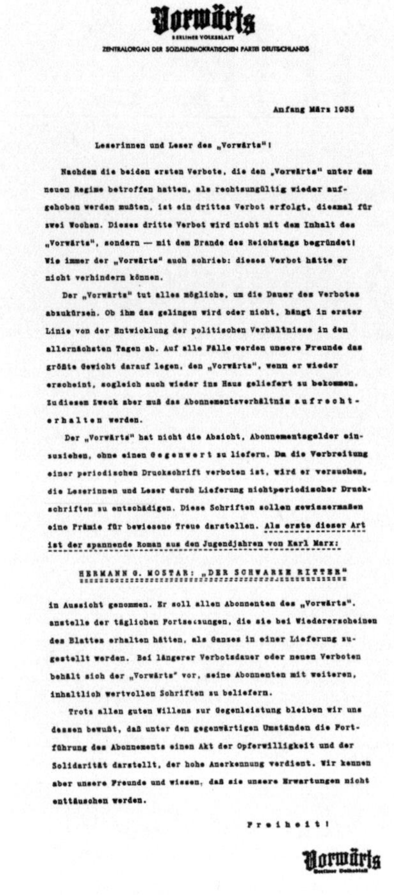

Vorwärts
BERLINER VOLKSBLATT
ZENTRALORGAN DER SOZIALDEMOKRATISCHEN PARTEI DEUTSCHLANDS

Anfang März 1933

Leserinnen und Leser des „Vorwärts"!

Nachdem die beiden ersten Verbote, die den „Vorwärts" unter dem neuen Regime betroffen hatten, als rechtsungültig wieder aufgehoben werden mußten, ist ein drittes Verbot erfolgt, diesmal für zwei Wochen. Dieses dritte Verbot wird nicht mit dem Inhalt des „Vorwärts", sondern — mit dem Brande des Reichstags begründet! Wie immer der „Vorwärts" auch schrieb: dieses Verbot hätte er nicht verhindern können.

Der „Vorwärts" tut alles mögliche, um die Dauer des Verbotes abzukürzen. Ob ihm das gelingen wird oder nicht, hängt in erster Linie von der Entwicklung der politischen Verhältnisse in den allernächsten Tagen ab. Auf alle Fälle werden unsere Freunde das größte Gewicht darauf legen, den „Vorwärts", wenn er wieder erscheint, sogleich auch wieder ins Haus geliefert zu bekommen. Zu diesem Zweck aber muß das Abonnementsverhältnis aufrechterhalten werden.

Der „Vorwärts" hat nicht die Absicht, Abonnementsgelder einzuziehen, ohne einen Gegenwert zu liefern. Da die Verbreitung einer periodischen Druckschrift verboten ist, wird er versuchen, die Leserinnen und Leser durch Lieferung nichtperiodischer Druckschriften zu entschädigen. Diese Schriften sollen gewissermaßen eine Prämie für bewiesene Treue darstellen. Als erste dieser Art ist der spannende Roman aus den Jugendjahren von Karl Marx:

HERMANN G. MOSTAR: „DER SCHWARZE RITTER"

in Aussicht genommen. Er soll allen Abonnenten des „Vorwärts", anstelle der täglichen Fortsetzungen, die sie bei Wiedererscheinen des Blattes erhalten hätten, als Ganzes in einer Lieferung zugestellt werden. Bei längerer Verbotsdauer oder neuen Verboten behält sich der „Vorwärts" vor, seine Abonnenten mit weiteren, inhaltlich wertvollen Schriften zu beliefern.

Trotz allen guten Willens zur Gegenleistung bleiben wir uns dessen bewußt, daß unter den gegenwärtigen Umständen die Fortführung des Abonnements einen Akt der Opferwilligkeit und der Solidarität darstellt, der hohe Anerkennung verdient. Wir kennen aber unsere Freunde und wissen, daß sie unsere Erwartungen nicht enttäuschen werden.

Freiheit!

Vorwärts
Berliner Volksblatt

Nr. 1

Redaktion und Verlag: Karlsbad, Haus „Graphis" Fernsprecher Nr. 1081.

Herausgeber: Ernst Sattler, Karlsbad. Verantwortlicher Redakteur: Wenzel Horn, Karlsbad.

Druck: „Graphis", Karlsbad.

Neuer Vorwärts

Sozialdemokratisches Wochenblatt

SONNTAG
18. Juni 1933

Bezugspreis für die ČSR.: Einzel-Nummer . Kč 1.40 Monatlich . . . „ 6.— Vierteljährlich . „ 18.—

Bezugspreis für das Ausland Einzel-Nummer . Kč 2.— Monatlich . . . „ 8.— Vierteljährlich . „ 24.—

Zerbrecht die Ketten!

Die Geschlagenen von heute werden die Sieger von morgen sein

Ein Ruf erhebt sich, der Ruf der vergewaltigten und geknebelten deutschen Arbeiterklasse. Er sollte erstickt werden — man wird ihn dennoch hören. Wir werden sein Sprachrohr sein.

Brutaler Terror verhindert in Deutschland jede politische Tätigkeit. Wir erheben uns gegen die Tyrannei und rufen zum Kampf für die Freiheit.

„Der Marxismus ist tot, die Sozialdemokratie existiert nicht mehr!" verkündet Hitler. „Der Marxismus lebt, der demokratische Sozialismus ist unsterblich!" antworten wir.

Berlin und Prag

Mit diesem Schreiben suchte der Verlag die *Vorwärts*-Leser bei der Stange zu halten. Das Ende war doch unausweichlich.

Ein guter Prophet: Der erste *Vorwärts* aus dem Exil.

Friedrich Stampfers Rückkehr aus der Emigration. Am Bahnhof Berlin-Charlottenburg wurde er von Kurt Schumacher und Richard Schwartz (links) in Empfang genommen.

Josef Felder, einer der Nein-Sager zum Ermächtigungsgesetz, suchte als *Vorwärts*-Chefredakteur die Tradition mit den Erfordernissen der Nachkriegszeit zu versöhnen.

Unter Jesco von Puttkamer besaß die Bundesrepublik im *Vorwärts* ein zuverlässiges Sprachrohr sozialdemokratischer Politik.

Heute noch mit Nostalgie erinnert: die Gründler-Redaktion. Vor dem Bonner *Vorwärts*-Haus (untere Reihe von links): Sigurd Baecker, Heinz-Peter Goße, dahinter Erich Böhm, Roswita Kestel, Gerhard E. Gründler, Hermann Schueler, Elisabeth Wolff, Heidi Jaedtke; (obere Reihe) Eckhard Wiemers, Ursula Ruby, ein Mitarbeiter, Wolf Perdelwitz, Margret Meyer, Ute Kavulakian, Roman Leick, Marlene Woltersdorf, Claus Lutterbeck, Ulrich Rosenbaum.

Zwei prominente *Vorwärts*-Leser.

Anhang

Quellen und Literatur

Archivalien

Die wichtigste Fundstelle für alle Arbeiten über die Organe der Arbeiterbewegung bildet das Archiv der sozialen Demokratie (AdsD) bei der Friedrich-Ebert-Stiftung in Bonn-Bad Godesberg und daneben – für alle Vorgänge aus der Zeit vor 1933 noch erschöpfender – das Internationale Institut für Sozialgeschichte (IISG) in Amsterdam. Letzteres wurde nicht zuletzt um das ehemalige SPD-Parteiarchiv herum aufgebaut.

Archiv der sozialen Demokratie, Bonn:

Nachlässe: Friedrich Stampfer, Georg von Vollmar, Ludwig Lessen, Willi Sander, Friedrich Salomon, Ernst Schumacher, Arno Kapp, August Bebel, Dr. Max Quarck, Dr. Bruno Schoenlank, Felix Fechenbach, Carl Giebel, Fritz Heine, Josef Felder

Bestände: Zentralrat der Arbeiter- und Soldatenräte, SPD-Bundestagsfraktion

Protokolle: Verhandlungen der Vereinstage der deutschen Arbeitervereine, Generalversammlungen des ADAV, Parteitage der vereinigten Arbeiterpartei

Internationales Institut für Sozialgeschichte Amsterdam (IISG):

Nachlässe: Karl Marx, Friedrich Engels, Johann Philipp Becker, August Bebel, Eduard Bernstein, Julius Motteler, Alexander Stein, Franz Diederich, Erich Kuttner, Otto Braun, Hermann Schlüter

Sammlung ADAV/Hatzfeldt

Kleine Korrespondenz deutscher Sozialisten

Die polizeiliche Beobachtung und die staatlichen Unterdrückungsmaßnahmen, welche Anfänge und Verlauf der sozialen Bewegungen begleiteten und maßgeblich prägten, lassen sich aus den Beständen staatlicher Archive, namentlich des Bundesarchivs, ablesen.

Bundesarchiv Berlin-Lichterfelde:

(Die Erarbeitung der Bestände erfolgte in den noch nicht zusammengeführten Teilen des Archivs).

Bundesarchiv Koblenz:

Nachlass Maximilian Harden

Registratur des Reichsfreiherrn von Fechenbach

Zentrales Staatsarchiv Potsdam:

Nachlässe: Konrad Haenisch, Wilhelm Liebknecht, Hermann Wagener

In den Akten des Reichsministeriums des Innern [R 1501] fanden sich zahlreiche verwertbare Hinweise unter den Stichworten »Presse und Nachrichtenwesen, Landesverrat, Maßregeln gegen Ausschreitungen der Presse, Beschwerden über Ausschreitungen der Presse«, Zeitungsausschnitte aus dem Vorwärts über den Frieden, sowie »Emigranten, Aberkennung der deutschen Staatsangehörigkeit«

In den Akten des Auswärtigen Amtes [R 901] waren »Die Berliner Presse« und »Ausweisung von Journalisten« nützlich

Zentrales Staatsarchiv, Dienststelle Merseburg:
Unter Ministerium des Innern [Rep. 77 Tit. 500] sind in zahlreichen Bänden Vorgänge zur Ausforschung und Überwachung von Arbeitern und Arbeiterorganisationen zwischen 1834 und 1933 archiviert.

Stiftung Archiv der Parteien und Massenorganisationen der DDR (SAPMO):
Materialien zu Kurt Eisner und dem »Vorwärts-Konflikt« 1905

Staatsbibliothek Preußischer Kulturbesitz Berlin:
Nachlässe: Gerhart Hauptmann, Herwarth Walden – »Sturmkreis«
Dokumentarsammlung Darmstaedter

In verschiedenen Schweizer Archiven finden sich Akten über die deutschen Emigranten, namentlich aus der Zeit der Sozialistengesetze.

Schweizerisches Bundesarchiv Bern:
Die Politische Polizei beobachtete bereits Johann Philipp Becker und führte Listen und Dossiers aller wichtigen Emigranten, natürlich auch der Mitarbeiter des *Sozialdemokrat*. Archiviert wurde ebenfalls der Schriftwechsel mit deutschen Polizeiämtern.

Staatsarchiv des Kantons Zürich:
Im Schriftwechsel der Kantonsverwaltung mit den eidgenössischen Bundesbehörden verbergen sich die Schicksale der Emigranten und Ausgewiesenen.

Sozialarchiv Zürich:
Forschungsarbeiten über Bebel, Bernstein und Kautsky haben ihre Spuren hinterlassen.

Herwegh-Archiv Liestal:
Hier findet sich der Briefwechsel Georg Herweghs, u. a. mit Lassalle, die Briefwechsel Emma Herweghs und Friedrich Reusches.

Arbetarrörelsens Arkiv Stockholm:
Neben den Nachlässen von Hjalmar Branting und Wilhelm Jansson wurde der Briefwechsel Kurt Heinigs ausgewertet.

Landesarchiv Berlin:
Enthält unter anderen die Nachlässe: Gustav Klingelhöfer, Ernst Reuter, Otto Suhr, Hans E. Hirschfeld, Paul Hertz und die Bauakten des Hauses Lindenstraße.

Bayerisches Staatsarchiv München:
In der Kartei der Polizeidirektion sowie im *Staatsarchiv für Oberbayern* polizeiliche und staatsanwaltschaftliche Berichte über Arbeiterorganisationen und sozialdemokratische Journalisten.

Staatsarchiv München:
Gestapo-Akten

Niedersächsisches Hauptstaatsarchiv Hannover:
Auch hier, vor allem in den Beständen der Landdrostei Hannover, Niederschriften zu demokratischen und sozialistischen »Umtrieben«, zum »Vorgang Bruhn« und über das Lizenzierungsverfahren des *Neuen Vorwärts*.

Staatsarchiv Potsdam:
Neben Akten über die Handhabung des Pressegesetzes Berichte über Wilhelm Hasenclever, Igna(t)z Auer, Heinrich Oberwinder, Carl Hirsch, Louis Viereck, Wilhelm Hasselmann, sowie das Socialistische Unterstützungs Central-Comitee in Berlin und Die Sozialistische Arbeiterpartei Deutschlands.

Staatsarchiv Dresden:
Aus der Kreishauptmannschaft Leipzig Akten über die politische Ereignisse im Jahre 1870 sowie Sozialisten; im Ministerium des Innern über Sozialdemokratische Zeitungen und Zeitschriften, Arbeitervereine und Fachverbände und im Ministerium für Auswärtige Angelegenheiten zur Überwachung der Presse und die Personalakte Gradnauer.

Das Polizeipräsidium Dresden notierte pressepolizeiliche Vorschriften.

Stadtarchiv Frankfurt am Main:
Nachlass Max Quarck

Stadt- und Landesbibliothek Dortmund:
Aus Briefwechseln von August Bebel, Eduard Bernstein, Wilhelm Liebknecht, Hermann Müller, Karl Kautsky, Karl Marx, Dr. John Schikowski u. a.

Bayerische Staatsbibliothek München, Handschriftenabteilung:
Aus Briefwechseln von Dr. Bruno Schoenlank, Johann B. von Schweitzer, Artur Stadthagen u. a.

Deutsches Literaturarchiv Marbach (DLA):
Zahlreiche Autografen von Wilhelm Liebknecht, Wilhelm Blos, Hermann Wendel, Max Schippel,

Heinrich Ströbel, August Bebel, Friedrich Stampfer, Dr. John Schikowski, Dr. Siegfried Nestriepke, Dr. Bruno Schoenlank, Paul Zech u. a.

Deutsche Nationalbibliothek, Frankfurt am Main, Abt. Exil-Literatur:
Dossiers über deutsche Emigranten

Einzelne Dokumente wurden noch verwendet aus:
Staatsarchiv Leipzig
Staatsarchiv Wolfenbüttel
Stadtarchiv Bielefeld
Stadtarchiv Zürich
Niedersächsische Landesbibliothek Hannover
Württembergische Landesbibliothek Stuttgart
Staats- und Universitätsbibliothek Hamburg
Schleswig-Holsteinische Landesbibliothek Kiel
Stadtbibliothek München
Universitätsbibliothek Bremen
Universitätsbibliothek Frankfurt am Main
Universitätsbibliothek Heidelberg
Institut für Zeitungsgeschichte Dortmund
Institut für deutsche und ausländische Arbeiterliteratur Dortmund
Auswärtiges Amt, Politisches Archiv
Kirchenarchiv Herzhorn

Interviews und Gespräche
Rudolf Brendemühl, Berlin / Hans Etzkorn, Remagen / Josef Felder, München / Horst Flügge, Bonn / Heinz-Peter Goße, Bonn / Rolf Hasenclever, Bad Oldesloh / Fritz Heine, Scheuren / Marianne Krell, Bonn / Charlotte Lorenz, Windeck-Öttershagen / Wilhelm Matull, Düsseldorf / Susanne Miller, Bonn / Johannes Müller, Hamburg / Fritz u. Elfriede Neubecker (geb. Klühs), Berlin / Alfred Nau, Bonn / Walther G. Oschilewski, Berlin / Franz Osterroth, Lübeck / Werner Peiser, Genua / Julius Potzernheimer, Bonn / Ursula Ruby, Bonn / Richard Schwartz, Berlin / Wolfgang Schwarz, München / Fritz Sänger, Wedel

Protokolle und Protokollverarbeitungen
Protokolle von Parteitagen, Kongressen und ähnlichen Veranstaltungen erweisen sich oftmals als eine noch ungenügend ausgeschöpfte Quelle. Für die lang anhaltende Diskussion um die Parteiorgane sind sie unverzichtbar. Hier wurden verwendet:

Allgemeiner Deutscher Arbeiter-Verein
Protokoll der Generalversammlung vom 30. November und 1. Dezember 1865 zu Frankfurt am

Main. Mit einem Vorwort von Bernhard Becker.
Protokoll der außerordentlichen Generalversammlung vom 18. Juni 1866 zu Leipzig.
Protokoll der Generalversammlung vom 5. Januar 1870 zu Berlin.
Protokoll der Generalversammlung vom 19. bis 25. Mai 1871 zu Berlin.
Protokoll der Generalversammlung vom 22. bis 25. Mai 1872 zu Berlin.
Protokoll der Generalversammlung vom 18. bis 24. Mai 1873 zu Berlin.
Protokoll der Generalversammlung vom 26. Mai bis 5. Juni 1874 zu Hannover.
Protokoll und Materialien des Allgemeinen Deutschen Arbeitervereins (inkl. Splittergruppen). Nachdruck, hg. von Dieter Dowe. Mit einer Einleitung von Cora Stephan, Berlin/Bonn o.D.
Hermann Peter, Der Allgemeine Deutsche Arbeiter-Congreß zu Berlin 1868, Berlin 1868. Geschäftsbericht der Expedition des *Neuen Social-Demokrat* für das Geschäftsjahr 1874 und 1875.

Deutsche Arbeitervereine
Bericht über die Verhandlungen des zweiten Vereinstags deutscher Arbeitervereine vom 23. und 24. Oktober 1864 zu Leipzig.
Bericht über die Verhandlungen des dritten Vereinstags deutscher Arbeitervereine vom 3. bis 5. September 1865 zu Stuttgart.
Bericht über den Fünften Vereinstag der Deutschen Arbeitervereine vom 5. bis 7. September 1868 zu Nürnberg.
Berichte über die Verhandlungen der Arbeitervereinstage deutscher Arbeitervereine 1863–1869. Nachdrucke, hg. von Dieter Dowe. Mit einer Einleitung von Shlomo Na'aman, Berlin/Bonn 1980.

Socialdemokratische Arbeiterpartei
Protokoll über die Verhandlungen des Allgemeinen Deutschen social-demokratischen Arbeiterkongreß zu Eisenach am 7., 8. und 9. August 1869, Leipzig 1869.
Protokoll über den ersten Kongreß der social-demokratischen Arbeiterpartei zu Stuttgart vom 4. bis 7. Juni 1870.
Protokoll über den zweiten Kongreß der SdAP zu Dresden vom 12. bis 15. August 1871.
Protokoll über den dritten Kongreß der SdAP zu Mainz vom 7. bis 11. September 1872.
Protokoll über den fünften Kongreß der SdAP zu Eisenach vom 23. bis 27. August 1873.
Protokoll über den sechsten Kongreß der SdAP zu Coburg vom 18. bis 21. Juli 1874.
Genossenschaftsbuchdruckerei zu Leipzig, Geschäftsbericht an die Dritte ordentliche Generalversammlung zu Gotha am 27. Mai 1875.
Protokolle der sozialdemokratischen Arbeiterpartei, Bd. I, II. Unveränderter Nachdruck, Glashütten i. T./Bonn-Bad Godesberg 1976.

Vereinigte Parteien
Protokoll des Vereinigungs-Kongresses der Sozialdemokraten Deutschlands abgehalten zu Gotha, vom 22. bis 27. Mai 1875.
Protokoll des Socialisten-Congresses zu Gotha vom 19. bis 23. August 1876.

Protokoll des Sozialistenkongresses zu Gotha vom 27. bis 29. Mai 1877.
Rechnungsabschlüsse der Leipziger Genossenschaftsdruckerei zu *Volksstaat* und *Vorwärts* vom 1. Juli 1876 bis 31. März 1877.

Unter dem Sozialistengesetz

Protokoll des Kongresses der Deutschen Sozialdemokratie abgehalten auf Schloß Wyden in der Schweiz vom 20. bis 23. August 1880.
Kongreß-Protokoll 1880. Nach dem ursprünglichen Text wieder zusammengestellt. Nachlass Motteler.
Protokoll über den Kongreß der deutschen Sozialdemokratie in Kopenhagen abgehalten vom 29. März bis 2. April 1883.

Sozialdemokratische Partei Deutschlands

Das folgende ist kein Verzeichnis der SPD-Parteitage.
Protokoll über die Verhandlungen des Parteitags der Sozialdemokratischen Partei Deutschlands: Abgehalten zu Halle a.S. vom 12. bis 18. Oktober 1890.
SPD-Parteitag Erfurt 1891, dto. Berlin 1892, Breslau 1895, Gotha 1896, Hannover 1899, Mainz 1900, Lübeck 1901, Dresden 1903, Bremen 1904, Jena 1905, Mannheim 1906, Leipzig 1909, Magdeburg 1910, Jena 1911, Chemnitz 1912, Jena 1913, Würzburg 1917, Weimar 1919, Görlitz 1921, Berlin 1924, Heidelberg 1925, Kiel 1927, Magdeburg 1929, Leipzig 1931, Hannover 1946.

Andere

Protokoll der deutsch-österreichischen Konferenz über die soziale Frage vom 7.11.1872.
Protokoll des Eidgenössischen Bundesrats betr. Untersuchung zur Druckschrift *Der rothe Teufel* vom 27.3.1888.
Stenographische Berichte über die Verhandlungen des Deutschen Reichstages, 4. Legislaturperiode, I. Session 1878, Berlin 1878
Stenographische Berichte der Verhandlungen des Deutschen Reichstages, 13. Legislaturperiode, Bde. 306–325, Berlin 1914–1918
Umsturz und Sozialdemokratie: Verhandlungen des Deutschen Reichstags am 17. Dezember 1894 und 8.–12. Januar 1895 nach dem offiziellen stenographischen Bericht, Berlin 1895.

Zeitungen und Zeitschriften

Der Abend, Berlin
Agitator, Berlin
Allgemeine Deutsche Arbeiter-Zeitung, Coburg
Arbeiter-Jugend, Berlin
Der Angriff, Berlin
Augsburger Postzeitung
Berliner Freie Presse

Berliner Volksblatt
Bergische Arbeiterstimme, Solingen
Bremer Bürgerzeitung
Bremer Volksblatt
Bulletin des IISG (1937–1955) und *International Review of Social History* (ab 1956)
Demokratische Korrespondenz, Stuttgart
Demokratische Zeitung, Berlin
Demokratisches Wochenblatt, Leipzig
Deutsche Allgemeine Zeitung, Leipzig
Deutsche Arbeiterhalle, Mannheim
Dresdner Volksboten
Dresdner Volkszeitung
Die Fackel, Berlin
Flugblatt vom ständigen Ausschuss des Vereinstages deutscher Arbeitervereine
Frankfurter Volksstimme
Frankfurter Zeitung
Freie Zeitung des Lassalle'schen ADAV, Leipzig
Freiheit, London
(Die) Freiheit, Berlin
Freischütz, Hamburg
Die Glocke, Berlin
Der Grundstein, Hamburg
Hallisches Volksblatt
Hamburger Echo
Hamburger Nachrichten
Ipecacuanha, Hamburg
Kölnische Volkszeitung
Kölnische Zeitung
Die Laterne, Brüssel
Leipziger Neueste Nachrichten
Leipziger Volkszeitung
Münchener Post
Münchner Neueste Nachrichten
Neue Frankfurter Zeitung
Neuer Social-Demokrat, Berlin
Neue Volkszeitung, New York
Neuer Vorwärts, Karlsbad
Neuer Vorwärts, Hannover/Bonn
Die Neue Zeit, Stuttgart/Berlin
Neue Zürcher Zeitung

(Der) Nordstern, Hamburg
Die Reform, Hamburg
Rote Fahne, Berlin
Schleswig-Hosteinische Volkszeitung, Kiel
(Der) Social-Demokrat, Berlin
Der Sozialdemokrat, Zürich und London
Straßburger Post
Süddeutsche Zeitung, Frankfurt a. M.
Unterfränkische Volkstribüne
Völkischer Beobachter, München
Volksfreund, Karlsruhe
(Der) Volksstaat, Leipzig
Volkswacht, Breslau
Volkszeitung, Berlin
Der Vorbote, Genf
Vorwärts, Leipzig
Vorwärts, Berlin
Vorwärts, Bonn
Die Welt am Abend, Berlin
Die Zukunft, Berlin

Zeitungsreprints

Agitator (Hg. von Johann Baptist von Schweitzer), Berlin, Jg. 1–2, 1. April 1870–24. Juni 1871. Mit einer Einleitung zum Nachdruck von Wolfgang Renzsch (Reprints zur Sozialgeschichte bei J.H.W. Dietz Nachf., hg. von Dieter Dowe), Berlin/Bonn 1978.

Demokratisches Wochenblatt. Organ der Deutschen Volkspartei und des Verbandes Deutscher Arbeitervereine, Leipzig 1868 und 1869, 2 Bde. Mit einer Einleitung von Heinrich Gemkow und Ursula Herrmann, Leipzig 1969.

Flugblatt vom ständigen Ausschuss des Vereinstages deutscher Arbeitervereine: Nr. 1, 15. Mai bis 3. September 1865 ... – Deutsche Arbeiterhalle: Flugblätter. Im Auftrage des ständigen Ausschusses deutscher Arbeitervereine, hg. von J. P. Eichelsdörfer, ab Nr. 8, 15. Oktober 1867: Organ des Vereinstages deutscher Arbeiter-Vereine, hg. von J. P. Eichelsdörfer, Jg. 1–2, 1. Juni 1867–4. Dezember 1868 ... Nachdrucke, hg. von Dieter Dowe, mit einer Einleitung von Shlomo Na'aman.

Der Sozialdemokrat 1879–1890. Originalgetreue Reproduktion in drei Bänden. Mit der Nachbemerkung »Der Sozialdemokrat – Entwicklung und historische Stellung« von Horst Bartel, Wolfgang Schröder, Gustav Seeber und Heinz Wolter, Berlin 1970.

Der Volksstaat. Organ der sozial-demokratischen Arbeiterpartei und der Internationalen Gewerkschaften (2. Oktober 1869–29. September 1876). Unveränderter Nachdruck mit einer Einleitung und einer Bibliografie der Publikationen von Marx und Engels im *Volksstaat* von Erich Kundel. Nach dem Exemplar der Berliner Stadtbibliothek fotomechanisch hergestellt, Leipzig 1971.

Vorwärts, Zentralorgan des Sozialdemokratie Deutschlands, hg. von Wilhelm Liebknecht und Wilhelm Hasenclever. Unveränderter Nachdruck. Mit einer Einleitung von Karl-Heinz Gensch. 1. Oktober 1876–29. Juni 1877, Leipzig 1977. (Der Reprint wurde weitergeführt bis zum 27. Oktober 1878)

Briefwechsel und zeitgenössische Literatur

AUER, IGNAZ, *Nach zehn Jahren: Material und Glossen zur Geschichte des Sozialistengesetzes*, Nürnberg 1913.

BEBEL, AUGUST, *Aus meinem Leben*, Bd. 6 von: Ders., *Ausgewählte Reden und Schriften*, Berlin (Ost) 1983.

Ders., *Ausgewählte Reden und Schriften*, hg. von Horst Bartel u. a., bearbeitet von Rolf Dlubek und Ursula Herrmann unter Mitarbeit von Dieter Malik, Bd. 1, 2/1 und 2/2, Berlin (Ost) 1978–1983.

BLUMENBERG, WERNER (Hg.), *August Bebels Briefwechsel mit Friedrich Engels*, The Hague 1965.

BECKER, BERNHARD, *Enthüllungen über das tragische Lebensende Ferdinand Lassalles*, Schleiz 1868.

Ders., *Geschichte der Arbeiter-Agitation Ferdinand Lassalle's*, Braunschweig 1874.

BELLI, JOSEPH, *Die rote Feldpost unterm Sozialistengesetz. Mit einer Einleitung: Erinnerungen aus meinen Kinder-, Lehr- und Wanderjahren*, Stuttgart 1912.

BERNSTEIN, EDUARD, *Briefwechsel mit Friedrich Engels*, hg. von Helmut Hirsch, Assen 1970.

Ders., *Die Geschichte der Berliner Arbeiterbewegung*. 1. Teil, Berlin 1907.

Ders., *Die Geschichte der Berliner Arbeiterbewegung: Ein Kapitel zur Geschichte der deutschen Sozialdemokratie, Zweiter Teil: Die Geschichte des Sozialistengesetzes in Berlin*, Berlin 1907.

Ders., *Die Geschichte der Berliner Arbeiterbewegung*, 3. Teil, Berlin 1910.

Ders., *Sozialdemokratische Lehrjahre*, Berlin 1928.

Ders., *Die Voraussetzungen des Sozialismus und die Aufgabe der Sozialdemokratie*. Neue, verbesserte und ergänzte Ausgabe, 3. Aufl., Berlin 1923.

BINDER, HEINRICH, *Was wir als Kriegsberichterstatter nicht sagen durften*, München 1919.

BISMARCK, OTTO VON, *Gedanken und Erinnerungen*. Ungekürzte Ausgabe, München 1962.

BRAUN, OTTO, *Aus nachgelassenen Schriften eines Frühvollendeten*, hg. von Julie Vogelstein, Leipzig 1922.

Der Briefwechsel zwischen Friedrich Engels und Karl Marx 1844 bis 1883, Bd. 4, hg. von August Bebel und Eduard Bernstein, Stuttgart 1913.

Die deutschen Dokumente zum Kriegsausbruch, hg. im Auftrage des Auswärtigen Amtes, Bd. 1–4, Berlin 1919.

DIEDERICH, FRANZ, *Von unten auf. Ein neues Buch der Freiheit. Gesammelt und gestaltet von ...: Mit Bildern nach Werken verschiedener Meister*, 1., 2. Band, Berlin 1911.

Dokumente aus geheimen Archiven: Übersichten der Berliner politischen Polizei über die allgemeine Lage der sozialdemokratischen und anarchistischen Bewegung 1878–1913, Bd. I: 1878–1889, Bearbeitet von Dieter Fricke und Rudolf Knaack, Weimar 1983.

DÜWELL, WILHELM, *Kriegsberichte aus Ostpreußen und Rußland 1914*, Berlin 1914.

EBERT, FRIEDRICH, *Schriften, Aufzeichnungen, Reden, 2 Bände.*, Dresden 1926.

EISNER, KURT, *Der Geheimbund des Zaren. Der Königsberger Prozeß wegen Geheimbündelei, Hochverrat gegen Rußland und Zarenbeleidigung vom 12. bis 25. Juli 1904*, hg. und eingeleitet von Detlef Jena, Berlin 1988.

Ders., *Wilhelm Liebknecht: Sein Leben und Wirken*, 2. erweiterte Auflage, Berlin 1906.

ENGELS, FRIEDRICH, *Herrn Eugen Dührings Umwälzung der Wissenschaft* [»Anti-Dühring«], 7., unverän. Aufl., Stuttgart 1910.

Ders., *Internationales aus dem Volksstaat (1871–1875)*, Berlin 1894.

Erklärung des ständigen Ausschusses über seinen Conflict mit dem Verleger und Redacteur der Allgem. Deutsche Arbeiter-Zeitung, Beilage zu Flugblatt Nr. 4 vom 23. Juni 1865.

FECHENBACH, FELIX, *Der Revolutionär Kurt Eisner. Aus persönlichen Erlebnissen*, Berlin 1929.

Die Frage der Taktik: Reden der Abgeordneten Bebel und v. Vollmar auf dem Parteitag zu Dresden [1903], München o.D.

(Der Freiberger Prozeß von 1886). Die Reichstagsabgeordneten von Vollmar, Bebel und Genossen wegen Theilnahme an einer geheimen Verbindung auf der Anklagebank, Freiberg 1886.

GEMKOW, HEINRICH, *Im Kampf um die Gründung der Partei: Unveröffentlichte Briefe an Bebel und Liebknecht (Juni bis August 1869)*, in: BzG 1969, H. 4, S. 620–639.

GUMBEL, EMIL JULIUS, *Vier Jahre politischer Mord*, Berlin 1922.

Ders., *Verschwörer – Beiträge zur Geschichte und Soziologie der deutschen nationalistischen Geheimbünde seit 1918*, Wien 1924.

HASENCLEVER, WILHELM, *Reden und Schriften*, hg. und eingeleitet von Elisabeth und Ludger Held, Klaus-Dieter Vinschen, Bonn 1989.

HELD, ADOLF, *Die deutsche Arbeiterpresse der Gegenwart*, Leipzig 1873.

HEPNER, ADOLF, *Meine 3½-jährige Leipziger Polizeicampagne: Heiteres und Ernstes, Publicistisches und Juristisches, zugleich ein Beitrag zur Charakteristik unserer heutigen politischen Umstände*, Braunschweig 1874.

HERZIG, ARNO (Bearb.), *Carl Wilhelm Tölckes Presseberichte zur Entwicklung der deutschen Sozialdemokratie 1843–1893* (Dortmunder Beiträge zur Zeitungsforschung, Bd. 22), München 1976.

HIRSCH, CARL, *Die Organisation der deutschen Arbeiterpartei*, Berlin 1869.

HIRSCH, HELMUT, *Briefwechsel und Nachlaß von Moses Heß*, in: *Bulletin of the IISH* 8, 1953.

Ders. (Hg)., *Ein unveröffentlichter Brief von Karl Marx an Sophie von Hatzfeldt – Zum Streit mit Karl Blind nach Ferdinand Lassalles Tod* (Schriftenreihe aus dem Karl-Marx-Haus, Nr. 27), Trier 1983.

HOFSTETTEN, JOHANN B. VON, *Mein Verhältnis zu Herrn von Schweitzer und zum »Social-Demokrat«*, Berlin 1869.

KAUTSKY, KARL, *Zur Geschichte der Zentralorgane der Partei*, in: *Die Neue Zeit*, 1916, 2. Bd. Nr. 11 und 12.

KEMPNER, ROBERT M. W. (Hg.), *Der verpaßte Nazi-Stopp* (Denkschrift Otto Brauns an Heinrich Brüning), Berlin 1983.

Klühs, Franz, *Werden und Wachsen der sozialistischen Bewegung*, Berlin 1929.

Kundel, Erich, *Aus dem Briefwechsel der »Volksstaat«-Redaktion mit Karl Marx und Friedrich Engels. Unveröffentlichte Briefe von Wilhelm Liebknecht, Adolf Hepner, Wilhelm Blos und Hermann Ramm*, in: BzG 1969, H. 4, S. 639–663.

Langewiesche, Dieter, *Zur Frühgeschichte der deutschen Arbeiterbewegung. Unbekannte Briefe von August Bebel und Wilhelm Liebknecht aus den Jahren 1866, 1867 und 1869*, in: AfS 15, 1975, S. 301–321.

Lassalle, Ferdinand, *Nachgelassene Briefe und Schriften*, hg. Gustav Mayer, Bde. IV, V, Stuttgart/Berlin 1924.

Leber, Julius, *Ein Mann geht seinen Weg. Schriften, Reden und Briefe*. Hg. von seinen Freunden, Berlin/Frankfurt a. M. 1952.

Lensch, Paul, *Die deutsche Sozialdemokratie und der Weltkrieg. Eine politische Studie*, Berlin 1915.

Liebknecht, Wilhelm, *Briefwechsel mit deutschen Sozialdemokraten*, Bd. I, 1862–1878, hg. und bearbeitet von Georg Eckert, Assen 1973.

Ders., *Briefwechsel mit deutschen Sozialdemokraten*, Bd. II, 1878–1884, hg. von Götz Langkau, Frankfurt a. M./New York 1988.

Ders., *Briefwechsel mit Karl Marx und Friedrich Engels*, hg. und bearbeitet von Georg Eckert, The Hague 1963.

Ders., *Kleine politische Schriften*, Frankfurt a. M. 1976.

Luxemburg, Rosa, *Gesammelte Briefe*, Bände 1–3, Berlin (Ost) 1982/83.

Karl Marx, *Briefe an Kugelmann*, Berlin o.D.

Karl Marx/Friedrich Engels, *Der Briefwechsel*, Bde. 2–4, Berlin 1930/31.

Mehring, Franz, *Die deutsche Sozialdemokratie. Ihre Geschichte und ihre Lehre. Eine historisch-kritische Darstellung*, Bremen 1877.

Ders., *Geschichte der deutschen Sozialdemokratie*, I., II. Teil, Stuttgart 1898.

Ders. (Hg.), *Politische Aufsätze und Reden von J. B. von Schweitzer*, Berlin 1912.

Der Mord an Karl Liebknecht und Rosa Luxemburg. Zusammenfassende Darstellung des gesamten Untersuchungsmaterials mit ausführlichem Prozeßbericht. Mit Porträts der Ermordeten und Bildern der Angeklagten, Berlin 1920.

Most, Johann, *Vermischte Schriften*, Berlin 1986.

Oberwinder, Heinrich, *Sozialismus und Sozialpolitik: Ein Beitrag zur Geschichte der sozialpolitischen Kämpfe unserer Zeit*, Berlin 1887.

Prager, Eugen, *Das Gebot der Stunde. Geschichte der USPD*. Mit einem Vorwort von Ossip K. Flechtheim, Berlin/Bonn 1980.

Reusche, Friedrich, *Der Social-Demokrat und seine Helfershelfer* (Ms.), Leipzig 1869.

Reuter, Ernst, *Schriften und Reden*, hg. von Hirschfeld, Hans E. /Hans J. Reichhardt. Mit einem Vorwort von Willy Brandt. Bearbeitet von Hans J. Reichhardt. 1., 2. Band, Berlin 1972/73.

Richter, Eugen, *Die Geschichte der Sozialdemokratischen Partei in Deutschland seit dem Tode Ferdinand Lassalles*, 2. Aufl., Berlin 1865.

Rosenberg, Arthur, *Die Entstehung der deutschen Republik 1871–1918*, Berlin 1928.
Rothfels, Hans, *Bismarck: Vorträge und Abhandlungen*, Stuttgart 1970.
Scheidemann, Philipp, *Memoiren eines Sozialdemokraten*, 2 Bde., Dresden 1928.
Schilling, Carl, *Die Ausstoßung des Präsidenten Bernhard Becker aus dem ADAV und der »Social-Demokrat«*, 2. Aufl., Leipzig 1869.
Schweitzer, Johann B. von, *Die österreichische Spitze. Ein Beitrag zur Besprechung der nationalen Frage*, Leipzig 1863.
Ders., *Der Zeitgeist und das Christentum*, Leipzig 1861.
Schweizerisches Bundesblatt 1888, Bd. 2.
Siebold, P. F., *Aufklärungen für Jedermann, namentlich für die Mitglieder des allg. deutschen Arbeitervereins*, Hamburg 1863.
Sozialistenkongresse, Die ersten deutschen ..., Aus der Waffenkammer des Sozialismus, 6. Halbjahresband, S. 46–190, Volksstimme, Frankfurt a. M. 1906.
Stampfer, Friedrich, *Erfahrungen und Erkenntnisse: Aufzeichnungen aus meinem Leben*, Köln 1957.
Ders., *Die vierzehn Jahre der ersten deutschen Republik*, Karlsbad 1936.
Ders., *Der 9. November. Gedenkblätter zu seiner Wiederkehr*, Berlin 1919.
Stern, Leo (Hg.), *Der Kampf der deutschen Sozialdemokratie in der Zeit des Sozialistengesetzes 1878–1890: Die Tätigkeit der Reichskommission*, Berlin (Ost) 1956.
Tölcke, Carl Wilhelm, *Zwecke, Mittel und Organisation des Allgemeinen Deutschen Arbeiter-Vereins: Ein Leitfaden*, Teil 1, Berlin 1873.
Tych, Felix, *Zwei Briefe Rosa Luxemburgs an Kurt Eisner*, in: IWK 15, 1972.
Der Vorwärts-Konflikt: Gesammelte Aktenstücke, München 1905.
Zum Vorwärts-Konflikt. Eine Darstellung auf Grund der vorliegenden Dokumente, hg. vom Parteivorstand, Berlin 1916.

Handbücher

Bertheau, Franz R., *Das Zeitungswesen in Hamburg 1616 bis 1913*, Hamburg 1914.
Biographisches Handbuch der deutschsprachigen Emigration nach 1933, Bd. I: Politik, Wirtschaft, Öffentliches Leben, München 1980.
Gebhardt, *Handbuch der deutschen Geschichte*, Bd. 3, 9. Aufl., Stuttgart 1973.
Fischer, Heinz Dietrich, *Handbuch der politischen Presse in Deutschland 1480–1980, Synopse rechtlicher, struktureller und wirtschaftlicher Grundlagen der Tendenzpublizistik im Kommunikationsfeld*, Düsseldorf 1981.
Geschichte der deutschen Arbeiterbewegung. Biographisches Lexikon, Berlin (Ost) 1970.
Jahrbuch für Partei- und Gewerkschaftsangestellte, hg. vom Vorstande des Vereins Arbeiterpresse, 1. Jg., Berlin 1908.
Dasselbe, 2. Jg., Berlin 1910.
Handbuch des Vereins Arbeiterpresse, hg. vom Vorstand des Vereins Arbeiterpresse, 3. Jg, Berlin 1914.

Dasselbe., Vierte Folge, Berlin 1927.

LOWENTHAL, ERNST G., *Juden in Preußen: Ein biographisches Verzeichnis*, hg. vom Bildarchiv Preußischer Kulturbesitz, Berlin 1981.

M.d.R. – Die Reichstagsabgeordneten der Weimarer Republik in der Zeit des Nationalsozialismus. Politische Verfolgung, Emigration und Ausbürgerung 1933–1945. Eine biographische Dokumentation hg. und eingeleitet von Martin Schumacher, Düsseldorf 1991.

OSTERROTH, FRANZ, *Biographisches Lexikon des Sozialismus*, Hannover 1960.

OSTERROTH, FRANZ/DIETER SCHUSTER, *Chronik der deutschen Sozialdemokratie*, 3 Bde., 2. Aufl. Bonn 1975.

POTTHOF, HEINRICH, *Die Sozialdemokratie von den Anfängen bis 1945. Kleine Geschichte der SPD*, Bd. 1, Bonn-Bad Godesberg 1974.

Literatur (Auswahl)

ADOLPH, HANS J. L., *Otto Wels und die Politik der deutschen Sozialdemokratie 1894–1939. Eine politische Biographie.* Mit einem Vorwort von Walter Bussmann, Berlin 1971.

Als die Deutschen demonstrieren lernten: Das Kulturmuster »friedliche Straßendemonstration« im preußischen Wahlrechtskampf 1908–1910, Tübingen 1986.

ANDRÉAS, BERT, *Zur Agitation und Propaganda des Allgemeinen Deutschen Arbeitervereins 1863/64*, in: AfS 1963, S. 297–423.

APPELIUS, STEFAN, *Heine. Die SPD und der lange Weg zur Macht*, Essen 1999.

BARTEL, HORST U. A., *Der Sozialdemokrat, Ein Beitrag zur Rolle des Zentralorgans im Kampf der revolutionären Arbeiterbewegung gegen das Sozialistengesetz*, Berlin (Ost) 1975.

BERS, GÜNTER, *Wilhelm Hasselmann 1844–1916: Socialrevolutionärer Agitator und Abgeordneter des Deutschen Reichstages*, Köln 1973.

BLEUEL, HANS PETER, *Friedrich Engels: Bürger und Revolutionär*, Bern/München 1981.

BLOS, WILHELM, *Die sozialdemokratische Presse in Deutschland*, in: *Handbuch des Vereins Arbeiterpresse*, 3. Jg., 1914.

BRACHER, KARL DIETRICH, *Die deutsche Diktatur. Entstehung, Struktur, Folgen des Nationalsozialismus*, Köln 1969.

BRACHER, SAUER, SCHULZ, *Die nationalsozialistische Machtergreifung. Studien zur Errichtung des totalitären Herrschaftssystems in Deutschland 1933/34. Zweite, durchgesehene Auflage*, Köln/Opladen 1962.

BRAUNECK, MANFRED (Hg.), *Die Rote Fahne, Kritik, Theorie, Feuilleton 1918–1933*, München 1973.

BRITSCHGI-SCHIMMER, INA, *Lassalles letzte Tage*, Berlin 1925.

CORT, BART DE, *»Was ich will, soll Tat werden!« Erich Kuttner 1887–1942. Ein Leben für Freiheit und Recht!* Mit einem Geleitwort von Klaus Wowereit, Berlin 1990.

EBELING, HANS, *Der Kampf der Frankfurter Zeitung gegen Ferdinand Lassalle und die Gründung einer selbständigen Arbeiterpartei*, Leipzig 1931.

Eckert, Georg, *Der Arbeitertag in Bad Harzburg und der Kampf gegen die Privatisierung der Braunschweiger Staatsbahn*, in: AfS 1963, S. 465–495.

Eisner, Freya/Eisner, Kurt, *Die Politik des libertären Sozialismus*, Frankfurt a. M. 1979.

Dies., *Kurt Eisners Ort in der sozialistischen Bewegung*, in: Vierteljahrshefte für Zeitgeschichte 3, 1995.

Engelberg, Ernst, *Revolutionäre Politik und Rote Feldpost 1878–1890*, Berlin (Ost) 1959.

Engelmann, Bernt, *Trotz alledem: Deutsche Radikale 1777–1977*, Hamburg 1979.

Ethischer Sozialismus. Zur Philosophie des Neukantianismus, hg. von Helmut Holzhey, Frankfurt a. M. 1994.

Feddersen, Harald, *Das Feuilleton der sozialdemokratischen Tagespresse Deutschlands von den Anfängen bis zum Jahre 1914 (Mit einem Überblick über das sozialistische Feuilleton von August 1914–März 1922)*, Diss., Leipzig 1923.

Feldman, Gerald D., *Army, Industry, and Labor in Germany 1914–1918*, Princeton NJ. 1966.

Fest, Joachim C., *Hitler. Eine Biographie*, Frankfurt a. M./Berlin/Wien 1973.

Fischer, Fritz, *Griff nach der Weltmacht. Die Kriegszielpolitik des kaiserlichen Deutschland 1914/1918*. Auf Grund der dritten Auflage vollständig neu bearbeitete Sonderausgabe, Düsseldorf 1967.

Fischer, Heinz Dietrich (Hg.), *Pressekonzentration und Zensurpraxis im Ersten Weltkrieg*, Berlin 1973.

Freund, Michael, *Die Zeitung und Lassalle*, in: *Die Gegenwart*, Sonderheft: Ein Jahrhundert Frankfurter Zeitung, begründet von Leopold Sonnemann, 1956, S. 11–14.

Fricke, Dieter, *Die deutsche Arbeiterbewegung von 1869 bis 1914: Ein Handbuch über ihre Organisation und Tätigkeit im Klassenkampf*, Berlin (Ost) 1976.

Ders., *Bismarcks Prätorianer: Die Berliner politische Polizei im Kampf gegen die deutsche Arbeiterbewegung (1871–1898)*, Berlin (Ost) 1962.

Ders., *Zur Rolle von Friedrich Stampfers privater Pressekorrespondenz*, in: ZfG 23, H. 3.

Gay, Peter, *Das Dilemma des demokratischen Sozialismus: Eduard Bernsteins Auseinandersetzung mit Marx*, Nürnberg 1954.

Geiss, Immanuel, *Julikrise und Kriegsausbruch*, 2 Bde., Hannover 1963/64.

Geschichte der deutschen Arbeiterbewegung. Darstellung, Chronologie, Dokumente. Hg. unter Leitung von Thomas Meyer, Susanne Miller, Joachim Rohlfes, Bde. I–III, Bonn 1984.

Geschichte der Frankfurter Zeitung, Volksausgabe, Frankfurt a. M. 1911.

Gietinger, Klaus, *Nachträge, betreffend Aufklärung der Umstände, unter denen Frau Dr. Rosa Luxemburg den Tod gefunden hat*, in: IWK, H. 3, 1992.

Grebing, Helga, *Arbeiterbewegung: Sozialer Protest und kollektive Interessenvertretung bis 1914*, München 1985.

Die Gründung der deutschen Sozialdemokratie: Eine Festschrift der Leipziger Arbeiter zum 23. Mai 1903, Leipzig 1903.

Gregor-Dellin, Martin/Wagner, Richard, *Sein Leben – Sein Werk – Sein Jahrhundert*, München 1980.

Gründler, Gerhard E., *Einmal vorwärts und zurück. Zeitungsmachen für Genossen*, Hamburg 2002.

Günsche, Karl-Ludwig/Lantermann, Klaus, *Verbieten, Aussperren, Diffamieren: Hundert Jahre Sozialistengesetz und verwandte Praktiken*, Köln/Frankfurt a. M. 1978.

Hanau, Ursel, *Kaum bekannter Tucholsky*, in: *Vorwärts*, Sonderausgabe zum 90-jährigen Jubiläum.

Harpprecht, Klaus, *Im Kanzleramt. Tagebuch der Jahre mit Willy Brandt*, Berlin 2000.

Haupt, Heinz-Gerhard u. a., (Hg.), *Politischer Streik: Jahrbuch Arbeiterbewegung 1981*, Frankfurt a. M. 1981.

Haenisch, Konrad, *Lassalle: Mensch und Politiker*, Leipzig 1931.

Haffner, Sebastian, *Geschichte eines Deutschen. Die Erinnerungen 1914–1933*, Stuttgart/München 2000.

Heidegger, Hermann, *Die deutsche Sozialdemokratie und der nationale Staat 1870–1920. Unter besonderer Berücksichtigung der Kriegs- und Revolutionsjahre*, Göttingen 1956.

Herrmann, Ursula, *Zur Vorgeschichte des Geraer Vereinstages 1867. Eine Dokumentation*, in: IWK, H. 2, 1991.

Hirsch, Helmut, *Sophie von Hatzfeldt. In Selbstzeugnissen, Zeit- und Bilddokumenten dargestellt*, Düsseldorf 1981.

Hamburg – eine Stadt der Arbeiterbewegung. Eine V-Illustriert-Sonderdokumentation, Bonn 1977.

Hellfaier, Karl-Alexander, *Die deutsche Sozialdemokratie während des Sozialistengesetzes 1878–1890*, Berlin (Ost) 1958.

Höhn, Reinhard, *Die vaterlandslosen Gesellen: Der Sozialismus im Licht der Geheimberichte der preußischen Polizei 1878–1914*, Köln 1964.

Hundert Jahre Gesetz gegen die Sozialdemokratie, Sonderausgabe des Vorwärts, Bonn 1978. Darin: Heinz Dietrich Fischer, *Eine Zeitung macht Geschichte*; Werner Krause, *Der rote Postmeister.*

100 Jahre SPD, Sonderdruck des Vorwärts, Bonn 1963.

Kampffmeyer, Paul, *Unter dem Sozialistengesetz*, Berlin 1928.

Kampffmeyer, Paul/Altmann, Bruno, *Vor dem Sozialistengesetz: Krisenjahre des Obrigkeitsstaates*, Berlin 1928.

Kantorowicz, Ludwig, *Die sozialdemokratische Presse Deutschlands. Eine soziologische Untersuchung*, Tübingen 1922

Kautsky, Karl, *Zur Geschichte des Zentralorgans der Partei*, in: *Die Neue Zeit*, 34. Jg., 2. Bd., Nummern 11, 12.

Kluge, Ulrich, *Soldatenräte und Revolution. Studien zur Militärpolitik in Deutschland 1918/19*, Göttingen 1975.

Klemperer, Victor, *Tagebücher 1920–1921*, hg. von Walter Nowojski unter Mitarbeit von Christian Löser, Berlin 2000.

Koszyk, Kurt, *Deutsche Presse im 19. Jahrhundert: Geschichte der deutschen Presse*, II. Teil, Berlin 1966.

Ders., *Deutsche Presse 1914–1945. Geschichte der deutschen Presse*, III. Teil, Berlin 1972.

Ders., *Deutsche Pressepolitik im Ersten Weltkrieg*, Düsseldorf 1972.

Ders., *Zwischen Kaiserreich und Diktatur. Die sozialdemokratische Presse von 1914 bis 1933*, Heidelberg 1958.

KUNDEL, ERICH, *Die Mitarbeit von Marx und Engels am »Volksstaat«*, in: BzG, Sonderheft zum 150. Geburtstag von Karl Marx 1968, S. 98–136.

Ders., *Der Beitrag von Karl Marx und Friedrich Engels zur Entwicklung des Zentralorgans der Eisenacher Partei »Der Volksstaat«*. Einleitung des Nachdrucks, Leipzig 1971.

LAUFENBERG, HEINRICH, *Geschichte der Arbeiterbewegung in Hamburg, Altona und Umgegend*, Bd. I., Hamburg 1911.

LEIDIGKEIT, KARL-HEINZ, *Wilhelm Liebknecht und August Bebel in der deutschen Arbeiterbewegung 1862–1869*, 2. Aufl., Berlin 1958.

LINDAU, PAUL, *Nur Erinnerungen*, Stuttgart/Berlin 1917.

LIPINSKI, RICHARD, *Die Sozialdemokratie von ihren Anfängen bis zur Gegenwart*, 2 Bde., Berlin 1927.

Ders., *Dokumente zum Sozialistengesetz*, Berlin 1928.

LÖSCHE, PETER, *Der Bolschewismus im Urteil der deutschen Sozialdemokratie 1903–1920*, Berlin 1967.

MARCU, VALERIU, *Wilhelm Liebknecht: Ein Bild der deutschen Arbeiterbewegung*, Berlin 1926.

MASCHKE, FRITZ, *Karl May und Emma Pollmer. Die Geschichte einer Ehe* (Beiträge zur Karl-May-Forschung 3), Bamberg 1972.

MATTHIAS, ERICH/MORSEY, RUDOLF (Hg.), *Das Ende der Parteien 1933*, Düsseldorf 1960.

MATTHIAS, ERICH/PIKART, EBERHARD (Bearb.), *Die Reichstagsfraktion der deutschen Sozialdemokratie 1898–1918*, 2. Teil, Düsseldorf 1966.

MATTHEIER, KLAUS, *Die Gelben. Nationale Arbeiter zwischen Wirtschaftsfrieden und Streik*, Düsseldorf 1973.

MAYER, GUSTAV, *Johann Baptist von Schweitzer und die Sozialdemokratie*, Jena 1909.

Ders., *Der Allgemeine Deutsche Arbeiterverein und die Krisis 1866*, in: *Archiv für Sozialwissenschaft und Sozialpolitik*, Tübingen 1927, S. 171–174.

Ders., *Erinnerungen: Vom Journalisten zum Historiker der deutschen Arbeiterbewegung*, München 1949.

MAYER, PAUL, *Bruno Schoenlank 1859–1901: Reformer der sozialdemokratischen Tagespresse*, Hannover 1971.

MEHRING, FRANZ, *Aufsätze zur Geschichte der Arbeiterbewegung*. Gesammelte Schriften, Bd. IV, Berlin (Ost) 1980.

Ders., *Geschichte der deutschen Sozialdemokratie (in zwei Teilen)*, 6.,7. Auflage, Stuttgart 1919.

MILLER, SUSANNE, *Burgfrieden und Klassenkampf. Die deutsche Sozialdemokratie im ersten Weltkrieg*. Hg. von der Kommission für Geschichte des Parlamentarismus und der politischen Parteien, Düsseldorf 1974.

Dies., *Die Bürde der Macht. Die deutsche Sozialdemokratie 1918–1920*, Düsseldorf 1978.

Dies., *Das Problem der Freiheit im Sozialismus: Freiheit, Staat und Revolution in der Programmatik der Sozialdemokratie von Lassalle bis zum Revisionismusstreit*, Frankfurt a. M. 1964.

Müller-Enbergs, Hermann, *Erich Kuttner 1887–1942* (Ms.), Berlin 1987.

Na'aman, Shlomo, *Lassalle*, Hannover 1970.

Ders., *Arbeitervereine, Arbeitertage und Arbeiterverband – drei Etappen auf dem Weg zur Arbeiterpartei*, Einleitung zu: *Berichte über die Verhandlungen der Vereinstage deutscher Arbeitervereine 1863–1869*. Nachdrucke, hg. von Dieter Dowe, Berlin/Bonn 1980.

Ders., unter Mitwirkung von H.-P. Harstick, *Die Konstituierung der deutschen Arbeiterbewegung 1862/62: Darstellung und Dokumentation*, Assen 1975.

Ders., *Der Fall Eichler: Zur Frühgeschichte der deutschen Arbeiterbewegung*, in: IRSH 15, 1970, S. 347–374.

Ders., *»Er soll an der Organisation festhalten«: Zum Wortlaut von Lassalles Testament*, in: IRSH, Vol. XVX, 1974, S. 394–400.

Ders., *Johann Philipp Becker, Wilhelm Liebknecht und Karl Marx – Eine quellenkritische Untersuchung: Hat der Zufall bei dem programmatischen Anschluß der Arbeitervereine an die »Internationale« eine Rolle gespielt?* In: AfS 15, 1975.

Nettl, Peter, *Rosa Luxemburg*, Köln/Berlin 1965.

Nikolaevsky, Boris/Maenchen-Helfen, Otto J., *Karl Marx: Eine Biographie*, Hannover 1963.

Offermann, Toni, *Arbeiterbewegung und liberales Bürgertum in Deutschland 1850–1863*, Bonn 1979.

Oschilewski, Walther G., *Zeitungen in Berlin: Im Spiegel der Jahrhunderte*, Berlin 1975.

Ders., *Richard Fischer – Leiter der größten Arbeiterdruckerei der Welt*, in: *100 Jahre Vorwärts.*

Pelger, Hans, *Karl Marx und die rheinpreußische Weinkrise*, in: AfS 13, 1973, S. 309–375.

Regling, Heinz Volkmar, *Die Anfänge des Sozialismus in Schleswig-Holstein*, Neumünster 1965.

Rohe, Karl, *Das Reichsbanner SchwarzRotGold. Ein Beitrag zur Geschichte und Struktur der politischen Kampfverbände zur Zeit der Weimarer Republik*. Hg. von der Kommission für Geschichte des Parlamentarismus und der politischen Parteien, Düsseldorf 1966.

Rosenberg, Arthur, *Geschichte der Weimarer Republik*, hg. von Kurt Kersten, 18. Aufl., Frankfurt a. M. 1977.

Sänger, Fritz, *Die Rolle der Presse in der Weimarer Republik*. Vortrag, gehalten am 23. April 1964 bei den Hochschulwochen für staatswissenschaftliche Fortbildung in Bad Sooden-Allendorf, Sonderdruck, Bad Homburg o.D.

Saerbeck, Werner, *Die Presse der deutschen Sozialdemokratie unter dem Sozialistengesetz* (Ms.), Pfaffenweiler 1986.

Sauer, Wolfgang, *Das Bündnis Ebert-Groener. Eine Studie über Notwendigkeit und Grenzen der militärischen Macht*, Phil. Diss. (Masch.), Berlin 1956.

Scharlau, Winfried B./Zeman, Zbynek A., *Freibeuter der Revolution: Parvus-Helphand. Eine politische Biographie*, Köln 1964.

Schelz-Brandenburg, Till, *Eduard Bernstein und Karl Kautsky. Entstehung und Wandlung des sozialdemokratischen Parteimarxismus im Spiegel ihrer Korrespondenz 1872 bis 1932*, Köln 1992.

Scherer, Peter, *Der Kampf gegen das Sozialistengesetz 1878–1890*, Frankfurt 1978.

Schieder, Wolfgang, *Der Bund der Kommunisten im Sommer 1850*, in: IRSH 13, 1968, S. 29–57.

Schlechte, Horst, *Die Allgemeine Deutsche Arbeiterverbrüderung*, Weimar 1979.

Schneider, Michael, *Kleine Geschichte der Gewerkschaften: Ihre Entwicklung in Deutschland von den Anfängen bis heute*, Bonn 1989.

Ders., *Unterm Hakenkreuz. Arbeiter und Arbeiterbewegung 1933–1939*, Bonn 1999.

Schoen, Curt, *Der »Vorwärts« und die Kriegserklärung. Vom Fürstenmord in Serajewo bis zur Marneschlacht 1914*, Berlin 1929.

Schorske, Carl E., *German Social Democracy 1905–1917. The Development of the Great Schism*, Cambridge, MA 1955.

Schraepler, Ernst, *Handwerkerbünde und Arbeitervereine 1830–1853*, Berlin/New York 1972.

Schröder, Wolfgang, *Wilhelm Liebknecht und die »Mitteldeutsche Volks-Zeitung«: Zur Rolle der Leipziger Arbeiterbewegung und ihrem Verhältnis zur I. Internationale im Krisenjahr 1866*, in: *Leipzig: Aus Vergangenheit und Gegenwart. Beiträge zur Stadtgeschichte* 4, 1986, S. 131–165.

Schüddekopf, Otto-Ernst, *Der Revolution entgegen. Materialien und Dokumente zur Geschichte des linken Flügels der deutschen Sozialdemokratie vor dem Ersten Weltkrieg*, in: AfS 9, 1969.

Schueler, Hermann, *Auf der Flucht erschossen. Felix Fechenbach 1894–1933. Eine Biographie*, Köln 1981.

Schürmann, Thomas, *Das Ende des Vorwärts. Eine Monographie über den Liquidationsprozeß der sozialdemokratischen Wochenzeitung zwischen 1975 und 1989*, Frankfurt a. M. 1997.

Schulze, Hagen, *Otto Braun oder Preußens demokratische Sendung. Eine Biographie*, Frankfurt a. M./Berlin/Wien 1977.

Ders., *Weimar. Deutschland 1917–1933* (Die Deutschen und ihre Nation), Berlin 1982.

Seebacher-Brandt, Brigitte, *Bebel: Künder und Kärrner im Kaiserreich*, Bonn 1990.

Seidel, Jutta, *Wilhelm Bracke: Vom Lassalleaner zum Marxisten*, Berlin (Ost) 1986.

Seul, Jürgen, *Karl May, Lebius und der »Vorwärts«. Die Geschichte und Hintergründe einer wechselvollen Auseinandersetzung in der Zeit zwischen 1904 und 1914 im Spiegel des »Vorwärts«* (Sonderdruck für die Karl-May-Gesellschaft), Ahrweiler 1996.

Ders., *Karl May und der »Vorwärts«. Die Korrektur eines biographischen Bildes* (Materialien der Karl-May-Gesellschaft, Nr. 109), Föhren 1996.

Das Sozialistengesetz 1878–1890. Illustrierte Geschichte des Kampfes der Arbeiterklasse gegen das Ausnahmegesetz, Berlin (Ost) 1980.

Strobel, Georg W., *Die Legende von der Rosa Luxemburg. Eine politisch-historische Betrachtung*, in: IWK, H. 3, 1992.

SUHR, ELKE, *Carl von Ossietzky. Eine Biographie*, Köln 1988.

TRAUTMANN, HANS, *Die innenpolitische Auseinandersetzung des »Vorwärts« und der Staatsgewalt im Weltkriege*, Phil. Diss., Heidelberg 1940.

TRAUTMANN, GÜNTER, *Liberalismus, Arbeiterbewegung und Staat in Hamburg und Schleswig-Holstein*, in: AfS XV, 1975, S. 52–110.

TROTNOW, HELMUT, *Karl Liebknecht. Eine politische Biographie*, Köln 1980.

Ders., *Karl Liebknecht und der »Deutsche Hilfsverein für die politischen Gefangenen und Verbannten Rußlands«*, in: IWK, H. 3, 1976.

URNER, KLAUS, *Die Deutschen in der Schweiz: Von den Anfängen der Kolonienbildung bis zum Ausbruch des Ersten Weltkrieges*, Frauenfeld/Stuttgart 1976.

Der Vertrag von Versailles. Mit Beiträgen von Sebastian Haffner, Gregory Bateson u. a., Frankfurt a. M./Berlin 1988.

WACHENHEIM, HEDWIG, *Die deutsche Arbeiterbewegung 1844 bis 1914*, 2. Aufl. Mit einem Geleitwort von Ernst Fraenkel, Opladen 1971.

WEBER, HERMANN, *Ulbricht fälscht Geschichte. Ein Kommentar mit Dokumenten zum »Grundriß der Geschichte der deutschen Arbeiterbewegung«*, Köln 1964.

WEHLER, HANS-ULRICH, *Das deutsche Kaiserreich 1871–1918*, Göttingen 1973.

WEISSHEIMER, WENDELIN, *Erlebnisse mit Richard Wagner, Franz Liszt und vielen anderen Zeitgenossen*, 2. Aufl., Stuttgart/Leipzig 1898.

WINKLER, HEINRICH AUGUST, *Der Schein der Normalität. Arbeiter und Arbeiterbewegung in der Weimarer Republik 1924–1930*, Berlin/Bonn 1988.

Ders., *Der Weg in die Katastrophe. Arbeiter und Arbeiterbewegung in der Weimarer Republik 1930 bis 1933*, Bonn 1990.

Abkürzungen

AfS, Archiv für Sozialgeschichte

BzG, Beiträge zur Geschichte der Arbeiterbewegung

IRSH, International Review of Social History

IWK, Internationale wissenschaftliche Korrespondenz zur Geschichte der deutschen Arbeiterbewegung

ADAV: Allgemeiner Deutscher Arbeiterverein, 1863 von Ferdinand Lassalle in Leipzig gegründete Arbeiterorganisation.

Bakunisten: Anarchistische Bewegung, nach Michail A. Bakunin, Antipode von Karl Marx.

Blanquismus: Nach Louis Auguste Blanqui, französischer Kommunist und Revolutionär im 19. Jahrhundert.

Bund der Gerechten: Frühsozialistische Organisation, 1836 in Paris aus dem »Bund der Geächteten« hervorgegangen, seit 1839 in London.

Bund der Kommunisten: Seit 1847 Nachfolgeorganisation des »Bundes der Gerechten«, beauftragte Karl Marx und Friedrich Engels mit der Abfassung des *Kommunistischen Manifests.*

Bundestag: Oberstes Organ des Deutschen Bundes (1815–1866), aus Diplomaten bestehend, tagte unter österreichischem Vorsitz in Frankfurt am Main.

Chartisten: Erste demokratische und sozialistische Arbeiterbewegung Englands, gleichzeitig Wahlrechtsbewegung (Volks-Charta von 1838).

Deutscher Nationalverein: 1859 gegründet; wollte alle national und liberal gesinnten Deutschen unter preußischer Führung vereinen.

Deutscher Reformverein: gegründet 1862; hatte föderative Ziele. Vereinigung mit dem »Deutschen Nationalverein« 1864.

Duodezennium: Periode von 12 Jahren.

Fortschrittspartei: Liberale, bürgerliche deutsche Partei, gegründet 1861, erstrebte Einigung Deutschlands unter preußischer Führung; Spaltung 1866 in Nationalliberale Partei (rechter Flügel) und Deutsche Fortschrittspartei (linksliberal).

Fortschrittliche Volkspartei: 1910 aus Freisinniger Volkspartei und Freisinniger Vereinigung hervorgegangen, 1918 in Deutsche Demokratische Partei (DDP) aufgegangen.

Freisinnige Partei: Verschiedene liberale Parteien seit 1850.

Generalkommission der Gewerkschaften: Dachverband der Freien Gewerkschaften, 1890 in Berlin gegründet.

Gösch: Sonderflagge in der dem Flaggenstock zugewandten Oberecke einer Flagge; auch kleine Flaggen am Bug verankerter Schiffe.

IAA: Internationale Arbeiter-Assoziation, »Internationale«, 1864 in London als überstaatlicher Zusammenschluß sozialistischer Arbeiterverbände und Arbeiterparteien gegründet.

2. *Internationale*: Neugründung 1889 in Paris. Wiedergründung 1951 in Frankfurt am Main.

3. *Internationale*: Bezeichnung für die 1919 in Moskau gegründete Vereinigung kommunistischer Parteien.

Kulturkampf: Politische Auseinandersetzung zwischen dem preußischen Staat unter Bismarck und der katholischen Kirche von 1871 bis 1887.

Lassalle'scher ADAV: Absplitterung des ADAV, gegründet von der Gräfin Hatzfeldt und Fritz Mende.

Maison de Santé: Berliner Heil- und Pflegeanstalt.

Reichskommission: Überwachungs- und Revisionsbehörde für Vergehen unter dem Sozialistengesetz.

Scapa Flow: Schottische Meeresbucht, Übergabestelle für die deutsche Kriegsflotte nach dem Ersten Weltkrieg.

Schamade: Übergabeerklärung einer belagerten Stadt oder Festung durch Trommelwirbel oder Trompetensignal.

Sprechsaal: Teil der Zeitung, in der Leserbriefe abgedruckt und Leserfragen beantwortet wurden. Heute überholter Begriff.

Personenregister

Die biografische Kennzeichnung der einzelnen Namen bezieht sich in der Regel auf den durch das Thema des Buches gegebenen Zusammenhang und Zeitraum. Zitierte Wissenschaftler und Autoren sind durch eckige Klammern [ ] gekennzeichnet.

Abbildungsnachweis

Archiv der sozialen Demokratie (AdsD) bei der Friedrich-Ebert-Stiftung: 575, 590, 593
Bundesarchiv: 585
Archiv Josef H. Darchinger: 576, 591, 602, 603, 605
IISG, Amsterdam: 577, 586, 596
Privatarchiv des Autors: 574, 592, 593, 594, 595, 597, 598, 601, 604

Die Abbildungen auf folgenden Seiten wurden dem Buch: Franz Osterroth, *Biographisches Lexikon des Sozialismus*, Hannover 1960, entnommen: 584, 587, 591, 592, 595

Die Abbildungen auf folgenden Seiten wurden dem Band Vorwärts 1876–1976. Ein Querschnitt in Faksimiles, hg. von Günter Grünwald und Friedhelm Merz, Berlin/Bonn-Bad Godesberg 1976, entnommen: 578, 583, 589, 599, 600

Außerdem wurden die Abbildungen auf folgenden Seiten dem Band *Hundert Jahre Deutsche Sozialdemokratie*, Hannover 1963, entnommen: 573, 575, 579, 580, 581, 582, 588

Der Autor

Hermann Schueler, Jahrgang 1926, Journalist und 17 Jahre Mitglied der *Vorwärts*-Redaktion. Im zweiten Bildungsweg promovierte Schueler in reiferen Jahren an der Universität Bonn zum Doktor der Politischen Wissenschaften. Von ihm ist bisher erschienen: *Auf der Flucht erschossen – Felix Fechenbach 1894–1933*, Köln 1981. Die Felix-Fechenbach-Stiftung in Detmold verlieh Hermann Schueler 2003 den Felix-Fechenbach-Preis.

Rama
die feine
Rama
butterfein
Rama
MARGARINE
butterfein